의지와 표상으로서의 세계

을유사상고전

의지와 표상으로서의 세계

아르투어 쇼펜하우어 지음 | 홍성광 옮김

❀ 을유문화사

을유사상고전

의지와 표상으로서의 세계

발행일 2009년 6월 30일 초판 1쇄
2015년 3월 30일 개정증보판 1쇄
2019년 5월 25일 전면개정판 1쇄
2024년 8월 10일 전면개정판 12쇄

지은이 아르투어 쇼펜하우어
옮긴이 홍성광
펴낸이 정무영, 정상준
펴낸곳 (주)을유문화사

창립일 1945년 12월 1일
주소 서울시 마포구 서교동 469-48
전화 02-733-8153
팩스 02-732-9154
홈페이지 www.eulyoo.co.kr

ISBN 978-89-324-4002-6 04160
ISBN 978-89-324-4000-2 (세트)

옮긴이 서문

수년 전 『의지와 표상으로서의 세계*Die Welt als Wille und Vorstellung*』를 한국어로 옮긴 후 『소품과 부록*Parerga und Paralipomena*』(한국에서는 『쇼펜하우어의 행복론과 인생론』으로 출간), 니체의 『차라투스트라는 이렇게 말했다*Also sprach Zarathustra*』, 『도덕의 계보학*Zur Genealogie der Moral*』, 『니체의 지혜*Die Weisheit Nietzsches*』 등을 번역하며 쇼펜하우어와 니체의 철학과 관련 용어에 대한 이해를 높였다. 또한 다년간에 걸쳐 야스퍼스의 역작 『정신병리학총론*Allgemeine Psychopathologie*』을 공동 번역하며 심리학과 정신의학 용어를 새로 접하면서 다시 한 번 『의지와 표상으로서의 세계』의 개정판을 낼 필요성을 느꼈다.

이번 개정판에는 2015년 증보판과 마찬가지로 「칸트 철학 비판*Kritik der Kantischen Philosophie*」을 부록으로 추가했다. 머리말에서 쇼펜하우어가 「칸트 철학 비판」을 미리 읽어 두라고 했고, 2009년 초판 출간 후 많은 독자가 그것이 없음을 아쉬워했기 때문이다. 이 부록을 한국에서 처음 소개한다는 점과 칸트의 열렬한 추종자인 쇼펜하우어가 그를 어떻게 비판했는가를 알 수 있도록 했다는 점에서 본 작업은 큰 의의가 있다. 쇼펜하우어는 부록에서 칸트에 대한 논쟁을 시작하며 그의 공적을 충분히 평가하면서도 그의 잘못과 약점만 염두에 두고 그에 대한 가차 없는 섬멸전을 벌이겠다고 밝힌다. 『의지와 표상으로서의 세계』는 독자가 칸트 철학을 알고 있다는 것을 전제하므로 이 부록도 알고 있음을 전제로 한다.

이외에도 본 개정판에서는 철학·심리학 용어를 새로 바꾸고 통일했으며, 문장을 가다듬어 가독성을 높였다. 그리고 장章마다 그 내용에 부합하는 간략한 제목을 달았다. 저서명을 새로 통일했고, 인명, 개념, 작품에 대한 색인을 첨가했으며, 쇼펜하우어의 삶과 작품에 대한 이해를 돕기 위해 해설 부분을 대폭 보강했다.

쇼펜하우어는 『의지와 표상으로서의 세계』를 처음 출간하고 몇 달 후인 1819년 4월 나폴리에서 로마로 가는 여행길에 「부끄러움을 모르는 시」라는 글을 통해 '후세는 내게 기념비를 세워줄 것'이라고 큰 소리를 쳤다. 하지만 사람들은 낭만파 작가 장 파울Jean Paul을 제외하고는 그의 주저를 거들떠보지도 않았다. 이후 1844년에야 『의지와 표상으로서의 세계』 제2판이 겨우 나왔지만, 쇼펜하우어는 여전히 철학계의 무시와 멸시를 당하는 무명 학자에 지나지 않았다. 그러다가 1851년 『소품과 부록』 출간을 계기로 대중에게 알려졌고, 1854년부터 『의지와 표상으로서의 세계』와 함께 본격적으로 세상의 관심을 끌게 되었다. 뒤늦은 성공이었다. 마치 눈사태가 난 것처럼 사람들은 쇼펜하우어에게 새삼 열광했다. 그 전에 35년 동안 극단적인 냉대를 당하던 것과는 정반대 현상이 벌어진 것이다. 그리하여 1858년 『의지와 표상으로서의 세계』 제3판이 나왔을 때, 그는 서문에서 "온종일 달린 자가 저녁이 되어 목적지에 이르면 그것으로 충분하지 않은가"라는 페트라르카Francesco Petrarca의 글귀를 인용하며 나름 위안을 얻는다.

한동안 쇼펜하우어가 이해받지 못한 데에는 그의 난해한 '의지' 개념 탓도 있었다. 이 용어는 끝없는 오해를 불러일으킨 주범이었다. 사람들은 의지가 사물 자체이며 인식으로부터 독립적이라는 사실을 납득할 수 없었다. 쇼펜하우어는 인간을 포함한 동물이나 식물뿐 아니라 생명 없는 무기물까지 이르는 모든 존재에 의지 현상이 있다고 주장했다. 칸트는 사물 자체를 인식할 수 없다고 했지만, 쇼펜하우어는 몸에서 의지 현상을 밝혀냈다. 시대정신이 아니라 세계정신을 추구한다는 쇼펜하우어의 말대로, 그의 의지 형이상학은 세월이 흐른 지금도 여전히 생생하고 매력적이다.

2019년 4월
홍성광

제1판 지은이 서문

내가 이 서문을 계획한 것은 이 저서를 제대로 이해하려면 어떻게 읽어야 하는지를 일러 주기 위해서다. 이 책을 통해 전달하고자 하는 것은 단 하나의 사상이다. 그렇지만 아무리 노력해도 나는 그 사상을 전달하는 데에 이 책 전체보다 더 간결한 방법을 찾을 수 없었다. 그런데 나는 사람들이 철학이라는 이름으로 매우 오랫동안 그 사상을 탐구해 왔다고 간주한다. 바로 그 때문에 역사상 교양 있는 자들은 현자의 돌[1]의 발견과 마찬가지로 그 사상을 발견해 내는 것이 불가능하다고 여겨 왔다. 플리니우스Plinius(23~79)[2]가 이미 그들에게 이렇게 말한 적이 있긴 하지만 말이다. "어떤 일을 실행하기 전에 우리는 얼마나 많은 일을 불가능하다고 간주해 왔던가?"(『자연사』 7권 1)

내가 전달하려는 한 가지 사상은 다양한 측면에서 고찰함에 따라 형이상학이나 윤리학, 미학이라 불리는 것으로 모습을 드러내 왔다. 이 사상 또한, 이미 고백했듯이 내가 그 사상이라고 간주한 바로 그것이라면, 말할 필요도 없이 저 모든 것이 되어야 할지도 모른다.

하나의 사상 체계는 언제나 건축술의 연관을 지녀야 한다. 즉, 한 부분이 다른 부분을 지탱하지만 후자는 전자를 지탱하지 않으며, 결국 초석은 다른 것들로부터 지탱되지 않으면서 모든 것을 지탱하고, 꼭대기는 아무것도 지탱하지 않으면서 모든 것에 의해 지탱되는 그런 관계를 지녀야 한다. 반면 단 하나의 사상은 그것이 아무리 포괄적인 것이라 해도 더없이 완전한 통일성을 유지해야 한다. 그럼

---

1 * 고대 이집트 시대 이래로, 특히 르네상스 시대에 아랍과 그리스의 연금술사들이 회춘과 만병통치를 가능하게 하고, 무에서 유를 창조하며, 모든 물질을 황금으로 만들 수 있다고 믿은 미신적인 돌을 가리킨다.
2 * 고대 로마의 학자. 과학 문제와 관련해 중세까지 권위를 지녔던 백과사전적 저서 『자연사』를 저술했다.

에도 이 사상을 전달할 목적으로 여러 부분으로 잘게 나누어야 할 경우 다시 이 여러 부분은 서로 유기적 관계를 지녀야 한다. 즉, 각 부분은 어느 것이 먼저고 나중이라 할 것 없이 전체에 의해 지지되는 동시에 전체를 지탱하고, 전체 사상은 각 부분을 통해 분명해지며, 전체가 먼저 이해되지 않으면 아무리 작은 부분이라 해도 완전히 이해될 수 없는 그런 관계를 지녀야 한다. 그런데 책의 내용은 아무리 유기체와 비슷하다 해도 책은 첫 줄에서 시작하여 마지막 줄에서 끝나야 하므로, 그런 점에서 유기체와는 확연히 다르다 할 것이다. 따라서 형상Form[3]과 질료가 이 점에서 모순을 일으키게 된다.

이런 사정을 감안할 때 서술된 사상을 깊이 있게 파고들려면 이 **책을 두 번 읽는 것** 외에는 다른 방도가 없다는 것이 저절로 밝혀진다. 그것도 처음에는 시작이 끝을 전제로 하는 것과 거의 마찬가지로 끝이 시작을 전제로 하고, 또 모든 뒷부분이 앞부분을 전제로 하는 것과 거의 마찬가지로 모든 앞부분이 뒷부분을 전제로 하고 있음을 강한 인내심을 갖고 읽어야 한다. 그런 인내심은 자발적으로 주어진 신념으로만 얻을 수 있다. 내가 '거의'라고 말하는 것은 꼭 그렇게 되는 것은 아니기 때문이다. 또 뒷부분에 가서야 비로소 해명될 수 있는 것을 미리 말하기 위해 할 수 있는 일과, 흔히 그렇듯이 되도록 쉽게 이해하고 분명히 하는 데 기여할 수 있는 일이 양심적으로 솔직히 행해졌기 때문이다. 그러니까 지극히 당연한 일이지만 독자가 책을 읽으면서 그때마다 쓰인 내용뿐 아니라 거기서 가능한 결론도 생각하지 못한다고 하면, 내가 행한 일이 심지어 그로써 어느 정도 성공을 거두게 될지도 모른다. 그런데 시대의 견해와 혹시 독자의 견해에도 반하는 모순이 실제로 많이 있을 것이다. 그 외에도 예취anticipiren[4]되고 상상되는 다른 수많은 모순이 첨가될 수 있으므로 단순한 오해에 불과한 일이 격렬한 거부감으로 나타날 것이 분명하다. 그런데 쓰인 내용의 직접적인 의미에 대해 힘들여 이룩한 서술의 명료함과 표현의 분명함은 아마 의심의 여지가 없겠지만, 그 밖의 모든 것에 대해 쓴 내용의 관계가 동시에 표현될 수는 없으므로 그런 만큼 독자는 그 오해가 단순한 오해에 불과함을 알아채기 어려울 것이다.

그 때문에 첫 번째 독서에서는 앞서 말했듯이 두 번째 독서에서 많은 것, 혹은

---

3 * 어떤 대상의 겉모양·현상·형태를 가리키는 것. 대상을 이루는 재료인 질료Stoff에 대립되는 개념이다.
4 * 미리 취한다는 뜻. 예취된 인식이란 경험적 인식에 속하는 것을 미리 인식할 수 있게 하고 또 규정할 수 있게 하는 모든 인식을 말한다.

모든 것이 전혀 다르게 보이리라는 확신에서 비롯된 인내가 필요하다. 게다가 무척 까다로운 대상을 다루므로 가끔 같은 내용이 되풀이되더라도 내가 완전히 또 심지어 쉽게 이해시키려 진지하게 노력하느라 그렇게 했음을 양해해 주길 바란다. 사실 전체 구조가 유기적이긴 하지만 고리 모양의 연쇄 구조는 아니기 때문에 더러 같은 대목에서 두 번 언급할 필요도 있었다. 또한 바로 이 구조와 모든 부분의 내수 밀접한 관계 때문에 다른 책에서는 장과 절로 나누는 것이 무척 중요하게 생각되지만 나는 이 책에서 그렇게 하지 않고 네 권으로, 말하자면 하나의 사상을 네 개의 관점으로 나누는 것으로 만족할 수밖에 없었다. 이 네 권의 어느 것을 읽더라도 거기서 필수적으로 논의되는 세부 사항에 얽매여 그것이 속하는 근본 사상과 전체 서술이 진전되는 상황을 놓치지 않도록 각별히 유의하기 바란다. 일단 이것이 첫 번째 요구이며, 다음에 이어지는 요구들과 마찬가지로 비호의적인 독자에게 — 사실 독자 자신도 한 명의 철학자인 셈이므로 철학자에게 — 행하는 불가피한 요구다.

두 번째 요구는 이 책을 읽기 전에 서론을 읽어 달라는 것이다. 그런데 그 서론은 이 책에 들어 있지 않고, 5년 전에 '충분근거율[5]의 네 겹의 뿌리에 관하여: 하나의 철학 논문'이라는 제목으로 나왔다. 이 서론이자 입문서를 알지 않고는 이 저서를 제대로 이해하는 것은 도저히 불가능하다. 그리고 그 논문이 마치 이 책에 함께 수록되어 있는 양 그 내용이 여기의 어디서나 전제되어 있다. 아닌 게 아니라 그 논문이 이 책보다 이미 몇 년 정도 앞서 나오지 않았더라면 사실 이 책의 서론으로 등장하지 않고 제1권에 동화되어 있으리라. 그 논문에서 다룬 내용이 이 책에 빠져 있고, 이 결함으로 이미 어느 정도 불완전한 모습을 드러내고 있으므로, 그 논문을 계속 끌어들여 이 책에서 부족한 곳을 메워 나가지 않을 수 없다. 특히 내가 칸트Immanuel Kant(1724~1804)[6] 철학에 근거를 두는 범주, 즉 외감外感 및 내감內感과 같은 개념들에 당시 너무 강하게 사로잡혀 있었기 때문에 그러한 몇몇 개념을 순화함으로써 지금 같으면 그 논문 내용을 보다 잘 표현할 수 있겠지만, 이

---

5 * '충분한 근거에 관한 명제der Satz von dem zureichenden Grund'란 뜻이다. 모순율과 함께 2대 원리로 라이프니츠가 제창했는데, '어떠한 것도 근거가 없는 것은 없다'라는 형태로 표현된다. 그 뜻하는 바는 '하나의 사물이 존재하고, 한 사건이 일어나고, 하나의 진리가 생기기 위해서는 충분한 근거가 있어야만 한다'라는 것이다. 쇼펜하우어는 이 근거율을 생성·존재·인식·행위의 네 가지 영역에 입각하여 정밀하게 규정하려고 했고, 하이데거는 근거율을 실마리로 근거의 문제를 파고들려고 했다.

미 쓴 내용을 다시 베끼거나 이미 한 번 충분히 이야기한 내용을 힘들여 다른 말로 또 한 번 표현하는 것이 너무 싫어 나는 이 길을 택하게 되었다. 아울러 그 논문에서는 내가 그때까지 그 개념들을 깊이 체득하지 못했기 때문에 그것들을 아직 부차적으로만 사용할 뿐 가장 중요한 점은 다루지 못했다. 그 때문에 독자는 이 저서를 알게 됨으로써 논문의 그런 부분을 자연히 고쳐서 생각하게 될 것이다. 하지만 독자가 그 논문을 통해 충분근거율이란 무엇이고 무슨 뜻인지, 그것의 타당성이 어디까지 미치고 어디까지 미치지 않는지를 완벽하게 인식해야만, 또 그 원리가 모든 사물에 선행하는 것이 아니라 전 세계는 단지 그 원리의 결과라는 것을, 다시 말해 그 원리에 따른 필연적 귀결인 셈임을, 오히려 어떤 종류의 객관이든 주관이 인식하는 개체인 한, 그것은 항시 주관에 의해 조건 지어진 객관 어디서나 인식될 때의 형식에 불과하다는 것을 독자가 완벽하게 인식해야만, 내가 이 책에서 맨 처음 시도하는, 지금까지의 모든 철학적 사유 방식과 완전히 다른 방식에 동의할 수 있을 것이다.

하지만 그 논문에서 내가 말한 것을 글자 그대로 베끼는 것이나, 또는 더 나은 말을 이미 썼기 때문에 다른 말이나 그보다 못한 말을 다시 하는 것이 내키지 않아서 이 저서의 제1권에는 또 다른 결함이 생기게 되었다. 그렇지 않았으면 이 책에 그대로 실었어야 했을 텐데, 「시각과 색채에 대하여」라는 내 논문의 제1장을 모조리 빼 버렸기 때문이다. 그러므로 이 책에서는 이전에 나온 이 소논문도 독자가 알고 있는 것으로 전제한다.

마지막으로 독자에 대한 나의 세 번째 요구는 굳이 말할 필요가 없는 것으로 전제할 수 있으리라. 그것은 2천 년 전부터 철학에 나타난 것 중 가장 중요하고도 우리에게 아주 가까운 현상을 알고 있어야 한다는 사실이기 때문이다. 그것은 칸트의 주된 저서들을 읽어야 함을 일컫는다. 다른 사람들이 이미 그렇게 말했듯이, 사실 칸트의 주저主著를 읽은 사람이 그로 인해 정신에 받는 영향은 장님이 내장

6 * 프로이센 쾨니히스베르크에서 태어나 그곳에서만 살았던 위대한 철학자. 저서로는 『순수이성비판』, 『도덕 형이상학 기초』, 『실천이성비판』, 『판단력비판』, 『단순 이성의 한계 내에서 종교』, 『도덕 형이상학의 기초 놓기』 등이 있다. 철학에서 그의 첫 번째 혁명은 인식론적 전환, 즉 코페르니쿠스적 전환이다. 다시 말해 합리적 인식은 경험에 주어진 다양한 자료를 이성의 선험적 법칙으로 구성하는 것을 의미한다. 그의 두 번째 혁명은 형이상학을 기초하기 위해 도덕에 근거해야 한다고 보았다는 것이다. 이 두 번째에는 인간의 실천은 인식론이라기보다 인간관계에서 실천에 중점을 두어야 한다는 것이 함축된다. 이 인간관계가 어떻게 조직화하는지를 규명하는 데 순수이성은 무능하다고 보았다.

안內障眼 수술을 받은 것에 비유할 수 있을 것이다. 또 이런 비유를 계속하자면 이 책의 목적은 그런 수술을 성공리에 마친 사람들 손에 내장안경을 쥐어 주려는 것이라 표현할 수 있겠다. 그러므로 그 내장안경을 사용하기 위한 가장 필수적인 조건은 수술을 받는 것이라 하겠다. 그에 따라 나는 칸트가 이룩해 낸 업적에서 출발하긴 하지만 그럼에도 사실 그의 저서를 진지하게 검토한 결과 거기에 중대한 결함도 있음을 알게 되었다. 그래서 그의 학설 중 오류가 없는 것으로 규명된 까닭에 참되고 탁월한 것을 전제로 하여 적용할 수 있도록 오류를 골라내어 버려야 한다고 서술하지 않을 수 없었다. 하지만 칸트에게 너무 자주 반론을 제기하는 바람에 나 자신의 서술이 중단되고 혼란에 빠지지 않도록 「칸트 철학 비판」을 특별 부록으로 실었다. 이미 말했듯이, 내 저서는 칸트 철학을 알고 있다는 것을 전제하므로 이 부록도 알고 있음을 전제로 한다. 그러므로 이런 점에서 볼 때 부록을 먼저 읽는 게 좋을 듯싶다. 부록의 내용은 이 저서의 제1권과 밀접한 관계가 있으므로 더욱 그러하다. 다른 한편 일의 속성상 부록도 여기저기서 이 저서 자체를 끌어들이는 것이 불가피했다. 그런 이유로 사실 이 책의 주요 부분이라 할 수 있는 부록도 두 번 읽지 않으면 안 된다는 말이 된다.

그러므로 칸트 철학이야말로 여기서 사상을 펼쳐 보일 때 철저히 알아야 하는 전제가 되는 유일한 철학이다. 그런데 이와 더불어 독자가 신과 같은 플라톤Platon(기원전 427~347)[7]학파[8]의 연구에 헌신해 왔다면 그만큼 내 강론을 들을 준비가 잘된 것이고 그것을 보다 받아들이기 쉬울 것이다. 하지만 산스크리트 문학[9]이 15세기에 끼친 영향이 그리스 문학의 부흥이 끼친 영향에 못지않다고 추측되기 때

7 * 서양문화의 철학적 기초를 마련한 고대 그리스의 위대한 철학자. 논리학·인식론·형이상학 등에 걸친 광범위하고 심오한 철학 체계를 전개했으며, 특히 그의 모든 사상의 발전에는 윤리적 동기가 바탕을 이루고 있다. 또한 이성이 인도하는 것이면 무엇이든 따라야 한다는 이성주의적 입장을 고수했다. 전기 대화편들 중 『국가』는 윤리적·정치적인 측면, 미학적·신비적인 측면, 그리고 형이상학적 측면을 따라 흐르는 세 갈래의 주된 논의가 예술적으로 결합하여 하나의 전체를 이루고 있다. 반면 『파이돈』은 형이상학적 주제에, 『프로타고라스』, 『고르기아스』는 윤리적·정치적 문제에, 『향연』은 미학적 주제에 관심을 기울인다. 세계 형성에 관한 작품인 『테아이테토스』는 성서의 「창세기」에 비교될 수 있다. 이 양자와 대비되는 다른 또 하나의 생성론이 스피노자에게 있다.

8 * 협의로는 플라톤의 학원 아카데메이아Akademeia의 학통을 계승하는 아카데메이아파派를 말하고, 광의로는 플라톤주의의 철학을 주창하는 사람들을 말한다.

9 * 기원전 20~11세기경에 북서부에서 인도 대륙으로 이주해 온 아리아족이 만들어 낸 문학 작품의 총체. 산스크리트 문학은 브라만교 사회의 표현 수단으로 발전되었는데, 브라만교 집단은 이슬람교 세력에 정복되기 전까지 그 지역 전역에 걸쳐 주된 문화 세력으로 자리 잡았다.

문에, 내가 볼 때 아직 일천한 금세기가 이전의 수 세기에 대해 내세울 수 있는 최대의 특전이라 할 수 있는 『우파니샤드Upanischad』[10]에 의해 우리가 접근할 수 있는 길이 열리게 된 『베다Veda』[11]를 읽는 혜택을 독자가 받았다면, 따라서 말하자면 고대 인도의 신성한 지혜도 이미 수용하고 소화했다면 내가 펼칠 강론을 들을 최상의 준비를 갖춘 셈이다. 그런 독자는 다른 일부의 사람이 낯설게 느끼고, 심지어 적대감마저 느끼는 것과 같은 반응을 보이지 않을 것이다. 너무 건방지게 들릴지 모르지만 나는 내 사상이 『우파니샤드』에서는 결코 발견될 수 없겠지만, 『우파니샤드』를 이루는 하나하나의 단편적인 말들 모두를 내가 전달하고자 하는 사상의 결론으로 이끌어 낼 수 있다고 주장하고 싶기 때문이다.

—

하지만 대부분의 독자들은 성미를 참지 못하고 버럭 화를 낼 것이고, 오랫동안 억지로 자제해 오다가 마구 비난을 퍼부을 것이다. 책 하나를 대중에게 선보이면서, 앞의 두 가지처럼 외람되고 불손하기 그지없는 여러 가지 요구와 조건을 감히 어떻게 내걸 수 있느냐면서 말이다. 어디서나 독특한 사상이 넘쳐나고, 독일에서만도 내용이 풍부하고 독창적이며 꼭 필요한 저술이 해마다 3천 권 이상 쏟아지는 이 시대에, 그 외에도 수많은 정기 간행물이나 일간지들이 인쇄기에 의해 공유 재산이 되는 이 시대에, 특히 독창적이고 심오한 철학자들이 조금이라도 부족하기는커녕 독일만 해도 전에는 수 세기에 걸쳐 나타난 것보다 더 많은 철학자들이 동시에 살아 있는 이 시대에 어떻게 그런 요구와 조건을 내걸 수 있느냐면서 말이다. 책 하나를 읽는 데에 그렇게 번거로운 과정을 거쳐야 한다면 대체 어떻게 끝까지 책을 읽어 낼 수 있겠느냐고 독자가 분격하며 반문하지 않겠는가?

나는 이런 비난에 맞서 일일이 대응할 생각이 조금도 없다. 그렇기에 앞에서 언

---

10 * 가장 오래된 힌두 경전인 『베다』를 운문과 산문으로 설명한 철학적 문헌. 현재 108가지 정도 알려져 있는 『우파니샤드』에는 일찍이 기원전 10~7세기경에 크게 활약했던 일련의 힌두 스승들과 성현들의 사상이 기록되어 있다. 『우파니샤드』에서 보이는 범아일여梵我一如 사상은 모든 힌두 사상의 가장 중요한 요소를 이룬다. 그 외의 주제로는 윤회와 생성의 인과율이 있다.

11 * 고어체 산스크리트로 쓰였으며 이란 지역에서 인도로 들어온 인도 유럽어족 사이에서 유행한 종교적 찬가나 시. 높은 문학적 가치를 지닌 『베다』가 만들어진 정확한 연대는 알 수 없으나 기원전 15~13세기경으로 추정된다.

급한 요구들을 이행하지 않으면 죽 읽어 나가더라도 아무 소용이 없으므로, 그냥 내버려 둬야 하는 책을 읽느라 시간을 허비하지 않도록 내가 때맞춰 주의를 준 것에 독자들이 조금이나마 고마워하길 바랄 따름이다. 특히 이 책은 아무것도 말해 줄 수 없어서 많은 기대를 할 수 없는 사람들을 위한 것이 아니라, 오히려 언제나 소수의 사람만을 위한 것이므로, 비상한 사유 방식을 지녀 이 책을 향유할 능력이 있는 그 소수의 사람을 가늠하고 겸허히 기다려야 한다. 이 책이 독자를 번거롭게 하고 힘들게 하는 것은 차치하고라도, 가상하게도 지식의 면에서 역설적인 것과 그릇된 것을 완전히 동일하게 보는 데까지 이른 이 시대의 교양인이 그야말로 스스로 참되고 확실하다고 굳게 믿는 것과 정면으로 모순되는 내용을 거의 페이지마다 만날 텐데 그가 어떻게 이를 참아 낼 수 있겠는가? 그리고 정말 감동적인 책을 저술했지만, 자신이 15세 이전에 배워 인정한 모든 것을 인간 정신의 타고난 근본 사상이라고 간주하는 점에서 조그만 약점을 지니고 있는 아직 살아 있는 어떤 위대한 철학자[12]가 있다. 그런데 독자들 중 자신의 사유 방식이 그 철학자의 그것과 일치한다는 이유로 바로 이 책에서 자신이 어떻게든 찾아내야 한다고 생각하는 것[13]이 여기에 전혀 언급되어 있지 않은 것을 알고 속았다는 생각에 언짢게 여기는 사람들이 제법 있을 것이다. 이 모든 것을 참고 싶은 사람이 누가 있겠는가? 그러므로 나는 이 책을 다시 그냥 옆으로 치워 버리라고 충고하는 바다.

하지만 그런다고 면책될 것 같지 않아 두려운 생각이 든다. 머리말까지만 읽고 그만둔 독자는 현금을 주고 이 책을 샀으므로 무엇으로 자신의 손해를 배상할 건지 물을지도 모른다. 그러면 이제 나의 마지막 도피처는 책이란 읽지 않아도 여러 모로 이용할 수 있다고 그에게 일러 주는 것이다. 다른 많은 책과 마찬가지로 이 책은 장서의 빈 곳을 메워 줄 것이고, 장정이 훌륭하면 확실히 보기에도 좋을 것이다. 또는 박식한 여자 친구가 있는 자라면 그녀의 화장대 위나 차 마시는 탁자 위에 놓아두어도 좋을 것이다. 또는 마지막으로 분명 가장 좋은 용도이고 내가 특히 권하는 것은 이 책을 비평할 수 있다는 점이다.

---

12 F. H. 야코비 F. H. Jacobi(1743~1819)를 가리킨다.
　　 *감정 철학의 대표자로 특히 스피노자의 합리론에 대한 주요 비판자다.
13 *신앙의 문제를 가리킨다. 이성의 엄격한 사용을 강요하는 철학 체계를 세우려는 모든 시도를 거부하는 야코비에게 신앙은 감각 경험의 실재일 뿐만 아니라, 인간의 가슴속이나 정신에 나타나는 진리에 대한 직접적인 확신을 의미했다.

그리고 내가 감히 이런 농담을 한 것은 참으로 애매한 삶 속에서 어느 페이지를 넘겨도 농담 한마디 할 여지가 없을 정도로 너무 심각할 필요는 없다고 생각해서인데, 나는 이 책이 조만간 그 진가를 알 만한 사람들의 손에만 들어가게 될 것을 확신하면서 매우 진지한 마음으로 이 책을 내놓는다. 또 그것 말고 나는 이 책도 모든 인식에 있어서, 즉 그런 만큼 가장 중요한 인식에 있어서 언제나 진리가 처하는 운명과 전적으로 같은 운명을 맞으리라 생각해서 차분히 각오하고 있다. 역설적이라 비난받고 진부한 것이라 무시당하는 앞뒤의 장구한 두 기간 사이에서 진리가 누리는 축제의 기간이란 너무나 짧을 뿐이다. 또한 이 진리를 주장한 장본인도 마찬가지로 역설적인 운명을 맞곤 한다. 하지만 인생은 짧지만, 진리는 멀리까지 영향을 미치며 오래 살아남는다. 그러니 우리 진리를 논하기로 하자.

1818년 8월, 드레스덴에서

제2판 지은이 서문

나는 이제 완성된 저서를 동시대인이나 동포가 아닌 인류에게 내놓으며 그들에게 아무 가치가 없지는 않을 것이란 확신을 갖는다. 좋은 것의 운명이 흔히 그렇듯이 이것이 나중에 가서야 인정을 받는다 할지라도. 나의 두뇌가 흡사 내 뜻을 거스르다시피 하면서 자신의 일에 끊임없이 몰두한 것은 한때의 망상에 사로잡혀 훌쩍 지나쳐 가는 동시대인이 아닌 오직 인류를 위한 것이기 때문이다. 이 기간 동안 내 작업에 관심을 가져 주는 사람이 없었지만 나는 그릇된 것과 나쁜 것, 급기야는 불합리하고 무의미한 것[14]이 지속적으로 일반의 칭송과 존경을 받는 것을 보았기에 내 작업의 가치를 의심하지 않았다. 진정하고 정당한 것을 인식할 능력이 있는 이가 너무 희귀해서 그런 자를 20여 년에 걸쳐 찾아보아도 발견하지 못하는 것이 아니라면, 그런 것을 창작해 낼 능력이 있는 사람의 수는 그리 적지 않으므로, 그런 이들의 저서가 후세에 지상적인 일의 무상함 중 하나의 예외를 이룰 거라는 생각이 들기 때문이다. 만약 그렇지 않다면 높은 목표를 세운 사람이 힘을 내는 데 필요한 후세에 대한 기분 좋은 전망도 사라져 버릴지도 모른다. 실질적 이익이 되지 않는 사물을 진지하게 다루고 추구하는 자는 동시대인의 관심을 기대해선 안 된다. 하지만 그는 대개 그사이 그러한 사물의 가상이 세상에 널리 통용되고 득세하는 것을 볼지도 모른다. 세상사란 으레 그런 것이다. 사물 자체Ding an sich[15]는 그 자신을 위해 추구되어야 하기 때문이다. 그렇지 않으면 사물 자체를

---

14   헤겔 철학을 말한다.

15   *칸트 철학의 기본 개념. 이마누엘 칸트에 의하면 사물 자체는 인간의 의식 밖에 인간의 인식과 독립해서 존재하며, 지각과 사유를 통해 인식에 주어지는 방식과는 구별되는 그 자체로서의 사물 또는 객관적 실재를 가리킨다. 칸트는 『순수이성비판』에서 "우리에게 사물은 우리 밖에 존재하며 우리 감각의 대상으로 주어지지

얻을 수 없다. 어떤 일에나 고의적인 의도는 통찰력에 위험한 법이니까.

따라서 전체 문학사가 증명하듯 가치 있는 모든 것이 성과를 인정받으려면 오랜 시간이 필요했다. 그것이 오락적인 것이 아닌 교훈적인 것일 때는 특히 그러했으며, 그동안은 그릇된 것이 빛을 발했다. 사물을 그것의 가상과 일치시킨다는 것은 불가능한 일은 아닐지라도 어려운 일이기 때문이다. 사실 곤궁과 욕구의 이 세상에서 모든 것이 이런 것들을 위해 봉사하고 부역해야 한다는 것은 저주라 할 수 있다. 그러므로 사실 이 세상은 그 속에서 빛과 진리를 얻기 위한 것과 같은 고상하고 숭고한 노력이 방해받지 않고 순조롭게 진행되어 그 자체를 위해 존재할 수 있게 되어 있지 않다. 그러한 노력이 일단 효력을 발휘해 이로써 그에 관한 개념이 도입된다 하더라도 곧장 실질적 이해관계, 개인적 목적이 주도권을 잡아 그것들의 도구나 가면으로 만들어 버리고 만다. 따라서 철학은 칸트가 새로 명성을 얻게 해 준 뒤 얼마 되지 않아 위로는 국가적, 아래로는 개인적 목적의 도구가 되지 않을 수 없었다. 엄밀히 말해 그것은 철학 그 자체가 아니라 그것의 유령에 불과하지만 철학으로 통용되고 있다. 그렇다고 해서 우리는 이런 사실을 의아하게 생각하지 않는다. 믿기 어려울 정도로 대다수의 인간은 속성상 실질적 목적 말고는 다른 것을 세울 능력이 전혀 없으며, 그런 것을 이해할 수도 없기 때문이다. 따라서 오로지 진리만을 추구하여 노력한다는 것은 너무나 고상하고 기이한 것이므로 모든 사람, 혹은 많은 사람, 아니 소수의 사람만이라도 거기에 성실하게 참여하기를 기대할 수 없는 일이리라. 그럼에도 예컨대 지금 독일에서처럼 눈에 띄게 철학이 활기를 띠고 있고, 일반적으로 철학적 문제에 관심을 갖고 글을 쓰며 말하고 있는데, 그 같은 움직임의 원동력primum mobile, 즉 은폐된 내적 동기는 아무리 위엄을 부리고 호언을 한다 해도 이상적인 목적이 아니라 단지 실제적인 목적에 지나지 않음을 단언해서 말할 수 있겠다. 즉, 그럴 경우 개인적이고 직무상의 이익, 종교적이고 국가적인 이익, 요컨대 실질적 이익을 염두에 두고 있다. 따라서 철학자로 자처하는 수많은 사람의 필봉을 그토록 활발히 움직이는 것은 단순한 당파적 목적이다.

그러므로 이런 소동을 벌이는 자들을 이끌어 가는 별은 통찰력이 아니라 고의

만, 우리는 그 사물 자체가 무엇인지에 관해 전혀 알지 못하며 단지 그 사물의 현상만을 알 뿐이다"라고 말한다. 쇼펜하우어는 칸트의 업적에도 불구하고 이러한 사물 자체의 세계가 사실은 의지의 세계라는 점을 몰랐던 것이 칸트 철학의 약점이라고 지적하고 있다.

적인 의도이며, 그래서 진리란 이런 경우 마지막으로 고려의 대상이 되는 것이 확실하다. 당파성이 있는 사람들에겐 진리란 아무래도 상관없으며, 오히려 그러한 철학적 논쟁이 난무하는 중에도, 마치 말할 수 없이 경직된 교리에 사로잡힌 세기의 칠흑 같은 겨울밤을 보내는 양 진리는 그처럼 남의 이목을 끌지 않고 조용히 제 갈 길을 갈 수 있다. 이 시기에 진리는 가령 비밀 교의敎義처럼 소수의 연금술사나 양피지에만 전달되었다. 그러니까, 나는 철학이 한편으론 정치적 수단으로, 다른 한편으론 생계의 수단으로 창피하게 잘못 쓰이고 있는 이 시대처럼 철학에 불리한 시대는 없었다고 말하고 싶다. 또는 가령 그렇게 노력하고 법석을 떨다 보면 아무튼 전혀 생각지도 않았던 진리가 모습을 드러낼 거라고 생각하는 걸까? 하지만 진리란 자신을 갈망하지 않는 자에게 치근대는 창녀가 아니라, 오히려 자신의 모든 것을 다 바친다 해도 그녀의 호의를 확신할 수 없는 쌀쌀맞은 미녀와 같다.

그런데 여러 정부가 철학을 정치적 목적 달성을 위한 수단으로 삼는 반면, 다른 한편으로 학자들은 철학 교수직을 다른 모든 직업과 마찬가지로 그것에 종사하는 사람을 먹여 살리는 직업으로 본다. 따라서 이들은 자신들의 마음가짐이 훌륭하다는 것, 즉 앞에서 말한 목적에 도움이 되리라는 것을 확신하고 앞다투어 교수직을 얻으려 몰려든다. 또 그들은 자신들의 약속을 지킨다. 즉, 진리도 명료성도, 플라톤도 아리스토텔레스Aristoteles(기원전 384~322)[16]도 아니라 거기에 봉사하도록 지시받은 목표가 그들을 이끌어 가는 별이며, 그것이 즉각 참된 것, 가치 있는 것, 존중할 만한 것, 그것과 반대되는 것의 표준이 되기도 한다. 따라서 그러한 목적에 부합하지 않는 것은 그 분야에서 아무리 중요하고 탁월한 것이라 해도 비난받거나, 또는 위험하다 싶으면 다 같이 무시하여 질식시켜 버린다. 그들이 이구동성으로 범신론에 반대하는 것을 보라. 그들이 자신의 신념으로 그런다고 생각할 멍청이가 어디 있겠는가? 빵을 얻기 위한 생업으로 전락한 철학이 어찌 궤변으로 타락하지 않겠는가? 사실 이는 어쩔 수 없는 필연적인 일이며, '자신이 신세 진 사람을 편든다'는 규범은 예로부터 통용되었으므로, 고대 인도 철학으로 돈을 버는 것을 소피스트들의 특징이라 간주했다. 그런데 또 한 가지 덧붙이자면, 이 세상

---

16 * 고대 그리스의 철학자. 플라톤의 제자로 논리학·형이상학·자연학·윤리학·정치학·수사학 등에 관한 160여 편의 작품을 남겼다. 그의 언어관은 플라톤의 『정치가』 편에 나타난 유 개념과 종 개념의 이분법적 차원을 넘어서 매 개념을 중개로 삼단 논법으로 나아가며, 그의 세계관은 플라톤의 『티마이오스』 편을 극복하기 위해 자연학 4원인설의 형이상학 탐구로 나아간다.

어디에도 평범한 것 외에는 어느 것도 기대할 수 없고 요구되지도 않으며, 돈을 주고도 얻을 수 없으므로 여기서도 우린 그런 사실에 어쩔 수 없이 만족해야 한다. 그에 따라 우리는 독일의 모든 대학에서, 스스로를 희생시켜, 그것도 규정된 표준과 목적에 따라 여태까지 존재하지도 않던 철학을 만들어 내려 애쓰는 사랑스러운 평범함을 보게 된다. 이는 차마 비웃기에도 안쓰러운 참담한 광경이 아닐 수 없다.

이렇듯 일반적으로 철학이 이미 오랫동안 한편으론 공적 목적을 위한, 다른 한편으로 사적 목적을 위한 수단으로 봉사해 오는 동안 나는 이에 구애받지 않고 30년 이상 전부터 나의 독자적인 사상을 추구해 왔다. 나는 자신의 본능적 욕동 Trieb[17]에 따라 사실 그럴 수밖에 없었고 달리 어쩔 수 없었기 때문이기도 했지만, 그래도 누군가 참된 것을 생각하고 감춰진 것을 조명해 준다면 언젠가는 사고하는 다른 사람에게 이해되어, 그에게 말을 걸고 그를 기쁘게 하며 위로해 줄 거라는 확신의 뒷받침을 받을 수 있어서였다. 우리와 비슷한 사람들이 우리에게 진리를 말하고, 그로 인해 이 삭막한 삶에서 우리에게 위로가 되었듯이, 우리는 이런 사람에게 진리를 말하는 것이다. 그러는 동안 사람들은 자신의 문제를 그 자체 때문에, 그 자신을 위해 추구한다. 그런데 이상하게도 철학적 반성에서는 자신을 위해 깊이 사색하고 탐구한 것만 훗날 남에게도 도움이 되지, 애당초부터 남을 생각해서 그렇게 한 것은 오히려 도움이 되지 않는 법이다. 알다시피 전자가 성격상 보통 솔직한 것에 가장 가깝다고 할 수 있다. 사람들은 자신을 속이려 하지는 않는 법이고, 자신에게 알맹이 없는 호두를 제공하지는 않기 때문이다. 그렇기 때문에 굳이 궤변을 농하거나 쓸데없는 말을 늘어놓지 않게 되고, 그 결과 쓰인 모든 문장은 읽느라 들인 수고를 즉각 보상해 준다. 이와 같이 내 저서는 솔직함과 공명함이 특징인데, 그것만으로도 칸트 이후 시기의 세 명의 유명한 궤변가들의 저서와는 현격한 차이가 난다고 할 수 있다.

나는 언제나 반성, 즉 합리적 사유와 솔직한 전달의 입장에 있으며, 지성적 직관으로 불리거나 절대적 사유로도 불리는, 적당한 이름으로 부른다면 허풍과 협잡으로 불리는 영감靈感의 입장은 결코 아니다. 나는 이 정신으로 작업해 오면서,

---

17 * 생물학적·유전적으로 고정된 행동 양식을 의미하는 본능Instinkt과 구별되며, 심리학적인 개념인 욕구 또는 욕망에 비하면 보다 생물학적 기반을 가진 것. 심적인 것과 신체적인 것의 경계 개념인 욕동은 사람의 마음을 휘몰아치는 역동 과정으로 생체 내부에 욕구 긴장을 초래하는 힘을 의미한다.

그동안 줄곧 그릇된 것과 나쁜 것이 일반적으로 인정받고, 그러니까 허풍[18]과 협잡[19]이 최고로 존경받는 것을 보아 왔기에 동시대인의 갈채를 일찌감치 포기해 버렸다. 20년 동안 헤겔Georg Wilhelm Friedrich Hegel(1770~1831)[20]과 같은 정신적 괴물이 가장 위대한 철학자라 떠벌려져 왔고, 그 반향이 전 유럽에 크게 울려 퍼진 이 시대에 이런 꼴을 보아 온 사람으로서 그들의 갈채를 갈망하기란 불가능한 일이라 할 수 있다. 우리 시대는 수여할 명예의 화관을 더 이상 갖고 있지 않으며, 시대의 갈채는 더럽혀졌으므로 그것을 비난해도 아무 의미가 없다. 그게 나의 진심이다. 즉, 내가 동시대인의 갈채를 받으려 했다면 그들의 모든 견해와 완전히 상반되어 부분적으로 분명 그들의 불쾌감을 자아냈을 스무 군데의 구절을 삭제해 버렸을 것이다. 하지만 나는 그러한 갈채를 받기 위해 단 한 개의 철자라도 희생시키는 것은 범죄 행위로 간주할 것이다. 나를 이끄는 별은 참말이지 진리였다. 그 별을 따르며 맨 처음 나는 내 자신의 갈채만 받으면 되었고, 보다 고상한 온갖 지적 노력이라는 점에서 볼 때 심각하게 타락한 시대, 또 고상한 말을 천박한 신념과 결합시키는 기술이 정점에 달한 문학, 예외적이라 할 정도로 타락한 국민문학을 완전히 외면해 버렸다. 누구나 다 그런 것을 갖고 있듯이, 나 역시 내 본성에 필수적으로 내재되어 있는 결점과 약점을 결코 피할 수 없지만, 품위를 떨어뜨리는 순응을 하면서 그런 것을 증가시키지는 않을 것이다.

이제 이 제2판에 관련해서 볼 때 25년이 지난 지금 아무것도 철회할 것이 없으므로, 나의 근본 신념이 적어도 나 자신에게는 입증되었다는 사실에 무엇보다도 기쁘다. 초판의 본문만을 고스란히 담고 있는 제1편에서 본질적인 것은 건드리지 않았다. 일부는 사소한 내용만 약간 변화되었을 뿐이며, 대부분은 짤막하게 해설

---

18 피히테와 셸링

19 헤겔

20 * 독일의 철학자. 주요 저서로는 『예수의 생애』, 『정신현상학』, 『논리학』, 『철학강요』, 『법철학강요』, 『역사철학』(사후 출판) 등이 있다. 튀빙엔대학 졸업 뒤 신학 과정을 밟았지만 교수들의 따분한 정통파 교리 강의에 싫증을 냈다. 그는 시인 횔덜린, 셸링과 어울려 그리스 비극 작품을 읽었고 프랑스 혁명에 환호했다. 초기 신학 저작들은 신학 자체가 아니라 정통파를 공격했다. 괴테와 마찬가지로 헤겔은 프로이센의 부패한 관료 제도를 싫어했기 때문에 나폴레옹이 예나 전투에서 거둔 승리를 '세계정신의 승리'라며 환영했다. 헤겔의 첫 번째 저서 『정신현상학』은 인간 정신이 어떻게 단순한 의식에서 자기의식·이성·정신·종교를 거쳐 절대지絶對知로 상승하는가를 기술하고 있다. 헤겔이 생각하는 국가는 제한된 군주제이고, 의회를 갖춘 정부이며, 배심원에 의한 판결을 하며, 유대인과 반대자들에 관대한 정치 형태다. 1830년 혁명으로 헤겔은 충격을 받고 몸져누웠다. 1831년 독일에 콜레라가 퍼지자 헤겔은 여름에 교외로 휴가를 갔다가, 11월 14일 겨울 학기를 위해 집으로 돌아와서 하루를 앓은 뒤 콜레라로 사망했다.

하며 군데군데 추가로 끼워 넣었다. 「칸트 철학 비판」만은 상당히 교정을 했고 추가로 상세히 보충했다. 나 자신의 학설을 개진한 제4권이 제2편에서 각각 보충된 것과 마찬가지로 「칸트 철학 비판」을 교정하고 보충한 것을 이 마당에 별책에 수록할 수 없었기 때문이었다. 내가 그것들을 늘리고 보충하는 이런 형식을 택한 것은, 초판이 나온 이래 25년이 지나면서 나의 서술 방식과 문체에 상당한 변화가 있었고, 제2편의 내용을 제1편의 그것과 완전히 하나로 합칠 수는 없었기 때문이다. 만약 그럴 경우 두 편 다 곤란을 겪을 것이다. 그래서 나는 이 두 저서를 분리시켰기에, 지금 같으면 완전히 다르게 표현할 수도 있는 이전의 서술을 그대로 내버려둔 곳도 적지 않게 있다. 노년에 접어든 내가 젊은 시절의 노작을 트집 잡아 망치지 않게끔 조심하려고 하기 때문이다. 이런 점에서 고쳐야 할 게 있다면 제2편의 도움을 받아 독자의 정신 속에서 어느새 저절로 고쳐질 것이다. 이 두 편은 단어의 완전한 의미에서 서로 보완 관계에 있는데, 말하자면 이 사실은 인간의 어떤 연령이 지성적인 면에서 다른 연령을 보완해 준다는 데 근거를 두고 있다.

따라서 각 편은 다른 편이 지니고 있지 않은 것을 포함하고 있을 뿐만 아니라, 한쪽의 장점은 다른 쪽의 부족한 것에 있다는 사실도 알게 될 것이다. 그러니 내 저서의 전반부가 후반부에 비해 청춘의 정열과 최초 착상의 에너지를 줄 수 있는 반면, 후반부는 오랜 인생행로와 그 노력의 결실로만 얻어질 수 있는 사상의 원숙함과 완벽한 완성이라는 면에서 전반부를 능가할 것이다. 나는 내 철학 체계의 근본 사상을 독창적으로 파악해서, 그것을 즉각 네 개의 가지로 나누어 탐구하고, 그 가지들에서 이를 통합하는 줄기로 거슬러 올라간 뒤 전체를 분명하게 서술하는 힘을 가지고 있었지만, 그때만 해도 체계의 모든 부분을 완벽하고 철저하며 상세히 완성하는 데까지는 이르지 못했다. 다년간에 걸쳐 체계를 반성해야 가능하기 때문이다. 무수한 사실로 체계를 검토하고 해명하며, 극히 다양한 예증으로 그것을 뒷받침하고 온갖 방면에서 그것을 밝게 비추어 보며, 여러 가지 관점에서 대담하게 대조해서 다양한 소재를 철저하게 가려내고 그것을 잘 정리해 내놓기 위해서는 반성이 꼭 필요했다. 그러므로 독자들은 내 전 작품이 두 부분으로 이루어져 있지 않고 서로 합쳐야 사용할 수 있는 하나의 주물鑄物로 생각하는 게 훨씬 마음 편할 것이다. 그런데 그렇게 하려면 인생의 두 시기에 걸쳐서만 가능했을 일을 내가 인생의 한 시기에 해내야만 했다는 것을 염두에 두기 바란다. 그러기 위해 나는 서로 완전히 다른 두 개의 성질을 지니는 특성을 한 시기에 가져야 했으므로

20

내 저서를 상호 보완하는 두 부분으로 나눌 필요가 있었다. 이는 무색의 대물렌즈를 만들 경우 하나의 부분으로는 만들 수 없으므로, 플린트 유리의 볼록렌즈와 크라운 유리의 오목렌즈를 서로 짜 맞춰 결합된 효과를 냄으로써 소기의 목적을 거둘 수 있는 것에 비유할 수 있다. 하지만 다른 한편으로 독자는 같은 두뇌와 같은 정신이 아주 상이한 시기에 같은 대상을 다루는 걸 보는 데서 얻는 기분 전환과 위안으로 두 편을 동시에 사용하는 불편함을 보상받을 수 있을 것이다.

그렇지만 내 철학을 아직 잘 모르는 독자라면 제2편을 같이 보지 말고 제1편을 통독하고 나서 두 번째로 읽을 때 비로소 제2편을 이용하는 게 좋을 것 같다. 그렇지 않으면 제1편에만 제시되어 있는 내 철학의 연관성을 파악하기 어려울 것이기 때문이다. 반면 제2편에서는 주요 학설이 하나하나 좀 더 상세히 규명되어 있고 완벽히 차근차근 펼쳐져 있다. 제1편을 두 번째로 통독할 결심이 서지 않는 사람이라 해도 제1편을 읽은 뒤 제2편을 장의 정식 순서에 따라 따로 통독하는 게 나을 것이다. 물론 제2편의 각 장은 서로 밀접한 관계를 맺고 있진 않지만, 독자가 제1권을 잘 파악했다면 그것을 기억에 떠올림으로써 빈틈이 완전히 메워질 것이다. 게다가 나는 제2편의 도처에서 독자가 제1편의 해당 대목을 참조할 수 있도록 해 놓았고, 이 목적을 위해 초판에서는 장을 단지 구분하는 선으로만 표시해 놓았지만, 제2판에서는 장마다 번호를 매겨 놓았다.

나는 이미 초판의 머리말에서 내 철학이 칸트 철학에서 출발했으며, 따라서 독자가 칸트 철학을 철저히 알고 있음을 전제로 삼는다고 설명했는데, 이런 사실을 여기서 되풀이하고자 한다. 칸트 철학은 그것을 파악한 모든 사람의 머리를 근본적으로 변화시키는데, 그 변화가 너무 커서 가히 정신적 거듭남이라 일컬을 만하다. 말하자면 유일하게 그의 철학만이, 태어날 때부터 부여받은, 지성의 원래적 규정에서 비롯되는 실재론을 정말로 제거할 수 있다. 그런데 이런 일은 버클리나 말브랑슈Nicolas Malebranche(1638~1715)[21]도 제대로 해내지 못했다. 이들이 너무 일반론에 머물러 있는 데 반해, 칸트는 특수한 것을 다루며, 그것도 모범이나 모조물이 없는 유례없는 방식으로 매우 독특하고도 직접적인 영향을 끼친다. 그 결과 정신은 근본적으로 미몽에서 깨어나며, 앞으로는 모든 사물을 다른 시각에서 바라보게 된다. 하지만 그래야 비로소 정신은 내가 하려는 좀 더 적극적인 해설을

---

21 *기회 원인론을 제창한 프랑스의 철학자

받아들일 수 있게 된다. 이와 반대로 칸트 철학을 자기 것으로 만들지 못한 사람은 그 외에 무엇을 연구한다 해도, 흡사 순진무구한 상태, 말하자면 우리 모두가 태어날 때와 같은 자연 그대로의 어린애 같은 실재론 상태에 머물게 된다. 이런 상태로는 다른 것은 다 할 수 있을지 몰라도 철학만은 할 능력이 없는 것이다. 따라서 이런 사람과 칸트 철학을 이해한 사람의 관계는 미성년자와 성년이 된 사람의 관계라 할 수 있다. 이 사실은 이성 비판이 나온 이후 첫 30년 동안은 결코 역설적으로 들리지 않았지만 오늘날에는 역설적으로 들린다.

그 이유는 그동안 칸트를 잘 알지 못하는 세대가 성장한 데다, 그의 저서를 대충 훑어보고 성급하게 읽거나 남이 쓴 보고문을 읽는 사람이 많아졌기 때문이다. 또 잘못된 지도를 받은 결과 이 세대가 자격을 갖추지 못한 평범한 사람들이나 세상 사람들이 무책임하게 칭찬하는 허풍선이 궤변가들의 학설을 읽느라 시간 낭비를 했기 때문이기도 하다. 그 때문에 기본 개념에 혼란이 일어나고, 그렇게 교육받은 세대가 스스로 학설을 내세우며 뽐내고 허세를 부리는 데서 일반적으로 더없이 조야하고 볼썽사나운 일이 벌어진다. 하지만 다른 사람이 쓴 글로도 칸트 철학을 알 수 있다고 잘못 생각하는 사람들은 구제할 길 없는 오류에 사로잡히게 된다. 오히려 나는 특히 근래에 나온 그러한 보고문에 대해 심각한 경고를 하지 않을 수 없다. 실로 최근 들어 나는 헤겔학파의 저서들 중 칸트 철학을 서술한 것을 보곤 하는데, 정말 어처구니없는 내용으로 되어 있다. 이미 혈기왕성한 청년기에 헤겔류의 허튼 소리로 왜곡되고 망가진 머리가 어떻게 칸트의 심오한 연구를 따라갈 수 있단 말인가? 일찍부터 그런 자들은 공허하기 짝이 없는 쓸데없는 말을 철학 사상이라 간주하고, 빈약하기 짝이 없는 궤변을 예지라 생각하며, 어리석은 망상을 변증법이라 여기는 데 익숙해졌다. 그리하여 무언가를 생각하기 위해 헛되이 정신을 고문하고 혹사시키는 미친 듯한 단어의 조합을 받아들임으로써 이들의 정신은 망가져 버렸다. 이들에겐 이성 비판은 아무 쓸모없고 철학이 필요치 않은 것이다. 그들에게 필요한 것은 정신의 약제藥劑이며, 우선 정화제로 건전한 상식을 다루는 짧은 과정을 밟게 한 뒤 그들에게 철학을 논할 능력이 있는지 계속 지켜보아야 한다. 그러므로 칸트 자신의 저서가 아닌 다른 데서 칸트 철학을 찾는다는 것은 헛된 일이다. 그런데 칸트 자신의 저서는 그가 잘못 생각하거나 틀린 경우에도 무척 교훈적이다. 그에겐 독창성이 있으므로 모든 진정한 철학자에게 적용할 수 있는 것을 그에게도 무척 잘 적용할 수 있다. 우리는 다른 사람의 보고문이 아닌 그들 자신의 저서로만 이들 진정한 철학자를 알 수 있다. 그런 비범한 철학자들의 사상은 평범한 두뇌로 여과되는 것을 허용치 않기 때문이다. 광채를 발하는 두 눈 위, 넓고 흰하며 멋지게 도드라진 이마 뒤에서 태어난 이 사상은, 개인적 목적을 추구하는 우둔한 눈빛으로 요리조리 엿보는, 좁고 짓눌려 있으며 벽이 두꺼운 두개골이란 좁은 집과 낮은 지붕에 옮겨지게 되면, 온갖 활력과 생명력을 잃어버리고 본래 자신의 모습과는 다른 것이 되고 만다. 정말이지, 평범한 두뇌는 이런 유類의 고르지 않은 거울 같은 작용을 해서, 여기에 비춰지면 모든 것이 왜곡되고 일그러져 균형 잡힌 아름다움을 잃어버림으로써 우스꽝스러운 모습이 되고 만다고 할 수 있다. 우리는 철학 사상을 오로지 원래 창시자로부터만 받아들일 수 있다.

그러므로 철학에 이끌림을 느끼는 사람은 누구든지 그들의 저서라는 고요한 성소聖所에서 그 자신의 불멸의 교사를 찾아야 한다. 이들 모든 진정한 철학자의 주된 장에 서술된 학설에는 범속한 두뇌를 가진 자들이 내놓는 답답하고 왜곡된 보고문보다 백 배 이상의 통찰이 담겨 있다. 게다가 이 범속한 자들은 대체로 그때그때의 유행 철학이나 그들 자신의 충정에 사로잡혀 있다. 하지만 일반 대중이 이들에 의해 간접 서술된 것을 더욱 선호하는 것을 보면 놀라지 않을 수 없다. 사실 이런 경우에는 친화력이 작용하는 탓인지, 그 힘으로 인해 평범한 사람은 자신과 같은 사람에 이끌린 결과 위대한 정신의 소유자가 말한 것조차 오히려 자신과 같은 사람이 쓴 것을 듣고 싶어 하는 것 같다. 어쩌면 이는 어린애는 자신과 같은 어린애한테서 가장 잘 배운다는 상호 교육의 학설과 같은 원리에 근거하고 있는지도 모른다.

이제 철학 교수들을 위해 한마디 더 하도록 하겠다. 그들은 내 철학이 출현하자마자 그들 자신의 노력과 무척 이질적이고 위험천만한 것으로, 또는 통속적인 표현을 쓰자면 그들의 목적에 맞지 않은 것으로 인식했다. 나는 그들이 보여 준 총명함, 진실하고 세심한 태도와 확실하고 총명한 책략뿐 아니라 그러한 책략에 힘입어 내 철학에 맞서기 위해 찾아낸 그들의 적절한 대응 방식, 이를 수행하며 보여 준 일치단결된 태도, 마지막으로 그런 방식을 집요하게 고수하는 것에 언제나 경탄하지 않을 수 없었다. 그 외에 실행하기 무척 쉽다는 점에서도 권장할 만한 것으로 되어 있는 이런 방식은 알다시피, 중요하고 의미심장한 것을 가로채 은폐하는 것을 뜻하며, 괴테Johann Wolfgang von Goethe(1749~1832)의 짓궂은 표현에 따르자면 완전히 무시해서 비밀에 부치는 것을 본령으로 한다. 이 은밀한 방법의 효과는, 뜻이 통하는 정신적 신생아의 탄생을 서로 축하하고, 그리하여 일반 사람들이 그들을 쳐다보지 않을 수 없을 때 그에 관해 서로 환영 인사를 나누고 우쭐한 표정을 지으며 미친 듯 떠들어댐으로써 고조된다. 이 방식이 의도하는 목적을 알아채지 못할 사람이 누가 있겠는가? '일단 살고 난 다음, 철학을 논한다'는 원칙에 이의 제기를 할 여지가 없기 때문이다.

이런 작자들은 생계를 유지하려 하며, 그것도 철학으로 살아가려 한다. 이들에게 철학은 처자식을 먹여 살리는 생계수단이므로, "철학, 너는 가난하여 헐벗은 채 다닌다"라는 페트라르카Francesco Petrarca(1304~1374)[22](『칸초니에레』 1장 7)의 말에도 불구하고 이들은 철학에 모든 것을 걸고 있다. 하지만 내 철학은 그것으로 살아갈 수 있게 되어 있지 않다. 내 철학에는 두둑한 급료를 받는 강단 철학에 없어선 안 되는 일차적인 필수 요소, 즉 무엇보다도 사변 신학이 전적으로 결여되어 있다. 비판 철학으로 이미 칸트가 성가시게 굴고 있음에도 바로 이 사변 신학이야말로 모든 철학의 주된 테마여야 하고 그래야만 한다는 것인데, 그렇다면 철학은 전혀 알 수 없는 것을 줄곧 떠들어야 하는 과제를 떠맡은 셈이다. 그러니까, 내 철학은 철학 교수들이 교묘하게 꾸며 내고 그들에게 없어선 안 되는 것이 되어 버린 허구, 즉 직접적이고 절대적으로 인식하고 직관하며 인지하는 이성이라는 허구를 결코 용인하지 않는다. 세상에서 가장 쉬운 방식으로 칸트에 의해 우리의 인식에 전적으로 영원히 차단된, 모든 경험의 가능성을 초월하는 영역으로 흡사 쌍두마차를 몰고 가듯 들어가게 하기 위해서는 처음부터 독자들로 하여금 이성이란 허구를 믿게 하기만 하면 된다. 그 영역에서는 유대화해 가는 낙관적 근대 기독교 정신의 근본 교리가 직접적으로 계시되고, 아름답기 그지없이 꾸며지는 것이다.

그런데 내 철학은 이런 필수적 요소들이 결여되어 있고 의도하는 목적이 없으며, 생계 수단도 못 되면서 심사숙고해야 한다. 아무런 보답이나 편들어 줄 동지가

---

22 *이탈리아의 학자, 시인이자 인문주의자. 이상적인 연인 라우라에게 바치는 시들을 써서 르네상스 서정시의 개화에 기여했다. 페트라르카 사상의 본질은 과거가 현재의 자양이라는 심오한 인식에 있다. 그가 이룬 지속적인 성과는 세계를 주관하는 섭리가 있다면 그 섭리는 인간을 세계의 중심에 두었으리라는 사실을 인식한 데 있다. 페트라르카는 인간 생활을 풍요롭게 하는 신학적 기초를 제공했다. 그 없이는 르네상스로 귀결되는 15세기 이탈리아의 인문주의적 태도가 불가능했을 것이다.

없는 내 철학은 때로 박해까지 당하는, 있는 그대로의 진리를 북극성으로 삼아 좌고우면左顧右眄하지 않고 앞으로 곧장 나아간다. 이 내 철학이 저 양육의 어머니alma mater[23], 유익하고 영양가 높은 대학 철학과 무슨 관계가 있단 말인가? 대학 철학은 언제나 군주에 대한 두려움, 정부의 의지, 기존 교회의 교의Dogma, 출판사의 소망, 대학생들의 호응, 동료들의 호의, 시국의 추세, 대중의 일시적인 향배 및 그 밖의 모든 것을 염두에 누면서 백 가지 의도와 천 가지 동기를 짊어진 채 조심스럽게 자신의 길을 돌파해 가고 있다. 또는 나의 조용하고 진지한 진리 탐구가 마음속 깊이 사사로운 목적을 내적 동기로 삼아 강단과 청강석에서 항시 벌어지는 저들의 요란한 논쟁과 무슨 공통점이 있단 말인가? 오히려 이 두 종류의 철학은 근본적으로 상이하다. 따라서 내게는 어떠한 타협도, 어떠한 동지도 없다. 오로지 진리만을 추구하는 자 외에는 아무도 내게서 이득을 얻지 못하고, 다들 자신의 목적만 추구하기에 당대의 여러 철학 집단은 내 철학에서 아무런 이득도 얻지 못하는 셈이다. 그러한 목적은 어떠한 통찰에 의해서도 이루어질 수 없지만, 나는 이런 어떠한 목적과도 맞지 않는 통찰밖에 제공할 게 없다. 그래서 내 철학이 강단에서 논할 만한 것이 되려면 전혀 다른 시대가 와야만 가능할 것이다. 그러므로 누구에게도 생계 수단이 될 수 없는 어떤 철학이 공기와 빛을 얻고, 심지어 대대적인 주목을 받게 된다면 그야말로 멋진 일이리라! 따라서 이런 일이 일어나지 않도록 미연에 방지를 해야 했고, 모두들 하나같이 그렇게 되는 것에 반대하지 않을 수 없었다.

그렇지만 그들은 내게 맞서 그리 쉽사리 논쟁을 벌이고 논박할 수 없었다. 또한 그로 말미암아 대중이 그 문제에 관심을 돌리고 내 저서를 읽게 되어, 철학 교수들이 야간작업한 성과물에 대한 대중의 취향을 망쳐 버릴 수도 있었기에, 그것은 심히 껄끄러운 방법이었다. 진지한 것을 맛본 자에게는 특히 지루한 유의 것일 경우 농담이 더 이상 입맛에 맞지 않을 것이기 때문이다. 그러므로 만장일치로 채택한 침묵의 방식이야말로 유일하고도 올바른 방식인 셈이다. 나는 그런 방법이 통하는 한, 즉 언젠가는 무시가 무지를 뜻한다는 것을 알게 될 때까지는 그런 방식을 고수하고 계속 그런 식으로 나아가라고 충고할 수 있을 뿐이다. 그때 가서라도 아직 생각을 교정할 시간은 있을 것이다. 집에서는 사상 과잉에 그다지 압박을 받곤 하지 않으니까 그동안 자신이 사용하기 위해 가끔 작은 깃털을 잡아 뜯는 것도

---

23 *대학을 말한다.

각자의 자유일 것이다. 그러므로 적어도 내가 아직 살아 있는 얼마 동안은, 이미 그런 식으로 많은 이득을 본 무시와 침묵의 방식이 상당 기간 지속될 수 있을 것이다. 또 그런 동안에는 가끔씩 경솔한 소리가 들린다 해도 그것은 전혀 다른 것을 가지고 거드름 피며 대중을 즐겁게 해 줄 줄 아는 교수들의 우렁찬 강의에 이내 묻혀 버리고 말 것이다. 그렇지만 나는 한결같은 방식을 보다 엄격하게 고수하여 특히 때로 경솔하기 짝이 없는 젊은이들을 감시하라고 충고하는 바다. 왜냐하면 설령 그렇게 한다고 한들 그런 칭찬받을 만한 방식이 영원히 지속될 거라고는 보증할 수 없고, 최종 결과도 장담할 수 없기 때문이다. 말하자면 대체적으로 선량하고 고분고분해 보이지만 이런 대중을 조종하기란 까다로운 일이다. 거의 어느 시대나 고르기아스Gorgias(기원전 485년경~385년경)[24]나 히피아스Hippias(기원전 443년경~399)[25]와 같은 궤변가들이 제일 윗자리를 차지하고 터무니없는 것이 대체로 전성기를 누리며, 한 개인의 소리가 우롱하고 우롱당하는 자들의 합창을 뚫고 들어갈 수 없는 것처럼 보일지라도, 그럼에도 어느 시대나 진정한 작품만이 아주 독특하고 은밀하며 더디지만 강력한 영향을 미치는 법이다. 또 사람들은 그런 작품이 마치 지구의 두꺼운 대기층에서 좀 더 순수한 공간으로 솟아오르는 풍선처럼 마침내 지상의 소동으로부터 높이 떠오르는 것을 경탄해 마지않으며 바라보게 된다. 일단 그런 작품이 그러한 곳에 도달해 계속 거기에 머무르면 더 이상 아무도 그것을 아래로 끌어내릴 수 없는 것이다.

1844년 2월, 프랑크푸르트 암 마인에서

24　*기원전 5세기 소크라테스와 동시대에 활동한 시칠리아의 궤변가. 기원전 427년 펠로폰네소스 전쟁 중에 조국의 사절 대표로 아테네를 방문한 이래 변론술의 일인자가 되었다. 그는 실재는 존재하지 않고, 존재하고 있더라도 인간은 그것을 인식할 수 없으며, 인식할 수 있다 하더라도 그것을 남에게 전달할 수 없다고 주장했다.

25　*기원전 5세기 그리스, 펠로폰네소스, 엘리스에서 활동한 소피스트

제3판 지은이 서문

참되고 진정한 것은 세상에서 좀 더 수월하게 세력을 얻을지도 모른다. 그것을 만들어 낼 능력이 없는 자들이 그것의 유행을 방해하지 않는다면 말이다. 세상에 도움이 될 만한 것이 질식당할 정도는 아니더라도 방해받고 제지당하는 이유는 그러한 사정 때문이다. 나의 경우 내 나이 갓 서른에 이 책이 처음 나왔지만 일흔둘이 되어서야 제3판이 나오는 것은 그러한 결과 때문이다. 하지만 이에 관해 나는 "하루 종일 달리다가 저녁이 되어 목적지에 이르면 그것으로 족하다"라는 페트라르카의 글(『참된 지혜에 관해』 140쪽)에서 위안을 얻는다. 나도 마침내 그 나이에 도달하여 이제 내 생애의 막바지에 효력이 나타나기 시작하는 것을 보고 만족감을 느끼며, 옛날의 통례에 비추어 볼 때 뒤늦게 시작된 만큼 오랫동안 지속되리란 희망을 품는다.

　독자는 제2판에 수록된 것이 제3판에 빠짐없이 들어 있고, 오히려 인쇄를 하며 추가로 보충된 것이 있어 136페이지나 더 많아진 것을 보게 될 것이다.

　제2판이 나오고 7년 뒤에 나는 『소품과 부록』 두 권을 발간했다. 그 같은 명칭을 붙인 것은 내 철학의 체계적 서술을 보충한다는 의미이므로 이 책에 싣는 것이 온당할지도 모른다. 하지만 당시에 그런 식으로 책을 낸 것은 살아생전에 내가 제3판을 볼 수 있을지 심히 의심스러웠기 때문이었다. 앞서 말한 『소품』의 제2권에 그런 내용이 있으며, 장의 표제를 보면 그런 사실을 쉽게 알 수 있을 것이다.

　1859년 9월, 프랑크푸르트 암 마인에서

아르투어 쇼펜하우어, 1859

차례

제2권 의지로서의 세계, 제1고찰 · 151
의지의 객관화

제3권 표상으로서의 세계, 제2고찰 · 239
근거율과 무관한 표상 / 플라톤의 이데아 / 예술의 대상

제4권 의지로서의 세계, 제2고찰 · 377
자기 인식에 도달한 경우 / 삶에의 의지의 긍정과 부정

일러두기

1. 아르투어 쇼펜하우어의 『의지와 표상으로서의 세계 *Die Welt als Wille und Vorstellung*』 초판은
   1819년에 브록하우스Brockhaus 출판사에서 나왔다. 이후 1844년에 두 번째 증보판이 나왔고,
   1859년에 개정 증보된 제3판이 나왔다. 본 책은 1977년 디오게네스Diogenes 출판사에서 나온
   제3판(Arthur Schopenhauer, *Die Welt als Wille und Vorstellung*, Diogenes, 1977)을 바탕으로 작업하였다.
2. 본문의 원주는 숫자만 표기하고, 옮긴이의 주는 숫자와 *를 함께 달아 구분하였다.
3. 단행본, 잡지, 논문집, 장편 시(서사시)의 제목은 『 』로 표기하였고, 신문, 논문, 단편 시를 비롯해
   미술, 음악, 연극 등 예술 작품의 제목은 「 」로 표기하였다.
4. 인명은 국립국어원의 외래어 표기법에 따랐으나 일반적으로 굳어져서 사용된 명칭은 그에 준하였다.
5. 원서에는 도판이 없지만, 이 책에는 독자의 이해를 돕기 위해 도판을 추가하였다.

제1권
표상으로서의 세계, 제1고찰

근거율에 종속된 표상
경험과 학문의 대상

Sors de l'enfance, ami, réveille-toi!
〔Laß hinter dir die Kindheit, Freund, erwache!〕
벗이여, 유년기에서 벗어나, 깨어나라!

장 자크 루소, 『신 엘로이즈』

37쪽, 「셰익스피어의 『템페스트』 중 한 장면」 윌리엄 호가스, 1736년경

1.

세계는 나의 표상

'세계는 나의 표상[1]이다.' 이 말은 삶을 살면서 인식하는 모든 존재자에게 적용되는 진리다. 하지만 인간만이 이 진리를 반성적·추상적으로 의식할 수 있으며, 인간이 실제로 이것을 의식할 때 인간의 철학적 사려 깊음이 생긴다. 이 경우 인간은 태양과 대지를 아는 것이 아니라 태양을 보는 눈과 대지를 느끼는 손을 지니고 있음에 불과하다는 것, 인간을 에워싸고 있는 세계는 표상으로서만 존재한다는 것, 즉 세계는 다른 존재인 인간이라는 표상하는 자와 관계함으로써만 존재한다는 것이 그에게 분명하고 확실해진다. 어떤 진리를 선험적$^{a priori}$이라고 말할 수 있다면 이것이 바로 그러한 것이다. 이 진리는 온갖 다른 형식인 시간, 공간 및 인과성보다 더 보편적인 경험, 생각해 낼 수 있는 온갖 가능한 경험의 형식을 말하고, 이 형식들은 이미 이 진리를 전제하기 때문이다. 또 우리가 충분근거율이라는 특수한 형태로 인식한 이 모든 형식은 각각 표상들의 특수한 부류로 간주되는 반면, 주관과 객관으로 분리되는 것은 그러한 모든 부류의 공통된 형식이고, 그러한 형식 아래에서만 어떤 종류의 표상이든, 추상적이든 직각直覺적이든, 순수하든 경험적이든 어떤 표상이 가능하고 있을 수 있다.

그러므로 이 진리보다 더 확실하고, 다른 모든 진리와 무관하며 증명을 덜 필요로 하는 것은 없다. 인식을 위해 존재하는 모든 것, 즉 전체 세계는 주관과의 관계 속에서 존재하는 객관에 지나지 않으며, 직관하는 자의 직관, 한마디로 말해 표상

---

1 * 쇼펜하우어 철학에서 '표상'이란 오감, 즉 시각, 청각, 후각, 미각, 촉각에 의해 인지되는 대상을 말한다. 의지와 표상의 관계는 플라톤의 이데아와 현실, 칸트의 사물 자체와 현상, 우파니샤드 철학의 브라마와 마야의 관계와 같다.

인 것이다. 물론 이 말은 현재뿐 아니라 과거와 미래에도, 아주 먼 것과 가까운 것에도 적용된다. 그것은 이 모든 것이 그 속에서만 구별되는 시간과 공간 자체에 적용되기 때문이다. 세계에 속하고 속할 수 있는 모든 것은 불가피하게 이처럼 주관에 의해 조건 지어진 상태에 있으며, 주관을 위해서만 존재한다. 세계는 표상이다.

이 진리는 결코 새로운 것이 아니다. 이것은 데카르트René Descartes(1596~1650)[2]가 출발점으로 삼은 회의적 고찰에도 이미 있었다. 하지만 이를 최초로 단호히 말한 사람은 버클리였다. 그의 다른 학설은 더 이상 존속할 수 없을지라도 그는 이로 인해 철학에 불멸의 공로를 세웠다. 그러나 부록[3]에서 자세히 다루었듯이 이 명제를 소홀히 한 것이 그의 첫 번째 잘못이었다. 반면 이 근본 진리는 비아사Vyasa[4]가 주창한 것으로 간주되는 베단타 철학[5]의 근본 명제로 등장하면서 인도의 현자들이 일찍이 이를 인식했다.

윌리엄 존스Sir William Jones(1746~1794)[6]는 『아시아 연구』에 수록된 그의 마지막 논문 「아시아인들의 철학에 관하여」에서 다음과 같이 증언하고 있다. "베단타학파의 근본 교의는 물질의 존재, 즉 고체성, 불가입성[7], 전충성塡充性[8]을 부정하는 데 있는 것이 아니라 — 이걸 부정하는 것은 미친 짓이겠지만 — 물질에 대한 일반의 개념을 바로잡아 그것이 인간의 지각과 무관한 어떠한 본질도 갖고 있지 않으며, 존재와 지각 가능성은 동의어임을 강력히 주장하는 데 있다." 이 말은 경험적

2　* 프랑스의 철학자이자 과학자. 스콜라학파의 아리스토텔레스주의에 처음 반대한 사람으로 근대 철학의 아버지로 알려져 있다. 모든 형태의 지식을 방법적으로 의심하고 나서 "나는 생각한다. 그러므로 나는 존재한다"라는 직관이 확실한 지식임을 발견했다. 데카르트의 형이상학 체계는 본유관념本有觀念으로부터 이성에 의해 도출된다는 점에서 직관주의적이나, 물리학과 생리학은 감각적 지식에 기초를 두고 있다는 점에서 경험주의적이다. 라틴어로 쓰지 않은 최초의 근대 철학서인 『방법서설Discours de la méthode』에서 데카르트는 과학적 진리를 찾기 위한 이성의 사용법을 예증했다. 데카르트는 명석하고 판명한 본유관념에 기초하여 각자의 마음이 정신적 실체이고 육체가 물질적 실체라고 확신했다. 주요 저서로는 『정신지도를 위한 규칙』, 『방법서설』, 『형이상학 반성』, 『철학 원리』가 있다.
3　* 「칸트 철학 비판」.
4　* 기원전 1500년경에 활동한 인도의 전설적인 현인. 뛰어난 영웅에 관한 이야기를 중심으로 전설적이고 교훈적인 시들이 집대성된 『마하바라타』를 쓰거나 편집한 것으로 전해진다. 비아사는 산스크리트어로 '배열자', '편집자'라는 뜻을 갖기도 한다.
5　* 인도 철학의 정통 육파 철학 가운데 하나이며, 가장 근대적인 힌두교학파의 토대를 이루고 있는 철학 체계.
6　* 영국의 동양학자이자 변호사. 죽기 전까지 28개 언어를 연구했는데, 산스크리트 연구를 통해 그것이 그리스어와 공통 조어祖語를 갖는다는 학설을 제안했다.
7　* 두 개의 물체가 같은 시간에 같은 공간을 차지하지 못한다는 성질. 빈 병을 물속에 거꾸로 넣으면, 공기 때문에 병 안으로 물이 들어가지 못하는 성질 따위를 말한다.
8　* 물체가 공간을 메우는 성질

실재성과 초월적 관념성의 양립을 충분히 표현하고 있다.

따라서 우리는 제1권에서는 제시한 측면에서만, 즉 세계가 표상인 한에서만 세계를 고찰하기로 한다. 그렇지만 이 고찰이 진리를 지니고 있음에도 일면적인 고찰이며, 따라서 어떠한 자의적인 추상에 의해 야기된다는 사실은 누구에게나 내적 저항을 알려 주어, 그 내적 저항으로 그는 세계를 자신의 단순한 표상으로 받아들이게 된다. 다른 한편으로 누구나 이 가정을 피할 수는 없을 것이다. 하지만 이 고찰의 일면성은 다음 권에 나오는 어떤 진리, 우리가 여기서 출발하는 진리만큼 그렇게 직접적으로 확실하지는 않은 어떤 진리에 의해 보완될 것이다. 직접적으로 확실하려면 좀 더 깊은 연구, 좀 더 까다로운 추상, 상이한 것의 분리와 동일한 것의 일치가 있어야 가능하다. 이 진리는 대단히 중요하며, 무시무시한 것은 아닐지라도 예사롭지 않은 것은 분명하다. 사실 누구나 말할 수 있고, 말하지 않을 수 없는 그 진리는 '세계는 나의 의지다'라는 것이다.

하지만 그 정도까지 도달하려면 시선을 돌리지 말고 우리가 출발점으로 삼는 세계의 측면, 즉 인식 가능성의 측면을 고찰하는 것이 필요하다. 따라서 현존하는 모든 객관을, 그러니까 심지어 자신의 신체까지도—우리가 이내 보다 자세히 논하겠지만—단지 표상으로서만 고찰하고, 단순한 표상이라 부르는 것이 필요하다. 나중에 누구나 확실히 알게 되겠지만 여기서는 홀로 세계의 다른 측면을 이루는 의지는 도외시하고 있다. 세계가 한편으론 철저히 **표상**이듯이 다른 한편으론 철저히 **의지**Wille[9]이기도 하기 때문이다. 하지만 이 양자 중 어느 것도 아닌 객관 그 자체인 실재(칸트의 사물 자체도 유감스럽게도 그의 수중에서 실재로 변질되고 말았다)는 꿈에 나타나는 괴물이며, 그러한 가정은 철학에서 현혹하는 빛이다.

---

9 * 쇼펜하우어에게 '의지'란 개념은 일반적인 의미의 뜻뿐 아니라, 인간의 다른 맹목적인 감성인 '욕망', '욕구', '갈망', '추구', '노력', '고집'까지 포괄하는 개념이다. 그뿐 아니라 쇼펜하우어는 식물의 성장을 가능케 하는 힘, 광물이 결정을 만드는 힘, 나침반이 북쪽을 향하는 것, 중력의 작용 등 모두를 의지로 보았다. 이처럼 쇼펜하우어는 의지를 자연 속에 있는 모든 힘이라고 표현한다.

2.
인식 주관과 객관

모든 것을 인식하지만 어느 것에 의해서도 인식되지 않는 것이 **주관**이다. 따라서 주관은 세계의 담당자이며, 현상하는 모든 것과 모든 객관을 관통하며 항시 그 전제가 되는 조건이다. 왜냐하면 항상 현존하는 것은 오직 주관에 대해서만 존재하기 때문이다. 누구나 자기 자신을 이 주관으로 발견한다. 하지만 누구나 인식하는 한에서만 그러하고, 그가 인식의 대상인 경우에는 그렇지 않다. 그런데 그의 신체는 이미 객관이므로 우리는 이 입장에서 신체 자체를 표상이라 부른다. 신체는 비록 직접적인 객관[10]이라 하더라도 객관들 중의 객관이고 객관들의 법칙에 종속되기 때문이다. 신체는 직관의 모든 대상과 마찬가지로 다수성을 가능케 하는 모든 인식의 형식인 시간과 공간 속에 있다. 그러나 인식하면서도 인식되지는 않는 주관은 이들 형식 속에 있지 않고, 오히려 그것들의 전제가 된다. 그러므로 주관에는 다수성도 그 반대인 단일성도 없다. 우리는 결코 주관을 인식하지 못한다. 오히려 인식이 행해질 경우 인식하는 바로 그것이 주관이다.

따라서 표상으로서의 세계는 우리가 여기서 고찰하는 관점에서만 보자면, 본질적이고 필연적인 불가분의 두 가지 측면을 지니고 있다. 그 한 측면은 **객관**으로, 그것의 형식은 공간과 시간이며, 이로 인해 다수성이 생겨난다. 그런데 다른 측면인 주관은 시간과 공간 속에 존재하지 않는다. 주관은 표상하는 모든 존재에 나누어지지 않은 채 온전히 존재하기 때문이다. 따라서 이들 중 단 한 사람이라도 현존하는 수백만의 사람들과 마찬가지로 완벽하게, 객관과 더불어 표상으로서

---

10   충분근거율에 대한 논문 제2판 제22장

의 세계를 보완하는 것이다. 하지만 단 한 사람이라도 사라져 버리면 표상으로서의 세계는 더 이상 존재하지 않게 된다. 그러므로 이 두 가지 측면은 사상에 있어서조차 떼어 놓을 수 없는 관계에 있다. 이 두 가지의 어느 쪽도 다른 한쪽으로 인해서만, 또 다른 한쪽에 대해서만 의미와 현존을 지니며, 그것과 더불어 현존하고 사라지기 때문이다. 이 두 가지는 서로 직접 경계를 접하고 있기에 객관이 시작되는 곳에서 곧 주관이 끝난다. 이 경계가 서로 접한다는 사실은, 모든 객관의 본질적이고 보편적인 형식들인 시간, 공간 및 인과성은 객관 그 자체를 인식하지 않고도 주관에서 나온 것으로 간주되고 완벽하게 인식될 수 있다는 데서, 즉 칸트의 말을 빌리면 우리의 의식 속에 선험적으로 존재한다는 데서 잘 드러나고 있다. 이것을 발견한 것이 칸트의 주된 공적이자 매우 위대한 공적이다.

아닌 게 아니라 나는 이렇게 주장한다. 즉, 근거율은 우리에게 선험적으로 의식되는 이 모든 객관의 형식들을 공통으로 표현한 것이고, 따라서 우리가 순전히 선험적으로 알고 있는 모든 것은 다름 아닌 그러한 명제의 내용이며 이 명제에서 나오는 결론이다. 그러므로 이 근거율 속에는 사실 선험적으로 확실한 우리의 모든 인식이 표현되어 있다. 근거율에 대한 내 논문에서 상세히 보여 준 것처럼, 모든 가능한 객관은 이 같은 근거율에 종속되어 있다. 즉, 가능한 객관은 한편으로는 규정되고, 다른 한편으로는 규정하면서 다른 객관들과 어떤 필연적 관계를 맺고 있다. 이것이 더 나아가서, 그것들이 객관들이자 표상들일 뿐 다른 것이 아닌 한, 모든 객관의 전체 현존재가 상호 간의 필연적 관계로 완전히 되돌아가 그러한 관계 속에서만 존재하므로, 전적으로 상대적으로 된다. 여기에서 이내 몇 가지 사실이 생겨난다. 더구나 나는 객관들이 그 가능성에 따라 잘게 나눠지는 부류들에 따라, 근거율이 일반적으로 표현하는 저 필연적 관계가 다른 형태로 나타나며, 이로 말미암아 다시 저 부류들을 올바로 구분할 수 있다는 사실을 보여 주었다.

나는 이 책에서 그 논문에서 언급한 모든 것을 독자가 알고 있고 의식하고 있음을 늘 전제로 삼고 있다. 그 논문에서 그런 사실을 언급하지 않았다면 이 책에서 반드시 언급해야 하기 때문이다.

3.
충분근거율의 한 형태인 시간과 공간

우리의 모든 표상들 간의 주된 차이는 직각적인 것과 추상적인 것의 차이다. 추상적인 것은 여러 표상 중 단 하나의 부류를 이루고 있을 뿐인데 이것이 개념이다. 그리고 이 개념은 지구상에서 오로지 인간의 소유물이며, 그러한 개념을 가질 수 있는, 인간을 모든 동물과 구별시키는 능력을 예로부터 이성이라 불러 왔다.[11] 우리는 앞으로도 이 추상적 표상을 별도로 고찰하겠지만, 먼저 **직각적 표상**에 관해서만 문제 삼기로 한다.

그런데 이 직각적 표상은 가시적 세계 전체, 또는 경험의 가능성의 여러 조건과 더불어 경험 전체를 포괄한다. 이미 말했듯이, 바로 이 조건과 경험의 이러한 형식, 즉 경험을 지각함에 있어서 가장 보편적인 것, 경험의 모든 현상과 마찬가지로 고유한 것은 시간과 공간이며, 이것들은 그 내용을 떼어 그 자체로도 추상적으로 생각해 낼 수 있을뿐더러 직접 직관도 할 수 있다는 것, 또 이 직관은 반복에 의해 경험에서 차용한 환상이 아니라 경험과 전혀 무관하게, 오히려 이와 반대로 경험이 직관에 의존해 있는 것으로 생각하지 않으면 안 된다. 이것이 칸트의 매우 중요한 발견이다. 이때 경험이 직관을 선험적으로 인식하듯이 공간과 시간의 특성은 모든 가능한 경험에 법칙으로 간주되고, 이 경험은 어디서나 그러한 법칙에 따라 어떤 결과를 나타내지 않을 수 없는 것이다. 이 때문에 나는 충분근거율에 대한 내 논문에서 시간과 공간이 순수하고 내용 없는 것으로 직관되는 한, 그

---

11 칸트만은 이성의 이 개념을 모호하게 했다. 이에 관해서는 이 책의 부록인 「칸트 철학 비판」과 「윤리학의 근본 문제」 중 '도덕의 기초' 제6장을 참고하기 바란다.

것들을 별개로 존재하는 표상의 특수한 부류로 간주했다. 그런데 칸트가 발견한 직관의 보편적 형식들의 속성도 너무나 중요해서 말하자면 이 형식들은 경험과 무관하게 그 자체로 구체성을 띨 수 있고 그것의 합법칙성에 따라 인식될 수 있는데, 수학의 확실성은 그 합법칙성에 기인한다. 하지만 이 속성에서 적지 않게 주목할 만한 특성은, 경험을 인과성과 동기화[12]의 법칙으로 규정하고, 사유를 판단의 근거가 되는 법칙으로 규정하는 근거율이 여기서 내가 **존재의 근거**라고 부른 아주 독특한 형태로 나타난다는 사실이다. 그리고 그러한 형태는 시간 속에서는 매 순간의 연속이고, 공간 속에서는 끝없이 서로를 규정하는 여러 부분의 위치다.

이 책의 서론에 해당하는 논문인 「충분근거율에 대하여」를 읽고 충분근거율이 형태는 아무리 판이하더라도 내용은 완전히 똑같다는 사실을 분명히 알게 된 사람은 이 명제의 가장 깊은 본질을 통찰하기 위해서는 그것의 여러 형태 자체 중 가장 단순한 것을 인식하는 것이 얼마나 중요한지도 확신하게 될 것이다. 그리고 우리는 **시간**을 이 가장 단순한 형태로 인식했다. 시간 속에서 매 순간은 선행하는 순간인 자신의 아버지를 없앤 후에야 존재하며, 다시 그 자신도 이내 말살되고 마는 것이다.[13] 과거와 미래는 — 그 내용의 연속은 차치하고서라도 — 마치 꿈처럼 공허한 것이지만, 현재는 이 둘 사이의 넓이도 없고 존속하지도 않는 경계일 뿐이다. 바로 그런 사실에서 우리는 근거율의 다른 모든 형태에서도 이와 똑같은 공허함을 다시 인식할 것이다. 그리고 시간과 마찬가지로 공간도, 또 공간과 마찬가지로 시간과 공간 속에 동시에 존재하는 모든 것, 즉 원인이나 동기에서 생겨나는 모든 것도 자신과 유사한 종류의 다른 존재를 통해 상대적인 현존을 지닐 뿐임을, 즉 사실 그런 식으로만 존재할 뿐임을 알게 될 것이다.

이 견해의 본질적인 것은 옛날부터 있었다. 즉, 헤라클레이토스Herakleitos(기원전 540~480년경)[14]는 이 견해를 갖고 만물의 영원한 흐름을 탄식했고, 플라톤은 항시 생성되지만 결코 존재하지 않는 것이라며 사물의 대상을 깎아내렸으며, 스피노자Benedictus de Spinoza(1632~1677)[15]는 이를 홀로 존재하고 영속하는 유일무이한 실체의 단순한 우유성偶有性이라 불렀다. 칸트는 이렇게 인식한 것을 사물 자체에 맞

---

12 ＊유기체가 행동의 원인이 되는 동인動因을 가지고 어떤 목표를 향한 행동을 일으키는 것
13 ＊그리스 신화에서 크로노스가 아버지 우라노스를 죽이고 자신도 아들 제우스에 의해 죽임을 당하는 것은 이런 시간의 법칙을 암시하는 것이다.
14 ＊그리스의 철학자. 불이 우주의 기본적 원리라고 주장했다.

「이마누엘 칸트의 초상」 요한 고틀리프 베커, 1768

서는 단순한 현상으로 제시했다. 마지막으로 인도인의 태곳적 지혜는 이렇게 말하고 있다.

그것은 인간의 눈을 가리고 세계를 보게 하는 기만의 베일인 **마야**Maya[16]다. 사람들은 세계가 있다고도 또한 없다고도 말할 수 없다. 세계는 꿈과 같고, 나그네가 멀리서 물이라고 생각하는 모래 위에 반짝이는 햇빛과 같으며, 또는 그가 뱀이라고 생각해서 집어던진 새끼줄과도 같기 때문이다.

이 비유는 『베다』나 『푸라나』의 곳곳에서 수없이 되풀이되고 있다. 그런데 이 모든 사람이 생각하고 말한 내용이 다름 아닌 우리가 지금 여기서 고찰하고 있는 것이기도 하다. 즉, 근거율에 종속된 표상으로서의 세계 말이다.

---

15 * 일원론적 범신론을 주장한 네덜란드 암스테르담 출신의 철학자. 실체를 유한과 무한으로 나누는 데카르트의 이원론적 일신론에 반대했다. '모든 것이 하나'라는 것이 그의 입장이었다. 모든 것은 신 안에 있으며, 생성하는 모든 것은 오직 신의 무한한 본성의 법칙에 의해서만 생긴다. 무한자인 신은 '능산적 자연'(산출하는 자연)으로서 무언가를 만들어 내는 궁극적인 힘이다. 이에 대비되는 유한자는 '소산적 자연'(산출된 자연)이다. 이 두 자연은 힘, 코나투스를 가진다. 에피쿠로스의 용어로 보면, 스피노자의 코나투스는 살고자 하는 욕구 내지는 의지라고 할 수 있다. 저서로 『지성개선론』, 『기하학적 방법에 기초한 데카르트의 철학 원리』, 『신학-정치 논고』, 『기하학적 방법에 따른 윤리학』, 『정치 논고』 등이 있다.
16 * 베단타 경전에 기초한 힌두 철학의 근본 개념. 산스크리트어로 '마술'이나 '환상'이라는 뜻이다. 진체의 입장에서 보면 현상세계는 마야다. 마야는 인도 신화에서 이 세계를 창조한 여신으로 세계의 어머니, 우주, 그 자체다. 또한 마야 여신은 '샥티Shakti'(힘, 에너지)로도 여겨져 남신에게 창조적 에너지를 부여하는 역할을 한다.

4.
물질의 인과성을 인식하는 지성

순수한 시간 그 자체 속에서 나타나고, 모든 셈과 계산의 토대가 되는 근거율의 형태를 인식한 사람은 바로 그로써 시간의 본질 전체도 인식한 셈이 된다. 시간이란 바로 근거율의 그 같은 형태에 다름 아니고, 그 밖의 다른 특성은 지니고 있지 않다. 연속이란 시간 속에서 근거율의 형태이고, 연속은 시간의 전체 본질이다. 더구나 순수하게 직관된 단순한 공간 속에서 작용하는 근거율을 인식한 사람은 바로 그로써 공간의 본질 전체를 남김없이 파헤친 셈이 된다. 이 공간이란 여러 부분을 서로 규정할 수 있는, **위치**Lage라고 불리는 가능성과 전적으로 다름없기 때문이다. 이 위치를 상세히 고찰하고, 거기서 밝혀지는 결과를 좀 더 편리하게 응용하기 위해 추상적인 개념으로 기록한 것이 기하학의 전체 내용이다.

그런데 이런 사실에서, 그러한 형식(시간과 공간)의 내용, 그것의 지각 가능성, 즉 물질을 지배하는 근거율의 형태, 그러므로 인과율[17]을 인식한 사람은 바로 그로써 물질 그 자체의 전체 현존재를 인식한 것이 된다. 물질이란 전적으로 인과성과 다름없기 때문인데, 이런 사실은 누구나 조금만 생각해 보면 곧장 알 수 있다. 다시 말해 물질의 존재란 물질의 작용인 것이고, 물질 이외의 다른 존재는 생각할수도 없는 것이다. 물질은 작용하는 것으로만 공간과 시간을 채운다. 직접적인 ─ 그 자체가 물질인 ─ 객관에 대한 물질의 작용이 직관을 조건 짓고, 물질은 오로지 이 같은 직관 속에서만 존재한다. 다른 물질적 객관이 각기 다른 객관에 미치는 작용의 결과는 다른 객관이 지금까지와는 달리 직접적인 객관에 작용하는 한

---

17 ＊원인이 되는 어떤 상태가 일어나면, 결과적으로 다른 상태가 필연적으로 따라 일어난다는 법칙

에서만 인식되고, 그 점에만 본질이 있다. 따라서 원인과 결과는 물질의 본질 전체이고, 물질의 존재는 그 작용이다(여기에서 상세한 내용은 '근거율'에 대한 논문 제21장 77쪽 참조). 그러므로 물질적인 것의 총체를 독일어로 **현실성**이라 부른 것은 지극히 적절한 것이었다.[18] 이 말은 실재성이라는 단어보다 특색을 훨씬 더 잘 나타내고 있다. 물질이 영향을 미치는 것은 언제나 다시 물질이다. 그러므로 물질의 전개와 본질 전체는 물질의 **한** 부분이 다른 부분에 불러일으키는 규칙적인 변화에만 있는 것이고, 바로 시간, 공간과 마찬가지로 물질의 한계 내에서만 봉봉되는 관계에 따르자면 그래서 전적으로 상대적인 것이다.

그런데 시간과 공간은 각기 별개로 물질 없이도 직관으로 생각할 수 있지만, 물질은 시간과 공간 없이는 상상할 수 없다. 물질에서 떼어 놓을 수 없는 형태는 **공간**을 전제로 하고 있으며, 물질의 전체 현존재의 본질을 이루는 물질의 작용은 언제나 어떤 변화, 즉 **시간**의 규정과 관계된다. 하지만 시간과 공간은 각기 별개로 물질에 의해 전제가 될 뿐 아니라, 둘이 하나가 되어 물질의 본질을 이루기도 한다. 사실 물질의 본질은 이미 말했듯이 작용, 즉 인과 관계 속에 있기 때문이다. 다시 말해 생각해 낼 수 있는 온갖 현상과 상태는 서로를 제한하지 않고 무한한 공간 속에 병렬하여 위치하고 있거나, 무한한 시간 속에서도 서로 방해하지 않고 잇달아 생겨나는 것이다. 이 때문에 그럴 경우 물질 상호 간의 어떤 필연적 관계나 이에 따라 물질을 규정하는 규칙은 결코 필요 없고, 그러니까 응용할 수조차 없게 된다. 따라서 공간 속에 같이 존재하고 시간 속에서 변화한다 하더라도, 이 두 가지 형식이 각기 별개로 다른 것과 관계하지 않고 존립하며 경과하는 한 아직 아무런 인과 관계가 없다고 할 것이다. 또 이 인과 관계가 물질의 원래 본질을 이루기 때문에 물질도 존재하지 않는 것이다.

그런데 변화의 본질은 상태들 자체의 단순한 변화에 있는 것이 아니라, 오히려 **공간** 속의 동일한 장소에 이제 하나의 상태가 있고, 이어서 **다른** 상태가 존재하며, 하나의 동일한 특정 시간에 이 상태가 **여기**에, 저 상태가 **저기**에 존재하는 것으로만 인과율은 의미와 필연성을 얻는다. 시간과 공간 상호 간의 이 제한만이 그에 따라 변화가 일어나야 하는 규칙에 의미와 필연성을 부여한다. 따라서 인과율에

---

18 어떤 사물에 대해 적절한 단어를 사용한 것은 놀라울 정도다. 또 옛날 사람들은 많은 것을 지극히 적절하게 언어로 지칭하고 있다(세네카, 『서간집』).

의해 규정되는 것은 단순한 시간 속에서의 상태의 연속이 아니라 특정한 공간과 관련된 연속인 것이고, 특정한 장소에서의 상태의 현존이 아니라 특정 시간에 이 장소에서의 상태의 현존인 것이다. 변화, 즉 인과율에 의해 생기는 변전은 따라서 매번 공간의 특정 부분과 시간의 특정 부분에 **동시에** 하나가 되어 관계한다. 그 결과 인과 관계는 공간을 시간과 하나로 결합시킨다.

그런데 우리는 물질의 본질 전체가 작용에, 즉 인과성에 있음을 알았다. 따라서 공간과 시간은 이 같은 물질 속에서도 결합한 상태로 있어야 한다. 즉, 물질은 시간과 공간이 아무리 서로 상충된다 하더라도 둘의 특성을 동시에 지니고 있어야 한다. 또 물질은 양자 중에서 각기 별개로 존재할 수 없는 것을 자체 내에 결합시켜야 한다. 그러므로 시간의 변하기 쉬운 덧없음을 공간의 고정 불변하는 항구성과 결합시켜야 하는데, 물질은 둘로부터 무한한 가분성可分性을 얻는 것이다. 그에 따라 우리는 물질을 통해 우선, 병렬을 모르는 단순한 시간 속에서나, 과거와 미래, 현재를 모르는 단순한 공간 속에서는 불가능한 **동시 존재**가 초래되는 것을 알게 된다. 하지만 많은 상태의 **동시 존재**가 사실 현실의 본질을 이루고 있다. 그러한 동시 존재를 통해 맨 처음으로 **지속**이 가능하기 때문이다. 말하자면 이때 지속하는 것과 동시에 현존하는 것의 변전Wechsel으로만 이 지속을 인식할 수 있다. 하지만 이제 이 변전은 변전하는 중에 지속하는 것에 의해서만 **변화**Veränderung, 말하자면 **실체**, 즉 **물질**[19]은 그대로 있으면서 질과 형식의 변모Wandel라는 성격을 얻는다.

단순한 공간 속에서 세계는 고정되어 움직임이 없을 것이고, 거기에는 아무런 계기繼起도 변화도 작용도 없을 것이다. 그런데 사실 작용이 없으면 물질의 표상도 없어져 버린다. 또한 단순한 시간 속에서는 모든 게 무상할지도 모른다. 거기에는 어떠한 불변도 병렬도 없을 것이고, 그 때문에 동시도 없을 것이며 따라서 지속도 없을 것이다. 그러므로 아무런 물질도 없는 것이다.

시간과 공간의 결합을 통해 비로소 물질, 즉 동시 존재와 이를 통한 지속의 가능성이 생긴다. 상태들이 변화하는 중에 이 같은 지속을 통해 다시 실체의 불변 가능성이 생긴다.[20] 시간과 공간의 결합이 물질의 본질이므로 물질은 전적으로 이 둘의 특색을 지니고 있다. 물질의 근원은 공간에 있으며, 물질은 부분적으로는

---

19 물질과 실체가 하나라는 사실은 부록에서 상세히 설명된다.
20 칸트가 "물질은 공간 속에서 움직일 수 있다"라고 설명하는 근거도 여기에 있다. 운동이란 공간과 시간이 결합해야만 성립하기 때문이다.

그것과 불가분의 관계에 있는 형식에 의해, 하지만 특히 — 변화는 시간에만 속하고, 그런데 시간 속에서 홀로 별개로는 아무것도 영속적인 것이 없으므로 — 그것의 불변(실체)에 의해 나타나기 때문에 물질의 불변이라는 확실성은 선험적으로, 전적으로 공간의 확실성에서 유래하는 것이다.[21] 그런데 물질은 그 근원이 시간에 있음을 성질(우유성)에서 드러내고 있는데, 물질은 그러한 성질 없이는 결코 현상하기 않는다. 또 이 성질은 바로 언제나 인과성이며, 다른 물질에 대한 작용, 즉 변화(하나의 시간 개념)인 것이다. 그러나 이 작용의 합법칙성은 언제나 시간과 공간에 동시에 관계되며, 사실 그것을 통해서만 의미를 갖는다. 이 **시간**과 이 **장소**에 대한 상태를 대변하는 것은 전적으로 홀로 인과성의 입법과 관계되는 규정이다. 우리가 선험적으로 의식하고 있는 우리 인식의 형식으로부터 물질의 근본 규정을 이 같이 도출하는 것에 의거해서, 우리는 물질에 어떤 특성을 선험적으로 부여한다. 즉, 그 특성들은 공간 충만성, 불가입성, 작용성이고, 그다음으로 연장성, 무한한 분할 가능성, 불변성, 즉 파괴 불능성이며, 마지막으로 가동성이다. 이와 반대로 중력은 어디에도 예외 없이 존재하는 것이지만, 어쩌면 인식에는 후험적으로a posteori 포함시킬 수 있을지도 모른다. 그럼에도 칸트는 『자연과학의 형이상학적 기초원리』 71쪽(로젠크란츠판 372쪽)에서 중력을 선험적으로 인식할 수 있다는 주장을 내세운다.

그런데 객관 일반은 주관에 대해서만, 즉 주관의 표상으로서만 현존한다. 그렇듯이 특수한 부류의 모든 표상은 주관 속에서 인식 능력이라 불리는 바로 그러한 특수한 규정에 대해서만 존재한다. 칸트는 공허한 형식으로서의 시간과 공간의 주관적 상관 개념 그 자체를 순수한 감성이라 불렀다. 칸트가 여기서 획기적으로 사용한 이 표현은 버리지 않고 그대로 보존하는 것이 좋겠다. 감성이란 물질을 전제로 하므로 그 표현이 딱히 맞는 것은 아니지만 말이다. 물질이나 인과성의 주관적 상관 개념은 둘이 하나이므로 **지성**이며, 지성은 그 밖의 아무것도 아니다. 지성의 유일한 기능이자 유일한 힘은 인과성을 인식하는 것이다. 또 이것은 많은 것을 포괄하는 커다란 힘이고 다양한 응용이지만, 온갖 형태로 발현되더라도 동일한 힘이 명백하다. 이와 반대로 모든 인과성, 즉 모든 물질, 따라서 전체 현실은 오로지 지성에 대해, 지성에 의해, 지성 속에서만 존재한다. 최초의 가장 단순하고 끊

---

21 칸트가 주장하듯이 시간의 인식에서 유래하는 게 아니라는 것은 부록에 상세히 설명되어 있다.

임없이 현존하는 지성의 발현은 현실 세계에 대한 직관이다. 이 직관은 전적으로 결과에서 원인을 인식하는 것이므로, 모든 직관은 지성적인 작용이다. 그럼에도 어떤 결과가 직접 인식되지 않아 출발점에 도움이 되지 않는다면 결코 직관이 성립되지 않을지도 모른다. 그러나 이것은 동물의 신체에 미치는 작용이다.

이런 점에서 볼 때 동물의 이 신체는 주관의 **직접적인 객관**이다. 그 밖의 다른 모든 객관에 대한 직관은 동물의 신체를 통해 매개된다. 동물의 모든 신체가 겪는 변화들은 직접적으로 인식, 즉 감각된다. 그리고 이 결과가 곧 원인에 관계됨에 따라 원인을 하나의 **객관**으로 직관하기에 이른다. 이 관계는 추상적인 개념들로 이루어지는 추리가 아니고, 반성에 의해 일어나는 것도 아니며, 자의恣意적인 것이 아니라 직접적이고 필연적이며 확실하다. 이 관계는 **순수 지성**의 인식 방법이며, 그러한 방법이 없이는 결코 직관이 성립되지 않고 직접적인 객관의 변화들에 대한 어렴풋한 식물적인 의식만 남을지도 모른다. 이런 여러 변화가 가령 고통이나 쾌락으로서 의지에 대해 어떤 의미를 갖지 않는다면 전혀 아무 의미 없이 꼬리를 물고 일어나는 것에 불과할지도 모른다. 그런데 태양이 출현함으로써 세계가 시야에 드러나듯 지성은 그것의 유일무이하고 단순한 기능을 통해 어렴풋하고 무의미한 감각을 **단번**에 직관으로 바꾸어 버린다. 눈, 코, 손이 감각하는 것은 직관이 아니고 단순한 자료들이다. 지성이 결과로부터 원인으로 넘어가면서 비로소 세계는 공간 속에 펼쳐져 있는 상태에서 직관으로서, 형태는 변하지만 물질은 언제나 불변하면서 존재한다. 지성은 **물질**이라는 표상 속에서, 즉 작용 속에서 공간과 시간을 결합시키기 때문이다. 표상으로서의 이 세계는 지성에 의해서만 존재하듯이, 또한 지성에 대해서만 존재한다.

나는 이미 「시각과 색채에 대하여」라는 내 논문의 제1장에서 감각 기관이 제공하는 자료들로 지성이 직관을 만든다는 것을 설명했다. 또 어린이는 동일한 대상에서 다양한 감각을 통해 얻는 인상을 비교함으로써 직관을 얻는다는 것, 사실 이렇게 해야만 수많은 감각 현상을 해명할 수 있다는 것, 즉 두 눈으로 보는데 하나로 보인다든지, 사시斜視로 보거나 또는 서로 다른 거리에 나란히 있는 대상을 동시에 보는 경우 두 개로 보이는 것, 감각 기관의 갑작스런 변화로 생기는 모든 허상을 해명할 수 있음을 설명했다. 그렇지만 나는 근거율에 관한 내 논문 제2판 제21장에서 이 중요한 문제를 보다 상세하고 철저히 다루었다. 거기서 언급한 모든 내용은 여기서도 불가피하게 다루어야 할지도 모르므로, 여기서 또 한 번 언급해야 할 것이다. 그런데 나는 자신이 쓴 내용을 다른 곳에 다시 베끼는 것을 무척 싫어하고, 그때 쓴 것보다 더 잘 쓸 수도 없으므로 여기서 다시 언급하는 대신 그것을 참고할 것을 일러두면서, 그러나 이것도 알고 있는 내용으로 전제하기로 한다.

어린아이나 장님으로 태어난 사람들이 수술을 받고 보게 되는 것, 두 눈에 이중으로 감각되는 것을 하나로 보는 것, 감각 기관이 보통의 위치를 변경한 경우에는 이중으로 보이거나 두 개로 느껴진다는 것, 대상의 상이 눈에는 거꾸로 서 있는 것으로 보이지만 실제로는 똑바로 서 있는 현상, 단지 눈의 내부적 기능이자 눈의 활동의 분극分極적 구분에 불과한 색채가 외부의 대상으로 옮겨지는 것, 그리고 마지막으로 입체 거울까지, 이 모든 것은 모든 **직관**이 감각적일 뿐 아니라 지성적이기도 하다는 것, 즉 **지성**이 **원인을 결과로부터** 순수하게 **인식**한다는 것에 대한 확고하고 반박할 수 없는 증거인 셈이다. 그러므로 직관은 인과율을 전제로 하고 있고, 모든 직관, 따라서 모든 경험이 그 최초의 전체적인 가능성에 따라 인과율의 인식에 의존하고 있는 것이지, 그 반대로 인과율의 인식이 경험에 의존하는 것은 아니다. 후자인 흄의 회의론은 이것으로 비로소 논박된 셈이다. 인과성의 인식이 어떤 경험에도 의존하지 않는다는 것, 즉 모든 경험이 인과성의 인식에 의존한다는 것으로만 그것의 선험성이 설명될 수 있기 때문이다. 그리고 여기서 진술하고 조금 전에 언급한 논문의 여러 부분에 상술한 방식으로, 인과성의 인식은 일반적으로 모든 경험이 그 영역에 속해 있는 직관 속에 이미 포함되어 있고, 따라서 경험에 대해 완전히 선험적으로 존재하며 경험에 의해 조건으로 전제되는 것이지 경험을 전제하는 것은 아니라는 것을 증명함으로써만 다시 설명할 수 있다. 하지만 이것은 칸트가 시도한 방식이 아닌, 근거율에 대한 내 논문 제23장에서 비판한 방식으로 설명할 수 있다.

5.
외부 세계의 실재성에 관한 문제

그러나 직관은 인과성의 인식에 의해 매개되기 때문에, 객관과 주관 사이에는 원인과 결과의 관계가 있다고 크게 오해하지 않도록 주의해야 한다. 오히려 그러한 관계는 언제나 직접적인 객관과 매개된 객관 사이에서만, 그러니까 언제나 객관들 사이에서만 생기기 때문이다. 사실 외부 세계의 실재성에 대한 어리석은 논쟁은 그러한 그릇된 전제에 기인하고 있다. 이 논쟁에서 교조주의와 회의론이 대립하며, 이 교조주의는 때로는 실재론으로, 때로는 관념론으로 등장한다. 실재론은 객관을 원인으로 삼고, 그 결과를 주관 속에 둔다. 피히테의 관념론은 객관을 주관의 결과로 만든다. 그런데 아무리 엄격히 지적해도 부족한 일이지만, 주관과 객관 사이에는 근거율에 따른 관계가 형성되지 않으므로, 이 두 주장은 어느 것도 증명될 수 없기에 회의론이 양쪽을 공격하여 승리를 거두었던 것이다.

말하자면 인과율은 조건으로서 이미 직관과 경험에 선행하므로, 그 때문에 흄이 말했듯이 이 직관이나 경험으로 습득할 수 없다. 그리하여 객관과 주관은 이미 제1조건으로서 모든 인식에, 그러므로 근거율에도 선행한다. 이 근거율은 다만 모든 형식의 객관일 뿐이고, 객관의 현상의 일반적인 방법과 방식이기 때문이다. 그런데 객관은 언제나 이미 주관을 전제로 한다. 그러므로 둘 사이에는 원인과 결과의 관계가 존재할 수 없다. 근거율에 대한 내 논문은 사실 그러한 명제의 내용을 모든 객관의 본질적인 형식으로, 즉 모든 객관 존재Objektseyn의 보편적인 방법과 방식으로, 객관 그 자체에 귀속되는 그 무엇으로 서술하는 일을 수행해야 한다. 그런데 객관은 그 자체로 어디서나 주관을 필연적 상관 개념으로 전제하고 있다. 따라서 주관은 언제나 근거율의 타당한 영역 밖에 있다. 외부 세계의 실재성에 대한 논쟁은 사실 근거율의 타당성을 주관에까지 잘못 확장 적용한 데 기인한다. 그 논쟁은 이런 오해에서 출발했기 때문에 논쟁 그 자체가 도저히 이해되지 않은 것이다.

한편으로 실재론적 교조주의는 표상을 객관의 결과로 고찰하고, 사실은 하나인 이 둘을 분리시켜, 표상과는 완전히 다른 원인, 즉 주관과는 무관한 객관 자체를 가정하려는 셈인데, 이는 도저히 생각도 할 수 없는 일이다. 사실 그것은 이미 객관으로서 언제나 주관을 전제로 하고, 따라서 언제나 주관의 표상에 불과하기 때문이다. 이와 반대로 회의론은 교조주의와 같은 전제에서 표상은 언제나 결과일 뿐이고, 결코 원인은 아니라서, 그러므로 객관의 **존재**가 아니라 언제나 객관의 **작용**만을 알 뿐이라고 주장한다. 하지만 이 객관의 작용은 객관의 존재와는 하등 유사하지도 않을뿐더러, 어쩌면 가정이 완전히 잘못되었을지도 모른다. 인과율은 경험에서 비로소 받아들여지는 것이기에, 경험의 실재성은 이제 다시 인과율에 근거를 두어야 하기 때문이다.

이에 따라 두 학설에 먼저 객관과 표상이 동일하다는 사실을 가르쳐야 한다. 그 다음으로 직관적 객관의 **존재**는 바로 그 **작용**이고, 바로 이 작용에 사물의 현실성이 담겨 있으며, 주관의 표상 밖에서 객관의 현존을 요구하거나 사물의 작용과는 상이한 현실적인 사물의 존재를 요구하는 것도 전혀 무의미하고 모순된 일임을 가르쳐야 한다. 따라서 그것이 객관, 즉 표상인 한, 그 밖에 객관에는 인식을 위한 것이 아무것도 남지 않기에, 직관된 객관의 작용 방식의 인식이 객관 그 자체도 남김없이 파헤친다는 것을 가르쳐야 한다. 그러므로 그런 한에서 순전히 인과성으로 모습을 드러내는 공간과 시간 속에 직관된 세계는 완전히 실재하고 있고, 완전히 자신이 드러내는 모습 그대로다. 또 그 세계는 전적으로 아무런 뒷받침 없이 인과율에 따라 관계를 가지며 표상으로서 자신의 모습을 드러내는 것이다. 이것이 세계의 경험적 실재성이다.

그러나 한편 모든 인과성은 지성 속에서, 지성에 대해서만 존재하며, 그러므로 저 현실적인, 즉 작용하는 세계 전체는 그 자체로 언제나 지성에 의해 조건 지어져 있으며 지성이 없으면 아무것도 아닌 것이다. 하지만 이런 이유뿐 아니라, 무릇 주관 없이 객관을 생각하다가는 모순에 빠지기 쉽기 때문에 우리는 외부 세계의 실재성이 주관과는 무관하다고 설명하는 교조주의자에게 그러한 외부 세계의 실재성을 단적으로 부정하지 않을 수 없다. 객관의 세계 전체는 표상이고 언제까지나 그러하며, 사실 그 때문에 전적으로 영원히 주관에 의해 조건 지어진다. 즉, 세계는 선험적 관념성을 갖고 있는 것이다. 하지만 그렇다고 해서 세계는 거짓도 가상도 아니다. 세계는 있는 그대로의 모습으로, 즉 표상으로, 그것도 일련의 표상으로 모습을 드러내며, 그 공통된 유대가 근거율이다. 세계 그 자체는, 세계의 가장 내적인 의미에 따르더라도, 건전한 지성에게 이해될 수 있으며, 지성에게 완전히 분명하게 말을 해 준다. 궤변을 농하는 괴팍스런 정신의 소유자만이 세계의 실재성에 대해 논쟁하겠다는 생각을 할 수 있는데, 이런 일은 언제나 근거율을 부당하게 적용할 때 생긴다. 근거율은 사실 어떤 종류의 것이든 모든 표상을 서로 결합시켜 주지만, 결코 표상을 주관과 결합시키거나 또는 주관도 객관도 아닌 것과 결합시키는 일이 없고, 단지 객관의 근거와 결합시킬 뿐이다. 이 같은 말은 무의미한 개념이다. 왜냐하면 객관만 근거가 될 수 있고, 그것도 언제나 다른 객관에서 유래하기 때문이다.

외부 세계의 이 실재성을 문제 삼는 근원을 보다 자세히 살펴보면 근거율을 그 영역 밖에 있는 것에까지 잘못 적용하고 있는 것 외에도 그 형태를 특별히 혼동하고 있다는 것을 알 수 있다. 다시 말해 이 근거율이 단지 개념이나 추상적 표상과 관련해서 갖는 형태는 직관적 표상, 즉 실재적 객관에 옮겨져서 생성의 근거밖에 가질 수 없는 객관에 의해 인식의 근거가 요구되는 것이다. 근거율이 개념을 결합하여 판단으로 된 추상적 표상에 대해서는 근거율은 물론, 판단이 판단 이외의 그 무엇, 즉 항시 거슬러 올라가 살펴보아야 하는 판단의 인식 근거와 관계를 가짐으로써만 판단의 가치, 그 타당성 및 여기서 **진리**라고 불리는 그 존재 전체를 얻는 식으로 지배한다. 이와는 달리 실재적 객관, 즉 직관적 표상에 대해서 근거율은 **인식**의 근거율로서가 아니라 **생성**의 근거율로서, 즉 인과율로서 지배한다. 이 판단은 어느 것이나 그 객관이 생겨났다는 사실, 즉 어떤 이유의 결과로 비롯되었다는 사실을 통해 객관에 이미 그 책임을 다한 것이다. 따라서 인식 근거를 요구하는 것은 여기서 아무런 타당성이나 의미도 없으며, 전혀 다른 부류의 객관들에게나 할 일이다. 그 때문에 또한 직관적 세계는 거기에 머물러 있는 한 고찰자의 마음에 어떠한 양심의 가책이나 의혹도 불러일으키지 않는다. 이 세계에는 오류도 진리도 없고, 오류나 진리는 추상이나 반성의 영역에 사로잡혀 있다. 하지만 여기서 세계는 감성과 지성에 개방되어 있으며, 있는 그대로의 모습을 위해, 인과성의 끈에 묶여 합법칙적으로 전개되는 직관적 표상을 위해 소박한 진리성을 갖고 모습을 드러낸다.

이처럼 우리가 외부 세계의 실재성에 대한 문제를 가지고 여기까지 살펴보았듯이, 이런 문제가 생기게 된 것은 이성이 길을 잃고 헤매다가 그 자신을 오해하기에 이르면서이다. 그리고 그런 점에서 이 문제는 그 내용을 해명함으로써만 답할 수 있다. 이 문제는 근거율의 본질 전체, 객관과 주관 사이의 관계, 감성적 직관의 본래적 속성을 탐구한 뒤에는 저절로 풀려야 했다. 그런 뒤에는 그 문제에 더 이상 아무런 의미도 남지 않기 때문이다. 하지만 그 문제에는 아직 지금까지 신뢰한, 순전히 사변적인 기원과는 또 다른 전적으로 상이한 기원이 있다. 즉, 이 문제가 아무리 사변적인 의도로 제기된다 하더라도 거기에는 엄밀히 말하자면 경험적인 기원이 있으며, 그런 의미에서 이 문제는 앞에서의 사변적인 문제에서보다 훨씬 이해하기 쉬운 뜻을 지니고 있다. 즉, 다음과 같은 문제 말이다.

우리에게는 꿈이라는 것이 있는데, 어쩌면 삶 전체가 일장춘몽이 아닐까? 또는 보다 단호히 말하면 꿈과 현실, 환영幻影과 실재적 객관을 구분하는 확실한 기준이 있는 걸까? 꿈속에서의 직관이 현실에서의 직관보다 생동감과 명확성이 떨어진다는 핑계는 전혀 고려할 가치도 없다. 이 둘을 서로 비교해 본 사람이 아직 아무도 없었고, 꿈의 **기억**만을 현재의 현실과 비교할 수 있었기 때문이다. 칸트는 이 문제를 '인과율에 따른 표상 상호 간의 연관이 실제 생활과 꿈을 구분한다'고 해결한다. 하지만 꿈에서도 개개의 모든 표상은 현실에서와 마찬가지로 온갖 형태로 나타난 근거율에 따라 연관되어 있다. 그리고 이 연관은 실생활과 꿈 사이, 개개의 꿈들 사이에서만 끊어져 있을 뿐이다. 그러므로 칸트의 대답은 다음과 같은 설명에 불과하리라. 즉, 긴 꿈(실생활)에는 근거율에 따라 그 자체 속에 보편적인 연관이 있지만, 짧은 꿈에는 그런 것이 없다. 그렇지만 이 하나하나의 **짧은 꿈**에는 자체 내에 그와 같은 연관이 있다. 그러므로 이 짧은 꿈과 긴 꿈 사이에는 저 연결이 끊어져 있으며, 그런 점에서 두 가지 꿈을 구별할 수 있다. 그렇지만 무슨 꿈을 꾸었는지, 또는 무슨 일이 일어났는지를 이 기준에 따라 조사한다는 것은 극히 어려운 일이고 때로는 불가능한 일이리라. 우리는 각자 체험한 사건과 현재의 순간 사이의 인과 관계를 하나하나 추적할 수는 없는 일이지만, 그렇다고 해서 우리가 체험한 사건을 꿈꾸었다고 말할 수 없는 일이다. 그 때문에 사람들은 실제 생활에서 꿈을 현실과 구별하기 위해 일반적으로 그런 식으로 조사하지는 않는다. 꿈을 현실과 구별하기 위한 유일하게 확실한 기준은 실제로 깨어 있을 때의 경험적인 기준과 전적으로 다르지 않다. 물론 이 기준에 의해 꿈에서의 사건과 깨어 있을 때의 사건 사이의 인과 관계는 명확하고도 확연히 단절된다.

홉스가 『리바이어던』 제2장에서 언급한 것이 이에 대한 탁월한 예증이다. 즉, 우리가 자신도 모르게 옷을 입고 자는 경우, 게다가 특히 우리의 모든 생각이 어떤 계획이나 목적에 사로잡혀 있어서 깨어 있을 때뿐 아니라 꿈속에서도 그것에 골몰해 있는 경우엔 꿈을 꾸고 나서도 그것을 현실로 착각하기 쉽다. 말하자면 이런 경우 깨어 있는지, 잠자고 있는지를 분명히 깨달을 수 없으며, 꿈이 현실과 융합하여 한데 섞이는 것이다. 물론 그럴 때 칸트의 기준이 여기서 또 적용될 수 있다. 그런데 흔히 그렇듯이, 나중에 현재와의 인과 관계가 있는지 없는지를 아무리 해도 알아낼 수 없는 경우 어떤 사건이 꿈에서 일어났는지, 아니면 실제로 일어났는지를 영원히 미해결 상태로 놓아둘 수밖에 없다. 이런 점에서 우리는 실생활과 꿈 사이의 밀접한 친근성을 실제로 무척 실감 나게 느낄 수 있다. 또한 수많은 위대한 인물이 그러한 친근성을 인정하고 언급했기 때문에 우리 역시 그런 사실을 시인하는 것을 부끄럽게 여기지 않으려고 한다. 『베다』와 『푸라나』는 마야의 직물이라 불리는 현실 세계를 전체적으로 인식할 때 꿈보다 더 나은 비유를 알고 있지 못하며, 꿈을 가장 자주 필요로 한다. 플라톤이 종종 말하기를, 인간들은 꿈속에 살고 있을 뿐이지만, 철학자는 홀로 깨어 있으려고 노력해야 한다는 것이다. 핀다로스는 "인간은 그림자의 꿈"이라고 말했고(『피티아 송가』 제8편 135쪽), 소포클레스Sophokles(기원전 496년경~406)[22]는 이렇게 말했다.

> 난 알고 있다, 살아 있는 우리는
> 환영이자 덧없는 그림자에 지나지 않음을.
> (『아이아스Ajax[23]』 125)

이 말 외에도 셰익스피어가 가장 적합하게 표현했다.

---

22 ＊아이스킬로스 및 에우리피데스와 더불어 고대 그리스의 3대 비극작가 가운데 한 사람. 123편의 희곡을 썼지만 지금까지 남아 있는 것은 『오이디푸스 왕』, 『아이아스』, 『트라키스의 여인들』, 『안티고네』, 『콜로노스의 오이디푸스』, 『엘렉트라』, 『필록테테스』 7편뿐이며, 가장 널리 알려진 작품은 『오이디푸스 왕』이다. 그는 희곡을 통하여 긴 생애 동안 최고의 존경을 받았을 뿐 아니라, 고전 문명의 본질적 요소를 영원히 사람들의 관심을 끄는 연극으로 바꾸었다.

홉스의 『리바이어던』 표지, 에이브러햄 보스, 1651

우린 꿈을 만드는 재료와 같고,

보잘것없는 우리의 삶은 잠에 싸여 있다.

(『템페스트』 제4막 1장)

마지막으로 칼데론Pedro Calderon de la Barca은 이런 견해에 깊이 매혹되어 다소 형이상학적인 희곡 『인생은 꿈』에서 자신의 입장을 표명하려 했다.

이렇게 여러 작가가 쓴 구절을 인용해 보았는데 이번에는 비유를 통해 내 생각을 표현해 보고자 한다. 실생활과 꿈은 같은 책의 페이지와 같은 것이다. 연관 있는 생활이 실제 생활이라 불린다. 하지만 그때그때의 독서 시간(낮)이 끝나고 휴식 시간이 되면 우리는 종종 한가롭게 페이지를 넘기면서 순서도 연관도 없이 여기저기 책장을 펼쳐 보는 일이 있다. 때로는 이미 읽은 페이지도 있고, 아직 읽지 않은 페이지도 있지만, 아무튼 같은 책을 보는 것이다. 따라서 이렇게 여기저기를 읽은 페이지는 사실 순서대로 일관되게 통독한 것과는 아무런 연관이 없다. 하지만 순서대로 책을 읽는 모든 행위도 마찬가지로 즉석에서 시작되어 끝나는 것이며, 이에 따라 전체를 보다 큰 하나의 페이지로 볼 수 있음을 생각해 보면 이런 점에서 여기저기를 띄엄띄엄 읽는 것도 통독하는 것에 비해 그렇게 뒤떨어진다고는 할 수 없다.

그러므로 개개의 꿈과 실제 생활의 차이는 실제 생활을 끊임없이 관통하는 경험의 연관에 꿈이 개입하지 않는다는 점에 있다. 그리고 깨어 있다는 것은 이런 차이를 나타내 준다. 하지만 사실 경험의 그러한 연관은 그 형식으로서 이미 실제 생활에 속해 있으며, 반면 꿈도 사실 자체 내에 어떤 연관을 나타낼 수 있다. 그런데 이 둘의 밖에서 판단하는 입장을 받아들인다면 둘 사이에는 본질상 특정한 차이가 발견되지 않는다. 그리고 어차피 작가들의 삶은 긴 꿈이라는 사실을 인정하지 않을 수 없다.

그러면 이제 이처럼 전적으로 별개로 존재하는, 외부 세계의 실재성에 대한 문

23　＊그리스의 전설적 인물로 별칭은 아약스다. 살라미스 왕 텔라몬의 아들이다. 『일리아스』에는 힘과 용기에서 아킬레우스 다음 가는 위인으로 나온다. 전장에서 헥토르와 한 차례 결투를 했고, 아테나 여신의 도움으로 트로이군에게서 아킬레우스의 시체를 되찾았다. 아킬레우스의 갑옷을 얻기 위해 오디세우스와 결투했으나 지자 화가 난 나머지 죽고 말았다. 뒤에 전해진 이야기에 의하면 그는 실망한 나머지 미쳤다가 제정신으로 돌아오자 헥토르가 선물한 칼로 목숨을 끊었다고도 한다. 그의 피에서 한 송이의 빨간 꽃이 피어났는데 그 잎에 그의 머리글자가 새겨져 있었다는 전설도 있다.

제의 경험적 기원에서 벗어나 사변적인 기원으로 돌아가 보면, 우리는 사실 이 기원이 우선 근거율을 잘못 적용했으며, 말하자면 주관과 객관 사이에서도 이를 적용했음을 알게 된다. 또한 그다음으로 다시 말해 인식의 근거율이 생성의 근거율이 통용되는 영역으로 옮겨지면서, 그 명제의 형태를 혼동하였음을 알게 된다. 하지만 그럼에도 그 문제에 아무런 참된 내용이 없다면, 또 그 깊디깊은 곳에 어떤 올바른 사상과 의미가 가장 본래적인 기원으로서 존재하지 않는다면, 그 문제는 그토록 지속적으로 철학자들의 관심을 끌기 어려웠을지도 모른다. 따라서 그러한 기원으로부터 받아들이지 않을 수 없는 것은, 맨 처음 그 기원이 반성의 대상이 되고 표현되기를 바라면서 자신도 알 수 없는 잘못된 형태와 물음에 빠져들게 되었다는 점이리라. 내 견해로는 물론 그러하다. 그리고 그 문제가 적절하게 표현되지는 않았지만, 그 문제의 가장 내적인 의미의 순수한 표현으로서 다음과 같이 제시한다. 이 직관적 세계가 나의 표상이 아니고 무엇이겠는가? 단지 일회적으로 더구나 표상으로 의식되는 이 직관적 세계가 내게 이중으로 의식되는 내 자신의 몸과 마찬가지로 한편으로 **표상**이고, 다른 한편으로 **의지**인가? 제2권에서 이 문제를 보다 분명히 설명하고 긍정하겠지만, 이 문제에서 생기는 결론은 이 책의 다음 부분에서 다룰 것이다.

6.
지성의 성질과 작용

우리는 지금 제1권에서 모든 것을 표상으로서만, 주관에 대한 객관으로서만 고찰한다. 그리고 각 개인에게 있어서 세계를 직관하는 출발점이 되는 자신의 신체까지도 다른 모든 실재적 객관처럼 인식 가능하다는 측면에서만 바라본다. 따라서 신체는 우리에게 하나의 표상에 불과하다. 사실 다른 객관을 단순한 표상에 불과하다는 설명에 이미 반대했던 각 개인의 의식은 자신의 신체마저 하나의 표상에 불과하다고 한다면 더욱 반발할 것이다. 이 사실은 누구나 사물 자체가 자신의 신체로 나타나는 한에는 직접 알 수 있지만, 그것이 직관의 다른 여러 대상 속에서 객관화되는 한에는 간접적으로만 알 수 있다는 데서 기인한다. 하지만 우리의 연구 과정은 이 같은 추상, 이 같은 일면적 고찰 방식, 본질적으로 함께 존재하는 것의 이 같은 강제적 분리를 필연적으로 만든다. 그 때문에 위에서 말한 반발심은 앞으로의 고찰이 현재의 일면성을 보충하여, 세계의 본질을 완벽하게 인식시켜주리라 기대함으로써 당분간 억제되고 진정되어야 한다.

그러므로 여기서 신체는 우리에게 직접적인 객관, 즉 주관이 인식의 출발점으로 삼는 표상인 것이다. 이때 표상 그 자체는 직접적으로 인식된 변화와 더불어 인과율을 적용하기 전에 나타나서, 이를 적용하기 위한 최초의 자료를 제공한다. 이미 언급했듯이 모든 물질의 본질은 그것의 작용에 있다. 그러나 결과와 원인은 지성에 대해서만 존재하고, 지성은 그 결과와 원인의 주관적 상관 개념과 다름없다. 하지만 지성은 그 출발점이 되는 다른 어떤 것이 없으면 결코 적용될 수 없을지도 모른다. 그 다른 것은 단지 감성적 감각, 즉 신체 변화에 대한 직접적인 의식이고, 그 의식 덕분에 신체는 직접적인 객관인 것이다. 그에 따라 우리는 직관적 세계가 인식되는 가능성에 두 가지 조건이 있음을 알 수 있다.

첫째 조건은 **이것을 객관적으로 표현하면** 물체가 서로 작용해서 상호 변화를 일으킬 수 있는 능력이다. 그런 능력이 없으면 모든 물체의 일반적 특성은 동물적 감성에 의해서도 직관을 얻을 수 없을지도 모른다. 그런데 우리가 소위 이 첫째 조건을 **주관적으로 표현하려면** 이렇게 말하게 된다. 직관을 가능케 하는 것은 무엇보다도 지성이다. 인과율이나 결과와 원인의 가능성은 지성에서만 생기고 지성에만 적용되며, 그러므로 직관적 세계는 지성에 대해서만, 또 지성에 의해서만 존재하기 때문이다.

그런데 둘째 조건은 동물 신체의 감수성이다. 혹은 직접 주관의 객관이 되는 어떤 특정한 물체들의 특성이다. 여러 감각 기관이 그것에 특별히 적응된 외부의 작용으로 인한 단순한 변화는, 그 작용이 고통이나 쾌감을 불러일으키지 않는 한, 즉 의지에 대해 직접적인 의미가 없으면서도 지각되는 한, 즉 오직 **인식**을 위해서만 현존하는 한에는 표상이라 불릴 수 있다. 그러므로 그런 점에서 나는 신체가 직접적으로 **인식**된다고 말하고, **직접적인 객관**이라고 말한다. 그렇지만 여기서 객관이란 개념을 본래의 의미로 받아들여서는 안 된다. 왜냐하면 지성의 적용에 선행하는 단순한 감성적 감각인 신체의 이 직접적인 인식을 통해 신체 그 자체는 **객관**으로 존재하는 것이 아니라, 우선 지성에 작용하는 물체로 존재하기 때문이다. 본래적 객관의 모든 인식, 즉 공간 속에서 직관할 수 있는 표상의 인식이란 지성에 의해서만, 지성에 대해서만 존재하므로, 따라서 지성의 적용에 앞서지 않고 지성을 적용한 연후에야 존재하기 때문이다.

따라서 신체는 본래적 객관으로서, 즉 공간 내의 직관적 표상으로서 다른 모든 객관과 마찬가지로, 신체의 한 부분에서 다른 부분에 영향을 끼치도록 인과율을 적용함으로써, 그러므로 눈이 신체를 보고 손이 그것을 만지면서 비로소 간접적으로 인식된다. 따라서 우리는 단순한 기본적 감각으로는 자신의 신체 형태를 알지 못하며, 그것은 인식을 통해서만, 표상 속에서만, 즉 두뇌 속에서만 처음으로 자신의 신체도 연장延長과 사지四肢가 있는 유기체로서 모습을 드러내는 것이다. 장님으로 태어난 사람은 촉각이 제공하는 자료를 통해 이 표상을 서서히 비로소 얻게 된다. 두 손이 없는 장님이라면 자신의 모습을 결코 알지 못하거나, 또는 기껏해야 다른 물체가 자기에게 끼치는 영향으로 서서히 자신의 모습을 파악하고 구성하게 될 것이다. 따라서 우리가 신체를 직접적인 객관이라 부른다면 이러한 제한을 붙여 이해할 수 있다.

아무튼 앞서 말한 바와 같이 동물의 모든 신체는 모든 것을 인식하면서도 바로 그 때문에 결코 인식되지 않는 주관에 대해 직접적인 객관, 즉 세계에 대한 직관의 출발점인 것이다. 그 때문에 **인식하는 것**, 이 같은 것을 조건으로 동기를 제공받아 움직이는 것은, 자극받아 움직이는 것이 식물의 성격이듯이 **동물성**의 본래적인 **성격**이다. 그런데 무기물은 가장 좁은 의미에서 본래적인 원인에 영향 받아 움직이는 것 외에는 달리 움직이지 않는다. 나는 이 모든 것에 대해 '충분근거율'에 대한 내 논문 제2판의 제20장, 「윤리학」의 제1논문 제3장 및 「시각과 색채에 대하여」 제1장에서 상세히 설명했으므로, 그것을 참고하기 바란다.

앞에서 언급한 내용에서 볼 때 아무리 불완전한 동물이라 해도 모든 동물에게 지성이 있다는 사실이 밝혀진다. 동물들은 모두 객관을 인식하고, 이 인식이 동기가 되어 동물의 운동을 규정하기 때문이다. 모든 동물이나 인간에게 지성이란 동일한 것이고, 어디서나 똑같고 단순한 형태를 지니고 있다. 즉, 인과성의 인식이고, 결과에서 원인으로의 이행과 원인에서 결과로의 이행이며 그 밖의 아무것도 아니다. 그러나 지성의 예리한 정도와 인식 권역의 넓이는 천양지차이고 각양각색이다. 그래서 직접적인 객관과 간접적인 객관 사이의 인과 관계만 인식하는 가장 낮은 단계, 즉 신체가 받는 영향을 그 원인에 이행함으로써 이 원인을 공간 속의 객관으로 직관할 수 있는 단계에서부터, 단순히 직접적인 객관들 서로 간의 인과관계를 인식하는 보다 높은 단계에까지 걸쳐 있으며, 이 영향으로 자연에서 결과와 원인의 복잡하게 얽힌 연쇄를 이해하기에까지 이른다.

이러한 보다 높은 단계의 인식도 지성에 속하는 것이지 이성에 속하는 것은 아니다. 왜냐하면 이성의 추상적 개념은 그처럼 직접적으로 이해된 것을 받아들이고 고정시키며 결합시키는 데만 쓰일 뿐, 결코 이해 자체를 가능케 하지는 않기 때문이다. 어떠한 자연력이나 자연법칙도, 그것들이 모습을 드러내는 어떠한 경우도 우선 지성에 의해 직접 인식되고, 직각적으로 파악된 후에야 비로소 추상적으로 이성을 위해 반성된 의식 속으로 들어갈 수 있다. 로버트 훅이 중력의 법칙을 발견하여 수많은 위대한 현상을 이 하나의 법칙으로 환원시킨 일이나, 그 후 뉴턴이 이를 계산으로 입증한 사실도 지성을 통해 직각적이고 직접적으로 파악한 것이었다. 또한 라부아지에Antoine-Laurent Lavoisier(1743~1794)[24]가 산소와 자연에서의 산소의 중요한 역할을 발견한 것이나, 괴테가 물리적인 색채의 생성 방식을 발견한 것도 바로 그러한 것이었다. 이 발견은 모두 결과에서 원인으로 올바르게 직접 소급한 것에 다름 아니다. 이 결과 곧장 모든 원인에서 같은 방식으로 발현되는 자연력이 동일하다는 인식이 생겨난다. 그리고 이 모든 통찰은 지성의 동일하고 유일한 기능이 그저 단계에 따라 상이하게 나타난 데 불과하고, 이 기능에 의해 동물도 자신의 신체에 영향을 끼치는 원인을 공간 속의 객관으로 직관하게 된다. 따라서 그러한 위대한 발견도 모두 직관이나 지성의 모든 발현과 마찬가지로 직접적인 통찰이고, 그 자체로 순간의 직입, 통찰, 착상이지, 추상적인 추리이기다란 연쇄에서 생긴 소산은 아니다.

이와는 달리 추리의 연쇄는 지성의 직접적인 인식을 추상적인 여러 개념으로 간직하여 이성을 위해 고정시키는 데, 즉 그 지성의 인식을 분명히 하는 데 기여한다. 다시 말해 다른 사람에게 그 인식을 해석해서 이해하게 해 준다. 간접적으로 인식된 객관의 인과 관계를 파악할 때의 지성의 예리함은 자연과학에 적용될 뿐 아니라(자연과학의 발견은 지성의 예리함 덕분이다) 그 예리함을 **현명함**이라 부르는 실제 생활에도 적용된다. 그런데 자연과학에 적용될 때는 명민함, 통찰력, 총명으로 부른 것이 더 낫다. 엄밀히 말해 **현명함**이란 오로지 의지에 봉사하는 지성을 지칭하는 것이다. 그렇지만 이 개념의 한계를 엄밀하게 정할 수는 없다. 왜냐하면 이미 공간 속의 객관을 직관하는 경우 모든 동물한테서 활동하는 지성의 동일한 기능이 가장 예리하게 작동하기 때문이다. 때로는 자연 현상 속에 주어진 결과에서 미지의 원인을 올바로 탐구하여, 자연법칙으로서의 일반 법칙을 생각하기 위한 재료를 이성에 제공한다. 때로는 목적하는 결과가 생기도록 이미 알고 있는 원인을 적용하여 복잡하고 독창적인 기계를 발명하기도 한다. 또 때로는 동기화하는 데 사용하여 교묘한 음모나 간계를 꿰뚫어 보고 이를 좌절시키거나, 또는 심지어 여러 동기를, 또 그 같은 어떤 동기에도 쉽게 넘어가는 사람을 적절히 배치하기도 한다. 그리하여 지레와 바퀴로 기계를 움직이듯 그들을 마음대로 움직여 자신의 목적을 달성할 수 있기 때문이다.

지성의 부족은 본래의 의미로는 **우둔**이라 불린다. 이는 **인과율의 적용에 둔감하다**는 것, 즉 원인과 결과, 동기와 행위의 연쇄를 직접 파악할 능력이 없음을 말한다. 우둔한 자는 자연 현상이 자연 그대로 나타나지 않거나 의도적으로 조종되지 않

24　＊근대 화학의 창시자. 과학의 여러 분야뿐 아니라 공공분야에서도 많은 업적을 남겼다.

는 경우, 즉 기계로 쓸모 있게 만들어져 있지 않은 경우엔 자연 현상의 연관성을 통찰하지 못한다. 이 때문에 그런 자는 마법이나 기적을 신봉하기 마련이다. 우둔한 자는 여러 사람이 겉으로는 서로 무관한 듯 보이지만 실제로는 약속된 관계를 맺으며 행동한다는 것을 알아채지 못한다. 그러므로 그런 자는 속임을 당하거나 음모에 희생당하기 쉽다. 그는 남이 해 주는 충고나 판단 등의 배후에 숨은 동기를 알아채지 못한다. 하지만 그에게 부족한 것은 언제나 인과율을 적용하는 예리함, 신속함, 용이함이라는 한 가지 사실, 즉 지성의 힘뿐이다. 내가 지금까지 겪은 우둔에 대한 가장 커다란 실례는 정신 병원에 있던 열한 살가량의 완전한 백치 소년이다. 그것은 앞으로 고찰할 관점에 참고가 될 만하다. 그는 말을 하고 말을 알아듣기도 하므로 사실 이성이 있다고도 할 수 있었지만, 지성의 측면에는 몇몇 동물보다 뒤떨어져 있었다. 그는 내가 갈 때마다 내 목에 걸린 안경알을 관찰했는데, 그 속에 방의 여러 창문과 그 너머에 나무우듬지가 반사되어 비치는 것을 보고 그때마다 대단히 의아하게 여기며 흥겨워했다. 그 아이는 지칠 줄 모르고 놀라워하며 그것을 계속 바라보았다. 즉, 그는 반사라는 이 같은 전적으로 직접적인 인과성을 이해하지 못했던 것이다.

사람들 간에도 지성의 예리함의 정도가 천양지차이듯, 다양한 종류의 동물들 사이에는 그것이 더욱 심하다. 어떤 동물도, 심지어 식물과 가장 가깝다고 할 수 있는 동물조차도 직접적인 객관 속의 결과로부터 원인으로서의 간접적인 객관으로 이행할 수 있는, 즉 객관을 직관하고 포착할 수 있는 만큼의 충분한 지성을 지니고 있다. 이 직관이야말로 바로 그들을 동물로 만들기 때문이다. 그러면서 직관은 동물에게 동기에 따라 움직일 수 있는 가능성을 주고, 이를 통해 먹을 것을 찾거나, 적어도 이것을 움켜쥘 가능성을 주는 것이다. 이와는 달리 식물은 자극을 받아 움직일 뿐 자극의 직접적인 작용을 기다릴 수밖에 없으며, 그렇지 않으면 시들어 가게 된다. 식물은 자극을 뒤쫓아 가거나, 그것을 움켜쥘 수는 없다. 우리는 더없이 완전한 동물의 총명함에 놀라움을 금할 수 없다. 가령 개, 코끼리, 원숭이 및 여우의 경우가 그러한데, 뷔퐁은 여우의 영리함에 대해 탁월한 솜씨로 묘사한 적이 있었다. 이처럼 말할 수 없이 영리한 동물을 보면 우리는 지성이 이성의 도움 없이, 즉 개념으로 표현되는 추상적 인식의 도움 없이 얼마나 많은 일을 할 수 있는지 꽤 정확히 측정할 수 있다. 인간의 경우에는 지성과 이성이 언제나 서로 도와주기 때문에, 우리 자신에게서는 이 사실을 제대로 인식할 수 없다. 그 때문에 우리는 종종 동물의 지성이 때로는 우리의 기대 이상으로, 때로는 기대 이하로 발현되는 것을 알게 된다.

한편 유럽 여행을 하는 동안 이미 많은 다리를 건너가 본 적이 있는 코끼리가 여느 때처럼 사람과 말의 행렬이 지나가는 다리에 이르자, 그것이 자기의 체중에는 너무 약하다고 생각되었는지 그 다리를 건너려 하지 않았다는 이야기가 있는데, 그 코끼리의 총명함에 놀라움을 금할 수 없다. 다른 한편으로 영리한 오랑우탄이 불을 발견하고 쬐기 봄을 따뜻하게 하시민, 장작을 더 넣어 불이 계속 피도록 하지 않는 것을 보면 다시 의아한 생각이 들기도 한다. 이는 이미 숙고가 필요하다는 증거이며, 추상적 개념 없이는 숙고란 가능하지 않은 것이다. 원인과 결과에 대한 인식이 일반적인 지성의 형식으로서, 심지어 동물에게도 선험적으로 내재하고 있다는 사실은, 그 인식이 우리에게와 마찬가지로 동물에게도 외부 세계에 대한 모든 직관적 인식의 선행 조건이라는 점에서 볼 때 아주 확실하다. 그래도 아직 특별한 예증을 원한다면 예컨대 아주 어린 강아지라 하더라도 아무리 책상에서 뛰어내리고 싶어도 감히 뛰어내리지 못하는 것을 보면 된다. 아무튼 이 특별한 경우를 이미 경험으로 알지는 못하지만 강아지는 자신의 체중이 미칠 결과를 미리 알고 있기 때문이다. 이때 우리는 동물의 지성을 평가하면서 본능의 발현을 지성의 탓으로 돌리는 일이 없도록 주의해야 한다. 본능은 지성이나 이성과는 전혀 다른 특성이지만, 종종 이 둘이 하나가 되어 작동하는 것과 매우 유사하게 작용한다. 그렇지만 여기서는 이에 대해 상세히 논하지 않고, 제2권에서 자연의 조화나 소위 목적론을 고찰할 때 다룰 것이다. 그리고 부록 제27장은 특히 이에 대해 집중적으로 논하고 있다.

지성의 부족을 **우둔**이라고 했다. 실제적인 일에 **이성**을 적용하는 능력의 부족을 나중에 **우매**라고 인식한다면, **판단력**의 부족은 또한 **우직**으로 인식할 것이다. 마지막으로 **기억력**이 조금 부족하거나 전적으로 부족한 것은 **광기**로 인식할 것이다. 하지만 이 모든 것은 적당한 곳에서 논하겠다. **이성**에 의해 올바로 인식된 것이 **진리**, 즉 충분한 근거를 지닌 추상적 판단이다(근거율에 대한 논문 제29장 이하 참고). **지성**에 의해 올바로 인식된 것은 **실재성**, 즉 직접적인 객관 속에 나타나는 결과로부터 그 원인으로 올바로 이행하는 것이다. **오류**는 **이성**의 기만으로 **진리**에 맞서고, **가상**은 **지성**의 기만으로 **실재성**에 맞선다. 이 모든 것에 대한 좀 더 상세한 설명은 내 논문 「시각과 색채에 대하여」의 제1장을 참조하길 바란다.

가상이 나타나는 경우는 하나는 매우 자주 작용하고, 다른 하나는 드물게 작용하는 두 개의 전혀 다른 원인에 의해 하나의 동일한 결과가 생길 수 있을 때이다. 지성은, 결과가 완전히 동일하므로 여기서 어떤 원인이 작용했는지 구별할 자료가 없는 경우 언제나 통상적인 원인을 전제로 한다. 그리고 지성의 활동은 반성적이거나 논변적이지 않고 직접적이며 매개가 없기 때문에 그런 그릇된 원인이 직관된 객관으로 우리 눈앞에 나타나게 되는데, 이것이 바로 그릇된 가상이다. 감각기관이 이례적인 상황에 놓이게 되었을 때 이런 식으로 사물이 이중으로 보이고 이중으로 만져지는 사실은 이미 앞에서 언급했으며, 바로 그렇게 하여 직관은 지성에 의해서만, 지성에 대해서만 존재한다는 명백한 증거를 보여 주었다. 더구나 물속에 들어간 막대기가 굴절되어 보이는 것은 지성의 기만이나 가상의 실례다. 볼록거울에 비치는 상이 표면이 볼록한 경우에는 좀 뒤에서 보이고, 표면이 오목한 경우에는 훨씬 앞에서 보이는 것도 그러한 실례다. 또한 달이 중천에 떠 있을 때보다 지평선에 있을 때 얼핏 보아 더 커 보이는 것도 가상에 속하는데, 이는 시각적인 것이 아니라 지성에 의한 것이다. 측미계測微計가 증명하는 것처럼, 눈은 지평선에 있을 때보다 심지어 중천에 떠 있을 때 좀 더 넓은 시각에서 달을 포착하기 때문이다. 지상의 여러 사물을 입체감을 주는 배경에 따라 측정하듯이, 달과 모든 별이 지평선에서 좀 더 약한 빛을 내는 원인을 그것의 좀 더 먼 거리 때문이라고 생각하는 것은 지성이다. 그 때문에 달이 지평선에 있을 때 중천에 떠 있을 때보다 훨씬 크다고 보거나, 또한 이와 동시에 지평선에 있을 때 천공天空이 더 넓어 보인다고, 즉 더 평평하다고 보는 것이다.

이처럼 입체감을 주는 배경을 같은 방식으로 잘못 적용하여 측정하면, 산 정상이 순전히 투명한 공기 속에서만 보이는 아주 높은 산이 실제보다 더 가까이에 있는 것으로 보이게 되어 그 높이를 평가 절하하게 된다. 예컨대 샬랑슈에서 몽블랑을 바라볼 때 그러하다. 그리고 착각을 일으키는 그 모든 가상은 직접적인 직관 속에서 우리 눈앞에 나타나는데, 이 직관은 이성의 어떤 논리적 추론에 의해서도 제거할 수 없다. 이성의 그러한 논리적 추론은 오류, 즉 충분한 근거가 없는 판단을 거기에 대립하는 참된 판단을 통해 막을 수 있을 뿐이다. 그러므로 예컨대 달과 별이 지평선에 있을 때 빛이 더 약하게 보이는 것은 거리가 멀어서가 아니라 보다 흐릿한 증기가 있기 때문임을 추상적으로 인식하는 것이다. 하지만 아무리 추상적 인식을 한다 해도 앞에서 언급한 모든 사례에서 가상은 여전히 그대로 남아 있게 된다. 왜냐하면 지성은 인간에게만 부여된 인식 능력인 이성과는 완전히 판이하게 다르기 때문이다. 물론 그 자체로 보면 인간도 비이성적일 수 있다. 이성은 언제나 알 수 있을 뿐이다. 다시 말해 직관은 지성만의 작용이며 이성의 영향은 받지 않는다.

7.
주관과 객관으로 나누어지는 표상

지금까지 행한 우리의 고찰과 관련하여 다음 사실을 또 언급해야겠다. 우리가 고찰의 출발점으로 삼은 것은 객관도 주관도 아닌, 이 둘을 이미 포함하며 전제로 하는 **표상**이었다. 객관과 주관에서의 분열은 표상의 가장 보편적이고 본질적인 최초의 형식이기 때문이다. 그래서 우리는 이 형식 자체를 고찰하고 그다음에 — 이 경우 주로 예비 논문을 참조하라고 말했지만 — 그 형식에 종속하는 다른 형식들, 즉 **객관**에만 속하는 시간, 공간 및 인과성을 고찰했다. 그렇지만 이 형식들은 객관 **그 자체**에 본질적이지만, 그 객관은 다시 주관 **그 자체**에 본질적인 것이며, 이 형식들은 주관으로부터도 발견될 수 있고, 즉 선험적으로 인식될 수 있어서, 그런 한에서는 이것들은 객관과 주관의 공통된 경계라고 볼 수 있다. 하지만 예비 논문에서 상세히 설명했듯이, 이 형식들은 모두 하나의 공통된 표현, 즉 근거율로 환원될 수 있다.

그런데 이 방법은 객관이나 주관을 출발점으로 한 종래에 시도된 모든 철학과 우리의 고찰 방법을 완전히 구별시킨다. 그에 따라 종래의 철학은 한쪽을 다른 쪽을 가지고, 그것도 근거율로 설명하려 했지만, 이와는 달리 우리는 근거율의 지배가 객관에만 해당되도록 하고 객관과 주관 사이의 관계에는 적용하지 않는다. 최근에 생겨나서 일반적으로 알려진 동일 철학Identitäts-Philosophie은 객관이나 주관을 본래적인 최초의 출발점으로 삼지 않고, 제3의 것인 이성 직관을 통해 인식될 수 있는 절대자, 즉 객관도 주관도 아닌 이 양자의 동일함을 출발점으로 삼고 있다. 그런 점에서 앞서 언급한 대립에 동일 철학은 포함되지 않는 것으로 볼 수 있으리라. 내게는 이성 직관이라는 게 전적으로 부족하므로 앞서 말한 존귀한 동일함이나 절대자 같은 것은 감히 말하지 않겠다. 그럼에도 나는 모든 사람, 즉 우리 같은 문외한도 볼 수 있게 된 이성 직관론자의 기록물을 토대로 하여, 앞서 말한 철학은 위에서 내세운 두 가지 오류의 대립으로부터 제외될 수 없음을 언급하지 않을 수 없다. 그러한 철학은 생각할 수는 없고 단지 지성적으로 직관만 할 수 있거나, 또는 그것에 자신을 침잠시킴으로써 주관과 객관의 경험 가능한 동일성을 출발점으로 하면서도, 두 가지의 상반되는 오류를 피하지 못한다. 오히려 그 철학 자세가 두 부문으로 갈리지면서 둘의 오류를 자체 내에 합일시키기 때문이다.

그 두 부문의 하나는 피히테의 자아설인 선험적 관념론이고, 다른 하나는 자연철학이다. 그러므로 선험적 관념론은 근거율에 따라 주관으로부터 객관이 만들어지게 하거나 주관으로 짜이게 하는 것이고, 자연철학은 사실 이처럼 구성이라 불리는 방법을 적용하여 객관에서 서서히 주관이 생기게 하는 것이다. 나는 이에 대해 잘은 모르지만, 이 방법이 근거율에 따라 여러 가지 형태로 진전된 것임은 아주 명백하다. 나는 그러한 구성이 내포하고 있는 심오한 지혜 자체를 포기한다. 이성 직관이 전적으로 부족한 내게는 이를 전제로 하는 모든 강론은 일곱 개의 봉인을 한 책[25]으로밖에는 생각되지 않는다. 또한 사정이 그렇기 때문에 말하긴 좀 이상하긴 하지만, 그 가르침에 아무리 심오한 지혜가 담겨 있다 해도 그걸 듣고 있노라면 내게는 끔찍하고, 더욱이 지루하기 짝이 없는 허풍으로밖에 생각되지 않는다.

객관에서 출발하는 여러 학설은 사실 언제나 모든 직관적 세계와 그 질서를 문제 삼아 왔다. 그렇지만 이들 학설이 출발점으로 삼는 객관이 항상 이 직관적 세계는 아니며, 또한 그 기본 요소인 물질도 아니다. 오히려 예비 논문에서 제시한 네 가지 부류의 가능한 객관에 따라 그 학설을 구분할 수 있다. 그리하여 그 첫 번째 부류, 즉 실재적 세계에서 출발한 것으로는 탈레스Thales(기원전 624~548)[26], 이오니아학파[27]의 철학자들, 데모크리토스Democritos(기원전 460년경~360년경)[28], 에피쿠로스Epikuros(기원전 342년경~270년경)[29], 조르다노 브루노Giordano Bruno(1548~

---

25 * 「요한계시록」제5장 1절 참고. 무슨 말인지 이해할 수 없는 책이란 뜻이다.
26 * 밀레토스에서 태어난 그리스 수학자이자 철학자. 기하학의 기초를 이집트로부터 그리스에 알렸다. 그는 기원전 585년에 태양의 일식을 예언한 것으로 유명하다. 그의 철학적 학설에서는 최초의 기본 물질을 물이라 하고, 물은 다른 모든 기본 물질을 생겨나게 한다고 한다.
27 * 기원전 6~5세기경 이오니아 지방에서 활동한 그리스의 철학 학파. 탈레스, 아낙시만드로스, 아낙시메네스, 헤라클레이토스, 아낙사고라스, 아폴로니아의 디오게네스, 아르켈라오스, 히폰 등이 여기에 속한다.

1600)[30] 및 프랑스의 유물론자가 있다. 두 번째 부류, 즉 추상적 개념에서 출발한 것은 스피노자와 — 단순히 추상적이고 오직 그 정의 속에서만 존재하는 실체라는 개념에서 출발하는 — 예전의 엘레아학파[31]다. 그리고 시간, 따라서 수에서 출발하는 세 번째 부류는 피타고라스Pytagoras(기원전 580~500)[32]학파의 철학자들과 『역경易經』[33]에 나타난 중국 철학이다. 마지막으로 네 번째 부류, 즉 인식에 의해 동기화된 의지 행위에서 출발하는 이들은 스콜라학파 철학자들이다. 이들은 세계 밖에 있는 인격적 존재자의 의지 행위에 의해 세계가 무에서 창조되었다고 가르친다.

객관적인 방법은 본래적인 유물론으로 나타날 때 가장 일관성 있고 광범위하게 수행될 수 있다. 이 유물론은 물질과 더불어 시간과 공간도 절대적으로 존재하는 것으로 보며, 이 모든 것이 주관과의 관계 속에서만 존재하는데 유물론은 그 관계는 빠뜨리고 있다. 더구나 유물론은 인과율을 실마리 삼아, 그것을 그 자체로 존재하는 사물의 질서, 즉 영원한 진리로 생각해서 그 실마리에 의거하여 앞으로 나아가려 한다. 따라서 지성이란 지성 속에서만, 지성에 대해서만 존재하는데, 유물론은 이 지성을 빠뜨리게 된다. 그런데 유물론은 물질의 최초의 가장 단순한 상태를 찾으려고 하며, 그다음으로는 단순한 메커니즘에서 화학적 현상, 양극성, 식

---

28   * 고대 그리스의 유물론자. 그가 쓴 『세계의 체계』는 남아 있지 않으나 여기서 원자론의 이론을 전개했다. 우주는 빈 공간 속에서 아톰들로 이루어져 있다. 이 아톰들은 서로의 충격에 의해 선회 운동을 만들며, 이에 의한 이합·집산에 따라 다양한 사물의 형태와 성질이 생겨난다고 보았다.

29   * 데모크리토스의 원자론으로 철학에 입문하였다. 그는 『자연에 대하여』라는 책을 썼다고 알려지나 토막글만이 남아 있다. 데모크리토스와 달리 세계 형성의 운동으로, 원자들의 낙하에서 원자들의 크기와 모양에 따른 빗금 운동에서 회오리가 생긴다고 보았다.

30   * 이탈리아의 철학자. 도미니코 수도사였던 그는 아리스토텔레스의 철학을 비판하고 코페르니쿠스의 학설을 받아들였다. 범신론적으로 본 자연관에서 그가 확정한 실체의 영원성과 단일성은 스피노자 사상을 예고한다. 세계의 구성에 관한 그의 단자론은 라이프니츠에게 영향을 주었다. 그는 무한 우주론을 주장하다가 종교 재판을 받고 화형을 당했다.

31   * 기원전 5세기 이탈리아 남부의 그리스 식민지 엘레아에서 번성했던 이 학파의 특징은 극단적 일원론이다. 즉, 존재하는 모든 것은 존재 자체로 충만하며 존재와 대립하는 것은 아무것도 없고, 따라서 분화·운동·변화는 모두 환상일 뿐이라고 보았다.

32   * 소아시아 지방 사모스 섬에서 태어난 철학자이자 수학자. 이탈리아 남부 크로톤으로 이주하여 거기서 종교적 공동체를 형성하였고, 입교자들에게만 비의적으로 교육하였다. 그는 본질적으로 '영혼'의 철학자다. 이 영혼은 불멸이고 신적인 본질이라고 한다. 그리고 이 영혼은 진실한 실체로 생각되었고, 소멸하는 육체와 근본적으로 구별되었다.

33   * 『시경』, 『서경』과 아울러 삼경의 하나. 음양陰陽의 원리로 천지 만물의 변화하는 현상을 설명하고 해석한 유교의 경전으로, 중국 주나라 때 대성되어 '주역'이라고도 한다.

물성, 동물성으로 올라가, 그 단순한 상태에서 다른 모든 것을 풀어내려 한다. 이 것이 잘되어 간다면 이 연쇄의 마지막 단계는 동물적 감수성, 즉 인식 작용이 될 지도 모른다. 따라서 그것은 이제 물질의 단순한 변경, 즉 인과성에 의해 초래된 물질의 어떤 상태로 나타날지도 모른다.

그런데 만약 우리가 직관적 표상을 가지고 유물론을 뒤따라 여기까지 왔다고 한다면 유물론과 더불어 그 정점에 이르렀을 때 올림피아 신들이 웃고 싶은 기분 을 억누를 길 없이 갑작스럽게 요요을 디뜨리는 것을 느끼기도 모른다. 그러면서 우리는 꿈에서 깨어난 듯, 유물론이 이렇게 힘들여 만들어 놓은 최후의 결과인 인 식 작용은 이미 최초의 출발점에서 단순한 물질의 필수적 조건으로 전제되어 있 었음을 단번에 깨닫게 될 것이다. 그리고 우리는 유물론으로 사실 물질을 사유한 다고 자부했지만, 실제로는 물질을 표상하는 주관, 물질을 보는 눈, 물질을 느끼 는 손, 물질을 인식하는 지성을 사유했을 뿐이었음을 단번에 깨닫게 될 것이다. 이리하여 뜻밖에 당치도 않은 선결 문제 요구의 허위petitio principii[34]가 드러나게 되 었다. 왜냐하면 이미 최초의 고리가 의지하고 있는 근거점인 마지막 고리가 원 모 양의 연쇄 고리임이 갑자기 드러났기 때문이다. 그리고 유물론자는, 말을 타고 물 속에서 헤엄치며 양 다리로 말을 누르고 앞으로 늘어뜨린 변발을 잡은 채 자신의 몸을 위로 끌어올리려는 저 뮌히하우젠 남작Karl Friedrich Hieronymus von Münchhausen (1720~1797)[35] 같은 존재일지도 모른다.

따라서 유물론의 근본적 불합리성은, 유물론이 **객관적인 것**을 출발점으로 하여 **객관적인 것**을 최종 설명의 근거로 삼는다는 데 있다. 그런데 이 객관적인 것이 추 상적으로만 **사유**되는 **물질**이거나, 형태 속으로 들어가고 경험적으로 주어진 물질, 가령 화학적 원소 및 이와 아울러 그것과 가장 가까운 화합물인 **질료**라 해도 불합 리하긴 마찬가지다. 유물론은 이 같은 물질을 그 자체로서 절대적으로 존재하는 것으로 간주하고, 유기적 자연이나 인식 주관도 거기에서 생겨나게 하여, 이로써 이 물질을 완벽하게 설명하려 한다. 실은 모든 객관적인 것은 이미 그 자체로 인

---

34 * '선결 문제 요구의 허위'는 증명되지 않은 전제 위에서 말하는 논리적 오류를 뜻한다.

35 * 독일의 군인이자 수렵가이며 여행가. 허풍이 심해서 '허풍선이 남작'이라는 별명을 얻는다. 1785년, 영국 에 망명한 루돌프 에리히 라스페라는 독일 사람이 뮌히하우젠 남작의 허풍에 바탕을 둔 이야기집을 영어로 펴냈고, 나중에 이 책은 1786년에 독일의 낭만파 시인인 고트프리트 뷔르거에 의해 다시 독일어로 번역되고 13편의 이야기가 더해져 『뮌히하우젠 남작의 놀라운 수륙 여행과 출진과 유쾌한 이야기』로 출판되었다.

식 주관을 통해 인식의 여러 형태로 다양한 방식으로 조건 지어져 있고, 그것들을 전제하고 있다. 따라서 주관이 없다고 생각하면 모든 객관적인 것은 완전히 사라지고 만다.

그러므로 유물론은 우리에게 직접적으로 주어진 것을 간접적으로 주어진 것으로 설명하려는 시도다. 유물론은 모든 객관적인 것, 연장延長을 지닌 것, 작용하는 것, 즉 물질적인 것을 자신의 설명을 위한 매우 확고한 토대라 간주하고, 그것에 환원하면 — 특히 이 환원이 결국 충격과 반충격으로 귀결된다면 — 더 이상 바랄 게 없다고 생각한다. 말하건대 이 모든 것은 극히 간접적으로만 조건 지어지며 주어진 것이라서, 그에 따라 상대적으로만 현존하는 것일 뿐이다. 왜냐하면 물질적인 것은 뇌수의 기계적 조직과 제조 과정을 거쳐 시간, 공간 및 인과성이라는 형식 속으로 들어가게 되며, 이들 형식에 힘입어 그것은 처음으로 공간 속에 넓이를 가진 것으로, 시간 속에 작용하는 것으로 나타나게 된다. 그런데 유물론은 그런 식으로 주어진 것에서 심지어 직접적으로 주어진 것, 즉 (그 속에 앞서 말한 그 모든 것이 존재하는) 표상을 설명하려 하고, 결국 의지까지 설명하려 한다. 오히려 원인을 실마리로 하여 그 때문에 합법칙적으로 자신을 드러내는 모든 원동력은 사실 의지로 설명할 수 있다. 따라서 인식 작용은 물질의 변화라는 주장에 맞서 모든 물질은 주관의 표상으로서 주관의 인식 작용의 변화일 뿐이라는 반대되는 주장도 언제나 똑같은 정도의 정당성을 지닌다. 그럼에도 요컨대 모든 자연과학의 목적과 이상은 완전히 관철된 유물론이다. 그런데 우리가 여기서 이 유물론을 명백히 불가능하다고 인식하는 것은 앞으로 고찰해 감에 따라 드러나는 다른 진리를 인정하는 셈이다. 말하자면 내가 근거율을 실마리로 체계적인 인식을 이해하는 모든 학문은 본래의 의미에서는 결코 최종 목표에 이를 수 없고, 또한 완전히 충분한 설명도 할 수 없다는 사실이 그것이다. 그러한 모든 학문은 세계의 가장 심오한 본질에는 결코 이르지 못하고, 결코 표상을 넘어설 수도 없으며, 오히려 요컨대 어떤 표상과 다른 표상의 관계를 알게 하는 데 불과하기 때문이다.

어떤 학문이든 모두 반드시 두 개의 주된 사실에서 출발한다. 그 하나는 언제나 수단Organon으로서 어떤 형태를 취하는 근거율이고, 다른 하나는 과제로서 학문의 특수한 대상이다. 예컨대 기하학은 공간을 과제로 가지며, 공간 내에서의 존재의 근거를 수단으로 갖는다. 산술은 시간을 과제로 지니며, 시간 속에서의 존재의 근거를 수단으로 갖는다. 논리학은 여러 개념 자체의 결합을 과제로 삼으며, 인식의 근거를 수단으로 삼는다. 역사는 대규모로 일어난 인간의 행위를 과제로 삼으며, 동기화의 법칙을 수단으로 삼는다. 그런데 자연과학은 물질을 과제로 갖고 있으며, 인과율을 수단으로 갖고 있다. 따라서 자연과학의 목적과 목표는 인과성을 실마리로 물질의 모든 가능한 상태를 서로 환원시켜 결국 하나의 상태로 환원시킨 뒤, 다시 서로에게서 이끌어 내고 결국에는 하나의 상태에서 이끌어 내는 것이다. 그 때문에 물질 속에서는 두 개의 상태가 극단적으로 대립한다. 그러므로 물질이 최소한으로 주관의 직접적인 객관이 뇌는 싱태외, 최대한으로 주관이 직접적인 객관이 되는 상태다. 즉, 그 하나는 죽어 있는 매우 거친 물질인 제1원소이고, 다른 하나는 인간의 유기체다.

자연과학은 제1의 상태를 화학으로서 찾고, 제2의 상태를 생리학으로서 찾는다. 하지만 지금까지는 양극단에 이르지 못했고, 양극 사이에서 약간의 것을 얻은 것에 불과하다. 앞으로의 전망도 상당히 절망적이다. 화학자는 물질의 질적 분할이 양적 분할처럼 무한히 계속되지 않을 거라는 전제 아래 지금도 약 60가지가 되는 원소의 수를 점차 줄이려 한다. 그리고 원소의 수가 두 개까지 줄어든다면 한 개로 환원시키려 할지도 모른다. 동질성의 법칙은 물질의 최초의 화학적 상태를 전제로 하며, 그 상태는 물질 그 자체에 본질적이지 않고 다만 우연한 형태이자 성질에 불과한 다른 모든 상태에 선행하고, 물질 그 자체에만 귀속하기 때문이다. 다른 한편으로 물질의 이 최초의 상태는 그것에 영향을 끼치는 제2의 상태가 아직 존재하지 않기 때문에 어떤 화학 변화를 겪을지는 알 수 없다. 이리하여 여기 화학 부문에서, 하나의 원자가 자신의 원래적인 운동 방향에서 어떻게 왔는지 설명해야 했을 때 에피쿠로스가 역학 부문에서 부딪혔던 것과 같은 당혹스런 문제가 나타나게 되었다. 그러니까, 아주 자연스럽게 발전되어, 피할 수도 해결할 수도 없는 이런 모순은 엄밀히 말하자면 화학적인 **이율배반**이라 부를 수 있을지도 모른다. 자연과학의 양극의 한쪽에서 이런 모순이 발견되듯이, 다른 쪽에도 이에 상응하는 모순이 드러난다. 따라서 자연과학의 이러한 서로 다른 쪽 극에 도달할 가망성 역시 거의 없다. 화학적인 것이 역학적인 것으로, 유기적인 것이 화학적인 것이나 전기적인 것으로 환원될 수 없다는 것이 점점 분명해지기 때문이다.

그러나 오늘날 옛날부터 있던 이 미로에 새로 발을 담근 사람은 그의 모든 선인先人과 마찬가지로 이내 부끄러워하며 조용히 발길을 돌린다. 이에 대해서는 제2권에서 좀 더 자세히 언급할 것이다. 여기서 그냥 말이 나온 김에 언급한 어려운 점은 자신의 고유 영역에 있는 자연과학과 배치된다. 또한 자연과학은 철학으로 간주한다면 유물론일지도 모른다. 그런데 유물론은 주관과 인식 작용의 형식을 건너뛰기 때문에 우리가 본 것처럼 이미 태어날 때부터 가슴에 죽음을 품고 있다. 그렇지만 이 형식은 유물론이 출발점으로 삼고자 하는 아주 거친 물질이나, 유물론이 도달점으로 삼으려 하는 유기체에도 역시 전제되어 있다. 그래서 '주관 없이는 객관도 없다'는 말은 모든 유물론을 영원히 불가능하게 만드는 명제다. 태양이나 행성은 그것을 보는 눈이나 그것을 인식하는 지성이 없으면 말로는 표현할 수 있을지 모르지만, 그러한 말은 표상에 있어서는 하나의 철목鐵木, Sideroxylon·Eisenholz[36]인 셈이다.

하지만 그럼에도 다른 한편으로 인과율을 따르거나, 그 법칙에 의거하여 자연을 고찰하고 탐구하다 보면 우리는 물질의 보다 높은 유기적 상태란 시간적으로 보다 거친 물질의 상태를 지난 뒤에야 비로소 생겼음을 필연적으로 확실히 받아들이지 않을 수 없다. 말하자면 동물은 인간 이전에, 물고기는 육지 동물 이전에, 식물은 또한 이 육지 동물 이전에, 무기물은 모든 유기물 이전에 생겼다는 사실 말이다. 따라서 원시적인 덩어리가 오랜 세월에 걸쳐 일련의 변화를 거친 후에야 처음으로 눈이 떠질 수 있었다는 사실 말이다. 그리고 아무튼 처음으로 떠진 것이 곤충의 눈이었을지 모르지만, 세계 전체의 존재는 이 최초의 눈에 의존하고 있다. 이때 눈은 인식을 매개하는 데 필수적인 것이고, 그 세계 전체는 인식을 위해서만, 인식 속에서만 존재하는 것이며, 그 인식 없이는 세계를 생각조차 할 수 없다. 세계는 바로 표상이고, 그 자체로, 그 세계 존재의 담당자로 인식 주관을 필요로 하기 때문이다. 그러니까, 무수한 변화를 겪는 중 물질이 여러 형태를 거치며 올라가서, 결국 인식하는 최초의 동물이 나타나기까지 걸린 장구한 시간 자체, 이 전체 시간 자체는 의식의 동일성 속에서만 생각할 수 있다. 시간은 표상에 관한 의식의 연속이고, 인식 작용에 관한 의식의 형식이며, 그러한 형식을 떠나서는 시간은 모든 의미를 깡그리 잃어버리고 전혀 아무것도 아니게 된다. 그리하여 한편으로 우리는 최초의 이 인식하는 동물이 아무리 불완전하다 해도 세계 전체의 존재가 필연적으로 그것에 의존해 있고, 다른 한편으로 이 최초의 인식하는 동물은 역시 필연적으로 자신에 선행하는 원인과 결과의 기다란 연쇄에 전적으로 의존하

---

36 *지나치게 모순되거나 불합리한 것을 지칭하기 위해 쇼펜하우어가 따로 만든 표현이다.

고 있으며, 자신이 그 연쇄의 작은 고리로 나타난다는 사실을 알게 된다. 사실 이렇게 상반되는 두 견해의 어느 쪽도 똑같은 정도로 필연성을 인정하고 있지만, 우리는 물론 우리의 인식 능력에서 볼 때 이를 다시 **이율배반**이라 부르고, 자연과학의 저 최초의 극에서 발견된 이율배반의 대응물로 내세울 수 있을지도 모른다.

반면 나는 이 책의 부록에서 칸트 철학의 네 가지 이율배반을 비판하면서 그것이 근거 없는 속임수임을 증명할 것이다. 그렇지만 여기서 결국 필연적으로 생기는 모순은, 킨트의 밀을 빌리면, 시간, 공간 및 인과성이 사물 그 자체에 귀속히는 것이 아니라 사물의 현상에만 귀속하는 데서 해결된다. 이때 현상의 형식이 시간, 공간 및 인과성인 것이다. 이를 나 자신의 말로 표현하자면, 객관적인 세계, 즉 표상으로서의 세계는 세계의 유일한 면이 아니라 단지 한 면, 말하자면 세계의 외적인 면일 뿐이며, 세계에는 이와는 전혀 다른 또 하나의 면이 있는데 그것이 세계의 가장 내적인 본질이자 핵심인 사물 자체인 것이다. 그리고 우리는 그것이 객관화되는 가장 직접적인 단계에 따라 의지라고 부르며, 이것을 다음 권에서 고찰할 것이다.

그런데 우리가 여기서 고찰하는 표상으로서의 세계는 물론 눈이 처음으로 딱 떠졌을 때야 비로소 시작되고, 세계는 인식이라는 매개 없이는 존재할 수 없으므로, 그 이전에는 존재하지 않았던 것이다. 하지만 그러한 눈이 없다면, 즉 인식의 밖에서는 이전이라는 것도 시간이라는 것도 없다고 할 수 있다. 그 때문에 시간에 시작이 있는 것이 아니고 모든 시작은 시간 속에 있는 것이다. 그런데 시간은 사물을 인식하기 위한 가장 보편적인 형식이고, 모든 현상은 인과성의 유대에 의해 이 형식에 적응하므로, 처음으로 인식함으로써 전후로 무한히 이어지는 시간도 존재하게 된다. 그리고 이 최초의 현재를 충족시키는 현상은 동시에 인과적으로 연결된 것으로, 또 과거로 한없이 뻗어 있는 일련의 현상에 의존하는 것으로 인식되어야 한다. 그런데 이 과거 자체는 이 최초의 현재에 의해 조건 지어져 있을뿐더러, 반대로 이 최초의 현재는 과거에 의해 조건 지어져 있다. 따라서 최초의 현재와 마찬가지로 그것이 유래한 과거도 인식 주관에 의존해 있으며, 인식 주관이 없으면 無라고 할 수 있다. 그렇지만 이 최초의 현재는 과거를 모체로 갖지 않는 최초의 과거, 즉 시간의 시초로 나타나지 않고, 시간 속에서 존재의 근거에 따라 과거의 연속으로 나타나며, 그리고 또한 현재를 충족시키는 현상은 필연적으로 인과율에 따라 과거의 상대를 충족시키는 이전 상태의 결과로 나타난다. 신화적인 억지 해석을 즐기는 자라면 거인족의 막내인 크로노스가 태어난 것을 여기서 언급한, 시초가 없는 시간이 출현한 순간을 지칭하는 것으로 간주할지도 모른다. 크로노스는 자신의 아버지를 거세함으로써 하늘과 땅의 조야한 생산물이 없어지게 하고, 이제 신과 인간 종족이 그 자리를 차지하게 된다.

우리가 객관에서 출발하는 여러 철학 체계 중 가장 일관성 있는 체계인 유물론을 좇아 도달한 이 서술은 주관과 객관이 해소할 수 없는 대립 관계에 있지만 이와 동시에 서로 불가분의 의존 관계에 있음을 생생히 보여 주는 데 기여한다. 이 인식으로 세계의 가장 내적인 본질인 사물 자체를 이젠 표상의 두 요소인 주관과 객관의 어느 쪽에서 찾지 않고, 오히려 표상과 전혀 다른 요소, 즉 본래적이고 본질적이면서 아울러 해소되지 않은 대립이 개재되어 있지 않은 요소에서 찾기에 이른다.

객관에서 출발하여 그것에서 주관이 생기게 하려는 지금까지 논한 입장에는 주관에서 출발하여 그것에서 객관이 나오게 하려는 입장이 대립된다. 그런데 지금까지의 모든 철학에는 객관에서 출발하는 것이 아주 빈번하고 일반적인 반면 사실 주관에서 출발하는 경우는 한 가지 실례밖에 없다. 그것도 피히테의 아주 새로운 사이비 철학Schein-Philosophie이 그것이다. 이런 점에서 그는 주목받을 만하지만 그의 학설 자체에는 참된 가치와 내적인 내용이 별로 없다. 그러니까, 그의 학설은 속임수에 불과했지만, 그는 매우 진지한 표정을 지으며 신중한 어조와 열성적인 태도로 강론하고, 약한 상대에게는 웅변조의 논쟁으로 변론하여 탁월함을 뽐내며 상당한 인물인 척할 수 있었다. 그러나 외부의 어떤 영향에도 아랑곳하지 않고 오로지 자신의 목적인 진리만을 묵묵히 바라보는 참된 진지함은 피히테에게도 전혀 없었다. 그도 상황에 순응하는 비슷한 모든 철학자와 마찬가지다. 하긴 그 역시 별 도리가 없었다. 말하자면 철학자란 당황스런 상태를 뚫고 헤쳐 나오려고 하면서 철학자가 되는 것이다. 이런 당황스런 상태가 곧 플라톤의 경이인데, 그는 이를 대단히 철학적인 감정이라 불렀다(『테아이테토스Theaetetos』). 하지만 여기서 진정한 철학자와 그렇지 못한 철학자가 구별된다. 진정한 철학자에게는 세계 자체를 바라보는 데서 당황스런 상태가 생기는 반면 사이비 철학자에게는 하나의 책, 즉 현재의 학설에서만 생긴다. 피히테의 경우도 후자에 속한다. 그는 칸트의 사물 자체를 접하고 철학자가 되었을 뿐이다. 그는 대단한 수사학적 재능이 있었기에 만약 칸트의 사물 자체를 몰랐더라면 필경 전혀 다른 방면에서 더 큰 성공을 거두었을 것이다. 그렇지만 자신을 철학자로 만든 책인 『순수이성비판』의 의미를 그가 좀 더 깊이 파고들었더라면, 그것의 주된 학설의 정신이 다음과 같다는 것을 이해했을 것이다.

모든 스콜라 철학이 주장하듯, 근거율은 영원한 진리가 아니다. 즉, 근거율은 모든 세계의 이전과 밖 그리고 모든 세계를 넘어 무조건적으로 타당한 것이 아니라, 공간이나 시간의 필연적 연관성으로 나타나거나, 혹은 인과율이나 인식 근거의 법칙으로 나타나는 것이어서, 난시 상내석이고 쪼긴 지이진 현상에'서만 타당한 것이다. 따라서 세계의 내적 본질인 사물 자체는 근거율을 실마리로 발견되는 것이 아니고, 이 명제가 이끌어 가는 모든 것은 항시 그 자신도 다시 상대적이고 의존적이라서 언제나 현상일 뿐 사물 자체는 아니다. 더욱이 근거율이 주관에 관계하지 않고 객관의 형식에 불과하므로, 객관은 바로 그 때문에 사물 자체가 아니다. 그리고 객관과 더불어 곧장 주관이 존재하고, 이 주관과 더불어 객관이 존재하므로, 자신의 근거에 대한 귀결로서 객관을 주관에, 주관을 객관에 첨가할 수는 없다. 하지만 피히테는 이 모든 사실을 조금도 염두에 두지 않았다. 그는 **주관에서 출발한다**는 사실에만 유독 관심이 있었는데, 칸트는 지금까지의 철학이 객관을 출발점으로 하여 객관이 사물 자체로 되게 한 사실이 잘못임을 나타내기 위해 이를 선택했던 것이다.

그런데 피히테는 이처럼 주관에서 출발하는 것을 아주 중요한 문제로 간주하고, 모방자들이 다 그렇듯이, 자신이 그 점에서 칸트보다 나으며 그를 능가한다고 잘못 생각했다. 그래서 종래의 교조주의가 정반대의 방향에서 범했고, 바로 이런 사실로 칸트의 비판을 초래한 오류를 이런 방향에서 되풀이했다. 그리하여 본질적으로는 아무것도 변한 것이 없고, 객관과 주관을 원인과 결과의 관계로 받아들이는 예로부터의 근본적인 오류는 여전히 남아 있다. 따라서 근거율은 예나 다름없이 무조건적으로 타당성을 인정받고 있으며, 사물 자체는 이전처럼 객관 속으로 옮겨지는 대신 이제 인식의 주관 속으로 옮겨지게 되었다. 그런데 사물 자체나, 또는 세계의 내적 본질은 객관과 주관에서 찾을 수 없고, 이렇게 존재하는 것 밖이나 모든 다르게 존재하는 것 밖에서만 찾을 수 있음을 나타내 주는 이 둘의 전적인 상대성은 여전히 인식되지 않은 상태에 있다. 마치 칸트가 이 세상에 존재하지 않았던 것처럼, 피히테가 볼 때 근거율은 모든 스콜라 철학자들이 생각했던 바로 그것, 즉 영원한 진리인 것이다. 말하자면 고대인의 신을 지배한 것이 영원한 운명이듯이, 스콜라 철학자들의 신을 지배하는 것은 영원한 진리, 즉 형이상학적·수학적·초論논리적인 여러 진리였고, 몇몇 사람의 경우에는 도덕 법칙의 타당성도 신을 지배하는 것이었다.

이 진리만은 아무것에도 의존하지 않으며, 세계와 마찬가지로 신도 진리의 필연성에 의해 존재한다. 그러므로 영원한 진리인 근거율에 따르면 피히테에게는 자아가 세계나 혹은 비아非我의 근거이고, 자아의 귀결이자 자아의 소산인 객관의 근기인 것이다. 아마 그래서 그는 근거율을 계속 시험하거나 검토하지 않으려고 조심했는지도 모른다. 하지만 거미가 실을 뿜어내듯, 나는 피히테가 자아에서 비아가 생기게 하는 데 실마리로 삼은 근거율의 형태를 보고, 그것이 공간 속에서 존재의 근거율임을 알 수 있다.

이와 관련하여 피히테가 자아에서 비아를 산출해 낸 고통스러운 연역 방식은 지금까지 쓰인 것 중 가장 무의미하고, 그로 인해 가장 지루한 책의 내용을 이루고 있지만, 그래도 일종의 의의와 의미를 지니고 있다. 따라서 그 외의 점에서는 조금도 언급할 가치가 없는 피히테의 이 철학은 훗날에 나타나서 먼 옛날의 유물론과 대립되는 것으로서만 우리에게 흥미롭다고 할 수 있다. 피히테의 철학이 주관에서 출발했듯이, 유물론은 철저히 객관에서 출발했다. 아무리 단순한 객관이라도 그것을 설정하자마자 동시에 주관도 설정된다는 것을 유물론이 간과했듯이, 객관 없이는 주관도 생각할 수 없으므로 피히테는 주관과 — 그가 이것을 뭐라고 부르든 상관없이 — 아울러 객관도 설정된다는 것뿐 아니라 모든 선험적 추론, 그러니까 모든 논증은 무릇 어떤 필연성에 근거하고 있지만 모든 필연성은 오로지 근거율에 근거하고 있음을 간과하고 있다. 필연적이라는 것과 주어진 근거에서 결과가 나온다는 것은 상관 개념[37]이기 때문이다. 그런데 근거율은 객관 그 자체의 보편적 형식에 지나지 않으며, 따라서 이미 객관을 전제로 하고 있지만, 객관에 앞서 그리고 객관의 밖에서 타당성을 인정받으면서 최초에 객관을 데리고 나오거나 근거율의 입법에 따라 객관을 생기게 할 수는 없다. 따라서 개괄하면 주관에서 출발하는 것도 앞서 말했듯이 객관에서 출발하는 것과 마찬가지의 오류를 범하고 있다. 그러니까 최초에 도출하려고 내세우는 것, 즉 그 출발점의 필연적 상관 개념을 미리 가정하고 있는 것이다.

---

37 이에 대해서는 「근거율의 네 겹의 뿌리에 대하여」 제2판 49쪽 참고

그런데 우리의 방법은 이 두 가지 상반된 오류와는 전적으로 상이하다. 즉, 우리는 객관에서도 주관에서도 출발하지 않고, 의식의 제1사실인 **표상**으로부터 출발한다. 표상의 첫째가는 가장 본질적인 근본 형식은 주관과 객관으로 나누어짐이고, 객관의 형식은 다시 여러 가지 형태로 나타나는 근거율이다. 이들 형태는 제각기 그 자신의 고유한 부류의 표상을 지배하므로, 이미 언급했듯이 그 형태를 인식하면 모든 부류의 표상의 본질도 인식되는 것이다. 즉, 이 부류(표상으로서)는 바로 그 형태 자체와 다름없는 것이다. 그러므로 시간 자체는 시간 속에서의 존재의 근거, 즉 연속과 다름없고, 공간은 공간 속에서의 근거율, 즉 위치와 다름없다. 물질은 인과성과 다름없고, 개념은 — 곧 나타나게 되겠지만 — 인식 근거에 대한 관계와 다름없다. 이처럼 표상으로서의 세계는 그것의 가장 보편적 형식(주관과 객관)에서 보거나 이 형식에 종속된 형식(근거율)에서 보더라도 전적으로 일반적인 상대성을 띠고 있다. 그런 사실은 앞서 말했듯이 우리로 하여금 세계의 가장 심오한 본질을 **표상과는 전혀 다른** 세계의 측면에서 찾도록 하며, 그러한 측면은 제2권에서 모든 생물에게서 마찬가지로 직접적으로 확실한 사실로 증명될 것이다.

　　그렇지만 그 전에 또한 인간에게만 속하는 표상의 부류를 고찰하지 않으면 안 된다. 지금까지 고찰한 표상의 주관적 상관 개념이 모든 동물에게도 주어진 지성과 감성이듯이, 그 표상의 재료는 **개념**이고, 그 주관적 상관 개념은 **이성**이다.[38]

38　이 같은 최초의 7장은 후에 보충한 제1권의 처음 4장에 속한다.

8.
인간의 이성과 지성

태양 광선을 직접 빌린 것이 달의 반사광이 되듯이 우리는 직관적이고 직접적이며, 자기 자신을 대표하고 보증하는 표상에서 반성으로, 이성의 추상적이고 논변적인 개념으로 이행하는데, 이성의 개념은 그 모든 내용을 저 직관적 인식과 또 그것과 관계해서만 얻는다. 우리가 순전히 직관적인 태도를 취하는 한 모든 것은 명백하고 확고하며 확실하다. 거기에는 의문도 의혹도 잘못도 없기 때문이다. 사람들은 더 이상 나아가려 하지 않고, 더 이상 나아갈 수도 없으며, 직관에서 평정을 얻고 현재에 만족한다. 직관은 스스로 자신의 일을 처리할 줄 안다. 그 때문에 진정한 예술 작품처럼 순전히 직관에서 비롯되고 언제까지나 직관에 충실한 것은 결코 거짓일 수 없으며, 시간이 흐른다고 해서 반박되는 것도 아니다. 거기에는 견해가 아닌 사물 자체가 있기 때문이다.

그러나 추상적 인식과 이성이 생기면 이론적인 면에서는 의혹과 오류가 나타나고, 실제적인 면에서는 근심과 후회가 나타난다. 직관적 표상에서는 **가상**이 한 순간 현실을 왜곡시킨다면 추상적 표상에서는 **오류**가 수천 년 동안 지배할 수 있다. 그래서 온갖 민족의 사람들에게 쇠로 된 멍에를 씌워 인류의 가장 숭고한 활동을 질식시키고, 오류의 노예인 미혹된 자들을 시켜 좀처럼 미혹되지 않는 사람들에게 족쇄를 채우는 것이다. 오류는 모든 시대의 가장 지혜로운 자들이 불공평한 싸움을 벌여 온 적이며, 그들이 이 적에게서 얻어 낸 것만이 인류의 재산이 되었다. 따라서 오류가 있는 영역에 발을 들여놓을 때는 즉시 이 오류에 대해 주의를 환기시키는 것이 좋다. 진리가 주는 이득은 간접적이어서 뜻하지 않은 곳에서 생길 수 있으므로, 이득을 얻을 수 없는 곳에서도 진리를 탐구해야 한다고들 하지만, 나는 이에 덧붙여 이렇게 말하고 싶은 생각이 든다. 오류로 인한 피해는 아주 간접적이며, 예기치 않은 때에 생길 수 있으므로, 피해가 없을 것 같은 곳에서도 모든 오류를 찾아내 이를 근절하도록 노력을 아끼지 않아야 한다. 모든 오류는 내부에 독이 들어 있기 때문이다. 인간을 지상의 주인으로 만든 것이 정신과 인식이라면 무해한 오류란 있을 수 없으며, 더욱이 귀하고 신성한 오류도 있을 수 없다. 그리고 오류에 맞서 고귀하고 힘든 싸움을 벌이며 어떻게든 자신의 힘과 목숨을 바치는 사람들을 위로하기 위해 여기서 나는 다음과 같이 덧붙여 밀어지 않을 수 없다. 사실 진리가 아직 나타나지 않은 동안은 올빼미나 박쥐가 밤에 나돌아 다니듯 오류가 횡행할지 모르지만, 이미 인식되고 분명하고 완벽하게 말로 표현된 진리가 배제되어, 그로써 해묵은 오류가 다시 한 번 아무 방해 없이 광범위하게 세력을 떨칠 바에야, 올빼미와 박쥐가 태양을 동쪽으로 쫓아 버리기를 기대하는 편이 차라리 나을지도 모른다. 이것이 진리의 힘이며, 진리가 승리하기는 어렵고 힘들지만, 일단 승리를 거두면 다시는 빼앗기는 일이 없다.

다시 말해 지금까지 고찰한 표상은 그 구성 성분으로 보아 객관에서 보면 시간, 공간 및 물질로 환원될 수 있고, 또는 주관에서 보면 순수한 감성과 지성(인과성의 인식)으로 환원될 수 있다. 하지만 이것 말고도 지구상에 살고 있는 모든 생물 중 유독 인간에게만 별도의 인식 능력이 생겨났고 매우 새로운 의식이 나타났다. 이 의식이 **반성**이라 불리는 것은 매우 적절하며, 왠지 불길한 예감이 든다 할 만큼 올바르다 할 수 있다. 사실 이 의식은 직관적 인식의 반사광이자 파생물이긴 하지만, 근본적으로는 그것과는 다른 성질과 속성을 띠고 있고, 직관적 인식의 여러 형태를 알지 못하며, 모든 객관을 지배하는 근거율도 여기서는 전혀 다른 형태를 취하기 때문이다. 보다 고도의 힘을 지닌 이 의식은 모든 직관적인 것을 비직관적 이성 개념 속에 추상적으로 반영한 것이다. 또 그 새로운 의식은 유일하게 인간의 의식을 동물의 의식과 완전히 구별하게 해주는 사려 분별을 인간에게 부여함으로써 지상에서의 인간의 모든 행실을 비이성적 동물의 행동과 아주 상이하게 해준다.

인간은 힘이나 고통의 면에서 동물을 월등히 능가한다. 동물은 현재 속에서만 사는 데 비해, 인간은 현재와 더불어 미래와 과거 속에서도 산다. 동물은 순간적 욕구를 충족하는 데 비해, 인간은 더없이 교묘한 조치를 취해 미래를, 그러니까 자신이 체험할 수 없는 시간까지 배려한다. 동물은 전적으로 순간적 인상과 직관적 동기의 영향을 받지만, 인간을 규정하는 것은 현재와 무관한 추상적 개념이다. 따라서 인간은 주변 환경이나 순간의 우연한 인상을 고려하지 않고, 곰곰이 생각한 계획을 수행하거나 원칙에 따라 행동한다.

따라서 이를테면 인간은 자신의 죽음에 대해 차분히 인위적인 조치를 취할 수 있고, 도저히 이해할 수 없을 정도까지 자신을 위장할 수 있고, 자신의 비밀을 무덤에까지 가져갈 수 있으며, 급기야는 여러 동기 중에서 현실적인 선택을 하기에 이른다. 그도 그럴 것이 의식 속에 나란히 존재하는 이들 동기 중 어떤 동기가 다른 동기를 배제하는 것을 인식하고, 의지의 위에 있는 동기의 힘을 서로 재는 것은 추상적으로만 가능하기 때문이다. 이에 따라 숙고를 거친 의지의 결정인 우세한 동기가 일을 결정지으며, 확실한 표시로서 의지의 속성을 알려 준다. 이와는 달리 동물은 현재의 인상에 의해 규정된다. 다만 현재의 강압에 대한 두려움만이 동물의 욕망을 제어할 수 있으며, 결국은 그 두려움이 습관이 되기에 이르러, 그러고 나서는 그러한 습관으로 동물이 규정된다. 그것이 조련이다.

동물은 감각하고 직관하며, 인간은 그 밖에 **사유**하고 **인식**한다. 이 둘은 의욕한다. 동물은 자신의 감각과 기분을 몸짓과 소리로 알린다. 인간은 언어를 통해 다른 사람에게 자신의 생각을 전달하거나 숨긴다. 언어는 인간 이성의 첫 번째 산물이며 필수적인 도구다. 그러므로 그리스어와 이탈리아어에서 언어와 이성은 같은 단어인 'ὁ λογος'와 'il discorso'로 표현된다. 이성Vernunft은 청취Vernehmen에서 유래한 말이지만, 그것은 듣는다는 말의 동의어가 아니라 언어를 통해 전달된 생각을 알아채는 것을 의미한다. 이성은 언어의 도움을 받는 것만으로 매우 중요한 성과를 거둔다. 다시 말해 몇몇 개인이 일치하여 행동하는 것, 수천 명의 사람이 계획에 따라 함께 협력하여 문명을 이루고 국가를 세우는 일 말이다. 더구나 학문, 이전의 경험을 보존하는 일, 공통된 내용을 하나의 개념으로 요약하는 일, 진리를 전달하고 오류를 퍼뜨리는 일, 사유하고 시를 짓는 일, 교리와 미신이 그러하다. 동물은 죽음에 직면해서야 죽음을 알게 되지만, 인간은 매 순간 죽음에 가까이 다가가는 것을 의식한다. 이 때문에 전체적인 삶 자체에 이 끊임없는 파멸의 성격이 있다는 것을 미처 알아채지 못한 사람도 가끔은 삶을 불안하게 여기기도 한다. 인간에게 철학과 종교가 있다는 것은 주로 이 때문이다. 그렇지만 우리가 인간의 행위에서 당연히 무엇보다 높이 평가하는 것, 즉 자진해서 의로운 일을 행하고 고결한 마음씨를 갖는 것이 철학의 결과인지 종교의 결과인지는 불확실하다. 반면 다양한 학파의 철학자들의 참으로 별스럽고 기상천외한 견해들이나, 여러 종파에 속하는 사제들의 이상야릇하고 때로는 잔인하기까지 한 제식들은 철학과 종교 특유의 산물이며, 이 도정에서 이성의 소산이 확실하다.

참으로 다양하고 광범위하게 미치는 이 모든 표현은 하나의 공통된 원리에서, 즉 이성이라 불리며 동물보다 앞서는 인간의 특수한 정신력에서 나오고 있다는 것은 모든 시대와 민족의 일치되는 견해다. 또한 모든 사람은 이성이 인간의 다른 능력이나 특성과 대립되어 나타나는 경우 이 정신력의 발현을 너무나 잘 인식하고, 무엇이 이성적이고 무엇이 비이성적인지 말할 수 있게 된다. 또 마지막으로 아무리 영리한 동물일지라도 이 이성이 없기 때문에 동물에게서 결코 기대할 수 없는 것이 무엇인지 잘 말할 수 있게 된다.

모든 시대의 철학자는 대체로 이성의 이 일반적인 인식에 대해 의견을 같이하고 있으며, 그 외에 정동情動, Affekt[39]과 열정의 자제, 추리 능력과 보편적 원리를 정립하는 능력, 심지어 경험하기 이전에 확실하다는 것을 아는 능력 등과 같이 이성의 특히 중요한 몇 가지 발현을 강조한다. 그런데도 이성의 원래적 본질에 대한 그들의 설명은 각기 다르고, 엄밀히 규정되어 있지 않고 장황하며, 통일되어 있지 않고 구심점도 없다. 또 때로는 이런 발현을 때로는 저런 발현을 강조하기 때문에 서로 상이한 경우가 가끔 있다. 이때 이성과 계시의 대립에서 출발하는 사람이 많은데, 철학에는 매우 생소한 이런 대립은 혼란을 가중시킬 뿐이다. 지금까지 어떠한 철학자도 이성의 이 같은 다양한 온갖 발현을 엄밀히 하나의 단순한 기능에 환원시키지 않았다는 사실은 지극히 놀라운 일이다. 이 하나의 기능은 이성의 온갖 발현 속에서 재인식될 수 있고, 이 모든 발현은 그러한 기능으로 설명될 수 있으며, 따라서 그 기능은 이성의 원래적인 내적 본질을 이루고 있다. 사실 저 탁월한 로크John Lock(1632~1704)[40]는 『인간지성론』의 제2권 11장 10절과 11절에서 인간과 동물을 구별하는 특성이 추상적이고 보편적인 개념이라고 아주 올바로 제시했다. 라이프니츠Gottfried Wilhelm von Leibniz(1646~1716)[41] 역시 『인간지성신론』의

39　＊정동은 희로애락과 같이 일시적으로 급격히 일어나는 감정이다. 한 신체가 다른 신체를 만나 정념이 촉발되거나, 혹은 다른 신체에 의해 정념이 변형되고 변용되는 경우를 말한다. 진행 중인 사고 과정이 멎게 되거나 신체 변화가 뒤따르는 강렬한 감정 상태다.

40　＊영국의 경험론 철학자이자 경험론 심리학의 창시자. 입법·사법·행정의 권력 분립을 주장했다. 주요 저서로 『관용에 관한 편지』, 『인간지성론』, 『정부론』, 『합리적 그리스도교론』 등이 있다.

「라이프니츠의 초상」 크리스토프 베른하르트 프랑케, 18세기 초(왼쪽)
「존 로크의 초상」, 고드프리 넬러, 1697(오른쪽)

제2권 11장 10절과 11절에서 이 견해에 전적으로 동조하면서 되풀이하고 있다. 그런데 로크는 제4권 17장 2절과 3절에서 이성을 엄밀히 설명하면서 그러한 이성의 단순한 근본 특성을 시야에서 완전히 놓쳐 버리고, 토막 나고 파생된 이성의 발현에 대해 갈팡질팡하면서 일정하지 않은 불완전한 언급을 하기에 이른다. 라이프니츠도 그의 저서 중 이에 상응하는 대목에서 대체로 로크와 같은 태도를 취하지만, 혼란스럽고 불명료한 점은 더욱 심하다고 할 수 있다.

나는 칸트가 이성의 본질에 관한 개념을 얼마나 혼란시키고 그르쳤는지에 대해 부록에서 상세히 설명했다. 하지만 칸트 이후에 생겨난 수많은 철학 저서를 이런 관점에서 수고를 아끼지 않고 면밀히 조사해 보면, 군주의 잘못에 국민 모두 대가를 치르게 되듯 위대한 사상가들의 오류는 전체 세대에, 심지어 수 세기에 걸쳐 해로운 영향을 끼친다는 것을 알게 될 것이다. 즉, 증대하고 번식하면서 결국은 기형적 모습으로 변질될 것이다. 따라서 이 모든 것은 버클리가 말한 대로 "생각하는 사람은 적지만 다들 견해를 가지려 한다"라는 데서 유래한다.

지성은 단 **하나**의 기능, 즉 원인과 결과의 관계를 직접 인식하는 기능을 가질 뿐이다. 그리고 현명함, 총명함, 발명의 재능뿐 아니라 현실 세계에 대한 직관은 아무리 다양한 적용을 할 수 있다 해도 분명 그 단순한 기능의 발현에 다름 아니다. 이렇듯 이성도 개념의 형성이라는 **하나**의 기능만을 가질 뿐이다. 그리고 앞서 언급한 인간의 삶을 동물의 삶과 구별시켜 주는 모든 현상도 이 유일한 기능에 의해 매우 쉽게 저절로 설명된다. 어디서나 어느 때나 이성적 또는 비이성적으로 불리는 모든 것은 오로지 이 기능의 적용 여부에 따라 설명할 수 있다.[42]

---

41 * 독일의 철학자. 30년 전쟁으로 피폐해진 독일을 통일하기 위하여 루터파의 신학적 이론과 종교적 이념을 수용하였다. 이런 경향은 칸트의 경건파(루터파의 분파인 영국의 감리교파의 다른 형태로서 프로이센에서 성행한 한 분파)를 거쳐 헤겔에 이르러 절정에 이른다. 그는 뉴턴과 동시에, 그러나 서로 연관 없이 미적분을 발견했다. 주요 저서로 『형이상학적 담론』, 『인간지성신론』, 『변신론』, 『단자론』 등이 있다.

42 이 문장은 근거율에 대한 논문 제2판의 26장, 27장과 비교해 보아야 한다.

9.
개념과 논리학

개념은 지금까지 고찰해 온 표상과는 달리 인간의 정신에만 존재하는 독특한 부문을 형성하고 있다. 그 때문에 우리는 개념의 본질에 대한 직관적이고 자명한 인식에는 결코 이를 수 없고, 단지 추상적이고 논변적인 인식에만 도달할 수 있을 뿐이다. 사실 직관적 표상인 실재하는 외부 세계가 이 경험으로 이해되는 한, 개념이 경험에 의해 증명되거나, 또는 직관적 객관처럼 눈앞이나 상상 속에 떠오르게 요구하는 것은 불합리한 일이리라. 개념이란 사유될 뿐 직관될 수 없으며, 개념을 통해 인간이 만들어 내는 결과만이 본래적인 경험의 대상이다. 그러한 결과들이 곧 언어이고, 숙고를 거친 계획적인 행동이며, 학문이며, 그런 연후에 이 모든 것에서 생겨나는 것들이다.

외적 경험의 대상인 말은 분명코 임의의 기호를 아주 빠르고도 정교한 뉘앙스로 전달하는 극히 완벽한 전신기電信機와 다름없다. 하지만 이 기호는 무엇을 뜻하는가? 그 해석은 어떻게 이루어지는가? 가령 우리는 다른 사람이 말하는 동안, 쏟아져 나오는 말과 그것의 문법적인 어형 변화에 따라 즉시 그의 말을 번개처럼 우리 곁을 지나가면서 움직이고 연결되고 변형되며 묘사되는 상상 속의 영상으로 바꾸어 놓는 것일까? 그렇다면 다른 사람의 말을 듣거나 책을 읽는 동안 우리의 머릿속은 얼마나 소란스럽겠는가! 그렇지만 결코 그런 일은 벌어지지 않는다. 말의 의미는 직접 귀에 들리고 정확하고도 분명히 파악되며, 대체로 환영幻影과 뒤섞이지는 않는다.

이성을 향해 말하고 자신의 구역 안에 머무는 것은 이성이다. 그리고 이성이 전달하고 받아들이는 것은 추상적 개념이고 비직관적 표상이며, 이것들은 일단 형성되면 비교적 수가 적더라도 현실 세계의 무수한 모든 객관을 포괄하고 포함하며 대표한다. 동물이 우리처럼 언어라는 도구와 직관적 표상도 지니고 있지만 말을 하거나 알아들을 수 없는 것은 이 점만으로 설명할 수 있다. 그런데 사실 언어란 이성이라는 주관적 상관 개념인 매우 독특한 부류의 표상이기에 동물에게는 아무런 의의도 의미도 없다. 그러므로 우리가 이성 탓으로 돌리는 다른 모든 현상이나 인간을 동물과 구별시켜 주는 모든 것과 마찬가지로 언어는 이 같은 하나의 단순한 사실로 인해 인간에게 근원적인 것으로 설명될 수 있다. 다시 말해 언어는 개념이기에 직관적이지 않고 추상적이며, 시간과 공간 속에 있는 개별적 표상이 아니라 보편적인 것이다. 우리는 개별적인 경우에만 개념에서 직관으로 넘어가고, 환상을 개념의 직관적인 대표로 삼지만, 개념은 결코 환영에 적합하지 않다. 개념의 대표에 대해서는 근거율에 대한 논문 28장에서 특히 상세히 논했기에 여기서는 같은 것을 되풀이하지 않도록 하겠다. 거기서 언급된 것은 흄이 그의 『철학 논문집』 제12장의 244쪽에서 말한 것, 그리고 헤르더가 그의 『메타 비판』(그 밖의 점에서는 좋은 책이 못된다) 제1부 274쪽에서 말한 내용과 비교해 볼 수 있다. 상상력과 이성의 결합으로 가능해진 플라톤의 이데아는 이 책 제3권의 중심 주제를 이룬다.

그러므로 개념은 직관적 표상과 근본적으로 상이하긴 하지만 표상 없이는 개념이 아무것도 아닐 수 있는 이 직관적 표상과 필연적 관계를 맺고 있다. 따라서 이 관계는 개념의 본질 전체와 존재를 이루고 있다. 반성이란 완전히 이질적인 재료에 의한 아주 독특한 종류의 모사이긴 하지만, 원형이 되는 직관적 세계의 필연적인 모사이자 반복이다. 그 때문에 개념은 표상의 표상이라 불리는 게 마땅하다고 할 수 있다. 근거율은 개념의 경우에도 역시 고유한 형태를 갖고 있다. 그리고 어떠한 부류의 표상을 지배하는 형태는, 그 표상이 표상인 한에는 언제나 이 부류의 전체 본질을 이루어 남김없이 파헤치므로, 우리가 알고 있듯이 시간은 전적으로 연속에 불과하고, 공간은 전적으로 위치에 불과하며, 물질은 전적으로 인과성에 불과하다. 이리하여 개념, 또는 추상적 표상의 부류의 전체 본질도 오로지 근거율이 개념 속에서 나타내는 관계 속에서만 존재한다. 또 이 관계는 인식 근거에 대한 관계이므로, 추상적 표상은 그 전체 본질을 오로지 인식 근거인 다른 표상에 대한 관계 속에서만 갖는다. 그런데 이 다른 표상은 사실, 다시 우선 하나의 개념이나 추상적 표상일 수 있고, 더구나 이 개념도 다시, 바로 그 하나의 추상적 인식 근거만을 가질 수 있을 뿐이다. 하지만 이처럼 한없이 소급되는 것은 아니고, 결국 인식 근거의 계열은 직관적 인식에 그 근거를 갖는 하나의 개념으로 끝나게 된다. 왜냐하면 반성의 세계 전체는 인식 작용의 근거로서 직관적 세계를 토대로 하기 때문이다. 따라서 추상적 표상의 부류는 다른 표상과는 상이한 점이 있으므로, 이 다른 표상 속에서 근거율은 언제나 같은 **부류**의 다른 표상에 대한 관계를 요구하지만, 추상적 표상의 경우에는 결국 **다른** 부류에서 생기는 표상에 대한 관계를 요구하기 때문이다.

방금 언급한 것처럼 직접적으로는 아니고, 하나 또는 여러 개의 다른 개념을 매개로 해서만 직관적 인식에 관계하는 이 같은 개념은 특히 추상 개념abstracta이라 불렸고, 반면 직관적 세계에 직접 근거를 갖는 개념은 구체 개념concreta이라 불렸다. 그런데 말하자면 이 개념도 여전히 추상적인 개념이지 결코 직관적 표상이 아니므로, 구체적 개념이란 명칭은 그것에 의해 지칭되는 개념에 그다지 적합하지 않다. 하지만 구체적 개념이란 명칭도 그것이 뜻하는 차이를 지극히 막연하게 의식해서 생겨난 것에 불과하지만 여기서 설명할 때는 그대로 사용해도 괜찮을 것 같다. 첫째 종류의 실례, 그러니까 자명한 의미에서의 추상적인 개념은 '관계, 덕, 연구, 시작' 등과 같은 개념이다. 둘째 종류의 실례, 또는 그리 적절하지는 않지만 구체적 개념이라 불리는 것은 '인간, 돌, 말' 등과 같은 개념이다. 다소 너무 구상적이라 장난스러운 비유가 될지 모르지만 첫째 종류의 개념을 반성이란 건물의 1층으로, 둘째 종류의 개념을 2층이라 부르는 것이 매우 적절할 것이다.[43]

하나의 개념이 많은 것을 포함하고 있다는 것, 즉 많은 직관적 표상이나 추상적 표상이 그 개념에 대한 인식 근거의 관계에 있다는 것, 즉 그 개념을 통해 사유된다는 것, 이것은 일반적으로 말하는 것처럼 개념의 본질적 특성이 아니라 파생적이고 부차적인 특성일 뿐이며, 언제나 그럴 가능성이 있다 하더라도 그 특성이 실제로 항상 존재할 필요는 없다. 그 특성은, 개념이 표상의 표상이라는 데서, 즉 그 개념의 본질 전체는 다른 표상에 대한 관계 속에만 있다는 데서 유래한다. 하지만 그 개념이 이 표상 자체는 아니라서, 그러니까 이 표상은 대체로 전혀 다른 부류의 표상에 속하므로, 다시 말해 직관적이라서, 이 표상은 시간적이고 공간적인 다른 규정을 가질 수 있으며, 또한 개념 속에서는 전혀 사유되지 않는 많은 관계

---

43 이에 대해서는 제2편 5장, 6장 참고

를 가질 수 있다. 그 때문에 본질적이 아닌 점에서 상이한 여러 표상은 같은 개념에 의해 사유될 수 있으며, 즉 그 개념 아래에 포괄될 수 있다. 하지만 개념이 이렇게 여러 사물에 적용되는 것은 개념의 본질적 특성이 아니고 우연적 특성일 뿐이다. 따라서 유일한 실재적 객관만이 그 개념에 의해 사유될 수 있지만, 그 때문에 추상적이고 보편적이긴 해도 결코 개별적이고 직관적인 표상이 아닌 개념이 있을 수 있다. 예를 들어 단순히 지리학상으로 알고 있는 어느 특정 도시에 대해 어떤 사람이 갖고 있는 개념이 그러한 것이다. 그러한 개념에 의해 이 사람은 하나의 도시만이 사유되긴 하지만, 이 개념에 적합한 도시, 여러 가지 점에서 몇 개의 서로 다른 도시가 있을 수 있다. 그러므로 그 개념이 보편성을 갖는 것은 하나의 개념이 몇 개의 객관에서 추상되기 때문이 아니라, 이와 반대로 보편성, 즉 개별적인 것을 규정하지 않는 것이 이성의 추상적 표상으로서 개념에 본질적이기 때문에, 상이한 사물이 같은 개념에 의해 사유될 수 있는 것이다.

앞서 말한 것에서 사실 개념이란 추상적이지 직관적 표상이 아니라서 일반적으로 규정된 표상이 아니기 때문에, 모든 개념은 그 개념에 상응하는 단 하나의 실재적 객관이 존재하는 경우에도 범위나 권역으로 불리는 것을 지니고 있음이 밝혀진다. 그런데 우리는 대개 각 개념의 권역은 다른 개념의 권역과 공통되는 점을 가지고 있다는 것, 즉 그 개념에서 부분적으로 다른 개념에서 사유되는 것과 같은 것이 사유되고, 이들 다른 개념에서는 다시 부분적으로 먼저의 개념에서 사유된 것과 같은 것이 사유되는 것을 발견한다. 물론 이때 그것이 실제로 상이한 개념이라면 각각의 개념은, 또는 적어도 두 가지 중 하나는 다른 개념이 갖고 있지 않은 것을 내포하고 있긴 하다. 모든 주사主辭는 그것의 빈사賓辭[44]에 대해 이런 관계에 있다. 이 관계를 인식하는 것을 **판단**한다고 일컫는다. 그런 권역을 공간 도형으로 나타내는 것은 아주 훌륭한 생각이다. 맨 처음 이런 생각을 하고 이를 위해 정사각형을 사용한 사람은 고트프리트 플루케Gottfried Ploucquet(1716~1790)[45]였다. 플루케보다 나중이긴 하지만 람베르트Johann Heinrich Lambert(1728~1777)[46]는 단순한 선을 사용해 이것을 서로 뒤섞어 배치했다. 오일러Leonhard Euler(1707~1783)[47]가 처

44　* 명제에서 주사에 결합되어 그것을 규정하는 개념
45　* 신교 신자라는 이유로 프랑스에서 독일로 이민한 계몽기의 철학자. 라이프니츠의 단자론을 배격하고 데카르트의 일원론을 따랐으나 후자의 약점을 기계 원인론으로 극복하고자 했다.
46　* 칸트에게 많은 영향을 준 독일의 수학자이자 철학자. π가 무리수임을 처음으로 증명했다.

음으로 원을 가지고 이를 완성했다. 나는 개념의 관계와 공간 도형의 관계 사이의 이 정밀한 유사성이 결국 무엇에 근거하고 있는지 설명하지 못하겠다. 그런데 개념의 모든 관계가 심지어 가능성이라는 점에서, 즉 선험적으로, 그 도형을 통해 다음과 같은 방법으로 구체적으로 나타낼 수 있다는 것은 논리학에 아주 유리한 상황이다.

1) 두 개념의 권역이 아주 똑같은 경우. 예컨대 필연성의 개념, 주어진 근거에서 생기는 결과의 개념, 반추동물과 쌍제雙蹄동물의 개념, 척추동물과 적혈동물의 개념(이에 대해선 환형동물 때문에 이론의 여지가 좀 있을지 모른다)이 있다. 이것이 상관 개념이다. 이럴 경우 두 개념을 의미하는 하나의 원이 그러한 개념을 나타낸다.

2) 한 개념의 권역이 다른 개념의 권역을 완전히 포괄하는 경우.

3) 하나의 권역이 두 개 또는 여러 개의 권역을 포괄하고, 이것들이 서로를 배제하면서 동시에 그 권역을 채우는 경우.

4) 두 개의 권역이 각기 다른 권역의 일부를 포괄하는 경우.

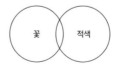

5) 두 개의 권역이 제3의 권역에 들어가 있지만, 그 권역을 채우지 않는 경우.

---

47 * 스위스의 수학자이자 물리학자. 순수 수학의 창시자 중 한 사람이다. 기하학, 미저분학, 역학 그리고 정수론 형성에 결정적 기여를 했을 뿐 아니라 관측 천문학적인 문제를 푸는 방법을 개발했으며, 과학기술 및 공공업무에 수학을 유용하게 적용할 수 있음을 보여 주었다.

5)의 경우는 그 권역에 직접적인 공통성이 없는 모든 개념에 적용된다. 제3의 권역은 종종 무척 광범위하긴 하지만 두 개념을 포괄하기 때문이다.

개념의 보는 결합은 이 다섯 가지 성우도 환원될 수 있다. 그리고 판단이니 그것의 환위換位, 환질환위換質換位, 상호 작용, 선언選言 명제(이것은 세 번째 도형에 따른다)에 관한 학설은 모두 이것에서 도출된다. 그리하여 칸트가 소위 지성의 범주의 근거로 삼은 판단의 특성도 그것에서 도출되지만, 더 이상 단순한 개념의 결합이 아니라 판단의 결합인 가언적假言的 형식은 예외로 하고 있다. 나아가서 양상의 예외에 대해서는 범주를 근거로 삼는 판단의 모든 특성에 대해서와 마찬가지로 부록에서 상세히 설명하고 있다. 그리고 앞서 말한 가능한 개념 결합에 대해서는 그것이 또한 다양한 형태로 서로 간에 결합될 수 있다는 것, 예건대 4)의 도형이 2)의 도형과 결합될 수 있다는 것을 덧붙여 밝혀 둔다. 다른 권역의 전부나 일부를 포괄하는 하나의 권역이 다시 3)의 권역에 의해 전부나 일부가 포함되는 경우에만 이들 권역이 함께 모여 1)의 도형에서의 추리를 나타낸다. 즉, 이는 하나의 개념이 다른 개념에 전부 또는 일부가 포함되어 있고, 동시에 다시 이 개념을 포함하는 제3의 개념에도 포함되어 있다는 것, 또는 그 반대인 부정을 인식하게 해주는 판단의 결합인 것이다. 물론 결합된 두 권역이 제3의 권역에 들어 있지 않은 데서만 부정의 개념을 도형으로 나타낼 수 있다. 이런 식으로 많은 권역이 서로를 둘러싸게 되면 추리의 기다란 연쇄가 생겨난다. 이미 여러 교과서에 제법 상세하게 설명되어 있는 개념의 이 도식은 판단이나 모든 삼단논법에 관한 학설의 근거로 삼을 수 있으며, 이를 통해 두 가지에 관한 강론이 무척 수월하고 간단해진다. 판단이나 삼단논법에 관한 모든 규칙은 근원적으로 이 도식에서 통찰되고 도출되며 설명될 수 있기 때문이다.

그러나 논리학은 결코 실제로 유익하지 않고 철학에는 이론적인 관심만 있을 뿐이어서 이들 규칙을 기억해 둘 필요는 없다. 논리학과 이성적 사유와의 관계는 통주저음通奏低音과 음악의 관계와 같고, 또한 대체로 말하자면 윤리학과 덕이나 미학과 예술과의 관계와 같다고 할 수 있기 때문이다. 그런 반면 미학 연구를 해서 예술가가 된 사람이 아직 없고, 윤리학 연구를 해서 고상한 성품을 얻은 사람이 아직 없다는 것, 그리고 라모보다 훨씬 전에 올바르고 멋진 음악이 작곡되었고, 불협화음을 알아내기 위해 통주저음에 밝을 필요가 없다는 것도 유념할 필요가 있다. 이와 마찬가지로 그릇된 추론에 속지 않기 위해 굳이 논리학을 알아야 할 필요는 없는 것이다. 그렇지만 음악 작곡을 평가하는 데는 그렇지 않을지라도 실제로 작곡할 때는 통주저음이 대단히 유용함을 인정해야 한다. 더구나 정도는 훨씬 덜힐지라도 미학이나 윤리학도 비록 큰 노움은 되지 않는다 해도 실천에 어느 정도는 유용할지 모른다. 그러므로 실천에 실제적인 가치가 없다고도 말할 수 없을 것이다. 그러나 논리학에 관해서는 그 정도마저도 가치 평가를 해줄 수 없다. 말하자면 논리학은 각자가 구체적으로 알고 있는 것을 추상적으로 인식하는 것에 불과하다. 그 때문에 그릇된 추론에 동의하지 않으려고 논리학을 필요로 했던 게 아니듯, 올바른 추론을 하기 위해 논리학 규칙의 도움이 필요한 것도 아니다. 논리학에 아무리 정통한 학자라 해도 실제로 사유할 때는 논리학 규칙을 완전히 무시하는 것이다. 이는 다음 사실에서 밝혀진다.

모든 학문은 어떤 종류의 대상과 관련된 보편적이고 추상적인 진리, 법칙과 규칙의 체계에서 성립한다. 그런데 이 대상들 사이에서 나중에 나타나는 개별적인 사례가 최종적으로 타당한지의 여부는 그때그때의 보편적인 지식에 따라 규정된다. 보편적인 것을 이렇게 적용하는 것이 새로 나타나는 개별적인 사례를 처음부터 별도로 연구하는 것보다 훨씬 쉽기 때문이다. 즉, 일단 얻은 보편적이고 추상적 인식은 개별적인 것을 경험적으로 연구하는 것보다 언제나 손쉽게 다룰 수 있다. 하지만 논리학은 이와 정반대다. 논리학은 이성의 자기관찰과 모든 내용의 추상에 의해 인식되고, 규칙의 형태로 표현된, 이성의 처리 방식에 관한 보편적인 지식이다. 그런데 이성으로서는 이런 처리 방식이 필연적이고 본질적이다. 그러므로 이성은 자신 이외에 의지할 데가 없을 때는 반드시 이런 방식을 따른다. 따라서 모든 특별한 경우 이성을 그 본질에 따라 처리하게 하는 것이, 이런 방식에서 비로소 사상捨象된 이성에 대한 지식을 외부에서 주어진 낯선 법칙이란 형태로 이성에 들이미는 것보다 더 쉽고 확실하다. 그것이 더 쉬운 까닭은, 다른 모든 학문의 경우 보편적 규칙이 개별적 사례를 별개로 그 자체에 의해 연구하는 것보다 우리에게 더 십기는 하지만, 이와 빈대로 우리들 속의 사유 작용 사제가 이성이므로, 이성을 사용하는 경우 거기서 사상된 보편적 규칙보다 경우에 따라서는 필요한 이성의 처리가 언제나 더 수월하기 때문이다. 그것이 보다 확실한 까닭은 이성의 본질이나 속성에 어긋나게 이성을 처리할 때보다 그러한 추상적인 지식에서나 그것을 응용할 때 오류가 더 쉽게 생겨날 수 있기 때문이다. 그 때문에 다른 학문에서는 개별 사례의 진리성이 규칙으로 평가되지만, 논리학에서는 반대로 규칙이 항상 개별적 사례로 평가되어야 하는 이상한 일이 생긴다. 그리고 아무리 숙달된 논리학자라 해도 어떤 개별적 사례에서 규칙이 말하는 것과 다른 추리를 하고 있음을 알아챘다면, 언제나 자신이 실제로 행한 추리에서 잘못을 찾으려 하지 않고 오히려 규칙에서 잘못을 찾으려 할 것이다. 그러므로 논리학을 실제로 사용하려는 것은 개별적인 경우 우리가 아주 확실하게 직접 의식하고 있는 사항을 말할 수 없이 힘들여 보편적 규칙에서 도출하려고 함을 의미한다. 이는 마치 자신의 운동 문제를 역학에서, 소화 문제를 생리학에서 조언받으려 하는 것과 같은 이치이리라.

실제적인 목적에 사용하려고 논리학을 배우는 자는 비버를 훈련시켜 집을 짓게 하는 것과 같다. 이처럼 실제적 유용성은 없다 해도 논리학은 이성의 조직과 행위의 특별한 지식으로서 철학적 흥미를 갖고 있으므로 반드시 보존되어야 한다. 논리학은 완결되고, 별도로 존재하고, 자체 내에서 완성되고 온전한, 완전히 확실한 학과로서 그 자체만으로 다른 모든 것에서 독립하여 학문적으로 논의되고, 바로 그렇기 때문에 대학에서 가르쳐질 자격이 있다. 하지만 논리학은 전체 철학과의 연관 속에서 인식 작용을 고찰하는 가운데, 더욱이 이성적이거나 추상적 인식 작용을 고찰하는 가운데 비로소 그 본래적 가치를 얻는다. 따라서 논리학 강의는 실용성을 지향하는 학문의 형태를 띠어서는 안 되고, 판단을 올바로 환위換位하고 추리하기 위해 있는 그대로 제시된 규칙을 포함해야 할 뿐 아니라, 이성과 본질의 개념이 인식되고 인식 작용의 근거율이 자세히 고찰되도록 방향을 잡아야 할 것이다. 왜냐하면 논리학은 근거율의 단순한 부연 설명이기 때문이고, 그것도 판단에 진리를 부여하는 근거가 경험적이거나 형이상학적이 아닌 논리적이거나 초논리적인 경우에만 사용되어야 하기 때문이다. 그 때문에 인식 작용의 근거율 말고도 이것과 아주 유사한 세 가지 사유의 근본 법칙이나 초논리적 진리에 관한 판단이 거론되어야 하며, 여기서 서서히 이성의 모든 기법이 생겨난다. 본래적인 사유, 즉 판단과 추리의 본질은 개념의 여러 권역의 결합으로부터 공간적인 도식에 따라 앞에서 언급한 방식으로 설명될 수 있고, 구성을 통해 판단과 추리의 이 모든 규칙으로부터 도출될 수 있다.

논리학을 실제로 사용할 수 있는 유일한 경우는 논쟁을 하면서 실제로 상대방의 틀린 결론을 증명할 때라기보다는 그의 고의적인 그릇된 추론을 전문 용어로 지적하며 증명할 때다. 그런데도 이처럼 논리학의 실제적인 성향을 억압하고 전체 철학과의 관계에서는 그것이 철학의 한 분야임을 강조함으로써 논리학을 아는 사람의 수가 지금보다 더 줄게 해서는 안 된다. 오늘날 일반적으로 야만적인 상태에 머무르고 싶지 않고, 무지몽매한 대중처럼 치부되는 것을 원치 않는 자는 모두 시변적인 철학을 공부한 것이 분명하기 때문이다. 그리고 이는 지금의 19세기가 바로 철학의 세기이기 때문에 그러하다. 이 말은 19세기가 철학을 소유하고 있다거나, 19세기에 철학이 주도적이라는 의미라기보다는 오히려 이 세기가 철학을 하기에 무르익어 있고, 바로 그 때문에 반드시 철학을 필요로 한다는 의미이다. 이것은 고도로 높아진 교양의 표시이고, 심지어 여러 시대의 문화 등급에서 견고한 시점이기도 하다.[48]

논리학에 실제적 유용성이 없긴 하지만 그래도 그것이 실제적인 목적을 위해 고안되었음은 부인할 수 없다. 나는 논리학의 발생을 다음과 같이 설명하고자 한다. 엘레아학파[49], 메가라학파[50] 및 소피스트들 사이에서 자꾸만 논쟁을 벌이고 싶은 욕구가 생기면서 점차 거의 고질적 습관이 되자, 거의 모든 논쟁이 혼란에 빠지게 되었다. 그럼으로써 이들은 곧 조직적인 방법의 필요성을 절실히 느껴 이를 위한 지침으로 학문적인 변증법을 강구하기에 이르렀다. 논쟁을 벌일 때 맨 먼저 염두에 두어야 하는 것은 논쟁을 벌이는 두 편이 논쟁의 기점이 되는 명제에 대해선 언제나 의견이 일치해야 한다는 사실이다. 조직적인 방법의 시작은 공동으로 승인한 이들 명제를 정식으로 그러한 것이라 표명하고, 연구의 선두에 세우는 일이다. 그러나 이들 명제는 처음에는 연구의 재료에만 해당되었다. 그러다가 공동으로 승인된 진리로 거슬러 올라가, 거기서 자신의 주장을 끌어내려는 방법과 방식으로도 어떤 형식과 법칙이 지켜졌음을 이내 깨닫게 되었다. 미리 의견이 일치되지 않아도 이들 형식과 법칙에 대해 결코 논란이 일어나지 않았던 것이다.

---

48 이에 대해서는 제2편 9장과 10장 참고

49 * 기원전 6세기 후반 이탈리아 반도 남부의 엘레아에서 번성한 철학. 존재는 하나이고 영원불변이라고 주장했다.

50 * 유클리드가 설립한 그리스의 한 철학 학파. 이 학파는 변증법학파로 알려졌고, 논쟁학파라는 별명을 얻었다. 이 학파의 이론은 선의 동일성에 관한 소크라테스의 생각과 존재의 단일성에 관한 파르메니데스의 생각을 조합하였다. 플라톤은 『소피스트』 편에서 이 이론에 대한 비판적 반성을 전개한다.

이런 사실에서 사람들은 이들 형식과 법칙이 이성 자체의 원래적이고, 본질에 입각한 진행임에 틀림없으며, 연구의 형식적인 면임을 알게 되었다. 그런데 이 사실에 의혹이나 의견의 불일치가 없음에도 옹졸할 만치 체계에 집착하는 사람은 이런 생각을 하기에 이르렀다. 모든 논쟁의 이 형식적인 면, 이성 자체의 언제나 합법칙적적인 이 방식이 마찬가지로 추상적인 명제로 표현되어, 그것이 사실 연구 재료와 관련하여 공동으로 승인된 앞서 말한 여러 명제처럼 연구의 선두에 놓이고, 논쟁 자체의 확고한 규범으로 산수되어, 늘 이 규범을 들이켜보고 인용하게 된다면 꽤 멋지게 보일 것이고, 체계적인 변증법의 완성이라고 할 수 있을 것이다. 이런 식으로 지금까지 암묵적인 양해로 지켜진 것, 또는 본능적으로 행해진 것이 앞으로는 의식적으로 법칙으로 승인되고 정식으로 인정되면서 논리적인 원칙으로 볼 때 어느 정도 완전하다고 할 수 있는 표현을 서서히 발견하게 되었다. 즉, 모순율, 충분근거율, 배중율, 편유편무 법칙dictum de omni et nullo[51], 나아가서 삼단논법의 특수 규칙들, '단순히 특칭 전제나 부정 전제로는 아무것도 이룰 수 없고, 이를 근거로 내려진 결론은 타당하지 않다' 등이 그것이다.

그러나 이것은 서서히, 아주 힘들여 성취된 것이고, 아리스토텔레스 이전에는 모든 것이 매우 불완전한 상태에 있었음을 플라톤의 몇몇 대화편에서 논리적 진리가 서투르고 장황하게 드러나는 방식에서 부분적으로 알 수 있다. 그런데 섹스투스 엠피리쿠스Sextus Empirikus(160년경~210년경)[52]가 가장 쉽고 단순한 논리적 법칙과 그러한 것을 명백히 하려고 힘들여 사용한 방식을 두고 메가라학파 철학자들이 벌인 논쟁에 대해 우리에게 보고해 준 것에서 더욱 잘 알 수 있다(섹스투스 엠피리쿠스, 『수학자에 대한 반론』 제8권 112쪽 이하). 하지만 아리스토텔레스는 이미 존재하는 그러한 재료를 수집, 정리, 정정하여 비길 데 없이 더욱 완전하게 만들었다. 이런 식으로 그리스 문화의 발걸음이 아리스토텔레스의 작업을 어떻게 준비하고 이끌어 냈는지 주목하면, 존스가 우리에게 전해 준 페르시아 문필가들의 진술을 신뢰할 마음이 별로 생기지 않을 것이다. 이들 진술에 편견을 갖

---

51 * 전체에 적용되는 것은 각기 개별적인 것에도 적용되고, 아무것에도 적용되지 않는 것은 어떤 개별적인 것에도 적용되지 않는다는 원칙이다.

52 * 그리스의 철학자이자 의사. 감관은 거짓이고 도덕 또한 회의적이라 주장하는 회의론자다. 경험주의와 의학을 도입해 '경험Empirikus'이라는 별칭을 갖기도 했다. 자신의 저서 『피론 철학에 대한 개요』에서 회의론의 철학을 소개했고, 철학자와 과학자의 독단에 반대하는 논증을 제시하기도 했다.

고 있던 존스는 말하자면 칼리스테네스Kallisthenes von Olynthos(기원전 370년경~327년 경)[53]가 인도인에게서 완성된 논리학을 발견하고 이것을 숙부인 아리스토텔레스에게 보냈다는 것이다(『아시아 연구』 제4권 163쪽). 황량한 중세에 실제적인 지식의 부족으로 형식과 말에만 집착해 논쟁을 일삼던 스콜라 철학자들에게 아리스토텔레스의 논리학은 크게 환영받을 수밖에 없었다. 심지어 그들은 아랍어로 쓰인 훼손된 것이라도 갖고 싶어 했으며, 그것은 이내 모든 지식의 중심이 되었다는 사실을 쉽게 수긍할 수 있다. 이후로 사실 논리학의 명성은 추락했지만 그래도 오늘날까지 독립하여 존재하고 실용적이며 꼭 필요한 학문이라는 믿음을 유지해 왔다. 더구나 오늘날에 와서는 본래 논리학에 토대를 둔 칸트 철학이 다시 논리학에 새로 열렬한 관심을 갖게 하였는데, 논리학은 이런 점에서, 즉 이성의 본질을 인식하기 위한 수단으로서 물론 그 같은 관심을 끌 만한 가치가 있다고도 하겠다.

올바르고 엄밀한 추리는 개념의 여러 권역의 관계를 정확히 고찰함으로써, 그리고 하나의 권역이 다른 권역에, 다시 이 권역이 세 번째 권역에 완전히 포함될 때에만 제1권역도 제3권역에 완전히 포함되는 것으로 인정되면서 성립된다. 이와 반대로 **설득술**은 개념의 여러 권역의 관계를 피상적으로만 고찰하고 그 뒤에는 자신의 의도에 따라 이 관계를 일면적으로 규정하는 것에 근거하고 있다. 이때 설득하는 사람은 자신의 의도에 따라 고찰된 개념의 권역이 일부만 다른 권역에 들어가 있게 하고, 일부는 전혀 다른 권역에 들어가 있게 하면, 사람들은 그 권역이 전적으로 제1권역에 들어가 있거나, 또는 전적으로 제2권역에 들어가 있다고 말하기도 한다. 예를 들어 정열을 문제 삼을 때 이것을 마음대로 가장 커다란 힘, 즉 세상에서 가장 강력한 동인動因이라는 개념에 포함시킬 수 있거나, 또는 무분별이라는 개념에 포함시킬 수도 있다. 또 그 개념을 무기력, 즉 약함이라는 개념에 포함시킬 수도 있다. 이제 이와 같은 방식을 계속하여 문제되는 모든 개념에 새로 적용할 수 있다. 대개의 경우 하나의 개념 권역은 다른 여러 개의 개념 권역과 공유하는 부분이 있으며, 이들 권역은 각기 전자의 개념의 여러 권역의 한 부분을 자신의 권역에 포괄하고, 그 외에 더 많은 것을 자체 내에 포괄하고 있다. 그런데 사람들은 이 후자의 개념 권역 중 최초의 개념을 포함시키려고 하나의 권역

---

53   *아리스토텔레스의 조카이자 후계자. 그리스의 철학자이자 마케도ㅣ아외 역사가로서 알렉신드로스 대왕의 동방 원정에 참가했고, 알렉산드로스 대왕을 다룬 저작으로 알렉산드로스 대왕에 대한 후세의 인식에 큰 영향을 미쳤다.

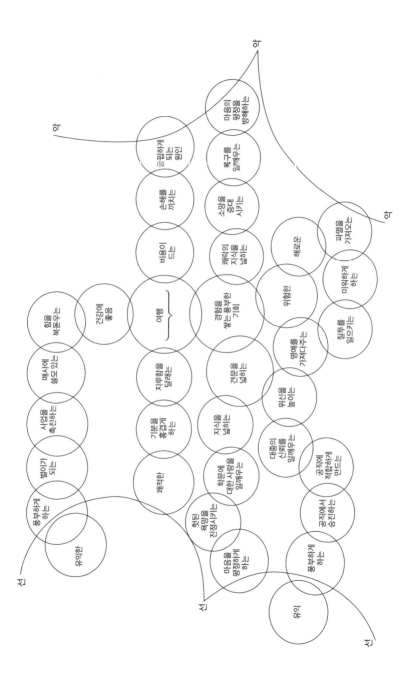

만 문제 삼는 반면 그 외의 권역들은 무시하거나 은폐해 둔다. 본래 모든 설득술이나 보다 교묘한 궤변은 모두 이 술책에 근거하고 있다. 거짓, 은폐, 양도논법兩刀論法, cornutus 등과 같은 논리적 궤변은 실제로 적용하기엔 분명 너무 어설프기 때문이다. 나는 사람들이 지금까지 모든 궤변이나 설득의 본질을 가능성의 이 최종적 근거로 환원시켜, 그 같은 근거를 이성의 본래적 속성에서, 즉 이성의 인식 방식 속에서 입증했다는 것을 알지 못한다. 그러기에 내 강론이 여기에 이른 것을 기회 삼아, 쉽게 이해할 수 있는 것이긴 하지만 또한 첨가한 도표의 도식으로 이 문제를 상세히 설명하고자 한다. 이 도식으로 나는 개념의 여러 권역이 어떻게 서로 다양하게 얽히고, 이로 인해 모든 개념에서 이런저런 개념으로 마음대로 넘어가는 여지가 생기는지 보여 주려 한다. 다만 나는 사람들이 이 도표에 미혹되어 이 사소한 부연 설명에 필요 이상의 가치를 부여하지 않기를 바랄 뿐이다. 나는 상세한 설명의 실례로 **여행**의 개념을 선택했다.

그 권역은 다른 네 개의 영역에 관련되어 있어, 설득하는 사람은 이 네 개의 개념 중 어느 것으로든 마음대로 넘어갈 수 있다. 이 네 개의 개념은 다시 다른 권역에 관련되어 있고, 그중 몇 개는 동시에 두 개 내지는 여러 개의 권역에 관련되어 있어, 설득하는 사람은 이들 권역을 통과하여 언제든 그것이 유일한 길인 듯 마음대로 자신의 길을 선택해, 결국은 자신의 의도에 따라 선이나 악에 도달하게 된다. 다만 여러 권역을 쫓아다닐 때 언제나 중심(주어진 주개념)에서 주변으로 방향을 유지해야지, 그 반대 방향이 돼서는 안 된다. 이 궤변의 표현법은 듣는 사람의 약점에 따라 계속되는 연설일 수도 있고, 또는 엄밀한 추리 형식일 수도 있다. 요컨대 대부분의 학문적인, 특히 철학적인 논증의 속성은 이와 크게 다르지 않다. 만약 그렇지 않다고 한다면 아주 많은 것이 서로 상이한 시대에 잘못 가정되었을 뿐 아니라 — 오류 자체는 다른 근원을 지니기 때문에 — 예증되고 증명되었음에도 어떻게 나중에 근본적으로 잘못된 것으로 밝혀질 수 있겠는가. 예컨대 라이프니츠-볼프 철학, 프톨레마이오스의 천문학, 슈탈의 화학, 뉴턴의 색채론 등이 그러한 것들이다.[54]

---

54 이에 관해서는 제2편 11장 참고

10.
이성의 추상적 인식인 지식

이 모든 사실로 인해 **확실성**에 어떻게 도달하고, **판단**의 근거는 어떻게 마련되며, 우리가 언어며 사려 깊은 행위와 아울러 이성에 의해 부여된 제3의 커다란 장점이라 자랑하는 **지식**과 학문의 본질은 어디에 있는지의 문제가 우리에게 점점 가까이 다가온다.

이성은 여성적인 성질을 갖고 있다. 즉, 이성은 받아들인 다음에만 줄 수 있을 뿐이다. 이성이 그 자체로 홀로 갖고 있는 것은 내용이 없는 조작의 형식뿐이다. 더구나 완전히 순수한 이성 인식으로는 내가 그것에 초논리적 진리라는 이름을 붙인 네 가지 명제밖에 없다. 즉, 동일율, 모순율, 배중율 및 인식의 충분근거율이 그것이다. 왜냐하면 논리학에서 이외의 어느 것도 개념의 여러 권역의 관계와 결합을 전제하므로, 이미 더 이상 완전히 순수한 이성 인식이 아니기 때문이다. 그런데 개념은 일반적으로 그것에 선행하는 직관적 표상에 따라 비로소 생기는 것이며, 그 표상과의 관계가 개념의 전체 본질을 이루게 된다. 따라서 개념은 이미 표상을 전제하고 있다. 그런데 이 전제는 개념의 특정한 내용에 관계하지 않고 일반적으로 개념의 현존재에만 관계하므로 논리학은 대체로 순수한 이성학으로 간주된다. 그 밖의 모든 학문에서 이성은 그 내용을 직관적 표상으로부터 얻었다. 수학에서는 모든 경험에 앞서 공간과 시간의 직관적으로 의식된 관계에서 내용이 얻어지고, 순수 자연과학, 즉 우리가 모든 경험에 앞서 자연의 경과에 대해 알고 있는 것에서는 학문의 내용이 순수한 지성, 즉 인과율의 선험적 인식에서, 또 공간 및 시간이라는 저 순수 직관과 그 법칙의 결합에서 생긴다. 다른 모든 학문에서는 방금 언급한 것에서 차용하지 않은 모든 것은 경험에서 얻어진다.

지식이란 대체로 그런 판단을 자신의 정신력으로 마음대로 재현할 수 있다는 뜻이고, 그 판단은 그 외의 어느 것에서 충분한 인식 근거를 갖는다. 즉, **참되다**는 것이다. 그러므로 추상적 인식만이 지식이다. 그 때문에 지식은 이성의 제약을 받는다. 그리고 엄밀히 말하자면 우리는 동물에게 직관적 인식이 있고, 이를 위해 기억도 하며, 바로 그 때문에 상상력을 지님으로써 게다가 꿈을 꾸는 것을 증명할수 있지만, 동물이 무언가를 안다고는 말할 수 없다. 우리는 동물에게 의식이 있다는 것을 인정한다. 의식Bewußtsein이란 단어가 지식Wissen이란 단어에서 나온 것이므로, 의식이란 개념은 어떤 종류의 것이든 대체로 표상의 개념과 일치한다. 따라서 우리는 식물에 생명이 있다는 것은 인정하되 의식이 있다고는 인정하지 않는다. 그러므로 지식이란 무릇 다른 방식으로 인식된 것을 이성이란 개념 속에 고정시켜 놓은 추상적 의식이다.

11.
지식의 반대인 감정

이런 점에서 볼 때 **지식**의 정반대는 감정이다. 그러므로 우리는 여기서 감정에 대해 상세히 논하지 않을 수 없다. **감정**Gefühl이라는 단어가 뜻하는 개념은 전적으로 **소극적인** 내용, 즉 의식 속에 현존하는 것은 **개념이 아니고, 이성의 추상적 인식도 아니라**는 내용을 갖고 있을 뿐이다. 덧붙여 말하면 추상적 인식이 아닌 것은 무엇이든 **감정**이란 개념에 속하고, 그 때문에 감정이란 개념의 지나치게 넓은 권역은 무척 이질적인 사물들까지 포함하고 있다. 그러한 이질적인 사물들이 **추상적 개념이 아니라**는 소극적인 점에서만 일치한다는 것을 인식하지 못하는 한, 그것들이 어떻게 만나는지 결코 알 수 없다. 그도 그럴 것이 매우 상이하고, 그러니까 적대적 요소까지 감정이란 개념 속에서는 서로 조용히 공존하기 때문이다. 예컨대 종교적 감정, 관능적 감정, 도덕적 감정, 촉감이나 고통이 주는 구체적 감정, 색채감, 음향과 그것의 조화와 부조화에 대한 감정, 증오, 혐오, 자기만족, 명예, 수치, 정당함 및 부당함의 감정, 진리의 감정, 미적 감정, 힘과 약함, 건강과 우정 및 사랑의 감정 등이 그러한 것들이다. 이것들 사이에는 추상적 이성 인식이 아니라는 소극적 공통점 외에는 아무런 공통점도 없다. 하지만 이것이 가장 눈에 띄게 나타나는 경우는, 심지어 공간적 관계의 직관적인 선험적 인식과 순수 지성의 선험적 인식이 완전히 감정이란 개념으로 표시되는 때이며, 또 우리가 먼저 직각적으로 의식하지만, 아직 추상적 개념으로 정리하지 못한 모든 인식과 진리를 **느낀다**고 표현하는 때다.

　이러한 사실을 해명하기 위해 나는 최근에 나온 몇 가지 책에서 실례를 들어 가르치고자 한다. 그것이 내가 설명하는 데 적절한 증거가 되기 때문이다. 나는 유클리드Euclide(기원전 325~265)[55]의 독일어 번역본 서론에서 이런 내용을 읽은 기억이 난다. 즉, 기하학을 배우는 초보자는 증명으로 들어가기 전에 먼저 모든 도형을 그리게 해야 한다는 것인데, 그래야 증명으로 완결된 인식을 얻기 전에 기하학적 진리를 미리 **느끼기** 때문이라고 한다. 이와 마찬가지로 슐라이어마허의 『도덕론 비판』에서는 논리적이고 수학적인 감정(339쪽)이 언급되어 있고, 두 공식의 동일성과 상이성(342쪽)의 감정도 언급되어 있다. 더구나 테네만의 『철학사』 제1권 361쪽에는 "사람들은 궤변이 옳지 않다는 것을 **느꼈**시만, 잘못을 발견할 수는 없었다"고 쓰여 있다. **감정**이란 이런 개념을 올바른 관점에서 고찰하지 않고, 오직 그 감정에만 본질적인 소극적 특징을 인식하지 않는 한 계속 오해와 논쟁을 불러일으키는 계기가 될 수밖에 없다. 이 같은 개념은 권역이 지나치게 넓고 내용이 너무 빈약하며, 소극적일 뿐 아니라 완전히 일면적으로 규정되어 있기 때문이다. 우리에겐 독일어로 이와 상당히 뜻이 비슷한 **감각**이란 단어가 있으므로, 이 단어를 한 단계 아래 종류의 말로 신체적 감정을 나타내는 데 사용하면 좋을 것이다.

그런데 감정이란 개념이 다른 모든 개념에 비해 균형이 잡히지 않은 까닭은 의심의 여지 없이 다음과 같은 이유 때문이다. 모든 개념은, 말로 표현되는 것은 개념뿐이지만, 이성에 대해서만 존재하고 이성에서 비롯되는 것이다. 그러므로 개념을 사용한다는 것은 이미 일면적인 입장에 선다는 말이다. 하지만 그러한 관점에서 보면 보다 가까운 것이 분명히 드러나고 적극적인 것으로 설정되며, 보다 먼 것은 서로 뒤섞여 이내 소극적인 것으로 비춰질 뿐이다. 그래서 어떤 민족이든 다른 민족을 외국인이라 부르고, 그리스인은 다른 모든 민족을 야만인이라 부른다. 또 영국인은 영국이나 영국적이 아닌 모든 것을 대륙이나 대륙적이라 부르고, 신자는 다른 모든 사람을 이단자 또는 이교도라 부르고, 귀족은 다른 모든 사람을 평민이라 부르며, 대학생은 다른 모든 사람을 속물이라 부른다. 이 같은 일면성은 오만에서 생긴 설익은 무지라 할 수 있으며, 이상하게 들릴지 몰라도 이성이 자초한 것이다. 이성은 직접 **자체**의 표상 방식에 속하지 않는, 즉 **추상적 개념**이 아닌 의식의 모든 변화를 **감정**이라는 **하나**의 개념에 포함시키기 때문이다. 이성 자체의 방식이 이성에게 철저한 자기 인식에 의해 분명해지지 않았기 때문에, 사람들은

---

55   * 그리스의 수학자이자 '유클리드 기하학'의 대성자. 그의 저서 『기하학원본』은 기하학에서 경전적 지위를 확보함으로써 유클리드라 하면 기하학과 동의어로 통용된다.

심지어 특수한 감정 능력까지 내세워 그와 같은 이론을 구성하게 되었으므로, 이성은 지금까지 자신의 고유 영역에서 오해와 과오가 빚어지는 그러한 결과를 초래할 수밖에 없었다.

12.
이성의 기능과 반성

나는 방금 **지식**과 정반대되는 것으로서 감정이란 개념을 상세히 설명했지만, 앞서 말했듯이 지식은 모든 추상적 인식, 즉 이성 인식이다. 그런데 이성은 다른 방법으로 받아들인 것을 다시 인식 앞에 제시하는 것이므로, 이성은 사실 우리의 인식 작용을 확대하는 것이 아니라 그것에 다른 형태를 부여할 뿐이다. 말하자면 이성은 직각적이고 구체적으로 인식된 것을 추상적이고 보편적으로 인식시키는 것이다. 그런데 이렇게 표현하면 첫눈에는 아무것도 아닌 듯이 보이지만 이것은 대단히 중요한 사실이다. 인식한 모든 것을 확실히 보존하고 전달하여, 실제적인 문제에 확실하고 광범위하게 적용하는 것은 그 인식이 하나의 지식, 즉 하나의 추상적인 인식이 되었기 때문이다. 감성과 지성은 사실 그때마다 **하나**의 대상만 파악할 수 있으므로, 직각적 인식은 언제나 개별적인 경우에만 적용되고, 가장 가까운 것에만 향해 있으며 그것에 머물러 있다. 그러므로 지속적이고 복잡하며 계획적인 행위는 원리로부터, 즉 추상적인 지식에서 출발해 그것에 의해 인도되어야 한다. 그리하여 예컨대 지성이 원인과 결과의 관계에 대해 갖는 인식은 그 자체로는 추상적으로 생각할 수 있는 것 이상으로 훨씬 완전하고 심오하며 철저하다. 지성만으로 지레, 도르래 장치 및 톱니바퀴의 작용 방식, 둥근 천정의 자체적인 안정 같은 것은 직관적으로 직접 완전하게 인식된다.

하지만 방금 언급했듯이 직각적인 인식은 직접 현존하는 것에만 미치는 특성 때문에 단순한 지성만으로는 기계를 제작하고 건물을 짓는 데 이르지 못한다. 오히려 이때는 이성이 나타나서 직관 대신 추상적 개념을 정립하여 그것을 활동의 표준으로 삼아야 한다. 그리고 그러한 개념이 올바르면 일이 성공할 것이다. 이와 마찬가지로 우리는 순수 직관 속에서 포물선, 쌍곡선 및 나선의 본질과 합법칙성을 완전하게 인식한다. 그러나 이 인식을 현실에 확실히 적용하기 위해서는 그것이 그 전에 추상적 인식으로 되어 있어야 한다. 그럼으로써 인식은 물론 직관성을 잃는 대신 추상적인 지식의 확실성과 규정성을 얻게 된다. 그러므로 어떠한 미분학도 사실 곡선에 관한 우리의 지식을 조금도 넓혀 주지 못하며, 곡선에 대한 단순한 순수 직관 속에 내포되어 있는 것 이상으론 더 이상 어느 것도 내포하지 못한다. 하지만 미분학은 인식 방식을 바꾸고, 직관적 인식을 추상적 인식으로 변화시키는데, 이는 응용하는 데는 대단히 효과적이다.

그러나 직관적 인식과 추상적 인식의 차이가 완전히 분명해지지 않는 한, 우리가 어쩌면 지금까지 알아채지 못했을 우리의 인식 능력의 특징이 여기서 문제가 된다. 그 특징이란, 공간의 여러 관계는 직접적으로, 그 자체로는 추상적 인식으로 옮겨지지 못하고, 시간적인 크기, 즉 수만 여기에 적합하다는 사실이다. 공간적 크기가 아닌 수만이 그것에 엄밀하게 상응하는 추상적인 여러 개념으로 표현될 수 있다. 1000이라는 개념과 10이라는 개념은 둘 다 시간적인 크기가 직관 속에서 다른 것과 꼭 마찬가지로 다르다. 즉, 우리는 1000을 10의 특정한 배수라고 생각하지만, 시간 속에서의 직관으로는 그 수를 마음대로 분해하고, 즉 헤아릴 수가 있다. 하지만 1마일이란 추상적 개념과 1피트란 추상적 개념 사이에는 두 개념에 대한 아무런 직관적 표상이 없고, 또 수의 도움이 없다면 크기 자체에 상응하는 보다 엄밀한 차이는 결코 존재하지 않는다. 이 둘에는 일반적으로 공간적인 크기만 생각될 뿐이고, 만약 이 둘을 충분히 구별하려면 반드시 공간적 직관의 도움을 받든지, 즉 추상적 인식의 영역을 떠나든지, 또는 그 차이를 수로 생각해야 한다. 그러므로 공간적 관계를 추상적으로 인식하려면 먼저 공간적 관계를 시간적 관계, 즉 수로 옮겨 놓아야 한다. 그런 까닭에 기하학이 아닌 산술만이 일반적인 수학이다. 기하학은 다른 것에 전달되고 엄밀하게 규정되며 실제적인 면에 적용되려면 산술로 전환되어야 한다.

사실 공간적 관계 그 자체가 추상적으로 생각될 수도 있다. 예컨대 '사인Sinus은 각도의 크기에 비례하여 커진다'가 그것이다. 그러나 이 비례의 크기를 표시하려면 수가 필요하다. 3차원 공간 관계를 인식하려면, 즉 단순히 직관하지 않고 **알려**면, 3차원 공간을 1차원밖에 안 되는 시간으로 바꾸어야 한다. 이 필연성이야말로 수학을 매우 어렵게 만드는 요인이다. 이 사실은, 우리가 곡선에 대한 직관을 그것에 대한 해석적 계산과 비교하거나, 삼각함수의 대수표를 그것으로 표현되는 삼각형 부분의 변화하는 여러 관계의 직관과 비교하면 매우 분명해진다. 이 경우 직관이란 한 번 보고 완전하며 극도로 정확히 파악하는 것을 말한다. 말하자면 사인이 커짐에 따라 코사인은 줄어들고, 한 각의 코사인은 다른 각의 사인이라는 것, 즉 두 각의 증감이 반비례 관계에 있다는 것 등이다. 그런데 이를 추상적으로 표현하려면 얼마나 복잡한 수를 사용하고, 얼마나 힘겨운 계산을 해야 하는지 모른다. 즉, 시간이 1차원을 가지고 공간의 3차원을 재현하기 위해 얼마나 고심해야 하는지 모른다고 할 수 있다. 그런데 이것은 우리가 응용을 위해 공간 관계를 추상적 개념으로 표기해 두려면 필수적이다. 공간 관계는 직접 추상적 개념 속에 들어가지 못하고, 순수하게 시간적인 크기, 즉 수를 매개로 해야 하고, 수로서만 직접 추상적 인식에 적응하는 것이다. 또한 주목할 만한 것은, 공간은 직관에 매우 적합할 뿐 아니라 3차원이라는 것에 힘입어 복잡한 관계조차 쉽게 개관할 수 있는 반면 추상적 인식은 그렇게 할 수 없다는 점이다. 이와 반대로 사실 시간은 쉽게 추상적 개념으로 들어가지만, 직관에 주는 것은 거의 없다. 우리가 시간을 그 고유한 요소, 즉 단순한 시간 속에서만 직관하고 공간을 끌어들이지 않는다면 10까지 도달하기도 어렵다. 그것을 넘어설 때 우리는 수에 대한 추상적 개념만 갖고 있을 뿐 직관적 인식은 더 이상 갖고 있지 않다. 반면 우리는 엄밀히 규정된 추상적 개념을 모든 수사數詞며 모든 대수代數 기호와 결합시킨다.

여기서 덧붙여 언급하자면 직관적으로 인식한 것에 완전히 만족하는 사람들은 별로 없다는 사실이다. 이들이 찾는 것은 존재의 근거와 귀결을 공간 속에서 직관적으로 설명하는 것이다. 유클리드적 증명이나, 또는 공간적 문제의 산술적 해결은 그들의 마음을 끌지 못한다. 이와 반대로 다른 사람들은 적용이나 전달에만 유용한 개념을 요구한다. 이들은 추상적 명제, 공식, 추리의 기다란 연쇄와 계산으로 된 논증에 대한 인내력과 기억력을 갖고 있는데, 이 추리와 계산 기호는 매우 복잡한 추상을 대표하고 있다. 이런 사람들은 규정성을 추구하고, 앞서 말한 사람들은 직관성을 추구한다. 둘의 차이는 현저하다.

지식, 즉 추상적 인식의 가장 커다란 가치는 전달성과 고정시켜 보존될 가능성에 있다. 이를 통해 추상적 인식은 비로소 실제적인 것에 이루 말할 수 없이 중요하게 된다. 어떤 사람은 자연적인 물체의 변화외 운동의 인과 관계를 단순한 지성으로 직접적이고 직관적으로 인식하고, 그러한 인식에 완전히 만족할지 모른다.

하지만 그것을 전달하려면 그 인식이 개념으로 고정된 후에야 가능하다. 그가 전적으로 혼자서, 그것도 직관적 인식이 아직 생생한 동안, 실행 가능한 행위로 수행해 내려는 즉시, 첫째 종류의 인식이 실제적인 것에는 충분하지만 남의 도움을 필요로 한다거나, 자신의 행위라도 각기 다른 시기에 행할 필요가 있는 경우, 따라서 숙고를 거친 계획이 필요한 경우에는 직관적 인식으로는 충분치 않다. 이리하여 예컨대 당구의 명수라면 탄성체彈性體의 상호 충돌 법칙을 단순히 지성 속에서, 단순히 직접적 직관에 의해 완벽하게 알 수 있는데, 그는 그것으로 안전히 충분하다. 반면 그 법칙을 제대로 아는 사람, 즉 그것을 추상적으로 인식하는 사람은 역학 전문가뿐이다. 심지어 기계를 조립하는 데도 발명자 혼자 조립한다 해도 직각적 지성 인식만으로 족하다. 이는 재주 많은 숙련공이 아무런 학문적인 지식 없이도 기계를 훌륭히 조립하는 것을 종종 볼 수 있는 것과 마찬가지다. 이와 반대로 몇몇 사람이 상이한 시기에 공동으로 작업하여 기계를 조작하고 만들거나, 집을 짓는 경우 이 일을 주도하는 사람은 추상적인 계획을 세워 두어야 한다. 또 이성의 도움을 통해서만 이 협동 작업이 가능하다.

그런데 이상하게도 첫째 종류의 행위를 할 때 한 사람 혼자 연속 동작으로 무언가를 해내야 하는 경우 지식이나 이성의 적용, 반성 같은 것이 종종 방해가 될 수 있다. 예컨대 당구나 검도를 하고, 악기를 조율하거나 노래할 때가 그러하다. 이 경우 직관적 인식이 행위를 직접 지도해야 하며, 반성이 개입되면 주의가 분산되어 사람을 혼란시키기 때문에 행동이 불안정하게 된다. 그 때문에 사고하는 데 그리 익숙하지 않은 야만인이나 미개인은, 사실 숙고로 마음이 흔들리고 주저하느라 반성적인 유럽인이 도저히 따라갈 수 없는 정확성과 속도로 몇 가지 신체 운동을 하고 동물과 싸우며 활을 쏘곤 한다. 예컨대 유럽인은 올바른 장소나 시점을 그릇된 양극단의 등거리에서 찾으려고 하지만, 자연인은 옳은 길에서 벗어나지 않을까 반성하지 않고도 직접 올바른 지점을 맞히기 때문이다. 마찬가지로 내가 면도기를 피부에 댈 때 그 각도를 몇 도 몇 분이란 식으로 추상적으로 표시할 수 있어도, 그 각도를 직각적으로 알고 있지 않으면, 즉 요령을 알지 못하면 내게 아무 소용이 없다. 더구나 똑같은 방식으로 인상을 이해하는 경우 이성을 적용하면 방해가 된다. 이것도 직접 지성으로 행해야 한다. 표정, 즉 용모의 의미는 **느껴질** 뿐이라고, 즉 사실 추상적 개념에는 들어가지 않는다고들 한다. 누구나 자신의 직접적이고 직각적인 인상학Physiognomik과 감정학Pathognomik이 있지만, 어떤 사람은 다른 사람보다 더 분명히 사물의 서명signatura rerum[56]을 인식한다. 그러나 가르치거나 배우기 위한 추상적 인상학은 성립하지 못한다. 인상의 섬세한 뉘앙스는 너무 미묘해서 그런 데까지 개념이 파고들지 못하기 때문이다. 따라서 추상적 지식과 뉘앙스의 관계는 모자이크 그림과 **판 데르 베르프**Adrien van der Werff(1659~1722)[57] 또는 **데너**Balthasar Denner(1685~1749)[58]의 그림의 관계와 같다. 모자이크가 아무리 정교하게 되어 있어도 언제나 돌이 경계를 이루고 있기 때문에, 어떤 색조에서 다른 색조로 원활히 넘어갈 수 없는 것과 같다. 이처럼 개념도 경직되어 있어 엄밀히 경계가 설정되어 있으므로, 더 자세한 규정으로 아무리 정교하게 개념을 쪼개고 싶어도 직관적인 것을 정교하게 변경시킬 수는 없다. 내가 여기서 예로 든 인상학에서 바로 문제의 관건이 바로 이 직관적인 것이다.[59]

다시 말해 개념에는 이런 속성이 있기에 모자이크 그림의 돌과 비슷하며, 그렇기 때문에 직관은 언제나 개념에 점진적으로 접근하는 선에 불과하다. 또 개념이 예술에서 좋은 것을 낳지 못하는 이유도 그러한 속성 때문이다. 가수나 연주의 명인이 반성을 통해 공연하려고 한다면 그는 죽은 것이나 마찬가지다. 이런 사실은 작곡가나 화가, 시인에게도 해당된다. 개념은 예술에 대해서는 언제나 아무런 결실을 맺지 못한다. 예술에서 기술적인 면만은 개념이 지도할 수 있을지 모르지만, 개념의 본령은 학문이다. 우리는 제3권에서 진정한 예술이 개념에서 나오지 않고, 모두 직관적 인식에서 나오는 이유를 보다 자세히 연구할 것이다. 심지어 사람의 거동이나 교제에서 개인적으로 호감이 간다는 점에서도 개념은 이기심이나 짐승 같은 성질이 거칠게 터져 나오는 것을 억제하기 위해 소극적으로만 쓸모 있을 뿐이다. 예의 바른 태도는 칭찬할 만한 개념의 덕분이라 할 수 있지만, 매력적이고 우아하며 매혹적인 태도, 사랑스럽고 친절한 태도는 개념에서 나온 것이라

---

56   * 신비주의적 종교철학자 야콥 뵈메Jacob Böhme(1575~1624)의 저서명에서 따온 말
57   * 네덜란드의 바로크풍 화가. 성서와 신화를 소재로 한 그림을 많이 그렸다.
58   * 독일의 초상화가
59   이 때문에 나는 인상학은 몇 가지 아주 보편적인 규칙들을 내세울 뿐 계속 확실하게 나아갈 수 없다는 견해를 갖고 있다. 예를 들어 이마와 눈에서는 지성적인 요소를, 입과 얼굴의 아래쪽에서는 윤리적인 면과 의사표현을 읽을 수 있다. 이마와 눈은 서로를 해명해 주기 때문에, 다른 쪽을 보지 않고 어느 한쪽만으로는 반밖에 알 수 없다. 천재는 모두 이마가 훤하고 넓으며 멋지게 튀어나와 있지만, 그렇다고 해서 다 천재는 아니다. 총명하게 보이지만 외모가 추할수록 그의 정신은 더욱 총명하게 생각되니, 우둔하게 보이지만 외모가 잘생겼을수록 그는 더욱 우둔하게 생각된다. 아름다움이란 인류의 전형에 걸맞은 것으로 그 자체로 정신적인 명석함을 나타내며, 추함은 그 반대이기 때문이다.

「이집트로의 도피」 아드리엔 판 데르 베르프, 1710

할 수 없다. 그렇지 않다면 "의도적이라는 것을 느끼는 순간 기분이 상한다"(괴테의 희곡 『토르콰토 타소』의 2막 1장).

모든 위장은 반성의 짓이지만, 언제까지나 지속적으로 통할 수 없다. 세네카는 『자비론De Clementia』에서 "누구도 가면을 오래 쓰고 다닐 수 없다"고 말한다. 가면은 대체로 간파당할 수밖에 없기 때문에 목적을 이루지 못한다. 재빨리 결단을 내리고 대담한 행동을 하며 민첩하고 단호한 조치를 내려야 하는 매우 절박한 국면에서는 사실 이성이 필요하다. 그러나 이성이 우세해져서 직각적이고 직접적으로 옳은 일을 순수하게 지성적으로 발견하는 동시에 혼란에 빠져 옳은 것을 파악하는 데 방해를 받아 결단을 못 내리면 만사는 금방 엉망이 될 수 있다.

마지막으로 덕이나 신성도 반성이 아닌 의지의 내적 깊이와 인식 작용에 대한 의지의 관계에서 나온다. 이에 대한 상세한 논의는 이 책의 다른 곳에서 할 것이므로, 여기서는 다음 사실만 언급하려고 한다. 즉, 윤리적인 문제에 관계되는 교의는 모든 국민의 이성 속에서 동일한 것일 수 있지만, 행동은 개인마다 다르며, 그 반대도 마찬가지다. 행동은 흔히 말하듯이 감정으로 일어나는 것이며, 단지 개념에 의해, 즉 윤리적 내용에 따라 행해지는 것이 아니다. 교의는 한가한 이성이 만드는 것이지만, 행동은 결국 교의와 무관하게 독자적 행보를 걸으며, 대체로 추상적 준칙이 아닌 말로 표현할 수 없는 준칙에 따른다. 이 준칙을 표현할 수 있는 자는 바로 전체 인간 자신이다. 따라서 여러 민족의 종교적 교의가 아무리 상이하다 해도, 선행은 누구에게나 이루 말할 수 없는 만족감을 주고, 악행에는 한없는 공포가 뒤따른다. 어떤 조롱도 만족감을 뒤흔들지 못하며, 고해 신부가 아무리 죄를 사한다 해도 이 공포를 없애지 못한다. 그렇지만 이와 관련해 덕 있는 생활을 할 때 이성의 적용이 필요함을 부인해선 안 된다. 이성이 덕 있는 생활의 원천은 아니며, 이성의 기능은 종속적 기능, 즉 순간의 약점에 저항하여 일관된 행동을 할 수 있도록 일단 정한 결심을 유지하고 준칙을 고수하는 것이다. 예술에서도 이성은 결국 동일한 일을 해서 중요한 부분에서는 아무것도 할 수 없지만, 작품의 완성을 돕는다. 사실 예술의 수호신이 매 순간 예술가의 뜻에 따르는 것은 아니지만, 작품은 모든 부분이 완성되어 하나의 전체로 마무리되어야 하기 때문이다.[60]

---

60   이에 대해서는 제2편 7장 참고

13.
기지와 바보스러움

이렇게 이성을 적용할 때의 장점뿐 아니라 단점을 모두 고찰해 보면 다음 사실을 분명히 하는 데 도움이 될 것이다. 즉, 추상적인 지식은 직관적 표상의 반영이어서, 이 표상에 근거하고 있지만, 추상적인 지식이 어디서나 직관적 표상을 대신할 정도로 서로 일치하는 것은 결코 아니며, 오히려 둘이 아주 정확히 서로 상응하지는 않는다. 그 때문에 우리가 이미 알고 있듯이, 인간이 하는 많은 일은 이성과 숙고를 거친 방식의 도움으로 성취되지만, 그중 몇 가지 일은 이성을 적용하지 않아야 보다 잘 성취되기도 한다. 사실 직관적 인식과 추상적 인식의 그러한 불일치는, 마치 모자이크와 그림의 관계처럼 추상적 인식이 직관적 인식에 계속 가까워지기만 할 뿐이어서 대단히 특이한 현상의 원인이 되기도 한다. 이 현상은 이성과 마찬가지로 오로지 인간의 본성에 고유한 것이어서, 지금까지 늘 이 현상에 대한 설명을 새로이 시도해 왔지만 모두 충분하지는 못하다.

나는 이 특이한 현상에서 **웃음**이 나온다고 생각한다. 이 자리에서 웃음의 기원에 대해 상세히 논하는 것이 우리의 본론의 진행을 방해할지라도 이를 짚고 넘어가지 않을 수 없다. **웃음**은 매번 어떤 개념과 그것에 의해 어떤 관계 속에서 생각된 실재적 객관 사이의 불일치를 갑자기 알아차린 데서 생기는 것에 불과하다. 그리고 웃음 자체는 바로 이 불일치의 표현일 뿐이다. 이 불일치는 두 개 혹은 여러 개의 실재적 객관이 하나의 개념에 의해 사고되고, 그 개념의 동일성이 이들 객관에 옮겨지지만, 그다음에 그 밖의 점에서는 양자가 서로 전적으로 달라서 일면적인 점에서만 개념이 객관과 일치하는 사실이 현저히 드러남으로써 종종 생긴다. 하지만 이처럼 자주 오직 하나의 실재적 객관이 어떤 점에서는 당연히 그 개념에 포괄되어 있긴 하지만 그 개념과의 불일치가 갑자기 느껴질 때가 있다. 그런데 한편으로 그러한 현실적인 것을 그 개념에 포괄시키는 것이 옳을수록, 또 다른 한편으로 현실적인 것이 보다 심하고 현저히 개념에 부적합할수록, 이 대립에서 비롯되는 우스꽝스러운 것의 효과가 더욱 커지게 된다. 그러므로 모든 웃음은 역설적인, 따라서 예기치 않은 포괄을 계기로 생기는 것이다. 이때 포괄은 말로 표현되든, 행위로 표현되든 상관없다. 간략하지만 이것이 우스꽝스러운 것에 대한 올바른 설명이다.

나는 내 설명을 해명하기 위해 이 우스꽝스러운 것의 예로 일화를 들어 시간을 낭비하지 않겠다. 내 설명은 간단하고 이해하기 쉽기 때문에 그러한 예가 필요치 않고, 그와 같은 설명의 예증으로 독자의 기억 속에 있는 모든 우스꽝스러운 것을 떠올리면 마찬가지로 도움이 될 것이기 때문이다. 그런데 바로 앞서 말한 설명에서 비롯되듯이 우스꽝스러운 것을 두 가지로 나눠, 그 두 가지 종류의 우스꽝스러운 것을 펼쳐 보임으로써 우리의 설명이 확인되는 동시에 해명되는 것이다. 말하자면 인식 속에 두 가지 또는 여러 개의 아주 상이한 실재적 객관, 즉 직관적 표상이 생긴 경우, 사람들은 이 둘을 포괄하는 한 개념의 통일성에 의해 이것을 고의적으로 같은 것으로 보았는데, 이런 종류의 우스꽝스러운 것이 기지Witz라 불린다. 또는 이와 반대로, 개념이 먼저 인식 속에 존재하고 있어, 사람들이 이제 개념에서 실재로 넘어가고, 이 실재에 대한 작용인 행동으로 넘어가는 경우, 이들 객관은 그 외의 점에서는 근본적으로 상이하지만 모두 그 개념 속에서 사유되고 이제 같은 식으로 간주되고 취급되는데, 결국 행동하는 자가 그 외의 상이한 점이 대단히 큰 것을 보고 깜짝 놀랐을 때 우스꽝스러운 일이 벌어진다. 이런 종류의 우스꽝스러운 것이 **바보스러움**Narrheit이라 불린다.

그에 따라서 모든 우스꽝스러운 것은 객관의 불일치에서 개념의 동일성으로 넘어가느냐, 또는 그 반대로 되느냐의 여부에 따라 기지 있는 착상이 되거나, 바보스러운 행위가 되기도 한다. 전자는 언제나 고의적이지만, 후자는 언제나 비고의적으로 외부에서 강요되는 것이다. 그런데 이 출발점을 짐짓 반대로 보이게 하고, 기지를 바보스러움으로 위장하는 것이 궁중 익살광대나 어릿광대의 기술이다. 이들은 여러 객관의 차이를 잘 의식하고 있으면서, 은밀한 기지로 이들 객관을 하나의 개념으로 통일시킨다. 그런 뒤 그 개념에서 출발해 나중에 여러 객관의 차이를 발견하고, 그들 자신이 미리 준비한 뜻밖의 놀랄 만한 것을 얻게 된다. 지금 말한 우스꽝스러운 것에 관한 간단하지만 충분한 이론에서, 후자인 익살꾼의 경우는 차치하고서라도 기지는 언제나 말로 표현할 수밖에 없지만, 바보스러움은 대체로 행위로 드러난다는 것이 밝혀진다. 물론 그렇지만 바보스러움이 실제로 의도를 행동으로 표현하는 대신 그 의도만을 나타낼 경우는 말로 표현하는 경우도 있고, 또는 단순히 판단이나 의견으로 나타내는 일도 있다.

　오졸함Pedanterie도 바보스러움에 속한다. 옹졸함은 자신의 지성을 별로 신뢰하지 않아, 그 때문에 개별적인 경우 직접 올바름을 인식하는 것을 자신의 지성에 맡길 수 없으므로, 그에 따라 전적으로 이성이 지성의 후견을 맡도록 하고, 어떤 경우든 이 이성을 이용하는 데서 생겨난다. 즉, 언제나 보편적인 개념, 규칙, 준칙에서 출발하여 생활이나 예술에서, 윤리적인 올바른 태도에서까지 이런 것들에 따라 행동하려는 데서 생긴다. 그 때문에 형식이나 예법, 표현과 어법에 얽매이는 옹졸함 특유의 태도는 여기서 비롯되는 것이며, 옹졸함의 경우 이런 것들이 사태의 본질을 대신하고 있다. 그런데 곧 개념과 실재의 불일치가 드러나고, 개념이 개별적인 경우에 결코 맞지 않고, 개념의 보편성과 경직된 규정성이 현실의 미묘한 뉘앙스와 다양한 변화에 결코 정확히 맞지 않는다는 사실이 드러난다. 그 때문에 옹졸한 사람은 자신의 보편적 준칙에 얽매이다가 인생에서 거의 항상 손해를 보며, 현명치 못하고 몰취미하며 쓸모없는 사람으로 인정받는다. 개념이 아무것도 낳지 못하는 예술에서 그런 사람은 생기 없고 딱딱하며 부자연스러운 후산後産과 같은 것을 만들어 낸다. 윤리적인 면에서조차 올바르거나 고상한 행위를 하려는 의도가 어디서나 추상적 준칙에 따라 실행되는 것은 아니다. 많은 경우에서 무한히 미묘한 뉘앙스를 지닌 상황의 속성 때문에 직접 각 개인의 성격에서 비롯되는 올바른 것의 선택이 필요해지기 때문이다. 추상적 준칙은 반쯤만 맞기 때문에, 단순히 추상적 준칙만 적용해서는 때로는 그릇된 결과를 낳기도 한다. 또 그 준칙이 행동하는 자의 개인적 성격에 낯설고, 그렇다고 이 성격을 완전히 부인할 수도 없어서 때로 실행이 불가능하기도 하다. 다시 말해 따라서 그런 다음 모순되는 일이 벌어지게 된다.

　칸트가 아무런 애착이나 순간적인 흥분 없이 순전히 합리적이고 추상적 준칙에서 어떤 행위가 일어나는 것을 어떤 행위의 도덕적 가치의 조건으로 삼는 한, 그는 도덕적인 옹졸함이 생기게 하는 계기를 만들었다는 비난에서 완전히 자유로울 수는 없다. 「양심의 번민Gewissensskrupel」이라는 실러Johann Christoph Friedrich von

Schiller의 격언적 단시短詩가 뜻하는 것도 이런 비난일 것이다. 특히 정치적 문제에서 공리공론가, 이론가, 학자 등이라고 말하면 그것은 옹졸한 사람들, 즉 사물을 추상적으로는 알고 있을지 몰라도 구체적으로는 알지 못하는 사람들을 일컫는 말이다. 추상이란 보다 자세한 규정을 무시하고 사유하는 것이지만, 실제적인 문제에서는 바로 이 규정이 문제의 관건이 되는 것이다.

또한 이 이론을 보완해서 완벽한 것으로 하기 위해, 기지의 나쁜 종류인 말장난, 즉 불어의 'calembourg'와 영어의 'pun'에 대해 언급하도록 하겠다. 이런 말장난에는 음담Zote을 위해 주로 사용되는 언어의 양의성도 이용될 수 있다. 기지가 아주 상이한 두 개의 실제적 객관을 억지로 하나의 개념에 집어넣는 것이듯, 말장난은 두 개의 상이한 개념을 우연을 이용해 하나의 말에 넣는 것이다. 이때에도 기지의 경우와 마찬가지로 대조가 생기지만, 그것은 사물의 본질에서 나온 것이 아니라 우연히 이름 붙인 것에서 기인했기 때문에 훨씬 더 밋밋하고 피상적이다. 기지의 경우 개념은 동일하고 현실은 다른 반면, 말장난의 경우 개념은 다르고 현실은 동일한데, 말의 본뜻은 여기에 담겨 있다. 말장난과 기지의 관계가 위로 거꾸로 된 원추형 포물선과 아래로 향한 원추형 포물선의 관계와 같다고 하면 다소 부자연스러운 비유라 할지 모르겠다. 하지만 언어의 오해, 또는 착오quid pro quo는 자신도 모르게 나오는 익살Calembourg이며, 오해와 익살의 관계는 바로 바보스러움과 기지의 관계와 같다. 이 때문에 귀가 먼 사람도 바보와 마찬가지로 흔히 웃음거리를 제공하기도 한다. 그래서 서투른 코미디 작가는 사람을 웃기기 위해 바보 대신 귀가 먼 사람을 이용한다.

나는 여기서는 웃음을 다만 정신적인 면에서만 고찰했는데, 육체적인 면에 관해서는 『소품』[61] 초판 제2편 6장 96절 134쪽에서 설명했으니 참고하기 바란다.[62]

61　* 총 두 권으로 나온 『소품과 부록』은 1권이 『소품』, 2권이 『부록』으로 구성되어 있다. 『소품』에는 소크라테스, 플라톤, 아리스토텔레스를 비롯한 철학사와 여러 단편이 실려 있다. 가령 「대학 철학에 관하여」라는 논문과, 심오하고 수수께끼 같은 「개별자의 운명에서 외관상의 의도에 관한 초험적 사변」, 「영시靈視 및 그와 관련된 것들에 대한 시론」, 「삶의 지혜에 관한 아포리즘」 등은 쇼펜하우어가 오랜 삶을 통해 얻은 선명하고 빛나는 설명들이다. 이와 마찬가지로 『부록』에는 윤리학, 색채론, 자살, 글쓰기와 문제, 녹서와 책, 학식과 학자, 종교, 여성, 교육을 비롯한 수많은 주제에 관한 에세이들이 실려 있다.

62　이에 관해서는 제2편 8장 참고

14.
학문의 형식

이 온갖 다양한 고찰을 통해, 한편으로 이성의 인식 방식, 지식, 개념 사이의 차이와 관계가, 다른 한편으로는 순수 감성적이고 수학적인 직관과 지성에 의한 파악 사이의 차이와 관계가 완전히 분명해지기를 바란다. 게다가 우리의 두 가지 인식 방식의 관계를 고찰하면서 불가피하게 감정과 웃음에 대해 에피소드 식으로 논하게 되었지만, 앞으로는 이전 상태로 되돌아가, 언어며 사려 깊은 행동과 더불어 이성이 인간에게 부여한 제3의 특권인 학문에 대해 계속 논하려고 한다. 여기서 우리가 해야 할 책무인 학문에 대한 일반적 고찰은 일부는 그 형식에, 일부는 그 판단의 근거 짓기에, 마지막으로는 그 내용에 관한 것이기도 하다.

우리는 순수 논리학의 토대는 예외로 하고, 그 외에 모든 지식의 근원은 일반적으로 이성 자체에 있는 것이 아니라, 다른 방식으로 직관적 인식으로서 획득되고, 이로 인해 전혀 다른 인식 방식, 즉 추상적 인식 방식으로 넘어감으로써 이성에 맡겨진 것임을 알게 되었다. 모든 **지식**Wissen, 즉 추상적 의식으로 고양된 인식과 본래적인 **학문**Wissenschaft의 관계는 부분과 전체의 관계와 같다. 모든 사람은 개별적으로 모습을 드러내는 것을 경험하고 고찰함으로써 여러 가지 사물에 대한 지식을 얻지만, 어떤 종류의 대상에 대해 완벽한 추상적 인식을 얻는 것을 자신의 임무로 삼는 자만이 학문을 추구하려 한다. 그런 자는 개념에 의해서만 그 종류를 가려낼 수 있다. 그 때문에 모든 학문의 선두에는 하나의 개념이 자리하고 있고, 이 개념을 통해 모든 사물의 전체에서 그 부분이 사유되며, 학문은 그 전체로부터 완벽한 추상적 인식을 기대한다. 예컨대 공간적인 관계의 개념, 무기물끼리의 상호 작용의 개념, 또는 동식물의 속성의 개념, 또는 지구 표면이 연속해서 변화하는 개념, 또는 인류 전체가 변화하는 개념, 또는 어떤 언어의 구조 개념 등이 그러한 것들이다. 만약 학문이 서서히 전체를 인식할 때까지, 개념에 의해 사유된 모든 사물을 하나하나씩 탐구함으로써 그 대상에 관한 지식을 얻으려고 한다면, 부분적으로는 인간의 어떤 기억도 충분치 못할 것이고, 부분적으로는 완벽성에 대한 어떤 확신도 얻을 수 없을 것이다. 따라서 학문은 앞에서 상세히 논했듯이 서로를 포괄하는 개념 권역의 독특성을 이용하여, 무엇보다도 학문적 대상의 개념 내부에 일반적으로 자리하고 있는 보다 넓은 권역으로 나아간다. 즉, 학문은 개념 권역의 상호 관계를 규정하면서, 바로 그렇게 함으로써 그 관계 속에서 사유된 모든 것도 함께 규정된 셈이 되며, 이제 점점 더 좁아지는 개념 권역을 가려냄으로써 사유된 모든 것이 점점 더 엄밀하게 규정될 수 있다. 이로 인해 어떤 학문이 그 대상을 전적으로 포괄하는 것이 가능해진다.

학문이 인식에 이르는 이 길, 다시 말해 보편적인 것에서 특수한 것으로 나아가는 이 길이 학문을 보편적 지식과 구별시켜 준다. 그 때문에 체계적 형식이 학문의 본질적이고 특색 있는 특징이다. 모든 학문의 가장 보편적인 개념 권역의 결합, 즉 학문의 최고 상위 명제에 관한 지식은 학문을 습득하는 데 필수불가결한 조건이다. 이 최고 상위의 명제에서 출발하여 얼마나 멀리 보다 특수한 명제로 나아갈 것인지는 각자 마음대로이며, 그렇다고 학식의 깊이가 더해지는 것이 아니라 그 권역이 늘어나게 된다. 다른 모든 명제의 토대가 되는 여러 상위 명제의 수는 상이한 학문에 따라 아주 판이하다. 어떤 학문에서는 보다 종속 관계에 있고, 다른 학문에서는 보다 병렬 관계에 있다. 그런 점에서 전자는 보다 판단력을 요하고, 후자는 보다 기억력을 요한다. 이미 스콜라 철학자들도 알고 있었듯이, 추리는 두 개의 전제를 요구하기 때문에, 어떠한 학문도 하나의 유일한 궁극적인 대전제에서 출발할 수 없으며, 여러 개의 전제, 적어도 두 개의 전제를 가져야 한다. 원래 분류적인 학문들, 즉 동물학이나 식물학, 모든 무기적인 작용을 소수의 근원력에 환원시키려는 물리학과 화학도 대체로 종속 관계를 지니고 있다.

이와는 달리 역사는 전혀 종속 관계를 갖고 있지 않다. 역사의 보편적 원리는 주요 시대를 개관하는 것이지만, 이들 주요 시대에서 특수한 사건은 도출되지 않으며, 그 사건은 시간상으로만 주요 시대에 종속할 뿐 개념상으로는 병렬적이기 때문이다. 따라서 역사는 엄밀히 말하자면 지식이긴 하지만 과학은 아니다. 수학에서는 사실 유클리드적으로 취급하면 공리는 예증이 불가능한 대전제이고, 모든 예증은 단계적으로 그 공리公理, Axiom에 엄격히 종속되어 있다. 그렇지만 이런 취급은 수학에 본질적인 것이 아니다. 그리고 실제로 모든 정리定理, Lehrsatz는 다시 새로운 공간적 구조를 이루고 있고, 그 구조 자체는 이전의 정리와는 무관하며, 또한 그것과 완전히 무관하게 그 자체로부터, 공간의 순수 직관 속에서 인식될 수 있다. 그러한 순수 직관 속에서는 아주 복잡한 구조도 공리처럼 아주 자명하다. 하지만 그것에 대해서는 나중에 상세히 다룰 것이다.

좌우간 모든 수학적 명제는 언제나 개개의 무수한 사태에 적용되는 보편적 진리이며, 또한 단순한 명제에서 그것을 토대로 하는 복잡한 명제로 단계적으로 이행하는 것도 수학에 본질적이다. 그러므로 수학은 어느 모로 보나 학문이다. 학문 그 자체의 완전성, 즉 형식상의 완전성은 여러 명제의 종속 관계가 되도록 많고 병렬 관계가 적은 데에 본질이 있다. 그에 따라 일반적으로 학문적 재능이란 개념 권역을 다양한 규정에 따라 종속 관계에 두는 능력이다. 그것은 플라톤이 거듭 권고한 것처럼, 단지 보편적 원리와 직접 그 밑의 한없이 다양한 원리가 병렬되어 학문을 이루는 것이 아니라, 매개념媒槪念과 점점 자세한 규정에 의해 만들어진 구분을 통해, 가장 보편적 원리로부터 특수한 원리로 지식이 점차 내려가도록 하기 위해서이다. 칸트의 표현을 빌면, 이것은 동질성의 법칙과 특수성의 법칙을 균등하게 충족시키는 것을 뜻한다. 그런데 이것이 본래적인 학문적 완전성을 이룬다는 사실에서 바로 학문의 목적은 확실성을 보다 크게 하는 것이 아님이 밝혀진다. 왜냐하면 아주 지리멸렬한 인식조차도 이 확실성을 많이 갖고 있기 때문이다. 따라서 학문의 목적은 지식의 형식으로 지식을 쉽게 해서, 지식이 완벽해질 수 있는 가능성을 주는 것이다. 그 때문에 인식의 학문성은 확실성을 더 크게 하려는 데 본질이 있다는 의견이 일반적이지만, 그것은 잘못된 것이다.

이와 마찬가지로 수학이나 논리학 속에만 그 전적인 선험성 때문에 논박할 수 없는 인식의 확실성이 있다 해서, 그것들만 본래의 의미에서 학문이라고 여기는 데서 비롯된 주장도 잘못된 것이다. 수학과 논리학이 확실하다는 장점 자체는 부인할 수 없는 사실이다. 그렇다고 해서 이 장점이 그것들에게 학문성에 대한 특별한 요구를 할 권리를 주는 것은 아니다. 학문성은 확실성에 있는 것이 아니라, 보편적 원리에서 특수한 원리로 단계적으로 내려가는 방법을 토대로 한 인식의 체계적 형식에 있는 것이다. 보편적인 것에서 특수한 것으로 나아가는 학문 특유의 이 인식 방법은 필연적으로 학문 속의 많은 것이 선행 명제에서 도출되는 것, 즉 증명을 토대로 하게끔 해준다. 그리고 이 사실에서 증명된 것만이 완전히 참이고, 모든 진리는 증명을 필요로 한다는 해묵은 오류가 생겨난다. 그도 그럴 것이 오히려 이와 반대로 모든 증명은, 최종적으로 그 증명을 뒷받침하거나, 또는 그 증명의 증명을 뒷받침하는 증명되지 않은 진리를 다시 필요로 하기 때문이다. 그 때문에 수원水源에서 나오는 물이 수도에서 나오는 물보다 낫듯이, 직접 근거 지어진 진리가 증명으로 근거지어진 진리보다 더 나은 것이다. 부분적으로 수학의 기초가 되는 선험직 순수 직관과 부분적으로 다른 모든 학문의 기초가 되는 후험적인 경험적 직관이 모든 진리의 원천이며 모든 학문의 토대다(비직관적 지식이지만 그래도 이성 자신의 법칙에 의한 직접적 지식에 기초한 논리학만은 예외다).

증명을 거친 판단도 아니고 그 판단의 증명도 아닌, 직관에서 직접 건져낸 판단, 모든 증명 대신 직관을 기초로 한 판단이야말로 우주의 태양에 비길 만한 학문의 태양이다. 모든 빛은 이 판단에서 나오고, 다른 여러 판단은 이 빛이 다시 반사된 것이기 때문이다. 직접 직관에서 그 최초의 판단의 진리를 근거 짓고, 학문의 그러한 기반을 실재하는 무수한 사물에서 끄집어내는 것, 그것이 **판단력**의 일이다. 판단력은 직관적으로 인식된 것을 올바르고 정확히 추상적 의식으로 옮기는 능력에 그 본질이 있으며, 그에 따라 지성과 이성 사이의 매개물이다. 따라서 뛰어나고 특출한 판단력을 지닌 개인만이 실제로 학문을 진전시킬 수 있지만, 건전한 이성만 있으면 누구나 명제로부터 명제를 추론, 증명, 결론지을 수 있다. 반면 직관적으로 인식된 것을 반성에 적합한 개념으로 옮기고 고정시켜, 한편 많은 실재적 객관의 공통점은 하나의 개념으로 사유하고, 다른 한편 여러 객관의 상이한 점은 바로 그런 많은 개념으로 사유하게 한다. 그리고 상이한 점은 부분적으로 일치하는 것이 있더라도 상이한 것으로, 하지만 동일한 점은 부분적으로 상이한 것이 있더라도 동일한 것으로 인식하고 사유하게 한다. 그때그때 존재하는 목적과 고려에 따라 이 모든 일을 하는 것이 **판단력**이다. 이 같은 판단력의 부족이 **단순함**이다. 단순한 사람은 때로는 어떤 면에서 동일한 것의 부분적이거나 상대적인 상이함을 잘못 보고, 때로는 부분적이거나 상대적인 상이한 것의 동일성을 잘못 본다. 아무튼 칸트는 판단력을 반성적인 것과 포괄적인 것으로 구분하지만, 판단력을 이렇게 설명하는 데도 칸트의 구분을 적용할 수 있다. 말하자면 그에 따르면 직관적 객관에서 개념으로 넘어가는 깃이 반싱적 판단력이고, 개념에서 직관적 객관으로 넘어가는 것이 포괄적 판단력이며, 두 가지 경우에서 지성의 직관적 인식과 이성의 반성적 인식이 언제나 매개된다.

무조건 추리만으로 나오는 진리는 있을 수 없다. 오히려 단순히 추리에 의해 진리를 근거 짓는 필연성은 언제나 상대적이고 주관적일 뿐이다. 모든 증명은 추리이므로 새로운 진리를 위해서는 먼저 증명을 찾을 게 아니라 직접적인 명증성을 찾아야 한다. 그리고 이 명증성이 부족한 경우에만 우선 증명이 되어야 한다. 어떤 학문이든 철두철미하게 증명할 수 있는 것은 아니다. 건물이 공중에 떠 있을 수 없듯이, 모든 학문의 승명은 서슬러 올라가면 식판적인 깃에, 그러니까 더 이상 증명될 수 없는 것에 부딪치게 된다. 반성의 세계 전체는 직관적인 세계에 기초를 두고 뿌리박고 있기 때문이다. 모든 궁극적인, 즉 근원적인 **명증성**은 **직관적인** 명증성이다. 단어에서도 벌써 그런 사실을 알 수 있다. 그에 따라 명증성은 경험적 명증성이든가, 또는 가능한 경험 조건의 선험적 직관에 기초하고 있다. 그 때문에 두 가지 경우에서 명증성은 내재적 인식을 제공할 뿐 초재적 인식을 제공하지는 못한다.

모든 개념은 직관적 표상에 대한 극히 매개된 관계를 가질지라도 거기에서만 가치와 존재를 갖는다. 개념에 적용되는 것은 이 개념으로 이루어진 판단에도 적용되며, 또 모든 학문에도 적용된다. 따라서 추리에 의해 발견되고 증명에 의해 전달되는 모든 진리를 증명과 추리에 의하지 않고도 어떻게든 직접 전달할 수 있기 마련이다. 복잡한 몇몇 수학적 명제의 경우 우리는 추리의 연쇄로 그 명제에 도달할 수 있으므로, 증명과 추리에 의하지 않는 이 방법이 지극히 어려운 것은 분명하다. 예를 들어 피타고라스의 정리에서 나오는 결론으로 모든 호弧에 대한 현弦과 접선을 계산하는 경우가 그러하다. 그런데 이 진리도 본질적으로 오로지 추상적 명제에만 기반을 둘 수 있는 것이 아니고, 진리의 근저에 있는 공간적 관계도 선험적 순수 직관을 위해 끄집어 올릴 수 있어야 하므로, 그 진리에 대한 추상적인 발언도 직접 근거 지어진다. 그런데 수학에서의 증명에 관해서는 곧 상세히 언급할 것이다.

사람들은 언제나 확실한 전제에서 나온 올바른 추리에 의거하므로 명백히 참되다는 학문에 대해 종종 당당한 어조로 말할지 모른다. 그러나 순수하게 논리적 추리의 연쇄를 통해 얻을 수 있는 것은, 전제가 아무리 참되다고 해도 그 전제 속에 이미 들어 있는 것을 분명히 하고 상술하는 것밖에 없을 것이다. 그러므로 바로 거기에 함축적으로 이해된 것을 단지 명시적으로 설명하는 것에 불과할 것이다. 이 같이 칭찬받는 학문으로 특히 수학적인 것, 즉 천문학을 들 수 있다. 그런데 이 천문학의 확실성은 선험적으로 주어진 틀림없는 공간 직관이 천문학을 근저로 하는 데서 유래한다. 또 모든 공간적 관계가 선험적 확실성을 제공하는 필연성(존재의 근거)을 가지고 다른 것에서 하나를 추론하기 때문에 서로로부터 확실하게 도출되는 데서 유래한다. 천문학에서는 이 수학적 규정에 유일한 자연력, 즉 질량과 거리의 제곱에 정확히 비례해서 작용하는 중력이 더해질 뿐이다.

마지막으로 인과성의 법칙에서 생기기 때문에 선험적으로 확실한 관성의 법칙이 있고, 그것에는 이 질량에 각기 결정적으로 주어진 운동이라는 경험적인 자료가 있다. 이것이 천문학의 전체 재료인데, 그 재료는 그것의 단순성뿐 아니라 그 확실성으로 인해 확고하고, 대상의 크기와 중요성에 힘입어 무척 흥미로운 결과를 내게 한다. 예컨대 어떤 행성의 질량을 알고 그 행성과 위성과의 거리를 안다면 나는 케플러의 제2법칙에 따라 이 위성의 주기를 확실히 추정할 수 있다. 그런데 이 법칙의 근거는, 이 거리의 경우 이 정도의 속도가 있어야만 위성을 행성에 붙들어 놓음과 동시에 위성이 그 행성으로부터 떨어지지 않게 할 수 있다는 데에 있다. 그러므로 그러한 기하학적인 토대로만, 즉 어떤 선험적 직관에 의해, 또 거기에다 또한 자연법칙을 적용해 추리로 멀리 도달할 수 있다. 그것은 추리가 여기서 하나의 직관적 파악에서 다른 직관적 파악으로의 흡사 단순히 다리와 같기 때문이다. 그러나 사실 그런 단순하고 순수한 추리와 오로지 논리적 방법으로는 멀리 도달할 수 없다.

그런데 천문학적인 최초의 근본 진리의 근원은 원래 귀납이다. 즉, 많은 직관 속에 주어진 것을 요약하여 직접 근거 지어진 올바른 판단을 만드는 것이다. 그리고 이 판단에서 나중에 가설이 세워지며, 그 가설이 경험을 통해 완벽성에 다가가는 귀납으로써 확인되면 그 최초의 판단이 증명되는 것이다. 예컨대 행성이 움직이는 것처럼 보이는 것은 경험으로 알 수 있다. 이 행성 궤도 운동의 공간적 관계에 대한 수많은 그릇된 가설이 생긴 뒤 결국 올바른 가설이 발견되었고, 그다음에는 그 올바른 가설을 따르는 법칙(케플러의 법칙)이 세워졌고, 마지막에는 행성의 운행 원인(만유인력)도 발견되었다. 이리하여 일어나는 모든 사례가 가설과 일치하고, 그 가설에서 나오는 추리들, 즉 귀납과 일치하는 것이 경험적으로 인식되었기 때문에 그 가설들은 모두 완전한 확실성을 얻게 되었다. 가설을 발견하는 것은 주어진 사실을 올바로 파악하고 그에 따라 표현하는 판단력의 작업이지만, 귀납,

즉 여러 가지 직관이 그 가설의 진리성을 확인하는 것이다. 그러나 우리가 우주 공간을 마음대로 돌아다닐 수 있고, 망원경과 같은 눈을 갖게 된다면 하나의 유일한 경험적 직관을 통해 이 가설도 직접 근거 지어질 수 있으리라. 따라서 이 경우에도 추리는 본질적이고 유일한 인식 근원이 아니고 실제로는 언제나 응급수단에 불과한 것이다.

마지막으로 우리는 제3의 이질적인 실례를 들기 위해, 소위 형이상학적 진리, 즉 칸트가 자연과학의 형이상학적 기초원리에서 내세운 진리도 증명에 의해 명증성을 얻는 것은 아님을 지적하고자 한다. 우리는 선험적으로 확실한 것을 직접 인식한다. 그것은 모든 인식의 형식으로서 정말 어쩔 수 없이 필연적으로 우리에게 의식된다. 이를테면 우리는 물질이 불변하다는 것, 즉 발생할 수도 소멸할 수도 없다는 사실을 직접 소극적인 진리로 인식하고 있다. 왜냐하면 시간과 공간에 대한 우리의 순수 직관이 운동의 가능성을 주고, 지성이 인과율에서 형상과 질質의 변화 가능성을 주지만, 물질의 발생과 소멸을 표상할 만한 형식이 우리에게 없기 때문이다. 따라서 그 진리는 시대와 장소를 막론하고 누구에게나 자명했고, 일찍이 심각하게 의심받은 적도 없었다. 그런데 만일 그 진리의 인식 근거가 바늘 끝을 걸어가는 것처럼 까다로운 칸트식의 증명이라면 그처럼 자명하지 않을지도 모른다.

그뿐 아니라 나는 — 부록에서 상술한 것처럼 — 칸트의 증명을 그릇된 것으로 간주하고, 물질의 불변은 시간이 아닌 공간이 경험의 가능성에 관여하는 데서 연역될 수 있음을 앞에서 보여 주었다. 이런 의미에서 형이상학적이라고 불리는 모든 진리, 즉 필연적이고 보편적인 인식 형식의 추상적인 표현의 본래적 근거는 추상적 명제 속에 들어 있지 않고, 논박을 염려하지 않는 자명한 선험적 진술을 통해 나타나는, 표상 형식의 직접적인 의식 속에만 들어 있을 수 있다. 그럼에도 형이상학적 진리를 증명하려 하면 증명되어야 하는 진리가 의심의 여지 없는 어떤 진리 속에 이미 부분이나 전제로 들어있는 데서만 그것이 가능하다. 그래서 가령 나는 모든 경험적 직관이 이미 인과율의 적용을 내포하고 있고, 따라서 그 법칙의 인식은 모든 경험의 조건이므로, 흄이 주장한 것처럼 이 경험을 통해 비로소 주어지거나 조건 지어질 수 없음을 보여 주었다. 증명은 배우려는 사람에게는 논쟁하려는 사람에게만큼 중요하지 않다. 논쟁자들은 직접 근거 지어진 인식을 완강히 부인한다. 그러나 진리만은 어느 모로 보나 수미일관할 수 있다. 따라서 그런 사람들에게는, 그들이 다른 형태로 직접 부인하는 것, 즉 부인된 것과 용인된 것 사이의 논리적으로 필연적인 연관을 하나의 형태로 간접적으로 시인하고 있음을 보여 주어야 한다.

그 밖에도 학문적 형식은 말하자면 모든 특수한 것을 보편적인 것에 종속시키고, 그렇게 하여 줄곧 위로 올라가 많은 명제의 진리가 논리적으로만, 다시 말해 다른 명제에 귀결함으로써, 즉 동시에 증명으로 나타나는 추리를 통해 근거 지어지게 한다. 그런데 결코 잊어서는 안 되는 사실은, 이 모든 형식은 인식을 용이하게 하기 위한 수단일 뿐 더 큰 확실성을 얻기 위한 수단은 아니라는 점이다. 어떤 동물의 속성을 그것이 속하는 종種에서 올라가 속屬, 과科, 목目, 문門에서 인식하는 것이 그때마다 주어진 동물을 별개로 연구하는 것보다 쉽다. 그러나 추리에 의해 도출된 모든 명제의 진리는 추리가 아니라 직관을 기반으로 하는 어떤 진리에 언제나 조건 지어지고 결국 거기에 의존할 뿐이다. 만약 이 직관을 기초로 하는 진리가 추리에 의한 연역처럼 우리에게 언제나 당연하게 생각된다면 전적으로 이를 택해야 할 것이다. 즉, 개념에서 연역되는 모든 것은 앞서 말한 것처럼 여러 권역이 다양하게 맞물려 있고, 그 내용 규정이 종종 일정하지 않아 착오를 일으키기 쉽기 때문이다. 따라서 각종의 그릇된 수많은 학설과 궤변이 그에 관한 실례를 증명한다.

사실 추리는 형식상으로는 전적으로 확실하지만, 그것의 질료, 즉 개념에 의해서는 매우 불확실하다. 한편 이들 개념 권역이 엄격히 규정되어 있지 않은 경우가 더러 있고, 다른 한편 서로 다양하게 교차되어 있어 하나의 권역이 다른 많은 권역에 포함되어 있다. 그러므로 이미 언급한 것처럼 일부러 그 권역에서 이들 권역 속의 어떤 권역이나 다른 권역으로 넘어갈 수 있고, 거기에서 다시 계속 넘어갈 수 있기 때문이다. 이를 다른 말로 하면, 하위 개념terminus minor이나 매개념medius도 언제나 상이한 개념에 종속될 수 있으며, 이 개념들에서 마음대로 상위 개념 terminus major과 매개념을 선택하면 그에 따라 결론이 달라진다. 따라서 어떤 경우에도 직접적인 명증성이 증명을 거친 진리보다 훨씬 선호되며, 증명을 거친 진리는 직접적인 명증성을 아주 멀리서 끌어올 수 있는 경우에만 받아들일 수 있다. 하지만 직접적인 명증성이 가까이에 있거나, 증명을 거친 진리보다 아주 가까이에 있을 때는 더욱 받아들일 수 없다. 나라서 앞에서 보았듯이, 실제로 논리학의 경우 직접적인 인식이 모든 개별적인 경우에 연역된 학문적 인식보다 우리에게 좀 더 가까이에 있으므로, 우리는 언제나 사유법칙의 직접적인 인식에 따라서만 사유를 하고 논리학은 이용하지 않고 놓아두는 것이다.[63]

15.
진리의 근거 짓기와 오류의 가능성

우리는 이제 직관이 모든 명증성의 제1의 원천이고, 직접적이든 간접적이든 명증성에 관계를 갖는 것만이 절대적 진리이며, 더 나아가 개념에 의한 모든 매개에는 착오가 생길 수 있으므로, 이 절대적 진리에 이르는 가장 가까운 길이 가장 확실한 길이라 확신한다. 그런데 거듭 말하지만, 유클리드에 의해 학문으로 성립되고 오늘날까지 대체로 남아 있는 수학을 이 확신을 갖고 돌아보면, 수학이 걸어가는 길이 이상하고, 그러니까 전도된 것이라고 생각하지 않을 수 없다. 우리는 모든 논리적 근거 짓기를 직관적 근거 짓기로 환원시키기를 요구한다. 반면 수학은 그 특유의, 어디서나 가까이 있는 직관적 명증성을 제멋대로 배격하고 논리적 명증성으로 대치하려 몹시 힘겹게 애쓴다. 우리는 이것이 지팡이를 짚고 걸어가기 위해 자신의 다리를 절단하는 행위와 같거나, 또는 괴테의 「감상주의의 승리Triumpf der Empfindsamkeit」에 나오는 왕자가 자연을 모방한 무대 장치를 보고 즐기기 위해, 현실의 아름다운 자연에서 도피하는 것과 같다고 생각하지 않을 수 없다.

나는 여기서 근거율에 관한 논문 제6장에서 언급한 내용을 떠올리지 않을 수 없다. 또 나는 그것이 독자의 기억에 새롭고 눈앞에 생생히 그려지는 것을 전제로 한다. 그래서 나는 논리적으로 주어질 수 있는 수학적 진리의 단순한 인식 근거와 공간과 시간의 여러 부분의 직접적이고 직관적으로만 인식 가능한 연관인 존재의 근거 사이의 차이를 새삼 자세히 설명하지 않고, 여기서 언급한 것을 앞서 말한 것과 결합시키는데, 이 연관을 통찰해야 참된 만족과 철저한 지식이 얻어진다. 그린 반면 단순한 인식 근거는 항시 피상적인 것에 머물고, 그것이 **그렇다**는 지식은 줄 수 있지만 **어째서** 그러한가 하는 지식은 줄 수 없다.

유클리드는 이 인식 근거의 길을 걸어서 학문의 명백한 손실을 초래했다. 왜냐하면 예컨대 바로 처음에, 그는 단순한 공간 속에 근거율이 갖는 형식, 또 다른 모든 경우와 마찬가지로 그 경우, 전혀 다른 삼각형이 그러하기 때문에 어떤 삼각형이 그러하다는 필연성을 부여하는 형식에 따라, 어떻게 삼각형의 각과 변이 서로를 규정하여 서로 근거와 귀결의 관계를 이루는지 결정적으로 보여 주어야 했다. 이때 그는 삼각형의 본질을 철저히 통찰하는 대신 삼각형에 대해 임의로 선택한 몇 가지 지리멸렬한 명제를 설정하여, 모순율에 따라 힘겹게 논리석으로 이끌어 낸 증명에 의해 이들 명제의 논리적 인식 근거를 주고 있다. 따라서 거기서 얻는 것은 이 공간적 관계의 남김 없는 인식 대신 이 관계로부터 임의로 전달된 몇 가지 결과뿐이다. 또 이 경우는 누군가에게 어떤 정교한 기계의 여러 가지 작용은 보여 주면서, 내부의 연관과 장치는 보여 주지 않는 것과 같다.

우리는 '유클리드가 예증하는 것이 모두 그런 것이다'라는 것을 모순율에 의해 어쩔 수 없이 인정할 수밖에 없다. 그러나 **어째서** 그게 그러한지는 알지 못한다. 따라서 마치 요술쟁이의 요술을 보고 난 뒤처럼 왠지 기분이 찜찜하다. 또 실제로 유클리드의 증명은 대부분 요술과 아주 비슷한 면이 있다. 진리는 우연히 어떤 부수적인 사정으로 생기면서 거의 항상 뒷문으로 들어온다. 간접 논증은 흔히 모든 문을 하나씩 차례로 닫고, 하나만을 열어 두기 때문에 할 수 없이 그곳으로 들어갈 수밖에 없게 된다. 피타고라스 정리에서처럼 이유를 알지 못한 채 종종 선이 그어지는 일도 있다. 그리고 나중에는 문이 뜻하지 않게 죄어져 학습자의 동의를 낚아채는 덫이었음이 밝혀진다. 그렇게 되면 학습자는 자신의 내적 연관으로는 전혀 납득이 가지 않는 것에 놀라워하며 시인할 수밖에 없게 된다. 이렇게 하여 학습자가 유클리드를 통째로 철저히 연구한다 해도 공간적 관계의 법칙을 근본적으로 통찰하지 못하고, 대신 그 법칙에서 얻어지는 몇 개의 결론만 암기하게 된다. 이 본래적이고 경험적이며 비학문적인 인식은 병과 그에 대한 약을 알고 있어도 둘 사이의 연관을 알지 못하는 의사의 인식과 같다. 이 모든 것은 어떤 종류의 인식에 특유한 근거 짓기와 명증성의 방식을 이상하게 거부하고, 대신 인식의 본질과 생소한 방식을 무리하게 도입한 결과다. 그런데 유클리드가 이를 관철해 낸 방식은 온갖 경탄을 받을 만하다. 그는 오랜 세기에 걸쳐 이런 경탄의 대상이 되었으며, 그가 수학을 다룬 방식은 모든 학문적 설명의 모범으로 선언되기에 이르렀다. 심지어 다른 모든 학문도 이 설명을 본뜨려고 애썼으나, 나중에는 아무 이

유도 없이 그 방법을 탈피한 경우도 있었다. 그럼에도 우리가 볼 때 수학에서 유클리드의 방법은 단지 매우 휘황찬란하게 잘못된 것에 불과한 것으로 간주될지도 모른다.

그런데 삶에 대한 과오든 또는 학문에 대한 과오든, 고의적이고 조직적으로 행해져 대대적인 찬동을 얻은 모든 과오의 근거는 어쩌면 언제나 그 시대를 지배하는 철학에 있음이 증명될 수 있을지도 모른다. 엘레아학파 철학자들은 맨 먼저 직관된 것과 사유된 것[64] 사이의 차이, 그러니까 빈번히 일어나는 모순을 발견하여, 이를 그들의 철학적 학설과 궤변을 위해서도 다양하게 이용했다. 나중에 메가라학파, 변증학파, 궤변학파, 신아카데미학파, 회의학파들이 이들의 뒤를 따랐다. 이들은 가상에, 즉 감각의 착각 또는 오히려 감각의 자료를 직관으로 변화시키는 지성의 착각에 주목하게 했다. 이 착각은 이성이 확실하게 실재하지 않는 것으로 간주하는 사물이 종종 우리 눈에 보이게 한다. 예컨대 물속에서 막대기가 꺾인 것처럼 보이는 것이 그 예다. 그래서 사람들은 감성적 직관이 무조건 믿을 수 있는 것은 아니라 인식하고, 합리적이고 논리적인 사유만이 진리를 근거 짓는다고 성급히 결론지었다. (『파르메니데스』에서의) 플라톤, 메가라학파, 피론Pyrrhon(기원전 365~275)[65], 신아카데미학파는 실례를 들어 — 나중에 섹스투스 엠피리쿠스가 보여 준 방식으로 — 다른 한편으로 추리와 개념도 잘못된 길로 이끌 수 있음을, 그러니까 오류 추리와 궤변을 낳을 수 있음을 보여 주었다. 이것은 감성적 직관에서 비롯되는 가상보다 생기기는 훨씬 쉽고 해결하기는 더 어렵다. 그러는 사이 경험론과 대립하여 생겨난 합리론이 우세해졌고, 유클리드는 이 합리론에 따라 수학을 만들어 나갔다. 단지 공리만은 할 수 없이 직관적 명증성에 의존했지만, 다른 모든 것은 추리에 의지했다. 전 세기에 걸쳐 그의 방법이 지배하고 있었고, 선험적 순수 직관이 경험적 직관과 구별되지 않는 한 이런 상태가 계속될 수밖에 없었다.

---

64 칸트는 이 그리스어의 표현을 잘못 사용하고 있다. 부록에서 이 문제에 대해 비난했지만 여기서는 생각하지 않도록 하겠다.

65 * 펠로폰네소스 반도 북부 도시 엘리스 출신의 그리스 회의주의 철학자. 알렉산드로스 대왕의 아시아 원정에 따라갔으며, 아시아에서 고대 힌두교의 나체 고행자를 만났다. 회의주의 학파의 창시자로서 그는 인간이 진리에 도달할 수 있다는 사실을 부정하고 의심했다. 그의 논증의 주요 원리로 감각이 착각이라는 것, 동일한 질문에 관한 여러 판단들 사이에 모순이 있다는 것, 범주들의 방식으로 명제의 진리를 증명하는 것이 불가능하다는 것 등이 있다. 그는 철학자가 취할 수 있는 유일한 목표는 부정적 행복 추구, 즉 동요의 부재이자 평정 ataraxia이라고 보았다.

유클리드의 주석자인 프로클로스는 이미 그 차이를 완전히 인식한 것 같다. 케플러가 자신의 저서 『세계의 조화De Harmonia Mundi』에서 프로클로스가 쓴 구절을 라틴어로 옮겨 놓은 것을 볼 때 그러하다. 그러나 프로클로스는 이런 사실을 특별히 중시하지 않고 다른 문제와 너무 고립시켜 내세웠기 때문에, 세인의 주목을 끌지 않고 그들의 귀에까지는 들어가지 않았다. 그로부터 2천 년 후에야 나와, 유럽의 여러 국민의 모든 지식, 사유 및 행동에 커다란 변혁을 일으킨 칸트의 학설은 수학에서도 그런 변혁을 초래할 것이다. 우리가 이 위대한 정신의 소유자로부터 배운 것은 공간과 시간의 직관이 경험적 직관과 완전히 다르며, 감관感官에 대한 모든 인상과는 전혀 무관하게, 이 인상에 의해 조건 지어지지 않고 그 인상을 조건 짓는다는 사실, 즉 선험적이라서 착각에 빠지는 일이 결코 없다는 사실이었다. 그런 후에야 우리는 이제 비로소 수학에 대한 유클리드의 논리적인 취급 방식은 쓸데없는 조심성이고, 건강한 다리를 위한 지팡이이며, 나그네가 밤중에 밝게 보이는 견고한 길을 물이라 간주해서, 그 길을 걷지 않도록 조심하고는 그 옆의 울퉁불퉁한 길을 계속 걸어가면서 물이라고 잘못 생각한 곳을 내내 피해서 걷는다고 생각하며 만족해하는 것과 같음을 통찰하게 되었다.

이제야 우리는 확실히 주장할 수 있다. 즉, 어떤 도형을 직관하는 경우 우리에게 필연적이라고 느껴지는 것은, 종이 위에 매우 불완전하게 그려졌을지도 모르는 도형에서 오는 게 아니다. 또 그것을 보며 생각하는 추상적인 개념에서 오는 것도 아니며, 우리에게 선험적으로 의식되는 모든 인식 형식에서 직접 오는 것이다. 이 형식은 다른 모든 곳에서는 근거율이지만, 여기서는 직관의 형식, 즉 공간으로서 존재의 근거율이다. 하지만 존재의 근거율의 명증성과 타당성은 인식 근거율의 명증성과 타당성, 즉 논리적 확실성만큼이나 크고 직접적이다. 그러므로 우리는 단순히 논리적 확실성을 믿기 위해, 수학의 고유 영역을 떠나 그것과 전혀 낯선 개념의 영역에서 수학을 확인할 필요도 없고 그래서도 안 된다. 수학에 고유한 지반의 영역에 머문다면, 우리는 수학에서 앞으로 어떤 것이 **그렇다**는 지식은 그것이 **왜** 그런가 하는 지식과 같은 것이라는 커다란 이점을 얻게 된다. 대신 유클리드의 방법에서는 양자를 완전히 분리하여, 후자는 인식시키지 않고 전자만을 인식시킨다. 그런데 아리스토텔레스는 『분석론 후서』 제1장 27쪽에서 아주 탁월하게 말하고 있다.

"무언가가 있다는 것과, 그것이 어째서 있는지를 동시에 말해 주는 지식이 그것을 따로 가르치는 지식보다 더 정밀하고 우수하다."

그런데 우리는 물리학에서 어떤 것이 **그렇다**는 인식과 **왜** 그런가 하는 인식이 하나로 통합될 때에만 만족할 수 있다. 즉, 수은이 토리첼리 관 속에서 28인치[66]의 높이에 멈춘다는 것은 균형을 잡아 주는 공기의 힘 때문에 그렇다는 지식이 첨가되지 않으면 하나의 나쁜 지식이다. 그러나 수학에서 원 속에서 서로 교차하는 두 개의 현이 각각 만드는 활꼴은 언제나 똑같은 방형方形을 이룬다는 원의 숨겨진 성질qualitas occulta이 우리를 충족시킬 수 있을까? 물론 유클리드는 그것이 그러하다는 사실을 제3권의 제35정리에서 증명하고 있지만 거기에 그 이유는 나와 있지 않다. 이와 마찬가지로 피타고라스의 정리는 우리에게 직각삼각형의 숨겨진 성질을 알려 준다. 유클리드의 거만하고 교활한 증명은 우리가 그 이유를 묻는 경우 우리를 저버린다. 그리고 증명에 도움 되는 이미 알려진 간단한 도형이 첫눈에 유클리드의 증명보다 훨씬 많이 그 문제를 통찰하게 하며, 그 필연성에 관한 확신과 함께 그 성질이 직각에 의존하고 있다는 확고한 내적 확신을 준다.

직각삼각형에서 직각을 사이에 둔 두 변이 같지 않아도 그러한 직관적인 확신이 생기는 것이 분명하다. 이는 무릇 모든 가능한 기하학적 진리의 경우에서와 마찬가지다. 그 진리의 발견은 언제나 이처럼 직관된 필연성에 나온 것이며, 증명은 후에야 비로소 생각해 낸 것이기 때문이다. 그러므로 직관적 진리의 필연성을 인식하려면 그것을 발견해 낼 때의 사유 과정을 분석하기만 하면 된다. 내가 수학 강의에 바라는 것은 대체로 분석적 방법이지, 유클리드가 사용한 종합적 방법이 아니다. 그러나 물론 복잡한 수학적 진리의 경우 이 방법에는 커다란 어려움이 따르겠지만, 그렇다고 극복할 수 없는 어려움은 아닐 것이다. 벌써 독일에는 여기저기서 수학 강의 방식을 바꾸어, 이 분석적 방법을 더 따르기 시작한다. 이를 가장 결정적으로 실행한 사람은 노르트하우젠 고등학교의 수학 및 물리 교사인 **코자크**

씨다. 그는 1852년 4월 6일 자의 학교시험 프로그램에 덧붙여 나의 원리에 따라 기하학을 다루려는 세밀한 시도를 했다.

수학의 방법을 개선하기 위해서는 증명을 거친 진리가 직관된 진리보다 우수하다거나, 또는 모순율에 의거한 논리적 진리가 직접적으로 자명하고 공간의 순수 직관도 포함하는 형이상학적 진리보다 어떤 점에서 우수하다는 편견을 버릴 필요가 있다.

가장 확실하면서 어떤 경우에도 설명할 수 없는 것은 근거율의 내용이나. 네 가지 형태를 띠고 있는 근거율은 우리의 모든 표상과 인식의 일반적인 형태를 나타내기 때문이다. 모든 설명은 이 명제에 환원하는 것이며, 그 명제를 통해 일반적으로 표현된 여러 표상 사이의 연관을 개별적인 경우에 증명하는 것이다. 그에 따라 이것은 모든 설명의 원리이며, 그 때문에 자체로는 설명할 능력이 없고, 또 그럴 필요도 없다. 어떤 설명이든 이미 이 명제를 전제로 하고 있고, 그것을 통해서만 의미를 얻기 때문이다. 그런데 이 명제가 나타내는 여러 형태 간에는 우열이 없다. 이 명제는 존재나 생성, 또는 행위나 인식의 근거율로서 똑같이 확실하고 증명이 불가능하다. 근거와 귀결에 대한 관계는 그 명제가 어떤 형태로 나타나도 필연적이며, 그러니까 이 관계는 필연성의 개념의 유일한 의미이기도 한 것처럼, 그 개념의 근원이기도 하다. 근거가 주어지면 귀결의 필연성 외에는 어떤 필연성도 없고, 귀결의 필연성을 초래하지 않는 어떤 근거도 없다. 그러므로 전제 속에 주어진 인식 근거에서 결론이라고 하는 귀결이 생기는 것이 확실하듯, 공간에서의 존재 근거가 공간에서의 그 귀결을 조건 짓는 것도 확실하다.

내가 이 둘의 관계를 직관적으로 인식했다면, 논리적 확실성처럼 이 확실성도 마찬가지로 크다. 하지만 모든 기하학적 정리는 12공리의 하나와 마찬가지로 그러한 여러 관계의 표현이다. 즉, 기하학적 정리는 형이상학적 진리고 초논리적 진리며 모든 논리적 논증의 보편적인 토대인 모순율 자체와 마찬가지로 형이상학적 진리 그 자체로 직접적으로 확실하다. 어떤 정리에 표현된 공간적 관계의 직관적으로 설명된 필연성을 부인하는 자가 공리를 부인하는 것 역시 정당하며, 전제에서 나오는 추리의 결과, 즉 모순율 자체를 부인하는 것도 마찬가지로 정당하다. 이 모든 것은 마찬가지로 증명될 수 없으며, 직접적으로 명백하고 선험적으로 인식 가능한 관계이기 때문이다. 그 때문에 직관적으로 인식 가능한 공간적 관계의 필연성을 논리적 입증을 통해 새삼스레 모순율에서 연역하려고 한다면, 한 지방의 진짜 영주에게 다른 지방의 영주가 새삼스레 전자의 영지를 봉토로 주려는 것과 같은 이치다. 그런데 유클리드가 바로 그런 일을 했다. 그는 자신의 공리만은 어쩔 수 없이 직접적인 명증성에 의존하게 하지만, 뒤따르는 기하학적 진리는 모두 논리적으로 증명된다. 말하자면 공리들을 전제로 하여 정리 속에서 행해진 가정과 일치하거나, 또는 이전의 정리와 일치하는 데서, 또는 그 정리의 반대가 가정이나 공리, 이전의 정리나 정리 그 자체와 모순되는 데서 증명된다는 것이다. 그러나 공리 자체는 다른 모든 기하학적 정리에 비해 더 많은 직접적인 명증성을 갖는 것이 아니라, 내용이 더 빈약하기 때문에 더 간단할 뿐이라는 것이다.

범인을 심문할 때 그의 진술을 조서로 작성하여, 그 진술이 일치하는지 보고 그것의 진실성을 판단한다. 하지만 이것은 단순한 임시변통에 불과하며, 범인이 진술한 내용의 진실 여부를 직접 별도로 조사할 수 있다면 우리는 그것으로는 만족할 수 없다. 특히 그가 처음부터 수미일관되게 거짓말을 할 수 있기 때문이다. 그런데 유클리드가 공간을 연구할 때의 방법은 바로 앞서 말한 그러한 것이었다. 사실 그가 그때 전제로 삼은 것은 옳았다. 자연은 어디서나, 즉 그 근본 형식인 공간에서도 수미일관된 것이 분명하고, 공간의 여러 부분은 서로 근거와 귀결의 관계에 있으므로, 어떠한 공간적 규정도 다른 모든 규정과 모순되는 것을 제외하고는 있는 그대로의 그 규정과 다른 것일 수 없다. 하지만 이것은 매우 번거롭고 불만족스러운 에움길이며, 사실 아주 확실한 직접적 인식보다 간접적 인식을 선호하는 것이다. 나아가서 어떤 것이 **그렇다**는 인식을 **왜** 그런가 하는 인식과 구별하여 학문에 커다란 손실을 초래하며, 결과적으로 학습자에게 공간의 법칙을 인식시켜 주지 않는다. 그러니까 사물의 근거와 내적 연관을 본격적으로 연구하는 습관을 버리게 하고, 대신 그것이 **그렇다**는 역사적 지식에 만족하도록 그를 지도하는 것이다. 이 방법은 통찰력을 연마하는 데 적합하다고 끊임없는 칭송을 받고 있지만, 그것은 학생이 추리할 때, 즉 모순율을 적용할 때 연습하는 데에, 특히 모든 자료가 일치하는지 비교하기 위해 자신의 기억력을 한껏 발휘하는 데에 적합하다.

그런데 이 증명 방법이 기하학에만 적용되었지, 산술에는 적용되지 않은 것이 특이하다. 오히려 산술에서는 진리가 사실 직관을 통해서만 알려지는데, 산술에서는 직관이 단순히 셈을 하는 것에만 존재한다. 수에 관한 직관은 **오직 시간** 속에만 존재하며, 그 때문에 기하학적 도형처럼 감각적 도식을 통해서는 나타날 수 없으므로, 직관이 경험적인 것에 불과해서 가상에 지배당하고 있을지 모른다는 의

혹은 불식되었다. 하지만 이 의혹 때문에 논리적 증명 방식이 기하학에 도입될 수 있었던 것이다. 시간은 1차원만 갖고 있으므로, 셈하는 것은 다른 모든 연산演算이 여기에 환원될 수 있는 유일한 산술적 연산이다. 그런데 이처럼 셈하는 것은 선험적 직관과 다르지 않고, 이 경우 사람들은 선험적 직관을 원용하는 것을 주저하지 않으며, 그것에 의해서만 그 외의 것, 모든 계산이며 방정식이 최종적으로 확인된다. 예컨대 사람들은 $\frac{(7+9)\times8-2}{3}=42$라는 것을 증명하지 않고, 시간 속에서의 순수 직관을 원용한다. 그러므로 셈하는 것은 모든 개별적 명제를 공리로 만든다. 그 때문에 기하학을 가득 채우는 증명 대신 산술과 대수의 모든 내용은 셈하는 것을 줄이기 위한 단순한 방법이다. 시간 속에서 수에 관한 우리의 직접적인 직관은 앞에서 언급한 것처럼 대략 10 정도까지만 도달한다. 그 이상이 되면 벌써 수의 추상적인 개념을 말로 고정하여 이것을 직관 대신 사용해야 한다. 그러므로 이젠 실제로 직관이 행해지는 것이 아니라 특정한 기호로만 표시될 뿐이다. 그렇지만 작은 수를 통해 보다 큰 수를 대변하게 하는 수의 질서라는 중요한 보조 수단을 통해 모든 계산의 직관적 명증성이 가능하게 된다. 더구나 수뿐 아니라 불일정한 크기와 연산 전체가 추상적으로만 사유되고, 이런 점에서 $\sqrt{r-b}$처럼 기호로 표시할 정도로 추상된 개념을 이용할 경우 그러하다. 그렇게 되면 사람들은 더 이상 연산을 실행하는 것이 아니라, 그것을 예시만 할 뿐이다.

마찬가지로 기하학에서도 산술에서처럼 당연하고도 확실하게 오직 선험적 순수 직관을 통해 진리가 근거 지어질 수 있을지도 모른다. 실제로 기하학에 커다란 명증성을 부여하고, 각 개인의 의식에 기하학 명제의 확실성이 의존하는 것은 이처럼 언제나 존재의 근거율에 따라 직관적으로 인식된 필연성이며, 결코 거만하게 진행되는 논리적 증명이 아니다. 논리적 증명은 그 문제와는 언제나 거리가 멀고 대체로 곧 잊혀 버리지만, 그렇다고 확신이 손상되는 것은 아니며, 또 완전히 없어져 버려도 그로 인해 기하학의 명증성이 감소하는 것도 아니다. 그 이유는 기하학의 명증성이 논리적 증명과는 전혀 무관하고, 논리적 증명은 언제나 다른 종류의 인식에 의해 이미 그전에 완전한 확신이 서는 것만 증명하기 때문이다. 그런 점에서 논리적 증명은 다른 사람에 의해 살해된 적에게 또 상처를 입히고는 마치 자신이 그를 해치운 것처럼 뽐내는 비겁한 병사와 같다.[67]

지금까지 설명한 모든 것으로 모든 명증성의 모범이자 상징이 된 수학의 명증성은 본질상 증명에 의존하는 것이 아니라 직접적인 직관에 의존하고 있으므로,

다른 모든 경우와 마찬가지로 이 경우에서 직접적인 직관은 모든 진리의 최종적 근거이자 원천이란 사실에 더 이상 의문의 여지가 없기를 바란다. 그렇지만 수학의 기초가 되는 직관은 다른 모든 직관보다, 그러니까 경험적 직관보다 훨씬 우위에 있다. 말하자면 수학의 기초가 되는 직관은 선험적이고, 아울러 언제나 부분적이고 연속적으로밖에 주어지지 않는 경험에 의존하지 않기 때문에, 모든 것이 똑같이 직관과 가까이에 있고, 임의로 근거에서 출발할 수도 또는 귀결에서 출발할 수도 있다. 그런데 직관 속에서는 근거에서 귀결이 인식됨으로써 직관에는 전혀 오류가 발생하지 않는데, 그러한 인식만이 필연성을 갖는다. 예컨대 삼각형의 두 변의 등식은 두 각의 등식에 의해 근거 지어지는 것으로 인식된다.

반면 모든 경험적 직관이나 모든 경험의 대부분은 이와 반대로 귀결에서 근거로 향하는 것이므로, 이 인식 방식에 오류가 없다고는 할 수 없다. 이는 근거가 주어져 있는 한, 귀결에만 필연성이 주어지는 것이 당연하고, 귀결에서 근거를 인식하게 되어 있는 것이 아니라, 여러 가지 근거에서 같은 귀결이 생길 수 있기 때문이다. 이 후자의 종류의 인식은 언제나 귀납법에 불과하다. 즉, 하나의 근거를 암시하는 많은 귀결에서 근거가 확실한 것으로 가정되는 것이다. 하지만 사례를 모두 모을 수는 없으므로 이 경우 진리도 무조건 확실하다고 할 수 없다. 그런데 감성적 직관과 대부분의 경험을 통해 얻은 모든 인식은 이런 종류의 진리만 가질 뿐이다. 어떤 감관은 촉발받으면 결과에서 원인으로 지성 추리를 하게끔 지시한다. 그러나 근거 지어진 것에서 근거를 추리하는 것은 확실하지 않기 때문에 착각으로 그릇된 가상이 생길 수 있고, 앞에서 상술했듯이 실제로 그런 일이 가끔 일어나기도 한다. 몇 개의 감관 또는 오감 전부가 같은 원인을 나타내는 촉발을 받았을 때 비로소 가상의 가능성은 극히 적어지겠지만, 그렇다고 아예 없는 것은 아니다. 어떤 경우, 예컨대 위조 화폐에는 감성 전체가 기만당하기 때문이다. 같은 경우 모든 경험적 인식, 따라서 자연과학 전체는 그 순수한 — 칸트에 따르면 형이상학적인 — 부분을 무시하고 있다. 자연과학에서도 결과에서 원인이 인식된다. 그

---

67 기하학적 방법more geometrico을 따르는 것을 자랑으로 여긴 스피노자는 실제로 자신이 의식한 것 이상으로 그런 방법을 취했다. 세계의 본질을 직접적이고 직관적으로 파악함으로써 확실하고 확정된 것을 그는 그러한 인식과는 무관하게 논리적으로 예증하려고 하기 때문이다. 하지만 그는 물론 자신이 일부러 스스로 만든 실체며 자기 원인과 같은 개념을 출발점으로 삼고, 광범위한 개념 범위의 본질이 편한 기회를 제공하는 그러한 모든 고의성을 증명하는 것을 허용함으로써 자신에게 이미 확실한 의도적인 결과를 얻는다. 따라서 그의 학설의 참되고 탁월한 점은 그의 경우에 기하학에서와 마찬가지로 증명과도 전혀 무관하다.

때문에 모든 자연과학은 종종 그릇되며 점차 보다 옳은 가설에 자리를 양보하는 가설에 의존하고 있다.

의도적으로 행해지는 실험의 경우에만 인식이 원인에서 결과로 나아가 보다 확실한 길을 걷는다. 그러나 실험 자체는 연속해서 가설을 세우는 가운데 비로소 행해진다. 그렇기 때문에 자연과학의 어떤 부분, 예컨대 물리학, 천문학, 또는 생리학도 수학이나 논리학처럼 단번에 발견될 수 없었고, 수백 년의 경험을 축적하고 비교할 필요가 있었으며, 지금도 그럴 필요가 있다. 여러 가시도 성험석 확인을 거듭함으로써 가설에 의존하는 귀납이 보다 완벽해져서, 실제로 확실한 자리를 차지하게 된다. 또 그 귀납은 직선과 곡선의 상이점을 기하학에 적용하거나, 또는 얻어질 수 없는 대수對數의 완전한 정확성을 산술에 적용하는 경우와 마찬가지로 그 가설의 근원에 불리한 것으로 간주되지 않는다. 원의 면적과 대수를 아주 조금씩 정확성에 무한히 다가가도록 하듯이 귀납의 여러 가지 경험을 통해, 즉 결과에서 근거를 인식함으로써 수학적 명증성에, 즉 근거에서 귀결을 인식하는 것에 무한히는 아니더라도, 착각의 가능성이 미미하여 충분히 무시될 수 있을 정도로 가까이 접근할 수 있다. 그렇다고 착각의 가능성이 없는 것은 아니다. 예를 들어 귀납추리도 무수한 경우에서 모든 경우를, 즉 본래는 모든 경우가 의존하는 미지의 근거를 추정하는 추리인 것이다. 그런데 이런 종류의 어떤 추리가 모든 사람의 심장이 왼쪽 가슴에 있다는 추리보다 더 확실하겠는가? 그렇지만 매우 드물지만 극히 예외적인 경우로 심장이 오른쪽 가슴에 있는 사람도 있다. 그러므로 감성적 직관과 경험과학은 같은 종류의 명증성을 갖는다.

수학, 순수 자연과학 및 논리학이 선험적 인식으로서 감성적 직관이나 경험과학보다 우월한 것은 모든 선험성의 기초가 되는 인식 형식이 전적으로 동시에 주어진 것이므로 수학, 순수 자연과학 및 논리학에서는 언제나 근거에서 귀결로 나아갈 수 있지만, 감성적 직관이나 경험과학에서는 대체로 귀결에서 근거로만 나아갈 수 있다는 데에 기인한다. 그런데 그 자체로는 인과율이나, 또는 경험적 인식을 이끌어 가는 생성의 근거율은 앞서 말한 선험적인 학문이 따르는 근거율의 다른 여러 형태와 마찬가지로 확실하다. 개념으로 하는 논리적 증명이나, 또는 추리는 선험적 직관에 의한 인식과 마찬가지로 근거에서 귀결로 가는 장점을 갖고 있다. 이 때문에 개념으로 하는 논리적 증명 내지는 추리는 그 자체로, 즉 형식적으로는 절대 확실하다. 이 사실은 증명이 일반적으로 커다란 명성을 얻는 데 크게 기여했다. 하지만 논리적 증명 내지는 추리가 틀림없이 확실하다는 사실은 어디까지나 상대적인 것이고, 그것들은 학문의 여러 상위 명제 밑에 포괄될 뿐이다. 학문의 진리성의 전체 기반을 포함하고 있는 것은 학문의 그러한 상위 명제들인 것이다. 또 논리적 증명 내지는 추리는 단순히 증명될 수 있는 게 아니고 직관을 기초로 해야 한다. 이 직관은 앞에서 말한 몇 개의 선험적 학문에서는 순수 직관이지만, 그 밖의 경우에는 언제나 경험적이며, 귀납에 의해서만 보편적인 것으로 높여진다. 그러므로 경험과학에서는 개별적인 것이 보편적인 것에서 증명된다 해도 그 보편성은 그 진리를 개별적인 것에서 얻었을 뿐 저장품을 모아 놓은 창고에 불과하며, 자급자족하는 대지는 아니다.

진리의 근거 짓기에 대해서는 이 정도로 해두겠다. 오류의 근원과 가능성에 대해서는, 비둘기장에서 잘못하여 남의 집 비둘기를 잡는 것과 같은 것이라고 플라톤이 비유적으로 해결한 이래로(『테아이테토스』[68] 167쪽 이하), 많은 설명이 시도되었다. 대각선 운동의 비유를 사용한, 오류의 근원에 대한 칸트의 애매하고 불확실한 설명은 『순수이성비판』 초판 294쪽과 제5판 350쪽에 있다. 진리란 어떤 판단의 그 인식 근거에 대한 관계이다. 그러므로 물론 그것은 판단하는 사람이 그와 같은 근거를 갖고 있다고 실제로 믿을 수 있는데도 어떻게 아무런 근거를 갖고 있지 않은지의 문제, 다시 말해 오류, 즉 이성의 기만이 어떻게 가능한지의 문제다. 나는 이 가능성을 앞에서 설명한 가상, 또는 지성의 기만의 가능성과 매우 유사하게 생각한다. 말하자면 나의 견해는 — 바로 여기서 말하면 그것이 설명되는 것이지만 — **모든 오류는 귀결에서 근거로 거슬러 올라가는 추리**에서 발생하며, 그 귀결이 해당 근거에서 생긴 것이지 결코 다른 근거에서 생긴 것이 아니란 것을 알고 있는 경우에는 타당하지만, 그 외의 경우에는 타당하지 않은 추리라는 것이다. 오류를 범하는 사람은 어떤 귀결이 결코 가질 수 없는 하나의 근거를 그 귀결에 설정한다. 이 경우 그는 지성의 실제적인 부족, 즉 원인과 결과 간의 관계를 직접 인식하는 능력의 부족을 드러내는 것이다.

---

68 * 이 대화편은 지식의 정의에 관한 문제를 다룬다. 플라톤은 혼이 신체 기관을 통해 지각한 것과, 혼 자체가 파악한 것(수·동일성·존재 등)의 사이를 구별한 다음, 지식은 진리와 존재를 함축하기 때문에 존재를 파악할 수 없는 지각을 지식과 동일시할 수 없다고 주장한다. 이어서 플라톤은 '지식은 참된 믿음이다'라는 명제의 부적합성을 논박한 뒤, '지식은 로고스를 동반한 참된 믿음이다'라는 명제를 분석한다. 그러나 로고스 개념의 다의성 때문에 이 정의도 충분하지 못함을 보여 주면서 결론 없이 끝난다.

또는 더 자주 일어나는 경우지만, 그는 그 귀결에 사실 하나의 가능한 근거를 규정하지만 귀결에서 근거로 거슬러 올라가는 자신의 추리의 대전제에다, 해당 귀결은 **언제나** 자신이 진술한 근거에서만 생긴다고 또 덧붙이는 것이다. 따라서 완벽한 귀납만이 그에게 그럴 권리를 부여하지만, 그는 귀납을 하지 않고 전제만 하는 것이다. 그러므로 그 **언제나**라는 말은 너무 광범위한 개념이므로, 대신 **가끔**이나 **대체로**라고 하면 별 지장이 없을 것이다. 그럼으로써 그 결론은 문제가 있어도, 그 자체로는 잘못이 아니리라. 그런데 오류를 범하는 사람이 잎서 밀한 방식으로 추리하는 것은 성급한 탓이거나, 또는 가능성에 대한 지식이 너무 제한되어 있어서, 그 때문에 해야 할 귀납의 필연성을 알지 못하는 까닭이다. 그러므로 오류는 가상과 매우 유사하다. 두 가지 다 귀결에서 근거로 거슬러 올라가는 추리인데, 가상은 항시 인과율에 따라, 또 단순한 지성에 의해, 즉 직접 직관 그 자체 속에서 행해지고, 오류는 근거율의 모든 형식에 따라 이성에 의해, 즉 본래적 사유 속에서 행해진다. 그렇지만 세 가지 종류의 오류의 유형이나 대표라 간주할 수 있는, 다음에 말하는 세 가지 실례가 증명하는 것처럼, 오류는 가상처럼 인과율에 따라 일어나는 경우도 매우 흔하다.

1) 감각의 가상(지성의 기만)이 오류(이성의 기만)를 일으키는 경우, 예컨대 어떤 그림이 높은 돋을새김으로 되어 있다고 보고, 실제로 그렇게 간주하는 경우, 이것은 다음과 같은 대전제에 의한 추리에서 생긴다. "암회색이 군데군데 생긴 짙은 곳과 엷은 곳을 통해 흰색으로 넘어간다면, 그 이유는 언제나 빛이 볼록한 곳과 오목한 곳을 달리 비추기 때문이다. 그러니—."

2) "내 금고의 돈이 없어졌을 경우, 그 이유는 내 하인이 복제 열쇠를 갖고 있기 때문이다. 그러니—."

3) "프리즘에 의해 분산된, 즉 위나 아래로 옮겨진 햇빛의 상이 이전에는 둥글고 희게 보였지만, 이제는 기다랗고 색이 섞여 있는 경우, 그 이유는 어떤 경우에도 상이한 색을 띤 동시에 상이하게 굴절되는 동질의 광선이 들어 있어서, 상이한 굴절성에 의해 서로 갈라진 광선이 이제는 기다란 동시에 상이한 색을 띤 상을 보여 주기 때문이다. 그러니—마시자_ergo — bibamus!_"[69]

모든 오류는 종종 단지 잘못 일반화된 가언적 대전제, 귀결에 대한 어떤 근거의

---

69 * "그러니—마시자"는 그러니 걱정하지 말고 즐기며 뭐든지 할 수 있다는 말이다.

가정에서 생긴 대전제에서 비롯된 추론 탓으로 보아야 한다. 그러한 오류가 가령 계산 착오는 아니다. 계산 착오는 사실 본래적인 오류가 아니라 단순한 과실에 불과하다. 즉, 수의 개념이 지시하는 연산은 순수 직관 속에서, 즉 셈하는 것에서 행해진 것이 아니라 그것이 아닌 다른 직관으로 행해진 것이다.

학문 일반의 **내용**에 대해 말한다면, 그것은 본래 언제나, 근거율에 따라 그것에 의해서만 타당하고 의미를 갖는 '왜'를 실마리로 한, 세계의 여러 현상 간의 상호 관계나. 그 관계의 증명이 **설명**이라 불린다. 그러므로 이 설명은 두 가지의 표상이 속하는 부문을 지배하고 있는 근거율 형태의 관계 상호 간의 두 가지 표상을 보여 주는 것 이상으로는 나아갈 수 없다. 설명이 여기까지 이르면 더 이상 '왜'라고 물을 수 없는 것이다. 증명된 관계는 일반적으로 달리 표상될 수 없는 그것이고, 즉 그것은 모든 인식의 형식이기 때문이다. 따라서 사람들은 왜 2+2=4인지 묻지 않고, 삼각형의 각이 같으면 왜 변도 같은지 묻지 않고, 또는 왜 주어진 원인에 따라 그 결과가 일어나는지 묻지 않으며, 전제가 참이면 왜 결론도 참인지 묻지 않는다. 더 이상 '왜'가 요구되지 않는 그런 관계에까지 거슬러 올라가는 모든 설명은 어떤 숨겨진 성질을 가정하여 거기에 머문다. 그런데 모든 근원적 자연력 역시 이런 종류의 성질을 띠고 있다. 어떤 자연과학적 설명도 결국 그러한 자연력에, 즉 완전히 어두컴컴한 곳에 멈춰 있어야 한다. 그 때문에 자연과학적 설명은 한 인간의 내적 본질과 마찬가지로 어떤 돌멩이의 내적 본질을 설명하지 않고 내버려둬야 한다. 인간의 인식 작용이나 행동을 해명할 수 없듯이, 돌멩이가 나타내는 중력, 응집력 및 화학적 성질 등은 설명할 수 없다. 예컨대 그래서 중력은 하나의 숨겨진 성질이다. 중력은 없는 것으로 생각할 수 있으므로, 인식 작용의 형식에서 필연적인 것으로 나오는 것은 아니기 때문이다. 반면에 인과율에서 나오는 관성의 법칙은 필연적인 것이다. 따라서 인과율에 환원하면 완전히 충분한 설명이 된다.

말하자면 도저히 설명될 수 없는 것, 즉 근거율이 나타내는 관계에 환원할 수 없는 두 가지 사항이 있다. 첫째로는 모두 네 가지 형태로 나타나는 근거율 그 자체다. 근거율이 모든 설명의 원리이며, 이 원리와 관련해서만 설명이 의미를 갖기 때문이다. 다른 하나는 근거율에 의해 도달할 수 없는 것이지만, 거기서 사실 근원적인 것이 모든 현상이 되어 나온다. 그것은 사물 자체며, 그것의 인식은 결코 근거율에 종속된 인식이 아니다. 그런데 여기서 사물 자체에 대해서는 전혀 이해되지 않은 채 놓아두어야겠다. 제2권에서 학문의 가능한 업적에 대한 이 고찰도 다시 다룰 예정인데, 그런 다음에야 비로소 사물 자체가 이해될 수 있기 때문이다. 그런데 자연과학, 그러니까 모든 과학은 사물에 대한 설명을 할 수 없을뿐더러 이 설명의 원리인 근거율조차 이 점을 넘어설 수 없는 까닭에 사물을 그대로 놓아둔다. 그러기에 철학이 사물을 다시 받아들여 자연과학과는 전혀 다른 철학적 방식으로 고찰하는 것이다. 근거율에 관한 논문 제51장에서, 나는 여러 가지 과학에서 그 근거율의 이런저런 형태가 주된 길잡이임을 보여 주었다. 사실 이에 따라 과학을 가장 적절하게 구분할 수 있을지도 모른다. 하지만 그러한 실삽이에 따라 행해진 모든 설명은 이미 말했듯이 언제나 상대적일 뿐이다. 그 설명은 사물들을 상호관계에 따라 설명하지만, 사실 이미 그 설명의 전제가 되는 무언가를 늘 설명하지 않은 채 놓아둔다. 예컨대 이것은 수학에서는 공간과 시간이고, 역학, 물리학 및 화학에서는 물질, 성질, 근원력, 자연법칙이며, 식물학과 동물학에서는 종의 상이성과 생명 그 자체이며, 역사에서는 각기 나름대로 독특하게 사유하고 의욕하는 인류다. 모든 과학에서 근거율은 그때마다 적용될 형태를 취해 왔다.

　　철학은 고유한 특성을 지니고 있어서 어느 것도 결코 아는 것으로 전제하지 않고, 모든 것이 철학에서는 같은 정도로 낯설고 문제가 된다. 또한 여러 현상의 관계뿐 아니라 현상 자체도 문제 삼고, 다른 여러 학문이 모든 것을 거기에 환원시키고 만족하고 있는 근거율 자체도 문제 삼는다. 그러나 철학의 경우 이렇게 환원해도 얻는 게 없을 것이다. 환원 계열의 일부는 다른 부문과 마찬가지로 철학에는 생소하고, 더구나 그러한 종류의 연관 자체도 그 연관에 의해 결합된 것과 마찬가지로 철학에는 문제가 되며, 또 이처럼 결합된 것은 다시 자극을 받아 결합한 후에도 그러기 전과 마찬가지기 때문이다. 이미 말했듯이, 학문이 전제로 삼고 설명의 근거로 삼으며 한계로 설정하는 것이야말로 철학 본래의 문제이며, 따라서 그런 한에는 학문이 끝나는 곳에서 철학이 시작되기 때문이다. 증명은 알려진 명제에서 미지의 명제를 끌어내기 때문에 철학의 기저基底가 될 수 있다. 그러나 철학에는 모든 것이 똑같이 미지의 것이고 생소하다. 최초로 이 세계와 그 모든 현상을 있게 한 하나의 명제란 존재하지 않는다. 따라서 철학은 스피노자가 바랐던 것처럼 고정된 원칙ex firmis principiis에서 실증적으로 도출될 수 없는 것이다. 또한 철학은 가장 보편적인 지식이므로, 그 지식의 주된 원리는 보다 보편적인 다른 지식에서 추론된 것일 수 없다. 모순율은 단순히 개념의 일치를 확정할 뿐이지 스스로 개념을 만들어 내지는 않는다. 근거율은 여러 현상의 결합은 설명하지만, 현상 자체를 설명하지는 않는다. 따라서 철학은 세계 전체의 동력인causa efficiens이나 목적인causa finalis을 찾는 것을 목표로 할 수는 없다.

적어도 현재의 철학은 결코 세계의 **유래**와 **지향점**을 찾는 것이 아니라, 단지 세계의 **본질**을 찾을 뿐이다. 그런데 여기서 왜는 무엇에 종속되어 있다. 왜는 오직 세계 현상의 형식, 즉 근거율에 의해서만 생기며, 그런 한에서만 의미와 타당성을 가지므로, 그 자신도 이미 세계에 속한다. 사실 세계가 **무엇**인가 하는 것은 각자 또 다른 도움 없이 인식한다고 말할 수 있겠다. 왜냐하면 누구나 인식 주관 자체고, 세계는 그 인식 주관의 표상이기 때문이다. 그런 점에서 이것은 참일지도 모른다. 하지만 그러한 인식은 직관적 인식이자 구체적 인식이다. 이 인식을 추상적으로 재현하는 것, 연속적이고 가변적인 직관, 또 일반적으로 **감정**이라는 광범한 개념이 포괄하는 추상적이고 분명한 지식으로서가 아니라 단순히 소극적으로만 나타내는 모든 것을 추상적이고 영속적인 지식으로 높이는 것이 철학의 임무다. 따라서 철학은 세계 전체, 모든 부분뿐 아니라 전체의 본질에 대한 추상적인 진술이어야 한다. 하지만 그럼에도 무한히 많은 개별적인 판단에 빠지지 않으려면, 철학은 추상 작용을 이용하여, 모든 개별적인 것을 보편적인 것에서 사유하고, 개별적인 것의 차이점까지도 다시 보편적인 것에서 사유해야 한다. 따라서 철학은 세계의 모든 다양한 것을 일반적으로 그 본질에 따라 몇 개의 추상적 개념으로 요약해 지식에 넘겨 주기 위해, 일부는 분리하고, 일부는 통합할 것이다.

그러나 철학이 세계의 본질을 고정시키는 그러한 여러 개념을 통해 보편적인 것과 마찬가지로 순전히 개별적인 것도 인식되어야 하며, 그러므로 양자의 인식은 매우 정밀하게 연결되어 있어야 한다. 그 때문에 철학을 하는 능력은 플라톤이 말했듯이, 많은 것 속에서 하나를 인식하고, 하나 속에서 많은 것을 인식하는 데에 있다. 그에 따라 철학은 극히 보편적인 판단의 총계일 것이고, 이 판단의 인식 근거는 아무것도 배제하지 않는 바로 세계의 전체성 속의 세계 자체다. 그러므로 철학은 인간의 의식 속에 발견되는 모든 것이다. 철학은 **추상적 개념 속에서 세계의 완벽한 반복, 말하자면 반영**이며, 이것은 본질적으로 동일한 것을 결합하여 하나의 개념으로 하거나, 서로 상이한 것을 가려내어 다른 개념으로 함으로써만 가능하다. 베이컨은 다음과 같이 말하면서 이미 철학에 이 임무를 부여했다.

"이 참된 철학이란 요컨대 세계의 의견을 가장 충실하게 재현하는 것, 말하자면 세계가 구술한 것을 받아 적는 것이고, 다름 아닌 세계의 모사나 반영이며, 또한 자신의 것을 전혀 덧붙이지 않고 오직 반복하고 재현하는 것이다"(『학문의 진보』L. 2, c. 13).

그렇지만 우리는 이 말을 베이컨이 당시에 생각해 낼 수 있었던 이상으로 한층 넓은 의미로 받아들인다.

세계의 모든 측면과 부분은 사실 하나의 전체에 속하므로 그것들이 서로 공유하는 일치점은 세계에 대한 추상적인 모사에서도 발견되어야 한다. 그에 따라 판단의 총계에서는 하나의 판단이 다른 판단에서 노출될 수 있으며, 그것도 항상 상호적으로 도출되어야 한다. 하지만 그러기 위해서는 이들 판단이 우선 존재해야 하고, 그러므로 미리 세계의 구체적인 인식에 의해 직접 근거 지어진 것으로 제시되어야 한다. 모든 직접적인 근거 짓기가 간접적인 근거 짓기보다 더 확실한 만큼 더욱 그러하다. 이 판단은 판단 상호 간의 조화에 의해 심지어 하나의 사상으로 통합되기에 이르며, 그 조화는 공통의 인식 근거인 직관적인 세계 자체의 조화와 통일에서 생기는 것이다. 그 때문에 이 조화는 판단을 근거 짓기 위한 제1의 요소로 사용되지는 않고, 판단의 진리성을 강화하기 위해 덧붙여질 뿐이다. 이 과제 자체는 그것이 해결된 연후에야 비로소 완전히 분명해질 수 있다.[70]

---

70 이에 대해서는 제2편 17장 참고

16.
칸트의 실천 이성과 스토아학파의 윤리학

이제까지 이성을 인간에게만 고유한 특수한 인식 능력으로, 또 그 인식 능력에 의해 야기된, 인간의 본성에 독특한 업적과 현상으로 고찰해 왔다. 그 외에도 이성이 인간의 행위를 이끌어 가는 한, 즉 이런 점에서 **실천적**이라 불릴 수 있는 한 이성에 관해 언급할 것이 아직 남아 있다. 그런데 여기서 언급해야 할 것은 대부분 다른 장소에서, 다시 말해 이 책의 부록에서 다루었다. 칸트는 이성을 — 대단히 편리하게도 — 모든 덕의 직접적인 근원으로, 또 어떤 절대적인 — 즉, 하늘에서 떨어진 — **당위**의 본거지라 서술하지만, 부록에서는 칸트가 말한 실천 이성이라는 현존이 논박되었다. 나는 후에 칸트의 이 도덕 원리에 대해 『윤리학의 근본 문제』에서 상세하고도 철저히 반박했다. 그 때문에 여기서는 이성이, 이 말의 참된 의미에서 행동에 미치는 실제적인 영향에 대해 몇 가지 언급하는 데 그치겠다.

이성을 고찰하면서 이미 서두에서 언급했듯이, 우리는 인간의 행동과 처신은 동물의 그것과 대체로 다르다는 것을 지적했다. 그렇지만 이 차이는 의식 속에 추상적 개념이 존재하는 결과로 볼 수 있다. 우리의 전체 현존재에 미치는 이 추상적 개념의 영향이 너무 철저하고 중대해서 인간과 동물의 관계는 말하자면 눈이 있는 동물과 눈이 없는 동물(일종의 유형동물, 연형동물, 식물성 동물)의 관계만큼 다르다. 눈이 없는 동물은 촉각에 의해서만 공간 속에서 자기에게 직접 가까이 있는 것, 몸에 닿는 것만 인식하는 반면, 눈이 있는 동물은 가까운 곳과 먼 곳의 넓은 범위를 인식한다. 마찬가지로 이성이 없는 동물의 인식은 시간 속에서 직접 대면하는 직관적 표상, 즉 실재적 객관에 한정되어 있다. 그런데 우리 인간은 추상적 인식 덕분에 협소한 현실적인 현재 말고도 과거 전체와 미래며 가능성의 넓은 영역을 포괄한다. 즉, 우리는 현재와 현실을 훨씬 넘어서서 삶을 모든 방면으로 자유롭게 조망한다. 그러므로 공간 속에서 눈이 감각적 인식을 위해 하는 일은 말하자면 시간 속에서 이성이 내적 인식을 위해 하는 일과 같다. 하지만 대상의 가시성可視性은 그 대상을 느낄 수 있음을 알려 줄 때에만 가치와 의미를 가지듯이, 추상적 인식의 모든 가치는 그것의 직관적 인식에 대한 관계 속에 존재한다.

그 때문에 자연인은 단순히 사유된 것인 추상적 개념보다 언제나 직접적이고 직관적으로 인식된 것에 더 높은 가치를 둔다. 사변인은 논리적 인식이나 개념적 인식을 선호하지만, 이와는 달리 행동보다 말로 생활하는 사람, 현실 세계를 직시하기보다 종이와 책을 들여다보는 사람, 그래서 현학자나 문자에 쓰인 것만 믿는 사람으로 심하게 변질된 자들은 자연인과 반대되는 생각을 가지고 있다. 이것만으로도 라이프니츠가 볼프나 그들의 모든 후계자와 함께 직관적 인식을 단지 혼란스런 추상적 인식으로 선언한 둔스 스코투스Duns Skotus(1266~1308)[71]의 선례에 따라 얼마나 심한 혼란에 빠져들었는지 이해할 수 있으리라! 그런데 스피노자의 명예를 위해 나는 다음 사실을 언급하지 않을 수 없다. 그의 보다 옳은 생각은 이와 반대로 모든 보편 개념을 직관적으로 인식된 것의 혼란에서 생긴 것으로 선언했다(『윤리학』 제2부 정리 40, 비고 1). 수학에서 수학 고유의 명증성을 배격하고 오로지 논리적 명증성만을 인정하는 것, 일반적으로 추상적이지 않은 모든 인식을 감정이란 광범위한 개념으로 파악하고 무시하는 것, 마지막으로 칸트식의 윤리학이 사정을 인식하는 경우 직접 올바른 행위와 선행을 하게 하는 순수한 선의를 단순한 감정이자 흥분이라 치부하여 무가치하고 무의미한 것으로 선언하는 것, 또 추상적 준칙에서 생긴 행동에만 도덕적 가치를 인정하려는 것도 이 잘못된 입장에서 나온 것이다.

이성을 지닌 인간은 동물과 달리 대체로 삶을 모든 방면에서 조망할 수 있는데, 이 조망은 그의 인생행로의 기하학적이고 무색의 추상적인 축도와도 비교할 수 있다. 따라서 인간과 동물의 관계는 해도海圖, 나침반 및 사분의四分儀에 힘입어 자신의 항로는 물론 바다 위에서 그때그때의 위치를 정확히 알고 있는 선장과 그저 파도와 하늘만을 쳐다보는 선원의 관계와 같다. 그 때문에 인간이 구체적인 생활

---

71 *마리아의 무염시태를 그리스도로부터 힘입은 은총으로 생각한 중세의 신학자. 성모의 원죄 없는 잉태축일을 적극 옹호했다.

을 하는 것 말고도 여전히 두 번째의 추상적인 생활도 영위한다는 것은 고찰해 볼 가치가 있으며, 그러니까 놀랄 만한 일이기도 하다. 구체적인 생활을 함에 있어서 인간은 현실의 온갖 폭풍우와 현재의 영향에 자신을 내맡기고 있어 동물처럼 노력하고 고생하며 죽지 않으면 안 된다. 하지만 인간의 이성적인 사려 깊음으로 영위되는 추상적인 삶은 구체적인 삶, 즉 그가 살고 있는 세계의 조용한 반영이며, 방금 언급한 축도다. 여기 조용한 숙고의 영역에서는 구체적인 삶에서 인간을 완전히 소유하고 격렬히 움직이는 일이 담담하고 부색으로 여겨져 당장은 관계없는 일로 생각된다. 여기서는 그는 단순한 방관자이자 구경꾼이다. 이렇게 인간이 반성으로 되돌아가는 것은, 마치 배우가 자신의 역할을 하나 끝내고 다시 무대에 등장할 때까지 구경꾼들 사이에 자리를 잡고, 무슨 일이 일어난다 해도, 설령 희곡에서 자신의 죽음이 준비되고 있다 해도, 거기서 태연히 바라보다가 다시 무대에 나가 자신의 역할을 하고 고통을 감수하는 것과 마찬가지다. 사고력이 없는 동물의 행태와는 판이한 인간의 태연함은 이 이중생활에서 비롯되며, 이 같은 태연함으로 미리 숙고하고, 단호하게 결심하거나 어쩔 수 없음을 인식한 뒤에는, 자신에게 가장 중요하고 때로는 가장 끔찍한 일까지도 일어나게 놔두거나, 또는 그 일을 실행하기도 한다. 그것은 자살, 처형, 결투, 생명을 위태롭게 하는 각종의 모험, 그리고 대체로 인간의 모든 동물적 본성이 거기에 맞서 반항하는 일들이다.

이 경우 인간은 이성이 어느 정도까지 동물적 본성을 지배할 수 있는지 알고, 강자에게 "참으로, 그대는 강철 같은 심장을 갖고 있구나!"(『일리아스』 제24서, 521행)라고 외치는 것이다. 이때 우리는 이성이 **실천적으로** 모습을 드러낸다고 말할 수 있다. 그러므로 행위가 이성에 의해 인도되는 경우, 동기가 추상적인 개념인 경우, 직관적이고 개별적인 표상이나 동물을 인도하는 순간적 인상이 결정적 요소가 아닌 경우에는 언제나 **실천 이성**이 나타나는 것이다. 하지만 이것은 행동의 윤리적 가치와는 전적으로 다르고 아무 관계가 없으며, 이성적 행동과 덕 있는 행동은 전혀 다른 별개의 문제다. 이성은 커다란 선의와 협력하는 것과 마찬가지로 사실 커다란 악의와 협력하기도 하는데, 어느 쪽이든 이성이 가담함으로써 비로소 커다란 효과를 발휘한다. 이성은 나쁜 의도뿐 아니라 고상한 의도, 어리석은 준칙뿐 아니라 현명한 준칙을 똑같이 조직적이고 수미일관되게 실행할 준비가 되어 있고 그것에 도움이 되며, 이에는 사실 이성의 여성적이고 수용적이며 보존적인, 자급자족하지 못하는 성질이 필연적으로 수반된다. 이 모든 것을 나는 부록에서 상세히 설명하고, 예를 들어 밝혔다. 거기서 언급한 것을 여기서 다루는 것이 마땅하지만, 이른바 칸트의 실천 이성에 대한 논박이기 때문에 거기에 실을 수밖에 없었다. 따라서 나는 여기서 다시 부록을 참조하기를 부탁한다.

말의 참되고 진정한 의미에서 **실천 이성**의 가장 완전한 발전, 인간이 이성을 단순히 사용함으로써 도달할 수 있는 최고 정점, 그리고 거기에 도달하면 인간과 동물의 차이가 가장 분명히 드러나는 정점은 **스토아학파[72]의 현자**에게서 **이상적**으로 서술되고 있다. 스토아학파의 윤리학은 원래 몬실석으로 넉톤이 아니라 마음의 평정으로 행복을 얻는 것을 목표이자 목적으로 삼는 이성적 삶에 대한 지침일 뿐이다. 이 경우 덕 있는 태도는 말하자면 목적이 아니라 수단으로서 우연히 나타날 뿐이다. 따라서 스토아학파의 윤리학은 그 모든 본질과 관점에서 볼 때 『베다』, 플라톤, 기독교, 칸트의 학설처럼 직접적으로 덕을 강요하는 윤리 체계와 근본적으로 다르다. 스토아학파 윤리학의 목적은 행복이다. 스토바에오스는 스토아학파의 해설에서 "모든 덕의 목적은 행복에 있다"고 말하고 있다(『스토바에오스 선집』 제2권 7장 114쪽). 그렇지만 스토아학파의 윤리학은 행복이란 내적 평화와 마음의 평정에서만 확실히 얻을 수 있고, 이 평정은 다시 덕으로만 달성될 수 있음을 증명한다. 덕이 최고의 선이란 표현은 바로 이 사실만 의미하는 것이다.

그런데 물론 목적이 수단 때문에 점차 잊히고, 자신의 행복에 대한 관심과는 전혀 다른 관심을 드러내는 방식으로 덕이 권장되어 자신의 행복과는 너무나 분명히 모순된다면, 이것은 모든 체계에서 직접적으로 인식된, 또는 흔히 말하듯이 느껴진 진리가 귀결에 압력을 가하면서 다시 올바른 길에 들도록 하는 모순들 중 하나다. 예컨대 이기적으로 자신의 이익을 추구하면서 극히 명백한 궤변을 통해 순수한 덕론을 끌어내는 스피노자의 윤리학에서 이런 사실이 분명히 보이고 있다. 내가 스토아학파의 윤리학 정신을 이해한 바에 의하면, 그것의 근원은 다음과 같은 사상에 들어 있다. 즉, 인간의 커다란 특전인 이성, 인간에게서 간접적으로, 계획에 따른 행동을 통해, 또 이런 행동의 결과로 유추할 수 있는 그 이성이, 삶과 그 삶의 무게를 아무리 가볍게 하려고 해도 그럴 수 없을지도 모르지만, 직접적으로,

---

72 * 그리스어 'stoa'는 회랑을 의미하고, 제논은 회랑 아래에서 아테네인들을 가르쳤다. 넓은 의미에서 스토아학파는 고통과 불행을 용기 있고 확고하게 견디는 사람의 태도를 말하고, 좁은 의미에서 스토아학파는 철학의 한 학파다. 거의 5세기 동안 역사 속에서 계속 수정되면서 지탱된 이 학파는 일반적으로 세 시기로 구분된다. 로마에서 성행하였으며, 유명 철학자로는 세네카, 에피테토스, 아우렐리우스 황제 등이 있다.

즉, 단순한 인식을 통해 삶에 가득한 각종의 시름과 고통으로부터 인간을 전적으로, 또는 거의 전적으로 단번에 구출해 낼 수 없을까 하는 생각 말이다. 이성을 부여받은 인간이 이 이성을 통해 무한한 사물과 상태를 포괄하고 조망하면서도, 현재의 삶과 짧고 덧없는 불안한 몇 년간의 삶에서 일어나는 여러 사건으로 너무 심한 고통을 겪는다거나, 욕망과 도피라는 격한 충동으로 너무 큰 불안과 고뇌에 몸을 맡겨야 한다는 것을 사람들은 이성의 특전에 어울리지 않는다고 생각했다. 또 이성을 석설히 사용하면 인간은 이 고뇌를 초월하고 불사신이 될 수 있다고 생각했다. 그 때문에 안티스테네스는 "지성이나 밧줄 중 하나를 선택하라"(플루타르코스, 『스토아학파의 모순에 대해』 제14장)고 말했는데, 즉 삶에는 괴롭고 번거로운 일이 가득하므로 생각을 고쳐먹고 이것에서 벗어나거나, 또는 삶을 버리는 것 중 하나를 택하라는 말이다. 사람들은 결핍이나 고뇌는 직접 또 필연적으로 사물을 갖지 않는 데서가 아니라 갖고 싶지만 갖지 못하는 데서 비로소 생긴다는 것을 통찰했다. 그러므로 사람들은 이처럼 갖고 싶은 생각이야말로 갖지 못함으로써 결핍이 되고 고통을 낳는 필연적 조건임을 통찰했다. "가난은 고통이 아닌 욕망을 안겨 준다"(에픽테토스, 『단편斷片』 제25장).

게다가 사람들은 소망을 낳고 키우는 요구는 희망뿐임을 경험에서 알게 되었다. 그 때문에 우리를 불안하게 하고 괴롭히는 것은 많은 사람이나 모든 사람에게 공통된 피할 수 없는 악도 아니고, 손에 넣을 수 없는 재물도 아니며, 인간이 피할 수 있거나 손에 넣을 수 있는 것이 조금이라도 많으냐 적으냐의 문제에 불과하다. 그러니까, 절대로 손에 넣을 수 없는 것은 물론 상대적으로 손에 넣을 수 없는 것을 손에 넣었을 때나 피할 수 없는 것을 피했을 때 우리 마음이 평온해지는 것이다. 따라서 우리의 개성에 일단 덧붙여져 있는 악이나, 우리의 개성이 어쩔 수 없이 단념해야 하는 재물은 아무래도 상관없는 것으로 고찰된다. 또 인간의 이런 특성에 따라 모든 소망은 이내 소멸하며, 희망이 고통에 양분을 주지 않으면 더 이상 고통도 생기지 않는다.

이 모든 사실에서 모든 행복은 우리의 요구와 우리가 얻는 것 사이의 관계에 달려 있음을 알 수 있다. 이 관계의 양쪽 크기가 얼마나 크고 작은가는 아무래도 상관없으며, 그 관계는 전자의 크기를 줄일 뿐만 아니라 후자의 크기를 늘려서도 회복될 수 있다. 그리고 이와 마찬가지로 모든 고통은 원래 우리가 요구하고 기대하는 것과 우리에게 실제로 실현되는 것의 불균형에서 생기지만, 이 불균형은 분명 인식 속에만 존재하고[73] 있으며, 더 나은 통찰에 의해 완전히 제거할 수 있을지도 모른다. 따라서 크리시포스Chrysippos는 "본성에서 일어나는 것에 관한 경험에 따라 살아야 한다"(『스토바에오스 선집』 제2권 제7장 134쪽)고 했는데, 그 말은 세계 속에 있는 사물의 과정에 대한 적절한 지식을 가지고 살아야 한다는 뜻이다. 그것은 사람이 어떤 일로 마음의 평정을 잃고, 불행한 일을 당해 실신하고, 또는 화를 내거나 낙담하는 일이 자주 있기 때문이다. 그는 이를 통해 사물이 자기 뜻대로 되지 않는다는 것을 보여 준다. 따라서 그가 오류에 사로잡혀 있다는 것, 세계와 인생을 알지 못했다는 것, 무생물은 우연에 의해, 반대로 생물은 목적이나 악의에 의해, 각 개인의 의지는 매사에 방해받고 있는 것을 몰랐음을 보여 준다. 그러므로 그는 이 삶의 속성을 일반적으로 알기 위해 자신의 이성을 이용하지 않았다거나, 또는 일반적으로 알고 있었어도 개별적인 경우 재인식을 하지 않았기에 그런 일이 생겼을 때 깜짝 놀라고 마음의 평정을 잃는다면 판단력이 부족했기 때문이라고 할 수 있다.[74]

그러므로 뛸 듯한 기쁨이라는 것도 모두 오류이자 망상이다. 그 이유는 성취된 소망은 지속적인 충족을 줄 수 없고, 또한 모든 소유물과 행복이라는 것도 단지 우연으로부터 시간을 정하지 않고 빌려온 것에 불과하므로, 그 때문에 다음 순간에는 다시 돌려달라는 요구를 받을 수 있기 때문이다. 그러나 모든 고통은 그러한 망상의 소멸에 의존하고 있다. 그러므로 고통도 망상도 불완전한 인식에서 생기는 것이다. 따라서 현자에게는 고통과 마찬가지로 환희도 멀리 떨어져 있으며, 어떠한 사건도 흔들림 없는 마음의 평정을 방해하지 못한다.

스토아학파의 이 정신과 목적에 따라, **에픽테토스**는 우리에게 의존하는 것과 그렇지 않은 것을 잘 염두에 두고 이를 구별하는 것으로 시작하여, 계속해서 그런 사실을 마음에 담아 둔다. 그리하여 우리에게 의존하는 것은 절대로 고려하지 않는 것을 우리 지혜의 핵심으로 삼는다. 이를 통해 우리는 모든 고통, 고뇌, 불안에서 확실히 자유로워질 것이다. 그런데 우리에게 의존하는 것은 의지뿐이다. 그리고 우리에게 의존하지 않는 외부 세계가 행복과 불행을 좌우하듯이, 우리가 우리 자신에 대한 내적 만족이나 불만족이 의지에서 생긴다는 것을 알아채면서, 여기

---

73 "모든 언짢은 마음은 판단이나 견해에서 생긴다"(키케로, 『투스쿠라네 논쟁집』 제4권 6장). "인간의 마음을 불안하게 하는 것은 사물이 아니라 그 사물에 대한 견해다"(에픽테토스 제4장).
74 일반적인 개념을 개별적인 경우에 적용할 수 있다는 것이 인간에게는 모든 악의 원인이다(에픽테토스, 『논문집』 제3권 제26장).

서 서서히 덕론으로 넘어가게 된다. 그런데 선과 악이라는 명칭을 행복이나 불행에 붙여야 하는지, 또는 만족이나 불만족에 붙여야 하는지에 대한 질문이 그 후에 있었던가? 이것은 원래 임의로 어떻게 해석하든 하등 문제되지 않는 일이었다. 그런데도 스토아학파 사람들은 소요학파 사람들이나 에피쿠로스학파 사람들과 이 문제에 대해 끊임없이 논쟁하면서, 전혀 비교할 수 없는 두 개의 크기를 무리하게 비교하여, 거기에서 생기는 반대되고 모순되는 발언을 주고받으며 서로 대화를 나누었다. 키케로의 『역설*Paradoxa*』은 스토아학파 쪽에서 한 그런 발언을 흥미롭게 편성해 우리에게 제공해 주고 있다.

스토아학파의 창시자인 제논은 원래 이것과 좀 다른 길을 취한 모양이다. 그의 출발점은 최고선, 즉 마음의 평정에 의해 행복을 얻기 위해서는 자기 자신과 합일하여 생활해야 한다는 것이었다. "합일하여 사는 것, 그것은 하나의 유일한 원칙에 따라, 자기 자신과 합일하며 사는 것이다"(『스토바에오스 선집』 윤리편 제2권 제7장 132쪽).

이와 마찬가지로 "덕은 일생동안 정신적 태도가 자기 자신과 합일하는 데에 있다"(같은 책 104쪽). 그런데 이것은 철저히 **이성적**으로, 변덕스런 인상과 기분이 아니라 개념에 따라 자신을 규정함으로써만 가능하다. 그런데 우리가 마음대로 할 수 있는 것은 우리 행동의 준칙뿐이고, 성과나 외부 사정은 그렇지 못하므로 언제나 수미일관하기 위해서는 성과나 외부 사정을 목적으로 하지 않고, 행동의 준칙만을 목적으로 삼지 않으면 안 되었다. 이 때문에 다시 덕론이 도입된다.

하지만 제논의 직계 제자들도 벌써 자기 자신과 합일하여 산다는 그의 도덕 원리를 너무 형식적이고 내용 없는 것으로 생각했다. 따라서 그 원리에 "본성*Natur*과 합일하여 생활한다"는 내용을 첨가하여 그것을 실질적인 것으로 만들었다. 이것은 스토바에오스가 앞에서 말한 책에서 보고했듯이, 먼저 **클레안테스**가 첨가한 것으로, 개념 권역이 너무 넓고 표현이 불확실해서 매우 모호한 것이 되어 버렸다. **클레안테스**는 일반적인 본성 전체를 의미했으나, 크리시포스는 특히 인간의 본성을 의미했기 때문이었다(『디오게네스 라에르티오스*Diogenes Laertios*』 7의 89). 나중에 인간의 본성에만 적합한 것을 덕이라 하고, 동물의 본성에 적합한 것은 동물 욕동의 충족이라 함으로써 다시 무리하게 덕론으로 향하게 되어, 싫든 좋든 윤리학은 자연학으로 근거 지어져야 했다. 스토아학파 사람들에게는 신과 세계가 결코 두 가지 종류가 아니었으므로 그들은 어떤 경우에도 원리의 통일을 지향했기 때문이다.

스토아학파의 윤리학은 전체적으로 볼 때 실제로는 인간의 커다란 특권인 이성을 중요하고 행복을 가져다주는 목적을 위해 이용하려는 무척 존경스럽고 존중할 만한 시도였다. 말하자면 그것은 다음과 같은 지침을 통해 인간이 살면서 겪게 되는 고뇌와 고통에서 벗어나도록 하려는 것이었다.

어떻게 하면 마음 편히 살아갈 수 있을까,
영원히 채워지지 않는 욕망이 너를 괴롭히지 않도록,
별로 유익하지 않은 일에 두려움도 희망도 갖지 말라.
〔호라티우스Quintus Horatius Flaccus(기원전 65~8)[75], 『서간집』 I, 18, 97〕

그리고 바로 이를 통해 인간에게 최고의 품위를 갖추게 하려는 것이다. 하지만 이 품위는 동물과는 달리 이성적 존재인 인간에게 당연히 주어져야 하며, 품위에 관해서는 다른 의미에서가 아니라 물론 이런 의미에서 문제가 될 수 있다.

이처럼 스토아학파의 윤리학에 대한 나의 견해를 피력하는 것은 **이성**이 무엇이고 무엇을 할 수 있는지 서술할 때 여기서 언급하지 않을 수 없기 때문이다. 그런데 이 목적은 이성을 사용함으로써, 또 단순히 이성적인 윤리학을 통해 어느 정도 달성할 수 있었다. 경험이 보여 주는 바로는, 대체로 실용적인 철학자라 불리는 순전히 이성적인 사람들이 — 본래적인, 즉 이론적인 철학자가 삶을 개념으로 옮기듯이, 그들은 개념을 실생활에 옮기기 때문에 실용적인 철학자라 불리는 게 마땅한데 — 아마 가장 행복한 사람들일지도 모른다. 그럼에도 이 방식으로는 무언가 완전한 것을 성취하고, 실제로 올바르게 사용된 이성이 삶의 모든 부담과 고뇌에서 벗어나게 하여 우리를 행복으로 이끌 수 있기에는 부족하다. 오히려 고뇌하지 않고 살아가려는 것은 완전한 모순이라 할 수 있고, 그 때문에 종종 사용되는 "복된 삶"이라는 단어에도 그러한 모순이 담겨 있다. 이것은 내가 앞으로 서술하는 내용을 끝까지 이해하는 사람에게는 확실히 납득이 될 것이다.

스토아학파는 — 이 학파의 변함없는 윤리로서 — 행복한 삶에 대한 지침 중 하나로 자살을 권할 수밖에 없었기에, 이 모순은 순수이성의 윤리학 자체에서도 벌

---

75 ＊아우구스투스 황제 시대에 로마에서 활동한 뛰어난 서정 시인이자 풍자 작가. 사랑의 시, 전원적 삶에 대한 시로 널리 인정을 받았고, 베르길리우스와 함께 라틴 시 계보에서 최고의 명성을 날렸다.

써 명백히 드러난다(이는 동양의 전제 군주의 호화스러운 장신구나 도구 중에 독이 든 귀중한 병도 발견되는 것과 같다). 말하자면 어떤 명제나 추리에 의해 철학적으로 사유해도 없앨 수 없는 육체의 고통이 너무 크고 치유할 수 없는 경우, 즉 유일한 목적인 행복이 수포로 돌아가고 고통에서 벗어날 길이라곤 죽음밖에 없는 경우에는 자살을 권할 수밖에 없기 때문이다. 하지만 그런 경우에는 다른 온갖 약을 복용하는 것과 마찬가지로 대수롭지 않게 죽을 수 있다. 여기서 스토아학파의 윤리학과 앞서 말한 모든 학파의 윤리학 사이의 커다란 대립이 명백해진다.

다른 윤리학에서는 아무리 고통이 심해도 덕을 그 자체로 직접 목적으로 삼아, 고통에서 벗어나기 위해 목숨을 끊는 것을 원하지 않는다. 물론 이들 중 어떤 윤리학도 자살을 비난할 수 있는 참된 근거를 말할 줄 몰랐고, 다들 힘들여 온갖 그럴 듯한 근거를 그러모았을 뿐이다. 그 참된 근거는 우리가 하는 고찰의 연관성에 따라 제4권에서 밝혀질 것이다. 그러나 앞서 말한 대립은 본래 특수한 행복주의에 불과한 스토아학파와 방금 언급한 학설들 사이의 근본 원리에 내재하는 본질적 차이를 드러내고 확인하는 것에 불과하다. 그렇지만 이 둘은 결과에서는 가끔 일치하고, 얼핏 비슷하게 보이기도 한다.

그런데 스토아학파 윤리학의 근본 사상에까지 내재해 있는, 위에서 말한 내적 모순은 더구나 다음 사실에도 나타나 있다. 즉, 스토아학파의 이상인 스토아적 현자는 그들의 설명으로도 결코 생명이나 내적인 시적 진실성을 얻지 못하고 아무 짝에도 쓸모없는 뻣뻣한 목제 인체 모형에 불과해서 자신의 지혜를 어디에 써야할지 모른다. 또 자신의 완전한 마음의 평정, 만족, 행복함은 인류의 본성과는 정면으로 배치되는 것이므로, 우리는 그에 관해 직관적 표상을 할 수 없다. 인도의 지혜가 우리에게 보여 주고 또 실제로 탄생한 세계 극복자나 자발적 속죄자, 또는 기독교의 구세주, 즉 심오한 생명으로 가득 차 있고 가장 위대한 시적 진실성과 최고의 중요성을 지녔으면서도 완전한 덕, 신성함, 숭고함을 구비하고 최고로 고통 받는 상태에서 우리 앞에 서 있는 탁월한 저 인물, 이와 같은 사람들을 스토아학파의 현자와 비교해 보면 얼마나 전적으로 다르게 보이는지 모른다.[76]

---

76 이에 대해서는 제2편 16장 참고

제2권
의지로서의 세계, 제1고찰

의지의 객관화

Nos habitat, non tartara, sed nec sidera coeli:
Spiritus, in nobis qui viget, illa facit.
[Uns bewohnt er, die Unterwelt nicht, noch die Sterne des Himmels:
Alles dieses bewirkt der in uns lebende Geist.]
그는 우리 속에 깃들어 있다, 지하 세계나 하늘의 별들 속이 아니라.
이 모든 일이 생기게 하는 것은 우리 마음속에 살아 있는 영혼이다.

아그리파 폰 네테스하임[1], 『서간집』 제5권 14장

151쪽, 「디오게네스」장 레옹 제롬, 1860

17.
직관적 표상의 의미

우리는 제1권에서 표상을 그 자체로서만, 그러니까 일반적인 형식에 따라서만 고찰했다. 사실 추상적 표상인 개념은 직관적 표상에 대한 관계를 통해서만 온갖 내용과 의미를 갖는다. 직관적 표상에 대한 관계없이는 아무런 가치와 내용이 없으므로, 그런 점에서 우리는 추상적 표상의 내용에 대해서도 알게 되었다. 그러므로 전적으로 직관적 표상을 참조하여 우리는 그 내용, 그것의 보다 상세한 규정, 그것이 우리 눈앞에 드러내는 형태도 알게 되었다. 특히 우리에게 중요한 일은 직관적 표상의 본래 의미를 깨닫는 것이다. 그 의미는 보통 그냥 느껴질 뿐이지만, 그 의미가 없다면 직관적 표상에 의한 여러 형상은 틀림없이 우리에게 완전히 낯설고 무의미해서 우리 곁을 슬쩍 지나치고 말겠지만, 그 의미가 있기에 직접 우리에게 말을 걸고 이해되며, 우리의 모든 것을 바칠 만한 흥미를 얻게 되는 것이다.

우리가 수학, 자연과학, 철학에 눈길을 돌리면 그것들 모두가 우리가 소망한 것의 일부를 해명해 줄 것이라는 희망을 갖게 한다. 그런데 먼저 철학에 시선을 돌리면, 우리는 그것이 각기 다른 말을 하는 네 개의 머리를 가진 괴물임을 알게 된

---

1 * 아그리파 폰 네테스하임 Agrippa von Nettesheim(1486~1535)은 신성 로마 제국 황제 카를 5세의 궁정 비서관, 프랑스의 섭정 루이즈 드 사부아의 주치의, 가톨릭교회를 격앙시킨 신학자, 스페인 및 이탈리아의 군납업자, 비학秘學의 대가, 그리고 철학자다. 독일에서는 쾰른 종교 재판관과의 싸움 끝에 1535년 추방되었으며 프랑스에서는 왕태후를 비난하여 투옥되었다. 그의 저서 『신비 철학에 관하여』는 르네상스 시대 마술 연구에 촉진제가 되었는데, 초기 파우스트의 전설 속에 이 책의 이름이 등장한다. 그는 1530년경 『예술과 과학의 허영과 불확실성에 관하여』를 출간하여 비학과 그 밖의 모든 학문을 통렬히 비난하여 카를 5세를 격분시켰다. 그 결과 르네상스 시대의 회의론을 부활시키는 데 기여했으나 투옥되고 이단자라는 오명을 썼다. 결국 그는 모든 형태의 과학적 지식을 버리고 성서에 바탕을 둔 소박한 신앙에서 평화로운 안식처를 찾았다.

다. 그렇다고 그것들이 여기서 언급한 내용인 직관적 표상의 의미에 대해 서로 의견이 모두 다른 것은 아니다. 회의론자나 관념론자를 제외한 다른 사람들은 대체로 표상의 **근거**가 되는 **객관**에 대해 상당한 의견 일치를 보이기 때문이다. 그런데 사실 이 객관은 전체 현존재와 본질로 볼 때 표상과 다르기는 하지만, 하나의 달걀이 다른 달걀과 비슷한 것처럼 그래도 모든 점에서 표상과 매우 비슷하다. 그러나 비슷하다는 점이 우리에게 도움이 되지는 않는다. 우리는 그러한 객관을 표상과 도저히 구별할 수 없으며, 모든 객관은 언제나 영원히 하나의 주관을 전제하고 있어서 그 때문에 변함없이 표상으로 남아 있는 것이므로, 객관과 표상 둘 다 똑같을 뿐이라고 생각하기 때문이다. 우리는 또한 객관적인 존재가 객관과 주관으로 분리되는 표상의 가장 보편적인 형식에 속한다는 것을 알고 있다. 게다가 우리가 이 경우에 원용하는 근거율은 우리에게는 마찬가지로 표상의 형식에 불과하다. 즉, 그것은 어떤 표상이 다른 표상과 합법칙적인 결합을 하는 것이지, 유한하거나 무한한 전체 표상이나 표상이 아닐지도 모르는 것, 그러므로 결코 표상할 수 없는 것과의 결합은 아니다. 그런데 회의론자와 관념론자에 대해서는 제1권에서 외부세계의 실재성에 대한 논쟁을 상론하면서 언급했다.

이제 지극히 일반적으로, 단순히 형식적으로만 알고 있는 직관적 표상에 대해 보다 자세한 지식을 얻기 위해 수학에 눈을 돌려 보면, 이 수학은 직관적 표상들에 대해, 그 표상들이 시간과 공간을 채우는 한, 즉 그것들이 크기를 갖는 한에서만 우리에게 말을 할 것이다. 수학은 수량과 용량을 매우 정밀하게 나타낼 것이다. 그런데 이것은 언제나 상대적일 뿐이므로, 즉 어떤 표상과 다른 표상의 비교이고 그것도 일면적으로 크기를 고려한 것일 뿐이므로, 이것도 우리가 역점을 두고 찾는 정보는 아닐 것이다.

마지막으로 많은 분야로 나뉜 광범위한 자연과학의 영역에 눈을 돌리면, 우리는 먼저 그것을 크게 두 가지로 구분할 수 있다. 자연과학은 내가 **형태학**Morphologie이라 부르는 형태에 관한 기술이거나, 또는 내가 **원인학**Ätiologie이라 부르는 변화에 관한 설명이다. 전자는 영속적인 형태를 고찰하고, 후자는 하나의 형태로 다른 형태로 이행하는 법칙에 따라 변모하는 물질을 고찰한다. 형태학은 사실은 아닐지 모르지만, 그것의 전체 범위가 자연사라고 불린다. 특히 형태학은 식물학이나 동물학으로서 개체가 끊임없이 바뀌어도 영속적이고 유기적인, 그럼으로써 확고하게 규정된 형태를 우리에게 가르쳐 주는데, 이들 형태가 직관적 표상 대부분의 내용을 이룬다. 이들 형태는 형태학에 의해 분류되고 가려지고 통합되며, 자연적이고 인위적인 체계에 따라 정리되고 개념화되며, 그로 말미암아 모든 형태를 개관하고 아는 것이 가능해진다. 나아가서 전체적으로나 부분적으로도 모든 형태에 의해 무한한 뉘앙스를 주는 유사성이 증명되며unité de plan(구상의 통일), 이것에 힘입어 여러 형태는 극히 다양한 변이에 따르며 함께 주어지지 않은 주제를 나타낸다. 모든 개체는 그것과 동일한 개체에서, 어느 경우에나 신비에 차 있고 오늘날까지 분명하게 인식되지 않는 생식生殖에 의해 생기므로, 물질의 그러한 형태로의 이행, 즉 여러 개체의 발생은 고찰의 주된 부분이 아니다. 하지만 그것에 대해 알려진 얼마 안 되는 것은 이미 원인론적 자연과학에 속하는 생리학에서 설명해야 할 부분이다. 이미 대체로 형태학에 속하는 광물학도 원인론적 자연과학이 되려는 경향이 있는데, 광물학이 지질학이 되는 경우에는 특히 그러하다. 그런데 어디서나 원인과 결과의 인식을 주된 대상으로 하는 자연과학의 모든 부문은 본래 원인학이라 할 수 있다. 자연과학의 이 부문은 절대로 확실한 규칙에 따라, 물질의 **어떤** 상태에 이어 필연적으로 다른 특정한 상태가 생기는 것을 가르치고, 어떤 특정한 변화가 필연적으로 다른 특정한 변화의 조건이 되기도 하고 이를 초래하기도 한다는 것을 가르치는데, 이것을 알려 주는 것을 **설명**이라 부른다. 여기에서 우리는 이제 주로 역학, 물리학, 화학, 생리학을 발견한다.

그런데 이 자연과학의 가르침에 몰두하다 보면, 우리가 주로 찾고 있는 정보를 형태학이나 원인학에선 별로 얻을 수 없음을 곧 알게 된다. 이 형태학은 우리 눈앞에 무수한, 무한히 다양하긴 하지만 지극히 명백한 친족성에 의해 유사한 형태를 보여 주지만, 단지 그렇게 고찰해서 이해되지 않는 상형 문자처럼 우리 앞에 존재한다면, 우리에게는 이와 같이 영원히 낯선 상태로 있는 표상들이다. 이와는 달리 원인학은 원인과 결과의 법칙에 따라, 물질의 어떤 특정한 상태가 다른 상태를 초래한다는 것을 우리에게 가르친다. 그리고 원인학은 그 상태를 설명하여 자신의 의무를 다한다. 그런데 원인학도 결국은 상태들이 공간과 시간 속에서 나타날 때 따르는 합법칙적 질서를 알려 주고, 모든 경우에 어떤 현상이 이 시간과 장소에서 필연적으로 나타날 수밖에 없는지를 가르치는 데 불과하다. 그러므로 원인학은 경험이 그 특정한 내용을 가르쳐 준 어떤 법칙에 따라, 그 상태들에 시간과 공간 속에서 점하는 위치를 정해 준다. 하지만 그 법칙의 일반적 형식과 필연성은 우리에게 그 경험과는 무관하게 의식되고 있다.

하지만 그것으로는 그러한 현상의 내적 본질에 대해 우리는 조금도 해명을 얻지 못한다. 이 내적 본질은 **자연력**이라 불리고, 원인학적 설명의 영역 밖에 있으므로, 원인학적 설명은 자연력의 현상이 나타내는 불변의 항구성을, 원인학에 알려진 그에 대한 조건들이 존재할 때마다 **자연법칙**이라 부른다. 그런데 이 자연법칙, 이 조건들이 특정한 장소와 관련해 특정한 시간에 나타난다는 것이 원인학이 알고 있고 알 수 있는 전부다. 모습을 드러내는 힘 자체, 이 법칙들에 따라 일어나는 여러 현상의 내적 본질은 가장 복잡한 현상은 물론 가장 간단한 현상의 경우에도 원인학에 영원히 하나의 비밀이고 매우 낯선 것이며 미지의 것이다. 원인학 중 지금까지 그 목적을 가장 완전하게 달성한 것은 역학이고, 가장 불완전하게 달성한 것은 생리학이다. 그렇긴 해도 하나의 돌이 내적 본성에 따라 땅에 떨어지거나, 어떤 물체가 다른 물체를 밀쳐 낼 때 작용하는 힘은, 동물을 움직이고 성장시키는 힘과 마찬가지로 우리에게 적지 않게 낯설고 신비스러운 것이다. 역학은 물질, 중력, 불가입성, 충돌에 의한 운동의 전달성, 강성剛性 등을 규명할 수 없는 것으로 전제하여, 이것들을 자연력이라 부르고, 어떤 조건 아래에서 그것들이 필연적이고 규칙적으로 나타나는 것을 자연법칙이라 부른다. 그런 후에야 비로소 역학은 설명을 시작하는데, 역학은 모든 힘이 어떻게, 어디서, 언제 나타나는지 충실하고 수학적으로 엄밀히 기술하며, 그 역학에 일어나는 모든 현상을 그 힘들 중 하나로 환원하는 데 그 본질이 있다. 물리학, 화학, 생리학도 각각의 영역에서 이 같은 일을 하지만, 다만 이것들은 역학보다 훨씬 전제가 많지만 그 성과는 적다는 점이 다를 뿐이다. 그에 따라 전체 자연에 대해 아무리 원인학적 설명을 한다 해도 그것은 결국 설명할 수 없는 힘들의 목록이고, 이들 힘의 여러 현상이 시간과 공간 속에서 나타나고, 뒤이어 일어나며, 서로에게 자리를 양보하는지에 대한 규칙을 확실하게 알리는 것이다. 그러나 원인학적 설명이 따르는 법칙은 거기에 이르지 못하므로 그 설명은 나타나는 힘들의 내적 본질을 언제까지나 설명하지 못한 채 그냥 두고, 그 현상과 그것의 질서에 대한 설명으로 만족할 수밖에 없을 것이다. 그런 점에서 이 설명은, 여러 가지 결이 잇따라 보이지만 그것이 대리석의 내부를 어떻게 통과해 이처럼 표면에까지 나타나게 되었는지 알 수 없는 대리석의 단면과 비교할 수 있을 것이다. 또는 보다 기발한 생각이라 우스꽝스러운 비유로 보일지 모르지만 감히 말하자면, 아무리 전체 자연에 관한 원인학이 완성된다 해도 철학적 연구자는 언제나 분명 다음과 같은 기분이 들지도 모른다. 즉, 누군가가 어쩌다 그렇게 되었는지는 전혀 모르지만, 자신이 전혀 알지 못하는 사람들 틈에 들어갔는데, 그들이 각자 차례대로 한 명씩 그의 친구나 사촌이라고 소개해 그들과 충분히 알게 되었지만, 그 자신은 그때마다 소개받은 사람에게 만나서 반갑다는 표정을 확실히 지으면서, "그런데 대관절 내가 어쩌다가 이런 모르는 사람들 틈에 끼게 되었는가?"라는 질문을 계속 입에 올리고 싶은 기분 말이다.

그러므로 원인학 역시 우리의 표상으로서만 알고 있는 현상들에 대해 바라는 것 이상으로는 우리에게 결코 해명해 주지 못한다. 즉, 현상에 관한 보는 설녕을 들은 후에도, 그 현상들은 여전히 우리가 그 의미를 이해할 수 없는 단순한 표상으로 완전히 낯설게 우리 앞에 존재한다. 인과적인 연결은 공간과 시간 속에서 나타나는 현상들의 규칙과 상대적 질서만을 알려 줄 뿐 나타나는 것을 보다 자세히 우리에게 알려 주시는 않는다. 그뿐 아니라 인과율 자체는 어떤 특정한 부류의 표상이나 객관에만 타당할 뿐이고, 그 법칙은 그것들을 전제로 해서만 의미를 갖는다. 그러므로 인과율은 이들 객관 자체와 마찬가지로, 언제나 주관과 관계를 가짐으로써만, 즉 조건부로 존재한다. 따라서 칸트가 우리에게 가르쳐 준 것처럼, 인과율은 주관에서 출발할 때뿐 아니라, 즉 선험적으로뿐 아니라, 또한 객관에서 출발할 때에도, 즉 후험적으로도 인식되는 것이다.

그런데 지금 탐구를 계속하는 것은, 우리가 이런저런 표상을 갖고 있으며, 그 법칙들의 일반적인 표현이 근거율인 이런저런 법칙에 따라 언제나 연관성을 갖고 있음을 아는 것만으로는 흡족하지 않기 때문이다. 우리는 그 표상들의 의미를 알고 싶어서 이렇게 묻게 된다. 이 세계는 단지 표상에 불과한가? 어떤 경우에 표상이 실체 없는 몽상이나 또는 유령 같은 환영幻影처럼 우리 곁을 슬쩍 지나가 우리의 주목을 받을 가치가 없는 것인가? 또는 세계가 뭔가 다른 것, 그 외의 뭔가 다른 것인가? 그렇다면 그것이 무엇이란 말인가? 이렇게 질문 받는 것이 표상과는 완전히 또 본질적으로 아주 다른 것이 분명하고, 그 때문에 표상의 형식이나 법칙과도 완전히 낯선 게 분명하다는 것만큼은 확실하다. 그 때문에 표상에서 출발하여, 객관들, 즉 표상들을 서로 결합시키는 것에 불과한 표상의 법칙을 실마리로 해서는 찾고 있는 것에 도달할 수 없음이 확실하다. 곧 이것이 근거율의 형태들이다.

벌써 여기서 우리는 **외부로부터**는 사물의 본질에 결코 도달할 수 없음을 알았다. 외부로부터는 아무리 탐구한다 해도 형상이나 명칭을 얻는 데 불과하다. 이것은 마치 성의 주위를 돌면서도 입구를 찾지 못해 우선 그 정면을 스케치해 두는 것과 같다. 그런데 나 이전의 모든 철학자들은 바로 그런 길을 걸어 왔다.

18.
신체와 의지의 관계

연구사 자신이 단순히 인식 주관(몸은 없고 날개만 있는 천사의 머리)에 불과하다면, 내게 단지 표상으로만 존재하는 세계의 의미를 조사하거나, 또는 인식 주관이라는 단순한 표상으로서의 세계에서 표상이 아닌 것일 수도 있는 세계로 넘어가는 것은 단연코 불가능할 것이다. 그런데 연구자 자신은 그 세계에 뿌리박고 있으며, 말하자면 세계 속에 개체로서 존재하고 있다. 즉, 표상으로서의 전체 세계를 조건 짓는 담당자인 인식 작용은 그럼에도 신체에 의해 전적으로 매개되어 있으며, 이미 말했듯이 신체의 촉발Affektion이 지성에는 그 세계를 직관하는 출발점이 된다. 이 신체는 순전히 인식만 하는 주관 그 자체에게는 다른 모든 표상과 마찬가지로 하나의 표상이며, 여러 객관 중 하나의 객관이다. 신체의 운동이나 행동이 다른 모든 직관적인 객관의 변화들과 다르지 않게 주관에게 알려져 있는 한, 이들 운동이나 행동의 의미가 가령 전적으로 다른 방식으로 해명되지 않는다면, 다른 직관적인 객관의 변화와 마찬가지로 주관에게 낯설고 이해되지 않을지도 모른다. 그렇지 않으면 연구자는 사실 다른 객관들의 변화가 원인, 자극, 동기에 따라 생기듯이, 자신의 행위를 자연법칙과 같은 항구성을 갖고 주어진 동기에 따라 일어나는 것으로 볼지도 모른다. 하지만 그는 그 동기들의 영향을, 자신에게 일어나는 다른 모든 결과가 그 동기의 원인과 연결되는 것보다 더 자세히 이해하지는 못할 것이다. 그래서 그는 자신의 신체가 나타내고 행동하는, 자신에게 이해되지 않는 내적 본질을 사실 힘이나 성질 또는 성격으로도 임의로 부를 수 있을지 모르지만, 그 본질에 대해서는 더 이상 통찰할 수 없을 것이다.

　그런데 이 모든 것에 그런 것은 아니고, 오히려 개체로서 현상하는 인식 작용의 주관에는 수수께끼 같은 말이 주어졌는데, 이 말은 의지라고 불린다. 이것이, 이 말만이 연구자에게 그 자신의 현상을 푸는 열쇠를 주고 의미를 밝혀 주며, 그의 본질, 행위 및 운동의 내적 분망함Getriebe을 보여 준다. 신체와 그 주관의 동일성에 의해 개체로서 나타나는 인식 작용의 주관에 이 신체는 아주 상이한 두 가지 방식으로 주어진다. 첫째로 지성적인 직관 속의 표상으로서, 여러 객관 중의 객관으로서, 그리고 이들 객관의 법칙에 종속되는 것으로 주어진다. 그러나 이와 동시에 전혀 다른 방식으로, 즉 **의지**라는 말로 표현되는 누구에게나 직접 알려진 것으로서 주어진다. 그의 의지의 모든 참된 행동은 즉각 필연적으로 그의 신체 운동이기도 하다. 그가 실제로 행동을 하려는 경우 그것이 동시에 신체의 운동으로 나타나는 것을 지각하게 된다. 의지 행위와 신체 행위는 인과성의 끈으로 결합되고 객관적으로 인식된 두 개의 상이한 상태가 아니고, 원인과 결과의 관계에 있는 것도 아니며, 그것들은 하나의 동일한 것으로 전적으로 상이한 두 가지 방식으로 주어져 있을 따름이다. 하나는 전적으로 직접적으로 주어지고, 다른 하나는 지성에 대해 직관 속에 주어진다. 신체의 행위는 객관화된, 즉 직관 속에 나타난 의지 행위와 다름없다. 또한 이것은 신체의 모든 운동에 해당되고, 동기에 의해 생기는 운동뿐 아니라 단순한 자극에 의해 생기는 비자의적 운동에도 해당되며, 그뿐 아니라 신체 전부는 다름 아닌 객관화된, 즉 표상으로 된 의지임을 우리가 알게 될 것이다.

이 모든 것은 논의를 계속 진행해 가면서 밝혀지고 명백해질 것이다. 그 때문에 나는 제1권과 근거율에 관한 논문에서 일부러 일면적으로 취한 입장(표상의 입장)에 따라 신체를 **직접적인 객관**이라 불렀지만, 여기서는 다른 점을 고려해 **의지의 객관성**이라 부르겠다. 또한 그 때문에 어떤 의미에서는 의지는 신체의 선험적 인식이고, 신체는 의지의 후험적 인식이라 할 수도 있다. 미래에 관계하는 의지의 결정은 언젠가 의욕하게 될 것에 대한 이성의 단순한 숙고에 불과하지 본래적인 의지 행위는 아닌 것이다. 따라서 그때까지 여전히 변화 가능한 의도이고 이성 속에 추상적으로만 존재하는 결의에 실행이 날인하는 것일 뿐이다. 즉, 의욕과 행동은 반성 속에서만 다를 뿐 현실적으로는 같다. 의지의 참되고 진정한 모든 직접적인 행위는 즉각적이고 직접적으로도 현상하는 신체 행위다. 그리고 이에 상응하여 다른 한편 즉각적이고 직접적으로 신체에 미치는 모든 작용은 의지에 미치는 작용이기도 하다. 그 작용은 의지에 반할 때는 그 자체로 고통이라 불리고, 의지에 따를 때는 유쾌감이나 쾌락이라 불린다. 양자의 단계적인 차이는 무척 상이하다. 그러나 고통과 쾌감을 표상이라 부르는 것은 매우 부당하다. 고통과 쾌감은 결코 표상이 아니고, 의지의 현상인 신체 속에서 의지의 직접적인 촉발이다. 즉, 신체가 받는 인상의 강요된 순간적인 의욕 내지는 비의욕非意欲이다. 이들 인상은 직접 단순한 표상으로 간주되므로 앞에서 말한 것에서 제외되는 것은, 의지를 자극하지 않는 신체에 대한 몇 개의 인상일 뿐이며, 신체는 직관으로서 지성 속에서는 이미 다른 모든 객관과 마찬가지로 간접적인 객관이므로, 이들 인상에 의해서만 신체는 인식 작용의 직접적인 객관이다.

즉, 여기서 논의되는 것은 시각, 청각, 촉각이라는 순수하게 객관적인 감각의 촉발이다. 물론 이들 감관이 그것들에 특히 고유하고 특수하며 자연스런 방식으로 촉발되는 한, 그 방식은 이들 신체 부분의 고양되고 특수하게 변화된 감수성의 극히 약한 자극이므로, 의지를 촉발시키지 않고 의지의 어떤 자극에도 방해받지 않으며, 다만 직관이 생기게 하는 자료를 지성에 제공할 뿐이다. 하지만 이들 감각 기관의 더 강한 촉발이나 다른 촉발은 고통을 동반하기에, 즉 의지에 반하기에 이들 감관도 의지의 객관성에 속한다. 지성을 위한 자료가 되는 데 충분할 정도의 강도를 지니면 될 인상들이 더욱 높은 정도에 도달하고 의지를 움직여서, 즉 고통이나 쾌감Wohlgefühl을 낳는 데서 신경 쇠약이 생긴다. 물론 부분적으로는 막연하고 불분명하더라도 빈번하게 고통이 생기면 하나하나의 음이나 강한 빛에 고통을 느낄 뿐 아니라, 분명히 인식되지는 않지만 일반적으로 병적 우울증을 일으키게 된다. 나아가서 신체와 의지의 동일성은 특히 의지의 격렬하고 과도한 모든 움직임, 즉 모든 정동이 전적으로 직접 신체와 그 내부 기관에 충격을 주어 기관의 활기 찬 기능 수행을 방해하는 것을 보아도 알 수 있다. 이에 관해서는 『자연에서의 의지』 제2판 27쪽(제5판 227쪽)에 상세히 설명되어 있다.

결국 내가 내 의지에 관해 갖는 인식은 직접적인 인식이지만, 내 신체에 관한 인식과는 분리할 수 없는 것이다. 나는 내 의지를 전체로나 통일적으로 인식하지 않고, 완전히 그 의지의 본질에 따라 인식하지도 않으며, 오로지 그것을 의지의 개별적인 행위 속에서만, 즉 모든 객관처럼 내 신체가 현상하는 형식인 시간 속에서만 인식한다. 그 때문에 신체는 내 의지를 인식하기 위한 조건이다. 그에 따라 나는 내 신체가 없는 이 의지를 본래 표상할 수 없다. 근거율에 관한 논문에서 사실 의지나, 또는 오히려 의욕의 주체는 표상이나 객관의 특수한 부류로 열거되어 있지만, 거기서도 이미 우리는 이 객관이 주관과 일치하는 것, 즉 객관이기를 단념하는 것을 보았기에, 거기서 우리는 이 일치를 모름지기 경이라고 불렀다. 말하자면 이 책 전체는 이런 경이를 설명하고 있다. 내가 내 의지를 본래 객관으로 인식하는 한 나는 그 의지를 신체로 인식한다. 그런데 나는 다시 그 논문에서 열거된 첫 번째 부류의 표상들, 즉 실재적 객관들에 머물게 된다. 우리는 논의를 계속함에 따라, 첫째 부류의 표상은 주관에 더 이상 맞서지 않으려는 객관으로서, 논문에서 열거한 넷째 부류의 표상에서만 해명되고 수수께끼가 풀린다는 것을 점점 깨닫게 될 것이다. 따라서 우리는 이 넷째 부류의 표상을 지배하는 농기화의 법칙에서 첫째 부류의 표상에 해당되는 인과율과 이것에 따라 일어나는 것의 내적 본질을 이해하는 법을 배워야 한다는 것을 깨닫게 될 것이다.

　이제 임의 서술한 의지와 신체의 동일성은 — 여기서 더구나 처음 일어났고 앞으로 논의하면서 더 자주 일어나야 하듯이 — 증명될 수 있다. 즉, 직접적 의식이나 구체적 인식에서 이성의 지식으로 높아지거나 추상적 인식으로 옮아간다는 말이다. 반면 그 동일성은 그 본질상 결코 증명될 수 없다. 즉, 동일성 자체가 가장 직접적인 인식이므로 다른 직접적인 인식에서 간접적인 인식으로 연역될 수 없는 것이다. 그리고 이 동일성을 그 자체로 파악하고 확고히 하지 않으면 우리가 그것을 간접적으로 연역된 지식으로서 되돌려 받는 일은 기대할 수 없을 것이다. 이 동일성은 아주 고유한 종류의 인식이므로, 그러한 인식의 진리는 바로 그 때문에 근거율에 관한 논문 제29장 이하에서 모든 진리를 논리적, 경험적, 초월적, 초논리적 진리로 나눈 네 가지 종류 중 하나에도 편입시킬 수 없다. 이 동일성은 다른 네 가지 진리처럼, 어떤 추상적 표상의 다른 표상에 대한 관계가 아니고, 직각적 또는 추상적 표상의 필연적 형식에 대한 관계도 아니다. 동일성은 직관적 표상인 신체가 결코 표상이 아닌 이와 전적으로 상이한 것인 의지에 대해 갖는 관계에 대한 어떤 판단의 관계이기 때문이다. 따라서 나는 이 진리를 무엇보다 특별 취급해서 **철학적 진리**라 부르고 싶다. 이 진리의 표현은 여러 가지로 돌려서 말할 수 있다. 내 신체와 내 의지는 동일한 것이라든가, 직관적 표상으로서 내 신체라고 부르는 것을 내가 전혀 다른 비길 데 없는 방식으로 의식하고 있는 한에서는 내 의지라고 부른다든가, 내 신체는 내 의지의 **객관성**이라든가, 내 신체가 내 표상이라는 것은 별도로 하더라도 내 신체는 단지 내 의지에 불과하다는 등으로.[2]

2　이에 대해서는 제2편 18장 참고

19.
의지이자 표상으로서의 신체

제1권에서 우리는 내심 내키지는 않았지만 자신의 신체를, 이 직관적 세계의 다른 모든 객관과 마찬가지로 인식 주관의 단순한 표상으로 설명했다면, 각자의 의식 속에서 자신의 신체의 표상을 다른 모든 표상, 게다가 전적으로 흡사한 이 표상과 구별시켜 주는 것이 무엇인지 이제 우리에게 분명해졌다. 말하자면 신체는 **의지**라는 말로 지칭되는 전혀 다른, 완전히 상이한 방식으로 의식 속에 나타난다는 것이다. 그리고 우리가 자신의 신체에 대해 갖고 있는 이 이중적 인식은 우리에게 신체 자체에 대해, 동기에 의한 신체의 작용이나 운동에 대해, 외부의 영향으로 신체가 받는 것에 대해, 한마디로 말해 신체가 표상으로서가 아니라 그 밖에, 그러므로 **그 자체**인 것에 대해, 우리가 다른 모든 실재적 객관의 본질, 작용, 겪는 일에 대해 직접 갖고 있지 않은 것을 해명해 주는 것이다.

신체에 대한 이런 특수한 관계를 제외하고 고찰한다면, 신체도 다른 모든 표상과 마찬가지로 하나의 표상에 불과하지만, 인식 주관은 바로 이런 특수한 관계에 있는 개체다. 그런데 인식 주관을 **개체**로 만드는 이 관계는 바로 그 때문에 인식 주관과 그것의 모든 표상 중 오직 하나의 표상 사이에만 존재하며, 따라서 인식 주관은 이 유일한 표상을 하나의 표상으로 의식할 뿐 아니라, 동시에 전혀 다른 방식으로, 말하자면 하나의 의지로 의식한다. 그러나 인식 주관이 그러한 특별한 관계를, 즉 동일하고 같은 신체임을 이중으로, 전혀 이질적으로 인식하는 것을 도외시한다면, 그 동일한 것, 즉 신체도 다른 모든 표상과 마찬가지로 하나의 표상이므로, 이에 대한 정보를 얻기 위해 인식 주체는 다음 중 어느 한 가지를 가정하지 않으면 안 된다. 즉, 이 하나의 표상을 구별하는 까닭은 개체의 인식이 그 하나의 표상에 대해서만 이 이중의 관계에 있고, 이 하나의 직관적 객관을 통찰하는 경우에만 개체에 두 가지 방식이 동시에 열려 있기 때문이다. 하지만 이 객관이 다른 모든 객관과 구별되는 것으로 설명해서는 안 되고, 개체의 인식이 이 하나의 객관에 대한 관계가 다른 모든 객관에 대한 관계와 구별되는 것으로 설명해야 한다. 또한 다른 한 가지로는, 이 하나의 객관이 본질적으로 다른 모든 객관과 구별되고, 모든 객관 중 이것만 유일하게 의지인 동시에 표상이며, 반면에 다른 객관들은 난순한 **표상**, 즉 단순한 환영幻影에 불과하므로, 개체의 신체야말로 세계 속에서 유일한 실제적인 개체, 즉 주관의 유일한 의지 현상이고 유일한 직접적인 객관임을 가정해야 한다는 것이다. 단순한 **표상**으로서 고찰한다면, 다른 객관이 개체의 신체와 동일하다는 것, 즉 이 신체처럼 (표상 그 자체로만 존재할지도 모르는) 공간을 채운다는 것, 또한 이 신체처럼 공간 속에서 작용한다는 것은 사실 표상에 대해 선험적으로, 원인 없이는 결과가 없다는 확실한 인과율로 증명 가능한 것이 분명하다.

그러나 결과로부터 하나의 원인 일반이 추론될 뿐 하나의 동일한 원인이 추론되는 것은 아니라는 점을 도외시한다면, 이로써 사람들은 오직 인과율만 적용되고, 결코 그 법칙을 넘어설 수 없는 단순한 표상의 영역에 여전히 머물러 있게 된다. 그러나 개체가 표상으로만 알고 있는 객관이 그럼에도 자신의 신체와 마찬가지로 의지의 현상인가 하는 점은 이미 제1권에서 언급한 것처럼, 외계의 실재성에 대한 문제의 본래적인 의미다. 이를 부인하는 것은 **이론적 이기주의**의 의미이며, 실천적 이기주의가 실천적인 관점에서 바로 그와 똑같은 일을 하듯이, 이론적 이기주의는 바로 그럼으로써 자신의 개체 이외의 모든 현상을 환영으로 간주한다. 말하자면 이론적 이기주의는 자기 개인만을 현실적으로 그런 하나의 개인으로 보지만, 다른 모든 개인은 단순한 환영으로 보고 그렇게 취급한다. 이론적 이기주의는 사실 증명을 통해 논박할 수 없지만, 그럼에도 철학에서는 확실히 회의적 궤변으로서만, 즉 겉치레만 그럴듯한 것으로 치부되었다. 반면 진지한 확신으로서의 이론적 이기주의는 정신 병원에서나 발견할 수 있으리라. 그러한 확신으로서의 그 이기주의는 증명도 치료도 필요 없으리라. 따라서 우리는 그런 한에서 그 이기주의에 더 이상 관계하지 않고, 그것을 여전히 논쟁의 대상인 회의주의의 마지막 보루라고 본다. 그런데 우리의 인식은 늘 개체성에 매여 있고, 바로 그 점에서 제한받고 있고, 그런 제한으로 본래 철학에 대한 욕구가 생긴다. 이런 사실은 필연적으로 각 개인이 단지 하나**일** 수밖에 없지만 다른 모든 것을 **인식**할 수 있게 해준다. 바로 그 때문에 철학으로 인식 한계를 넓히려는 우리는 이 점에서 우리와 대립되는 이론적 이기주의의 회의적 논거를 국경의 작은 요새로 간주할 것이다. 사실 영원히 함락시킬 수 없는 요새이긴 하지만, 그곳의 수비병 또한 결코 거기서 이곳으로 빠져나올 수 없으므로 우리는 그 옆을 지나 무사히 통과해 나갈 수 있는 것이다.

그에 따라 우리 자신의 신체의 본질과 작용에 대해 갖고 있는 두 가지 전혀 이질적인 방식으로 주어진 이중의 인식이 이제 와서 분명히 밝혀졌으므로, 앞으로 우리는 이 인식을 자연에서의 모든 현상의 본질을 이해하는 하나의 열쇠로 사용할 것이다. 그리고 우리 자신의 신체가 아닌 모든 객관, 그 때문에 이중의 방식이 아닌 표상으로서만 우리의 의식에 주어진 모든 객관을 우리의 신체를 본보기로 해서 평가할 것이다. 그러므로 한편으로는 그 객관이 우리 신체와 꼭 마찬가지로 표상이며 그 점에서는 신체와 같은 종류지만, 또 다른 한편으로 그 객관의 존재를 주관의 표상으로 제쳐 두고도 아직 남아 있는 것을 그 내적 본질상, 우리 자신이 **의지**라고 부르는 것과 분명 동일한 것이라 가정할 것이다. 우리가 대체 신체 이외의 물체계Körperwelt에 어떤 다른 종류의 현존재와 실재성을 부여해야 한단 말인가? 또 우리가 그러한 물체계를 구성하는 요소를 어디서 구할 것인가? 우리가 알고 있고 또 생각할 수 있는 것이라곤 의지와 표상밖에 없다. 우리가 우리의 표상 속에서만 직접 현존하는 물체계에 우리가 아는 최대한의 실재성을 부여하려 한다면 그 물체계에 각자 자신의 신체가 갖는 실재성을 부여하는 셈이 된다. 각자에게는 자신의 신체가 가장 실재적인 것이기 때문이다. 그런데 이제 우리가 이 신체와 그 신체 행위의 실재성을 분석하려고 하면 우리는 신체가 우리의 표상이라는 것을 제외하고는, 거기서 우리의 의지 외에는 아무것도 발견할 수 없다. 이것으로 신체의 실재성조차 남김없이 파헤쳐진다. 그 때문에 우리는 물체계에 부여하기 위한 다른 종류의 실재성을 어디서도 발견할 수 없다.

그러므로 물체계가 단순히 표상 이상의 것이어야 한다면, 우리는 물체계가 표상의 밖에서, 즉 그 자체로 그 가장 내적인 본질에 따라, 우리 자신의 내부에서 직접 의지로 발견되는 것이라고 말할 수밖에 없다. 내가 "그 가장 내적인 본질에 따라"라고 말하는 것은, 우리가 의지 그 자체에 속하는 것이 아니라, 많은 단계가 있는 의지의 현상에 이미 속하는 것을 의지와 구별할 수 있기 위해선 이 본질을 우선 더 자세히 알아야 하기 때문이다. 예컨대 인식을 수반하고 있는 것과 동기에 의해 규정되는 것이 인식을 수반함으로써 제약받는 현상이 그와 같은 것이다. 앞으로 깨닫게 되겠지만, 이것은 의지의 본질에 속하는 것이 아니라 동물이나 인간으로서 의지의 가장 분명한 현상에 속할 뿐이다. 따라서 돌을 땅에 떨어뜨리는 힘을 내가 그 본질상, 그 자체로 또 모든 표상 밖에 있는 의지라고 말한다면, 인간에게는 의지가 동기를 인식하고 현상하기 때문에, 사람들은 돌도 이처럼 인식된 동기에 따라 움직인다는 바보 같은 생각이 이 명제에 내포되어 있다고는 생각하지 않을 것이다.[3] 그런데 이제부터 우리는 지금까지 임시로, 일반적으로 서술한 것을 보다 상세하고 분명히 증명하고 근거 지으며 전체적인 범위로 전개할 것이다.[4]

---

3 그러므로 베이컨이 물체의 모든 기계적이고 물리적인 운동은 선행하는 지각이 있은 다음에야 이 물체들에게 일어난다는 말(『학문의 존엄에 관하여De Augmentis Scientiarum』 L. 4의 끝 부분)이 진리 같은 예감이 들어 이 잘못된 명제가 그럭저럭 명맥을 유지해 오긴 했지만, 우리는 결코 그의 견해에 동의하지 않을 것이다. 이와 마찬가지로 케플러가 그의 논문 「행성 화성에 관하여De Planeta Martis」에서 행성들이 그 타원 궤도를 한 치도 벗어나지 않게, 운행 속도를 규칙적으로 유지해서, 시간 속에서 행성이 그 궤도의 평면 삼각형의 저변을 통과하는 시간에 그 삼각형이 언제나 비례하도록 하기 위해서는 행성에 인식이 있음이 분명하다고 주장하는 것에도 우리는 동의하지 않을 것이다.

4 이에 대해서는 제2편 19장 참고

20.
욕구의 발현으로서의 신체

자기 신체의 본질 자체로서, 이 신체를 신체답게 해주는 신체가 직관의 대상, 즉 표상임을 제외하면, 이미 언급했듯이 **의지**는 이 신체의 임의적 운동 속에서 나타난다. 말하자면 이 임의적 운동은 개별적 의지 행위가 가시적으로 드러난 데 불과하고, 의지 행위에 직접적으로 관련하여 동시에 완전하게 나타난다. 즉, 임의적 행동은 의지 행위와 동일한 것이며, 의지 행위가 이행하여 표상이 된 인식 가능한 형식에 의해서만 의지 행위와 구별될 뿐이다.

그런데 의지의 이 행위는 여전히 자신의 밖에, 즉 동기 속에 근거를 가지고 있다. 그렇지만 이 동기는 내가 **이** 시간 **이** 장소에서 **이런** 사정에서 의욕하는 것만 규정할 뿐, 내가 일반적으로 의욕하는 것, 또 내가 일반적으로 의욕하는 그 **무엇**, 즉 나의 전체 의욕을 특징짓는 준칙은 규정하지 못한다. 그러므로 나의 의욕은 그 전체 본질상 동기로는 설명할 수 없다. 이 동기는 단지 주어진 시점에서 의지의 발현을 규정할 뿐이며, 내 의지가 모습을 드러내는 계기일 뿐이다.

반면 이 의지 자체는 동기화하는 법칙의 영역 밖에 있어서, 각 시점에서 의지의 현상이 이 법칙에 의해 필연적으로 규정될 뿐이다. 동기는 내 경험적 성격을 전제로 해야만 내 행동을 설명하는 충분한 근거가 된다. 그런데 내 성격을 도외시하고, 내가 무엇 때문에 일반적으로 이것을 의욕하고 저것을 의욕하지 않는지 묻는다면, 바로 의지의 **현상**만이 근거율에 종속되지만 의지 자체는 그렇지 않으므로, 그에 대해 아무 답변도 할 수 없다. 그런 점에서 의지는 **근거가 없다**고 부를 수 있다. 이 경우 나는 일부는 경험적이고 예지적인 성격[5]에 관한 칸트의 학설과 나의 『윤리학의 근본 문제』 초판의 48~58쪽과 178쪽 이하(제6판의 85~96쪽)에서 그에 대해 적절하게 상론한 것을 전제로 삼고, 다른 일부는 제4권에서 그에 관해 상세히 언급할 것이다. 지금으로서는 나는 어떤 현상이 다른 현상에 의해 근거 지어져 있다는 것, 즉 여기서는 동기에 의해 행위가 근거 지어져 있다는 것이 행위 자체가 스스로 근거를 갖지 않는 의지라는 사실과 결코 모순되지 않는다는 것에 주의를 환기시킬 뿐이다. 말하자면 충분근거율은 어떤 형태를 취하더라도 단순히 인식 형식에 불과하고, 즉 그 타당성은 표상이나 현상, 즉 의지가 가시적으로 나타난 것에만 미칠 뿐 가시적으로 되는 이 의지 자체에는 미치지 못하기 때문이다.

그런데 내 신체의 모든 행위가 의지 행위의 현상이며, 그 의지 행위 속에서 주어진 동기 아래서는 일반적이고 전체적인 내 의지 자체, 즉 내 성격이 다시 나타난다면, 모든 행위에 꼭 필요한 조건과 전제 역시 의지 현상이어야 한다. 의지 현상은 직접 또 오로지 의지만 의존하지 않는 어떤 것, 따라서 의지에 대해서는 단지 우연적인 것에 지나지 않은 것이며, 의지 현상 자체를 단지 우연적으로 만드는 어떤 것에는 의존할 수 없기 때문이다. 다시 말해 꼭 필요한 조건은 신체 전부 자체다. 그러므로 이 신체 자체는 이미 의지의 현상이어야 하고, 대체로 내 의지에 대한, 즉 시간 속에 나타난 나의 경험적 성격인 나의 예지적 성격에 대한 신체의 관계는 개별적 신체 행위의 개별적 의지 행위에 대한 관계와 같다. 그러므로 신체 전부는 다름 아닌 가시적으로 된 내 의지이며, 내 의지가 직관적인 객관이고 첫째 부류의 표상인 한에서 신체는 내 의지 자체가 되어야 한다. 이에 관한 확인으로 이미 다음 사실을 밝혀 둔 바 있다. 즉, 내 신체에 대한 모든 작용은 즉각 직접 내 의지를 촉발시켜, 이런 점에서 고통이나 쾌락, 보다 낮은 단계로는 즐거운 느낌이나 언짢은 느낌을 일으키며, 이와 반대로 의지의 모든 격한 움직임, 즉 정동과 열정은 신체에 충격을 주어 신체 기능의 진행을 방해한다는 것이다.

사실 내 신체의 발생에 관해서는 비록 불완전하긴 하지만 원인학적으로 해명할 수 있고, 그것의 발달과 보존에 관해서는 보다 잘 해명할 수 있다. 바로 이것이 생리학이긴 하지만, 생리학은 동기가 행위를 설명하는 정도밖에는 문제를 설명하지 않는다. 그러므로 동기에 의해 개별적인 행위를 근거 짓는 것과, 이 동기에서 그 행위의 필연적인 결과가 생긴다고 보는 것은, 행위가 일반적으로 본질상 그 자체로 근거가 없는 의지의 현상에 불과하다고 보는 것과 상충되지 않는다. 이와 마

5　*칸트 철학에서 자유 의지의 주체로서 예지적 세계에 속하는 인간의 특성

찬가지로 신체 기능을 생리학적으로 설명하는 것도, 이 신체의 전체 현존재와 신체 기능의 계열 전체는 같은 신체의 외적 행위 속에서 동기에 따라 현상하는 의지의 객관화에 지나지 않는다는 철학적 진리를 손상하지 않는다. 그렇지만 생리학도 바로 이러한 외적 행위, 직접적으로 임의적 운동을 유기체 속의 원인에 환원하려, 예컨대 근육 운동을 체액의 유입으로 설명하려 한다(라일은 그의 『생리학 기록집』제6권 153쪽에서 "밧줄이 젖으면 오그라지는 것처럼"이라고 말한다). 그런데 실제로 이런 종류의 설명을 아무리 철저히 한다 해도, 모든 임의적 운동(농불적·유기적 기능)이 어떤 의지 행위의 현상이라는 직접적으로 확실한 진리는 결코 폐기되지 않을 것이다.

또한 이와 마찬가지로 생리학이 식물의 생명(자연적 생명 기능)을 아무리 잘 설명한다 해도 이렇게 발전해 가는 전체적인 동물의 생명 자체가 의지의 현상이라는 진리는 결코 폐기되지 않을 것이다. 그러니까 앞에서 상세히 설명한 것처럼, 일반적으로 모든 원인학적 설명도 어느 개별적인 현상의 시간과 공간 속에서 필연적으로 주어진 위치를 알려 주고, 확고한 규칙에 따라 그 현상이 바로 그 위치에서 필연적으로 일어나는 것을 보여 주는 것 이상은 결코 할 수 없다. 반면 모든 현상의 내적 본질은 이런 방법으로는 영원히 규명될 수 없고, 또 모든 원인학적 설명에 의해 전제되며, 단순히 힘이나 자연법칙이라는 이름으로 표현되거나 또는 행위가 문제로 거론될 때는 성격이나 의지로 표현된다. 그러므로 모든 개별적인 행위가 특정한 성격을 전제로 하여 주어진 동기에 의해 필연적으로 일어나고, 또 동물의 신체에서 성장, 양육 과정, 전체적인 변화들이 필연적으로 작용하는 원인(자극)에 따라 일어나는 것임에도, 일련의 행위들은 따라서 개별적인 행위와 그 행위의 조건도, 행위를 실행하는 전체 신체 자체도, 즉 신체가 성립하고 존재하는 과정도, 의지의 현상, 의지가 가시적으로 되는 것, 즉 **의지의 객관성**에 지나지 않는다. 인간과 동물의 신체가 일반적으로 인간과 동물의 의지에 완전히 상응하고 그에 버금가는 것은 이 사실에 기인한다. 의도적으로 만든 도구는 그것을 만든 사람의 의지와 상응하는 것을 훨씬 능가한다. 그래서 신체의 합목적성으로, 즉 목적론적인 설명 가능성으로 보이는 것이다.

그러므로 신체의 각 부분은 의지를 발현시키는 주된 욕구와 완전히 상응해야 하며, 그러한 욕구의 가시적 표현이어야 한다. 즉, 치아, 목구멍, 장기는 객관화된 배고픔이고, 생식기는 객관화된 성 욕동이며, 물건을 집는 손이나 재빠른 발은 그것들로 표현되는 이미 보다 간접적으로 된 의지의 노력과 상응한다. 보편적 인간 형식이 보편적 인간 의지와 상응하듯, 그 때문에 전적으로 모든 부분에서 특색을 나타내는 의미심장한 개인적 체형體形은 개인적으로 변경된 의지, 개별 인간의 성격에 상응한다. 이미 파르메니데스Parmenides(기원전 515~450)[6]가 아리스토텔레스(『형이상학』 III, 5)가 인용한 시구에서 이런 사실을 말하고 있는 것은 무척 특기할 만한 일이다.

각자 유연한 사지의 형태를 갖고 있듯
인간의 마음에도 그런 현상이 나타나거늘.
정신도 그와 같고, 사지의 형태도 누구나 늘 그러하다,
마음씨가 결정적인 것이거늘.[7]

---

6 * 이탈리아 남부의 엘레아에서 태어난 그리스 철학자. 「자연에 관하여」라는 그의 시는 존재에 관한 최초의 철학적 이론이며, 서양 문화가 주장하는 최초의 이론이다. 이 이론은 불가사의한 방식으로 영원, 불변, 존재의 통일 등을 인간들의 다양한 견해와 통합하려 했다. 그의 이론은 플라톤의 『파르메니데스』에 영향을 끼쳤으며, 플라톤은 이 작품에서 존재의 단일성과 인식의 다양성을 통합하려고 했다. 이 대화편은 변증법적 방법을 도입했으며, 이 변증법은 헤겔에 영향을 주었다.
7 이에 대해서는 제2편 20장 참조. 또 내 저서 『자연에서의 의지에 대하여』의 「생리학」과 「비교 해부학」의 장에 여기서 그냥 대략적으로 말한 것을 철저하게 설명해 놓았다.

21.
사물 자체인 의지와 의지의 객관성인 표상

이제 이 모든 고찰을 통해 추상적으로도, 따라서 분명하고 확실하게 각자 구체적이고 직접적으로, 즉 감정으로서 소유하는 인식을 얻게 되었다. 다시 말해 그런 자에게 각자의 행위와 그 행위의 영속적인 기체基體, Substrat, 즉 신체에 의해 표상으로 나타나는 그 자신의 현상의 본질 자체는 그의 의식의 가장 직접적인 것을 형성하는 그의 **의지**다. 하지만 그의 의지 그 자체는 객관과 주관이 전적으로 대립되는 표상의 형식으로 나타나는 법이 없고, 주관과 객관이 아주 분명히 구별되지는 않는 직접적인 방식으로 나타난다. 그렇지만 그의 의지는 전체로서가 아니라 그의 개별적인 행위 속에서만 개인 자신에게 알려진다.

  말하자면, 나와 함께 이 같은 확신을 얻은 사람은 이제 그 확신을 그 모든 현상으로도 옮기면서, 완전히 저절로 전체 자연의 가장 심오한 본질을 인식하는 열쇠를 수중에 지니고 있는 셈이다. 이 현상은 자신의 현상처럼, 간접 인식과 아울러 직접 인식으로 그에게 주어진 것이 아니라, 오로지 간접 인식으로, 즉 오직 일면적으로 **표상**으로서만 주어져 있다. 그는 자신과 완전히 닮은 현상 속에서, 즉 인간과 동물에게서 그 현상의 가장 심오한 본질로서 그 같은 의지를 인정할 뿐 아니라 계속된 반성에 의해 식물 속에 작용하고 존재하는 힘, 또 결정結晶이 생기게 하는 힘, 자석을 북극으로 향하게 하는 힘, 이질적인 금속이 부딪쳐 충돌할 때 그에게 전해지는 힘, 물질의 친화력에서 도망치고 찾으며 분리시키고 합일시키는 것으로 나타나는 힘, 마지막으로 심지어 모든 물질에 강력하게 작용하여 돌을 지면으로, 지구를 태양으로 끌어당기는 중력마저도, 내적 현상만을 놓고 보면 이 모든 것이 서로 다르지만 내적 본질로 보면 같은 것으로서, 그 자체로 그에게 직접적으로 너무 친숙하여 다른 어느 것 이상으로 잘 알려져 있는 것으로서 인식한다. 그것이 가장 분명히 드러나는 경우 의지라 불린다. 우리를 더 이상 현상에 머물러 있게 하지 않고 사물 자체로 넘어가게 인도하는 것은 반성을 적용한 때문이다. 현상은 표상을 의미할 뿐 그 이상 아무것도 아니다. 어떤 종류의 것이든 모든 표상, 즉 모든 **객관은 현상**이다. 하지만 의지만이 **사물 자체**다. 의지 그 자체는 결코 표상이 아니고 표상과는 전적으로 다르다. 모든 표상, 모든 객관은 의지가 현상으로 나타나 가시화된 것, 즉 의지의 **객관성**이다. 의지는 모든 개체 및 전체의 가장 심오한 부분이자 핵심이다. 의지는 맹목적으로 작용하는 모든 자연력 속에 현상하고 숙고를 거친 인간의 행동 속에서도 현상한다. 그런데 이 둘의 커다란 차이는 현상하는 정도의 차이일 뿐 현상하는 것의 본질에 관한 차이는 아니다.

22.
의지의 개념과 힘의 개념

사실 모든 객관은 이미 다시 사물 자체의 단순한 현상이지 더 이상 사물 자체가 아니기 때문에, 이 **사물 자체**(우리는 칸트식의 표현을 고정된 문구로 사용하고자 한다)는 그 자체로는 결코 객관이 아니다. 그럼에도 사물 자체를 객관적으로 생각해야 한다면 사물 자체는 어떤 객관으로부터, 어떻게든 무언가 객관적으로 주어진 것, 따라서 사물 자체의 현상들 중 하나로부터 명칭과 개념을 빌려오지 않으면 안 되었다. 그런데 합의점으로 쓰이기 위해서는 이 현상은 사물 자체의 모든 현상 중 가장 완전한 현상, 즉 가장 분명하고 가장 많이 발전된 현상, 인식 작용으로부터 직접 조명된 현상과 다른 것이어서는 안 된다. 그런데 바로 이것이 인간의 의지다.

그렇지만 우리는 여기서 물론 보다 우수한 것에 따라 명명denominatio a potiori하고 있음을 잘 알아차려야 한다. 바로 그 명칭을 사용함으로써 의지라는 개념은 지금까지 사용된 것보다 더 넓은 외연을 얻게 된다. 플라톤이 자주 지적한 것처럼, 상이한 현상들 속에서 동일한 것을 인식하고, 유사한 것 속에서 상이한 것을 인식하는 것이야말로 철학에 대한 조건이다. 그런데 지금까지는 자연 속에서 작용하고 영향을 미치는 모든 힘의 본질이 동일하다는 사실이 인식되지 않았다. 그 때문에 같은 속屬의 다른 종種에 불과한 다양한 현상이 같은 것으로 간주되지 않고 이질적인 것으로 간주되었던 것이다. 따라서 이 속의 개념을 지칭하기 위한 어떠한 단어도 존재할 수 없었다. 그래서 나는 그러한 속을 가장 우수한 종種에 따라 명명하는 것이며, 우리에게 보다 가깝고 직접적인 그 종에 대한 인식은 다른 모든 종을 간접적으로 인식하게 해 준다. 하지만 그 때문에 여기에서 요구되는 개념의 의미를 확장하지 못하고 지금까지 의지라는 말로만 지칭되어 온 하나의 종을, 말하자면 인식 작용에 의해 인도되며 오로지 동기에 따라, 그러니까 추상적 동기에 따라, 즉 이성의 지도 아래 발현되는 의지에 따라 이해하려는 사람은 끊임없는 오해에 사로잡혀 있으리라. 그 의지는 이미 말했듯이 의지의 가장 분명한 현상에 불과하다. 우리에게 직접적으로 알려진 바로 이 의지 현상의 가장 심오한 본질을 우리는 이제 사유 속에서 순수하게 가려낸 뒤, 그것을 같은 본질의 좀 더 미약하고 불분명한 모든 현상에 옮김으로써 필요한 의지 개념의 확장을 실행하지 않으면 안 된다.

그런데 가령 모든 현상의 본질 자체를 의지라는 말로 나타내든, 또는 다른 어떤 말로 나타내든 결국 마찬가지라고 생각하는 사람은 위에서 말한 것과는 반대의 방식으로 나를 오해하는 셈이 될 것이다. 만약 사물 자체가, 우리가 그 사물 자체의 존재를 추리만 할 뿐 오직 간접적으로 단지 추상적으로만 인식하는 그 무엇이라면 그것을 어떤 말로 표현해도 마찬가지일지도 모른다. 그렇다면 물론 그 사물 자체를 무슨 말로 불러도 상관없으리라. 그 명칭은 미지수未知數를 나타내는 단순한 부호로 존재할 것이다. 그러나 주문呪文처럼 자연 속에 있는 모든 사물의 가장 심오한 본질을 우리에게 밝혀 줄 **의지**라는 말은 결코 미지수나 추리를 통해 얻어지는 어떤 것을 나타내는 것이 아니라, 철두철미 직접 인식된 것과 너무나 잘 알려진 것을 나타낸다. 그래서 우리는 의지가 무엇인가에 대해, 그게 무엇이든 상관없이 그 외의 어느 것보다도 훨씬 잘 알고 이해하고 있다. 여태까지 의지라는 개념이 **힘**이라는 개념에 포함되어 있었지만, 반면 나는 이를 반대로 돌려, 자연 속에 있는 모든 힘을 의지로 생각할 작정이다. 이것을 말싸움이라거나 또는 아무래도 상관없다고 생각하면 곤란하다. 오히려 이것이 모든 것 중 가장 의미심장하고 중요하다. **힘**이라는 개념의 밑바닥에는 다른 모든 개념과 마찬가지로 결국 객관적 세계의 직관적 인식, 즉 현상과 표상이 존재하며, 힘이라는 개념은 거기서 만들어지기 때문이다. 힘이라는 개념은 원인과 결과가 지배하는 영역, 즉 직관적 표상에서 추상된다. 그리고 힘이라는 개념은 원인학적으로 결코 더 이상 설명할 수 없으며, 바로 모든 원인학적 설명의 필연적 전제가 되는 지점에서 원인이 바로 원인이 되는 것을 의미한다.

반면 **의지**라는 개념은 모든 가능한 개념들 중 근원이 현상에 있지 않고 단순한 직관적 표상에도 없으며, 각자의 내부에서 나오고 가장 직접적인 의식에서 생기는 유일한 개념이다. 각자는 의지라는 개념 속에서 자신의 개체를 본질에 따라 아무 형식 없이, 주관과 객관이란 형식도 없이 직접 인식한다. 여기서는 인식하는 것과 인식된 것이 일치하기 때문에, 각자는 동시에 그 자신이다. 따라서 **힘**이라는 개념을 **의지**라는 개념에 환원한다면 우리는 실제로 보다 미지의 것을 무한히 보다 잘 아는 것에, 그러니까 우리에게 정말 직접적이고 전적으로 알려진 유일한 것에 환원해 우리의 인식을 엄청나게 확장한 것이 된다. 반면 지금까지 그래왔듯이, **의지**라는 개념을 **힘**이라는 개념에 포함시키면, 직접적 인식을 현상에서 추상된 개념 속으로 침잠시킴으로써 우리는 세계의 본질에 관해 갖고 있는 우리의 유일하고 직접적인 인식을 포기한 셈이 된다. 그 때문에 우리는 그러한 추상된 개념으로는 결코 현상을 넘어설 수 없다.

23.
현상 형식으로부터 자유로운
사물 자체로서의 의지

사물 자체로서의 **의지**는 그 의지의 현상과는 전적으로 상이하고, 그 현상의 모든 형식으로부터 완전히 자유롭다. 사실 의지가 나타나면서 비로소 그 의지가 현상 형식 속으로 들어가므로, 그 현상 형식은 의지의 **객관성**에 관계할 뿐 의지 자체와는 아무 관계가 없다. 모든 현상 중 가장 보편적 형식인 주관에 대한 객관의 형식도 이미 의지와는 무관하다. 알다시피 시간과 공간도 포함하는 근거율 속에 다함께 공통된 표현을 갖는 가장 보편적인 이 형식에 종속되는 여러 형식은 더욱 의지와는 무관하다. 따라서 이 형식을 통해서만 존재하고 가능하게 된 다수성 역시 마찬가지다.

이 후자의 관점에서 나는 옛날 원래 스콜라 철학에서 차용한 표현으로, 시간과 공간을 개체화의 원리principium individuationis[8](개체의 존재 근거)라고 부를 것이다. 이 원리를 꼭 명심하길 부탁한다. 왜냐하면 본질과 개념상 동일한 것을 다른 것으로, 다수성으로 병렬하여 순차적으로 나타나게 하는 것은 오로지 시간과 공간뿐이기 때문이다. 따라서 시간과 공간은 개체화의 원리이며, 수아레스Francisco Suares (1548~1617)[9]의『형이상학 논쟁Disputationes Metaphysicae』[10](5, sect. 3)에 수록된 스콜라 철학자들의 수많은 궤변과 논쟁의 대상이 되었다. 앞서 한 말에 따르면 사물 자체로서의 의지는 어떤 형태를 띠든 근거율의 영역 밖에 있으므로, 의지의 현상은 어

8　 * 개체화의 원리는 철학에서 보편자를 개체에 선행하는 우월한 존재로 볼 때 생기는 문제로서 어떻게 보편자로부터 개체가 성립되는가를 설명하는 원리다.

9　 * 스페인의 신학자, 철학자이자 국제법 창시자. 토마스 아퀴나스 이래 가장 뛰어난 철학자로 여겨진다.

느 것이든 전적으로 근거율에 종속되어 있긴 하지만, 전적으로 근거가 없다. 시간과 공간 속에서 의지의 현상은 무수히 많지만, 사물 자체로서의 의지는 더구나 모든 다수성으로부터 자유롭다. 의지 자체는 하나다. 그렇지만 하나라고 하는 것은, 어떤 객관이 하나라고 하는 경우 그 단일성이 단지 가능한 다수성의 반대로 인식되는 하나가 아니고, 또한 추상을 통해서만 다수성에 의해 생긴 하나라는 개념도 아니다. 의지는 개체화의 원리인 시간과 공간의 밖에, 즉 다수성의 가능성 밖에 존재하는 것으로서 하나다. 이 모든 것이 다음에 이어지는 현상의 고찰이나 의시의 다양한 발현Manifestation을 통해 우리에게 완전히 분명하게 된 뒤에야 비로소 우리는 시간과 공간 및 인과성이 사물 자체에 귀속하지 않고 인식 작용의 형식에 불과하다는 칸트 학설의 의미를 완전히 이해하게 될 것이다.

의지가 인간의 의지로서 가장 분명히 발현되는 경우 의지의 무근거성은 실제로도 인식되었으며, 또 이 의지는 자유롭고 독립적이라 불렸다. 하지만 그 즉시 의지 자체의 무근거성으로 인해, 의지의 현상을 도처에서 지배하는 필연성도 간과되었고, 모든 개별적 행위는 동기가 성격에 미치는 영향으로 인해 엄밀한 필연성을 지니고 일어나는 것이므로, 자유롭지 않은 행위가 자유롭다고 이야기되었다. 이미 말했듯이, 모든 필연성은 근거에 대한 귀결의 관계지 그 이상 아무것도 아니다. 근거율은 모든 현상의 보편적 형식이며, 인간은 행동을 할 때 다른 모든 현상과 마찬가지로 근거율에 종속되기 마련이다. 그러나 의지는 자기의식 속에서 직접 그 자체로 인식되므로, 이 의식 속에는 자유의 의식도 들어 있다. 그런데 개체, 즉 개인은 사물 자체로서의 의지가 아니라 이미 의지의 **현상**이며, 그러한 현상으로서 이미 결정되어 있어, 현상의 형식, 즉 근거율을 따른다는 것이 간과되고 있다. 그러므로 각자는 선험적으로, 또한 자신의 개별적 행동에서도 자신을 전적으로 자유롭다고 간주해, 놀랍게도 자신은 매 순간 다른 생활 태도를 시작할 수 있다고, 즉 다른 사람이 될 수 있다고 생각한다. 하지만 그는 후험적으로, 즉 경험을 통해 자신이 자유로운 것이 아니라 필연성에 종속되어 있으며, 아무리 결심하

---

10   * 1597년에 나온 이 책은 한 세기가 넘는 동안 가톨릭과 개신교를 가리지 않고 대부분의 유럽의 대학교들에서 교재로 사용되었다. 특히 인간의 의지 문제와 일반현상 대 특수 현상 개념을 다루고 있는 이 책에서 수아레스는 영국의 둔스 스코투스나 스페인의 루이스 데 몰리나와 같은 스콜라 학자들의 비판을 고려하면서도 기본적으로 아리스토텔레스와 아퀴나스에 의거하고 있다. 그러나 그의 체계는 수아레스주의라고 따로 불러도 좋을 만큼 아퀴나스의 견해로부터도 많이 벗어나 있다.

고 반성해도 자신의 행동을 변화시킬 수 없다는 사실과, 태어나서 죽을 때까지 자신이 싫어하는 같은 성격을 그대로 가져서, 말하자면 끝까지 자신이 맡은 역할을 해야 한다는 사실을 알고 자못 놀라워한다. 이 고찰은 윤리적인 것이어서 이 책의 다른 곳에서 하는 것이 마땅하므로, 나는 여기서 이 고찰을 계속할 수 없다. 여기서는 다만, 그 자체로 근거가 없는 의지의 **현상**이 현상 그 자체로서는 필연성의 법칙, 즉 근거율에 종속되어 있음을 지적하고자 한다. 이는 우리가 현상들 속에서 의지의 발현을 인식함에 있어서 자연의 여러 현상이 일어나는 필연성에 거부감을 갖지 않도록 하기 위해서다.

이제까지는 동기, 즉 표상과 다르지 않는 근거를 갖는 변화만이 의지의 현상으로 간주되었다. 그 때문에 자연에서는 인간에게만, 기껏해야 동물에게만 의지가 있다고 인정했다. 인식하고 표상하는 것은 물론, 이미 앞의 다른 곳에서 언급했듯이, 동물만의 전형적인 성격이기 때문이다. 그런데 인식에 인도되지 않는 경우에도 의지가 작용한다는 사실을 우리는 동물의 본능과 예술 욕동Kunsttrieb에서 너무나 가까이 볼 수 있다.[11] 마치 인식된 동기인 듯이 실현하려 애쓰는 목적에 대해 동물이 전혀 인식하지 못하므로, 동물에게 표상과 인식이 있다는 것은 이 경우 전혀 고려의 대상이 되지 않는다. 그 때문에 동물의 행동은 이 경우 동기 없이 일어나고 표상에 의해 인도되지 않으며, 인식이 없어도 의지가 작용한다는 것을 우리에게 맨 먼저 가장 분명히 보여 준다.

알을 낳기 위해 둥지를 짓는 생후 일 년 된 새는 그 알에 대한 아무런 표상을 갖고 있지 않다. 먹이를 위해 거미줄을 치는 어린 거미는 그 먹이에 대한 표상을 갖고 있지 않다. 개미를 잡으려고 처음으로 함정을 파는 개미귀신도 이와 마찬가지다. 변태를 하려고 나무에 구멍을 파는 하늘가재의 유충에겐 아직 뿔에 대한 표상은 없지만, 수컷이 되는 경우 뿔을 넣기 위한 공간을 마련하기 위해 암컷이 되는 경우보다 두 배 크기의 구멍을 판다. 동물의 이 행동에는 다른 행동과 마찬가지로 의지가 작용하고 있음이 분명하다. 하지만 그 의지는 맹목적으로 작용하는데, 그 작용은 인식을 동반하기는 하지만 그것에 인도되지는 않는다.

그런데 동기로서의 표상이 의지 활동의 필연적이고 본질적인 조건이 아니라는 통찰에 한번 도달한다면, 우리는 의지 작용이 눈에 두드러지지 않는 경우에도 의

---

11 이에 대해서는 제2편 27장에서 특별히 다루고 있다.

지가 작용한다는 것을 보다 쉽게 다시 알아볼 것이다. 또 우리 자신이 짓는 집이 우리 자신의 존재와는 다른 존재에 의해 통해 생겨나지 않듯이, 달팽이의 집을 그 자신이 모르는, 그러나 인식에 의해 인도된 의지 탓으로 돌리는 일도 없을 것이다. 오히려 우리는 두 가지 집을 두 가지 현상에서 객관화되는 의지, 우리 인간에게는 동기에 의해 작용하지만, 달팽이에게는 아직 맹목적으로 외계를 향한 형성 욕동Bildungstrieb으로 작용하는 의지의 소산이라고 인식할 것이다. 우리 인간에게도 같은 의지가 여러 가지로 맹목적으로 작용한다. 인식에 의해 인도되지 않는 우리 신체의 모든 기능, 신체의 모든 생명적이고 식물적인 과정, 즉 소화, 혈액 순환, 분비, 성장, 재생에 작용하고 있다. 신체의 활동뿐 아니라 신체 자체가 앞에서 증명한 것처럼, 철두철미 의지 현상이고 객관화된 의지이며 구체적인 의지다. 이때 이 의지가 인식에 의해 인도되지 않고 동기에 따라 규정되지도 않으며, 이 경우 자극이라 불리는 원인에 따라 맹목적으로 작용하지만, 그 때문에 신체 속에서 일어나는 모든 것은 의지에 의해 일어나는 것이 분명하다.

다시 말해 나는 단어의 가장 좁은 의미에서 **원인**이라는 말을, 물질의 어떤 상태가 다른 상태를 필연적으로 일으키는 경우 그 상태가 일으키는 변화와 같은 크기의 변화를 스스로 받는 상태라고 일컫는다. 이 말은 '작용과 반작용은 같다'라는 규칙으로 표현된다. 또한 본래적인 원인의 경우, 작용은 원인에 정비례하고 반작용도 마찬가지로 비례하므로, 일단 작용 방식이 알려지면 원인의 강도에서 작용의 강도를 측정하고 계산할 수 있으며, 그 반대 역시 마찬가지다. 이처럼 본래적이라고 일컬어지는 원인은 기계 조직, 생체 조직 등 모든 현상에, 요컨대 무기물의 모든 변화에 작용하고 있다. 반면 나는 작용에 상응하는 반작용을 받지 않고 그 반작용의 강도는 작용의 강도와 정도 면에서 결코 견줄 수 없으며, 그 때문에 작용의 강도가 반작용의 강도로는 측정될 수 없는 원인을 **자극**이라 부른다. 이런 경우 오히려 자극을 조금만 강하게 해도 작용이 매우 크게 증대될 수 있고, 또는 이와 반대로 이전의 작용이 전적으로 사라질 수도 있다. 유기체 그 자체에 대한 작용은 모두 이와 같은 종류의 것이다. 그러므로 단순한 원인에 의해서가 아니라 자극에 따라 동물의 신체에서 본래 유기적이고 식물적인 모든 변화가 일어난다.

하지만 일반적으로 모든 원인처럼, 또 이와 마찬가지로 동기처럼 자극은 시간과 공간 속에 모든 힘이 나타나는 기점起點을 규정하는 것에 그칠 뿐 나타나는 힘 자체의 내적 본질을 규정하지는 않는다. 우리는 앞에서 행한 연역에 따라 이 힘의 내적 본질을 의지라 인식하고, 그 때문에 무의식적인 신체 변화는 물론 의식적인 신체 변화도 의지 탓으로 돌린다. 자극은 인식 작용을 거친 인과성인 동기와 가장 좁은 의미에서의 원인 사이를 매개하고 둘의 교량 역할을 한다. 개별적인 경우 자극은 때로는 동기와, 때로는 원인과 더 가깝기도 하지만, 여전히 동기와 원인은 서로 다르다. 예를 들어 식물에서 수액樹液이 위로 올라가는 현상은 자극에 의해서지 수력학의 법칙이나 모세관의 법칙에 따른 단순한 원인으로는 설명할 수 없다. 그럼에도 이 현상은 이 원인들의 뒷받침을 받으며, 대체로 순수하게 원인에 의한 변화와 이미 아주 가깝다. 그런 반면 헤디사룸이나 미모사의 움직임은 단순한 자극에 반응하는 것일 뿐이지만, 그럼에도 이미 동기에 의한 움직임과 아주 흡사하며, 거의 그것에 옮겨 가려는 것 같다. 빛이 증가함에 따라 눈동자가 좁아지는 현상은 자극을 받아서이지만, 이미 동기에 의한 움직임으로 옮아가고 있다. 이런 움직임이 일어나는 까닭은 빛이 너무 강하면 망막이 아플 정도로 영향을 받으므로, 우리는 이를 피하기 위해 눈동자를 수축시키기 때문이다. 발기가 되는 계기는 일종의 표상이기 때문에, 그것은 동기다.

그렇지만 그 계기는 자극과 마찬가지로 필연적인 작용을 한다. 즉, 이 계기에 저항할 수 없기 때문에 발기가 일어나지 않도록 하려면 그런 계기를 멀리 해야 한다. 구역질을 일으키는 역겨운 대상도 이와 마찬가지의 관계다. 우리는 방금 전에 동물의 본능을 자극에 의한 움직임과 인식된 동기에 따른 행동 사이의 종류가 전혀 다른 실제적인 중항中項[12]으로 보았다. 또 이런 종류의 다른 중항으로 호흡을 들 수 있겠다. 말하자면 호흡이 임의적 운동인지, 비임의적 운동인지, 즉 본래 그것이 동기에 의해 일어나는지, 또는 자극에 의해 일어나는지에 대한 논란이 있었는데, 그에 따라 아마 그 둘의 중간 정도일 거라고 설명되었다. 마셜 홀은 호흡이 일부는 뇌수(임의적) 신경의 영향을, 일부는 척추(비임의적) 신경의 영향을 받기 때문에 이를 혼합된 기능이라 설명한다(『신경계의 질병에 대해』 293절 이하). 그런데 결국 우리는 호흡을 동기에 의해 일어나는 의지의 발현이라 보지 않을 수 없다. 다른 동기들, 즉 단순한 표상들이 호흡을 방해하거나 빨리 하도록 의지를 규정할 수 있고, 또 다른 모든 임의적 행위와 마찬가지로 호흡은 겉보기에 전적으로 중단시키거나 마음대로 질식시킬 수 있을 것 같기 때문이다. 어떤 다른 동기가 공기에

---

12   *수열이나 급수에서 서로 이웃하는 세 항〔……, a, b, c, ……〕중 가운데 항 b를 a와 c의 중항이라 한다.

대한 절실한 욕구를 능가하도록 아주 강력하게 의지를 규정하자마자 이런 일이 실제로도 생길 수 있을지도 모른다. 몇 가지 설에 따르면 디오게네스Diogenes(기원전 412년경~323년경)[13]는 실제로 이런 식으로 자신의 목숨을 끊었다고 한다(『디오게네스 라에르티오스』 VI, 76). 흑인들도 이렇게 죽었다고 한다(F. B. 오지안더, 『자살론』 1813년, 170~180쪽). 이 같은 실례에 비추어 볼 때 우리는 추상적 동기의 영향이 강하다고, 즉 본래적인 이성적 의욕이 단순한 동물적 의욕보다 우세하다고 말할 수 있을 것이다. 호흡이 적어도 부분적으로는 뇌수 삭봉의 세삭을 받고 있음을 청산靑酸이 먼저 뇌수를 마비시키고, 그런 뒤 간접적으로 호흡을 방해함으로써 죽음에 이르게 한다는 사실로 알 수 있다.

하지만 뇌수의 그러한 마비가 사라질 때까지 호흡이 인위적으로 지탱된다면 결코 죽음이 일어나지 않는다. 이와 동시에 이런 경우 호흡은 부수적으로, 가장 좁은 의미에서의 자극과 단순한 원인이 작용하는 것과 꼭 마찬가지로 동기가 아주 큰 필연성을 가지고 작용하며, 압력이 반대 압력을 통해 효력을 잃을 수 있듯이 반대의 동기를 통해서만 효력을 잃을 수 있다는 지극히 명백한 실례를 우리에게 제공한다. 호흡을 하는 경우 그것을 중단할 수 있을 것처럼 보이는 것은 동기에 의해 일어나는 다른 여러 운동의 경우보다 겉모습이 훨씬 미약하기 때문이다. 호흡의 경우는 동기가 아주 절실하고 무척 가까우며, 동기의 충족을 실행하는 근육은 피로를 모르므로 동기를 충족시키기가 무척 쉽고 대체로 충족에 방해되는 것이 없으며, 호흡 전체가 개체의 가장 오랜 습관에 의해 지지되고 있기 때문이다.

그렇지만 본래 모든 동기는 같은 필연성을 갖고 작용한다. 동기에 의한 운동과 자극에 의한 운동에 똑같이 공통적으로 필연성이 있다는 인식은, 유기체에서 자극에 의해 완전히 합법칙적으로 일어나는 것도 그럼에도 내적인 본질상, 그 자체로는 결코 아니지만 그의 모든 형상 속에서는 근거율, 즉 필연성에 종속되는 의지란 사실을 우리가 쉽게 깨닫게 해줄 것이다.[14] 그에 따라 우리는 동물을 행동에서

---

13 * 금욕적 자족을 강조하고 향락을 거부하는 그리스 철학 학파인 견유학파犬儒學派의 전형적 인물. 디오게네스가 내세운 삶의 첫 번째 행동 강령은 행복에 필요한 모든 것을 자기 내부에서 찾는 능력, 곧 자족이다. 두 번째 강령인 '자긍심'은 '그 자체로 해롭지 않은 행동이라 해도 모든 상황에서 허용될 수는 없다'는 인습을 무시할 필요가 있음을 의미한다. 이 밖에도 디오게네스는 악과 기만을 폭로하고 개혁을 감행하는 비타협적 열정, 즉 '과단성'을 덧붙인다. 마지막 강령인 도덕적 탁월성은 조직 훈련이나 금욕 생활을 통해 얻을 수 있다.

14 이 인식은 의지의 자유에 대한 나의 현상 논문으로 완전히 확인된다. 그 때문에 그 논문(『윤리학의 근본 문제』 30~44쪽)에서 원인, 자극, 동기의 관계도 상세히 논의되었다.

나 전체 현존재, 체형 및 조직에서도 의지 현상으로 인식하는 데 머물지 않고, 사물의 존재 자체에 대해 우리에게만 주어진 이 직접적인 인식을 오로지 자극에 의해서만 움직이는 식물에 대해서도 적용해 볼 것이다. 그도 그럴 것이 인식의 부재와 이 인식에 의해 조건 지어진, 동기에 의한 운동의 부재만이 동물과 식물의 본질적인 차이를 이루기 때문이다. 그러므로 우리는 식물로서, 단순한 식물의 생장으로서, 맹목적으로 움직이는 힘으로서, 우리 표상에 나타나는 것을 본질 그 자체에 따라 의지라 간주할 것이고, 우리 표상에 나타나는 바로 그것을 우리 자신의 현상의 기저를 이루는 것으로 인식할 것이다. 그 현상이 우리의 행동과 이미 우리 신체 자체의 전체 현존재에서도 나타나고 있듯이 말이다.

자연 속에서 보편적이고 변함없는 법칙에 따라 작용하는 모든 힘, 모든 물체의 운동을 지배하는 힘, 전혀 기관器官도 갖지 않고 자극에 대한 감수성도 동기에 대한 인식도 없는 힘에도 우리의 고찰 방식을 확장하는 마지막 단계가 남아 있다. 그러므로 우리는 모든 현상 중 우리로부터 가장 멀리 떨어져 있는 무기물無機物 세계의 현상에도, 우리 자신의 본질을 직접 인식해야만 가질 수 있는, 사물의 본질 자체를 이해하기 위한 열쇠를 맞추어 보아야 한다. 그런데 이 현상들을 탐구적인 시선으로 바라보면, 우리는 큰물이 낮은 곳으로 흘러가려는 제어할 수 없는 엄청난 충동, 자석이 언제나 다시 북극을 향하려는 집요함, 쇠가 자석에 달라붙으려는 동경, 전기의 양극이 다시 합치려는 격렬함, 그리고 바로 인간의 소망처럼 방해하면 더욱 커지는 격렬함을 보게 된다. 우리는 결정結晶이 신속히 갑자기 생기는 것을 보는데, 거기에는 형성의 많은 규칙성이 있으며, 그것은 응고되고 고정되면서 여러 방향으로 향하려는 매우 단호하고 엄밀하게 규정된 노력이 분명하다. 우리는 물체가 액체 상태로 되면서 자유로워지고 완고함의 속박에서 벗어나, 서로 찾고 피하며 합치고 떨어지는 선택을 하는 것을 보게 된다. 또 우리는 마지막으로 무게를 가진 물건이 땅으로 향하려는 것을 우리 신체가 저지하면, 그것은 우리 신체를 끊임없이 누르고 밀어붙이며 자신의 유일한 노력을 계속하는 것을 매우 직접적으로 느끼게 된다. 이런 여러 현상을 고찰해 보면 크게 애써 상상력을 동원하지 않아도 우리로부터 멀리 떨어진 현상에서조차 우리 자신의 본질을 다시 인식할 수 있을 것이다. 말하자면 그 본질은 인식의 빛을 받으며 우리 내부에서 자신의 목적을 추구하지만, 그 본질은 어디서나 동일하므로 무기계無機界, 즉 본질의 현상들 중 가장 미약한 현상에서는 다만 맹목적이고 막연하게, 일면적으로 변함없이 노력할 뿐이다. 새벽의 여명도 대낮의 광선도 햇빛이라는 이름을 공유하듯, 무기계나 인간의 경우에도 의지라는 이름을 붙이지 않으면 안 된다. 그리고 이 의지야말로 세계에서 모든 사물의 존재 그 자체며, 모든 현상의 유일무이한 핵심을 나타낸다.

그렇지만 무기계의 현상과 우리가 우리 자신의 내면이라고 지각하는 의지 사이의 간격, 그러니까 전적으로 상이하게 보이는 외관은 어떤 현상 속에서의 완전히 특정한 합법칙성과 다른 종류의 현상에서의 부실서하게 보이는 사의싱念意性 사이의 대조에서 주로 생긴다. 인간에게는 개성이 강하게 나타나기 때문이다. 각자에게는 자신의 고유한 성격이 있기 때문에 같은 동기라 해도 사람마다 동일한 힘을 미치지 않는다. 또 수많은 부수적 사정이 어떤 개인의 넓은 인식 권역에는 공간을 차지하더라도, 다른 개인들은 이를 모르는 일이 있으며, 그러한 부수적 사정이 동기의 작용을 변화시키는 것이다. 그러므로 동기만으로는 행위를 미리 정할 수 없다. 거기에는 다른 요인인 개인의 성격에 대한 정확한 지식과 그 성격을 수반하는 인식에 대한 정확한 지식이 부족하기 때문이다. 반면 자연력의 여러 현상은 이 경우와 정반대다. 자연력의 여러 현상은 일반적 법칙에 따라, 일탈이나 개성 없이 공공연히 드러나는 사정에 따라 아주 정확하게 미리 규정된 것에 종속되어 작용한다. 그리고 동일한 자연력은 수없이 많은 현상 속에서 정확히 같은 식으로 나타난다. 이 점을 밝히기 위해 우리는 가장 약한 현상 속에서든 가장 강한 현상 속에서든, 아무리 상이한 현상 속에서도 하나의 분할할 수 없는 의지의 동일성을 증명하기 위해, 무엇보다 먼저 사물 자체로서의 의지가 의지의 현상에 대해 갖는 관계, 즉 의지로서의 세계가 표상으로서의 세계에 갖는 관계를 고찰해야 한다. 그럼으로써 제2권에서 다룬 전체 대상을 보다 심도 있게 탐구하기 위한 최상의 길이 우리에게 열릴 것이다.[15]

---

15 이에 대해서는 제2편 23장, 그리고 나의 저서인 『자연에서의 의지에 대하여』의 「식물 생리학」장과 내 형이상학의 핵심으로 특히 중요한 장인 「자연 천문학」장 참고

24.
의지의 필연성

우리가 위대한 칸트에게서 배운 것은 시간, 공간 및 인과성이란 그 전체적 합법칙성이나 모든 형식의 가능성에 비추어 볼 때, 그 속에서 나타나고 내용을 이루는 객관과는 전적으로 독립하여 우리 의식 속에 현존하고 있다는 사실이다. 또는 다른 말로 하면, 시간, 공간 및 인과성은 우리가 주관에서 출발할 때 객관에서 출발할 때와 마찬가지로 발견될 수 있다는 것이다. 따라서 **객관**이 **객관**(칸트는 현상이라한다)**인 한**, 즉 **표상**인 한, 시간, 공간 및 인과성을 똑같이 정당하게 주관의 직관 방식이나, 또는 객관의 속성이라 부를 수 있다. 또한 그 형식들은 객관과 주관 사이의 분할할 수 없는 경계로 볼 수 있다. 그 때문에 사실 모든 객관은 그 형식들 속에 현상해야 하지만, 주관 또한 현상하는 객관으로부터 독립하여 이들 형식을 완벽하게 소유하고 개관한다. 그런데 이들 형식 속에 현상하는 여러 객관이 헛된 환영幻影이 아니라 어떤 의미를 갖고 있다고 한다면, 이들 객관은 무언가를 의미하고 무언가의 표현이어야 할 것이다. 그 무엇이라는 것은 다시 이들 객관 자체와 마찬가지로 객관, 즉 표상이 아니고, 단지 상대적으로만, 다시 말해 주관에 대해서만 현존하는 것이 아니며, 본질적인 조건으로서 주관에 대립하는 것과 그 형식으로부터 독립하여 존재하는 것, 즉 **표상이 아니라 사물 자체**라 할 수 있다. 그에 따라 적어도 다음의 질문이 생길지도 모른다. 이들 표상이나 객관은 주관의 표상이며 주관의 객관인 것은 별도로 하더라도, 그 외에 또 무엇이라 할 수 있는가? 또 그렇다면 그것들은 이러한 의미에서 무엇인가? 표상과는 전적으로 상이한 이들의 다른 면은 무엇인가? 사물 자체는 무엇인가? **의지**라는 것이 우리의 대답이었지만, 지금은 이 대답에 대해 언급하지 않도록 하겠다.

사물 자체가 무엇이든 간에, 칸트는 시간, 공간 및 인과성이란 — 우리는 이것들을 나중에 근거율의 형태로서, 이 근거율을 현상 형식의 보편적 표현으로 인식했지만 — 사물 자체의 여러 규정이 아니라, 사물 자체가 표상이 된 뒤 또는 표상이 된 한에서, 즉 사물 자체가 아닌 다만 사물 자체의 현상에 속하는 한에서만 비로소 사물 자체에 귀속한다는 올바른 결론을 내렸다. 주관은 모든 객관으로부터 독립하여 그 자신으로부터 이들 형식을 완벽하게 인식하고 구성하기 때문에, 이들 형식은 표상이 되는 것이 아니라 **표상 존재** 그 자체에 무수뇌어야 한다. 이를 형식은 표상 그 자체의 형식이어야 하며, 표상의 형식을 취한 것의 특성이어서는 안된다. 이들 형식은 주관과 객관(개념으로가 아니라 실제로)의 단순한 대립으로 이미 주어져 있어야 하므로, 따라서 인식의 형식을 일반적으로 보다 자세히 규정한 것에 지나지 않으며, 그 인식 형식을 가장 일반적으로 규정한 것이 주관과 객관의 대립 자체다. 그런데 시간, 공간 및 인과성에 의해서만 표상될 수 있으므로, 그것들을 통해 현상과 객관 속에서 다시 조건 지어진 것이, 말하자면 병렬과 순차順次에 의해 **다수성**이 되고, 인과율에 의해 **변전과 지속**이 된다. 또 인과성을 전제로 해서만 표상될 수 있는 물질이 되고, 마지막으로 다시 이 표상될 수 있는 것에 의해 모든 것이 된다. 그런데 이 모든 것은 거기에 현상하는 **그것**, 표상의 형식을 취한 **그것**에 본질적으로 고유한 것이 아니라, 표상이란 형식 자체에만 부수될 뿐이다.

　하지만 이와 반대로 현상 속에서 시간, 공간 및 인과성에 조건 지어지지 **않고** 또이들 형식에 환원될 수도 없으며, 또한 이들 형식에 의해 설명될 수 없는 것, 이것이야말로 그 속에서 직접 현상하는 것, 즉 사물 자체를 나타내는 것이리라. 이에 따라 이제 가장 완전한 인식 가능성, 즉 최대한의 명백함, 분명함과 남김 없는 규명 가능성은 인식 **그 자체**에 고유한 것, 즉 인식의 형식에 필연적으로 귀속할 것이다. 하지만 그 자체로 표상이 **아닌** 것, 즉 객관이 **아닌** 것, 이들 형식을 취함으로써 비로소 인식 가능하게 된 것, 즉 표상이나 객관이 된 것에는 귀속하지 않을 것이다. 그러므로 인식된 연후에 비로소 표상으로 된 것에 의존하지 않고 인식되는 것과 표상 존재 일반 및 그 자체에만 의존하는 것, 그 때문에 인식되는 모든 것에 차별 없이 귀속되는 것, 바로 그 때문에 주관에서 출발하든 객관에서 출발하든 상관없이 발견되는 것, 이것만이 아무런 고려 없이 충분하고도 완전히 남김 없는 인식, 궁극적인 근거에 이르기까지 명백한 인식을 줄 수 있을 것이다. 하지만 이것은 우리가 선험적으로 의식하고 있는 모든 현상의 여러 형식에 존재하고 있는 것에 불과하다. 이들 형식은 공통으로 근거율이라 표현할 수 있다. 직관적인 인식에 — 우리가 여기서 문제 삼는 유일한 그것에 — 에 관계하는 근거율의 여러 형태가 시간, 공간 및 인과성이다. 순수 수학 전체와 선험적인 순수 자연과학은 이들 형식만을 근거로 하고 있다. 그 때문에 이들 학문에서 인식은 애매한 점을 발견하지 못하고, 규명할 수 없는 것(근거 없는 것, 즉 의지)에 봉착하지 않으며, 더 이상 연역할 수 없는 것에 부딪히지 않는다. 이런 점에서 칸트 또한, 이미 언급했듯이, 그러한 인식을 특히 논리학과 더불어 과학이라고 이름 붙이려 했다.

그러나 다른 한편으로 이들 인식은 단순한 관계, 어떤 표상의 다른 표상에 대한 관계, 즉 아무 내용 없는 형식을 보여 주는 데 불과하다. 이들 형식이 얻는 모든 내용, 그 형식을 채우는 모든 현상은 그 전체적인 본질상 이미 완벽하게 인식할 수 없는 그 무엇, 다른 것으로는 더 이상 도저히 설명할 수 없는 것, 그러므로 즉시 인식의 명증성을 잃게 하고 완전한 투명성을 잃게 하는 근거 없는 어떤 것을 내포하는 것이 된다. 하지만 규명을 면하게 하는 이것이야말로 바로 사물 자체이며, 그것은 본질적으로 표상도 인식의 대상도 아닌 것으로, 그러한 형식을 취하면서 비로소 인식할 수 있게 된다. 형식은 원래 사물 자체와는 무관하다. 사물 자체는 형식과 결코 합치할 수 없고, 결코 단순한 형식으로 환원될 수 없으며, 이 형식이 근거율이므로 완벽하게 **규명**될 수 없다. 그 때문에 모든 수학이 우리에게 현상으로 드러나는 크기, 위치, 수, 요컨대 공간적·시간적 관계인 것에 관해 남김 없는 인식을 제공하고, 모든 원인학이 여러 현상으로 하여금 그 모든 규정과 함께 시간과 공간 속에 나타나게 하는 합법칙적인 여러 조건을 우리에게 완벽하게 알려 준다 해도, 그렇지만 이 모든 사실에도 불구하고 왜 매번 특정한 모든 현상이 바로 지금 여기서, 또 바로 여기서 지금 나타나야 하는지 이상은 가르쳐 주지 못한다. 그러므로 수학과 원인학의 도움을 빌려서는 우리는 결코 사물의 내적 본질 속으로 들어가지 못하지만, 그럼에도 뭐라고 설명할 수는 없지만 언제나 그 설명을 전제로 하는 어떤 것이 언제나 남는다. 말하자면 자연 속의 여러 가지 힘, 여러 사물의 특정한 작용 방식, 각 현상의 성질과 성격, 근거 없는 것, 이것들은 현상의 형식, 즉 근거율에 의존하지 않고, 이 형식 자체는 근거율과 무관하지만, 일단 그 형식을 취하면 그 법칙에 따라 나타난다. 하지만 그 법칙은 나타나는 방식을 규정할 뿐 나타나는 것을 규정하지는 않는다. 즉, 현상 방식을 규정할 뿐 현상하는 그 무엇은 규정하지 않고, 형식을 규정할 뿐 내용을 규정하지는 않는다.

역학, 물리학, 화학은 불가입성, 중력, 강성剛性, 유동성, 응집력, 탄성, 열, 빛, 친화성, 자성磁性, 전기 등의 여러 힘을 작용하게 하는 규칙과 법칙을 가르친다. 즉, 이들 힘이 시간과 공간 속에 나타날 때마다 따르는 규칙과 법칙을 가르친다. 그러나 이들 힘 자체는 어떻게 하려 해도 숨겨진 성질로 남는다. 이것이야말로 나타나면서 여러 현상을 띠지만 그 현상들과는 전혀 다른 사물 자체이기 때문이다. 사실 사물 자체가 현상으로 나타난 경우에는 표상의 형식인 근거율에 완전히 종속되지만, 그 자체가 결코 이 형식에 환원되지는 않는다. 또 그 때문에 원인학석으로 궁극적인 것에까지 거슬러 올라가 설명할 수 없고, 언제든 완벽하게 규명할 수 없다. 사물 자체가 표상의 형식을 취하는 한, 즉 현상으로 나타난 한에는 완전히 이해할 수 있지만, 그 내적 본질상 이해할 수 있다는 것으로는 조금도 설명되지 않는다. 그 때문에 이떤 인식이 더 많은 필연성을 수반할수록, 다르게는 절대로 생각할 수도 표상할 수도 없는 것이 그 인식 속에 (공간적인 여러 관계처럼) 많아질수록, 따라서 인식이 더 분명하고 충분해질수록, 인식에 순수하게 객관적인 내용이 더 적어지거나 인식 속에 본래적인 실재성이 더 적게 주어진다. 이와 반대로 인식 속에 순수하게 우연적이라 파악되는 것이 많을수록, 더 많은 것이 우리에게 단순히 경험적으로 주어진 것으로 생각될수록, 그러한 인식에는 참으로 객관적인 것, 정말로 실재하는 것이 그만큼 많아진다. 하지만 이와 동시에 설명할 수 없는 것, 즉 다른 것에서 더 이상 연역할 수 없는 것 또한 그만큼 많아진다.

물론 어느 시대든 목적을 잘못 판단한 원인학은 모든 유기적 생명을 화학적 현상이나 전기에 환원하려 했고, 모든 화학적 현상, 즉 성질을 다시 기계적 현상(원자의 형태에 의한 작용)에 환원하려 했다. 하지만 이 기계적 현상을 다시 일부는 운동학의 대상, 즉 시간과 공간을 운동의 가능성으로 통합한 것에, 일부는 단순한 기하학의 대상, 즉 공간 속의 위치에 환원하려 했다(대략 말해서 당연하게도 거리의 제곱에 비례해 작용이 떨어진다는 것 같은 지레의 이론을 순수하게 기하학적으로 구성한다). 마지막으로 기하학은 산술에서 문제가 해결된다. 산술은 차원이 하나이기 때문에 가장 이해하기 쉽고 개관하기 쉬우며, 궁극적인 데까지 규명 가능한 근거율의 형태. 여기서 일반적으로 거론된 방법에 대한 예증들은 데모크리토스의 원자론, 데카르트의 와동渦動설[16], 르사주의 기계적 물리학이다. 르사주는 18세기 말경 화학적 친근성뿐 아니라 중력도 충돌과 압력에 의해 기계적으로 설명하려 했는데, 그의 『뉴턴의 루크레티우스Lucrèce Neutonien』을 보면 보다 자세한 내용을 알 수 있다. 또한 라일이 동물적 생명의 원인으로 형식과 혼합을 들고 있는 것도 이와 같은 경향이다.

마지막으로 바로 현재, 즉 19세기 중반에 다시 나타난 조야한 유물론은 무지의 소산으로 자신을 독창적이라 자부하고 있다. 하지만 이것도 위에서 말한 것들과 같은 종류에 속한다. 유물론은 먼저 우둔하게도 생명력을 부정하고, 생명 현상을 물리적·화학적 힘으로 설명하려 한다. 그런데 이들 힘을 다시 물질의 기계적 작용으로, 즉 몽상의 소산인 원자의 위치, 형태 및 운동으로 생기는 것이라고 보며, 그리하여 자연의 모든 힘을 유물론의 '사물 자체'인 충격과 반동에 환원하고자 한다. 그렇다면 빛마저도 상상에 의해 이런 목적으로 요구된 에테르의 기계적 진동이나 파동이라고 해야 할 것이다. 이 에테르가 눈에 도달해 망막을 진동시키고, 이 진동수가 예컨대 초당 483조이면 빨간색을 내고, 727조이면 보라색을 낸다고 한다. 그렇다면 색맹은 그 진동수를 헤아릴 수 없는 사람이 될 것이다. 그렇지 않겠는가? 이와 같이 극단적이고 기계적인, 데모크리토스적인 서툴고 참으로 형편 없는 이론은 괴테의 색채론이 나오고 50년이 지난 지금에도 뉴턴의 빛의 동질설을 신봉하고 이를 공언하면서도 부끄러움을 모르는 이들에겐 안성맞춤이라 하겠다. 이런 자들은 어린아이(데모크리토스)가 그렇게 하면 눈감아 줄 수 있지만, 어른이 그렇게 하면 용서할 수 없다는 것을 알게 될 것이다. 더구나 이들은 언젠가 수치스러운 결과를 맞이할지도 모른다. 하지만 그럴 때 다들 거기서 슬쩍 빠져나가, 마치 그런 이론을 믿지 않은 것처럼 행세할 것이다. 이처럼 근원적 자연력을 서로에게 잘못 환원하는 방식을 나중에 또 한 번 언급할 작정이지만, 여기서는 이 정도로 끝내도록 하겠다.

이런 설이 허용된다면 물론 모든 것이 설명되고 규명되어, 결국 하나의 계산 문제로 환원되고 말 것이다. 그렇게 되면 계산 문제는 근거율이 결국 행복하게 인도해 갈 지혜의 신전에서 가장 신성한 것이 될지도 모른다. 그러나 현상의 모든 내용은 사라져 버리고 단순한 형식만 남게 될 것이다. 즉, **무엇**이 나타나는가 하는 것은 **어떻게** 나타나는가 하는 것에 환원되어 버릴 것이다. 그리고 이 **어떻게**는 선험적으로도 인식될 수 있는 것이므로, 전적으로 주관에 의존하고, 그 때문에 주관

16　*태양을 중심으로 하여 에테르가 회전하고 행성들은 이 와동에 의해 마치 가벼운 물질이 소용돌이의 중심으로 끌리듯이 태양 쪽으로 끌리면서 회전한다고 하는 설

에 대해서만 존재하므로 결국 단순한 환영幻影이며 철두철미 표상이자 표상의 형식이다. 다시 말해 사물 자체에 대해서 아무런 질문도 제기할 수 없을지 모른다. 그에 따라 이 설이 허용된다면, 현실적으로 전체 세계는 직관에서 연역된 것으로 되어, 피히테가 허풍으로 이룩한 것으로 **보이려**고 한 것이 실제로 이룩된 셈이 될 지도 모른다. 그런데 실제로 그렇게 될 수는 없다. 그런 방식으로 공상, 궤변, 환상은 가능할지 몰라도 학문은 성립되지 않는다. 반면 자연에서의 많고 다양한 현상을 개별적이고 근원적인 힘으로 환원하는 데 성공했고, 그것이 성공할 때마다 진정한 진보가 이루어졌다. 처음에는 상이한 것으로 간주된 여러 가지 힘과 성질 중 다른 것에서 어느 하나가 (전기에서 자성이 연역된 것처럼) 연역되었고, 이리하여 그것들의 수가 줄었다. 원인학이 자연에서의 모든 근원적인 힘을 그 자체로서 인식하고 내세우며, 그들 힘의 작용 방식, 즉 인과성을 실마리로 이들 힘의 여러 현상이 시간과 공간 속에 나타나 서로 간에 이들 힘의 위치를 정해 주는 규칙을 확립하게 되면 원인학은 목적을 달성한 셈이 될 것이다. 그러나 근원력은 끊임없이 남아 있을 것이고, 이들 힘의 형식에 환원될 수 없는 현상의 내용은 녹아 없어지지 않는 잔재로서 끊임없이 남을 것이다. 그러므로 현상의 내용은 충분근거율로만 설명될 뿐 그 밖의 다른 것으로는 설명될 수 없다.

자연 속의 모든 사물에는 아무런 근거를 제시할 수 없고 설명할 수 없으며, 더 이상 원인을 찾을 수 없는 어떤 것이 들어 있기 때문이다. 이것은 그 사물의 특유한 작용 방식, 즉 바로 그 사물의 현존재 방식이자 그 본질이다. 사실 사물의 모든 개별적 작용으로부터, 사물이 바로 지금 바로 여기서 작용해야만 하는 하나의 원인이 입증될 수 있기는 하지만, 사물이 일반적으로 그렇게 작용하는 원인은 결코 입증될 수 없다. 사물에 별다른 특성이 없고, 그것이 햇빛 속에 떠도는 미세한 먼지라 해도, 사물은 적어도 중력과 불가입성으로라도 근거를 규명할 수 없는 무언가를 보여 준다. 그런데 거듭 말하지만, 이것이야말로 사물에게는 인간의 **의지**에 해당하는 것이고, 이 의지와 마찬가지로 그 내적 본질상 설명할 수 없는 것이며, 그러니까 그 자체로 의지와 동일한 것이다. 의지가 발현되는 모든 현상에 대해서는, 즉 이 시간, 이 장소에서 의지의 개별적인 모든 행위에 대해서는, 인간의 성격을 전제로 하여 그 행위를 필연적으로 일으킬 수밖에 없는 동기를 입증할 수 있을지도 모른다. 하지만 인간이 그런 성격을 갖고 있고 아무튼 원하며, 여러 동기 중 다름 아닌 이 동기를 취한다는 것, 그러니까 어느 하나의 동기가 그의 의지를 움직인다는 것에 관해서는 여태껏 어떤 근거도 제시할 수 없다. 인간에게 동기로 그의 행위를 아무리 설명하려 해도 전제가 되는 규명할 수 없는 성격이라는 것, 이것이야말로 모든 무기물에게는 그 본질적인 성질이고 작용 방식이며, 그 작용 방식의 발현은 외부의 영향에 의해 생긴다. 반면 모든 무기물의 본질적인 성질, 곧 작용 방식 자체는 그 밖의 어느 것에 의해서도 규정되지 않으며, 그러므로 또한 설명할 수도 없다. 그 성질은 개별적인 현상에 의해서만 가시적으로 되는데, 그 개별적인 현상은 근거율에 종속되어 있다. 하지만 그 성질 자체는 근거가 없다. 이미 스토아학파 철학자들은 이 점을 대체로 올바로 인식하고 실체적 형상forma substantialis[17]이라 불렀다.[18]

가장 빈번히 일어나고 가장 일반적이며 가장 단순한 현상을 우리가 가장 이해하기 쉽다고 하지만, 이것은 흔한 오류인 동시에 커다란 오류이기도 하다. 오히려 우리가 그런 현상을 보는 것과 그것에 대한 우리의 무지에 대체로 익숙해진 탓이다. 돌이 땅에 떨어지는 것은 동물이 움직이는 것과 마찬가지로 사실 설명이 불가능하다. 앞에서 언급했던 것처럼, 사람들은 가장 일반적인 자연력(예컨대 중력, 응집력, 불가입성)에서 출발하여 이를 근거로 복잡한 사정에서만 작용하는 보다 희귀한 화학적 성질, 전기, 자성磁性을 설명하고, 마지막으로 이를 근거로 다시 유기체나 동물의 생명, 그러니까 인간의 인식 작용이나 의욕을 이해하려 했다. 사람들은 순전히 숨겨진 성질에서 출발하는 데 말없이 순응했고, 그것을 토대로 삼을 생각이었지 허물 생각은 없었으므로 숨겨진 성질을 밝히는 작업은 전적으로 포기되고 말았다. 이미 말했듯이 그런 일은 성공할 수 없는 법이다. 그런데 성공한다 해도 그렇게 지어진 건물은 언제나 공중누각에 불과할 것이다. 아무리 설명해도 결국 처음의 문제와 같은 미지의 것에 귀착한다면 무슨 소용이 있겠는가? 그러나 그러한 자연력의 내적 본질에 관해서는 동물의 내적 본질에 관한 것 이상으로 이해되고 있는 것일까? 둘 다 마찬가지로 탐구되지 않은 것이 아닌가? 규명되지 않은 이유는 그것에 근거가 없기 때문이고, 그것이 현상의 내용이고 본체기 때문이다. 이 본체는 현상의 형식이나 방법, 근거율에 환원될 수 없는 것이다.

그런데 여기서 원인학이 아니라 철학을, 즉 세계의 본질에 대한 상대적 인식이

17　＊인간 육체의 '실체적 형상'은 인간의 지성적 작용과 지성적 생활의 원리인 지성적 영혼, 즉 인간의 영혼을 말한다.

18　이에 대해서는 수아레스의 『형이상학 논쟁』 XV, sect. I 참고

아니라 절대적 인식을 목표로 하는 우리는 앞에서 언급한 것과 반대의 길에 접어든다. 따라서 우리에게서 멀리 떨어져, 일면적이고 간접적으로 알려진 것을 이해하기 위해 우리에게 직접적이고 가장 완벽하게 알려져 있어 매우 친숙하며, 우리에게 가장 가까이에 있는 길에서 출발한다. 그리하여 우리는 가장 강력하고 중대하며 분명한 현상에서 보다 불완전하고 미약한 현상을 이해하는 법을 배우려 한다. 내 자신의 신체를 제외하면, 모든 사물 중 내가 알고 있는 것은 단지 **한** 면, 즉 표상의 면뿐이다. 내가 변화를 일으키는 모든 원인을 알고 있다 해도 사물의 내적 본질은 내게 닫혀 있고 깊은 비밀로 남아 있다. 어떤 동기에 의해 내 신체가 행동을 한다면, 나는 내 안에서 일어나는 것, 외적 근거에 의해 규정된 내 자신의 변화의 내적 본질인 것과 비교해서만 무생물이 원인에 의해 변화하는 방법을 통찰할 수 있고, 그리하여 무생물의 내적 본질이 무엇인지 이해할 수 있다. 그리고 원인에 대한 지식은 그 내적 본질의 현상에 관해서는 이 시간과 공간 속에 생겨나는 단순한 규칙만 알려 줄 뿐 그 이상은 알려 주지 않는다. 내가 이것을 할 수 있는 것은 내 신체만이 내가 **한** 면, 즉 표상의 면뿐 아니라 **의지**라 불리는 제2의 면도 알 수 있는 유일한 객관이기 때문이다.

그러므로 내 자신의 신체 조직, 나의 인식 작용과 의욕, 그리고 동기에 의한 나의 운동을 전기, 화학 현상, 기계 작용에 의한 원인에서 생긴 운동으로 환원할 수만 있다면 보다 잘 이해할 수 있을 거라 생각하는 대신, 나는 찾는 것이 원인학이 아니고 철학인 한, 이와 반대로 원인에 의해 일어난다고 보는 무기물의 가장 간단하고 평범한 운동 또한 먼저 그 내적 본질상 동기에 의해 일어나는 내 자신의 운동으로부터 이해하는 법을 배워야 한다. 그리고 자연의 모든 물체에서 나타나는 규명할 수 없는 힘들은 정도의 차이만 있을 뿐 성질상 내 안의 의지와 동일함을 인식해야 한다. 즉, 근거율에 관한 논문에서 열거한 넷째 부류의 표상(동기에 관한 표상)은 나에게 첫째 부류의 표상(존재에 관한 표상)을 이해하기 위한 열쇠가 되어야 하며, 또 동기화의 법칙으로부터 나는 인과율을 그 내적 의미에 따라 이해하는 법을 배우지 않으면 안 된다.

어떤 충격을 받아 공중을 나는 돌에 의식이 있다면, 그 자신의 의지로 나는 것으로 생각할 거라고 스피노자가 말하고 있다(『서간집』 62). 나는 단지 여기에 덧붙여 돌의 견해가 옳다고 말하겠다. 내게 동기로 생각되는 것이 돌에게는 충격이다. 돌의 경우 응집력, 중력, 불변성으로서 가정된 상태에서 현상하는 것이 그 내적 본질상 내가 내 안의 의지로 인식하는 것과 동일하다. 그리고 돌에도 인식이 추가되다고 한다면 돌 또한 의지로 인식할지도 모른다. 스피노자가 앞서 말한 곳에서 돌이 나는 필연성에 주목하고, 그 필연성을 개인의 개별적 의지 행위의 필연성에 옮겨서 생각하려 한 것은 당연하다 하겠다. 반면 나는 모든 실재적 필연성을 — 원인에서 결과가 생기는 것을 — 전제로 하여 비로소 의미와 타당성을 얻는 내적 본질을 고찰한다. 인간의 경우에는 성격이라 불리고, 돌의 경우에는 성질이라 불리지만, 그것이 직접 인식되는 경우에는 의지라 불리므로 둘이 동일하다. 그리고 그 의지는 돌의 경우에는 가장 약한, 인간의 경우에는 가장 강한 정도의 가시성, 즉 객관성을 갖는다. 모든 사물의 노력에 우리 인간의 의욕과 동일한 것이 있음을 성 아우구스티누스St. Augustinus(354~430)[19]도 올바른 감정으로 인식했다. 그래서 나는 그 문제에 대한 그의 소박한 표현을 여기에 적지 않을 수 없다.

"만일 우리가 짐승이라면 우리는 육욕적 생활과, 그 생활의 감각적 경향에 상응하는 것을 사랑할 것이고, 이 선善에서 우리 만족을 느낄 것이다. 또 이 점이 우리에게 잘되어 가면 우리는 더 이상 아무것도 요구하지 않을 것이다. 이와 마찬가지로 우리가 나무라면, 우리는 아무것도 느끼지 못할 것이고 운동에 의해 아무것도 얻지 못하겠지만, 보다 많은 열매를 맺고 보다 많은 수확을 올림으로써 일종의 **노력**을 보여 줄 것이다. 만일 우리가 돌이나 파도, 바람이나 불꽃 또는 그와 같은 것이라 한다면 어떤 의식이나 생명이 없더라도, 그럼에도 어떤 장소나 위치를 얻기 위한 일종의 **노력**을 안 하지는 않을 것이다. 중력의 운동에는 흡사 무거우면 아래로 내려오고 가벼우면 위로 올라가려는 것과 같은, 생명 없는 물체의 표현에 대한 **사랑**이 있기 때문이다. 물체는 정신이 사랑을 통해 그러듯이, 바로 자신의 무게에 의해 자신이 가고자 하는 곳으로 쏠리기 때문이다"(『신국론De Civitate Dei』 XI, 28).

---

19 * 로마령 아프리카에 있던 도시 히포의 주교(재위 396~430). 재위 당시 서방교회의 지도자이자 고대 그리스도교의 가장 위대한 사상가로 일컬어진다. 주요 저서로는 『고백록』, 『삼위일체론』, 『신국론』이 있다. 그는 젊은 시절 방황하면서 욕망의 대상에 대한 열렬한 추구는 근심과 낙담을 남긴다는 것을 깨달았다. 욕망을 찾아 방황한 경험에서 아우구스티누스는 평정을 갖는다는 것은 타락한 선이나 유희에서 멀어져서 자기 자신에게 회귀하는 것과 불가분의 관계가 있다는 것을 발견했다. 시간을 타락 또는 하강으로 생각하는 플라톤과는 달리 성 아우구스티누스는 시간성을 유한한 모든 존재에게 창조와 속죄의 장소로 생각한다. 『신국론』에서 두 개의 국가가 세계에 공존하고 있다고 말하며, 이 두 국가는 매우 다른 목적에 부합한다고 한다. 지상의 국가는 의지의 퇴폐(타락)에서 나오며, 이 지상 국가는 "신을 경멸하는 자기 사랑(자기애)"을 원리로 삼고 있다. 반대로 천상의 국가는 "자신을 경멸하는 신의 사랑"에 근거하며, 신을 사랑하고 신의 법에 따라 사는 모든 민족을 재결합시킨다.

「성 아우구스티누스」 페테르 파울 루벤스, 1630년대

이미 **오일러**가 중력의 본질은 결국 물체에 고유한 "경향과 욕망"에 환원되지 않을 수 없다고 통찰한 사실 또한 언급할 만한 가치가 있다(「공주에게 보내는 편지」 제68). 심지어 그가 뉴턴이 사용한 중력의 개념을 싫어한 것도 바로 그 때문이다. 오일러는 이전의 데카르트의 학설에 따라 이 개념의 변경을 시도하려 한다. 그러므로 물체에 대한 에테르의 충돌에서 중력을 도출하려 하는데, 그것이 "좀 더 이성적이고, 명쾌하고 이해하기 쉬운 원칙을 좋아하는 사람들에게는" 더 적절하다는 것이다. 그는 인력引力을 숨겨진 성질이라 하여 물리학에서 축출된 것으로 보려 한다. 이런 생각은 비물질적인 영혼의 상관 개념으로서 오일러의 시대에 성행한 생명 없는 자연관에만 적합할 뿐이다. 하지만 이는 내가 내세운 근본 진리와 관련해 볼 때 주목할 만한 일이다. 말하자면 벌써 당시에 이 정교한 두뇌의 소유자는 이 근본 진리가 멀리서 어른거리는 것을 보았지만, 황급히 방향을 돌리고 이제 당시의 모든 근본적인 견해가 위험에 처할까 염려해서, 심지어 이미 처리된 옛날의 불합리한 것이 자신을 보호해 주기를 바랐던 것이다.

25.
의지의 객관화 단계인 이념

우리가 알기로 **다수성**은 일반적으로 필연적으로 시간과 공간에 의해 조건 지어져 있으며, 시간과 공간 속에서만 생각할 수 있다. 이런 점에서 우리는 시간과 공간을 개체화의 원리라고 부른다. 그런데 우리는 시간과 공간을 근거율의 형태로 인식하는데, 그 명제 속에 우리의 선험적인 모든 인식이 표현되어 있다. 하지만 앞에서 자세히 설명했듯이, 그 인식은 바로 그 자체로서 사물들 자체가 아니라 사물들의 인식 가능성에만 귀속될 뿐이다. 즉, 그 인식은 사물 자체의 특성이 아닌 우리의 인식 형식일 뿐이다. 사물 자체는 모든 인식 형식으로부터 자유롭고, 또한 가장 보편적인 인식, 주관에 대한 객관 존재라는 형식으로부터도 자유로운 것으로, 즉 표상과는 전적으로 상이한 것이다.

그런데 내가 충분히 입증했고 납득되게 했다고 생각하는 것처럼, 이 사물 자체가 **의지**라면, 그것은 그 자체로 의지의 현상과 분리된 채 고찰되어 시간과 공간의 밖에 위치하게 되고, 따라서 다수성을 알지 못하므로 **하나**다. 그렇지만 이미 말했듯이, 개체나 개념처럼 하나라는 것은 아니고, 다수성을 가질 수 있는 조건이 개체화의 원리와는 무관하다는 것으로 하나다. 모두 의지의 **객관성**인 공간과 시간 속에서 사물의 다수성은 그 때문에 의지와는 관계없고, 의지는 사물의 다수성에도 불구하고 분할할 수 없는 상태에 있다. 그렇다고 돌 속에는 의지의 보다 작은 부분이 있고, 인간에게는 보다 큰 부분이 있다는 말은 아니다. 부분과 전체의 관계는 오로지 공간에 속하며, 이 직관 형식에서 벗어나면 더 이상 아무런 의미가 없기 때문이다. 또한 많고 적음도 현상, 즉 가시성이나 객관화와만 관계할 뿐이다. 이 객관화의 정도는 돌보다 식물에서 더 높고, 식물보다 동물에서 더 높다. 그러니까 의지가 나타나서 가시적으로 되고, 객관화되는 것에는 가장 약한 여명과 가장 밝은 햇빛 사이처럼, 가장 강한 음과 가장 약한 여음餘音 사이처럼 실로 무한한 등급이 있다. 우리는 나중에 의지의 객관화와 의지의 본질을 모사하는 것에 필요한 이 가시성의 정도에 대한 고찰로 되돌아갈 것이다.

그런데 의지의 객관화의 여러 등급은 의지 자체와 직접적인 관계가 덜하지만, 이 여러 단계에서의 현상의 다수성, 즉 온갖 형태를 지닌 수많은 개체나 또는 모든 힘의 개별적인 발현인 수많은 개체는 더욱 의지와 관계없다. 이 다수성은 의지 그 자체가 결코 그 속으로 들어가지는 않는 시간과 공간에 의해 직접 조건 지어지기 때문이다. 의지는 수백만의 떡갈나무에 그러는 것처럼, **하나**의 떡갈나무에도 같은 정도로 완전하게 자신을 드러낸다. 떡갈나무의 수, 즉 시간과 공간 속에서 의지의 다양화는 의지와 관련해서는 아무 의미가 없고, 공간과 시간 속에서 인식하고 스스로 그 속에서 늘어나고 흩어진 개체들의 다수성과 관련해서만 의미가 있을 뿐이다. 하지만 개체의 다수성 자체는 다시 의지가 아닌 의지의 현상과만 관계할 뿐이다. 그 때문에 또한 사람들은, 사실 불가능한 일이긴 하지만, 단 하나의 존재가, 그것이 아무리 미미한 것이라 할지라도 전적으로 없어진다면 그와 함께 세계 전체가 멸망할 수밖에 없다고 주장할 수 있으리라. 위대한 신비주의자인 안겔루스 질레지우스Angelus Silesius(1624~1677)[20]도 그런 심정으로 말하고 있다.

나는 알고 있다, 내가 없으면
신은 한순간도 살 수 없음을.
만약 내가 없어지면
신은 부득이 정신을 포기할 수밖에 없으니.
(『케루빔의 나그네』*Der Cherubinische Wandersmann*』 I, 8)

측량할 수 없는 우주의 크기를 각 개인에게 이해시키려는 시도가 여러 가지 방식으로 있어 왔고, 그것으로 우주에 비해 지구와 인간은 얼마나 하찮은 존재인가, 또 이와는 반대로 이처럼 하찮은 인간의 정신이 우주의 크기를 알아내고 파악하

---

20 *본명은 요한 셰플러Johann Scheffler. 신교에 반대하고 가톨릭으로 개종한 독일의 신비주의적인 종교 시인이다.

며 측정할 수 있다는 것이 얼마나 위대한가에 대한 교화적인 고찰을 위한 계기로 삼았다. 이 모든 것은 좋은 일이다! 그런데 세계의 측정 불가능성을 고찰하는 경우 나에게 가장 중요한 것은 다음과 같은 사실이다. 즉, 그 현상을 세계라 할 수 있는 본질 그 자체는—그것이 무엇이든 간에—그 참된 자기Selbst를 그 같은 무한한 공간에 펼쳐서 잘게 나누어 놓았을 리 없고, 이 무한한 외연은 전적으로 그 본질의 현상에만 속하지만, 이와 반대로 본질 자체는 자연의 어떤 사물이나 생물체 속에도 분할되지 않은 채 온전히 존재하고 있다. 바로 그 때문에 우리가 어떤 개별적 사물에 머물러 있더라도 아무것도 잃어버리는 것이 없다. 그리고 참된 지혜 또한 무한한 세계를 측정함으로써, 또는 보다 합리적으로 말한다면 끝없는 세계를 몸소 돌아다닌다고 해서 얻을 수 있는 것이 아니다. 오히려 참된 지혜는 개별적 사물의 참되고 원래적인 본질을 완전히 인식하고 이해하는 법을 배우려고 하면서, 어떤 개별적 사물을 철저히 탐구함으로써 얻을 수 있다.

그에 따라 이 경우 플라톤 학설의 신봉자라면 누구나 저절로 받아들일 수밖에 없는 다음 사실이 제3권에서 상세한 고찰의 대상이 될 것이다. 말하자면 무수한 개체로 표현되는 의지의 객관화의 여러 단계는 이 객관화의 유례없는 모범으로서, 또는 여러 사물의 영원한 형식으로서 현존하고 있다. 하지만 스스로는 개체들의 매질인 시간과 공간 속으로 들어가지 않고 고정되어 있어, 어떠한 변전에도 종속되지 않으며 늘 존재하지만 생성되지는 않는다. 반면 무수한 개체는 생멸하면서, 언제나 생성되지만 결코 존재하지는 않는다. 다시 말하면, **의지의 객관화의 이같은 여러 단계는 플라톤의 이데아와 같다**. 나는 앞으로 **이념**이라는 말을 이 의미로 사용할 수 있도록 여기서 임시로 이에 대해 언급하는 것이다. 그러므로 내가 이념이라는 말을 사용하는 경우에는 언제나 플라톤이 여기에 부여한 진정하고 근원적인 의미라고 이해해 주기 바란다. 그리고 이 경우 스콜라 철학이 독단적으로 말하는 이성의 추상적 산물이라고 생각해서는 절대로 안 되는데, 칸트는 그러한 이성을 지칭함에 있어서 플라톤이 이미 소유했고 지극히 합목적적으로 사용한 단어를 부당하고 부적절하게 잘못 사용한 것이다. 그러므로 내가 이념이라고 하는 것은, 의지가 사물 자체이며 그 때문에 다수성과는 무관한 한에서 **의지의 객관화의** 각기 특정한 고정된 여러 **단계**를 말한다. 개별적 사물에 대한 이들 단계의 관계는 물론 그들 사물의 영원한 형식이나 모범에 대한 관계와 같다. 디오게네스 라에르티우스는 그의 전기(III, 12)에서 저 유명한 플라톤의 교의를 아주 짧고도 간결하게 우리에게 전해 준다. "플라톤은 자연 속에서 이데아들은 말하자면 모범을 현존하지만, 그 외의 사물들은 이데아와 비슷할 뿐 모조물로 존재한다는 것을 가르치고 있다." 칸트가 잘못 사용한 것에 대해서는 더 이상 언급하지 않기로 하겠다. 이에 관해 필요한 것은 부록에 실려 있다.

26.
충분근거율에 종속되지 않는
의지의 객관화인 자연력

의지의 객관화의 가장 낮은 단계로 나타나는 것은 자연의 가장 일반적인 힘들인데, 그 힘의 일부는 중력이나 불가입성처럼 모든 물질에 예외 없이 현상하고, 일부는 일반적으로 현존하는 물질에 서로 나뉘어 존재한다. 그래서 강성剛性, 유동성, 탄성, 전기, 자성, 모든 종류의 화학적 특성과 성질들처럼 어떤 힘은 이 물질을, 다른 힘은 저 물질을 지배하며, 바로 그럼으로써 특별히 상이한 물질을 지배한다. 이 힘들은 인간의 행동처럼 자체적으로 의지의 직접적인 현상들이지만, 그 자체로는 인간의 성격과 마찬가지로 근거가 없다. 단지 그 힘들의 개별적인 여러 현상만은 인간의 행위들처럼 근거율에 종속되어 있는 반면, 힘 자체는 결과나 원인으로 부를 수 있는 게 아니라, 모든 원인과 결과에 선행하는 전제 조건들이며, 이 원인과 결과에 의해 힘의 고유한 본질이 펼쳐지고 드러난다. 그 때문에 중력이나 전기의 원인을 묻는 것은 분별 있는 일이 아니다. 중력이나 전기는 근원적인 힘이기 때문이다. 이 힘의 발현은 사실 원인과 결과에 의해 생기므로, 그 힘의 모든 개별적인 현상에는 원인이 있으며, 다시 그러한 개별적인 현상이라 할 수 있는 그 원인 자체는, 여기에 그 힘이 발현되어 시간과 공간 속에 나타나야만 했다는 규정을 마련해 준다. 하지만 그 힘 자체는 결코 어떤 원인의 결과도 아니고, 어떤 결과의 원인도 아닌 것이다. 그 때문에 "돌이 떨어지는 원인은 중력이다"라고 말하는 것 또한 잘못이라 할 수 있다. 오히려 이 경우 지구가 가까운 거리에서 돌을 끌어당기는 것이 원인이다. 만약 지구를 없애면 중력이 남아 있다 해도 돌은 떨어지지 않을 것이다. 이 힘 자체는 전적으로 원인과 결과라는 연쇄의 밖에 있다. 그 연쇄는 시간과의 관계에서만 의미를 갖기 때문에 시간을 전제로 하지만, 그 힘 자체도 시간의 밖에 있다. 개별적인 변화는 언제나 다시 바로 그러한 개별적인 변화를 원인으로 갖지만, 개별적인 변화가 발현된 것인 힘을 원인으로 갖지는 않는다. 하나의 원인이 무수히 많이 생긴다 해도, 그 원인에 언제나 효과를 부여하는 것은 사실 자연력이고, 그 자체로 근거가 없으며, 즉 전적으로 원인의 연쇄나 일반적으로 근거율의 영역 밖에 존재하기 때문이다. 또 그것은 철학적으로는 전체 자연의 즉 자대Ansich인 의지의 직접적인 객관성으로 인식되지만, 원인학으로, 여기 물리학에서는 근원적인 힘으로, 즉 숨겨진 성질로 입증되고 있다.

우리는 의지의 객관성의 높은 단계에서는 개성이 뚜렷하게 나타나는 것을 볼 수 있다. 특히 인간의 경우에는 개성이 개인적 성격의 커다란 상이함으로서, 즉 완벽한 인격으로서 현저하게 드러난, 전체적 체형을 포함한 개인적 인상에 의해 이미 외부적으로 표현된다. 어떤 동물도 그 정도로 뚜렷한 개성을 갖고 있지 않고, 고등 동물만이 약간 그러한 면모를 가지고 있을 뿐이다. 하지만 이 경우 아직 종속Gattung의 성격이 전적으로 우세해서, 바로 그 때문에 개별적 인상도 그다지 두드러지게 나타나지는 않는다. 하등 동물로 내려갈수록 개별적인 성격의 흔적이 사라지고 종種의 일반적인 성격이 두드러져, 종의 일반적인 인상만 남게 된다. 종속의 심리학적 특성을 알게 되면, 그것으로써 개체에게서 기대할 수 있는 것이 무엇인지 정확히 알 수 있게 된다.

이와는 달리 인간의 종에서는 각 개인은 별도로 연구하여 규명될 필요가 있는데, 인간의 행동 방식을 어느 정도 확실하게 미리 규정하려면 일단 이성이 생김으로써 위장의 가능성이 있으므로 극히 곤란해진다. 조류의 경우는 뇌수의 주름과 굴곡이 전혀 없고, 설치류齧齒類의 경우는 아주 조금만 있을 뿐이며, 고등 동물의 경우에는 양쪽이 훨씬 대칭을 이루고 있고, 개체마다 보다 일정하여 동일한데, 이 형상은 필시 인류와 다른 모든 동물과의 차이와 관련되어 있을 것이다.[21] 나아가서 모든 동물과 다른 인간의 고유한 개별적 특질로 볼 수 있는 현상으로는, 동물의 경우에는 특별히 상대방을 선택하지 않고 성 욕동을 충족하지만, 이와는 달리 인간의 경우에는 이 선택이 까다롭게, 그것도 어떠한 반성과도 무관하게 본능적

---

21 벤첼J. Wenzel, 『*De structura cerebri hominis et brutorum*』, 1812. Kap. 3-Cuvier, Leçons d'anat. comp. leçon 9, art. 4 u. 5.-Vicq d'Azyr, Hist. de l'acad. d. sc(iences). de Paris 1783, S. 470 u. 483.

으로 이루어져, 그것이 결국 엄청난 열정으로까지 치닫기도 한다. 그런데 모든 인간은 특별히 규정되고 특징지어진 의지의 현상으로, 심지어 어느 정도는 고유한 이념으로 간주될 수 있는 반면, 동물의 경우는 종만 아직 특유의 의미를 지닐 뿐이 같은 개별적 특성이 대체로 부족하다. 그리고 인간과 거리가 먼 동물일수록 점점 더 개별적 특성의 흔적이 사라지고, 결국 식물은 개체의 고유한 성격을 완전히 상실하여, 단지 토양이나 기후의 좋고 나쁜 외부적인 영향이나 다른 우연한 조건으로 완전히 설명될 수밖에 없다. 그리하여 결국 자연의 부기계에서는 모든 개성이 전적으로 사라지고 만다. 단지 결정結晶만이 아직 어느 정도 개체로 간주될 수 있을 뿐이다. 즉, 결정은 노력이 일정한 방향으로 향해 응고된 통일체로, 이때 노력의 흔적은 영속적으로 남긴다. 그 결정은 이와 동시에 통일에 대한 이념으로 결합되어 핵심적 형태로 이루어진 집합체이기도 하다.

이와 꼭 마찬가지로 나무는 모든 엽맥葉脈, 이파리, 가지마다 나타나고 반복되는, 하나하나 싹이 트는 섬유로 이루어진 집합체이고, 또 어느 정도 이것들은 각기 보다 큰 식물에 기생하며 살고 있는 독자적인 식물로 볼 수 있다. 그리하여 전체가 어떤 분할할 수 없는 이념, 즉 의지의 객관화의 특정한 단계의 완결된 표현이긴 하지만, 나무는 결정結晶과 유사하게 작은 여러 식물의 조직적인 집합체인 셈이다. 하지만 같은 유類의 결정을 갖는 개체들은 외적인 우연성에 의해 초래되는 차이밖에 가질 수 없다. 심지어 어떠한 유도 임의로 큰 결정이나 작은 결정으로도 만들어질 수 있다. 그런데 개체 그 자체로서, 즉 개별적 특성이란 흔적을 지닌 그 개체는 무기적인 자연 속에서는 더 이상 전혀 발견되지 않는다. 무기적인 자연의 모든 현상은 일반적인 자연력들, 즉 의지의 객관화의 여러 단계가 발현된 것이고, 이 단계들은 결코 (유기적인 자연에서처럼) 이념의 전체를 부분적으로 표현하고 객관화하는 개성의 상이함을 매개해서가 아니라, 오로지 종種 속에서만 나타나고, 또 모든 개별적인 현상 속에서 전적으로 아무런 차이 없이 이 종을 나타낸다. 시간, 공간, 다수성 및 원인에 의해 조건 지어진 존재는 의지나 이념(의지의 객관화의 단계)이 아닌 의지나 이념의 개별적인 현상에만 속한다. 그렇기 때문에 가령 중력이나 전기와 같은 자연력의 무수한 현상 속에서 자연력은 그 자체로서 아주 정확히 동일한 방식으로 나타나며, 단지 외적 사정에 의해서만 현상이 변경될 수 있을 뿐이다. 이렇게 자연력의 현상이 아무리 다양해도 그 본질은 단일하다는 것, 인과성을 실마리로 해서 출현하기 위한 여러 조건이 현존하기만 하면 자연력의 출현이 변함없는 항구성을 띠는 것이 **자연법칙**이라 불린다. 그 자연법칙이 일단 경험에 의해 알려지면, 자연력의 성격이 그 속에 표현되고 담겨 있으므로 자연력의 현상을 정확히 미리 규정하고 계산할 수 있다. 그런데 의지의 객관화의 보다 낮은 단계에 있는 여러 현상의 바로 이 같은 합법칙성 때문에 보다 높은 단계, 즉 동물이나 인간 그리고 이들의 행위에서 의지의 객관화의 보다 분명한 단계에 있는 동일한 의지의 현상이 매우 상이하게 보인다. 이 높은 단계의 현상에서는 개별석 특성이 보다 강하거나 보다 약하게 출현하고, 동기에 의해 좌우되기는 해도, 이 동기도 인식 속에 존재하기 때문에 보는 사람이 알지 못하는 경우가 가끔 있었다. 그래서 낮은 단계의 현상과 높은 단계의 현상도 내적 본질은 동일하다는 사실이 지금까지 전적으로 오인되어 왔던 것이다.

이념의 인식이 아닌 개별적인 것의 인식에서 출발해 보면 자연법칙의 무오류성은 놀랍기도 하고, 때로는 거의 몸서리쳐질 정도이기도 하다. 자연이 자연법칙을 한 번도 잊지 않는다는 것이 의아하게 생각될 수도 있다. 예컨대 일단 자연법칙을 따르게 되면 어떤 물질이 특정한 조건 아래 만나는 경우 화학 결합물이 생기고 가스가 발생하여 연소를 일으킨다. 그런데 또한 우리가 준비한 일이든 또는 전적으로 우연한 일이든 여러 조건이 일치하게 되면 ─ 그 경우 정확성은 예기치 않은 결과에 의해 더욱 놀랄 일이지만 ─ 천 년 전이나 지금도 즉각 조금도 지체 없이 특정한 현상이 발생하는 것이다. 아주 복잡한 사정에서만 일어나는 현상의 경우, 특히 이미 알고 있는 희귀한 현상의 경우 우리는 이 놀라운 일을 가장 생생하게 느낀다. 그래서 가령 두 종류의 어떤 금속이 산성 액체와 서로 교대로 접촉하게 되면, 두 종류의 금속을 연결하기 위해 양 끝 사이에 놓아둔 은판은 갑자기 푸른 불꽃을 내며 타오르거나, 또는 어떤 조건 아래에서는 단단한 다이아몬드가 탄산炭酸으로 변하기도 한다. 이 현상은 이처럼 우리를 놀라게 하는 자연력이 유령처럼 온 사방에 존재함을 뜻한다. 또 일상적인 현상에서는 생각지도 않은 사실을 이 경우에 깨닫게 된다. 다시 말해 원인과 결과 사이의 연관은 마치 주문呪文과 이것에 불려서 필연적으로 나타나는 영靈 사이에 있다고 꾸며지는 연관처럼 본래 신비로운 것이다.

이와는 달리 우리는 철학적 인식을 하게 되면서 자연력이 의지, 즉 우리 또한 우리 자신의 가장 내적인 본질로서 인식하는 것의 특정한 객관화 단계임을 알게 된다. 그리고 이 의지 그 자체는 의지의 현상이나 그 현상 형태와는 달리 시간의 밖에 존재하며, 또 그 때문에 시간과 공간에 의해 조건 지어진 다수성이 의지에, 또한 직접적으로 의지의 객관화 단계인 이념에 귀속하는 것이 아님을 알게 된다. 그런데 인과율은 시간이나 공간과 관련해서만 의미를 가지며, 말하자면 의지를 발현시키는 상이한 이념의 다양한 현상 속에서 그 현상들이 나타내는 질서를 규율하여 그 현상의 위치를 규정함으로써 비로소 이 이념의 현상에 귀속한다. 다시 말해 이런 인식을 하면서 공간, 시간 및 인과성은 사물 자체가 아닌 현상에만 귀속되는 것이고, 사물 자체의 속성이 아닌 우리의 인식 형식일 뿐이라는 칸트의 위대한 학설의 내적 의미를 깨닫게 되면, 우리는 자연력이 작용할 때의 합법칙성과 정확성, 자연력의 무수한 현상의 완전한 동일성, 자연력이 출현할 때의 무오류성에 대한 앞서 말한 놀라움은, 실은 어린아이나 미개인이 다면체로 깎은 유리를 통해 처음으로 어떤 꽃을 바라보고 수많은 꽃이 완전히 똑같다는 사실을 의아하게 생각해서 그 꽃잎들을 하나하나 세어 보는 것에 비교할 수 있다.

그러므로 모든 일반적이고 근원적인 자연력은 내적 본질로 볼 때 낮은 단계에서의 의지의 객관화에 지나지 않는다. 우리는 그 각각의 단계를 플라톤의 의미에서 영원한 **이데아**라 부른다. 그런데 **자연법칙**은 현상 형식에 대한 이념의 관계다. 이 형식이 서로 간에 필연적이고 불가분의 연관을 맺고 있는 시간, 공간 및 인과성이다. 이념은 시간과 공간에 의해 무수히 많은 현상으로 다양화된다. 그런데 이 현상이 다양한 형태로 나타나면서 따르는 질서는 인과율에 의해 확고하게 규정되어 있다. 말하자면 이 법칙은 이념의 상이한 여러 현상에 대한 한계점의 규범 Norm이며, 공간, 시간 및 물질은 이 규범에 따라 여러 현상에 할당되어 있다. 따라서 이 규범은 필연적으로 그 모든 상이한 현상의 공통된 기체基體인 현존하는 전체 물질의 동일성에 관계한다. 만약 이들 현상이 서로 나누어 가져야 하는 공통 물질에 의지하지 않는다면, 그들 현상의 요구를 규정하는 그 같은 법칙이 필요 없을지도 모른다. 이들 현상은 모두 동시에 또 병렬하여 무한한 시간에 걸쳐 무한한 공간을 채울 수 있을지도 모른다.

그런데 영원한 이념의 모든 현상은 하나의 동일한 물질에 의지하기 때문에 그 현상의 출현이나 소멸의 규칙이 있어야 했다. 그렇지 않으면 어떤 현상이 다른 현상에 자리를 양보하는 일이 없으리라. 이렇게 인과율은 본질적으로 실체의 불변성과 결합되어 있어서, 두 현상은 서로 상호적인 의미를 얻을 뿐이다. 그런데 두 현상에 대한 시간과 공간의 관계도 다시 이와 마찬가지다. 시간이란 같은 물질에 대해 상반된 규정을 할 수 있다는 단순한 가능성이고, 공간이란 모든 상반된 규정 아래에서 같은 물질이 불변할 단순한 가능성이기 때문이다. 따라서 우리는 제1권에서 물질을 시간과 공간의 합일이라 설명했지만, 이 합일은 실체가 불변하는 경우 우연성의 변화로서 나타나고, 이것의 일반적 가능성이 바로 인과성 또는 생성이다. 따라서 우리는 또한 물질이 철두철미 인과성이라고 말했던 것이다.

우리는 지성을 인과성의 주관적 상관 개념이라 설명했고, 물질(표상으로서의 세계 전체)은 지성에 대해서만 현존한다고, 지성은 물질의 조건이자 담당자이며 그 필연적인 상관 개념이라 말했다. 여기서 이 모든 것은 제1권에서 상세히 설명했음을 미리 상기해 주기 바란다. 제1, 2권을 완전히 이해하기 위해서는 두 권이 내적으로 일치함을 염두에 둘 필요가 있다. 현실 세계에서 불가분의 관계로 결합되어 있는 것이 세계의 양면, 즉 의지와 표상이며, 이들 두 권에 의해 서로 갈라져 있지만, 이는 각기 분리하여 다룸으로써 그만큼 더욱 분명히 인식하기 위해서였다.

실례를 들어 다음 사실을 보다 분명히 하는 것이 아마 불필요한 일은 아닐 것이다. 즉, 인과율은 시간과 공간, 그리고 이 둘의 합일에서 존재하는 물질에 대한 관계에서만 의미를 가질 뿐이다. 인과율은 자연력의 현상이 그 법칙에 따라 시간, 공간 및 물질을 나누어 갖는 경계를 규정하는 반면, 근원적인 자연력 자체는 사물 자체로서 근거율에 종속되지 않는 의지의 직접적인 객관화로서 이들 형식의 밖에 존재하고, 모든 원인학적 설명은 이들 형식 내에서만 타당성과 의미를 가질 뿐이다. 바로 그 때문에 어떤 원인학적 설명도 자연의 내적 본질에는 결코 이를 수 없다. 이 목적을 위해, 가령 역학의 법칙에 따라 구성된 하나의 기계를 생각해 보기로 하자. 쇠로 만든 추는 중력에 의해 운동을 시작한다. 구리로 된 바퀴들은 강성剛性에 의해 저항하고, 서로 밀치고 들어 올리며, 지레는 불가입성에 의해 이런 일을 한다. 이 경우 중력, 강성 및 불가입성은 설명되지 않는 근원적인 힘들이다. 역학이 알려 주는 것은 이들 근원적인 힘이 발현하고 나타나 특정한 물질, 시간 및 장소를 지배하는 방식과 여러 조건뿐이다. 그런데 지금 가령 강력한 자석이 추의 쇠에 작용하여 중력을 압도할 수 있다면 기계의 운동은 멈추고 그 물질은 즉각 전혀 다른 자연력이 지배하는 무대가 된다. 원인학적 설명도 마찬가지로 이 자연력에 대해 그 출현 조건, 즉 자기磁氣의 조건 말고는 아무것도 알려 주지 않는다. 그런데 기계의 구리판을 아연판 위에 두고 그 사이에 산성 액을 흘려 넣으면, 기계와 같은 물질은 금방 다른 근원적인 힘, 즉 갈바니 전기Galvanismus가 된다. 이제 그 갈바니 전기는 자신의 법칙에 따라 그 근원적인 힘을 지배하며, 그 물질에 생기는 전기 현상들을 통해 모습을 드러낸다.

원인학은 이들 현상에 대해서도 그렇게 되기 위한 사정과 법칙밖에는 알려 주지 못한다. 이제 온도를 높여 순수한 산소를 집어넣으면 기계 전체가 타 버리고 만다. 또 한 번 전혀 다른 자연력, 즉 화학 현상이 이때 이곳에서 그 물질에 거부할 수 없는 요구를 하게 되고, 그 물질로 인해 이념으로서, 즉 의지의 객관화의 특정한 단계로서 나타나게 된다. 그렇게 하여 생겨난 금속 석회Metallkalk가 이제 산과 결합하여 염鹽이 되고 결정이 된다. 이것들은 그 자체로 다시 전혀 규명할 수 없는 어떤 다른 이념의 현상인 반면, 그 현상의 출현은 원인학이 알려 줄 수 있는 조건에 의존해 있는 셈이다. 결정은 풍화하고, 다른 여러 재료와 섞여 식물이 생기게 한다. 즉, 하나의 새로운 의지 현상이 나타난 것이다.

이렇게 동일한 불변의 물질을 끝없이 추구해 가면, 때로는 이 자연력이, 때로는 저 자연력이 그 물질에 대한 권리를 얻고 불가불 권리를 발휘해서, 그 힘이 밖으로 나타나 자연력의 본질을 드러내는 것을 볼 수 있다. 이 권리의 규정, 그것이 적용되는 시점과 장소는 인과율이 알려 주지만, 그 법칙을 기초로 한 설명은 그 이상 더 나아가지 않는다. 힘 자체는 의지의 현상이고, 그 자체로는 근거율의 형태에 종속되지 않아, 근거가 없다. 힘은 시간의 밖에 있고 어디에나 존재하며, 그 힘이 나타나서 이때까지 이 물질을 지배한 여러 힘을 몰아내고 특정한 물질을 장악할 수 있는 사정이 출현하기를 흡사 계속해서 고대하는 것 같다. 모든 시간이란 그 힘의 현상을 위해서만 존재하고, 힘 자체에는 아무런 의미가 없다. 여러 가지 화학적 힘은 시약試藥에 접촉하여 해방될 때까지 수천 년 동안 어떤 물질 속에 잠들어 있다가 나타난다. 그러나 시간은 이 현상을 위해서만 존재하며, 그 힘 자체를 위해 존재하는 것은 아니다. 갈바니 전기는 수천 년 동안 구리와 아연 속에 잠들어 수은 옆에 조용히 있다가, 이 셋이 필요한 조건 아래 서로 접촉하자마자, 수은은 불꽃을 일으키며 타오르는 것이다. 유기물의 세계에서도 마른 종자가 3천 년 동안 잠들어 있는 힘을 보존하고 있다가 마침내 유리한 사정이 생기면 식물로 싹을 띄우는 것을 볼 수 있다.[22]

이제 이와 같은 고찰을 통해 우리에게는 자연력과 그 모든 현상 사이의 차이가 분명해졌다. 우리는 그 자연력이 의지의 객관화의 이 특정한 단계에서 의지 자체임을 깨닫게 되었다. 하지만 시간과 공간에 의해 여러 현상에게만 다수성이 귀속하며, 인과율은 개별적인 여러 현상을 위해 시간과 공간 속에서 위치를 규정하는 것에 불과하다. 그렇다면 우리는 또한 말브랑슈가 제창한 기회 원인론causes occasionelles[23]에 관한 학설의 완전한 진리성과 심오한 의미도 인식할 수 있을 것이다. 그의 이 학설은 그의 저서인 『진리의 탐구』, 특히 제6권 2부 3장과 같은 장에 부록으로 첨가된 해설에 언급되어 있다. 이것과 내가 지금 설명한 내용을 비교해 보고, 사유 과정이 서로 대단히 다르지만 두 학설이 완전히 일치하는 것을 아는 것은 대단히 뜻 깊은 일이다. 그러니까, 나는 말브랑슈가 그의 시대에 어쩔 수 없이 강요받은 실증적인 교의에 사로잡혀 있었지만, 그럼에도 그런 속박과 중압을 받으면서 퍽 다행스럽게도 올바로 진리를 발견하고, 그것을 바로 그 교의와, 적어도 그 교의의 말과 합일시킬 줄 알았다는 사실에 경탄하지 않을 수 없다.

진리의 위력은 믿을 수 없을 만큼 크고, 말할 수 없을 만큼 지속성을 띠기 때문이다. 우리는 흔히 보이는 진리의 흔적이 다시, 다양한 시대와 나라의 온갖 교의, 심지어 아주 기괴하고 불합리한 교의에도, 때로는 기이한 사회에서 비록 이상한 모습으로 섞여 있긴 하지만, 그래도 인정되는 것을 알고 있다. 이렇게 보면 진리란, 커다란 돌 더미 아래에서 싹이 트지만 그럼에도 돌아가고 굽어지는 온갖 고생을 하며 빛을 향해 기어 올라가고 볼품없게 되고 색이 바래지고 위축되면서도, 그

22　1840년 9월 16일, 페티그루 씨는 런던의 문학, 학술 협회에서 이집트의 고대 유물에 대한 강연을 하면서, 윌킨슨 경이 테베 부근의 무덤에서 발견한 밀알을 보여 준 일이 있었는데, 그것은 무덤에 3천 년 이상이나 그곳에 그대로 있었음에 틀림없었다. 그것은 밀봉된 꽃병 속에서 발견되었다. 그는 그중 12알을 파종해 보았는데, 거기서 하나의 식물이 생겨나 5피트가 넘게 자랐고, 그것의 씨는 완전히 여물었다(1840년 9월 21일 자 『타임스』). 이와 마찬가지로 1830년 홀튼 씨는 런던의 의학 식물 학회에서, 종교적인 고려에서 주어진 것 같고, 따라서 2천 년 정도는 되어 보이는 이집트의 미라의 손에서 발견된 덩이 모양의 뿌리를 하나 보여 주었다. 홀튼 씨가 이 뿌리를 화분에 심어 보았더니 즉각 자라서 푸른 싹이 돋아 나왔다. 1830년의 의학지에서 인용한 이 내용은 1830년 10월의 『대영 왕립 학회 저널Journal of the Royal Institution of Great-Britain』 180쪽에 실려 있다. "런던의 하이게이트에 있는 그림스톤 씨 정원에 있는 식물 표본관에서 자라는 완두 식물에는 콩이 잔뜩 열려 있다. 이것은 페티그루 씨와 대영 박물관 직원들이 이집트의 어떤 석관에서 발견한 꽃병에서 옮겨 심은 완두에서 생긴 것이다. 그 완두는 그 곳에서 2844년 동안 있었음에 틀림없다"(1844년 8월 16일 자 『타임스』). 그뿐 아니라, 석회석 속에서 발견되는 살아 있는 두꺼비는 동물의 생명조차 동면에 의하여 특수한 상황으로 보존되기만 하면 수천 년 동안 정지시킬 수 있다는 가정을 할 수 있게 한다.

23　* 데카르트의 학설을 계승하고 발전시킨 데카르트학파가 고찰의 중심으로 삼은 것은 데카르트가 미해결로 남긴 물심이원物心二元에 관한 심신 문제 및 섭리와 자유의 이원에 관한 변신辨神 문제이다. 이 문제 해결의 주된 시도로서 말브랑슈로 대표되는 기회 원인론과 스피노자로 대표되는 범신론이 있다. 기회 원인론은 세계 내의 사물의 유일한 작용자를 신이라 하고, 피조물로서의 정신이나 물체는 다만 이 신에 의해 작용된 기회 원인에 지나지 않는다는 견해다. 범신론은 데카르트의 기계적 물질계를 신 안으로 가지고 들어가 '신은 곧 자연이다'라는 견해다.

럼에도 빛을 향해 나아가는 식물과 비슷하다.

말할 것도 없이 말브랑슈의 견해가 옳다. 모든 자연적인 원인은 기회 원인에 지나지 않고, 하나의 분할할 수 없는 의지의 현상에 대한 기회나 계기를 마련해 줄 뿐이다. 의지란 모든 사물의 즉자태이고, 의지의 단계적인 객관화가 이 모든 가시적인 세계다. 이 장소와 이 시간에 나타나 가시적으로 되는 것은 원인에 의해 초래될 뿐이고, 그런 점에서 원인에 의존해 있지만, 현상 전체나 현상의 내적 본질이 원인에 의존하는 것은 아니다. 이 현상의 내적 본질은 근거율이 적용되지 않고, 따라서 근거가 없는 의지 자체다. 세계 내의 어떤 사물도 절대적이고 일반적으로 자신의 존재 원인을 갖는 것이 아니라, 바로 여기에서 바로 지금 현존하는 원인을 가질 뿐이다. 왜 하나의 돌이 어떤 때는 중력을, 어떤 때는 강성을, 어떤 때는 전기를, 어떤 때는 화학적 특성을 보여 주는가 하는 것은 원인, 즉 외부의 영향에 달려 있으며, 이 원인에서 설명할 수 있다. 하지만 그러한 여러 특성 자체, 그러한 여러 특성으로 이루어지고, 따라서 위에서 말한 모든 방식으로 나타나는 돌의 본질 전체, 즉 돌이라는 것은 있는 그대로의 모습 그 자체라는 것, 돌이 일반적으로 존재한다는 것, 이것은 근거가 없는 것이 아니라 근거가 없는 의지의 가시화인 것이다.

그러므로 모든 원인은 기회 원인이다. 그래서 우리는 인식이 없는 자연에서 이런 사실을 발견했다. 그런데 바로 그래서 여러 현상의 출현 시점을 규정하는 것이 더 이상 원인이나 자극이 아니라 동기인 경우에도, 즉 인간이나 동물의 행위에서도 마찬가지다. 인간이나 동물의 경우에도 자연에서와 마찬가지로 나타나는 것은 동일한 의지이기 때문이다. 의지의 발현 정도는 현격히 다르고, 여러 현상 속에서 이 의지는 다양하게 나타나고 이 현상은 근거율에 종속되지만, 의지 그 자체는 모든 것으로부터 자유롭다. 동기는 인간의 성격을 규정하는 것이 아니라 이 성격의 현상, 즉 행위만을 규정할 뿐이다. 즉, 인간의 인생행로의 외부적 형태는 규정하지만, 그 인생행로의 내적 의미나 내용을 규정하는 것은 아니다. 이 내적 의미와 내용은 의지의 직접적인 현상이며, 즉 근거가 없는 성격에서 비롯하는 것이다. 왜 어떤 사람은 악하고 다른 사람은 선한가 하는 것은 동기나 외적 영향, 가령 가르침이나 설교에 달려 있는 것이 아니며, 이 의미에서는 완전한 설명이 불가능하다. 하지만 어떤 악인이 주위의 좁은 범위에서 행하는 자질구레한 부정한 행위, 비겁한 음모, 비열한 행위에서 자신의 악의를 보이거나, 또는 정복자로서 여러 민족을 억압하고, 세계를 고난에 빠트리며, 수백만의 피를 흘리게 하는지의 여부는 그의 현상의 외적 형식이고, 그 현상의 비본질적인 것이며, 운명에 의해 그가 처하게 된 사정, 외부적 영향, 동기에 달려 있다. 하지만 이 동기에 근거한 그의 결단은 외부의 영향이나 동기로는 결코 설명할 수 없다. 그 결단은 의지에서 생기는데, 그 의지의 현상이 바로 인간이다. 이에 관해서는 제4권에서 설명하기로 하겠다.

성격이 그 특성을 전개시켜 나가는 방법과 방식은 인식이 없는 자연의 각 물체가 자신의 특성을 드러내는 방식과 비교할 수 있다. 물은 물에 내재하는 여러 가지 특성을 지님으로써 계속 물로 존재한다. 하지만 물이 고요한 호수로서 기슭을 비추거나, 거품을 일으키며 바위에 부딪치거나, 또는 인공적인 분수가 되어 하늘 높이 솟아오르든가 하는 것은 외적 원인에 달려 있다. 물에게는 어느 쪽이든 다른 쪽과 마찬가지로 자연스럽다. 하지만 사정이 달라짐에 따라 물은 이런저런 모습을 보이겠지만, 어느 것에도 즉각 응할 준비가 되어 있고, 어떠한 경우에도 자신의 성격에 충실하며 언제나 자신의 성격만을 드러낼 뿐이다. 이처럼 모든 인간의 성격도 어떤 일이 있더라도 드러나겠지만, 거기에서 비롯하는 현상은 사정에 따라 달라질 것이다.

27.
여러 단계의 의지의 객관화 과정

그런데 마지막으로 형식만 남아 있는 경우 모든 현상의 내용을 그 현상의 단순한 형식에 환원하려는 어리석은 노력에 빠지지 않으려면, 원인을 가지고 어느 정도까지 설명할 수 있고, 어디에서 그쳐야 하는지 자연의 힘과 그 현상에 대해 앞서 행한 모든 고찰로 분명히 알게 되었다면, 우리는 이제 모든 원인학에서 무엇을 요구할 수 있는지 일반적으로도 규정할 수 있을 것이다. 그것은 자연 속의 모든 현상에 대한 원인을 찾아내는 일이다. 즉, 현상을 언제나 생기게 하는 사정을 찾아내는 일이다.

하지만 그런 다음 원인학은, 현상의 차이가 힘의 차이에서 기인하는지, 또는 그 힘을 나타나게 하는 사정의 차이에서 기인하는지 올바로 판별하고, 이와 동시에 단지 상이한 사정에서 하나의 동일한 힘의 발현인 것을 상이한 힘들의 현상으로 간주하거나, 이와 반대로 원래 상이한 힘에 속하는 것을 하나의 힘의 발현으로 간주하지 않도록 주의하면서, 다양한 사정에서 여러 가지 형태로 나타난 여러 현상을 모든 현상에 작용하고 원인의 전제가 되는 것, 즉 자연의 근원적인 힘에 환원시켜야 한다. 그런데 이를 위해서는 직접적인 판단력이 필요하다. 그 때문에 물리학에서 통찰력을 늘릴 수 있는 사람은 드물지만, 경험은 누구나 넓힐 수 있다. 나태와 무지로 인해 사람들은 너무 손쉽게 근원적인 힘을 끌어들이는 경향이 있다. 이것은 스토아학파 철학자들의 실체Entität나 통성 원리Quidität[24]에서 아이러니와 유사한 과장법으로 드러난다. 나는 이 실체나 통성 원리가 결코 다시는 거론되지

---

24 *개성 원리에 대립되는 말로, 동일한 종류의 많은 개별적 사물에 통하는 본질을 나타내는 스토아 철학 용어

않기를 바란다. 물리학적인 설명을 하는 대신, 신의 창조력이나 의지의 객관화를 끌어들여서는 안 된다. 물리학은 원인을 요구하는 것이지만, 의지는 결코 원인이 아니기 때문이다.

현상에 대한 의지의 관계는 결코 근거율에 따르지 않으며, 그 자체로 의지인 것이 다른 한편으로 표상으로 현존하는데, 그것이 현상이다. 그 자체로 의지인 것은 현상으로서는 현상의 형식을 이루는 법칙을 준수한다. 그래서 예컨대 모든 운동이 언제나 의지의 현상이긴 하지만 하나의 원인을 가져야 하고, 그 운동은 특정한 시간과 공간에 대한 관계에서 보편적으로 운동의 내적 본질을 따르는 것이 아니라, **개별적**인 현상으로서 그 원인으로부터 설명될 수 있어야 한다. 돌의 경우 이 원인은 기계적인 원인이고, 인간의 운동의 경우에는 동기지만, 어떠한 경우에도 원인이 없을 수는 없다. 반면 보편적인 것, 특정한 종류의 모든 현상에 공통되는 본질, 즉 그것을 전제하지 않고는 원인으로부터 설명해 보았자 아무 의의도 의미도 없는 것이야말로, 이 경우 원인학적인 설명이 한계에 봉착하고 형이상학적인 설명이 시작되므로 물리학에서 숨겨진 성질로 방치해 두어야 하는 보편적 자연력이다.

그런데 원인과 결과의 연쇄는 증거로 끌어내야 하는 근원적인 힘을 통해 결코 단절되는 것이 아니고, 가령 연쇄의 첫째 고리인 이 근원적인 힘에 되돌아오는 것이 아니라, 연쇄의 다음 고리도 가장 마지막 고리와 꼭 마찬가지로 이미 근원적인 힘을 전제로 하고 있으며, 그렇지 않으면 아무것도 설명할 수 없을지도 모른다. 일련의 원인과 결과가 극히 다양한 힘들의 현상일 수 있는데, 내가 앞서 금속 기계의 예에서 상세히 설명한 것처럼, 이들 힘은 일련의 원인과 결과에 인도되어 연속적으로 나타나 가시적으로 된다. 그러나 서로에게서 도출될 수 없는 이 근원적인 힘들의 상이성은 여러 원인의 연쇄적 통일과 모든 그 고리 사이의 연관을 끊는 것이 결코 아니다. 자연의 원인학과 자연의 철학은 결코 서로 관계를 단절하지 않고, 상이한 관점에서 같은 대상을 바라보면서 서로 공존한다. 원인학은 설명될 수 있는 개별적인 현상을 필연적으로 초래하는 여러 원인을 해명하고, 이들 모든 원인과 결과 속에 작용하는 보편적인 힘들을 그 모든 설명의 토대로 내보이고, 이들 힘, 수, 차이점을 정확히 규정한다. 그런 다음 그 모든 힘이 사정이 달라짐에 따라 여러 가지로 나타나는 모든 결과를, 언제나 그 힘에 의해 확실한 규칙으로 전개되는 그 힘의 독특한 성격에 따라 규정하는데, 이 규칙이 **자연법칙**이라 불린다. 물리학이 이 모든 것을 모든 점에서 해내자마자 물리학은 완성에 도달할 것이다. 그러면 무기적 자연 속에는 미지의 힘이 더 이상 하나도 없고, 특정한 사정에서 어떤 자연법칙에 따라 그 힘들 중 하나의 현상으로 증명되지 않을 결과 또한 더 이상 하나도 없게 된다. 그럼에도 자연법칙은 자연을 보고 깨달은 규칙에 불과하고, 특정한 사정에서 이 사정이 나타나자마자 그때마다 자연은 그 규칙에 따라 움직이게 된다. 그 때문에 물론 자연법칙은 보편적으로 분명한 사실로 정의될 수 있다. 이런 사실에 따르면 모든 자연법칙을 완벽히 내보인다 해도 그것은 단지 하나의 완전한 사실 목록에 지나지 않을지도 모른다.

그다음으로 전체 자연의 고찰은 유기적 자연의 모든 영속적인 형태를 헤아리고 비교하며 정리하는 **형태학**을 통해 완수된다. 형태학은 개별적 존재가 출현하는 원인에 대해서는 별로 언급하지 않는다. 모든 존재의 경우 원인이 생식生殖이고, 그 생식의 이론은 독자적으로 전개되며, 우연 발생generatio aequivoca은 드물기 때문이다. 그런데 엄밀히 따져 보면, 의지의 객관성의 모든 낮은 단계, 즉 물리적이고 화학적 현상들이 개별적으로 나타나는 현상 방식도 이 우연 발생에 속하는 것으로, 이렇게 나타나기 위한 조건을 알려 주는 것이 바로 원인학의 임무다.

반면 철학은 어느 경우에도, 즉 자연에서도 보편적인 것만을 고찰한다. 자연의 경우에는 근원적인 힘 자체가 철학의 대상이고, 철학은 근원적인 힘 속에서 내적 본질이며 이 세계 그 자체인 의지의 객관화의 여러 단계를 인식하며, 철학은 의지를 고려하지 않는다면 이 세계를 주관의 단순한 표상이라 설명한다. 그런데 원인학이 철학의 준비 작업을 해서 증거에 의해 철학 학설을 적용하는 대신, 오히려 가령 **하나**의, 예컨대 불가입성과 같은 가장 일반적인 힘을 제외하고, 즉 원인학이 철저히 이해한다고 자부하고 그에 따라 다른 모든 근원력을 이 힘에 환원하려고 하는 불가입성을 제외하고 모든 근원적인 힘을 부인해 버리는 것을 자신의 목표라고 생각한다면, 원인학은 자신의 토대를 잃어버리는 셈이고 진리 대신 오류만을 제공할 수 있을 뿐이다. 그렇게 되면 이제 자연의 내용은 형식에 의해 쫓겨나는데, 모든 것은 영향을 주는 사정 탓으로 돌려지며 아무것도 사물의 내적 본질 탓으로 돌려지지 않는다. 실제로 이런 방법으로 진행된다면, 이미 말한 것처럼 결국 하나의 계산 문제가 세계의 수수께끼를 푸는 셈이 될지도 모른다. 이미 언급했듯이, 모든 생리학적 작용이 형식과 화합化合에, 즉 가령 전기에, 이 전기가 다시 화학적 현상에, 그런데 이 화학적 현상이 기계적 작용에 환원되어야 한다면 사람들은 이런 길을 걷는 것이다. 예컨대 천체의 운행을 어떤 유동체Fluidum의 충격에 환원하고, 여러 성질을 원자의 연관과 형태에 환원한 데카르트나 모든 원자론자의 오류는 모든 것을 기계 현상에 환원하려는 데 있었다. 이들은 자연의 모든 현상을 불가입성과 응집력의 단순한 현상이라고 설명하려 노력했다.

이 생각은 없어졌지만, 완고하게 유기체의 생명 전체와 모든 기능을 유기체의 성분의 '형식과 화합'에서 설명하려고 하는, 전기적이고 화학적이며 기계적인 입장을 취하는 생리학자들은 오늘날에도 같은 일을 한다. 생리학적 설명의 목적이, 물리학이 고찰하는 유기체 생명을 일반적인 힘에 환원하는 것이라는 사실이 메켈의 『생리학 총서*Archiv für Physiologie*』(1820) 제5권 185쪽에도 분명히 언급되어 있다. 라마르크Jean-Baptiste de Monet Lamarck(1744~1829)[25]도 그의 저서 『동물 철학*Philosophie Zoologique*』 제2권 3장에서 생명을 열과 전기의 단순한 작용이라 설명한다. "생명의 이 본질적 원인을 함께 이루기 위해서는 열과 전기 물질만 있으면 완전히 충분하다"(같은 책 16쪽). 그에 따르면 원래 열과 전기가 사물 자체고, 동식물계는 그것의 현상인 셈이다. 이 불합리한 견해는 이 책의 306쪽 이하에 분명히 나와 있다. 이따금씩 터져 나오곤 하던 그러한 견해가 최근 들어 뻔뻔스럽게도 새삼 다시 나타났다는 것은 널리 알려진 사실이다.

이 견해를 자세히 들여다보면, 결국 유기체란 물리적이고 화학적이며 기계적인 힘들의 현상의 집합체일 뿐이고, 여기서 우연히 그 힘들이 모여 더 이상의 의미가 없는 자연의 유희로써 유기체를 완성시킨다는 전제가 밑에 깔려 있다. 동물이나 인간의 유기체는 그에 따라 철학적으로 보면 자신의 이념 표현, 즉 보다 높은 특정한 단계에서 의지가 직접 객관화한 것이 아니라, 전기, 화학 현상, 기계 작용속에서 의지를 객관화시키는 이념이 그 유기체에 현상했을 뿐이다. 그러므로 인간이나 동물의 형태가 구름이나 종유석으로 만들어지기라도 한 것처럼, 그 유기체는 이들 힘이 만나 우연히 부풀어 오른 셈이 되므로 그 자체로 계속해서 흥미롭지 않을지도 모른다. 우리는 그럼에도 물리적이고 화학적인 설명 방식을 어떤 한계 내에서 유기체에 적용하는 것이 어느 정도까지 허용되며 유용한 것인지 이제

---

25 * 프랑스의 생물학자. 『동물 철학』에서 생물이 무기물에서 발생했다고 주장하여 생물 진화 이론을 세웠다. 『동물 철학』에서 그는 생명체의 위치 상승을 결정하는 두 가지 법칙을 제시했다. 첫째, 기관들은 계속 쓰면 더 나아지고 쓰지 않으면 약해진다. 둘째, 환경에 의해 결정된 획득과 손실은 생식에 의해 새로 생겨나는 후대에 전달된다. 50년 뒤 찰스 다윈의 『종의 기원』이 출간되면서 라마르크의 용불용설用不用說은 관심과 논쟁의 대상이 되었다. 라마르크의 설은 1930년대 이후에 대부분의 유전학자에 의해 거부되었는데, 예외적으로 소련에서는 리센코설Lysenkoism이라는 형태로 1960년대까지 소련 유전학계를 계속 지배했다.

곧 알게 될 것이다. 나는 생명력이 무기적 자연의 힘을 이용하고 사용하긴 하지만, 결코 그것들로 이루어져 있지 않다는 것을 설명하고자 한다. 이는 대장장이가 망치와 모루로 이루어져 있지 않은 것과 마찬가지다. 따라서 아무리 단순한 식물의 삶이라 해도 무기적 자연의 힘들, 가령 모세관의 힘이나 삼투Endosmos로는 결코 설명할 수 없을 것이며, 하물며 동물의 삶은 말할 필요도 없을 것이다. 이처럼 논하기 상당히 힘든 길을 트기 위해 다음과 같이 고찰해 보기로 한다.

앞에서 말한 모든 것에 따라, 의지의 객관성의 보다 높은 단계를 낮은 단계에 환원하려 한다면 이는 사실 자연과학의 오류다. 근원적이고 별개로 존재하는 자연력을 오인하고 부인하는 것은, 이미 잘 알려진 힘의 특수한 현상 방식이 나타난 것에 불과한 경우, 독특한 여러 힘을 근거가 없는 것으로 가정하는 것처럼 잘못이기 때문이다. 그 때문에 뉴턴 같은 사람에게 풀줄기에 대한 설명을 기대하는 것은 사리에 맞지 않는다고 한 칸트의 견해는 옳다. 다시 말해 뉴턴 같은 사람은 풀줄기를 물리적이고 화학적인 힘들의 현상으로 돌리고, 이들 힘의 우연한 결합, 그러므로 단순한 자연의 유희가 풀줄기가 된 것으로 본다. 그리고 그 풀줄기에서는 독특한 이념이 나타나는 것이 아니고, 즉 의지는 보다 높은 특수한 단계에서 직접 드러나는 것이 아니라 무기적 자연의 현상에서처럼 우연히 풀줄기라는 형태로 나타난 것에 불과하다고 본다. 이와 같은 설명을 결코 허용하지 않았을 스콜라 철학자들이라면 당연하게도, 그 말이 실체 형식forma substantialis을 전적으로 부정하고 그와 같은 것을 우연 형식forma accidentalis으로 깎아내리는 것이라 말했을 것이다. 아리스토텔레스가 말하는 실체 형식이란 내가 어떤 사물에서 의지의 객관화의 정도라고 부르는 것과 똑같기 때문이다.

그런데 다른 한편 모든 이념 속에서, 즉 무기적 자연의 모든 힘과 유기적 자연의 모든 형태 속에서 나타나 표상의 형식 속으로, **객관성** 속으로 들어가는 것은 **하나의 동일한** 의지라는 사실이 간과되어선 안 된다. 그러므로 의지의 단일성은 그 모든 현상 사이에 내적 유사성이 있다는 사실로도 인정되어야 한다. 그런데 이 단일성은 전체의 현상이 보다 분명한 곳, 즉 식물계와 동물계에서 모든 형식의 일반적으로 결정적인 유사성, 즉 모든 현상에서 발견되는 근본 유형을 통해 의지의 객관성의 보다 높은 단계에서 나타난다. 따라서 이 근본 유형은 금세기 프랑스인이 시작한 탁월한 동물학적 체계의 주도적 원리가 되었고, 비교 해부학에선 가장 완벽하게 구상의 통일이나 해부학적 요소의 동일성으로 증명된다. 이 근본 유형을 밝혀내는 것이 셸링학파 자연철학자들의 주된 일이기도 했고, 또한 그들에게 어느 정도 공적이 있다면 그것이 확실히 가장 칭찬할 만한 일이었다. 그렇긴 하지만 많은 경우 자연에서 유사성을 찾는 그들의 일은 단순히 익살을 부리는 것으로 변질되고 만다.

하지만 셸링학파 자연철학자들은 당연하게 무기적 자연의 여러 이념에서도, 예컨대 나중에 둘의 동일성이 확인된 전기와 자기磁氣 사이, 화학적인 끌어당김과 중력 사이 등에서도 일반적인 친화성과 친족 간의 유사성을 증명했다. 그들은 특히 **양극성**, 즉 하나의 힘이 서로 갈라져 질적으로 다르고 상반된 상태에서 다시 하나로 합치기를 노력하는 행위이며, 대체로 공간적으로도 반대되는 방향으로 분리됨으로써 나타나는 이 양극성이야말로 자석이나 결정結晶에서 인간에 이르기까지 자연의 거의 모든 현상의 근본 유형이란 점에 세인의 주의를 환기시켰다. 그렇지만 중국에서는 아주 오래전부터 이 인식이 음양 대립설에서 나타나고 있었다. 그러니까, 사실 세계의 모든 사물이 하나의 동일한 의지의 객관성, 따라서 내적 본질로 보면 동일하기 때문에 그들 사이에는 틀림없는 유사성이 있는 것이 분명하고, 보다 불완전한 모든 것 속에도 이미 다음에 존재하게 될 보다 완전한 것의 흔적, 전조 및 자질이 보인다. 그뿐 아니라 그 모든 형식이 **표상**으로서의 세계에만 속하기 때문에, 이미 표상의 가장 보편적인 형식에서, 현상으로 나타나는 세계의 이 본래적인 근본 구조 속에서, 즉 시간과 공간 속에서 이들 형식을 채우는 것의 근본 유형, 전조 및 자질을 증명할 수 있다는 것조차 가정해 볼 수 있는 일이다. 이에 대한 막연한 인식이라도 있었기에 카발라Kabbala[26], 피타고라스학파의 모든 수리 철학이 생겨났고, 중국인들의 『역경』도 그래서 생겨났을 것으로 생각된다. 그리고 우리는 셸링학파에서도 자연의 모든 현상 간의 유사성을 밝히려고 여러 가지로 노력하는 것을 볼 수 있는데, 실패로 끝나긴 했지만 공간과 시간의 단순한 법칙에서 자연법칙을 끌어내려 한 시도도 몇 번 있었다. 좌우간 언젠가 천재적 두뇌의 소유자가 나타나서 두 가지 노력을 어느 정도 실현할 수 있을지는 알 수 없는 일이다.

이제 현상과 사물 자체의 차이를 결코 눈에서 떼서는 안 되며, 따라서 (의지에는

---

26 *헤브라이어로 '이어받은 것', '전승'이라는 뜻을 가진 카발라는 9세기에서 13세기에 걸쳐 성립한 유대교의 비의적祕儀的 신비주의를 가리킨다.

그 객관성의 여러 단계가 있기 때문에) 모든 이념 속에 객관화된 의지의 동일성을 의지가 현상하는 개별적인 이념 자체의 동일성으로 왜곡해서도 안 된다. 따라서 예컨대 화학적이거나 전기적인 인력引力과 중력을 통한 인력 사이의 내적 유사성이 인정되고, 화학적이거나 전기적인 인력이 말하자면 중력을 통한 인력보다 높은 힘Potenz이라 간주될 수 있지만, 화학적이거나 전기적인 인력이 중력을 통한 인력으로 결코 환원되어서는 안 된다. 이것은 마치 모든 동물의 구조가 내적으로 유사하긴 하지만, 그 종種들을 혼동하고 동일시해서, 가령 보다 완전한 종을 보다 불완전한 종의 변종이라 말할 수 없는 것과 마찬가지다. 그러므로 결국 생리적 기능도 화학적이거나 물리적인 과정에 환원되어서는 안 된다면, 어떤 한계에서 이런 방식을 정당화하기 위해 다음 사실을 매우 가능성이 농후한 것으로 가정할 수 있다.

의지의 객관화의 보다 낮은 단계에서, 즉 무기물에서는 의지의 여러 현상 중 몇 개가 인과성을 실마리로 하여 각기 현존하는 물질을 제 것으로 삼으려 하면서 서로 충돌을 빚는 일이 있다. 그렇게 되면 이 싸움에서 지금까지 존재한 보다 불완전한 이념을 압도해 버리는 보다 높은 이념의 현상이 생기게 된다. 하지만 그렇게 하여 그 이념은 유사성을 자신 안에 받아들이면서, 그 이념의 본질을 종속적인 방식으로 존재하게 한다. 사실 이 과정은 모든 이념 속에서 현상으로 나타나는 의지가 동일하다는 것과, 점점 더 높은 객관화를 위해 의지가 노력한다는 것에서만 이해할 수 있다. 따라서 예를 들어 우리는, 골화骨化 현상이 결정화 현상에 결코 환원되어서는 안 되지만, 뼈가 굳어지는 현상을 원래 석회石灰에서 흔히 일어나는 결정화 현상과 명백히 유사한 것이라고 본다. 살이 굳어지는 현상에서는 이런 유사성이 보다 미약하게 나타난다. 이리하여 동물 신체 안의 여러 체액의 화합이나 분비도 화학적 화합이나 분리의 유사물Analogon이며 더구나 이 경우 화학적 화합이나 분리의 법칙이 계속 작용하지만, 종속적이고 현저하게 변화되어 보다 높은 이념에 제압된 상태에 있다. 따라서 단순히 화학적인 여러 힘이 유기체 밖에서는 결코 그러한 액液을 만들어 내지 않고,

화학에선 그것을 자연의 조작Encheiresin naturae[27]이라 부르지만,
스스로를 조롱하는 것일 뿐 그 근본 이치는 모르고 있어.[28]

보다 낮은 이념이나 의지의 객관화에 이처럼 승리를 거두고 생겨난 보다 완전

한 이념은 제압된 모든 이념으로부터 보다 높은 힘을 지닌 유사물을 자체 내에 받아들임으로써 사실 전혀 새로운 성격을 획득한다. 즉, 의지는 보다 분명한 새로운 방식으로 객관화되는 것이다. 유기체의 체액, 식물, 동물 및 인간은 최초에는 우연 발생에 의해 생기지만, 나중에는 이미 있는 배아胚芽에 동화함으로써 생기는 것이다. 그러므로 보다 낮은 여러 현상의 싸움에서 이들 현상을 모두 집어삼키지만, 또한 모든 현상의 노력을 보다 높은 정도로 실현시키는 보다 높은 현상이 생긴다. 따라서 이미 여기에서 "뱀이 용이 되려면 반드시 어떤 뱀을 집어삼켜야만 한다"[29]는 법칙이 지배한다.

　나는 소재에 부수적인 이런 사상의 애매함을 서술의 명료함에 의해 극복할 수 있었기를 바란다. 하지만 내가 이해되지 않거나, 또는 오해되기라도 한다면 독자 자신의 고찰이 나를 크게 도와주는 것에 틀림없음을 나는 잘 알고 있다. 앞서 언급한 내용에 따르면, 사실 유기체에서는 화학적이고 물리적인 작용 방식의 흔적이 증명되겠지만 유기체를 결코 이런 방식으로는 설명할 수 없을 것이다. 유기체란 그러한 여러 힘이 합치된 작용으로, 즉 우연히 생긴 현상이 아니라 보다 낮은 이념을 **압도적인 동화 작용**으로 종속시킨 보다 높은 이념이기 때문이다. 또 모든 이념 속에서 객관화된 하나의 의지는 될 수 있는 한 높은 객관화를 추구하면서 이념의 갈등을 거친 뒤 보다 높은 단계에서 더욱 강력하게 나타나기 위해 의지 현상의 낮은 단계를 포기하기 때문이다. 투쟁 없는 승리는 없다. 보다 높은 이념이나, 또는 의지의 객관화는 보다 낮은 이념을 제압함으로써만 나타날 수 있으므로, 낮은 이념의 저항을 받는 이들 이념은 높은 이념에 봉사하면서도 자신의 존재를 독립적이고 완벽히 발현할 수 있기 위해 여전히 노력하고 있다. 쇠를 집어 올린 자석은 의지의 객관화의 가장 낮은 객관화이며 쇠라는 물질에 보다 원래적인 권리를 지니고 있는 중력과 끊임없는 투쟁을 하며, 그런 투쟁을 하는 중 자석은 저항 때문에 보다 커다란 노력을 하게 됨으로써 심지어 힘이 더 커진다. 이와 마찬가지로 인간의 유기체에서 나타나는 모든 의지의 현상도 보다 낮은 이념으로서 그 물질에 대해 전부터 권리를 갖고 있는 많은 물리학적이고 화학적인 힘에 맞서 저항을

27　* '자연의 조작'은 괴테의 스승이었던 슈필만 교수가 사용한 용어다. 인간이 기술적으로는 모방할 수 없는, 자연의 오묘한 유기적 조작이나 형성 방식을 말한다.

28　괴테, 『파우스트』I, 1940~1941행

29　베이컨, 『유쾌한 설교집 Sermones Fideles』 38, De fortuna

계속한다. 한동안 중력을 제압하고 팔을 들고 있다가 얼마 못가 내려놓게 되는 것도 이 때문이다. 자기 자신을 의식하는 유기체의 이념이 원래 체액을 지배하고 있는 물리적이고 화학적인 법칙에 승리를 거둔 것을 표현하는 건강할 때의 기분 좋은 느낌이 자주 중단되고, 그러니까 그러한 여러 힘이 저항해서 생기는 어떤 크고 작은 언짢은 기분에 의해 늘 방해받는 것도 사실 이 때문이다.

이로 말미암아 이미 우리 인간 생명의 식물적인 부분은 언제나 잔잔한 고통과 결부되어 있다. 소화가 모든 동물적 기능을 억압하는 것도 이 때문이다. 소화는 동화 작용에 의해 화학적 자연력을 제압하기 위해 모든 생명력을 요구하기 때문이다. 그러므로 일반적으로 육체적인 생활의 부담이 있고, 수면과 궁극적으로는 죽음의 필연성이 있는 것도 그 때문이다. 그것은 결국 사정이 좋아지면 억눌려 있던 여러 자연력이 계속 자연력을 제압하느라 피곤해진 유기체로부터 빼앗긴 물질을 다시 탈환해서, 자신의 본질을 막힘없이 표현할 수 있기 때문이다. 그러므로 이념의 모사模寫인 모든 유기체는 물질을 놓고 자신과 다투는 보다 낮은 이념을 제압하는 데 쓴 힘의 부분을 뺀 후의 이념을 나타낼 뿐이라고도 말할 수 있다. 야콥 뵈메가 인간과 동물의 모든 신체, 나아가서는 모든 식물이 실은 반쯤은 죽어 있다고 어디선가 말했다면 그의 뇌리에 이런 생각이 아른거렸던 것 같다. 그런데 유기체가 의지의 객관성의 보다 낮은 단계를 나타내는 자연력을 제압하는 데 다소나마 성공함에 따라, 그 유기체는 보다 완전하게 또는 보다 불완전하게 자신의 이념을 표현하게 된다. 즉, 자신의 종속種屬의 아름다움을 구현하는 **이상**에 보다 가까워지거나 멀어지게 된다.

그리하여 우리는 자연의 도처에서 투쟁, 싸움, 승리의 교체를 보게 되고, 바로 그 점에서 의지에 본질적인 자기 자신과의 분열을 계속 보다 분명히 인식할 것이다. 의지의 객관화의 모든 단계는 다른 단계와 물질, 공간, 시간을 놓고 다툰다. 인과성을 실마리로 해서, 기계적이고 물리적이며, 화학적이고 유기적인 여러 현상은 각기 자신의 이념을 드러내고 싶어 어떻게든 현상으로 나타나려 애쓰므로, 불변하는 물질은 계속해서 형태를 바꾸지 않으면 안 된다. 자연 전체에서 이런 다툼이 벌어질 수 있고, 그러니까 자연은 사실 그런 다툼을 통해서만 다시 존재한다. "엠페도클레스가 말했듯이, 사물들 간에 다툼이 없다면, 모든 것이 하나일 것이기 때문이다."[30] 하지만 이 다툼 자체는 의지에 본질적인 자기 자신과의 분열을 드러내는 것에 불과하다. 이 보편적인 싸움이 가장 분명히 가시화되는 것은 식물계를 영양분으로 삼는 동물계에서다. 그리고 동물계 자체에서는 모든 동물이 다른 동물의 먹이나 영양분이 된다. 즉, 모든 동물은 다른 동물의 존재를 계속 없애야만 자신의 존재를 유지할 수 있으므로, 그 동물의 이념을 나타내는 물질은 다른 이념을 나타내기 위해 물러나지 않으면 안 된다. 그리하여 삶에의 의지는 대체로 자기 자신을 소모시키며, 여러 형태로 그 자신의 영양분이 되지만, 결국 인류는 다른 모든 것을 제압하기 때문에 자연을 자신이 사용하기 위한 제품이라고 간주한다. 그런데 인류 자신도, 우리가 제4권에서 알게 되겠지만, 자신 속에 투쟁, 즉 의지의 자기 분열을 섬뜩하리만치 분명히 드러내며 "인간은 인간에 대한 늑대 homo homini lupus"[31]가 되는 것이다.

그런데 우리는 이 같은 투쟁, 이 같은 제압을 마찬가지로 의지의 객관성의 보다 낮은 단계에서도 다시 보게 될 것이다. 많은 곤충(특히 맵시벌)은 알을 다른 곤충들 유충의 피부, 그러니까 체내에 낳지만, 거기서 부화되어 나온 새끼가 맨 처음 하는 작업은 그 유충을 서서히 파괴시키는 일이다. 옛 히드라의 가지로 자라난 뒤 그것과 분리되는 어린 히드라는 옛 히드라에 붙어 있는 동안 거기서 이미 먹이 쟁탈을 하여, 서로 다른 히드라의 입에서 먹이를 빼앗는 것이다.[32] 그런데 오스트레일리아에 서식하는 불독 개미가 이 종류의 가장 두드러진 예를 제공한다. 말하자면 그 불독 개미를 두 쪽으로 갈라놓으면 머리 부분과 꼬리 부분이 서로 싸우기 시작하여, 머리 부분이 꼬리 부분을 물면 꼬리 부분은 머리 부분을 찌르면서 용감하게 저항한다. 둘이 죽거나, 다른 개미한테 끌려갈 때까지 싸움은 반 시간이나 계속되곤 한다. 매번 이런 과정이 일어난다.[33] 미주리 강가에는 어떤 거대한 떡갈나무가 크고 거친 포도 덩굴에 줄기와 가지를 휘감기고 묶이고 매여서 질식된 것처럼, 분명히 시들어 버릴 걸로 보이는 경우가 가끔 있다.

이와 같은 현상은 의지의 객관성의 가장 낮은 단계에서도 보인다. 예를 들어 유기적 동화 작용을 통해 물과 석탄이 식물의 즙액으로 변화되거나, 식물이나 빵이 혈액으로 변화되는 경우가 그러하다. 그리고 화학적인 여러 힘을 종속적인 작용

---

30 아리스토텔레스, 『형이상학』 제5권

31 플라우투스Plautus, 『아시나리아 Asinaria』 제2권 495쪽

32 트렘블리Trembley, 『다족류』 제2권 110쪽과 제3권 165쪽

33 「갈리냐니스 메신저Galignani's Messenger」에 인쇄되어 1855년 11월 17일 자의 『주간 저널Weekly Journal』에 게재된 호위트Howitt의 편지 중

방식으로 제약하여 동물적인 분비가 일어나는 경우 어디서나 그러하다. 무기적 자연에서도 그런 현상이 생기는데, 예컨대 결정을 이룬 것이 서로 만나고 교차하고 서로 밀어내서, 결정으로 뒤덮인 거의 모든 공정석空晶石이 의지의 객관화의 아주 낮은 단계에서 의지가 이처럼 싸우는 것의 모사인 것처럼, 순전히 정출晶出[34]된 형태를 보일 수 없는 경우가 그러하다. 또는 자석이 자신의 이념을 쇠에도 나타내기 위해 쇠에 자성磁性을 강요하는 경우, 또는 갈바니 전기가 친화력을 제압하여 아주 굳게 맺어진 화합물을 분해하고 화학 법칙마저 무효로 만들어 버림으로써, 음극에서 분해된 염의 산酸이 도중에 있는 알칼리와 결합하지 않거나, 또는 리트머스 시험지를 대도 빨갛게 변하지 않고 어떻게든 양극에 가려고 하는 경우가 그러하다. 중심 천체와 행성의 관계에서도 대체로 이런 모습이 보인다. 이 행성은 유기체 내의 화학적 힘들과 마찬가지로 중심 천체에 여러 가지로 의존해 있으면서도 여전히 거기에서 벗어나려 한다. 거기서 구심력과 원심력의 계속적인 긴장이 생기는 것이다. 우주를 운행시키는 이 긴장은 이미 그 자체로 우리가 바로 고찰하고 있는 의지의 현상에 본질적인 그러한 일반적인 투쟁의 표현이다. 어떤 물체도 의지의 현상으로 간주되어야 하지만, 의지는 필연적으로 하나의 노력으로 나타나기 때문에 구형을 이룬 천체의 원래 상태는 정지 상태일 수 없고, 휴식도 목적도 없이 무한한 공간 속으로 나아가려는 운동이자 노력일 수 있기 때문이다.

관성의 법칙도 인과율도 이것을 방해하지 않는다. 관성의 법칙에 따르면 물질 그 자체는 정지나 운동에 아무런 관심이 없으며, 물질의 원래 상태는 운동일 수도 있고 정지일 수도 있기 때문이다. 그 때문에 물질이 운동하고 있을 경우 우리는 사실 이 운동에 앞서 정지 상태가 있었다고 전제할 권리가 없는 것과 마찬가지로, 운동이 시작된 원인에 대해 물을 권리도 없다. 이와 반대로 물질이 정지 상태에 있는 경우, 우리는 이 정지 상태에 앞서 운동이 있었다고 전제하거나, 운동이 그치고 정지가 시작된 원인을 물을 수도 없다. 따라서 원심력을 일으키는 최초의 충격은 찾아낼 수 없으며, 그것은 칸트와 라플라스 가설에 따르면 행성의 경우 중심 천체의 본래적인 회전의 잔재이며, 행성들은 중심 천체가 수축할 때 분리되어 나왔다고 한다. 그런데 이 중심 천체 그 자체는 본질적으로 운동하고 있다. 그것은 여전히 돌고 있는 동시에 무한한 공간 속을 날고 있거나, 어쩌면 우리 눈에

---

34 *액체의 용질溶質을 고체의 결정으로 석출해 내는 것

보이지 않는 더 큰 천체의 주위를 돌고 있을지도 모른다. 이 견해는 천문학자들의 하나의 중심 태양에 관한 추측과 완전히 일치하고, 우리의 전체 태양계의 이동이나 어쩌면 우리의 태양계가 속해 있는 전체 성단星團의 이동이 지각되는 것과도 완전히 일치한다. 이런 사실로 마침내 전체 중심 태양을 포함하여 모든 항성이 이동한다는 추론도 가능하다. 물론 이 이동은 ― 절대 공간에서는 운동이 정지와 구별되지 않기 때문에 ― 무한한 공간에서 아무 의미 없는 것으로 되어 버리고, 그리고 바로 이런 사실로 인해 이미 직접적으로 목표 없이 노력이나 날아감을 통해서와 마찬가지로, 허무와 궁극적 목표의 결여를 나타내는 표현이 되고 만다. 우리는 제2권의 끝에 가서 의지의 모든 현상 속에 나타나는 의지의 노력에 허무와 궁극적 목표의 결여를 인정하지 않으면 안 될 것이다. 그 때문에 또 다시 무한한 공간과 무한한 시간이 의지의 전체 현상의 가장 보편적이고 본질적인 형식이 되어야 했고, 현상은 그 자체로 의지의 전체 본질을 표현하기 위해 현존하는 것이다.

　마침내 우리는, 말하자면 의지 현상의 본질이 칸트에 의해 반발력과 견인력으로 올바로 표현된 한에서, 심지어 단순한 물질에서 이미, 투쟁 그 자체로서 보면, 이제까지 고찰한 모든 의지 현상의 서로에 대한 투쟁을 재인식할 수 있다. 그리하여 물질은 서로에 맞서는 여러 힘의 투쟁 속에서만 자신의 현존을 갖게 된다. 만약 우리가 물질의 모든 화학적 차이를 도외시하거나, 또는 원인과 결과의 연쇄를 아주 멀리 화학적 차이가 없는 곳까지 거슬러 올라가 생각해 보면, 우리에게 남는 것은 이제 단순한 물질, 구형으로 된 세계, 그 세계의 삶, 즉 의지의 객관화를 이루는 견인력과 반발력 간의 투쟁이다. 견인력은 중력으로서 사방에서 중심을 향해 밀어붙이고, 반발력은 강성剛性에 의해서든 탄성에 의해서든 불가입성으로서 견인력에 맞서는데, 이 끊임없는 밀어붙임과 저항은 가장 낮은 단계의 의지의 객관성으로 간주될 수 있으며, 벌써 그 단계에서 의지의 성격을 표현하고 있다.

　그리하여 우리는 여기 가장 낮은 단계에서는 의지가 아무리 해도 직접 인식할 수 없는 어떤 맹목적 충동, 불분명하고 막연한 활동으로 나타나는 것을 볼 수 있다. 그것이 의지 객관화의 가장 단순하고 미약한 종류다. 하지만 의지는 그러한 맹목적 충동이나 인식이 없는 노력으로서 무기물 자연 전체와 모든 그 근원적인 여러 힘 속에도 나타난다. 물리학과 화학이 하는 일은 그러한 힘들을 찾아내고 그 법칙을 알아내는 것이다. 그리고 이 수백만 가지의 각기 동일하고 합법칙적인 여러 현상 속에서 나타나는 이 힘들은 각기 개별적인 성격의 흔적은 드러내지 않고,

단지 시간과 공간을 통해, 즉 개체화의 원리에 의해 마치 어떤 상이 유리의 각면角面을 통해 다양하게 보일 뿐이다.

의지는 단계별로 자신을 보다 분명히 객관화하지만, 본래적인 원인이 아니라 자극이 의지의 현상을 맺는 유대인 식물계에서도, 아직 완전히 인식 없이 불분명하게 활동하는 힘으로서 작용한다. 그리하여 마침내 동물적인 현상의 식물적인 부분에서도, 즉 모든 동물의 발생과 발육에서 그 동물의 내부적인 경제성의 유지라는 면에서도, 여전히 자극만이 동물의 현상을 필연적으로 규정한다. 의지의 객관성의 단계가 점차 높아지면 결국 이념을 나타내는 개체가 자극에 반응하는 단순한 운동을 통해서는 흡수 동화되어야 하는 자신의 양분을 더 이상 유지할 수 없는 단계에 이른다. 그러한 자극이 오기를 기다려야 하지만, 이 경우에는 양분이 보다 특별하게 규정된 것이기 때문이다. 그리고 여러 현상이 점점 더 다양해지면서 밀치락달치락하는 혼란이 커져서 서로를 방해하게 되고, 단순한 자극에 의해 움직이던 개체가 우연히 양분이 주어지기를 기다려야 하는 일은 매우 탐탁지 않게 될 것이다. 그렇기 때문에 동물은 아무런 인식 없이 그저 살아온 알이나 모태에서 떨어져 나온 순간부터 양분을 찾아내고 골라내야 한다. 이를 통해 이 경우 동기에 따른 운동과 동기로 말미암은 인식이 필요하게 되고, 그러므로 인식은 의지의 객관화의 이 단계에서 요구되는 보조 수단, 즉 메카네[35]로서 개체를 유지하고 종족을 번식시키기 위해 나타난다. 사실 객관화되는 의지의 다른 모든 노력이나 규정이 어떤 기관을 통해 나타나듯, 즉 표상을 위해 하나의 기관으로 나타나듯 인식은 뇌수나 보다 큰 신경절Ganglion을 통해 나타난다.[36] 그런데 이 보조 수단, 즉 메카네가 생기면서 단번에 **표상으로서의 세계**가, 그것의 모든 형식인 객관과 주관, 시간, 공간, 다수성 그리고 인과성과 더불어 존재한다. 이제 그 세계가 제2면을 보여 준다. 지금까지는 세계가 단순히 의지였지만, 이제는 동시에 인식 주관의 객관인 **표상**이기도 하다. 지금까지 어둠 속에서 아주 확실하고 틀림없이 자신의 욕동을 추구해 온 의지는 이 단계에서, 의지의 현상의 혼잡하고 복잡한 속성에서 가

35　* 그리스어로 기중기라는 뜻이다. 고대 그리스와 로마 연극에서 줄거리를 풀어 나가고 해결하기 위해 신이 기중기를 이용하여 하늘에서 나타났기 때문에 이런 연극 장치를 '데우스 엑스 마키나deus ex machina'라고 부르게 되었다.

36　이에 대해서는 제2편 제22장, 그리고 나의 저서 『자연에서의 의지에 대하여』 제1판 54쪽 이하와 70~79쪽, 제2판 46쪽 이하와 63~72쪽 참고

장 완전하게 생길지도 모르는 단점을 제거하기 위해 필요해진 하나의 수단으로서 등燈에 불을 붙인 셈이다. 의지가 무기적이고, 단순히 식물적인 자연에서 작용한 지금까지의 틀림없는 확실성과 합법칙성은 의지가 도움을 받지 않고, 그러나 제2의 전혀 다른 세계, 즉 사실 자신의 존재의 모사에 불과하지만 전혀 다른 속성을 지닌, 이제 의지의 여러 현상의 연관에 개입하는 표상의 세계로부터 방해도 받지 않으며, 오로지 자신의 원래적인 본질 속에서만 맹목적 충동인 의지로서 활동한 것에 근거하고 있었다. 이로 이해 이제 의지 현상의 틀림없는 확실성은 없어지고 만다. 동물들은 이미 가상이나 착각에 빠지게 되어 있다.

그런데 동물들에게는 직관적 표상만 있을 뿐 개념도 반성도 없기 때문에 현재에 매여 있어 미래를 고려할 줄 모른다. 이러한 이성 없는 인식은 어떤 경우에도 자신의 목적을 달성하기가 충분하지 않은 것 같고, 때로는 흡사 도움을 필요로 하는 것처럼 보인다. 의지의 맹목적 작용과 인식에 의해 밝혀진 두 종류의 현상이 극히 놀라운 방식으로, 서로의 영역에 개입하는 특기할 만한 현상이 우리에게 생기기 때문이다. 한편 말하자면 우리는 직관적 인식과 그 동기에 인도된 동물의 행동 중 이 인식과 동기 없이, 즉 맹목적으로 작용하는 의지의 필연성으로 수행된 행동을, 동기와 인식에 인도되지 않으며 마치 추상적이고 합리적인 동기에 의해 업적을 이룬 것처럼 보이는 예술 욕동에서 발견한다. 이것과 상반되는 다른 경우는 이와 반대로 인식의 빛이 맹목적으로 작용하는 의지의 작업장에 침입하여 자력磁力의 힘으로 투시하면서 인간 신체의 식물적 기능을 밝혀 주는 경우다. 이제 마지막으로 의지가 그 객관화의 가장 높은 단계에 도달했을 경우, 감성은 지성으로부터 자료를 제공받지만, 그것으로는 현재에 매여 있는 단순한 직관밖에 생기지 않으므로, 동물에 주어진 지성의 인식으로는 더 이상 충분하지 않게 된다. 복잡하고 다양하며, 유연하고 지극히 도움이 필요하며 무수한 상처를 입기 쉬운 존재인 인간은 존속하기 위해 이중의 인식에 의해 일깨워져야 했다. 말하자면 직관적 인식의 보다 높은 힘이 이 직관적 인식에 더해져, 그 직관적 인식의 반성이자 개념 능력으로서의 이성이 생겨야 했다. 이 이성으로 미래와 과거를 개관하는 분별력이 생겨났고, 그에 이어 숙고와 배려, 현재와는 무관하게 사전에 생각하고 행동하는 능력이 생겨났으며, 마지막으로 자신의 의지 결정 그 자체로서의 완전히 분명한 의식도 생겨났다.

그런데 이미 단순히 직관하는 인식으로 가상과 착각의 가능성이 생겨났으며,

이로 말미암아 의지의 인식 없는 활동에서 이전과 같은 확실성은 없어졌다. 그 때문에 인식에 의해 인도된 의지의 발현 중 인식 없는 의지의 발현인 본능과 예술 욕동은 의지를 도와야 했다. 그리하여 이성이 출현함으로써 의지 발현의 확실성과 정확성(다른 극인 무기적 자연에서는 심지어 엄격한 합법칙성으로 나타난다)은 거의 완전히 사라지고 만다. 즉, 본능은 완전히 물러나고, 이제 (제1권에서 상세히 설명했두이) 모든 것을 대신해야 하는 숙고가 동요와 불확실성을 낳는다. 많은 경우 행동으로 의지의 적절한 객관화를 방해하는 오류 가능성이 생겨난다. 의지가 이미 성격에 자신의 특정한 불변의 방향을 취하고 있고, 그에 따라 의욕 자체가 동기를 계기로 틀림없이 나타나기는 하지만, 그런 경우 망상의 동기가 즉시 현실적 동기에 영향을 주어 현실적 동기를 없애 버리면서, 오류가 의욕의 발현을 왜곡하는 수가 있기 때문이다.[37] 그래서 예컨대 현존하는 사정에서 자신의 의지가 보통 발현하는 방식과 상반되는 어떤 행동 양식을 인간에게 강요하는 망상적 동기를 미신이 덮어씌우는 경우가 그러하다. 아가멤논이 자기 딸을 죽이는 것, 수전노가 언젠가 100배로 이득을 얻으리라는 희망으로 순수한 이기심에서 돈을 희사하는 것 등이 그런 경우다.

그러므로 인식은 직관적인 것이든 이성적인 것이든 원래 의지 자체에서 생겨나고, 신체의 모든 기관과 마찬가지로 종과 개체를 유지하기 위한 수단인 단순한 메카네로서 의지의 객관화의 보다 높은 단계에 속한다. 그러므로 원래 의지에 봉사하고 의지의 목표를 달성하도록 규정된 인식이 또한 거의 어디서나, 즉 모든 동물과 거의 모든 인간에게서 전적으로 의지에 도움을 준다. 그렇지만 우리는 사람에 따라 인식이 이 봉사 활동을 하지 않고 그 굴레를 벗어던지며, 의욕의 어떠한 목표에도 구애받지 않고 세계를 그대로 반영하는 거울로서 순전히 독자적으로 존재할 수 있음을 제3권에서 알게 될 것이다. 이 상태에서 예술이 생겨난다. 마지막으로 제4권에서는, 이런 종류의 인식을 통해 인식이 의지에 도로 영향을 미치면 의지의 자기 포기가 일어날 수 있음을 알게 될 것이다. 즉, 그것이 모든 덕과 성스러운 것의 최종 목표, 그러니까 가장 심오한 본질이며 세계로부터의 구원인 체념이다.

---

37 그 때문에 스토아 철학자들은 꽤 적절하게 다음과 같이 말했다. "궁극적 원인은 그것의 현실적 존재에 따라 작용하는 것이 아니라, 그것의 인식된 존재에 따라 작용한다Causa finalis movet non secundum suum esse cognitum"(수아레스, 『형이상학 논쟁』XXIII, sect. 7 et 8).

28.
의지의 객관화에 나타나는 합목적성

우리는 의지가 객관화하여 나타나는 여러 현상이 무척 다양하고 상이하다는 것을 고찰했다. 그러니까 우리는 의지 상호 간의 무한하고 화해할 수 없는 투쟁을 보아 왔다. 그럼에도 우리가 지금까지 해 온 모든 서술에 따르면, 의지 자체는 사물 자체로서 다수성이나 변전에서는 결코 파악되지 않는다. (플라톤적인) 이데아들, 즉 객관화의 여러 등급의 상이성, 제각기 그 속에서 자신의 모습을 드러내는 개체들의 집합, 물질을 둘러싼 여러 형태의 투쟁, 이 모든 것은 의지와는 관계없고, 의지의 객관화의 방식일 뿐이고, 다만 이 방식을 통해 의지와 간접적인 관계를 가질 뿐이며, 이 관계에 의해 표상에 대한 의지의 본질을 표현하는 데 필요하다. 환등기가 다양한 많은 그림을 보여 주지만, 이들 모든 그림이 눈에 보이게 되는 것은 다만 하나의 같은 불꽃 때문이다. 마찬가지로 병렬하여 세계를 채우거나, 또는 사건으로서 서로 밀치며 잇달아 일어나는 모든 다양한 현상 속에서 **하나의 의지**만 현상으로 나타나는 것이며, 만물은 이 의지가 가시적으로 되고 객관화된 것이다. 그리고 그 의지는 그러한 변전 속에서도 변함없이 끄떡하지 않는다. 의지만이 사물 자체다. 그러나 모든 객관은 현상Erscheinung이며, 칸트의 용어를 빌면 현상체Phänomen다.

의지는 인간에게서 (플라톤적인) 이데아로서 가장 분명하고 완전하게 객관화되지만, 이 이념만으로는 인간의 본질을 표현할 수 없다. 인간의 이념이 적절한 의미로 현상하기 위해선 혼자 지리멸렬하게 나타나서는 안 되고, 동물의 모든 형태와 식물계를 거쳐 무기물에 이르기까지 아래로 단계에 따라 나타나야 한다. 이 모든 단계는 비로소 의지의 완벽한 객관화를 위해 서로를 보충하게 된다. 나무의 꽃이 잎, 가지, 줄기 및 뿌리를 전제로 하듯이 인간의 이념도 그 여러 단계를 전제로 하고 있다. 즉, 그들 단계는 인간을 정점으로 하는 피라미드를 이루고 있다. 또한 비유를 드는 것을 좋아하는 사람에게는 이렇게 말할 수 있다. 그 현상이 필연적으로 인간의 현상을 따르는 것은 환한 빛에 이어 반쯤 그림자 섞인 빛이 점차 단계별로 나타나다가 결국 어두워지는 것과 마찬가지다. 또는 그 현상을 인간의 여운이라 부르며 이렇게 말할 수도 있다. 동물과 식물은 인간보다 음정이 5도나 3도 낮고, 무기계는 한 옥타브 낮다. 그런데 제3권에서 음악이 지닌 깊은 의미를 규명해 보면 비로소 지금 말한 비유의 전체적인 진리가 우리에게 분명해질 것이고, 경쾌한 고음을 통해 관계를 맺으며 진행되는 선율은 어떤 의미에서 반성에 의해 관계를 갖는 인간의 삶과 노력을 나타내는 것으로 간주될 수 있음이 우리에게 밝혀질 것이다. 반면 음악을 완성시키는 데 필요한 화음을 낳는 연관 없는 보조 기악음[38]과 장중한 저음은 여타의 동물적이고 인식 없는 자연을 모사한다는 것이 밝혀질 것이다. 그러나 이에 대해서는 더 이상 역설적으로 들리지 않을 적절한 지점인 제3권에서 다루기로 하겠다.

하지만 또한 의지가 적절한 객관성을 얻기 위해서는 의지의 현상이 모름지기 단계별로 나타나야 한다는 **내적 필연성**도 이 단계적 현상의 전체에서는 **외적 필연성**에 의해 표현된다. 말하자면 외적 필연성에 의해 인간이 자신을 유지하기 위해서는 동물이 필요하며, 이들 동물은 단계별로 하위의 동물과 아울러 식물도 필요로 하며, 식물은 다시 땅을 필요로 해서, 물이나 화학적 요소 및 그 화합물을 필요로 하며, 행성이나 태양, 이 태양을 중심으로 한 자전과 공전, 황도의 경사 등을 필요로 한다. 요컨대 이것은 의지 이외에는 아무것도 존재하지 않으며, 또 의지는 허기진 의지이기 때문에 의지 자체가 자신을 먹어치우며 살아가야 한다는 데 기인한다. 추구, 불안 및 고뇌가 생기는 것은 이 때문이다.

여러 현상은 한없이 상이하고 다양하지만 사물 자체인 의지는 단일하다. 이 인식이야말로 자연의 모든 산물이 놀라울 정도로 확실히 유사하다는 사실과, 함께 주어진 것은 아니지만 같은 테마의 변종이라고 볼 수 있는 친족 간의 유사성에 대해 진정한 해명을 해준다. 이와 마찬가지로 우리가 방금 살펴본 등급의 필연성, 세계의 모든 부분의 본질적 연관인 앞서 말한 화음, 같은 정도로 분명하고도 깊

---

38 *독창 성부를 강화하는 데 쓰이는 기악음과 성부(18세기)

이 파악된 이런 것을 인식함으로써 우리에게는 모든 유기적 자연 산물의 내적 본질과 부인할 수 없는 **합목적성**의 의미를 참되고도 충분하게 통찰할 수 있는 길이 열리게 될 것이다. 우리는 심지어 유기적 자연 산물을 고찰하고 평가하는 경우 그 합목적성을 선험적이라고 전제하고 있다.

이 **합목적성**에는 두 가지 종류가 있다. 한 가지는 **내적** 합목적성으로, 즉 어떤 개별적인 유기체의 모든 부분이 질서 있게 일치해서 그로 인해 유기체와 그 종속種屬이 유지되고, 따라서 유기체와 그 종속의 유지가 질서의 목표로 나타나는 것이 내적 합목적성이다. 그런데 다른 한 가지는 **외적** 합목적성으로, 말하자면 전체 유기적 자연이나 개별적인 동물 종속의 유지를 가능하게 하고, 따라서 이 목표에 대한 수단으로서 우리의 평가 대상이 되는 비유기적 자연의 유기적 자연 일반에 대한 관계, 또는 유기적 자연의 개별적 부분 상호 간의 관계도 외적 합목적성이다.

그런데 **내적 합목적성**은 다음과 같이 우리의 고찰 속에 들어온다. 지금까지 말한 것에 따라, 자연에서의 여러 형태가 상이성과 개체들의 다수성이 의지에 속하지 않고 단지 의지의 객관성과 이 객관성의 형식에 속할 뿐이라면, 그 결과 필연적으로 의지의 객관화 정도, 즉 (플라톤적인) 이데아는 무척 상이하지만, 의지는 분할할 수 없는 것이며 어떤 현상 속에도 완전히 언제 어디서나 존재하고 있다. 보다 쉽게 이해하도록 하기 위해 우리는 이 상이한 이념들을, 의지의 본질이 의지의 행위 속에서 어느 정도 표현되는 개별적이고 그 자체로 단순한 의지 행위로 고찰할 수 있다.

그런데 개체는 다시 이념, 즉 시간, 공간 및 다수성 속에서 그 행위의 현상이다. 그런데 객관성의 가장 낮은 단계에서 그 행위(또는 이념)는 현상 속에서도 단일성을 유지하고 있는 반면, 의지는 보다 높은 단계에서 현상하기 위해 시간 속에서 일련의 온갖 사정과 발전을 필요로 한다. 이런 것들이 모두 합쳐져서 비로소 의지의 본질을 완전히 표현하게 된다. 그리하여 예컨대 어떤 보편적인 자연력 속에서 드러나는 이념은 언제나 단순하게 발현될 뿐이다. 물론 이 단순한 발현은 외적 상황에 따라 상이하게 나타난다. 그렇지 않으면 이념의 동일성도 전혀 증명되지 않을지도 모르지만, 실은 단순히 외적 상황에서 생기는 상이성을 구별함으로써 동일성이 증명되는 것이다. 이와 마찬가지로 결정結晶에는 하나의 생명 발현만이 있는데 그 생명 발현은 후에 순간적인 생명의 시신屍身인 굳어진 형태에서 완전히 충분하고도 남김없이 표현된다.

그런데 이미 식물은 그것의 현상인 이념을 단번에 단순한 발현으로 표현하지 않고, 시간 속에서 식물의 기관이 연속해 발전하는 것으로 표현하고 있다. 동물은 마찬가지 방식으로 종종 아주 상이한 형태가 연속해 나타나는 것(변태)으로 유기체를 발전시킬 뿐만 아니라, 이 형태 자체가 이미 이 단계에서 의지의 객관성이긴 하지만, 그래도 동물의 이념을 완전히 표현하기에는 충분하지 못하고, 오히려 동물의 행동에 의해 비로소 이 형태가 보완된다. 그 행동에서 동물의 종 전체에 동일한 경험적 성격이 표현되고, 그 성격에서 비로소 이념이 완전히 드러나며, 그럴 때 그 이념은 특정한 유기체를 근본 조건으로 전제하고 있다. 인간의 경우에는 이미 각 개인에게 경험적 성격이 독특한 것이 된다(제4권에서 알게 되겠지만, 그러니까 종의 성격을 완전히 없애 버리는 것, 말하자면 전체적인 의욕을 스스로 없애 버리는 것이 된다). 시간 속에서 필연적으로 발전하고, 그로 인해 조건 지어져 개별적인 행동으로 나누어져 나타남으로써 경험적 성격으로 인식되는 것은 현상이라는 이 시간적 형식을 추상하면, 칸트가 말하는 **예지적 성격**이다. 칸트는 이 차이점을 증명하고, 자유와 필연성 사이, 즉 시간 속에서 사물 자체로서의 의지와 의지의 현상 사이의 관계를 설명하여 자신의 불후의 공적을 특히 훌륭하게 보여 준다.[39]

그러므로 예지적 성격은 이념, 또는 보다 엄밀히 말하면 이념 속에 드러나는 본래적 의지 행위와 일치한다. 그러므로 그런 점에서 모든 인간의 경험적 성격뿐 아니라 모든 동물과 식물의 종의 성격, 심지어 무기적 자연의 모든 근원적인 힘의 성격마저도 예지적 성격의 현상으로, 즉 시간 외적이고 분할할 수 없는 의지 행위의 현상으로 볼 수 있다. 말이 나온 김에 나는 여기서 모든 식물이 단순한 형태를 통해 전체 성격을 표현하고 솔직하게 내보이며 전체 현존재와 의욕을 드러내는 소박성에, 이를 통해 식물의 외관이 무척 흥미로워지는 사실에 주의를 환기시키고 싶다. 그런데 동물은 자신의 이념에 따라 인식되기 위해서는 이미 자신의 행위와 활동으로 고찰되어야 하는 반면, 이성이 인간을 심하게 왜곡시킬 수 있으므로 인간은 철저히 탐구하고 파헤쳐 볼 필요가 있다. 식물이 동물보다 소박하듯이, 이와 같은 정도로 동물은 사실 인간보다 훨씬 소박하다. 말하자면 우리는 삶에의 의지가 인간에게서보다 동물에게서 더 적나라하게 드러나는 것을 본다. 인간에게

---

39 『순수이성비판』의 「세계 사건을 도출하는 총체성에 관한 우주론적 이념의 해결」 제5판 560~586쪽, 초판 532쪽 이하, 『실천이성비판』의 제4판 169~179쪽, 로젠크란츠판 224쪽 이하, 충분근거율에 대한 내 논문 제43장 참고

는 삶에의 의지가 많은 인식에 의해 감추어져 있고, 게다가 왜곡 능력에 의해 은 폐되어 있어서 인간의 참된 본질이 거의 어쩌다가 가끔씩만 나타날 뿐이다. 식물에 있어서는 그 의지가 아주 적나라하게, 하지만 또한 훨씬 미약하게, 목적도 목표도 없이 생존하기 위한 단순하고 맹목적 충동으로서 나타난다. 이 식물은 첫눈에 전체 본질을 완전히 순진하게 드러내며, 모든 동물의 경우에는 가장 은밀한 곳에 숨겨두는 생식기를 제일 꼭대기에 내보이는 것을 아무렇지 않게 여긴다. 식물이 이처럼 순진한 것은 인식을 하지 못하기 때문이다. 즉, 허물은 의욕에 있는 것이 아니라 인식을 동반한 의욕에 있는 것이다. 그런데 모든 식물은 맨 먼저 자신의 고향과 그 고향의 기후, 자신이 싹튼 토양의 성질에 관해 이야기한다. 그 때문에 별로 숙련되지 않은 사람도 어떤 이국적인 식물이 적도 지대의 것인지 온대의 것인지, 또 물속이나 늪에서 자라는 것인지 산이나 들에서 자라는 것인지 금방 알아볼 수 있다. 하지만 그것 말고도 모든 식물은 자신의 종속의 특수한 의지를 나타내고, 다른 언어로 표현할 수 없는 무언가를 말하고 있다.

그런데 식물이 그 내적인 합목적성과 관계있는 한, 지금까지 언급한 것을 이젠 유기체의 목적론적 고찰에 적용해 보기로 하자. 무기적 자연에서 어디서나 하나의 유일한 의지 행위로 고찰될 수 있는 이념이 또한 유일하고 늘 동일한 발현으로만 자신을 드러낸다. 그 때문에 무기적 자연에서는 경험적 성격이 직접 예지적 성격의 단일성에 관여해서, 말하자면 이 경우 내적 합목적성이 나타날 수 없으므로 예지적 성격과 일치한다고 말할 수 있다. 반면 모든 유기체가, 연속성이 상이한 여러 부분의 다양성에 의해 병렬하여 조건 지어져 있지만, 연속해서 순차적으로 발전함으로써 자신의 이념을 나타낸다면, 즉 경험적 성격이 발현된 총계가 모두 합쳐서야 비로소 예지적 성격이 된다면, 여러 부분의 이 필연적인 연속과 발전의 연속은 그럼에도 현상하는 이념, 즉 발현되는 의지 행위의 단일성을 없애지 못한다. 오히려 이 단일성은 이제 인과율에 따라, 그 부분의 필연적인 관계나 연쇄와 서로 간의 발전에서 표현된다. 그 법칙이 유일하고 분할할 수 없는, 바로 그로 인해 전적으로 자기 자신과 일치하는, 어떤 행위에서처럼 전체 이념에서 드러나는 의지이므로, 그 의지의 현상은 아무리 상이한 부분과 상황으로 갈라지더라도 그 현상이 대체로 일치한다는 점에서 단일성을 다시 보여 주어야 한다. 즉, 이것은 모든 부분들 상호 간의 필연적인 관계와 의존성에서 일어나며, 그로 인해 현상에서도 이념의 단일성이 회복된다. 그에 따라 우리는 이제 유기체의 상이한 부분과 기능을 교대로 상호 간의 수단과 목표로 인식하지만, 유기체 자체는 그 상이한 부분과 기능 모두의 최종 목적으로 인식한다. 따라서 한편으로는 그 자체로 단순한 이념이 유기체의 많은 부분과 상황으로 갈라지는 것뿐 아니라 그 부분과 여러 기능의 필연적인 결합을 통해, 그것들이 서로 간의 원인과 결과, 즉 수단과 목적이 됨으로써 단일성이 원상회복되는 것은, 다른 한편 현상하는 의지 그 자체, 즉 사물 자체에 독특하고 본질적인 것이 아니라, 공간, 시간 및 인과성 속에서 — 순전히 근거율의 형태, 즉 현상의 형식으로 — 의지의 현상에만 그러할 뿐이다.

이처럼 이념의 단일성이 갈라지고 원상회복되는 것은 의지로서의 세계가 아니라 표상으로서의 세계에 속한다. 그것은 의지의 객관성의 이 단계에서, 의지가 객관, 즉 표상이 되는 방법과 방식에 속한다. 어쩌면 다소 까다로울지도 모르는 이 상세한 설명의 본뜻을 파악한 사람은, 유기적인 것의 합목적성뿐만 아니라 무기적인 것의 합목적성도 먼저 우리의 지성에 의해 자연 속에 받아들여진 것이고, 그 때문에 양자는 사물 자체가 아니라 현상에만 귀속한다는 것으로 나아가는 칸트의 학설을 이제 바로 이해하게 될 것이다. 우리가 앞서 무기적 자연의 합목적성의 확실한 항구성에 대한 놀라움을 말했지만, 이 놀라움은 본질적으로 유기적 자연의 합목적성에 대한 놀라움과 같다. 두 가지 경우에서 우리가 놀라는 것은, 단지 현상에 대해 다수성과 상이성이라는 형태를 취한 이념의 근원적 단일성을 알기 때문이다.[40]

그런데 앞서 행한 구분에 따라, 둘째 종류의 합목적성, 즉 유기체의 내적 경제성에서가 아니라 지원과 도움 속에 나타나고, 그것들을 외부로부터, 즉 무기적 자연에서뿐 아니라 서로에게서도 받는 외적 합목적성에 관해 말하자면, 이 합목적성은 일반적으로 방금 상세히 논한 것에서도 마찬가지로 설명될 수 있겠다. 그러니까 전체 세계는 그 모든 현상과 아울러 하나의 분할할 수 없는 의지의 객관성이고, 그 이념의 다른 모든 이념에 대한 관계는 화음의 다른 개별적인 음에 대한 관계가 같으므로, 의지의 단일성은 의지의 모든 현상이 일치하는 데서도 나타나기 때문이다. 그러나 우리가 외적 합목적성의 여러 현상과 자연의 상이한 부분 상호 간의 일치를 다소 상세히 살펴본다면, 이 견해를 훨씬 분명하게 밝힐 수 있을 것이고, 이와 동시에 이전에 한 설명도 거슬러 올라가 밝힐 수 있을 것이다. 하지만

---

40 『자연에서의 의지에 대하여』의 「비교 해부학」장 끝 부분 참고

거기에 이르려면 다음과 같은 유사성을 고찰하는 것이 가장 좋을 것이다.

각 개인의 성격은 그것이 전적으로 종의 성격으로가 아니라 완전히 개인적으로 파악되는 한, 의지의 독특한 객관화 행위에 따라 특별한 이념으로 간주할 수 있다. 그런데 이 행위 자체는 개인의 예지적 성격이고, 그 현상은 개인의 경험적 성격이리라. 경험적 성격은 전적으로, 근거가 없는, 즉 사물 자체로서 근거율(현상의 형식)에 종속되지 않는 의지인 예지적 성격에 의해 규정된다. 경험적 성격은 인생행로에서 예지적 성격을 모사해야 하며, 이 성격의 본질이 요구하는 것과 다른 것이 될 수 없다. 하지만 이 규정은 본질적인 것에만 미치는 것이지, 그에 따라 나타나는 인생행로의 비본질적인 것에는 미치지 않는다. 그런데 경험적 성격이 나타나는 재료인 사건과 행동에 대한 보다 자세한 규정이 이 비본질적인 것에 속한다. 이들 사건과 행동은 외부적 상황에 의해 규정되며, 이것이 동기가 되어 성격은 자신의 본성에 따라 이 동기에 반응한다. 그리고 외부적 상황은 무척 상이할 수 있으므로, 경험적 성격 현상의 외부적 형태, 즉 인생행로의 사실적이거나 역사적인 특정한 형태는 그 상황의 영향을 따를 것이 분명하다. 이 현상의 본질적인 것인 그 내용은 그대로일지라도, 그 상황은 무척 상이한 결과로 나타날 수 있다. 그래서 예컨대 도박에서 호두에 걸 것인지 왕관에 걸 것인지는 비본질적이지만, 경기에서 속일 것인지 성실하게 시합에 임할 것인지는 본질적이다. 본질적인 것은 예지적 성격에 의해 규정되고, 비본질적인 것은 경험적 성격에 의해 규정된다. 동일한 테마가 수백 개로 변주되어 나타날 수 있듯이, 동일한 성격이 수백 개의 인생행로로 나타날 수 있다. 그런데 이처럼 외부적 영향이 각양각색일 수 있지만, 그럼에도 그것이 어떤 결과로 나타난다 하더라도, 인생행로에서 표현되는 경험적 성격은 그것의 객관화를 사실적인 여러 사정의 현존하는 재료에 적응하면서 예지적 성격을 정확히 객관화해야 한다. 의지가 그것을 객관화하는 본래적 행위를 하면서, 그것이 객관화되는 상이한 이념들, 즉 모든 종류의 자연 존재자 Naturwesen의 상이한 형태들을 규정하고, 의지가 여러 형태로 자신의 객관화를 배분하며, 그 때문에 그 형태들은 필연적으로 현상 속에서 서로에 대한 관계를 갖지 않을 수 없다고 생각한다면, 우리는 이제 본질적으로 성격을 통해 규정된 인생행로에 미치는 외부적 사정의 영향과 유사한 것을 가정하지 않을 수 없다. 우리는 그 하나의 의지의 모든 그 현상들 사이에서 일반적인 적응과 순응이 서로 간에 일어나는 것을 가정해야 한다. 그러나 이때, 곧 보다 분명히 알게 되겠지만, 이념은 시간의 밖에 있으므로 시간 규정은 제외되는 것이 마땅하다. 그에 따라 어떠한 현상도 자신이 들어간 환경에 적응해야 하지만, 환경은 또한 현상에, 비록 그것이 시간 속에서 훨씬 나중에 생겨난 것이라 하더라도 적응해야 한다. 그리하여 우리는 어디서나 이 자연의 합의consensus naturae를 보게 된다. 그 때문에 모든 식물은 토양과 기후에 적응하고, 모든 동물은 자신의 자연적 요소와 자신의 양분이 될 먹이에 식응하며, 그런 기 신의 기연적인 방해자로부터 어떻게든 어느 정도 보호를 받고 있다. 눈은 빛과 빛의 굴절에, 폐와 혈액은 공기에, 부레는 물에, 물개의 눈은 매질의 변화에, 물을 함유한 낙타의 위 세포는 아프리카 사막의 가뭄에, 앵무조개의 돛은 작은 배를 움직이는 바람에 적응하고, 이렇게 하여 외적 합목적성은 아주 특수하고 놀랄 만한 지점에 이르게 된다.[41]

그런데 그 합목적성은 이념의 현상에 불과하고 이념 자체에 관계할 수 없으므로, 이 경우 모든 시간 관계는 도외시하고 생각해야 한다. 그에 따라 앞서 말한 설명 방식은 반대로 소급하여 사용할 수도 있으며, 모든 종이 현존하는 사정에 순응하는 것을 가정할 뿐 아니라, 시간상으로 앞서는 이 사정 자체 역시 언젠가 나타날 것을 고려하고 있다는 사실도 가정해야 한다. 전체 세계에서 객관화하여 나타나는 것은 하나의 동일한 의지이기 때문이다. 의지가 시간을 알지 못하는 까닭은 근거율의 이 형태가 의지에 속하는 것이 아니고, 의지의 근원적 객관성인 이념에 속하는 것도 아니며 무상한 개체에 의해 인식되는 방식에 속하는 것, 즉 이념의 현상이기 때문이다. 그 때문에 우리가 현재 의지의 객관화가 의지에 배분되는 방식을 고찰함에 있어서 시간의 순서는 전혀 의미가 없다. 현상이 그 자체로 종속되고 있는 인과율에 따라서 이념의 **현상**이 시간상으로 먼저 나타난 경우, 그 이념은 그렇다고 해서 뒤에 나타난 현상의 이념보다 우위를 차지할 수는 없다. 오히려 후에 나타난 현상이 가장 완전한 의지의 객관화인 것으로, 오히려 나중의 현상이 먼저의 현상에 적응해야 하는 것처럼 먼저의 현상도 나중의 현상에 적응하지 않으면 안 된다. 그러므로 행성의 운행, 황도의 기울기, 지구의 자전, 육지와 바다의 배분, 대기, 빛, 열과 모든 유사한 현상들, 화음에서 기초 저음에 속하는 자연 속의 이것들은 자신이 떠맡고 유지해야 하는, 장차 출현할 생물의 종에 불안한 예감으로 순응한다. 이와 마찬가지로 토양은 식물의 양분이 되는 것에, 식물은 동물의 양분

---

41 『자연에서의 의지에 대하여』의 「비교 해부학」장 참고

이 되는 것에, 이 동물은 다른 동물의 양분이 되는 것에 순응하고, 이와 마찬가지로 또 반대로 이것들은 앞에 있는 것들의 양분으로 이용된다. 자연의 모든 부분이 서로의 뜻을 받아들이는 까닭은 그것들 모두에서 나타나는 것이 **하나**의 의지이기 때문이다.

그러나 시간의 순서는 의지의 원래적이고 홀로 **적절한 객관성**(이 표현에 대해서는 다음 권에서 설명한다), 즉 이념과는 전혀 무관하다. 그런데 종속이 자신을 유지만 하고 더는 생길 필요가 없는 지금 우리에게는 가끔씩 미래까지 미치고, 엄밀히 말하자면 시간의 순서를 염두에 두지 않는 자연의 배려, 즉 나중에 올 것에 대한 현존하는 것의 순응이 보인다. 그래서 새는 자신이 아직 알지도 못하는 새끼를 위해 둥지를 짓고, 비버는 목적도 모르면서 굴을 파고, 개미, 햄스터, 꿀벌은 자신이 모르는 겨울을 나기 위해 식량을 비축하고, 거미나 애명주잠자리는 잘 생각하여 책략을 쓴 것처럼 자신이 모르는 미래의 먹이를 빠뜨릴 함정을 만들고, 곤충들은 앞으로 생길 애벌레가 장차 양분을 얻을 곳에 알을 낳는다. 암수가 다른 나사말의 암꽃이 꽃이 만발할 시기에 이때까지 물 밑바닥에 붙어 있던 나선형 줄기를 펴며 수면으로 올라오면, 물 밑바닥의 짧은 줄기에서 자라던 수꽃은 이 줄기에서 분리되어 생존의 위험을 무릅쓰고 물 위로 올라와, 여기저기 헤엄치면서 암꽃을 찾아다닌다. 그리고 나서 수정이 끝나면 암꽃은 나선형 줄기를 수축하며 물 밑으로 쪼그라들어 거기서 열매를 맺는다.[42]

나는 여기서 또 한 번 수컷 하늘가재의 애벌레에 대해 생각하지 않을 수 없다. 그 애벌레는 변태하기 위해 나무에 구멍을 파고 들어갈 때, 장차 생겨날 뿔이 들어갈 공간을 마련하기 위해 암컷이 만드는 두 배의 크기로 구멍을 판다. 그러므로 일반적으로 동물의 본능은 우리에게 자연의 다른 목적론에 대한 최상의 해명이 된다. 본능이 목적 개념에 따른 행위와 마찬가지로 하나의 행위이지만, 전혀 목적 개념이 없는 것이듯 자연의 모든 형성은 목적 개념에 따른 형성과 마찬가지로 하나의 형성이긴 하지만 전혀 목적 개념이 없기 때문이다. 자연의 내적 목적론과 마찬가지로 외적 목적론에서 우리가 수단과 목적으로서 생각하지 않을 수 없는 것은, **자기 자신과 대체로 일치하는 하나의 의지 단일성의 현상**이 어느 경우에나 우리의

---

42 『*Comptes Rendus de l'acad. d. sc.*』의 1855년 제13호에 있는 샤탱Chatin의 「나선형 나사 말에 대해 sur la Valisneria spiralls」참고

인식 방식으로는 공간과 시간으로 분리되어 나타난 것에 불과하기 때문이다.

그런데 이 단일성으로 생기는 현상들 상호 간의 적응과 순응이 이루어져도 앞서 언급한, 자연의 일반적인 투쟁에서 나타나는 내부 충돌은 의지의 본질에 속하므로 없어질 수 없다. 그 때문에 앞서 말한 조화가 없었더라면 진작 몰락했을지도 모르는 세계의 존재물과 세계의 **존속**을 가능하게 하는 정도까지만 조화가 이루어진다. 따라서 조화는 종과 일반적인 생활 조건의 존속에만 미칠 뿐 개체의 존속에는 미치지 않는다. 그에 따라 조화와 적응이 있으므로, 유기물에서의 **종**과 무기물에서의 **일반적 자연력**이 병렬하여 존재하고 심지어 서로를 지원해 준다면, 모든 이념에 의해 객관화되는 의지의 내부 충돌은 앞에서 상세히 설명했듯이 그 종에 속하는 **개체**들의 끊임없는 섬멸전과 자연력의 **현상**들 상호 간의 계속되는 다툼에서 드러난다. 이 투쟁의 싸움터와 대상은 종과 자연력이 서로 빼앗으려는 물질이며, 제1권에서 설명했듯이 공간과 시간도 그런 것처럼 본래 종과 자연력이 인과성의 형식에 의해 합일한 것이 물질이다.

29.
목표도 한계도 없는 의지의 본질

나는 다음과 같이 기대하고 여기서 내 서술의 두 번째 주요 부분을 끝맺고자 한다. 내 사상은 맨 처음 생겨났기에 내 개성의 흔적을 전혀 남기지 않을 수는 없겠지만, 지금까지 존재하지 않았던 사상을 최초로 전달함에 있어 될 수 있는 한 다음 사실을 분명하고 확실하게 전달할 수 있었기를 바란다. 즉, 우리가 살아가고 존재하는 이 세계는 그 전체 본질상 철저하게 **의지**인 동시에 철저하게 **표상**이다. 이 표상은 이미 그 자체로 하나의 형식, 말하자면 객관과 주관을 전제하고 있고, 따라서 상대적이다. 그리고 우리가 이 형식과 이 형식에 종속하는 모든 형식, 즉 근거율이 표현하는 형식을 철폐한 뒤 아직 무엇이 남아 있는지 물어보면, 이것은 표상과는 전혀 다른 것, 따라서 본래 **사물 자체**인 **의지**와 다를 수 없다. 각자 세계의 내적 본질이 담겨 있는 이 의지로서 그 자신을 알고 있다. 마찬가지로 각자 전체 세계가 그 표상인 인식 주관으로도 그 자신을 알고 있다. 세계는 그런 점에서 그 세계의 필연적 담당자로서 주관의 의식에 관해서만 하나의 현존을 갖는다.

그러므로 각자 두 가지 점에서 전체 세계 자체, 즉 소우주이며, 그 세계의 양면을 그 자신 속에서 완전무결하게 발견한다. 그리고 그가 이렇게 그 자신의 본질로 인식하는 것과 같은 것이 전체 세계, 즉 대우주의 본질도 남김없이 인식한다. 그러므로 그 자신과 마찬가지로 세계도 철저히 의지이고, 철저히 표상이며, 그 밖에 남는 것은 아무것도 없다. 그래서 우리는 탈레스와 소크라테스의 철학적 대상이 같은 것으로 증명되면서, 여기서 대우주를 고찰한 탈레스의 철학과 소우주를 고찰한 소크라테스의 철학이 일치하는 것을 본다. 그런데 제1, 2권에서 전달된 전체적 인식은 다음 두 권을 통해 더 완벽하게 되고, 이로 인해 더욱 확실하게 될 것이다. 제3, 4권에서는 지금까지 우리의 고찰에서 분명하게 또는 불분명하게 제시되었을지도 모르는 몇 가지 문제도 충분한 해답을 얻게 되기를 바란다.

그런데 그 문제는 본래, 지금까지 서술한 내용이 사람들에게 아직 완전히는 이해되지 않은 한에서만 제기될 수 있고, 바로 그런 점에서 그렇게 설명한 것을 해명하는 데 도움이 될 수 있으므로, 여기서 그 **한** 가지 문제는 특별히 규명해 놓고 싶다. 그것은 다음과 같은 것이다. 모든 의지는 어떤 것에 대한 의지이고, 그 의지가 의욕하는 객관과 목적을 갖고 있다. 우리에게 세계의 본질 그 자체로 나타나는 그 의지가 대체 궁극적으로 바라는 것이 무엇이고, 또는 무엇을 지향하고 있는가? 이 질문은 다른 많은 질문처럼 사물 자체를 현상과 혼동하는 것에 기인하고 있다. 근거율은 사물 자체가 아니라 현상에만 효력이 미치고, 동기화의 법칙도 근거율의 형태를 지니고 있다. 어떤 경우든 현상 자체, 개별적 사물에 대해서만 근거를 제시할 수 있고, 의지 자체나 의지가 적절히 객관화되는 이념에 대해서는 결코 그렇지 못하다. 그래서 어떠한 개별적인 운동이나 또는 자연의 일반적인 변화에 대해서도 원인, 즉 이들 운동이나 변화를 필연적으로 불러일으킨 상태를 찾아낼 수 있다. 그러나 운동과 변화, 또는 이와 유사한 무수한 현상에서 드러나는 자연력 자체에 대해서는 결코 원인을 찾아낼 수 없다. 따라서 중력이나 전기 등의 원인에 대해 묻는다면 이야말로 분별력 부족에서 생겨난 참으로 몰상식한 일이다. 가령 중력이나 전기가 근원적이고 독특한 자연력이 아닌 보다 일반적인, 이미 알려진 자연력의 현상 방식에 불과하다는 것이 밝혀졌다면, 이 경우 이 자연력이 중력이나 전기를 일으키게 하는 원인을 물을 수 있을지도 모른다. 이 모든 것에 대해서는 앞에서 매우 상세히 설명했다.

그런데 이와 마찬가지로 인식하는 — 그 자신은 사물 자체로서의 의지의 현상에 불과한 — 개인의 모든 개별적인 의지 행위는, 어떤 동기가 없으면 그 행위가 일어나지 않을지도 모르는 하나의 동기를 필연적으로 갖는다. 하지만 물질적 원인은 이러저런 자연력이 이때 이곳 이 물질에서 발현되어야 한다는 규정만을 내포하고 있듯이, 동기도 인식하는 존재의 의지 행위를 이때 이곳 이 사정에서 전적으로 하나의 개별적인 존재로서 규정할 뿐, 그 인식하는 존재가 일반적으로 또는 이런 식으로 원하는 것은 결코 규정하지 않는다. 즉, 이것은 근거율의 영역 밖에 존재하는 것으로서, 의지 자체, 즉 사물 자체로서 근거가 없는, 인식하는 존재의 예지적 성격의 발현이다. 그 때문에 어떤 사람이든 늘 자신의 행동을 인도하는 목적과 동기를 갖고 있고, 자신의 개별적인 행위에 대해 어느 때나 해명할 수 있다. 그런데 무엇 때문에 도대체 의욕하고, 무엇 때문에 도대체 현존하려고 하는지 질문 받는다면 그는 아무런 답변을 하지 못할지도 모른다. 오히려 그에게는 그 질문이 사리에 맞지 않은 것으로 여겨질지도 모른다. 또 이 점에서 바로 그 자신이 의지 이외의 아무것도 아니라는 의식이 은연중에 표현되는 것일지도 모른다. 그러므로 그 의지의 의욕은 일반적으로 자명한 것이고, 그의 개별적인 행위에서만 그때그때 동기에 의한 보다 자세한 규정을 필요로 하는 것이다.

사실 아무런 목표와 한계가 없다는 것이 끝없는 노력인 의지 자체의 본질에 속한다. 이것은 이미 앞에서 원심력을 언급할 때 말한 적이 있다. 원심력은 또한 의지 객관성의 가장 낮은 단계에서, 말하자면 최종 목표의 달성이 불가능한 것이 명백한데도 쉬지 않고 노력하는 중력에서 가장 단순하게 나타난다. 중력의 의지에 따라 존재하는 모든 물질이 한 덩어리로 결합된다 해도 중력은 그 덩어리의 내부에서 중심점을 향하려고 노력하면서, 여전히 강성剛性이나 탄성으로서 불가입성과 다툴지도 모른다. 그러므로 물질의 노력은 계속 저지될 수만 있을 뿐 결코 성취되거나 충족될 수는 없다. 그런데 의지의 모든 현상의 온갖 노력은 바로 이와 마찬가지의 관계다. 성취된 모든 목표는 다시 새로운 경로의 시작이 되고, 이렇게 무한히 계속된다. 식물은 자신의 현상을 싹에서 줄기를 거쳐 꽃과 열매로까지 높이지만, 열매는 다시 새로운 싹, 즉 또 다시 옛 경로를 두루 겪는 새로운 개체의 시작에 불과하다. 그리고 이렇게 한없이 계속된다. 동물이 겪는 경로도 이와 마찬가지다. 생식은 그 경로의 정점이고 그 정점에 도달한 뒤 최초 개체의 생명은 급속히 또는 천천히 쇠퇴하지만, 자연의 새로운 개체는 종의 유지를 보증하며 같은 현상을 되풀이한다. 그러니까 각 유기체가 물질을 끊임없이 갱신하는 것도 이 계속적인 충동과 변전의 단순한 현상으로 볼 수 있다. 기계에게 일어날 수 있는 마모磨耗가 양분을 계속 주입하는 것과 등가물일 수 없으므로, 생리학자들은 이 갱신을 운동할 때 소모되는 물질에 대한 필연적인 보충이라 간주하지 않는다. 즉 영원한 생성, 끝없는 흐름이 의지의 본질을 드러내는 것에 속한다.

마지막으로 자신의 노력과 소망이 이루어지는 것을 언제나 의욕의 최종 목표인 것처럼 우리에게 보이게 하는 인간의 노력과 소망에서도 이와 같은 것이 보인다. 하지만 그것들이 달성되자마자 더 이상 최종 목표와 유사한 것으로 보이지 않고, 그 때문에 곧 잊히고 폐기되며, 공공연한 것은 아니라 해도 언제나 사라진 착각으로서 무시되고 말 것이다. 소망에서 충족으로, 이 충족에서 새로운 소망으로 끊임없이 옮겨 가는 유희가 유지되기 위해서는, 생명을 굳어지게 하는 끔찍한 권태이자 특정한 대상이 없는 김빠진 동경으로서, 숨 막히게 하는 우울로서 나타나는 정체에 빠지지 않기 위해서는 아직 무언가 소망하고 노력할 것이 남아 있을 때가 그래도 제일 행복한 법이다. 이때 소망이 빨리 이루어지는 것은 행복이라 불리고, 더디게 이루어지는 것은 고통이라 불린다. 이 모든 사실에 따르면, 의지는 인식의 빛으로 조명되는 경우 자신이 지금 여기서 소망하는 것이 무엇인지는 늘 알고 있지만, 일반적으로 무엇을 소망하는지는 결코 알지 못한다. 즉, 모든 개별적인 행위에는 목적이 있지만, 전체 의욕에는 목적이 없는 것이다. 그것은 사실 모든 개별적인 자연 현상이 이때 이곳에 출현하는 것에 대해서는 충분한 원인에 의해 규정할 수 있지만, 이 현상 속에 나타나는 힘은 일반적으로 원인을 갖지 않는 것과 마찬가지다. 왜냐하면 개별적인 자연 현상이 사물 자체, 즉 근거가 없는 의지의 현상 단계이기 때문이다. 그러나 전체로서 의지의 이 유일한 자기 인식은 전체로서 표상이며, 직관적 세계 전체다. 이 세계는 의지의 객관성이자 의지의 드러냄이며 의지의 거울이다. 이 특성에서 세계가 표현하는 것이 앞으로 우리의 고찰 대상이 될 것이다.[43]

43   이에 대해서는 제2편의 제28장 참고

제3권
표상으로서의 세계, 제2고찰

근거율과 무관한 표상
플라톤의 이데아
예술의 대상

Ti to on yen aei, genesin de ouk echon;

kai ti to gignomenon men kai apollymenon, ontôs de oudepote on;

영원히 존재하지만 생성하지 않는 것은 무엇일까?

또 생성하고 소멸하면서도 결코 존재하지 않는 것은 무엇일까?

플라톤, 『티마이오스』[1] 27 D

239쪽, 「마르스와 싸우는 미네르바」 자크 루이 다비드, 1771

30.
이념의 인식

우리는 제1권에서 세계를 단순한 **표상**으로, 주관에 대한 객관으로 설명했고, 제2권에서는 다른 측면에서 고찰해 그 세계가 **의지**임을 알게 되었으며, 그 의지는 그 세계에서 표상의 밖에 존재하는 것으로 밝혀졌다. 그런 뒤 우리는 이 인식에 따라 표상으로서의 세계를, 전체로든 부분적으로든 의지의 객관성이라 불렀다. 그에 따라 이 말은 객관, 즉 표상으로 된 의지를 뜻한다. 그런데 더구나 우리는 그 의지의 객관화에는 많지만 특정한 단계가 있어서, 그 단계에 따라 점차 분명함과 완성도를 더해 가며, 의지의 본질이 표상 속으로 들어가는, 즉 객관으로 나타나는 것을 기억한다. 말하자면 이들 단계가 바로 특정한 종인 한에서, 또는 유기적이거나 무기적인 모든 자연적 물체의 근원적이고 불변하는 형식과 특성일 뿐 아니라 자연법칙에 따라 드러나는 보편적인 힘들인 한에서, 우리는 이미 이들 단계가 플라톤의 이데아라는 것을 다시 알게 되었다. 그러므로 이들 이념은 모두 무수한 개체와 개별적 사물에서 나타나고, 모상模像에 대해서는 원상原象의 관계를 갖는다

그러한 여러 개체의 다수성은 시간과 공간에 의해서만, 개체의 생성 소멸은 인과성에 의해서만 표상되고, 이 모든 형식 속에서만 우리는 모든 유한성, 즉 모든 개체의 궁극적 원리이며, 개체 그 자체의 인식이 되는 표상의 보편적 형식인 근거율의 다양한 형태를 인식한다. 반면 이념은 그 원리와 관계하지 않으므로, 이념에는 다수성도 변전도 없다. 이념이 나타나는 개체는 수없이 많으며 끊임없이 생성

1　＊기원전 360년경 소크라테스의 대화체로 쓰인 플라톤의 저작. 자연의 본성, 우주의 기원 및 원소에 대한 사고가 전개된다.

소멸하지만, 이념은 동일한 이념으로서 언제까지나 변화하지 않으며, 근거율은 이념에 대해서는 아무런 의미도 갖지 않는다. 그런데 이 근거율은 주관이 **개체로**서 인식하는 한 주관의 모든 인식이 따르는 형식이므로, 이념은 주관 자체의 인식 영역 밖에서도 존재할 것이다. 따라서 이념이 인식의 대상이 되려면 인식 주관이 개별성을 중지함으로써만 가능할 것이다. 이제 우리가 먼저 해야 할 일은 이에 대해 보다 자세하고도 상세히 설명하는 것이다.

31.
플라톤의 이데아와 칸트의 사물 자체

그렇지만 먼저 다음과 같은 아주 본질적인 지적을 해두어야겠다. 칸트 철학에서 **사물 자체**라 불리는 것, 또 거기서 아주 중요하지만 애매하고 역설적인 학설로 등장하는 것, 특히 칸트가 도입하는 방식, 말하자면 근거 지어진 것에서 근거를 추론하는 사실 때문에, 걸림돌로, 즉 그의 철학의 약점으로 간주되는 것이, 거듭 말하지만 우리가 걸어온 전적으로 다른 길을 거쳐 여기에 도달한다면, 앞에서 말한 방식으로 확대되고 규정된 의지 개념의 권역에서 다름 아닌 의지라는 확신을 불러일으키는 데 내가 제2권에서 성공했기를 희망한다. 나아가서 사람들이 앞에서 설명한 것에 따라 주저하지 않고 세계의 즉자태를 이루는 의지의 객관화의 특정한 단계를, 플라톤이 **영원한 이데아** 또는 변함없는 형상으로 부른 것으로 생각해주기 희망한다. 그런데 영원한 이데아 또는 변함없는 형상이란 플라톤의 주요 학설인 동시에 더없이 애매하고 역설적인 교의로 인정되었고, 수 세기에 걸쳐 수많은 다양한 사상가들의 숙고, 논쟁, 조롱 및 숭배의 대상이 되어 왔다.

그런데 우리가 볼 때 의지가 **사물 자체**이지만 **이념**은 특정한 단계에서 의지의 직접적인 객관성이라면, 칸트의 사물 자체와 플라톤의 이데아는 그들에게 유일한 실재인 셈이다. 서양에서 가장 위대한 두 철학자의 두 개의 위대하고 애매한 역설은 사실 동일한 것은 아니지만 아주 유사한 것으로, 하나의 유일한 규정에 의한 것이라는 점만 상이하다.

그뿐 아니라 두 개의 위대한 역설이 내적으로는 아무리 일치하고 유사하다 해도, 그것을 주장한 두 사람의 개성이 너무나 다르기 때문에 설명하는 내용이 아주 상이한 것처럼 보인다. 두 역설이 하나의 목적지에 이르는 두 개의 아주 다른 길과 유사하다는 점에서, 한쪽이 다른 쪽의 최상의 주석이 된다. 이것은 몇 안 되는 말로 일목요연하게 설명할 수 있다. 다시 말해 **칸트**가 말하는 요점은 다음과 같다.

"시간, 공간 및 인과성은 우리의 인식 형식에 지나지 않으므로 사물 자체의 규정이 아니라 그 현상에 속하는 것에 불과하다. 그런데 모든 다수성, 모든 생성 소멸은 시간, 공간 및 인과성에 의해서만 가능하므로 그 결과 그것들 또한 결코 사물 자체가 아닌 현상에만 부수된다. 그런데 우리의 인식은 시간, 공간 및 인과성이란 여러 형식에 의해 조건 지어지기 때문에, 전체 경험은 단지 현상의 인식일 뿐 사물 자체의 인식은 아니다. 따라서 인식의 여러 법칙 또한 사물 자체에 효력을 미칠 수 없다. 앞서 말한 것은 우리 자신의 자아에도 해당되는 것이며, 우리는 자신의 자아조차 현상으로서만 인식할 뿐 자아 그 자체일지도 모르는 것에 따라 인식하지는 않는다."

우리가 고찰한 중요한 점에서는 이것이 칸트 철학의 의미와 내용이다. 그런데 플라톤은 이렇게 말한다.

"우리의 감각이 지각하는 이 세계의 사물들은 결코 참된 존재를 갖고 있지 않다. **그것들은 항상 존재하지만, 결코 존재하지 않는다.** 그 사물들은 상대적인 존재를 가질 뿐 전체적으로 서로에 대한 관계 속에서, 서로에 대한 관계에 의해서만 존재할 뿐이다. 그 때문에 이들 사물의 전체 현존재를 마찬가지로 비존재Nichtsein라 부를 수도 있다. 따라서 사물들은 또한 본래적인 인식의 대상은 아니다. 그 자체로 독립하여an und für sich, 또 항상 똑같은 것으로 존재하는 것에 대해서만 본래적인 인식이 있을 뿐이기 때문이다. 반면 이들 사물은 감각에 의해 유발된 견해(비이성적인 지각을 통한 견해)의 대상일 뿐이다. 이제 우리가 감각의 지각에 한정되어 있는 한 컴컴한 동굴에 손발이 꽁꽁 묶여 앉아 있기에 머리를 돌릴 수도 없고, 뒤에서 타고 있는 불빛으로 맞은편 벽에 비치는, 자신과 불 사이를 휙 지나가는 실제적인 사물의 그림자밖에는 볼 수 없으며, 또한 서로를 쳐다보아도, 그러니까 각자 자신을 보아도 벽에 비치는 그림자밖에는 볼 수 없는 사람들과 같다고 할 수 있다. 그런데 이들의 지혜란 경험으로 얻어진 그러한 그림자들의 순서를 미리 말하는 것일지도 모른다. 반면 유일하게 참된 존재자는 **항상 존재하고, 결코 생성도 소멸도 하지 않으므로**, 그렇게 부를 수 있는 것은 그림자의 실재하는 원상이다. 그것은 영원한 이데아며 원형이다. 원상에는 **다수성**이란 존재하지 않는다. 모든 것은 원상 그 자체이면서 본질상 하나이고, 원상의 모상이나 그림자는 모두 원상과 같은 이름을 지닌 같은 종의 개별적이고 무상한 사물들이기 때문이다. 모상과 그림자에도 **생성과 소멸이 존재하지 않는다.** 그것들은 참된 존재자이긴 하지만, 소멸하는 모상들처럼 결코 생성하거나 몰락하지 않기 때문이다(그런데 이들 두 가지 부정적인 규정에는 시간, 공간 및 인과성은 참된 존재자에 아무런 의미와 타당성을 갖지 않고, 또 참된 존재자는 이들 형식 속에 현존하지 않는다는 것이 필연적으로 전제되어 있다). 따라서 본래적 인식은 참으로 존재하는 대상에 대해서만 존재한다. 왜냐하면 본래적 인식의 대상은 언제나 모든 점에서 (따라서 그 자체로) 존재할 수 있는 것일 뿐, 보기에 따라 존재한다고도 존재하지 않는다고도 할 수 있는 것이 아니기 때문이다."

이것이 플라톤의 학설이다. 이 두 학설의 내적 의미는 완전히 동일하고, 양자가 가시적 세계를 하나의 현상이라고 간주하는 것은 명백하며 더 이상의 증명을 요하지 않는다. 현상이란 자체로는 공허하고, 현상 속에서 표현되는 것(칸트에게는 사물 자체, 플라톤에게는 이데아)을 통해서만 의미를 가지며, 차용한 실재성을 갖는다. 그런데 두 학설에 따르면, 참으로 존재하는 보다 궁극적인 것에는 이 현상의 모든 형식, 즉 가장 보편적이고 본질적인 형식도 전혀 관계가 없다. 칸트는 이 형식을 부정하기 위해 직접 스스로 추상적인 말로 표현하고, 시간, 공간 및 인과성은 현상의 단순한 형식으로서 사물 자체에 관여하는 것을 인정하지 않았다. 반면 플라톤은 궁극적 표현에까지는 도달하지 못하였고, 현상의 여러 형식이 그의 이데아에 관여하는 것을 간접적으로만 인정했다. 즉, 그는 이들 형식에 의해서만 가능한 것, 즉 같은 종류의 다수성, 생성과 소멸에 대해 이데아를 통해 부정했던 것이다. 그렇지만 나는 불필요한 말이긴 하나, 하나의 예를 통해 그 특이하고도 중요한 일치를 구체적으로 보여 주려 한다. 우리 눈앞에 생기 넘치는 동물이 하나 있다고 치자. 플라톤은 이렇게 말할 것이다.

"이 동물은 참된 실존을 갖고 있지 않고, 겉보기에 실존을 갖고 있는 것으로 보일 뿐이며, 계속적인 생성과 사실 존재라고도 비존재라고도 부를 수 있는 상대적인 현존재를 가질 뿐이다. 참된 존재자는 그 동물의 원상인 이데아나, 또는 아무것에도 의존하지 않고 그 자체로 독립하여 존재하며, 생성되지도 끝나지도 않고 항상 같은 식으로 존재하지만, 결코 생성하지도 소멸하지도 않는 동물 그 자체일 뿐이다. 그런데 우리가 이 동물에게서 그의 이데아를 인식하는 한 이 동물이 지금 우리 눈앞에 있든, 천 년 전에 살았던 그 선조이든, 더구나 이 나라에 있든 또는 먼 나라에 있든, 이러저런 방식, 태도, 행위로 나오든, 마지막으로 이 동물이 그 종의 이런 또는 저런 개체이든, 그런 것은 전혀 상관없고 아무런 의미도 없다. 이 모든 것은 아무것도 아니고 현상에만 관계할 뿐이다. 즉, 동물의 이데아만 참된 존재고 현실적 인식의 대상일 뿐이다."

플라톤은 이렇게 말하겠지만, 칸트 같으면 다음과 같이 말할 것이다.

"이 동물은 모두 우리의 인식 능력에 존재하는 경험의 가능성의 선험적 조건이고 사물 자체의 규정이 아닌 시간, 공간 및 인과성 속의 하나의 현상이다. 그 때문에 우리가 이 동물을 이 특정한 시간과 이 주어진 장소에 경험의 연관에서, 즉 원인과 결과의 연쇄에서 생겨난 또한 필연적으로 무상한 개체로서 지각하듯이, 이 동물은 사물 자체가 아니라 우리의 인식과 관련해서만 받아들일 수 있는 현상일 뿐이다. 이 동물을 자체로 존재할 수 있는 것에 의해, 따라서 시간, 공간 및 인과성 속에 존재하는 모든 규정과 무관하게 인식하기 위해서는 우리에게 유일하게 가능한 감각이나 지성과는 다른 인식 방식이 요구될지도 모른다."

칸트의 표현을 플라톤적인 것에 보다 가까이 접근시키기 위해 이렇게 말할 수 있을지 모른다. 즉, 시간, 공간 및 인과성은 우리 지성의 조직이며, 이 조직으로 갖가지 종류 중 본래 홀로 존재하는 하나의 본질이 우리에게는 끊임없이 새로이 생성하고 소멸하여 같은 종류의 하나의 다수성으로 끝없이 연속하여 나타난다. 앞서 말한 조직으로 사물을 파악하는 것이 **내재적** 파악이고, 반면 그와 관련되는 사정을 의식하는 파악은 **초월적** 파악이다. 초월적 해석은 순수이성을 비판함으로써 추상적으로 얻게 되지만, 예외적으로 직각으로도 얻을 수 있다. 후자는 내가 덧붙인 것이며, 현재 제3권을 통해 상세히 설명하려고 하는 것이 바로 이것이다.

칸트의 학설을, 칸트 이래로 플라톤을 제대로 이해하고 파악한다면, 칸트의 전문어를 함부로 사용하고 플라톤의 문체를 패러디하는 대신 위대한 두 사상가의 학설의 내적 의미와 내용을 충실하고도 진지하게 숙고한다면, 두 위대한 철인이 아주 잘 일치한다는 것과, 두 학설의 순수한 의미와 지향점이 전적으로 똑같음을 진작 알 수 있을 것이다. 그렇다면 플라톤을 그의 정신을 조금도 계승하지 않은 라이프니츠와 계속 비교한다든가, 더구나 아직 생존해 있는 유명한 모 씨[2]와 비교한다든가 해서 위대한 옛 사상가의 넋을 욕되게 하지는 않을 것이다. 그뿐 아니라 우리는 대체로 지금 상태보다 훨씬 더 앞으로 나아갔거나, 오히려 지난 40년 동안

_____

2 F. H. 야코비

그랬던 것처럼 이렇게 치욕적으로 퇴보하지는 않았을 것이다. 즉, 우리는 오늘은 이 허풍쟁이, 내일은 또 다른 허풍쟁이에 끌려 다니지 않았을 것이고, 극히 중요한 세기로 일컬어지는 독일의 19세기를 칸트의 무덤 위에서 상연된(고대인은 자기 가족의 장례식 때 종종 이 소극을 상연하곤 했다) 철학적 소극笑劇으로 시작하지 않았을 것이다. 이와 같은 소극은 심각하고도 딱딱한 독일인에게 조금도 어울리지 않으므로, 다른 나라 국민들이 이걸 보고 비웃는 것도 일리가 있다고 하겠다. 그러나 진정한 철학자를 제대로 아는 대중은 얼마 안 되는 법이어서 그를 이해하는 제자들조차 수 세기에 걸쳐 얼마 나타나지 않는다. 티르수스의 지팡이[3]를 들고 다니는 사람은 많지만, 참된 바커스는 얼마 되지 않는다.[4] 철학이 악평을 받는 것은 그것에 종사하는 사람들이 품위에 맞게 행동하지 않기 때문이다. 서자庶子가 아닌 적법한 적자嫡子가 철학에 종사해야 하기 때문이다.[5]

사람들은 여러 가지 말들을 추구해 왔다 "선험적 표상, 경험으로부터 독립하여 의식되는 직관과 사유의 형식, 순수 지성의 근본 개념" 등등. 그리고 이제는 플라톤의 이데아를 문제 삼았다. 물론 플라톤의 이데아 역시 근본 개념이며, 더구나 삶에 선행하는 참으로 존재하는 사물들에 대한 직관에서 비롯하는 기억이기도 하다. 플라톤의 이데아는 가령 우리의 의식에 선험적으로 존재하는 칸트의 직관이나 사유 형식과 같은 것일지도 모른다. 전적으로 이질적인 이 두 학설, 즉 개인의 인식을 현상에 제한하는 형식에 관한 칸트의 학설과, 그 인식을 이념의 인식이 단호히 부정하는 플라톤의 이데아에 관한 학설, 이런 점에서 두 학설은 극단적으로 대립되었다. 두 학설의 언어 표현법이 다소 유사하므로 사람들은 그 동일성에 대해 면밀하게 비교하고 협의했으며 논쟁을 벌였다. 하지만 결국 두 학설이 같지 않다는 사실이 밝혀져, 플라톤의 이데아설과 칸트의 이성 비판은 결코 일치하지 않는다는 결론이 내려졌다.[6] 하지만 이에 대해서는 이 정도로 해 두기로 하자.

3   * 디오니소스와 그의 무녀들이 지닌, 머리 부분이 솔방울 모양이고 담쟁이덩굴과 포도 잎이 휘감긴 지팡이
4   플라톤, 『파이돈』 69쪽
5   플라톤, 『국가』 VII, 535쪽. 플라톤의 이데아론은 국가를 통해서 그 정점에 이른다. 그는 철학자의 진정한 역할을 진지眞知에 대한 열정과 공동체에 대한 봉사로 파악한다. 철학자는 인간의 정체에 대한 지식을 통해서 사람들을 밝은 길 위로 이끌어 감으로써 공동체의 선을 극대화한다. 문답적 탐구의 과정은 철학자에 의해서 지도되기 때문에, 학자의 본질은 진리 탐구 외에 공동체 교육의 정점에 위치하고 있다.
6   예컨대 부터베크의 『임마누엘 칸트. 하나의 기념비』 49쪽과 불레의 『철학사』 제6권 802~815, 823쪽 참고

32.
사물 자체의 적절한 객관성인 이념

우리가 지금까지 고찰한 바에 따르면, 칸트와 플라톤이 아무리 내적으로 일치한다 해도, 그들이 눈앞에 그린 목표나 그들의 철학적 사유를 자극하고 인도한 세계관이 동일하다 해도, 우리가 보기에 이데아와 사물 자체는 결코 동일하지 않다. 오히려 우리가 보기에 이데아는 아직 객관화되지 않은 한 아직 표상이 되지 않은 **의지** 자체인 사물 자체의 직접적인, 그 때문에 적절한 객관성일 뿐이다. 사물 자체는 사실 칸트에 의하면, 인식 작용 그 자체적으로 부수적인 모든 형식으로부터 자유롭다고 하기 때문이다. 또한 (부록에서 언급하겠지만) 칸트가 무엇보다 주관에 대한 객관 존재Objekt-für-ein-Subjekt-sein를 이들 형식의 하나로 포함시키지 않은 것이 그의 실수다. 바로 이것이야말로 모든 현상, 즉 표상의 첫째가는 가장 보편적 형식이기 때문이다. 그 때문에 칸트는 사물 자체의 객관 존재를 명시적으로 부인했어야 했다. 그랬더라면 그는 이미 발견된 커다란 모순에 빠지지 않았을지도 모른다. 반면 플라톤의 이데아는 필연적으로 객관, 인식된 것, 즉 하나의 표상이며, 또 바로 그렇기 때문에, 또한 그렇기 때문에만 사물 자체와 상이하다.

플라톤의 이데아는 우리가 근거율로 파악한 현상의 종속적 형식을 탈피한 것에 불과하거나, 또는 오히려 이들 형식을 취하지 않은 것이다. 그러나 첫째가는 가장 보편적인 형식, 즉 일반적으로 표상의 형식, 주관에 대한 객관 존재라고 하는 형식은 보유하고 있었다. 이 형식에 종속하는 ─ 그 보편적인 형식이 근거율인 ─ 여러 형식이야말로 이념을 개별적이고 무상한 개체로 다양하게 만드는 것이며, 그 개체의 수는 이념과 관련해서 아무래도 상관없다. 그러므로 이념이 개체로서 주관의 인식으로 들어가므로, 근거율은 다시 이념이 들어가는 형식이다. 그러므로 근거율에 따라서 현상하는 개별적 사물은 사물 자체(의지)의 간접적인 객관화에 지나지 않고, 이 사물 자체와 현상하는 사물 사이에는 의지의 유일한 직접적인 객관성으로서 이념이 존재한다. 이는 이념이 표상 일반의 형식, 즉 주관에 대한 객관 존재라는 형식과는 다른, 인식 작용 그 자체에 고유한 형식을 받아들이지 않았기 때문이다. 그 때문에 또한 이념만이 의지 또는 사물 자체의 **적절한 객관성**일 수 있고, 표상의 형식 아래에서만은 그 자체로 전적으로 사물 자체다. 그리고 아주 엄밀히 보면 양자가 언급하는 것이 동일하지는 않지만, 칸트와 플라톤이 대체로 일치하는 근거가 여기에 있다.

그런데 개별적 사물은 의지의 아주 적절한 객관성이 아니며, 이 객관성은 근거율을 공통된 표현으로 삼지만, 개인 자신에게 가능한 인식의 조건인 형식으로 인해 여기서 이미 흐릿해져 있다. 우리가 만일 인식 작용의 주관으로서, 동시에 개체가 아니라고 하면, 신체의 촉발에서 출발하는 우리의 직관이 신체를 통해 매개되지 않는다면, 만일 불가능한 전제에서 추론하는 것이 허용된다면, 우리는 실제로 개별적 사물, 사건, 변전 및 다수성을 더 이상 인식하지 않고, 이념만을, 그 하나의 의지, 참된 사물 자체의 객관화의 사다리만을 순수하고 맑은 인식으로 파악할 것이고, 따라서 우리의 세계는 영원한 현재Nunc stans가 될 것이다〔알베르투스 마그누스Albertus Magnus(1193년경~1280)[7], 『신학 대전Summa Theologiae』 I, 5, 22〕. 그리고 신체는 그 자체로 구체적인 의지 작용이고 의지의 객관성에 불과하므로 객관들 중의 객관이며, 그러한 객관으로서 신체가 근거율의 여러 형식 속에서만 존재할 수 있는, 인식하는 의식 속에 들어오듯이, 따라서 그 명제가 표현하는 다른 모든 형식과 시간을 이미 전제하고 그럼으로써 그러한 것들을 도입한다. 시간이란, 시간 밖에 존재하므로 영원한 것인 이념에 대해 개별적인 존재자가 갖는 부분적이고 단편적인 견해에 불과하다. 따라서 플라톤은, 시간이란 움직이는 영원의 상이라고 말한다(『티마이오스』 37 D).[8]

7　* 13세기 신학자. 수학·자연학·형이상학 등에 관하여 폭넓은 교양을 지녔으며, 12세기부터 13세기에 걸쳐 서유럽으로 이입되어 많은 논쟁을 불러일으킨 아리스토텔레스의 사상을 라틴 사람들에게 이해시키고자 했다. 그의 제자인 토마스 아퀴나스는 스승이 마련한 지식을 토대로 스콜라 철학의 대표자로서 지위를 확립했다.
8　이에 대해서는 제2편의 제29장 참고

33.
이념에 봉사하는 인식

그러므로 이제 우리는 근거율에 종속된 인식밖에 가질 수 없다. 그런데 이 형식은 이념을 인식할 수 없으므로, 개별적 사물을 인식하는 데서 이념을 인식하는 것으로 나아갈 수 있으려면, 주관에서 변화가 일어나야만 가능하다는 것이 확실하다. 그 변화는 객관의 모든 종류의 대변화에 상응하고 그와 유사하며, 그 변화에 의해 주관이 이념을 인식하는 한 주관은 더 이상 개체가 아니게 된다.

　제2권에서 말했지만, 일반적으로 인식 작용 자체는 보다 높은 단계에 있는 의지의 객관화에 속하고, 감수성, 신경, 뇌수는 유기체의 다른 부분과 마찬가지로 이 등급에 있는 의지의 객관성의 표현에 불과하다. 그 때문에 이런 것들로 인해 생기는 표상도 사실 의지에 도움이 되도록 정해져 있으며, 의지의 복잡한 목적을 달성하기 위한 수단으로, 즉 다양한 요구를 하는 존재를 유지하기 위한 수단으로 정해져 있다. 그러므로 원래 본질상 인식은 전적으로 의지에 봉사하며, 인과율을 사용함으로써 인식의 출발점이 되는 직접적인 객관이 객관화된 의지에 불과하듯이, 근거율에 따르는 모든 인식도 좀 더 가깝든 멀든 의지에 관계하고 있다. 개체는 자신의 신체를 여러 객관들 중 하나의 객관으로 생각하기 때문인데, 이들 모든 객관에 대해 신체는 근거율에 따라 다양한 관계를 갖는다. 그러므로 그 관계를 고찰하면 보다 가까운 길이든 먼 길이든 언제나 자신의 신체에, 즉 자신의 의지에 되돌아가는 것이 된다. 여러 객관을 신체에 대한, 그럼으로써 의지에 대한 이같은 관계에 두는 것은 근거율이므로, 이 의지에 봉사하는 인식도 이들 객관으로부터 사실 근거율에 의해 성립된 관계를 알려고만 오로지 노력할 것이고, 그러므로 시간, 공간 및 인과성 속에서 인식의 다양한 관계를 추구할 것이다. 왜냐하면

이 시간, 공간 및 인과성에 의해서만 객관은 개체에 흥미롭기, 즉 의지에 대한 어떤 관계를 갖기 때문이다. 그 때문에 의지에 봉사하는 인식도 객관에 관해서는 그들 관계 외에는 실제로 더는 아무것도 인식하지 못하고, 이들 객관이 이 시간, 이 장소, 이 사정에서, 이 이유로, 이 결과와 아울러 존재하는 한, 한마디로 말해 이들 객관을 개별적 사물로서만 인식하는 것이다. 그리고 이 모든 관계를 폐지한다면, 사실 인식은 그것 말고는 이들 객관에 대해 아무것도 인식하지 못하므로, 인식에게는 개관도 사라질 것이다. 또는 우리는 과학이 여러 사물에 대해 고찰하고 있는 것이 본질적으로 이와 마찬가지로, 그 모든 것, 말하자면 이들의 관계, 시간과 공간의 관계, 자연적 변화의 원인, 형태의 비교, 사건의 동기, 그러므로 순전히 관계에 지나지 않는다는 것을 은폐해서는 안 된다.

과학이 보통의 인식과 구별되는 점은 단순히 그 형식, 체계적인 것, 여러 개념의 종속 관계에 의해 개별적인 것을 보편적인 것으로 통합하여 인식을 쉽게 하는 것이고, 그럼으로써 인식의 완벽성에 도달한다는 것뿐이다. 모든 관계 자체는 상대적인 현존을 지닐 뿐이다. 예컨대 시간 속의 모든 존재는 다시 비존재이기도 하다. 시간이란 사실 같은 사물에 반대의 규정을 부여할 수도 있는 것에 지나지 않기 때문이다. 따라서 시간 속의 모든 현상은 또한 없는 것이기도 하다. 현상의 시작을 끝과 구별하게 해주는 것은 사실, 본질적으로 사라져 버리는 것, 영속하지 않고 상대적인 것, 이 경우 지속이라 불리는 시간일 뿐이기 때문이다. 그러나 시간은 의지에 봉사하는 인식의 모든 객관들 중 가장 보편적인 형식이며, 여타의 인식 형식의 원형이다.

그런데 인식은 의지에 도움이 되도록 생겨났고, 그러니까 말하자면 머리가 몸통에서 나왔듯이 의지에서 싹터 나와, 대체로 언제나 의지에 봉사하도록 되어 있다. 동물의 경우에는 인식의 의지에 대한 이 봉사 정신이 결코 폐기될 수 없다. 인간의 경우에는 우리가 즉시 자세히 고찰하겠지만, 그 폐기가 예외로서만 나타날 뿐이다. 인간과 동물의 이 차이는 머리의 몸통에 대한 관계의 상이성을 통해 외적으로 표현된다. 하등 동물의 경우에는 머리와 몸통이 아직 완전히 붙어 있다. 즉, 모든 하등 동물의 경우에는 머리가 의지의 여러 객관이 존재하는 땅을 향하고 있다. 고등 동물의 경우에도 머리와 몸통이 아직 인간의 경우보다 훨씬 더 하나의 상태로 있고, 인간의 머리는 동체胴體에 자유롭게 얹혀 있는 듯 보이며, 동체에 봉사하지 않고 동체에 의해 떠받쳐질 뿐이다. 벨베데레의 아폴로 상이 인간의 이 장

「벨베데레의 아폴로」 레오카레스, 기원전 2세기

점을 극명하게 나타내고 있다. 멀리 주위를 둘러보는 시신詩神의 머리는 어깨 위에 자유롭게 얹혀 있어, 동체로부터 완전히 벗어나 동체는 전혀 안중에도 없는 듯 보인다.

34.
순수한 인식 주관

이미 말했듯이, 개별적 사물에 대한 평범한 인식으로부터 이념의 인식으로 이행하는 것이 가능하긴 하지만 예외로만 고찰할 수 있다. 이 일은 갑자기 일어난다. 즉, 인식이 의지에 봉사하는 데서 벗어나, 바로 그럼으로써 주관이 단순히 개인적인 주관이기를 그만두고, 이제 의지가 없는 순수한 인식 주관이 된다. 이때 인식 주관은 근거율에 따라 더 이상 여러 관계에 따르지 않고, 다른 객관과의 연관에서 벗어나 주어진 객관을 깊이 관조하고 거기에 몰입한다.

이것을 분명히 하기 위해서는 필연적으로 상세한 설명이 필요하지만, 그 설명의 의아한 점은 이 책에서 전달하는 전체 사상을 총괄한 뒤 저절로 사라질 것이므로 한동안 그냥 넘어가기 바란다.

우리가 정신력에 의해 고양되어 사물에 대한 평범한 고찰 방식을 단념하고, 근거율의 여러 형태를 실마리로 언제나 자신의 의지에 대한 관계를 최종 목표로 하는 사물들 상호 간의 관계만 추구하는 것을 그만두고, 즉 여러 사물에 대한 어디, 언제, 왜, 무엇 때문에가 아닌 오로지 무엇만을 고찰하며, 또한 추상적인 사유, 이성의 개념, 의식에 사로잡히게 하지 않고, 이 모든 것 대신 자기 정신의 온 힘을 직관에 바쳐, 풍경, 나무, 암석, 건물이나 그 외의 무엇이라 할지라도 바로 현재의 자연적인 대상을 조용히 관조함으로써 전적으로 이 직관에 침잠하여 의식 전체를 채운다고 하자. 독일어의 의미 깊은 표현법에 따르면, 이때 사람들은 이 대상에 전적으로 **빠져들어**, 즉 자신의 개체, 자신의 의지를 잊고 단지 순수한 주관으로서 객관을 비추는 맑은 거울로서 존재하게 된다. 그리하여 대상을 지각하는 사람은 없이, 그 대상 혼자 존재하는 것처럼 된다. 그러므로 직관하는 사람과 직관이 더 이상 구별될 수 없으며, 둘은 하나가 되어 버린다. 왜냐하면 의식 전체가 하나의 유일한 직관적 상에 의해 전적으로 채워지고 점령되기 때문이다.

말하자면 그렇게 하여 객관이 모든 관계에서 벗어나 자신 이외의 무언가에 도달하고, 주관은 모든 관계에서 벗어나 의지에 도달하게 되면, 이렇게 하여 인식되는 것은 더 이상 개별적 사물 그 자체가 아닌 **이념**이고 영원한 형식이며, 이 단계에서 의지의 직접적인 객관성이다. 또 바로 그럼으로써 동시에, 개체는 바로 그 직관에 빠지지 않았으므로, 이렇게 식관하는 사람은 더 이상 개체가 아닌, 의지와 고통이 없고 시간을 초월한 **순수한 인식 주관**이다.

지금은 이 말이 좀 이상하게 들릴지 모르지만(나는 그것이 토머스 페인Thomas Paine(1737~1809)[9]이 "숭고함에서 익살까지는 한 걸음에 불과하다"[10]라고 한 말을 확인하는 것에 불과함을 잘 알고 있다) 다음 내용으로 점점 더 분명해지고 덜 의아해질 것이다. 스피노자가 "정신이 영원의 관점에서 사물을 파악하는 한 정신은 영원하다"(『윤리학』[11] 제5권 정리 31 비고)[12]라고 썼을 때 그의 눈앞에 떠오른 것도 바로 이것이었다. 한데 그러한 관조를 하면서 단번에 개별적 사물은 그런 유類의 **이념**이 되고, 직관하는 개체는 **순수한 인식 주관**이 된다. 개체 자체는 개별적 사물만 인식할 뿐이고, 순수한 인식 주관은 이념만을 인식한다. 개체는 특수한 개별적 의지의 현상에 관계할 때 인식 주관이며, 이 현상에 봉사하기 때문이다. 이 개별적 의지 현상은 그 자체로 온갖 형태로 나타난 근거율에 종속되고 있다. 따라서 이것에 관계하는 모든 인식 또한 근거율에 따르고, 언제나 객관에 대한 관계만을

9 　* 미국 혁명과 프랑스 혁명 시기의 사상가, 언론인, 저술가, 정치 혁명가. 미국 독립에 사상적 기초를 제공했고, 조지 워싱턴 등 미국 초기의 정치 지도자들에게 큰 영향을 끼친 인물이다. 미국 독립 전쟁을 지지하는 그의 팸플릿 「상식」은 영국에 대한 아메리카의 자주적이고 완전한 독립을 주장한 것으로 6개월 뒤 「독립선언문」이 나오는 데 직접적인 역할을 했다.

10 　* 토머스 페인의 『이성의 시대』 제2부에 나오는 말

11 　* 스피노자가 가장 오랫동안 심혈을 기울여 썼고, 그의 사상을 가장 잘 대변하고 있는 『윤리학』은 그의 사상을 무신론이라고 정죄하려는 신학자들에 대한 두려움 때문에 그가 죽은 후에야 비로소 출판되었다. 실제로 윤리의 문제가 그 주된 내용이 아니고 오히려 스피노자의 형이상학 인식론, 인간학이 정리된 것이다. 모두 5부로 된 이 책은 1부 '신에 대하여', 2부 '정신의 본성과 근원에 대하여', 3부 '정동Affectus의 근원과 본성에 관해서', 4부 '인간의 예속 혹은 감정의 힘에 관해서', 그리고 5부 '지능의 힘에 대해서 혹은 인간의 자유'로 나뉘어 있다.

12 　또한 나는 스피노자가 같은 책 제2부 정리 40 비고 2, 그리고 제2부 정리 25부터 38에서 "3종의 인식, 또는 직관적 인식"에 대해 말한 것을 여기서 문제되고 있는 인식 방식을 해명하는 데 원용하고자 한다. 그런데 정리 29의 비고, 정리 36의 비고, 정리 38의 증명 및 비고는 아주 특히 원용할 만하다.

갖는 이 인식 외에는 어떠한 인식도 의지를 위해 쓸모가 없다. 인식하는 개체 자체와 그 개체에 의해 인식된 개별적 사물은 항상 언제 어디서나 존재하고, 원인과 결과의 연쇄 고리다. 순수한 인식 주관과 그 상관 개념인 이념은 근거율의 모든 형식으로부터 벗어나 있다. 즉, 시간, 공간, 인식하는 개체, 인식되는 개체, 이것들은 순수한 인식 주관과 이념에 대해 아무런 의미가 없다. 무엇보다 앞서 기술한 식으로, 인식하는 개체가 순수한 인식 주관으로 높여지고, 바로 이로써 고찰된 주관은 이념으로 높여지면서, **표상으로서의 세계**가 완전히 순수하게 나타나, 이로써 의지의 완전한 객관화가 일어난다. 오직 이념만이 의지의 **적절한 객관성**이기 때문이다.

주관과 객관은 이념의 유일한 형식이므로, 이 이념에는 양자가 똑같이 포함되어 있다. 그런데 양자는 이념 속에서 완전히 균형을 이루고 있다. 또 객관도 이 경우 주관의 표상에 지나지 않듯이, 주관도 직관된 대상에 전적으로 흡수되면서 이 대상 자체가 되었고, 그럼으로써 의식 전체는 그 가장 분명한 상 이상의 아무것도 아니다. 바로 이 의식이야말로, 전체 이념이나 의지의 객관화의 단계가 순서에 따라 그 의식을 통해 철저히 사유되면서, 본래 **표상으로서의 세계** 전체를 이루게 된다. 모든 시간과 공간 속의 개별적인 여러 사물은 근거율(개체 그 자체로서의 인식 형식)에 의해 다양화된, 그럼으로써 그 순수한 객관성 속에서 흐릿해진 여러 이념과 다르지 않다. 이념이 드러나면서, 이념 속에서 주관과 객관이 더 이상 구별될 수 없는 것은, 그것들이 서로 완전히 채워지고 침투되면서 비로소 이념, 의지의 적절한 객관성, 표상으로서의 본래적인 세계가 생기기 때문이다. 또한 이와 마찬가지로 이때 인식하는 개체와 인식된 개체는 사물 자체로서 구별되지 않게 된다. 우리가 본래적인 **표상으로서의 세계**를 완전히 도외시한다면, **의지로서의 세계** 말고는 아무것도 남지 않게 된다.

의지란 의지를 완전히 객관화하는 이념의 즉자태다. 의지는 또한 의지를 불완전하게 객관화하는 개별적 사물과 그것을 인식하는 개체의 즉자태기도 하다. 표상과 그 모든 형식의 밖에서 의지는 관조된 객관 속에서, 또 이 관조에서 떠올라 순수한 주관으로서 자신을 자각하는 개체 속에서 의지로서 동일하다. 그러므로 양자는 즉자적으로 구별할 수 없다. 양자는 여기서 즉자적으로 자신을 인식하는 의지이기 때문이다. 또 인식이 의지가 되는 방식으로서만, 즉 현상 속에서만 근거율인 형식에 의해 다수성과 상이성이 존재하기 때문이다. 객관과 표상이 없으면 내가 인식 주관이 아니라 단순한 맹목적 의지에 불과하듯이, 인식 주관인 내가 없으면 인식된 사물은 주관이 아니라 단순한 의지이자 맹목적 충동이다. 이 의지는 즉자적으로는, 즉 표상의 밖에서 내 의지와 동일하다. 언제나 적어도 주관과 객관이라는 형식을 갖는 표상으로서의 세계에서만 우리는 인식된 개체와 인식하는 개체로 서로 갈라지게 된다. 인식 작용, 즉 표상으로서의 세계가 없어지자마자 일반적으로 단순한 의지, 맹목적 충동밖에 남지 않게 된다. 의지가 객관성을 얻어 표상이 되기 위해서는 의지는 한꺼번에 주관이 동시에 객관이어야 한다. 하기만 이 객관성이 순수하고 완전하게 의지의 적절한 객관성이기 위해서는 객관은 이념으로서, 근거율의 형식으로부터 자유로워야 하고, 주관은 순수한 인식 주관으로서 개체성과 의지에 봉사하는 것으로부터 자유로워야 한다.

그런데 앞에서 말한 것처럼 순전히 인식 주관으로만 존재할 정도로 자연의 직관에 깊이 몰입하고 빠져 있는 사람은 바로 그럼으로써, 객관적 현존이 이제 그의 현존에 의존하는 것으로 나타날 것이므로, 자신이 그 주관으로서 세계와 모든 객관적인 현존의 조건, 즉 담당자임을 직접 깨닫게 된다. 그러므로 그는 자연을 자신 속으로 끌어들여 자기 본질의 우유성偶有性으로 느끼게 된다. 이런 의미에서 바이런George Gordon Byron(1788~1824)[13]은 이렇게 말한다.

산, 파도, 하늘이 내 일부가 아닐까?
또 나와 내 영혼의 일부가 아닐까?
내가 그것들의 일부이듯.[14]
(바이런, 「차일드 해럴드의 편력Childe Harold's Pilgrimage」[15] III, 75)

---

13 * 영국의 낭만파 시인이자 풍자가. 자유분방하고 유려한 정열적인 시와 특이한 개성으로 유럽인들의 상상력을 사로잡았다. 「차일드 해럴드의 편력」으로 시인으로서의 명성을 얻었고, 극시 「맨프레드」, 장시 「돈 주안」 등을 썼다. 그가 그리스의 독립을 위해 투쟁하다가 열병과 출혈로 죽자 그리스 전체가 그의 죽음을 슬퍼했으며, 그는 사사로운 욕심 없이 한 나라를 구하고자 애쓴 자의 상징이자 그리스의 국가적 영웅이 되었다.

14 * Are not the mountains, waves and skies, a part / Of me and of my soul, as I of them?

15 * 바이런의 출세작으로, 주인공 차일드 해럴드는 바이런 자신이 모델이라고 한다. 이 시의 내용은 유럽 각국을 두루 돌아다니면서 해럴드가 가는 곳마다의 역사적 사건이나 자연 풍물에 대해 느낀 갖가지 감회를 엮은 것이다. 제1곡에서는 이베리아 반도, 제2곡에서는 그리스, 제3곡에서는 워털루·라인강·알프스를 노래하였고, 또 레만호湖에서는 루소를 그리워하였다. 제4곡에서는 해럴드가 사라지고, 작자 자신의 1인칭으로 되었다. 이 제4곡은 베네치아 체재 중에 지은 것으로 이 고도古都를 노래하고는 타소를 그리워하고, 피렌체를 노래하고는 단테와 페트라르카를 생각하고 로마의 폐허에 작별을 고하였다. 마지막에 바다를 사랑하는 시인의 바다 노래가 있다.

그런데 이렇게 느끼는 사람이 무상하지 않은 자연과는 달리 어째 자신을 절대적으로 무상하다고 느끼겠는가? 그의 마음은 오히려 『베다』의 『우파니샤드』에 나와 있는 말에 감동받을 것이다. "이 모든 피조물은 모두 나다. 나 이외에는 다른 어떤 존재도 없다"(『우프네카트』 I, 122).[16]

---

16 이에 대해서는 제2편 30장 참고

35.
의지와 이념, 이념과 현상의 구별

세계의 본질을 보다 깊이 통찰하기 위해서는 사물 자체로서의 의지를 그 석절한 객관성과 구별하는 법을 배우고, 그런 뒤 이 객관성이 보다 분명하고 완전하게 나타나는 상이한 여러 단계, 즉 이념 자체를 근거율의 여러 형태 속에서 나타나는 이념의 단순한 현상, 바로 개체들이 사로잡힌 인식 방법과 구별하는 법을 배우는 것이 절대 필요하다. 그렇게 되면 사람들은 플라톤이 이데아에만 본래적인 존재를 부여하고, 반면 공간과 시간 속의 여러 사물은, 다시 말해 개체에게는 실재적인 이 세계는 단지 겉보기의 몽상적 실존에 불과하다고 규정한다면 그의 말에 동의할 것이다. 그러면 사람들은 동일한 이념이 수많은 현상으로 드러나고, 인식하는 개체에게는 이념의 본질이 하나씩 단편적으로만 나타난다는 것을 알게 될 것이다. 또한 이념 자체를 이념의 현상이 개체에게 관찰되는 방식과 구별하게 되어, 이념 자체는 본질적으로, 이념의 현상은 비본질적으로 인식할 것이다.

우리는 이것을 가장 사소한 것에서, 그런 뒤에는 가장 중대한 것에서 예를 들어 고찰하고자 한다. 구름이 이동해 갈 때 이루는 형태는 본질적인 것이 아니고 구름에게는 아무래도 상관없다. 그러나 구름은 탄력 있는 증기로서 바람의 충격을 받아 압축되어 날아가고 팽창되어 산산이 흩어진다. 이것이 구름의 본성이고 구름 속에 객관화되는 힘들의 본질이며 이념이다. 개인으로서 관찰하는 자에게만 구름은 그때그때 다른 형태로 보일 뿐이다. 돌 위를 흘러 내려가는 시냇물에는 소용돌이나 물결, 물거품으로 보이는 것은 아무래도 상관없으며, 이는 비본질적이다. 시냇물이 중력에 따라 탄력 없고 자유자재로 움직일 수 있고 무형이며 투명한 액체 상태로 있다는 것, 이것이 시냇물의 본질이다. **직관적으로 인식하면** 이것이 이념이다. 다만 개인으로서 인식하는 한 우리에게만 그런 형태를 띨 뿐이다. 유리창의 얼음은 여기서 나타나는 자연력의 법칙을 드러내고, 이념을 나타내는 결정結品의 법칙에 따라 생기는 것이다. 그러나 이때 얼음이 이루는 나무나 꽃 모양은 비본질적인 것이고, 단지 우리에게 그렇게 현존할 뿐이다.

구름, 시냇물, 결정에서 현상하는 것은 그 의지의 극히 미약한 반향이며, 식물에는 보다 완전하게, 동물에는 보다 더 완전하게, 인간에게는 가장 완전하게 나타난다. 그러나 의지의 객관화의 모든 단계 중 **본질적인 것**만이 **이념을** 이룰 뿐이다. 반면 이념이 전개되어, 이것이 근거율의 형태로 갈라져 다양한 현상으로 나타나는 것은 비본질적이고, 단지 개체의 인식 방식에 존재하고 있을 뿐이며, 또한 개체에 대해서만 실재성을 지닐 뿐이다. 그런데 의지의 가장 완전한 객관성인 이념의 전개에 대해서도 이와 같은 것이 필연적으로 적용된다. 따라서 인류의 역사, 일어나는 온갖 사건, 시대의 변전, 여러 나라와 세기에 나타나는 인간 생활의 다양한 모습들, 이 모든 것은 이념의 현상이 우연한 모습을 띤 것에 불과하고, 이념의 적절한 객관성이 거기에만 존재하는 이념 자체에 속하는 것이 아니라, 개체의 인식에 들어오는 현상에만 속할 뿐이다. 그러므로 이 모든 것은, 구름에게 그것이 나타내는 형태가, 시냇물에게 소용돌이나 물거품의 형태가, 얼음에게 나무나 꽃 모양이 그렇듯이 이념 자체에 너무나 생소하고 비본질적이며, 아무래도 상관없는 일이다.

이것을 잘 파악해서 의지를 이념과, 이 이념을 현상과 구별할 줄 아는 사람에게 세계의 사건은 인간의 이념이 읽힐 수 있는 문자로 되어 있는 한에서만 의미를 가지며, 그 자체로서는 아무런 의미도 갖지 못한다. 그는 그 사람들과 함께, 시간이 무언가 실제로 새로운 것과 뜻있는 것을 만들어 내고, 시간에 의해 또는 시간 속에서 무언가 완전히 실재하는 것이 현존에 도달하며, 또는 시간 자체가 하나의 전체로서 시작과 끝이나 계획과 발전을 갖고 있다고, 가령 (그들의 개념에 따르면) 최근 30년 동안 살고 있는 인류의 최고 완성에 이르러 최종 목표를 달성한다고는 생각하지 않을 것이다. 그 때문에 그는 호메로스Homeros(기원전 800년경~750)[17]와 함께 신들로 가득 찬 올림포스 전체에 시대 사건들의 지도를 맡기지 않을 것이고,

---

17 ＊기원전 9~8세기경에 활동한 고대 그리스의 유랑 시인. 현존하는 가장 오래된 서사시 『일리아스』와 『오디세이아』의 작가다.

오시안Ossian[18]과 함께 구름의 모습을 개인적인 존재로 여기지도 않을 것이다. 이미 말했듯이, 양쪽은 그 속에서 현상하는 이념에 대해서는 공히 커다란 의미를 갖고 있기 때문이다. 그는 인간 생활의 다양한 모습과 사건들의 끊임없는 변전 속에서 이념만을 영속적이고 본질적인 것으로 간주할 것이다. 이념 속에서 삶에의 의지가 가장 완전한 객관성을 띠고 있고, 이념은 인간의 특성, 열정, 오류 및 장점에서, 이기심, 주우, 사랑, 두려움, 대담함, 겸손, 우둔, 교활함, 기지, 독창력 등에서 상이한 여러 측면을 보여 준다. 이 모든 것은 서로 모이고 응고해서 수천 가지의 모습(개체)이 되고, 계속해서 크고 작은 세계사를 보여 주며, 이 경우 호두가 세계사를 움직이든, 왕관이 세계사를 움직이든 그 자체로는 아무래도 상관없다.

결국 그는 세상에서 벌어지는 일이, 언제나 동일한 인물이 같은 의도와 운명을 갖고 등장하는 고치Carlo Gozzi(1720~1806)[19]의 희곡에서 일어나는 일과 같다고 생각할 것이다. 물론 모티프와 사건들은 희곡마다 다르지만 사건의 정신은 동일하다. 어떤 작품의 인물들은 다른 작품에서 벌어지는 사건에 대해 아무것도 모르지만, 거기서도 그들 자신이 역할을 맡고 있다. 그 때문에 이전의 작품에서 아무리 온갖 경험을 했어도, 판탈로네는 더 민첩하거나 관대하지 못하고, 타르타글리아는 더 양심적이지 못하며, 브리겔라는 더 용감하지 못하고, 콜롬비네는 더 정숙해질 수 없다.

만일 우리가 가능성의 영역이나 원인과 결과의 모든 연쇄를 한번 분명히 볼 수 있다면, 지령地靈이 나타나 한 폭의 그림으로 힘을 발휘하기도 전에 우연히 파멸하고 만 아주 훌륭한 개인, 세계 선각자, 영웅들을 보여 주고, 세계사를 변하게 하여 최고의 문화 시대와 계몽주의를 초래했을지도 모르지만 그야말로 맹목적인

---

18 * 3세기경 아일랜드에 살았다고 전해지는 전사 시인(게일어로는 Oisín). 오시안이라는 이름은 1762년 스코틀랜드의 시인 제임스 맥퍼슨이 오이신Oisín의 시들을 발견해 '핑갈Fingal'이라는 제목의 서사시로 출판하고 이듬해 『테모라Temora』를 출판함으로써 유럽 전역에 알려지게 되었다. 괴테도 이 시의 숭배자 가운데 한 사람이었으나, 새뮤얼 존슨 같은 일부 비평가는 의문을 제기했다. 오시안을 둘러싼 논쟁은 맥퍼슨이 게일어 원본이라고 발표한 것이 사실은 그의 영어 창작품을 조잡한 게일어로 번역한 데 지나지 않는다는 진실이 밝혀지면서 19세기 말경에 일단락되었다.

19 * 이탈리아 시인, 산문작가이자 극작가. 피에트로 키아리와 카를로 골도니의 연극 개혁에 반대하여 이탈리아 전통극 형식인 코메디아 델라르테commedia dell'arte를 열렬하게 옹호했다. 인형극과 동양의 전설, 민간에 전해 내려오는 우화, 동화 및 스페인 극작가들의 작품을 토대로 쓴 환상극 가운데 『사슴 왕』, 『투란도트』, 『뱀 여자』, 『예쁜 녹색의 작은 새』 등이 유명하다. 괴테와 실러, 레싱, 슐레겔 형제는 모두 고치의 작품을 격찬했다.

우발 사건이나 아주 하찮은 우연 때문에 벌어지지 않은 커다란 사건들을 보여 준 뒤, 마지막으로 전체 세대를 풍요롭게 했을지도 모르지만 오류나 열정에 잘못 이끌리거나 필연성으로 어쩔 수 없이 무가치하고 소득 없는 대상에 쓸데없이 힘을 낭비하거나 그냥 아무렇게 탕진한 위대한 개인들의 굉장한 힘을 보여 준다면, 우리는 전체 세대가 잃어버린 이 모든 보물을 보고 전율하며 애통해할 것이다. 그러나 지령은 미소 지으며 이렇게 말하리라.

"여러 개인과 그 힘이 흘러나오는 샘물은 시간이나 공간처럼 무궁무진하다. 시간과 공간이 모든 현상의 형식인 것처럼 개인과 그 힘은 의지가 현상하여 가시적으로 된 것에 불과하기 때문이다. 그 무한한 샘물은 유한한 척도로는 남김없이 퍼낼 수 없다. 따라서 일어나려다 만 모든 사건이나 사업에도 여전히 다시 일어날 가능성이 줄지 않고 무한히 열려 있다. 이 현상계에는 진정한 손실도 진정한 이득도 없다. 존재하는 것이라곤 의지, 즉 사물 자체인 의지, 모든 현상의 원천인 의지뿐이다. 의지의 자기 인식과 그것에 기초해서 결정되는 긍정 또는 부정이 유일한 사건 그 자체인 것이다."[20]

20 이 마지막 문장은 다음 권을 알지 못하고는 이해할 수 없다.

36.
창조적 천재와 광기

역사는 사건들의 실마리를 따라간다. 역사가 동기화의 법칙에 따라 사건들을 이끌어 내고, 의지가 인식에 의해 조명되는 경우 그 법칙이 현상으로 나타나는 의지를 규정하는 한 역사는 실용적이다. 의지가 아직 인식 없이 작용하는 의지의 객관화의 보다 낮은 단계에서 자연과학은 의지 현상들의 변화 법칙을 원인학이라 고찰하고, 현상에서 영속적인 것을 형태학이라 고찰한다. 형태학은 개념들의 도움으로 자연과학의 거의 무한한 주제를 가볍게 해주고, 보편적인 것을 총괄하여 거기서 특수한 것을 도출해 낸다. 마지막으로 개체로서 주관의 인식을 위해 이념이 갈라져 다수성으로 현상하는 단순한 형식, 즉 시간과 공간을 고찰하는 것이 수학이다. 그러므로 과학을 공통의 이름으로 갖는 이 모든 것은 다양한 형태를 취하는 근거율을 따르며, 이들 과학의 주제는 현상이고 그 현상의 법칙이며, 연관이며 거기서 생기는 관계들이다. 그런데 모든 관계 밖에서 독립하여 존재하는, 홀로 원래 세계의 본질적인 것, 세계 현상의 참된 내용, 어떠한 변전에도 종속되지 않기 때문에 언제나 동일한 진리로 인식되는 것, 한마디로 말해, 사물 자체, 즉 의지의 직접적이고 적절한 사물 자체인 **이념을** 고찰하는 것은 어떤 인식 방식일까? 그것은 **예술**이며 천재의 작업이다.

예술은 순수 직관에 의해 파악된 영원한 이념, 즉 세계의 모든 현상의 본질적인 것과 영속적인 것을 재현한다. 그리고 재현할 때의 소재에 따라 예술은 조형 예술이 되고, 시나 음악이 된다. 예술의 유일한 기원은 이념의 인식이고, 예술의 유일한 목적은 이 인식의 전달이다. 과학은 네 겹의 형태를 지닌 근거와 귀결의 끊임없고 변하기 쉬운 흐름에 따르면서, 하나의 목표를 달성할 때마다 계속 앞으로 나아가도록 지시받아, 결코 최종 목표에 도달하지 못하고 또 완전한 만족을 얻지 못하여, 마치 우리가 구름이 지평선에 닿은 곳에 달려가도 그 지점에 도달하지 못하는 것과 같다. 반면에 예술은 어떤 경우에도 목적을 달성한다. 예술은 자신의 관조 대상을 세상만사의 흐름에서 끄집어내어 홀로 고립시키기 때문이다. 그리고 그 흐름에선 사라져 가는 작은 일부분인 이 개별적인 것이 예술에는 전체의 대표가 되고, 공간과 시간 속에 있는 무한히 많은 것의 등가물이 된다. 따라서 예술은 이 개별적인 것의 곁에 머무르고, 시간의 수레바퀴는 예술을 정지시키며, 관계들은 예술에서 사라져 버린다. 본질적인 것, 이념만이 예술의 대상이다. 따라서 경험과 과학의 길이 바로 이 근거율을 따르는 고찰인 것과는 달리, 예술은 **근거율과 무관한 사물의 고찰 방식**이라 부를 수 있다.

경험과 과학의 고찰 방식은 수평으로 달리는 무한한 선에 비유할 수 있다면, 예술의 고찰 방식은 선을 임의의 모든 점에서 자르는 수직선에 비유할 수 있다. 근거율에 따르는 고찰 방식은 이성적 고찰 방식으로 과학뿐 아니라 실제 생활에서만 적용되고 도움이 된다. 근거율의 내용을 무시하는 고찰 방식은 예술에만 적용되고 도움이 되는 천재적 고찰 방식이다. 근거율에 따르는 것은 아리스토텔레스의 고찰 방식이고, 근거율을 무시하는 것은 대체로 플라톤의 고찰 방식이다. 전자는 시작도 목적도 없이 내달려 모든 것을 구부러뜨리고 움직이게 하며 쓸어 가 버리는 강력한 폭풍우와 비슷하고, 후자는 폭풍우의 길을 끊어 버려 그것에 꿈쩍도 않는 고요한 햇살과 비슷하다. 전자는 끊임없이 변전하면서 한순간도 쉬지 않는 폭포수의 엄청난 힘으로 움직이는 무수한 물방울과 비슷하고, 후자는 이처럼 사납게 휘몰아치는 폭포수 위에 조용히 걸려 있는 무지개와 비슷하다.

이념은 앞에서 기술했듯이, 객관에 완전히 몰입한 순수한 관조에 의해서만 파악된다. 그리고 **천재**의 본질은 바로 그 같은 월등한 관조 능력에 있다. 그런데 관조는 자기 자신과 자신의 관계를 완전히 잊는 것을 요구하므로, **천재성**이란 다름 아닌 가장 완전한 **객관성**, 즉 자기 자신의 의지로 향하는 주관적 방향과는 달리 정신의 객관적 방향이다. 그에 따라 천재성이란 순전히 직관적으로 행동하고 직관에 몰입할 수 있는 능력이고, 원래 의지에만 봉사하기 위해 존재하는 인식을 이 봉사로부터 떼어 놓는 능력, 즉 자신의 관심, 의욕, 목적은 전혀 안중에 두지 않고, 그에 따라 한순간 자기 자신을 완전히 포기하고 **순수한 인식 주관**으로서 세계의 명백한 눈으로 남는 능력이다. 그리고 이것은 순간적인 것이 아니라 지속적이며, 숙고를 거친 예술에 의해 파악된 것을 재현하기 위해, "흔들리는 현상으로 떠도는 것을 지속적인 사고로 고정시키기"[21] 위해 필요한 만큼 사려 깊음을 요한다.

천재성이 어떤 개인에게 나타나기 위해서는, 어떤 개인의 의지에 봉사하는 데 요구되는 인식력을 훨씬 초과하는 정도의 인식력이 부여되어야만 하는 것처럼 생각된다. 자유롭게 된 남아도는 이 인식이 이제 의지가 가미되지 않은 주관이 되고, 세계의 본질을 비추는 맑은 거울이 된다. 천재적인 개인이 불안하리만치 활기 있는 것은 그것으로 설명된다. 이는 현재가 그들의 의식을 충족시키지 못하므로, 그들이 현재에 만족하는 경우가 드물기 때문이다. 이 의식 때문에 그들은 부단히 노력하게 되고, 고찰할 가치가 있는 새로운 대상을 끊임없이 찾게 되며, 그런 뒤에도 자신들과 비슷하고 자신들과 필적할 만해서 자신의 사상을 전할 수 있는 존재를 거의 결코 만족할 줄 모르고 갈망하게 된다. 반면 평범한 사람은 평범한 현재에 완전히 충족되고 만족하며, 현재에 몰두한 뒤 어디서나 자신과 같은 사람을 발견하면서 천재가 누리지 못하는 일상생활의 특별한 안락을 맛본다. 상상력 Phantasie이 천재성의 본질적 구성 요소로 인식되고, 심지어 때로 상상력이 천재성과 동일한 것으로 간주되기도 하는데, 전자는 옳지만 후자는 그렇지 못하다. 천재자신의 객관은 영원한 이념이고, 세계와 그 모든 현상의 불변하는 본질적인 형식이지만, 이념의 인식은 추상적이 아니라 필연적으로 직관적이다. 그러므로 그 환상이 그가 개인적으로 경험한 현실을 훨씬 뛰어넘어 그의 지평선을 넓힘으로써, 그가 실제로 통각하는 몇 안 되는 재료로 여타의 모든 것을 구성하여 거의 모든 가능한 인생의 상이 자기 옆을 지나가게 하는 상태에 이르지 못한다면, 천재의 인식은 그 자신에게 실제로 현존하는 객관의 이념에 한정되고, 그에게 그 객관을 넘겨 준 이리저리 얽힌 사정에 의존하게 될지도 모른다. 그뿐 아니라 현실적인 객관은 거의 언제나 그 속에 나타나는 이념의 극히 불충분한 실례에 지나지 않는다.

따라서 천재는 상상력을 필요로 한다. 이는 사물들 속에서 자연이 실제로 만든 것이 아니라, 자연이 만들려고 노력은 했으나 제2권에서 언급한 형식들 상호 간의 투쟁 때문에 실현시키지 못한 것을 보기 위해서다. 나중에 조각술을 고찰할 때 이 문제로 되돌아올 것이다. 그러므로 상상력은 질적으로나 양적으로 천재 그 개인에게 실제로 나타난 객관에 대한 그의 시야를 넓혀 준다. 이 때문에 상상력의

---

21 *괴테의 『파우스트』 제1부 '천상의 서곡'에 나오는 주인공의 말

이례적인 강렬함이 천재성의 요인, 즉 천재성의 조건이다. 그러나 이와 반대로 상상력의 이례적인 강렬함이 천재성의 증거는 아니다. 오히려 극히 비천재적인 사람도 많은 상상력을 가질 수 있다. 하나의 현실적인 객관을, 순전히 객관적이고 천재적으로, 객관의 이념을 파악하면서 고찰하거나, 또는 평범하게 단순히 근거율에 따라 그 객관이 다른 객관들과 자신의 의지에 대해 갖는 관계에서 고찰하는 두 가지 종류의 상반되는 방식으로 고찰할 수 있듯이, 환상Phantasma도 두 가지 방식으로 볼 수 있다. 즉, 첫 번째 방식으로 고찰하면, 환상이란 이념을 인식하기 위한 수단이며, 그 이념의 인식을 전달하는 것이 예술 작품이다. 두 번째의 경우 환상은 이기심이나 자신의 변덕에 응하고, 순간적으로 속이거나 흥겹게 해 주는 공중누각을 짓는 데 활용된다. 이 경우 그렇게 결합된 환상에 의해 인식되는 것은 사실 언제나 그 관계들뿐이다. 이런 유희를 하는 자는 몽상가다. 그런 자는 자기만 혼자 흥겹게 해주는 상들을 현실에 섞음으로써 현실에 쓸모없는 인간이 되기 쉽다. 어쩌면 그는 모든 종류의 평범한 소설에 있는 것과 같은 자기 환상의 속임수를 써 놓을지도 모른다. 그러면 독자는 주인공이 된 기분이 들어 그런 묘사를 아주 "기분 좋게" 생각하므로, 그런 소설이 같은 부류의 작가나 일반 대중의 인기를 얻는다.

앞에서 말했듯이, 매일 수천 가지씩 나오는 자연의 제조품 같은 평범한 사람은 모든 의미에서, 본래적인 정관靜觀인 전적으로 무관심한 고찰을 적어도 지속적으로 할 능력이 전혀 없다. 그는 아주 간접적인 관계에 불과할지라도 사물이 그의 의지에 어떤 관계가 있는 한에서만 사물에 주의를 기울일 수 있다. 언제나 관계들의 인식을 필요로 하는 이 점에서, 사물에 대한 추상적 개념이 있으면 충분하고, 대체로 그 자체로 보다 쓸모 있으므로, 평범한 사람은 오랫동안 단순한 직관에 머무르지 않는다. 따라서 오랫동안 하나의 대상에 시선을 고정시키지 않으며, 게으른 자가 의자를 찾듯이 그에게 나타나는 모든 것에서 재빨리 그 개념을 찾다가 그것을 얻으면 그 사물에 더 이상 흥미를 갖지 않는다. 그러므로 그는 예술 작품, 아름다운 자연 경관, 모든 인생살이에서 원래 어떤 경우나 뜻 깊은 삶의 모습, 이 모든 것을 성급히 처리해 버리고 만다. 하지만 그는 머무르지 않고, 삶에서 자신의 길만 찾을 뿐이며, 경우에 따라서는 어느 땐가 자신의 길이 될 수 있는 것, 즉 가장 넓은 의미에서 지형을 측량하는 메모와 같은 것이면 어떤 것이라도 상관없다. 즉, 그는 인생 자체의 고찰에 시간을 허비하지 않는다. 이와는 달리 천재는 인식력이 월등하기 때문에, 의지에 봉사하는 것에서 벗어나 인생 자체를 고찰하는 데 시간을 보내며, 사물의 다른 사물에 대한 관계를 고찰하지 않고 모든 사물의 이념을 고찰하려 노력한다. 그 바람에 그는 자주 인생에서 자신의 길의 고찰을 소홀히 하므로 대체로 실생활에 매우 서투르다.

평범한 사람에게는 그의 인식 능력이 자신의 길을 비추어 주는 등불인 반면, 천재에게는 그의 인식 능력이 세상을 환히 밝히는 태양이다. 인생을 바라보는 이 상이한 방식은 심지어 양자의 외모에도 곧 나타난다. 우리는 자연이 수백만의 무수한 사람들 중 이따금씩 산출해 내는 소수의 천재적 두뇌를 가진 사람들의 초상을 보면 쉽게 알 수 있듯이, 천재적 창조력이 살아서 작용하는 사람의 눈초리는 생기 있고 꿋꿋한 동시에 정관과 관조의 성격을 지니고 있어서 쉽게 알아볼 수 있다. 반면 다른 평범한 사람들의 눈초리는 대개 그럴듯이 멍청하거나 얼빠진 모습인데, 그렇지 않다 하더라도 관조와는 정반대로 엿보는 듯한 모습이 쉽게 나타난다. 그에 따라 어떤 사람의 '천재적 표정'은 의욕보다 인식 작용이 결정적으로 우위에 있음이 드러난다는 점에, 따라서 의욕과는 아무 관계없는 인식 작용, 즉 어떤 **순수한 인식 작용**이 거기에 표현된다는 점에 그 본질이 있다. 반면 평범한 사람들의 경우에는 의욕의 표현이 우세하고, 인식 작용은 언제나 의욕의 자극을 받아 비로소 활동하여, 그러므로 단지 동기에 의해 움직일 뿐임을 알 수 있다.

천재의 인식, 또는 이념의 인식은 근거율에 따르지 않는 인식이지만, 반면 근거율에 따르는 인식은 실생활에서 현명하고 분별 있게 행동하게 하며 여러 학문을 성립시키므로, 천재적인 사람들에게는 평범한 사람들의 인식 방식을 소홀히 한 결과 초래되는 여러 결함이 따라다니기 마련이다. 그렇지만 이 경우 내가 이 점에서 말하려는 것은 천재적인 인식방법으로 실제로 일을 진행하는 한 또는 그러는 동안에만 해당되는 것이지, 천재의 삶의 모든 순간에 그렇다고는 할 수 없는 제한이 있음을 유의할 필요가 있다. 의지에서 벗어나 이념을 파악하기 위해서는 자연발생적이긴 해도 커다란 긴장이 필요하므로, 필연적으로 다시 느슨해져 큰 간격이 생겨나므로, 이 간격이 있는 한에서는 장점과 결점의 면에서 볼 때 평범한 사람들과 대동소이하기 때문이다. 이 때문에 옛날부터 사람들은 천재의 작용을 영감으로 보았는데, 그 명칭 자체가 나타내는 것처럼 개인 자체와는 상이한, 주기적으로만 천재에게 주어지는 초인간적 존재의 작용으로 보았다.

천재적인 개인들이 근거율의 내용에 주목하기 싫어하는 것은 먼저 존재의 근거와 관련해 볼 때 수학에 대한 혐오로 나타날 것이다. 수학의 고찰은 현상의 가장 보편적 형식들인 공간과 시간에 대한 고찰인데, 이들 형식은 그 자체로 근거율의 형태에 불과하다. 그러므로 모든 관계를 도외시하고 현상의 내용만, 즉 현상 속에서 나타나는 이념만을 추구하는 고찰과는 정반대다. 그것 말고도 논리적 취급 방식은 본래적 통찰을 가로 막고 이를 충족시키지 않으며, 인식의 근거율에 따라 추리의 단순한 연쇄만을 나타내면서, 말하자면 증거로 원용하는 이전의 모든 명제를 잊지 않기 위해, 온갖 정신력 중 기억력을 가장 많이 요구하므로 수학의 논리적 취급 방식은 천재의 마음에 들지 않을 것이다.

또한 경험상으로도 예술의 위대한 천재들은 수학에 능력이 없다는 사실이 확인된다. 수학과 예술에서 동시에 커다란 두각을 드러내는 사람은 아무도 없다. 알피에리Vittorio Alfieri(1749~1803)[22]는 심지어 단지 유클리드의 제4정리조차 결코 이해할 수 없었다고 이야기한다. 괴테는 그의 색채론에 대한 무분별한 반대자들로부터 수학적 지식이 부족하다는 호된 비난을 받았다. 물론 가언적 자료에 따라 계산하고 측정하는 것이 아니라 원인과 결과의 직접적인 지성 인식이 중요한 색채론에서는 그들의 비난은 전혀 엉뚱하고 부적절했다. 그들이 한 다른 미다스의 말[23]들처럼 이로써 그들의 판단력이 전적으로 결여되어 있음이 백일하에 드러나고 말았다. 괴테의 색채론이 나온 지 근 반세기가 지난 오늘날 심지어 독일에서도, 뉴턴의 허튼소리가 보란 듯이 강단을 지배하고 있고, 일곱 가지 동질의 빛과 그것들의 각기 다른 굴절성이 아주 진지하게 계속 논의되고 있는 것은 장차 인류 일반과 특히 독일인의 커다란 지적 특성의 하나로 거론될 것이다. 반대로 탁월한 수학자들이 예술 작품에 대한 감수성이 별로 없다는 잘 알려진 사실도 앞서 언급한 같은 이유로 설명된다. 프랑스의 수학자의 유명한 일화에서 이 사실이 특히 순진하게 드

22　＊이탈리아의 비극 작가. 폭정의 타도를 시의 주된 주제로 삼았다. 서정시와 희곡을 통해 이탈리아의 국민정신을 되살리는 데 기여함으로써 '리소르지멘토'(이탈리아 독립·통일 운동)의 선구자라는 칭호를 얻었다. 그의 비극은 대부분 자유를 옹호하는 자와 폭군 사이의 투쟁을 보여 주고 있다. 19편의 비극 가운데 걸작으로는 스페인의 리프 2세가 폭군으로 등장하는 『필리포』와 『안티고네』, 『오레스테스』 등이 있는데 그중에서 『미라』, 『사울』은 뛰어난 작품으로 꼽힌다.
23　＊'미다스의 말'이란 '판단력이 결여된 말'을 뜻한다. 그리스 신화에 나오는 프리기아의 왕인 미다스는 디오니소스 신의 양부이자 숲의 신인 실레노스를 사로잡았으나 매우 친절하게 대해 주었고, 디오니소스가 그 보답으로 그의 소원을 하나 들어주겠다고 했다. 그의 소원은 그가 만지는 모든 것을 금으로 변하게 해 달라는 것이었다. 결국 사랑하는 딸도 금으로 변하고, 음식마저 금으로 변하여 거의 굶어죽을 지경에 처한 그는 자기 잘못을 깨닫는다.

「금으로 변한 미다스의 딸」 월터 크레인, 1893

러난다. 그는 라신의 『이피게니에』를 읽은 후 어깨를 으쓱하며 "그 증거는 무엇인가?"라고 물었다고 한다.

게다가 인과율이나 동기화의 법칙에 따라 여러 관계를 날카롭게 파악하는 것이 본래 현명함의 척도지만, 천재적 인식은 여러 관계를 지향하지 않는다. 그러므로 현명한 사람은 현명한 한, 또 현명한 동안은 천재가 아니고, 천재가 천재인 한, 또 천재인 동안은 현명하지 않을 것이다. 결국 이념을 자신의 영역 내에 두고 있는 직관적 인식은 대체로 인식 작용의 근거율에 인도되는 이성적 내지는 추상적 인식과는 반대 입장에 있다. 또한 다 알다시피 위대한 천재에게 이성이 주도적인 경우가 드물고, 오히려 이와 반대로 천재적인 사람들이 격한 정동과 비이성적 열정에 지배되는 경우가 종종 있다. 그런데 그 이유는 이성이 약해서가 아니라 일부는 천재적 개인인 전체 의지 현상과 또 모든 의지 행위의 격렬성에 의해 발현되는 전체 의지 현상의 이례적인 에너지 때문이고, 일부는 감성과 지성을 통한 직관적 인식이 추상적 인식보다 우세하기 때문에 단호히 직관적인 것을 지향하기 때문이다. 감성과 지성이 받는 직관적인 것의 극히 강렬한 인상이 단조로운 개념을 압도해 버리므로, 행동은 더 이상 개념이 아닌 직관적인 것의 인상에 좌우되어 바로 그 때문에 행동이 비이성적으로 된다. 그에 따라 현재의 인상이 그들에게 너무 강해져서 그들을 사려 깊지 못함, 정동, 열정으로 몰고 간다. 따라서 또한 일반적으로 천재들의 인식은 부분적으로 의지에 봉사하는 데서 벗어나 있기 때문에, 그들은 대화할 때도 상대편을 생각하기보다는 화제가 되어 그들 눈앞에 생생히 떠오르는 문제를 더 생각할 것이다. 그렇기 때문에 그들은 자신들의 관심 때문에 너무 객관적으로 판단하거나 얘기할 것이고, 말하지 않고 잠자코 있는 것이 상책일 때 등에도 잠자코 있지 않을 것이다. 결국 그로 말미암아 그들은 독백을 하기 쉽고, 실제로 광기에 가까운 여러 약점을 드러낼 수 있다.

천재성과 광기는 서로 접해 있어 경계를 넘나드는 한 면을 가지고 있다는 것이 종종 지적되었고, 심지어 시적 감격이 일종의 광기로 불리기도 했다. 호라티우스는 이를 "사랑스러운 광기amabilis insania"(Od. III, 4)라고 부르고, 빌란트Christian Martin Wieland(1733~1813)[24]는 『오베론』의 처음에 그렇게 말하고 있다. 세네카가 인용한 것에 따르면, 아리스토텔레스조차 "광기가 섞이지 않은 천재는 없었다"[25](de tranq. animi, 15, 16)고 말했다고 한다. 플라톤은 앞서 인용한 컴컴한 동굴 이야기(『국가』 7)에서 이렇게 말하고 있다.

"동굴 밖에서 지내 햇빛과 실제로 존재하는 사물을 본 사람은 눈이 어둠에 길들여져 있지 않아 후에 동굴에 들어와서는 더는 볼 수 없으므로, 그 안의 그림자를 더 이상 제대로 식별하지 못한다. 그렇기 때문에 그는 실수를 하면서, 이 동굴 밖으로 절대 나가지 않고 이 그림자만을 보고 있는 다른 사람들로부터 조롱을 받는다."

나아 플라톤은 『파이돈』[26]에서 일종의 광기 없이는 긴정한 시인이 될 수 없다고 말하며(317쪽), 또한 무상한 사물 속에서 영원한 이념을 인식하는 자는 모두 광기를 띠고 나타난다고 말한다(327쪽). 키케로도 이 글을 인용하고 있다.

"왜냐하면 데모크리토스는 어떠한 위대한 시인도 광기 없이는 존재할 수 없다고 주장하기 때문이다. 그리고 플라톤도 그와 같은 말을 한다"(de divin. I, 37). 그리고 마지막으로 포프는 이렇게 말한다.

위대한 정신은 광기에 아주 가깝고,
양자를 가르는 칸막이가 있을 뿐이다.[27]
〔실제로는 드라이든John Dryden(1631~1700)[28], 「압살롬과 아히토벨Absalom and Achitophel」I, 163〕

이 점에서 괴테의 『토르콰토 타소』가 특히 시사해 주는 바가 많다. 이 희곡에서 그는 천재 그 자체의 본질적인 순교인 고뇌뿐 아니라 그 고뇌가 점차 광기로 옮아

---

24 * 독일의 시인, 작가이자 번역자. 독일의 볼테르라 불리기도 했으며, 그의 『오베론』은 괴테의 절찬을 받기도 했다. 그의 소설 『아가톤의 이야기』는 심리적 발전을 보여 주는 '교양소설Bildungsroman'의 시초로 여겨지고 있다. 그는 셰익스피어의 희곡들을 최초로 독일어로 번역해 출판했는데, 이들은 질풍노도운동 계열의 극작가에게 큰 영향을 주었다. 1773년 창간한 정기 간행물 『토이체 메르쿠어Der Teutsche Merkur』는 그 후 37년간 지도적인 문학지가 되었다. 그는 만년에 고전주의자로 자처하며 대부분의 시간을 그리스와 로마 작가들의 작품을 번역하는 데 바쳤다.

25 * Nullum magnum ingenium sine mixtura dementiae fuit.

26 * 『파이돈』의 주제는 어떻게 참된 수사술이 논리적인 방법과 인간의 열정에 대한 과학적 연구라는 이중의 기초 위에 세워질 수 있는가를 보여 준다. 그러나 플라톤은 이 주제를 사랑에 관한 심리학적 논의에 결부시킨 다음, 형상들을 초월적 감정 또는 신비적 관상의 대상이라고 말한다. 육체에서 벗어난 상태의 영혼은 형상들을 직접 관상할 수 있지만, 감각 경험은 '사랑에 빠짐'이라는 경이로운 방식에 의해 아름다움의 형상을 암시할 수 있다. 사랑에 빠진 사람의 불합리하고 미친 듯한 상태는 영혼의 날개가 다시 자라기 시작했음을 뜻한다. 이것은 영혼이 사신의 지위를 되찾는 첫 단계다.

27 * Great wits to madness sure are near allied, / And then partitions do their bounds divide.

28 * 영국의 시인, 극작가이자 문학비평가. 당대를 '드라이든 시대'라고 부를 만큼 당시의 문학계를 주도했다.

가는 과정도 눈앞에 보여 준다. 결국 천재성과 광기가 직접 맞닿아 있다는 사실은 일부는 아주 천재적인 사람들, 예컨대 루소, 바이런, 알피에리와 같은 인물의 전기나 다른 천재의 생애에서 드러나는 일화로도 확인된다.

한편 나는 정신 병원을 종종 찾아가 봤는데, 환자들 중 몇몇은 명백히 위대한 소질을 지니고 있다는 것을 발견했음을 언급하지 않을 수 없다. 그런데 그들의 천재성은 이 경우 완전히 우세하게 나타나는 광기를 통해 두드러지게 드러났다. 그런데 이것을 우연으로 돌려 버릴 수 없는 까닭은, 한편 미친 사람들의 수는 비교적 극히 소수이지만, 다른 한편 천재적 개인은 보통 생각할 수 있는 이상으로 드물고, 자연에서 가장 심한 예외로서만 나타나는 현상이기 때문이다. 온 시대를 막론하고 인류를 위해 영속적인 가치를 간직한 사람에 한하지만, 고금을 통틀어 개화된 유럽 전체가 생산해 낸 위대한 천재들, 거듭 말해 이 개별적인 사람들을 열거하여 30년마다 숫자를 갱신하면서 계속해서 유럽에 살고 있는 2억 5천만의 인구와 그 수를 비교해 봄으로써만 천재가 가장 심한 예외적 현상임을 납득할 수 있으리라.

정말이지, 나는 사실 출중하다고는 할 수 없지만 그래도 확연히 정신적으로 우월한 동시에 가벼운 광기의 징조를 드러내는 몇몇 사람을 알고 있음을 언급하지 않을 수 없다. 그에 따라 보통 정도 이상으로 지력이 높아지는 것은 하나의 병적 상태로, 벌써 미치기 쉬운 성향이라고 생각될지도 모른다. 그런데 이 논의는 물론 천재성, 즉 오로지 진정한 예술 작품을 창조할 수 있는 정신적 특성의 원래적인 본질을 설명하는 데 도움이 되기 때문에, 천재성과 광기 사이에 나타나는 유사성의 순전히 지성적인 근거에 대한 내 견해를 되도록 간략히 밝혀 보려 한다. 그런데 그러기 위해서는 광기 자체를 간단히 논해 둘 필요가 있다.[29]

내가 알기로 광기의 본질에 대한 명료하고 완벽한 통찰, 미친 사람을 건강한 사람과 엄밀히 구별해 주는 올바르고 분명한 개념은 아직 발견되지 않았다. 또 미친 사람에게 이성이나 지성이 없다고도 말할 수 없다. 미친 사람도 말을 하고 말을 알아듣고, 종종 매우 올바른 결론을 내리기도 하며, 또한 대체로 눈앞의 일을 매우 올바로 바라보고, 원인과 결과의 연관을 분간하기 때문이다. 환영幻影은 고열로 인한 환각과 마찬가지로 광기의 일반적인 징후가 아니다. 정신 착란Delirium은

---

29 이에 대해서는 제2편 31장 참고

272 제3권 표상으로서의 세계, 제2고찰

직관을 그르치게 하고, 광기는 사고를 그르치게 한다. 말하자면 미친 사람은 대체로 직접 **현재적인 것**을 인식할 때는 결코 틀리지 않지만, 그들의 횡설수설은 언제나 **현재 존재하지 않는 것**과 **과거의 것**에 관계되며, 그로 인해 이것의 현재적인 것과의 결합에만 관계된다. 그런데 그 때문에 나로서는 이들의 병이 특히 기억과 관련된 것이라고 생각된다. 많은 사람이 많은 것을 암기하고 있고, 때로는 오랫동안 보지 못한 사람도 알아보는 것으로 봐서 이들에게 기억력이 없다는 것은 아니고, 오히려 기억의 실마리가 끊어져서 연속되는 기억의 연관이 없어지고, 일정한 연관을 유지하며 과거를 되살릴 수 없다는 말이다. 과거의 개별적인 장면은 현재의 개별적인 일처럼 올바로 기억되지만, 그들이 되살린 기억에는 빈틈이 있는데, 그들은 이를 허구로 채운다. 그 허구가 언제나 같은 것이면 고정 관념이 되고, 그런 뒤에는 고정 망상과 우울증이 된다. 또는 그 허구가 그때마다 다른 것이고 순간적인 착상이 되면, 바보스러움Narrheit이나 우둔fatuitas으로 불린다. 이 때문에 미친 사람을 정신 병원에 입원시킬 때 그에게서 이전의 이력을 알아내기가 매우 곤란하다. 이제 그의 기억에는 진실과 허위가 점점 더 많이 섞이게 된다. 직접적인 현재가 옳게 인식될지라도 망상에 의한 과거와 허구적인 관계를 맺음으로써 날조되게 된다. 그러므로 미친 사람은 자기 자신과 다른 사람을 단지 자신의 허구적인 과거에만 존재하는 사람과 동일시하고, 일부 아는 사람을 결코 다시 알아보지 못하며, 현재의 개별적 사물에 대해서는 옳게 보고 느끼면서도 현재 존재하지 사물의 관계는 순전히 그르쳐 버린다. 광기가 중증에 달하면 완전한 기억 상실이 일어나서, 그 때문에 미친 사람은 현재 존재하지 않는 것이나 과거의 것을 고려할 능력이 전혀 없게 되고, 그의 머릿속에서 과거를 채우고 있는 여러 허구와 결합하여 완전히 그때그때 기분에 의해서만 규정된다. 그렇게 되면 미친 사람 앞에서 끊임없이 우세함을 드러내지 않으면 그에게서 학대당하거나 살해당하지 않는다고 한 순간도 보장할 수 없게 된다.

　미친 사람의 인식은 현재에 국한되어 있다는 점에서 동물의 인식과 같다. 그런데 양자를 구별시켜 주는 것은 동물은 본래 과거 그 자체에 대한 표상을 전혀 갖지 않는다는 점이다. 물론 이 과거가 습관을 매개로 하여 동물에 영향을 미치기는 한다. 그 때문에 예를 들어 개는 몇 년이 지난 후에도 자신의 이전 주인을 알아본다. 즉, 그 주인을 보고 전에 길들여진 인상이 되살아나는 것이다. 그러나 그동안 흘러간 시간에 대해서는 아무런 기억도 되살리지 못한다. 이와는 달리 미친 사람은 자신의 이성 속에 추상적인 과거도 늘 갖고 다닌다. 그러나 그 과거는 그에게 만 존재하고, 어느 때나 또는 바로 지금만 존재하는 허구적인 과거다. 그런데 이 허구적인 과거의 영향은 동물에게도 가능한 올바로 인식된 현재의 사용도 방해 한다.

그래서 인간은 격한 정신적 고뇌, 뜻하지 않은 사건으로 미쳐 버리는 일이 왕왕 있는데, 나는 이를 다음과 같이 설명한다. 그 모든 고뇌는 언제나 실제적인 사건 으로서 현재에 국한되어 있으므로 일시적인 것에 지나지 않으며, 그런 한에서는 여전히 과하게 곤란한 문제는 아니다. 고뇌가 영속적인 고통이 되는 한에서 비로 소 지나치게 큰 문제가 된다. 허나 그 고뇌는 그 자체로서 하나의 사상일 뿐이며 그 때문에 **기억** 속에 들어 있다. 그런데 마음의 아픔과 고통스런 지식 또는 추억이 너무 고통스러워 도저히 견딜 수 없어 무너지게 되면, 그렇게 번민하던 사람은 삶 의 마지막 구원 수단으로 **광기**에 호소한다. 그런데 이렇게 너무나 고통에 시달린 정신은 말하자면 기억의 실마리를 끊어 버리고 허구로 빈틈을 채우며, 자신의 힘 으로 감당할 수 없는 정신적 고통에서 광기로 도피한다. 이것은 회저壞疽에 걸린 수족을 절단하여 의족으로 대체하는 것과 같다. 실례로 미쳐 버리는 리어왕과 오 필리아를 보면 잘 알 수 있을 것이다. 일반적으로 알려진 인물로서 여기서 증거로 끌어들일 수 있는, 진정한 천재가 만들어 낸 이 두 인물은 진실성이라는 면에서 현실의 인물과 동일시할 수 있는 데다가, 빈번히 일어나는 실제 경험도 이와 아주 똑같기 때문이다. 우리 모두는 고통스런 기억이 불현듯 떠오를 때 기계적으로 그 러듯이 뭔가 큰 소리를 지른다든가 몸을 움직여 그 기억을 쫓아내고 관심을 다른 데로 돌리며, 억지로나마 생각을 분산시키려 하는 일이 종종 있는데, 이것은 고통 에서 광기로 넘어가는 과정과 약간 닮은 점이 있다.

그런데 앞서 말한 것처럼 미친 사람도 개별적인 현재의 일이나 과거의 여러 가 지 일도 올바로 인식하지만, 그 연관이나 관계를 오인해서 잘못을 저지르거나 헛 소리를 한다. 바로 이것이야말로 천재와 미친 사람이 서로 맞닿아 있는 점이다. 천재는 사물의 이념만 보고 찾으며, 직관적으로 나타나는 원래 본질을 파악하기 위해 근거율에 따르는 관계에 대한 인식을 버리므로, 하나의 사물이 그 전체 유類 를 대변한다는 점에서, 그 때문에 괴테가 말하듯 한 개의 사례가 수천 개의 경우 에 적용된다. 그래서 천재도 사물의 연관에 대한 인식을 등한시하기 때문이다. 그 가 정관하는 개별적 대상이나 또는 그에 의해 지나치게 생생하게 파악된 현재가 너무 환한 빛에 비쳐 나타나므로, 말하자면 대상이나 현재가 속해 있는 연쇄의 다른 개별적인 부분이 그로 인해 어둠 속으로 물러나 버린다. 바로 그래서 전부터 광기와 비슷하다고 인식된 현상이 생긴다. 현존하는 개개의 사물 속에는 다만 불완전하게, 여러 가지로 변경되어 미약하게 존재하는 것도, 천재의 고찰 방식에 따라 이념이나 완전한 것으로 높여진다. 그렇기 때문에 천재는 어디서나 극단을 보며, 바로 그 사실 때문에 행동이 극단으로 치닫는다. 천재는 제대로 절제할 줄 모르고 냉정함이 부족하다. 그래서 앞서 말한 결과를 초래하는 것이다. 그는 이념은 완전히 인식하지만 개체는 인식하지 못한다. 따라서 사람들의 지적처럼, 시인이란 인간은 깊고 철저히 인식할 줄 알지만, 사람을 이해하는 데는 매우 서툴다. 그래서 그는 속기 쉽고 교활한 자에게 농락당하기도 한다.[30]

---

30 이에 대해서는 제2편 32장 참고

37.
예술가와 예술 작품

우리가 서술한 것에 따르면 천재는 근거율과 무관하고, 그 때문에 관계 속에서만 현존재를 갖는 개별적 사물 대신에 그 이념을 인식하고 이 이념에 대해 스스로 이념의 상관 개념이 될 수 있는 능력, 즉 더 이상 개체가 아닌 순수한 인식 주관이 될 수 있는 능력에 그 본질이 있다. 그럼에도 이 능력은 정도가 미미하고 상이하긴 해도 모든 사람에게 내재해 있음에 틀림없다. 그렇지 않다면 일반 사람들은 예술 작품을 향유할 능력은 물론이고 만들어 낼 능력도 없을 것이며, 대체로 아름다움이나 숭고함에 대해 아무런 감수성도 없기 때문에 이들 단어가 그들에게 아무런 의미도 없을 것이기 때문이다. 따라서 우리는, 가령 미적 만족을 향유할 능력이 전혀 없는 사람들은 없다고 한다면, 사물 속에서 그 이념을 인식하고 그로써 자신의 개인적인 입장을 떠날 수 있는 능력이 모든 사람 속에 존재하는 것으로 가정하지 않으면 안 된다. 천재는 일반 사람들에 비해 훨씬 높은 정도의 인식 방식을 보다 지속적으로 미리 갖고 있다. 또한 그렇게 인식된 것을 임의의 작품에서 재현하는 데에 요구되는 사려 깊음에 의해 그 인식 방식을 유지할 수 있는데, 그 재현이 예술 작품이다. 천재는 자신이 파악한 이념을 예술 작품을 통해 다른 사람에게 전달한다. 이때 이 이념은 불변하고 동일하다. 즉, 그 때문에 미적 만족이란 예술 작품을 통해 또는 자연과 삶을 직접 직관해서 생긴 것이라 해도 본질적으로는 동일하다. 예술 작품은 미적 만족의 본질을 이루는 인식의 진정제에 불과하다.

이념을 자연이나 현실에서 직접 대면하는 것보다 예술 작품에서 대면하는 것이 우리에게 훨씬 쉬운 까닭은, 예술가는 단지 이념만을 인식하고 더 이상 현실은 인식하지 않기 때문이고, 그의 작품에서도 오로지 이념만을 순전히 재현하고 방해가 될 우연적 요소를 모두 제거하여 현실에서 이념만을 골라내기 때문이다. 예술가는 자신의 눈을 통해 우리에게 현실을 들여다보게 한다. 예술가에게 모든 관계를 떠나 존재하는 사물의 본질적인 것을 인식하는 눈이 있다는 점이 바로 천재의 재능이고 천분이다. 그런데 예술가가 우리에게도 이 재능을 빌려주어, 자신의 눈을 우리에게 달아 줄 수 있는 입장에 있다는 것, 이것은 획득된 것이고 예술의 기교적인 것이다.

그런데 이 때문에, 나는 앞서 미적인 인식 방식의 내적 본질을 아주 일반적인 윤곽으로 서술한 뒤, 이제 이어서 아름다움과 숭고함에 대해 보다 자세히 철학적인 고찰을 하면서, 자연과 예술에서 양자를 서로 분리하지 않고 동시에 상론하고자 한다. 인간이 아름다운 것이나 숭고한 것에 감동하는 경우 그에게 어떤 일이 일어나는지 먼저 고찰하고자 한다. 그가 이 감동을 직접 자연이나 삶에서 얻는지 또는 예술을 매개로 해서만 얻는지의 문제는 본질적인 차이가 아닌 외적인 차이만 근거 지을 뿐이다.

38.
미적 만족을 느끼는 주관적 조건

우리는 미적 고찰 방식에 두 가지 **분리시킬 수 없는 구성 요소**가 있음을 알았다. 하나는 객관을 개별적 사물로서가 아닌 플라톤의 **이데아**로서, 즉 사물의 이런 유類 전체의 불변하는 형식으로서 인식하는 것이다. 또 하나는 개체로서가 아니라 **의지가 없는 순수한 인식 주관**으로서 인식하는 자의 자의식이다. 이 두 가지 구성 요소가 언제나 합일하여 나타나기 위한 조건은 근거율에 구속된 인식 방식을 버리는 것이었다. 반면 그 인식 방식은 학문에도 그렇듯이 의지의 봉사에 유일하게 쓸모 있는 인식 방식이다. 아름다운 것을 바라봄으로써 생기는 **만족감** 역시 우리는 이 두 가지 구성 요소에서 생긴 것으로 본다. 더구나 미적 관조 대상이 어떤 것인가에 따라 때로는 두 가지 중 한쪽에서, 때로는 다른 쪽에서 비롯되기도 한다.

　모든 **의욕**은 욕구에서, 즉 결핍이나 고뇌에서 생긴다. 이 욕구는 충족되면 끝난다. 하지만 하나의 소망이 성취되더라도 적어도 열 개의 소망은 이루어지지 않고 남는다. 더구나 욕망은 오래 지속되고, 요구는 끝없이 계속된다. 즉, 충족은 짧은 시간 동안 불충분하게 이루어진다. 그런데 심지어 최종적인 충족 자체도 겉보기에만 그럴 뿐, 소망이 하나 성취되면 즉시 새로운 소망이 생긴다. 성취된 소망은 인식된 오류이고, 새로운 소망은 아직 인식되지 않은 오류다. 의욕한 대상을 얻지 못하면 확고하고 지속적인 충족을 얻을 수 없다. 이는 마치 거지에게 늘 던져 주는 적선이 오늘 그의 목숨을 이어 주어 고통을 내일까지 연장시켜 주는 것과 같다. 그러므로 우리의 의식이 의지에 사로잡혀 있는 한, 우리가 끊임없는 희망과 두려움으로 여러 소망의 충동에 내몰려 있는 한, 우리가 의욕의 주체인 한, 우리에게는 지속적인 행복도 마음의 안정도 결코 주어지지 않는다. 우리가 쫓거나 또는 피하고, 재앙을 두려워하거나 또는 기쁨을 얻으려 노력하거나 하는 것은 본질적으로 동일하다. 어떤 형태로 나타나든 상관없이 줄기차게 요구하는 의지에 대한 배려가 지속적으로 의식을 충족시키고 움직인다. 그러나 마음의 안정 없이는 결코 진정한 행복이 있을 수 없다. 그리하여 의욕의 주체는 익시온Ixion[31]의 돌아가는 바퀴에 계속 묶여 있는 것과 같고, 다나이덴 자매[32]가 밑 빠진 독에 끊임없이 체로 물을 퍼 올리는 것과 같으며, 영원히 애타게 갈망하는 탄탈로스Tantalus[33]와 같다.

그러나 외적 계기나 내적 기분이 우리를 갑자기 의욕의 끝없는 흐름에서 벗어나게 하고, 인식이 의지에 노역하는 것에서 빠져나오게 하고, 이제 의욕의 동기에는 더 이상 주의를 기울이지 않고, 사물을 의지에 대한 관계로부터 자유롭게 파악하고, 즉 관심도 주관성도 없이, 사물이 동기인 한에서가 아니라 단순히 표상인 한 그것에 전적으로 몰두하여 순전히 객관적으로 고찰하게 되면, 처음에 말한 의욕의 길에서 찾았지만 언제나 달아나 버린 마음의 안정이 단번에 저절로 나타나 우리는 완전히 행복하게 된다. 그것이 에피쿠로스가 최고선이자 신들의 상태로 찬양한 고통 없는 상태다. 우리는 그 순간 비열한 의지의 충동을 면하고 의욕의 강제 노동에서 벗어나 안식일을 지키며, 익시온의 바퀴도 멈추기 때문이다.

내가 앞에서 이념을 인식하기 위해 필요한 것으로, 순수 직관으로서 기술한 상태가 바로 이것이다. 즉, 직관에 몰입하고 객관에 빠져 모든 개별성을 잊고 근거율에 따라 관계만을 파악하는 인식 방식을 단념하는 것이다. 이 경우 동시에 분리시킬 수 없이 직관된 사물은 그 유의 이념으로, 인식하는 개체는 의지 없는 순수한 인식 주관으로 높아지고, 그리하여 이제 양자는 그 자체로 더 이상 시간의 흐름이나 다른 모든 관계의 흐름에 제약받지 않는다. 그러면 일몰을 감옥에서 바라

31 * 그리스 신화에서 헤라를 모독한 죄로 영원히 도는 바퀴에 묶여 있는 사람. 그가 신들의 초대를 받고 천상에 갔을 때 손님의 신분임을 잊고 헤라를 넘보려 하자, 제우스는 구름으로 헤라와 비슷한 모습을 만들어 익시온으로 하여금 그것과 동침하도록 만들었다. 그 뒤 제우스는 그를 영원히 도는 바퀴에 묶어 영겁의 벌을 받도록 했다.

32 * 그리스 신화에 나오는 아르고스의 왕 다나오스의 오십 명의 딸. 첫날밤에 각자의 남편을 죽인 죄로 지옥에서 밑 빠진 독에 물을 가득 채우는 벌을 받았다.

33 * 제우스의 아들이자 시필로스의 왕. 신들이 사는 올림포스산에 식사 초대를 받고 가서 암브로시아를 훔치려고 하다가 다른 신들에게 발각된다. 이를 괘씸하게 생각한 제우스는 탄탈로스를 지옥으로 떨어뜨린다. 갈증을 느껴 물을 마시려 하면 물이 마르고, 배가 고파 과일을 따 먹으려 하면 가지가 바람에 날려 자신의 손길에서 멀어지는 등 탄탈로스는 영원한 굶주림과 갈증에 시달리게 된다.

보든 궁중에서 바라보든 매한가지가 된다.

　내적 기분, 의욕에 대한 인식 작용의 우세는 어떤 환경에서든 생길 수 있다. 탁월한 네덜란드 사람들이 그런 사실을 우리에게 보여 준다. 그들은 아무리 보잘 것 없는 대상에도 순전히 객관적인 직관을 향하게 해서 그들의 객관성과 정신적 안정의 영속적인 기념비를 **정물**의 형태로 내놓았다. 그 정물이 미적 관찰자에게 예술가의 고요하고 침착하며, 의지에서 벗어난 마음 상태를 눈앞에 생생히 그려 주기 때문에, 관찰자는 그 정물을 보고 감동받지 않을 수 없다. 이처럼 중요하지 않은 사물을 그처럼 객관적으로 직관하고, 그처럼 주의해서 고찰하며, 이 직관을 그처럼 분별 있게 재현하려면 그 같은 마음 상태가 필요하다. 또 그 그림은 그에게도 그러한 상태에 동참하도록 요구하므로, 그 자신이 처한 불안하고, 격한 의욕으로 흐려진 마음 상태와 대조되어 감동이 더욱 커지는 일이 종종 있다. 이 같은 정신으로 풍경화가들, 특히 루이스다엘Jacob van Ruisdael(1628~1682)[34]은 흔히 볼 수 있는 풍경을 종종 그렸는데, 그럼으로써 그러한 효과를 더 만족스럽게 나타냈다.

　예술가적 심성의 내적 힘은 그것만으로도 이처럼 많은 성과를 거둔다. 하지만 그 순수하게 객관적인 정서는 친화적인 대상에 의해, 그것을 바라보도록 유혹하는, 그러니까 자꾸만 눈앞에 떠오르는 아름다운 자연에 의해 외부로부터 촉진된다. 아름다운 자연이 일단 우리 눈앞에 전개되기만 하면 아무리 짧은 순간이라 해도, 우리는 거의 항상 주관성이나 의지의 노역에서 벗어나 순수한 인식 상태에 들어갈 수 있다. 따라서 열정이나 고난과 근심으로 고통 받는 사람도 자연을 홀가분한 심정으로 한번 바라보는 것만으로도 갑자기 원기가 회복되고 명랑해지며 기운이 나게 된다. 열정의 폭풍, 밀려드는 소망과 두려움, 의욕의 모든 고통이 놀랍게도 일순간 가라앉아 버린다. 의욕에서 벗어나, 의지가 없는 순수한 인식 작용에 몰두하는 순간, 우리는 말하자면 의지를 움직임으로써 우리를 격렬하게 뒤흔드는 것이 더 이상 하나도 없는 별세계에 들어간 것이기 때문이다. 이처럼 인식이 자유로워지면 우리는 잠과 꿈에 의해 현실 세계에서 떠나는 것처럼 모든 것에서 완전히 벗어나게 된다. 행복이나 불행은 사라져 버리고, 우리는 더 이상 개체가 아니며, 개체는 잊히고 단지 순수한 인식 주관일 뿐이다. 우리는 단지 세계를 보는

34　＊네덜란드의 풍경화가. 그의 그림은 다소 차갑고 화려했으며, 격정적인 묘사는 없었으나 조용한 화풍을 드러냈다.

「밀밭」 야코프 판 루이스다엘, 1670년경

하나의 눈으로서 현존할 뿐인데, 인식하는 모든 존재는 그런 상태에서 바라본다. 그러나 인간만 의지에 봉사하는 것으로부터 완전히 자유로울 수 있다. 그로 인해 개별성의 모든 차이가 완전히 사라져 버리고, 그렇게 되면 바라보는 눈이 강력한 왕의 눈이든 고통에 시달리는 거지의 눈이든 매한가지가 된다. 행복이든 고난이든 그 한계를 넘는 경지에는 들어갈 수 없기 때문이다.

모든 고뇌에서 벗어난 영역이 이처럼 우리에게 계속 가까이 있지만, 거기에 오랫동안 머물러 있을 힘은 누가 갖고 있는가? 그러므로 사실 순수하게 직관된 객관의 우리 의지나 우리 인격Person에 대한 어떤 관계가 다시 의식되자마자 마법은 끝나 버리고, 우리는 다시 근거율에 지배되는 인식에 떨어져서, 이젠 더 이상 이념을 인식하지 않고 개별적 사물, 즉 우리도 거기에 속해 있는 연쇄의 고리를 인식한다. 그래서 우리는 우리의 모든 고난을 다시 짊어지게 된다. 대부분의 사람들에게는 객관성, 즉 천재성이 완전히 결여되어 있으므로, 그들은 거의 언제나 이런 입장에 처하게 된다. 따라서 그들은 홀로 자연과 대면하는 것을 즐겨하지 않는다. 즉, 그들에게는 동료가 필요하고, 적어도 한 권의 책이 필요하다. 그들의 인식 작용은 의지에 봉사하기 때문이다. 그렇기 때문에 그들은 대상들에게서 그들의 의지에 대한 어떤 관계만을 찾으며, 또 그러한 관계가 없는 모든 것에서는 마치 기초 저음처럼 "그런 것은 나에게 아무 소용이 없다"는 절망적인 소리가 그의 마음속에 계속 울려온다. 따라서 주변 경치가 아무리 아름다워도 홀로 있으면 그들 모습이 쓸쓸하고 음울하며, 서먹서먹하고 적의를 품은 듯이 보인다.

의지가 없는 직관의 희열은 결국 과거의 것이나 멀리 떨어진 것에 대한 묘한 매력을 갖게 하고, 자기기만을 통해 이것을 무척 아름다운 것으로 우리에게 보여 주기도 한다. 왜냐하면 우리가 먼 곳에서 살았던 먼 과거의 일을 눈앞에 떠올림으로써 우리의 상상력이 되살려 내는 것은 객관들뿐이며, 지금뿐 아니라 당시에도 치유할 길 없는 고뇌를 짊어진 의지의 주체는 아니기 때문이다. 하지만 이 같은 고뇌는 그 뒤 이미 가끔씩 다른 고뇌로 대체되었기 때문에 잊혀 버렸던 것이다. 그런데 기억 속에 있는 객관적 직관은 만일 우리가 의지에서 벗어나 거기에 몰두할 수 있다면 현재의 직관처럼 작용할지도 모른다.

따라서 우리가 보통 때보다 어떤 고통으로 더 심하게 번민하는 경우, 먼 과거와 멀리 떨어진 곳에서 일어난 장면에 대한 갑작스러운 회상이 잃어버린 낙원처럼 우리의 뇌리를 획 스쳐 지나가는 일이 생기기도 한다. 이때 상상력이 불러일으키는 것은 객관적인 것일 뿐이지 개인적이고 주관적인 것은 아니다. 또 우리는 그 객관적인 것이 당시에도, 현재 상상 속에 나타나는 모습과 마찬가지로 아주 순수하게, 의지에 대한 어떤 관계에도 흐려지지 않고 우리 앞에 나타났다고 상상한다. 그렇지만 오히려 우리의 의욕에 대한 객관의 관계는 지금과 마찬가지로 당시에도 우리에게 고통을 안겨 주었던 것이다. 우리는 현재의 객관을 순전히 객관적으로 고찰하는 경지에 온라가고, 그리하여 우리 자신이 아닌 객관만이 현존할지도 모른다는 환상을 품을 수 있다면, 멀리 떨어진 객관에 의한 것과 마찬가지로 현재의 객관에 의해 모든 고뇌에서 벗어날 수 있을 것이다. 그렇게 되면 우리는 고통스러운 자아에서 벗어나, 순수한 인식 주관으로서 객관과 완전히 하나가 될 것이다. 그리고 우리의 고뇌가 이 객관과 무관하듯이 그 순간 그 고뇌는 우리 자신과도 무관하게 된다. 그러면 표상으로서의 세계만 남게 되고 의지로서의 세계는 사라져 버린다.

이 모든 고찰을 통해 나는 미적 만족의 주관적 조건이 그 만족에 대해 갖는 몫이 어떤 종류의 것이고, 어느 정도인지 분명히 했기를 바란다. 말하자면 그것은 의지에 봉사하는 것으로부터 인식 작용이 해방되는 것이고, 개체로서 자신의 자아를 잊는 것이며, 의지를 순수하고 의지가 없으며 시간을 초월한, 모든 관계와 무관한 인식 주관으로 승격시키는 것이다. 미적 관조의 이 측면과 아울러 필연적 상관 개념으로서 언제나 이와 동시에 플라톤의 이데아를 직각적으로 파악하는 미적 관조의 객관적 측면이 등장한다. 그런데 우리가 이것을 보다 자세히 고찰하여 이와 관련해 예술의 성과를 거론하기에 앞서, 또한 미적 만족의 주관적 측면에 잠시 관심을 돌려 그 주관적 측면에만 의존하고 그것을 변경시켜서 생기는 **숭고함**의 인상을 논함으로써 그 고찰을 완성하는 것이 목적에 맞을 것이다. 그런 뒤 미적 만족에 대한 우리의 고찰은 미적 만족의 객관적 측면을 고찰함으로써 전적으로 완벽하게 될 것이다.

그런데 지금까지 고찰한 것에 덧붙여 다음과 같은 언급을 해 두어야겠다. 빛은 여러 사물의 가장 즐거운 요소다. 그것은 모든 선한 것과 구원을 가져다주는 것의 상징이 되었다. 어떠한 종교에서도 빛은 영원한 구원을 나타내며 암흑은 영겁의 벌을 나타낸다. 오르무츠드Ormuzd[35]는 가장 순수한 빛 속에 살고, 아리만Ahriman[36]

---

35 * 고대 페르시아의 하늘의 선신. 조로아스터교에서는 전지전능한 창조의 신으로 숭배된다.

은 영원한 밤 속에 산다. 단테의 낙원에서 축복받은 모든 영은 규칙 바른 형상을 이루며 함께 모여드는 초점으로 나타나므로, 그곳은 대체로 런던의 복스홀 Vauxhaul 공원[37]과 흡사한 것으로 생각된다. 빛이 없어지면 우리는 곧장 슬퍼지고, 빛이 다시 돌아오면 행복해진다. 즉, 색채는 직접 생생한 흥겨움을 맛보게 해주고, 색채가 선명해지면 흥겨움은 최고조에 달한다. 이 모든 것은 오로지 빛이, 직접적으로는 절대로 의지를 촉발시키지 않는 유일한 것인 가장 완전한 직관적 인식 방식의 상관 개념이자 조건이기 때문이다. 시각은 다른 감각의 촉발과는 달리, 그 자체로 직접 자신의 감각 작용을 통해 기관器官에서 **감각**의 쾌적함이나 불쾌감을 느낄 능력이 전혀 없기 때문이다. 즉, 시각은 의지와 직접 연결되지 않고, 지성 속에서 생기는 직관이 비로소 의지에 대한 객관의 관계 속에 존재하는 연결을 가질 수 있다. 이미 청각의 경우는 이 관계와 다르다. 즉, 음은 직접 고통을 일으킬 수 있고, 화음이나 선율에 관계하지 않고 감각적으로도 쾌적함을 일으킬 수 있다. 온몸의 감각과 동일한 것인 촉감은 의지에 대한 직접적인 영향을 더욱 받지만, 고통이나 쾌락을 동반하지 않는 촉감도 있다. 그러나 후각은 언제나 쾌적하거나 불유쾌하며 미각은 그것이 더욱 심하다. 그러므로 후각과 미각은 가장 심하게 의지에 오염되어 있다. 따라서 이것들은 언제나 가장 고상하지 못한 감각이므로, 칸트는 그것들을 주관적 감각이라 불렀다. 그러므로 빛에 대한 기쁨은 실제로는 가장 순수하고 완전한 직관적인 인식 방식의 객관적 가능성에 대한 기쁨에 불과하다. 그리고 모든 의욕에서 해방되고 벗어난 순수한 인식 작용이야말로 극히 즐거운 것이며 벌써 인식 작용 자체로 미적 향유에 커다란 몫을 갖고 있다는 사실에서 기쁨 그 자체를 도출해 낼 수 있다.

물체가 빛에 비치면 우리에게 더없이 아름답게 보인다는 사실은 빛에 관한 이 견해에서 도출될 수 있다. 우리가 여러 지각을 가장 완전하고 순수하게 지각할 수 있는 것도, 물체들 상호 간에 영향을 미치는 가장 경쾌하고 신속하며 미묘한 방식, 즉 간접적인 반사 광선의 영향 덕분이다. 그 영향은 이 경우 아주 분명히, 전모를 파악할 수 있게 또 완벽하게 원인과 결과 속에서, 더구나 전체로서 우리 눈앞에 나타난다. 우리가 빛에 대해 미적 기쁨을 느끼는 것은 이 때문이며, 이 기쁨은

---

36   * 조로아스터교에서 일체의 무지와 암흑을 관장하는 고대 페르시아의 신. 오르무즈드 신이 창조한 것을 파괴하기만 한다.

37   * 런던의 템스강 남쪽 기슭에 있는 공원. 17세기부터 19세기 중엽까지 유원지로 번성했다.

대체로, 미적 만족의 주관적 근거에 전적으로 뿌리박고 있으며, 순수한 인식 작용과 그 방식에 대한 기쁨이다.[38]

---

38 이에 대해서는 제2편 33장 참고

39.
숭고감과 미감

지금까지의 모든 고찰에서는 미적 만족의 주관적인 부분을 주로 논했다. 그러므로 이 만족은 의지와는 달리 단순하고 직관적인 인식 작용 그 자체에 대한 기쁨인 한에는 만족이며, 이것과 직접 연관되는 것으로서 **숭고함**이라는 감정으로 불리는 기분에 대한 다음과 같은 설명으로 마무리해야겠다.

앞에서 이미 언급했듯이, 대상들이 순수 직관을 받아들이면, 즉 대상들이 다양한 동시에 특정하고 분명한 형태를 통해 쉽게, 객관적인 의미에서 아름다움의 본질이 되는 이념을 대표하면, 매우 쉽게 순수 직관의 상태로 옮겨진다. 무엇보다 아름다운 자연이 이런 특성을 지닌다. 그럼으로써 미적 감각이 가장 둔한 사람에게까지 적어도 잠시나마 일종의 미적 만족을 느끼게 해준다. 그러니까, 이것은 특히 식물계가 미적 고찰을 하도록 촉구해서, 마치 어쩔 수 없이 그렇게 하지 않으면 안 되는 것처럼 확연히 눈에 띄는 사실이다. 그래서 사람들은 다음과 같이 말하고 싶을지도 모른다. 즉, 식물이 인간의 미적 고찰에 영합한다는 것은 다음과 같은 사정이나 관계가 있을 것이다. 이 유기적 존재는 동물의 신체와는 달리, 스스로는 인식의 직접적인 객관이 아니므로, 맹목적인 의욕의 세계에서 나와 표상의 세계로 들어가기 위해서는 지성이 있는 다른 개체를 필요로 한다. 그 때문에 말하자면 식물은 자신이 직접 할 수 없는 것을 적어도 간접적으로나마 달성해 보려고 의욕의 세계에서 벗어나 표상의 세계로 들어가는 것을 동경한다. 그런데 나는 자연을 아주 진지하고도 열성적으로 고찰한 뒤에야 이 사상을 부르짖고 정당화할 수 있으므로, 어쩌면 몽상과 비슷할지도 모르는 이 같은 대담한 사상을 이 상태로 그냥 놓아두려고 한다.[39]

그러나 자연이 우리에게 이처럼 영합하는 것, 즉 자연의 여러 형태의 의미심장함과 분명함으로 말미암아 그 형태들 속에서 개체화된 이념들이 쉽게 우리의 마음을 사로잡는 것이 우리를 의지에 봉사하는 단순한 관계의 인식에서 미적 관조로 옮아가게 하여, 바로 그로써 의지에서 벗어난 인식 주관으로 높여주는 한, 우리에게 작용하는 것은 단지 **아름다운 것**뿐이며, 자극받는 것은 미감뿐이다. 그런데 대상의 의미심장한 형태가 순수한 관조를 하도록 우리를 유혹하는 그 대상은 객관성을 띠며 인간의 신체에서 나타나는 인간의 의지 일반에 적대 관계를 갖고 그 의지에 맞서며, 어떠한 저항도 제압할 수 있는 힘의 우위에 의해 의지를 위협하거나, 또는 자신의 헤아릴 수 없는 위대함으로 의지를 아무것도 아닌 것으로까지 왜소하게 만든다. 그럼에도 감상자는 자신의 의지에 대한 이런 끈질기게 달라붙는 적대적 관계에 주의를 돌리지 않고, 그것을 지각하고 인정함에도 불구하고 자신의 의지와 그 관계로부터 억지로 벗어나 인식에만 몰두하면서 의식적으로 그것을 외면한다. 즉, 의지가 두려워하는 이들 대상을 의지가 없는 순수한 인식 주관으로 조용히 관조하고, 모든 관계와 무관한 이념만을 파악한다. 따라서 감상자는 대상을 즐겨 고찰하면서, 바로 그럼으로써 자기 자신, 자신의 인격과 의욕이며 모든 의욕을 넘어서게 된다. 그렇게 되면 그의 마음은 **숭고감**으로 충만해지고, 그는 고양된 상태에 있게 된다. 또 그 때문에 그 상태를 일으키는 대상은 **숭고**하다고 불린다.

그러므로 숭고감과 미감을 구별시켜 주는 것은 다음과 같은 점에 있다. 아름다움의 경우는 순수한 인식 작용이 투쟁 없이 우위를 차지한다. 왜냐하면 객관의 아름다움, 즉 객관 이념의 인식을 쉽게 하는 객관의 속성이 의지와 의지에 봉사하는 데에 탐닉하는 관계의 인식을 아무런 저항 없이 자기도 모르게 의식에서 멀어지게 하고, 그 의식을 순수한 인식 주관으로 남게 해서 의지에 대한 어떠한 기억마저 남기지 않기 때문이다. 반면 숭고함의 경우에는 불리한 것으로 인식된 의지에 대한 동일한 객관의 관계들로부터 의식적이고도 억지로 이탈함으로써, 즉 의지와 그것에 관계하는 인식으로부터 의식을 동반한 자유로운 고양을 통해 비로소

---

39 여기에 언급한 사상은 내가 조심스럽게 주저하면서 쓴 지 40년이 지난 지금, 이미 성 아우구스티누스가 그와 같은 말을 한 것을 발견해서 그런만큼 기쁘고 놀라지 않을 수 없다. "식물들은 이 세계의 가시적인 구조를 아름답게 형성하는 여러 가지 모습을 지각하도록 감각에 나타나 보인다. 그래서 그것들은 스스로 인식할 수 없으므로 흡사 인식되기를 원하는 것처럼 보인다"(『신국론』 XI, 27).

처음으로 순수한 인식 상태가 얻어진다. 이 고양은 의식적으로 얻어질 뿐 아니라 유지되어야 하므로 의지에 대한 기억을 끊임없이 동반한다. 하지만 그것은 자신의 객관성, 즉 인간의 신체를 통해 일반적으로 표현되는 한 두려움이나 소망과 같은 개별적이고 개인적인 의욕에 대한 기억이 아닌 인간의 의욕 일반에 대한 기억이다. 만약 대상에 의한 현실적이고 개인적인 곤경과 위험에 의해 실재하는 개인적 의지 행위가 의지 행위 속으로 들어오면 현실적으로 움직여진 개인적 의지가 곧장 우위를 차지하고, 관조의 고요함은 기할 수 없게 된다. 또 숭고함은 불안에 자리를 내주고, 그 상태에서 구원을 얻으려는 개인의 노력은 다른 모든 사상을 몰아냄으로써 숭고함의 인상은 사라져 버릴 것이다.

여기서 몇 가지 실례를 드는 것이 미적 숭고함에 관한 이론을 분명히 하고 의심을 품지 않게 하는 데 크게 기여할 것이다. 이와 동시에 이 실례들에 의해 숭고함의 여러 정도에 차이가 드러날 것이다. 숭고감은 주된 규정에서는 미감과 동일하기 때문이다. 즉, 양자는 의지로부터 자유로운 순수한 인식 작용이며, 근거율을 통해 규정된 모든 관계의 밖에 존재하는 이념들의 인식, 즉 순수한 인식 작용과 더불어 필연적으로 생기는 인식이라는 점에서 동일하기 때문이다. 그리고 숭고감은 부가물을 통해서만, 말하자면 관조된 객관의 의지 일반에 한 적대 관계를 인식하면서도 이를 넘어선다는 점에서만 미감과 구별된다. 그리하여 이 부가물이 강렬하고 요란하며 절박하고 가까운지, 또는 단지 약하고 멀며 단순히 암시적인 것에 불과한지에 따라 숭고함의 여러 정도가 생기고, 그러니까 아름다움에서 숭고함으로 넘어가게 된다. 대체로 미적 감수성이 그리 크지 않은 사람들, 상상력이 풍부하지 않은 사람들은 정도가 보다 높고 분명한 그 인상의 나중에 보여 줄 실례만을 이해하겠지만, 나는 이 이행과 일반적으로 정도가 보다 미약한 숭고함의 인상의 예를 우선 보여 주는 것이 서술에 보다 적합하다고 생각한다. 따라서 그러한 사람들은 정도가 높은 인상의 실례만을 의지해야 하므로, 앞서 말한 정도가 아주 약한 인상의 먼저 인용할 만한 실례는 그냥 방치해 둘 수밖에 없다.

인간은 의욕의 격하고 어두운 — 생식기라는 극이 초점으로 표시되는 — 충동인 동시에 순수한 인식 작용의 영원하고 자유로우며 명랑한 — 뇌수라는 극으로 표시되는 — 주관이듯이, 이 대립과 상응하여 태양은 **빛**의 원천, 즉 가장 완전한 인식 방식을 위한 조건의 원천이다. 바로 그럼으로써 태양은 사물의 가장 즐거운 것의 원천인 동시에 모든 생명의 제1조건인 **열**의 원천, 즉 현상의 보다 높은 여러 단계에서의 모든 의지 현상의 원천이기도 하다. 따라서 의지에 해당하는 것이 열이고, 인식에 해당하는 것이 빛이다. 바로 그 때문에 빛은 아름다움이라는 왕관에서 가장 큰 다이아몬드이고, 아름다움의 인식에 결정적인 영향을 끼친다. 무릇 빛의 존재는 필요 불가결한 조건이고, 가장 아름다운 것도 빛을 잘 받는 위치에 있으면 아름다움이 더해진다. 그런데 무엇보다도 빛의 은혜로 아름다움이 더해지는 것은 건축술이며, 빛의 은혜를 받으면 아무리 보잘것없는 대상도 아름다운 것이 된다. 그런데 한겨울에 자연이 온통 얼어붙어 있을 때 낮게 떠 있는 태양 광선이 돌덩이에서 반사되는 것을 보면 거기에 빛은 있지만 열은 없으므로, 그 경우 의지에는 유리하지 않고 가장 순수한 인식 방법에만 유리할 뿐이다. 그리하여 빛이 이 돌덩이에 아름답게 작용하는 것을 고찰하면 우리는 모든 아름다움을 볼 때처럼 순수한 인식 작용의 상태로 들어가게 된다. 그렇지만 이때 이 상태는 바로 그 광선에 의한 가열, 즉 생명체의 원리 부족을 약간이나마 상기시킴으로써 이미 의지의 관심을 조금 넘어설 것을 요구하고, 모든 의욕을 외면하고 순수한 인식 작용을 고수하도록 약간이나마 촉구하는 것을 내포한다. 바로 그럼으로써 미감에서 숭고감으로 넘어간다. 아름다움에 내재한 숭고함의 흔적은 참으로 미약한 것이긴 하지만, 아름다움 그 자체는 이때 미약한 정도로 나타난다. 이와 거의 같을 정도로 미약한 실례는 다음과 같다.

가령 우리가 끝없는 지평선이 펼쳐지고 하늘에 구름 한 점 없으며, 바람 한 점 없는 가운데 초목들이 서 있고 동물도 사람도 보이지 않으며, 물도 흐르지 않는 깊은 정적에 잠긴 아주 쓸쓸한 곳에 있다고 한다면, 그 환경은 모든 의욕과 결핍으로부터 벗어나 진지해지고 관조하라는 외침과 같다. 그런데 바로 이것이 쓸쓸하고 적막할 뿐인 그 환경에 이미 숭고한 맛을 준다. 이 환경은 끊임없는 노력과 성취를 필요로 하는 의지에게 유리하지도 불리하지도 않는 어떠한 객관도 제공하지 않으므로, 단지 순수한 관조의 상태만 남을 뿐이기 때문이다. 순수하게 관조할 능력이 없는 사람은 의지가 할 일이 없다는 공허감과 무료함의 고통에 치욕적인 모멸감을 느끼게 된다. 그런 점에서 이 환경은 우리 자신의 지성적 가치의 척도가 되며, 지성적 가치를 재는 좋은 척도는 대체로 우리가 외로움을 어느 정도 견디는지 또는 좋아하는지의 능력에 달려 있다. 그러므로 앞에서 묘사한 환경은 정도가 낮은 숭고함의 한 예인데, 그 속에는 순수한 인식 작용의 상태에서 고요함과 흡족함Allgenugsamkeit이 있고, 그와 대비되어 끊임없는 어떤 활동을 필요로 하는 의지의 의존성과 가련함에 대한 추억이 섞여 있다. 북아메리카 오지의 끝없는 대평원을 바라본 뒤에 생기는 칭송의 감정이 바로 이런 종류의 숭고함이다.

그런데 이 지역에 초목을 베어 버려 벌거벗은 암석만 나타난다면, 우리의 생존Subsistenz에 필요한 유기물이 전혀 없으므로 의지는 벌써 곧바로 불안해한다. 즉, 황야는 무서운 성질을 띠게 되고, 우리의 기분은 더욱 처량하게 된다. 순수한 인식 작용으로 고양되려면 의지의 관심으로부터 더욱 결연히 벗어나야 한다. 그리고 순수한 인식 작용의 상태를 고수함으로써 숭고감이 분명히 드러나게 된다.

그래서 다음과 같은 환경이 더욱 높은 정도에서 숭고감을 불러일으킬 수 있다. 폭풍우의 움직임에 휘말린 자연, 즉 위협적인 뇌우로 인한 어두컴컴함, 서로 중첩되어 있어 시야를 가리며 절벽에 매달린 벌거벗은 어마어마한 바위들, 요란한 소리를 내고 거품을 일으키는 격류, 어디를 보나 온통 황무지인 모습, 골짜기에 몰아치는 바람의 통곡 소리, 이 같은 환경에서 우리의 의존성, 적대적인 자연과 치르는 우리의 투쟁, 그 속에서 꺾이는 우리의 의지가 지금 우리 눈앞에 직관적으로 나타난다. 하지만 개인적인 곤경이 우위를 점하지 않고, 우리가 미적 정관에 빠지는 한 자연과의 투쟁과 꺾인 의지의 모습 사이로 순수한 인식 주관이 모습을 드러낸다. 그래서 의지를 위협하고 무서운 대상을 접해도 차분하고 의연하며 태연하게 그 이념을 파악한다. 바로 이런 대조에 숭고감이 존재한다.

그러나 격노한 자연력이 대규모로 싸우는 것을 목도할 때, 위에서 말한 환경에서 미쳐 날뛰며 흘러내리는 물소리에 자신의 목소리마저 들을 수 없을 때, 또는 폭풍우가 휘몰아치는 먼 바다에 서 있을 때, 즉 집채만 한 파도가 오르락내리락하면서 맹렬한 기세로 해안의 벼랑에 부딪쳐 하늘 높이 거품을 일으키고 폭풍우는 사납게 울부짖고 바다는 으르렁거리며, 시커먼 구름에서 번개가 치고 천둥소리가 폭풍우와 바닷소리를 압도할 때 그런 인상이 더욱 강해진다. 그럴 때 이 광경을 의연히 바라보는 사람의 마음속에 의식의 이중성이 극히 분명해진다. 즉, 그는 자신을 개체로서 자연력의 충격을 조금만 받아도 산산조각 날 수 있는 무력한 의지 현상으로 느끼는 동시에, 막강한 자연에 맞서 어찌할 바 모르고 의존적이며 우연에 자신을 내맡긴 채 엄청난 힘에 비해 사라져 가는 무로 느낀다. 그런데 이와 동시에 그는 자신을 모든 객관의 조건으로, 바로 이 세계 전체의 담당자인 고요하고 영원한 인식 주관으로 느끼고, 자연의 끔찍한 투쟁은 단지 그의 표상에 불과하므로 인식 주관 자체는 모든 의욕과 고뇌에서 벗어나 이와 무관하게 이념을 차분히 파악한다. 이것이 숭고함의 완전한 인상이다. 이때 개체의 파멸을 위협하는, 개체보다 비교할 수 없을 만큼 월등한 힘을 보았기 때문에 그런 인상이 생긴다.

공간과 시간의 크기는 개인을 무無로 축소시킬 만치 엄청나다. 이에 비해 개인이 얼마나 미미한 존재인지 생각해 보면 전혀 다른 방식으로 숭고함의 인상이 생길 수 있다. 칸트의 호칭과 그의 올바른 구분을 그대로 답습한다면, 전자의 경우를 역학적인 숭고함으로, 후자의 경우를 수학적인 숭고함으로 부를 수 있다. 그렇지만 우리는 그 인상의 내적 본질을 설명하는 데서 도덕적 반성도 하지 않고, 스콜라 철학에서 말하는 실체Hypotase도 관여시키지 않으며, 칸트와 전적으로 견해를 달리한다.

우리가 공간과 시간 속에서 세계의 무한한 크기를 고찰하는 데 정신을 잃어버리고, 지나간 수천 년과 다가올 수천 년에 대해 깊이 생각한다면, 또한 밤하늘이 무수한 세계를 우리 눈앞에 실제로 보여 줘서 세계를 도저히 측량할 수 없다는 의식이 들면, 우리는 자신이 무로 축소되는 느낌을 받고 개체이자 생명을 지닌 신체로서, 무상한 의지 현상으로서, 대양의 물 한 방울처럼 서서히 없어져 무로 소멸되는 것을 느낀다. 하지만 이와 동시에 우리 자신이 무에 불과하다는 환영과 거짓된 불가능성에 맞서, 이 모든 세계는 순수한 인식 작용의 영원한 주관이 변경된 것으로서 우리의 표상 속에서만 현존한다는 직접적인 의식이 생긴다. 우리는 개체성을 잊어버리자마자 자신을 그 영원한 인식 주관으로서 발견하는데, 그 인식 주관이 모든 세계와 시대를 조건 짓는 필연적인 담당자다.

우리를 지레 겁먹게 하는 세계의 크기는 이제 우리 속에 편히 쉬고, 우리가 세계의 크기에 의존하는 것은 지양되며 세계의 크기가 우리에게 의존하게 된다. 그렇지만 이 모든 것은 즉각 반성되지 않고, 어떤 의미에서(오로지 철학만이 이 의미를 분명하게 한다) 우리가 세계와 하나이므로 측량할 수 없는 세계의 크기에 기가 꺾이지 않고 드높여진다는 단지 느껴진 의식으로서 드러난다. 이것이, 『베다』 경전들의 『우파니샤드』가 다양한 표현법으로, 특히 이미 앞에서 제시한 문구로 거듭 발언하는 것에 대한 느껴진 의식이다. "이 모든 피조물은 모두 나다. 나 이외에는 다른 어떤 존재도 없다"(『우프네카트』 제1권 122쪽). 이것이 자신의 개체를 넘어서는 것이며, 숭고감이다.

하나의 공간은 사실 우주의 크기에 비하면 작지만 그 전체 크기로 우리 자신의 신체 치수를 거의 무한대로 작게 만들기에 충분하다. 공간이 우리에게 직접 전적으로 지각할 수 있게 되어, 3차원의 어떤 방면으로도 우리에게 작용하기 때문이다. 그러므로 우리는 이미 하나의 공간을 통해 전적으로 직접적인 방식으로 수학적 숭고함이라는 인상을 얻는다. 이것은 지각할 수 없게 텅 빈 공간, 따라서 열려 있는 공간에서는 절대 불가능하고, 3차원의 한계를 통해 직접 지각될 수 있는 공간이라야만 된다. 그러므로 로마의 베드로 성당이나 런던의 바울 교회의 둥근 천정처럼 아주 높고 큰 둥근 천정이라야 된다. 이때 숭고감은 우리 자신의 신체가 어떤 크기에 비해 사라져 가는 무에 불과할 정도로 작다는 것을 깨달음으로써 생기지만, 다른 한편 그 크기 자체는 다시 우리의 표상 속에만 존재하고, 그 담당자는 인식 주관인 우리다. 그러므로 이때도 다른 모든 경우처럼 순수한 인식 주관으로서의 우리 의식과, 개체이자 의지 현상으로서 중요하지 않고 의존적인 우리 자신을 대비시킴으로서 삶에의 의지가 생긴다. 별이 총총한 둥근 하늘조차 반성 없이 바라보면 돌로 된 둥근 지붕과 같은 작용을 할 뿐이며, 삶에의 의지는 실제 크기가 아닌 겉보기의 크기에 의해서만 생길 뿐이다. 우리들 직관의 몇몇 대상이 숭고함의 인상을 불러일으키는 것은, 공간의 크기뿐 아니라 오래 묵은 햇수, 즉 시간의 지속 기간에 의해 우리가 그것에 비해 무로 축소되는 느낌을 받으면서도 그것을 바라보고 즐거움에 흠뻑 빠지기 때문이다. 아주 높은 산, 이집트의 피라미드, 태곳적의 거대한 폐허가 이런 종류의 것이다.

그러니까 숭고함에 관한 우리의 설명은 윤리적인 것, 다시 말해 숭고한 성격이라고 지칭되는 것에도 전용轉用할 수 있다. 말하자면 이 성격도 의지가 자극하기 적합한 대상에 의해 자극받지 않고, 인식 작용이 그 경우에도 우위를 점하는 데서 생긴다. 따라서 그 같은 성격을 지닌 사람은 사람들을 순전히 객관적으로 고찰하지, 그들이 그의 의지에 대해 가질지도 모르는 관계에 따라 고찰하지 않는다. 예컨대 그는 그들의 잘못을, 심지어 그들이 자신을 미워하고 부당하게 대하는 것을 알아채면서도 그 자신 쪽에서 그들을 미워하지는 않을 것이다. 그는 그들의 행복을 보면서도 시샘하지 않을 것이다. 그는 그들의 선한 특성을 인식하면서도 그렇다고 해서 그들과 보다 가까운 관계를 맺으려 하지는 않을 것이다. 그는 여자들의 아름다움을 지각하면서도 그들을 탐하지는 않을 것이다. 개인적인 행복이나 불행은 그를 크게 촉발시키지 않고, 오히려 그는 햄릿이 호레이쇼를 묘사하는 것과 같은 심경일 것이다.

「묘지에 있는 햄릿과 호레이쇼」 외진 들라크루아, 1835

갖은 고초를 겪으면서도 아무것에도 고통스러워하지 않고,
운명의 신이 고통을 주든 선물을 주든,
한결같이 고마운 마음으로 받아들이는
그런 사람이기 때문이지, 자네는.

(『햄릿』 제3막 2장)

이런 성격을 지닌 사람은 자신의 인생행로나 그것에서 생기는 불행을 개인의 운명으로 바라보기보다는 인류 일반의 운명으로 바라보고, 따라서 그 경우 고통스러워한다기보다는 오히려 인식하는 태도를 취할 것이기 때문이다.

40.
숭고감의 반대인 매력적인 것

반대 개념은 설명되는 것이기 때문에 여기서 이런 소견이 직절할지도 모른다. 즉, 숭고함의 정반대는 **매력적인 것**이다. 물론 첫눈에는 이 말이 잘 납득되지 않을지도 모른다. 그런데 내가 매력적인 것이라고 이해하는 것은 의지에 승낙, 즉 성취를 직접 이행함으로써 의지를 자극하기 때문이다. 의지에 달갑지 않은 대상이 순수한 관조의 객관이 되면, 이 순수한 관조는 끊임없이 의지를 외면하여 의지의 관심을 벗어남으로써 유지된다. 이것이 바로 숭고한 기분을 만드는 것이고, 여기에서 숭고감이 생긴다. 이와는 달리 매력적인 것은 의지에 직접 응하는 여러 대상에 의해 의지를 자극하면서, 아름다움을 파악하는 데 언제나 필요한 순수한 관조에서 바라보는 사람을 끌어내린다. 그럼으로써 바라보는 자는 더 이상 순수한 인식 주관으로 있는 것이 아니라 무엇을 필요로 하고 의존적인 의욕의 주관이 된다. 보통 명랑한 종류의 모든 아름다운 것이 매력적이라 불리지만, 올바른 구별이 결여되어 있고 개념을 너무 광범위하게 파악한 것이므로, 나는 이런 개념을 전적으로 무시하고 부인하지 않을 수 없다.

그런데 앞에서 말하고 설명한 의미에서 보면, 예술의 영역에는 단 두 가지 종류의 매력적인 것밖에 없는데, 나는 둘 다 예술에 어울리지 않는다고 생각한다. 그하나는 네덜란드인의 정물화에서 나타나는 것으로, 거기에 묘사된 식품이 잘못 그려져서 필연적으로 식욕을 자극할 만큼 정도에서 벗어나게 되면 상당히 저속한 종류의 것이 된다. 이것이 바로 대상의 미적 관조에 완전히 종말을 고하는 의지의 자극이다. 과일은 꽃이 더욱 발전한 것으로서, 형태와 색으로 인해 아름다운 자연의 산물로 나타나서 먹는다는 것은 생각할 수도 없는 일이므로 과일을 그리는 것은 허용할 수 있다. 그러나 유감스럽게도 우리는 그릇된 자연의 묘사로 식탁에 차려진 요리들인 굴, 청어, 바다가재, 버터 빵, 맥주, 포도주 등이 그려진 것을 종종 보는데, 이는 전적으로 타기唾棄해야 할 일이다. 역사화나 조각에서 매력적인 것의 본질은 벌거벗은 모습에 있는데, 그것의 자세나 반쯤 벗은 옷, 모든 취급 방식은 감상자에게 음탕한 기분을 불러일으키는 것을 겨냥하고 있다. 그럼으로써 곧장 순수한 미적 고찰을 할 수 없게 해서 예술의 목적에 반하게 된다. 이 결점은 방금 네덜란드인이 비난받은 결점과 완전히 일치한다. 고대인은 예술가 자신이 주관적이고 수치스런 육욕의 정신이 아닌 순전히 객관적이고 이상적인 아름다움에 충만한 정신으로 예술 창작을 했기 때문에, 아무리 아름답고 그 모습이 완전한 나체라 해도 그에 대해서는 거의 언제나 아무 거리낌이 없었다. 이처럼 예술에서는 어디서나 매력적인 것을 기피하고 있다.

또한 소극적인 매력도 있는데, 이것은 방금 논한 적극적인 매력보다 더욱 배척해야 하는 것이고, 또한 이것이야말로 혐오할 만한 것이다, 본래의 매력적인 것과 마찬가지로 이것은 감상자의 의지를 자극하여, 그럼으로써 순수한 미적 고찰을 방해한다. 그런데 이것에 자극받아 생기는 것이 격심한 혐오감과 반감이다. 이것은 감상자의 의지에 혐오의 대상을 보여 줌으로써 의지를 자극하는 것이다. 따라서 예로부터 그러한 것은 예술에서 절대로 허용되지 않는 것으로 인식되었다. 그런데 추한 것이라도 혐오감을 불러일으키지 않는 한 적당한 장소에서는 허용될 수 있다. 이것은 후에 설명하도록 하겠다.

41.
이념의 표현인 아름다움

우리는 고찰을 진행하면서 아름다움에 대한 논의가 책의 절반쯤에 와서 비로소, 그 일면에 불과한 주관적 측면에 따라 끝난 여기서 필연적으로 숭고함에 대한 논의를 삽입하지 않을 수 없었다. 사실 이 주관적 측면의 단 한 가지 특수한 변경이 숭고함을 아름다움과 구별하기 때문이다. 말하자면 모든 미적 관조가 전제하고 요구하는, 의지가 없는 순수한 인식 작용의 상태가 객관에 의해 그 경지로 유혹되어 끌려들어 감으로써, 아무런 저항 없이 의지가 의식에서 단순히 사라짐으로써 마치 저절로 그렇게 된 것처럼 생겨난 것인지, 또는 이 상태가 자유로이 의식적으로 의지에서 벗어남으로써 비로소 얻은 것으로서, 관조된 대상 자체는 의지에 대해 불리한 적대적 관계를 지니고 있고, 그런 관계에 사로잡혀 있다가는 관조가 소멸해 버릴지도 모르는 그러한 상태다. 이것이 아름다움과 숭고함의 차이다. 객관 속에서는 이 둘은 본질적으로 차이가 없다. 어떤 경우에도 미적 고찰의 객관은 개별적 사물이 아니라, 그 속에서 드러나려고 하는 이념, 즉 특정한 단계에서 의지의 적절한 객관성이기 때문이다. 개별적 사물의 상관 개념이 인식하는 개체이듯이, 이념의 필연적인 상관 개념으로서 이념 그 자체처럼 근거율에서 벗어난 것이 순수한 인식 주관인데, 이 둘 다 근거율의 영역에 자리하고 있다.

우리가 어떤 대상을 **아름답**다고 부를 때, 그것은 미적 고찰의 객관임을 말하는 것이며, 여기에는 두 가지 종류가 포함되어 있다. 말하자면 하나는 그 대상을 바라보면 우리가 **객관적**으로 된다는 것, 즉 그 대상을 바라보는 동안 우리는 자신을 더 이상 개체로 의식하지 않고, 의지가 없는 순수한 인식 주관으로 의식하고 있다는 것이다. 또 다른 하나는 우리가 대상 속에서는 개별적 사물이 아닌 이념을 인식하는 것이며, 이것은 대상에 대한 우리의 고찰이 근거율에 얽매이지 않고, 즉 그 대상 이외의 다른 어떤 것에 대한 — 결국 언제나 우리의 의욕에 대한 관계와 연관되는 — 그것의 관계를 따르는 것이 아니라, 객관 자체에만 근거하는 한에서만 일어날 수 있다. 이념과 순수한 인식 주관은 필연적 상관 개념으로서 언제나 동시에 의식 속에 들어오는데, 이념과 순수한 인식 주관이 출현하면서 동시에 모든 시간의 구별도 사라져 버리기 때문이다. 그것은 양자가 모든 형태의 근거율과 전적으로 무관하고 근거율에 의해 성립된 관계 밖에 존재하기 때문이다. 이는 무지개와 태양이 떨어지는 물방울의 계속 이어지는 연속 운동에 아무런 관여를 하지 않는 것에 비유할 수 있다. 따라서 내가 예컨대 나무 한 그루를 미적으로, 즉 예술적 안목으로 바라본다면, 그러니까 나무가 아니라 그것의 이념으로 고찰한다면, 그것이 이 나무인가, 또는 천 년 전에 번성했던 그 조상인가 하는 것은 곧 전혀 중요하지 않게 된다. 이와 마찬가지로 그 나무를 보는 사람이 이 사람인지, 또는 언젠가 어디서 살았던 다른 개인인지 하는 것도 전혀 중요하지 않게 된다. 그렇게 되면 근거율과 더불어 개별적 사물과 인식하는 개체는 없어지고, 이념과 순수한 인식 주관 외에는 아무것도 남지 않게 된다. 이 둘이 결합하여 이 단계에서의 의지의 적절한 객관성을 이루는 것이다. 그리고 이념은 시간뿐 아니라 공간도 초월한다. 내 눈앞에 아른거리는 공간적 형태가 아니라 그 형태의 표현, 즉 순수한 의미가 나에게 자신의 마음을 열어 나의 심금을 울리는 가장 내적인 본질이고, 원래 이념이며, 따라서 형태의 공간적 관계들이 아무리 달라도 완전히 같은 것일 수가 있다.

그런데 한편으로 현존하는 사물은 모두 순수하게 객관적으로 모든 관계를 벗어나 고찰될 수 있으므로, 또한 다른 한편으로 어떤 사물 속에서도 의지는 그 객관성의 어떤 단계에 현상해서 그에 따라 각 사물은 하나의 이념의 표현이므로 모든 사물 또한 각기 **아름답다**. 아무리 보잘것없는 것이라 해도 순수하게 객관적이고 의지가 없는 고찰을 허용하고, 그럼으로써 아름다운 것으로 증명되는 것은 이미 앞에서(제38장) 이 점에 관해 언급한 네덜란드인의 정물화를 보아도 알 수 있다. 하지만 어떤 것이 다른 것보다 더욱 아름다운 것은 그것이 순수하게 객관적 고찰을 쉽게 해주거나 고찰에 쾌히 응하는 것, 말하자면 그렇게 하도록 강요하는 것인데, 이럴 경우 우리는 그것을 무척 아름답다고 일컫는다. 이런 일이 생기는 것은 한편으로는 그 사물이 개별적 사물로서 그 여러 부분의 아주 분명한, 순수하게 규정된 극히 중요한 관계에 의해 그 유의 이념을 순수하게 표현하고, 모든 그

유의 가능한 발현이 개별적 사물 속에 완벽히 합일되어 그 유의 이념을 완전히 드러내므로, 감상자로 하여금 개별적 사물에서 이념으로 넘어가는 것과 그로써 순수한 정관의 상태에 들어가는 것 또한 매우 쉽게 해주기 때문이다. 다른 한편으로 어떤 객관이 특별히 아름답다는 장점은 그 객관에서 우리의 마음을 사로잡는 이념 자체가 의지 객관성의 높은 단계고, 그 때문에 극히 중요하고 의미심장하다는 데에 있다. 그런 까닭에 인간은 다른 어떤 것보다 아름답고, 인간 본질의 드러냄이 예술의 최고 목표다. 인간의 행위가 시문학의 가장 중요한 대상이듯이, 인간의 모습과 표정이 조형 예술의 가장 중요한 대상이다.

그럼에도 사물에는 각기 자신의 독특한 아름다움이 있다. 유기적인 것으로 개성이 통일되어 나타나는 것뿐 아니라, 무기적이고 무형적인 것, 그러니까 모든 인공적 산물Artefakt에도 아름다움이 있다. 이 모든 것은 의지가 가장 낮은 단계에서 자신을 객관화하는 이념을 드러내고, 말하자면 울림이 점점 멎어 가는 자연의 가장 낮은 저음을 알려 주기 때문이다. 중력, 강성, 유동성, 빛 등은 암석, 건물, 하천에서 나타나는 이념들이다. 멋진 원예술과 건축술은 이 이념들을 도와 그 특성을 분명하고 다양하며 완벽하게 전개해서, 이 이념들이 자신을 순수하게 표현할 기회를 줌으로써 미적 정관을 하도록 촉구하여 이 같은 일을 쉽게 한다.

이와는 달리 자연이 소홀히 하거나 예술이 망쳐 놓은 형편없는 건물과 지역들은 이런 일을 별로 하지 못하거나 전혀 하지 못한다. 그럼에도 그것들에게서도 자연의 보편적 근본이념이 완전히 사라질 수는 없다. 이 경우에도 그것들은 이념을 찾으며 바라보는 자의 마음에 호소하여 형편없는 건물이나 그와 같은 것에서도 미적 고찰이 가능하다. 그것들 속에서도 그 소재Stoff의 가장 보편적 특성의 이념이 인식될 수 있지만, 단지 그것들에 인위적으로 주어진 형태는 미적 고찰을 쉽게 해주는 수단이 아니라, 오히려 이를 힘들게 하는 장애물일 뿐이다. 따라서 인공적 산물도 이념의 표현에 도움이 되긴 하지만, 단지 그것에서 표현되는 것은 인공적 산물의 이념이 아니라 이 인공적 형태가 주어진 재료Material의 이념일 뿐이다. 스토아 철학자들에 의하면 이것은 아주 적절하게 두 가지 말로 표현된다. 즉, 인공적 산물에서는 우유 형식forma accidentalis의 이념이 아닌 실체 형식forma substantialis의 이념이 표현되는데, 이 우유 형식은 이념으로 인도하지 않고 그 이념이 출발한 인간적 개념으로 인도해 갈 뿐이다. 이 경우 인공적 산물이 명시적으로 조형 예술의 작품을 의미하지 않는다는 것은 자명하다. 그뿐 아니라 스토아 철학자들이 실제로 실체 형식으로 이해하고 있었던 것은 내가 어떤 사물에서 의지의 객관화의 정도라고 일컫는 그것이다. 멋진 건축술을 고찰할 때 우리는 즉시 재료의 이념 표현으로 되돌아가 논할 것이다.

그런데 플라톤은 책상이나 의자가 책상이나 의자의 이데아를 표현한다고 주장(『국가』 10, 284~285쪽, 『파르메니데스』 79쪽, ed. Bip.)하지만, 우리의 견해는 이제 그것에 동의할 수 없다. 우리는 책상과 의자가 이미 단순한 재료 그 자체 속에 나타나는 이념을 표현한다고 말한다. 그렇지만 아리스토텔레스(『형이상학』 11, 3장)에 따르면 플라톤 자신은 자연 존재자에 대해서만 이데아를 확실하게 정했을지도 모른다. "플라톤은 자연물만큼의 이데아가 존재한다고 가르쳤다." 그리고 『형이상학』 제5장에서는 플라톤학파의 견해에 따라 집이나 반지의 이데아는 없다고 말한다. 아무튼 이미 플라톤의 가장 가까운 제자들마저 알키노스(『플라톤 철학 입문』 9장)가 우리에게 보고하는 것처럼, 인공적 산물의 이념이 있다는 것을 부정했다. 말하자면 그는 이렇게 말한다.

"그들은 **이데아**를 자연물의 시간을 초월한 원상이라 정의한다. 왜냐하면 플라톤을 추종하는 대부분의 사람들은 인공적 제품, 즉 방패나 칠현금의 이데아가 존재한다는 것을 인정하지 않고, 또 열병이나 콜레라 같은 자연에 달갑지 않은 사물들이나, 소크라테스와 플라톤 같은 개별적 존재의 이데아도 인정하지 않기 때문이다. 또 먼지나 티끌 같은 하찮은 사물들이나, 보다 위대한 존재나 우월한 것과 같은 여러 관계의 이데아도 인정하지 않기 때문이다. 왜냐하면 이데아란 자체 내에서 완성된 신의 영원한 사유라고 보기 때문이다."

또한 이 기회에 우리의 이념론과 플라톤의 그것 사이의 매우 상이한 점을 언급해 두고자 한다. 말하자면 플라톤(『국가』 10, 288쪽)은 아름다운 예술이 나타내려는 대상, 즉 그림이나 시문학의 모범은 이념이 아닌 개별적 사물이라고 가르친다. 우리가 지금까지 한 설명은 바로 그와 반대되는 내용을 주장해 왔다. 그리고 이 견해가 위대한 철인이 저지른 가장 크고 널리 인정된 실수, 말하자면 그가 예술, 특히 시문학을 무시하고 타기한 것의 원천인 만큼 그런 점에서 우리는 플라톤의 견해에 조금도 미혹되지 않을 것이다. 그는 시문학에 대한 그릇된 판단을 앞에서 인용한 대목에 직접 결부하고 있다.

42.
미적 인상

나는 미적 인상에 관한 설명으로 돌아가고자 한다. 미에 대한 인식은 사실 언제나 순수한 인식 주관과 인식된 이념을 객관으로 동시에 떼어 놓을 수 없는 관계로 내세운다. 그럼에도 미적 향유의 원천은 때로는 인식된 이념을 파악하는 것에 더 많이 있기도 하고, 때로는 모든 의욕, 그로써 모든 개성과 거기에서 비롯하는 고뇌에서 해방된 순수한 인식 작용으로 인한 지복과 마음의 안정에 더 많이 있기도 한다. 더구나 미적 향유의 어떤 요소가 다른 요소보다 우세하게 되는 것은 직각적으로 파악된 이념이 의지의 객관성의 보다 높은 단계인지 낮은 단계인지에 달려 있을 것이다. 그리하여 무기물이나 식물계의 아름다운 자연이나 건축술을 미적으로 — 실제로나 예술의 매개를 통해 — 고찰하는 경우 이때 파악된 이념은 의지의 객관성의 보다 낮은 단계에 불과하고, 따라서 대단히 중요하거나 의미심장한 내용을 갖는 현상이 아니기에 의지 없는 순수한 인식 작용의 향유가 우세할 것이다.

이와 반대로 동물이나 인간이 미적 고찰이나 서술의 대상인 경우, 향유는 의지가 가장 분명하게 드러난 것인 이 이념의 객관적인 파악에 더 많이 존재할 것이다. 그 이유는 그 이념이 격렬하고 끔찍하며 만족스런 형태나 (비극적인 묘사에서 나타나듯) 낙담한 형태에서, 심지어 의지의 변화나 특히 기독교 성화聖畵의 주제인 자포자기의 형태에서 무척 다양한 형태를 보이고, 현상의 풍부함과 의미심장함을 내보이며, 우리에게 가장 완전하게 의지의 본질을 드러내기 때문이다. 일반적으로 역사화나 희곡은 완전한 인식 작용의 빛에 비친 의지의 이념을 객관으로 삼고 있다. 우리는 이제 앞으로 예술을 하나하나 검토하려고 하는데, 그렇게 함으로써 아름다움에 관해 앞에서 내세운 이론이 완벽하고 분명해질 것이다.

43.
건축술과 아름다움

물질 그 자체가 이념을 나타내는 것일 수는 없다. 제1권에서 밝혀진 것처럼 물질은 철두철미 인과성이기 때문이다. 즉, 물질의 존재는 순전히 작용이다. 그런데 인과성은 근거율의 형태를 띠지만, 반면 이념의 인식은 본질적으로 그 근거율의 내용을 배제한다. 제2권에서도 우리는 물질이 이념의 모든 개별적 현상의 공통된 기체基體임을, 따라서 이념과 현상이나 또는 개별적 사물 사이의 연결고리임을 알았다. 그러므로 물질은 두 가지 이유로 인해 그 자신으로서는 이념을 나타낼 수 없다. 그러나 이것은 물질 그 자체에 대해서는 직관적 표상은 전혀 불가능하고 오직 추상적 개념만 가능하기 때문에 후험적으로 확인된다. 말하자면 직관적 표상에 나타나는 것은 물질이 갖는 형식과 성질뿐인데, 이념은 그 모든 것 속에서 드러난다. 이것은 인과성(물질의 전체 본질)은 그 자신이 직관적으로는 나타날 수 없고, 단지 특정한 인과적 결합만이 직관적으로 나타날 수 있다는 것과도 상응한다. 다른 한편으로 이념의 모든 **현상**은 그 자체로 근거율의 형식으로 들어갔거나 개체화의 원리 속으로 들어갔으므로, 물질에 따라 그 물질의 성질로 나타나지 않으면 안 된다. 그러므로 그런 점에서 이미 말했듯이, 물질은 이념과 개체의 인식 형식 또는 근거율인 개체화의 원리 사이의 연결고리다. 따라서 플라톤이 세계의 모든 사물을 포함하는 이념과, 개별적 사물인 이념의 현상 말고도 이 두 가지와 다른 제3의 요소로 물질을 내세운 것(『티마메우스』 345쪽)은 전적으로 옳은 일이다. 개체는 이념의 현상으로서는 항상 물질이다. 또한 물질의 모든 성질은 항상 어떤 이념의 현상이고, 또 그 자체로서 미적으로 고찰할, 즉 현상 속에서 나타나는 이념을 인식할 능력이 있다. 그런데 이것은 물질의 가장 보편적인 성질, 즉 그 성질이 없이는 결코 물질이 존재할 수 없고, 그 이념이 의지의 가장 미약한 객관성인 성질에 관해서도 적용된다. 그 성질들은 중력, 응집력, 강성, 유동성 및 빛에 대한 반응 등이다.

그런데 실용적인 목적을 위한 규정을 도외시하고 **건축술**을 단순히 아름다운 예술로 고찰한다면 우리에게 의지의 객관성의 가장 낮은 단계에 있는 이념들 중 몇 개를 분명히 직관하려는 의도 외에 다른 의도가 있을 수 없다. 그런 실용적인 목적에서 건축술은 순수한 인식이 아니라 의지에 기여하고, 그러므로 더 이상 우리가 말하는 의미에서의 예술이 아니다. 다시 말해 중력, 응집력, 강성, 견고성은 돌이 지닌 일반적인 특성들이고, 의지의 첫째가는 가장 단순하고 둔감한 가시성이며, 자연의 기초 저음이다. 그리고 그다음으로 이것들 외에 빛은 많은 점에서 앞서 말한 특성들과 대립된다. 의지 객관성의 이 낮은 단계에서조차도 우리는 이미 의지의 본질이 다투면서 드러나는 것을 본다. 본래 중력과 강성의 투쟁이 아름다운 건축술의 유일한 미적 요소이기 때문이다. 건축술의 임무는 그러한 미적 요소를 여러 가지 방식으로 완전하게 분명히 나타내는 데 있다. 건축술은 자체의 임무를 충족시키기 위해 저 근절할 수 없는 여러 힘으로부터 가장 가까운 길을 빼앗아 우회로에 의해 그 힘을 연장시키면서 그 임무를 해결한다. 그럼으로써 싸움이 길어지며, 두 힘의 끝없는 노력이 여러 가지 방식으로 눈에 드러나게 된다. 건물 전체는 그 본래 경향대로 놓아둔다면 대지와 되도록 굳건히 결부된 단순한 덩어리를 나타내는 데 불과하고, 이때 의지가 나타내는 중력은 대지에 끊임없이 압박을 가하는 반면, 마찬가지로 의지의 객관성인 강성은 거기에 저항한다. 그런데 건축술은 바로 이 경향, 이 노력이 직접 충족되는 것을 방해하고, 우회로에 의해 간접적으로 충족되게 할 뿐이다.

그런데 예컨대 이때 지붕의 뼈대는 기둥에 의해서만 대지를 누를 수 있다. 즉, 천정은 스스로를 지탱해야 하고, 그것은 기둥을 매개로 해서만 땅으로 향하는 노력을 충족시킬 수 있다는 등이다. 그런데 바로 이처럼 우회로를 강요당함으로써, 바로 이렇게 방해받음으로써 거친 돌에 내재해 있는 힘이 가장 분명하고 다양하게 펼쳐진다. 그리고 건축술의 순수한 미적 목적은 그 이상으로 나아갈 수 없다. 그 때문에 물론 어떤 건물의 아름다움은 각 부분의 확연히 눈에 띄는 합목적성에 있는데, 그 합목적성은 인간의 외적인 자의적 목적(그런 점에서 그 건물은 실용적인 건축술에 속한다)을 위하는 것이 아니라, 직접 전체의 존립을 위하는 것이다. 전체의 존립을 위해서는 각 부분의 위치, 크기 및 형태가 지극히 필연적인 관계를 가져야 하며, 그래서 만약 어떤 부분이라도 제거해 버리면 전체가 붕괴할 수밖에 없다. 각 부분은 자체가 실제로 할 수 있는 만큼 떠받치고, 각기 그래야 하는 곳에서 그래야 하는 방식으로 지지되어야만 대항 작용, 즉 돌의 생명, 돌의 의지 발현을 이루는 강성과 중력 사이의 투쟁이 전개되는 것이 완전히 눈에 보이며, 또 의지의 객관성의 이 가장 낮은 단계가 분명히 드러나게 된다.

이와 마찬가지로 각 부분의 형태도 아무렇게나 규정되어서는 안 되고, 그 목적과 전체에 대한 관계를 통해 규정되어야 한다. 기둥은 단지 그 목적을 위해 규정된 지지의 가장 단순한 형태다. 굽은 기둥은 운치가 없다. 4각형의 기둥은 둥근 지붕보다 덜 단순하지만 어쩌다가 더 쉽게 만들어지기도 한다. 이와 마찬가지로 인방引枋의 중간 띠 장식, 들보, 아치, 둥근 지붕의 형태들은 전적으로 그 직접적인 목적을 통해 규정되고 그럼으로써 설명된다. 주두柱頭 장식은 건축술에 속하는 것이 아닌 조각술에 속하는 것으로, 추가된 장식물로서 단순히 허용될 수 있을 뿐 제거해도 지장이 없다. 앞서 말한 것에 따르면, 건축 작품의 이해와 미적 향유를 위해서는 중량, 강성, 응집력에 따라 그 재료에 관한 직접적이고 직관적 지식을 갖는 것이 꼭 필요하다. 그리고 우리가 그 건축물을 보고 있는 중 경석輕石이 건축 재료로 이용되었음을 알게 되면 갑자기 우리의 기쁨이 크게 줄어들지도 모른다. 그렇게 되면 그 건물이 우리에게 일종의 가짜 건물처럼 생각될 것이기 때문이다. 우리가 석재라고 생각한 것이 목재에 불과하다는 것을 알아도 사정은 거의 마찬가지리라. 이제 강성이나 중력 같은 자연력은 목조 건물에서는 훨씬 미약하게 드러나므로, 사실 이것은 이제 강성과 중력의 관계와, 그럼으로써 모든 부분의 의미와 필연성을 변화시키고 바꾸어 놓기 때문이다. 그 때문에 또한 목재를 가지고는 본래 아무리 형태를 바꾼다 해도 아름다운 건축 작품이 될 수 없다. 이 사실은 전적으로 우리의 이론으로만 설명할 수 있다.

그런데 우리가 바라보고 기쁨을 느끼는 건물이 매우 상이한 재료로 이루어져 있으며, 눈으로는 전혀 구별할 수 없을지도 몰라도 중력과 밀도도 전혀 같지 않다고 우리에게 말하는 사람은 건물 전체를 바라보고 아무런 즐거움을 누리지 못하리라. 그런 사람은 알지 못하는 언어로 쓰인 시를 읽는 것과 마찬가지다. 이 모든 사실은 바로 건축술이 수학적으로뿐 아니라 역학적으로도 작용한다는 것과, 건축술을 통해 우리에게 말하는 것이 가령 단순히 형식과 균형이라기보다는 오히려 자연의 근원적인 힘, 즉 최초의 이념이며, 의지 객관성의 가장 낮은 단계임을 증명해 준다. 건물과 그 여러 부분의 규칙성은 한편 전체의 존립을 위해 각 부분의 직접적인 합목적성으로 인해 초래되고, 다른 한편 그 규칙성은 전체의 개관과 이해를 쉽게 해 주는 데 기여하며, 또 마지막으로 규칙적인 형상은 공간 자체의 합법칙성을 드러내면서 아름다움에 기여한다. 그런데 심지어 폐허도 아름다운 것이 있는 것을 생각해 보면 균형이라는 것도 절대 필요하다고 할 수는 없으므로, 이 모든 것은 부차적인 가치와 필연성을 지닐 뿐 결코 주된 요소는 아니다.

그런데 건축 작품은 또한 빛에 대한 아주 특수한 관계를 갖고 있는데, 푸른 하늘을 배경으로 햇살을 잔뜩 받으면 아름다움이 배가되고, 달빛을 받아도 전혀 다른 효과가 난다. 그 때문에 아름다운 건축물을 지을 때 항상 빛의 작용과 방향이 각별히 고려되는 것이다. 이 모든 것은 사실 대부분 밝고 선명한 조명이야말로 비로소 모든 부분과 그 여러 부분의 관계를 제대로 보여 준다는 데 근거하고 있다. 그런데 그것 말고도 나는, 건축술은 중력이나 강성과 마찬가지로, 이것들과 전적으로 정반대인 빛의 본질도 동시에 드러내도록 규정되어 있다는 견해를 갖고 있다. 말하자면 가장 완전한 직관적 인식 방식의 조건이자 객관적 상관 개념인 빛은 사물들 중 우리를 가장 즐겁게 해주는 것이므로, 그 빛은 크고 불투명하며 윤곽이 뚜렷하고 형태가 다양한 덩어리에 막히고 저지되며 반사되면서 그 본성과 특성을 가장 순수하고도 분명하게 전개하여, 감상자에게 커다란 즐거움을 안겨 준다.

그런데 건축술에 의해 분명하게 직관되는 이념이 의지 객관성의 가장 낮은 단계고, 따라서 우리에게 건축술을 드러내는 것의 객관적인 중요성은 비교적 미미하므로, 조명이 잘된 아름다운 건축물을 바라보고 느끼는 미적 향유는 이념의 파악에서 생긴다기보다는, 오히려 이 이념의 파악에서 성립된 그 이념의 주관적 상관 개념에서 생긴다. 즉, 이 건물을 바라보는 사람은 의지에 봉사하고 근거율의 인식 방식에 따르는 개체의 인식 방식에서 벗어나, 의지가 없는 순수한 인식 주관의 인식 방식으로 높여진다. 그러므로 미적 향유는 의욕과 개성의 온갖 고뇌에서 해방된 순수한 관조 자체에 존재한다. 이런 점에서 건축술과 대립되고, 일련의 아름다운 예술 일반과 다른 극을 이루는 것이 더없이 의미심장한 이념을 인식하게 해 주는 희곡이다. 그 때문에 희곡의 미적 향유에는 객관적인 측면이 압도적인 우위를 차지한다.

건축술은 모사가 아니고 사물 그 자체를 나타낸다는 점에서 조형 예술이나 시문학과 다르다. 건축술은 조형 예술이나 시문학처럼 인식된 이념을 되풀이함으로써 예술가가 감상자에게 자신의 눈을 빌려주는 것이 아니라, 예술가가 감상자 앞에 단순히 대상을 놓아주고 실제의 개별적인 대상의 본질을 분명하고 완벽하게 표현함으로써 그에게 이념의 파악을 쉽게 해 준다.

다른 예술 작품들과 마찬가지로 건축 작품도 순전히 미적 목적을 위해 건립되는 경우는 아주 드물다. 오히려 예술 자체에 생소한 이 다른 실용적 목적은 부차적인 것이다. 그런데 건축 예술가의 커다란 공적은, 그가 미적 목적을 다양한 방식으로 그때그때 임의의 목적에 솜씨 있게 적응시켜, 미적이면서 건축학적인 어떤 아름다움이 신전이나 궁전, 병기고 등에 어울리고 합치하는지 올바로 판단하면서, 순전히 미적 목적을 다른 생소한 목적의 하위에 두면서도 이를 관철하고 달성한다는 데에 있다. 기후가 험악해서 필연성과 실용성에 대한 요구가 커지고, 그 요구가 보다 확고하게 규정되고 꼭 필요한 것으로 정해질수록 건축술에서 아름다움이 생길 여지는 그만큼 줄어든다. 인도, 이집트, 그리스 및 로마처럼 기후가 온화한 곳에서는 필연성의 요구가 보다 미약하고 느슨하게 규정되므로, 건축술은 자체의 미적 목적을 가장 자유롭게 추구할 수 있었다. 북쪽의 하늘 아래에서는 이런 미적 목적이 아주 심하게 손상되었다. 상자 모양의 집, 뾰족한 지붕, 탑이 요구되던 이곳에서 건축술은 자신의 아름다움을 아주 좁은 한계 내에서만 펼칠 수 있었기에, 그럴수록 이에 대한 보완으로 고딕풍의 아름다운 건축술에서 볼 수 있는 것처럼 조각에서 빌려온 장식물로 장식할 수밖에 없었다.

이처럼 건축술은 필연성과 실용성의 요구에 의해 커다란 제한을 받을 수밖에 없지만, 다른 한편으로 바로 이 제한이 건축술의 강력한 지주가 되고 있다. 그 이유는 이들 건축물은 규모가 커서 비용이 많이 들고 미적 작용 방식의 범위가 좁아서, 건축술이 실용적인 동시에 필연적인 생업으로서 인간이 다루는 일들 중 하나의 확고하고 명예로운 자리를 차지하고 있지 않다면, 단순히 아름다운 예술만으로는 결코 자신의 위치를 유지해 나갈 수 없기 때문이다. 미적인 점에서라면 응당 건축술과 짝을 이루는 것으로 부속시킬 수 있는 다른 예술을 건축술의 자매로 곁에 놓을 수 없는 까닭은 바로 이런 실용적인 면이 부족하기 때문이다. 즉, 내가 말하는 것은 아름다운 수도관 기술이다. 건축술이 강성과 결부되어 현상하는 중력의 이념을 위해 하는 것을, 아름다운 수도관 기술은 유동성, 즉 무형태성, 아주 경쾌한 변위성, 투명성이 어우러진 곳에서 똑같은 이념을 위해 그 일을 한다. 거품을 일으키고 요란한 소리를 내며 바위 위로 떨어지는 폭포수, 조용히 물보라를 일으키는 분류奔流, 높은 물기둥이 되어 위로 솟구치는 분수, 거울처럼 반짝이는 호수는 건축물이 강성을 지닌 물질의 이념을 드러내는 것과 꼭 마찬가지로 유동적인 무거운 물질의 이념을 드러내고 있다. 아름다운 수도 시설의 목적은 대체로 실용적인 수도 시설의 그것과 일치하지 않고, 예컨대 로마의 트레비의 분수처럼 극히 예외적으로 일치할 뿐이어서, 아름다운 수도 시설은 실용적인 수도 시설에서 아무런 도움도 받지 못한다.[40]

---

40 이에 대해서는 제2편 35장 참고

44.
식물과 동물의 아름다움

앞서 언급한 두 가지 예술이 의지의 객관성의 가장 낮은 단계를 위해 하는 일을 식물계의 보다 높은 단계를 위해서는 원예술이 어느 정도 한다. 어떤 지역의 경치가 아름다운 것은 대부분 거기에 모여 있는 자연의 여러 대상이 다양하기 때문이고, 또 현저히 구분되며 분명한 특성을 드러내면서도 적절한 결합과 변화 속에서 나타나기 때문이다. 이 두 가지 조건을 후원하는 것이 원예술이다. 그렇지만 원예술은 건축술처럼 자신의 재료를 오랫동안 마음대로 다룰 수 없으므로, 그 영향은 제한적이다. 원예술이 보여 주는 아름다움은 거의 전적으로 자연의 아름다움이며, 원예술 자체는 별로 덧붙여지지 않았다. 그런 한편 원예술은 자연의 불리한 상황에 대해서는 거의 속수무책이므로 자연이 원예술에 도움 되지 않고 방해될 때는 그 성과가 보잘것없게 된다.

그러므로 예술을 매개로 하지 않고 어디서나 미적 향유를 안겨 주는 식물계가 예술의 객관인 한에서는 식물계는 주로 풍경화에 속한다. 식물계와 더불어 그 밖의 인식이 없는 모든 자연도 풍경화의 영역에 들어간다. 정물화나 그림으로 그려진 단순한 건축물, 폐허, 교회의 내부 등을 보는 경우에는 미적 향유의 주관적 측면이 우세하다. 즉, 이것들을 보고 느끼는 우리의 기쁨은 주로 거기에 직접 나타난 이념을 파악하는 데에 있지 않고, 오히려 이런 파악의 주관적 상관 개념, 즉 의지가 없는 순수한 인식 작용에 있다. 즉, 화가는 우리로 하여금 자신의 눈을 통해 사물을 보게 하므로, 우리는 이 경우 그 화가에게 공감하는 동시에, 그런 뒤 마음의 깊은 안정과 의지의 완전한 침묵을 느낀다. 이런 것들은 생명이 없는 대상에 인식을 완전히 몰두시키고, 그 대상에 그처럼 애정을 갖고 파악하기 위해, 즉 이 경우 그 정도의 객관성으로 파악하기 위해 필요한 감정들이다. 그런데 본래 풍경화의 효과는 대체로 이런 종류의 것이기도 하다. 그러나 나타난 이념이 의지의 객관화의 보다 높은 단계로서는 보다 중요하고 의미심장하기 때문에, 미적 만족의 객관적 측면이 이미 보다 많이 생겨서 주관적 측면과 균형을 유지한다. 순수한 인식 작용 그 자체는 더 이상 주된 것이 아니고, 인식된 이념, 즉 표상으로서의 세계가 순수한 인식 작용과 같은 힘으로 의지의 객관화의 중요한 단계에서 작용하는 것이다.

하지만 훨씬 높은 단계를 드러내는 것이 동물화와 지금도 고대의 걸작이 남아 있는 동물 조각이다. 가령 베네치아나 로마의 몬테 카발로에 있는 말, 엘긴 백작 Thomas Bruce, 7th Earl of Elgin(1766~1841)이 수집한 부조浮彫된 말[41], 또 피렌체의 청동이나 대리석으로 된 말, 바로 거기에 있는 고대의 멧돼지와 울부짖는 늑대의 상, 나아가서 베네치아의 병기창에 있는 사자상이 그것이다. 또한 바티칸 궁전에도 대부분 고대의 여러 동물이 가득 전시되어 있는 방이 있다. 그런데 이것들의 묘사에는 미적 만족의 객관적 측면이 주관적 측면보다 단연 우세하게 나타난다. 이 이념을 인식하는 주관은 자신의 의지를 진정시키기 때문에 사실 미적 고찰을 할 때와 마찬가지로 언제나 마음이 평온하지만, 우리는 거기에 나타난 불안과 격렬함에 사로잡히기 때문에 평온의 효과는 느끼지 못한다.

여기서 우리 눈앞에 나타나는 것은 우리 인간의 본질을 이루기도 하는 의욕인데, 그 의욕이 형태를 띠며 나타난 현상은 우리 인간에게서와 마찬가지로 사려 깊음에 의해 지배되거나 완화되어 있지 않고, 강렬한 모습으로 나타나거나 기괴하고 괴물 같은 모습으로 분명하게 나타난다. 하지만 그런 반면 왜곡되지 않고 소박하고 솔직하게, 있는 그대로 자유롭게 나타나 있는데, 이것이 바로 우리가 동물에 흥미를 느끼는 이유다. 종속의 특성은 이미 식물을 묘사할 때 나타났지만, 그것은

---

41 *엘긴 백작이 수집한 대리석 부조를 말한다. 대영제국 터키 대사로 있을 당시 오스만 터키의 지배 아래 있던 그리스의 파르테논 신전을 찾아간 그는 그 건축에 매료되어 터키 정부의 허가를 얻어 신전 주위의 대리석 조각상과 박공 부분의 모조품을 만들었다. 하지만 진품을 구해 자기 집의 정원에 놓고 싶은 마음이 간절했던 그는 1801년, 터키 정부 요인과의 인맥을 이용해 '아크로폴리스에서의 측량, 조사, 발굴, 그리고 조각과 비문의 반출을 허가한다'는 허가장을 얻어, 조각상을 파고 벽면을 떼어 낸 다음 그것을 강제로 영국까지 옮겨 갔다. 영국 내에서 "타국의 중요한 문화유산을 훔쳐서는 안 된다"는 목소리가 높아졌고, 엘긴 백작은 의회에서까지 비난을 받게 되자 할 수 없이 의회의 명령에 따라 훔쳐낸 문화재를 대영박물관에 헐값에 매각했다. 그래서 그것이 대영박물관에 '엘긴 마블스Elgin Marbles'란 이름으로 진열되어 있다.

엘긴 대리석 부조군의 일부, 작자 미상, 연대 미상

형태로만 드러났을 뿐이다. 그러나 동물의 경우에는 종속의 특성이 훨씬 중요하게 되어, 언제나 개체의 성격이 아닌 종種의 성격으로 나타나는 데 불과하긴 해도 형태로만 나타날 뿐 아니라 동작, 자세 및 몸짓에도 나타난다. 우리는 회화繪畵에서 다른 사람의 매개에 의해 보다 높은 단계의 이념의 이런 인식을 얻을 수 있지만, 또한 식물을 순전히 관조에 의해 직관하거나 동물들, 그것도 자유롭고 자연스러우며 안락한 상태에 있는 동물들을 관찰하면서 직접 이런 인식을 얻을 수도 있다. 동물들의 다양하고 이상한 모습이나 이들 행동과 행위를 객관적으로 바라보는 것은 자연이라는 큰 책에서 가르침을 얻는 것이며, 참된 사물의 기호[42]를 해독하는 것이다. 우리는 그 속에서 의지가 발현되는 다양한 정도와 방식을 본다. 그 의지는 모든 존재에 동일하고 어디서나 바로 생명이자 현존재로서 객관화되는 것을 의욕하며, 아주 무한한 변화와 아주 다양한 형태를 취하며 나타난다. 이 형태들은 다양한 외부 조건에 대한 적응으로 같은 주제의 수많은 변주와 비교될 수 있다. 그런데 우리가 이것을 바라보는 사람에게 또한 반성을 위해 그 기호의 내적 본질을 해명하고 한마디로 전달해야 한다면, 우리는 힌두교의 성서에 자주 등장하고, 마하바키야Mahavakya, 즉 '위대한 말'이라 불리는 산스크리트 문구를 사용하면 가장 좋으리라. "탓 트왐 아시Tat twam asi", 즉 이 말은 '그것은 바로 그대다'라는 뜻이다.

---

42 야콥 뵈메는 자신의 저서 『사물의 서명Signatura rerum』의 제1, 15, 16, 17장에서 이렇게 말하고 있다. "자연에서 자신의 내적 형태를 외부로 드러내지 못하는 사물은 하나도 없다. 내적인 것은 언제나 밖으로 드러나려고 하기 때문이다. 어떤 사물도 자신을 드러내는 입을 가지고 있다. 그리고 그것이 자연의 언어인데, 모든 사물은 그것으로 자신의 특성을 말하고 언제나 자신을 나타내고 드러낸다. 모든 사물은 그러므로 본질과 형태에 대한 의지를 부여하는 자신의 어머니를 드러내기 때문이다".

45.
가장 높은 단계의 의지의 객관화인
인간의 아름다움

마지막으로 의지가 객관화의 최고의 단계에 도달한 경우의 이념을 직접 직관적으로 나타내는 것이 역사화와 조각의 커다란 임무다. 여기서는 아름다움으로 얻는 기쁨의 객관적 측면이 전적으로 우세하고 주관적 측면은 배후로 물러난다. 더구나 주의해야 할 점은 이것보다 한 단계 아래에 있는 동물화에서는 동물의 특징을 나타내는 것이 아름다움과 완전히 동일하다는 사실이다. 가장 특징이 두드러진 사자, 늑대, 말, 양, 황소가 또한 언제나 가장 아름답기도 하다. 그 이유는 이들 동물에게는 종속의 특성만 있고 개체로서의 특성은 없기 때문이다. 그런데 인간을 묘사할 때는 종속의 특성이 개체의 특성과 구별된다. 즉, 종속의 특성은 (전적으로 객관적인 의미에서) 아름다움이라 불리지만, 개체의 특성은 성격이나 표정이란 명칭을 가지고, 두 가지를 동시에 같은 개체에서 완전하게 묘사하려면 새로운 어려움이 생긴다.

인간의 아름다움은 의지가 인식할 수 있는 가장 높은 단계에서 의지의 가장 완전한 객관화를 나타내는 객관적인 표현이고, 인간 일반의 이념은 직관된 형식으로 완벽하게 표현된 것이다. 그런데 이 경우 아름다움의 객관적 측면이 아무리 두드러지게 나타난다 해도 주관적 측면이 끊임없이 따라다닌다. 너무나 아름다운 인간의 용모나 몸매만큼 그토록 빠르고 순수하게 미적 직관의 경지로 우리를 매혹시키는 객관은 없기 때문에 그처럼 아름다운 모습을 바라보면 우리는 순간적으로 이루 말할 수 없는 만족감에 사로잡혀, 우리 자신과 우리를 고통스럽게 하는 모든 것을 넘어서게 된다. 이것이 가능한 것은 의지의 이 더없이 분명하고 순수한 인식 가능성이 우리를 또한 가장 쉽고도 빨리 순수한 인식 작용의 상태로 옮겨 놓기 때문이다. 이 상태에서 순수한 미적 향유가 지속되는 한 우리의 인격과 의욕은 그것에 따라다니는 끊임없는 심한 고통Pein과 함께 사라져 버린다. 따라서 괴테는 이렇게 말한다. "인간의 아름다움을 바라보는 자에게는 사악한 마음이 생길 수 없다. 그는 자기 자신과 또 세계와 하나 된 기분을 느낀다"(『친화력』제1장 6쪽).

그런데 우리는 자연에서 아름다운 인간의 형태가 생길 수 있는 것을 이렇게 설명해야 한다. 즉, 의지는 인간이라는 최고의 단계에서 하나의 개체로 객관화되면서, 낮은 단계의 의지 현상들을 이 의지에 대립시키는 모든 방해와 저항을 형편이 좋은 사정과 의지의 힘에 의해 완전히 물리친다. 자연력도 이와 마찬가지다. 의지는 자연력으로부터 모든 자연력에 속해 있는 물질을 언제나 먼저 차지하고 빼앗아야 한다. 더구나 높은 단계에서의 의지의 현상은 언제나 그 형태가 다양하다. 나무는 이미 무수하게 반복된 발아하는 섬유가 집합하여 조직을 이룬 것에 불과하다. 이 복합체는 단계가 높아짐에 따라 점점 증가하며, 인체는 전적으로 다른 여러 부분이 고도로 조합된 체계이고, 각 부분은 전체에 종속된 생명을 갖지만 각기 고유한 생명인 비타 프로프리아Vita propria도 갖는다. 그런데 이 모든 부분은 적당한 방식으로 아주 적당하게 전체에 종속하고 서로 병렬하여 존재하며, 지나침도 위축됨도 없이 조화롭게 일치하여 전체를 나타내고 있다. 즉, 이 모든 것이 아름다움이라는 결과를 낳는, 즉 완전히 두드러진 종속의 특성을 보이는 희귀한 조건이다. 그것이 자연이다.

그러면 예술은 어떠한가? 사람들은 예술을 자연의 모방이라 생각한다. 그런데 예술가가 **경험에 앞서** 아름다움을 예취하고 있지 않다면, 무엇으로 모방할 만한 자연의 성공한 작품을 식별하여 실패한 작품들 사이에서 가려낼 것인가? 그것 말고도 자연은 모든 부분에서 완벽하게 아름다운 인간을 만들어 낸 적이 있는가? 이 경우 예술가란 많은 사람에게 개별적으로 배분된 아름다운 부분들을 찾아 모아서, 그것을 가지고 전체를 아름답게 짜 맞추어야 한다고 생각한 사람이 있었다. 이 것은 잘못되고 무분별한 견해. 왜냐하면 예술가가 무엇으로 이 형태는 아름답고 저 형태는 아름답지 않다고 식별하는지의 문제가 다시 제기되기 때문이다. 또한 우리는 옛날 독일 화가들이 그린 누드화를 봄으로써 그들이 자연의 모방을 통해 어느 정도 아름다움을 묘사했는지 알 수 있다. 순전히 후험적인 것과 단순한 경험만으로는 결코 아름다움을 인식할 수 없다. 아름다움의 인식은 우리에게 선험적으로 인식된 근거율의 형태와는 완전히 다른 종류의 것이긴 하지만, 그것은 언제나 적어도 부분적으로는 선험적이다. 이 근거율의 형태들은 인식 일반의 가능성을 근거 짓는 것과 같은 현상 그 자체의 보편적 형식, 즉 보편적이고 예외 없는 현상 **방식**Wie에 관계한다. 그리고 이 인식에서 수학과 순수 자연과학이 생겨난다.

반면 아름다움의 묘사를 가능하게 하는 다른 선험적 인식 방식은 현상의 형식 대신 내용에, 현상의 **방식** 대신 **본질**Was에 관계한다. 우리 모두 인간의 아름다움을 보고 인식하지만 진정한 예술가에게는 그런 일이 아주 명백하게 일어나서 그는 자신이 결코 보지 않은 것까지 보여 주며 묘사에서 자연을 능가한다. 이 일은 의지가 우리 **자신**이어야 가능한데, 그 의지의 적절한 객관화는 최고의 단계에서 평가되고 발견되어야 한다. 이렇게 해야만 우리는 실제로 자연(이것이 바로 우리 자신의 본질을 이루는 의지다)이 나타내려고 애쓰는 것을 예취하는 것이다. 진정한 천재에게는 이 예취에 사려 깊음이 동반하기 때문에 그는 개별적 사물에서 그 **이념**을 인식한다. 다시 말해 그는 **설명을 절반만 듣고도 자연**을 이해하며, 자연이 그냥 더 듬거리며 말하는 것을 이제 순수하게 표현한다. 그는 자연이 무수히 시도하여 실패한 형태의 아름다움을 딱딱한 대리석에 표현하여 자연에 대립시킨다. 이는 마치 자연에 "네가 나타내려던 것이 바로 이것이었지!"라고 소리치면, 전문가에게서 "그래, 바로 그것이었어!"라는 메아리가 돌아오는 것과 같다. 천재적인 그리스인은 이렇게 함으로써만 인간 형태의 원형을 발견해서, 이것을 조각 수업의 규준Kanon으로 삼을 수 있었다. 또한 우리는 그러한 예취에 의해서만 자연의 개별적 사물에 실제로 나타나는 아름다움을 인식할 수 있다. 이 예취가 **이상**인데, 이념이 적어도 절반쯤 선험적으로 인식되어 있는 한, 그리고 이념 그 자체가 후험적으로 자연에 의해 주어진 것을 보충하고 받아들여 예술에 대해 실용적으로 됨으로써, 그 이상은 **이념**이다.

전문가가 아름다움을 후험적으로 인정할 수 있듯이, 예술가가 이처럼 아름다움을 선험적으로 예취할 수 있는 것은 예술가와 전문가가 자연의 즉자태, 즉 스스로를 객관화하는 의지 자체이기 때문이다. 엠페도클레스가 말했듯이, 같은 것에 의해서만 같은 것이 인식되기 때문이다. 즉, 자연만이 그 스스로를 이해할 수 있고, 자연만이 그 스스로를 규명할 수 있다. 하지만 정신을 인지하는 것도 정신뿐이다.[43]

그리스인들이 인간의 아름다움이라고 내세워진 이상을 전적으로 경험에 의존해 개별적인 아름다운 부분들을 주워 모음으로써, '여기는 무릎을, 저기는 팔을' 하는 식으로 들춰내고 지적하면서 찾아냈을 것이라는, 크세노폰이 말하는 소크라테스의 견해(『스토바에오스 선집』 제2권 384쪽)는 잘못된 것이다. 이것 말고도 시문학에 관해서 이와 아주 유사한 견해가 있다. 말하자면 셰익스피어는 예컨대 그의 희곡에 그려진, 아주 실감나며 아주 절제된, 깊은 곳에서 우러나오는 것 같은 헤아릴 수 없이 다양한 성격을 자신이 직접 사회생활에서 경험하면서 마음에 새겨두었다가 재현했다는 가정이 그것이다. 하지만 이런 가정이 불가능하고 말도 안 된다는 것은 두말할 필요도 없다. 어느 경우든 도식이 되는 경험을 필요로 하고, 그러한 도식으로써만 이들에게 선험적으로 막연히 의식된 것이 아주 분명해지고 이제 사려 깊게 표현할 수 있긴 하지만, 천재가 아름다움을 예감하는 예취에 의해서만 조형 예술 작품을 만들어 내듯이, 성격을 특징짓는 것도 바로 그렇게 예취함으로써만 시문학 작품을 만들어 낸다는 것은 명백한 일이다.

앞에서 인간의 아름다움은 의지가 인식할 수 있는 가장 높은 단계에서 의지의 가장 완전한 객관화로 설명되었다. 이 아름다움은 형식을 통해 표현된다. 그런데 이 형식은 공간 속에만 있어서, 예컨대 운동과는 달리 시간에 대해서는 아무런 필연적 관계도 갖고 있지 않다. 그런 점에서 우리는 이렇게 말할 수 있다. 즉, 단순히 공간적 현상을 통한 의지의 적절한 객관화가 객관적인 의미에서 아름다움이다. 식물은 그러한 단순히 공간적 현상과 다름없다. 운동과 따라서 시간에 대한 관계는 (식물의 발육은 별도로 치자면) 식물의 본질을 표현하는 것에 속하지 않기 때문이다. 식물의 형태만으로 그 전체 본질이 나타나고 솔직하게 설명된다. 하지만 동물과 인간은 그들 속에 나타나는 의지를 완벽하게 드러내기 위해 일련의 행동이 필요하고, 그럼으로써 그들 속에 나타나는 현상이 시간과 직접 관계된다. 이 모든 것은 이미 제2권에서 상세히 설명되었고, 다음에 말하는 것을 통해 지금 고찰하는 것과 연결된다.

단순히 공간적인 의지 현상이 이 의지를 각기 특정한 단계에서 완전하게 또는

---

43 이 마지막 명제는 엘베시우스의 "il n'y a l'esprit qui sente l'esprit"(『정신론』 Disc. II, 4)를 독일어로 옮긴 것인데, 이 책의 초판에서는 이것의 주석을 달 필요가 없었다. 그런데 이후로 사람을 우둔하게 만드는 헤겔의 사이비 지혜의 영향을 받아 시대가 너무 침체해지고 조야해져서, 여기에도 '정신과 자연'의 대립이 암시되어 있을지도 모른다고 잘못 생각하는 사람이 더러 있을지도 모르겠다. 그 때문에 나는 그러한 중우 철학과 바꿔치기 당하는 것에 단호히 항의하지 않을 수 없다.

불완전하게 객관화할 수 있어서, 그것이 바로 아름다움이나 추함을 이루듯이, 의지의 시간적인 객관화, 즉 행동도, 더구나 직접적인 행동인 운동도 다른 사물에 섞임 없이 남는 것도 부족한 것도 없이 단지 그때그때의 특정한 의지 행위를 표현하면서, 그 운동 속에서 객관화되는 의지에 순수하고도 완전히 상응할 수 있다. 혹은 이 모든 것이 또한 반대의 상태에 있을 수 있다. 전자의 경우에는 이 운동이 우아하게 일어나고, 후자의 경우에는 그렇지 않다. 그러므로 아름다움이란 단순히 공간적인 현상을 통한 의지 일반의 그에 상응하는 표현이듯이, **우아함**Grazie은 시간적인 현상을 통한 의지, 즉 의지를 객관화하는 운동과 자세에 의한 완전히 올바르고 적당한 모든 의지 행위에 상응하는 표현이다. 운동과 자세가 이미 신체를 전제하므로 빙켈만Johann Joachim Winckelmann(1717~1768)[44]이 "우아함이란 행동에 대한 행동하는 사람의 독특한 관계"(『저작집』 제1권 258쪽)라고 한 말은 매우 올바르고 적절한 표현이다. 비록 비유적인 의미에서이긴 하지만, 식물을 사실 아름답다고는 할 수 있어도 우아하다고는 할 수 없는 이유가 여기서 저절로 밝혀진다. 그러나 동물과 인간은 모두 아름답다고도 할 수 있고 우아하다고도 할 수 있다. 앞에서 말한 것에 따르면, 우아함은 운동이나 자세가 모두 매우 경쾌하고 적당하며 편하게 이루어져서, 그 의도나 의지 행위에 순수하게 상응하는 표현이 되는 데 그 본질이 있는 것으로, 목적에 맞지 않는 무의미한 취급이나 잘못된 자세로 나타나는 지나침이 없고 또는 어색하고 딱딱하게 나타나는 부족함도 없다. 우아함은 조건으로서 사지의 올바른 균형과 반듯하고 조화로운 체격을 전제로 한다. 이 조건에 맞아야만 모든 자세나 운동에서 완전한 경쾌함과 명확한 합목적성이 가능하므로, 우아함이란 일정한 정도의 신체적인 아름다움 없이는 결코 불가능하다. 이 두 가지가 완전하고 합치할 때 의지 객관화의 가장 높은 단계에서 의지 현상이 가장 분명하게 나타난다.

　앞에서 언급했듯이, 인류의 경우는 종속의 특성과 개체의 특성이 각기 다르다는 것이 두드러진 특징에 속하므로, 제2권에서 말했듯이 사람마다 어느 정도 전

44　* 근대 고고학의 아버지로 불리는 독일의 고고학자이자 미술사가. 그의 저서 『고대 예술사』는 고대 예술을 성장·성숙·쇠퇴의 유기체적 발전 과정으로 정의한 개설서다. 라오콘, 아폴로 벨베데레, 니오비드, 벨베데레 토르소에 대한 그의 설명은 독일 문학사와 예술 비평에서 새로운 이정표가 되었다. 동성애자로 추정되는 그는 이탈리아에서 오래 체재한 후 1768년 처음으로 드레스덴과 빈을 방문했다가 로마로 돌아오는 길에 트리에스테에서 우연히 만나 사귀었던 사람에게 살해되었다.

적으로 고유한 이념을 나타낸다. 따라서 인류의 이념을 나타내는 것을 목적으로 하는 예술은 종속의 특성인 아름다움 말고도, 특히 성격이라고 불리는 개체의 특성도 나타내는 것을 임무로 삼는다. 그렇지만 또한 그 특성도 무언가 우연적인 것이고 개체에 개별적인 전적으로 독특한 것으로 간주되는 것이 아니라 바로 이 개체에서 특별히 나타나는 인류의 이념의 측면으로 간주되어, 그 특성을 나타내는 것이 인류의 이념을 드러내는 목적에 합당한 한에만 다시 이런 특성을 나타낸다. 그러므로 특성이란 그 자체로는 개인적인 것이지만, 그럼에도 이상적으로, 즉 인류 일반의 이념과 관련하여 그 의의를 강조하여(이 이념을 객관화하는 데에 그 특성이 나름대로 기여하고 있다) 파악되고 묘사되어야 한다. 그 외에 그러한 묘사는 모든 우연적인 것과 아울러 개별적인 것 자체를 재현하는 초상화다. 그리고 빙켈만이 말하듯이, 초상화마저도 개인의 이상이어야 한다.

그런데 인류 이념의 독특한 측면을 강조하며 이상적으로 파악될 수 있는 그러한 **특성**은 일부는 영속적인 인상과 체형을 통해, 일부는 인식 작용과 의욕 상호 간의 정동과 열정, 변경을 통해 가시적으로 나타난다. 이 모든 것은 얼굴 표정과 동작에서 표현된다. 개인은 언제나 인류의 일원이고, 다른 한편 인류는 언제나 개인 속에, 더구나 그 개인의 독특하고 이상적인 의미심장함을 갖추고 나타난다. 그리하여 종속의 특성이 개인의 성격에 의해 폐기되면 희화戱畵가 되고, 개인의 성격이 종속의 특성에 의해 폐기되면 아무 의미 없는 것이 되므로, 아름다움이 성격에 의해 폐기되거나 성격이 아름다움에 의해 폐기되어서는 안 된다. 따라서 주로 조각이 그렇듯이 아름다움을 목표로 하는 묘사는 그럼에도 이 아름다움(종속의 특성)을 언제나 어느 정도 개인의 성격에 의해 변경시킬 것이고, 인류의 이념을 언제나 특정한 개인적 방식으로, 그 이념의 특수한 측면을 강조하면서 표현할 것이다. 왜냐하면 개인 그 자체는 어느 정도 자신의 이념에 대한 위엄을 갖고 있으며, 인류의 이념이 개인 속에서 독특하고 의미심장하게 나타나는 것이 인류의 이념에 바로 본질적이기 때문이다.

따라서 우리는 고대인들의 작품에서 그들이 분명하게 파악한 아름다움이 하나의 유일한 형태에 의해서가 아니라, 많은 상이한 성격을 지닌 여러 형태에 의해 표현되어 있음을 알고 있다. 즉, 언제나 다른 측면에 의해 파악하므로 아폴로, 바커스, 헤라클레스, 안티노우스Antinous(110년경~130)[45] 등이 각기 다르게 묘사되어 있다. 그러니까, 성격을 특징짓는 것은 아름다움을 제약할 수 있으며, 급기야는 심지어 술 취한 실레노스Silenos[46]나 파우누스Faunus[47] 등에 이르면 추하게까지 나타날 수 있다. 그런데 성격을 특징짓는 것이 종속의 특성을 실제로 폐기하는 데까지 이르러 부자연스러운 데까지 이르면 희화가 된다. 그런데 우아함은 아름다움보다 성격을 특징짓는 것에 의해 훨씬 덜 침해받을지도 모른다. 성격을 표현하기 위해 아무리 자세와 동작이 필요하다 해도 그것은 그 개인에게 가장 적합하고 합목적적이며 쉬운 방식이 되어야 한다. 조각가나 화가뿐 아니라 모든 훌륭한 배우도 이 사실을 알아챌 것이다. 그렇지 않으면 이 경우에도 일그러지고 찌그러지는 것으로 희화가 생긴다.

조각에서는 언제나 아름다움이나 우아함이 중요하게 다루어진다. 정동과 열정, 인식 작용과 의욕의 상호 작용에서 나타나고 몸짓과 얼굴 표정을 통해서만 표현될 수 있는 정신의 본래적 성격은 특히 **회화**繪畵의 고유 영역이다. 조각의 영역 밖에 있는 눈과 색채가 아름다움에 크게 기여를 할지라도 그것들은 성격에 한층 더 본질적이다. 더구나 아름다움은 여러 관점에서 볼 때 더욱 완벽하게 전개되지만, 반면 표정이나 성격은 하나의 관점에서 보더라도 완전하게 파악할 수 있다.

조각의 주목적은 분명히 아름다움이기 때문에, **레싱**은 **라오콘**Laokoon[48]**이 비명을 지르지 않는다**는 사실을 비명 지르는 것이 아름다움과 합일될 수 없다는 사실에서 찾으려 했다. 레싱에게 이 문제는 자신의 책 한 권의 주제나 적어도 실마리가 되었고, 레싱 전후에도 같은 문제를 다룬 글이 많이 쓰였으므로, 이 특별한 논의가 전적으로 보편적인 것을 지향하는 우리 고찰의 연관에 딱히 들어맞는 것은 아니지만, 나 또한 여기서 에피소드로 내 견해를 피력해 볼까 한다.

---

45 * 소아시아의 비티니아 출신으로 로마 황제 하드리아누스가 총애한 미소년. 죽은 후 하드리아누스 황제가 신격화했다. 하드리아누스의 동성애 상대였으며, 황제를 따라 지중해 지역 전역을 여러 번 여행했으나 이집트 방문 도중 나일 강에서 익사했다. 하드리아누스는 그를 위해 제국 전역에 신전을 세웠으며 그를 기려 익사 지점 근처에 안티노오폴리스 시를 건설했다. 안티노우스를 청춘미의 상징으로 묘사한 조각·보석·동전 등이 많이 남아 있다.

46 * 주신酒神 디오니소스(바커스)의 양육자이자 종자. 언제나 술 취한 모습으로 묘사된다.

47 * 로마 신화에 나오는 최초의 전원신. 그리스 신화의 판에 해당하는 그에게 예언 능력이 있다고 한다. 전원의 풍요로운 생활력을 상징하는 그에게 예언 능력이 있다고 한다.

48 * 트로이의 아폴론 신의 사제. 트로이가 함락되기 직전 두 아들과 함께 큰 뱀에 감겨 죽었다. 레싱은 그의 저서 『라오콘, 혹은 회화와 시문학의 경계에 대하여』에서 라오콘 부자의 고통을 나타낸 조상彫像에 라오콘이 입을 벌려 비명을 지르고 있지 않다고 논했다.

46.
라오콘 조각상의 아름다움

그 유명한 군상 속에서 라오콘이 비명을 지르지 않고 있다는 것은 명백하다. 누구나 이 조각상을 볼 때마다 늘 의아하게 여기는 것은 그의 입장이 되면 우리 모두 비명을 지를 것이라고 생각하기 때문이다. 그리고 자연의 요구를 보더라도 그러하다. 육체적 고통이 너무 심할 때나, 과도한 신체적 불안이 갑자기 엄습했을 때는 조용히 인내하게 하는 반성은 의식에서 전적으로 밀려나 버리고 본능적으로 비명을 질러 공포를 완화시키는 법이다. 그럼으로써 비명은 고통과 공포를 동시에 표현하고 구조해 줄 사람을 불러들이며 공격자를 겁주는 것이다. 이미 그 때문에 빙켈만은 비명을 지르는 표정이 없음을 알았지만, 예술가를 변호하기 위해 라오콘을 본능에 따라 비명을 지르는 것이 위엄에 걸맞지 않는, 자신의 고통을 억지로 꾹 참는 스토아적인 인물로 만들었다. 따라서 빙켈만은 그에게서 "고통에 몸부림치지만 감정 표현을 억제하며 자신 속에 꽁꽁 감추어두는 베르길리우스 Publius Vergilius Maro(기원전 70~19)[49]의 라오콘처럼 큰 소리로 비명을 지르지 않고 두려움에 떨며 신음 소리만 내는 시련당하는 위인의 영혼" 등을 본다(『저작집』 제7권 98쪽. 같은 내용이 제6권 104쪽 이하에 상세히 설명되어 있다). 그런데 레싱은 자신의 라오콘론에서 빙켈만의 그런 견해를 비판하고 앞서 말한 방식으로 수정했다. 즉,

---

49 * 로마의 시인으로 서사시 『아이네이스』의 작가. 그리스·로마의 작가들, 특히 시인들에 통달했으며, 수사학과 철학에 대해 깊이 있는 교육을 받았다. 에피쿠로스학파의 시로 Siro 또한 그의 스승 가운데 한 사람이었던 것으로 알려지며, 그의 시는 초기에 에피쿠로스 철학을 상당히 반영했으나, 점차 스토아주의에 가까워지게 된다. 영문학에 미친 베르길리우스의 영향은 지대하다. 스펜서는 『요정 여왕』의 환상적인 아름다움을 위한 끊임없는 영감을 그에게서 얻었으며, 밀턴의 『실락원』은 그 구성 및 진행뿐 아니라 문체와 어법까지도 『아이네이스』를 본받았다.

그는 심리적 이유 대신 고대 예술의 원리인 아름다움은 비명을 지르는 표정을 허용하지 않는다는 순전히 미적인 이유를 내세웠다. 말하자면 전적으로 일시적이고 지속할 수 없는 상태는 움직일 수 없는 예술 작품에서 묘사될 수 없다고 레싱이 덧붙인 다른 논거에 대해서는, 춤추고 격투하며 붙잡는 등의 아주 순간적인 동작을 포착한 훌륭한 상像들이 이에 반대되는 수많은 실례가 되고 있다. 실제로 괴테는 『프로필레엔*Propyläen*』[50]의 머리말을 이루는 라오콘론(8쪽)에서 그러한 스쳐 지나가는 순간을 선택하는 것이 아주 필요하다고 본다.

그런데 우리 시대에 와서 **히르트**(『호렌』 1797, 제7호)는 모든 것을 표정이라는 최고 진리에 환원하고, 라오콘이 비명을 지르지 않는 것은 이미 질식해 죽어 가고 있어서 더 이상 비명을 지를 수 없기 때문이라는 판정을 내렸다. 마지막으로 **페르노우**(『로마 연구』 제1권 426쪽 이하)는 이 세 가지 견해를 논하고 신중히 비교했지만, 자신은 새로운 견해를 덧붙이지 않고 세 가지 견해를 절충하고 통합했다.

나는 이처럼 깊이 생각하는 명석한 사람들이, 아주 가까이 그 근거가 있어 편견에 사로잡히지 않은 사람에게는 그 근거가 너무나 가까이 있는 어떤 문제를 설명하기 위해, 불충분한 근거를 멀리서 힘겹게 끌어오고, 심리학적이며 더욱이 생리학적인 논거까지 드는 것을 보고 놀라지 않을 수 없다. 특히 레싱의 경우는 올바른 설명에 그토록 가까이 다가갔으면서도 정곡을 찌르지 못한 것이 놀랍다.

그건 그렇다 치고 나는 라오콘이 그 입장에서 절규하리란 것에 전적으로 긍정하고 싶지만, 그가 비명을 지를지 지르지 않을지에 대해 심리학적이고 생리학적인 연구를 하기에 앞서, 단지 비명의 묘사가 전적으로 조각의 영역 밖에 있다는 근거 때문에 군상에 관련해 볼 때 조각에서 비명 지르는 것을 묘사할 수 없다고 판정할 수 있다. 대리석으로는 비명 지르는 라오콘을 그려낼 수 없고, 입을 크게 벌리고 비명을 지르려고 헛되이 애쓰는 라오콘, 즉 소리가 목에 달라붙은(베르길리우스의 『아이네이스』 제2권 774쪽) 라오콘밖에 그려 낼 수 없었던 것이다. 다시 말하자면 보는 사람에게 미치는 절규의 본질과 그 효과도 오로지 소리에 있는 것이지 입을 크게 벌리는 것에 있지 않다. 필연적으로 비명을 동반하는 입을 벌리는 이 현상은 그로 인해 소리가 남으로써 비로소 그에 대한 동기가 부여되고 정당화

50 　*고타 서점에서 1798년부터 1800년까지 펴낸 예술에 관한 이론적 연구지. '문 앞에서'라는 뜻인 프로필레엔은 고대 아테네의 아크로폴리스의 입구에 있는 성문을 가리키므로 예술품 안내서라는 뜻도 된다.

「라오콘 군상」 작자 미상, 기원전 2세기경

된다. 즉, 입을 벌리는 것은 아름다움을 해치지만 그 행동을 특징짓고 있는 것으로서 허용될 수 있고 필요하다. 그러나 절규 자체를 묘사하는 것이 아주 생소하고 불가능한 조형 예술에서 비명을 지르도록 하기 위해 벌린 입을 묘사하는 수단은 모든 표정과 그 밖의 표현을 무리하게 방해하여 실제로 부질없는 일일지도 모른다. 그럴 경우 그 밖의 많은 점에서 희생을 요구하는 수단이 눈앞에 제시될지도 모르는 반면, 그 수단의 목적, 즉 절규 자체는 감정에 미치는 그 영향과 함께 일어나지 않을지도 모르기 때문이다. 그러니까 이보다 더 나쁜 일은 그로 인해 아무리해도 뜻대로 되지 않아 그때마다 우스꽝스런 광경을 연출할지도 모른다는 사실이다. 이런 일은 사실 야경꾼이 자고 있는 사이 익살꾼이 호각에 밀랍을 잔뜩 쑤셔 넣고 불이 났다고 소리를 질러 그를 깨운 뒤 그가 아무리 해도 호각이 불어지지 않는 모습을 보고 흥겨워하는 것에 비유할 수 있다.

반면 묘사 예술의 영역에서는 절규의 묘사가 진리에, 즉 이념의 완벽한 묘사에 도움이 되기 때문에 전적으로 허용된다. 즉, 직관적 묘사를 위해 독자의 상상력을 요구하는 시문학에서는 그러하다. 그렇기 때문에 베르길리우스가 묘사하는 라오콘은 도끼에 맞아 길길이 날뛰는 황소처럼 절규한다. 그래서 호메로스는 신으로서의 위엄과 아름다움에도 아랑곳하지 않고 마르스Mars[51]와 미네르바Minerva[52]를 끔찍이 절규하게 한다.(『일리아스』 제20서, 48~53쪽)

연극술에서도 이와 마찬가지다. 무대 위의 라오콘은 당연히 절규하지 않으면 안 되었다. 소포클레스도 필록테테스Philoctetes[53]가 절규하게 한다. 그리고 고대 연극 무대에서 그는 물론 실제로 절규했을 것이다. 이것과 아주 흡사한 경우로, 나는 런던에서 켐블이라는 유명한 배우가 「피차로」라는 독일어 번역극에서 미국인 롤라의 역을 했던 것을 본 기억이 난다. 그는 미개인과 같지만 성격은 아주 고상하다. 그런데도 부상을 당했을 때는 큰 소리로 격하게 고함을 질렀다. 이것은 성

---

51 *그리스 신화의 아레스에 해당하는 로마 신화의 군신

52 *그리스 신화의 아테네에 해당하는, 로마 신화의 지혜의 여신

53 *트로이 전쟁의 후반부에서 결정적인 역할을 한 그리스의 전설적 영웅. 그는 (또는 그의 아버지 포이아스는) 헤라클레스의 화장용 장작더미에 불을 붙여준 대가로 헤라클레스의 활과 화살을 유산으로 물려받은 후 유명한 궁수가 되었지만 트로이로 가던 중 뱀에 물려 뒤에 남게 되었다. 그러나 트로이는 오직 헤라클레스의 활과 화살의 도움으로써만 정복될 수 있다는 한 예언자의 말에 따라, 그리스의 전사들인 오디세우스와 디오메데스는 필록테테스를 찾아가 자신들과 함께 트로이로 가자고 설득했다. 트로이에서 자신의 상처를 치유한 필록테테스는 파리스를 살해했고, 이로써 트로이가 함락되는 계기가 되었다. 그는 곧 고향으로 돌아왔으나 나중에 식민지 개척자로서 남부 이탈리아를 방랑하던 중 결국 그곳에서 전사했다.

격을 아주 잘 특징짓는 것으로 진실에 많은 기여를 했기 때문에 크고 훌륭한 효과를 냈다.

반면 절규하는 사람을 그림으로 그리거나 돌에 새기면 소리를 낼 수 없으므로, 이미 괴테가 『프로필레엔』에서 비난했던 것처럼 그림으로 그린 음악보다 훨씬 우스꽝스런 것이 될지 모른다. 절규하는 것은 그 밖의 표정이나 아름다움에 음악보다 훨씬 더 해를 끼치기 때문이다. 음악은 대체로 손과 팔을 사용할 뿐이어서 인물의 성격을 특징짓는 행위로 간주될 수 있다. 그뿐 아니라 음악이 신체를 무리하게 움직이거나 입이 비뚤어지게 요구하지만 않는다면, 그런 점에서 그림으로 그리는 데 아주 적합할 수 있다. 가령 「오르간 옆의 성 체칠리아[54]」나 로마의 스키아라 화랑에 있는 라파엘로Raffaelo Sanzio(1483~1520)[55]의 「바이올린 연주자」 등이 그러하다. 그런데 이렇게 예술에는 경계가 있어서 라오콘의 고통을 절규로는 표현할 수 없었으므로, 예술가는 그에 대한 다른 표정을 모두 강구하지 않으면 안 되었다. 빙켈만이 대가다운 솜씨로 기술하고 있듯이(『저작집』 제6권 104쪽 이하), 예술가는 이를 극히 완벽하게 해냈다. 그 때문에 빙켈만의 탁월한 기술記述은 라오콘을 일컬어 스토아적 성향을 가진 사람이라고 말한 것을 제외한다면, 전적으로 그 가치와 진실성을 인정받을 수 있다.[56]

---

54 * 성 체칠리아Sanctus Cacilia(2세기~230년경)는 로마 제국 시대에 순교한 그리스도인 중 한 사람이다. 그녀의 이름은 하늘(치엘로)과 백합(질리)과 관련하여 '천상의 백합'을 뜻한다. 그녀는 자신의 반대에도 불구하고 발레리아누스라는 청년과 결혼했는데, 결혼식이 끝난 후 남편에게 종교상의 이유를 들어 자신이 종신 동정을 서원했다는 것을 밝히고 자신의 동정을 유지하게 해달라고 간청하면서 남편 또한 그리스도인으로 개종시켰다. 그러자 남편은 신기하게도 체칠리아의 수호천사를 분명하게 볼 수 있게 되었다. 둘은 결국 다른 그리스도인과 함께 참수당했다.

55 * 이탈리아의 화가이자 건축가. 이탈리아 르네상스의 3대 거장으로 불린다. 움브리아파의 스승 P. 페루지노에게서 그림을 배웠으나, 후일에는 피린체파의 화풍으로 발전하였고 레오나르도 다빈치의 영향도 많이 받았다. 1515년 고대 유적 발굴 감독관이 되었고, 1509년 바티칸 궁정의 천장화를 그렸다. 대표작으로 「레오 10세의 초상」, 「율리우스 2세상」, 「성 미카엘」, 「성 게오르기우스」, 「갈라테아의 승리」, 「어느 추기경의 초상」 등의 작품이 있다.

56 이 에피소드는 제2편의 36장에 보충해 놓았다.

47.
언어 예술의 아름다움

조각의 주된 대상은 우아함과 아울러 아름다움이기 때문에 조각은 벌거벗은 몸을 좋아하고, 의복은 몸의 형태를 숨기지 않는 한에서만 허용된다. 몸에 걸치는 천도 몸의 형태를 은폐하기 위해서가 아니라 그것을 간접적으로 드러내는 것으로 이용된다. 지성은 단지 직접적으로 주어진 결과인 주름의 모양을 통해서만 원인, 말하자면 신체의 형태에 도달하면서, 이 묘사 방식으로 지성이 매우 활발하게 움직이게 된다. 그에 따라 조각에서 걸치는 천은 회화에서 축소에 해당한다. 둘 다 암시이긴 하지만, 상징적 암시가 아니라 암시가 성공을 거두면 지성을 직접 강요하여, 암시된 것을 마치 실제로 있었던 것처럼 직관하게 하는 그러한 암시다.

나는 여기에 덧붙여 언어 예술에 관련된 비유를 삽입해 보고자 한다. 말하자면 아름다운 몸의 형태는 아주 가벼운 옷을 입거나 옷을 전혀 입지 않았을 때 가장 돋보인다. 그러므로 몸이 무척 아름답고 취미를 가진 동시에 그 취미를 따라도 되는 사람이라면 거의 나체로, 즉 고대인이 옷을 입는 방식으로만 다니는 것을 가장 좋아할지도 모른다. 그런데 이와 마찬가지로 정신이 아름답고 사상이 풍부한 사람은 가능하다면 자신의 사상을 남에게 전달하여 이 세계에서 그가 느낄 수밖에 없는 고독을 완화하기 위해 애쓰면서, 언제나 아주 자연스럽고 솔직하며 단순한 방식으로 자신의 생각을 표현할 것이다. 그런데 이와 반대로 우둔하고 혼란스러우며 괴팍한 사람은 무척 거드름 피우는 표정과 아주 애매한 말투로 자신을 위장해서, 사소하고 보잘것없으며 무미건조하거나 진부한 사상을 까다롭고 천박한 상투어로 은폐하려 할 것이다. 그것은 마치 아름다움이라는 위엄이 부족하다고 해서, 이 부족함을 의복으로 보충하려고 야만적인 장신구, 금붙이, 깃털과 주름

장식, 커프스, 외투로 자신의 보잘것없고 추한 모습을 감추려는 사람과 마찬가지다. 이런 사람에게 나체로 다니라고 한다면 당황해 할 것처럼, 일부 저작자도 허식투성이의 애매한 자신의 저서를 보잘것없는 내용 그대로 옮기라고 강요받는다면 역시 당황해 할 것이다.

48.
역사화

역사화는 아름다움과 우아함 말고도 성격을 주된 대상으로 하고 있는데, 이 사실은 일반적으로 의지 객관화의 최고 단계에서 의지가 나타나는 것으로 이해할 수 있다. 이 단계에서 인류 이념의 특수한 측면을 강조하는 개인은 독특한 중요성을 지니며, 이 이념은 단순한 형태뿐 아니라 모든 종류의 행동을 통해, 또 그 행동을 유발하고 동반하는 인식 작용과 의욕의 변경을 통해 표정과 몸짓에 드러나서 인식할 수 있게 해준다. 인류의 이념은 이 범위에서 표현되어야 하므로, 그 다면성이 의미 있는 개인들 속에 펼쳐져 눈앞에 제시되어야 하고, 이 개인들의 의미심장함은 다시 다양한 장면, 사건 및 행동을 통해서만 눈에 드러날 수 있게 된다. 그런데 역사화는 중요하든 중요하지 않든 모든 종류의 생활 장면을 눈앞에 제시함으로써 무한한 임무를 다한다. 어떠한 개인도 어떠한 행동도 중요하지 않은 것은 없다. 모든 개인들 속에, 또한 온갖 행동을 통해 인류의 이념이 점점 더 많이 전개된다. 그러므로 인간 생활에서 전개되는 어떠한 사건도 회화에서 결코 제외될 수 없다. 따라서 네덜란드파의 탁월한 화가들이 대부분 일상생활에서 그림의 대상을 구한다고 해서 그들의 기교적 솜씨만은 인정하지만 그 밖의 점에서는 그들을 깎아내리고 얕잡아보는 반면, 세계사적인 큰 사건이나 성서에 나오는 역사만 중요하게 생각한다면, 이는 그들을 크게 부당하게 평가하는 일이다.

무엇보다 어떤 행동의 내적 의미는 외적 의미와는 판이하게 다르며, 양자가 종종 서로 분리되어 별개의 모습을 하고 있음을 염두에 두지 않으면 안 된다. 외적 의미란 현실 세계를 위해, 현실 세계에서, 어떤 행동의 결과와 관련된 중요성이므로 근거율에 따르는 것이다. 내적 의미는 그 행동에 의해 나타나는 인류의 이념에 대한 통찰의 깊이다. 즉, 행동은 자신을 분명하고 단호하게 표현하는 개인들로 하여금, 목적에 맞게 조정된 사정에 의해 이들의 독특성을 발휘하게 함으로써 인류의 이념에서 진기하게 나타나는 측면을 드러내는 것이다. 내적 의미만이 예술에 적용되고, 외적 의미는 역사에 적용된다. 양자는 서로로부터 전적으로 독립적이고, 함께 나타날 수도 있지만 또한 각자 따로 나타날 수도 있다. 역사에는 아주 중요한 행동도 내적 의미에서는 무척 일상적이고 평범한 행동일 수 있다. 이와 반대로 일상생활의 한 장면에서 개인과 인간의 행위와 의욕이 아주 깊숙이 감추어진 부분까지 환하고 분명하게 드러난다면, 그 장면이 내적으로는 매우 의미심장할 수 있다. 또한 외적 의미가 아주 다를지라도 내적 의미는 같은 것일 수도 있다. 그리하여 예컨대 장관들이 국가 지도를 보며 나라와 국민 때문에 다투거나, 농부들이 선술집에서 카드나 주사위 놀이를 하면서 서로 자신의 권리를 주장하려는 것도 이런 의미에 똑같이 적용된다. 금으로 만든 말로 체스를 두든, 나무로 만든 말로 체스를 두든 아무래도 상관없는 것도 이 같은 경우다. 그 외에 수백만 인간들의 생활을 이루는 장면과 사건들, 그들의 행위와 활동, 그들의 고난과 기쁨은 이미 그 때문에 예술의 대상이 될 만큼 충분히 중요하다. 또 그 풍부한 다양성을 통해 인류의 다면적인 이념을 펼치기에 충분한 소재를 제공해야 한다. 더구나 예술이 그러한 ― 오늘날 풍속화genre-Bild라 불리는 ― 그림에 고정한 순간적 덧없음은 잔잔하고 독특한 감동을 일으킨다. 끊임없이 형태가 변하는 덧없는 세계를 전체를 대표하는 개별적 사건들에서 영속적인 그림으로 붙들어 매는 것이 회화 기법의 업적이며, 이 기법을 통해 예술은 개별적인 것을 그것의 종속種屬의 이념으로 높이면서 시간 자체를 정지시켜 놓은 듯이 하기 때문이다.

마지막으로 역사적이고 외적인 의미를 갖는 회화의 소재는 흔히, 바로 그 회화의 의미심장함이 직관적으로 나타나지 않고 덧붙여 생각되어야 한다는 단점을 지니고 있다. 이런 점에서 일반적으로 그림의 명목적 의미가 실질적 의미와 구별되어야 한다. 명목적 의미는 외적인, 그러나 개념으로서만 첨가되는 의미이고, 실질적 의미는 그림을 통해 직관에 대해 명백해지는 인류의 이념의 측면이다. 예컨대 명목적인 의미는 모세가 이집트의 공주에게 발견되었다는 사실인데, 이것은 역사에 무척 중요한 순간이다. 반면 직관에 실제로 주어진 것인 실질적인 의미는 한 버려진 아이가 물에 떠내려가는 요람에서 어느 귀부인에게 구조되었다는 사실인데, 이런 일은 자주 일어났을지도 모르는 사건이다.[57] 이 경우 복장만 보고도 학자는 그런 특정한 역사적 사건에 대해 알 수 있다. 그러나 복장은 명목적 의미에만 적용될 뿐 실질적 의미에는 아무래도 상관없다. 이 실질적 의미는 인간 그자체를 알 뿐 그 임의의 형태를 아는 것은 아니기 때문이다. 역사에서 가져온 소재는 단순한 가능성에서 가져온 소재, 그 때문에 개인적이 아니라 일반적 명칭만얻게 되는 소재보다 결코 풍부하지 않다. 역사화에서 그 본래의 의미는 개별적인것, 개별적 사건 그 자체가 아니라 사건 속의 일반적인 것, 사건을 통해 표현되는인류 이념의 측면이기 때문이다.

하지만 다른 한편 특정한 역사적 대상들도 그렇다고 해서 결코 버려져서는 안된다. 다만 그 대상들에 대한 참으로 예술적인 견해는 화가에게서든 보는 사람에게서든, 그것들 속에서 본래 역사적인 것을 이루는 개별적 사물에 결코 향해 있지않고, 그 속에 표현되어 있는 보편적인 것, 즉 이념에 향해 있을 뿐이다. 또한 그러한 역사적인 대상들로는 주된 사항이 실제로 묘사될 수 있고, 단순히 덧붙여 생각되어서는 안 되는 것을 골라야 한다. 그렇지 않으면 명목적인 의미가 실질적인 의미와 너무 멀어져 버린다. 즉, 그림의 경우에는 단순히 사유된 것이 가장 중요한것이 되어 직관된 것에 손해를 입힌다. 주된 사항이 (프랑스 비극에서처럼) 무대 뒤에서 일어나는 것이 이미 무대에 적합하지 않다면, 그림에서는 그것이 명백히 훨씬 큰 잘못이다. 역사적 소재들이 화가를 예술적 목적에 따라서가 아닌 임의로 선택한 다른 분야에 한정시키는 경우에만, 그러나 이 분야가 회화의 중요한 대상으로서는 빈약할 때만 그 소재들이 결정적으로 불리한 작용을 한다.

예컨대 유대민족처럼 작고 고립되어 있으며 고집 센 소수 민족, 위계질서에 의해, 즉 망상에 의해 지배되는 동시대의 동서양의 큰 민족으로부터 멸시 받은 소수민족의 역사가 그러하다. 이것은 마치 현재의 지구 표면과 화석으로만 그 조직이우리에게 드러나는 옛날의 지구 표면 사이에 한때 해저 지반의 변동이 있었던 것과 마찬가지로, 한때 우리와 다른 고대 민족 사이에는 민족 대이동이 있었기 때문이다. 그러므로 자신의 과거 문화가 현재 우리 문화의 주된 기반이 된 민족이 가령 인도인, 그리스인, 로마인도 아니고 바로 이 유대인이라는 사실은 커다란 불행

「모세 발견」, 니콜라 푸생, 1638

으로 볼 수 있다. 그런데 특히 15세기와 16세기에 이탈리아의 천재적인 화가들이 소재를 선택할 때 임의로 정해진 좁은 범위에서 각종의 비참한 사건을 취해야 한 것은 그들에게 불길한 운명이었다. 신약성서의 역사적인 부분은 그림을 그리는 데 있어서 구약성서보다 더 불리하다고 할 수 있고, 그것에 뒤따르는 순교나 성 직자들의 이야기는 좋지 않은 대상이기 때문이다. 하지만 유대교와 기독교의 역 사적이고 신화적인 것을 대상으로 하는 그림은 기독교의 본래적인, 즉 윤리적인 정신이 충만한 사람들을 묘사하여 그런 정신이 직관에 드러나는 그림과는 구별 되어야 한다. 이 묘사가 실제로 회화 기법 최고의 가장 경탄할 만한 업적이다. 특 히 라파엘로나 코레조Antonio Allegrida Correggio(1494~1534)[58] 같은 이 기법의 최고 거 장들만 그런 업적을 낼 수 있었는데, 코레조의 경우는 그중에서도 초기 그림에서 그런 업적을 이룰 수 있었다.

이런 종류의 그림은 엄밀히 말하자면 결코 역사화에 포함시킬 수 없다. 이것들 은 대부분 사건이나 행위를 묘사하지 않고 단순히 성자들을 나란히 그리거나, 구 세주 자신을 종종 어린아이로 그의 어머니나 천사들과 함께 그리기 때문이다. 이 들의 표정, 특히 눈길에는 가장 완전한 인식, 말하자면 개별적 사물을 향하지 않 고 이념, 즉 세계와 삶의 전체 본질을 완전히 파악한 인식의 표현과 반영이 보인 다. 이 인식이 이들에게서는 의지에 도로 영향을 미쳐, 다른 인식처럼 의지에 대한 **동기**를 제공하지 않고, 반대로 모든 의욕의 **진정제**가 되었는데, 이것에서 기독교나 인도 철학의 가장 심오한 정신인 완전한 체념, 모든 의욕의 포기, 뒤돌아보기, 의 지의 폐기, 이와 아울러 세계의 전체 본질의 폐기, 즉 구원이 생겨났다. 그리하여 영원히 칭찬받을 만한 예술의 거장들은 그들 작품을 통해 최고의 지혜를 직관적 으로 표현했다. 이것이 모든 예술의 정점이다. 즉, 예술은 의지의 적절한 객관성인 이념 속에서 모든 단계를 거치며 의지를 추구하여, 의지가 원인에 의해 움직이는 가장 낮은 단계에서 시작해 자극에 의해 움직이는 단계를 거친다. 마지막으로 예 술은 동기에 의해 다양하게 움직여 그 본질이 펼쳐지는 단계에 이른 뒤, 이제 의지 가 자체의 본질을 가장 완전하게 인식함으로써 생기는 하나의 커다란 진정제에 의해 의지가 거리낌 없이 자기 폐기하는 것을 그림으로써 끝나게 된다.[59]

58　＊이탈리아의 화가. 로마에서 미술학교를 창립했고 성화와 누드화를 많이 그렸다.
59　이 부분을 이해하기 위해서는 다음 제4권이 절대적인 전제가 된다.

49.
예술 작품의 개념과 이념

지금까지 우리가 한 예술에 대한 모든 고찰에는 어디서나, 예술의 대상을 묘사하는 것이 예술가의 목적이고, 따라서 그 대상에 대한 인식이 그의 작품에 씨앗이자 근원으로서 일어나야 하는데, 그러한 예술의 대상이 플라톤의 의미에서 하나의 **이데아**며 다른 것이 결코 아니라는 진리가 밑바닥에 깔려 있다. 즉, 그 대상은 일반적인 파악의 대상인 개별적 사물이 아니고, 이성적인 사유와 학문의 대상인 개념도 아니다. 이념과 개념은 둘 다 단일성으로서 현실적 사물의 다수성을 대표한다는 점에서 공통점을 갖고 있지만, 그래도 양자의 차이는 작지 않다. 제1권에서는 개념에 대해, 현재의 제3권에서는 이념에 대해 말했는데, 그것이 분명하고도 충분히 납득이 가도록 설명되었다.

　그렇지만 나는 플라톤이 이 차이를 이미 순수하게 파악했다고는 결코 주장하지 않으려 한다. 오히려 이념에 관한 실례나 논의 중 일부는 단지 개념에만 적용될 수 있다. 좌우간 우리는 이런 것에 의거하지 않고 우리 자신의 길을 가고자 한다. 위대하고 고귀한 사람들의 자취를 좇을 때마다 우리의 기쁨이 매우 크지만 우리가 추구하는 것은 그의 발자취가 아닌 우리의 목표다.

　개념은 추상적이고 논변적이며, 그 권역 내에서는 완전히 불확실하다. 그 권역의 경계만 정해져 있을 뿐 이성을 지닌 사람이면 누구나 그것에 도달할 수 있고 파악할 수 있다. 또 다른 매개 없이 언어를 통해 전달될 수 있고, 개념의 정의를 통해 남김없이 규명할 수 있다. 이와 달리 어쨌든 개념의 적절한 대표로 정의할 수 있는 이념은 전적으로 직관적이고, 무수한 개별적 사물을 대표하면서도, 일반적으로 규정된다. 개체 그 자체에 의해서는 이념이 결코 인식되지 않고, 모든 의욕과 개성을 넘어 순수한 인식 주관으로 높여진 것에 의해서만 인식된다. 그러므로 인식에 도달할 수 있는 자는 오직 천재와, 대부분의 천재의 작품이 계기가 되어 자신의 순수한 인식 능력이 고양됨으로써 천재적인 기분을 갖게 된 사람뿐이다.

따라서 이념은 그 자체로 전달되는 것이 아니라 조건 지어진 상태에서만 전달될 수 있다. 왜냐하면 파악되어 예술 작품으로 재현된 이념은 자체의 지성적인 가치에 따라서만 각자의 마음을 사로잡기 때문이다. 그렇기 때문에 모든 예술품 중 가장 탁월한 작품, 즉 천재의 가장 고귀한 작품은 우둔한 대다수의 사람에게는 영원히 닫혀 있을 수밖에 없고, 깊은 균열이 나 있어 그들이 접근할 수 없다. 이는 하층민이 영주의 교제에 접근할 수 없는 것과 마찬가지다. 실은 아주 평범한 사람들도 말하자면 자신의 약점을 드러내지 않으려고 공인된 위대한 작품의 권위를 인정하기도 한다. 하지만 그들은 언제나 남몰래 그것에 대해 유죄 판결을 내릴 준비를 하고 있다가 자신이 노출되지 않겠다는 자신감이 생기는 즉시, 그들의 마음을 사로잡은 적이 없고 바로 그런 사실로 그들을 굴욕적으로 만든 모든 위대하고 아름다운 것과 그것을 만든 장본인에 대해 오랫동안 억누른 증오심을 마음껏 터뜨리고 만다. 그도 그럴 것이 자신에게 생소한 가치를 기탄없이 순순히 평가하고 인정하려면 자신의 가치를 지녀야 하기 때문이다. 모든 비슷한 것 중 유독 이 미덕이 최상의 명성을 얻는 것과 마찬가지로, 아무리 공로를 세워도 겸손이 필요한 것은 바로 이 때문이다. 화해시키고 무가치한 것의 분노를 달래기 위해, 어떻게든 탁월한 사람을 감히 칭찬하려는 사람은 그때마다 자신의 칭찬에 지지를 받게 된다. 도대체 비열한 질투로 가득 찬 이 세상에서 장점과 공로가 있는 사람이 그것이 없는 사람들에게 용서를 구걸하려 할 때 이용할 수 있는 수단으로 위선적인 겸손 말고 다른 뭐가 있겠는가? 실제로 그것을 갖지 않은 자가 부당하게 가지고 있다고 하지 않는 것은 겸손한 게 아니라 정직한 것에 불과하기 때문이다.

이념이란 우리가 직각적으로 포착한 시간 및 공간 형식에 의해 단일성이 다수성으로 분열한 것이다. 반면 **개념**이란 우리 이념의 추상에 의해 다수성이 다시 단일성으로 복원된 것이다. 이 단일성은 사후의 단일성unitas post rem이라 불릴 수 있고, 앞의 단일성은 사전의 단일성unitas ante rem이라 불릴 수 있다. 마지막으로 개념과 이념의 차이는 이렇게 말하면서 또한 비유적으로도 표현할 수 있다. 즉, **개념**이란 속에 넣은 것은 나란히 들어 있지만, (종합적 반성을 통해) 넣은 것 이상으로 (분석적 판단을 통해) 거기서 끄집어낼 수 없는 생명 없는 용기容器와 비슷하다. 반면 **이**

념이란 그것을 파악한 사람의 속에서 그것과 이름이 같은 개념과 관련해서는 새로운 표상을 전개한다. 즉, 이념은 살아 있고 발전하며 자기 속에 채워져 있지 않은 것을 만들어 내는, 생식력을 갖춘 유기체와 비슷하다.

그런데 앞서 말한 모든 것에 따르면, 개념이란 삶에는 매우 유용하고 학문에는 매우 쓸모 있으며 필수적이고 생산적이지만, 예술에는 영원히 무익하다. 반면 파악된 이념은 모든 진정한 예술 작품의 참되고 유일한 원천이다. 이념은 그 힘찬 근원성 속에서 생명 그 자체와 자연과 세계로부터만 얻어지며, 또 진정한 천재나 순간적으로 감격해 천재성까지 띠게 된 사람한테서만 얻을 수 있다. 자체 내에 불멸의 생명력을 지니는 진정한 작품은 그러한 직접적인 수태受胎로부터만 생긴다. 이념은 직관적이고 또 늘 그렇기 때문에 예술가는 자기 작품의 의도와 목표를 추상적으로 의식하지 않으며, 그의 눈앞에 떠오르는 것은 개념이 아닌 이념이다. 그렇기 때문에 그는 자신의 행위에 대해 해명할 수 없다. 그는 사람들이 말하는 것처럼 단순한 감정에서 무의식적으로, 그러니까 본능에 따라 작업한다. 반면 모방자, 매너리즘[60]에 빠진 예술가, 모조자, 맹목적인 추종자는 예술을 개념으로부터 출발한다. 그들은 진정한 작품에서 마음에 들거나 돋보이는 점을 눈여겨보고, 그것을 분명하게 해서 개념으로, 즉 추상적으로 파악하고는 이제 노골적이거나 은밀하게 약삭빠른 생각을 갖고 모방한다. 그들은 기생 식물처럼 남의 작품에서 양분을 빨아먹고 해파리처럼 그 양분의 색을 지닌다. 그러니까 비유를 한다면 다음과 같이 주장할 수 있을지도 모른다. 그들은 안에 집어넣은 것을 아주 잘게 썰어 서로 섞을 수는 있지만 결코 소화할 수 없어서, 여전히 그 안에서 다른 성분을 다시 발견하고, 섞인 데서 그것을 찾아내고 가려낼 수 있는 기계와 같다.

이와는 달리 천재는 그 성분을 동화시키고 전환시키며 생산해 내는 유기체와 같다. 천재는 사실 선배들과 그들 작품으로 키워지고 양성되지만, 직관적인 것의 인상을 통해 삶과 세계 자체에 의해 직접적으로 열매 맺어지기 때문이다. 그 때문에 아무리 교양이 높아져도 천재의 독창성은 해를 입지 않는다. 모든 모방자와 매너리즘에 빠진 자는 다른 사람의 걸작의 본질을 개념으로 파악하지만, 개념은 결코 작품에 내적 생명을 부여할 수 없다. 시대, 즉 그때마다의 우둔한 대중은 개념

60　＊매너리즘은 예술과 자연의 일치라는 문제를 제기했는데, 이는 미술사에 있어서 최초로 예술과 관련된 인식론적 문제였으며 자연주의, 즉 '소박한 독단주의'에 반하는 것으로, 여기서 말하는 것은 순수미술 양식으로서의 매너리즘을 말한다.

밖에 몰라서 그것에 집착하기 때문에 기교적인 작품에 선뜻 커다란 찬사를 보내며 받아들인다. 하지만 그러한 작품이 뿌리박을 수 있는 유행의 개념, 즉 시대정신이 변하기 때문에 그 같은 작품은 2, 3년만 지나면 벌써 보기 싫어진다. 그리고 자연과 삶에서 직접 퍼오는 진정한 작품만이 자연이나 삶과 마찬가지로 영원히 젊고 언제까지나 근원적인 힘을 지닌다. 그것은 시대에 속하는 것이 아니라 인류에 속하기 때문이다.

바로 그렇기 때문에 그런 진정한 작품은 그것이 영합하기 거부하는 당대로부터 신통치 않은 대우를 받지만, 그것이 그때그때 시대의 과오를 간접적이고 소극적으로 들추어내므로, 나중에는 마지못해 인정받게 된다. 반면 그것은 낡아지지 않고, 아무리 세월이 흘러도 여전히 신선하고 늘 새롭게 우리에게 다가온다. 이렇게 되면 그것은 판단력이 뛰어난 소수의 사람들의 갈채를 받음으로써 영광을 차지하고 승인을 받으므로 간과되거나 오해받을 위험이 없어진다. 수백 년 만에 한 명씩 드물게 나타나는[61] 이 소수의 사람들이 목소리를 냄에 따라, 그것이 점점 쌓여 권위를 얻게 된다. 이 권위야말로 후세 사람들에게 작품의 진가를 호소하는 유일한 전거가 된다. 잇달아 나타나는 이런 개인들이야말로 전적으로 유일한 전거다. 과거나 현재를 불문하고 동시대의 대중이 언제나 잘못 생각하고 우둔하듯이, 후세의 대중도 언제나 마찬가지로 잘못 생각하고 우둔할 것이기 때문이다.

어느 시대나 위대한 인물이 동시대인에 대해 탄식했던 글을 읽어 보라. 인류란 언제나 같기 때문에 그 말도 예나 지금이나 변함없다. 어느 시대나 어떤 예술에서도 정신이 결여된 매너리즘이 언제나 몇몇 사람만의 소유물인 정신의 자리를 대리한다. 그러나 정신이 결여된 매너리즘은 모든 시대에 존재하여 그 가치를 인정받은 정신 현상의 낡은 헌 옷이다. 이 모든 것에 따라, 대체로 후세의 갈채는 동시대의 갈채를 희생하여 얻어지는 것이고, 그 반대도 마찬가지다.[62]

---

61 "격랑을 헤쳐 가는 사람들은 드물게 나타난다Apparent rari, nantes in gurgite vasto." 베르길리우스의 『아이네이스』 제1권 118쪽에 나오는 말
62 이에 대해서는 제2권 34장 참고

50.
예술 작품의 알레고리

모든 예술의 목적이 파악된 이념을 전달하는 것이고, 그 이념이 예술가의 정신에 의해 매개되어 모든 이질적인 것으로부터 순화되고 고립되어 나타난다면, 이제 감수성이 약하고 생산성이 떨어지는 사람도 이를 이해할 수 있게 된다. 더구나 예술의 경우 개념에서 출발하는 것이 비난받을 만한 일이라면, 예술 작품이 고의적이고도 공공연히 어떤 개념을 표현하기 위한 것으로 규정된다면 우리는 이에 동의할 수 없을 것이다. **알레고리**愚意[63]에서 이런 일이 생긴다. 알레고리란 어떤 예술 작품이 묘사하는 것과 다른 의미를 지닐 때 생겨난다. 그러나 직관적인 것, 따라서 이념 또한 직접적이고 실로 완전하게 스스로를 표현하므로 스스로를 암시하게 하는 다른 것의 매개를 필요로 하지 않는다. 그러므로 이런 식으로 전적으로 다른 것에 의해 암시되고 대표되는 것은 그 스스로는 직관될 수 없기 때문에 언제나 개념이다. 그 때문에 알레고리는 언제나 개념을 통해 표시되어야 하고, 따라서 보는 사람의 정신은 묘사된 직관적 표상을 떠나 예술 작품의 밖에 위치한, 전적으로 다른 추상적이고 비직관적 표상에 인도되어야 한다. 그러므로 이 경우 글로 표현하면 훨씬 완전하게 해낼 수 있는 일을 그림이나 조상彫像으로 해내야 한다.

그런데 우리가 예술의 목적이라고 표명하는 것, 즉 직관적으로만 파악될 수 있는 이념을 묘사하는 것은 이 경우 목적이 아니게 된다. 그러나 여기서 의도하는 것을 위해서는 예술 작품을 대단하게 완성하는 일은 결코 필요하지 않고, 그 사물이

---

63 * 어떤 한 주제 A를 말하기 위해 다른 주제 B를 사용하여 그 유사성을 적절히 암시하면서 주제를 나타내는 수사법. 은유와 유사한 표현 기교로 은유가 하나의 단어나 문장과 같은 작은 단위에서 구사되는 반면, 알레고리는 이야기 전체가 하나의 총체적인 은유로 관철되어 있다는 차이점이 있다.

무엇인지 아는 것으로 족하다. 그것을 알게 되자마자 목적은 달성되고, 정신은 이제 전혀 다른 종류의 표상, 즉 본래 계획된 목표인 추상적 개념에 이끌리기 때문이다. 따라서 조형 예술에서 알레고리는 상형 문자에 지나지 않는다. 좌우간 알레고리가 직관적인 묘사로서 지니고 있을 예술적 가치는 알레고리로서의 측면이 아닌 다른 곳에 있다. 코레조의 「밤」, 안니발레 카라치Annibale Carracci(1560~1609)[64]의 「명예의 수호신」, 푸생Nicolas Poussin(1594~1665)[65]의 「계절의 여신」이 아름다운 그림이라는 것은, 그것들이 알레고리라는 사실과는 엄연히 분리되어야 한다. 이 그림들이 알레고리로서는 비문碑文 이상의 가치는 없으며, 오히려 그보다 못하다고 할 수 있다. 여기서 다시 앞서 서술한 그림의 실질적 의미와 명목적 의미 사이의 구별을 상기하기 바란다. 명목적 의미는 여기서 바로 알레고리적인 것 그 자체이고, 예컨대 「명예의 수호신」이 그것이다. 실질적 의미는 실제로 묘사된 것이고, 이 그림에서는 주위에 미소년들이 날아다니는 날개 달린 아름다운 젊은이다. 이것은 하나의 이념을 나타내고 있다.

그러나 이 실질적 의미는 명목적이고 알레고리적인 의미가 잊히는 한에서만 효과를 발휘한다. 이 알레고리적인 의미를 염두에 두면 사람들은 직관을 버리게 되고 정신은 추상적 개념에 몰두하게 된다. 그러나 이념에서 개념으로 넘어가는 것은 언제나 하나의 추락이다. 그러니까 명목적 의미, 즉 그 알레고리적 의도는 종종 실질적 의미, 즉 직관적 진리에 손해를 입힌다. 그러므로 예컨대 코레조의 「밤」에서 무척 아름답게 그려져 있기는 하나 단지 알레고리적으로만 동기가 주어져 있어 실질적으로는 불가능한 부자연스러운 조명이 그것이다. 그러므로 어떤 알레고리적인 그림에 예술적 가치가 있다면 이는 그 그림이 알레고리로서 행하는 것과는 전혀 별개이고 무관하다. 그러한 예술 작품은 동시에 두 가지 목적, 말하자면 개념의 표현과 이념의 표현에 봉사한다. 이념의 표현만 예술의 목적일

---

64 * 이탈리아의 화가이자 판화가. 카라치 3형제 중에서 가장 걸출했으며 이탈리아 바로크 회화의 개척자 중 한 사람이다. 최초의 작품 「책형」, 「그리스도의 세계」 등의 작품에 이미 그의 특징인 싱싱한 색채와 자연주의적 경향이 나타났다. 1595년 추기경 파르네제의 초청으로 로마로 가서 파르네제궁에 「헤라클레스 이야기」 등의 천장화를 제작했다. 17, 18세기에는 미켈란젤로와 라파엘로의 벽화 다음으로 우수하다는 칭찬을 받았다. 그 밖의 작품으로 「성모 승천」, 「무덤의 그리스도」, 「피에타」 등이 있다.

65 * 프랑스의 화가. 17세기 바로크 시대에 회화 분야에서 고전주의를 이끌었다. 2년 동안 프랑스에서 루이 13세의 궁정 화가로 보낸 기간을 제외하고는 전 생애를 로마에서 보냈다. 특히 「목자들의 경배」에서의 화풍과 미학은 자크 루이 다비드와 외젠 들라크루아, 폴 세잔 등을 비롯한 프랑스 화가들에게 영향을 미쳤다.

「명예의 수호신」, 안니발레 카라치, 1588년경

수 있고, 개념의 표현은 낯선 목적이며, 하나의 그림으로 하여금 동시에 비문, 즉 상형 문자로서의 기능을 수행하게 하려는 유희적인 오락이며, 예술의 참다운 본질을 결코 이해하지 못하는 사람들을 위해 꾸며낸 것이다. 가령 하나의 예술 작품이 예술 작품인 동시에 유용한 도구이기도 하다면, 그것은 두 가지 목적에 봉사하는 것이 된다. 예컨대 조상彫像이 촛대인 동시에 들보를 받치는 여인상이기도 하고, 얕은 부조浮彫가 아킬레스의 방패이기도 한 경우가 그렇다. 순수한 예술 애호가들은 두 가지 중 어느 것에도 동의하지 않을 것이다. 사실 알레고리적인 그림도 바로 이 같은 특성으로 사람들 마음에 생생한 인상을 줄 수 있다.

그러나 같은 사정이라면 비문도 같은 효과를 낼지도 모른다. 이를테면 어떤 사람의 마음에 명예를 얻으려는 소망이 지속적으로 확고하게 뿌리박고 있고, 명예를 자신의 정당한 소유물이라 간주하며, 자신의 소유물이라는 증거 서류를 제출하지 않은 한에서만 자신에게 주어지지 않는다고 생각한다면, 또 이 사람이 이제 월계관을 쓰고 「명예의 수호신」이라는 그림 앞으로 나아간다면, 그로 인해 그의 마음 전체가 자극되어 행동력이 일깨워진다. 그러나 벽에 크고 또렷하게 써 놓은 '명예'라는 글자를 갑자기 바라볼 때도 같은 일이 일어날지도 모른다. 혹은 어떤 사람이 실생활을 위한 발언으로서, 또는 학문을 위한 통찰로서 중요한 진리를 발표했으나 그것이 사람들의 신뢰를 얻지 못했다면, 시간을 나타내면서 시간이 베일을 열어젖히고 적나라한 진리를 보이게 하는 알레고리적인 그림이 그에게 깊은 감명을 줄 것이다. 그러나 '시간이 진리를 드러나게 해 준다'는 표어도 같은 작용을 할지도 모른다. 이 경우 본래 효력을 미치는 것은 추상적 사고에 불과하지 직관된 것이 아니기 때문이다.

그런데 앞서 말한 것에 따라, 알레고리는 예술과는 전혀 무관한 목적에 봉사하는 그릇된 노력이라 할 수 있는데, 그것이 너무 지나치게 진행되어 부자연스럽고 억지로 끌어다 붙인 말도 안 되는 묘사가 황당무계하게 되어 버리면 완전히 참을 수 없게 된다. 예컨대 거북이 여성적인 소극성을 암시한다거나, 네메시스Nemesis[66]가 자신의 가슴 쪽의 옷을 내려다보는 것은 숨겨진 것도 보고 있다는 암시라는 것

66 　＊그리스 신화에 나오는 율법의 여신. 절도와 복수를 관장하고 인간에게 행복과 불행을 분배한다고 한다. 밤의 신인 닉스의 딸이다. 제우스의 열렬한 사랑을 거절하기 위해 거위로 변신하였으나, 제우스도 백조의 모습으로 변신, 그녀와 교접함으로써 그녀가 알을 낳았다. 이 알에서 태어난 것이 훗날 트로이 전쟁을 일으키는 원인이 된 헬레네다.

이 그런 경우다. 또 벨로리Giovanni Pietro Bellori(1613~1696)[67]의 해석처럼, 안니발레 카라치가 관능에 누런 옷을 입힌 것은, 관능의 쾌락이 이내 시들어 버리고 짚처럼 누렇게 될 것임을 암시하려고 했다는 것이 그런 경우다.

그런데 묘사된 것과 그것에 의해 암시된 개념 사이에서 그 개념에 포함되는 것에 근거하거나 연상에 근거한 결합 관계가 존재하지 않고, 표시와 표시된 것이 완전히 이질적이므로, 우연히 유발된 기존의 규칙에 의해 연관되어 있는 경우, 나는 알레고리의 이 변종을 **상징**Symbol이라 부른다. 그리하여 장미는 침묵의 상징이고, 월계관은 명예의 상징이고, 종려나무는 승리의 상징이고, 조개껍질은 순례의 상징이며, 십자가는 기독교의 상징이다. 또한 노랑은 허위의 색이고 파랑은 충성의 색이라고 하는 것처럼 단순히 색만으로 직접 암시하는 것도 모두 상징에 속한다. 이와 같은 상징이 실생활에서 가끔은 유용할지 모르지만, 그 가치가 예술에서는 인정받지 못하고 있다. 그것들은 상형 문자나 중국의 한자처럼 보일 수 있는 것이고, 문장紋章, 음식점을 암시하는 깃 장식, 시종장을 알아볼 수 있는 열쇠, 광부를 식별할 수 있는 바지 엉덩이에 대는 가죽과 같은 부류다. 마지막으로 어떤 역사적이고 신화적인 인물, 또는 인격화한 개념이 언제나 확정된 하나의 상징으로 표시된다면 아마 이것은 엄밀히 말해 **표징**Emblem으로 불릴지도 모른다. 복음전도자의 동물, 미네르바의 부엉이[68], 파리스Paris[69]의 사과, 희망의 닻 등이 그것이다. 그런데 사람들은 표징이라는 말을 대체로 도덕적 진리를 일목요연하게 설명해 줘야 하는, 표어를 통해 설명된 비유적이고 단순한 묘사라고 이해하고 있다. 그

---

67 * 이탈리아의 미술 이론가이자 전기 작가

68 * 로마 신화에 의하면 '미네르바의 부엉이', 즉 지혜의 여신 미네르바가 데리고 있는 부엉이는 낮이 끝나고 황혼이 진 뒤에야 울기 시작한다고 한다. 이 신화가 상징하고 있는 것은 지혜란 '낮'에, 어떤 일이 진행되는 동안에는 얻어지기 어려우며 '황혼'에, 일을 다 끝내고 일 전체를 되돌아볼 수 있을 때 비로소 얻어진다는 사실이다. 독일의 철학자 헤겔이 저서 『법철학』에서 '미네르바의 부엉이는 황혼이 짙어지자 날기 시작한다'고 했는데 이는 철학의 추사성追思性을 비유한 말이다.

69 * 그리스 전설에 나오는 트로이 왕자로 트로이 왕 프리아모스와 헤카베 사이에서 태어났다. 태몽이 불길한 전조로 해석되었기 때문에 그는 갓난아기 때 집에서 버려졌지만, 곰이나 양치기들이 그를 거두어 키웠다. 제우스는 헤라·아테나·아프로디테 세 명의 여신 중 누가 가장 아름다운지 결정할 사람으로 파리스를 선택했다. 헤라 여신은 그에게 왕의 권력을 주겠다고 제의했고, 아테나 여신은 군사적인 능력을 주겠다고 제의했지만, 그는 이 두 여신의 제의를 거부하고 가장 아름다운 여인을 얻도록 도와주겠다는 아프로디테의 제의를 받아들여 아프로디테를 가장 아름다운 여신으로 선정했다. 그리하여 그가 헬레네를 유혹하여 가로채자 트로이 전쟁이 일어났다. 메넬라오스는 단 한 번의 전투로 파리스를 물리칠 수 있었지만, 아프로디테가 파리스를 구했기에 전쟁은 계속되었다. 전쟁이 끝날 무렵, 파리스가 쏜 화살이 아폴론 신의 도움으로 영웅 아킬레우스의 죽음을 초래했다. 파리스 자신 또한 그 직후 명사수 필록테테스가 쏜 화살에 맞아 치명상을 입었다.

러한 것으로는 카메라리우스Joachim Camerarius(1500~1574)[70], 알치아토Andreas Alciatus (1492~1550)[71] 및 그 밖의 사람들이 수집한 것이 많이 있다. 시적 알레고리로 넘어가는 이것들에 관해서는 나중에 다시 언급하겠다. 그리스의 조각은 직관에 호소하므로 **미학적**이지만, 인도의 조각은 개념에 호소하므로 단순히 상징적이다.

예술의 본질에 관해 우리가 지금까지 고찰한 내용을 토대로 하고, 그것과 긴밀히 연관되는 알레고리에 대한 이 판단은 빙켈만의 견해와 정반대다. 그는 우리처럼 알레고리를 예술의 목적과는 전혀 무관하고 때로는 예술을 방해하는 것으로 설명하지 않고, 어디서나 알레고리를 변호한다. 심지어는 예술의 최고 목적이 "보편적 개념과 비감각적 사물의 묘사"에 있다고까지 말한다(『저작집』제1권 55쪽 이하). 두 가지 견해 중 어느 것을 따를 것인지는 각자의 판단에 맡겨 두기로 하자. 나는 아름다움에 대한 본래적인 형이상학과 관련된 빙켈만의 견해와 이와 비슷한 견해를 검토하여 다음과 같은 진리를 아주 분명히 했을 뿐이다. 즉, 아무리 감수성이 예민하고 예술적 아름다움에 대한 올바른 판단을 지닌 사람이라도 아름다움과 예술의 본질을 추상적으로, 엄밀히 철학적으로 해명할 수 없는 경우가 있다. 사실 이것은 매우 고상하고 덕이 높아 개별적인 사례에 대해 황금 저울을 갖고 하는 것처럼 정밀하게 판단하는 아주 민감한 양심의 소유자일지라도 행위의 윤리적 의미를 규명하고 추상적으로 나타낼 수 있다고는 할 수 없는 것과 같다.

하지만 알레고리는 **시문학**에 대해서는 조형 예술에 대한 것과는 전혀 다른 관계를 갖는다. 알레고리는 조형 예술에서는 배척되어야 하는 것이지만 시문학에서는 허용될 수 있고 매우 유용한 것이다. 조형 예술에서는 알레고리가 모든 예술의 본래적 대상인 주어진 직관적인 것으로부터 추상적 사유로 이끌어 가지만, 시문학에서는 그 반대의 관계에 있기 때문이다. 즉, 시문학에서는 언어로 직접 주어진 것이 개념이고, 가장 가까운 목적은 언제나 이 개념으로부터 직접적인 것으로 인도될 수 있으며, 그 직관적인 것의 묘사는 시를 듣는 사람의 상상력이 떠맡아야 한다. 조형 예술에서는 직접 주어진 것으로부터 다른 것으로 인도된다면,

---

70 *독일의 고전 학자이자 루터교 신학자. 종교 개혁 때 프로테스탄트교도와 가톨릭교도를 중재했다. 그리스 저자들의 글을 라틴어로 번역했고, 소포클레스·헤로도토스·호메로스·플라우투스·크세노폰의 글에 해설을 붙여 간행했다. 또한 라틴 시로 고전 문학에 대한 문답서를 썼으며, 라틴어로 헤수스와 멜란히톤의 전기를 썼다. 1568년 막시밀리아누스 2세의 부름을 받고 빈으로 가서 황제의 자문과 오스트리아 교회 업무를 맡기도 했다.
71 *이탈리아의 법률학자이자 교회법학자. 로마법을 역사적으로 연구했다.

시문학에서는 추상적인 것만 직접 주어질 수는 없는 것이기 때문에, 그 밖의 것은 언제나 개념이어야 한다. 하지만 개념이 예술 작품의 근원이어서는 결코 안 되고, 그 개념의 전달이 예술 작품의 목적이어서는 안 된다. 반면 시문학에서는 개념이 소재이고 직접 주어진 것이므로, 그 때문에 목표를 달성시키는 전적으로 다른 직관적인 것을 불러일으키기 위해서는 소재가 버려져도 무방하다. 문학 작품과 관련해 볼 때 그럼에도 그 자체로 직접 직관할 능력이 결코 없는 일부 개념이나 추상적 사유가 불가피할 수 있다. 이때 이 개념은 종종 그 개념에 포함될 수 있는 어떤 실례를 통해 직관된다. 그러한 것은 이미 모든 비유적 표현에서 일어나고, 모든 은유, 비유, 우화 및 알레고리에도 일어나고 있는 것으로, 이런 것들은 모두 그 묘사의 깊이와 상세함을 통해서만 구별될 뿐이다. 이 때문에 언어 예술에서는 비유와 알레고리가 탁월한 효과를 낸다. 세르반테스Miguel de Cervantes Saavedra(1547~1616)[72]가 수면睡眠이 우리 모두의 정신적신체적 고통을 덜어 준다는 것을 표현하기 위해 "수면은 인간의 몸 전체를 덮는 외투"라고 말한 것은 참으로 아름답다. 그리고 철학자나 연구자가 인류를 계몽시킨다는 사상을 클라이스트Bernd Heinrich Wilhelm von Kleist(1777~1811)[73]가 다음과 같은 시구로 알레고리적으로 표현한 것 또한 참으로 아름다운 것이다.

그들은 밤의 등불로 전 지구를 밝힌다.
(클라이스트, 『봄』 저작집 I, 1803, 236쪽)

호메로스가 재앙을 가져오는 아테Ate[74] 여신을 가리켜 이렇게 말한 것은 얼마

---

72 * 스페인의 소설가, 시인이자 극작가. 『돈키호테』의 작가로 유명하다. 돈키호테, 산초 판사, 돈키호테의 말 로시난테 등은 즉시 대중의 상상력을 사로잡아 1605~1617년 페루에서 독일로 이어지는 축제 행렬에도 이들의 모습이 등장했다는 기록이 있다. 현대 소설사에서 『돈키호테』는 선구자 역할을 한 소설로 인정받는다.

73 * 독일의 시인, 극작가이자 소설가. 객관적이고 사실적인 작풍으로 근대 사실주의의 선구자가 되었다. 마력적인 천재성으로 현대 생활 및 문학의 문제들을 예견한 시인으로서, 프랑스와 독일의 사실주의, 실존주의, 민족주의, 표현주의 문학 운동 모두에 모범이 되었다. 그의 희극 『깨어진 항아리』는 독일 희극 가운데 걸작에 속한다.

74 * 그리스 신화에 나오는 여신. 신과 인간에게 거칠고 파괴적인 행동을 했다. 그녀가 제우스로 하여금 성급하게 저주를 내리도록 한 결과 그리스의 영웅인 헤라클레스가 미케네의 통치자 에우리스테우스의 신하가 되었다. 이 때문에 제우스는 아테를 올림포스산 밖으로 내던졌고 그러자 그녀는 지상에 남아 온갖 나쁜 짓을 벌이고 다녔다. 제우스의 늙고 절름발이 딸들인 리타이('기도자들'이라는 뜻)는 그녀를 따라다니며 그녀가 벌인 잘못들을 바로잡아 놓았다.

나 강렬하고 직관적인 표현인가. "그녀는 부드러운 발을 가지고 있다. 그녀는 단단한 땅을 밟지 않고 인간의 머리 위로만 걸어 다니기 때문이다"(『일리아스』제 19가歌의 91). 메네니우스 아그리파Menenius Agrippa[75]가 위胃와 사지四肢에 관해 말한 우화가 이주해 온 로마 민중에게 얼마나 큰 영향을 미쳤던가.『국가』제7권의 서두에 플라톤이 동굴에 관해 이미 앞에서 언급한 알레고리는 극히 추상적이고 철학적인 교의를 참으로 아름답게 표현하고 있다. 이와 마찬가지로 페르세포네 Persephone[76]에 관한 우화도 철학적인 경향의 뜻깊은 알레고리로 볼 수 있다. 즉, 그녀는 지하 세계에서 석류 열매를 맛보았기 때문에 그 세계의 주민이 되었다는 것이다. 괴테는 「감상주의의 승리」에 이 우화를 에피소드로 엮어 넣었는데, 칭찬하지 않을 수 없는 기법을 통해 그 우화의 깊은 의미가 특히 명백해진다. 내가 알레고리적인 작품으로 자세히 알고 있는 세 가지가 있다. 의심의 여지없이 명백한 것은 발타자르 그라시안Baltasar Gracian y Morales(1601~1658)[77]의 비할 데 없는 『비평쟁이』다. 이것은 도덕적 진리를 명쾌하게 표현하는 데 도움 되는 극히 의미심장한 알레고리를 서로 연결해 대단히 복잡한 구성으로 만들어졌다. 바로 그럼으로써 그는 도덕적 진리에 아주 커다란 직관성을 부여하고, 그가 고안해 낸 풍부한 내용은 우리를 놀라게 한다.

그런데 알레고리가 감추어진 다른 두 개는 『돈키호테』와 소인국으로 간 『걸리

---

75 * 전설에 의하면 고대 로마의 귀족이었다. 평민들이 산상으로 탈출하자 귀족 측의 사자가 되어, 사지가 위에 반항해서는 오히려 큰 화를 입는다는 비유로 평민을 설득시켜 귀국케 했다고 한다. 몸의 각 부분은 일하지 않고 먹을 것만 받아먹는 배에 대해 분노한다. 그래서 손, 입, 이 등이 더 이상 음식을 배에 공급되지 않도록 태업을 공모했으나 결국 그로 말미암아 영양이 공급되지 않아 몸 전체가 빈사지경에 이르게 된다.

76 * 그리스 신화에 나오는 저승의 여신. 제우스와 데메테르의 딸이다. 들판에서 님프들과 꽃을 따던 중 저승의 신 하데스에게 납치되어 명부로 끌려갔다. 데메테르는 딸이 돌아올 때까지 지상 어느 곡물도 열매 맺지 못하게 했다. 페르세포네는 데메테르에게 돌아가기 전 하데스의 권유를 받아 석류를 몇 알 먹었다. 그러나 지하 세계의 음식을 먹은 대가로 페르세포네는 지상으로 완전히 돌아가지 못하고 지상과 지하를 오가야만 하는 처지에 놓였다. 페르세포네는 일 년의 반은 하데스의 아내이자 지하 세계의 여왕으로, 일 년의 반은 지상에서 어머니 데메테르와 지냈다. 미청년 아도니스를 두고 아프로디테와 경쟁을 벌이기도 했다.

77 * 스페인의 철학자이자 작가. 간결하고 미묘한 언어 속에 과장된 재치를 담아내는 사유 양식의 하나인 스페인 콘셉티스모conceptismo의 대표자로 알려져 있다. 칼라야투드와 사라고사에서 공부한 뒤 18세 때 예수회에 들어갔고, 뒷날 타라고나 예수회 신학교 학장이 되었다. 초기 작품은 대개 세속 생활의 윤리를 가르치기 위해 쓰였다. 깜짝 놀랄 만한 은유를 사용해 끊임없이 독자에게 충격을 주는 기발한 작법과 콘셉티스모에 관한 그의 문학 사상은 『미묘함과 천재예술』속에 잘 드러나 있다. 쇼펜하우어는 익명으로 발표된 3부작 철학소설 『비평쟁이 El criticón』를 지금까지 쓰인 가장 훌륭한 책 가운데 하나라고 평가했다. 이 소설에서 그라시안은 야만인의 눈으로 사회를 바라보면서 의지력과 투쟁을 강조하는 자신의 비관주의 철학을 매우 분명하게 표현했다.

「페르세포네」단테 가브리엘 로세티, 1874

버 여행기*Gulliver's Travel*[78]다. 『돈키호테』는 다른 사람들처럼 자신의 개인적 행복만을 배려하지 않고 객관적이고 이상적인 목적을 추구하여, 자신의 생각과 의욕을 억누름으로써 당연히 이 세상에서 괴짜로 보이게 하는 모든 사람의 삶을 알레고리적으로 표현하고 있다. 『걸리버 여행기』의 경우에는, 햄릿 같으면 그 작가를 풍자가로 부를지도 모를 일이지만, 그가 말하려는 것을 알기 위해서는 물질적인 것을 모두 정신적인 것으로 이해하기만 하면 된다. 그러므로 문학적 알레고리에서 개념은 언제나 주어진 것이고, 알레고리는 형상을 통해 이를 직관적으로 만들려 하므로, 그것은 때때로 그림으로 그려진 형상으로 표현되거나 뒷받침될지도 모른다. 하지만 그렇다고 해서 이 그림이 조형 예술 작품으로 간주되는 것은 아니고 독특한 상형문자로 간주될 뿐이며, 회화적 가치는 요구하지 못하고 문학적 가치만을 요구할 뿐이다. 진리의 옹호자인 모든 고매한 사람의 심금을 울리지 않을 수 없는 라바터*Johann Kaspar Lavater*(1741~1801)[79]의 알레고리적인 아름다운 장식 그림은 이러한 종류다. 등불을 들고 있는 한 손이 말벌에 쏘인 반면, 위에서는 불길에 모기가 타고 있고 밑에는 이런 표어가 쓰여 있다.

등불이 모기의 날개를 태우고,
두개頭蓋와 모든 뇌수를 파열시킨다 해도,
등불은 등불로 남는다!
아무리 잔혹한 말벌이 찌른다 해도
나는 등불을 놓지 않으리.

---

78 * 영국의 작가 조너선 스위프트의 1726년 작 풍자소설. 영국의 여행가 걸리버가 항해 도중 폭풍우를 만나 정처 없이 떠돌면서 진기한 경험을 한다는 내용으로, 당시 영국 사회의 타락상과 부패한 정치의 모습을 신랄하게 비판하였다. 이 작품은 선장 걸리버로부터의 편지로부터 시작하여, 작은 사람들의 나라인 릴리퍼트를 기행하고, 큰 사람들의 나라인 브롭딩낵을 기행하고, 하늘을 나는 섬의 나라와 말들의 나라 휴이넘을 돌아다니는 것으로 되어 있다.

79 * 스위스의 작가이자 개신교 목사, 반反합리적·종교적 문예운동인 인상학人相學의 창시자다. 취리히에 있는 성 베드로 교회의 목사로 일했으며, 프랑스 집정내각의 과격함에 항변하다가 한동안 바젤로 추방되었다. 인상학에 대한 연구와 일시적으로 신들린 상태에 대한 관심은 그의 종교적인 믿음에서 비롯되었고, 그러한 믿음 때문에 인간 안에 있는 신성神性의 명백한 흔적을 찾으려 했다. 그는 인간의 정신과 육체가 서로 상호 작용을 한다고 믿고 정신이 얼굴 생김새에 끼치는 영향을 찾으려 했다. 4권으로 된 『사람들의 인식과 인류애의 촉진에 대한 인상학 소고』를 발표하여 유럽 전역에서 명성을 얻었다. 괴테가 라바터와 함께 이 책을 썼으며, 두 사람은 따뜻한 우정 관계를 지속했으나 나중에 라바터가 개종하려는 바람에 둘의 관계는 단절되고 말았다.

그뿐만 아니라 꺼져서 연기가 나는 등불이 있고 새겨진 글자가 있는 묘석이 이 것에 속한다.

불이 꺼지면 명백해진다,
수지樹脂 양초인지 밀랍 양초인지.

마지막으로 이런 종류의 것으로 고대 독일의 족보가 있다. 이것을 보면 유서 깊은 가문의 마지막 자손이 철저히 금욕적으로 살고 동정童貞을 지키며 끝맺으려 하면서, 그 때문에 대를 끊으려고 마음먹는다. 그래서 그는 자신을 가지 많은 나무의 뿌리에 있는 것으로 묘사하고, 가위로 자기 위의 나무를 자르는 것으로 표현한다. 앞에서 언급한, 보통 표징Emblem이라 불리는 상징Sinnbild이 일반적으로 여기에 속한다. 이것들은 또한 분명한 도덕이 담긴 그림으로 그려진 짧은 우화로 불릴 수 있을지도 모른다. 이러한 종류의 알레고리는 언제나 회화적 알레고리가 아니라 문학적 알레고리에 포함시킬 수 있고, 바로 그림으로써 정당화된다. 또한 이 경우에 그림으로 나타낸 것은 언제나 부수적인 것에 그치고, 그것에 요구되는 것이라곤 사물을 알기 쉽게 묘사하는 것뿐이다. 그런데 조형 예술에서와 마찬가지로 시문학에서도 직관으로 나타낸 것과 그것이 가리키는 추상적인 것 사이에 자의적인 관계밖에 없는 경우 알레고리는 상징으로 넘어간다. 사실 상징적인 것은 모두 약속에 근거하기 때문에 상징은 다른 결점들 중 세월이 흐르면 그 의미가 잊히다가 완전히 효력이 끝난다는 결점도 갖고 있다. 사정을 알지 못한다면 물고기가 무엇 때문에 기독교의 상징인지 누가 알아맞히겠는가? 그것은 철두철미 음성학적 상형 문자이기 때문에 알 수 있는 사람이라곤 샹폴리옹Jean-François Champollion (1790~1832)[80]밖에 없을 것이다. 그러므로 지금 문학적 알레고리로서 「요한계시록」은 '위대한 태양신 미트라magnus Deus sol Mithra'라고 쓰인 부조浮彫가 여전히 여러 가지로 해석되고 있는 것과 대략 비슷한 사정에 있다.[81]

---

80 * 프랑스의 역사가이자 언어학자. 이집트학 연구의 체계를 확립했고, 이집트 상형 문자를 해독하는 데 중요한 역할을 했다. 상형 문자 해독에 지대한 관심을 가진 그는 1821~1822년에 로제타스톤에 쓰인 상형 문자와 신관 문자에 관한 논문을 발표하기 시작했고, 이어서 상형 문자 기호와 거기에 대응하는 그리스 문자에 대한 완전한 목록을 작성했다. 그는 상형 문자 기호 가운데 일부는 자모이고 일부는 음절이며 일부는 앞에 나온 개념이나 사물 전체를 나타내는 지시대명사라는 사실을 처음으로 발견했다.

81 이에 대해서는 제2편 36장 참고

51.
시문학에 대하여

지금까지 예술 일반에 대해 고찰해 온 것으로 조형 예술에서 시문학으로 눈을 돌려 보면 우리는 **시문학**도 의지의 객관화의 단계인 이념을 드러내려는 의도와, 시적 심성으로 파악한 이념을 분명하고도 생생하게 듣는 사람에게 전달하려는 의도를 갖고 있음을 의심하지 않을 것이다. 이념은 본질적으로 직관적이다. 그 때문에 시문학에서 직접 언어를 통해 전달된 것이 추상적인 개념에 불과하다면 이 개념을 대표하는 것으로 듣는 사람에게 삶의 이념을 직관하게 하려는 의도가 분명히 존재한다. 다만 이 일은 그 자신의 상상력의 도움을 얻어서야 일어날 수 있다. 그런데 이 상상력을 목적에 알맞게 가동시키기 위해서는 무미건조하기 짝이 없는 산문뿐 아니라 시문학의 직접적 재료인 추상적 개념들은 그 권역이 서로 교차하도록 짜맞추어져야 한다. 그리하여 어떤 개념도 그 추상적 보편성을 고집하지 않고 그 대신 직관적으로 대표하는 것이 상상력의 앞에 나타나야 한다. 그런데 시인의 언어는 그가 의도하는 바에 따라 대표하는 것을 늘 계속 변경하게 된다. 마치 화학자가 아주 맑고 투명한 여러 액체를 결합시켜 고체 침전물을 얻는 것과 마찬가지로 시인은 여러 개념의 추상적이고 투명한 보편성을 결합시키는 방식을 통해 구체적인 것, 개성적인 것, 직관적 표상을 침전시키는 법을 터득하고 있다. 이념이란 직관적으로만 인식되고, 모든 예술의 목적은 이념을 인식하는 것이기 때문이다. 시문학의 대가는 화학자처럼 의도하고 있는 침전물을 언제나 곧바로 얻을 능력이 있다. 시문학에 등장하는 수많은 형용사들이 이 목적에 도움이 되고, 모든 개념의 보편성이 그것들을 통해 점점 더 한정되어 직관성을 얻기에 이른다. 호메로스는 거의 모든 명사에 형용사를 붙이는데, 그 형용사의 개념은 명사의

개념의 권역을 가르고 즉각 현저히 줄여, 그럼으로써 이미 직관에 훨씬 더 가까이 다가가게 된다. 이를테면

> 태양의 번쩍이는 빛이 대양에 가라앉았고,
> 양식을 싹 틔우는 대지 위로 어두운 밤을 끌어당기며.
> (『일리아스』 제8권 485쪽)

그리고

> 미풍이 푸른 하늘에서 불어오고
> 미르테는 조용히, 월계수는 높이 솟아 있다.
> (괴테의 「미뇽」)

이것은 몇 안 되는 개념으로 남국 기후의 벅찬 희열을 상상력 앞에 침전시키고 있다.

시문학의 매우 독특한 보조 수단은 리듬과 운율이다. 나는 이것의 믿을 수 없이 강력한 효과에 관해 다음과 같은 설명을 하지 않을 수 없다. 시대와 본질적으로 결부되어 있는 우리의 상상력은 리듬과 운율을 통해 어떤 특색을 띠게 되고, 그것에 의해 우리는 규칙적으로 되돌아오는 음을 마음속으로 따라가며, 말하자면 이것과 공명하는 것이다. 그럼으로써 이제 리듬과 운율은 우리가 보다 순순히 낭독을 따라가면서 부분적으로 우리의 주의를 끄는 결합 수단이 되고, 부분적으로는 이를 통해 우리 마음속에서 온갖 판단에 앞서는, 낭독된 시에 대한 맹목적인 공명이 일어나며, 이로써 그 시는 모든 근거와는 무관한 일종의 강한 설득력을 얻게 된다.

이념을 전달하기 위해 시가 사용하는 소재는 개념인데, 그 소재가 보편적이므로 시의 영역 범위는 대단히 넓다. 전달될 수 있는 이념에 따라 때로는 기술하고, 때로는 이야기하며, 때로는 직접 극적으로 묘사하는 수법으로 자연 전체, 모든 단계의 이념이 시를 통해 묘사될 수 있다. 그러나 의지 객관성의 보다 낮은 단계를 묘사하는 경우에는 조형 예술이 대체로 시를 능가한다. 왜냐하면 인식이 없고 단순히 동물적인 자연은 잘 파악된 유일한 순간에 자신의 거의 전체 본질을 드러내

기 때문이다. 인간이 단순한 모습이나 표정을 통해서가 아니라 일련의 행위나 이에 따르는 사상이나 정동에 의해 자신을 나타내는 한, 시의 주된 대상은 인간이다. 이때 조형 예술에 결여되어 있는 진행이라는 것이 시에 도움이 되기 때문에, 이런 점에서 어떤 다른 예술도 시에 비견될 수 없다.

그러므로 의지 객관성의 최고 단계인 이념을 드러내고, 인간의 노력과 행위의 연관을 통해 인간을 묘사하는 것이 시의 커다란 주제다. 사실 경험이나 역사도 인간을 가르치기는 한다. 하지만 이것들은 인간의 본질을 가르쳐 주기보다 잡다한 인간들에 대해 가르쳐 주는 경우가 더 빈번하다. 즉, 경험이나 역사는 인간의 내적 본질을 통찰하게 해 준다기보다는 오히려 인간 상호 간의 처신을 경험적으로 알리고, 거기에서 자신의 태도에 대한 규칙이 생겨나게 한다. 그렇다고 경험이나 역사로는 인간의 내적 본질을 결코 알 수 없다는 말은 아니다. 그렇지만 역사나 자신의 경험에서 우리에게 해명되는 것이 인류 자체의 본질일 때는 그때마다 우리는 이 경험을, 역사가는 그 역사를 이미 예술가적 시선으로, 이미 시적으로, 즉 현상이 아닌 이념에 따라, 관계들이 아닌 내적 본질에 따라 파악한 것이다. 자기 자신의 경험은 역사는 물론 시문학을 이해하는 데 필수불가결한 조건이다. 자신의 경험은 말하자면 시와 역사가 말하는 언어의 사전이기 때문이다.

그런데 역사와 시문학의 관계는 초상화와 역사화의 관계와 같다. 역사는 개별적 진리를 나타내고, 시문학은 보편적 진리를 나타낸다. 즉, 역사는 현상의 진리를 갖고, 진리를 그와 같은 현상에서 증명할 수 있는 반면, 시문학은 개별적 현상에서는 발견할 수 없지만, 그럼에도 모든 현상에서 나타나는 이념의 진리를 갖는다. 작가는 선택적이고 의도적으로 중요한 인물을 의미 있는 상황에서 서술한다. 역사가는 인물과 상황을 오는 대로 받아들인다. 그러니까, 역사가는 사건이나 인물을 그것의 내적이고 참된, 이념을 표현하는 의미에 따라 보거나 골라서는 안 되고, 외면적이고 피상적이며 상대적인, 연결이나 결과와 관련해서 중요한 의미에 따라 보거나 골라야 한다. 역사가는 어떤 일이든 그 자체로, 그 본질적 성격이나 표현에 따라 고찰해서는 안 되고, 모든 것을 관계에 따라, 연쇄 속에서, 다음 사건, 즉 특히 자신의 시대에 대한 영향 속에서 고찰해야 한다. 그 때문에 역사가는 별로 중요하지 않은 행위, 그러니까 어떤 왕의 그 자체로 평범한 행위도 놓치지 않을 것이다. 그 행위는 결과와 영향을 갖기 때문이다. 반면 그 자체로는 극히 중요한 개개인의 행위나 아주 탁월한 개인도 아무런 결과를 일으키지 않고 영향을 미치지 않으면 역사가는 이것을 언급해서는 안 된다. 역사가의 고찰은 근거율을 따르고, 근거율을 그 형식으로 하는 현상을 포착하기 때문이다.

그러나 시인은 이념을, 즉 모든 관계에서 벗어나, 모든 시대를 떠나, 최고 높은 단계에 있는 사물 자체의 적절한 객관성인 인류의 본질을 파악한다. 그런데 역사가에게 필수적인 고찰 방식의 경우에도 내적 본질, 현상의 중요성, 모든 껍질의 핵심이 결코 완전히는 사라질 수 없고, 적어도 그 핵심을 찾는 자에 의해서는 아직 발견되고 인식될 수 있다. 하지만 그럼에도 관계 속에서가 아니라 그 자체로 중요한 것, 즉 이념의 본래적인 전개는 역사에서보다도 시문학에서 훨씬 올바르고 분명하게 발견될 것이다. 그 때문에 역설적으로 들릴지도 모르지만 본래적이고 참된 내적 진리는 역사보다 시문학에 훨씬 많이 담겨 있을 것이다. 역사가는 근거와 귀결이 복잡하게 얽힌 채 시간 속에서 전개되는 삶에 따라 정확히 개별적 사건을 따라가야 하지만, 역사가는 이에 대한 모든 자료를 소유하는 것이 불가능하고, 모든 것을 보고 탐지해 낼 수 없기 때문이다. 그는 매 순간 그의 상像의 원형으로부터 벗어나 버리거나 또는 그릇된 상이 그에게 슬쩍 끼어든다. 그리고 이러한 일이 자주 일어나므로 나는 모든 역사에는 참된 것보다 그릇된 것이 더 많다고 보아도 된다고 생각한다. 반면 시인은 인류의 이념을 어떤 특정한, 사실 묘사될 수 있는 측면에서 파악한다. 인류의 이념 속에서 그에게 객관화되어 나타나는 것이 그 자신의 본질이다. 앞서 조각술의 경우에서 상세히 설명했듯이 그의 인식은 반은 선험적이다. 그가 모범으로 하는 것은 확고하고 분명하게, 환히 비추어진 채 그의 정신 앞에 나타나므로 그에게서 떠날 수 없다.

따라서 그는 이념을 자신의 정신의 거울에 비추어 순수하고 분명하게 우리에게 보여 준다. 그리고 그의 묘사는 개별적인 것에 이르기까지, 삶 자체처럼 진실하다.[82] 그 때문에 고대의 위대한 역사가들은 자료가 없는 개별적인 곳에서는, 예

---

82 자명한 일이지만 나는 어느 경우에도 오로지 아주 희귀하고 위대하며 진정한 작가만을 언급하고 있으며, 특히 오늘날 독일에서 우후죽순처럼 생겨나고 있는 평범한 시인, 엉터리 시인, 거짓말을 지어내는 자와 같은 진부한 무리를 문제 삼는 것은 아니다. 이런 무리의 귀에는 사방에서 쉴 새 없이 이렇게 외쳐 주어야 한다.

신도 인간도 광고 기둥도
시인이 평범하게 되는 걸 허용하지 않는다.
(호라티우스, 『시론』372)

평범한 시인들의 이 같은 소동이 자신이며 남의 시간과 종이를 얼마나 망쳐 놓았으며, 그것의 영향이 얼마나 해를 끼쳤는지 진지하게 고찰해 볼 가치가 있다. 대중은 한편으로 언제나 새로운 것을 붙잡으려고 하고, 다른

를 들어 그들의 영웅이 연설하는 경우에는 작가가 된다. 그러니까 그들이 재료를 취급하는 전체 방식은 서사적인 것에 가까워진다. 그런데 바로 이 사실이 그들의 묘사에 통일성을 부여하고, 그들이 외적 진리를 얻지 못하거나 그것이 완전히 날조된 경우조차도, 그들로 하여금 내적 진리를 보유하게 한다. 우리가 앞서 역사화에 상응할지도 모르는 시문학과 대조적으로 역사를 초상화와 비교했다면, 고대의 역사가들은 개별적인 것을 묘사할 때도 거기에서 나타나는 인류의 이념 측면이 드러나게 하므로, 초상이 개인의 이상이어야 한다는 빙켈만의 발언은 고대 역사가들에 의해서도 준수되었음을 알 수 있다.

이와는 달리 근대의 역사가들은 몇몇 소수를 제외하면, 대부분 "쓰레기통이나 헛간이 아니면, 기껏해야 주된 사건이나 국가적 사건만"(괴테, 『파우스트』 제1부 582~583쪽)을 서술한다. 그러므로 인류를 그의 내적 이념, 즉 모든 현상과 발전에 동일한 본질인 인류의 이념에 따라 인식하려는 자에게 불후의 대작가들의 작품은 역사가들이 할 수 있는 것 이상으로 훨씬 충실하고 분명한 상을 내보일 것이다. 역사가들 중 최고라는 사람들조차 작가로서는 일급에 미치지 못하고, 또한 자유롭게 붓을 놀리지 못하기 때문이다. 이러한 점에서 작가와 역사가의 관계를 다음의 비유에 의해서도 해명할 수 있다. 자료에 따라서만 작업하는 단순하고 순수한 역사가는 수학에 대한 아무런 지식 없이, 우연히 발견된 도형으로부터 이들 도형의 관계를 측정을 통해 탐구하는 사람과 같아서, 그 때문에 경험에 의해 발견된 측정 자료에는 그려진 도형의 모든 실수가 고스란히 담겨 있다. 반면 작가는 여러 관계를 선험적으로 순수 직관으로 구성하고, 그 관계들이 그려진 도형에 실제로 있는 것이 아니라 그려진 것을 지각할 수 있게 하는 이념 속에 있는 것처럼 말하는 수학자와 같다. 그 때문에 실러Johann Christoph Friedrich von Schiller(1759~1805)[83]는 이렇게 말한다.

한편으로 자신과 동질인 잘못된 것과 저속한 것에 본래 더 애착을 갖기 때문이다. 그 때문에 그러한 평범한 작가들의 작품은 대중이 진정한 걸작으로부터 멀어지게 하고, 그들의 작품으로 대중의 교양을 억누르며, 따라서 천재의 유익한 영향을 저지하고, 취향을 점점 더 망쳐 버려 시대의 진보를 가로막는다. 그 때문에 비판과 풍자를 할 때는 관대하게 대하거나 동정하지 말고 평범한 시인들을 신랄하게 혹평해서, 그들 자신에게 가장 좋게 하기 위해 졸작을 쓰기보다는 오히려 좋은 작품을 읽는 데 여가를 이용하도록 해야 할 것이다. 자격이 없는 시인들의 서투른 작품은 온화한 시신詩神인 아폴론까지 격노하게 하여 마르시아스의 살가죽을 벗겼기 때문이다. 그리하여 나는 평범한 시가 관용을 요구하는 근거가 어디에 있는지 알지 못하겠다.

지금까지 어디에서도 결코 일어나지 않은 일,

그것만은 결코 쇠퇴하지 않는다.

(「친구들에게」 49~50)

나는 심지어 인류의 본질을 인식하는 것과 관련하여 본래적인 역사, 적어도 보통 취급되고 있는 것과 같은 역사보다 전기, 특히 자서전에 더 큰 가치가 있음을 인정하지 않을 수 없다. 말하자면 부분적으로 전기에서는 역사에서보다 자료가 더 정확하고 완벽하게 수집될 수 있고, 부분적으로는 본래의 역사에서는 인간보다는 민족과 군대가 등장해서, 개개인은 아주 멀리서 많은 수행원과 부하들을 데리고 나타나며, 게다가 딱딱한 대례복이나 몸을 잘 움직일 수 없는 무거운 갑옷을 걸치고 있기 때문에, 이 모든 것을 통해 인간의 움직임을 식별하기란 참으로 어려운 일이다. 이와는 달리 개개인의 삶을 충실하게 묘사한 것은 좁은 범위에서 갖가지 뉘앙스와 모습을 지닌 인간의 행동 양식, 탁월함, 미덕, 그러니까 개개인의 존엄성, 사람들 대부분의 잘못된 일, 비열한 행위, 간계, 일부 사람들의 야비함을 보여 준다. 이 경우 여기서 고찰된 점에서만 볼 때, 즉 나타나는 사건의 내적 의미에 관련해서 볼 때 행위의 중심이 되는 대상이 상대적으로 보아 하찮은 일인지 중요한 일인지, 농가의 일인지 왕국의 일인지 하는 것은 전적으로 아무래도 상관없다. 이 모든 일은 그 자체로는 아무런 의미가 없고, 그것들이 의지를 움직임으로써만 또 그런 한에서만 의미를 얻기 때문이다. 즉, 의지에 대한 관계를 통해서만 동기 Motiv는 의미를 갖는다. 반면 그 동기가 다른 그러한 사건들에 대해 사건으로서 갖는 관계는 전혀 고려되지 않는다. 지름이 1인치 되는 원이나, 지름이 4천만 마일이나 되는 원이 완전히 동일한 기하학적 특성을 갖고 있듯이, 한 마을의 사건과 역사도 한 나라의 사건과 역사와 본질적으로 같은 특성을 갖는다. 또 그 어느 쪽으로도 인류를 연구하고 알 수 있다. 또한 자서전엔 허위와 위장으로 가득 차 있다고 생각하는 것도 옳지 않다. 오히려 — 어디서나 가능한 일이지만 — 다른 데보다도 자서전에서 거짓말을 하는 게 아마 더 어려울지도 모른다. 단순한 협상을 할

---

83   * 독일의 시인이자 극작가. 『도적들』은 독일적인 개성 해방의 문학운동인 '슈투름 운트 드랑'의 대표작으로 손꼽힌다. 그의 희곡을 총괄적으로 구분하면 『돈 카를로스』를 경계로 그 이전 작품에는 외적이며 정치적인 자유를 주제로 하여 격렬한 모습을 띠고, 그 이후의 작품에는 내적 자유를 추구하여 숭고하고 유구한 모습이 나타난다.

때 위장이 가장 쉽게 일어난다. 그러니까 역설적으로 들릴지 모르지만, 이미 편지에서는 요컨대 위장이 더 어려워진다. 인간은 편지를 쓸 때는 자기 자신에 몰두하여 자신의 내면을 응시해서 밖은 바라보지 않고, 낯선 것이나 멀리 있는 것을 가까이 떠올리기는 어려우며, 상대방에게 어떤 인상을 줄지 전혀 예측하지 못하기 때문이다. 반면 상대방은 편지를 쓴 사람과는 다른 기분으로 차분히 훑어보고, 각각 다른 때에 여러 번 읽으므로 숨겨진 의도를 쉽게 알아낼 수 있다. 또한 위에서 말한 모든 조건이 책에서는 더욱 강한 영향을 지속적으로 미치기 때문에, 우리는 저자의 인간됨도 그의 저서를 통해 가장 쉽게 알 수 있다.

그리고 자서전에서는 자신을 위장하기가 너무 어렵기 때문에 대체로 자서전은 다른 어떤 쓰인 역사보다 진실성이 덜하지 않을 것이다. 자신의 생애를 기록하는 사람은 전반적으로 멀리서 삶을 조망하므로, 개별적인 사건은 작아지고 가까운 것은 멀어지고 멀리 떨어진 것은 가까워지며, 이런저런 고려를 하지 않게 된다. 그는 스스로 참회의 자리에 앉아 자진하여 고백하는 것이다. 이 경우 거짓말을 할 생각이 쉽게 들지 않는다. 누구나 진실을 말하고 싶은 경향이 있기 때문이다. 거짓말을 하려면 언제나 이런 경향을 압도해야 하는데, 바로 이 경우에 그런 경향이 대단히 강하게 발휘되기 때문이다. 전기와 민족사의 관계는 다음의 비유를 통해 생생하게 드러날 수 있다. 높은 산에 올라가 내려다보면 자연이 우리 눈앞에 보이듯이, 역사는 우리에게 인류를 보여 준다. 우리는 한 번에 많은 것을 보고 넓은 지역과 다량의 사물을 보지만, 아무것도 또렷이 보이지는 않고 아직 그 원래적인 전체 본질에 따라서 식별되지 않는다. 이와 반대로 서술된 개개인의 삶은 우리가 나무와 식물, 암석과 하천을 돌아다니면서 자연을 식별하듯이, 우리에게 인간을 보여 준다. 하지만 풍경화에서는 예술가가 자신의 눈을 통해 우리에게 자연을 바라보게 하는데, 그 풍경화를 통해 자연의 이념을 인식하는 것이 우리에게 무척 쉬워지고, 이 인식을 위해 요구된, 의지가 없는 순수한 인식 작용의 상태에 이르는 것이 무척 쉬워진다. 이처럼 우리가 역사와 전기 속에서 찾을 수 있는 이념의 서술을 위해서는 시문학이 양자보다 많은 점에서 우월하다. 여기서도 그 거울 속에서 모든 본질적인 것, 중요한 것이 모여 우리를 아주 환하게 비추지만, 우연적이고 이질적인 것을 배제하고 우리 눈앞을 확실하게 하는 거울은 천재가 보여 주기 때문이다.[84]

인류의 이념을 서술하는 것이 의무인 작가는 두 가지 방식으로 이를 수행할 수 있다. 그 하나는 서술된 사람이 동시에 서술하는 사람이기도 한 경우다. 이것은 서정시, 즉 시를 짓는 사람이 자기 자신의 상태를 생생하게 직관하고 기술하는 본래적인 가요에서 일어난다. 그에 따라 주제를 통해 이런 장르의 시에는 일종의 주관성이 본질적이다. 그런데 다른 한 가지는 다른 모든 장르에서와 마찬가지로 서술되는 사람이 서술하는 사람과 완전히 다른 경우다. 그 경우에는 다소간 차이는 있지만 서술하는 사람이 서술되는 사람 뒤에 숨어 있다가 결국에는 인격적 모습을 감춰 버린다. 설화시에서는 서술하는 사람이 전체의 음조와 색조를 통해 그 자신의 상태를 표현한다. 설화시는 가요보다 훨씬 더 객관적이긴 하지만, 그래도 아직 무언가 주관적인 것을 가지고 있다. 이 주관적인 것은 전원시에서는 이미 많이 없어지고, 소설에서는 더 많이 없어지며, 본래적인 서사시에서는 거의 완전히 사라져서, 시문학 중 가장 객관적이고 여러 가지 점에서 가장 완전하며 또한 가장 까다로운 장르인 희곡에서는 마지막 흔적까지 사라지고 만다. 바로 그렇기 때문에 서정적인 장르가 가장 쉬운 장르다.

예술은 보통 아주 희귀하고 진정한 천재만이 할 수 있는 것이지만, 대체로 그리 뛰어나지 못한 사람일지라도 실제로 외부의 강렬한 자극에 의해 어떤 감격을 받아 정신력이 고양되면 아름다운 가요를 창작할 수 있다. 그러려면 흥분된 순간에 그 자신의 상태를 생생하게 직관하기만 하면 되기 때문이다. 어쨌든 이름이 알려지지 않은 개인들의 많은 개별적인 가요들, 특히 독일 민요들이 이런 사실을 증명하고 있다. 그중에서 『소년의 요술피리 *Des Knaben Wunderhorn*』[85]가 그러한 것을 모은 탁월한 민요집이고, 또 모든 언어로 쓰인 민족의 무수한 연애 가요와 그 밖의 가요들도 그러한 예들이다. 순간의 기분을 포착하여 가요로 구현하는 것이 이런 시 장르의 전체 업적이기 때문이다. 그럼에도 진정한 시인들의 서정시에는 전체 인류의 내면이 반영되어 있다. 그리고 과거, 현재, 미래의 수백만의 인간이 끊임없이 되돌아오는 같은 상황에서 느꼈고 느끼게 될 모든 것이 그 속에 적절히 표현되어 있다. 바로 인류 그 자체와 마찬가지로 그러한 상황이 계속 되돌아옴으로써 영속적인 상황으로 현존하고 계속 동일한 감정을 불러일으키기 때문에 진정한 시인의 서정적인 작품은 수천 년에 걸쳐 진실하고 효과적이며 신선하게 존속한다.

---

84 이에 대해서는 제2편 38장 참고

85 *낭만파 시인인 아르님 Arnim과 브렌타노 Brentano가 공동으로 편찬한 독일 민요집

그렇지만 무릇 시인이란 보편적인 인간이다. 어떤 사람의 마음을 움직이게 한 모든 것, 인간의 본성이 어떤 상황에서 자신의 밖으로 내보낸 모든 것, 인간의 가슴속 어딘가에 머무르며 밖으로 나오려고 하는 모든 것이 시인의 주제이며 소재다. 그 밖에 다른 전체 자연도 이와 마찬가지다. 따라서 시인은 그때그때의 기분이나 사명감에 따라 신비를 노래하듯 관능적 쾌락을 노래할 수 있고, 아나크레온 Anakreon(기원전 582년경~485년경)[86]이나 안겔루스 질레지우스도 될 수 있으며, 비극도 희극도 쓸 수 있고 고상한 마음씨나 평범한 마음씨를 그려 낼 수도 있다. 그에 따라 아무도 시인에게 고상하고 숭고해야 한다든지 도덕적이고 경건하며 기독교적이어야 한다든지, 또는 이래라 저래라 지시해서는 안 되며, 더구나 지시받은 대로 하지 않는다고 그를 비난해서는 안 된다. 시인은 인류의 거울이고, 인류가 느끼고 행하는 것을 인류로 하여금 의식하게 해준다.

그런데 우리가 본래적인 가요의 본질을 보다 상세히 고찰하고, 이미 장르가 다른 것, 가령 설화시, 비가悲歌, 송가頌歌, 단시短詩 등에 어떻게든 접근하는 시가 아닌 우수한 동시에 순수한 모범을 본보기로 삼는다면 우리는 가장 좁은 의미에서의 가요의 독특한 본질이 다음과 같음을 알게 될 것이다. 종종 속박에서 벗어난 충족된 의욕(기쁨)으로서, 그런데 보다 자주 억압된 의욕(슬픔)으로서, 언제나 정동과 열정, 감동받은 기분으로서, 노래하는 사람의 의식을 채우는 것은 의지의 주체, 즉 자신의 의욕이다. 그렇지만 이것 외에, 또 동시에 그것과 함께 노래하는 사람은 주변 자연을 바라봄으로써 자기 자신을 의지가 없는 순수한 인식 주체로서 자각하게 된다. 이때부터 그 인식의 흔들림 없는 복된 평정은 항상 제한을 받고, 여전히 무엇을 필요로 하는 의욕의 충동과 대조를 이루게 된다. 이 대조와 다채로운 변전의 느낌이야말로 본래적으로 가요의 전체에서 나타나며, 일반적으로 서정적인 상태를 이룬다. 이 상태에서 말하자면 의욕과 그 충동으로부터 우리를 구원하기 위해 순수한 인식 작용이 우리에게 다가온다. 그래서 우리는 그것에 따른다. 하지만 이것도 한순간뿐이다. 늘 새로이 의욕과 우리의 개인적 목적에 대한

---

86 * 이오니아 테오스에서 태어났으나, 20세 때에 페르시아의 위협을 피하여 트라키아의 압데라로 가서 살았다. 이후 사모스섬의 참주 폴리크라테스의 초청으로 그의 아들의 음악 교사가 되었고, 그가 죽은 뒤에 아테네의 히파르쿠스의 궁정에 초청되어 만년을 보냈다. 그는 풍자와 해학에 능했으며, 술과 사랑을 노래하는 시를 썼다. 뒤에 알렉산드리아의 아리스타르코스가 그의 모든 작품을 6권으로 모았다고 하나 전해지지 않았고, 여러 소설가가 인용한 100여 편의 단편만이 알려지고 있다.

회상이 우리를 조용한 정관에서 벗어나게 한다. 그러나 또한 의지가 없는 순수한 인식이 우리에게 나타나게 하는 아름다운 주변 환경이 늘 다시 우리의 의욕을 유혹한다. 그 때문에 가요나 서정적인 분위기 속에서는 의욕(목적에 대한 개인적인 관심)과 나타나는 환경에 대한 순수 직관 작용이 기묘하게 서로 섞이게 된다. 즉, 의욕과 직관 사이의 관계를 찾고 상상하게 된다. 주관적인 기분, 즉 의지의 촉발은 자신의 색채를 직관된 환경에 전달하고, 이 환경은 다시 반사 작용으로 그 색채를 기분에 전달한다. 진정한 가요란 이렇게 섞이고 전달된 이 모든 기분의 복제품이다. 모든 추상과는 아주 관계가 먼 상태를 이처럼 추상적으로 분석하고 예를 들어 이해하기 쉽게 하기 위해서는 괴테의 불후의 가요 중 어느 것을 살펴봐도 상관없다. 나는 이 목적을 위해 특히 분명한 것으로서 몇 가지만 추천하고자 한다. 「목동의 비가」, 「환영과 이별」, 「달에 부쳐」, 「호수에서」, 「가을의 정취」가 있고, 더구나 『소년의 요술피리』 속의 본래적인 가요들도 훌륭한 예들이다. 특히 "아, 브레멘이여, 난 이제 그대를 떠나야 한다"로 시작되는 가요도 그러하다.

　서정적인 성격을 띠고 있고 정곡을 찌르는 우스꽝스런 패러디로서 내 주의를 끄는 것은 포스Johann Heinrich Voß(1751~1826)[87]의 어떤 가요다. 거기서 그는 술에 취해 탑에서 떨어지는 지붕장이의 느낌을 묘사하고 있다. 그는 떨어지면서 탑의 시계가 11시 반을 가리키고 있다고 말함으로써, 자신의 상태와는 아주 거리가 먼, 즉 의지를 떠난 인식에 속하는 지적을 한다. 서정적인 상태에 대해 앞에서 설명한 내 견해에 동조하는 자는, 인식 주관과 의욕 주관의 일치가 기적이라고 지칭할 수 있다는 사실과, 위에서 말한 서정적인 상태는 본래 근거율에 대한 내 논문과 이 책에서도 이미 언급한 바 있는 그 명제를 직관적이고 시적으로 인식한 것이라는 사실도 인정할 것이다. 그래서 가요의 시적 효과는 결국 본래적으로 그 명제의 진리성에 근거하고 있다. 삶이 지남에 따라 그 두 가지 주체, 또는 통속적으로 말하면 머리와 마음이 점점 서로 떨어져, 사람들은 자신의 주관적 느낌을 객관적 인식으로부터 점점 더 떼어 놓는다. 어린아이에게는 두 가지가 아직 완전히 융합되어 있다. 어린아이는 자신을 주변 환경으로부터 거의 구별할 줄 모르고 그 환경과 융해되어 있다. 청년의 경우에는 모든 지각이 먼저 느낌과 기분에 영향을 미치고, 그러니까 바이런이 이미 아주 멋지게 표현하듯 이것들과 섞인다.

87　* 독일의 시인이자 언어학자.

나는 나 자신 속에 살고 있지 않고,

나를 둘러싸고 있는 것의 일부가 된다.

내겐 높은 산들이 하나의 느낌이다.

(「차일드 해럴드의 편력」 III, 72)

바로 그 때문에 청년은 사물의 직관적 외면에 그토록 집착한다. 바로 그 때문에 청년은 서정시에만 적합하고, 성인이 되어야 비로소 극적인 시에 적합해진다. 노인은 기껏해야 오시안이나 호메로스 같은 서사 시인으로 생각할 수 있다. 이야기를 들려주는 것이 노인의 특성에 속하기 때문이다.

더욱 객관적인 문학 장르, 특히 장편 소설, 서사시, 희곡에서는 인류의 이념을 드러내려는 목적이 특히 두 가지 수단으로, 즉 의미 있는 성격을 정확하고 깊이 파악한 연후에 서술하는 것과 이 성격들이 펼쳐지는 의미심장한 상황을 만들어 내는 것으로 달성된다. 단순한 원소들과 그것들의 주된 화합물을 순수하고 참되게 나타내는 것뿐 아니라 그것들의 특성을 분명하고 확연히 드러나게 하는 시약試藥으로 그 영향을 보기도 하는 것이 화학자의 할 일이듯이, 작가도 의미심장한 성격을 진실하고 충실하게 자연 그대로 우리에게 보여 줘야 할 뿐 아니라 우리에게 이 성격이 알려지도록 하기 위해, 그것의 특성이 완전히 전개되고 선명한 윤곽으로 분명하게 묘사되어 의미심장한 상황이라 부를만한 상황에 그 성격을 가져다 놓지 않으면 안 된다. 현실 생활과 역사에서는 이 속성의 상황이 드물게 우연히 생길 뿐이고, 또 그 경우에도 중요하지 않은 많은 것에 묻히고 은폐된 채 개별적으로 존재한다. 상황이 일반적인 중요성을 얻으려면 의미심장한 성격을 배합하고 선택하는 것과 꼭 마찬가지로 장편 소설, 서사시, 희곡을 현실 생활과 구별해야 한다. 그런데 양자의 경우 가장 엄정한 진리야말로 그것들이 효과를 내는 데 없어서는 안 되는 조건이다. 그리고 성격에 통일성이 결여되는 것, 그 성격이 자기 자신이나 인류 일반의 본질에 모순되는 것은 시문학에서 불쾌감을 준다. 이것은 불가능한 일 또는 그것과 가까운 개연성 없는 사건, 또한 부수적인 사정에 불과하다 해도 회화에서 잘못 그려진 형상이나 그릇된 원근법, 잘못된 명암이 불쾌감을 안겨 주는 것과 마찬가지다. 우리는 회화에서처럼 시문학에서도 묘사를 통해 분명하게 되고, 배합에 의해 의미심장하게 될 뿐인 삶, 인류, 세계의 충실한 거울을 요구하기 때문이다.

모든 예술의 목적은 단 하나, 즉 이념의 묘사고, 그 본질적인 차이는 묘사되어야 하는 이념이 의지의 객관화의 어떤 단계인가 하는 데에 있으므로 묘사의 재료도 그에 따라 정해진다. 그러므로 서로 거리가 가장 먼 예술이라 하더라도 서로 비교함으로써 해명될 수 있다. 예컨대 물에 나타나는 이념을 완벽하게 파악하기 위해서는 잔잔한 연못이나 한결같은 모습으로 흐르는 강물을 보는 것으로는 충분하지 못하다. 물의 이념은 모든 사정이나 방해가 물에 작용하여 물이 그 모든 성질을 완전히 드러내는 경우에야 비로소 완전히 전개된다. 그 때문에 우리는 물이 떨어지고, 쏴쏴 소리 내고, 거품을 일으키고, 다시 솟아오르거나, 떨어지면서 물보라를 일으키거나, 또는 마지막으로 인공적으로 분수가 되어 위로 솟구치려할 때 아름답다고 생각한다. 그러므로 상이한 상황에서 상이한 모습을 보이면서도 물은 언제나 충실히 자신의 특성을 주장한다. 거울처럼 잔잔히 반짝이는 것뿐 아니라 위로 용솟음치는 것도 물에게는 자연스럽다. 사정 여하에 따라 곧장 잔잔해질 수도 있고 위로 용솟음칠 수도 있는 것이다. 그런데 물 예술가가 액체 물질을 가지고 해내는 일을, 건축가는 딱딱한 물질을 가지고 해내고, 바로 이와 같은 일을 서사 작가나 희곡 작가는 인류의 이념을 가지고 해낸다. 모든 예술의 객관에 나타나는 이념, 즉 모든 단계에서 객관화되어 나타나는 의지를 전개하고 분명하게 하는 것이 모든 예술의 공통 목표다. 현실에서 나타나는 인간의 삶은 대체로 연못이나 강에서 나타나는 물과 같다. 그러나 서사시, 장편 소설, 비극에서는 정선된 여러 성격이 그러한 상황에 옮겨져서, 그 상황에서 그들의 모든 독특성이 전개되고 인간 마음의 깊이가 열리며, 특별하고 의미심장한 행위로 눈에 드러나게 된다. 이렇게 시문학은 독특하게도 극히 개인적인 성격에서 나타나는 인간의 이념을 객관화한다.

　비극은 효과가 크다는 점에서뿐 아니라 해내기 어렵다는 점에서도 시문학의 최고봉으로 간주될 수 있고 그렇게 인정되고 있다. 이 최고의 시적 작업의 목적이 삶의 끔찍한 면의 묘사라는 사실과, 이루 말할 수 없는 인류의 고통과 비애, 악의의 승리, 우연의 경멸적인 지배, 정의롭고 죄 없는 사람들의 절망적 파국이 우리 눈앞에 전개된다는 사실은 우리의 전체적 고찰에 무척 뜻 깊은 일이고 어쩌면 유의할 만한 일일지도 모른다. 여기에는 세계와 현존의 속성에 대한 의미심장한 암시가 있기 때문이다. 의지 객관성의 최고 단계인 여기에서 의지의 자기 자신과의 충돌이 가장 완벽하게 전개되고 끔찍하게 나타난다. 이 충돌은 인류의 고뇌로 눈에 드러나는데, 이 고뇌는 일부는 우연과 오류를 통해 생기고, 또 일부는 인간 자신에게서 초래된다. 우연과 오류는 세계의 지배자로서 등장하고, 고의라고 보일 정도의 간계에 의해 운명으로 인격화되어 나타난다. 인간에게 생기는 충돌은 여러 개인의 의지의 노력이 서로 교차함으로써 대부분의 사람들의 악의와 잘못된 언행을 통해 나타난다.

이 모든 것 속에 살고 나타나며, 그 의지의 현상이 자기 자신과 싸워 자신을 갈기갈기 찢는 것은 동일한 의지다. 의지는 어떤 개인에게는 강하게 나타나고 다른 개인에게는 보다 미약하게 나타나며, 어떤 개인에게는 보다 분명하게 의식되고 다른 개인에게는 덜 분명하게 의식된다. 인식의 빛을 통해 부드러워지는 정도에도 차이가 있다. 마침내 개개인에게 이 인식이 고뇌 자체를 통해 정화되고 승화되어, 이젠 마야의 베일인 현상에 의해 인식이 더 이상 기만되지 않고, 개체화의 원리인 현상의 형식이 인식에 의해 간파되고, 이 원리에 근거하는 이기심이 바로 그로써 사멸하게 되는 경지에 도달한다. 그렇게 되면 이젠 이때까지 그토록 강력했던 **동기**들은 힘을 잃고, 대신 세계의 본질에 대한 완전한 인식이 의지의 **진정제**로 작용하여 체념을 초래하는데, 이는 삶뿐 아니라 삶에 대한 모든 의지 자체를 포기하는 것이다. 이리하여 우리는 비극에서 가장 고상한 사람들이 오랜 투쟁과 고뇌를 거친 후, 그때까지 그토록 격렬하게 추구한 목적과 삶의 그 모든 향락을 결국 영원히 단념하거나 삶 자체를 순순히 기꺼이 포기하는 것을 보게 된다. 칼데론 Pedro Calderon de la Barca(1600~1681)[88]의 의연한 왕자가 그렇고, 『파우스트』의 그레트헨이 그러하며, 셰익스피어의 햄릿이 그렇다. 햄릿의 친구 호레이쇼가 순순히 따라가겠고 하지만, 햄릿은 자신의 운명을 밝히고 그 추억을 순화하게 하려고, 호레이쇼에게 남아서 이 거친 세계에서 한동안 고통스럽게 호흡하라고 분부한다. 또한 오를레앙의 성처녀도 그렇고 메시나의 신부도 그렇다. 그들은 모두 고뇌에 의해 정화되어, 즉 살려는 의지der Wille zu leben가 먼저 그들 마음속에서 소멸한 후에 죽는 것이다. 볼테르의 『모하메드』에는 죽어가는 팔미라가 모하메드에게 하는

88　*스페인의 극작가이자 시인. 로페 데 베가의 뒤를 이어 스페인 황금시대의 가장 위대한 극작가가 되었다. 중요한 작품으로는 『명예를 고치는 의사』, 『의연한 왕자』, 『인생은 꿈』, 『위대한 제노비아』, 『대기의 딸』등이 있다. 독일의 대문호 괴테가 "셰익스피어가 포도송이라면, 칼데론은 포도즙이다"라고 극찬을 아끼지 않을 만큼 작가 칼데론은 유럽 중세 문학의 거두다. 『의연한 왕자』는 포르투갈의 페르난두 왕자의 순교를 극화한 것이고, 『인생은 꿈』은 '인간'이라는 테마를 특유의 화법으로 담아낸 칼데론의 대표작이다.

"세계는 폭군을 위한 것이다. 그러니 살아라!"라는 마지막 말에 이것이 심지어 단어 그대로 표현되어 있다.

이와는 달리 소위 시적 정의를 요구하는 것은 비극의 본질, 그러니까 세계의 본질까지도 완전히 오인하는 데서 기인한다. 그런 요구는 새뮤얼 존슨Samuel Johnson (1709~1784)[89] 박사가 시적 정의를 일반적으로 무시하는 것에 대해 퍽이나 순진하게 탄식하면서, 셰익스피어의 개별적인 희곡 작품에 대해 내놓은 비평에서 뻔뻔하고 아주 진부하게 나타나고 있다. 물론 시적 정의가 무시되어 있다. 대체 오필리어, 데스데모네, 코르델리아에게 무슨 잘못이 있단 말인가? 그러나 시적 정의를 요구하여 그것이 충족되면 자신의 요구도 충족된 것으로 생각하는 것은 진부하고 낙관주의적이며, 신교적이고 합리주의적인, 또는 참으로 유대적인 세계관일 뿐이다. 비극의 참된 의미는 칼데론이 단적으로 말하듯이, 주인공이 속죄하는 것은 그의 개별적인 죄가 아니라 원죄, 즉 현존 자체의 죄를 속죄한다는 보다 깊은 통찰에 있다.

인간의 가장 커다란 죄는
그가 태어났다는 것이기에.
(칼데론, 『인생은 꿈』 I, 2)

비극의 취급 방식을 보다 자세히 하기 위해 나는 한 가지 소견만을 말해 두고자 한다. 커다란 불행을 묘사하는 것은 비극에만 본질적이다. 그런데 작가가 초래하는 상이한 많은 길은 세 가지 종種 개념으로 나눌 수 있다. 말하자면 불행은 불행의 장본인인 어느 인물의 이례적이고 도저히 있을 것 같지 않은 악의에서 생길 수 있다. 이런 종류의 예들은 『리처드 3세』, 『오셀로』에 나오는 이아고, 『베네치아의 상인』에 나오는 샤일록, 실러의 『도적들』에 나오는 프란츠 모어, 에우리피데스의 페드라, 『안티고네』에 나오는 크레온 등이다. 그다음으로 불행은 맹목적인 운명, 즉 우연과 오류로 생길 수 있다. 이런 종류의 진정한 모범이 되는 것은 소포클레

89　* 18세기 후반에 영국 문학을 주도한 인물. 영국 문학사에서 18세기 후반은 '존슨의 시대'(1750~1784)라는 명칭이 붙어 있을 정도로 그의 문학적 업적은 대단하다. 그가 편찬한 『영어 사전』은 단어에 대한 박식한 정의와 정확한 인용문의 사용으로 이후에 나오는 모든 영국 사전의 기초가 되었고, 시인 52명의 작품을 비판적으로 검토한 『영국 시인의 생애』는 문학 비평을 영국 문학의 한 형식으로 자리 잡게 하는 데 큰 공헌을 했다.

스의 『오이디푸스 왕』이나 『트라키아의 여인들』이며, 그리고 고대인의 대부분의 비극은 일반적으로 여기에 속한다. 근대인의 비극으로는 『로미오와 줄리엣』, 볼테르의 『탕크레드』, 실러의 『메시나의 신부』가 그 예들이다.

그런데 마지막으로 불행은 인물들 상호 간의 단순한 입장을 통해, 즉 그들의 관계를 통해 초래된다. 그래서 엄청난 과오도 미증유의 우연도 극악무도한 성격도 필요하지 않고 도덕적인 면에서 평범한 성격을 지닌 인물이 흔히 생길 수 있는 사정에서 서로에게 맞섬으로써 어쩔 수 없이 상황에 의해 빤히 알면서도 커다란 재앙을 초래하는데, 이 경우 어느 한쪽이 전적으로 나쁘다고 할 수는 없다. 이런 종류의 불행은 내가 보기에 다른 두 가지보다 비극에 훨씬 더 적합한 것 같다. 이것은 가장 커다란 불행을 우리에게 하나의 예외로서, 드문 사정이나 기괴한 성격을 통해 초래된 것으로서가 아니라, 인간의 행위와 성격으로 인해 쉽게 저절로, 거의 본질적으로 생기는 것으로 보여 주고, 바로 그렇게 함으로써 끔찍할 정도로 가까워서 우리가 불행을 접할 수 있게 하기 때문이다. 다른 두 가지 종류의 불행에서 우리는 무시무시한 운명이나 엄청난 악의를 보고 끔찍한 것으로 생각하지만, 아주 먼 곳에서 우리를 위협하는 힘에 불과해 체념으로 도피하지 않고도 혹시 피할 수 있을 것 같은 힘으로 본다. 그렇다면 마지막 종류의 불행은 행복과 삶을 파괴하는 종류의 힘을 우리에게 보여 주고, 그 힘에는 우리도 언제라도 당할 수 있다. 가장 커다란 고뇌는 우리의 운명 또한 본질적으로 연루될 수밖에 없는 사정과, 우리도 어쩌면 할 수 있어서 부당하다고 하소연할 수 없는 행위에 의해 초래된다. 그러한 경우 우리는 전율하면서 이미 지옥의 한가운데에 있는 것을 느낀다.

그런데 이 마지막 종류의 불행을 비극으로 상연하는 것이 또한 가장 어렵다. 비극에서는 수단과 동인을 가장 적게 사용하고, 단순히 그 배치와 배분을 통해서만 가장 커다란 효과를 내야 하기 때문이다. 그 때문에 최상의 많은 비극에서조차 이러한 어려움을 회피한다. 그렇지만 이러한 종류의 완전한 모범으로 한 편의 희곡을 들 수 있는데, 그것은 다른 점에서는 위대한 거장이 쓴 몇몇 다른 작품에 훨씬 미치지 못한다. 그것은 괴테의 『클라비고』다. 『햄릿』은 레어티즈와 오필리어에 대한 그의 관계만을 놓고 보면 어느 정도 여기에 속하고, 실러의 『발렌슈타인』도 이런 특성을 지니고 있다. 『파우스트』는 그레트헨과 그의 오빠에게 일어나는 사건만을 주된 줄거리로 본다면 전적으로 이런 종류의 비극이다. 코르네유

Pierre Corneille(1606~1684)[90]의 『르 시드』도 마찬가지지만, 다만 거기에는 비극적 결말이 없는 반면, 막스의 테클라에 대한 유사한 관계에는 비극적 결말이 있다.[91]

---

90   ＊프랑스의 시인이자 극작가. 프랑스 고전주의 비극의 창시자로 여겨진다. 주요 작품으로는 『르 시드』, 『호라티우스』, 『키나』, 『폴리외크트』 등의 작품이 있다.
91   이에 대해서는 제2편 37장 참고

52.
의지 자체의 모사인 음악

지금까지 우리는 모든 예술을 우리의 입장에 맞는 보편성에서 고찰해 왔다. 먼저 건축 예술에서 출발했는데, 그 목적 자체는 의지가 가시화된 것의 가장 낮은 단계에서 의지의 객관화를 분명하게 하는 것이다. 거기서 의지는 물질의 막연하고 인식이 없으며 합법칙적인 노력으로 나타나지만, 이미 자기 분열과 투쟁, 말하자면 중력과 강성의 투쟁을 드러낸다. 그리고 의지 객관화의 최고 단계에서 자기 자신과의 갈등을 대규모로 끔찍하고 분명하게 우리 눈앞에 보여 주는 비극으로 끝맺음했다. 그런데 우리가 하는 서술의 체계적인 연관에서 그것이 들어갈 마땅한 자리가 없었기 때문에 우리의 고찰에서 제외되어 왔고 제외될 수밖에 없었던 예술이 하나 있다. 그것은 바로 **음악**이다.

  음악은 다른 모든 예술과는 완전히 다르다. 우리는 음악이 세계 속에 있는 존재의 어떠한 이념을 모사하거나 재현한 것으로 인식하지 않는다. 그럼에도 음악은 아주 위대하고 대단히 근사한 예술이며, 인간의 마음 깊은 곳에 참으로 커다란 영향을 미쳐, 거기서 전적으로 보편적인 하나의 언어로서 인간에 의해 너무나 완전하고 심오하게 이해된다. 그 언어의 분명함은 심지어 직관적인 세계의 분명함조차 능가한다. 그러므로 우리는 확실히 음악에서 "정신이 자기가 헤아리고 있다는 것을 모르는 사이에 산술에서 행해지는 무의식적인 연습" 이상의 것을 찾아야 한다. 라이프니츠가 한 이 말[92]은 그럼에도 그가 음악의 직접적이고 외적인 의미, 즉 그 껍질만을 고찰하는 한에는 전적으로 옳았다.

---

92 Leibnitii epistolae, collectio Kortholti: ep. 154

그렇지만 음악이 그 이상의 것이 아니라고 한다면 음악이 주는 만족감은 우리가 계산 문제를 풀어 맞혔을 때 느끼는 만족감과 비슷함에 틀림없을 것이고, 우리 본질의 깊디깊은 내면을 언어로 표현했을 때 느끼는 마음의 기쁨은 아닐 것이다. 그 때문에 미적 효과를 목표로 하는 우리의 입장에서 볼 때, 우리는 음악에서 세계와 우리 자신의 가장 깊은 본질과 관계되는 훨씬 진지하고 깊은 의미를 인정해야 한다. 이 의미와 관련해서 음악이 결국 귀착될 수 있는 수의 비율은 표시된 것으로서가 아니라 그 자체로 우선 기호로서 관계한다. 우리는 음악의 세계에 대한 관계가 어떤 의미에서는 묘사와 묘사된 것의 관계, 모상의 원상에 대한 관계와 같다는 것을 그 밖의 다른 예술과의 유사성에서 추론할 수 있다. 모든 예술에는 이런 고유한 성격이 있으며, 음악이 우리에게 주는 영향은 다른 예술이 우리에게 주는 영향과 대체로 비슷하지만, 다만 음악의 영향이 훨씬 더 강렬하고 신속하며, 더 필연적이고 확실하다. 또한 음악은 누구에게나 즉각 이해되고, 그 형식은 숫자로 표현될 수 있는 특정한 규칙에 환원됨으로써, 음악은 결코 이 규칙에서 벗어날 수 없고 벗어나게 되면 더 이상 음악이 될 수 없다는 어떤 확실성을 인정해야 하기 때문에, 음악의 세계에 대한 모사적인 관계는 아주 내적이고 무한히 진실하며 참으로 적절한 것이어야 한다.

그럼에도 음악과 세계 사이의 비교점, 즉 음악이 세계에 대해 모방과 재현의 관계에 있다는 점은 아주 깊숙이 숨겨져 있다. 사람들은 어느 시대를 막론하고 음악과 함께 살아왔지만 이 점에 관해 해명할 수 없었다. 그들은 음악을 직접 이해하는 데 만족하여 이러한 직접적인 이해 자체를 추상적으로 파악하는 것을 단념해 버리고 만다. 나는 여러 가지 형태를 취하고 있는 음악의 인상에 내 정신을 전적으로 기울인 다음 다시 반성으로, 현재의 책에서 설명된 사유 과정으로 되돌아가면서 세계에 대한 음악의 모사적 관계의 방식에 대한 해명을 얻게 되었다. 그것은 음악의 내적 본질에 대한 해명과 유추에 따라 필연적으로 전제되어야 한다. 이 해명은 사실 내 자신에게는 완전히 충분한 것이고, 내 연구에 만족할 만한 것이며, 또한 지금까지 나를 따라와 나의 세계관에 찬성해 준 사람에게도 역시 명백해질 것이다. 그렇지만 나는 그 해명을 증명하는 것은 본질적으로 불가능하다고 인식한다. 이 해명은 본질적으로 결코 표상일 수 없는 것에 대한 표상으로서의 음악의 관계를 받아들이고 확정하여, 음악을 그 자신이 결코 직접적으로는 표상될 수 없는 원상의 모상으로 간주하려 하기 때문이다.

따라서 나로서는 여기서 주로 예술을 고찰하는 데 바쳐진 제3권을 끝내면서 놀랄 만한 음악 예술에 대한 충분한 해명을 하지 않을 수 없다. 그리고 나는 내 견해에 동의하거나 반대하는 것을, 일부는 음악에 의해 모든 독자에 전달되는 사상의 효과에, 일부는 이 책에서 나에 의해 전달되는 전체적인 하나의 사상의 효과에 맡기지 않으면 안 된다. 그것 말고도 내가 여기서 음악의 의미에 대해 서술하려는 것에 정말 확신을 갖고 찬성할 수 있으려면 지속적으로 반성하며 가끔 음악에 관한 이 서술에 귀 기울이는 것이 필요하다고 생각한다. 그리고 이를 위해서는 다시 내가 서술한 전체 사상에 이미 아주 친숙해져 있을 필요가 있다.

의지의 적절한 객관화는 (플라톤적인) 이데아다. (예술 작품 자체는 언제나 개별적 사물이기 때문에) 서술을 통해 이 개별적 사물의 인식을 자극하는 것(이는 인식 작용을 하는 주관 내에 상응하는 변화가 있어야만 가능하다)이 다른 모든 예술의 목적이다. 그러므로 다른 모든 예술은 모두 의지를 간접적으로만, 말하자면 이념을 매개로 해서만 객관화한다. 그리고 우리의 세계는 개체화의 원리(개체 그 자체에 가능한 인식의 형식)로 들어감에 따라 다수성 속의 여러 이념의 현상에 지나지 않으므로, 음악은 이념을 고려하지 않는 까닭에 현상하는 세계와도 완전히 독립적으로 존재하고, 그 세계를 단적으로 무시하며 세계가 아예 없어진다 해도 어느 정도는 존재할 수 있을지도 모른다. 다른 예술에 관해서는 그렇게 말할 수 없다. 말하자면 음악은 세계 자체와 마찬가지로, 즉 다양한 모습으로 나타나 개별적 사물의 세계를 이루는 이념들이 그러하듯이 전체 **의지의 직접적**인 객관화이자 모사다. 그러므로 음악은 다른 예술과 달리 이념의 모사가 아니라 **의지 자체의 모사**이며, 이념도 이 의지의 객관성에 불과하다. 바로 그 때문에 음악이 주는 효과가 다른 예술들이 주는 효과보다 훨씬 강렬하고 감동적이다. 다른 예술은 그림자에 관해 말하는 것에 불과하지만, 음악은 본질에 관해 말하기 때문이다. 그런데 이념들 속에서뿐 아니라 음악에서, 다만 이념과 음악 양자에서 각기 전혀 상이한 방식으로 객관화되는 것이 동일한 의지이므로, 음악과 이념, 즉 다수성과 불완전성 속에서 가시적인 세계를 현상으로 나타내는 이념들 사이에 사실 직접적인 유사성은 없다 하더라도, 어떤 병행하는 유사성이 있음에 분명하다. 이 유사성의 증명은 해명으로서 주제의 애매함을 통한 이 까다로운 설명의 이해를 쉽게 할 것이다.

나는 화음의 최저음, 즉 기초 저음에서 의지의 객관화의 가장 낮은 단계인 무기적 자연, 행성의 집단을 다시 인식한다. 움직이기 쉽고 보다 빨리 소멸하는 모든 고음은 알다시피 낮은 으뜸음의 부수적인 진동을 통해 생긴 것으로 간주될 수 있으며, 그 낮은 으뜸음이 울리기 시작하면 고음은 언제나 덩달아 나지막하게 공명한다. 그리고 실제로 이미 저절로 부수적인 진동을 통해 저음 음표와 동시에 울리는(배음倍音) 그 고음들만이 어떤 저음 음표와 마주쳐도 되는 것이 화음의 법칙이다. 그런데 이것은 자연의 모든 물체와 조직이 행성의 집단에서 서서히 발전하여 생긴 것으로 간주되어야 한다는 것과 비슷하다. 이 행성 집단은 모든 물체와 조직을 담당하는 것인 동시에 그것들의 근원이다. 그리고 기초 저음에 대한 보다 높은 음의 관계도 이와 마찬가지다. 저음에는 어떤 한계가 있어 그것을 넘으면 어떤 소리도 더 이상 들리지 않는다. 이것은 형식과 성질이 없으면, 즉 바로 이념이 나타나는 더 이상 설명할 수 없는 힘의 발현 없이는 어떤 물질도 지각될 수 없다는 말과 상응한다. 또 보다 보편적으로 말하면 어떤 물질도 전적으로 의지가 없이는 존재할 수 없다는 말과 상응한다.

그러므로 음 그 자체와 어느 정도의 높이가 불가분의 관계인 것처럼, 물질과 어느 정도의 의지의 발현도 뗄 수 없는 관계다. 그러므로 우리가 볼 때 화음에서 기초 저음은 세계에서 만물의 토대가 되고 만물의 발생과 발전의 기점이 되는 무기적 자연, 즉 가장 자연 그대로의 물질이다. 그런데 나아가서 나는 화음을 만들어 내는 보조 기악음에서, 저음과 선율을 노래하는 주도 음 사이에서 의지가 객관화되는 이념의 연속적인 단계 전체를 다시 인식한다. 저음에 보다 가까운 음은 보다 낮은 단계에 있는 음이고, 아직 무기적이긴 하지만 이미 여러 가지 모습으로 나타나는 물체다. 보다 높은 음은 내가 볼 때 식물계와 동물계를 대변한다. 음계의 특정한 음정은 의지의 객관화의 특정한 단계, 즉 자연에서의 특정한 종과 유사하다. 어떤 평균율을 통해 음정의 산술적 정확성에 차질이 생기거나, 선택된 조調 때문에 차질이 생기는 것은 개체가 종의 유형에서 벗어나는 것과 유사하다. 그러니까 일정한 음정이 없는 순수하지 않은 불협화음은 두 가지 동물 종 사이의, 혹은 인간과 동물 사이의 기괴한 기형아와 비교할 수 있다.

그런데 **화음**을 이루는 저음과 보조 기악음에는 선율을 노래하는 상부의 음만이 갖는 성부聲部의 연결이 결여되어 있다. 이 상부의 음은 또한 조바꿈과 경과구 속에서 재빨리 쉽게 움직이며, 반면 저음과 보조 기악음은 각기 독립적으로 존재하는 연관을 갖지 않은 채 모두 보다 천천히 움직일 뿐이다. 자연 그대로의 물질을 대변하는 낮은 저음은 가장 둔중하게 움직인다. 그 음의 상승과 하강은 3도 음정, 4도 음정, 5도 음정과 같은 커다란 단계에서만 일어날 뿐 한 음씩의 단계에서는 결코 일어나지 않는다. 그 낮은 저음이라는 것은 복대위법에 의해 바꾸어 놓은 저음일지도 모른다. 이 더딘 움직임은 저음에는 물리적으로도 본질적이다. 저음부에서는 빠른 경과구나 떨림음과 같은 것은 상상도 할 수 없는 일이다. 동물계에 해당하는 보다 높은 보조 기악음은 보다 빨리 움직이긴 하지만, 아직 선율적 연결이나 의미 깊은 성부의 진행 없이 움직인다. 모든 보조 기악음의 아무 연관 없는 경과구와 합법칙적인 규정은 비이성적인 전체 세계에서 결정結晶으로부터 가장 완전한 동물에 이르기까지, 어떠한 존재도 그의 삶을 의미 깊은 전체로 만드는 본래 연관 있는 의식을 갖고 있지 않다는 것과 유사하다. 또한 어떠한 존재도 정신적으로 연속해서 발전하는 것을 경험하지 못하고, 어떠한 존재도 교양을 통해 자신을 완성시켜 가는 게 아니라, 모든 것은 언제나 한결같이 자신의 방식대로 확고한 규칙에 의해 정해진 대로 존재하는 것과 유사하다.

마지막으로 **선율**에서는 노래하는 높은 주성부, 즉 전체를 인도하고 구속받지 않으며 자의적으로 **하나**의 사상의 끊임없고 의미심장한 연관에서 처음부터 끝까지 진행하며 하나의 전체를 나타내는 주성부에서, 나는 인간의 사려 깊은 삶과 노력인 의지의 객관화의 가장 높은 단계를 다시 인식한다. 인간은 타고난 이성이 있기에 그의 현실과 무수한 가능성의 도정에서 언제나 앞뒤를 살핌으로써 전체로서 연관 있는 사려 깊은 생애를 완수하듯이, 이것과 상응하여 **선율**만은 처음부터 끝까지 의미심장하고 의도적인 연관을 갖고 있다. 따라서 선율은 사려 깊음에 의해 밝혀진 의지의 역사를 들려주는데, 그 의지의 모상은 현실에서 의지 행위들의 계열이다. 그러나 선율은 그 이상을 말한다. 선율은 의지의 가장 비밀스런 역사를 이야기하며, 의지의 모든 감동, 모든 노력, 모든 운동을, 그리고 이성이 감정이라는 넓고 소극적인 개념으로 통합하여 더는 추상 작용으로 받아들일 수 없는 모든 것을 그린다. 그 때문에 또한 언제나, 말이 이성의 언어라고 하듯이, 음악은 감정과 열정의 언어라고 불렸다. 이미 플라톤은 음악을 "영혼의 감동을 모방하는 선율의 운동"(De leg. VIII)이라 설명하고, 아리스토텔레스도 "단순한 음에 불과한 리듬과 선율이 어째서 영혼의 상태와 비슷한가?"(Probl. c. 19)라고 말하고 있다.

그런데 인간의 의지가 노력하고 충족되고 새로 노력하여 이렇게 끊임없이 계속되는 데 인간의 본질이 있다. 그러니까 이렇게 소망에서 충족으로, 이 충족에서 새로운 소망으로 재빨리 옮겨 가는 것이야말로 인간의 행복이고 안녕이다. 충족이 이루어지지 않는 것은 고통이고, 새로운 소망이 없는 갈망은 권태, 즉 무료함이기 때문이다. 그러므로 이것과 상응하여 선율의 본질은 으뜸음[93]에서 계속 벗어나고 일탈한다는 것이다. 거기에는 무수한 길이 있어 화음의 단계인 3도 음정과 딸림음[94]에 이를 뿐 아니라 모든 음, 불협화음인 7도 음정, 증음정增音程[95]의 단계에도 이르지만, 결국 언제나 으뜸음으로 돌아온다. 이 모든 길에서 선율은 여러 가지 혈태를 띠는 의지의 노력을 나타내지만, 언제나 결국 화음의 단계, 더구나 으뜸음으로 되돌아감으로써 충족을 나타내기도 한다. 선율을 고안해 내는 것, 선율에서 인간의 의욕과 감각의 가장 깊은 비밀을 들추어내는 것은 천재의 작업이며, 그 작용은 다른 어떤 예술보다 음악에서 더 확연히 나타나고, 어떤 반성이나 의식적인 의도와도 무관하여 영감이라 부를 수 있을 것이다. 다른 모든 예술에서 그렇듯이 여기서 개념은 성과를 내지 못한다. 작곡가는 그의 이성으로는 이해할 수 없는 언어로 세계의 가장 깊은 본질을 드러내고 가장 심오한 지혜를 나타낸다. 이는 마치 최면에 걸린 몽유병자가 깨어 있을 때는 알지 못하는 사물에 대해 설명하는 것과 마찬가지다.

따라서 작곡가는 어떤 다른 예술가 이상으로 인간으로서의 그와 예술가로서의 그는 전혀 다른 별개의 존재다. 더구나 이 놀라운 예술을 설명하는 경우에도 개념은 빈곤함과 한계를 드러낸다. 그런데 나는 우리의 유추를 실행해 보고자 한다. 소망에서 충족으로, 이 충족에서 새로운 소망으로 재빨리 옮겨가는 것이 행복이고 안녕이듯이, 으뜸음에서 크게 벗어나지 않는 빠른 선율은 즐겁다. 고통스러운 불협화음으로 되면서, 여러 소절을 거친 후에야 으뜸음으로 느릿느릿 돌아가는 선율은 충족이 지연되고 어려워진 것 같아 슬프다. 새로운 의지 활동의 지연, 즉 권태는 다름 아닌 으뜸음이 언제까지나 계속되는 것을 표현하는 것이며, 그 결과 이내 참을 수 없게 될 것이다. 아주 단조롭고 무의미한 선율도 이와 비슷하다. 빠른 춤곡의 짧고 알기 쉬운 악장樂章은 쉽게 얻을 수 있는 평범한 행복을 말해 주는 것 같다. 반면 악장이 크고 경과구가 길며, 으뜸음에서 많이 벗어난 알레그로 메스토조(빠르고 경쾌하며 장엄하게)는 먼 목표를 향해 보다 크고 고상한 노력을 하여, 결국 이를 달성하는 것을 나타낸다. 아다지오(느리게)는 모든 사소한 행복을

93　*음악에서 온음계의 첫 번째 음. 음계에서 가장 중요한 음이며 선율과 화음을 주도한다.
94　*온음계의 다섯 번째 음. 으뜸음보다 완전 5도 위거나 완전 4도 아래의 음을 말한다.
95　*완전 음정 또는 장음정을 반음 넓힌 안어울림 음정

물리치는 크고 고상한 노력의 고통을 말해 준다.

그러나 단조短調와 장조長調의 효과는 얼마나 놀랄 만한 일인가! 반음의 교체, 장3도 음정 대신 단3도 음정의 출현은 우리에게 즉시 필연적으로 두렵고 곤혹스런 감정을 갖게 하지만, 이상하게도 장조는 그런 감정으로부터 우리를 바로 그 순간 다시 구해 준다. 아다지오는 단조에서 가장 커다란 고통을 표현하여, 아주 크게 마음을 뒤흔드는 비탄으로 된다. 단조의 춤곡은 차라리 물리쳐야 하는 사소한 행복을 구하다가 실패하는 것을 나타내는 것 같고, 여러 가지 어렵고 힘든 일을 겪으면서 저급한 목적을 달성하는 것을 말하는 것 같다. 가능한 선율이 무진장 많은 것은 자연에서 개체의 용모와 생애의 차이가 무진장한 것과 상응한다. 하나의 음조에서 이것과의 연관이 완전히 끊어진 다른 음조로 넘어가는 것은 개체가 끝나는 죽음에 해당한다. 그러나 이 개체에 나타났던 의지는 이전 개체의 의식과 아무 연관 없는 의식을 지닌 다른 개체에 나타나면서 여전히 살고 있다.

그렇지만 여기서 제시한 모든 유사성을 증명하는 경우 음악은 그것들과 직접적인 관계에 있는 것이 아니라 간접적인 관계에 있을 뿐임을 망각해서는 안 된다. 음악은 결코 현상을 표현하는 것이 아니라 오로지 모든 현상의 내면적 본질인 즉 자태, 즉 의지 그 자체를 표현하기 때문이다. 그러므로 음악은 이런저런 개별적인 특정한 기쁨, 이런저런 비애, 고통, 공포, 환희, 흥겨움, 마음의 평정을 표현하는 것이 아니라, 기쁨, 비애, 고통, 공포, 환희, 흥겨움, 마음의 평정 **그 자체**를 어느 정도 추상적으로 아무런 부가물 없이, 즉 그에 대한 아무런 동기도 없이 그와 같은 감정들의 본질적인 것을 표현한다. 그럼에도 우리는 이렇게 정제된 진수로 이들 감정을 완전히 이해한다. 우리의 상상력이 음악에 의해 쉽게 자극되어, 눈에는 보이지 않지만 활발하게 움직이며 직접 우리에게 말을 걸어오는 영혼의 세계를 만들려고 하여 그 세계에 살과 뼈를 붙이는 것, 즉 유사한 실례로 구체화하려는 것은 여기에서 기인한다. 이것이 언어가 있는 노래와 결국에는 오페라의 기원이다. 바로 그 때문에 오페라의 가사는 스스로 주된 요소가 되어 음악을 가사 표현의 단순한 수단으로 삼기 위해, 이러한 종속적인 위치를 결코 버려서는 안 되었다. 그렇게 하는 것은 커다란 오류고 심한 잘못이다. 음악은 어디서나 삶과 삶의 과정의 진수만을 표현하는 것이지 이 과정 자체를 표현하는 것은 아니기 때문이다. 따라서 과정의 차이가 언제나 음악에 영향을 주는 것은 아니다. 극히 음악에 극히 엄밀한 규정성이 있는 것과 더불어, 음악에만 오로지 고유한 바로 이 보편성이야말로 우리의 모든 고통을 치유하는 만병통치약으로서 음악에 높은 가치를 부여한다. 그러므로 음악이 너무 심하게 언어에 집착하거나 사건에 따라 형태를 바꾸려 한다면 음악이 자신의 것이 아닌 언어로 말하려 애쓰는 셈이다. 이 오류를 범하지 않기 위해 **로시니**Gioacchino Antonio Rossini(1792~1868)[96]만큼 순수하게 자신을 지킨 사람도 없다. 그 때문에 그의 음악은 아주 분명하고도 순수하게 자신의 **고유한** 언어로 말하므로 언어가 전혀 필요하지 않고, 따라서 악기마을 가지고 연주해도 추분한 효과를 거둘 수 있다.

이 모든 것에 따라 우리는 현상계 또는 자연과 음악을 동일한 사물에 대한 두 가지의 상이한 표현으로 볼 수 있다. 그 때문에 사물 자체는 이 둘의 유사성을 매개하는 유일한 것이며, 유사성을 통찰하기 위해서는 매개가 되는 것을 인식할 필요가 있다. 그에 따라 음악은 세계의 표현으로 보면 최고도로 보편적인 언어이며, 언어의 개념의 보편성에 대한 관계는 대략 개념의 개별적 사물에 대한 관계와 같다. 그러나 음악의 보편성은 결코 추상 개념의 저 공허한 보편성이 아니라 전혀 다른 종류의 것으로, 분명한 일반적 규정성과 결부되어 있다. 이런 점에서 음악은 기하 도형이나 숫자와 비슷하며, 이것들은 경험으로 가능한 모든 객관의 보편적 형식으로서, 그리고 모든 객관에 선험적으로 적용할 수 있지만, 추상적인 것이 아니라 직관적이고 일반적으로 규정되어 있다. 의지의 모든 가능한 노력, 흥분, 발현, 감정이라는 넓은 소극적 개념에 이성을 던져 버리는 인간의 내부에서 일어나는 모든 과정은 무한히 많은 가능한 선율을 통해 표현될 수 있지만, 이것들에는 언제나 실체는 없고 단순한 형식의 보편성만 있으며, 현상을 따르지 않고 언제나 즉자태만 따를 뿐이므로, 말하자면 신체는 없이 그 현상의 가장 내적인 영혼만 표현될 뿐이다.

음악이 모든 사물의 참된 본질에 대해 갖는 이 밀접한 관계에서 다음의 사실도 설명될 수 있다. 즉, 어떤 장면, 행위, 과정, 환경에 맞는 적절한 음악이 울리면, 그로써 그것들의 가장 비밀스런 의미가 우리에게 해명되는 것처럼 생각되어, 그 음악은 그에 대한 가장 올바르고 분명한 주석註釋으로 나타난다. 마찬가지로 교향

96　＊이탈리아의 오페라 작곡가. 「세비야의 이발사」, 「신데렐라」, 「세미라미데」 등 희가극이 유명하고 만년에는 「기욤 텔」 등 대규모의 오페라를 작곡했다. 로시니는 오페라의 전통적인 형식을 깨고, 선율을 장식하거나 앙상블과 앙상블 피날레에 이례적인 리듬을 사용함으로써 생기를 불어넣었다. 또한 관현악이 원래 맡던 역할을 회복시켜서 음악이 가수를 돕는 것이 아니라 가수가 음악을 돕도록 만들었다.

악이 주는 인상에 흠뻑 빠져 있는 사람에게는 삶과 세계의 모든 가능한 과정이 자신의 옆을 지나가는 것을 보는 것처럼 생각된다. 그럼에도 그는 곰곰 생각해 보면 음악과 자신의 눈앞에 떠오르는 과정들 사이의 유사성을 제시할 수 없다. 음악은 이미 말했듯이 현상의 모사, 아니 보다 정확히 말하면 의지의 적절한 객관성의 모사가 아닌 의지 그 자체의 직접적인 모사이며, 그러므로 세계의 모든 형이하학적인 것에 대한 형이상학적인 것을 나타내고 모든 현상에 대해 사물 자체를 나타낸다는 점에서 다른 모든 예술과 다르기 때문이다.

그에 따라 세계는 의지의 구체적 표현이라 할 수 있듯이 음악을 구체적으로 표현한 것이라고도 할 수 있다. 그러므로 음악이 모든 생생한 모습, 그러니까 실제 생활과 세계의 모든 장면을 어떻게 즉시 고양된 의미심장함으로 나타나게 할 수 있는지 이것으로 설명할 수 있다. 물론 음악의 선율이 주어진 현상의 내적 정신과 유사하면 할수록 그러한 효과가 커진다. 시를 노래로, 또는 직관적인 표현을 무언극으로, 또는 양자를 오페라로서 음악의 밑에 놓을 수 있는 것은 이 때문이다. 음악이라는 보편적인 언어로 표현된 인간 생활의 그런 개별적인 모습들은 결코 일반적인 필연성을 갖고 음악과 결합하거나 상응하는 것이 아니라, 음악에 대해 임의 실례의 어떤 보편적 개념에 대한 관계만 가질 뿐이다. 이 모습들은 음악이 단순한 형식의 보편성에서 표현하는 것을 현실의 규정성 속에서 나타내는 것이다. 선율이란 말하자면 보편적 개념과 마찬가지로 현실의 추상물이기 때문이다. 말하자면 이 현실, 즉 개별적 사물의 세계는 직관적인 것, 특수한 것과 개별적인 것, 개개의 사례를 제공하여 개념의 보편성뿐 아니라 선율의 보편성에도 기여하지만, 양자의 보편성은 어떤 점에서는 서로 대립하고 있다. 개념이란 우선 직관에서 추상된 형식, 말하자면 사물에서 알맹이를 끄집어낸 외피만을 포함하고 있을 뿐이므로 전적으로 본래적인 추상물인 반면, 음악은 모든 형태에 선행하는 가장 내적인 핵심이나 또는 사물의 심장을 제공한다. 이 관계는 스콜라 철학자들의 말에 매우 적절히 표현되어 있다. 그들의 말에 의하면, 개념이란 개별적 사물의 뒤에 있는 보편이지만, 음악은 개별적 사물에 선행하는 보편을 주며, 현실은 개별적 사물 속에 있는 보편이다. 어떤 시문학에 부가된 선율의 보편적 의미에는 그 선율에 표현된 보편적인 것과 마찬가지로 임의로 선택된 또 다른 실례들도 같은 정도로 상응할 수 있을지 모른다.

그 때문에 같은 악곡이 많은 소절에 적합하고, 따라서 보드빌Vaudeville[97] 역시 그러하다. 그런데 일반적으로 어떤 악곡과 어떤 직관적인 묘사 사이의 관계가 가능한 것은 이미 말했듯이, 양자가 세계의 동일한 내적 본질의 전혀 다른 표현에 불과하다는 데 기인하고 있다. 그런데 개별적인 경우 그러한 관계가 실제로 현존한다면, 즉 작곡가가 어떤 사건의 핵심을 이루는 의지의 동요를 음악이라는 보편적 언어로 표현할 줄 안다면 가요의 선율과 오페라의 음악은 표현이 풍부해진다. 그러나 작곡가가 알아낸 이 둘이 유사성을 자신이 이성으로는 알지 못하고 세계의 본질을 직접 인식한 것에서 비롯하는 것이어야 하며, 의식적인 의도로 개념에 의해 매개된 모방이어서는 안 된다. 그렇지 않으면 음악은 내적 본질, 즉 의지 그 자체를 표현하는 것이 되지 않고 의지의 현상을 불충분하게 모방하는 것에 지나지 않는다. 본래 모사적인 음악은 모두 이러한 일을 하는 것으로, 예컨대 하이든Franz Joseph Haydn(1732~1809)[98]의 「사계」나 그의 「천지창조」 속의 많은 부분 또한 그러하다. 거기서는 직관적 세계의 여러 현상이 직접 모방되어 있다. 전투곡에도 모두 그런 현상이 나타나는데, 이것은 전적으로 배척받아야 한다.

모든 음악의 이루 말할 수 없는 내적 깊이, 이것 때문에 음악은 우리에게 그토록 친근하면서도 영원히 먼 낙원으로서 우리 곁을 지나가고, 그토록 이해하기 쉬우면서도 설명하기 어려운 그런 성격은 음악이 우리의 가장 내적인 본질의 모든 동요를 재현하지만, 전혀 현실감 없이 현실의 고통으로부터 멀리 떨어져 있는 것에 기인한다. 이와 마찬가지로 음악에 본질적인 진지함은 직접적으로 고유한 영역으로부터 우스꽝스러운 것을 완전히 배제해 버린다. 이 진지함은 음악의 객관이 오로지 착각과 우스꽝스러움을 낳을 수 있는 표상이 아니라 직접적인 의지이며, 이 의지야말로 만물이 의존하는 것으로서 본질적으로 가장 진지한 것이라는 사실로 설명할 수 있다. 음악의 언어가 얼마나 내용이 풍부하고 의미심장한 것인지는 심지어 다 카포Da capo(처음부터 다시 한 번) 말고도 반복 기호를 보아도 알 수 있다. 그 반복 기호는 언어 예술 작품이라면 견딜 수 없는 일일지도 모르지만, 반면 음악의 경우에는 아주 합목적적이고 유쾌한 것이다. 음악이 말하려는 것을 온

---

97 * 복잡한 내용이나 줄거리 없이 노래, 춤, 팬터마임 등을 섞어 빠른 템포로 상연하는 풍속 희극. 이 용어는 15세기에 프랑스 노르망디 지방의 발드비르(보드비르)에서 널리 불렸던 2행연구의 풍자적 민요인 '보드비르'에서 온 말로 추측된다.
98 * 빈고전파를 대표하는 오스트리아의 작곡가. 바로크, 로코코 식 음악에서 출발하여 소나타, 현악 4중주곡, 교향악 등의 고전 형식을 완성했다. 100곡이 넘는 교향악을 작곡하여 '교향악의 아버지'로 불리며 관현악곡 외에 오라토리오, 오페라도 작곡했다. 작품에 「사계」, 「천지창조」가 있다.

전히 파악하려면 그것을 두 번 들어야 하기 때문이다.

지금까지 음악에 대해 서술하면서 내가 분명히 하려고 노력한 것은 음악이 극히 보편적인 언어로 세계의 내적 본질, 즉 우리가 그 가장 분명한 발현에 따라 의지라는 개념으로 생각하는 즉자태를, 한 종류의 재료로, 말하자면 단순한 음으로 가장 커다란 규정성과 진실성을 가지고 표현하고 있다는 점이다. 또 내 견해와 노력에 따르면 철학은 세계의 본질의 완벽하고 올바른 재현이자 표현에 다름 아니다. 그러한 아주 보편적인 개념에서만 세계의 본질 전체를 어디서나 충분하고 적용할 수 있게 개관할 수 있으므로, 내 견해에 따르고 내 사고방식에 동의하는 사람은 내가 다음과 같이 말하더라도 그다지 역설적이라 생각하지 않을 것이다. 다시 말해 음악을 전적으로 올바르고도 완전히 세부적인 것까지 설명할 수 있다면, 즉 음악이 표현하는 것을 개념으로 상세히 재현할 수 있다면, 이것은 즉각 세계를 개념으로 충분히 재현하고 설명하는 것이 되며, 또는 그 설명과 전적으로 같은 의미가 되는 것으로, 즉 참된 철학이 될 것이다. 따라서 우리가 앞서 인용한 보다 저급한 입장에서는 전적으로 옳은 라이프니츠의 말을 음악에 대한 우리의 보다 높은 견해의 의미에서는 다음과 같이 패러디할 수 있다. "음악이란 자신이 철학하고 있음을 알지 못하는 정신의 무의식적인 형이상학 연습이다." 왜냐하면 안다는 것은 어느 경우나 추상적 개념 속에 침전했음을 뜻하기 때문이다.

그런데 더구나 라이프니츠의 말이 진리로서 다양하게 확인된 바에 따르면, 음악의 미적이거나 내적 의미는 별도로 하고, 단순히 외적으로 순수하게 경험적으로 고찰하면 음악은 우리가 보통 개념으로 파악함으로써 간접적으로밖에 인식할 수 없는 보다 큰 숫자나 복잡한 수의 비례를 직접 구체적으로 파악하기 위한 수단에 지나지 않는다. 그러므로 우리는 이제 두 개의 아주 상이하면서도 올바른 음악관을 합일시킴으로써 어떤 수 철학의 가능성을 이해할 수 있다. 피타고라스의 수 철학이나 중국인들의 『역경』에 있는 수 철학도 이와 마찬가지다. 이와 아울러 섹스투스 엠피리쿠스(adv. Math. L. VII)가 인용하는 피타고라스의 잠언인 "모든 것은 수와 비슷하다"는 것도 이 의미에서 해석할 수 있다. 마지막으로 이 견해를 우리가 앞서 행한 화음과 선율에 대한 해석에 비추어 보면 우리는 소크라테스가 도입하려 한 것과 같은 자연의 설명이 없는 단순한 도덕 철학을 루소가 절대적으로 원한 화음 없는 선율과 아주 유사하다고 생각할 것이다. 이와는 달리 윤리가 없는 단순한 물리학이나 형이상학은 선율이 없는 단순한 화음에 해당할 것이다. 나는 겸하여 이와 같은 고찰을 하게 되었지만, 또한 현상하는 세계와 음악의 유사성에 관련되는 몇 가지 지적을 하고자 한다.

우리는 앞 권에서 의지의 객관화의 최고 단계인 인간은 혼자 따로 떨어져서 현상할 수 없고, 그의 밑에 위치하는 단계들을 전제로 하고 이 단계들은 다시 보다 낮은 단계들을 전제로 하고 있음을 알게 되었다. 그런데 이와 마찬가지로 바로 세계처럼 의지를 직접 객관화하는 음악도 완벽한 화성에서 비로소 완전해진다. 선율의 주도적인 높은 음은 완전한 인상을 주기 위해서는 모든 음의 근원으로 볼 수 있는 가장 낮은 저음에 이르기까지 다른 모든 음을 동반하는 것이 필요하다. 선율은 주요한 부분으로서 화성에 영향을 미치고, 화성 또한 선율에 영향을 미친다. 그리고 음악이 완전한 화성 전체로 그 표현하려고 하는 바를 표현하듯이, 시간 외적인 하나의 의지는 무수한 등급에서 점점 더 분명하게 자신의 의지를 드러내는 그 모든 단계의 완벽한 합일 속에서만 자신의 완전한 객관화를 발견한다.

또한 다음과 같은 유사성은 참으로 특이하다. 우리가 앞 권에서 본 바로는 종과 관련해서 모든 의지 현상 상호 간의 적응이 일어나고 이것이 목적론적인 고찰을 초래하지만, 개체로서 그 현상들 사이에는 끝나지 않는 충돌이 지속된다. 현상의 모든 단계에서 눈에 드러나는 이 충돌은 세계를 하나의 동일한 의지의 모든 현상의 계속적인 싸움터로 만들며, 그로써 의지의 자기 자신과의 내적 모순이 가시화된다. 심지어 음악에도 이것에 상응하는 것이 있다. 말하자면 음의 완전히 순수한 화성 체계는 물리적으로뿐 아니라 이미 산술적으로도 불가능하다. 음이 나타나게 하는 숫자 자체에는 풀리지 않는 비합리성이 있다. 어떤 음계도, 그 내부에서 모든 5도 음정이 으뜸음에 대해서는 2대 3의 비례를 이루고 있고, 모든 장3도 음정은 4대 5의 비례를 이루고 있으며, 모든 단3도 음정은 5대 6이라는 등의 비례를 이루고 있다고 계산해 낼 수 없다. 가령 5도 음정은 3도 음정에 대해서는 단3도 음정이어야 하므로, 음들이 으뜸음에 대해 비례가 옳다면 서로 간에는 더 이상 옳지 않기 때문이다. 음계의 음들은 때로는 이런 역할, 때로는 저런 역할을 해야 하는 배우에 비유할 수 있기 때문이다. 그 때문에 완전히 옳은 음악은 생각조차 할 수 없으며, 하물며 그런 음악을 완성한다는 것은 말할 것도 없다. 이런 사실 때문에 모든 가능한 음악은 완전한 순수성과는 거리가 멀다. 즉, 음악은 다만 음악에 본질적인 불협화음을 모든 음에 분할함으로써 평균율에 의해 은폐할 수 있을 뿐이다. 이에 관해서는 클라드니Ernst Florens Friedrich Chladni(1756~1827)[99]의 『음향학』

제30장, 그의 『음향학 개론』 12쪽을 참고했으면 한다.[100]

또한 그 외에 음악이 지각되는 방식에 관해 몇 가지 덧붙이고자 한다. 말하자면 음악은 오로지 시간 속에서, 시간을 통해서만 지각되는 것이며, 공간은 전적으로 배제되어 있고 인과성을 인식한 영향, 즉 지성의 영향도 없다. 음은 이미 효과로서 직관의 경우처럼 그 원인에 소급하지 않아도 미적 인상을 주기 때문이다. 그런데 나는 이 3권에서는 이 고찰을 더 이상 질질 끌지 않을 생각이다. 이미 너무 상세하게 들어갔거나, 너무 세부적인 것을 다루었을지도 모르기 때문이다. 그렇지만 나의 목적 때문에 그런 고찰이 필요했다. 또 충분히 인식되는 경우가 드문 예술의 중요성과 그 높은 가치를 마음속에 그려 보면 더욱 나를 비난하기 어려울 것이다. 우리의 견해에 따르면 가시적인 세계 전체는 의지를 동반하여 의지의 자기 인식을 위한, 그러니까 곧 알게 되겠지만 의지의 구원 가능성을 위한 단지 의지의 객관화, 즉 의지의 거울에 불과하다. 그리고 표상으로서의 세계는, 그 세계만 따로 떼어 고찰한다면, 우리가 의욕에서 벗어나 단지 그 세계만 홀로 의식을 받아들임으로써 삶의 가장 즐겁고 유일하게 순결한 면이다. 예술은 본질적으로 가시적인 세계 자체가 하는 것과 똑같은 일을 하는데, 다만 보다 집중적이고도 완결되게 의도적이고 사려 깊게 하므로, 우리는 예술을 이 모든 것 중 보다 높은 상승이자 보다 완전한 발전으로 보아야 한다. 따라서 예술은 언어의 완전한 의미에서 삶의 꽃이라 부를 수 있을지도 모른다. 표상으로서의 세계 전체가 의지의 가시성에 불과하다면 예술은 이 가시성의 명확화이고, 대상들을 더 순수하게 보여 주고 보다 잘 개관하며 통합시키는 요지경Camera obscura이며, 극 중의 극이고, 『햄릿』에서 무대 위의 무대다.

모든 아름다움의 향유, 예술이 주는 위안, 예술가에게 삶의 수고를 잊게 하는 열정, 다른 사람들보다 우월한 천재의 이 같은 장점, 이런 것에 대한 대가로 그는 의식의 명료함과 같은 정도로 비례해서 커지는 고뇌를 겪고 이질적인 사람들 틈에서 적막한 고독감을 느끼게 된다. 이 모든 것은, 앞으로 알게 되겠지만 삶의 즉 자태, 의지, 현존 자체가 끊임없는 고뇌이고, 일부는 애처롭고 일부는 끔찍하다는

99 *독일의 물리학자이자 음향학의 권위자. 현, 봉, 판의 진동을 실험적으로 연구해 '클라드니의 도형'을 발견했고, 기체와 고체 속에서 음의 속도를 측정했다. 또한 유포니움을 발명했으며, 유성학을 연구했다.
100 이에 대해서는 제2편 49장 참고

데에 기인한다. 반면 그와 같은 존재를 오직 표상으로서 순수하게 직관하거나 또는 고통에서 벗어나 예술을 통해 재현하면 뜻깊은 연극이 된다고 하는 것에 기인하고 있다.

이처럼 세계를 순수하게 인식할 수 있는 면과 그런 면의 예술로의 재현이 예술가의 본령이다. 예술가는 의지가 객관화된 연극을 보는 데 매료된다. 그는 언제나 이런 것에 마음을 쏟으며, 그것을 고찰하고 묘사하여 재현하는 것에 싫증내지 않을 것이다. 그리고 그동안에는 이 연극을 상연하는 비용을 스스로 부담한다. 즉, 그 스스로가 객관화되어 끊임없는 고뇌에 머무는 의지인 것이다. 이제 그에게는 세계의 본질을 순수하고 참되며 깊이 인식하는 것이 목적 자체가 된다. 그는 그런 인식에 머물러 있다. 그 때문에 그에게 그런 인식은, 우리가 다음 권에서 체념에 이른 성자의 경우에서 보게 되듯이 의지의 진정제가 되지 않고, 그를 영원히 구제하지 않으며, 삶으로부터 한순간만 구제하는 데 지나지 않을 것이다. 그래서 그에게는 아직 삶으로부터 벗어난 길이 있는 것이 아니라 일시적으로 삶에서 위로받는 것에 지나지 않는다. 그로 인해 그의 힘이 커져서 결국 유희에 싫증을 느끼고 진지해진다. 라파엘로의 「성 체칠리아」[101]를 이 같은 이행의 상징으로 간주할 수 있다. 그러므로 우리도 다음 권에서는 진지한 쪽으로 방향을 돌리려고 한다.

---

101 * 체칠리아는 3세기경 로마 제국 시대에 순교한 이탈리아의 성녀로, 라파엘로가 그린 「성 체칠리아」는 폴로니아에 보존되어 있다.

제4권
의지로서의 세계, 제2고찰

자기 인식에 도달한 경우
삶에의 의지의 긍정과 부정

Tempore quo cognitio simul advenit, amor e medio supersurrexit.

Oupnek'hat, studio Anquetil Duperron, vol. II, p. 216.

인식이 생기자마자 욕망은 사라져 버렸다.

『우프네카트』[1]

377쪽, 「테티스와 펠레우스의 결혼」 야코프 요르단스, 1633

53.
철학에 대한 새로운 이해를 위해

우리가 고찰하는 마지막 부분은 가장 중요한 부분이다. 왜냐하면 이 부분은 인간의 행위와 관련되기 때문이다. 이것은 누구에게나 직접 관계되어 있으며, 어느 누구도 무관심하거나 아무렇지 않게 대할 수 없는 문제다. 그러니까 다른 모든 것은 이 문제와 관계 맺고 있다. 이 문제는 인간의 본성에 아주 적합한 것이므로 관련되는 모든 연구를 할 때는 언제나 그 행위에 관계되는 부분을, 적어도 그것이 그의 관심을 끄는 한 연구 내용 전체의 결과로 간주하고, 따라서 그 외의 다른 부분에는 주의를 기울이지 않더라도 이 부분에는 진지하게 주의를 기울이게 될 것이다. 이러한 점에서 일반적인 표현법을 따른다면, 이제 앞으로 우리가 고찰할 부분은 이제까지 논한 이론 철학과는 달리 실천 철학이라 부를 수 있을 것이다. 그러나 내 견해로는 당면한 연구 대상이 무엇이든 철학의 본질은 지시하는 것이 아니라 언제나 순수하게 고찰하는 태도를 취하고 탐구하는 것이므로 모든 철학은 언제나 이론적이다.

이와는 달리 실천적으로 되고 행위를 지도하며 성격을 개조한다는 것은 원숙한 통찰을 하게 되면 결국 포기해야 하는 낡은 요구다. 왜냐하면 어떤 현존재가 가치 있는지 없는지, 구제받아야 하는지 저주받아야 하는지가 문제되는 이 경우

---

1 * 고대 인도의 철학서인 『우파니샤드』의 페르시아 번역본을 라틴어로 다시 번역한 것. 1814년, 당시 유명한 동양학자인 프리드리히 마이어Friedrich Majer와의 학적 교류를 통해 이 책을 알게 된 쇼펜하우어는 평생 이 책을 읽고 연구했으며, 이것은 그의 세계관의 굳건한 토대의 한 부분이 됐다. 1851년 그는 "이 책은 가장 값지고, 수준 높은 것이다. 지구상에서 내 삶의 위안이었고 내 죽음의 그것이 될 수 있을 것이다"라고 이 책을 평하며 극찬했다.

에 결정적 작용을 하는 것은 철학의 죽은 개념이 아니라 인간 자체의 가장 내적인 본질이기 때문이다. 이 내적 본질은 플라톤이 말하듯이 인간을 인도하는 것인, 또 인간을 선택한 것이 아닌 인간 자신이 선택한 것인 다이몬Dämon이고, 칸트가 표현하듯이 인간의 예지적 성격이기 때문이다. 천재를 가르칠 수 없듯이 덕은 가르칠 수 없다. 그러니까 개념은 예술에 대해서와 마찬가지로 덕에 대해서는 아무런 효과가 없으며 다만 도구로 사용될 뿐이다. 따라서 우리의 도덕 체계나 윤리학이 덕 있고 고상하며 성스러운 사람을 일깨우도록 기대하는 것은, 우리의 미학이 시인, 조각가, 음악가를 일깨우도록 기대하는 것처럼 부질없는 일이리라.

철학은 어느 경우에도 현존하는 것을 해석하고 설명하며, 구체적으로, 즉 감정으로 누구나 이해할 수 있게 표현되는 세계의 본질을 이성의 분명하고 추상적인 인식에 이르도록 하는 이상의 일을 할 수 없다. 그런데 철학은 이 일을 가능한 모든 점에서, 모든 관점에서 수행한다. 그런데 이와 같은 것을 지금까지 세 권의 책에서는 철학 특유의 보편성으로 다른 관점에서 해내려고 했듯이, 제4권에서는 같은 방식으로 인간의 행위를 고찰하고자 한다. 내가 앞서 언급한 것처럼, 세계의 이러한 면은 주관적 판단에 의해서뿐 아니라 객관적 판단에 의해서도 세계의 모든 면 중 가장 중요한 면으로 간주될 것이다. 이때 나는 지금까지의 우리의 고찰 방식을 충실히 고수하고, 지금까지 개진한 것을 전제로 의지하며, 그러니까 본래 이 책 전체의 내용인 단 하나의 사상만을, 지금까지 다른 모든 문제에서 전개한 것과 마찬가지로 인간의 행위에 따라 전개할 것이다. 그래서 이 하나의 사상을 되도록 완벽하게 전달하기 위해 할 수 있는 노력을 다하고자 한다.

주어진 관점과 방금 예고한 방식으로 보면, 이번의 윤리적인 4권에서는 지시나 윤리학은 기대할 수 없고, 더욱이 온갖 덕을 낳기 위한 보편적 도덕 원리, 말하자면 만능 처방은 줄 수 없다는 것이 이미 암시되어 있다. 부록에서 상세히 설명되고 있듯이, 그러한 당위는 모순을 내포하고 있기 때문에 우리는 **무조건적 당위**에 관해 언급하지 않을 것이고, 또한 같은 경우에 해당되는 '자유를 위한 법칙'에 관해서도 언급하지 않을 것이다. 우리는 어떤 일이 있더라도 당위에 관해서는 결코 언급하지 않을 것이다. 그와 같은 것은 어린이들이나 유치한 상태에 있는 민족한테나 말할 일이지, 성숙해진 시대의 완전한 교양을 몸에 익힌 사람들에게는 말할 것이 못되기 때문이다. 하긴 의지를 자유롭다고 말해 놓고, 그러면서 의지가 의욕해야 하는 경우에 따르는 법칙을 지시하는 것은 극히 명백한 모순이다. '의욕해야 한다'는 말은 나무로 된 철과 같은 것이다!

 그런데 우리의 전체 견해에 따르면 의지는 자유로울 뿐 아니라 심지어 전능하기도 하다. 의지의 행위뿐 아니라 의지의 세계도 의지에서 생기는 것이고, 의지의 본연의 모습으로 의지의 행위가 나타나고 의지의 세계가 나타난다. 즉, 의지의 자기 인식이 의지의 행위와 세계이고, 그 밖의 다른 아무것도 아니다. 의지는 자신을 규정하는 것과 더불어 행위와 세계를 규정한다. 왜냐하면 의지 외에는 아무것도 없고, 의지의 행위와 세계가 의지 자체이기 때문이다. 이렇게 보아야만 의지가 참으로 자율적인 것이고, 그 외에 다른 견해를 따르면 모두 타율적인 것이다. 우리의 철학적 노력은 단지 인간의 행위, 너무나 상이한, 그러니까 서로 대립하는 여러 준칙(이것을 생생하게 표현한 것이 인간의 행위다)을 그 가장 내적인 본질과 내용에 따라 지금까지의 우리의 고찰과 관련하여, 우리가 지금까지 세계의 다른 현상을 해석하고 그 가장 내적인 본질을 명백하고 추상적으로 인식하려고 애쓴 것처럼, 해석하고 설명하는 것에 불과할 수 있다. 이 경우 우리의 철학은 지금까지의 모든 고찰과 동일한 **내재성**을 주장할 것이다. 우리의 철학은 칸트의 위대한 학설과는 달리, 근거율을 그 보편적 표현으로 하는 현상 형식을 높이뛰기의 장대로 사용하여, 그것으로 유일하게 그 형식에 의미를 부여하는 현상 자체를 뛰어넘어 공허한 허구의 무한한 영역에 도달하려 하지는 않을 것이다. 오히려 우리가 그 안에 있고, 그 세계가 우리 안에 있는 인식 가능한 이 현실 세계는 우리의 고찰의 재료인 동시에 한계이기도 하다. 이 현실 세계는 내용이 실로 풍부하여 인간 정신이 할 수 있는 가장 심오한 연구조차 그 세계를 남김없이 파헤칠 수 없을지도 모른다. 그러므로 인식 가능한 현실 세계는 앞서 행한 우리의 고찰과 마찬가지로, 우리의 윤리적 고찰에도 소재나 실재성이 결코 부족하지 않을 것이므로, 우리가 공허하고 소극적인 개념으로 도피할 필요는 결코 없을 것이다. 그리고 그런 다음 가령 우리가 눈썹을 치켜 올리고 '절대적인 것', '무한한 것', '초감각적인 것'에 관해 말한다면, 이 같은 것이 단순한 부정 이상의 것을 말한다고 우리 자신을 믿게 만들 필요는 결코 없을 것이다. "그것은 불명료한 표상과 결부된 소극적 표현에 불과하다"(Julianus orationes 5)라고 말하는 대신 우리는 보다 짧게 유토피아 Wolkenkukuksheim[2]라고 말할 수 있을지도 모른다. 이것은 뚜껑은 덮여 있지만 속이

---

2   *이 표현은 고대 그리스 희극 작가 아리스토파네스의 희극 『새』에 나오는 새의 나라 이름에서 유래한다.

텅 빈 종류의 접시를 식탁에 차릴 필요는 없다는 말과 같을 것이다.

마지막으로 지금까지 그랬듯이 우리는 3권에서도 역사를 들려주고 철학이라 내세우지는 않을 것이다. 우리는 아무리 교묘하게 호도한다 해도, 세계의 본질을 어떻게든 **역사적**으로 파악할 수 있다고 잘못 생각하는 사람은 누구나 철학적인 세계 인식으로부터 무한히 멀리 떨어져 있다는 견해이기 때문이다. 그런데 세계의 본질 자체에 대한 그의 견해에 어떠한 **생성** 또는 과거나 미래가 발견되고, 시간상의 어떤 전후가 조금이나마 의미를 갖고, 따라서 분명하든 숨겨져 있는 세계의 기점과 종점 사이의 도정 말고도 세계의 기점과 종점을 찾다가 발견해서 철학적 사유를 하는 개인이 이 도정에서 어쩌다가 자신의 위치를 인식하게 되자마자 세계의 본질을 역사적으로 파악하는 것이 가능하게 된다. 그러한 **역사적인 철학적 사유**는 대부분의 경우 수많은 변종이 있는 우주진화론을 낳거나, 그렇지 않으면 유출설[3]이나 타락설을 낳거나, 마지막으로 그러한 도정에서 자신의 시도가 아무 소용없음에 절망하여 최종적인 길에 몰리게 되면, 이번에는 반대로 암흑, 불분명한 근거, 근본 원인, 근거 없음에서 빛 속으로 끊임없이 생성, 발아, 발생, 출현한다는 설을 낳거나 그 외에 이 같은 것 이상의 허튼 소리를 낳는다. 그 말고도 이 허튼 소리는 영원 전체, 즉 무한한 시간이 지금 현 순간까지 이미 완료되었으므로 생성될 수 있거나 또는 생성되어야 하는 모든 것은 이미 생성되었어야 했다는 소견으로 아주 간단히 처리된다. 그 모든 역사적 철학은 아무리 고상한 척해도, 마치 칸트가 세상에 존재하지 않은 것처럼 **시간**을 사물 자체의 하나의 규정으로 간주하고, 칸트가 사물 자체와 달리 현상이라고 부른 것에 머물러 있기 때문이다. 또 플라톤이 결코 생성되는 것과 달리 존재하는 것이라 부른 것에 머물러 있는 것이 아니라, 존재하는 것과 달리 생성되는 것이라 부른 것에 머물러 있거나, 마지막으로 인도인이 마야의 직물이라 부른 것에 머물러 있기 때문이다. 그것은 바로 근거율에 맡겨진 인식인데, 이 인식으로는 사물의 내적 본질에 도달하지 못하고 현상만을 무한히 추구하는 데 불과하며, 쳇바퀴 안의 다람쥐처럼 끝도 목표도 없이 움직이다가 결국 피곤해져서 위든 아래든 아무데나 제멋대로 멈추어 서고는, 그 장소를 다른 사람도 억지로 존중하도록 하는 것과 같다고 비유할 수 있다.

세계에 대한 진정한 고찰 방식, 즉 우리에게 세계의 내적 본질을 인식하도록 가

3　＊절대자로부터, 마치 태양에서 빛이 방사하고 샘에서 물이 흘러넘치는 것처럼 만물이 유출한다는 학설

르쳐서 현상을 뛰어넘게 하는 고찰 방식은 어디에서, 어디로, 무엇 때문에를 묻지 않고 언제 어디서나 세계의 **무엇**, 즉 본질만을 묻는 고찰 방식이기 때문이다. 즉, 사물들을 어떤 관계에 따라서 생성되고 소멸하는 것으로, 요컨대 근거율의 네 가지 형태 중 어느 하나를 따르는 것으로 고찰하는 것이 아니라, 이와 반대로 이 모든 근거율을 따르는 고찰 방식을 제거해도 아직 남아 있는 것, 즉 모든 관계 속에서 현상하지만 그것에 종속되지 않고 언제나 스스로 세계의 동일한 본질, 그 세계의 이념을 대상으로 삼는 것을 고찰하는 것이다. 예술과 마찬가지로 철학도 그러한 인식에서 출발한다. 그러니까 이 권에서 알게 되겠지만, 오로지 참된 신성과 세계로부터의 구제로 이끌어 가는 마음 상태도 이러한 인식에서 출발한다.

54.
삶에의 의지의 긍정과 부정

앞의 세 권에서 다음과 같은 분명하고 확실한 인식을 얻었기를 희망한다. 즉, 표상으로서의 세계에는 의지에 그것을 비추는 거울이 생겨나고, 의지는 그 속에서 점점 분명하고도 완벽한 등급에서 그 자신을 인식하며, 인간이 그 최고 단계에 위치하게 된다. 하지만 인간의 본질은 연관 있는 일련의 행위에 의해 비로소 자신의 완성된 표현을 얻는다. 그 행위의 자각적인 연관을 가능하게 하는 것은 전체를 끊임없이 추상적으로 개관하게 하는 이성이다.

순수하게 그 자체로 고찰하면 의지는 인식이 없으며, 맹목적이고 제어할 수 없는 충동에 불과하다. 우리는 그 충동이 우리 자신의 삶의 식물적인 부분에서뿐 아니라 무기적이고 식물적인 자연이나 그 법칙에서도 나타나는 것을 본다. 그런데 의지는 자신에 도움이 될 만큼 발전된 표상의 세계가 추가됨으로써 자신의 의욕에 관한 인식과 자신이 의욕하는 것이 무엇인지에 대한 인식을 얻는다. 다시 말해 의지가 의욕하는 것은 이 세계, 즉 있는 그대로의 삶과 다르지 않다는 인식을 얻는다. 그 때문에 우리는 현상하는 세계를 의지의 거울, 의지의 객관성이라 부른다. 그리고 삶이란 표상에 대해 의지의 의욕이 나타난 것에 불과하기 때문에, 의지가 의욕하는 것은 언제나 삶이다. 그러므로 우리가 단적으로 '의지'라고 하는 대신 '삶에의 의지'라고 한다면 그것은 같은 표현이고 췌언贅言에 불과하다.

의지는 사물 자체이고 세계의 내적 내용이며 본질적인 것이지만, 삶, 가시적 세계, 현상은 의지의 거울에 불과하다. 그러므로 신체에 그림자가 따라다니는 것처럼 의지에는 이 삶, 가시적 세계, 현상이 분리시킬 수 없이 따라다닐 것이다. 또 의지가 현존하는 곳에는 삶, 세계도 현존할 것이다. 그러므로 삶에의 의지에는 삶은 확실한 것이며, 우리가 삶의 의지에 충만되어 있는 한 죽음의 모습을 보더라도 우리의 현존을 걱정할 필요가 없다. 물론 우리는 개체의 생성 소멸을 본다. 그러나 개체는 현상에 불과하고, 근거율, 즉 개체화의 원리에 사로잡힌 인식을 통해 존재할 뿐이다. 물론 이 인식에 의해 개체는 자신의 삶을 선물로 받아들이고, 무에서 생겨난 뒤 죽음을 통해 그 선물을 잃어버리고 무로 되돌아간다. 그런데 우리는 바로 그 삶을 철학적으로, 즉 그 삶의 이념에 따라 고찰하고자 한다. 그리하여 우리는 의지, 즉 모든 현상 속의 사물 자체도, 모든 현상을 바라보는 인식 주관도 출생과 사망에 의해 아무런 영향을 받지 않는다는 것을 알게 된다. 출생과 사망은 바로 의지의 현상, 즉 삶에 속하는 것이다. 그리고 그 자체로 시간은 모르지만 자신의 원래 본질을 객관화하기 위해 바로 앞서 말한 방식으로 나타나지 않을 수 없는 것의 현상, 즉 시간이라는 형식에서 일시적으로 드러나는 현상으로서 생성 소멸하는 개체들 속에 나타난다는 것이 삶에 본질적이다.

출생과 사망은 동일한 방식으로 삶에 속하고, 번갈아 가며 서로에 대해 제약을 가함으로써 균형을 유지하고 있다. 또는 이런 표현이 어떨지 모르지만 전체 삶의 현상의 양극으로 균형을 유지하고 있다. 모든 신화 중 가장 지혜로운 인도의 신화는 이를 다음과 같이 표현하고 있다. 즉, 인도 신화는 파괴와 죽음을 상징하는 신(삼위일체 중 가장 죄 많고 낮은 신인 브라마는 생식과 발생을, 비슈누는 보존을 상징한다), 거듭 말하지만 바로 시바의 신에게 해골의 목걸이와 동시에 링가Linga[4](음경)를 상징물로 부여하고 있다. 그러므로 이러한 생식의 상징은 여기서 죽음과 균형을 맞추려는 것으로 나타나며, 그로써 생식과 죽음은 서로를 중화하고 상쇄하는 본질적인 상관 개념으로 암시된다. 지금도 우리가 보고 있듯이 그리스인과 로마인으로 하여금 귀중한 석관을 장식하게 만든 것도 이와 똑같은 심정 때문이다. 그 장식에는 축제, 춤, 결혼식, 사냥, 짐승의 싸움, 바커스 제, 즉 더없이 강렬한 삶의 충동을 묘사한 것이 있다. 그것들은 이 충동을 그러한 오락으로뿐만 아니라 관능적인 무리로도, 심지어 사티로스Satyros[5]와 염소의 교미 장면까지 우리 앞에 보여주고 있다. 그 목적은 개인의 죽음을 애도하고 자연의 불멸의 삶을 특히 강조하면서 비록 추상적인 지식은 없지만 전체 자연이 의지의 현상인 동시에 삶에의 의지

---

4 * 산스크리트로서, 인도에서 숭배하는 신의 표상이다. 음경 모양의 돌기둥으로 시바 사당에 모신다.

5 * 그리스 신화에 나오는 반신반수의 괴물이자 디오니소스의 종자. 상반신은 사람이고 하반신은 양의 다리를 하고 있으며, 술과 여색을 즐기고 춤도 잘 춘다.

의 충족이기도 함을 암시하려는 것이다.

이러한 현상의 형식이 시간, 공간 및 인과성이지만, 이들 형식에 의해 개체화가 행해지고, 필연적으로 개체가 생성 소멸하지 않으면 안 된다. 그런데 삶에의 의지의 현상인 개체는 말하자면 개별적인 실례나 견본에 지나지 않으며, 자연 전체가 한 개체의 죽음에 상심하지 않는 것처럼 삶에의 의지는 개체의 생멸에 아무런 상처를 받지 않는다. 자연에서 중요한 것은 이 개체가 아니라 오로지 종속이며, 자연은 종속을 보존하기 위해 남아돌 정도의 무수한 씨앗과 수태 욕동의 커다란 힘을 통해 온갖 열성을 기울이며 낭비라고 할 만큼 배려하기 때문이다.

반면 개체는 자연에 아무런 가치도 없고 가치를 가질 수도 없다. 왜냐하면 무한한 시간과 공간, 그리고 그 속의 무한히 많은 수의 가능한 개체들이 자연의 나라이기 때문이다. 그 때문에 자연은 끊임없이 개체를 저버릴 준비가 되어 있다. 따라서 개체는 수많은 방식으로 하찮은 우연에 의해 파멸할 운명에 처해 있을 뿐만 아니라 이미 애당초부터 파멸하도록 정해져 있으며, 종족 보존에 봉사한 순간부터 자연에 의해 파멸로 이끌려 가고 있다. 이렇게 하여 자연 자신은 개체가 아닌 이념만이 본래적 실재성을 가지며, 즉 의지의 완전한 객관성이라는 위대한 진리를 아주 소박하게 나타낸다. 그런데 인간은 자연 그 자체이고, 더구나 자연의 자기의식의 최고 단계에 있지만, 자연은 삶에의 의지의 객관화에 불과하다. 그러므로 인간이 이 입장을 파악하여 거기에 머물면 그 자신인 자연의 불멸의 생명을 되돌아봄으로써, 물론 또 당연하게도 자신과 자기 친구의 죽음에 대해 위안을 얻을지도 모른다. 따라서 링가를 지닌 시바도, 맹렬히 타오르는 생명의 모습을 지닌 고대의 석관도 비탄하는 관찰자에게 "자연은 슬퍼할 일이 아니니라"라고 외치는 것으로 이해할 수 있다.

생식과 죽음이 생에 소속된 것으로, 또 의지의 이 현상에 본질적인 것으로 고찰할 수 있는 것은 양자가 그 외의 생 전체도 이루고 있음을 보다 강도 높게 표현한 것이라는 사실 때문이기도 하다. 다시 말해 이 생이란 철두철미, 물질이 형태를 확고하게 고수하면서 끊임없이 변전하는 것에 다름 아니다. 바로 이 때문에 종속은 영원한 반면 개체는 무상한 것이다. 계속적인 영양 공급과 재생은 정도에 따라서만 생식과 다를 뿐이고, 계속적인 분비도 정도에 따라서만 죽음과 다를 뿐이다. 영양 공급과 재생은 식물의 경우에 가장 단순하고 분명하게 나타난다.

이 식물은 철두철미 동일한 욕동, 모여서 잎과 가지가 되는 가장 단순한 섬유의 끊임없는 반복에 지나지 않는다. 식물은 서로를 지탱하는 동종의 조직적 집합체이고, 식물의 유일한 욕동은 자신을 끊임없이 재생하는 것이다. 그 욕동을 더 완벽하게 충족시키기 위해 여러 단계의 변태 과정을 거치며 성장하다가 꽃을 피우고 열매를 맺기에 이른다. 꽃과 열매는 식물의 생존과 노력의 집약이고, 식물은 이처럼 집약된 가운데 자신의 목적을 좀 더 짧은 도정에서 달성한다. 그리고 그때까지는 식물이 개별적으로 작용하여 이루어낸 것을 이제부터는 단번에 수천 배로 완수한다. 즉, 식물 자신의 반복인 것이다. 열매를 맺기까지의 활동과 열매의 관계는 저서와 인쇄의 관계와 같다. 동물의 경우도 이와 전적으로 같다. 영양 공급 과정은 끊임없는 생식이고, 생식 과정은 보다 고차적으로 강화된 영양 공급이다. 생식의 경우 쾌락은 삶의 느낌의 보다 고차적으로 강화된 즐거움이다.

한편 물질을 쉬지 않고 발산하고 방출하는 분비 작용은 생식과는 반대로 보다 높은 차원에서 죽음과 같다. 그런데 이 경우 언제나 형태를 유지하는 데 만족하여 방출한 물질을 아까워하지 않듯이, 우리는 매일 시시각각 개별적으로 분비 작용에서 일어나는 것과 같은 일이 죽음의 경우 보다 높은 차원에서 또 전체적으로 일어난다면 같은 방식으로 행동해야 한다. 우리가 분비 작용을 아무렇지 않게 생각하듯, 죽음의 경우에도 겁내어 뒷걸음칠 필요가 없다. 따라서 이런 입장에서 보면 다른 개체를 통해 대체되는 자신의 개체성의 존속을 요구하는 것은 끊임없이 새로운 물질로 대체되는 자신의 신체 물질의 영속을 요구하는 것과 마찬가지로 불합리하게 생각된다. 시신을 방부 처리하는 것도 마치 자신의 배설물을 주도면밀하게 보존하는 것과 마찬가지로 어리석은 일이다. 개인의 신체에 매여 있는 개인의 의식과 관련해 볼 때 그 의식은 매일 수면에 의해 완전히 중단된다. 잠은 가끔, 예를 들어 얼어 죽는 경우 언제나 죽음으로 귀결되는데, 깊은 잠은 현재 지속되는 동안 죽음과 전혀 다를 바 없고, 미래에 대해, 말하자면 깨어난다는 점과 관련해서만 죽음과 다를 뿐이다. 죽음이란 개체성이 잊혀 버리는 잠이다. 즉, 다른 모든 것은 다시 깨어나거나 오히려 계속 깨어 있는 것이다.[6]

---

6 또한 다음의 고찰은 그것을 너무 미묘하게 생각하지 않는 사람에게 개체는 사물 자체가 아니라 현상에 불과함을 분명히 하는 데 도움이 될 수 있다. 모든 개체는 한편으로 인식의 주관, 즉 객관적인 세계 전체의 가능성을 보충하는 조건이며, 다른 한편으로 모든 사물에 객관화되어 나타나는 것이 의지의 개별적인 현상이다. 하지만 우리 본질의 이 이중성은 별개로 존재하는 단일성에 깃들어 있는 것이 아니다. 그렇지 않으면 우리는 우리 자신을 **인식과 의욕의 객관과 무관하게 우리 자신에게서** 의식하게 될 수 있을지도 모른다. 그런데 우리는

우리는 무엇보다 의지의 현상 형식, 즉 삶의 형식이나 실재성의 형식이 미래도 과거도 아닌 **현재**뿐임을 분명히 인식해야 한다. 미래나 과거는 개념 속에 존재할 뿐이며, 이것들이 근거율에 따르는 한 인식과 관련해서만 존재할 뿐이다. 어느 누구도 과거 속에 살지 않았고, 어느 누구도 미래 속에 살지 않을 것이다. 현재만이 모든 삶의 형식이고, 결코 삶에서 빼앗아 갈 수 없는 삶의 확실한 소유물이다. 현재는 항상 그 내용과 함께 현존한다. 현재와 그 내용은 폭포수 위의 무지개처럼 확고해서 흔들림이 없다. 의지에게는 삶이, 삶에게는 현재가 확실하고 틀림없기 때문이다. 물론 과거 수천 년의 과거와 그 기간에 산 수백만의 사람들을 돌이켜 생각해 보면 우리는 그 수천 년은 무엇이고, 그들은 어떻게 되었는지 묻는다.

그러나 우리는 그 대신 우리 자신의 삶의 과거를 기억에 되살려, 그 장면을 상상 속에서 생생하게 새롭게 하고, 이 모든 것은 무엇이었던가, 그 삶은 어떻게 되었는지 다시 묻기만 하면 된다. 우리의 삶은 저 수백만의 삶과 같은 것이다. 또는 우리는 과거란 죽음을 통해 봉인되어 있기 때문에 새로운 현존을 얻으리라 생각해야 한단 말인가? 우리 자신의 과거는 아주 가까운 어제의 일이라 해도 공상 속의 헛된 꿈에 지나지 않으며, 저 수백만 모두의 과거도 이와 마찬가지다. 과거에 무엇이 있었던가? 현재에 무엇이 있는가? 그것은 의지와 의지로부터 자유로운 인식이다. 의지의 거울은 삶이고, 의지로부터 자유로운 인식은 그 거울 속에서 의지를 분명히 인지한다. 이것을 아직 인식하지 못한 사람이나 인식하지 않으려는 사람은 과거 사람들의 운명에 대한 앞서 말한 질문에 또 이런 질문을 첨가해야 한다. 수없이 많은 사람들이, 그러니까 그때의 영웅이나 현자들도 과거라는 밤에 파묻혀 무無로 돌아가 버렸는데, 어찌하여, 바로 그, 묻는 자신은 이렇게 귀중하고 덧없는 홀로 실재하는 현재를 소유하는 행복을 누리고 있단 말인가? 그러나 그, 보잘것없는 그의 자아가 실제로 현존하는 이유는 무엇일까? 이상하게 들릴지 모르지만 보다 간단히 말하자면, 이 지금, 그의 지금이 무엇 때문에 바로 지금 존재하는 것이며 이미 진작부터 **존재한** 것이 아니란 말인가? 그는 이렇게 이상하게 물으면서, 그의 현존재와 시간을 서로 무관한 것으로 보고, 그 현존재를 시간 속에

도저히 그럴 수 없다. 우리가 그것을 시도하기 위해, 우리 속으로 들어가, 인식을 내부로 향하면서, 우리 자신을 한 번 완전히 의식하자마자 우리는 깊이를 알 수 없는 공허 속으로 빠져 들어가, 우리 자신이 속이 빈 유리 공과 같다고 느낀다. 속이 빈 거기에서 하나의 음성이 들리지만 소리가 나는 원인은 알아낼 수 없다. 그리고 이렇게 해서 우리는 우리 자신을 붙잡으려고 하면서 몸서리를 치며, 형체 없는 유령만 낚아챌 뿐이다.

던져진 것으로 본다. 그는 본래 두 가지 지금을 상정하여, 하나는 객관에 속하고 다른 하나는 주관에 속하는 것으로 보아, 그것들의 다행스런 우연한 합치를 의아하게 생각한다.

그러나 실제로는 (근거율에 관한 논문에서 보여 준 것처럼) 시간을 형식으로 하는 객관과 근거율의 어떠한 형태도 형식으로 삼지 않는 주관의 접촉점만이 현재를 이루고 있다. 그런데 이지가 표상이 될 함에서는 모든 개관은 이기시고 주관은 모든 객관의 필연적 상관 개념이다. 그러나 실재적 객관은 현재 속에만 존재할 뿐 과거와 미래는 단순한 개념과 환영만을 포함하고 있다. 따라서 현재는 의지의 현상의 본질적 형식이고 그것과 뗄 수 없는 관계에 있다. 현재만이 항상 현존하고 확고부동하게 확정되어 있다. 현재는 경험적으로 파악하면 모든 것 중 가장 덧없는 것이지만, 경험적 직관 형식을 넘어서 보는 형이상학적 시선으로는 유일하게 불변하는 것, 즉 스콜라 철학자들이 말하는 **영원한 현재**를 나타낸다. 현재의 내용의 원천과 담당자는 삶에의 의지 또는 우리 자신인 사물 자체다. 이미 존재했거나 또는 앞으로 오게 되어 있으면서 끊임없이 생멸하는 것은 생성과 소멸을 가능케 하는 현상 형식에 의해 현상 그 자체에 속한다. 따라서 '무엇이 있었던가?' '있는 그것' '무엇이 있을 것인가?' '있었던 그것'이라 생각해야 한다. 이것을 말의 엄밀한 의미에서, 그러므로 비슷한 것이 아니라 동일한 것으로 이해해야 한다. 왜냐하면 의지에는 삶이, 삶에는 현재가 확실하기 때문이다. 그 때문에 누구나 이렇게 말할 수 있다. "나는 누가 뭐래도 현재의 주인이고, 영원토록 그림자처럼 현재가 나를 따라다닐 것이다. 따라서 나는 현재가 어디서 왔든 또 어떻게 되어 가든, 바로 지금 있다는 것을 이상하게 생각하지 않는다."

우리는 시간을 한없이 돌아가는 원에 비유할 수 있다. 끊임없이 내려가는 절반은 과거고, 위로 올라가는 절반은 미래이리라. 그런데 위쪽의 분할할 수 없는 접선에 접하는 점은 연장이 없는 현재이리라. 접선이 원과 함께 굴러갈 수 없듯이 시간을 형식으로 하는 객관과, 인식할 수 있는 것에 속하지 않고 인식할 수 있는 모든 것의 조건이므로 아무런 형식을 갖지 않는 주관과의 접촉점인 현재도 굴러가지 않는다. 시간은 쉬지 않고 흘러가는 강물에 비유할 수 있고, 시간은 강물이 부딪쳐 부서지지만 물결과 함께 쓸려가 버리지 않는 바위에 비유할 수 있다. 의지는 사물 자체로서 결국 어떤 점에서는 의지 그 자체이거나 의지의 발현인 인식 주관과 마찬가지로 근거율에 종속되어 있지 않다. 그리고 의지에게 의지 자신의 현상인 삶이 확실하듯이, 실제 삶의 유일한 형식인 현재도 확실하다. 그에 따라 우리는 삶 이전의 과거나 죽음 이후의 미래를 탐구할 것이 아니라 오히려 의지가 현상하는 유일한 형식으로서 **현재**를 인식해야 한다.[7]

   현재는 의지로부터 벗어나지 못할 것이지만, 의지도 참말이지 현재로부터 벗어나지 못할 것이다. 그 때문에 있는 그대로의 삶에 만족하는 사람, 어떤 방식으로든 삶을 긍정하는 사람은 확신을 품고 삶을 끝이 없는 것으로 보아, 죽음의 공포를, 그가 현재를 잃어버릴지도 모른다는 어리석은 공포를 스스로에게 불어넣는 착각으로, 그에게 현재가 없는 시간이라도 있는 것처럼 보이게 하는 착각으로 물리쳐 버릴 수 있다. 이것이 시간에 관한 착각이고, 공간에 관한 착각은 모두 자신의 상상 속에서 자신이 차지하고 있는 지구상의 위치는 위이고 다른 모든 것은 아래라고 보는 것이다. 이와 마찬가지로 누구나 현재를 자신의 개체성과 결부시키고, 이 개체와 더불어 모든 현재가 소멸한다고 생각한다. 그리고 이제 과거와 미래는 현재 없이 존재한다는 것이다. 그런데 지구상의 어느 곳이나 위이듯이, 모든 삶의 형식 역시 **현재**다. 그리고 죽음이 우리에게서 현재를 빼앗아간다고 해서 죽음을 두려워하는 것은 우리가 다행히 둥근 지구의 위쪽에 있지만 거기서 아래로 미끄러질지도 모른다고 두려워하는 것처럼 어리석은 생각이다. 의지의 객관화는 본질적으로 현재의 형식이고, 이 형식은 연장이 없는 점으로서 과거와 미래쪽으로 무한한 시간을 절단하여, 서늘해지는 저녁은 없이 영원한 정오처럼 확고부동하게 확정되어 있다. 이는 마치 태양이 겉보기에는 밤의 품에 잠긴 듯 보이지만 실제로는 쉬지 않고 불타고 있는 것과 마찬가지다. 그 때문에 어떤 사람이 죽음을 자신이 없어지는 것이라고 두려워한다면, 태양이 저녁에 이렇게 탄식하는 것과 다름없다고 생각할 수 있다. "아, 슬프구나! 나는 영원한 밤 속으로 빠져 들어간다."[8]

---

7   스콜라 철학자들은 영원이란 끝이나 시작이 없는 연속이고, 영속적인 **현재**라고 가르쳤다. 즉, 우리는 아담에게 현재였던 것과 같은 현재를 갖고 있으며, 다시 말해 **현재**와 **그때** 사이에는 아무런 차이가 없다(홉스, 『리바이어던』 c. 46).

8   에커만의 『괴테와의 대화』(제2판 1권 154쪽)에서 괴테는 이렇게 말한다. "우리의 정신은 완전히 파괴할 수 없는 속성을 지닌 존재다. 그것은 영원에서 영원으로 활동을 계속한다. 그것은 우리의 육안으로는 지는 것처럼 보이지만, 실제로는 지지 않고 끊임없이 빛을 발하는 태양과 같다." 그 비유는 **괴테**가 나에게서 취한 것이지, 가령 내가 그에게서 취한 것은 아니다. 그는 1824년에 나눈 이러한 대화에서 어쩌면 자신도 모르게 위의 구절이 생각나 사용한 것이 틀림없다. 그러한 표현은 여기서와 같은 말로 제1판 401쪽에 나오고, 그곳의 528쪽에도 나오며, 이곳의 제65장의 끝 부분에도 반복되기 때문이다. 나는 제1판을 1818년 12월에 그에게 보냈고,

또한 이와 반대로 삶의 무게에 짓눌려 있는 사람, 사실 삶을 좋아하고 긍정하지만, 그 삶의 고통을 싫어하고, 특히 바로 그에게 엄습한 가혹한 운명을 더는 참을 수 없는 사람, 그러한 사람은 죽음으로부터의 해방을 기대할 수 없고 자살을 통해 구원받을 수도 없다. 컴컴하고 서늘한 저승이 안식의 항구로서 그를 유혹한다는 것은 착각에 불과하다. 지구는 회전하여 낮에서 밤이 되고 개체는 죽음을 맞이한다. 그러나 태양 자체는 쉬지 않고 영원한 낮을 불태우고 있다. 삶에의 의지에서 삶은 확실하고, 삶의 형식은 끝없는 현재다. 아무튼 이념의 현상인 개체들이 시간 속에서 생성 소멸하는 것은 덧없는 꿈에 비유할 수 있다. 그러므로 자살은 우리에게 이미 이 점에서 무익하고, 그 때문에 어리석은 행위로 여겨진다. 우리의 고찰을 더욱 진행시켜 가면 자살은 우리에게 더욱 좋지 않은 것으로 나타날 것이다.

교의는 변전하고 우리의 지식은 믿을 수 없다. 그러나 자연은 그릇됨이 없고 자연의 진행은 확실하며, 자연은 그것을 숨기지 않는다. 모든 것이 온전히 자연 속에 있고, 자연은 모든 것 속에 온전히 있다. 모든 동물 속에 자연은 중심을 지니고 있다. 동물은 현존의 길을 확실히 발견했고, 거기서 벗어나는 길도 찾아낼 것이다. 그러는 사이 동물은 파멸에 직면해서도 두려워하지 않고 아무 걱정 없이, 자신이 자연 자체며 자연처럼 불멸한다는 의식을 가지고 살아간다. 인간만이 추상적 개념으로 자신이 죽을 것이 확실하다는 생각을 하고 다닌다. 그럼에도 이 확실성은 아주 드물게, 어떤 계기로 죽음을 상상 속에 떠올리는 개별적인 순간에만 그를 불안하게 할 수 있다. 반성은 자연의 강력한 음성에 맞설 능력이 별로 없다. 생각하지 않는 동물에게서와 마찬가지로 인간에게서도 자신이 자연이고 세계 자체라는 가장 내적인 의식에서 생겨나는 확신이 지속적인 상태로서 우위를 차지한다. 이 확신이 있으므로 인간은 확실히 머지않아 죽게 마련이라는 생각에도 그다지 불안해하지 않고, 누구나 자신이 영원히 살 것처럼 살아간다. 더구나 자기 죽음의 확실성에 관해 생생하게 확신한다고 말하는 사람은 아무도 없을 것이다. 그렇지 않다면 그의 기분은 사형 선고를 받은 죄인의 기분과 큰 차이가 없을 것이기 때문이다. 사실 누구나 자기 죽음의 확실성을 추상적이고 이론적으로 인정하기는 하지만, 실제로 적용될 수 없는 다른 이론적인 진리처럼 그 확실성을 자신의

그는 1819년 3월에 당시 나폴리에 있던 나에게 내 누이동생을 통해 축하의 편지를 보내왔다. 그리고 특히 괴테 본인의 마음에 든 페이지의 번호를 적은 쪽지를 동봉한 것으로 보아, 그는 내 책을 읽었던 것이다.

생생한 의식 속에 받아들이지 않고 옆에 제쳐 놓는다.

　인간의 이 독특한 성향을 유의해 살펴보는 자는 그것에 대한 심리학적인 설명 방식, 습관이나 자족감에서 그것의 불가피함을 설명하는 방식은 결코 충분하지 못하고, 그 근거는 앞서 말한 보다 깊은 곳에 자리하고 있음을 알게 될 것이다. 시대를 막론하고 어느 민족에게도 죽은 후 개체가 영속한다는 종류의 교의가 발견되고, 이것이 신망을 얻는 이유도 이와 같은 근거에서 설명할 수 있다. 그렇지만 이것에 대해 증명하는 것이 언제나 극히 불충분하기 마련이고, 그와 반대되는 증명이 강력하고 수가 많기 때문이다. 그러니까, 이 교의는 본래 증명을 필요로 하지 않고 상식에 의해 사실로 인정되며 다음과 같은 확신으로 힘을 얻는다. 즉, 자연은 속이거나 잘못을 범하지 않고, 자연의 행위와 본질은 명백하게 드러나 있으며, 심지어 소박하게 표현되어 있다는 확신으로. 반면 우리 자신은 우리의 제한된 견해에 부합하는 것을 가려내기 위해 망상을 통해 자연의 행위와 본질을 흐리게 할 뿐이다.

　그런데 우리가 지금 분명하게 의식한 것은 의지의 개별적 현상이 시간적으로 시작과 끝을 갖지만, 사물 자체로서 의지 그 자체는 그와 무관하고, 또 모든 객관의 상관 개념, 즉 인식하지만 인식되지 않는 주관도 그와 무관하며, 삶에의 의지에서 삶은 언제나 확실하다는 사실이다. 이것은 사후 영속에 관한 설에 같이 넣을 수 없다. 의지에게는 사물 자체로서 보면 세계의 영원한 눈인 순수한 인식 주관에게처럼 지속도 소멸도 없기 때문이다. 지속과 소멸은 시간 속에서만 유효한 규정이지만, 의지와 주관은 시간 밖에 존재하기 때문이다. 그 때문에 개체(인식 주관에 의해 비쳐진 이러한 개별적인 의지 현상)의 이기심은 무한한 시간에 걸쳐 자신을 유지하려는 소망을 위해서는, 우리가 표명한 견해로는 양분이나 위안을 얻을 수 없고, 개체가 죽은 후에도 다른 외부 세계는 시간 속에 존속할 수 있다는 인식으로부터도 양분이나 위안을 얻을 수 없다. 이 사실은 바로 같은 견해에 불과하지만, 이것을 객관적으로, 그 때문에 시간적으로 본 것이다. 사실 인간은 누구나 현상으로서는 무상한 것이지만, 사물 자체로서는 무시간적이고, 그러므로 또한 무한한 것이기 때문이다. 그러나 그는 또한 현상으로서만 세계의 그 밖의 사물과 다를 뿐이다. 사물 자체로서 인간은 모든 것에서 현상하는 의지이며, 죽음은 그의 의식이 다른 것의 의식과 다르다는 착각을 없애 버린다. 이것이 영속이다. 인간이 죽음에서 면제되는 것은 그가 사물 자체가 됨으로써만 가능한데, 그 죽음의 면제는 현상

에게는 여타 외부 세계의 영속과 일치한다.[9]

따라서 우리가 방금 분명한 의식으로 떠올린 것에 대한 진지하고, 단순히 느껴진 의식을 갖게 되면 사실, 이미 말한 것처럼 죽음에 대한 생각을 하더라도 이성적 존재는 자신의 삶을 방해받지 않게 된다. 그러한 의식은, 마치 죽음이 존재하지 않는 것처럼, 말하자면 생물이 삶을 바라보고 삶을 지향하는 한 모든 생물을 유지시키고 활기차게 계속 살아가게 하는 삶이 이유이 된다. 그러나 이런 의식이 있다고 해서 죽음이 개별적이고 또 실제로, 또는 단지 상상 속에서만 개인에게 다가와서, 그가 죽음을 직시해야 하는 때에 죽음에 대한 불안에 사로잡히지 않으려고 어떻게 해서든 도망치려고 하는 일이 없어지지 않는다. 그의 인식이 삶 자체를 지향하고 있는 한 그는 삶 속에서 불멸의 것도 인식해야 하듯이, 죽음이 그의 눈앞에 다가왔을 때는 이 죽음을 있는 그대로의 것, 즉 개별적인 시간적 현상의 시간적 종말로 인식하지 않을 수 없기 때문이다. 우리가 죽음에서 두려워하는 것이 결코 고통은 아니다. 한편 이 고통이 분명 죽음의 이편에 위치하고 있고, 다른 한편 우리는 종종 고통이 두려워 죽음으로 도피하는 일이 있으며, 또 이와는 반대로 죽음이 빠르고도 수월할지도 모르지만, 잠시나마 죽음을 피하기 위해 때로 말할 수 없이 끔찍한 고통을 감수하는 일도 있기 때문이다. 그러므로 우리는 죽음과 고통을 두 개의 전혀 다른 화禍로 구별한다. 우리가 죽음에서 두려워하는 것은 사실 죽음에 의해 노골적으로 통고되는 개체의 멸망이다. 그리고 개체는 삶에의 의지 자체가 개별적으로 객관화된 것이므로, 개체의 본질 전체는 죽음에 저항한다.

그런데 이런 식으로 감정이 우리를 속수무책으로 포기하는 경우에는 이성이 나타나서, 우리가 향후에는 개별적인 것 대신 전체를 바라보는 보다 높은 입장에 서게 하면서, 그러한 감정의 역겨운 인상을 대부분 극복할 수 있다. 그렇기 때문에 우리가 지금 우리의 고찰에서 서 있는 지점까지는 와 있을지 모르지만 그 이상 나아갈 수 없는, 세계의 본질에 관한 철학적 인식 자체는 어떤 개인에게 있어서 반성이 직접적인 감정을 마음대로 좌지우지함에 따라, 이미 이 입장에서 죽음의 공포를 극복할 수 있을지 모른다. 지금까지 개진된 진리를 자신의 성향에 단단

---

9 『베다』에는 이것이 다음과 같이 표현되어 있다. 말하자면 인간이 죽으면 그의 시력은 태양과, 그의 후각은 지구와, 그의 미각은 물과, 그의 청각은 공기와, 그의 말은 불과 하나가 된다고 한다(『우프네카트』 제1권 249쪽 이하). 또한 어떤 특별한 의식儀式에서는 죽어가는 사람은 자신의 감각과 전체 능력을 그의 아들에게 하나하나 넘겨주고, 그것들이 그에게서 계속 살아가도록 한다고 한다(같은 책, 제2권 82쪽 이하).

히 동화시켰지만, 이와 동시에 자신의 경험에 의해서나 계속되는 통찰에 의해 모든 삶에는 지속적인 고뇌가 본질적임을 인식하는 데는 이르지 않고, 삶에서 만족감을 느끼고 삶에서 완전히 행복함을 느끼며 또 조용히 숙고하면서, 그가 지금까지 겪어온 생애가 무한히 지속되기를 원하거나 또는 언제나 새로 되돌아오기를 원하는 사람, 그리고 그의 삶의 의욕이 너무 커서 삶을 향유하는 대신 삶에 따라 다니는 모든 고통과 고뇌를 자진하여 기꺼이 감수하려는 사람, 그런 사람은 "단단하고 억센 뼈를 갖고 기초가 든든하고 지속적인 대지에"(괴테, 『인류의 한계』) 서서 아무것도 두려워할 필요가 없을 것이다.

이러한 사람이 우리가 부여한 인식으로 무장하면, 그는 시간의 날개를 타고 훌쩍 다가오는 죽음을 아무렇지 않게 맞이한다. 또 죽음은 약한 자를 겁먹게 하는 거짓된 허상으로 보고, 그 자신이 의지의 객관화나 모상이 세계 전체인 의지임을 알고 있는 사람에게 죽음은 아무런 힘도 갖지 않는 무력한 유령이라 볼 것이다. 따라서 그에게 삶은 언제나 확실하고, 의지의 본래적 형식이자 유일한 형식인 현재도 그에게 확실할 것이다. 그는 과거나 미래를 헛된 환영이며 마야의 직물이라 볼 것이므로, 존재하지 않는 무한한 과거나 미래에 겁먹지 않을 것이다. 따라서 태양이 밤을 두려워할 필요가 없는 것처럼, 그는 죽음을 두려워할 필요가 없을 것이다. 『바가바드기타*Bhagavadgita*』[10]에서 크리슈나*Krischna*는 전투 준비를 (크세르크세스와 비슷한 방식으로) 갖춘 군대를 보고 비탄에 사로잡히고 기가 꺾여, 수천 명의 파멸을 피하기 위해 전투를 중지하려는 자신의 신출내기 제자 아르주나*Ardschun*를 이 입장에 서게 한다. 크리슈나는 아르주나를 이 입장에 세우고, 그는 이제 수천 명의 죽음에도 아랑곳하지 않게 된다. 그는 전투 신호를 내린다. 괴테의 프로메테우스도, 특히 그가 이렇게 말할 때면 이 입장을 표시한다.

나 여기 앉아 인간을 빚어낸다,
내 모습을 따라
나처럼
괴로워하고 울며,
즐기고 기뻐하며,

---

10   * 힌두 문헌에 나오는 서사시. 산스크리트로 '신의 노래'라는 뜻이다.

그리고 그대를 존경하지 않는

나 닮은 종족을.

　　브루노의 철학이나 스피노자의 철학도 자신의 결점이나 불완전성으로 확신이 방해받거나 약화되지 않는 사람을 이 입장으로 끌어올 수 있을지도 모른다. 브루노의 철학에는 참다운 윤리가 없고, 스피노자 철학 속의 윤리는 자기 학설의 본질에서 비롯하지 않고, 그 자체로는 칭찬할 만하고 멋지긴 하지만 허약하고 극히 명백한 궤변에 의해서만 철학에 달라붙어 있을 뿐이다. 마지막으로 많은 사람의 인식이 그들의 의욕과 보조를 맞춘다면, 즉 그들이 모든 망상에서 벗어나 자기 자신을 명석하고 판명하게 자각할 수 있게 된다면 많은 사람은 앞에서 말한 입장에 서게 될 것이다. 이것은 인식에게는 **삶에의 의지**를 전적으로 **긍정**하는 입장이기 때문이다.

　　의지는 자기 자신을 긍정하고 이렇게 말한다. 의지의 객관화, 즉 세계와 삶에는 의지 자신의 본질이 의지에게 표상으로서 완벽하고 분명하게 주어지면서, 이 인식이 의지의 의욕을 결코 방해하는 것이 아니라, 바로 이렇게 인식된 삶이 여태까지 인식 없이 맹목적 충동으로, 또한 그 자체로서 의지에 의해 의욕되었듯이, 이제는 인식에 의해 의식적으로 분별 있게 의욕되는 것이다. 이것의 반대인 **삶에의 의지 부정**은 의욕이 지금 말한 인식으로 끝나는 경우에 생긴다. 그럴 경우 인식된 개별적 현상이 의욕의 동기로 작용하는 것이 아니라, 이념을 파악해서 생긴, 의지를 반영하는 세계의 본질에 관한 인식 전체가 의지의 **진정제**가 되고, 그리하여 의지가 아무 거리낌 없이 자신을 포기하게 된다. 지금까지 알려지지 않은, 이 일반적인 표현에서 쉽게 이해되지 않는 개념들이 곧 이어지는 현상의 서술을 통해, 한편으로는 긍정이 여러 가지로 정도를 달리하면서 나타나고, 다른 한편으로는 부정이 나타나는 행위 방식을 통해 분명해지기를 희망한다. 긍정과 부정은 사실 **인식**에서 출발하지만 말로 표현되는 추상적 인식에서 출발하는 것이 아니라 행위와 품행을 통해서만 표현되고, 이 경우 추상적 인식으로서 이성이 문제 삼는 교의와는 무관한 생생한 인식을 통해 출발하기 때문이다.

　　그런데 내 목적은 긍정과 부정을 서술하고, 이성으로 하여금 그것을 분명히 인식시키는 것이지만, 어느 한쪽을 지시하거나 권장하는 것은 어리석은 일일뿐더러 무의미한 일일 것이다. 의지 자체는 완전히 자유롭고, 전적으로 스스로만을 규정하는 것이며, 의지에 대해서는 아무런 법칙도 없기 때문이다. 그렇지만 우리는 무엇보다 먼저 앞서 말한 설명으로 들어가기 전에, 이 **자유**와 이 자유의 필연성과의 관계를 상세히 논하고 보다 정확하게 규정하지 않으면 안 된다. 그런 다음에 삶의 긍정과 부정이 우리의 문제인데, 그 삶에 관해서도 의지와 그 객관에 관련된 몇 가지 일반적 고찰을 하지 않으면 안 된다. 이 모든 것에 의해 우리는 행위 방식의 윤리적 의미에 대한 의도된 인식을 그 행위 방식의 가장 내적인 본질에 따라 수월하게 할 것이다.

앞서 말했듯이, 이 책 전체는 하나의 사상을 전개한 것에 불과하므로, 그 결과 모든 부분은 서로 간에 긴밀하게 연결되고, 각 부분은 바로 앞부분과 필연적 관계에 있으며, 오직 일련의 추론으로 이루어져 있는 모든 철학이 그렇듯이, 그 때문에 앞부분을 독자가 기억하고 있는 것으로 전제할 뿐 아니라 책 전체의 어떤 부분도 다른 모든 부분과 유사하고 그 부분을 전제하고 있다. 그러므로 독자는 우선 앞서 말한 내용뿐 아니라 이전의 모든 내용을 기억하는 게 필요하다. 그리하여 독자에게는 그 사이에 많은 다른 것이 있더라도 그때마다 그것을 현재적인 것에 연결시킬 수 있는 능력이 요구된다. 플라톤도 그의 독자에게 이런 무리한 요구를 했는데, 그는 대화편에서 미로 같은 복잡한 과정을 통해 긴 에피소드를 말한 후에야 비로소, 바로 그럼으로써 이제 보다 계몽된 상태에서 근본 사상을 다시 다룬다. 우리의 유일한 사상을 잘게 나누어 여러 가지로 고찰하는 것은 사실 전달을 위한 유일한 수단이지만 그 사상 자체에는 본질적 형식이 아니라 단지 인위적 형식일 뿐이므로, 우리의 경우 이 무리한 요구는 꼭 필요하다. 네 가지 주된 관점, 즉 네 권의 책으로 나누어서, 유사한 것과 동질적인 것을 주도면밀하게 연결시키는 것이 설명과 그 파악을 쉽게 하는 데 도움이 된다. 그럼에도 그 소재는 역사적 진행과 같은 직선적 진행을 결코 허락하지 않고, 보다 복잡한 서술을 하게 만든다. 또 바로 이런 사실 때문에 이 책을 되풀이해서 연구하는 것이 꼭 필요하다. 그래야만 각 부분과 다른 부분과의 연관이 분명해지고, 이제야 모든 부분은 서로가 서로를 조명하여 완전하게 환해지는 것이다.[11]

---

11 이에 대해서는 제2편 41~44장 참고

55.
의지의 절대적 자유에 대하여

의지 그 자체가 **자유롭다**는 것은 우리의 견해로는 이미 의지가 모든 현상의 내용인 사물 자체란 사실에 귀결된다. 반면 우리는 이 현상은 네 가지 형태로 나타나는 근거율에 전적으로 종속되어 있는 것으로 알고 있다. 또 우리는 필연성이란 주어진 근거에서 생긴 귀결과 전적으로 동일하고 양자가 상관 개념임을 알고 있으므로, 현상에 속하는 모든 것, 즉 개체로서 인식 주관에 대한 객관은 한편으로는 근거이고 다른 한편으로는 귀결이다. 그리고 이 귀결이라는 특성에서는 전적으로 필연적으로 규정되어 있고, 따라서 어떤 점에서도 있는 그대로와 다를 수 없다. 자연의 전체 내용, 그 모든 현상은 그러므로 전적으로 필연적이고, 모든 부분, 모든 현상, 모든 사건의 필연성은 그때마다 증명될 수 있다. 필연성이 귀결로서 의존하고 있는 근거는 발견될 수밖에 없기 때문이다. 여기에는 어떠한 예외도 없다. 그것은 근거율의 무제한적인 타당성에서 비롯된다.

그러나 다른 한편으로 모든 현상으로 나타나는 바로 이 세계는 우리에게 의지의 객관성이고, 의지는 그 자신이 현상이 아니고 표상도 객관도 아닌 사물 자체이기 때문에, 모든 객관의 형식인 근거율에도 종속되지 않는다. 그러므로 의지는 어떤 근거를 통한 귀결로서 규정되지 않고, 따라서 필연성을 알지 못하므로 **자유로운** 것이다. 그러니까 자유의 개념은 본래 부정적인 것이다. 왜냐하면 그 내용이 필연성의 부정, 즉 귀결의 그 근거에 대한 근거율에 따르는 관계의 부정이기 때문이다. 그런데 여기서 우리 앞에 커다란 대립의 일치점, 즉 자유의 필연성과의 합일이 아주 분명하게 존재한다. 근래 들어 이에 관한 논의가 가끔 있었지만, 내가 알기로는 분명하고 적절하게 논의된 적은 결코 없었다. 모든 사물은 현상과 객관으로서 전적으로 필연적이다. 그와 같은 것이 **그 자체**로 의지이며, 이 의지는 완전히 영원토록 자유롭다. 현상, 즉 객관은 근거와 추리의 중단할 수 없는 연쇄에서 필연적이고 변경할 수 없이 규정되어 있다.

그러나 이 객관의 현존 일반과 그 현존 방식, 즉 객관 속에 드러나는 이념, 또는 다른 말로 하면, 그 객관의 성격은 의지의 직접적인 현상이다. 그러므로 이 의지가 자유라고 한다면, 객관은 결코 현존하지 않을 수 있거나 근원적이고 본질적으로도 전혀 별개의 것일 수 있다. 하지만 그럴 경우 객관이라는 하나의 고리를 이루고 있고, 그 자체도 동일한 의지의 현상인 전체의 연쇄 또한 전적으로 별개일지도 모른다. 그런데 객관은 일단 현존하게 되면 근거와 귀결의 계열에 들어가고, 그 계열에서 언제나 필연적으로 규정되어, 그에 따라 별개의 것이 될 수 없다. 즉, 변화할 수 없고, 그 계열에서 이탈하여 사라질 수도 없다.

인간은 자연의 다른 모든 부분과 마찬가지로 의지의 객관성이다. 그 때문에 지금까지 말한 모든 것은 인간에게도 적용된다. 자연 속의 모든 사물은 특정한 영향에 일정하게 반응하고 자신의 성격을 이루는 힘과 성질을 갖고 있듯이, 인간에게도 **성격**이 있으며, 거기에서 동기가 필연적으로 행위를 불러일으킨다. 이 행동 방식 자체에서 인간의 경험적 성격이 드러나고, 이 경험적 성격에서 다시 인간의 예지적 성격인 의지 그 자체가 드러나며, 인간은 의지 그 자체의 결정된 현상이다. 그러나 인간은 의지의 가장 완전한 현상이며, 그 현상이 존재하기 위해서는 제2권에서 보여 준 것처럼, 아주 고도의 인식에 의해 비추어져야 한다. 그 결과 이 인식 속에서 심지어 세계의 본질이 표상이라는 형식 아래 완전히 적절하게 재현되어, 이념이 파악되고 세계가 순수하게 비추어지게 된다. 이것은 우리가 제3권에서 알게 된 사실이다. 따라서 인간에게서는 의지가 완전한 자각에 이를 수 있고, 전체 세계에 반영되어 있는 그 자신의 본질을 분명하고도 남김 없는 인식에 이를 수 있다. 우리가 제3권에서 보았듯이, 이 정도의 인식이 실제로 현존하는 것에서 예술이 생겨난다.

그러나 우리의 모든 고찰의 끝에 가면, 의지가 그 인식을 자신과 관련시킴으로써, 같은 인식을 통해 의지의 가장 완전한 현상에서 의지의 폐기와 자기 부정이 가능하다는 사실도 밝혀질 것이다. 그리하여 보통 사물 자체에만 귀속하는 것으로서 현상 속에선 결코 드러날 수 없는 자유가 이 현상 속에서도 나타나게 된다. 이 현상 자체는 시간 속에서만 계속 존속하는 반면, 자유는 현상의 근저에 존재하고 있는 본질을 폐기하므로 현상과 자기 자신의 모순을 야기하여 성스러움과 자기 부인이라는 현상체를 나타낸다. 그렇지만 이 모든 것은 이 책의 끝에 가서야 비로소 완전히 이해될 수 있다. 그러므로 당분간은 인간이 의지의 다른 현상과 어떻게 다른지 일반적으로 암시만 해 둘 작정이다. 자유, 즉 근거율로부터의 독립은 사물 자체로서의 의지에만 귀속하고 현상과는 모순되는 것이지만, 그럼에도 인간의 경우 어쩌면 현상에서도 나타날 수 있지만, 이 경우 자유는 필연적으로 현상의 자기 자신과의 모순으로 나타난다. 이 의미에서 의지 자체뿐 아니라 심지어 인간도 물론 자유롭다고 불릴 수 있으며, 그럼으로써 다른 모든 존재와 구별될 수 있다. 그러나 이것을 어떻게 이해할 것인가는 다음에 이어지는 모든 내용으로 비로소 분명해질 수 있으며, 지금은 아직 전적으로 도외시할 수밖에 없다. 우선은 개별적이고 특정한 인간의 행위가 필연성에 종속되지 않는다는 오류, 즉 동기의 힘이 원인의 힘이나 전제에서 나온 추론의 귀결보다 덜 확실하다는 오류를 미연에 방지해야 하기 때문이다. 사물 자체로서의 의지의 자유는 앞서 말했듯이 언제나 하나의 예외에만 관계되는 것으로, 앞에서 언급한 경우를 도외시하는 한 결코 직접적으로는 의지의 현상으로 넘어가지 않으며, 이 현상이 가시성의 최고 단계에 도달한 경우에도, 즉 개인적 성격을 지닌 이성적 동물인 인간에게도 넘어가지 않는다.

인간은 자유로운 의지의 현상이긴 하지만 결코 자유롭지 않다. 왜냐하면 인간은 바로 그 의지의 자유로운 의욕에 의해 이미 결정된 현상이기 때문이다. 그리고 이 인간이 모든 객관의 형식, 즉 근거율로 들어가면서, 인간은 그 의지의 단일성을 행위의 다수성으로 발전시키지만, 그 다수성은 의욕 자체의 시간 외적인 단일성 때문에 자연력의 합법칙성과 함께 나타난다. 그럼에도 자유로운 의욕은 인간과 그의 모든 품행에서 가시적으로 되는 것이므로, 이것에 대한 의욕의 관계는 정의에 대한 개념의 관계와 같다. 그러므로 인간의 모든 개별적 행위도 자유로운 의지 탓으로 돌려질 수 있고, 의식에 대해서는 직접 그 행위로 통보된다. 그 때문에 이미 제2권에서 말했듯이, 누구나 선험적으로 — 즉, 여기서는 그의 근원적 감정에 따라 — 개별적인 행위에서도, 즉 주어진 모든 경우 그에게 모든 행위가 가능하다는 의미에서 자유롭다고 간주된다. 또 인간은 후험적으로 경험과 경험에 대한 반성에 의해 비로소 그의 행위가 필연적으로 성격과 동기의 합일에서 생기는 것임을 인식한다.

그 때문에 아무리 교양 없는 사람이라도 그의 감정에 따라 개별적인 행위에서 완전한 자유를 아주 격렬하게 옹호하게 되는 반면, 모든 시대의 위대한 사상가는 물론이고 심지어 보다 심오한 교리조차도 이를 부인해 왔다. 그러나 인간의 모든 본질은 의지이고, 인간 자신은 이 의지의 현상에 지나지 않지만, 이 현상은 근거율을 이미 주관에서 인식할 수 있는 필연적 형식으로 갖고 있다. 이 형식이 인간의 경우 동기화의 법칙으로 형태를 취하고 있음을 분명히 알게 된 사람에게는 주어진 성격과 당연한 동기가 있는 경우 필연적으로 행위가 일어나는 것을 의심하는 것은 삼각형의 세 각의 합이 2직각과 같다는 것을 의심하는 격이 될 것이다. 개별적 행위의 필연성에 관해 프리스틀리Joseph Priestley(1733~1804)[12]는 그의 『철학적 필연성의 학설』에서 아주 충분히 밝혔다.

그런데 이 필연성과 의지 자체의 자유, 즉 현상 밖에서의 자유와의 공존을 맨처음 증명[13]한 사람은 칸트였고, 이것이 특히 그의 커다란 공적인데, 그는 예지적 성격과 경험적 성격을 서로 구분하면서 그것을 증명했다. 나는 그 구분을 완전히 그대로 받아들인다. 예지적 성격은 특정한 개인에게 특정한 정도로 나타나는 한에서 사물 자체로서의 의지지만, 경험적 성격은 시간적으로는 행위 방식으로, 공간적으로는 이미 체형으로 나타나듯이 이 현상 자체이기 때문이다. 이 두 가지 성격의 관계를 이해할 수 있게 하기 위해서는 이미 입문이 되는 논문에서 사용된 표현이 가장 적절하다. 즉, 각자의 예지적 성격은 시간에서 벗어난, 그 때문에 나눌 수 없고 변화시킬 수 없는 의지 행위로 간주될 수 있고, 경험적 성격이 이 인간의 전체 행위 방식과 인생행로에서 경험적으로 나타나듯이, 그 의지 행위가 시간, 공간 및 근거율의 모든 형식 속에서 전개되고 분산되어 나타난 현상이 경험적 성격이다. 나무 전체는 동일한 욕동이 끊임없이 반복해서 나타난 현상에 불과하다. 그 욕동은 섬유 속에서 가장 단순하게 나타나고, 잎, 자루, 가지, 줄기로 구성된 것에서 반복되며, 그 속에서 쉽게 알아볼 수 있다. 그렇듯이 인간의 모든 행위도 그의 예지적 성격이 형식 속에서 어느 정도 변화하면서 끊임없이 반복해서 발현된 것

12　*영국 리즈 근교의 필드헤드에서 태어난 성직자, 정치이론가이자 물리학자. 자유주의적 정치사상과 종교사상, 그리고 실험과학의 발전에 기여했다. 주요 저서로 『그리스도 교회사』, 『역사와 일반 정치 강론』, 『통치의 제1원리에 관한 소론』 등이 있다.

13　『순수이성비판』 제1판 532~558쪽, 제5판 560~586쪽과 『실천 이성 비판』 제4판 169~179쪽, 로젠크란츠 판 224~231쪽

에 불과하다. 그리고 그 행위들의 총합에서 생기는 귀납이 그의 경험적 성격을 나타내 준다. 그런데 나는 칸트의 탁월한 서술을 다른 표현으로 반복하지 않고 독자들이 알고 있는 것으로 전제하려고 한다.

1840년에 나는 의지의 자유에 관한 현상 당선 논문에서 이 중요한 주제를 철저하고 상세히 다루었다. 그리고 특히 사람들이 경험적으로 주어진 의지의 절대적 자유, 즉 무차별의 자유liberum arbitrium indifferntiae[14]를 자의식 속에서 그 자의식의 사실로서 발견한다고 잘못 생각한 착각의 근거를 밝혀냈다. 아주 현명하게도 현상 과제는 바로 이 점에 초점을 맞추었기 때문이다. 그러므로 나는 독자에게 이 논문과 아울러 '윤리학의 두 가지 근본 문제'라는 제목으로 발간된 도덕의 토대를 다룬 현상 논문의 제10장을 참조할 것을 바라면서, 이 책의 초판에서 불완전하게 논한 의지 행위의 필연성에 대한 서술을 지금은 그만두도록 하겠다. 그 대신 앞에서 언급한 착각을 짧은 설명으로 해설하고자 한다. 이 설명은 제2편 제19장을 전제하고 있어서, 그 때문에 앞에서 말한 현상 논문에서는 언급할 수 없었다.

참된 사물 자체로서 의지는 실제로 근원적이고 독립적인 것이기 때문에, 자의식 속에서도 근원성과 자주 독립성의 감정이 자신의 — 이 경우 이미 결정된 — 의지 행위에 수반되지 않을 수 없다. 그러나 이것은 별개로 하고 (의지에만 부여될 수 있는 초월적 자유 대신) 의지에 경험적 자유가 있다는 가상, 즉 개별적인 행위에 자유가 있다는 가상은 지성이 의지에 대해 별개의 종속적 위치에 있는 데서 생기는 것이다. 이에 대해서는 제2편 19장, 특히 3번 이하에서 설명해 놓았다. 말하자면 지성은 의지의 결정을 후험적이고 경험적으로 비로소 알게 된다. 그에 따라 지성은 당면한 선택을 하는 경우 의지가 어떤 결정을 할 것인지에 관한 자료를 갖고 있지 않다. 예지적 성격에 의하면 주어진 동기가 있는 경우 오직 **하나**의 결정만 가능하고, 그에 따라 이 결정은 필연적인 것이며, 예지적 성격은 지성을 인식하는 데 이르지 않고 그 개별적인 행위를 통해 단순히 경험적 성격만을 연속해서 알게 되는 데 불과하기 때문이다. 따라서 인식하는 의식(지성)에게는 당면한 경우 두 가지 상반된 결정이 의지에 다 같이 가능할 것처럼 생각된다. 그런데 이 관계는 마치 수직으로 서 있는 막대가 균형을 잃고 흔들리는 것을 보고, '이 막대는 왼쪽으로 넘어질 수도 오른쪽으로 넘어질 수도 있다'라고 말하는 것과 같다.

14　*무차별의 자유는 아무런 영향을 받지 않는 자유로운 의지 결정을 말한다.

그렇지만 '일 수 있다'는 것은 주관적 의미만 가질 뿐 본래는 '우리가 아는 자료와 관련해서'라는 뜻이다. 객관적으로 보면 막대가 흔들리기 시작하자마자 쓰러질 방향이 이미 정해져 있기 때문이다. 그에 따라 자신의 의지를 결정하는 것도 의지의 관찰자, 즉 자신의 지성에게는 결정되어 있지 않고, 따라서 단지 상대적이고 주관적일 뿐이어서, 말하자면 인식 주관에 대한 것일 뿐이다. 반면 그 자체로서 객관적으로 보면 당면한 모든 선택을 하는 경우 결정은 즉시 결정되어 있고 필연적이다. 이 결정은 이어지는 결단을 통해 비로소 의식 속에 들어온다. 까다롭고 중요한 결정을 해야 하는 경우 우리는 이에 대한 경험적 선례를 얻기도 한다. 하지만 이것은 아직 나타나지 않고 단지 기대될 뿐인 조건 아래에서만 가능한 일이다. 그래서 우리는 당분간 아무것도 할 수 없고 수동적 태도를 취할 수밖에 없다. 이제 우리는 무엇 때문에 결단을 내리는 것인지, 자유롭게 행동하고 결정할 수 있는 사정이 언제 생길 것인지 곰곰 생각한다. 그런데 대체로 어떤 결정에는 멀리 내다보는 있는 합리적 숙고가 적합하고, 또 다른 종류의 결정에는 직접적인 경향이 더 적합하다. 우리가 어쩔 수 없이 수동적인 입장에 있는 한 이성의 측면이 우세를 유지하려는 것 같다. 그러나 우리는 행동의 기회가 있을 때는 다른 측면이 얼마나 강하게 움직이는지 미리 알고 있다. 그때까지 우리는 찬반을 냉철히 성찰하여 양쪽의 동기를 명확히 밝히려고 최대한 노력하고, 그리하여 시기가 왔을 때 각기 온 힘을 기울여 의지에 작용할 수 있도록 하여, 또 가령 지성 쪽의 실수로 의지를 미혹하여 모든 것이 균등하게 작용하는 경우 의지가 하려는 것과 다른 결정을 내리지 않도록 하고 있다.

그런데 이렇게 상반된 동기를 분명히 전개하는 것이 지성이 선택하는 경우 할 수 있는 전부다. 지성은 참된 결정을 기다릴 때, 타인의 의지의 결정을 기다리는 것처럼 수동적으로 긴장된 호기심을 가지고 기다린다. 그러므로 지성은 그 입장에서 보면 두 가지 결정이 동시에 가능한 것으로 생각하지 않을 수 없다. 그런데 이것이 바로 의지의 경험적 자유의 가상이다. 결정이 지성의 권역으로 들어가는 것은 물론 사안의 최종적 결과로서 전적으로 경험적이다. 그럼에도 그 결정은 의지가 주어진 동기와 충돌을 빚으면서 개인적 의지의 내적 속성, 즉 예지적 성격에서 나온 것이므로 완전히 필연적인 것이다. 이 경우 지성은 동기의 속성을 모든 면에서 면밀히 비춰 볼 수 있을 뿐 의지 자체를 규정할 수는 없다. 지성은 의지에 결코 다다를 수 없을뿐더러, 우리가 보았듯이, 심지어 의지는 탐구하기 어렵기 때문이다.

어떤 사람이 동일한 사정 아래에서 어떤 때는 이렇게 다른 때는 저렇게 행동할 수 있다면 그의 의지 자체가 그 사이 변했음에 틀림없고, 그 때문에 그 의지는 시간 속에 있음에 틀림없다. 왜냐하면 시간 속에서만 변화가 가능하기 때문이다. 하지만 그 경우 의지가 하나의 단순한 현상에 불과하거나 시간이 사물 자체의 하나의 규정이어야 한다. 그에 따라 개별적인 행위의 자유, 즉 무차별의 자유에 대한 논쟁은 원래 의지가 시간 속에 있는지 없는지의 문제에 관한 것이다. 칸트의 학설과 마찬가지로 나의 서술 전체에서도 의지는 사물 자체고 시간과 근거율의 모든 형식 밖에 있다는 것은 필연적이다. 그렇다면 개인은 같은 상황에서 언제나 같은 식으로 행동하게 마련이고, 모든 나쁜 행위는 그가 **실행할 수밖에 없고 그만둘 수 없는** 다른 무수한 나쁜 행위를 확고하게 보증할 뿐 아니라, 칸트가 말하는 것처럼 경험적 성격과 동기가 완전히 주어져 있기만 한다면, 미래에 있을 인간의 행동은 일식과 월식처럼 계산해 낼 수 있을 것이다. 자연이 일관성이 있듯이 성격도 그러하다. 모든 현상체가 자연법칙에 따라 생겨나듯이 모든 개별적인 행위는 성격에 따라 생겨난다. 현상체에서의 원인과 행위에서의 동기는 제2권에서 말한 것처럼 기회 원인에 불과하다. 의지의 현상이 인간의 모든 존재와 삶을 이루지만, 개별적인 경우 이 의지를 인정하지 않을 수 없다. 그리고 인간은 전체적으로 의욕하는 것을 개별적으로도 끊임없이 의욕할 것이다.

의지의 경험적인 자유, 즉 무차별한 자유의 주장은 인간의 본질이 일종의 **영혼**으로 생각되는 것과 아주 밀접한 관계가 있다. 그 영혼은 근원적으로 **인식하는** 존재, 그러니까 본래 추상적으로 **사유하는** 존재이고 그 결과 비로소 **의욕하는** 존재가 될지도 모른다. 그러므로 실제로는 인식이 부차적인 본성인데도 의지를 부차적 본성으로 만든다. 특히 데카르트와 스피노자의 경우에는 의지를 심지어 사유 행위로 간주하고 판단과 동일시하기도 했다. 그에 따라 모든 인간은 자신의 인식의 결과 비로소 있는 그대로의 그가 되었는지도 모른다.

인간은 도덕적인 영^霊으로 이 세상에 태어나 이 세상의 사물을 인식하고, 이런저런 자가 되어 이러저러하게 행동하겠다고 결정한다. 또한 새로운 인식의 결과 새로운 행동 방식을 취함으로써 다시 다른 사람이 될 수도 있다. 그렇다면 그는 그에 따라 맨 먼저 어떤 사물을 **의욕**하고 그 결과 그것을 **선하다**고 부르는 대신, 맨 먼저 어떤 사물을 **선하다**고 인식하고 그 결과 그것을 의욕하게 될 것이다. 말하자면 나의 전체적인 기본 견해에 따르면 그 모든 것은 진실한 관계를 반대로 뒤집은 것이다. 의지는 최초이자 근원적인 것이고, 인식은 단순히 덧붙여져 의지의 도구로서 의지의 현상에 소속된 것이다. 따라서 모든 인간은 그의 의지에 의해 있는 그대로의 그이고, 그의 성격은 근원적인 것이다. 왜냐하면 의욕이 그의 본질의 토대이기 때문이다. 부가된 인식을 통해 그는 경험이 쌓이면서 자신이 무엇인지 알게 된다. 그러므로 그는 자기 의지 속성의 결과와 그 속성에 따라 자신을 **인식**하는 것이지, 옛날부터 있던 견해에 따라 자기 인식 작용의 결과와 그 인식 작용에 따라 **의욕**하는 것은 아니다.

이 견해에 따르면 그는 어떻게 하면 가장 즐겁게 살아갈 수 있을지를 곰곰 생각하기만 하면 되는데, 그는 그럴 수 있을지도 모른다. 이것이 그 견해를 따른 자유의지다. 그러므로 의지의 자유는 본래 인간은 인식의 빛에 비추어진 그 자신의 작품이라는 데에 그 본질이 있다. 반면 나는 이렇게 말한다. 의지의 자유는 인간의 모든 인식에 앞선 그 자신의 작품이고, 이 인식은 그 작품을 비추기 위해 부가된 것에 불과하다. 그 때문에 인간은 이러저러한 존재라고 결정할 수 없고, 다른 사람이 될 수도 없으며, 결정적으로 그**이고**, 연속적으로 자기가 **무엇**인지 인식한다. 옛날의 견해로는 인간은 자신이 인식하는 것을 **의욕**하지만, 내 견해로는 그가 의욕하는 것을 **인식**하는 것이다.

그리스인은 성격을 에에토스ηθος라 부르고, 그것의 발현을 에에테ηη라 불렀지만, 이 말은 에토스, 즉 풍습εθος에서 유래하고 있다. 그리스인은 성격의 항구성을 풍습의 항구성을 통해 비유적으로 표현하기 위해 이 말을 선택했다. "성격(에에토스)이란 말은 그 명칭을 에토스(풍습)에서 얻었기 때문이다"라고 아리스토텔레스가 말하고 있다(Eth. magna, I, 6, S. 1186, 및 Eth. Eud., S. 1220, 및 Eth. Nic., S. 1130, ed. Ber). 스테바에오스는 다음과 같은 인용을 하고 있다. "제논의 제자들은 비유적으로 에토스를 개별적인 행동을 낳는 삶의 근원이라고 설명한다"(Eclogae phys. et eth. 제2권 제7장). 기독교 교리에는 은총의 선택 유무에 따른 예정설에 관한 교의가 있는데(「로마서」 9장 11~24절), 이것은 인간이란 변화하지 않고, 그의 삶과 품행, 즉 그의 경험적 성격은 예지적 성격을 계발시킨 데 불과하고, 이미 어린아이에게서 인식할 수 있는 변화하지 않는 여러 소질을 발전시킨 것이며, 그 때문에 말하자면 이미 그가 태어났을 때 그의 품행은 확고하게 정해져 있고, 죽을 때까지 본질적으로는 그대로 있다는 통찰에서 나온 것이 분명하다. 우리도 이런 생각에 동의한다. 하지만 물론 나는 이 전적으로 옳은 통찰과 유대인의 교리에서 발견되는 교의의 합일에서 생기는 결론, 즉 교회에서 최대의 쟁점이 되어 있는 가장 어려운 난제이며, 영원히 풀 수 없는 고르디우스Gordius의 매듭[15]으로 되어 있는 결론을 대변하는 일을 떠맡지 않겠다. 사도 바울까지도 이 목적을 위해 도공陶工의 비유를 들었지만 그 일이 쉽사리 성공하지 않았기 때문이다. 그 결과는 결국 다음과 같은 시구에 지나지 않을지도 모르기 때문이다.

> 인간 종족이여,
> 신들을 두려워하라!
> 신들은 영원한 손에
> 지배권을 장악하고,
> 내키는 대로
> 사용할 수 있으니.
> (괴테, 『이피게니에』 제4막 5장)

그러나 이 고찰은 본래 우리의 주제와는 거리가 멀다. 오히려 지금은 성격과 그것의 모든 동기가 담긴 인식 작용 사이의 관계에 대해 약간 논하는 것이 목적에 맞을 것이다.

성격의 현상이나 행동을 규정하는 동기들은 인식의 매개에 의해 성격에 영향을 미친다. 그러나 인식은 가변적이고 오류와 진리 사이에서 종종 이리저리 동요하긴 해도 살아가는 중에 물론 정도의 차이는 있지만 점점 더 고쳐지는 것이 보통이다. 그러므로 한 인간의 행동 방식은 눈에 띄게 변할 수는 있지만, 그렇다고 그의 성격이 변했다고 결론 내릴 수는 없는 일이다. 인간이 본래 일반적으로 의욕하는 것, 인간의 가장 내적인 본질의 노력과 그 노력에 따라 그가 추구하는 목표, 이런 것들을 우리는 인간에 대한 외적인 영향과 가르침을 통해서는 결코 더 이상 변화시킬 수 없다. 만약 변화시킬 수 있다고 한다면 우리는 인간을 개조할 수 있는 셈이다.

세네카는 "의욕은 배울 수 없다"(『서간집』 81, 14)라고 탁월하게 말한다. 이 경우 그는 "덕은 가르칠 수 있다"라고 가르친 스토아 철학자보다는 진리를 선호한 것

---

15 * 고르디우스가 묶은 매듭을 푸는 사람은 아시아의 왕이 된다는 신탁을 듣고, 알렉산드로스 대왕이 이것을 한 칼에 베어 버렸다는 고사가 있다. 여기서 '고르디우스의 매듭'이란 풀기 어려운 문제를 뜻한다.

이다. 외부로부터는 동기에 의해서만 의지에 영향을 끼칠 수 있다. 하지만 이 동기는 의지 자체를 결코 변화시킬 수 없다. 왜냐하면 동기 그 자체는 의지가 있는 그 대로의 의지라는 전제 아래에서만 의지를 마음대로 좌우할 수 있기 때문이다. 그러므로 동기가 할 수 있는 모든 것은 동기가 의지의 노력 방향을 변화시키는 것, 즉 의지가 변함없이 추구하는 것을 지금까지와는 다른 방법으로 추구하게 만드는 것이다. 그 때문에 가르침이나 개선된 인식, 즉 외부로부터의 영향은 사실 의지가 수단을 그르치도록 가르칠 수 있다. 그에 따라 의지가 자신의 내적 본질에 따라 일단 추구해 온 목표를 전혀 다른 방법으로, 심지어 지금까지와는 전혀 다른 객관 속에서 추구하게 만들 수 있다. 그러나 외부의 영향은 의지가 지금까지 의욕해 온 것과 실제로 다른 것을 의욕하게 만들 수 없으며, 이것은 변화시킬 수 없다. 의지란 이 의욕 자체일 뿐이고, 그렇지 않으면 의욕은 중지되어야 하기 때문이다.

그런데 전자, 즉 인식의 변경 가능성과 그로 인한 행위의 변경 가능성은, 의지가 언제나 불변의 목적, 가령 모하메드의 천국이라는 목적을 때로는 현실 세계에서 때로는 공상 세계에서 달성하려고 하게끔 한다. 이에 따라 수단들을 고려하여, 그 때문에 처음에는 영리함, 권력, 사기를 사용하거나, 다음에는 금욕, 정의, 자선, 메카 순례를 사용하게 한다. 그렇다고 해서 의지의 노력 자체가 변하는 것은 아니고, 의지 자체는 더더욱 변하지 않는다. 그러므로 물론 의지의 행위가 시대마다 각양각색으로 다르게 나타나지만, 의지의 의욕은 전적으로 동일한 의욕으로 남아 있었다. 의욕은 배울 수 없는 것이다.

동기가 효과를 내기 위해서는 그것이 현존할 뿐 아니라 인식되는 것이 필요하다. 이미 한번 언급한 스콜라 철학자들의 아주 훌륭한 표현에 의하면 "궁극적 원인은 그 실제적인 존재가 아닌 인식된 존재에 따라 작용한다"고 하기 때문이다. 예컨대 어떤 주어진 인간에게 이기심과 연민이 상호 관계를 갖고 나타나기 위해서는 그 사람이 부富를 소유하고 있거나 타인의 불행을 보는 것으로는 불충분하고, 가령 그는 그 부를 가지고 자신뿐 아니라 남을 위해 어떤 일을 할 수 있는지도 알아야 한다. 또 타인의 고뇌가 그에게 나타나야 할 뿐 아니라 그는 고뇌가 무엇이고, 향유가 무엇인지도 알아야 한다. 어쩌면 그는 이 모든 것을 첫 번째 계기에서는 두 번째의 계기에서만큼 그리 잘 알지 못했을지도 모른다. 그리고 그가 같은 계기에서 다르게 행동한다면 그것은 사정이 본래 달랐기 때문이다. 말하자면 사정이 같은 것으로 보여도 그 사정에 관한 그의 인식 작용에 의존하는 부분이 달랐기 때문이다.

실제로 현존하는 사정을 알지 못하면 효과가 생기지 않는 것처럼, 다른 한편으로 전적으로 공상적인 사정도 어떤 개별적인 착각에서뿐 아니라 전체로서도 실재적인 사정처럼 지속적으로 작용할 수 있다. 예컨대 어떤 사람이 모든 선행은 내세에서 백배로 보상받는다고 굳게 믿게 된다면 그 확신은 아주 장기적 시각에서 그야말로 안전한 어음처럼 적용되고 작용한다. 달리 생각하면 그는 이기심 때문에 빼앗을 수 있듯이 이기심 때문에 줄 수도 있다. 의욕은 배울 수 없으므로 그는 변하지 않았다. 의지는 변화하지 않아도 행동에 미치는 인식의 영향이 이처럼 커서, 성격이 점차 발전하여 여러 가지 특색이 나타날 수 있는 것이다.

성격은 각 연령에 따라 다르게 나타나고, 격하고 거친 청년기가 지나면 침착하고 온건한 장년기가 올 수 있다. 특히 성격의 악한 점은 시간이 지남에 따라 점점 더 강하게 나타날 것이다. 그러나 때로는 사람들이 청년기에 마음껏 발산한 열정도 나중에 자발적으로 억제될 것이다. 왜냐하면 대립되는 동기들이 이제야 비로소 인식되었기 때문이다. 그 때문에 우리 모두가 처음에 전진난만한 것은 우리나 다른 사람들이 우리 자신의 본성의 악한 점을 알지 못한다는 것을 뜻하는 것에 불과하다. 동기가 생길 때 비로소 악한 점이 나타나고, 시간이 지남에 따라 비로소 동기가 인식된다. 결국 우리가 우리 자신을 선험적으로 생각했던 것과 전혀 다른 존재로 알게 되면 우리는 우리 자신에 대해 깜짝 놀라는 일이 간혹 있을 것이다.

후회는 — 불가능한 일이지만 — 의지의 변화에서가 아닌 인식의 변화에서 생기는 것이다. 나는 내가 언젠가 의욕한 것의 본질적이고 본래적인 것을 또 의욕하지 않을 수 없다. 나 자신은 시간과 변화의 밖에 존재하는 이 의지이기 때문이다. 그 때문에 나는 내가 의욕한 것은 결코 후회할 수 없지만, 내가 한 일은 후회할 수 있다. 내가 그릇된 개념에 인도되어 내 의지에 따르는 것과는 다른 어떤 일을 했기 때문이다. 보다 올바른 인식으로 이를 통찰하는 것이 **후회**다. 이것은 단순히 능통한 처세, 수단의 선택, 나의 본래적인 의지에 대한 목적의 적합성을 평가하는 것에 관련될 뿐 아니라 윤리적인 것에도 관련된다. 그리하여 나는 예컨대 내 성격에 맞는 것 이상으로 이기적으로 행동했을 수 있다. 그것은 내 자신이 처한 곤경이나 내가 다른 사람들의 간계, 거짓, 악의를 지나치게 표상함으로써 미혹되었거나, 내가 너무 급히 서둘러서, 즉 깊이 생각하지 않고 행동했기 때문에 일어났으며, 추상적으로 분명히 인식된 동기에 의해서가 아니라 단순히 직관적인 동기에 의해,

다시 말해 현재의 인상이나 그 인상이 불러일으킨 정동에 의해 규정된 것이다. 또 그 정동이 너무 강렬하여 나는 실은 내 이성을 사용하지 않은 것이다. 그러나 이 경우에도 분별의 회복은 후회가 생길 수 있는 인식을 바로잡은 것에 불과하고, 이 때 후회는 언제나 가능한 한 일어난 일의 개선에 의해 통지된다. 그렇지만 주목할 일은 사람은 자신을 속이기 위해 실은 은밀하게 숙고한 행동이지만 겉으로는 성급한 행동처럼 준비한다는 사실이다. 우리는 이 교묘한 수단으로 어느 누구보다도 우리 자신을 속이고, 우리 자신에게 아부하기 때문이다. 또한 지금 인용한 것의 반대 경우도 생길 수 있다. 즉, 내가 타인을 너무 신뢰했거나 또는 삶의 여러 재화의 상대적인 가치를 알지 못했거나, 이제 내가 더는 신뢰할 수 없게 된 어떤 추상적 교의에 미혹되어, 내 성격과 달리 덜 이기적으로 행동함으로써 다른 종류의 후회를 낳는 일이 있다.

그러므로 언제나 후회란 행동과 본래 의도에 대한 관계를 바로 잡은 인식이다. 의지가 자신의 이념을 공간 속에서만, 즉 단순한 형태를 통해 드러내는 한, 이미 다른 이념들, 여기서는 자연력에 의해 지배된 물질이 의지에 저항하고, 이 경우 가시적으로 되려 하는 형태가 완전히 순수하고 분명하게, 즉 아름답게 나타나게 하는 경우는 드물다. 이렇게 시간 속에서만, 즉 행위를 통해 드러나는 의지는 자료를 전적으로 올바르게 제시하는 일이 드문 인식 때문에 유사한 방해를 받는다. 그러면 그로 인해 행동은 의지에 완전히는 상응하지 못한 결과를 낳게 되어 거기서 후회가 생기게 된다. 그러므로 후회는 의지의 변화에서 생기는 것이 아니라 언제나 바로 잡은 인식에서 생긴다. 의지의 변화란 불가능하다. 저질러진 일에 대한 양심의 가책은 결코 후회가 아니라 의지 그 자체, 즉 의지의 인식에 대한 고통이다. 양심의 가책은 사람이 동일한 의지를 여전히 갖고 있다는 확실성에 기인한다. 의지가 변해 버린다면, 그 때문에 양심의 가책이 단순한 후회라면 이 후회는 없어져 버릴지도 모른다. 그렇게 되면 지나간 일은 더 이상 후회하는 사람의 의지가 아닌 의지의 발현을 나타내므로 그 일은 더 이상 양심의 가책을 일으키지 않을지도 모른다. 우리는 나중에 또 양심의 가책의 의미를 상세히 논할 것이다.

인식은 동기의 매개로서 의지 그 자체에는 영향을 미치지 않지만, 행동 속에 의지가 나타나는 것에는 영향을 미친다. 이 영향은 인간의 행동과 동물의 행동 간의 주된 차이를 근거 짓기도 한다. 양자의 인식방법이 다르기 때문이다. 말하자면 동물은 직관적 표상만 가질 뿐이지만, 인간은 이성에 의해 추상적 표상, 즉 개념

도 갖고 있다. 그런데 동물과 인간은 동일한 필연성으로 동기에 의해 규정되기는
하지만, 인간은 완전한 **선택 결정**을 한다는 점에서 동물보다 우월하다. 이 선택 결
정이란 여러 동기들 사이에서 끝까지 싸우게 된 충돌의 가능성에 지나지 않고, 그
동기들 중 보다 강한 것이 필연적으로 인간을 규정함에도 그 선택 결정은 또한 가
끔 개별적인 행위에서 의지의 자유로 간주되기도 한다. 다시 말해 이를 위해 동기
느 추상적이고의 형태을 지키기 않으면 안 된다. 이 추상적 사고에 의해서만 행
동을 일으키는 상반되는 근거들에 대한 본래적인 숙고, 즉 고려가 가능하기 때문
이다. 동물의 경우에는 직관적으로 존재하는 동기들 사이에서만 선택이 일어날
수 있기 때문에, 이 선택은 동물이 현재의 직관적인 포착의 좁은 권역에 한정되어
있다. 따라서 동기에 의해 의지를 규정하는 필연성은 원인에 의한 결과의 필연성
과 마찬가지로 동물의 경우에만 직관적으로 또 직접적으로 나타날 수 있다. 왜냐
하면 동물의 경우에는 관찰자도 동기의 결과와 마찬가지로 동기를 직접 눈앞에
보기 때문이다.

　반면 인간의 경우에 동기는 거의 항상, 관찰자가 참여하지 못하는 추상적 표상
이고, 행동하는 사람 자신에게도 동기 작용의 필연성은 그 동기의 갈등 배후에 숨
어 있다. 여러 표상은 판단과 추리의 연쇄로서 의식 속에 병렬하여 존재하고, 그
다음 보다 강한 동기가 다른 동기를 제압하여 의지를 규정할 때까지 모든 시간과
는 무관하게 상호 간에 단지 추상적으로만 작용할 수 있기 때문이다. 이것이 완전
한 **선택 결정**이거나, 또는 인간이 동물보다 우월한 숙고 능력이다. 그리고 이것 때
문에 사람들은 인간에게 자유 의지를 부여했는데, 이는 욕동이 의욕의 기초로 쓰
이지 않고 인간의 의욕이 지성을 조작한 단순한 결과라고 잘못 생각한 것이다.

　그러나 실제로 동기화는 인간의 경우 개별적인 것, 즉 하나의 성격인 특정한 욕
동을 토대로 하고 전제로 하여 작용할 뿐이다. 앞서 말한 숙고 능력과 이로 인해
생긴 인간의 자의와 동물의 자의의 차이점에 대한 좀 더 상세한 서술은 『윤리학
의 두 가지 근본문제』(제1판 35쪽 이하)에 있으므로, 여기서는 그것을 참조하길 바
란다. 아닌 게 아니라 인간의 이 숙고 능력이 인간의 현존을 동물의 현존보다 훨
씬 더 고통스럽게 만든다. 사실 일반적으로 우리의 가장 커다란 고통은 직관적 표
상이나 직접적인 감정으로서 현재 속에 있지 않고 추상적인 개념이나 고통에 찬
생각으로서 이성 속에 존재하기 때문이다. 오로지 현재 속에서만 살아가므로 부
러워할 만큼 아무 걱정 없이 살아가는 동물만이 그런 추상적인 개념이나 고통에

찬 생각으로부터 완전히 자유롭다.

앞에서 설명했듯이 인간의 숙고 능력이 추상적 사유 능력, 즉 판단과 추론 능력에도 의존하는 것은 의지의 결정을 긍정하거나 부정하는 능력(판단력)과 동일하게 보도록 데카르트뿐 아니라 스피노자도 잘못 미혹한 것처럼 생각된다. 데카르트는 이처럼 동일하게 보는 사실에서 그의 경우 무차별의 자유 의지가 모든 이론적인 오류의 책임도 진다고 추론했다. 이와는 달리 스피노자는 판단이 근거에 의해 필연적으로 규정되듯이, 의지가 동기에 의해 규정된다고 추론했다.[16] 아무튼 스피노자의 설은 옳긴 하지만, 그릇된 전제에서 나온 참된 결론으로 평가된다.

앞에서 증명했듯이, 인간이나 동물이 각기 동기에 의해 움직이는 상이한 방식은 양자의 본질에 무척 지대한 영향을 미치고 있고, 그 두 현존재의 결정적이고 현격한 차이를 만들어 내는 데 가장 많이 기여하고 있다. 말하자면 동물은 언제나 직관적 표상에 의해서만 동기화되지만, 인간은 이 종류의 동기화를 전적으로 배제하고, 추상적 표상에 의해서만 규정되려 애쓴다. 그럼으로써 인간은 이성의 특권을 최대한 유리하게 이용해 현재에 예속되지 않고, 일시적인 향유나 고통을 선택하거나 회피하지 않으며, 이 둘의 결과를 고려한다. 전혀 중요하지 않은 행동을 제외한다면, 대부분의 경우 우리를 규정하는 것은 현재의 인상이 아닌 추상적이고 사유된 동기다. 그 때문에 우리에게 순간적으로 개별적인 결핍이 일어나기는 꽤 쉽지만, 모든 것을 단념하기는 무척 어렵다. 개별적인 결핍은 스쳐 지나가 버리는 현재에만 관계되지만, 이 단념은 미래에 관계되므로 무수한 결핍을 자체 내에 함유하기 때문이다. 단념은 결핍의 등가물이다.

따라서 우리의 기쁨과 고통의 원인은 대체로 실재하는 현재에 있지 않고, 단순히 추상적인 사고 속에 있을 뿐이다. 간혹 우리를 참을 수 없게 하고 고통스럽게 만드는 것이 바로 이 추상적인 사고다. 그에 비하면 동물계의 모든 고통은 아주 사소한 것이다. 왜냐하면 이 추상적인 사고로 인한 고통 때문에 간혹 우리 자신의 육체적 고통을 전혀 느끼지 못할 때가 있기 때문이다. 그러니까, 우리는 격렬한 정신적 고통을 받을 경우 단순히 정신적 고통으로부터 육체적 고통으로 주의를 돌리기 위해 자신에게 육체적 고통을 가하기도 한다. 따라서 사람들은 극심한 정신적 고통을 받으면 자신의 머리칼을 쥐어뜯거나 가슴을 치고, 얼굴을 마구 할

---

16 데카르트의 『반성』 4, 스피노자의 『윤리학』 제2부 정리 48과 49 참고

퀴거나 땅바닥에 뒹굴기도 한다. 이 모든 것은 본래 도저히 견딜 수 없는 생각을 억지로 흐트러뜨리기 위한 수단에 불과하다. 사실 육체적 고통보다 훨씬 심한 정신적 고통은 육체적 고통을 못 느끼게 만들기 때문에, 절망에 빠진 사람이나 병적 불쾌감Unmut에 초췌해진 사람은 비록 전에 쾌적한 상태에 있을 때는 자살 생각만 해도 몸서리를 쳤다 하더라도 자살을 범하기가 매우 쉽다. 이와 마찬가지로 근심 과 걱정, 그리고의 미래는 않은 위세게 고통보다 더욱 신체를 소모시킨다. 그에 따라 에픽테토스가 "사람들을 불안하게 하는 것은 사물 자체가 아닌 사물에 대한 생각이다"라고 말하는 것은 지당하다 하겠다. 그리고 세네카는 "우리를 압박하는 것보다 우리를 깜짝 놀라게 하는 것이 더 많고, 우리는 현실보다도 표상에 더 자주 시달린다"고 말하고 있다. 오일렌슈피겔이 산을 올라갈 때는 웃었지만 내려갈 때는 울었다는 것 역시 인간의 천성을 탁월하게 풍자한 것이다. 그러니까 아이들이 다쳐서 종종 우는 것은 아파서라기보다는 사람들이 안타까워하는 말을 듣고서야 비로소 아프다는 생각이 들어 우는 것이다.

이처럼 행동과 고통에서 큰 차이가 생기는 것은 동물과 인간의 인식 방법이 다르기 때문이다. 더욱이 거의 종속의 특성만을 갖는 동물과 인간을 주로 구별시켜 주는 분명하고 명백한 개인적 성격의 출현은 추상적인 개념에 의해서만 가능한 여러 동기 사이의 선택에 의해 조건 지어진다. 그런데 미리 선택을 한 뒤 상이한 개인들에게서 상이하게 행해지는 결심은 개인마다 다른 개인적 성격의 표시이다. 반면 인상이 일반적으로 동물의 종속에 대한 동기라고 전제한다면, 동물의 행위는 현재 또는 인상의 부재에만 좌우될 뿐이다. 그러므로 결국 단순한 소망이 아닌 결심만이 그 자신에게나 타인에게 그의 성격을 나타내는 유효한 표시다. 그런데 결심은 다른 사람들뿐 아니라 그 자신에게도 행위로만 확실해진다.

소망이란 외적 자극에 의한 것이든 일시적인 내적 기분에 의한 것이든 현재 인상의 필연적 결과에 불과하다. 그래서 동물의 행동과 마찬가지로 그토록 직접적이고 필연적이며, 숙고를 거치지 않은 것이다. 따라서 소망은 또한 동물의 행동과 마찬가지로 종속의 특성을 표현하는 것에 불과하지 개체의 성격을 표현하는 것은 아니다. 즉, 소망을 느끼는 **개체**가 할 수 있다는 것을 암시하는 것이 아니라 **인간 일반**이 할 수 있음을 암시하는 것에 불과하다. 행위는 이미 인간의 행동으로서 항시 숙고를 필요로 하기 때문에, 또 인간은 분별이 있어 대체로 자신의 이성을 지배하므로, 즉 사유된 추상적 동기에 따라 결정하기 때문이다. 그러므로 행위만이 자기 행동의 예지적인 준칙의 표현이고, 인간의 가장 내적인 의욕의 결과이기 때문이다. 그래서 인간은 그의 예지적인 성격의 시간적 표현에 불과한 그의 경험적 성격을 나타내는 언어에 대해 문자와 같다고 자처한다. 따라서 건전한 사람의 경우 양심을 괴롭히는 것은 소망이나 생각이 아닌 행위뿐이다. 우리의 행위만이 우리의 의지를 비추는 거울을 우리에게 내밀기 때문이다. 이미 앞에서 언급했듯이, 전혀 숙고를 거치지 않고 실제로 맹목적인 정동으로 행해진 행위는 말하자면 단순한 소망과 결단 사이의 중간물이다. 따라서 그런 행위는 행위로도 드러나는 참된 후회를 통해, 마치 잘못 그려진 선처럼 우리의 인생행로인 우리의 의지의 상에서 지워져 버릴 수 있다. 아무튼 특이한 비유이긴 하지만 소망과 행위 사이의 관계는 우연히도 전기의 배분과 전달의 관계와 아주 흡사함을 여기서 언급해 두고자 한다.

의지의 자유와 이것과 관련된 것에 대한 이 모든 고찰에 따라 의지는 그 자체로, 현상의 밖에서는 자유롭다고, 즉 전능하다고 말할 수 있다. 하지만 인식에 의해 비춰진 의지의 개별적 현상 속에서는, 즉 인간과 동물 속에서는 동기에 의해 규정되어 있고, 이 동기에 대해서는 그때그때의 성격이 언제나 같은 방식으로 합법칙적이고 필연적으로 반응하는 것을 알 수 있다. 우리는 인간에게는 추상적 인식이나 이성 인식이 첨가되어 있어 **선택 결정**을 함에 있어 인간이 동물보다 우월한 것을 본다. 그러나 이 선택 결정은 인간이 동기들의 지배에서 벗어나지 못하게 하여 인간을 동기들이 충돌하는 싸움터로 만들 뿐이다. 따라서 이 선택 결정은 사실 개인적 성격을 완전히 발현할 가능성을 조건 짓기는 하지만, 개별적 의욕의 자유로는, 즉 인과율로부터의 독립으로는 결코 볼 수 없다. 인과율의 필연성은 다른 모든 현상과 마찬가지로 인간에 대해서도 미친다. 그러므로 이성 또는 개념을 매개로 한 인식이 인간의 의욕과 동물의 의욕 사이에서 야기하는 차이는 앞에서 말한 점까지는 미치지만 그 이상은 미치지 않는다. 그런데 인간이 근거율에 종속된, 개별적 사물 그 자체에 관한 전체적 인식을 버리고 이념을 인식함으로써 개체화의 원리를 간파한다면, 사물 자체인 의지의 본래적 자유의 실제적 출현이 가능해질 것이다. 이로써 현상은 자기 부인이라는 말로 표현되는 자기 자신과의 일종의 모순에 빠지게 되어, 결국 그 본질의 즉자태가 폐기되고 만다. 하지만 그렇게 되면 동물계의 경우에는 불가능한 인간 의지의 전적으로 다른 현상체를 출현시킬 수 있다. 이것은 현상 속에서도 의지 자체의 자유가 본래 유일하게 직접 발현한 것이지만, 그에 대해서는 여기서 아직 분명하게 서술할 수 없다. 그것은 이 책의 마지막에 가서 우리의 고찰 대상이 될 것이다.

그런데 우리는 현재의 분석을 통해, 경험적 성격이 동기와 결합하여 행동을 낳는 필연성뿐 아니라 시간 외적인 예지적 성격의 단순한 전개인 경험적 성격의 변화 불가능성이 분명해진 연후에, 우선 비난받아 마땅한 경향으로 인해 거기서 매우 쉽게 도출된기도 모르는 해 1의 결론을 맨 먼저 제거하지 않으며 아 된다. 말하자면 우리의 성격은 시간 외적인 분할할 수 없고 변화시킬 수 없는 의지 행위나 예지적 성격이 시간적으로 전개된 것으로 볼 수 있으므로, 이 예지적 성격에 의해 모든 본질적인 것, 즉 우리 품행의 윤리적 형태는 변화시킬 수 없는 것으로 규정된다. 그에 따라 그 현상인 경험적 성격 속에 표현되지 않을 수 없다. 하지만 이 현상의 비본질적 요소, 즉 우리 인생행로의 외적 형태만은 동기들이 나타나면서 취하는 형태에 의존한다. 그리하여 인간이 자신의 성격을 개선하려고 노력하거나, 나쁜 경향의 힘에 맞서는 것은 쓸데없는 수고다. 따라서 변경할 수 없는 것에 복종하고, 아무리 나쁜 것이라 해도 모든 경향에 즉각 따르는 것이 상책일지 모른다는 결론이 나오게 된다. 그러나 이렇게 되면 불가피한 숙명론과 여기에서 나오는 추론으로 태만한 이성이라 불리고, 근래에는 터키인의 신앙이라 불리는 것과 완전히 똑같은 사정이 생기게 된다. 크리시포스Chrysippos(기원전 278년경~206년경)[17] 도 그랬다고 하듯이, 키케로도 『운명론』 제12장, 제13장에서 이 추론에 대해 옳은 논박을 하고 있다.

말하자면 모든 것은 운명에 의해 최종적으로 예정되어 있는 것으로 볼 수 있지만, 이것은 사실 원인의 연쇄에 의해서만 그럴 뿐이다. 그 때문에 어떤 경우에도 어떤 결과가 그것의 원인 없이 일어날 수 있다고는 규정될 수 없다. 그러므로 사건이 단적으로 예정되어 있는 것이 아니라 그 사건이 선행하는 원인의 결과로 예정되어 있는 것이다. 즉, 결과뿐 아니라 그것이 수단의 결과로 생기도록 정해져 있는 수단 또한 운명에 의해 결정되어 있다. 그에 따라 수단이 생기지 않으면 결과도 확실히 생기지 않는다. 이 두 가지가 언제나 운명의 규정에 따르는 것이지만,

---

17 * 그리스의 철학자. 스토아 철학을 체계화한 주요 인물이다. 제논과 함께 아테네에 스토아학원을 세운 것으로 추정된다. 그가 남긴 750여 편의 글로 미루어 볼 때, 그는 지성을 훈련하기 위해 명제 논리를 최초로 구성한 인물이라 할 수 있다. 그는 아카데메이아학파의 회의론을 반박하면서 지식은 획득할 수 있는 것이라고 논했다.

우리는 언제나 나중에 결과가 생긴 후에야 그 규정을 알게 된다.

사건은 언제나 운명, 즉 원인의 무한한 연쇄로 생기듯이, 우리의 행위는 언제나 우리의 예지적 성격에 따라 일어날 것이다. 그런데 운명을 미리 알 수 없는 것과 마찬가지로, 우리는 예지적 성격을 선험적으로 통찰할 수 없고 경험에 의해 다른 사람들을 아는 것처럼 우리 자신도 후험적으로 알 뿐이다. 예지적 성격의 필연적 결과에 따라 우리가 나쁜 경향과 오랜 투쟁을 거친 뒤에만 좋은 결정을 내릴 수 있다면, 이 투쟁은 먼저 일어나서 기다리고 있어야만 한다. 우리는 성격의 변화 불가능성에 대한 반성과 우리의 모든 행위가 나오는 원천의 단일성에 대한 반성에 미혹되어 이런저런 부분 때문에 성격 결정을 미리 해서는 안 된다. 결과로 일어나는 결정으로 우리는 자신이 어떤 종류의 사람인지 알게 되고, 우리의 행위로 우리 자신을 비추어 볼 것이다. 우리가 지난 생애를 돌이켜보고 느끼는 충족이나 극도의 불안은 바로 이러한 사실로 설명된다. 이 두 가지 감정은 지나간 행위가 아직 현존재를 가질지도 모른다는 사실에서 유래하는 것은 아니다. 그 행위들은 지나가 버린 것이고, 한때 있었던 것이며, 이제는 더 이상 아무것도 존재하지 않는다. 하지만 이 행위들이 우리에게 갖는 커다란 중요성은 그 의미 때문이고, 이 행위들이 성격의 모사이고 의지의 거울이라는 사실에서 유래한다. 우리는 이 거울을 바라봄으로써 우리의 가장 내적인 자기, 즉 우리 의지의 핵심을 인식하게 된다. 우리는 이 사실을 미리 아는 것이 아니라 나중에야 알게 되기 때문에, 시간 속에서 노력하고 투쟁하여, 우리의 행위에 의해 만들어지는 상이 우리의 마음을 불안하게 하지 않고 될 수 있는 한 우리의 마음을 안심시킬 수 있도록 해야 한다. 하지만 그러한 안심이나 극도의 불안의 의미는 이미 말했듯이 나중에 계속 연구할 생각이다. 반면 여기서는 별개로 존재하는 다음과 같은 고찰을 하도록 하겠다.

경험적 성격과 예지적 성격 외에 양자와는 상이한 제3의 것인 **획득된 성격**에 대해서도 언급해야겠다. 이것은 살면서 세상의 관습을 통해 비로소 얻어지는 것으로, 성격이 있다고 칭찬받거나 성격이 없다고 비난받는 경우 문제가 된다. 사실 경험적 성격은 예지적 성격의 현상으로서 불변하고, 모든 자연 현상과 마찬가지로 자체 내에서 일관성 있으며, 인간도 바로 그 때문에 언제나 자기 자신에게 일관성 있게 현상할 수밖에 없다. 그러므로 경험이나 숙고에 의해 인위적으로 어떤 성격을 획득할 필요가 없으리라 생각할 수 있으리라. 하지만 성격의 경우 그렇지 않다. 인간은 언제나 같은 존재일지라도 그 자신을 언제나 이해하는 것은 아니며,

어느 정도 본래적인 자기 인식을 획득할 때까지 종종 자신을 오해하기도 한다. 경험적 성격은 단순한 자연 욕동으로서 그 자체로는 비이성적이다. 그러니까 경험적 성격의 발현은 그 외에 이성에 의해 방해받기도 한다. 더구나 인간에게 분별력과 사고력이 많을수록 더 많이 방해받는다. 이 분별력과 사고력은 **인간 일반**에게 종속의 특성으로서 귀속되는 것, 또 실행뿐 아니라 의욕에서 인간에게 가능한 것을 언제나 못하게 하기 때문이다. 이로 인해 인간은 자신의 개성에 의해 이 모든 것에 관해 의욕하는 것과 할 수 있는 것을 통찰하기가 힘들어진다. 인간은 자신 속에 무척 상이하긴 하지만 모든 인간적인 노력과 힘에 대한 소질이 있음을 알고 있다. 하지만 그의 개성에서 상이한 정도의 소질은 경험에 의하지 않고는 그에게 명백해지지 않는다.

그런데 그가 자신의 성격에만 적합한 노력을 기울인다면, 특히 개별적인 순간과 기분에서 상반되어 그 노력과 합일할 수 없는 노력에 대한 자극을 느끼게 된다. 그러므로 그가 아무 방해도 받지 않고 처음의 노력을 추구하려고 하면 상반되어 합일할 수 없는 노력은 전적으로 억압되지 않으면 안 된다. 지구상의 우리의 물리적인 길이 언제나 평면이 아닌 하나의 선에 불과하듯이, 우리가 삶에서 하나를 파악해서 이를 소유하려 한다면 좌우의 무수한 다른 것을 단념하고 그대로 놓아두어야 하기 때문이다. 만일 우리가 결심을 하지 못하고 대목장에 간 아이들처럼 지나가다 매력을 끄는 것을 모두 집으려고 한다면, 이는 우리의 길인 선을 평면으로 바꾸려는 잘못된 노력과 같다. 그럴 경우 우리는 지그재그로 달려 도깨비불처럼 이리저리 흔들려서 결국 아무것도 얻지 못하게 된다. 또는 다른 비유를 들자면, 홉스의 법론에 있듯이, 본래 각자는 모든 사물에 대한 하나의 권리를 갖고 있으나 어떠한 사물에 대해서도 독점권을 갖고 있지는 않다. 그렇지만 그는 다른 모든 것에 대한 권리를 단념함으로써 개별적 사물에 대한 독점권을 얻을 수는 있다. 이와는 달리 다른 사람들은 그가 선택한 것을 고려해서 똑같은 일을 할 수 있다. 인생에서도 이와 마찬가지다. 우리는 인생에서 향유, 명예, 부, 학문, 예술이든 덕이든 어떤 것을 얻으려는 특정한 노력을 하는데, 이 노력과 거리가 먼 이 모든 요구를 단념하고, 다른 모든 것을 포기하는 경우에만 그 노력을 정말 진지하고 행복하게 추구할 수 있다.

그러므로 단순한 의욕과 능력도 그 자체로는 아직은 충분하지 않고, 인간은 또한 자신이 무엇을 의욕하는지 **알아야** 하고, 자신이 무엇을 할 수 있는지 **알아야** 한다. 그래야 비로소 인간은 성격을 나타낼 수 있고, 그런 연후에야 비로소 무언가 옳은 것을 완수할 수 있다. 거기까지 도달하기 전에 인간은 경험적 성격의 자연적 인 귀결에도 불구하고 아직 성격이 없는 것이다. 그는 전체적으로 자신에게 계속 충실해야 하고, 자신의 다이몬에 이끌려 자신의 인생행로를 걸어가야 한다. 그럼 에도 그는 일직선을 긋는 것이 아니라 떨면서 고르지 않은 선을 그으며 흔들리고 회피하고 되돌아가며, 후회하고 고통을 맛본다. 이 모든 일이 생기는 것은, 그가 크든 작든 아주 많은 것을 가능하고 이룰 수 있는 것으로 눈앞에 보고 있으면서 도, 아직은 그중 무엇이 그에게만 적합하고 그가 무엇을 성취할 수 있는지, 그러 니까 또한 그만이 향유할 수 있는 것이 무엇인지 아직 모르기 때문이다.

그러므로 그는 일부 사람들의 처지나 상황을 부러워할지도 모르지만, 이것들 은 그의 성격이 아닌 다른 사람들의 성격에만 맞을 뿐이다. 그리고 그가 그런 처 지나 상황에 놓이게 되면 불행을 느낄지도 모르고, 더구나 그 같은 처지와 상황을 도저히 참을 수 없을지도 모른다. 물고기는 물속에 있어야, 새는 공중에 있어야, 두더지는 땅속에 있어야만 행복한 것처럼, 모든 인간은 자신에게 알맞은 분위기 에 있어야만 행복한 것이다. 예컨대 이는 궁중宮中식이 누구에게나 호흡에 알맞은 것은 아닌 것과 같다. 이 모든 것에 대한 충분한 통찰이 부족하여 일부 사람들은 온갖 시도를 하여 실패를 맛볼 것이고, 개별적으로는 자기 성격에 폭력을 가하더 라도 전체적으로는 그 성격에 굴복하지 않을 수 없을 것이다. 또 그가 자신의 본 성을 거슬러 힘겹게 얻은 것이 그에게 아무 즐거움도 주지 못할 것이다. 그가 이 렇게 하여 습득한 것이 여전히 죽은 것이나 다름없을 것이다. 심지어 윤리적인 점 에서 보면 순수한 직접적인 충동에서 나온 행위가 아니라, 하나의 개념이나 하나 의 교의에서 나온 것으로, 그의 성격에 너무 고상한 행위는 다음에 뒤따르는 이기 적인 후회를 통해 자기 자신의 눈에서조차 모든 공적을 잃어버리게 될 것이다. 의 욕은 배울 수 없는 것이다.

우리는 타인의 성격을 휘어잡을 수 없음을 경험을 통해서야 알게 되는데, 그때 까지는 비이성적 표상에 의해, 부탁이나 애원에 의해, 본보기나 고결한 마음에 의 해 우리는 누군가의 성품을 바꾸고, 행동 방식을 변하게 하며, 그의 사고방식을 버리게 하거나 그의 능력마저 확대시킬 수 있다고 유치하게 생각하듯이 우리 자 신에 대해서도 그와 같이 생각한다. 우리는 무엇을 의욕하고 할 수 있는지 경험 으로 비로소 배우지 않을 수 없다. 그러기 전까지 우리는 그것을 알지 못하고, 성격이 없어서 간혹 외부의 강한 충격을 받아 우리 자신의 길에 되던져지지 않을 수 없다. 그런데 우리가 마침내 그것을 배우게 되면 세상에서 성격이라 불리는 것, 즉 **획득된 성격**을 얻게 된다. 따라서 이것은 자신의 개성을 될 수 있는 한 완전하게 아는 것에 불과하다. 즉, 그것은 자신의 경험적 성격의 변화시킬 수 없는 특성에 관해, 자신의 정신적·육체적 힘의 정도와 방향에 관해, 즉 자신의 개성의 전체적인 강약에 관해 추상적으로 분명히 아는 것이다. 이것은 우리가 전에는 규칙 없이 자연스럽게 묘사한 우리 자신의 인격 그 자체로 결코 변화시킬 수 없는 역할을 이제는 분별 있고 조직적으로 수행하여, 변덕이나 약점 때문에 생기는 결함을 확고한 개념의 인도로 채울 수 있게 해준다. 우리는 우리의 개인적 본성에 의해 안 그래도 필연적인 행동 방식을 이제 분명히 의식된, 우리에게 언제나 현재의 준칙으로 삼아, 이에 따라 그 행동 방식을 마치 습득된 것처럼 무척 분별 있게 실행한다. 또 이 경우 현재의 기분이나 인상의 일시적 영향에 현혹됨이 없고, 중도에서 맞닥뜨린 개별적인 것의 쓰고 단 것에 방해받지 않고, 주저함이나 동요나 모순이 없다. 우리는 이제 신출내기로서 본래 무엇을 의욕하고 무엇을 할 수 있는지 알기 위해 더 이상 기다리고 시도하며 이리저리 암중모색하지 않을 것이다. 우리는 이것을 결정적으로 알고 있고, 온갖 선택을 할 때마다 보편적 명제를 개별적인 경우에 적용하기만 하면 즉각 결정에 이를 수 있다. 우리는 우리의 의지를 대체로 알고 있고, 기분이나 외적 요구에 미혹되어 전체적으로 의지에 반하는 것을 개별적으로 결정하지는 않는다.

이와 마찬가지로 우리는 우리의 힘이나 약점의 종류와 정도를 알고 있어서 많은 고통을 면하게 될 것이다. 본래 즐거움은 자기의 힘을 사용하고 느끼는 것 외에는 있을 수 없고, 가장 큰 고통은 자기에게 필요한 힘의 부족을 깨닫는 것이기 때문이다. 그런데 우리의 강점과 약점이 어디에 있는지 규명하면 우리는 우리의 현저한 자연스런 소질을 키우고 사용하며, 온갖 방식으로 이것을 이용하려고 해서, 언제나 이것들이 유용하고 적용되는 곳으로 방향을 돌리겠지만, 우리의 소질에 원래 부적합한 노력은 전적으로 또 자기 극복으로 피할 것이다. 즉, 우리가 성공하지 못할 것은 시도하지 않도록 유의할 것이다. 그렇게 하는 데 도달한 사람만이 언제나 완전히 분별 있게 전적으로 그 자신이 될 것이다. 또 그는 자기 자신에게 기대할 수 있는 것을 언제나 알고 있기 때문에 자기 자신에게 결코 버림받지 않을 것이다. 그런 다음 그는 종종 자신의 강점을 느끼는 기쁨을 맛볼 것이고, 자신의 약점을 떠올리는 고통은 좀처럼 맛보지 않을 것이다. 자신의 약점을 떠올리게 되는 것은 어쩌면 자신의 가장 커다란 정신적 고통을 초래할지도 모르는 굴욕인 것이다. 따라서 사람들은 자신의 미숙함보다 자신의 불운을 분명하게 자각하는 것이 훨씬 더 감내하기 쉬운 것이다.

그러므로 이제 우리의 강점과 약점을 완전하게 알게 되면, 우리는 우리가 갖고 있지 않은 힘을 보이려 하지 않을 것이고, 가짜 동전으로 도박하지 않을 것이다. 그러한 속임수로는 결국 목적을 이루지 못할 것이기 때문이다. 모든 인간은 자기 의지의 현상에 불과하므로, 반성에서 출발하여 있는 그대로의 자기 외에 어떤 다른 것을 의욕하는 것만큼 잘못된 것이 없기 때문이다. 이것이야말로 의지의 자기 자신과의 직접적인 모순이기 때문이다. 남의 특성과 특색을 모방하는 것은 남의 옷을 입는 것보다 훨씬 치욕적이다. 그것은 자기 자신이 무가치하다는 판단을 스스로 표현한 셈이기 때문이다. 자기 자신의 성향과 모든 종류의 능력을 알고, 변경할 수 없는 그 한계를 아는 것이 이런 점에서 가능한 한 자기 자신에게 만족하기 위한 가장 확실한 길이다. 말하자면 변경할 수 없는 필연성을 완전히 확신하는 것보다 우리에게 더 효과적인 위안이 없다는 것은 외적 사정뿐 아니라 내적 사정에도 적용되기 때문이다. 우리가 화를 입었다는 사실보다는 오히려 사정에 따라서는 그것을 피할 수도 있었다는 생각이 우리를 더 고통스럽게 한다. 그 때문에 일어난 일을 필연성의 관점에서 고찰하는 것이 우리를 안심시키는 데 가장 효과적이다. 이런 관점에서 보면 모든 우연은 운명의 도구로 나타난다. 따라서 우리는 생긴 화를 내적 사정과 외적 사정의 충돌에 의해 어쩔 수 없이 초래된 것으로, 즉 숙명론으로 인식한다. 우리가 다른 사람들에게 영향을 미치기를 기대하거나, 유례없는 분발을 하게 우리 자신을 자극하도록 기대하는 한에서만 한탄하거나 미쳐 날뛴다. 그러나 어린이들과 어른들은 달리 도저히 어쩔 수 없다는 것을 분명히 알게 되자마자 흔쾌히 만족할 줄 안다.

가슴 깊이 간직한 원한을
억지로 억누르며
(호메로스, 『일리아스』 18장 113쪽)

우리는 사로잡힌 코끼리가 여러 날 동안 무섭게 미쳐 날뛰고 몸부림을 치다가 그래 봤자 아무 소용없음을 알고는, 갑자기 다소곳이 목덜미에 멍에를 매게 하고 이후부터는 쭉 길들여진 상태로 있는 신세와 같다. 우리는 자기 아들이 아직 살아 있는 동안에는 귀찮을 정도로 끊임없이 여호와께 간청하고 절망적인 몸짓을 하다가, 아들이 죽자마자 더 이상 아들을 생각하지 않는 다윗 왕과 같다. 수많은 사람이 불구의 몸, 가난, 낮은 신분, 추한 모습, 못마땅한 거주지와 같은 영속적인 무수한 불행을 전혀 아무렇지도 않다는 듯 감내하고, 다 나은 상처처럼 더 이상 전혀 느끼지 않는 것은 이 사실 때문이다. 이들은 내적 필연성이나 외적 필연성이 이 경우 아무것도 바꿀 수 없음을 알고 있기 때문이다.

그런 반면 보다 행복한 사람들은 그들이 어떻게 그것을 감내할 수 있는지 이해하지 못한다. 그런데 외적 필연성뿐만 아니라 내적 필연성과 가장 잘 화해하려면 그 필연성을 분명히 알아야만 한다. 우리가 우리의 좋은 특성이나 강점과 마찬가지로 우리의 약점과 결점도 최종적으로 분명히 인식하고, 그에 따라 우리의 목적을 설정하고 도달할 수 없는 것에 대해 만족하면, 그럼으로써 우리는 우리의 개성이 허락하는 한, 모든 고뇌 가운데 가장 쓰라린 고뇌, 즉 자신의 개성에 대한 무지, 그릇된 자부심과 거기서 생기는 불손함의 불가피한 결과인 우리 자신에 대한 불만에서 가장 확실하게 벗어나게 된다. 여기서 권장되는 자기 인식이라는 어려운 문제에 대해서는 다음과 같은 오비디우스Ovidius(기원전 43~기원후 17)[18]의 시구를 훌륭하게 적용할 수 있다.

마음을 옭아매는 고통의 고삐를 단호히 끊는 자는
영혼의 최상의 구제자다.
(『사랑의 노래』293)

획득된 성격에 대해서는 이만하기로 하겠다. 사실 이 성격은 본래의 윤리학에서

---

18 * 로마의 위대한 시인. 그의 시작詩作 활동은 비가풍의 연애시 분야에서 빛을 보기 시작했는데, 『사랑의 노래』가 출세작이 되었다. 이어 여성의 연애 심리를 그린 『헤로이데스』로 인기를 모았다. 그 뒤에 쓴 그의 연애시의 대표작인 『아르스 아마토리아』는 그의 명성을 높였지만 풍기를 문란케 한 책이라 하여 일부의 비난을 사기도 했다. 그 뒤 연애시와 결별하고 장편서사시 제작에 몰두하여 대작 『변신 이야기』 15권을 거의 완성했고, 또 아우구스투스 황제에게 헌정할 예정으로 로마에서 전승되던 이야기와 종교 행사를 제재로 한 『제력祭曆』을 쓰던 중인 A.D. 8년, 갑자기 황제로부터 흑해 연안의 토미스(지금의 루마니아 콘스탄차)로 추방당했다. 추방지에서 살면서 여러 차례 탄원했지만 10년 동안 이곳에서 지낸 뒤 죽었다.

보다 일상생활에서 중요한 것이지만, 이 성격의 논의는 예지적 성격과 경험적 성격의 논의와 함께 제3의 종류로 첨가된 것이다. 의지가 그 모든 현상 속에서 필연성에 종속되는 반면, 그럼에도 의지는 그 자체로 자유롭다고, 그러니까 전능하다고 불릴 수 있다는 것을 우리에게 분명히 하기 위해, 예지적 성격과 경험적 성격에 대해서는 좀 상세히 고찰하지 않을 수 없었다.

56.
의지와 삶의 고뇌

이 자유와 이 전능의 발현과 모사로 이루어진 가시적인 전체 세계, 즉 그 현상은 존재하여 인식의 형식에 수반하는 여러 법칙에 따라 점점 발전해 가는 것이지만, 이 자유와 이 전능은 그것의 가장 완성된 현상 속에서 그 자신의 본질을 완전히 적절하게 알게 된 순간에도 새롭게 자신을 발현할 수 있다. 말하자면 이 자유는 분별과 자의식의 정점인 여기서도, 맹목적으로 또 자기 자신을 알지 못하고 의욕한 것과 같은 것을 의욕하거나 그 반대 현상을 보이기도 한다. 의욕하는 경우 인식은 개별적으로뿐 아니라 전체적으로도 자유에게는 언제나 **동기**로 남아 있고, 그 반대의 경우에는 이 인식은 자유에게 모든 의욕을 진정시키고 없애 버리는 **진정제**가 된다. 이것이 이미 앞에서 언급한 삶에의 의지의 긍정과 부정인데, 이것은 개인의 품행과 관련해서 개별적인 의지 발현이 아닌 일반적인 의지 발현으로서, 성격의 발전을 방해하면서 변경시키거나 개별적인 행동으로 표현하지 않고, 이때까지의 행동 방식 전체가 점점 더 강하게 나타나거나 또는 반대로 그 행동 방식이 폐기됨으로써, 이제부터 얻은 인식에 따라 의지가 자유롭게 파악한 준칙을 생생하게 나타낸다. 이 모든 것을 더욱 분명하게 발전시키는 것이 이 마지막 권의 중심 주제인데, 그것은 이제 그 사이에 행해진 자유, 필연성 및 성격에 대한 고찰에 의해 이미 우리에게 다소 쉬워져 있고 준비도 되어 있다. 그런데 우리는 이 설명을 다시 한 번 미루어 놓고, 맨 먼저 우리의 고찰을 삶 자체에 향할 것이다. 삶을 의욕할 것인가 또는 의욕하지 않을 것인가가 큰 문제기 때문이다. 더구나 어디서나 이 삶의 가장 내적인 본질인 의지 그 자체는 의지의 긍정에 의해 어떤 일이 일어날 것인가, 어떤 식으로 어느 정도 긍정이 의지를 충족시키고, 충족시킬 수 있는가, 요컨대 대체로 또 본질적으로 이 의지 자신의 세계이자, 모든 점에서 의지에 속하는 세계에서 무엇을 의지의 상태로 간주할 수 있는지를 대체로 인식하려고 하면 앞서 말한 설명이 한결 쉬워질 것이다.

먼저 나는 독자가 제2권에서 의지의 목표와 목적에 관해 제기된 문제에 자극되어, 제2권의 마지막에 가서 행한 고찰을 여기서 기억에 되살리기 바란다. 그때 우리는 문제에 대한 해답을 눈앞에 내놓은 것이 아니라, 의지는 최고 낮은 단계에서부터 가장 높은 단계에 이르기까지 의지의 현상의 모든 단계에서 최종 목표와 목적을 전적으로 결여한 채, 노력이 의지의 유일한 본질이기 때문에 언제나 노력한다는 것이었다. 목표를 달성해도 노력이 끝나는 것이 아니므로, 노력은 결코 최종적인 충족을 얻지 못하고 저지됨으로써 끝날 뿐이며, 그대로 놓아두면 무한히 나아가는 것이다. 우리는 모든 자연 현상 중 가장 단순한 현상인 중력에서 이것을 보았다. 중력은 끊임없이 노력하고 연장이 없는 중심점을 향해 밀치고 나아가며, 그 중심점에 이르면 중력도 물질도 없어질지 모르지만, 이미 우주 전체가 둥근 덩어리로 되어 있다 해도 밀치고 나아가는 것을 멈추지 않는다.

다른 단순한 자연 현상에서도 이와 같은 것이 보인다. 즉, 고체는 녹거나 용해되어 액체로 되려 하며, 액체가 되어서만 그 화학적인 힘이 자유롭게 된다. 강성剛性은 그 힘이 한기寒氣로 유지되는 사로잡힌 상태다. 액체는 증기 형태가 되려 하며, 모든 압력으로부터 자유로워지기만 하면 곧장 증기가 된다. 어떤 물체도 친화성이 없는 것은 없고, 즉 노력이 없는 것은 없다. 야콥 뵈메라면 고질적 습관이나 욕망이 없는 것은 없다고 말할 것이다. 전기는 자신의 작용을 지구라는 큰 덩어리에 흡수당하긴 하지만, 내적 자기 분열을 무한대로 퍼뜨린다. 갈바니 전기는 전류가 남아 있는 한, 마찬가지로 목적도 없이 끊임없이 자기 분열과 화해를 갱신하는 행위다. 식물의 현존은 이처럼 결코 충족되지 않는 끊임없는 노력이며, 점점 더 높이 상승한 형태를 거쳐 최종점인 종자가 다시 출발점이 될 때까지 멈출 줄 모르는 활동이다. 이것이 무한히 되풀이되고, 어디에도 목표도 최종적 충족도 없으며, 어디에도 쉬는 곳이 없다. 이와 동시에 제2권에서 언급한 내용이 우리에게 생각날 것이다. 즉, 어디서나 다양한 자연력과 유기적 형태는 자기가 기대어 출현하려고 하는 물질을 놓고 서로 다투면서 각자 상대방에게서 빼앗은 것만 소유함으로써 생사를 둘러싼 투쟁이 끊임없이 계속된다. 사실 이 투쟁에서 주로 저항이 생기고, 이 저항에 의해 모든 사물의 가장 내적인 본질을 이루는 노력이 도처에서 저지되어 헛되이 밀치고 나아간다. 그래도 그 본질을 버리지는 못하고, 이 현상이 소멸할 때까지 근근이 버티다가 결국 다른 현상이 그 자리와 물질을 탐내듯 차지하기에 이른다.

우리는 이미 앞에서 모든 사물의 핵심과 즉자태를 이루는 이 노력을, 그것이 우리 내부에서 가장 완전한 의식의 빛에 비춰져 가장 분명히 발현되는 경우 **의지**라고 불리는 것과 동일한 것으로 인식했다. 그런 다음 우리는 의지와 그 일시적인 목표 사이에 생기는 장애에 의해 의지가 저지되는 것을 **고뇌**라 부르고, 이와 반대로 의지의 목표 달성을 **충족**, 안녕함, 행복이라 부른다. 우리는 이 명칭을 정도는 낮지만 본질적으로 동일하고 인식이 없는 세계의 현상에도 옮겨서 사용할 수 있다. 그렇게 보면 우리는 인식이 없는 세계의 이 현상이 끊임없는 고뇌에 사로잡혀 있으며 영속적인 행복을 갖고 있지 않음을 알 수 있다. 모든 노력은 부족에서, 자신의 상태에 대한 불만에서 생기므로 노력이 충족되지 않는 한 고뇌이기 때문이다. 그러나 충족은 지속적인 것이 아니라 오히려 끊임없이 새로운 노력의 기점起點에 불과하다. 우리는 어디서나 노력이 저지되고, 어디서나 싸우고 있는 것을 본다. 따라서 그런 한에서 노력은 언제나 고뇌로 나타난다. 즉, 노력의 최종 목표가 없으므로 고뇌의 정도와 한계도 없다.

그런데 우리가 이처럼 세심하게 주의를 기울이고 애써서 인식이 없는 자연에서 찾아내는 것은 인식하는 자연, 즉 끊임없는 고뇌가 쉽게 증명될 수 있는 동물계의 삶에서 우리에게 분명히 나타난다. 그러나 우리는 이 중간 단계에 머물지 않고, 가장 밝은 인식의 빛에 비추어져 인간의 삶에서 모든 것이 가장 분명하게 드러나는 곳에 눈을 돌리고자 한다. 왜냐하면 의지의 현상이 보다 완전하게 됨에 따라 고뇌 또한 점점 더 명백해지기 때문이다. 식물에는 아직 감수성이 없으므로 고통도 없다. 섬모충류나 방사충류와 같은 최하등 동물에서는 아주 미약한 정도이긴 하지만 감수성과 고통이 있다. 곤충에게는 감각하는 능력과 고뇌하는 능력이 아직 한정되어 있다. 완전한 신경계통이 확립된 척추동물에 이르러 비로소 그 능력도 높은 정도로 나타나고, 지능이 발달함에 따라 점점 더 높은 정도로 나타난다. 그러므로 인식이 분명해지고 의식이 향상됨에 따라 고통도 증가해, 따라서 인간에게서 최고도에 달한다.

그리고 인간의 경우에는 보다 분명하게 인식하고, 보다 지능이 높을수록 고통도 그만큼 증가한다. 따라서 천재성을 지닌 사람이 가장 많은 고통을 겪는다. 이런 의미에서, 말하자면 단순한 추상적인 지식이 아닌 인식 일반의 정도와 관련해서 나는 "지식을 더하는 자는 동시에 근심을 더 하느니라"라는 전도서(1장 18절)의 잠언을 이해하고 사용한다. 의식의 정도와 고뇌의 정도 사이의 이런 엄밀한 관계를 직관적이고 눈에 띄는 묘사로 그림에서 아주 멋지게 표현한 사람이 철학적인 화가, 또는 화가적인 철학자인 **티슈바인**Johann Heinrich Tischbein(1722~1787)[19]이다. 그의 그림의 상반부에는 아이들을 빼앗긴 부인들이 그려져 있다. 부인들은 여러 다른 무리와 어울려 상이한 자세로 어머니로서의 심한 고통, 불안, 절망을 다양하게 표현하고 있다. 그림의 하반부에는 전적으로 같은 배치와 무리로 새끼 양을 빼앗긴 어미 양들이 그려져 있다. 그리하여 상반부에 그려진 인간의 모든 머리, 모든 자세는 하반부에 그려진 양들의 유사한 모습과 상응하고 있기 때문에, 동물의 막연한 의식 속에 있을 수 있는 고통이 인식의 분명함과 의식의 명료함에 의해 비로소 가능해지는 엄청난 고통과 어떤 관계에 있는지 확연히 알 수 있다.

이 때문에 우리는 인간의 **현존** 속에서 의지의 내적이고 본질적인 운명을 고찰해 보고자 한다. 누구라도 쉽게 동물의 삶 속에 이 같은 의지의 운명이, 인간의 경우보다 좀 더 미약하기는 하지만, 다양한 정도로 표현되어 있음을 다시 발견하게 될 것이고, 고통스러워하는 동물을 보더라도 본질적으로 **모든 삶이 얼마나 고통스러운** 것인지 충분히 납득할 수 있을 것이다.

---

19 * 독일의 빌헬름 8세의 궁정화가. 왕자와 공주의 초상화로 유명하다. 괴테의 이탈리아 기행에 동행한 화가 요한 하인리히 빌헬름 티슈바인Johann Heinrich Wilhelm Tischbein(1751~1829)은 그의 조카다.

57.
삶의 기본 속성인 고뇌

인식에 의해 비춰지는 모든 단계에서 의지는 개체로서 현상한다. 무한한 공간과 시간 속에서 인간 개체는 자신을 유한한 크기로서, 따라서 무한한 공간과 시간에 비해 실로 미미한 크기로서 그 속에 던져진 것으로 생각한다. 그러한 무제한성 때문에 인간 개체의 현존에는 결코 절대적인 언제와 어디는 없고, 단지 상대적인 **언제와 어디**만 있을 뿐이다. 인간 개체의 장소와 지속은 어떤 무한성과 무제한성의 유한한 일부이기 때문이다.

인간 개체의 본래적인 현존은 현재에만 있을 뿐이고, 현재가 아무런 저지도 받지 않고 과거로 도망쳐 가는 것은 죽음으로 끊임없이 이행하는 것이며 끊임없이 죽어가는 것이다. 개체의 과거의 삶은, 현재에 대한 어떠한 귀결이나 그 속에 새겨진 삶의 의지에 관한 증언을 별도로 한다면, 이미 완전히 끝나 버리고 사멸해서 더 이상 아무것도 없는 것이므로 그 과거의 내용이 고통인가 향유인가 하는 것은 개체에게는 당연히 아무래도 상관없는 것이어야 한다. 그런데 현재는 개체의 손아귀에서 계속 과거가 되며, 미래는 전적으로 불확실하고 언제나 짧다. 그래서 개체의 현존은 형식적 측면에서만 보더라도 현재가 죽어 있는 과거 속으로 끊임없이 쓰러지는 것, 즉 끊임없이 죽어가는 것이다. 그런데 이것을 물리적 측면에서 보면, 알다시피 우리의 보행은 넘어지는 것이 끊임없이 저지되고 있을 뿐이고, 우리 신체의 삶은 죽어 가는 것이 지속적으로 저지되고 있을 뿐이며, 언제나 연기된 죽음이라는 것이 명백하다.

마지막으로 이와 마찬가지로 우리 정신의 활기는 지속적으로 물리쳐진 무료함이다. 하나하나의 호흡은 계속해서 밀어닥치는 죽음을 막고 있고, 우리는 이런 식으로 매 순간 죽음과 싸우고 있다. 그런 다음 보다 긴 시간 간격을 두고 식사, 수면, 가열 등에 의해 매번 다시 죽음과 싸우고 있다. 결국은 죽음이 승리하기 마련이다. 우리는 이미 태어날 때부터 죽음의 손아귀에 들어가 있고, 죽음은 잠시 동안만 자신의 전리품을 가지고 놀다가 집어삼키기 때문이다. 우리는 그 사이 큰 관심을 갖고 대단히 주도면밀하게, 되도록 오랫동안 우리의 삶을 계속한다. 이는 마치 비눗방울이 언젠가는 터질 것임을 확실히 알면서도 되도록 오랫동안 커다랗게 부는 것과 마찬가지다.

우리가 이미 인식이 없는 자연에서 그 내적 본질을 목표도 휴식도 없는 계속적인 노력으로 보았다면, 동물과 인간을 살펴보면 이 노력이 한층 분명하게 드러난다. 의욕과 노력은 동물과 인간 전체의 본질이며, 해소할 수 없는 갈증에 비유할 수 있다. 그러나 모든 의욕의 기초는 결핍, 부족, 즉 고통이다. 따라서 인간은 이미 근원적으로 또 그의 본질로 인해 이미 고통의 수중에 들어가 있다. 이와는 달리 의욕이 너무 쉽게 충족되어 곧 소멸되면서 의욕의 대상이 제거되면 인간은 무서운 공허와 무료함에 빠진다. 즉, 그의 존재와 그의 현존 자체가 그에는 감당할 수 없는 짐이 된다. 그러므로 그의 삶은 진자振子처럼 고통과 무료함 사이를 왔다 갔다 하는데, 사실 이 두 가지가 삶의 궁극적인 구성요소다. 매우 이상한 말로 들릴지 모르지만 인간이 모든 고뇌와 고통을 지옥으로 보내 버려, 이제 천국에는 바로 무료함밖에 남아 있지 않다고 표현하지 않을 수 없다.

그런데 의지의 모든 현상의 본질을 이루는 끊임없는 노력은 객관화의 보다 높은 단계들에서는 의지가 살아 있는 신체로서 그것을 먹여 살려야 한다는 엄명을 받고 현상한다. 바로 이런 사실로 그 노력은 최초의 가장 일반적인 토대를 얻는다. 그리고 이 명령에 힘을 실어 주는 것은 바로 이 신체가 다름 아닌 객관된 삶에의 의지 자체라는 사실이다. 그 의지의 가장 완전한 객관화인 인간은 그에 따라 모든 존재들 중 가장 결핍된 존재이기도 하다. 즉, 인간은 철두철미 구체적인 의욕이자 욕구이며, 무수한 욕망의 덩어리다. 인간은 이 욕망을 품고 자신의 결핍과 곤궁을 제외한 모든 것을 불확실하게 자기 자신에게 맡기고 지상에서 살아가고 있다. 그에 따라 날마다 새로이 생기는 무거운 요구에 시달리며 자신의 현존을 유지하기 위해 대체로 일평생 걱정하며 살아간다. 그다음으로 이 현존의 유지와 직접 결부되는 제2의 요구는 종족 번식의 요구다. 이와 동시에 인간은 사방으로부터 극히 다양한 위험에 처해 있으며, 이를 피하기 위해서는 끊임없이 주의하는 것이 필요하다. 인간은 신중한 걸음으로 불안하게 주위를 살피며 자신의 길을 걸어간다. 무수한 우연한 사건과 무수한 적이 호시탐탐 그를 노리고 있기 때문이다. 이처럼 그는 황무지를 걸었으며, 이처럼 그는 문명화된 삶을 살아가고 있다. 인간에게 안전이란 존재하지 않는다.

> 아, 삶이 지속되는 한
> 왜 존재의 이 암흑 속에,
> 왜 이 커다란 위험 속에서
> 살아가야 한단 말인가!
> 〔루크레티우스Titus Lucretius Carus(기원전 99년경~55년경)[20], 『사물의 본성에 대하여』
> II, 15〕

대다수 사람들의 삶은 이 생존 자체를 위한 끊임없는 투쟁에 불과하며, 결국 그 투쟁에서 패배하는 것이 확실하다. 그런데 대다수 사람들이 이 힘겨운 투쟁을 견디는 것은 삶에 대한 사랑이기보다는 오히려 죽음에 대한 공포 때문이다. 이 죽음은 배후에 버티고 있어 피하려 해도 피할 수 없고, 어느 때라도 다가올 수 있다. 삶 자체는 암초와 소용돌이로 가득 찬 바다이며, 인간은 최대한 신중하고 조심스럽게 이를 피하려 하지만, 안간힘을 쓰고 재주를 부려 뚫고 나가는 데 성공한다 해도, 사실 그럼으로써 한 발짝씩 전면적이고 피할 수 없으며 재기 불가능한 최악의 난파에 보다 가까이 다가간다. 아니 바로 난파를 향해, 즉 죽음을 향해 나아가고 있다는 것을 알고 있다. 이 죽음이야말로 힘겨운 항해의 최종 목표이며, 인간에게는 그가 피해 온 어떤 암초보다도 나쁜 것이다.

그런데 이와 동시에 매우 주목해야 할 일은, 한편으로 삶의 고뇌와 고통이 쉽게 너무 커질 수 있다 보니, 전체 삶의 본질이란 죽음으로부터 도망치는 것인데 이 죽음 자체가 바람직하게 느껴져 자발적으로 죽음으로 달려가게 된다는 점이다. 다른 한편으로 곤궁과 고뇌로 인간에게 휴식이 주어지자마자 무료함이 다가와서 필연적으로 오락거리가 필요해진다. 모든 생물이 마음을 쏟고 움직이게 하는 것

---

20 * 고대 로마의 시인이자 철학자. 그의 유일한 서사시 『사물의 본성에 대하여』로 유명하다. 이 시는 그리스의 철학자 에피쿠로스의 자연학을 가장 완벽하게 보존하고 있는 작품으로 에피쿠로스의 윤리학설과 논리설에 대해서도 언급하고 있다.

은 현존에 대한 노력이다. 하지만 현존이 보증되면 그들은 무슨 일을 시작해야 할지 모른다. 그래서 이들 생물을 움직이게 하는 두 번째의 것은 현존의 짐을 벗고, 그것을 느끼지 않으려는 노력, '시간을 죽이려는', 즉 무료함을 피하려는 노력이다. 그에 따라 곤궁과 근심을 면한 거의 모든 사람은 드디어 다른 모든 짐을 벗어던지고 나면, 이번에는 그 자신이 짐이 되어 이때까지 지내 온 모든 시간을 이득이라 생각한다. 즉, 그때까지 온 힘을 다해 되도록 오래 유지하려고 한 바로 그 삶으로부터 물러나는 것을 이득이라 생각한다. 그러나 무료함이 결코 무시해야 할 악은 아니다. 즉, 무료함은 끝내 얼굴에 진짜 절망을 그린다. 무료함은 인간들처럼 서로 별로 사랑하지 않는 존재들이 서로를 열렬히 찾게 함으로써 사교의 원천이 된다. 다른 일반적인 재난에 대해서와 마찬가지로 무료함에 대해서도, 이미 전략적으로 어디서나 공공연한 방지책이 강구된다. 그 반대되는 극인 기아와 마찬가지로 이 무료함이라는 악이 인간을 가장 무절제하게 몰아갈 수 있기 때문이다. 즉, 민중은 유베날리스의 말에 의하면 빵과 곡예를 필요로 한다. 필라델피아의 엄격한 형벌 제도는 고독과 아무 일도 하지 않는 것에 의해 단순히 무료함을 형벌의 도구로 삼고 있는데, 이것은 너무 끔찍해서 죄수를 자살하게 만들 정도였다. 곤궁이 민중의 계속적인 재앙이듯이, 무료함은 상류 사회의 재앙이다. 서민의 삶에서 곤궁이 일주일의 6일로 대변되듯이, 무료함은 일요일로 대변된다.

그런데 인간의 모든 삶은 전적으로 의욕과 성취 사이에서 계속 흘러간다. 소망은 그 본성에 따르면 고통이다. 즉, 성취는 금세 포만을 낳는다. 목표는 겉보기에만 그럴 뿐이다. 소유는 매력을 앗아가고, 새로운 형태로 소망과 욕구가 다시 나타난다. 그렇지 않으면 황량함, 공허, 무료함이 뒤따르고, 이에 대한 투쟁은 곤궁에 대한 투쟁과 마찬가지로 너무나 고통스럽다. 소망과 충족 사이의 시간적 간격이 너무 짧지도 길지도 않으면 이 둘에 의해 생기는 고뇌가 최소한으로 줄고, 가장 행복한 인생행로를 이루게 된다. 왜냐하면 사람들이 보통 인생의 가장 아름다운 부분이라거나 가장 순수한 기쁨이라 부르고 싶어 하는 것, 사실 그것은 또한 우리를 실재적인 현존에서 끄집어내어, 우리를 그것에 대해 무관심한 방관자로 만들 뿐이므로, 모든 의욕이 낯설어하는 순수한 인식 작용이고 미의 향유이며, 예술에 대한 진정한 기쁨이기 때문이다. 그러려면 희귀한 소질이 필요하기 때문에 이것은 극소수의 사람들에게만, 또한 이들에게도 휙 지나가 버리는 꿈으로만 베풀어질 뿐이다. 이 소수의 사람들에게는 더 높은 지력이 있기 때문에, 그들은 둔한 사람들이 느끼는 이상으로 훨씬 더 큰 고뇌를 민감하게 받아들이며, 그들과 확연히 다른 사람들 사이에서 고립되기에 이른다. 그럼으로써 이 고뇌도 해소된다.

그러나 대다수의 사람들은 순수하게 지성적인 향유를 누릴 수 없는 형편이다. 그들은 순수한 인식 작용에 들어 있는 기쁨을 맛볼 능력이 거의 없다. 즉, 그들은 전적으로 의욕의 지시를 받고 있는 것이다. 그러므로 그들이 무언가에 관심과 **흥미**를 갖게 하려면, 그것이(이것은 이미 그 말뜻 속에도 들어 있다) 아무리 의지에 대해 멀고 가능성 속에만 존재하는 관계라 할지라도, 어떻게든 그들의 의지를 자극해야 한다. 그러나 그들의 현존이 인식보다 훨씬 더 의욕에 있기 때문에, 그 의지는 결코 완전히 활동을 그만두어서는 안 된다. 즉, 그들의 유일한 요소는 행동과 반응이다. 사소한 일이나 일상 현상에서 이런 속성의 소박한 발현을 엿볼 수 있다. 예컨대 그들이 명소에 찾아가서 자기들의 이름을 적는 것은 그 장소가 그들에게 작용하지 않으므로, 그 장소에 작용하기 위해 그렇게 반응하는 것이다. 더구나 그들은 낯설고 진기한 동물을 그냥 바라보기만 하는 일을 잘 못하고, 단지 행동과 반응을 느끼기 위해 동물을 자극하고 놀리며 그 동물과 놀아야 한다. 그런데 의지 자극에 대한 욕구는 카드놀이의 고안과 유지에서 아주 특별히 드러나는데, 이 카드놀이야말로 실로 인간성의 가련한 측면의 표현이다.

그러나 자연이나 행복이 무슨 일을 하든, 사람이 누구이든 또 무엇을 소유하든 삶에 본질적인 고통은 떨쳐 버릴 수 없다.

펠레우스의 아들은
하늘을 우러러보며
비탄에 잠겨 있었노라.
(호메로스, 『일리아스』 21장 272)

그리고 다시

나는 크로노스의 아들인 제우스의 아들이다.
그런데도 이루 말할 수 없는 고난을 겪었노라.
(호메로스, 『오디세이아』 11장 620)

고뇌를 추방하려는 끊임없는 노력은 고뇌의 형태를 바꾸는 것 외에는 아무것도 할 수 없다. 이 고뇌의 형태는 원래 부족과 곤궁, 삶의 유지를 위한 근심이다. 극히 어려운 일이긴 하지만, 이 형태를 지닌 고통을 몰아내는 데 성공한다면, 고통은 연령이나 사정에 따라 교대로 수많은 다른 모습을 취하며 성 욕동, 열정적인 사랑, 질투, 부러움, 증오, 불안, 명예욕, 금전욕, 질병 등으로 나타난다. 고통이 결국 다른 모습을 취할 수 없게 되면 싫증과 무료함이라는 슬픈 회색 옷을 입고 나타난다. 그러면 사람들은 이것에서 벗어나려고 여러 가지를 시도한다. 마침내 이 싫증과 무료함을 몰아내는 데 성공하면 이전의 여러 고통 중 하나에 다시 빠져 고통스런 춤을 처음부터 다시 추게 될 것이다. 모든 인생은 고통과 무료함 사이에 이리저리 내던져져 있기 때문이다. 이렇게 고찰하면 무척이나 기가 꺾이는 일이겠지만, 나는 이와 아울러 위로를 얻을 수 있는 측면, 즉 현존하는 자신의 불행에 대한 스토아적인 무관심에 이를 수 있다는 측면에 주의를 환기시키고자 한다. 우리가 이 불행을 참을 수 없는 것은 대부분 그것을 우연한 것으로, 쉽게 다른 형태를 띨 수 있는 원인의 연쇄에 의해 초래된 것으로 인식하는 데서 기인한다. 우리는 직접적으로 필연적이고, 전적으로 일반적인 불행, 예컨대 노년이나 죽음의 필연성, 일상적으로 일어나는 많은 불쾌한 일의 필연성에 대해서는 슬퍼하지 않는 것이 보통이기 때문이다. 오히려 우리에게 고뇌를 안겨 준 사정의 우연성을 고찰하는 것은 이 고뇌에 찌르는 가시를 주는 격이다. 그런데 고통 그 자체는 삶에 본질적이고 불가피하며, 고통이 나타나는 형식인 다름 아닌 삶의 단순한 형태에 불과하며 우연에 의존하고 있다. 그러므로 현재 우리의 고뇌가 하나의 자리를 채우고 있고, 그 고뇌가 없으면 지금 그 고뇌에 의해 배제되어 있는 다른 고뇌가 즉시 그 자리에 들어올 것이다. 따라서 이런 사실과, 운명이 본질적으로 우리에게 그다지 해를 끼칠 수 없다는 사실을 인식하면, 그러한 반성이 생생한 확신이 되면 스토아적인 고도의 평정심을 불러일으켜 자신의 안녕을 얻기 위한 불안한 걱정을 크게 덜 수 있을 것이다. 그런데 실제로는 직접 느껴진 고뇌를 이성이 이처럼 마음대로 지배하는 일은 드물거나 결코 일어날 수 없을지도 모른다.

그런데 고통은 피할 수 없는 것이고, 하나의 고통이 다른 고통에 의해 쫓겨나 지금까지의 고통이 없어지고 사라지면 새로운 고통이 나타난다는 것에 대한 지금까지의 고찰을 통해, 심지어 다음과 같은 역설적이긴 하지만 불합리하다고는 할 수 없는 가설에 이르게 될 것이다. 즉, 모든 개인에게는 그에게 본질적인 고통의 양이 그의 본성을 통해 결정적으로 정해져 있어, 고뇌의 형식이 아무리 변한다 해도 그 고뇌의 양은 계속 비어 있지도 가득 채워지지도 않을 것이다. 그에 따라 개인의 고뇌와 안녕함은 결코 외부로부터 정해져 있는 것이 아니라, 사실 그 분량, 그 소질을 통해 정해져 있을 뿐이다. 이 소질은 사실 신체적인 상태에 의해 그때그때 시대에 따라 어느 정도 증감이 있을지는 모르지만, 전체적으로는 동일한 것이고, 다름 아닌 그의 기질이라고 불리는 것이리라. 또는 보다 자세히 말하면 플라톤이 그의 『국가』 제1권에서 말한 것처럼, 그의 마음이 가벼운가 혹은 무거운가 하는 정도일 것이다.

큰 고뇌가 있으면 보다 작은 고뇌는 전혀 느껴지지 않게 되고, 이와 반대로 큰 고뇌가 없으면 아주 사소한 언짢은 일까지 우리를 고통스럽게 하고 기분을 상하게 한다는 널리 알려진 경험이 이 가설을 입증해 준다. 그뿐 아니라 단순히 생각만 해도 몸서리쳐지는 큰 불행이 실제로 일어나면 그럼에도 우리가 최초의 고통을 극복하자마자 우리의 기분은 전체적으로 그리 변하지 않고 존속한다. 또한 이와 반대로 오랫동안 고대하던 행복이 찾아온 후에도 우리가 전체적으로 또 지속적으로 전보다 현저히 행복하고 기분 좋은 게 아니라는 것도 경험이 가르쳐 준다. 그 변화가 생기는 순간만이 깊은 비탄이나 순전히 환희로서 우리의 마음을 보통 이상으로 강하게 움직인다. 그러나 슬픔이나 기쁨은 착각에 기인하기 때문에 곧 사라져 버린다. 그것들은 직접 현재의 향유나 고통으로 인해 생기는 것이 아니라, 미리 예취되는 새로운 미래가 열리는 것으로만 생길 뿐이기 때문이다. 고통이나 기쁨은 미래에서 빌려왔다는 사실 때문에만 그처럼 비정상적으로 고조될 수 있었으므로 언제까지나 지속되는 것은 아니다.

앞에서 내세운 가설에 따라, 인식 작용에서뿐 아니라 고뇌 또는 안녕함의 감정에서도 매우 큰 부분은 주관적이고 선험적으로 규정되어 있지만, 이 가설에 대한 증거로서 또한 다음과 같은 지적을 할 수 있겠다. 즉, 인간의 쾌활함이나 우울함은 겉으로 드러나는 외적 사정인 부나 신분에 의해 규정되는 것이 아니다. 왜냐하면 적어도 부자들한테서만큼이나 가난한 사람들한테서도 쾌활한 얼굴을 많이 볼 수 있기 때문이다. 더구나 자살을 일으키는 동기는 무척 상이하기 때문에 모든 사람을 거의 예외 없이 자살에 이르게 할 정도로 큰 불행을 제시할 수 없고, 작은 불행이라 해서 똑같은 정도로 자살을 유발하지 않는 것도 아니다. 우리의 명랑함이나 슬픔의 정도가 어느 시대에나 똑같은 것은 아니라 해도, 이 견해에 따르면 우리는 이를 외적인 사정의 변화가 아닌 내적 상태, 신체적인 상태의 변화 탓으로 볼 수 있다. 우리의 명랑함이 일시적인 것에 지나지 않더라도 기쁨으로까지 실제로 고조되는 경우, 그것은 아무런 외적 계기 없이 일어나는 것이 보통이다. 사실 우리는 흔히 우리의 고통이 특정한 외적 관계에서만 생기는 것으로 생각하고, 분명 이 관계에 의해서만 풀이 죽고 슬퍼한다. 그래서 이 관계가 제거되기만 하면 더없이 만족스러울 거라고 생각한다. 그러나 이것은 착각이다. 전체적으로 우리의 고통과 안녕함의 양은 우리의 가설에 따르면 시점마다 주관적으로 규정된다. 이 양과 관련해 볼 때 슬픔의 원인이 되는 외적 동기는 신체에 지금까지 흩어져 있던 모든 나쁜 체액을 빨아들이는 발포성 고약에 지나지 않는다. 이 기간 동안 우리의 본질에 근거하고 있어 털어 버릴 수 없는 고통은 고뇌의 저 특정한 외적 원인이 없다면 수많은 점으로 분산되어, 우리가 지금까지 전적으로 간과하고 있는 사물들에 대한 수많은 사소한 불쾌감과 시름의 형태로 현상할 것이다. 왜냐하면 고통을 받아들일 수 있는 우리의 수용력은 지금까지 흩어져 있던 모든 고뇌를 하나의 점에 집중시킨 주된 불행에 의해 이미 채워져 있기 때문이다.

이와 상응하여 또한 다음과 같은 사실이 관찰된다. 즉, 우리를 괴롭히는 큰 걱정이 결국 다행스럽게 끝나 우리의 가슴에서 사라지자마자 그 대신 다른 걱정이 나타난다. 그것의 모든 소재는 이미 존재하고 있었지만, 의식이 다른 것을 받아들일 수용력이 없었기 때문에 걱정으로 인해 의식 속에 들어올 수 없었다. 그 때문에 이 걱정거리는 막연하고 눈에 띄지 않는 안개 속의 모습으로 의식의 지평 끝자락에 머물고 있었다. 그러나 자리가 생긴 지금 준비된 이 소재는 즉각 모습을 드러내고, 일상을 지배하는 걱정의 왕좌를 차지한다. 그런데 이 소재는, 물질적으로 보면 이미 사라진 걱정의 소재보다 훨씬 가벼운 것이지만, 잔뜩 부풀려 겉보기에 크기가 같아 보이게 하고, 일상의 주된 근심으로 왕좌를 완전히 채워 버린다.

지나친 기쁨이나 너무 격렬한 고통은 언제나 동일한 인물에게서만 볼 수 있다. 기쁨과 고통은 서로를 조건 짓고, 또한 다 같이 정신이 매우 활발할 것을 조건으로 하기 때문이다. 우리가 방금 보았듯이, 이 둘은 순수하게 현재적인 것이 아닌 미래의 예취에 의해 생긴다. 그러나 고통이 삶에 본질적이고, 그 정도도 주관의 본성에 의해 규정되어 있으며, 급작스러운 변화란 언제나 외적인 것이기 때문에 고통의 정도를 본래 변화시킬 수 없다. 그러므로 지나친 기쁨과 고통의 밑바닥에는 언제나 오류와 망상이 자리하고 있다. 따라서 마음의 이 두 가지 지나친 긴장은 통찰에 의해 피할 수 있다. 지나친 모든 기쁨은 언제나 삶 속에서는 결코 접할 수 없는 것을 발견했다는 망상에 기인하고 있으며, 말하자면 끊임없이 새로 태어나 고통을 안겨 주는 소망이나 걱정의 지속적인 충족이다. 이런 종류의 모든 개별적인 망상은 나중에 어쩔 수 없이 실체가 밝혀지게 되고, 그 망상이 사라지게 되면 그것의 출현으로 기쁨을 안겨 주었던 것과 같은 정도의 쓰라린 고통을 맛보는 대가를 치러야 한다. 그런 점에서 망상은 뛰어내리는 것 외에는 다시 아래로 내려갈 수 없는 언덕과 같다. 그러므로 언덕에 오르지 않도록 해야 한다. 그리고 급작스럽고 지나친 모든 고통은 사실 그 언덕에서 뛰어내리는 것, 즉 그 망상이 사라지는 것에 불과하므로 망상에 의해 조건 지어지고 있다. 따라서 사물을 끊임없이 전체적으로 또 그 연관 속에서 완전히 명백하게 개관하고, 의연한 태도로 조심하며, 사물들이 갖고 있기를 우리가 소망하는 색채를 사물들에게 실제로 부여할 수 있다면 망상과 고통을 피할 수 있으리라. 스토아적 윤리는 무엇보다도 그 모든 망상과 그 결과로부터 마음을 해방시켜, 망상 대신 흔들림 없는 평정심을 마음에 주려는 데서 출발했다. 다음의 잘 알려진 송가頌歌에서 보면 호라티우스는 이것을 충분히 통찰하고 있었다.

> 괴로울 땐 마음의 평정의 유지를
> 끊임없이 잊지 말 것이며,
> 행복할 땐
> 지나치게 기뻐하지 않도록 하라.
> (『카르미나』 제2장 3)

그러나 우리는 대체로 고뇌가 삶에 본질적이라는 인식과, 그 때문에 그 고뇌가 외부로부터 우리에게 흘러드는 것이 아니라 마르지 않는 고뇌의 샘을 각자 자기 가슴에 지니고 있다는, 쓰디쓴 약에 비유할 수 있는 인식에 대해 눈을 감고 있다. 우리는 우리에게서 결코 물러서지 않는 고통에 대해 끊임없이 외부의 개별적인 원인, 다시 말해 하나의 핑계를 찾는다. 이는 자유인이 주인으로 삼으려고 우상을 만드는 것과 같다. 왜냐하면 우리는 소망에서 소망으로 지칠 줄 모르고 노력하기 때문이다. 또 성취된 충족은 아무리 많은 것을 약속한다 해도 우리를 충족시켜 주지 못하고 대체로 곧장 치욕적인 오류로 나타나지만, 우리는 다나이덴 자매의 밑

빠진 독에 물을 붓고 있다는 것을 모르고 언제나 새로운 소망으로 달려가기 때문이다.

> 우리가 소망하는 것을 얻지 못하는 한,
> 그 가치는 모든 것을 능가하는 것으로 보이지만,
> 그것을 얻고 나면
> 곧 다르게 보이기 때문이다.
> 우리는 늘 똑같은 갈증에 사로잡혀
> 애타게 삶을 갈망한다.
> (루크레티우스, 『사물의 본성에 대하여』 III, 1095)

이렇게 무한대로 나아가거나, 또는 보다 드문 일로 이미 성격의 어떤 힘을 전제로 하는 것이지만, 우리는 성취되지는 않아도 포기할 수 없는 소망을 하기까지 이른다. 그러면 우리는 이처럼 추구함으로써 매 순간 우리 자신의 본질 대신 우리 고뇌의 원천으로 탄핵할 수 있는 어떤 것을 얻은 셈이 된다. 그럼으로써 우리는 우리의 운명과 불화를 겪는 반면 우리의 실존과는 화해한다. 이 실존 자체에는 고뇌가 본질적인 것이며 또 참된 충족은 불가능하다는 인식이 다시 멀어져 가기 때문이다. 이런 최종적인 발전 방식의 결과는 다소 우울한 기분이고, 크고 유일한 고통의 끊임없는 감내이며, 그로 인해 보다 작은 모든 고뇌나 기쁨의 경시다. 따라서 이것은 훨씬 일상적으로 일어나고 있듯이, 항상 다른 환상들을 붙잡으려고 끊임없이 안달하는 것보다는 더 품위 있는 현상이다.

58.
충족과 행복의 소극적인 성질

모든 충족, 또는 흔히 행복이라 부르는 것은 원래 본질적으로 언제나 **소극적**인 것에 불과하며 결코 적극적인 것이라고 할 수 없다. 그것은 근원적으로 저절로 우리에게 와서 행복하게 하는 것Beglückung이 아니라 언제나 어떤 소망의 충족이어야 한다. 왜냐하면 소망, 즉 부족은 모든 향유의 선행 조건이기 때문이다. 그러나 충족과 함께 소망, 따라서 향유도 끝나게 된다. 그 때문에 충족이나 행복하게 하는 것은 결코 고통이나 곤궁으로부터의 해방 그 이상일 수는 없다. 실제적이고 분명한 모든 고뇌뿐 아니라 성가시게 하여 우리의 평정을 방해하는 모든 소망도, 심지어 우리의 현존을 짐스럽게 하는 견디기 어려운 무료함조차 고통이나 곤궁에 속하기 때문이다. 그런데 무언가를 성취하고 관철하기란 그리 쉬운 일이 아니다. 어떠한 계획에도 어려움이나 노고가 끝없이 저항해 오고, 한 발짝 옮길 때마다 장애물들이 쌓인다. 그러나 마침내 모든 것을 극복하고 목적을 달성했다 해도 거기서 얻어진 것은 어떤 고뇌나 소망으로부터 해방된 것밖에는 없고, 따라서 그런 것이 생기기 이전의 상태로 있는 것에 불과하다.

우리에게 직접 주어진 것은 언제나 부족, 즉 고통뿐이다. 그러나 우리는 충족이나 향유를, 생기는 동시에 끝나 버린 이전의 고뇌나 결여에 대한 기억을 통해 간접적으로만 인식할 수 있다. 그러므로 우리가 실제로 소유하고 있는 재물이나 장점을 결코 제대로 알아채거나 평가하지 못하고, 그것이 의당 그렇게 있어야 하는 것으로 생각한다. 왜냐하면 재물이나 장점은 고뇌를 저지하면서 언제나 소극적으로만 행복하게 하기 때문이다. 그런 것들을 잃은 연후에야 비로소 우리는 그 가치를 느끼게 된다. 부족, 결여 및 고뇌는 적극적인 것, 직접 출현을 알리는 것이기 때문이다. 고난, 질병, 부족 등의 극복 기억이 우리를 기쁘게 하는 것 역시 그래서이다. 그 기억이야말로 현재의 재물을 향유하게 하는 유일한 수단인 것이다. 이 점에서, 또 삶의 의욕의 형식인 이기심이라는 이 입장에서 남의 고뇌를 바라보거나 묘사함으로써 앞서 말한 방법으로 충족과 향유를 얻는다는 것도 부정할 수 없다.

루크레티우스는 그의 저서 제2부의 서두에서 이를 멋지고도 솔직하게 표현하고 있다.

거센 바람이 휘몰아치는 바닷가에 서서
곤경에 빠진 뱃사공을 바라보는 일은
얼마나 기쁜 일인가.
남이 고생하는 것을 보고
즐거워하는 것이 아니라,
그대가 화를 면한 것을 알고
기뻐하는 것이다.
(『사물의 본성에 대하여』 II, I.)

앞으로 우리에게 드러나게 되겠지만, 이런 종류의 기쁨은 자신의 안녕함을 간접적으로 인식함으로써 본래적이고 적극적인 악의의 원천에 아주 가까이 있다.

모든 행복은 적극적인 성질이 아닌 소극적인 성질을 띨 뿐이다. 바로 그 때문에 행복은 지속적인 충족이나 행복하게 하는 것일 수 없고, 언제나 고통이나 부족으로부터 구원되는 것에 불과하다. 그에 이어 새로운 고통이나 권태, 헛된 갈망이나 무료함이 생기게 마련이다. 이것은 세계와 삶의 본질을 충실히 비춰주는 거울인 예술에서, 특히 시문학에서도 증명된다. 모든 서사 문학이나 극문학은 말하자면 언제나 행복을 얻기 위한 몸부림, 노력 및 투쟁만 묘사할 수 있을 뿐 결코 영속적이고 완성된 행복 그 자체는 묘사할 수 없다. 그런 문학은 수많은 난관과 위험을 거쳐 주인공을 목표까지 데리고 가서, 그곳에 도달하자마자 서둘러 막을 내려버린다. 왜냐하면 주인공이 행복을 찾으리라 착각한 찬란한 목표는 그를 조롱한 것에 불과하고, 그가 목표를 성취한 뒤 이전보다 더 나아지지 않았다는 것을 보여주는 것 외에는 문학에 아무것도 남은 것이 없기 때문이다. 진정한 영속적인 행복은 가능하지 않기 때문에 예술의 대상이 될 수 없다.

사실 전원시의 목적은 원래 그런 행복을 그리는 데 있다. 그러나 사람들은 전원시 자체가 그런 것을 감당할 수 없다는 것도 알고 있다. 전원시는 언제나 시인의 수중에서 서사적으로 되거나, 사소한 고뇌, 사소한 기쁨, 사소한 노력으로 구성된 그리 중요하지 않은 서사시일 뿐이다. 이런 경우가 태반이다. 그런데 전원시가 단순히 기술적김씨w에 시가 되면 가염이 띠, 즉 의기가 없는 순수한 인시 자용은 묘사한다. 이 순수한 인식 작용은 물론 실제로도 유일하고 순수한 행복이다. 그 순수한 인식 작용에는 고뇌도 욕구도 선행하지 않고, 후회, 고뇌, 공허, 싫증도 필연적으로 뒤따르지 않는다. 다만 이 행복은 삶 전체를 채울 수는 없고, 단지 삶의 순간들만 채울 수 있을 뿐이다. 시문학에서 보는 것은 음악에서 다시 발견할 수 있다. 그러니까 음악의 선율 속에서 우리가 재인식한 것은 그 자신을 의식한 의지의 일반적으로 표현된 가장 내적인 역사, 가장 비밀스런 삶, 동경, 고뇌와 기쁨, 인간 마음의 성쇠盛衰다. 선율이란 언제나 으뜸음으로부터의 이탈이고, 수많은 기이한 방황을 거쳐 가장 고통스러운 불협화음까지 이르며, 그런 뒤 의지의 충족과 안심을 표현하는 으뜸음으로 되돌아간다. 하지만 그런 연후에는 이 으뜸음으로 더 이상 아무것도 할 수 없다. 그것이 길게 계속되면 다만 무료함에 상응하는 성가시고 무의미한 단조로움일 뿐이리라.

이 고찰로 분명히 밝혀져야 하는 모든 것, 즉 지속적인 충족은 실현될 수 없다는 것과 모든 행복은 소극적이라는 것은 제2권의 마지막에서 말한 것으로 설명된다. 말하자면 인간의 삶도 모든 현상과 마찬가지로 의지의 객관화이듯이, 의지는 목표도 끝도 없는 노력이다. 우리는 이처럼 끝이 없는 것의 특징이, 이 현상의 가장 보편적인 형식인 끝없는 시간과 공간으로부터 모든 현상 중 가장 완성된 현상인 인생과 인간의 노력에 이르기까지, 의지의 전체 현상의 모든 부분에도 표현되어 있는 것을 발견한다. 사람들은 인생의 세 가지 극단을 이론적으로 상정하여, 그것을 현실적인 인생의 요소로 간주할 수 있다. 첫째는 강력한 의욕, 커다란 열정Radscha-Guna이다. 그것은 위대한 역사적 인물들에게서 나타나 서사시나 희곡에 묘사되어 있다. 하지만 그것은 작은 권역에서도 나타날 수 있다. 여기서는 객관의 크기가, 그 객관이 의지를 움직이는 정도에 따라서만 측정될 수 있지, 객관의 외적인 관계에 의해 측정되는 것은 아니기 때문이다. 그리고 둘째는 순수한 인식 작용으로 이념의 파악, 즉 천재Satwa-Guna의 삶이다. 이념의 파악은 의지에 봉사하는 것으로부터 인식이 해방되는 것에 의해 조건 지어진다. 마지막으로 셋째는 의지의 매우 심한 무관심Lethargie, 그로써 의지에 속박된 인식의 매우 심한 무관심, 헛된 갈망, 삶을 마비시키는 무료함Tama-Guna이다. 개인의 삶은 이 세 극단 중 하나를 결코 고집하지 않으며, 그 극단과 드물게 접촉할 뿐이다. 또 대체로 이쪽저쪽에 약하게 동요하며 다가갈 뿐이고, 하찮은 대상들을 옹색하게 의욕하며 끊임없이 같은 일을 되풀이하고 또 그렇게 해서 무료함으로부터 벗어난다.

대대수의 사람들의 삶을 외부에서 보면 얼마나 무의미하고 보잘것없게 흘러가는지, 안에서 갖는 느낌으로도 얼마나 막연하고 정신없이 흘러가는지 실로 믿을 수 없을 정도다. 이들의 삶은 빛바랜 동경이자 괴로움이고, 보잘것없는 일련의 생각을 품고 인생의 사계四季를 거치며 죽음을 향해 꿈결처럼 허우적거리며 걸어간다. 이들은 태엽이 감기고는 왜 그런지 알지도 못하고 가는 시계의 태엽 장치와 같다. 한 인간이 태어날 때마다 인생이라는 시계의 태엽이 새로 감기는 것인데, 이는 이미 수없이 연주된 손풍금 곡을 악절마다 소절마다 보잘것없게 변주하여 거듭 되풀이하기 위해서다.

모든 개인, 인간의 모든 얼굴과 그 인생행로는 자연의 무한한 영靈, 즉 삶에의 불변하는 의지의 짧은 꿈에 지나지 않고, 자연의 영이 공간과 시간이라는 무한한 백지에 재미로 그려 보는 덧없는 형상에 불과하다. 그 형상은 이 무한한 시간에 비해 형편없이 짧은 시간 동안만 존재가 허용되고, 그런 뒤에는 새로 자리를 비켜주고 없어지고 만다. 그럼에도 또 여기에 삶의 우려할 만한 측면이 있는 것이지만, 이 덧없는 형상이나 이들 진부한 착상 모두는 삶에의 의지 전체에 의해, 의지의 모든 격렬성 속에서 많고 깊은 고통으로, 마지막으로는 오랫동안 두려움의 대상이었다가 끝내 나타나는 쓰라린 죽음으로 속죄받아야 한다. 시신을 보면 우리가 갑자기 숙연해지는 것은 그 때문이다.

모든 개인의 삶을 전체적이고 일반적으로 개괄하고 가장 의미심장한 특징만을 끄집어내서 보면, 본래 언제나 하나의 비극이다. 그런데 하나하나를 자세히 살펴보면 개인의 삶은 희극의 성격을 지니고 있다. 왜냐하면 하루하루의 활동과 골칫거리, 순간순간의 그칠 새 없는 조롱, 매주의 소망이나 두려움, 매시간의 사고들은 끊임없이 짓궂은 장난을 염두에 둔 우연한 사건에 의한 순전히 희극 장면에 불과하기 때문이다. 그러나 결코 성취되지 않은 소망, 수포로 돌아간 노력, 운명에 의해 무자비하게 짓밟힌 희망, 전체 삶의 불운한 오류는, 고뇌가 커지다가 끝내 죽음에 이르는 것을 보면, 언제나 하나의 비극이다. 그래서 마치 운명이 우리 현존의 비참함을 조롱하려고 하는 것처럼, 우리의 삶은 비극의 모든 슬픔을 내포하고 있어야 한다. 또 이 경우 우리는 비극적 인물의 품위조차 주장할 수 없으며, 삶의 광범위한 세부에서 불가피하게 유치한 희극적 인물이 될 수밖에 없다.

그런데 모든 인생에는 크고 작은 골칫거리가 가득 차 있어 사람들은 끊임없는 불안과 동요 속에서 살아간다. 하지만 이것들은 정신을 충족시키기에는 삶이 부충분하며, 현존이 공허하고 진부함을 숨길 수 없으며, 또는 근심을 낳는 모든 휴식을 채워 줄 만반의 준비가 되어 있는 무료함을 배제할 수도 없다. 여기에서 인간의 정신은 현실 세계에서 부과하는 걱정, 근심, 일에는 아직 만족하지 않고, 수많은 여러 가지 미신의 형태로 공상의 세계를 만들어 놓는다. 그런 뒤 정신이 도저히 받아들일 수 없는 휴식을 현실세계가 정신에게 부여하려고 하면 곧장 온갖 방식으로 이 공상 세계에 관계하여, 거기에 시간과 힘을 허비하게 된다. 따라서 이런 것은 원래 기후나 토양이 온화해서 살아가기 편한 국민에게서 가장 많이 보이는데, 특히 인도인 다음으로 그리스인, 로마인, 그다음으로는 이탈리아인, 스페인인 등에 많이 보인다.

인간은 자신의 모습에 따라 마귀, 신, 천사를 만들어 낸다. 그런 다음에는 이런 것들에 끊임없이 희생, 기도, 사원 장식, 서원과 그 취소, 순례, 환영 인사, 성상 장식 등을 바쳐야 한다. 이 봉사는 어디서나 현실 세계와 밀접하게 얽혀 있어 현실 세계를 흐릿하게 하기도 한다. 그렇게 되면 삶의 모든 사건은 마귀와 신의 반응으로 간주된다. 이런 것들과의 교제가 삶의 절반을 채우고, 끊임없이 희망을 갖게 하며, 착각이라는 것의 매력으로 인해 가끔 현실적인 존재와의 교제보다 더 흥미로워지기도 한다. 그 교제는 인간의 이중적 필요성의 표현이자 징후이고, 한편으로는 도움과 지원에 대한 필요성이며, 다른 한편으로는 일과 심심풀이에 대한 필요성이다. 그리고 인간은 사고나 위험에 처했을 경우 그것을 피하는 데 귀중한 시간과 힘을 사용하는 대신 기도와 희생에 쓸데없이 사용하면서, 때로 도움과 지원에 대한 욕구와는 반대되는 행동을 하기도 하지만, 꿈꾸어 온 영계靈界와의 비현실적인 교섭을 함으로써 오히려 기도와 희생에 대한 욕구에는 그만큼 도움이 된다. 또 이것이야말로 모든 미신의 결코 무시할 수 없는 이점이다.

59.
모든 인생사는 수난의 역사

우리는 이제까지 지극히 일반적인 고찰을 통해, 즉 인생의 첫째가는 기본적인 특징을 연구함으로써, 그런 한에서 인생은 이미 그 모든 성향에 따르면 참된 행복을 누릴 수 없고, 본질적으로 다양한 모습을 한 고뇌이며 전적으로 불행한 상태라는 것을 선험적으로 확신했다. 그래서 이번에는 후험적인 방법으로 여러 특정한 사례를 논하고, 여러 형상을 상상력 앞에 가져와 실례로 형언키 어려운 고난을 묘사함으로서, 이 확신을 우리 마음속에 훨씬 강하게 일깨울 수 있을 것이다. 어느 쪽을 바라보고 어떤 점을 고려하여 연구한다 해도 경험과 역사는 그런 형언키 어려운 고난을 제공한다. 그러나 이 주제는 끝이 없을 것이고, 철학에 본질적인 보편성의 입장으로부터 우리를 멀어지게 할 것이다. 게다가 이런 묘사는 이미 종종 현존했던 것과 같은 인간의 불행에 대한 단순한 장광설로 간주될 것이고, 개별적인 사실에서 출발하기 때문에 그 묘사 자체가 일면적이라고 비난받을지도 모른다. 삶의 본질에서 근거 지어진 불가피한 고뇌의 입증은 아주 냉정하게 철학적으로, 보편적인 것에서 출발하여 선험적으로 행해진 것이므로 그러한 비난과 혐의로부터 자유롭다. 하지만 후험적인 확증은 어디서나 쉽게 얻을 수 있다.

청년 시절의 최초의 꿈에서 깨어난 사람은 누구나 자신과 타인의 경험을 유심히 살펴보고, 삶과 과거사에서 또 자신의 시대사에서, 급기야는 위대한 작가들의 작품에서 세상 물정을 알게 되어, 지울 수 없게 각인된 어떤 선입견에 판단력이 마비되어 있지 않은 한, 이 인간 세계가 우연과 오류의 나라이고, 이것들이 그 나라에서 무자비하게도 크고 작은 일을 마음대로 처리하고 있으며, 게다가 우둔과 악의가 판을 치고 있다는 결과를 아마 인식하게 될 것이다. 따라서 보다 나은 것은 힘겹게 밀치고 나아갈 뿐이고, 고상하고 현명한 것은 아주 드물게 나타나며, 효과를 발휘하거나 주목을 받는 것도 아주 드물게 된다. 그런데 사유의 영역에서는 불합리와 잘못된 일, 예술의 영역에서는 천박함과 몰취미, 행위의 영역에서는 악의와 교활함이 극히 잠시 동안만 중단되어 방해받을 뿐 본래는 지배권을 주장하는 법이다. 이와는 달리 어떤 종류라도 탁월한 것은 언제나 예외적 현상에 불과하고 수백만 중 하나 꼴이므로, 영속적인 작품 속에 등장하는 경우에도 그 작품이 나중에 동시대의 원한을 견디고 살아남은 뒤에는 고립하여 존재하며, 이곳을 지배하는 사물의 질서와는 다른 질서에서 생겨난 하나의 운석처럼 보관된다.

그런데 개개인의 삶에 관해 말하자면, 모든 인생사는 수난의 역사다. 모든 인생 행로는 대체로 일련의 크고 작은 사고의 연속이기 때문이다. 그러나 다들 사고를 되도록 감추려고 한다. 다른 사람들이 이 사고를 보고 관심과 연민을 보이는 경우는 드물고, 그들은 바로 지금 이런 고생을 면하고 있다는 생각에 분명 만족감을 느끼리라는 것을 다들 알고 있기 때문이다. 그러나 누구든 인생의 끝에 가서는 분별 있고 솔직하다면 다시 한 번 인생을 되풀이하기를 소망하지 않고, 차라리 완전한 비존재를 선택할지도 모른다. 『햄릿』에 나오는 세계적으로 유명한 독백의 본질적 내용은 요약해 말하면 다음과 같다.

우리의 상태는 너무 비참해서 그 상태보다는 차라리 완전한 비존재가 훨씬 나을지도 모른다. 그런데 자살이 우리에게 실제로 이 비존재를 제공해주고, 그래서 "사느냐 아니면 죽느냐" 하는 양자택일이 단어의 완전한 의미에서 존재한다면, 자살은 "극히 바람직한 마무리로a consummation devoutly to be wish'd"(셰익스피어, 『햄릿』 제3막 1장) 무조건 선택되어야 할 것이다. 그러나 우리 마음속에는 그렇지 않다고, 이것으로 끝나는 게 아니라고, 죽음은 절대적인 파멸이 아니라고 우리에게 속삭이는 무엇이 있다. 이와 동시에 이미 역사의 아버지 헤로도토스[21]가 인용하는 것으로, 그 후로도 반박을 받지 않은 말이 있다. 말하자면 그것은 다음 날을 체험하고 싶지 않다고 한 번 이상 원하지 않은 사람은 아무도 없다는 말이다. 그렇다면 인생이 짧은 것을 그토록 자주 한탄하지만 바로 그 때문에 가장 좋은 것이 아닐까 한다.

그런데 자신의 삶이 계속해서 직면해 있는 끔찍한 고통과 고민을 마침내 눈앞

에 보여 주려고 하면, 누구나 소스라치게 놀랄 것이다. 만약 완강한 낙관주의자를 데리고 다니며 병원, 야전 병원, 외과 수술실을 보여 주고, 감옥, 고문실, 노예들이 사는 허름한 방을 보여 주고, 전쟁터와 형장을 지나, 냉담한 호기심의 눈길 앞에 주눅 든 사람들이 비참하게 살아가는 온갖 음침한 숙소를 그에게 열어 준 다음, 마지막으로 우골리노Ugolino[22]의 아사탑餓死塔을 보여 준다면, 그 또한 결국은 '가능한 세계 중 이 최상의 세계'(라이프니츠, 『변신론』 제1권 8장)가 어떤 종류의 것인지 확실히 알아차리리라. **단테**가 자신의 지옥의 재료를 우리의 이 현실 세계 말고 대체 다른 어디에서 구했단 말인가? 그렇지만 그것은 제법 진짜 같은 지옥이 되었다. 이와는 달리 그가 천국과 그 기쁨을 묘사하는 과제에 직면했을 때, 사실 우리의 세계에는 천국의 재료가 될 만한 것이 전혀 없었기 때문에 그는 극복하기 어려운 난관에 봉착하게 되었다. 그래서 그는 천국의 기쁨 대신 그곳에 있는 그의 조상, 그의 베아트리체, 여러 성자에게서 들었던 가르침을 우리에게 재현하는 수밖에 별도리가 없었다. 그러나 이것으로 이 세계가 어떤 종류의 것인지 충분히 밝혀진 셈이다.

물론 인생은 엉터리 물품이 다 그렇듯이 겉모습은 거짓된 빛깔을 띠고 있고, 고통스러운 것은 언제나 감춰져 있다. 이와 반대로 노력하여 얻은 화려하고 찬란한 것은 누구나 남에게 드러내 보인다. 또 자신의 내적 만족이 부족할수록 남들에게 행복한 사람으로 보이기를 바란다. 우둔이 이 정도에 이르며, 다른 사람들의 견해가 모든 사람이 노력하는 주된 목표이다. 물론 사람들의 목표가 전적으로 헛된 것임은 거의 모든 언어에서 허영vanitas이란 본래 공空과 무無를 의미한다는 것으로 이미 표현되어 있다. 그런데 이런 속임수를 쓰는데도 삶의 고민은 아주 쉽게 늘어날 수 있고, 보통 무엇보다 두려움의 대상이던 죽음을 갈망하는 일이 날마다 일어난다. 그러니까 운명이 자신의 모든 간계를 보이려고 하면 고통스러워하는 사람에게는 이 도피조차 가로막혀 버려, 격노한 적의 수중에 들어간 그는 참혹한 고문에 서서히 몸을 맡기고 빠져나갈 수 없게 된다. 그럴 경우 괴롭힘을 당하는 사람은 신을 부르며 도움을 청하지만 그래 봤자 아무 소용없는 일이다. 즉, 그는 은총

---

22 * 단테의 『신곡』 연옥편에 나오는 인물. 피사의 귀족이었던 우골리노 백작은 보다 높은 권세를 바라고 당을 배신했다가 루지에르의 배반으로 탑에 아들, 손자들과 감금되었다. 8개월 후 옥문 열쇠가 강물에 던져지고 나서, 아이들은 처참하게 말라 갔고 노 백작은 절망에 가득 차 손을 물어뜯었다. 아이들은 그가 배가 고파 그런 줄 알고 자신들을 먹으라고 말했는데, 아이들이 모두 죽은 후, 우골리노 백작 역시 사흘 후 아사했다.

「우골리노와 아들들」 장 밥티스트 카르포, 1861년

을 받지 못하고 자신의 운명에 몸을 맡긴다. 사실 이처럼 구원 가능성이 없는 것은 그의 의지의 억제할 수 없는 성격의 반영에 불과하며, 이때 이 의지의 객관성이 그라는 인물로 나타난다. 외부의 힘이 이 의지를 변화시키거나 없앨 수 없듯이, 어떤 낯선 힘이 그 의지의 현상인 삶에서 생기는 여러 고민으로부터 의지를 해방시킬 수 없다. 모든 문제에서 그렇듯이 주된 문제에서 인간은 언제나 자기 자신에게 의존하는 수밖에 없다. 인간은 헛되이 신들을 만들지만, 신들에게 구걸하고 아부하여 얻을 수 있는 것이라곤 자신의 의지력만이 초래할 수 있는 것에 불과하다.

구약성서가 세계와 인간을 신의 작품으로 만들었다면, 신약성서는 이 세상의 고난으로부터의 구원과 구제는 이 세상 자체에서만 출발할 수 있음을 가르치기 위해, 그 신이 인간이 되도록 하는 수밖에 없다고 보았다. 인간의 의지는 언제까지나 인간에게서 모든 것의 근본이 되는 그것이다. 인도의 은자隱者, 순교자, 온갖 신앙과 이름을 지닌 성자들은 그들 마음속에서 삶에의 의지가 소멸되었기 때문에 자진해서 기꺼이 모든 고문을 참고 견뎠다. 그런 까닭에 그들은 자신의 현상이 서서히 파괴되는 것도 순순히 받아들였다. 그렇지만 나는 후에 서술할 것을 미리 거론하지는 않겠다. 그건 그렇고 나는 여기서 **낙관주의**가 낱말만 들어있는 범속한 머리에서 나온 생각 없는 말이 아니라면, 어리석은 사고방식일 뿐 아니라 참으로 **비양심적**인 사고방식이며, 인류의 형언키 어려운 고뇌에 대한 쓰라린 조롱이라 설명하지 않을 수 없다. 기독교의 교리가 가령 낙관주의에 유리하다고 생각해서는 안 되겠다.[23] 오히려 복음서에서는 세계와 재난이 거의 동의어로 사용되고 있기 때문이다.

---

23 이에 대해서는 제2편 46장 참고

60.
삶에의 의지의 긍정

이것으로 중간에 꼭 덧붙여야 했던 두 가지 설명을 끝냈는데, 그중 한 가지는 의지 자체의 자유와 그 의지의 현상의 필연성에 대한 것이고, 다른 하나는 의지의 본질을 반영하고 있는 세계에서 의지의 운명에 관한 것으로, 의지는 이 세계에 대한 인식에 의거하여 자신을 긍정하거나 부정하지 않을 수 없다. 앞에서는 일반적으로만 표현하고 설명한 이 긍정과 부정 자체를 이제 한층 분명하게 해내 갈 수 있다. 즉, 긍정과 부정만이 표현되는 행위 방식을 서술하고 그 내적 의미에 따라 고찰하면 되겠다.

의지의 긍정이란 인간의 삶을 대체로 가득 채우고 있는 계속적인 의욕 자체로 어떤 인식에 의해서도 방해받지 않는다. 이미 인간의 신체는 인간이라는 이 단계에서 또 이 개체에게서 현상하는 의지의 객관성이므로, 시간 속에서 전개되는 인간의 의욕은 말하자면 신체를 다른 말로 의역意譯한 것이고, 전체와 그 부분들의 의미를 해명한 것이며, 이미 신체 또한 이미 그것의 현상인 동일한 사물 자체의 다른 서술 방식이다. 그러므로 우리는 의지의 긍정이라고 말하는 대신, 신체의 긍정이라고도 말할 수 있다.

모든 다양한 의지 행위의 근본 주제는 건강한 신체라는 현존과 분리시킬 수 없는 욕구의 충족인데, 이미 신체 속에서 자신을 표현하는 그 욕구는 개체의 유지와 종족 번식이라는 것에 환원된다. 그러나 이를 통해 극히 상이한 종류의 여러 동기가 간접적으로 의지를 지배하고, 아주 다양한 의지 행위를 만들어 낸다. 이들 의지 행위 중 어느 하나도 여기에 현상하는 의지 일반의 한 표본, 한 실례에 지나지 않는다. 이 표본이 어떤 성질을 지니고 있는가, 동기가 어떤 형태를 띠며 어떤 형태를 표본에 전달하는가 하는 것은 본질적이지 않고 일반적으로 의욕된다는 사실만 중요할 뿐이다. 여기서 문제의 본질은 의지의 격렬함의 정도다. 눈이 빛을 받아서만 시력을 나타내듯이, 의지는 동기에 의해서만 가시적으로 될 수 있다. 동기 일반은 여러 가지 모습을 지닌 프로테우스Proteus[24]로서 의지 앞에 서 있다. 즉, 동기는 끊임없이 완전한 충족, 의지의 갈증 해소를 약속하지만, 그것이 달성되면 동기는 곧 다른 모습을 하고 나타나 이 모습으로 새로이 의지를 움직인다. 그런데 언제나 그것은 바로 이 표본이나 실례에 의해 경험적 성격으로서 명백해지는 의지의 격렬함의 정도나 의지의 인식에 대한 관계에 따라 행해진다.

인간은 자신의 의식이 생기고부터는 자신을 의욕하는 존재로 여기는데, 인간의 인식은 자신의 의지에 계속 관계하는 것이 보통이다. 인간은 먼저 자신의 의욕의 대상을, 그다음에는 이 대상을 얻기 위한 여러 수단을 완벽하게 알려고 한다. 이제 그는 자신이 무엇을 해야 하는지 알고 있으며, 다른 지식을 얻으려 하지 않는 것이 보통이다. 그는 행동하고 활동한다. 즉, 그는 언제나 자기 의욕의 목표를 이루려고 노력하는 의식에 의해 유지되고 활동한다. 그의 사유는 이 수단들의 선택에 관련된다. 거의 모든 인간의 삶이란 이렇다. 그들은 의욕하고, 스스로 의욕하는 바를 알고, 이것을 얻으려고 노력하여 절망에 빠지지 않을 만큼 성공을 거두고, 무료함과 그 결과에 시달리지 않을 만큼 실패를 맛본다. 여기서 일종의 명랑함, 적어도 의연함이 나오는데, 이것은 빈부의 차이로는 바꿀 수 없다. 왜냐하면 부자나 가난한 자는 그들이 지니고 있는 것이 아닌 자신들의 활동으로 얻기를 희망하는 것을 향유하기 때문이다. 이미 설명했듯이 그들이 지니고 있는 것은 소극적으로만 작용하기 때문이다. 그들은 아주 근엄하게, 그러니까 거드름 피는 표정을 지으며 앞으로 나아간다. 아이들이 장난치며 놀 때의 표정도 이와 마찬가지다. 의지에 봉사하는 것에서 풀려나 세계의 본질 일반에 향해진 인식 작용으로부터 정관에 대한 미적 요구나 단념에 대한 미적 요구가 생김으로써 어떤 인생행로가 방해받는 경우는 언제나 하나의 예외다. 대부분의 사람들은 삶의 곤궁에 쫓겨 사

---

24 * 그리스 신화에 나오는 바다의 예언을 하는 노인. 포세이돈의 신하이며 바다짐승 떼(예를 들면 바다표범)를 지키는 사람이다. 그는 과거·현재·미래의 모든 것을 알지만 자기가 알고 있는 것을 말해 주기 싫어했다. 그에게 의논을 청하려는 사람은 그가 낮잠 자고 있는 동안 그를 묶어야만 했다. 그는 일단 붙들리면 원래 모습으로 되돌아와 얻고자 하는 대답을 해주고 바다 속으로 들어갔다. 프로테우스는 되고자 하는 어떤 모습으로든 변할 수 있는 능력으로 인해 세상 만물이 창조되어 나왔던 원형질의 상징으로 여겨지게 되었다.

려 깊은 생각을 하지 못한다. 이와는 달리 때로 의지가 불타올라, 격한 정동이나 강렬한 열정을 나타내는 신체의 긍정을 훨씬 넘어서는 정도에 이르기도 한다. 이런 정동이나 열정 속에서 개인은 자신의 현존재는 긍정하고 타인의 현존재는 부정하여, 그것이 자기에게 방해되는 경우 없애 버리려 한다.

신체 자신의 힘에 의한 신체의 유지는 의지의 긍정의 정도가 미약한 것이므로, 기반적으로 그 정도에 머무른다고 하며 우리는 이 신체의 죽음과 더불어 이 신체 속에 현상한 의지 또한 소멸한다고 생각할 수 있으리라. 그런데 이미 성 욕동의 충족은 아주 짧은 시간을 채우는 자기 자신의 실존의 긍정을 넘어서는 것이며, 개체의 죽음을 넘어 삶을 긍정하며 불특정한 시간에까지 연장하려고 한다. 언제나 진실하고 일관성 있는 자연은 여기서는 심지어 소박하다 할 만큼 생식 행위의 내적 의미를 아주 솔직하게 우리 앞에 드러낸다. 자신의 의식과 욕동의 격렬함으로 우리는 이 생식 행위에서 **삶에의 의지**의 더없이 단호한 **긍정**이 순수하게 아무런 부가물도 없이 — 가령 다른 개체를 부정하는 것처럼 — 나타난다는 것을 알게 된다. 그런데 시간과 인과의 계열 속에, 즉 자연 속에 이 행위의 결과로서 하나의 새로운 생명이 현상한다. 생산된 자는 현상 속에서는 생산자와 다르게 나타나지만, 즉 자적으로는 또는 이념에 따르면 생산자와 동일하다. 그러므로 생물들의 종이 서로 결합해 하나의 전체가 되고, 그 상태로 영속하는 것은 이 행위 때문이다.

생식이란 생산자와 관련해 볼 때 삶에의 의지의 단호한 긍정의 표현이자 징후일 뿐이다. 의지는 그 자체로 근거도 귀결도 알지 못하므로, 생식이란 생산된 자와 관련해 볼 때 생산된 자 속에서 현상하는 의지의 근거가 아니다. 오히려 생식은 모든 원인과 마찬가지로 이 의지가 이 시간, 이 장소에 현상하는 것에 관한 기회 원인에 불과하다. 사물 자체가 아닌 현상만이 개체화의 원리에 종속되므로, 사물 자체로서 생산자의 의지와 생산된 자의 의지는 서로 다르지 않다. 이렇게 자신의 신체를 넘어서서 의지를 긍정하고, 새로운 신체를 나타내기에 이르기까지, 고뇌와 죽음도 삶의 현상에 속하는 것으로서 새로이 함께 긍정되고, 가장 완전한 인식 능력에 의해 초래된 구원의 가능성은 이 경우 헛된 것으로 선언된다. 생식 행위에 대한 수치심의 깊은 근거가 여기에 있다.

이 견해는 기독교 교리의 교의에서는 신화적으로 서술되어 있어, 우리 모두는 아담의 타락(이것은 분명 성의 충족에 지나지 않는다)에 관련되어 있고, 이를 통해 고뇌와 죽음의 죄를 짊어지고 있다. 기독교의 교리는 이 점에서 충분근거율에 따른 고찰을 넘어서서, 인간의 이념을 인식하고 있다. 인간 이념의 통일은 분열하여 무수한 개체로 잘게 나누어지고, 이 모든 것을 한데 묶어 주는 생식이라는 유대를 통해 다시 회복된다. 이에 따라 그 교리는 모든 개체를 한편으로 삶의 긍정의 대표자인 아담과 같게 보고, 그런 점에서는 죄(원죄), 고뇌, 죽음을 면할 수 없는 것으로 본다. 다른 한편으로 이념의 인식으로 보면 모든 개체는 삶에의 의지의 부정의 대표자인 구세주와 동일시되고, 그런 점에서 구세주의 자기희생에 관여하여, 그의 공적에 의해 구제되고 죄와 죽음의 굴레로부터, 즉 이 세상으로부터 구원을 받는다(「로마서」, 제5장 12~21).

우리의 견해에 의하면, 성의 충족이란 개별적인 삶을 넘어 삶에의 의지의 긍정이고, 이로써 개체를 소모시켜 삶에 귀속시키는 것이다. 또는 말하자면 삶에 대해 새로 증서를 주는 것인데, 이 성의 충족에 관한 또 다른 신화적 설명은 우선 페르세포네에 관한 그리스의 신화다. 그녀는 지하 세계의 과일을 먹지 않는 한에는 아직 지하 세계에서 돌아올 수 있지만, 석류를 맛보았기 때문에 지하 세계에서 언제까지나 돌아오지 못한다. 이 신화를 비길 데 없이 잘 서술하고 있는 괴테는 특히 석류를 맛본 뒤 즉시 운명의 여신Parze들의 눈에 보이지 않는 합창이 갑자기 시작될 때, 그 신화의 의미를 아주 분명하게 표현한다.

너는 우리 것이다!
빈 속으로 돌아가야 하거늘,
사과를 깨물어서
너는 우리 것이다!
(「감상주의의 승리」 제4막)

클레멘스 알렉산드리누스 Klemens Alexandrinus(150년경~215년경)[25](『잡록』, III, c. 15)가 이것을 같은 이미지와 같은 표현으로 다음과 같이 표현한 것은 주목할 만하다. "천국을 위해 모든 죄로부터 자기 자신을 단절시킨 사람들은 세상에 대해 냉철한

25 　* 알렉산드리아파 그리스도교 신학자. 최초로 고대 철학과 그리스도교를 종합적으로 전개한 신학자이기도 하다. 주저 『그리스인에 대한 권고』는 이교신의 불합리성을 지적하여 개종을 권고하였고, 『교사』는 신도의 일상생활을 착하게 교도하였다. 『잡록』은 철학적 견해의 비체계적인 노트이고, 『구제받을 부자는 누구인가』에서는 부의 정당한 사용법을 제시하여 구제를 받도록 가르쳤다.

태도를 취하므로 축복받은 사람들이다."

　성 욕동이 단호하고 가장 강력한 삶의 긍정이라는 것은 그것이 자연인이나 동물의 경우 삶의 최종 목적이고 최고 목표라는 사실로 확인된다. 자연인의 제1의 노력은 자기 보존이고, 이 자기 보존이 달성되자마자 그는 종의 보존에 힘쓸 뿐이며, 즉 단순히 자연적 존재로서는 더 이상 노력하지 않는다. 자연의 내적 본질이 삶에의 의지 자체이듯이, 자연도 있는 힘을 다해 동물과 마찬가지로 인간을 내몰아 번식하게 한다. 그런 후에 자연은 개체와 더불어 자신의 목적을 달성한 셈이 되어 개체의 파멸에 전혀 아랑곳하지 않는다. 삶에의 의지로서 자연에게 중요한 것은 종속의 보존밖에 없고, 개체는 자연에게 하등 중요하지 않기 때문이다. 자연의 내적 본질, 삶에의 의지가 성 욕동에서 가장 강력하게 나타나기 때문에, 헤시오도스나 파르메니데스와 같은 고대 시인과 철학자들은 에로스가 모든 사물을 산출하는 제1의 요소, 창조자, 원리라고 아주 의미심장한 말을 했다(아리스토텔레스의 『형이상학』 제1권 4장을 보라). 페레키데스Pherekydes(기원전 580년경~520년경)[26]는 "제우스는 세계를 창조하려고 할 때 스스로 에로스로 변신했다"(플라톤, 『티마이오스』, L. III.). 최근에 나온 G. F. 쇠만의 「천지창조의 애욕」(1852)이라는 논문도 이 주제를 상세히 다루고 있다. 인도인들이 말하는 마야도 그 작업과 조직이 전체적인 가상세계지만, 이것도 애욕amor으로 바꾸어 말할 수 있다.

　생식기는 신체의 다른 어떤 외적인 부분보다 훨씬 더 의지에만 종속되고, 인식에는 전혀 종속되지 않는다. 그러니까 의지는 여기서 단순한 자극에 의해 식물적인 삶인 재생산에 도움이 되는 부분들에서와 마찬가지로 인식으로부터 거의 독립하여 나타나는 것이며, 이 부분들에서 의지는 인식이 없는 자연에서처럼 맹목적으로 작용한다. 생식이란 새로운 개체로 넘어가는 재생산에 불과하고, 말하자면 죽음이 제곱의 배설에 불과하듯이 제곱의 재생산이다. 이 모든 것에 따르면 생식기는 의지의 본래적인 **초점**이고, 따라서 인식, 즉 세계의 다른 면, 표상으로서의 세계의 대표자인 뇌수에 대립되는 극이다. 생식기는 삶을 유지하고, 시간에 무한한 삶을 보증하는 원리다. 이 특성을 가지고 있는 생식기를 그리스인은 남근상Phallus으로, 인도인은 링가로 숭배했는데, 이것들은 그러므로 의지의 긍정의 상징

26　＊그리스 연대기 작가. 피타고라스의 스승으로 윤회 전생설을 전해 주었고, 신화와 계보에 관한 『역사』 열 권을 썼다.

이다. 이와는 달리 인식은 의욕의 폐기, 자유를 통한 구원, 세계의 극복과 없어짐을 가능하게 한다.

이미 제4권의 서두에서 우리는 삶에의 의지가 자신을 긍정하면서 죽음에 대한 그의 관계를 어떻게 보아야 할지 상세히 고찰했다. 다시 말해 이 죽음은 삶에의 의지를 논박하지 않는다. 죽음은 무언가 그 자체로 이미 삶 속에 포함되는 것으로서 삶에 속하는 것으로 존재하고, 그 반대인 생식이 이 죽음에 대해 전적으로 균형을 유지하고 개체의 죽음에도 불구하고 삶에의 의지에 언제나 삶을 확실히 지켜 주고 보증하기 때문이다. 즉, 이 사실을 표현하기 위해 인도인은 죽음의 신 시바Schiwa에게 링가를 상징물로 주었다. 역시 제4권의 처음에서 우리는 완전한 분별력으로 단호히 삶을 긍정하는 입장에 서 있는 자가 어떻게 아무 두려움 없이 죽음을 기다리는지 상세히 설명했다. 따라서 여기서는 그 문제에 관해 더 이상 언급하지 않겠다. 대부분의 사람들은 명료한 분별력 없이 이 입장에 서서 영속적으로 삶을 긍정한다. 세계는 이 긍정의 반영으로서 무수한 개체와 함께 무한한 시간과 공간 속에서 무한한 고뇌를 짊어지고, 생식과 죽음의 사이에서 끝도 없이 존재하고 있다.

그렇지만 이에 대해서는 어떠한 측면에서도 더 이상 불평을 토로해서는 안 된다. 의지는 자신의 비용으로 대비극과 대희극을 상연하며 자신도 이것을 구경하기 때문이다. 세계가 바로 이 세계인 것은 현상하여 세계로 되는 의지가 그와 같은 의지며, 그렇게 의욕하기 때문이다. 고뇌의 입장에서 정당화란 의지가 이 현상에 대해서도 자기 자신을 긍정한다는 정당화다. 그리고 이 긍정은 의지가 고뇌를 짊어진다는 사실에 의해 정당화되고 균형이 잡힌다. 이미 여기서 **영원한 정의**에 대한 안목이 우리에게 전체적으로 열린다. 즉, 우리는 나중에 이것을 개별적으로도 보다 자세하고 분명히 인식할 것이다. 그렇지만 그 전에 또 시간적이거나 인간적인 정의에 대해 논하지 않을 수 없다.[27]

---

27 이에 대해서는 제2편의 45장 참고

61.
모든 투쟁의 출발점인 이기심의 근원

제2권에서 언급한 것을 상기해 보면, 전체 자연 속에는 의지 객관화의 모든 단계에서 필연적으로 모든 종속의 개체들 사이에 계속적인 투쟁이 있으며, 바로 이로 인해 삶에의 의지의 자기 자신에 대한 내적 충돌이 표현되어 있었다. 객관화의 최고 높은 단계에서는 다른 모든 것과 마찬가지로 그 현상체도 아주 분명히 나타나고, 그래서 더욱 잘 해명될 수 있을 것이다. 이 목적을 위해 우리는 먼저 모든 투쟁의 출발점인 **이기심**의 근원을 더듬어 볼 것이다.

시간과 공간에 의해서만 또 그것들 속에서만 동종적인 것의 다수성이 가능하기 때문에 우리는 그 두 가지를 개체화의 원리라 불렀다. 그것은 자연적인, 즉 의지에서 나온 인식의 본질적인 형식이다. 그러므로 어디서나 의지는 개체들의 다수성으로 현상할 것이다. 그런데 이 다수성은 의지, 즉 사물 자체로서의 의지에 관계하지 않고 의지의 현상에만 관계할 뿐이다. 즉, 의지는 이들 현상 중 어떤 현상에도 전적으로 또 분할되지 않고 현존하며, 자기 주위에서 자신의 본질의 형상이 수없이 되풀이되는 것을 본다. 그런데 의지는 이 본질 자체, 즉 정말로 실재하는 것을 직접 자신의 내부에서만 발견할 뿐이다. 따라서 사람은 누구나 모든 것을 자신을 위해 의욕하고, 소유하려 하고, 적어도 지배하려고 하며, 자기에게 저항하는 것을 없애 버리려 한다. 더욱이 인식하는 존재의 경우에는 개체가 인식 주관의 담당자이고, 이 인식 주관은 세계의 담당자다. 즉, 이 담당자 이외의 전체 자연, 즉 그 밖의 모든 개체도 그 담당자의 표상 속에서만 존재할 뿐이고, 그 담당자는 이 모든 개체를 언제나 자신의 표상으로서만, 즉 단순히 간접적으로 그 자신의 본질과 현존재에 의존하는 것으로서 의식할 뿐이다. 왜냐하면 그의 의식과 더불어 그에게서 필연적으로 세계도 멸망하여, 즉 세계의 존재와 비존재는 같은 의미를 지니고 구별될 수 없기 때문이다. 인식하는 모든 개체는 그러므로 실제로 존재하는 것이며, 자신을 삶에의 전체 의지나 세계 자체의 즉자태로, 또 표상으로서의 세계의 보충적 조건으로도, 따라서 대우주에 버금가게 평가될 수 있는 하나의 소우주로도 여긴다. 언제 어디서나 진실한 자연 그 자체는 인식하는 개체에게, 이미 근원적으로 또 모든 반성과는 관계없이 이 인식을 단순하고도 직접적으로 확실하게 해 준다.

그런데 앞에서 말한 두 가지 필연적인 규정으로부터 설명되는 것은, 무한한 세계에서 전적으로 보잘것없고 무로 축소되는 모든 개체는 그럼에도 자신을 세계의 중심점으로 삼고, 자신의 생존과 안녕함을 다른 모든 것에 앞서 고려하며, 그러니까 자연적인 입장에서는 다른 모든 것을 이것에 희생할 용의가 있으며, 바다의 물 한 방울에 불과한 그 자신을 단지 조금이라도 더 오래 유지하기 위해서는 세계도 없애 버릴 용의가 있다는 사실이다. 이런 성향이 자연 속의 모든 사물에 본질적인 **이기심**이다. 바로 그 이기심이야말로 의지의 그 자신과의 내적 충돌을 끔찍하게 드러내고 있다. 왜냐하면 이 이기심의 존립과 본질은 앞서 말한 소우주와 대우주의 대립에 있기 때문이다. 또는 의지의 객관화가 개체화의 원리를 형식으로 갖고, 그로 인해 의지가 무수한 개체에서 같은 방식으로 현상하여, 더욱이 모든 개체에서 두 가지 면(의지와 표상)으로 완전하고도 완벽하게 나타나는 데에 있기 때문이다. 그러므로 모든 개체 그 자신은 전체적인 의지이자 전체적인 표상으로 직접 주어진 반면, 그 밖의 개체는 그에게 우선 그의 표상으로서만 주어져 있을 뿐이다. 따라서 그에게는 자신의 본질과 그 본질의 유지가 다른 모든 것을 합친 것보다 우선한다. 누구나 자신이 아는 사람이 죽어도 그 자가 개인적으로 별로 관계없는 사람이면 대수롭지 않은 일로 치부하는 반면, 자신의 죽음은 세계의 종말이라 간주한다. 최고 높은 수준에 올라간 의식, 즉 인간의 의식에서는 인식, 고통, 기쁨과 마찬가지로 이기심도 가장 높은 정도에 달했음에 틀림없고, 이 이기심에 조건 지어진 개체들의 충돌은 지극히 끔찍하게 나타날 것이 분명하다.

우리는 크든 작든 이런 사실을 어디서나 눈앞에 보게 되며, 그것을 때로는 끔찍한 측면에서, 즉 대폭군과 악한의 삶이나 세계를 황폐화시키는 전쟁에서, 때로는 희극의 주제가 되고, 특히 자부심이나 허영심에서 나타나는 우스꽝스런 측면에서 보게 된다. 이 측면은 다름 아닌 라로슈푸코François de La Rochefoucauld

(1613~1680)[28]가 포착해서 추상적으로 서술했다. 즉, 우리는 이것을 세계사나 자신의 경험에서 보게 된다. 그런데 어떤 한 무리의 인간이 모든 법률과 질서에서 벗어날 때 그것이 가장 분명하게 드러난다. 그때 홉스가 『시민론』 제1장에서 탁월하게 묘사한 "만인에 대한 만인의 투쟁"이 가장 분명하게 나타난다. 그 자신이 가지고 싶어 하는 것을 누구나 타인에게서 빼앗으려 할 뿐 아니라, 심지어 어떤 사람은 자신의 안녕함을 조금 더하기 위해 다른 사람의 행복이나 삶 전체를 때로 파괴하기도 한다. 이것이 이기심의 극단적인 표현인데, 그 이기심의 현상들보다 더한 것은 본래적인 악의의 현상들뿐이며, 이것은 자신에게 아무런 이익도 없고 전혀 사리私利를 취하지도 않으면서 남에게 손해와 고통을 가하려 한다. 이에 대해서는 곧 설명하도록 하겠다. 이기심의 원천에 대한 이런 폭로를 도덕의 기초에 관한 내 현상 논문의 제1장에 나오는 이기심에 대한 설명과 비교해 주길 바란다.

우리가 앞에서 모든 삶에 본질적이고 불가피한 것으로 생각한 고뇌의 주된 원천, 그 고뇌가 실제로 특정한 모습으로 나타나자마자 저 **에리스**Eris[29], 즉 모든 개체의 투쟁이며, 삶에의 의지의 내부에 따라다니고 개체화의 원리에 의해 가시적으로 되는 모순의 표현이다. 동물의 결투는 이 모순을 직접적이고 극명하게 드러내 보이는 잔인한 수단이다. 고뇌를 막기 위한 예방책에도 불구하고 이 근원적인 갈등에는 마르지 않는 고뇌의 샘이 있는데, 그 예방책에 대해서는 곧 좀 더 상세히 고찰할 것이다.

---

28 * 현대인보다 더 날카로운 '현대적 감각'을 지닌 프랑스의 작가. 귀족으로 태어난 그는 전쟁에서 여러 번 죽음에 직면했다. 그의 잠언집 『잠언과 반성』을 볼테르는 "인간의 본성에 대한 풍자"라고 하였다. 그는 자아에 대한 사랑과 이기심이 인간 행위의 주요 동기라고 주장했다. 그의 시대에 귀족이 문학 활동을 하는 것은 적절치 않은 일이었기 때문에 그는 익명으로 글을 썼다. 이미 17세에 관리가 된 그는 일찍이 정치 투쟁에 참가하다가 바스티유 감옥에 갇히기도 하고, 절대 군주의 통치에 저항하다가 부상을 입기도 했지만, 문필 활동을 하면서 정치 활동에서 멀어지게 되었다.

29 * 그리스 신화에서 다툼과 불화의 여신

62.
국가 계약과 법률에 대하여

삶에의 의지의 첫째가는 단순한 긍정은 자기 신체의 긍정, 즉 시간 속에서 행위로 의지를 나타내는 것에 불과하다. 그러한 한에서 이미 신체는 그 형식과 합목적성 속에서 같은 의지를 공간적으로 나타내는 것이고, 그 이상은 아니라는 것은 이미 앞에서 논의되었다. 이 긍정은 신체의 힘을 적용하여 신체를 유지하는 것으로 드러난다. 성 욕동의 충족은 이 긍정과 직접 결부되어 나타나는 것으로, 그러니까 생식기가 신체의 일부인 한에서 성 욕동의 충족은 이런 긍정에 속한다. 그 때문에 성 욕동의 충족을 어떠한 동기에도 근거 짓지 않고 **자발적으로** 단념하는 것은 이미 어느 정도 삶에의 의지를 부정하는 것이고, **진정제**로 작용하는 인식이 생긴 것이며, 의지의 자발적인 자기 폐기다. 그에 따라 자신의 신체를 그렇게 부정하는 것은 이미 그 자신의 현상에 대한 의지의 모순으로 나타난다. 이 경우에도 신체가 생식기로 번식에의 의지를 객관화하고 있기는 하지만, 번식이 의욕되는 것은 아니기 때문이다. 바로 이 때문에, 말하자면 성 욕동의 단념은 삶에의 의지의 부정 내지는 폐기이기 때문에 힘들고도 괴로운 자기 극기다. 그렇지만 이에 관해서는 나중에 언급하도록 하겠다.

그런데 의지는 무수한 개체들 속에서 자신의 신체의 **자기 긍정**을 병렬하여 나타내면서, 모든 개체에 독특한 이기심에 의해 어떤 개체에서는 이 긍정을 넘어서서 자칫하면 다른 개체 속에 현상하는 동일한 의지를 **부정**하기에 이른다. 그 첫째 개체의 의지는 다른 개체의 의지 긍정의 경계선에 침입하여 다른 개체의 신체를 파괴하거나 상처를 입히기도 한다. 또는 그 개체는 다른 개체의 신체의 힘을 다른 신체 자체에 현상하는 의지에 도움이 되게 하는 대신, 억지로 **자신**의 의지에 도움이 되게 한다. 그러므로 그 개체는 다른 신체로 현상하는 의지에게서 이 신체의 힘을 **빼앗음으로써**, **자신**의 의지에 도움을 주는 힘을 자기 자신의 신체의 힘 이상으로 증대시키고, 따라서 다른 신체 속에 현상하는 의지를 부정함으로써 그 자신의 의지를 그 자신의 신체를 넘어 긍정한다.

이처럼 다른 개체의 의지 긍정의 경계선에 침입하는 것은 예로부터 분명히 인시되었고, 이 침입의 개념은 **부당함**(Unrecht)이란 말로 지칭되어 왔다. 왜냐하면 침입자와 침입당하는 자 모두 사실 우리가 여기서 분명히 추상하여 인식한 것과는 다르지만, 감정으로서 순간적으로 그 일을 인식하기 때문이다. 부당한 일을 당한 자는 다른 개체가 그 권역을 부정함으로써 자기 신체의 긍정의 권역 안으로 침입해 들어오는 것을 직접적이고 정신적인 고통으로 느낀다. 이 고통은 그와 더불어 느껴진 육체적 고통, 즉 행위를 통한 고통이나 손실을 통한 불쾌와는 완전히 별개의 것이고 다른 것이다. 다른 한편으로 부당한 일을 하는 자는 그 자신도 다른 신체 속에서도 현상하는 의지와 동일한 의지고, 어떤 현상에서 격렬하게 자신을 긍정하는 의지와 동일한 의지임을 인식하게 된다. 또 자신의 신체와 그 힘의 경계선을 넘음으로써 다른 현상 속에 있는 바로 이 의지의 부정에 이르게 되므로, 의지 그 자체로 보면 그는 자기 자신과 격렬하게 투쟁하여 그 자신의 신체를 갈기갈기 찢어 버린다는 것을 인식하게 된다. 거듭 말하자면 부당한 일을 하는 자도 추상적으로가 아닌 어떤 애매한 감정으로서 순간적으로 이런 인식을 하게 된다. 그리고 이것은 양심의 가책이라 불리며, 또는 이 경우를 위해 좀 더 자세히 말하자면 **부당한 일을 행한** 감정으로 불린다.

이것으로 우리는 부당함의 개념을 극히 일반적인 추상으로 분석해 보았는데, 이 **부당함**은 식인 풍습에서 가장 완성된 모습으로 가장 본래적이고도 가장 명백하게 나타난다. 이 식인 풍습은 부당함의 가장 분명하고도 명백한 유형이다. 이는 인간의 경우처럼 의지 객관화의 최고 높은 단계에서, 의지가 자기 자신과 가장 크게 충돌하는 끔찍한 모습이다. 이것 다음으로 부당한 것은 살인이다. 그 때문에 살인을 저지른 후에는 순간적으로 끔찍할 정도로 분명하게, 우리가 그 의미를 방금 추상적이고도 담담하게 언급했듯이 양심의 가책이 뒤따라, 일평생 마음의 평정에 치유할 길 없는 상처를 남긴다. 그래서 살인을 하기 전에 우리가 겁내며 멈칫거리는 것과 마찬가지로, 살인을 범한 것에 대한 우리의 전율은 삶에 대한 한없는 애착을 말해 주는 것이고, 모든 생물은 바로 삶에의 의지의 현상으로서 그 애착에 가득 차 있다(이것 말고도 우리는 더 나아가 부당한 일과 악한 일을 행하고 난 뒤에 따르는 느낌, 또는 양심의 가책을 더욱 자세히 분석하고 개념을 명백히 할 것이다). 다른 사람의 신체를 일부러 훼손하거나 단순히 상처를 입히는 것은 본질적으로 살인과 같고 정도의 차이만 있을 뿐이라고 볼 수 있으며, 그러니까 모든 구타도 이와 마찬가지다. 더구나 다른 개체를 억압하거나 강제로 노예 상태로 만드는 것 역시 부당한 일이다. 마지막으로 남의 소유물을 침해하는 것도, 그것이 그 자가 노력한 결과물이라고 간주되는 한, 본질적으로는 타인을 억압하는 것과 같고, 이 관계는 단순한 상해를 입힌 것의 살인에 대한 관계와 같다.

소유물은 **부당한 일**을 당하지 않으면 빼앗기지 않는 것으로, 이것은 부당함에 대한 우리의 설명에 따르면, 인간이 자신의 힘으로 이룩해 낸 것일 수 있기 때문이다. 따라서 그 소유물을 빼앗음으로써 이 객관화된 의지로부터 신체의 힘을 빼앗아 신체의 힘이 다른 신체에서 객관화된 의지에 도움이 되도록 하는 것이다. 침공을 통해 이처럼 남의 신체가 아니라 이것과는 전혀 무관한 무생물에 부당한 일을 행하는 자는 이렇게 하여 남의 의지 긍정의 권역에 침입할 뿐이기 때문이다. 그럼으로써 남의 신체의 힘과 노동은 말하자면 이 무생물과 유착하여 하나가 된다. 이 사실에서 모든 진정한, 즉 도덕적인 소유권은 원래 오로지 경작에 근거하고 있다는 것에 귀결된다. 칸트 이전에도 이것은 꽤 일반적으로 인정받았으며, 가장 오래된 법전에는 다음과 같이 분명하고도 훌륭하게 나타나 있다.

> 영양이 자신에게 치명상을 입힌 사냥꾼의 소유가 되듯이, 옛 시절을 알고 있는 현자들은 경작된 땅이 나무를 베고 땅을 고르고 씨를 뿌린 사람들의 소유물이라고 설명하고 있다. (『마누 법전』[30] 9, 44)

칸트의 법론 전체가 서로 초래한 오류들이 이상하게 얽혀 있는 것은 내가 볼 때 그가 노쇠한 탓일 뿐이다. 또 그가 소유권을 최초의 점유 취득으로 근거 지으려는 것도 그의 노쇠 탓으로 설명할 수 있다. 어떤 물건을 남이 사용하지 못하게 내 의지를 단순히 선언한 것만으로 어떻게 즉각 그 물건에 대한 **권리**가 생기겠는가? 칸

30 　*산스크리트로 '마누의 전승'이라는 뜻. 전통적으로 최고의 권위를 인정받고 있는 인도의 힌두 법전으로 정식 이름은 '마나바 다르마 샤스트라'다.

트는 이 선언이 법적 근거라고 생각하지만, 선언 자체에는 먼저 법적 근거가 필요한 것이 분명하다. 그리고 어떤 물건의 독점을 요구하는 권리가 자신의 선언 말고는 아무것에도 근거를 두지 않은 경우 그 요구권을 존중하지 않는 사람이 있다고 해서, 그 사람이 그것만으로 도덕적으로 부당한 행동을 했다고 할 수 있겠는가? 그렇다고 해서 어떻게 그의 양심이 그를 불안하게 해야 한단 말인가? 물건의 **합법적 취득**이란 결코 있을 수 없고, 원래 자신의 힘을 그 물건에 사용함으로써 오로지 합법적 **선점**이나 **점유**만 있을 수 있다는 것은 명백하고도 쉽게 알 수 있기 때문이다. 말하자면 어떤 물건이, 아무리 하찮은 노력이라도 남의 어떤 노력에 의해 가공되고 개량되며 사고를 당하지 않게 보호받고 보존되는 경우, 이 노력이 야생으로 자란 과일을 따거나 땅에서 줍는 것에 불과하더라도, 그 물건의 침해자는 그것에 들인 힘의 성과를 남에게서 **빼앗는** 것이 분명하다. 따라서 그 침해자는 남의 신체를 그 사람 자신의 의지에 도움이 되게 하는 것이 아니라, 그의 의지에 도움이 되게 하는 것이며, 자기 자신의 의지를 그 현상을 넘어 긍정하고 남의 의지를 부정하기에까지 이르는 것으로, 즉 부당한 일을 행하는 것이다.[31]

이와는 달리 어떤 물건을 가공하거나 또는 파괴되지 않게 보호하지 않고 그것을 단순히 향유하는 것만으로는, 독점에 대한 의지를 선언한 것과 꼭 마찬가지로 그 물건에 대한 권리가 생기지 않는다. 그러므로 한 가족이 어느 사냥 구역에서 백 년간 독점적으로 사냥을 했다 하더라도, 그곳을 더 낫게 고치는 일을 하지 않았다면 새로 신참이 와서 그곳에서 사냥하려 할 때 도덕적으로 부당한 일을 하지 않는 경우 그의 사냥을 결코 막을 수 없다. 따라서 소위 말하는 선취권, 그에 따라 단순히 어떤 물건을 갖는 기쁨을 누린 것에 대해, 또한 거기에다가 보답, 말하자면 그것을 계속 누리는 기쁨에 대한 독점권으로 요구되는 선취권은 도덕적으로 전혀 근거가 없다. 단순히 이 권리에만 의존하는 자에게 신참은 훨씬 더 나은 권리를 갖고 "당신이 오랫동안 누렸으니 이젠 다른 사람도 누릴 권리가 있소"라고 대꾸할 수 있을 것이다. 가령 다른 방면에서 봉사한 것에 대한 보답으로 다른 모든 사람 측에서 자발적으로 물러가면 또 몰라도, 개량하거나 사고로부터 지켜줌

---

31 그러므로 자연적인 소유권을 근거 짓기 위해서는 억류에 근거하는 법적 근거와 형성에 근거하는 법적 근거, 이 두 가지가 필요한 것이 아니라, 어떤 경우에도 형성에 근거하고 있는 것으로도 충분하다. 그런데 어떤 물건에 노력을 들이는 것이 언제나 어떤 형태를 부여하는 것일 필요는 없으므로, 형성이란 명칭은 그리 적절하지 않을 뿐이다.

으로써 전혀 가공할 수 없는 물건에 관해서는 도덕적으로 근거 있는 독점권이란 존재하지 않는다. 하지만 그러기 위해서는 이미 협약으로 규제되어 있는 공동체인 국가가 전제된다. 앞에서 도출한 것처럼, 도덕적으로 근거 지어진 소유권은 그 본성에 따라 그 물건에 대해 자신의 신체에 대해 갖는 것과 같은 무제한의 권한을 소유자에게 부여한다. 그 결과 그는 자신의 소유물을 교환이나 증여에 의해 다른 사람에게 양도할 수 있게 되고, 그 물건을 갖게 된 사람은 그와 똑같은 도덕적 권리를 갖고 그 물건을 소유할 수 있게 된다.

부당한 일을 **행하는** 것에 관해 일반적으로 말하자면, 그것은 **폭력**이나 **술수**를 통해 일어난다. 이것은 도덕적인 본질에서 보면 동일하다. 우선 살인의 경우 단도를 사용하든 독약을 사용하든 도덕적으로는 매한가지다. 그리고 신체에 상해를 입히는 것도 이와 마찬가지다. 부당한 일에 관한 그 밖의 경우는 언제나, 부당한 일을 행하는 내가 다른 개체에게 강요하여, 그의 의지가 아닌 내 의지에 도움이 되게 하고, 그의 의지가 아닌 내 의지에 따라 행동하도록 하는 것에 환원될 수 있다. 폭력의 방법은 물리적 인과성을 통해 달성하지만, 술수의 방법은 동기화에 의해, 즉 인식 작용을 거친 인과성을 통해 달성하며, 따라서 그의 의지에 **거짓 동기**를 들이밂으로써, 즉 그가 **자신**의 의지에 따르는 것으로 믿게 하면서 내 의지에 따르게 함으로써 달성한다. 동기가 들어 있는 매개가 인식이므로, 나는 그의 인식을 위조함으로써만 그런 부당한 일을 할 수 있다. 이 위조가 **거짓말**이다.

거짓말은 언제나 다른 사람의 의지에 영향을 미치는 것을 목적으로 하지, 그의 인식에 홀로 별개로 그 자체로서 영향을 미치는 게 아니라 단지 수단으로서, 말하자면 인식이 그의 의지를 규정하는 한에서만 이 인식에 영향을 미치는 것이다. 나의 거짓말 자체에는 의지에서 출발하는 것으로서 동기가 필요하기 때문이다. 그런데 그 동기가 될 수 있는 것은 다른 사람의 의지뿐이지 그 자체로 독립적인 다른 사람의 인식이 아니다. 다른 사람의 인식 그 자체는 결코 나의 의지에 영향을 미칠 수 없다. 따라서 의지를 결코 움직일 수 없고, 결코 의지 목적의 동기가 될 수 없으며, 다른 사람의 의욕과 행위만이 동기가 될 수 있어서, 다른 사람의 인식은 간접적으로만 동기가 될 수 있다. 이것은 명백한 이기심에서 나온 모든 거짓말에 해당될 뿐 아니라, 이로 인해 야기된 다른 사람의 오류로 인한 고통스런 결과를 고소하게 생각하는 순전한 악의에서 나온 거짓말에도 해당된다. 심지어 단순한 호언장담도 그것으로 존경심을 높이거나 남의 평판을 좋게 하여, 남의 의욕과 행위에 더 크고 쉽게 영향을 미치는 것을 목적으로 한다. 어떤 진리, 즉 일반적으로 어떤 발언을 단순히 부정하는 것은 그 자체로는 부당한 일이 아니지만 거짓말을 갖다 붙이면 아마 그럴지도 모른다. 길 잃은 나그네에게 올바른 길을 가리켜 주기를 거부하는 사람은 그에게 부당한 일을 하는 것은 아니지만, 그에게 그릇된 길을 가리켜 주는 사람은 아마 그럴지도 모른다.

이상 말한 것으로 보아 모든 폭력 행위와 마찬가지로 모든 **거짓말**은 그 자체로 **부당한 것**이라는 결론이 나온다. 즉, 거짓말은 이미 그 자체로, 나의 의지의 지배를 다른 개인에게까지 넓히고, 그러므로 폭력과 마찬가지로 다른 개인의 의지를 부정함으로써 나의 의지를 긍정하려는 목적을 갖기 때문이다.

그런데 가장 완전한 거짓말은 **어겨진 계약**이다. 이 경우에는 앞에서 든 모든 규정이 완벽하고도 분명하게 함께 갖추어져 있기 때문이다. 내가 계약을 맺으면, 다른 사람이 이행하기로 약속한 것은 직접적이고 의심의 여지없이 앞으로 그것을 이행하기 위한 나의 동기가 되기 때문이다. 약속은 신중하게 형식을 갖추어 교환된다. 각자가 약속 속에 행한 언약의 진실성은 약속의 수락에 따라 그의 마음에 달려 있다. 다른 사람이 계약을 어기면 그는 나를 속인 셈이 되고, 단순한 거짓 동기를 나의 인식에 들이밂으로써 나의 의지를 그의 의도에 따라 조종하고, 그의 의지에 대한 지배를 다른 개인에게까지 넓혀 완전히 부당한 일을 저지른 셈이 된다. **계약**의 도덕적인 적법성과 타당성은 여기에 근거하고 있다.

폭력에 의한 부당한 일은 그것을 행하는 자에게는 **술수**에 의한 부당한 일처럼 그리 **치욕적**이지 않다. 폭력에 의한 부당한 일은 인간의 감탄을 자아내는 물리적 힘의 증거가 되는 반면, 술수에 의한 부당한 일은 우회로를 사용함으로써 약점을 폭로하고, 그러므로 물리적 존재로서도 도덕적 존재로서도 그 사람을 깎아내리기 때문이다. 게다가 사기와 기만이 성공을 거두려면, 그것을 행하는 자가 신용을 얻기 위해 그것에 대한 혐오와 멸시를 동시에 표출해야 한다. 그리고 그의 승리는 그가 갖지 않은 솔직성이 신뢰를 얻는 것에 기인한다. 간계, 불성실, 배신이 곳곳에서 깊은 혐오감을 일으키는 것은, 정직과 솔직함이 많은 개인에게 분산된 의지를 외부에서 다시 하나로 묶어 결합함으로써 분산된 탓으로 생긴 이기심의 결과들을 제한하는 유대라는 사실에 기인한다. 불성실과 배신은 이 최후의 외적 유대를 끊어 버리고, 그럼으로써 이기심의 결과에 무제한의 활동 여지를 제공한다.

우리의 고찰 방식과 관련하여 **부당함**이라는 개념의 내용으로서 발견한 것은,

어떤 개인의 삶 속에 현상하는 의지의 긍정을 확대하여, 남의 신체 속에 현상하는 의지를 부정하기에 이르는 행위의 속성이다. 또한 우리는 아주 일반적인 예를 들어 가장 높은 단계에서 보다 낮은 단계에 이르는 여러 등급을 몇 개의 주요 개념으로 규정하면서, 부당함의 영역이 시작되는 경계를 증명했다. 이에 따르면, **부당함**이라는 개념은 근원적이고 적극적인 개념이고, 이에 반대되는 **정당함**Recht의 개념은 파생적이고 소극적인 개념이다. 왜냐하면 우리가 신뢰하는 것은 말이 아닌 개념이기 때문이다. 사실 부당함이 없다면 **정당함**에 대해 언급하지 않았을 것이다. 말하자면 **정당함**의 개념에는 단지 부당함의 부정이 포함되어 있을 뿐이고, 앞서 서술한 경계를 넘지 않는 행위, 즉 자신의 의지를 보다 강하게 긍정하기 위해 남의 의지를 부정하지 않는 행위는 모두 정당함에 포함된다. 따라서 그 경계는, 단순하고 순수하게 **도덕적**인 규정이라는 점에서 보면, 가능한 행위의 전체 영역을 부당함과 정당함이라는 영역으로 나눈다. 앞서 설명한 방식으로 어떤 행위가 남의 의지 긍정의 권역에 들어가 이를 부정하고 침해하지 않으면, 그 행위는 부당함이 아니다. 그러므로 예컨대 절박한 곤경에 처한 남의 도움을 거절하거나 자신은 먹을 것이 남는데도 남이 굶어죽는 것을 태연히 방관하는 것은 사실 잔인하고 악마 같은 태도이긴 하지만 부당함은 아니다. 다만 아주 확실하게 말할 수 있는 것은, 그 정도로 무자비하고 가혹한 태도를 취할 수 있는 사람은 자신의 소망이 요구하지만 그것을 막는 강제력이 없다면 어떤 부당한 일도 하리라는 사실이다.

그런데 부당함의 부정인 **정당함**의 개념이 주로 적용되고, 의심의 여지없이 처음 생겨나게 된 것은 부당한 일이 시도되었으나 폭력으로 물리쳐진 경우다. 이런 격퇴는 그 자체로 다시 부당함일 수는 없고, 따라서 정당함이다. 물론 이때 행사된 폭력 행위는 단순히 그 자체만 떼어 놓고 보면 부당함일지도 모르지만, 이 경우에는 다만 그 동기에 의해 정당화되어 정당함이 된다. 어떤 개인이 그 자신의 의지를 긍정함에 있어서 나의 인격 자체에 본질적인 의지 긍정의 권역에 침입해 이를 부정하기에 이르면, 그 침입에 대한 나의 격퇴는 부정의 부정일 뿐이고, 그런 점에서 내 쪽에서 본다면 나의 신체 속에 본질적이고 근원적으로 현상하는 의지의 긍정이자, 신체라는 단순한 현상에 의해 이미 함축적으로 표현된 의지의 긍정과 다름없다. 따라서 부당함이 아니라 **정당함**이다. 이 말은 그 경우 타인의 부정否定을 없애는 데 필요한 힘을 가지고 그 부정을 부정하는 **권리**가 내게 있다는 뜻이다. 쉽게 알 수 있듯이 이 권리는 다른 개인을 죽이는 데 이를 수 있다. 외부에서 침입해 들어오는 폭력인 권리의 침해는 이것보다 다소 우세한 반대의 힘으로 격퇴될 수 있는데, 이는 결코 부당함이 아니고 정당함이다. 왜냐하면 내 쪽에서 일어나는 모든 일은 언제나 내 인격 그 자체에 본질적이고, 이미 이를 통해 표현된 의지 긍정의 권역에만 존재하는 것이며(이 권역이 싸움의 무대다), 남의 권역에는 침입하지 않기 때문이다. 따라서 부정의 부정일 뿐이므로 긍정이며, 그 자체로 부정은 아니다. 그러므로 나는, 나의 의지가 내 신체 속에 현상하고, 또 내 신체를 유지하기 위해 같은 한계를 지키는 남의 의지를 부정하지 않고, 내 신체의 힘을 사용하는 경우 현상하는 나의 의지를 부정하는 남의 의지를 **강요**해 이 부정을 포기하게 할 수 있다. 그것은 **부당함이 아니며**, 즉 나는 그 정도의 **강제권**은 갖고 있는 것이다.

내가 강제권, 즉 다른 사람에게 **폭력**을 사용할 수 있는 완전한 권리를 갖는 모든 경우, 사정에 따라 남의 폭력에 맞서 술수를 사용하더라도 부당한 일이 되지 않는다. 따라서 **나는 강제권을 갖고 있는 것과 같은 정도로 거짓말을 할 실제적 권리**도 갖고 있다. 그러므로 길에서 강도를 만나 몸을 샅샅이 수색당한 사람이 수중에 가진 것이 하나도 없다고 단언해도 그의 행동은 전적으로 옳다. 마찬가지로 밤에 침입한 강도를 거짓말로 지하실에 유인해 감금해 버려도 옳다. 강도들, 예컨대 야만적인 바리바리 인에게 붙잡혀 연행되어 가는 사람은 풀려나기 위해 공공연한 폭력뿐 아니라 간계를 써서 그들을 죽일 권리도 있다. 그러므로 직접 신체적 폭력을 당해 강제로 하게 된 약속은 결코 지킬 의무가 없다. 그런 강요를 받은 사람은 상대방을 속이는 것은 말할 것도 없고, 폭력배에게서 풀려날 완전한 권리가 있기 때문이다. 빼앗긴 물건을 폭력으로 되찾을 수 없는 사람이 술수로 그것을 손에 넣게 된다면 부당한 일을 하는 것이 아니다. 그러니까 누군가가 내게서 빼앗은 돈으로 도박을 한다면, 나는 그릇된 주사위를 사용해 그를 속일 권리가 있다. 그에게서 빼앗은 것이 모두 원래는 내 것이기 때문이다. 이것을 부인하려는 자는 전략의 적법성은 한층 부인하지 않으면 안 될 것이다. 전략은 심지어 행위에 의한 거짓말이며, "사람들의 행위를 믿을 수 없게 되면 그들의 말은 전혀 고려할 필요가 없다"는 스웨덴의 크리스티나 여왕Christina, Queen of Sweden(1626~1689)[32]의 발언을 증거하는 것이다. 그에 따라 정당함의 경계는 부당함의 경계와 이처럼 선명하게 선을 긋고 있다. 아무튼 나는 이 모든 것이 폭력의 불법성뿐 아니라 거짓말의 불법성에 관해

---

32 *문학과 예술의 보호자로 유명한 스웨덴의 여왕

앞서 말한 것과 완전히 일치한다는 것을 증명하는 것은 불필요하다고 생각한다. 또한 이것은 궁여지책으로 하는 거짓말에 대한 이상한 설을 해명하는 데도 도움이 될 수 있다.[33]

그러므로 지금까지 언급한 것을 보면, 부당함과 정당함이란 단순히 **도덕적인 규정**, 즉 인간의 행위 그 자체를 고찰함에 있어, 또 이 **행위 그 자체의 내적 의미**와 관련하여 타당성을 갖는 규정이다. 이 내적 의미는 다음과 같이 의식 속에서 직접 모습을 드러낸다. 한편으로는 부당한 행위에는 내적 고통이 따르는데, 이 고통은 부당한 일을 하는 자가 자신의 내부에서 의지의 긍정이 지나치게 강렬해 남의 의지 현상을 부정하는 정도에 이른다는 것과, 또한 자신이 현상으로서는 부당한 일을 당하는 자와 다르지만, 즉자적으로는 그 자와 동일하다는 것을 단순히 느낌으로 의식하는 것이다. 양심의 가책의 이 내적 의미에 관한 그 이상의 모든 설명은 훨씬 나중에 가서야 하도록 하겠다.

다른 한편으로 부당한 일을 당하는 자는, 자신의 의지가 이미 자신의 신체와 그 것의 자연적인 욕구를 통해 표현되어 있고, 자연은 그 욕구를 충족시키기 위해 그 에게 이 신체의 힘에 의지하게 하듯이, 의지가 부정되는 것을 고통스럽게 의식한다. 또한 동시에 그에게 힘이 부족하지 않으면 어떤 방식으로 그 부정을 격퇴해도 부당한 일이 아니라는 것도 의식한다. 순전히 도덕적인 이 의미는 국민으로서가 아니라 인간으로서의 인간에 대해 정당함과 부당함이 갖는 유일한 의미다. 따라서 이 의미는 아무런 실정법도 없는 자연 상태에서도 존재하며, 이 모든 것의 토대와 내용을 이룬다. 그래서 이것은 **자연법**이라 불리지만, 도덕법이라 부르는 편이 더 나을 것이다. 이는 그 법의 타당성이 고뇌, 즉 외부의 현실에 미치는 것이 아니라 그 행위와 그것으로 인해 인간에게 생기는 그의 개인적 의지의 자기 인식, 즉 **양심**이라 불리는 것에 미칠 뿐이지만, 자연 상태에서는 어떤 경우에도 외부에 대해, 즉 다른 개인에 대해서도 유효하게 되고 법 대신 폭력이 지배하지 않도록 막을 수 있기 때문이다. 말하자면 자연 상태에서는 어떠한 경우에도 부당한 일을 **하지** 않는 것이 각 개인에게 달려 있을 뿐이지만, 어떠한 경우에도 부당한 일을 **당하지** 않는 것은 결코 각 개인에게 달려 있는 것이 아니라 각자의 우연한 외적인 힘에

---

33 여기서 논한 법론에 대한 그 이상의 설명은 나의 현상 논문 「도덕의 기초에 대해」 초판의 제17장 221~230쪽 에 있다.

달려 있다. 그 때문에 정당함과 부당함이란 개념은 자연 상태에도 타당하고, 결코 협약에 의한 것은 아니다.

하지만 이 개념들은 자연 상태에서는 제각기 자신의 의지를 스스로 인식하기 위한 **도덕적인** 개념으로만 간주될 뿐이다. 다시 말해 그 개념들은 삶에의 의지가 인간 개체들에게서 긍정되는 극히 상이한 강도를 지닌 등급에서 온도계의 빙점氷點과도 같을 하나의 고정될 점, 다시 말해 자신의 의지에 대한 긍정이 타인의 의지에 대한 부정이 되는 점이다. 즉, 의지의 격렬한 정도를 인식이 개체화의 원리(이것은 전적으로 의지에 봉사하는 인식의 형식이다) 속에 사로잡히는 정도와 하나로 하여 부당한 행위에 의해 나타내는 점이다. 그런데 인간 행위에 대한 순수하게 도덕적인 고찰을 도외시하거나 부인하고, 행위를 단순히 외적인 작용과 그 성과에 따라서만 고찰하려는 사람은 물론 **홉스**와 더불어 정당함과 부당함을 협약에 의해 임의로 채택한 규정이라고, 그 때문에 실정법 외에는 결코 현존하지 않는 규정이라고 설명할지도 모른다. 또 우리는 외적 경험에는 속하지 않는 것을 외적 경험에 의해서는 결코 그에게 가르쳐 줄 수 없다.

홉스는 그의 저서 『기하학 원리*De Principiis Geometrarum*』에서 완전하고 본래적이며 순수한 수학을 부인하고, 점에는 연장延長이 있고 선에는 폭이 있음을 완강히 주장함으로써, 그의 완결된 경험적인 사유 방식을 극히 색다르게 특징지었다. 하지만 이 홉스에게 우리는 연장이 없는 점이나 폭이 없는 선을 결코 보여 줄 수 없으며, 따라서 법의 선험성은 물론 수학의 선험성도 보여 줄 수 없다. 왜냐하면 그는 경험적이지 않은 모든 인식에는 마음을 닫고 있기 때문이다. 그러므로 순수한 **법론**은 **도덕**의 문제이고, **고뇌**가 아닌 **행위**에만 직접 관계된다. 행위만이 의지의 발현이고, 도덕은 이 의지만을 고찰하기 때문이다. 고뇌란 단순한 사건일 뿐이다. 즉, 도덕은 고뇌도 단순히 간접적으로 고려할 수 있으며, 말하자면 단순히 부당한 일을 당하지 않으려고 한 일은 부당한 일이 아님을 증명하기 위해서만 고려할 수 있다. 앞서 말한 도덕의 문제를 상세히 논하는 경우, 그 내용이 되는 것은 한 개인이 이미 자신의 신체에 객관화된 의지를 긍정할 수 있고 그 의지가 다른 개인에게서 나타나는 한, 바로 그 개인이 의지를 부정하는 데 이르지 않도록 경계를 정확히 규정하는 일이 될 것이다. 그런 뒤 이 경계를 넘어서면 부당한 일이 되고 또 그 때문에 그것을 막는다 해도 부당한 일이 되지 않는 행위를 정확히 규정하는 일이 될 것이다. 그러므로 언제나 자신의 행위가 고찰의 주안점이 될 것이다.

그런데 **부당한 일을 당하는** 것은 외적 경험으로 보면 사건으로 현상한다. 그리고 그 부당한 일에서 삶에의 의지의 자기 자신과의 충돌이라는 현상이 이미 앞에서 말했듯이, 어디에서보다 분명히 발현된다. 이 현상은 개체의 인식을 위한 표상으로서의 세계 형식인 개체화의 원리에 의해 조건 지어진 많은 개체와 이기심에서 생긴다. 또한 앞에서 보았듯이, 인간의 삶에 본질적인 고뇌의 아주 큰 부분은 이 개체의 그 같은 충돌을 끊임없이 흐르는 샘으로 가지고 있다.

이 모든 개인에게 공통된 이성은 개인에게 동물처럼 개별적인 경우뿐 아니라 전체를 연관성 있게 추상적으로 인식시키고, 곧 고뇌의 원천을 통찰하도록 가르쳤다. 또 공통된 희생을 치름으로써 고뇌를 덜거나 되도록 없애 버리려는 수단을 강구하도록 만들었다. 그럼에도 이 희생의 크기는 공통으로 고뇌에서 생기는 이익의 크기에 의해 압도된다. 말하자면 경우에 따라서는 부당한 일을 하는 것이 개인의 이기심으로 볼 때 대단히 기분 좋을지도 모르지만, 그것은 필연적인 상관 개념으로 다른 개인이 부당한 일을 당하고 커다란 고통을 느끼게 한다. 그런데 전체를 신중히 고려하는 이성은 자신이 속하는 개체의 일면적인 입장에서 빠져나와 잠시 그 개체에 대한 애착에서 벗어남으로써, 부당한 일을 하는 개인의 기쁨이 부당한 일을 당하는 다른 개인의 비교적 더 큰 고통에 의해 매번 압도되는 것을 본다. 더욱이 이성은 이 경우 모든 일이 우연에 맡겨져 있기 때문에, 부당한 일을 당하고 고통을 겪는 경우가 부당한 일을 하고 기쁨을 얻는 경우보다 훨씬 더 많다는 것을 각자 우려하지 않을 수 없음을 알고 있다. 이런 사실에서 이성은, 모든 사람이 받는 고통을 줄이기 위해서뿐 아니라, 그것을 되도록 똑같이 나누어 주기 위해서라도, 또한 모든 사람이 부당한 일을 함으로써 얻을 수 있는 기쁨을 단념함으로써 모든 사람에게서 부당한 일을 당하는 고통을 덜어 주는 것이 최상의 유일한 수단이라고 인식한다. 그러므로 이렇게 이성을 사용함으로써 이성이 조직적인 방법으로 일면적인 입장을 버리고 쉽게 생각해 내고 서서히 완성해 간 수단이 **국가 계약** 또는 **법률**이다. 내가 여기서 법률의 기원을 제시하고 있듯이, 플라톤은 이미 『국가』에서 그것을 서술했다. 사실 그 기원은 본질적으로 유일한 것이고 사물의 본성에 따라 성립된 것이다. 바로 이 생성 방식, 이 목적이야말로 국가를 국가답게 만들기 때문에, 어떤 나라에서든 국가는 이와는 다른 기원을 가질 수 없다.

그런데 이 경우 모든 특정한 민족에게서 국가가 생기기 이전의 상태가 서로 무관한 야만인 무리의 상태(무정부 상태)였든지, 또는 보다 강한 자가 제멋대로 지배하는 노예 무리의 상태(전제 정치)였든지 그것은 아무래도 상관없다. 양자의 경우에 국가는 아직 존재하지 않았다. 즉, 국가는 공동의 합의에 의해 비로소 생기고, 이 합의가 무정부 상태나 전제 정치와 섞이지 않는 정도가 작은지 큰지에 따라, 국가도 보다 완전하거나 덜 완전하게 된다. 공화제는 무정부 상태로 기우는 경향이 있고, 군주제는 전제 정치로 기우는 경향이 있다. 그 때문에 생각해 낸 입헌 군주제라는 종도는 파당(派黨)의 지배로 기우는 경향이 있다. 완전한 국가를 세우려면 일반적으로 공공의 안녕을 위해 자신의 안녕을 희생할 줄 아는 본성을 가진 사람들을 만들어 내는 것부터 시작해야 한다. 하지만 그러기까지는 가족의 안녕을 국가의 안녕과 결코 분리시킬 수 없어서, 적어도 중요한 일에서는 다른 쪽의 행복을 증진시키지 않고는 어느 한쪽의 행복을 증진시킬 수 없다. 세습 군주제의 힘과 장점은 여기에 기인하고 있다.

그런데 도덕이 오로지 정당한 **행위**나 부당한 **행위**에만 관계하고 부당한 행위를 하지 않으려고 결심한 사람에게 그의 행동의 한계를 정확히 나타낼 수 있었다면, 이와 반대로 국가론, 즉 입법론은 전적으로 부당한 일을 **당하는** 사람에게만 관계한다. 그리고 부당한 행위가 언제나 자신의 필연적인 상관 개념인 부당한 일을 당하는 것, 즉 국가론이 적으로서 저지하려 하고 자신의 주안점으로 삼는 것과 무관하다면, 국가론은 부당한 **행위**에 결코 신경 쓰지 않을 것이다. 그러니까 부당한 행위가 있어도 다른 한편으로 부당한 일을 당하는 것과 결부되지 않는 경우를 생각할 수 있다면 국가는 당연히 그런 일을 금지하지 않을 것이다.

더구나 **도덕**에서는 의지와 성향이 고찰의 대상이고 유일하게 실재하는 것이기 때문에, 도덕에는 외부의 힘에 의해서만 억제되고 무력하게 되는 부당한 일을 행하려는 굳은 의지가 실제로 행해진 부당한 일과 전적으로 동일한 것으로 간주된다. 그리고 도덕은 그런 일을 하려는 자를 부당하다고 하여 유죄 판결을 내린다. 이와 반대로 의지와 성향은 단순히 그 자체로서는 전혀 국가의 관심의 대상이 아니고, 국가는 상관 개념으로서 다른 쪽에서 당한 행위에만 — 그것이 시도만 되었든 실행되었든 간에 — 관심을 가질 뿐이다. 그러므로 국가에게는 행위와 사건만이 유일하게 실재하는 것이며, 성향과 의도는 거기에서 행위의 의미가 확연히 눈에 띄는 한에서 조사의 대상이 될 뿐이다. 따라서 다른 사람을 살해하고 독살하려는 생각을 늘 마음에 품고 있어도, 처형용 큰 칼과 환형刑의 형벌에 대한 공포가 계속해서 그의 의욕을 저지하고 있다는 것을 국가가 확실히 알고만 있으면, 국가는 그런 일을 금하지 않을 것이다. 또한 국가는 부당 행위를 하려는 경향이나 악한 성향을 근절하려는 어리석은 계획을 세우지 않고, 부당한 일을 하려는 가능한 모든 동기에 언제나 압도적인 동기를 내세워 처벌을 면할 수 없음을 알림으로써 그런 일을 못하게 할 뿐이다. 그에 따라 형법전은 가능하다고 예상되는 모든 범죄 행위에 대한 반대 동기의 가능한 한 완벽한 색인이며, 거기에 범죄 행위와 반대 동기가 추상적으로 적혀 있지만, 실제로 일어나는 경우에는 구체적으로 적용하는 것이다.

그런데 국가론, 또는 입법은 이 목적을 위해 법론을 다루는 장章과, 정당함과 부당함의 내적인 의미 외에도 양자 사이의 엄밀한 경계를 규정하는 장을 도덕에서 빌려올 것이다. 그러나 이는 오로지 그 장의 반대 면을 이용하여 부당한 일을 **하려고** 하지 않는다면, 넘어서는 안 되는 도덕의 모든 경계를 다른 면에서 고찰하기 위한 것이다. 부당한 일을 **당하지** 않으려면, 타인의 경계 침입은 참을 수 없는 일이므로, 사람들은 그 경계에서 다른 사람을 몰아낼 **권리**를 갖는다. 그 때문에 이 경계는 어쩌면 수동적인 면에서 보자면 법률의 보호를 받고 있다. 그 결과 역사가란 뒤를 돌아보는 예언자라고 위트 있게 불리듯이, 법률가는 뒤를 돌아보는 도덕가가 된다. 따라서 본래적인 의미에서의 법학, 즉 사람들이 **권리**에 관한 학문이라고 주장해도 되는 그것은 뒤를 돌아보는 도덕인 셈이고, 이 장에서는 침해해서는 안 되는 권리를 가르치고 있다.

부당함이라는 개념, 정당함의 부정인 그 개념은 원래 **도덕적**이지만 출발점을 능동적인 면에서 수동적인 면으로 옮김으로써, 즉 전환시킴으로써 **법률적**으로 된다. 칸트는 그의 정언 명령에서 국가의 건립을 도덕적인 의무로 연역하는 커다란 잘못을 범했지만, 그의 법론과 함께 도덕에서 법률로의 이 전환은 최근에도 가끔씩, 국가는 도덕성을 증진하기 위한 하나의 시설이고 도덕성을 얻기 위한 노력에서 비롯되며, 그에 따라 이기심에 배치되는 것이라는 아주 색다른 오류를 야기하고 있다. 도덕성이나 비도덕성은 내적 성향, 즉 영원히 자유로운 의지의 문제인데도, 마치 외부로부터 수정되거나 영향을 받아 변할 수 있는 것처럼 생각하는 것이다! 더욱 그릇된 것은 국가가 도덕적인 의미에서 자유의 조건이고, 그럼으로써 도덕성의 조건이라는 이론이다. 그렇지만 자유는 현상의 저편에 있고, 하물며 말할 것도 없이 인간적인 제도의 저편에 있기 때문이다.

이미 말했듯이, 국가는 이기심 일반이나 이기심 그 자체에 반대하는 것이 아니라 이와 반대로 이기심에서 생긴 것이다. 하지만 서로를 잘 이해하고 조직적인 방법을 취해 일면적인 입장에서 보편적인 입장으로 나아가며, 그리하여 총괄됨으로써 만인 공동의 이기심으로 된다. 그리고 국가는 이 이기심에 봉사하기 위해서만 존재하고, 순수한 도덕심, 즉 도덕적인 근거에서 행하는 정당한 행위는 기대할 수 없으며, 즉 그 외에 국가 자체는 불필요한 것일지도 모른다는 올바른 전제 아래 세워져 있다. 그러므로 국가는 결코 이기심에 반대하는 것이 아니라, 국가가 지향하는 개인들의 안녕함을 목적으로 하여, 이기적인 개인의 집단에서 생겨 그들 상호 간에 영향을 주며, 그들의 안녕함을 방해하는 이기심의 해로운 결과에 대해서만 반대하는 것이다. 그 때문에 **아리스토텔레스**는 이미 이렇게 말하고 있다. "국가의 목적은 사람들이 잘 살게 하는 것이다. 그런데 그것은 행복하고 멋지게 산다는 뜻이다"(『정치학』 제3권). 홉스도 국가의 이 기원과 목적을 아주 올바르고 훌륭하게 설명했다. 또한 모든 국가 질서의 옛 원칙인 "공공의 안녕이 제일가는 법이다"(키케로, 『법론』 III, 3, 8)도 같은 취지의 말이다.

국가가 자신의 목적을 완전히 달성하면 성향에 대한 완전한 정의가 일반적으로 지배하는 것과 같은 현상이 나타날 것이다. 그런데 두 가지 현상의 내적 본질과 근원은 반대의 것일 것이다. 말하자면 성향에 대한 완전한 정의가 지배하는 경우에는 아무도 부당한 일을 **하려고** 하지 않겠지만, 국가가 자신의 목적을 완전히 달성하면 아무도 부당한 일을 **당하려고** 하지 않을 것이고, 이 목적을 위한 알맞은 수단이 완전히 사용될 것이다. 그러므로 동일한 선線도 반대되는 두 방향에서 그릴 수 있으며, 맹수도 입마개를 달아 놓으면 초식동물처럼 해롭지 않다. 하지만 국가는 이 점 이상으로 일을 진척시킬 수 없다. 그러므로 국가는 상호 간의 일반적인 호의와 사랑에서 생기는 현상과 같은 현상을 내보일 수 없다. 우리가 방금 알게 되었듯이, 국가는 그 본성에 따라 부당한 행위라 해도 다른 쪽이 부당한 일을 당하지 않는다면 그 행위를 금지하지 않겠지만, 그런 일이 불가능하기 때문에 모든 부당한 행위는 허용되지 않는다. 이와 반대로 국가는 만인의 안녕함에 관심을 갖는 경향에 따라, 각자 온갖 종류의 호의나 박애 행위를 **경험**하도록 매우 열심히 애쓸 것이다. 이런 호의나 박애 행위도 선행과 자선 행위를 **행함**에 있어 어떤 불가피한 상관 개념을 갖지는 않을 것이다. 이 경우 모든 국민은 능동적 역할이 아닌 수동적 역할을 맡을 것이고, 어떤 이유로도 남에게 능동적 역할을 강요하지도 않을 것이다. 따라서 **정당함**이라 할 수 있는 소극적인 것만 **강요당할** 뿐이다. 자선의 의무라는 명칭이나 또는 불완전한 의무로 생각되었던 적극적인 것은 강요당할 수 없다.

이미 말했듯이, 입법은 순수한 법론 또는 정당함과 부당함의 본질과 경계에 관한 이론을 빌어다가, 이것을 도덕과는 무관한 목적을 위해 반대되는 면으로부터 적용하고, 그런 뒤에 적극적 입법, 그 입법을 유지하기 위한 수단, 즉 국가를 세우려는 것이다. 그러므로 적극적인 입법이란 반대되는 면으로부터 적용된, 순전히 도덕적인 법론이다. 이 적용은 특정 민족의 독특한 상황과 사정을 고려하여 행해질 수 있다. 그런데 적극적 입법이 사실상 일반적으로 순수한 법론의 지도에 따라 규정되고, 그 규정의 어느 것에 대해서도 순수한 법론에서 어떤 근거가 증명될 수 있는 경우에만 생겨난 입법이 사실 **실정법**이다. 국가는 **법적** 단체, 즉 단어의 본래 의미에서 국가이며, 부도덕한 조직이 아닌 도덕적으로 허용되는 조직이다. 반면 그렇지 않으면 적극적인 입법이란 **적극적인 부당함**을 근거 짓는 것이고, 그 자체로 공공연히 인정되어 강요되는 부당함이다. 모든 전제 정치, 대부분의 마호메트 국가들의 헌법은 이와 같은 것이며, 더구나 많은 제도 중의 일부, 예를 들면 노예 신분, 부역賦役 등이 그런 것에 속한다.

순수한 법론, 또는 자연법, 보다 적절히 말하면 도덕적인 법은 언제나 뒤집음을 통해서이긴 하지만, 순수 수학이 응용 수학의 모든 부문의 근저에 자리하는 것처럼 법적이고 적극적인 모든 입법의 근거에 자리하고 있다. 철학과 마찬가지로, 앞에서 말한 목적을 위해 입법에 넘겨 줘야 하는 순수한 법론의 가장 중요한 점은 다음과 같다. 1) 부당함과 정당함이란 개념의 내적이고 본래적인 의미와 기원을 설명하고, 도덕에서 그 적용과 위치를 설명하는 것. 2) 소유권을 연역하는 것. 3) 계약의 도덕적인 타당성을 연역하는 것. 이 타당성이 국가 계약의 도덕적인 토대이므로, 4) 국가의 발생과 목적을 설명하고, 도덕에 대한 이 목적의 관계를 설명하고, 이 관계에 따라 뒤집음을 통해 도덕적인 법론을 입법에 합목적적으로 옮기는 것. 5) 형법을 연역하는 것. 법론의 그 밖의 내용은 이 원리를 단순히 적용한 것에 불과하고, 삶의 모든 가능한 관계에 대해 정당함과 부당함의 상황을 보다 자세히 규정하는 것이며, 따라서 이 상황은 어떤 관점이나 표제 하에서 통일되거나 구분된다.

이 특수한 이론에서는 순수법의 교과서들이 대체로 모두 일치하고 있지만, 원리는 언제나 어떤 철학 체계와 연관되어 있기 때문에 원리에서만은 각기 현저히 다르다. 우리가 우리의 철학 체계에 따라 앞에서 말한 네 가지 요점 중 처음 네 가지 점에 대해 간략하게 일반적으로, 그렇지만 확실하고 분명하게 규명했으므로, 이와 마찬가지로 이제 형법에 관해 말해 보기로 하겠다.

칸트는 국가만 완전한 소유권을 갖는다고 주장했지만, 이는 완전히 잘못된 것이다. 앞서 연역한 바에 따르면, 자연 상태에도 완전한 자연적인, 즉 도덕적인 권리를 가진 소유물이 존재하며, 이것을 침해하면 부당한 일이 되지만 극단적으로 옹호해도 부당한 일이 되지는 않는다. 반면 국가만이 **형벌권**을 갖는다는 것은 확실하다. 처벌하는 권리는 모두 법을 위반하기 **전**에 이 처벌을 규정한 실정법에 의해서만 근거 지어져 있고, 처벌의 위협은 반대 동기로서 법을 위반하게 되는 모든 동기를 압도한다. 이 실정법은 국민에 의해 재가받고 승인된 것으로 볼 수 있다. 그러므로 실정법은 하나의 공통된 계약에 근거하고 있고, 그 계약을 이행하기 위해서는 국가 구성원은 무슨 일이 있어도 한편으로는 처벌을 집행하고 다른 한편으로는 처벌을 감내할 의무가 있다. 그 때문에 감내하도록 당연히 강요할 수 있다. 따라서 **처벌**의 직접적인 **목적**은 개별적인 경우 **계약으로서의 법률을 이행**하는 것이다. 그러나 **법률**의 유일한 목적은 남의 권리를 침해하지 못하도록 **위협하는 것**이다. 각자 부당한 일을 당하지 않기 위해, 사람들은 단결하여 국가를 만들었고 부당한 행위를 단념했으며, 국가를 유지하는 짐을 떠맡았기 때문이다. 그러므로 법률과 그 집행, 즉 처벌은 본질적으로 **과거**가 아닌 **미래**를 향한다. 처벌이 복수와 구별되는 점이 이것이다. 복수는 단지 일어난 일, 즉 과거 자체에 의해 동기화되어 있다.

미래를 위한 목적 없이 고통을 가함으로써 부당한 일에 앙갚음하는 것이 모두 복수고, 그 목적은 그로 인해 초래되는 남의 고통을 바라봄으로써 자신이 받은 고통을 위로받으려는 것에 불과하다. 그것이 악의와 잔인한 행위이고, 그것은 윤리적으로는 정당화될 수 없다. 누군가가 내게 부당한 일을 가한다 해도 내가 그에게 부당한 일을 가할 권한은 없다. 그 이상의 의도 없이 악을 악으로 갚는 것은 도덕적이지 않고, 그 외에 어떠한 합리적 근거로도 정당화될 수 없다. 또 보복권을 형법의 독립적이고 최종적인 원리로 내세우는 것은 무의미한 일이다. 그 때문에 처벌에 대해 말하기를 보복을 위한 단순한 보복이라고 하는 칸트의 설은 전적으로 근거가 없고 잘못된 견해이다. 그렇지만 이 설은 많은 법률학자의 저서에 여전히 횡행하고 있다. 그들은 처벌을 통해 범죄가 보상되고 중화되며 상쇄된다는 것처럼 쓸데없이 장황하게 각종 고상한 문구를 늘어놓고 있다. 그러나 누구도 순전히 도덕적인 재판관이자 보복자로 자처하며, 남의 범죄 행위에 고통을 가해 그를 벌 줄 권한이 없고, 즉 그에게 그 대가로 속죄하도록 할 권한이 없다. 오히려 이 일은 극히 주제넘은 월권행위다. 그 때문에 바로 성서에 "주께서 가라사대, 복수는 나의 일이니, 내가 갚을 것이다"(『신명기』, 32장 35절)라고 적혀 있다.

그러나 인간에게는 사회의 안전을 도모할 권리가 있다. 그런데 처벌하겠다고 위협하는 반대 동기를 통해 예방하기 위해 '범죄적'이라는 말로 지칭되는 모든 행위를 금지함으로써만 이 일이 일어날 수 있다. 즉, 이 위협은 그런데도 이를 위반하는 자가 있으면 처벌을 집행함으로써만 효과를 거둘 수 있다. 그에 따라 처벌의 목적, 보다 정확히 말해 형법의 목적이 위협으로 범죄를 못하게 하는 데 있다는 것은 일반적으로 인정된 진리, 그러니까 자명한 진리이므로, 영국에서는 지금도 형사사건에서 검찰총장이 이용하는 아주 오래된 기소장에조차 그것이 표명되어 있다. 그 기소장은 "만일 이것이 입증된다면 당신 아무개는 앞으로 타인에게 유사한 범죄를 앞으로 영원히 저지르지 않게 하기 위해 법적 처벌을 받을 것이다"로 끝맺고 있다. 법에 의해 유죄 판결을 받은 범죄자를 군주가 사면하려고 하면 그의 장관은 그러면 범죄가 곧 재발할 거라고 이의를 제기할 것이다. 미래를 위한 목적이라는 점에서 처벌은 복수와는 다르고, 처벌은 **법률을 이행**하기 위해 집행되는 경우에만 이 목적을 가지며, 바로 그렇게 함으로써만 앞으로 어떤 경우에도 반드시 처벌이 이루어진다는 것을 보여서 법률에 위협적인 힘을 주는데, 이것이 바로 법률의 목적이다.

그런데 이 경우 칸트주의자들은 이 견해에 따르면 벌을 받은 범죄자가 "단순히 수단으로" 이용될지도 모른다고 틀림없이 이의 제기를 할 것이다. 그런데 칸트주의자들이 끊임없이 되풀이해서 말하는 "인간을 언제나 목적으로만 취급하고 결코 수단으로 취급해서는 안 된다"는 명제는 사실 의미심장하게 들리고, 그 때문에 그 이상의 모든 사유를 면하게 하는 어떤 공식을 갖고 싶어 하는 모든 사람에게는 안성맞춤인 명제일지도 모른다. 그러나 자세히 고찰해 보면 이것은 아주 간접적으로만 그 의도를 달성하는 극히 애매하고 불확실한 발언이며, 그것을 적용하는 경우에는 언제나 우선 특수한 설명, 규정, 수정이 필요하다. 그래서 일반적으로 보더라도 불충분하고 무의미하며 게다가 불확실하기까지 하다. 법률에 의해 사형 판결을 받은 살인자는 물론 정말 당연하게도 이제 단순한 수단으로 사용되어야 한다. 법률이 이행되지 않고 있다면 국가의 주된 목적인 공공의 안보가 그에 의해 방해되고, 즉 안보가 중단되기 때문이다. 그, 그의 생명, 그의 인격은 이제 법률을 이행하기 위한, 그럼으로써 공공의 안보를 회복하기 위한 수단이어야 한다. 그리고 그는 국민인 한 그 역시 받아들인 국가 계약을 수행하기 위해 그 수단이 되는 것은 당연하다. 그에 따라 그는 그의 생명, 자유, 소유물을 안전하게 지키기 위해 모든 사람의 안전에도 그의 생명, 자유, 소유물을 저당 잡힌 것이지만, 그 저당물이 이제 시효가 지난 것이다.

여기서 말한 처벌에 관한 학설은 건전한 이성이 볼 때는 명백한 것이고, 대체로 새로운 사상이 아니며, 새로운 오류에 의해 배척된 거나 마찬가지인 사상에 불과하여, 그런 점에서 그 사상을 아주 분명하게 설명하는 것이 필요했다. 이와 같은 것은 본질적으로 푸펜도르프Samuel, Freiherr von Pufendorf(1632~1694)[34]가 『인간과 공민의 의무』 제2권 13장에서 그에 대해 말하는 것에 이미 포함되어 있다. 이와 마찬가지로 홉스의 『리바이어던』[35] 제15장과 제28장도 이것과 일치하고 있다. 근래에 와서는 주지하듯이 **포이어바흐**가 이것을 옹호했다. 그뿐 아니라 이 견해는 이미 고대 철학자들의 발언에서도 발견되고 있다. 플라톤은 『프로타고라스』(114쪽, edit. Bip),『고르기아스』(168쪽), 마지막으로는 『법률』의 제11권(165쪽)에서도 이것을 분명히 서술하고 있다. 세네카는 플라톤의 의견과 처벌의 모든 학설에 대해 다음과 같이 짧은 말로 완전하게 표현하고 있다. "현명한 사람은 죄를 범했기 때문에 벌하는 것이 아니라 그로써 죄를 범하지 않게 하기 위해 벌한다고 말한다"(『분노론』, I, 16).

---

34 ＊독일의 법학자이자 역사학자. 자연법사상 옹호로 잘 알려진 인물이다.

35 ＊'리바이어던'은 『욥기』 3장 8절에 나오는 거대한 바다 괴물을 가리킨다. 홉스의 『리바이어던』은 영국 사회가 내전으로 심각한 혼란에 빠져 있을 때 등장했고, 따라서 그는 이 책에서 내전과 혼란을 막을 수 있는 과학적인 이론을 제시하려 했다. 홉스는 인간을 움직이는 동기가 무엇인지를 밝히고자 했고, 이런 분석을 바탕으로 국가의 원리를 찾고, 그 국가의 목적과 권력의 범위를 분명히 정해 합리적인 정치 질서를 수립하려 했다. 이런 구상 때문에 홉스는 누구에게도 환영받지 못하는 존재가 되었다. 절대 왕권을 확립하려던 자들은 왕권신수설을 부정하는 홉스를 무신론자라 비난했고, 왕권을 부정하던 자들은 절대 왕권의 옹호자라며 비난했기 때문이다. 영국 국왕 찰스 2세는 『리바이어던』에 대해 "나는 이처럼 강한 선동과 반역, 그리고 불경스러움을 담고 있는 책을 이제껏 읽어 본 적이 없다"라고 할 정도였다. 그 결과 홉스는 자신의 사상을 현실에 적용하는 것을 포기하고 학문적 논의에만 만족해야 했다. 그런데 그가 이 책을 쓴 정치적 의도가 무엇이었는지에 대해서는 여전히 논란이 되고 있다. 홉스가 당시의 절대 왕정을 옹호했다는 주장도 있고, 그의 진정한 의도는 시민 계급을 옹호하는 것이었다는 주장도 있다. 그리고 에른스트 블로흐Ernst Bloch처럼 그의 양면성을 주장하는 사람도 있다.

그러므로 우리는 국가에서 그 수단을 알게 되었고, 이를 통해 이성을 갖춘 이기심은 그 자신에게 닥쳐오는 나쁜 결과들을 피하려 하고, 이제 각자는 자신의 안녕이 모두의 안녕에 포함되어 있음을 알기 때문에 모두의 안녕을 증진시키려 한다. 만일 국가가 자신의 목적을 완전히 달성한다면, 그 속에 결집된 인간의 여러 힘을 통해 국가는 그 밖의 자연도 점점 자신에게 도움이 되게 할 줄 알므로, 결국 각종 화禍를 제거함으로써 말하자면 게으름뱅이의 천국에 가까운 어떤 것이 출현할지도 모른다. 그러나 국가는 한편으로 여전히 이 목표와 아주 멀리 떨어져 있고, 다른 한편으로는 여전히 삶에 본질적인 무수한 화가 모두 제거되었다 하더라도, 결국 다른 화가 없어진 모든 자리는 곧 무료함에 점유되어 삶은 예나 지금이나 고통스러우리라. 또 한편으로 커다란 알력Zwist은 금지되지만 작은 알력은 얼버무려져 있으므로 개인들 간의 알력도 국가에 의해 결코 없어지지 않을 것이다.

마지막으로 다행히도 내부로부터 쫓겨난 불화Eris는 결국 외부로 향한다. 국가 조직에 의해 개인들의 다툼으로 추방되면 불화는 민족들의 전쟁으로서 외부에서 다시 들어와 이제는 누적된 빚으로서 대규모로 한꺼번에 피비린내 나는 희생을 안겨 준다. 그 희생은 현명하게 예방함으로써 개별적으로 면할 수 있었다. 그뿐 아니라 이 모든 것이 마침내 수천 년의 경험에 기초한 현명함을 통해 극복되고 제거된다면 결국 지구 전체에 인구가 과잉하게 되어, 그 결과로 인한 끔찍한 재앙은 이제 대담한 상상력을 통해서만 눈앞에 그려 볼 수 있을 것이다.[36]

---

36 이에 대해서는 제2편 47장 참조.

63.
영원한 정의

우리는 국가에서 자리를 차지하고 있는 **일시적인 정의**가 보복적이거나 처벌적이라는 것을 알게 되었고, 그러한 정의는 **미래**를 고려함으로써만 정의가 되는 것을 보았다. 그러한 고려가 없다면 범죄를 벌하거나 보복하는 것은 정당성을 인정받지 못하고, 아무런 의의나 의미도 없이 일어난 일에 또 다른 화禍를 첨가하는 것에 불과할 것이다. 그러나 이것은 이미 앞에서 언급한 **영원한 정의**와는 전혀 다르다. 이 영원한 정의는 국가가 아닌 세계를 지배하고, 인간의 제도에 의존하거나 우연과 착각에 종속되지 않는다. 또 불확실하고 동요하며 헤매는 것이 아니라 틀림없고 확고하며 확실하다. 보복의 개념에는 이미 시간이 자체 내에 포함되어 있으므로, **영원한 정의**는 보복하는 정의일 수 없고, 그러므로 이 보복하는 정의처럼 연기나 유예를 허락할 수 없으며, 단지 시간에 의해서만 나쁜 행위를 나쁜 결과로 보상하면서 존재하기 위해 시간을 필요로 하지도 않는다. 영원한 정의에서 처벌과 범행이 하나가 될 정도로 양자는 결합되어 있어야 한다.

> 그대들은 범죄가 날개를 타고 신께 올라간다고,
> 누군가가 범죄를 거기
> 제우스의 메모장에 적어두면
> 제우스는 그걸 보고 인간을 심판한다고 생각하는가?
> 제우스의 천체도 인간의 죄를 적어 두기에는
> 그리 크지 않아, 그도 그것을 훑어보고
> 각자에게 벌을 내릴 수 없구나!

그런데 그대들이 보려고만 한다면
처벌은 이미 여기에 내려져 있다.

(에우리피데스, ap. Stob. Ecl., I, c. 4.)

그런데 이 영원한 정의가 실제로 세계의 본질에 존재하고 있다는 것은, 지금까지 전개된 우리의 전체 사상에서 볼 때 이를 파악한 사람에게는 곧 완전히 명백해질 것이다.

삶에의 어떤 의지의 객관화인 현상은 세계의 여러 부분과 형태가 아주 다양하게 나타난 세계다. 현존 자체와 현존의 방식은 모든 부분에서와 마찬가지로 전체에서 오직 의지에서 비롯한다. 의지는 자유롭고 전능하다. 의지는 스스로를 그 자체로 시간의 밖에서 규정하듯이 모든 사물 속에서 현상한다. 세계는 이 의욕을 비추는 거울에 불과하다. 그리고 세계 속에 포함되어 있는 모든 유한성, 모든 고뇌, 모든 고통은 의지가 의욕하는 것의 표현에 속하고, 의지가 그렇게 의욕하기 때문에 그렇게 존재한다. 그에 따라 모든 존재는 지극히 당연하게도 현존 일반을, 그다음으로 자기 방식의 현존과 그 독특한 개성의 현존을 전적으로 개성이 있는 그대로, 있는 그대로의 환경 아래에서, 있는 그대로의 세계에서, 우연과 오류에 지배되어 시간적으로 무상하게 끊임없이 고통을 겪으며 짊어지고 있다. 또 그에게 뜻밖에 일어나고, 그러니까 일어날 수밖에 없는 모든 것은 당연히 일어나게 되어 있는 것이다. 왜냐하면 의지는 그의 의지이고, 세계는 의지가 존재하는 대로 존재하기 때문이다. 현존에 대한 책임과 이 세계의 속성을 짊어질 수 있는 것은 다름 아닌 세계 자신뿐이다. 그도 그럴 것이 의지가 어떻게 세계를 떠맡을 수 있단 말인가? 도덕적으로 볼 때 인간이 전체적으로 얼마나 가치 있는지 알려면 그의 운명을 전체적으로 살펴보면 된다. 이 운명은 결핍, 비참, 비애, 고통 그리고 죽음이다. 영원한 정의는 존재한다. 만일 인간이 전체적으로 보아 보잘것없는 것이 아니라면 그의 운명도 전체적으로 보아 그리 애처롭지 않을 것이다. 이런 의미에서 우리는 세계 자체가 최후의 심판이라 말할 수 있다. 세계의 모든 비애를 저울의 한쪽에 올려놓고, 세계의 모든 죄를 다른 저울에 올려놓는다면 틀림없이 지침은 균형을 이룰 것이다.

물론 의지에서 나와 의지에 봉사하는 인식은 개인 그 자체에게 주어지지만, 그 인식에 대해서 세계는 의지 그 자체인 삶에의 유일한 의지의 객관성으로서 탐구자에게 최후에 자신을 드러내는 것처럼 나타나지 않는다. 오히려 인도인이 말하는 것처럼 마야의 베일이 자연 그대로의 개인의 시선을 흐리게 하며, 그의 눈에 드러나는 것은 사물 자체 대신 시간과 공간, 즉 개체화의 원리 속에 나타나고 그밖의 근거율의 형태로 나타나는 현상에 불과하다. 이러한 제한된 인식의 형식에서 그는 일자一者[37]인 사물의 본질을 보는 것이 아니라 갈라지고 분리되어 무수한 형태로 아주 다양하게 나타나 서로 대립하기도 하는 현상을 보는 것이다. 그에게 쾌락과 고통은 전혀 별개의 것으로 생각되고, 어떤 사람은 괴롭히고 죽이는 자로 다른 사람은 인내하고 희생당하는 자로 보이며, 악惡과 화禍는 다른 것으로 여겨진다. 그는 어떤 사람은 기쁨, 과잉, 쾌락 속에 사는 것을 보는 반면, 동시에 다른 사람은 그 사람의 문 앞에서 결핍과 추위로 고통스럽게 죽어가는 것을 본다. 그러면 그는 보복은 대체 어디에 있느냐고 묻는다. 또 그 자신은 그의 본질이자 근원인 격렬한 의지의 충동에 사로잡혀 삶의 쾌락과 향유를 붙잡아 꽉 움켜쥐고 놓아주지 않는다. 그는 바로 이 의지의 행위에 의해, 자신이 보고 몸서리칠 삶의 온갖 고통과 고민을 붙잡고 그 자신을 강하게 누르고 있는 것을 알지 못한다. 그는 세계의 악과 화를 보지만, 이것들이 삶에 대한 하나의 의지 현상의 다른 측면에 지나지 않음을 알지 못하고, 그것들을 아주 상이한 것, 아니 전적으로 상반된 것으로 보고, 종종 악을 통해, 즉 남의 고뇌를 초래함으로써, 화, 즉 그 자신의 고뇌에서 벗어나려 하지만, 이는 개체화의 원리에 사로잡혀 마야의 베일에 의해 속고 있는 것이다.

그도 그럴 것이 솨솨 소리 내며 미친 듯이 파도가 몰아치는 망망대해에서 작은 배를 젓는 사공이 약한 배를 믿고 있는 것처럼, 개개인은 고통으로 가득 찬 세계의 한복판에서 개체화의 원리, 또는 개체가 사물을 현상으로 인식하는 방식을 의지하고 믿으며 태연히 앉아 있기 때문이다. 무한한 과거나 미래 속에서도 고뇌로 가득 찬 무제한의 세계는 그에게 미지의 것이고, 그러니까 그에게는 하나의 동화와 같다. 보잘것없는 그의 일신, 연장延長이 없는 그의 현재, 그의 순간적인 안락, 이것만이 그에게는 현실성이 있다. 그리고 더 나은 인식에 의해 눈이 뜨이지 않는 한, 이것을 유지하기 위해 그는 온갖 수단을 다 한다. 그때까지 그의 의식의 가장 깊은 곳에서는, 이 모든 것은 그에게 원래 그리 낯설지 않고, 그것들과 자신 사이

37　*이 세상의 모든 것이 나오고 돌아가는 단 하나의 절대자

에 개체화의 원리에 의해 보호될 수 없는 어떤 연관이 있다는 아주 막연한 예감만이 느껴질 뿐이다. 이 예감에서 저 지워 버릴 수 없으며, 모든 사람에게 — 어쩌면 보다 영리한 동물에게까지 — 공통된 **전율**이 초래된다.

근거율이 여러 형태 중 어느 하나에서 예외를 겪는 것처럼 생각됨으로써, 어느 우연한 사건으로 인해 개체화의 원리에서 갈피를 못 잡게 될 때 사람들은 느닷없이 전율에 사로잡힌다. 예를 들어 원인도 없이 어떤 결과가 벌어졌다고 생각되거나, 죽은 사람이 다시 살아났다고 생각되거나, 그 밖에 어떤 과거의 일이나 미래의 일이 현재에 나타나고, 멀리 있는 것이 가까이서 나타난다고 생각되는 경우 전율을 느끼게 된다. 이것을 보고 끔찍한 공포를 느끼는 것은, 사람들이 그 자신의 개체를 그 밖의 세계와 가르고 있는 현상의 인식 형식을 보고 갑자기 갈피를 잡지 못하기 때문이다. 그런데 이 구분 자체는 사물 자체가 아닌 현상 속에만 있을 뿐이다. 즉, 영원한 정의는 바로 사물 자체에 근거하고 있다. 사실 모든 일시적 행복은 무너진 지반 위에 서 있고, 모든 영리함은 무너진 지반 위를 거닐고 있는 것이다. 행복이나 영리함은 인간을 사고로부터 지켜 주고, 그들에게 즐거움을 안겨 준다. 그러나 인간은 단순한 현상에 불과하다. 또 그가 다른 개인과 다르다는 것과 이들이 짊어진 고뇌로부터 자유로운 존재라는 사실은 현상의 형식, 즉 개체화의 원리에 기인하고 있다. 사물의 참된 본질에 따라 각자는 삶에의 확고한 의지인 한, 즉 전력을 다해 삶을 긍정하는 한 세계의 온갖 고뇌를 자신의 고뇌로, 그러니까 가능한 모든 고뇌를 자신에게 현실적인 것으로 간주해야 한다. 개체화의 원리를 간파하는 인식이 볼 때 행복한 삶이란 시간 속에서, 무수한 다른 개인이 고통을 겪는 중에 우연히 선사받은 것이거나 영리함으로 얻은 것이다. 하지만 그것은 거지가 왕이 되는 꿈을 꾼 것에 불과하며, 꿈에서 깨어나서 그는 자신이 일시적인 착각으로 삶의 고뇌에서 벗어나 있었을 뿐임을 깨달을 것이다.

근거율에 따르는 인식, 즉 개체화의 원리에 사로잡힌 시선에는 영원한 정의가 보이지 않는다. 그러한 시선이 허구에 의해 영원한 정의를 구원하지 못한다면 영원한 정의를 완전히 놓쳐 버리게 된다. 그러한 시선은 악이 온갖 종류의 악행과 잔인한 행동을 저지르고도 즐겁게 살아가고, 아무런 방해받지 않고 세상에서 사라지는 것을 본다. 그러한 시선은 억압받는 자가 고뇌에 가득 찬 삶을 끝까지 이어가도, 복수자, 보복하는 자가 나타나지 않는 것을 본다. 그런데 사물 자체에는 현상의 형식들이 맞지 않는다는 것을 깨달은 사람만이 근거율을 실마리로 앞으로 나아가 개별적 사물에 구속된 인식을 넘어서고 이념을 인식하며 개체화의 원리를 통찰하여 영원한 정의를 이해하고 파악할 뿐이다. 또한 현재의 고찰과 관련하여 우리에게 곧 해명되겠지만, 이런 사람만이 동일한 인식에 의해 덕의 참된 본질을 이해할 수 있다. 물론 덕을 실행하기 위해 이런 추상적 인식이 요구되는 것은 결코 아니다. 그러므로 방금 말한 인식에까지 도달한 사람에게는 의지가 모든 현상이 즉자태기 때문에 이러저러 모습으로 나타나는 현상이 전혀 다른 개체로 존재하고 심지어 시간과 공간에 의해 멀리 떨어져 있다 해도, 다른 사람에게 덮치거나 자신이 경험한 고통, 악, 화는 언제나 하나의 동일한 본질과 관련될 뿐임이 분명해진다. 그는 고통을 가하는 사람과 고통을 당하는 사람의 차이가 현상에 불과하고, 양자 속에 살아 있는 의지인 사물 자체와는 관계가 없음을 통찰한다. 이 경우 의지는 자신에 봉사하는 것에 구속된 인식에 속아, 그 자신을 오해하고 의지의 현상들 중 **하나**에서 증진된 안녕함을 찾으면서, **다른** 현상에는 커다란 고통을 불러일으킨다. 이처럼 격한 충동에 몰려 그 자신의 살을 이빨로 깨물면서도, 의지는 개체화의 매개에 의해 자신의 내부에 갖고 있는 그 자신과의 충돌을 드러내면서, 이런 식으로 늘 그 자신에게 상처를 입힐 뿐이라는 것을 모른다는 것도 통찰한다.

괴롭히는 자와 괴롭힘을 당하는 자는 하나다. 괴롭히는 자는 고통을 당하지 않는다고 생각하고, 괴롭힘을 당하는 자는 죄를 짓지 않는다고 생각하면서 잘못을 범하고 있다. 둘 다 눈을 뜨게 되면, 고통을 가하는 사람은 이 넓은 세상에서 고통을 당하는 모든 것 속에 자신이 살고 있음을 깨닫게 될 것이고, 이성을 갖춘 자라면 어떤 잘못으로 생겼는지 알 수 없는 큰 고통이 무엇 때문에 존재하게 되었을까 헛되이 생각할 것이다. 그리고 고통을 당하는 사람은 이 세상에서 행해지는 또는 지금까지 행해진 모든 악이 **그의** 본질도 이루는 **하나**의 의지에서 흘러나와, 그의 속에도 그것이 나타나고, 그는 이 현상과 그 긍정에 의해 그러한 의지에서 생기는 모든 고통을 받아들이며, 그가 이 의지인 한 그 고통을 당연히 감내한다는 것을 깨달을 것이다. 이 인식에서 예감으로 가득 찬 시인 칼데론은 『인생은 꿈』에서 이렇게 말하고 있다.

인간의 가장 커다란 죄는
그가 태어났다는 사실이기 때문이니.

영원한 법칙에 따라 죽음은 출생에 근거하고 있으니 출생이 어찌 죄 되지 않을 수 있겠는가? 칼데론도 원죄에 관한 기독교의 교의를 이 시구로 표현한 것에 불과하다.

영원한 정의, 즉 죄의 악malum culpae을 처벌의 악malo poenae과 떼어 놓을 수 없게 연결시키는 저울대를 생생하게 인식하려면 개체성과 그 가능성의 원리를 완전히 넘어설 필요가 있다. 그러므로 대다수의 사람은 이 인식에 언제까지나 도달할 수 없을 것이다. 이것과 유사한 동시에 즉시 논의하려고 하는 모든 덕의 본질에 관한 순수하고 분명한 인식에도 이와 마찬가지다. 따라서 인도 민족의 옛 성현은, 말하자면 개념이나 언어로 표현하는 한, 비유적이고 단편적斷片的인 서술 방식이 허락하는 한, 재생한 세 카스트[38]에만 허용된『베다』속에서 또는 성현의 비의적秘儀的, esoterisch인 가르침에서 그 인식을 표현했다. 하지만 민간 신앙이나 일반적exoterisch인 가르침에서는 그 인식은 신화적으로만 전승되었을 뿐이다. 우리는 직접적인 서술을 최고의 인간적인 인식과 지혜의 소산인『베다』에서 발견하는데, 그 핵심은 금세기 최고의 선물인『우파니샤드』로 마침내 우리 수중에 들어와 여러 방식으로 표현되었다. 그 방식은 특히 생물이든 무생물이든 세계의 모든 존재를 차례대로 가르침을 받는 자의 눈앞에 가져옴으로써, 이 모든 존재에 대한 상투어가 되어, 그 자체로 근본적 진리mahavakya라 불리는 말로 표현되었다. 즉, 그 말은 타토우메스Tatoumes, 보다 정확하게 말하면 "탓 트왐 아시tat tvam asi"며, 그 말은 '그것은 바로 그대다'[39]라는 뜻이다.

그런데 민중을 위해 이 위대한 진리는 민중의 좁은 식견으로 파악할 수 있는 한 근거율에 따르는 인식 방식으로 옮겨졌다. 그 인식 방식은 사실 그 본질에 따라 진리를 순수하게 그 자체로는 결코 받아들일 수 없고, 심지어 진리와 정면으로 모순되긴 하지만 신화의 형식으로 그 같은 진리의 대용물을 받아들였는데, 이 대용물은 행동에 대한 규정으로는 충분했다. 그 규정은 행동의 윤리적 의미를 이 의미 자체와는 영원히 무관한 인식 방식으로 근거율에 따라, 그렇지만 비유적인 서

---

38 *카스트 제도는 사회 제약과 사회 계층이 상속되는 인도의 제도다. 1948년 인도 공화국이 건국되면서 헌법상으로는 폐지되었으나, 지금도 같은 계급 간의 내부 혼인, 직업, 경제 상태, 인종, 민족에 의해 유지되고 있다. 이 카스트는 크게 5가지로 분류된다. 가장 높은 계급인 브라만, 두 번째 계급인 크샤트리아, 평민 계급인 바이샤, 노예 계급의 수드라, 그리고 주로 다루지는 않는 다섯 번째 카스트인 하리잔(불가촉천민) 등이 그것이다.

39 『우프네카트』제1권 60쪽 이하

술에 의해 이해할 수 있게 만든다. 이것이 모든 교의의 목적이며, 그 교의는 거친 인간의 마음으로는 도달할 수 없는 진리에 모조리 신화의 옷을 입힌 것이다. 또한 이런 의미에서 이 신화는 칸트의 말에 의하면, 실천 이성의 요청Postulat이라고 불릴 수 있을 것이다. 그런데 그 자체로 본다면, 그 신화에는 현실의 영역에서 우리 눈앞에 존재하는 것 외에 어떤 요소도 포함하지 않고, 그 때문에 신화의 모든 개념을 직관으로 입증할 수 있다는 커다란 이점이 있다. 여기서 말하는 것이 윤회Seelenwanderung에 관한 신화다. 이 신화는, 삶에서 다른 존재에게 주는 모든 고뇌는 바로 이 세상의 다음 삶에서 꼭 같은 고뇌에 의해 죗값을 치러야 한다고 가르친다. 이에 따르면 한 마리의 짐승이라도 죽인 사람은 무한한 시간 속에서 언젠가 똑같은 짐승으로 태어나 똑같은 죽음을 당하게 된다는 것이다. 그 신화는, 악행은 미래의 삶을 이 세상에서 고통당하고 멸시받는 존재로 살아가게 하고, 따라서 그때는 보다 낮은 카스트로 다시 태어나거나, 여자나 짐승, 파리아[40]나 찬달라[41], 나병환자나 악어 등으로 태어난다고 가르치고 있다.

신화가 위협하는 모든 고민을 그 신화는 현실 세계에서의 직관으로, 고통당하는 존재들에 의해 입증하지만, 이 존재들은 자신이 어쩌다가 고통을 당하는 잘못을 저질렀는지 알지 못한다. 그리고 신화는 다른 지옥을 이용할 필요가 없다. 그러나 이와 반대로 신화는 보상으로 더 낮고 더 고귀한 형태로 브라만, 현자, 성자로 다시 태어난다는 것을 약속한다. 최고 고상한 행위나 완전한 체념에 주어지는 최고의 보상은 일곱 번의 생을 계속하여 스스로 남편의 죽음에 화형당한 여인에게도 주어지고, 입이 결백하여 한 번도 거짓말을 한 적이 없는 사람에게도 주어지지만, 신화는 이 보상을 이 세상의 말로 소극적으로밖에는 표현하지 못한다. 너무나 자주 행해지는 약속인 "너는 다시는 현상으로 나타나는 존재로 태어나지 않을 것이다"(『찬도기아-우파니샤드』 제8장 15)라는 말로 결코 다시는 태어나지 않는다고 한다. 또한 『베다』도 카스트도 인정하지 않는 불교도들은 이렇게 표현한다.

40 　* '북치는 사람'이라는 뜻에서 유래한 인도의 하층민으로 예전에는 '불가촉천민'으로 알려졌지만, 인도의 사회개혁가인 마하트마 간디에 의해 하리잔이라는 이름이 붙었다. 파리아는 한때 노동자들이나 마을의 노예와 같은 낮은 지위의 타밀족을 가리키는 파라이얀Paraiyan을 뜻했지만, 카스트에 속하지 않는 여러 집단들까지 지칭하게 되었다.

41 　* 일반적으로 카스트 계급에 속하는 4성四姓 이외의 '불가촉천민'을 가리킨다. 고대의 법전인 『마누 법전』에 따르면 이 계급은 인도의 최상층 계급인 브라만 여성과 최하층 계급 남성과의 결합에서 비롯되었다고 한다. 오늘날에는 벵골의 농민·어민·뱃사공 같은 특수한 계층을 지칭할 때 이 용어가 사용된다.

"너는 열반Nirwana에, 즉 생로병사의 네 가지 형태가 없는 경지에 들어간다."

　소수의 사람만 이해할 수 있는 철학적 진리에 이처럼 가장 고상하고 오래된 민족의 태곳적 가르침보다 더 가까이 다가갈 수 있는 신화는 여태껏 없었고 앞으로도 없을 것이다. 이 민족은 이제 사방으로 흩어져 변질되고 말았지만, 그 가르침은 아직 일반적인 민속 신앙으로 남아 4천 년 전과 마찬가지로 지금도 삶에 결정적인 영향을 미치고 있다. 그러므로 피타고라스와 플라톤도 이미 그 이상 능가할 수 없는non plus ultra 신화적 서술을 인도인이나 이집트인으로부터 전해 듣고 경탄을 금치 못했고, 이것을 받아들이고 존중하고 응용했으며, 우리로서는 어느 정도까지인지 알 수 없지만 스스로 믿었다. 반면 우리는 이제 브라만에게 영국의 성직자와 헤른후트파의 아마포 직조공을 파견하여, 연민 때문에 그들의 잘못을 바로잡아 주고, 그들이 무에서 생겨났으니 그에 대해 감사하는 마음으로 기뻐해야 한다고 타이른다. 그런데 우리는 바위를 향해 총을 쏘아 대는 사람과 같은 처지에 놓이게 된다. 우리의 종교는 인도에서는 지금이나 후에라도 결코 뿌리를 박지 못한다. 즉, 인류의 태곳적 지혜가 갈릴리[42]에서 일어난 사건으로 추방되지는 않을 것이다. 이와 반대로 인도의 지혜는 유럽에 역류하여 우리의 지식과 사유를 근본적으로 변화시킬 것이다.

42　＊예수는 갈릴리의 나사렛이라는 마을에서 태어났다.

64.
인간 본성의 두 가지 특성인 복수심과 자기애

우리는 이제 영원한 정의에 대해 비신화적이고 철학적인 서술에서, 영원한 정의를 단순히 느낌으로 인식한 것인 행위와 양심의 윤리적 중요성에 대한 이와 유사한 고찰로 나아가고자 한다. 나는 이 자리에서 먼저 인간 본성의 두 가지 특성에 주의를 환기시키고자 할 뿐이다. 이 독특성은 영원한 정의의 본질과 그 정의가 근거하고 있는 의지의 모든 현상에서 의지의 통일성과 동일성이 각자에게 적어도 애매한 감정으로 의식되고 있음을 분명히 하는 데 도움이 될 수 있다.

형법을 토대로, 그것에 허락받아 처벌을 하는 국가의 증명된 목적과는 전혀 무관하게, 어떤 악행이 저질러진 경우 대체로 복수심에 찬 피해자뿐 아니라 그 일과 전혀 관계없는 방관자도 남에게 고통을 준 자가 같은 정도의 고통을 당하는 것을 보고 만족감을 느낀다. 내게는 여기서 바로 다름 아닌 영원한 정의의 의식이 나타난다고 생각되지만, 그 의식은 정화되지 않은 감각에 의해 즉각 오해되거나 왜곡되기도 한다. 즉, 이 감각은 개체화의 원리에 사로잡혀 개념의 모호성Amphibolie을 범하고, 사물 자체에만 귀속되는 것을 현상에 요구하며 그 자체로 가해자와 피해자가 어느 정도 하나인지 알지 못한다. 또 자신의 현상 속에서 그 자신을 다시 알아보지 못하므로 고통뿐 아니라 죄를 짊어지는 자가 같은 존재인지 알지 못하며, 오히려 죄를 지은 같은 개인이 고통까지 받기를 요구한다.

그 때문에 대부분의 사람들은, 자신과는 달리 많은 사람에게 다른 특성이 결여되어 있다고 여기는 사람, 아주 높은 정도의 악의를 지닌 사람, 말하자면 이와 동시에 비범한 정신력에 의해 다른 사람들을 훨씬 능가하고, 그에 따라 가령 세계의 정복자로서 수백만의 다른 사람들에게 이루 말할 수 없는 고통을 안겨 주는 사람,

다시 말해 그런 사람이 언젠가 어디서 같은 정도의 고통을 받음으로써 죗값을 치르도록 요구할 것이다. 그 까닭은 그들이 고통을 주는 자와 고통을 받는 자가 그 자체로 하나이고, 양자를 존재하고 살아가게 하는 같은 의지가 고통을 주는 자에게도 나타나며, 바로 그 의지를 통해 그 본질을 가장 분명하게 드러낸다는 것을 인식하지 못하기 때문이다. 그리고 의지는 억압당하는 사람에게서와 마찬가지로 억압하는 자에게서도 고통을 당하는데, 더구나 억압하는 자에게는 의식이 보다 명석하고 판명하며, 의지가 보다 격렬함에 따라 고통도 더욱 커진다. 그런데 모든 덕과 고결한 마음이 생기게 하고 더는 개체화의 원리에 사로잡히지 않는 보다 깊은 인식은 보복을 요구하는 마음을 더 이상 품지 않는다는 것을 이미 기독교 윤리가 증명해 주고 있다. 기독교 윤리는 악을 악으로 보복하는 것을 절대로 금하고, 영원한 정의가 현상과는 다른 사물 자체의 영역을 관장하도록 한다.

> 주께서 가라사대, 복수는 나의 것이니, 내가 보복할 것이다.
> 「로마서」 12장 19절)

인간의 본성에서 훨씬 눈에 잘 띄지만 훨씬 희귀한 하나의 특성이 있다. 그것은 영원한 정의를 경험의 영역, 즉 개체화의 영역에 끌어들이려는 갈망을 나타내고, 앞에서 표현했듯이 동시에 삶에의 의지가 자신의 비용으로 대비극과 대희극을 상연하며, 동일한 의지가 모든 현상 속에 살고 있다는 것을 느껴진 의식으로 암시하는 특성이다. 거듭 말하지만 그런 특성은 다음과 같다. 우리는 때로 어떤 사람이 자신이 겪은 커다란 부당한 일에 대해, 어쩌면 증인으로 체험만 했다 해도 말할 수 없이 분격해서, 그런 악행을 저지른 사람에게 보복하기 위해 심사숙고하고는 더 이상 어쩔 도리가 없어 자기 목숨을 거는 것을 본다. 그러한 사람은 가령 강력한 압제자를 몇 해 동안 찾아다니다가, 결국 그를 죽인 뒤 미리 예상한 대로 자신은 단두대에서 죽음을 맞이하는 경우가 흔히 있다. 이때 자신의 목숨이 그에게는 복수를 위한 수단으로서의 가치밖에 없기 때문에 이를 피하려고 하지 않는다. 특히 스페인인에게서 그런 사례가 발견된다.[43] 그런데 이 보복욕의 정신을 자세

---

43 지난 번 전쟁(1808~14)에서 프랑스 장군들을 자신의 식탁에 초대하여 그들을 독살하면서 자신도 함께 죽은 스페인의 주교가 이 예에 속하며, 그 전쟁에는 그 밖에도 몇몇 사실이 있다. 또한 몽테뉴의 「수상록」 제2권 12장에도 그런 실례가 발견된다.

히 살펴보면, 그것은 초래된 고통을 바라봄으로써 당한 고통을 완화시키려는 보통의 복수와는 판이하게 다름을 알 수 있다. 즉, 우리는 보복이 겨냥하는 것이 복수라기보다는 처벌로 불릴 만하다고 생각한다. 그도 그럴 것이 보복에는 그러한 본보기를 통해 미래에 영향을 미치려는 의도가 담겨 있기 때문이다. 더구나 이 경우에는 복수하는 개인은 물론이고 법률을 통해 안전을 도모하려는 사회에 아무런 이기적인 목적도 없다. 복수하는 개인은 멸망하기 때문이다. 또 처벌은 국가에 의해 법률을 이행하기 위해 행해지는 것이 아니라 개인에 의해 행해지는 것이고, 오히려 그것은 국가가 처벌하려고 하지 않거나 처벌할 수 없는 행위, 또는 국가가 처벌을 승인하지 않는 행위와 관련되기 때문이다.

내가 볼 때, 그러한 인간으로 하여금 모든 자기애의 한계를 훨씬 넘어서게 몰아가는 분노는, 그가 모든 존재에게서 모든 시간에 걸쳐 현상하는 삶에의 전체적인 의지 자체이고, 그 때문에 아주 먼 미래도 현재와 마찬가지로 같은 방식으로 삶에의 전체적인 의지에 속해 있으며, 아무래도 상관이 없을 수는 없다는 깊디깊은 의식에서 생기는 것으로 생각된다. 이 의지를 긍정하면서도 그는 의지의 본질을 나타내는 연극에서는 엄청나게 부당한 일이 다시는 나타나지 않기를 갈망하여, 복수자는 죽음의 공포도 겁내지 않으므로 막아 낼 수 없는 복수의 실례를 통해 미래의 모든 악행을 겁먹게 한다. 삶에의 의지는 스스로를 긍정하긴 하지만 이 경우 개별적인 현상인 개인에 더 이상 집착하지 않고 인간의 이념을 포괄하며, 그 이념의 현상을 엄청나고 분노를 일으키는 부당한 일로부터 순수하게 간직하고자 한다. 이처럼 개인이 영원한 정의의 참된 본질을 잘못 이해하면서도, 이 정의의 팔이 되려고 노력하면서 스스로를 희생하는 것은 희귀하고 의미심장하며 숭고하기까지 한 특성 때문이다.

65.
선악과 양심의 가책

인간의 행위에 대한 지금까지의 모든 고찰을 통해 우리는 마지막 고찰을 준비한 셈인데, 삶에서 **선**과 **악**이라는 말로 불리고, 그로써 완전히 의견 일치가 되는 행위 본래의 윤리적 중요성을 추상적이고 철학적인 분명함으로 높여 우리의 주된 사상의 일부로 증명하려는 과제는 그 때문에 무척 수월해진다.

나는 먼저 우리 시대의 철학적 문필가들이 아주 이상하게도 단순한, 즉 분석할 수 없는 개념으로 취급하는 **선**과 **악**이라는 개념을 그 본래의 의미로 환원하고자 한다. 그럼으로써 이 개념들이 가령 실제의 경우보다 더 많은 것을 내포하고 있다거나, 그 자체로 이미 여기에 필요한 모든 것을 의미하고 있다는 막연한 망상에 사로잡히지 않게 하기 위해서다. 내가 이것을 할 수 있는 것은, 나 자신이 **선**이라는 말의 배후에 있는 윤리학에서 숨을 곳을 찾으려 하지 않듯이, **미**와 **진**이라는 말의 배후에서 미리 숨을 곳을 찾으려 하지 않기 때문이다. 이것은 가령 오늘날 특별한 위엄을 지니고 또 그로 인해 여러 경우에 도움이 되는 어미 'heit'[44]를 덧붙이고, 그리고 엄숙한 표정을 지음으로써 믿게 하기 위해서다. 나는 이 세 가지 개념을 말로 표현함으로써, 아주 상이한 기원과 의미를 지니는 매우 광범위하고 추상적이며, 따라서 내용이 결코 풍부하지 않는 세 가지 개념이 가리키는 것 이상의 일을 했을지도 모른다. 사실 오늘날의 저서를 잘 알고 있는 사람에게, 원래 그 세 가지가 아주 훌륭한 것을 가리킨다 하더라도, 그것들이 결국 혐오감을 일으키지 않을 수 있단 말인가? 위대한 진리를 말한답시고 이 세 가지 말을 늘어놓으면, 전

---

44   *독일어에서 명사를 만들어 주는 어미로 영어의 '-ness'에 해당한다.

혀 사유 능력이 없는 모든 사람이 입을 헤벌리고 감격한 양¥ 같은 표정을 지으며 그냥 믿는 것을 무수히 보아야 했기 때문이다.

진이란 개념에 대해서는 이미 근거율에 관한 논문 제5장 29절 이하에서 설명해 놓았다. **미**라는 개념의 내용에 대해서는 이 책의 3권 전체에서 처음으로 본격적으로 설명했다. 이제 우리는 **선**이란 개념의 의미로 되돌아가고자 하는데, 이것은 그리 어려운 일이 아니다. 이 개념은 본질적으로 상대적인 것이고, **하나의 객관이 의지의 어떤 특정한 노력에 적응하는 것**을 나타낸다. 그러므로 의지의 어떤 발현을 받아들여 그 목적을 달성하는 모든 것은 그 밖의 점에서는 아무리 다르다 하더라도 선이라는 개념으로 생각할 수 있다. 그 때문에 우리는 좋은 음식, 좋은 길, 좋은 날씨, 좋은 무기, 좋은 전조 등이라고 말한다. 요컨대 우리가 의욕하는 그대로 되어 있는 모든 것은 좋다고 말한다. 그러므로 어떤 사람에게는 좋아도 남에게는 그 반대일 수 있다. 선의 개념은 두 가지 종류로 나누어진다. 말하자면 그때그때의 의지를 직접적으로 현재에 충족시키는 종류의 선과 다만 간접적으로 미래에 충족시키는 종류의 선이 있는데, 즉 쾌적한 것과 유용한 것이 그것이다. 이것과 반대되는 개념은, 인식하지 못하는 존재에 관해 언급되는 한 **좋지 않다**는 말로 표현되고, 보다 드물고 보다 추상적으로 화禍라는 말로 표현된다. 그러므로 이것은 그때그때의 의지의 노력에 응하지 않는 모든 것을 칭하는 말이다. 의지와 관련하여 나타날 수 있는 다른 모든 존재처럼 바로 의욕된 목적에 유리하고 유익하며 친근한 사람들도 같은 의미에서, 언제나 상대적인 의미를 간직하며 **좋다**고 불린다. 예를 들어 이것은 '이 사람은 나에게는 좋지만, 너에게는 좋지 않다'는 말투에서 드러난다.

그러나 성격상 남의 의지 노력 자체를 방해하지 않고 오히려 그것을 북돋워 주는 사람, 즉 일반적으로 남을 잘 도와주고 호의적이며 친절하고 자선을 베푸는 사람은 타인 일반의 의지에 대한 이 행동 방식의 관계 때문에 **좋은** 사람이라 불린다. 이와 반대되는 개념은 독일어에서, 또 약 백 년 동안 프랑스어에서도 인식하는 존재(동물과 인간)의 경우 인식이 없는 존재의 경우와는 다른 말로, 말하자면 악이라는 말로 불린다. 반면에 그 밖의 거의 모든 언어에는 이 구별이 없어져서, 'χαχος', 'malus', 'cattivo', 'bad'라는 말이 특정한 개체적 의지의 목적에 반하는 무생물과 마찬가지로 인간에게도 사용된다. 그러므로 이 고찰은 전적으로 선의 수동적인 부분에서 출발하여, 나중에 가서야 능동적인 부분으로 넘어갈 수 있었고, **좋다**고 불리는 인간의 행위 방식을 더 이상 타인과 관련해서가 아니라, 특히 일부는 그 행위 방식으로 다른 사람에게서 분명히 느껴지는 순전히 객관적인 존경심이나, 일부는 그 행위 방식으로 자신에게서 분명히 느껴지는 자기 자신에 대한 독특한 만족감을 설명하는 것을 단념하면서, 그 사람 자신과 관련하여 분석할 수 있었다. 그는 그러한 존경심이나 자기만족을 다른 종류의 희생을 치른 대가로 얻은 것이기 때문이다. 또한 이와 반대로 나쁜 마음씨가 그것을 품은 사람에게 아무리 커다란 외적인 이익을 가져다준다 해도, 그런 마음씨에 따르는 내적 고통을 설명하는 것도 단념했다. 그런데 여기서 철학적인 학설뿐 아니라 교리에 기초한 윤리적 학설이 생겨났다. 양자는 항시 행복을 어떻게든 덕과 연결시키려고 했는데, 철학적인 학설은 모순율이나 근거율을 통해 행복함을 덕과 동일한 것이라고 하거나 또는 덕의 결과로 만들려 하지만, 이는 언제나 궤변적이다. 그런데 교리에 기초한 학설은 경험으로 어쩌면 알고 있을지도 모르는 세계와 다른 세계를 주장함으로써 양자를 연결시키려 한다.[45] 이와는 달리 우리의 고찰에 따르면, 덕의 내적 본질은 행복함, 즉 안녕함이나 삶을 얻으려는 노력과는 정반대의 방향으로 노력한 것으로 밝혀질 것이다.

지금까지의 서술에 의하면 **선**이란 그 개념에 따르면 관계에 의해 유효한 것이며, 즉 모든 선이란 본질적으로 상대적이다. 선이란 욕구하는 의지에 대한 관계 속에만 본질이 있기 때문이다. 그에 따라 **절대선**이란 하나의 모순이다. 최고선 summum bonum 또한 하나의 모순이다. 말하자면 그것은 원래 한 번 충족된 뒤 새로

---

45 이와 관련하여 덧붙여서 언급해 두지만, 모든 적극적인 교리에 커다란 힘을 실어 주는 것, 그것이 사람들의 마음을 사로잡는 요점은 전적으로 그것의 윤리적인 측면이다. 그렇지만 그것은 직접 윤리적인 측면으로 나타나는 것이 아니라, 그때그때의 교의에 독특한 그 밖의 신화적인 교의에 단단히 결합하고 관련되어, 그 교의를 통해서만 설명될 수 있는 것으로 나타난다. 그리하여 행위들의 윤리적인 의미는 근거율에 따라서는 결코 설명될 수 없는 것일지라도, 모든 신화는 이 명제에 따른다. 그럼에도 신자들은 행위의 윤리적 의미와 그 신화를 아무래도 떼어 놓을 수 없는 것, 그러니까 전적으로 하나라고 간주하고, 신화에 대한 모든 공격을 법과 덕에 대한 공격으로 간주한다. 그 때문에 유일신을 믿는 민족이 볼 때 무신론과 신에 대한 부정은 도덕성의 부재와 동의어로 여겨지게 되었다. 사제들은 그러한 개념의 혼돈을 환영했다. 그리고 그러한 결과로만 공신이라는 무시무시한 괴물이 생겨날 수 있었고, 그것이 가령 완전히 잘못된 악한 개인들뿐 아니라 민족 전체도 지배할 수 있었고, 결국 인류의 명예 때문에 역사에서 단 한 번밖에 나타나지 못했지만, 서양에서는 종교 재판으로 모습을 드러낼 수 있었다. 최근의 가장 신뢰할 만한 보고에 의하면, 마드리드(스페인의 다른 곳에도 그러한 종교적인 살인 소굴이 있었다)에서만 해도 3백 년 동안 30만 명이 종교 문제 때문에 화형에 처해져 고통스러운 죽음을 맞았다. 광신자들은 모두 시끄럽게 떠들고 싶을 때마다 즉시 이런 사실을 기억에 떠올려야 할 것이다.

운 의욕이 생기지 않는 의지의 궁극적인 충족이며, 그 동기가 성취되면 의지가 완전무결하게 만족하는 궁극적인 동기다.

이 4권에서 지금까지의 고찰에 의하면 그것은 생각할 수 없다. 시간이 끝나거나 시작할 수 없듯이, 의지는 한 번 충족되었다고 해서 끊임없이 다시 새로 의욕하는 것을 멈출 수 없다. 즉, 의지에게는 노력을 완벽하고도 영원히 충족시켜 주는 영속적인 충족이란 존재하지 않는다. 의지는 다나이데 자매의 물통과 같다. 의지에게는 최고선도 절대선도 존재하지 않고, 언제나 일시적인 선만 존재할 뿐이다. 그런데 예로부터 습관적으로 사용해 온 이 표현을 완전히는 버리지 않고, 말하자면 퇴직자emeritus로서 명예직을 부여하는 것이 좋다면 비유적이고 상징적으로 말해 의지의 충동을 영원히 진정시키고 잠재워 주며 다시는 방해될 수 없고, 오로지 세계를 구원해 주는 의지의 완전한 자기 포기와 부정, 진정한 무의지를 최고선이나 절대선이라 부를 수 있을지도 모른다. 이에 대해서는 우리는 이제 곧 우리의 전체적인 고찰의 끝에 가서 다룰 것이다. 이것들은 병에 대한 유일하고 근본적인 치유책으로 간주할 수 있을 것이다. 반면 다른 모든 것, 말하자면 성취된 모든 소망과 달성된 모든 행복은 완화제이자 진통제에 불과하다. 이런 의미에서 그리스어의 'τέλος(최고점)'이나 라틴어의 'finis bonorum(궁극적인 선)'이 절대선이나 최고선이라는 말보다 더 알맞은 말일지 모른다. 선과 악에 대해서는 이 정도로 해두고 이제 본론에 들어가기로 하겠다.

동기가 주어지고 외부의 힘이 저지하지 않는다면 끊임없이 **부당한 일**을 할 용의가 있는 사람을 우리는 **악하다**고 말한다. 부당함에 대한 우리의 설명에 따르면 이것은, 그러한 사람이 자신의 신체 속에 현상하는 것과 같은 삶에의 의지를 긍정할 뿐 아니라, 이 긍정을 진척시켜 다른 개인들에게서 현상하는 의지를 부정하기에 이른다는 뜻이다. 이 사실은 그가 개인들의 힘이 그의 의지에 봉사하기를 요구하는 것과, 그들이 그의 의지의 노력에 방해되는 경우 그들의 현존을 파괴하려는 데서 드러난다. 이것의 궁극적인 원천은 앞에서 그 본질을 설명한 바 있는 고도의 이기심이다. 여기에서 두 가지 사실이 이내 명백해진다. **첫째로**, 그러한 사람에게는 삶에의 의지가 아주 격렬하고, 그 자신의 삶에 대한 긍정을 훨씬 넘어서는 삶에의 의지가 나타난다는 것이고, **둘째로**, 전적으로 근거율에 몰두하고 개체화의 원리에 사로잡혀 있는 그의 인식이 이 개체화의 원리를 통해 정해진, 그 자신과 다른 사람들 간의 전적인 차이를 굳게 고수한다는 점이다. 따라서 그는 다른 모든 사람의 안녕함에는 전혀 아랑곳하지 않고 그 자신의 안녕함만 추구하며, 오히려 다른 사람의 본질은 그에게 완전히 관계가 없으며, 넓은 틈으로 자신의 본질과는 분리되어 있다. 그러니까 그는 원래 다른 사람을 아무런 실재성이 없는 유령으로 볼 뿐이다. 그리고 이 두 가지 특성이 악한 성격의 근본 요소다.

그런데 의욕의 심한 격렬함은 이미 그 자체로 독립하여 또 직접적으로 고뇌의 끊임없는 원천이다. 첫째로, 모든 의욕은 그 자체로 부족에서, 즉 고뇌에서 생기기 때문이다(그 때문에 제3권에서 설명한 것을 생각해 보면 알겠지만, 우리가 이념의 상관 개념인 의지가 없는 순수한 인식 주관으로서 미적 고찰에 몰두하자마자 나타나는 모든 의욕의 순간적인 침묵이 바로 이미 미美에 대한 기쁨의 주요 성분이다). 둘째로, 사물들의 인과 관계에 의해 대부분의 욕구는 성취되지 않은 채 있을 수밖에 없고, 의지는 충족되기보단 방해받는 일이 훨씬 빈번하다. 따라서 그 때문에라도 격렬하고 많은 의욕에는 언제나 그만큼의 고뇌가 따르게 마련이다. 모든 고뇌란 전적으로 성취되지 않고 방해받은 의욕과 다르지 않기 때문이다. 그리고 신체가 다치고 파괴되는 경우 신체의 고통조차도 그 자체로는 신체란 객관으로 된 의지 자체에 불과하다는 사실로만 가능하다. 그런데 이처럼 많고 격렬한 고통이란 의욕과 떼어 놓을 수 없는 관계에 있기 때문에, 매우 악한 사람의 얼굴 표정은 이미 내적인 고뇌의 특징을 띠고 있다. 모든 외적 행복을 얻었을 때조차도 순간적인 희열에 사로잡히거나 억지로 꾸미는 걸 그만두자마자 그들은 언제나 불행해 보인다. 남의 고통을 보고 결국 심지어 단순한 이기심에서 기뻐하지 않고, 자기에게 이익이 되지 않는데도 기뻐하는 것도 이들에게 아주 직접적으로 본질적인 이 내적 고민에서 비롯한다. 이 기쁨이야말로 본래적인 **악의**이며, 그 악의는 **잔인함**으로까지 발전하기도 한다. 이 악의나 잔인함에게 타인의 고뇌는 더 이상 자기 의지의 목적을 달성하기 위한 수단이 아닌 목적 그 자체다.

이 현상체를 보다 자세히 설명하면 다음과 같다. 인간이란 가장 분명한 인식에 비친 의지의 현상이기 때문에, 그는 실제적으로 느껴진 자기 의지의 충족을 언제나 인식에 의해 예상되는 단순히 가능한 충족과 비교해 본다. 여기서 질투가 생긴다. 다른 사람이 즐거움을 누린다고 생각함으로써 모든 결핍은 한없이 고조되지만 다른 사람 역시 같은 결핍에 시달린다는 것을 알게 됨으로써 완화된다. 모두 공통으로 겪고 인생과 떼어 놓을 수 없는 화禍는 우리를 그다지 슬프게 하지 않는다. 기후로 인해 일어나고 지역 전체가 겪는 재해災害도 이와 마찬가지다. 우리가 겪는 고뇌보다 더 큰 고통을 생각하면 우리의 고통은 진정되고, 다른 사람의 고뇌를 보면 자신의 고뇌는 누그러진다. 그런데 어떤 사람의 아주 격한 의지의 충동이 실현되면, 그는 이기심의 갈증을 채우기 위해 불타오르는 탐욕으로 모든 것을 쓸어 담고 싶어 하지만, 이와 동시에 필연적으로 모든 충족이란 다만 겉보기에 지나지 않고 달성된 것은 욕구한 것과는 다르다. 말하자면 격한 의지 충동은 최종적으로 진정되지 않고, 소망은 실현되면 그 형태를 달리할 뿐 이제 다른 형태로 나타난 고통에 시달린다. 급기야 여러 형태의 모든 소망이 소진하면 의지의 충동 자체는 인식된 동기가 없어도 그대로 남고, 끔찍하기 짝이 없는 황량함과 공허함의 감정이 되어 절망적인 고민으로 나타나는 것을 경험하지 않을 수 없게 된다. 이 모든 것은 의욕이 보통의 정도인 경우에는 보다 미미하게 느껴질 뿐이고, 우울한 기분도 보통의 정도로만 생긴다. 하지만 의지 현상이 두드러지게 악의를 띠는 사람의 경우에는 필연적으로 지나친 내적 고통, 영원한 불안, 치유할 길 없는 고통이 생긴다. 그렇게 되면 그 사람은 이제 직접적으로는 찾을 수 없는 완화 수단을 간접적으로 찾게 된다. 말하자면 그는 다른 사람의 고뇌를 바라봄으로써 자신의 고뇌를 완화시키려고 하며, 동시에 다른 사람의 고뇌를 자신의 힘이 발현된 것으로 인식한다. 다른 사람의 고뇌가 그에게는 이제 목적 자체가 되고, 바라보고 즐기는 구경거리가 된다. 그래서 그야말로 잔인한 현상, 즉 피에 굶주린 현상이 생기는데, 이것은 네로Nero(37~68)[46]나 도미티아누스Domitianus(51~96)[47], 아프리카의 친위대장이나 로베스피에르Maximilien de Robespierre(1758~1794)[48] 등에서처럼 역사에서 흔히 볼 수 있다.

악을 악으로 갚는 복수심은 이미 악의와 유사하고, 처벌의 성격인 미래에 대한 고려가 아닌 단순히 일어난 일, 지나간 일 자체 때문에 일어나므로 이기적이지 않다. 또 자신이 초래한 가해자의 고통을 보고 즐기기 위한 수단으로서가 아닌 목적으로서 행해진다. 복수가 순수한 악의와 다르고 어떤 점에서 변호되는 것은 그것

---

46 * 로마 제국의 제5대 황제(재위 54~68)로 클라우디우스 황제의 의붓아들이자 후계자. 방탕하고 사치하며 기독교도를 박해하고, 확실한 증거는 없지만 로마 시를 불태운 것으로 악명 높다.

47 * 로마 제국의 제11대 황제(재위 81~96). 총독 안토니우스가 반란을 일으키자 이를 진압하고 많은 사람을 죽였으며, 치세 말년에는 유명한 원로원 의원들이 그의 공포 정치로 많은 고통을 받았다. 그는 결국 근위대장과 궁정관리 및 그의 아내의 음모로 살해당하고 말았다.

48 * 급진적 자코뱅당 지도자로 프랑스 혁명의 주요 인물. 공포 정치 시대 혁명 정부의 주요 통치 기관이었던 공안위원회를 1793년 후반기에 장악했으나 1794년 테르미도르 반동 때 축출되어 처형당했다.

이 정당하게 보이기 때문이다. 다시 말해 지금 복수라는 그 동일한 행위가 법적으로, 즉 미리 정해지고 알려진 규칙에 따라 또 그 규칙을 재가한 어떤 단체에 규정되어 있다면, 그것은 처벌로서 정당한 일이 될 것이다.

앞에서 기술한 고뇌는 악의와 같은 뿌리, 매우 격렬한 의지에서 생긴 것으로, 그 때문에 악의와 떨어질 수 없는 관계에 있지만, 악의에는 그것과는 전혀 다른 특별한 고통이 부가되어 있다. 이 고통은 이기심에서 나온 단순한 부당함이든 순수한 악의든 간에 모든 악한 행동에서 느껴지는 것이며, 지속되는 길이에 따라 **죄책감**이나 **양심의 가책**이라 불린다.

그런데 제4권의 지금까지의 내용, 특히 책의 처음에 논한 진리, 의지의 모사나 반영인 삶 자체가 삶에의 의지에 언제나 확실한 진리나 영원한 정의에 대한 서술이 생각나고 기억에 떠오르는 사람은 그 같은 고찰에 따라 양심의 가책이 갖는 의미는 다름 아닌 다음과 같음을 알게 될 것이다. 즉, 양심의 가책의 내용은 추상적으로 표현하면 다음과 같이 두 부분으로 구별되지만, 그렇지만 다시 전적으로 일치하므로 완전히 하나로 생각해야 한다.

말하자면 마야의 베일이 악인의 마음에 짙게 드리워져 있어서, 즉 그는 또한 개체화의 원리에 아주 단단히 사로잡혀 있고, 따라서 그는 자신이 남과 전혀 다르고 넓은 틈으로 벌어져 있다고 생각한다. 이 인식은 그의 이기심에만 부합하고 그 이기심의 버팀목이기 때문에, 인식이 의지에 사로잡혀 있는 것처럼 그는 거의 항상 온 힘을 다해 이 인식을 고집한다. 그럼에도 그의 의식의 아주 깊은 곳에는 다음과 같은 은밀한 예감이 작용하고 있다. 즉, 사물의 질서는 현상에 불과하지만, 그 자체로는 이것과 전혀 다른 관계에 있다. 시간과 공간에 의해 그가 아무리 다른 개인들이나 그로 인해 그들이 겪는 무수한 고민과 분리되어 있고, 그들이 그와 아무리 무관하게 보이더라도, 그 자체로 표상이나 그 형식과 떨어져서 보면, 그들 모두 속에서 현상하는 것은 하나의 삶에의 의지고, 이 경우 그 의지는 자기 자신을 오해하면서 그 자신을 향해 무기를 들이대는 것이 된다. 그리고 그는 그러한 현상 중 하나에서 크나큰 안녕함을 추구하는데, 바로 그럼으로써 다른 현상에 아주 커다란 고뇌를 입힌다. 이리하여 그는, 그 악인은 이 전체 의지이며, 따라서 괴롭히는 자일뿐 아니라 괴롭힘을 당하는 자이기도 하다. 그는 공간과 시간을 형식으로 하는 기만적인 꿈에 의해서만 그러한 고뇌에서 벗어나 고뇌로부터 자유롭다고 느끼지만, 이 꿈이 사라져 버리면 그는 진리에 따라 쾌락을 맛본 대가로 고민을 치러야 한다. 이때 그가 가능한 것이라고만 알고 있는 모든 고뇌는 삶에의 의지로서 그에게 실제로 해당된다. 즉, 개체의 인식에 대해서만, 개체화의 원리에 의해서만 가능성과 현실, 시간과 공간의 원근이 다른 것이지 그 자체로는 다르지 않다.

이 진리가 신화적으로, 즉 근거율에 알맞게 되어, 그럼으로써 현상의 형식으로 옮겨지고 윤회에 의해 표현된다. 그런데 이 진리는 양심의 가책이라 불리는 애매하게 느껴지지만 절망적인 고민 속에서 아무것도 섞인 것 없이 더없이 순수하게 표현된다. 그러나 이 고민은 그 밖에 제1의 고민과 밀접하게 연결된 **제2의** 직접적인 고민, 말하자면 악인이 삶에의 의지를 긍정하는 강력한 인식, 즉 그의 개인적인 현상을 훨씬 넘어 다른 개인에게서 현상하는 같은 의지를 완전히 부정하기에 이르는 인식에서도 생긴다. 따라서 자신이 한 행위에 대해 악한은 마음속으로 깜짝 놀라고 이를 자기 자신에게 숨기려 하지만, 거기에는 개체화의 원리나 그것에 의해 성립된 자신과 타인 사이의 구별은 헛된 것이고 단순히 겉보기에 불과하다는 예감 말고도, 동시에 그 자신의 의지가 격렬하고 그가 삶을 파악하고 그 삶에 굳게 매달린 힘이 격렬하다는 인식이 포함되어 있다. 그는 바로 이 삶의 끔찍한 측면을 그에 의해 억압된 사람의 고민 속에서 눈앞에 보며, 그럼에도 그는 그 삶에 너무나 굳게 유착되어 있음으로써 그 자신의 의지를 보다 완전하게 긍정하기 위한 수단인 더없이 끔찍한 행위가 그 자신에게서 나오게 된다. 그는 자신을 삶에의 의지가 집중된 현상이라 인식하고 그 정도까지 자신이 삶에 귀속되어 있다고 느끼며, 그로써 이 삶에 본질적인 무수한 고뇌도 느낀다. 왜냐하면 가능성과 현실의 차이를 없애기 위한, 또 그에 의해 지금 단순히 **인식된** 모든 고민을 **감각된** 고민으로 바꾸기 위한 무한한 시간과 공간이 있기 때문이다.

이리하여 수백만 년에 걸친 끊임없는 재생도 모든 과거나 미래가 단지 개념 속에서 존재하듯이 단순한 개념 속에서만 존재할 뿐이다. 즉, 실현된 시간, 의지 현상의 형식만이 현재이고, 개체에게는 시간이란 언제나 새로운 것이다. 그래서 개체는 자신을 늘 새로 생긴 것으로 생각한다. 삶이란 삶에의 의지와 떼어 놓을 수 없는 것이고, 그 삶의 형식만이 현재이기 때문이다. 죽음(같은 비유를 거듭 사용하는 것을 용서해 주길 바란다)이란 겉으로는 밤에 의해 집어삼켜지는 것 같지만, 실은 그 자신이 모든 빛의 원천이고 쉼 없이 불타고 새로운 세계에 새 날을 가져다주며 뜨고 지기를 되풀이하는 태양이 지는 것과 같다. 시작과 끝은 개체에게만 해당될 뿐이고, 시간, 즉 이 현상 형식에 의해 표상에게만 해당될 뿐이다. 시간의 밖에는 의지, 즉 칸트의 사물 자체만 존재할 뿐이고, 또 사물 자체의 적절한 객관성인 플라톤의 이데아만 존재할 뿐이다. 따라서 자살은 결코 구원이 되지 못한다. 즉, 각자 자신의 가장 깊은 곳에서 **의욕**하는 것으로 **존재**하지 않으면 안 되고, 각자 **존재**하는 것을 바로 **의욕**하는 것이다. 그러므로 개체들을 구별하는 표상의 형식들이 겉보기에 불과하고 헛된 것이라는 단순히 느껴진 인식 말고도 양심의 가책을 주는 것은 자신의 의지와 그 정도에 대한 자기 인식이다. 인생행로는 원래 모습이 예지적 성격을 띠는 경험적 성격의 모습에 영향을 미치는데, 악인은 이 모습을 보는 것을 두려워한다. 이때 그 모습이 대규모로 나타나서 세계가 그 혐오감을 나누어 가질 것인가, 또는 아주 소규모로 나타나서 그만이 볼 것인가는 매한가지다. 이 모습에 직접 관계하는 것은 그뿐이기 때문이다. 만일 성격이 자기 자신을 부정하지 않는 한 지나간 일은 단순한 현상으로서 아무래도 상관없는 것이고, 양심의 가책이 생기게 하지도 않으리라. 또 성격은 자신을 모든 시간에서 벗어난 것으로, 시간에 의해 변화되지 않는 것으로 느끼지 않으리라. 그 때문에 오래전에 일어난 일까지 여전히 양심을 짓누른다. '나를 시험에 들게 하지 말라'는 부탁은 '내가 누구인지 나로 하여금 깨닫게 하지 말라'는 뜻이다. 악인은 자신이 삶을 긍정할 때 사용하고 남에게 고통을 가할 때 나타나는 힘으로, 바로 그 의지를 없애거나 부정하는 것, 즉 세계와 그 고민으로부터 유일하게 구원받을 수 있는 길이 얼마나 먼지를 알게 된다. 그는 자신이 세계에 얼마나 광범위하게 속해 있고, 세계에 얼마나 굳게 연결되어 있는지 알게 된다. 즉, 다른 사람의 고뇌를 **인식**해도 그는 마음이 움직이지 않았지만, 삶과 **감각된** 고뇌에는 귀속된다. 이 감각된 고뇌가 그의 격렬한 의지를 좌절시키고 극복할 수 있을지는 아직 미지수다.

　악의 의미와 내적 본질은 분명하고 추상적인 인식으로서가 **아니라** 단순한 감정으로서 **양심의 가책의** 내용이지만, 이 같은 설명은 인간이 지닌 의지의 특성인 **선**에 대해 똑같이 행한 고찰에 의해, 또 마지막으로 완전한 체념과 그것이 최고도에 달한 뒤 생기는 성스러움의 고찰에 의해 더욱 분명해지고 완벽해질 것이다. 왜냐하면 대립이란 언제나 서로를 해명하며, 스피노자가 탁월하게 말한 것처럼, 낮은 자신과 함께 밤도 드러나게 하기 때문이다.

66.
덕과 선의 원천

근거 지어지지 않은 도덕, 즉 단순히 교화만 하는 것은 동기 부여를 하지 않기 때문에 효과를 낼 수 없다. 그러나 동기 부여를 하는 도덕은 자기애에 영향을 미침으로써만 효과를 낼 수 있다. 그러나 이 자기애에서 나오는 것에 도덕적 가치는 없다. 그 결과 도덕이나 추상적 인식 일반은 진정한 덕을 낳을 수 없으며, 진정한 덕은 타인에게도 자신에게서와 같은 본질을 인식하는 직각적인 인식에서 생겨야 한다.

그도 그럴 것이 덕은 사실 인식에서 생기는 것이지만 언어로 전달될 수 있는 추상적 인식에서 생기기 때문이다. 만일 그렇다면 덕을 가르칠 수 있을 것이다. 그리고 우리는 여기서 덕의 본질과 그 근저에 자리하고 있는 인식을 추상적으로 말하면서 이를 파악하는 모든 사람을 윤리적으로도 개선했을지도 모른다. 그러나 사정이 결코 그렇지는 않다. 오히려 아리스토텔레스 이래로 모든 미학이 한 명의 시인도 만들지 못했듯이, 윤리적인 강연이나 설교로 한 명의 덕 있는 사람도 배출되지 못했다. 개념이란 예술에 그렇듯이, 덕의 본래적인 내적 본질에 결실을 맺지 못하고, 다른 식으로 인식되고 결정된 것을 실행하고 보존하는 경우 도구로서 완전히 종속적으로만 도움이 될 수 있기 때문이다. 의욕이란 습득할 수 없다velle non discitur. 추상적 교의는 덕에, 즉 선한 마음씨에 사실상 아무런 영향을 끼치지 못한다. 즉, 그릇된 교의는 덕을 방해하지 못하고, 참된 교의는 덕을 증진시키기 힘들다. 인생에서 중요한 문제들, 즉 영원히 타당한 인생의 윤리적인 가치가 교의, 교리, 철학 학설처럼 아주 우연히 얻을 수 있는 것에 의존한다면 참으로 곤란한 일이리라. 교의는 도덕성에 관해, 곧 논하게 될 인식과 다른 종류의 인식으로 이미 덕을 얻은 사람은 교의에서 하나의 도식Schema과 정식Formular을 얻는다는 가치만을 가진다. 덕을 얻은 자는 그 정식에 따라 그 자신도 본질을 **파악**하지 못하는 비이기적 행위에 관해, 그의 이성이 만족하도록 길들여졌다며 자신의 이성에 대체로 거짓 변명을 늘어놓는다.

사실 교의는 습관이나 실례에 대해서처럼 **행위**, 즉 외적 행동에 강력한 영향을 끼칠 수 있지만 — 평범한 사람은 자기 판단력의 약함을 알기 때문에 그것을 신뢰하지 않고 자신의 경험이나 남의 경험만 따르기 때문에 — 그것으로 그의 성향이 달라지진 않는다.[49] 추상적 인식은 모두 동기만을 줄 뿐이다. 그러나 앞서 말한 것처럼 동기는 의지의 방향만 바꿀 수 있을 뿐 의지 자체는 바꿀 수 없다. 그런데 전달 가능한 인식은 모두 의지에 동기로 작용할 뿐이다. 그러므로 교의가 동기를 조종할 수도 있다 해도, 인간이 본래 일반적으로 의욕하는 것은 언제나 그대로 있다. 인간은 의욕하는 바를 얻을 수 있는 여러 방법에 대해 다른 생각을 품어왔으며, 공상적 동기 또한 현실적 동기와 마찬가지로 인간을 조종한다. 그러므로 예컨대 내세에서 모든 것을 다시 열 배로 보상받는다는 것에 단단히 설득받고 의지할 데 없는 자들에게 많은 기부를 하거나, 사실 나중에 얻긴 하지만 그만큼 보다 확실하고 상당한 이득을 낳게 될 영지를 개량하기 위해 같은 금액을 쓰는 것도 그의 윤리적 가치에 있어서는 같다. 강도와 마찬가지로 살인자가 그로 인해 보답을 받는 것이나, 정통 신자들이 이교도를 화형에 처하는 것도 같은 것이다. 그뿐 아니라 터키인들을 약속의 땅에서 학살하는 자도, 다시 말해 정통 신자들처럼 그럼으로써 천국에서 한자리를 차지할 수 있을 것으로 잘못 생각해서 그 일을 자행한다면 앞의 사람들과 마찬가지로 내적 사정을 따르는 것이다. 이들도 바로 저 강도처럼 자신을 위해, 자신의 이기심을 위해서만 애쓸 뿐이다. 이들이 강도와 구별되는 것은 수단의 불합리성뿐이다. 이미 말한 것처럼 언제나 동기에 의해서만 외부로부터 의지에 도달할 수 있을 뿐이다. 하지만 동기는 의지가 발현되는 방식만 바꿀 수 있을 뿐 의지 그 자체는 결코 바꿀 수 없다. 의욕이란 습득할 수 없다.

그러나 교의에 근거하여 행해지는 선행의 경우 이 교의가 실제로 그 선행에 대한 동기인지, 내가 앞서 말한 것처럼 그저 겉보기의 해명에 불과한 것인지가 언제

---

49 교의란 단순히 공로 때문에 행해진 일opera operata이며, 거듭남으로 인도하는 신앙에 은총이 주어지지 않으면 아무 소용이 없을 거라고 교회는 말할 것이다. 이에 대해서는 나중에 언급하도록 하겠다.

나 구별되어야 한다. 교의에 근거하여 선행을 하는 자는 겉보기의 해명을 통해 그 자신의 이성을 충족시키려 하고, 그가 **선하기** 때문에 전혀 다른 원천에서 생기는 선행을 실행하는 것이지만, 그는 철학자가 아니기 때문에 선행을 적절하게 설명할 줄 모르며, 그러면서도 무언가를 생각하고 싶어 한다. 하지만 그 차이는 마음속 깊은 곳에 자리하기 때문에 발견하기가 무척 어렵다. 따라서 남의 행위를 도덕적으로 올바로 평가하기란 거의 불가능하고, 우리 자신의 행위를 도덕적으로 올바로 평가하기도 어렵다. 개인이나 한 민족의 행동과 행위 방식은 교의, 실례, 습관에 의해 심하게 변경될 수 있다. 그러나 그 자체로 보면 모든 행위는 다만 헛된 상에 불과하고, 또 그 행위로 이끌어 가는 마음씨만이 그 행위에 도덕적 중요성을 부여한다. 그런데 외적 현상이 아무리 다르다 해도 이 마음씨는 실제로 완전히 같은 것일 수도 있다. 같은 정도의 악의를 지니면서도 어떤 사람은 환형刑에 처해 죽을 수 있고, 다른 사람은 자기 가족의 품에 안겨 조용히 죽을 수 있다. 동일한 근거를 지닌 악의라도 **어떤** 민족의 경우에는 잔인하게 살육이나 식인 풍습으로 나타나는 반면, **다른** 민족의 경우에는 궁중 음모, 압제, 각종의 교묘한 계략으로 교활하고 은밀하며 소규모en miniature로 나타나지만, 그 본질은 언제나 동일하다. 완전한 국가나 심지어 죽은 뒤의 상벌賞罰에 관해 완전히 굳게 믿도록 하는 교의가 있다면 어떤 범죄도 저지할 수 있다고 생각해 볼 수 있을 것이다. 그런 국가나 교의가 있다면 정치적으로는 얻을 것이 많겠지만, 도덕적으로는 전혀 얻을 것이 없을 것이고, 오히려 삶을 통한 의지의 모사만 저지되는 것에 불과할 것이다.

그러므로 진정으로 착한 마음씨, 비이기적인 덕, 순수한 고결한 마음은 추상적 인식에서 생기지는 않지만, 그래도 인식에서 생기는 것은 분명하다. 다시 말해 꼬치꼬치 따져서 제거할 수도 덧붙일 수도 없는 직접적이고 직각적인 인식에서 생긴다. 즉, 추상적이지 않기 때문에 남에게 전달할 수 없고 각자 자신에게 생기지 않으면 안 되며, 따라서 말로는 사실 적절하게 표현할 수 없고 전적으로 인간의 행위나 행동, 인생행로에서만 표현할 수 있다. 여기서 우리는 덕에 관한 이론을 찾고, 그 때문에 덕의 근저에 존재하는 인식의 본질도 추상적으로 표현해야 한다. 그럼에도 이 표현에서 저 인식 자체가 아닌 그 개념만 제시할 수 있을 뿐이다. 이 경우 우리는 언제나 인식이 유일하게 가시적으로 되는 행동에서 출발하여, 인식의 유일하게 적절한 표현인 행동을 참조하라고 지시하지만, 이 표현을 해석하고 설명할 뿐이다. 즉, 이 경우 본래적으로 일어나는 것을 추상적으로 표현할 뿐이다.

우리는 지금까지 서술한 **악**과는 반대로, 본래의 **선**에 관해 언급하기 전에 중간 단계로서 악의 단순한 부정否定을 다루지 않을 수 없다. 이것이 **정의**다. 정당함과 부당함이 무엇인지는 앞에서 충분히 논했으므로 여기서는 몇 마디 말로 이렇게 말할 수 있다. 부당함과 정당함 사이의 단순히 도덕적인 한계를 순순히 인정하고, 국가나 그 밖의 권력에 의해 그 한계를 보증받지 못하는 경우에도 그것을 굳건히 지킬 수 있는 사람, 따라서 우리의 설명에 따르면 그 자신의 의지를 긍정하면서도 다른 개체에 나타나는 의지를 부정하는 것으로 나아가지 않는 사람이 **정의롭다**. 따라서 그런 사람은 그 자신의 안녕함을 증진시키기 위해 남에게 고통을 가하지 않을 것이다. 즉, 그는 범죄를 저지르지 않고, 각자의 권리와 소유물을 존중할 것이다. 따라서 우리는 그런 정의로운 사람에 관해 다음과 같은 사실을 알게 된다. 그런 정의로운 사람에게는 개체화의 원리가 악인에게서처럼 이미 더 이상 절대적인 칸막이벽이 아니다. 또 그는 악인처럼 그 자신의 의지 현상만 긍정하고 남의 모든 의지 현상을 부정하지도 않으며, 다른 사람들을 자신과 본질이 전적으로 다른 단순한 유령으로 보지도 않는다. 그는 자신의 행동 방식을 통해 그 자신의 본질, 다시 말해 사물 자체로서의 삶에의 의지를 그에게 단순히 표상으로서 주어진 낯선 현상에서도 **재인식한다**. 그러므로 그 현상에서 그 자신을 재발견해서 어느 정도까지는, 즉 부당한 일을 하지 않고 남을 해치지 않는다는 정도까지는 그 자신을 재발견하게 된다. 그런데 바로 이 정도에서 그는 마야의 베일인 개체화의 원리를 꿰뚫어본다. 그런 점에서 그는 자기 이외의 존재를 자신과 동일시하여 그 존재를 해치지 않는다.

　　이 정의의 가장 깊은 곳을 들여다보면, 거기에는 그 자신의 의지를 긍정하면서 남의 의지 현상을 부정하여 억지로 자신의 의지에 봉사하도록 하지는 않는 의도가 이미 존재한다. 그러므로 사람들은 남에게서 받은 정도만큼 남에게도 베풀어줄 것이다. 이 마음씨에 대한 최고 높은 정도의 정의는 더 이상 단순히 소극적이지 않은 성격을 띠는 본래의 선과 언제나 쌍을 이룬다. 그것이 도가 지나치게 되면 물려받은 재산에 대한 권리를 의심하고, 신체를 자신의 힘, 정신적이고 육체적인 힘에 의해서만 유지하려고 하며, 다른 사람의 어떠한 봉사나 사치도 비난으로 느껴 결국 자진하여 가난을 택하게 된다. 가령 **파스칼**이 금욕적인 방향을 취한 것도 이 같은 이유 때문으로 보인다. 그는 많은 하인을 부렸지만 더 이상 시중받으려 하지 않았다. 그는 늘 몸이 병약했지만 스스로 이부자리를 펴고 갰으며, 스스로 부엌에서 음식을 가져왔다(『파스칼 전』 19쪽). 이것과 아주 흡사한 다음과 같은 보고가 있다. 즉, 일부 인도인들 중 심지어 왕족까지도 부를 누리면서도 이를 자신의 가족, 궁정, 하인의 부양을 위해 사용할 뿐 매우 양심적으로 자신이 직접 씨뿌리고 거둔 것 외에는 아무것도 먹지 않는 사람들이 있다. 그렇지만 이 경우 그 밑바닥에는 일종의 오해가 자리하고 있다. 왜냐하면 개개인은 그가 부유하고 강력하기 때문에 자신이 물려받은 부에 필적할 만큼 인간 사회 전체에 상당한 기여를 할 수 있고, 그의 부가 보증되는 것도 사회 덕이기 때문이다. 본래 그러한 인도인의 지나친 정의는 이미 정의 이상이고, 다시 말해 실제적인 체념이고, 삶에의 의지의 부정이며 금욕이다. 이에 대해서는 마지막에 가서 언급하고자 한다. 이와는 달리 물려받은 유산으로 아무것도 성취하지 않고, 남의 힘으로 순전히 무위도식하는 것은, 비록 실정법으로는 정당하다 해도, 이미 도덕적으로는 부당하게 보지 않을 수 없다.

우리는 자발적인 정의의 가장 내적인 근원이 개체화의 원리를 꿰뚫어 보는 정도에 있는 반면, 부당한 자는 그 원리에 전적으로 사로잡혀 있음을 알게 되었다. 이 같은 통찰은 여기에 필요한 정도로뿐 아니라 보다 높은 정도로 행해져서, 적극적인 호의, 자선, 박애로 몰아가기도 한다. 이것은 개체 속에서 현상하는 의지가 그 자체로 아무리 강력하고 활동적이라 해도 일어날 수 있다. 인식은 언제나 의지와 균형을 유지하고 부당함에 대한 유혹에 저항하는 것을 가르치며, 스스로 모든 정도의 선, 그러니까 모든 정도의 체념을 낳을 수 있다. 그러므로 선한 사람을 악한 사람보다 원래 약한 의지 현상이라 간주해서는 결코 안 된다. 선한 사람의 의지 충동을 지배하는 것은 바로 인식이다. 사실 세상에는 개체 속에서 현상하는 의지가 약하기 때문에 선량하게 보이는 사람도 있다. 하지만 그들의 진면목은 정의롭고 선한 행위를 실행하기 위한 상당한 극기력이 없다는 것으로 이내 드러나고 만다.

그런데 드문 예외적인 인간이 있어서 가령 막대한 수입을 올리면서도 자신을 위해서는 조금만 쓰고 자신은 향유나 안락을 누리지 않는 반면, 남는 것을 죄다 궁핍한 사람들에게 나누어 준다고 하자. 이 사람의 행위를 분명히 설명하려고 한다면, 그가 가령 자신의 행위를 이성에 납득시키려고 사용하는 여러 교의를 전적으로 도외시한다면, 우리는 가장 단순하고 일반적인 표현으로서, 또 그의 행위방식의 본질적인 성격으로서, 그가 **보통의 경우보다 자신과 다른 사람을 덜 구별한다**는 것을 알게 될 것이다. 그런데 바로 이 구별이 일부 다른 사람들이 볼 때는 너무 커서 남의 고통이 악한에게는 직접적인 기쁨이 되고, 부당한 자에게는 자신의 안녕함을 위한 바람직한 수단이 된다. 단순히 바르기만 한 사람은 남에게 고통을 가하지 않는 정도에 머문다. 보통 대부분의 사람들이 다른 사람들의 헤아릴 길 없는 고통을 가까이에서 알고 겪지만, 그들의 고통을 완화시켜 주려면 그들 자신이 어느 정도 궁핍을 감수해야 하기 때문에 그런 결심을 하지 않는다면, 즉 이 모든 사람이 자신의 자아와 남의 자아 사이에 커다란 차이가 있다고 생각한다면, 이와는 달리 우리가 생각하는 고상한 사람은 모두 이 차이를 그다지 중요하다고 생각하지 않는 것 같다. 그는 현상의 형식인 개체화의 원리에 더 이상 단단히 사로잡히지 않고, 남에게서 보는 고통을 그 자신의 고통처럼 아주 가깝게 느낀다. 그 때문에 그는 자신의 고통과 남의 고통 사이에 균형을 기하려 하며, 남의 고통을 완화시키기 위해 자신의 향유를 단념하고 궁핍을 감수한다. 그는 악인에게는 매우 현격한 차이라 할 수 있는 자신과 남의 차이도 덧없는 기만적 현상에 불과함을 깨닫고 있다. 그는 직접 추론을 거치지 않고, 자기 현상의 즉자태는 남의 현상의 즉자태기도 하다는 것, 말하자면 모든 사물의 본질을 이루고 만물 속에 존재하는 삶에의 의지라는 것을 인식한다. 또 이것이 심지어 동물이나 자연 전체에까지 미친다는 것을 인식한다. 그 때문에 그는 동물을 괴롭히는 일도 하지 않을 것이다.[50]

앞서 말한 선한 사람은 자신에게 여분의 것과 없어도 되는 것이 있다면, 어떤 사람이 다음날에 자기가 먹을 수 있는 이상의 음식을 갖기 위해 하루 동안 굶주림에 시달리는 것만큼이나, 다른 사람이 궁핍하게 사는 것을 견디기 어려워할 것이다. 왜냐하면 자선 사업을 하는 사람은 마야의 베일을 훤히 들여다보고, 개체화의 원리의 기만에서 벗어났기 때문이다. 그는 모든 존재에게서, 따라서 고통에 시달리는 자에게서도 자신을, 그 자신을, 자신의 의지를 인식한다. 그가 잘못된 생각

---

50 동물의 생명과 힘에 대한 인간의 권리는 다음의 사실에 근거하고 있다. 즉, 고뇌는 의식의 명료성이 높아짐에 따라 똑같이 높아지고, 동물이 죽음이나 일을 통해 겪는 고통은 인간이 동물의 고기를 먹지 않거나, 동물의 힘을 빌리지 않고 견디는 고통처럼 아직 그리 크지 않기 때문에, 인간은 자신의 생존을 긍정하는 나머지 동물의 현존을 부정하는 데 이를 수 있고, 그럼으로써 전체적으로 삶에의 의지도 그 반대로 하는 것보다 고통을 덜 받게 된다. 동시에 이것에 의해 인간이 동물의 힘을 부당하게 사용해도 되는 정도가 규정되지만, 특히 짐을 나르는 동물이나 사냥개의 경우에는 이 정도를 흔히 넘어서게 된다. 그 때문에 동물애호협회는 특히 이에 반대하는 활동을 한다. 또한 그러한 권리는 나의 견해로는, 생체 해부, 특히 고등동물의 해부에까지는 미치지 못하고 있다. 반면에 아직 곤충은 죽으면서 인간이 곤충에 찔릴 때만큼 고통을 느끼지 못한다. 인도인은 아직 이런 사실을 깨닫지 못하고 있다.

에 빠짐으로써 삶에의 의지는 그 자신을 오해하여, 이쪽의 어느 개인에게서는 덧없는 기만적 쾌락을 즐기고, 대신 저쪽의 **다른** 개인에게서는 고통과 궁핍에 시달린다. 이렇게 한쪽에는 고통을 가하고, 다른 쪽에서는 고통을 받게 되어, 의지는 티에스테스Tyestes[51]처럼 그 자신의 육신을 탐욕스레 먹어치우고 있음을 알지 못하고, 여기서는 아무 잘못도 없이 고통에 신음하고, 저기서는 복수의 여신 네메시스 앞에서 거리낌 없이 나쁜 짓을 한다. 이것은 언제나 의지가 다른 사람의 현상 속에서 그 자신을 오해하여 영원한 정의를 지각하지 못하고 개체화의 원리에, 즉 일반적으로 근거율이 지배하는 인식 방법에 사로잡혀 있기 때문이다. 이러한 망상이나 마야의 현혹에서 벗어나 있다는 것과 자선 사업을 하는 것은 같은 것이다. 그런데 자선 사업을 한다는 것은 그러한 인식에 반드시 뒤따르는 징후다.

앞에서 양심의 가책의 근원과 의미에 관해 설명했는데, 그 반대는 **양심에 거리낌 없는 것**, 이기적이지 않은 행위를 한 뒤 느끼는 충족이다. 이 충족은, 우리 자신의 본질 자체를 다른 사람의 현상에서도 직접 재인식하는 것에서 비롯하는 그 행위가 다시 우리에게 이 인식을 확인시켜 주는 데서 생긴다. 즉, 우리의 참된 자기는 이 개별적인 현상인 자신의 인격뿐 아니라 살아 있는 모든 것 속에 현존하고 있다는 인식이다. 마음은 이기심을 통해 위축된 것처럼 느끼듯이, 이상과 같은 사실에 의해 넓어진 것처럼 느끼기도 한다. 왜냐하면 이 이기심은 우리의 관심을 자신의 개체의 개별적인 현상에 집중시키고, 그리하여 인식은 지속적으로 이 현상을 위협하는 무수한 위험을 언제나 우리에게 알려 줌으로써 불안과 걱정이 우리 기분의 기조基調가 되듯이, 살아 있는 모든 것은 자신의 인격과 마찬가지로 바로 우리 자신의 본질 자체라는 인식이 살아 있는 모든 것에 대한 우리의 관심을 넓혀 줌으로써 우리의 마음이 넓어지기 때문이다. 그러므로 자신의 자기自己에 대한 관심이 줄어듦으로써 그 자기에 대한 불안스런 걱정이 근본적 타격을 받아 제한된다. 그러므로 덕이 있는 마음을 갖게 하고 양심에 거리낌 없게 해주는 조용하고 확신에 찬 명랑성이 생기고, 선행이 그러한 기분의 근거를 우리 자신에게 확인해 주면서

---

51 * 그리스 신화에 나오는 인물로 펠롭스 왕의 아들. 그는 형 아트레우스Atreus와 미케네의 왕위 계승을 둘러싸고 경쟁을 벌인다. 티에스테스는 형수인 아에로페를 유혹하여 왕위 자리를 차지하는 데 결정적 역할을 할 황금 양피를 훔쳐 오게 하여, 결국 왕위에 오르지만 제우스 신의 폭로로 왕위를 형에게 빼앗기고 홀로 쫓겨나게 된다. 아트레우스는 복수심을 견디지 못하고 배신한 처 아에로페를 죽인다. 그 후 아트레우스가 티에스테스의 아들들을 죽이고 요리한 다음 화해하자면서 그를 초대해 그 요리를 식탁에 내놓자, 티에스테스는 그런 줄도 모르고 그 요리를 맛있게 먹어 치운다.

선행을 할 때마다 명랑성이 더 분명하게 나타난다.

이기주의자는 자신이 다른 사람의 적대적인 현상에 에워싸여 있다고 느끼고, 모든 희망은 자신의 안녕을 토대로 한다. 선한 사람은 자신과 친근한 현상들의 세계에 살고 있다. 그 모든 현상의 안녕은 그 자신의 안녕이다. 그러므로 인간의 일반적인 운명에 대한 인식이 그의 기분을 즐겁게 하지 않는다 해도 살아 있는 모든 것 속에서 영속적으로 자기 자신의 본질을 인식하면 그의 기분은 평정을 얻게 되고 심지어 명랑하게 되기도 한다. 무수한 현상에 관심을 넓히면 **하나**의 현상에 집중할 때처럼 마음이 불안해지지 않기 때문이다. 개인의 신상에 일어나는 우연한 사건들은 행복과 불행을 초래하기도 하지만, 개인들 전체에 일어나는 우연한 사건은 차이가 없어진다.

그러므로 다른 사람들은 도덕 원리를 세워서 이것을 덕을 위한 규정이자 필연적으로 준수해야 하는 법칙으로 삼는다. 하지만 나는 이미 말한 것처럼 영원히 자유로운 의지에는 어떠한 당위나 법칙도 세우려 하지 않으므로, 그와 같은 일을 할 수 없다. 그런데 이와는 달리 나의 고찰에 관련해서 보면 그러한 기도企圖에 어느 정도 상응하고 유사한 것이 앞서 말한 순전히 이론적인 진리이며, 내 서술 전체도 이 진리를 단순히 상세하게 논하는 것으로 볼 수 있다. 다시 말해 의지는 모든 현상의 즉자태이지만, 그 자체로는 이 현상의 형식으로부터, 그럼으로써 다수성으로부터 자유롭다. 나는 그러한 진리를 행동과 관련하여, 이미 언급한 『베다』의 공식인 "그것은 바로 그대다!"라는 문구로 표현하는 것보다 더 적절하게 표현하는 길을 알지 못한다. 이 진리를 분명하게 인식하고, 자신이 접촉하는 모든 존재에 대해 마음속으로 굳게 확신하고 그 자신에 대해 표현할 수 있는 사람은 바로 그것으로 모든 덕과 커다란 행복을 확신하고 구원으로 가는 지름길을 걷는 사람이다.

그런데 이제 더 나아가서 서술의 마지막으로, 우리가 개체화의 원리를 꿰뚫어 보는 것이 사랑의 근원이자 본질로 알고 있는 이 사랑이 어떻게 구원에, 다시 말해 삶에의 의지, 즉 모든 의욕의 완전한 포기에 이르게 되는지 보여 주고, 또한 다른 길이 그리 평탄하지는 않지만 어떻게 보다 빈번하게 인간을 구원에 이르게 하는지 보여 주기 전에, 여기서 어떤 역설적인 명제를 언급하고 논하지 않을 수 없다. 그 이유는 그 명제가 역설적 명제가 아니라 참된 것이고, 내가 설명하는 사상을 완벽하게 하는 데 필요하기 때문이다. 즉, 그것은 '모든 사랑은 연민이다'라는 명제다.

67.
연민에 대하여

우리는 앞에서 개체화의 원리를 비교적 미미한 정도로 간파하면 정의가 생기고, 보다 높은 정도로 간파하면 다른 사람들에 대한 순수한, 즉 비이기적인 사랑으로 나타나는 본래의 착한 마음씨가 생긴다는 것을 보았다. 그런데 이 사랑이 완전하게 되면 다른 개체와 그의 운명을 자신의 것과 완전히 똑같이 보게 된다. 다른 개체를 자신의 개체보다 더 좋아할 근거는 없으므로 사랑이 그 이상으로 나아갈 수는 없다. 그러나 대다수의 다른 개체들의 전체적인 안녕이나 삶이 위험에 처하는 경우 개인 자신의 안녕에 대한 고려는 무시될 수 있다. 그러한 경우 최고의 자비와 완성된 고결한 마음에 도달한 사람은 다른 많은 사람의 안녕을 위해 자신의 안녕과 삶을 완전히 희생할 것이다. 코드로스, 레오니다스, 레굴루스, 데치우스, 무스, 아르놀트 폰 빙켈리트와 같은 사람들은 그렇게 죽었고, 자진하여 의식적으로 자신의 부하, 자신의 조국을 위해 죽음을 맞이하는 사람은 모두 그렇게 죽었다. 또한 전 인류에 안녕을 가져다주는 것과 합당하게 소속되는 것을 주장하기 위해, 즉 보편적이고 중요한 진리를 위해, 커다란 오류를 근절하기 위해 순수히 고통과 죽음을 받아들이는 사람들도 모두 이 단계에 있는 사람들이다. 소크라테스, 조르다노 브루노는 이렇게 죽었고, 진리를 주장한 영웅 중 화형에 처하거나 사제들의 손에 죽음을 맞이한 자가 적지 않다.

그런데 이제부터 나는 앞에서 언급한 역설과 관련하여, 우리가 전에 삶 전체에는 고통이 본질적이고 삶과 고통은 떼어 놓을 수 없는 관계에 있음을 알았다는 사실을 기억에 떠올리지 않을 수 없다. 그리고 우리는 모든 소망은 욕구, 부족, 고뇌에서 생기는 것을 통찰하고, 그 때문에 모든 충족은 고통이 제거된 상태일 뿐 적극적인 행복이 도래한 것은 아니고, 기쁨은 사실 자신이 적극적인 재물인 것처럼 소망을 속이지만 실제로는 소극적인 성질을 지니고 있을 뿐 화가 없어진 것에 불과하다는 것을 알게 되었다. 그 때문에 선의, 사랑, 고결한 마음이 다른 사람을 위해 무슨 일을 하든 언제나 그들의 고뇌를 덜어주는 것에 불과하고, 따라서 이것들을 움직여 선행과 자선 사업을 하도록 하는 것은 언제나 자신의 고뇌로 직접 이해되어 그것과 동일시되는 **다른 사람의 고뇌를 인식하는** 것일 뿐이다. 그 결과 순수한 사랑은 그 본성에 따르면 연민임이 밝혀진다.

다시 말해 사랑이 덜어 주는 고뇌가 크든 작든, 충족되지 않는 소망이 어떤 것이든 그것은 아무 상관이 없다. 그러므로 우리는 칸트와는 정반대의 입장을 취할 것이다. 칸트는 모든 참된 선과 모든 덕이 추상적인 반성에서, 그것도 의무나 정언명령의 개념에서 나온 것만 인정하려 하고, 연민을 느끼는 것을 약점이라 설명하고 결코 덕이라고 설명하지 않는다. 우리는 칸트와 정반대로, 단순한 개념은 진정한 예술에 대해서와 마찬가지로 진정한 덕에 대해 아무런 성과를 내지 못한다고 주저 없이 말할 것이다. 즉, 모든 참되고 순수한 사랑은 연민이고, 연민이 아닌 모든 사랑은 사욕私慾이다. 사욕은 에로스이고, 연민은 아가페다. 둘이 섞여 있는 경우도 흔하다. 심지어 진정한 우정에도 언제나 사욕과 연민이 섞여 있다. 진정한 우정이란 우리의 개성과 잘 맞는 친구가 있는 것을 만족하는 것이고, 또 이것이 거의 언제나 우정의 대부분을 이루고 있다. 연민은 친구의 안녕과 슬픔에 진심으로 관심을 갖고, 그를 위해 비이기적인 희생을 하는 데서 드러난다. 심지어 스피노자도 "호의란 연민에서 생긴 욕망에 지나지 않는다"(『윤리학』 제3부, 정리 27, 계열 3, 비고)고 말하고 있다. 우리의 역설적인 명제의 확인으로 사람들은 순수한 사랑에서 나온 언어의 음조나 말, 애무의 언어가 연민의 음조와 완전히 일치함을 깨달을지 모른다. 덧붙여 말하자면 이탈리아어에서 연민과 순수한 사랑이 같은 단어인 '피에타Pietà'로 지칭되는 것으로도 그런 사실을 알 수 있다.

여기서 또한 인간 본성의 가장 눈에 띄는 특성의 하나로, 웃는 것과 더불어 인간을 동물과 구별시켜 주는 표현에 속하는 **우는 것**을 논하지 않을 수 없다. 우는 것이 반드시 고통의 발현은 아니다. 고통이 매우 적을 때 울기도 하기 때문이다. 내 생각으로는 사람들이 고통을 감각하고 곧바로 우는 것이 아니라, 언제나 반성하면서 거듭 고통을 느끼고 울 뿐이다. 다시 말해 육체적인 고통일 경우에도, 사람들은 감각된 고통에서 그것의 단순한 표상으로 넘어간다. 그런 뒤 자신의 상태를 참으로 측은하게 생각해서 만일 다른 사람이 이런 고통을 견디고 있다면, 연민과 사랑의 감정에 충만해 그를 도와줄 것이라고 진솔하고도 굳게 확신한다. 그런데 이제 그는 그 자신의 솔직한 연민의 대상이 된다. 즉, 남을 기꺼이 도와줄 마음이 있는 그 자신이 도움을 필요로 하는 사람이 되어, 남이 고통을 견디는 것을 보는 것 이상으로 자신이 견디고 있음을 느낀다. 또 이렇게 이상하게 얽힌 기분으로, 색심 ᄀᆞᄁᆌ민 고ᄁᆌ기 먼기 이ᄒᆞᆷ이 우ᄒᆔᄀᆞᄅᆯ 거쳐 다시 지각되기에 이르러, 남의 고통으로 표상되고, 남의 고통으로 공감되어, 그런 뒤 돌연 다시 직접 자신의 고통으로 지각된다. 자연은 그러한 이상한 신체적인 경련을 통해 홀가분한 심정이 된다. 따라서 **우는 것은 그 자신에 대한 연민**이거나, 우는 것의 출발점으로 도로 내던져진 연민이다. 따라서 우는 것은 사랑이나 연민에 대한 능력과 상상력에 의해 조건 지어진다. 그러므로 냉혹한 인간이나 상상력이 없는 인간은 쉽게 울지 않는다. 심지어 우는 것은 언제나 어느 정도 성격이 착하다는 표시로 간주되어 분노를 누그러뜨린다. 왜냐하면 울 수 있는 사람은 필연적으로 사랑, 즉 다른 사람에 대해 연민을 느낄 능력도 있다고 생각되기 때문이다. 또 연민은 앞에서 기술한 방식으로 울음을 일으키는 기분으로 옮겨 가기 때문이다. 페트라르카가 자신의 감정을 소박하고 진실하게 표현하면서, 눈물이 나오는 것을 다음과 같이 묘사하는 것은 전적으로 여기서 설명한 대로다.

> 생각에 잠겨 거닐다 보면
> **내 자신에 대한 강한 연민에 사로잡혀**
> 때로 소리 높여 울고 싶을 때가 있다.
> 전에는 그런 일이 없었거늘,
> (『칸초니에레』 칸초네 21)

또한 앞에서 말한 것은 고통을 당한 아이들이 대부분 위로를 받고 비로소 운다는 것, 즉 고통을 받아서가 아니라 고통의 표상 때문에 운다는 것으로 확인된다. 우리가 자신의 고통이 아닌 남의 고통을 보고 울게 된다면 이는 우리가 상상력으로 생생하게 고통을 당하는 사람의 입장이 되어 보거나 또는 그 사람의 운명으로 인류 전체의 숙명을, 따라서 무엇보다도 우리 자신의 숙명을 보기 때문이다. 그러므로 먼 우회로를 돌아 언제나 다시 우리 자신의 신세를 생각해 울고 우리 자신에게 연민을 느끼기 때문이다. 사람이 죽었을 때 일반적으로 자연스럽게 우는 것의 주된 이유도 이 때문인 것 같다. 슬퍼하는 사람이 우는 것은 죽은 사람을 잃어버렸기 때문이 아니다. 그는 때로 울지 않는 것에 부끄러워하는 대신, 그러한 이기적인 눈물에 대해 부끄럽게 생각할지도 모른다. 그가 죽은 사람의 운명을 슬퍼해 우는 것은 물론이다. 그렇지만 그는 오랫동안 힘겹고 절망적인 고통을 겪은 뒤 죽은 사람에게는 죽음이 소망스러운 구원인 경우에도 운다. 그러므로 주로 그의 마음을 사로잡는 것은 유한성의 손아귀에 들어간 인류 전체의 운명에 대한 연민이다. 이 유한성 때문에 아무리 근면하고 활동적인 삶도 결국은 소멸해 버리고 무無로 돌아가기 마련이다. 그러나 그는 인류의 이 숙명에서 무엇보다 그 자신의 숙명을 보고, 더구나 죽은 사람이 자신과 가까운 사이일수록 더욱 그러하며, 따라서 자신의 아버지가 죽은 경우 가장 그러하다. 노령과 질병으로 아버지에게는 사는 것이 고통이고, 아버지가 어찌할 수 없는 상태에 있어 아들에게는 무거운 짐이었다 해도, 아들은 아버지가 죽으면 격하게 우는데, 이것도 앞서 언급한 이유 때문이다.[52]

---

52 이에 대해서는 제2편 47장 참조. 아마 이제는 별로 기억에 떠올릴 필요가 없을지 모르지만, 61장에서 67장에 걸쳐 언급한 윤리학에 대한 개요는 도덕의 기초에 관한 나의 현상 논문에 보다 상세하고 완결되게 서술되어 있다.

68.
삶에의 의지의 부정

순수한 사랑과 연민은 같은 것이며, 자신의 개체에 대한 연민으로 방향을 되돌리면 그 징후로 나타나는 것이 울음이라는 현상체란 설명을 하면서 주제에서 벗어났다. 그런 뒤 삶에의 의지의 부정이라고 부르는 것도 결국은 모든 선의, 사랑, 덕, 고결한 마음이 생겨나는 같은 원천에서 나온다는 것을 보여 주기 위해, 행동의 윤리적 의미에 대한 설명의 실마리를 다시 붙잡고자 한다.

앞에서 우리는 증오와 악의란 이기심에 의해 조건 지어지며, 이기심은 인식이 개체화의 원리에 사로잡혀 있는 것에 기인한다고 보았듯이, 정의의 기원과 본질로서, 더 나아가 사랑과 고결한 마음의 기원과 본질로서 최고 높은 정도에까지 이른다고 생각되는 것은 이 개체화의 원리를 간파하는 것이다. 이 원리에 의해서만 자신의 개체와 다른 개체의 구별이 없어짐으로써, 타인에 대한 더없이 비이기적인 사랑과 더없이 고결한 자기희생에 이르기까지 완전히 선한 마음씨가 가능해지고 설명된다.

그런데 이처럼 개체화의 원리를 간파하고, 의지가 모든 현상에서 동일하다는 것을 아주 분명히 직접 인식하게 되면 그 인식은 즉각 의지에 계속적인 영향을 미칠 것이다. 말하자면 어떤 사람의 눈앞에 마야의 베일, 즉 개체화의 원리가 확연히 드러나서, 그가 자신과 남을 더 이상 이기적으로 구별하지 않고, 다른 개체의 고뇌에 자신의 고뇌처럼 커다란 관심을 가지며, 그럼으로써 언제라도 남을 도울 마음을 가질 뿐 아니라 자신을 희생하여 남을 구할 수 있을 때 기꺼이 그 자신을 희생할 용의가 있다면, 그 결과 자연히 모든 존재 중 자신을, 자신의 가장 내적이고 참된 자기를 인식하는 사람은 모든 생물의 무한한 고뇌도 자신의 것으로 간주하고, 전 세계의 고통도 분명 자신의 것으로 받아들일 것이다. 그에게는 이제 어떤 고뇌도 자신과 무관하지 않다. 그가 보고도 좀처럼 덜어 줄 수 없는 다른 사람의 모든 고민, 그가 간접적으로 알고 있는 모든 고민, 그러니까 그가 단지 가능하다고만 인식하는 모든 고민은 그 자신의 고민처럼 그의 정신에 작용한다. 아직 이기심에 사로잡혀 있는 인간과는 달리 그는 변전하는 자신의 안녕과 슬픔을 더 이상 안중에 두지 않고, 개체화의 원리를 간파하고 있으므로 모든 것이 그에게 똑같이 가깝게 생각된다. 그는 전체를 인식하고 전체의 본질을 파악하며, 그것이 끊임없이 소멸하고 헛된 노력을 계속하며, 내적 충돌과 계속적인 고뇌에 사로잡혀 있음을 알고, 어디를 보더라도 고통 받는 인류와 동물, 덧없이 사라져 가는 세계를 본다. 이기주의자에게는 그 자신만이 친근한 것처럼, 그에게는 이제 이 모든 것이 매우 친근하다.

그런데 세계를 그렇게 인식하는 그가 어떻게 이 삶을 끊임없는 의지 행위를 통해 긍정하고, 그럼으로써 삶에 점점 더 굳게 결부되어 삶을 더욱 꽉 안을 수 있을까? 그러므로 개체화의 원리, 이기심에 사로잡혀 있는 사람은 개별적 사물과 그 자신에 대한 그것의 관계만 인식하므로, 그 사물이 늘 그의 의욕의 새로운 **동기**가 된다면, 이와는 달리 앞에서 말한 전체, 즉 사물 자체의 본질에 대한 인식은 모든 의욕의 **진정제**가 된다. 의지는 이제 삶을 외면한다. 의지는 자신의 긍정이라고 인식하는 삶의 향유에 이제 몸서리친다. 이리하여 인간은 자발적인 단념, 체념, 참된 평정과 완전한 무의지의 상태에 도달하게 된다. 아직 마야의 베일에 둘러싸여 있는 우리 같은 다른 사람들도 때로 자신의 고뇌를 힘겹게 느끼거나, 남의 고뇌를 생생하게 인식하고 삶의 덧없음과 쓰라림을 친밀하게 느끼기도 한다. 그러면 우리는 영원히 결정된 완전한 체념을 통해 욕망의 가시를 꺾고 모든 고뇌의 통로를 차단하며, 우리 자신을 정화하고 성스럽게 하고 싶어 한다. 하지만 이내 다시 우리는 현상의 기만에 현혹되고, 의지는 새로이 현상의 동기에 의해 움직이게 된다. 다시 말해 우리는 떨치고 벗어날 수 없게 된다. 희망의 유혹, 현재의 알랑거림, 향유의 달콤함, 즉 우리가 우연과 오류의 지배를 받으며 고통스러운 세계의 비애를 겪는 중에 우리에게 주어지는 안녕함은 우리를 다시 그 세계로 끌어당겨 새로이 굳게 결박한다. 그 때문에 예수는 "낙타가 바늘귀로 빠져나가는 것이 부자가 하느님의 나라에 들어가는 것보다 더 쉽다"고 말한다(「마태복음」 19장 24절).

인생을 쉴 새 없이 달려서 지나가야 하고, 군데군데 차가운 곳이 있는 타오르는 석탄으로 된 환상로環狀路에 비유한다면, 망상에 사로잡힌 사람은 자기가 지금 서 있거나 또는 바로 눈앞에 보이는 차가운 곳에 위로를 받고 그 길을 계속 달려서 지나간다. 그러나 개체화의 원리를 간파하고 사물 자체의 본질과 전체를 인식하는 사람은 그런 위로를 더 이상 받아들이지 않는다. 즉, 그는 모든 곳에서 동시에 자신을 보고 거기에서 빠져나간다. 그의 의지는 방향을 바꾸어 현상에 비치는 자신의 본질을 더 이상 긍정하기 않고 부정한다. 이것이 드러나는 현상체가 덕에서 **금욕**으로의 이행이다.

다시 말해 그는 남들을 자신처럼 사랑하고, 자신을 위하는 것만큼 그들을 위하는 것으로는 더 이상 만족하지 않고, 그의 마음속에는 자기 자신이라는 현상으로 표현되는 본질, 즉 삶에의 의지, 고난에 찬 것으로 인식된 세계의 핵심과 본질에 대한 혐오가 생겨난다. 그 때문에 그는 바로 그의 마음속에서 현상하고 이미 그의 신체를 통해 표현된 이 본질을 부인한다. 그리고 이제 그의 행위는 현상이 거짓임을 책망하고, 현상과 명백한 모순을 드러낸다. 본질적으로 다름 아닌 의지의 현상으로서 그는 무언가를 의욕하는 것을 그치고, 그의 의지가 무언가에 집착하지 않도록 주의하며, 모든 사물에 최대한 무관심하려 애쓴다. 건강하고 튼튼한 그의 신체는 생식기를 통해 성 욕동을 표현하지만, 그는 의지를 부정하고 신체의 거짓을 책망한다. 즉, 그는 어떤 조건 아래에서도 성의 충족을 원하지 않는다. 금욕 또는 삶에의 의지의 부정에서 제1보는 자발적이고 완전한 동정童貞이다. 그럼으로써 동정은 개체적인 삶을 넘어서는 의지의 긍정을 부정하고, 그로써 이 신체의 삶과 더불어 신체로 현상하는 의지 또한 없어진다는 것을 알려 준다.

언제나 진실하고 소박한 자연은 이 준칙이 보편적으로 되면 인류가 사멸해 버린다는 것을 말해 준다. 그리고 제2권에서 모든 의지 현상의 연관에 대해 말한 것에 따르면, 최고의 의지 현상이 없어지면 그것의 보다 미약한 반영인 동물계도 없어질 것임을 가정할 수 있을 것이다. 이는 완전한 빛이 없어지면 반半그림자도 없어지는 것과 마찬가지다. 주관이 없으면 객관도 없으므로, 인식이 완전히 없어짐에 따라 그 밖의 세계도 저절로 무로 사라질 것이다. 더구나 이와 관련하여 나는 다음과 같은 『베다』의 한 구절을 인용하도록 하겠다. "이 세상에서 굶주린 아이들이 어머니 주위로 달려들듯이, 모든 존재는 성스러운 제물을 고대한다"(『아시아 연구』 제8권, 코울브루크, 『베다에 관해서』 사마 베다에서 발췌, 코울브루크 논문집 제1권 88쪽에도 있음). 희생은 일반적으로 체념을 의미하고, 인간 이외의 자연은 사제인 동시에 제물이기도 한 인간에게서 구원을 기대해야 한다. 그러니까 경탄할 만하고 헤아릴 수 없이 심오한 안겔루스 질레지우스도 "인간은 모든 것을 신께 가져간다"는 표제의 시구에서 이런 생각을 표현하고 있다는 사실은 지극히 주목할 만한 것으로서 인용할 만하다.

> 인간이여! 만물은 그대를 사랑하고, 그대 곁으로 몰려든다.
> 만물은 그대에게 달려들어, 신께 도달하려 한다.
> (안겔루스 질레지우스, 『케루빔의 나그네』 I, 275)

그러나 더욱 위대한 신비 사상가인 마이스터 에크하르트의 놀랄 만한 저서가 프란츠 파이퍼의 출판으로 이제 마침내(1857년) 우리 손에 들어오게 되었는데, 그는 여기서 논한 것과 똑같은 의미로 그의 책 459쪽에서 말하고 있다.

"나는 그리스도와 더불어 이것을 입증한다. 그리스도는 '내가 지상에서 높이 들리면 모든 사람을 내게로 끌어 올리겠노라'(요한복음 제12장 32절)라고 말하기 때문이다. 그러므로 선한 사람은 모든 사물을 최초의 근원인 신께 가지고 올라가야 한다. 선철先哲은 모든 피조물은 인간을 위해 만들어졌다는 이 사실을 입증하고 있다. 모든 피조물을 보면 한 피조물이 다른 피조물을 이용하고 있음을 알 수 있다. 즉, 소는 풀을, 물고기는 물을, 새는 공기를, 동물은 숲을 이용하고 있다. 이렇게 모든 피조물은 선한 사람에게 유익하다. 선한 사람은 피조물 중 한 피조물을 신께 데리고 간다."

에크하르트가 말하고자 하는 바는, 인간은 자체적으로 또 그 자신과 함께 동물을 구원하는 대가로, 동물을 이 세상의 삶에 이용한다는 것이다. 심지어 나는 성서에서 난해한 부분인 「로마서」 제8장 21~24절도 이런 의미로 해석해야 한다고 생각한다.

불교에도 이와 같은 것에 대한 표현이 없지 않다. 예컨대 부처가 아직 수도자였을 때, 즉 아버지의 궁전에서 황야로 도망치려고 말에 안장을 얹고는 마지막으로 말에게 이런 시구를 말한다.

"너는 이미 오랫동안 생사고락을 같이 했다. 그러나 이제 네가 운반하고 끄는 일을 그만두게 하겠다. 그런데 이번만은, 칸타카나여, 나를 이곳에서 날라다오. 내가 법에 도달하게 되면 — 부처가 되면 — 너를 잊지 않으리라"(『불국기』, 아벨 레

뮈자 역, 233쪽).

금욕은 더욱이 자발적이고 의도적인 가난에서 드러난다. 하지만 이 가난은 남의 고통을 덜어 주기 위해 소유물을 주어 버리면서 우연히 생길 뿐 아니라, 가난은 여기서 이미 목적 자체이며, 소망의 충족, 삶의 감미로움이 자기 인식의 혐오를 받는 의지를 다시 자극하지 않도록 끊임없는 의지의 금욕으로서 도움이 되지 않으면 안 된다. 이 점에 도달한 사람이라 해도 살아 있는 신체로서, 구체적인 의지 현상으로서 여전히 모든 종류의 의욕에 대한 성향을 감지한다. 하지만 그는 그런 성향을 고의로 억압한다. 그는 자신이 욕구하는 모든 것을 아무것도 하지 않도록 강요하고, 이와는 달리 바로 의지의 금욕에 도움이 되는 목적밖에 없을지라도 자신이 욕구하지 않는 것은 모두 하도록 강요하는 것이다. 그는 그 자신에게서 현상하는 의지 자체를 부정하므로, 남이 똑같은 일을 해도, 즉 그에게 부당한 일을 가해도 저항하지 않을 것이다. 따라서 그는 우연히 또는 남의 악의에 의해 외부에서 그에게 주어지는 어떠한 고뇌, 손해, 치욕, 모욕도 순순히 받아들일 것이다. 그는 더 이상 의지를 긍정하지 않고, 그 자신인 의지 현상의 모든 적대자의 편도 기꺼이 든다는 확신을 그 자신에게 주는 기회로 그런 것을 기꺼이 받아들인다. 따라서 그는 그런 치욕과 고뇌를 한없는 인내와 온순한 성품으로 견뎌 내고, 아무런 겉치레 없이 모든 악을 선으로 갚으며, 분노의 불뿐 아니라 욕망의 불도 자신의 속에서 다시 깨어나게 하지 않는다.

그는 의지 그 자체와 마찬가지로 의지의 가시성, 객관성, 즉 신체까지도 금욕시킨다. 그는 신체가 생기 있게 꽃 피어나고 튼튼하게 되어, 그 자신의 단순한 표현이자 반영인 의지가 새로이 생기 있고 보다 강건해지게 자극하지 않도록 신체에 빠듯하게 영양을 공급한다. 그리하여 그는 끊임없는 결핍과 고뇌를 통해 자신과 세계의 고통스러운 현존의 원천으로 인식하고 혐오하는 의지를 점점 더 꺾고 죽이기 위해, 단식하고, 그러니까 금욕하고 고행을 한다. 결국 그 의지의 이 현상을 해소하는 죽음이 오고, 이 경우 그 자신을 거리낌 없이 부정함으로써 이 신체에 활기를 주는 것으로 현상했던 미약한 잔재에 이르기까지 의지의 본질이 이미 오래 전에 사멸해 버린다면, 죽음은 고대하던 구원으로서 대환영을 받고 기꺼이 받아들여진다. 이 경우 죽음과 함께 다른 사람들에게서와 마찬가지로 단순히 현상만이 끝나는 것이 아니라, 여기서 현상 속에서만 또 현상에 의해서만 미약한 현존을 가졌던 본질 자체가 없어져,[53] 이제 가는 마지막 끈마저 끊어지고 만다. 이렇게 끝나는 사람에게는 세계도 동시에 끝나는 것이다.

그런데 내가 여기서 미약한 말로 단지 일반적인 표현으로 서술한 것은, 가령 스스로 꾸며 낸 철학적인 동화가 아니고 오늘만의 것도 아니다. 아니, 그것은 기독교도나 더 나아가 힌두교도나 불교도, 또한 다른 신도들 중 수많은 성자나 아름다운 영혼을 소유한 사람들의 부러워할 만한 삶이었다. 그들의 이성에 새겨진 교의가 아무리 상이하다 해도, 유일하게 모든 덕과 성스러움의 출발점이 되는 내적이고 직접적이며 직각적인 인식은 동일한 방식으로 품행에 의해 나타났다. 왜냐하면 여기서도 우리의 전체 고찰에서 매우 중요하고 어디서나 결정적이며, 지금까지는 별로 중시되지 않은 직각적인 인식과 추상적 인식 사이의 커다란 차이가 드러나기 때문이다. 이 둘 사이에는 넓은 틈이 있으며, 세계의 본질을 인식하는 것과 관련하여 이 틈을 이어 주는 것은 철학뿐이다. 본래 모든 인간은 말하자면 직각적으로 또는 구체적으로 모든 철학적 진리를 의식하고 있지만, 그것을 자신의 추상적인 지식이나 반성 속으로 가져오는 것은 철학자의 일이다. 그리고 철학자는 그 이상 아무것도 해서는 안 되고 또 할 수도 없다.

그러므로 어쩌면 여기에서 처음으로, 모든 신화적인 것을 떠나 추상적이고 순수하게, 자기 자신의 본질에 대한 완결된 인식이 그에게 모든 의욕의 진정제가 된 뒤 **삶에의 의지의 부정**으로 나타나고 성스러움, 자기 부정, 아집의 근절, 금욕의 내적 본질이 표현되었는지도 모른다. 반면 내적 인식은 같지만 일단 각기 이성에 받아들인 교의에 따라 아주 다른 언어를 사용한 모든 성자와 금욕자는 이것을 직접 인식하고 행동으로 나타낸 사람들이었다. 즉, 이들의 교의에 따라 인도의 성자, 기독교의 성자, 라마교의 성자는 그 자신의 행위에 관해 각기 아주 상이한 해명을 하지 않으면 안 되지만, 그것은 문제의 본질에는 전혀 아무래도 상관없다. 어떤 성자가 더없이 어리석은 미신에 사로잡혀 있을 수 있고, 또는 그가 반대로 철학자일 수도 있지만, 그것은 아무래도 상관없다. 즉, 그는 자신의 행위에 의해서만 성자임이 입증된다. 왜냐하면 그의 행위는 도덕적인 관점에서 보면, 세계와 그 본질

---

53 이 사상은 태곳적의 철학적인 산스크리트 책인 『승법송僧法頌』에 멋진 비유로 표현되어 있다. "그럼에도 영혼은 잠시 육체의 옷을 입고 있다. 이는 도기를 만드는 녹로가 도기가 완성된 후에도 전에 받은 충격의 결과 계속 돌아가는 것과 마찬가지다. 깨달음을 얻은 영혼이 육체에서 벗어나, 영혼에 자연이 멈추게 되었을 때 비로소 영혼이 완전히 구원받는 것이다." 코울브루크, 「인도인의 철학에 대해. 논문집」 제1권 259쪽. 또한 호레이스 윌슨, 『승법송』 제67장 184쪽.

에 대한 추상적인 인식에서가 아니라 직각적으로 파악된 직접적인 인식에서 생기고, 어떤 교의에 의해 그의 이성을 충족시키기 위해 그의 행위에 의해서만 설명되기 때문이다. 그러므로 성자가 철학자일 필요가 없듯이 철학자가 성자일 필요는 없다. 마찬가지로 완전하게 아름다운 인간이 위대한 조각가일 필요가 없듯이, 위대한 조각가가 아름다운 인간일 필요도 없다. 도덕가는 자신이 지니고 있는 덕 외에 다른 덕을 추천해서는 안 된다는 요구는 대체로 이상한 요구다. 세계의 본질 전체를 추상적이고 보편적이며 분명하게 개념으로 재현하고, 이것을 반성된 노상으로서 이성의 영속적이고 끊임없이 준비되어 있는 개념으로 기록해 두는 것, 이것이 다름 아닌 철학이다. 제1권에서 인용한 프랜시스 베이컨(바코 폰 베룰람)의 글귀를 여기서 기억해 주길 바란다.

내가 앞에서 삶에의 의지의 부정에 관해 묘사하고, 아름다운 영혼을 가진 사람이나 체념하여 자발적으로 속죄하는 성자의 품행에 관해 묘사했지만, 이것도 추상적이고 일반적이며 따라서 차가운 것에 불과하다. 의지의 부정을 초래하는 인식은 직각적인 인식이지 추상적인 인식이 아니듯이, 그 인식도 추상적인 개념이 아닌 행위와 품행에서만 완전하게 표현된다. 따라서 우리가 삶에의 의지의 부정으로서 철학적으로 표현한 것을 보다 완전하게 이해하려면 경험과 현실에서 나오는 실례들을 알아야 한다. 물론 이들 실례를 일상적인 경험에서 접할 수 없을 것이다. 스피노자는 "모든 탁월한 것은 희귀한 만큼 까다롭기 때문이다"(『윤리학』 제5부, 정리 42, 비고)라고 탁월하게 말하고 있다. 그러므로 특별히 운명의 혜택을 받아 그런 실례를 목격하지 않는 한 그 같은 사람들의 전기를 보는 것으로 만족해야 할 것이다.

우리가 지금까지 몇 안 되는 번역서로 이미 알고 있는 것처럼, 인도 문학은 성자, 속죄자, 사문沙門, 숲의 은둔자 등으로 불리는 사람들의 생애를 그린 것이 무척 많다. 모든 면에서 칭찬할 만하지는 않지만 잘 알려진 폴리에 부인이 쓴 『인도 신화』에는 이런 종류의 탁월한 실례가 (특히 제2권의 13장에) 들어 있다. 그리스도교도 가운데도 여기서 목표로 삼는 설명에 대한 실례가 없지는 않다. 대체로 잘 쓰인 것은 아니지만, 때로는 성자聖者, 때로는 경건주의자, 정적주의자, 경건한 광신도 등으로 불리는 사람들에 대한 전기가 있다. 그러한 전기들은 여러 시대에 걸쳐 모아졌는데, 테르스테겐의 『성자전』, 라이츠의 『다시 태어난 자들의 전기』, 근래에 나온 것으로 형편없는 것도 많지만 훌륭한 것도 들어 있는 칸느의 모음집이 있다. 그중 훌륭한 것으로 『베아타 슈투르민의 생애』를 꼽을 수 있다. 그런데 여기에서 반드시 언급해야 할 것은 금욕의 참된 화신이고, 모든 탁발托鉢 수도승의 모범인 아시시의 성 프란체스코의 생애다. 그보다 젊은 동시대인이자 스콜라 철학자로 유명한 성 보나벤투라가 쓴 그의 전기 『성 프란체스코 전』이 최근에 다시 출판되었고(1847년), 이보다 앞서 정성을 기울이고 모든 자료를 상세히 이용해 샤뱅드 말랑이 집필한 『성 프란체스코 전』이 프랑스에서 나왔다(1845년). 이 수도원 저서에 비교할 수 있는 동양의 책으로 꼭 읽을 만한 것은 스펜스 하디의 『동양의 수도 생활. 부처에 의해 창시된 탁발 수도회에 관한 기록』(1850)이다. 이것은 동일한 것을 다른 모습으로 보여 주고 있다. 이것을 보아도 유신론적 종교에서 출발하든 무신론적 종교에서 출발하든 그 본질은 매한가지임을 알 수 있다.

그런데 특히 나는 내가 내세운 개념들에 대한 특종特種의 극히 상세한 실례이자 사실에 입각한 설명으로 귀용 부인의 자서전을 추천할 수 있다. 이 부인의 아름답고 위대한 영혼을 생각하면 내 마음은 끊임없이 경외감으로 가득 차게 된다. 그녀의 영혼을 알게 되고, 그녀의 이성의 미신을 너그러이 보아 넘기며, 그녀의 성향의 탁월한 점을 공정하게 취급하는 것은 좀 더 나은 종류의 사람에게는 즐거운 일이겠지만, 평범한 생각을 지닌 사람들, 즉 대다수의 사람들에게는 그 같은 책도 끊임없이 평판이 좋지 않을 것이다. 그것은 전적으로 또 어디서나 자기와 어느 정도 비슷하거나 적어도 조금이나마 자기에게 소질이 있는 것만 가치를 인정할 수 있기 때문이다. 이것은 지성적인 것이나 윤리적인 것에도 똑같이 해당된다. 말하자면 스피노자의 불충분한 논문인 「지성의 개선에 관해」의 훌륭한 머리말을 그의 전기를 풀 수 있는 열쇠로 사용한다면, 심지어 스피노자의 유명한 프랑스어 전기도 어느 정도는 여기에 속하는 실례로 간주할 수 있다. 이와 동시에 이 부분을 나는 정열의 폭풍을 가라앉힐 내가 알고 있는 가장 효과적인 수단으로 추천할 수 있다. 마지막으로 너무나 그리스인 같기도 한 저 위대한 괴테조차도 『어느 아름다운 영혼의 고백』에서 클레텐베르크 양의 삶을 우리에게 이상화하여 서술하고, 후에는 그의 자서전에서 이에 관한 역사적 보고도 하면서, 이 인간성의 가장 아름다운 측면을 문학의 거울에 비추어 우리에게 분명하게 보여 주는 것이 자신의 품위를 떨어뜨리는 것이라고 생각하지는 않았다. 또한 그는 성 필리포 네리의 생애를 우리에게 두 번이나 들려주기도 했다.

세계사는 사실 우리의 고찰에서 이처럼 중요한 점에 대해 최상의 해명이자 유일하게 충분한 해명이 될 수 있는 품행을 지닌 사람들에 관해 언제나 침묵할 것이고, 또 침묵하지 않으면 안 된다. 세계사의 재료는 이것과는 전혀 다르고 반대되는 것, 다시 말해 삶에의 의지의 부정이나 포기가 아니라, 바로 무수한 개체에서 의지의 긍정과 출현인데, 거기서 의지의 그 자신과의 분열이 의지 객관화의 최고 높은 정점에서 더할 나위 없이 분명하게 나타나기 때문이다. 그리고 우리 눈앞에, 때로는 개인이 우위성이 그 출명함으로 나타나기도 하고, 때로는 대중의 힘이 집단으로 나타나기도 한다. 또 때로는 운명으로 인격화된 우연의 힘이 우리 눈앞에 나타나기도 하지만, 언제나 아무리 노력해도 허사이고 쓸데없다는 사실로 나타난다.

하지만 우리는 시간 속에서 현상의 실마리를 쫓아가지 않고, 철학자로서 행위의 윤리적 의미를 탐구하려 한다. 여기서 이 의미를 우리에게 뜻깊고 중요한 것에 대한 유일한 척도로 삼으면서도, 평범하고 진부한 사람들이 끊임없이 영속적인 다수표를 차지하는 것을 겁내지 않고, 세계가 제시할 수 있는 가장 위대하고 중요하며 뜻깊은 현상은 세계 정복자가 아닌 세계 극복자임을 공언하려 한다. 그러므로 실제로 세계극복자란 이런 인식을 지니고, 그 결과 모든 것을 실현하고 모든 것 속에서 활동하며 노력하는 삶에의 의지를 포기하고 부정하는 사람의 조용하고 눈에 띄지 않는 품행에 다름 아니다. 그러한 사람의 자유는 여기서 비로소 그에게서만 나타나고, 그럼으로써 이제 그의 행위는 보통 사람의 그것과는 정반대가 된다. 그러므로 이러한 점에서 철학자가 볼 때 그 자신을 부정하는 성자들의 전기는 대체로 형편없이 쓰여 있고, 그러니까 미신이나 불합리한 것이 섞여 있긴 하지만, 소재의 중요성에 비추어 볼 때 플루타르코스나 리비우스와도 비교가 되지 않을 정도로 배울 점이 많고 중요하다.

우리가 추상적이고 일반적인 서술 방식으로 삶에의 의지의 부정으로 표현한 것을 보다 자세히 완벽하게 알기 위해서는, 이런 의미에서 쓰이고 이런 정신이 충만한 사람들에 의해 쓰인 윤리 규정을 고찰하는 것이 아주 많은 도움이 될 것이다. 그리고 우리 견해의 순수하게 철학적인 표현이 아무리 새로운 것이라 하더라도, 이 규정은 동시에 우리의 견해가 얼마나 오래된 것인지 보여 줄 것이다. 우리와 가장 가까이에 있는 것이 기독교인데, 전적으로 앞서 말한 정신에 담겨 있는 그 윤리는 가장 높은 등급의 박애뿐 아니라 체념에도 이르게 한다. 이 체념의 측면은 사실 사도使徒들의 글에 이미 싹으로 아주 분명히 존재하지만, 후에 가서야 완전히 발전되어 명시적으로 표현된다. 우리는 사도들의 가르침에서 다음의 것을 발견한다. 즉, 자기애와 버금가는 가치로서 이웃 사랑, 자선, 증오를 사랑과 선행으로 갚기, 인내, 온화함, 가능한 모든 모욕을 무저항으로 참기, 쾌락 억제를 위한 음식의 절제, 성 욕동에 가능한 한 철저하게 저항할 것을 규정한다. 우리는 여기에 이미 금욕, 즉 의지에 대한 본래적인 부정의 첫 단계가 있는 것을 본다. 의지의 부정이란 복음서에서는 그 자신을 부정하고 십자가를 짊어진다는 바로 그것을 의미한다(「마태복음」 16장 24·25절, 「마가복음」 8장 34·35절, 「누가복음」 9장 23·24절, 14장 26·27·33절).

이런 경향이 점점 발전하여 속죄자, 은둔자, 수도 생활의 기원이 되었다. 이것은 그 자체로는 순수하고 성스러웠지만 바로 그 때문에 대부분의 사람에게는 맞지 않았고, 그래서 그것에서 위선과 혐오스런 행동만 발전할 수밖에 없었다. 속담에 의하면 가장 좋은 것을 악용하는 것이 가장 나쁘기 때문이다. 그런데 더 발전한 기독교의 경우 우리는 그러한 금욕적인 싹이 기독교 성자나 신비 사상가의 저서에서 만개하는 것을 본다. 이들은 가장 순수한 사랑 외에도 완전한 체념, 자발적인 완전한 청빈, 참된 평정, 모든 세속적인 사물에 대한 완전한 무관심, 자신의 의지를 죽이고 신 안에서 거듭나는 것, 자기 자신을 완전히 잊고 신의 직관에 몰입할 것을 설교한다. 이에 관한 완벽한 서술이 페늘롱의 『내적인 삶에 대한 성자의 금언 해설』에서 발견된다.

하지만 이러한 발전을 한 기독교의 정신이 독일의 신비 사상가인 마이스터 에크하르트의 저서나, 당연히 유명하다고 할 수 있는 『독일신학』[54]이라는 책에서만큼 완전하고도 힘 있게 나타난 것은 아마 어디에도 없을 것이다. 이 책의 머리말을 쓴 루터는 성서와 아우구스티누스의 저서를 제외하고는 신, 그리스도, 인간이 무엇인가에 대해 이 책에서만큼 많이 배운 경우는 없다고 말하고 있다. 그렇지만 그 책의 진짜 원본은 1815년에야 **파이퍼**의 슈투트가르트판版으로 처음 발간되었다. 그 속에 들어 있는 가르침이나 교리는 내가 삶에의 의지의 부정으로 서술한 것을 더 없이 완벽하게 마음속 깊은 데서 나온 확신으로 설명한 것이다. 그러

54　＊저자는 튜턴 기사 수도회Teutonic Order에 속해 있었으며, 프랑크푸르트 암 마인에 있는 본원의 사제이며 감독을 지냈던 것으로 짐작된다. 이 책은 마틴 루터를 매료시킨 심오한 책으로서 심오한 진리의 세계가 나타난다. 『독일신학』은 14세기에 있었던 '하나님의 친구들' 운동에서 유래된 것이며 마이스터 에크하르트를 스승으로 모신 요한 타울러와 밀접한 관계를 갖고 있다.

므로 유대교적이나 신교적 확신으로 그것을 비난하기 전에 먼저 이 책을 보다 자세히 알아야 한다. 그 저서와 똑같은 평가를 받을 수는 없지만, **타울러**Johann Tauler (1300~1361)[55]의 『그리스도의 가없은 삶의 추적』과 『마음의 한가운데』 역시 탁월한 정신으로 쓰인 것이다. 내 생각에 이 진정한 기독교적 신비주의자의 가르침과 신약성서의 관계는 술과 주정酒精의 관계와 같다. 다시 말하면 신약성서에서는 베일과 안개를 통해 우리에게 보이는 것이 신비주의자들의 저서에서는 베일 없이 완전히 명석하고 판명하게 나타난다. 결국 신약성서는 제1의 신성으로, 신비주의자들은 제2의 신성으로 볼 수 있을 것이다(아테네인은 작은 신비와 큰 신비를 3월이나 10월에 축하한다).

그런데 우리가 삶에의 의지의 부정이라 부른 것은 기독교 교회나 서방 세계에서보다 산스크리트어로 쓰인 태곳적 저서 속에 더욱 발전하여 보다 다방면으로 표현되고 보다 활기차게 서술되어 있다. 삶에 관한 그 중요한 윤리적인 견해가 여기서 계속 발전되어 보다 결정적인 표현을 얻을 수 있었던 것은 기독교에서 유대교 교리가 제한을 받았던 것과는 달리, 아마 그 견해가 전혀 다른 요소에 의해 제한받은 적이 없었던 탓으로 돌릴 수 있을지도 모른다. 기독교의 숭고한 창시자는 필연적으로 유대교 교리에 일부는 의식적으로, 일부는 아마 무의식적으로 순응하고 적응할 수밖에 없었고, 그로 인해 기독교는 이질적인 두 가지 구성 요소로 이루어져 있다. 나는 그중 순수하게 윤리적인 요소를 특히, 그러니까 오로지 기독교적인 요소라고 부르고 이를 이전의 유대교적 교조주의와 구별하고자 한다. 이미 여러 번, 특히 근래에 와서 우려되고 있듯이, 저 훌륭하고 행복을 가져다주는 종교가 언젠가 완전히 몰락할 수 있다면 나는 그 근거를 오로지 다음 사실에서 찾을 것이다. 즉, 기독교는 단순한 요소로 이루어져 있지 않고, 본래 이질적이고 세상이 돌아가는 형편에 의해서만 결합되는 두 가지 요소로 구성되어 있다. 이런 똑같지 않은 친화력과 당면한 시대정신에 대한 반응에서 생긴 두 가지 요소의 분해로 인해 이 경우 해체될 수밖에 없었겠지만, 해체되어도 순수하게 윤리적인 부분

---

55 * 도미니쿠스 수도회 수사이자 독일 신비주의의 건설자. 마이스터 에크하르트, 하인리히 주조와 함께 라인란트의 중심적 신비주의자다. 슈트라스부르크에 있는 도미니쿠스 수도회 수도원과 퀼른의 '슈투디움 게네랄레'에서 교육을 받은 후 슈트라스부르크에서 강사가 되었다. 망명기에는 스위스 바젤에서 설교와 강의를 했고, 1347~1348년 고향으로 다시 돌아왔다. 타울러의 가르침은 성 토마스 아퀴나스의 학설에 기초하여 사변적인 신비주의 신학보다 실천적인 면을 강조했고 에크하르트의 영향을 크게 받았다.

은 파괴될 수 없으므로 여전히 손상되지 않은 상태에 있다.

인도인의 문헌에 대한 우리의 지식이 아직 대단히 불완전하긴 하지만, 이제 그들의 윤리가 『베다』, 『푸라나』, 문학 작품, 신화, 그들의 성자 전설, 격언과 생활 수칙[56]에 아주 다양하고 힘차게 표현되어 있는 것을 우리가 이미 알고 있듯이, 인도인의 윤리에는 다음과 같은 것이 규정되어 있다. 즉, 거기에는 모든 자기애를 완전히 부정한 이웃 사랑, 인류에 한정하지 않고 일반적으로 모든 생물을 포함하는 사랑, 매일 힘겹게 얻은 것까지 기꺼이 내어 주는 자선, 모욕하는 모든 사람에 대한 무한한 인내, 아무리 사악할지라도 모든 악을 선이나 사랑으로 갚기, 모든 치욕을 자진하여 즐거이 참는 것, 모든 육식을 삼가는 것, 참된 성스러움을 얻으려는 자의 완전한 동정童貞과 온갖 육욕을 단념하는 것, 모든 소유물을 버리고 모든 거주지며 식솔을 떠나는 것, 깊고 완전한 고독에 잠겨 침묵 속에서 숙고하는 것, 자발적으로 속죄하고 천천히 끔찍한 고행을 하며 의지의 완전한 소멸에 이르는 것, 그리하여 결국 자진하여 굶어죽거나 악어에게 먹혀 죽고, 히말라야 산속의 성스러운 바위 꼭대기에서 뛰어내려 죽거나 생매장되어 죽으며, 무희들이 노래하고 환호하며 춤추는 중에 신상을 싣고 돌아다니는 거대한 수레의 바퀴 아래에 몸을 던져 죽는 것 등이 쓰여 있다. 그리고 인도 민족은 많은 점에서 변질해 버렸지만, 기원이 4천 년 전 이상으로 거슬러 올라가는 이 가르침은 아직도 살아 있어 인도인들 중에는 이를 극단적으로 실천하는 사람도 있다.[57] 아주 막대한 희생을 초래하긴 하지만, 그처럼 오랫동안 수백만이 넘는 사람에게 실행되고 있는 것은 멋대로 생각해 낸 엉뚱한 생각이 아니라 인간성의 본질에 근거하고 있는 것이 틀림없다.

그런데 기독교와 인도의 속죄자나 성자의 전기를 읽다 보면 거기서 일치하는 점을 발견하고 놀라지 않을 수 없다. 교의, 풍습, 환경은 아주 다르지만 양자의 노

---

56 예컨대 앙크티 뒤페롱의 『우프네카트 스튜디오』 제2권 138·144·145·146호, 폴리에 부인의 『인도 신화』 제2권 13·14·15·16·17장, 클라프로트의 『아시아 잡지』 제1권의 「불교에 대해Uber die Fo-Religion」「바구아트-게타Bhaguat-Geeta」 또는 「크리쉬나와 아리온 사이의 대화Gesprache zwischen Kreeshna und Arjoon」, 제2권의 「모하-무드가바Moha-Mudgava」 참고. 그다음으로 윌리엄 존스가 산스크리트에서 번역한 『인도인의 법 주석서, 또는 마누 법령』의 휘트너 독역(1797), 특히 그중에 제6장과 12장, 마지막으로 『아시아 연구』의 여러 곳 참고(최근 40년 동안 유럽에서 인도 문헌이 아주 많아져서 내가 지금 이 초판의 주석을 완전히 달려면 몇 페이지를 가득 채울 것이다).

57 1840년 6월 재거나트Jaggernaut 행렬에서 11명의 인도인이 수레바퀴 밑으로 몸을 던져 곧 목숨을 잃었다 (1840년 12월 30일 『타임스』지에 실린 동인도의 어떤 지주가 쓴 편지).

력과 내적인 삶은 동일하다. 그러므로 양자의 가르침도 같은 것이다. 가령 타울러는 어떤 위안이나 세속적인 만족을 가져다줄 수 있는 모든 것을 포기하고 단념하는 데 본질이 있는 완전한 청빈을 추구해야 한다고 말한다. 말할 나위도 없이 이모든 것은 사람들이 완전한 소멸을 목적으로 하는 의지에 늘 새로운 양분을 제공하기 때문이다. 인도에서 이에 대응되는 것이 부처의 가르침에 탁발승은 집도 재산도 가져서는 안 되고, 결국 그가 특정한 나무를 좋아하거나 애착을 갖지 않도록 같은 나무 아래서 여러 번 눕지 말라고 권장한다. 기독교의 신비주의자들과 베단타 철학의 스승들은 완전한 경지에 도달한 사람에게는 모든 외적인 작업이나 종교적 수련은 불필요하다고 간주하는 점에서도 견해가 일치하고 있다. 이처럼 시대와 민족이 다른데도 일치점이 그처럼 많은 것은, 낙천적인 천박한 생각으로 즐겨 주장되듯이, 여기에는 괴팍하고 비정상적인 마음이 아닌 인간 본성의 본질적인, 단지 그 마음의 탁월성에 의해서만 드물게 나타나는 측면이 표현되고 있다는 사실에 입각한 증명이다.

　나는 이제까지 삶에의 의지의 부정이 나타나는 현상체를 직접 또 삶에서 퍼내알 수 있는 원천을 밝혔다. 이것은 말하자면 우리의 전체적인 고찰에서 가장 중요한 점이다. 그럼에도 나는 이 점을 전적으로 일반적으로 설명했을 뿐이다. 직접 경험해서 말하는 사람들을 참조하는 것이 그들이 말한 것을 보다 불충분하게 되풀이하여 괜히 책의 부피를 더욱 늘이는 것보다 더 낫기 때문이다.

　다만 이들의 상태를 일반적으로 특징짓기 위해 몇 가지를 덧붙이고자 한다. 우리는 앞에서 악인은 의욕의 격렬함을 통해 끊임없이 기력을 갉아먹는 내적 고통을 당하고, 의욕의 모든 대상이 고갈되면 급기야 남의 고통을 바라봄으로써 자신의 의지의 격심한 갈증을 진정시키고자 하는 것을 보았다. 이와는 달리 자신의 내부에 삶에의 의지 부정이 생겨난 사람은 내적 기쁨과 천국 같은 참된 마음의 평정에 충만해 있다. 그의 상태가 외부에서 볼 때 아무리 가련하고 기쁨이 없으며 결핍으로 가득 차 있다 하더라도 말이다. 그것은 삶을 즐기는 사람의 품행을 이루는 것과 같은 불안한 삶의 충동, 격심한 고통을 선행 조건이나 후속 조건으로 삼는 환호하는 희열이 아니라, 흔들림 없는 평온함, 깊은 평정, 내적인 명랑함이다. 그것은 우리가 직접 눈앞에서 보거나 상상력으로 본다면 최고로 동경하지 않고는 볼 수 없는 상태이다. 그러면서 우리는 그 상태를 즉시 유일하게 옳은 것, 다른 모든 것보다 무한히 우월한 것으로 인정하고, 우리의 더 나은 정신은 이것을 향해 '과

감히 통찰력을 갖도록 하라'고 외친다. 그렇게 되면 우리는 아마, 세상에서 우리의 소망을 성취한다는 것은 모두 오늘은 거지의 목숨을 연명하게 하지만 내일은 다시 굶주리게 하는 적선과 같은 것인 반면, 체념은 물려받은 토지와 같다. 그래서 우리는 체념이 토지를 가진 사람의 온갖 시름을 영원히 없애 버린다고 느낄지도 모른다.

제3권에서 말한 것 중에서 기억나는 것으로, 아름다운 것에 대한 미적 기쁨은 대부분 우리가 순수한 관조 상태에 들어가 그 순간 모든 의욕, 즉 모든 소망이나 걱정에서 벗어나, 다시 말해 그 자신으로부터 벗어나 더 이상 자신의 계속적인 의욕을 위해 인식하는 개체, 즉 객관들이 동기가 되는 개별적 사물의 상관 개념이 아니라, 의지를 벗어난 영원한 인식 주관, 즉 이념의 상관 개념이라는 데에 그 본질이 있다. 또 우리는 격심한 의지의 충동에서 구원받아, 즉 무거운 지상의 대기에서 떠오르는 순간이 우리가 알고 있는 가장 복된 순간임을 안다. 이런 사실에서 우리는 아름다움을 즐길 때처럼 인간의 의지가 순간적으로 진정되는 것이 아니라, 영원히 진정되는, 그러니까 신체를 유지하다가 이 신체와 더불어 소멸하게 될 마지막으로 이글거리는 불씨마저 완전히 소멸되는 인간의 삶이 얼마나 복된 것인지 추측할 수 있다. 그 자신의 본성과 수많은 쓰라린 투쟁을 거친 뒤 결국 완전히 극복하는 인간은 순수하게 인식하는 존재로서만, 세계를 맑게 비추는 거울로서만 남아 있다. 그는 더 이상 아무것에도 불안해하거나 동요하지 않는다. 그는 이 세상에 우리를 묶어두고 계속적인 고통에 시달리게 하면서 욕망, 두려움, 질투, 분노로서 이리저리 휩쓸리게 하는 의욕의 온갖 수천 가지 실마리를 끊어 버렸기 때문이다. 그는 이제 조용히 미소를 띠고, 한때 그의 마음까지 동요시켜 괴롭혔지만 이제는 승부가 끝난 뒤의 장기의 말처럼, 또는 축제의 밤에 우리를 놀리고 불안하게 한 가장 무도회의 복장이 아침에 아무렇게나 내던져져 있는 것처럼, 그의 앞에 아무렇지도 않은 것으로 존재하는 이 세상의 환영幻影을 되돌아본다. 삶과 그 모습은 덧없는 현상처럼, 이미 꿈에 현실의 햇살이 새어 들어와 더는 그를 속일 수 없는, 반쯤 깨어난 사람의 가벼운 아침 꿈처럼 그의 눈앞에 어른거릴 뿐이다. 또 이 꿈과 마찬가지로 삶의 모습도 급기야는 무리한 변천을 거치지 않고 사라져 버린다.

이러한 고찰에서 우리는 **귀용**이 자서전의 말미에서 종종 말하는 것의 의미를 이해할 수 있게 된다.

내게는 모든 것이 아무래도 상관없다. 나는 더 이상 의욕할 수 없다. 나는 가끔 내가 존재하는지 존재하지 않는지 모를 때가 있다.

의지가 소멸한 뒤에는 신체의 죽음(이는 의지의 현상에 지나지 않으며, 의지가 없어지면 따라서 신체도 모든 의미를 잃게 된다)도 이제 전혀 쓰라린 것이 아니고, 아주 기꺼이 맞이할 수 있는 것임을 표현하기 위해, 그다지 우아한 말씨는 아니지만 성스러운 속죄자인 귀용 부인이 직접 한 말을 여기에 인용하는 것을 용서해 주기를 바란다.

축복의 대낮, 다시는 밤이 오지 않는 낮, 죽음에 직면해서도 더 이상 죽음을 두려워하지 않는 삶이다. 왜냐하면 죽음이 죽음을 극복했고, 최초의 죽음을 당한 사람은 두 번째의 죽음을 더 이상 감각하지 않기 때문이다.

(『귀용 부인의 삶』 제2권 13쪽)

그렇지만 우리는 진정제가 된 인식을 통해 삶에의 의지 부정이 일단 생긴 뒤에는 이제 그것이 더 이상 흔들리지 않으며, 소유물을 취득한 것처럼 그 부정에 안주할 수 있다고 생각해선 안 된다. 오히려 이 부정은 끊임없는 투쟁을 통해 언제나 새로이 쟁취되어야 한다. 왜냐하면 신체는 의지 자체이고, 단지 객관성의 형태로서만 또는 표상으로의 세계에서 현상으로서만 존재하므로, 신체가 살아 있는 한 삶에의 의지 전체도 그 가능성에 따라 현존하고 항시 현실 속에 들어가서 새로이 온통 격정에 사로잡혀 불타오르려 하기 때문이다. 그 때문에 우리는 성자들의 삶에서 앞에서 묘사한 평정과 축복을 의지의 끊임없는 극복에서 생겨난 꽃봉오리로만 생각하고, 이 꽃을 피우는 토양은 삶에의 의지의 끊임없는 투쟁으로 본다. 지상에서 지속적인 평정을 얻을 수 있는 사람은 아무도 없기 때문이다. 따라서 우리는 성자들의 내적인 삶의 역사를 보면 영혼의 투쟁, 시련, 그리고 은총으로부터 버림받는 것으로 가득 차 있음을 알게 된다. 그 은총은 모든 동기를 무력하게 만들면서 모든 의욕의 보편적인 진정제로서 마음을 가라앉히고 가장 깊은 평화를 주며 자유의 성문을 열어 주는 인식 방법이다.

그러므로 우리는 일단 의지의 부정에 도달한 사람들은 무리하여 자신에게 온갖 것을 단념시키고 속죄하는 가혹한 생활 방식을 취하거나 그들에게 불편한 것을 찾아 나섬으로써, 갖은 노력을 다해 이 도정에 그대로 있으려는 것을 본다. 즉,

호시탐탐 다시 일어서려고 하는 의지를 억누르기 위해 갖은 애를 쓴다. 따라서 결국 이들은 구원의 가치를 이미 알고 있기 때문에 애써 얻은 구원을 유지하기 위해 근심스런 마음으로 신중을 기하고, 무죄한 향유를 누릴 때나 허영심이 조금이라도 움직일 때마다 번민한다. 그런데 허영심은 이 경우에도 마지막으로 소멸하고, 인간의 모든 성향 중 가장 파괴하기 어렵고 가장 활동적이며 가장 어리석은 것이다. 나는 이미 여러 번 사용한 **금욕**이라는 표현을, 보다 좁은 의미에서, 편한 것을 거부하고 불편한 것을 찾아 의지의 지속적인 금욕을 위해 이처럼 **고의적**으로 의지를 꺾는 것, 스스로 선택한 속죄하는 생활 방식이자 고행이라고 생각한다.

그런데 이미 의지 부정에 도달한 사람들이 그 상태를 유지하기 위해 이 고행을 하는 것을 보면, 운명에 의해 정해지는 것 같은 고뇌 일반도 그러한 부정에 이르기 위한 제2의 길[58]이다. 그러니까 우리는 대부분의 사람이 이 길에 의해서만 의지의 부정에 도달한다는 것, 종종 죽음이 임박해서야 비로소 가장 빈번하게 완전한 체념을 초래하는 것은 단순히 인식된 고뇌가 아닌 스스로 감각된 고뇌라고 가정할 수 있다. 왜냐하면 개체화의 원리를 간파하면서, 먼저 가장 완전한 자비로운 마음씨와 보편적인 박애를 낳고, 의지의 부정을 야기하기 위해 결국은 세상의 모든 고뇌를 그들 자신의 고뇌로 인식시켜 주는 단순한 인식은 소수의 사람들에게만 충분하기 때문이다. 이 점에 가까워지는 사람의 경우조차도 거의 언제나 그 자신이 견딜 수 있는 상태, 순간의 감언甘言, 희망의 유혹, 번번이 되풀이되는 의지, 즉 쾌락의 충족은 의지 부정의 끊임없는 장애이고, 의지의 새로운 긍정에 대한 끊임없는 유혹이다. 따라서 이 점에서 그 모든 유혹은 악마로 인격화되었다.

그래서 의지는 대체로 자기 부정이 행해지기 전에 자신의 가장 큰 고뇌에 의해 꺾이고 만다. 그렇게 되면 우리는 인간이 점점 더 커지는 온갖 단계의 곤경을 거쳐 아주 격심한 저항을 받으며 절망에 허덕인 뒤 갑자기 자신 속에 들어가, 자신과 세계를 인식하고 자신의 본질 전체를 바꾸고, 그 자신과 온갖 고뇌를 넘어서서, 이 고뇌에 의해 정화되고 신성하게 된 것처럼 확실한 평정, 축복, 숭고함 속에서 자신이 전에 그토록 격렬하게 의욕했던 모든 것을 순순히 단념하고 기꺼이 죽음을 받아들이는 것을 본다. 그것은 삶에의 의지의 부정, 즉 구원의 섬광이 고뇌를 정화시키는 불길에서 갑자기 새어 나온 것이다. 우리는 아주 악한 사람들조차도

---

58 이에 대해서는 『스토바에오스 선집』 2권 374쪽 참조.

때로 말할 수 없는 고뇌에 의해 이 등급에까지 정화되는 것을 본다. 그들은 딴 사람이 되어 완전히 변해 있다. 따라서 이전에 저지른 악행도 이제는 더 이상 그들에게 양심의 가책이 되지 않는다.

그렇지만 그들은 이전의 악행을 기꺼이 죽음으로 속죄하고, 이제는 그들과 무관하며 혐오스럽게 된 의지의 현상이 끝나는 것을 순순히 바라본다. 커다란 불행과 모든 구원에 대한 절망을 통해 초래된 이 의지의 부정에 관해서는, 위대한 괴테가 그의 불후의 걸작 『파우스트』[59]에 나오는 그레트헨의 수난사에서 일찍이 문학에서 보지 못한 분명하고 직관적인 서술을 우리에게 해 주었다. 이것은 의지의 부정에 도달하기 위한 제2의 길의 완전한 모범이다. 즉, 제1의 길처럼 자발적으로 자기 것으로 하는 전체 세계의 고뇌를 단순히 인식함으로써가 아니라, 그 자신의 한없는 고뇌를 스스로 감각함으로써 의지의 부정에 도달하는 길이다. 사실 아주 많은 비극은 의욕이 강한 주인공으로 하여금 결국 이 완전한 체념의 경지에 이르게 하고, 그런 다음 보통 삶에의 의지와 그 현상도 동시에 끝나게 한다. 그러나 내가 알기로 지금 언급한 『파우스트』에 나오는 서술처럼, 그 전환의 본질적인 것을 모든 부수적인 것으로부터 떼어 내 그처럼 분명하고도 순수하게 눈앞에 드러내는 것은 없다.

우리는 실제 생활에서 말할 수 없이 큰 고뇌를 겪어야 하는 불행한 사람들을 본다. 그들에게 온갖 희망이 완전히 사라진 뒤 정신력을 모두 발휘해 단두대 위에서 굴욕적이고 폭력적인, 때로는 고통에 찬 죽음을 맞으러 다가가다가 그런 식으로 변하는 경우가 아주 빈번하기 때문이다. 우리는 사실 그들의 성격과 대부분의 사람들의 성격 사이에는 그들 운명이 보여 주는 것만큼의 큰 차이가 있다고 가정해서는 안 되고, 그들 운명을 대체로 주변 환경의 탓으로 보아야 할 것이다. 아무튼 그들은 죄를 지었고 상당한 정도로 악한 사람들이다. 그렇지만 우리는 완전한 절망에 빠진 뒤에도 그들 중 많은 사람이 앞서 말한 식으로 변한 것을 본다. 그들은 이제 실제로 선하고 순수한 마음씨를 보여 주고, 조금이라도 악하거나 몰인정한

---

59 * 파우스트는 서유럽 민담 및 문학에서 가장 오랫동안 전해 내려오는 전설 가운데 하나로 지식과 권력을 위해 악마에게 자신의 영혼을 판 독일의 마법사 또는 점성술사 이야기에 등장하는 주인공이다. 독일 고전주의 문학의 정수로 꼽히는 『파우스트』는 괴테가 1773년 집필을 시작해 1831년 완성한 대작으로, 지식과 학문에 절망한 노학자 파우스트 박사의 장구한 노정을 그리고 있다. 악마 메피스토펠레스의 유혹에 빠져 방황하던 파우스트가 잘못을 깨닫고 구원을 받는다는 내용의 이 작품은, 괴테가 완성한 독일 정신의 총체인 동시에 인간 정신의 보편적 지향을 제시하는 고전 중의 고전이다.

「서재에 있는 파우스트」 게오르크 프리드리히 케어스팅, 1829

모든 행위에 대해서는 진실한 혐오감을 보인다. 그들은 그들의 적 때문에 아무 잘 못 없이 괴롭힘을 당해도, 단순히 말로 용서하거나 가령 저승의 재판관에 대한 위선적인 두려움 때문에 용서하는 것이 아니라, 실제로 마음속으로 진지하게 용서하며 결코 복수를 원하지 않는다. 그러니까 결국 그들은 자신들의 고뇌와 죽음을 좋아하게 되는데, 그것은 삶에의 의지의 부정이 생겼기 때문이다. 즉, 그들은 흔히 구원의 손길도 뿌리치고 기꺼이 침착하게 환희에 넘쳐 죽어간다. 과도한 고통을 겪는 중에 삶의 마지막 비밀, 즉 화禍와 악, 고뇌와 증오, 괴롭힘을 당하는 자와 괴롭히는 자, 이것은 근거율에 따르는 인식에서 보면 아주 다르지만 그 자체로는 하나다. 이것은 그 자신과의 충돌을 개체화의 원리에 의해 객관화하는 삶에의 의지의 현상이라는 비밀이 그들에게 드러난 것이다. 즉, 그들은 두 가지 측면, 화와 악을 충분히 알게 되었고, 그러면서 결국 양자의 동일성을 통찰하여 이제 둘을 동시에 물리치고 삶에의 의지를 부정한다. 그들이 그들 이성에 이 직각적이고 직접적인 인식과 그들의 전환에 대해 어떤 신화와 교의로 해명하든, 그것은 이미 말했듯이 아무래도 전혀 상관없다.

이런 종류의 심경의 변화의 증인은 의심의 여지 없이 주목할 만한 논문을 쓴 **마티아스 클라우디우스**Matthias Claudius(1740~1815)[60]였다. 『반츠베크의 사자使者』(제1부 115쪽)에서 '***의 회심기回心記'라는 제목으로 나온 그 논문은 다음과 같이 끝맺고 있다.

사람의 사고방식은 원주의 한 점에서 반대쪽의 점으로 넘어갈 수 있고, 사정이 그에게 호弧를 그려 보이면 다시 원래의 점으로 돌아올 수 있다. 그리고 이런 변화는 인간에게 사실 그리 커다란 일도 흥미로운 일도 아니다. 그런데 그 **주목할 만하고 카톨릭적(전반적)인 초월적 변화**가 일어나면 원 전체가 돌이킬 수 없이 파괴되고 심리학의 모든 규칙이 공허하고 텅 비게 되며, 모피로 만든 상의가 벗겨지거나 또는 적

60 * 북독 홀슈타인의 라인펠트 출신의 문인. 널리 애창되는 민중 가요풍의, 그리고 강렬한 인상을 남기는 작시법의 서정 시인으로 잘 알려져 있다. 또 예나에서 신학을, 그리고 나중에 법학과 행정학을 공부하기도 했다. 레싱, 헤르더 등과도 교제를 한 것으로 알려진 그는 언론인으로 활동하면서도 큰 명성을 얻었다. 예를 들어 그는 독일 최초의 국민지라 일컬어지는 「반츠베크의 사자使者 Der Wandsbeker Bothe」의 편집자였다. 원래 경제지였던 이 신문에 그가 문학적인 측면들을 가미하면서 신문은 독일 전역에 알려졌다. 북독일인들이 가장 사랑한다는 사랑 시로 뽑힌 그의 시 「사랑」은 짧고, 그러나 뜨겁고 강렬하며, 사랑스럽게 사랑을 노래하고 있다.

어도 뒤집어져서 인간은 불현듯 실상을 깨닫게 된다. 하지만 이러한 변화는 호흡을 자신의 코로 어느 정도 의식하는 각자가 그 변화에 대해 뭔가 확실한 것을 듣고 알아낼 수 있다면 부모까지도 저버릴 정도의 변화다.

그건 그렇고 임박한 죽음과 절망이 고뇌에 의한 그러한 정화를 위해 반드시 필연적인 것은 아니다. 그런 것이 없어도 큰 불행이나 고통에 의해 삶에의 의지가 그 자신과 모순된다는 인식이 무리하게 파고들어 모든 노력이 헛되다는 것을 통찰할 수도 있다. 그러므로 열정의 충동으로 파란만장한 인생을 산 왕, 영웅, 행운을 찾는 모험가들이 느닷없이 돌변해서 체념과 속죄를 하며 은둔자나 수도승이 되는 경우가 더러 있다. 모든 참된 회심기, 예컨대 라이문트 룰리우스의 회심기도 이런 것에 속한다. 그는 오랫동안 연모한 어떤 미인으로부터 드디어 부름을 받고 드디어 그녀의 방으로 간다. 자신의 모든 소망이 실현되리라 생각한 그 순간, 그녀는 자신의 앞가슴을 풀어헤쳐 암으로 아주 끔찍하게 침식된 가슴을 보인 것이다. 이 순간부터 그는 마치 지옥을 본 것처럼 마음을 고쳐먹고, 마요르카 왕의 궁정을 떠나 황야로 가서 참회 생활을 했다.[61] 이 회심기와 아주 유사한 것이 내가 제2편 48장에서 간략하게 이야기한 랑세 신부의 회심기다. 두 사람이 어떤 계기로 쾌락에서 삶의 혐오로 넘어갔는지 고찰해 보면 우리는 확연히 눈에 띄는 다음 사실을 알 수 있다. 즉, 유럽에서 삶을 가장 잘 즐기고 명랑하며 감각적이고 경박한 민족, 즉 프랑스 국민이 모든 수도회 중 가장 엄격한 트라피스트 수도회[62]를 결성했고, 그것이 쇠락한 뒤에는 랑세에 의해 다시 재건되었으며, 종교개혁과 교회의 변혁, 무無신앙이 만연했는데도 오늘에 이르기까지 그 순수성과 끔찍할 정도의 엄격함을 유지하고 있다.

그렇지만 이런 현존의 속성에 관한 앞서 언급한 종류의 인식도 다시 그 계기와 함께 동시에 멀어질 수도 있고, 삶에의 의지와 함께 이전의 성격이 다시 나타날 수도 있다. 열정적인 벤베누토 첼리니Benvenuto Cellini(1500~1571)[63]에게서 그런 경

---

61 Bruckeri bist. philos., tomi IV pars I, p. 10

62 * 1664년 프랑스 노르망디의 라트라프 지방에서 엄격한 수도 생활을 지향하여 결성된 수도 단체. 노동, 장엄한 제식祭式, 침묵의 엄수, 금욕적 공동생활 등이 특징이다.

63 * 이탈리아의 조각가, 귀금속 세공가이자 문학자. 르네상스 후기의 피렌체파에 속한다. 로마, 파리, 피렌체 등에서 파란만장한 삶을 살면서 청동상「페르세우스」, 부조浮彫「폰덴브로의 님프」등의 걸작을 남겼다. 이탈리아 자서전의 백미인 그의 자서전『벤베누토 첼리니의 삶』은 당시의 미술계를 연구하는 중요한 자료다.

우를 볼 수 있다. 그는 한번은 감옥에서, 다음번에는 중병에 걸렸을 때 그런 식으로 마음의 변화를 일으켰지만, 고뇌가 없어지자 다시 옛날 상태로 되돌아갔다. 일반적으로 고뇌에서 의지의 부정이 생기는 것은 원인에서 결과가 생기는 필연성에 의한 것이 아니며, 의지는 어디까지나 자유롭다. 그도 그럴 것이 여기야말로 의지의 자유가 직접 현상으로 나타나는 유일한 점이기 때문이다. 아스무스(마티아스 클라우디우스)가 "초월적인 변화"에 대해 그토록 심한 놀라움을 표현한 것도 그 때문이다. 아무리 괴롭다 해도 그 고뇌보다 격렬한 정도가 심하고, 그로 인해 제어할 수 없는 의지가 있다는 것을 생각할 수 있다. 그 때문에 플라톤은 『파이돈』[64]에서 처형되는 순간까지 먹고 마시고 성적 향락을 즐기며, 죽을 때까지 삶을 긍정하는 사람들에 관해 이야기하고 있다. 셰익스피어는 극악무도한 뷰포트 추기경[65]의 끔찍한 종말을 우리 눈앞에 보여 준다. 고뇌도 죽음도 극단적인 악의에까지 이르는 격렬한 의지를 꺾을 수 없어 그는 자포자기해 죽고 만다.

의지가 격렬해질수록 의지의 충돌 현상도 그만큼 격해지고, 그래서 고뇌도 그만큼 커진다. 현재의 세계보다 훨씬 격렬한 삶에의 의지를 현상으로 갖는 세계는 그만큼 커다란 고뇌를 내보일 것이다. 그러므로 그 세계가 하나의 **지옥**이리라.

모든 고뇌는 금욕과 체념에 대한 요구이므로 그 가능성에 따라 신성화하는 힘을 갖고 있다. 그 때문에 이 점에서 큰 불행이나 깊은 고통이 이미 자체적으로 어떤 외경심을 품게 한다는 사실이 설명된다. 그런데 고뇌하는 사람은 자신의 인생 행로를 고뇌의 연쇄로 조망하거나 또는 치유할 길 없는 커다란 고통을 슬퍼하면서도, 바로 자신의 삶을 슬픔에 몰아넣은 상황의 연쇄를 주목하지 않고, 자신이 당한 개별적인 큰 불행에 머물러 있지 않을 때라야 비로소 우리에게 전적으로 존경받을 만하게 된다. 그때까지는 그의 인식이 아직 근거율을 따르고 개별적 현상에 집착하고 있기 때문이다. 즉, 그는 여전히 삶을 의욕하고 있으며, 그에게 주어진 조건 아래에서 삶을 의욕하지 않을 뿐이다. 윤리적인 면에서 **천재적**으로 되고

---

64 * 플라톤의 대화록 중 하나인 『파이돈』은 영혼 불멸을 다루고 있는 작품이다. 아테네의 감옥에서 죽음에 직면하여 소일하던 소크라테스의 나날을 파이돈이 에케크라테스에게 이야기하는 형식을 취한 것으로 일반적으로 영혼 불멸의 증명을 주제로 삼고 있다. 죽음을 앞둔 소크라테스가 죽음에 임하여 왜 죽음을 두려워하지 않는지를 밝히고 아울러 왜 영혼과 육체의 분리를 추구하고 있는지를 다룬다. 다음으로 영혼 불멸을 증명함에 있어서 세 가지 논증이 제시된다. 첫 번째 논증은 반대로부터의 생성을 통해, 두 번째 논증은 상기설에 의해, 그리고 세 번째 논증은 영혼과 이데아의 유사성에 의해 이루어진다.

65 『헨리 4세』 제2부, 제3막, 3장

하나의 사례가 수천의 사례에 적용됨으로써, 따라서 삶 전체가 본질적인 고뇌로 파악되어 그를 체념으로 몰아가면서, 시선이 개별적인 것에서 보편적인 것으로 옮아가고 자신의 삶을 전체의 실례로 볼 때에만 그는 정말로 존경받을 만하게 된다. 이 때문에 괴테의 『토르콰토 타소』에서 공주가 자신의 삶과 자기 가족의 삶이 언제나 슬프고 기쁨이 없다고 말하면서도, 그 삶을 아주 보편적으로 바라보는 것은 존경받을 만하다.

매우 고상한 성격은 언제나 어떤 잔잔한 애조의 빛을 띠고 있다고 생각되는데, 그 애조는 일상적인 언짢은 일에 대한 계속적인 역정(그렇다면 그것은 고상한 특성이 아니고, 마음씨가 선하지 않다는 의구심을 불러일으킬지도 모른다)은 결코 아니고, 인식에 의거하여 모든 재물은 헛된 것이고, 자신의 삶뿐 아니라 모든 삶이 고뇌임을 의식하는 것이다. 하지만 그러한 인식은 스스로 겪은 고뇌, 특히 단 하나의 커다란 고뇌에 의해 맨 먼저 일깨워질 수 있다. 이것은 마치 페트라르카가 단 하나의 실현 불가능한 소망 때문에 삶 전체에 대한 체념적인 비애에 이른 것과 같다. 그의 작품에 기록되어 있는 비애는 우리의 심금을 울린다. 그가 뒤쫓은 다프네[66]는 그의 수중에서 사라지고 그녀 대신 불멸의 월계수를 그에게 남겨 주었기 때문이다. 운명을 그처럼 돌이킬 수 없을 정도로 크게 거부함으로써 의지가 어느 정도 꺾였다면, 그 밖에 거의 아무것도 더 이상 의욕하지 않게 되고, 성격은 부드럽고 슬프고 고상하고 체념한 모습을 보인다. 결국 비통Gram이 더 이상 특정한 대상을 갖지 않고 삶 전체에 퍼지면, 그것은 어느 정도는 자기 속으로의 침잠, 물러남, 의지의 점차적인 사라짐이다. 그래서 의지의 가시성인 신체는 심지어 조용히, 허나 아주 깊은 곳에 파묻히게 된다. 그럼으로써 인간은 자신의 유대가 어느 정도 끊어진 것을 감지한다. 즉, 신체와 의지가 동시에 해소된 것을 알려 주는 죽음에 대한 잔잔한 예감을 감지한다. 그러므로 이 비통에는 은밀한 기쁨이 따라다니는데, 내 생각에 모든 국민 중 가장 우울한 국민이 비통의 기쁨이라고 부른 것이 바로 그것이다.

그렇지만 바로 여기, 삶 자체뿐 아니라 삶을 시문학으로 서술한 것에도 **감상주**

---

66 *그리스 신화에서 월계수(그리스어로 'daphnē')를 의인화한 것이다. 아폴론 신뿐 아니라 모든 애인을 거부하는데도 아폴론 신이 계속 쫓아다니자 다프네는 대지의 여신과 아버지인 강江의 신에게 자기를 구해 달라고 기도를 했는데 이 기도가 받아들여져 그녀는 한 그루의 월계수로 변했다. 아폴론은 시인들에게, 로마에서는 승리자에게 월계관을 주었다. 레우키포스도 다프네를 사랑했는데 아폴론의 질투로 죽임을 당했다.

의라는 장애가 있다. 다시 말해 체념을 떨치고 일어서거나 용기를 내지 않고, 언제나 슬퍼하고 한탄하기만 하면 땅과 하늘을 동시에 잃어버리고 생기 없는 감상주의만 남게 된다. 고뇌가 단순하고 순수한 인식이라는 형태를 취하고, 그런 뒤 이 인식이 **의지의 진정제**로서 참된 체념을 초래함으로써, 고뇌는 구원의 길이 되어 그로 인해 존경할 만하게 된다. 그런데 이런 점에서 우리는 매우 불행한 사람을 보면 덕과 고결한 마음을 접했을 때 느끼는 것과 유사한 일종의 존경심을 느끼며, 동시에 우리 자신의 행복한 상태가 일종의 비난처럼 여겨진다. 우리는 스스로 느낀 고뇌든 남의 고뇌든 그 고뇌로 덕과 성스러움에 다가가는 것이 적어도 가능하다고 보는 반면, 향유나 세속적인 충족은 거기서 멀어져 가는 것으로 보지 않을 수 없다. 이 때문에 커다란 육체적 고통이나 무거운 정신적 고뇌를 짊어진 모든 사람, 그러니까 심지어 얼굴에 땀을 흘리며 눈에 띄게 녹초가 되어 엄청나게 힘든 일을 수행하면서 이 모든 것을 참고 불평 없이 해내는 모든 사람, 거듭 말하자면 이 모든 사람은 주의 깊게 살펴보면, 흡사 치료에 의해 생기는 고통을 순순히, 심지어 흡족한 마음으로 참고 견디는 환자처럼 생각된다. 그 환자는 고통스런 치료를 받으면서도 자신이 괴로울수록 병소病巢도 파괴되므로 현재의 고통이 자신의 구원의 척도임을 알고 있기 때문이다.

지금까지 말한 것에 따르면, 완전한 체념이나 성스러움으로 불리는 삶에의 의지의 부정은 언제나 의지의 진정제에서 생긴다. 그 의지의 진정제는 모든 생물의 고뇌 속에 나타나는 의지의 내적 충돌에 대한 인식이자 의지가 본질적으로 헛되다는 인식이다. 우리가 두 가지 길로서 서술한 그 차이는 단순하고 순수하게 **인식된** 고뇌가 그것을 자유로이 제 것으로 하여 개체화의 원리를 간파함으로써 그러한 인식이 생기게 하든지, 또는 직접 스스로 **감각된** 고통이 그러한 인식이 생기게 하든지 하는 것이다. 참된 행복, 즉 삶과 고뇌로부터의 구원은 의지의 완전한 부정 없이는 생각할 수 없다. 거기에 도달하기까지는 모두 다름 아닌 이 의지 자체에 불과하고, 이 의지의 현상은 덧없는 존재이자 언제나 헛되고 끊임없이 좌절된 노력이며, 우리가 묘사한 고뇌에 가득 찬 세계다. 우리는 모두 불가항력적으로 똑같이 그 세계의 일원이다. 왜냐하면 앞에서 본 것처럼, 삶에의 의지에는 삶이 끊임없이 확실하고, 삶의 유일한 현실적인 형식은 현재이며, 출생과 죽음도 현상 속에 존재하듯, 우리는 아무도 이 현재에서 빠져나갈 수 없기 때문이다. 인도의 신화는 "그들은 다시 태어난다"고 말함으로써 이런 사실을 표현하고 있다.

여러 성격의 커다란 윤리적 차이는 다음과 같은 의미를 지닌다. 즉, 악인은 의지의 부정을 초래하는 인식에는 무한히 멀리 떨어져 있으며, 그러므로 삶 속에서 **가능한** 것으로 현상하는 모든 고민을 있는 그대로 **실제로** 받아들이지 않으면 안 된다. 가령 그의 현재 상태가 행복하다고 해도, 그것은 개체화의 원리에 의해 매개된 현상이자 마야의 환영幻影, 즉 거지의 달콤한 꿈에 지나지 않기 때문이다. 그가 의지 충동의 격렬함과 분노로 남에게 가하는 고뇌는 그 자신이 경험해도 의지가 꺾이거나 궁극적인 부정까지는 초래할 수 없는 정도의 고뇌다. 반면 참되고 순수한 모든 사랑, 그러니까 모든 자유로운 정의조차도 이미 개체화의 원리를 간파하는 데서 생기는데, 이 일이 아주 명백하게 행해지면 그 원리의 간파는 완전한 신성화와 구원을 가져다준다. 그 간파의 현상체는 앞에서 묘사한 완전한 체념의 상태이고, 그 상태는 이에 따르는 흔들림 없는 평화와 죽음 속의 최고의 기쁨이다.[67]

---

67 이에 대해서는 제2편 48장 참고

69.
의지의 긍정인 자살에 대하여

우리의 고찰 방식의 한계 내에서 충분히 서술한 삶에의 의지의 부정은 현상 속에서 나타나는 의지의 자유에 있어 유일한 행위다. 따라서 아스무스가 말하듯이 초월적인 변화이지만 의지의 개별적 현상의 자의적인 파기인 **자살**은 이것과는 전혀 다르다. 의지의 부정과는 아주 거리가 먼 자살은 의지를 강력하게 긍정하는 하나의 현상체다. 왜냐하면 부정의 본질은 삶의 고뇌가 아닌 삶의 향유를 혐오하는 데 있기 때문이다. 자살자는 삶을 의욕하지만 자신이 처한 삶의 여러 조건에 만족하지 못할 뿐이다. 따라서 그는 결코 삶에의 의지를 포기하지 않고, 개별적인 여러 현상을 파괴하면서 단지 삶만을 포기한다. 그는 삶을 의욕하고, 신체의 방해받지 않는 현존과 긍정을 의욕한다. 하지만 사정이 꼬여 이것이 허락되지 않고, 그래서 그에게 커다란 고뇌가 생겨난다.

삶에의 의지 자체는 이런 개별적 현상에서 너무 심하게 방해받아 의지가 노력을 펼칠 수 없게 된다. 그러므로 의지는 근거율의 여러 형태 밖에 존재하는 의지의 본질 자체에 따라 스스로 결정을 내리며, 따라서 어떠한 개별적인 현상과도 무관하다. 즉, 본질 자체는 어떠한 생성 소멸에도 영향 받지 않으며, 모든 사물의 삶의 내면이다. 왜냐하면 우리 모두가 죽음에 대한 계속적인 두려움 없이 살게 하는 그 같은 확고하고 내적인 확신, 말하자면 의지에는 그 현상이 반드시 따른다는 확신이 자살의 경우에도 행위를 뒷받침하기 때문이다. 그러므로 삶에의 의지는 바로 이 자살Schiwa뿐만 아니라 자기 보존의 유쾌함Wischnu과 생식의 쾌락Brahma에도 현상한다. 이것이 **3신 일체**Einheit des Trimurti[68]의 내적인 의미인데, 이것은 시간 속에서 어떤 때는 세 머리 중의 하나를, 어떤 때는 다른 하나를 두드러져 보이게 할지라도, 각자 전체로는 온전히 하나다.

이념에 대한 개별적 사물의 관계는 의지의 부정에 대한 자살의 관계와 같다. 즉, 자살자는 종種이 아닌 단순히 개체를 부정할 뿐이다. 이미 앞에서 살펴보았듯이, 삶에의 의지에는 삶은 언제나 확실하고 이 삶에는 고뇌가 본질적이기 때문에, 하나의 개별적인 현상의 자의적인 파괴인 자살은 사물 자체에는 방해받지 않는다. 마치 무지개를 한순간 지탱하고 있는 물방울이 아무리 빨리 바뀌어도 무지개는 그대로 유지되는 것처럼, 자살은 전적으로 무익하고 어리석은 행위다. 하지만 자살은 삶에의 의지의 그 자신에 대한 모순을 가장 극명하게 드러낸 것으로, 마야의 걸작이기도 하다.

우리는 이미 의지의 가장 낮은 현상에서, 자연력이 온갖 형태로 발현하고 모든 유기적인 개체가 물질, 시간, 공간을 얻으려는 계속적인 투쟁 속에서 이런 모순을 인식했다. 또한 의지의 객관화의 단계가 높아짐에 따라 그러한 충돌이 끔찍할 정도로 점점 분명하게 나타나는 것을 보았다. 이리하여 결국 인간 이념의 최고 높은 단계에 이르르면, 이 충돌은 동일한 이념을 나타내는 개체들이 서로를 말살할 뿐아니라, 심지어 동일한 개체가 그 자신에게 전쟁을 선포하는 단계에 이른다. 또한 그 개체는 격렬하게 삶을 의욕하고 삶의 장애물인 고뇌에 덤벼들어 그 자신을 파괴하기에 이른다. 그 결과 개인적 의지는 고뇌로 의지가 꺾이기 전에, 의지 자신이 가시적으로 된 것에 불과한 신체를 하나의 의지 행위로 파기하게 된다. 사실 자살자는 의욕하는 것을 멈출 수 없기 때문에 사는 것을 멈추는 것이다. 그리고 의지는 이 경우 달리 더 이상 자신을 긍정할 수 없기 때문에, 바로 자신의 현상을 파기함으로써 자신을 긍정한다. 그런데 의지가 이렇게 피하는 고뇌야말로 의지의 금욕으로서 의지로 하여금 그 자신을 부정하고 구원에 이르게 할 수 있는 것이기 때문에, 이 점에서 자살자는 자신을 완전히 낫게 해주는 고통스러운 수술이 시작된 뒤 이를 끝까지 견디지 못하고, 오히려 병에 걸린 상태로 있으려 하는 환자와 같다. 고통은 가까이 다가와서 그 자체로 의지를 부정하기 위한 가능성을 열어 준다. 그런데 그는 의지가 꺾이지 않은 채 그대로 있기 위해, 의지의 현상인 신체를 파괴하면서 고통을 배척한다. 이것이 거의 모든 윤리학, 즉 철학적 윤리학뿐 아니

68 * 신바라문교, 즉 힌두교에서 제창한 3신이 일체임을 가리킨다. 즉, 최고 신격을 가진 창조신 브라마, 수호신 비슈누, 파괴신 시바를 3신 일체라고 주장하는 것이다.

라 종교적 윤리학도 자살을 비난하는 근거다. 물론 윤리학 자체는 자살에 대해 이상한 궤변적인 근거와 다른 근거를 댈 수 없긴 하다.

그런데 어떤 인간이 순전히 도덕적인 동인에서 자살을 삼가려고 한다면, 이 자기 극복의 가장 내적인 의미는 — 그의 이성이 이 의미에 어떠한 개념의 옷을 입힌다 해도 — 이것이다.

삶에의 의지의 현상은 참담하기 그지없는 것이지만, 고뇌가 이 의지를 폐기하는 데 기여할 수 있도록 나는 고뇌를 피하지 않을 생각이다. 그럼으로써 고뇌는 내가 이미 갖기 시작하는 세계의 참된 본질에 대한 인식을 강화하여, 그 인식이 내 의지의 궁극적인 진정제가 되어 나를 영원히 구원하게 해준다.

알다시피 가끔은 자살이 아이들에게 손길을 뻗치는 미치는 경우가 있다. 즉, 아버지는 자신이 너무나 사랑하는 자식을 죽이고 그런 다음 그 자신을 죽인다. 아버지는 양심, 종교 및 모든 전통적인 개념에서 살인을 가장 무거운 범죄로 보고 있지만, 그럼에도 자신이 죽는 순간 이런 범죄를 저지른다. 더구나 그럴 경우 아무런 이기적인 동기를 가질 수 없음을 생각해 보면, 그 같은 행위는 다음의 사실로만 설명할 수 있다. 즉, 이 경우 개인의 의지는 아이들에게서 직접 자신을 재인식하는 것이지만, 현상을 본질 그 자체로 간주하는 망상에 사로잡혀 있고, 그러면서 살아 있는 모든 것의 참상을 인식하고 깊은 감동을 받는다. 이젠 현상과 함께 본질 자체를 파기하겠다고 잘못 생각해서, 자신을 또 그 자신이 직접 그들 속에 다시 살아 있다고 생각되는 아이들을 현존과 그 참상에서 구해 내려는 것이다.

수태를 시킬 때 자연의 목적을 좌절시킴으로써 자발적인 동정童貞과 같은 것에 도달할 수 있다고 착각하거나, 삶을 향해 밀고 나아가는 각자의 삶을 보증하기 위해 온갖 일을 하는 대신, 피할 수 없는 삶의 고뇌를 고려하여 신생아의 죽음을 촉진한다면 이와 아주 유사한 그릇된 길일 것이다. 왜냐하면 삶에의 의지가 현존하고 있다면, 어떠한 힘도 유일하게 형이상학적인 것이나 사물 자체인 의지를 꺾을 수 없고, 다만 이곳과 이때에 단순히 의지의 현상만 파괴할 수 있기 때문이다. 의지 자체는 **인식** 이외의 다른 어떤 것에 의해서도 파기될 수 없다. 그러므로 구원에 이르는 유일한 길은 그 의지가 이 현상에서 그 자신의 본질을 **인식**할 수 있기 위해 아무 방해도 받지 않고 현상하는 길이다. 이러한 인식의 결과로만 의지는 그 자신을 파기할 수 있고, 그로써 의지의 현상과 떼어 놓을 수 없는 고뇌도 끝낼 수 있다. 그러나 이것은 태아를 파괴하거나 신생아를 죽이거나 자살하거나 하는 물리적인 힘을 통해서는 불가능하다. 의지는 빛에 비추어져야만 구원을 얻을 수 있기 때문에 자연은 바로 그 의지를 빛으로 이끌고 간다. 따라서 자연의 내적 본질인 삶에의 의지가 결정되자마자 자연의 여러 목적은 온갖 방법으로 촉진되어야 한다.

보통의 자살과 전혀 다른 특수한 종류의 자살이 있는 것 같지만, 이 종류는 아마도 아직 충분히 확인이 안 되어 있는지도 모른다. 그것은 가장 높은 등급의 금욕에서 자발적으로 택한 아사餓死인데, 그렇지만 그 현상은 언제나 많은 종교적 광신과 심지어는 미신을 수반하고 있어서 불분명하게 되어 있다. 그렇지만 의지의 전적인 부정은 양분의 섭취로 신체가 식물적 성장을 유지하는 데 필요한 의지조차 없어지는 정도에 도달할 수 있는 것 같다. 이런 종류의 자살은 삶에의 의지에서 생기는 것은 결코 아니고, 그렇게 완전히 체념한 금욕자는 의욕하는 것을 완전히 그만두었기 때문에 단순히 그 때문에만 살기를 그만두는 것이다. 이런 경우 아사 외에 다른 종류의 죽음은 ― 특수한 미신에서 비롯하는 죽음이 아니라면 ― 아마 생각할 수 없을 것이다. 왜냐하면 고민을 줄이려는 의도는 사실상 이미 어느 정도 의지의 긍정일지도 모르기 때문이다. 그러한 어느 속죄자의 이성을 충족시키는 교의는 이 경우 그에게 그럴싸한 망상을 품게 하여, 내적 성향에 내몰려 하는 단식을 보다 높은 종류의 어떤 존재가 간곡히 권유해서 하는 것으로 생각하게 한다.

이에 관한 비교적 오래된 실례는 『자연사와 의학사에 관한 브레스라우의 수집물』(1719년 9월, 363쪽 이하), 베일의 『인문 공화국 소식』(1685년 2월, 189쪽 이하), 짐머만의 『고독에 대해』(제1권 182쪽), 1764년의 『과학 아카데미의 역사』에 있는 후투인의 보고서에서 발견할 수 있다. 이와 같은 것은 『개업의를 위한 수집물』(제1권 69쪽)에 되풀이되어 있다. 이후의 보고서는 후페란트의 『개업의를 위한 저널』(제10권 181쪽, 제48권 95쪽), 또한 나세의 『정신과 의사를 위한 잡지』(1819년 제3호 460쪽), 『에든버러의 의학 및 외과 저널』(1809년 제5권 319쪽)에서 발견할 수 있다. 1833년에는 모든 신문에 영국의 역사가 링거드 박사가 1월 도버 해협에서 자발적으로 굶어 죽었다고 보도되었다. 그런데 나중의 보도에 따르면 아사한 사람은 그가 아니라 그의 친척이었다. 그렇지만 이 보도에서 그런 사람들은 대개 미친 것으로 서술되지만, 이것이 어느 정도까지 맞는 말인지 더 이상 확인할 수 없다. 그렇지만 나는 여기서, 지금 언급한 인간 본성의 눈에 띄는 이례적인 현상체에 관한 희귀한 실례들 중 하나를 보다 확실히 보존하기 위한 것일 뿐일지라도, 이런 종류의 최근의 보도를 덧붙이고자 한다. 이 현상체는 적어도 외관상으로는 내가 추정하고자 하는 것에 속하고, 그 밖의 것으로는 설명하기 어려우리라. 언급한 최근의 보도는 1813년 7월 29일의 「뉘른베르크 통신원」에 다음과 같은 글로 실려 있다.

베른으로부터 전해진 사실에 의하면 투르넨 근처의 어떤 밀림에서 오두막이 하나 발견되었는데, 죽은 지 이미 약 한 달이 지나 부패한 남자의 시신이 있었고, 입고 있는 옷으로는 그 남자의 신분에 대해 제대로 알 수 없었다. 그 옆에는 아주 질 좋은 두 개의 셔츠가 놓여 있었다. 가장 중요한 물건인 성서에는 죽은 사람이 군데군데 글을 써넣은 흰 종이들이 끼워져 있었다. 그는 거기에 자신이 집을 떠난 날짜를 적은(그러나 고향이 어디인지는 적지 않았다) 다음 이렇게 말하고 있다. 그는 성령의 인도로 황야에 가서 기도하고 단식을 했다. 그는 이곳으로 오는 도중 이미 7일간이나 단식을 한 뒤 다시 식사를 했다. 그는 이곳에 정착하면서 이미 단식을 시작했는데, 그것도 아주 오랫동안이었다. 그런데 매일 하나의 선이 표시되어 있고, 선이 다섯 개 있는 것으로 보아 그 순례자는 닷새 뒤에 죽은 것으로 추정된다. 또한 죽은 자가 설교를 들은 목사에게 쓴 편지가 한 통 발견되었지만, 거기에 주소는 적혀 있지 않았다.

이 같은 극단적 금욕과 흔히 절망에서 생기는 자발적인 죽음 사이에는 사실 설명하기 어려운 중간 단계와 양자의 혼합이 있을지도 모른다. 그러나 인간의 마음속에는 심연, 암흑, 착종錯綜 등이 있어서 이를 해명하고 전개하기란 극히 곤란한 일이다.

70.
기독교 교리와 윤리

내가 의지의 부정이라고 부르는 것에 관한 방금 끝마친 전체 서술이 충분근거율의 다른 모든 형태뿐 아니라 동기화에도 귀속되는 필연성에 대한 이전의 설명과 일치하지 않는다고 생각하는 사람들이 혹시 있을지도 모른다. 필연성에 따라 동기는 모든 원인처럼 기회 원인에 불과하고, 이때 성격은 기회 원인으로 그 본질을 전개하며, 자연법칙의 필연성으로 그것을 드러낸다. 그렇기 때문에 우리는 거기서 무차별의 자유로서의 자유를 단적으로 부정했다. 그렇지만 나는 이 불일치를 여기서 없애 버리려 하지 않고 그것을 염두에 두고 있다. 실제로 본래의 자유, 즉 근거율로부터의 독립은 사물 자체로서의 의지에만 귀속될 뿐 그 현상에는 귀속되지 않는다. 또한 그 현상의 본질적 형식은 어디서나 근거율, 즉 필연성의 요소가 된다. 그런데 그 자유가 또한 현상에서 직접 가시화될 수 있는 유일한 경우는 자유가 현상하는 것을 끝내게 하는 경우다. 이때 그 현상이 원인의 연쇄에서 하나의 고리인 한, 그 단순한 현상, 즉 생명이 있는 신체는 단지 현상만을 포함하는 시간 속에 존속하기 때문에, 이 현상에 의해 발현되는 의지는 그런 다음 현상이 나타내는 것을 부정함으로써 현상과 모순이 된다. 그 경우 예컨대 성 욕동의 가시적 현상인 생식기가 현존하고 온전하더라도 마음 깊은 곳에서도 성의 충족이 의욕되지 않는다. 그리고 온몸은 삶에의 의지의 가시적 표현에 불과하지만, 이 의지에 상응하는 동기들은 더 이상 작용하지 않는다. 그러니까 신체의 해소, 개체의 종말, 그로 인해 자연적 의지에 대한 최대한의 억제가 완전하고 바람직하다. 이러한 **실질적** 모순은 아무런 필연성도 알지 못하는 의지 자체의 자유가 의지 현상의 필연성에 직접 개입하는 데서 생긴다.

하지만 한편으로 성격에 따라 동기에 의해 의지가 필연적으로 규정된다는 우리의 주장과, 다른 한편으로 의지를 완전히 없앨 가능성이 있고, 그로 인해 여러 동기가 무력해진다는 우리의 주장 사이의 모순은 앞서의 실질적 모순을 철학의 반성으로 되풀이한 것에 불과하다. 하지만 이 모순을 합일시키는 열쇠는, 성격이 동기의 힘에서 벗어난 상태가 직접 의지에서 나오지 않고 변화된 인식 방법에서 나온다는 데에 있다. 다시 말해 그 인식이 다름 아닌 개체화의 원리에 사로잡혀 오로지 근거율에 따르는 인식인 한 동기의 힘도 저항하기 힘든 것이다. 그런데 개체화의 원리가 간파되고, 이념, 즉 사물 자체의 본질이 모든 것 속의 동일한 의지로서 직접 인식되고, 이 인식에서 의욕의 일반적인 진정제가 생기면 개별적 동기에 상응하는 인식 방법은 전혀 다른 방식에 의해 무색해지고 물러가기 때문에 개별적 동기는 효력을 잃는다. 그러므로 성격은 사실 결코 부분적으로 바꿀 수 없고, 자연법칙의 일관성으로 그 의지를 개별적으로 실행해야 하는데, 이 의지의 현상이 전체의 성격이다. 그러나 바로 이 전체인 성격 자체는 앞서 말한 인식의 변화를 통해 완전히 폐기될 수 있다. 성격의 이 폐기는 앞에서 인용했듯이, 아스무스(마티아스 클라우디스)가 "전반적인 초월적 변화"라 칭하고 놀라워한 바로 그것이다. 바로 이 폐기는 대단히 적절하게도 기독교 교회에서 거듭남이라고 불렸던 그것이기도 하다. 또 이 폐기를 낳는 인식은 **은총의 작용**이라 불렸다. 따라서 어떤 성격이 아닌 성격 전체의 변화가 문제되기 때문에, 각 성격은 개념이나 교의에 따라 아직 매우 다르게 **말해지**긴 한다. 하지만 폐기되는 성격들이 폐기되기 전에는 아무리 달랐다 해도 폐기된 뒤에는 완전히 동일한 행위 방식을 보이게 된다.

　그러므로 이런 의미에서 의지의 자유에 관해 오랫동안 끊임없이 논박되고 주장된 철학적 학설은 근거가 없는 것이 아니다. 또한 은총의 작용과 거듭남에 관한 교회의 교의 역시 의의나 의미가 없는 것은 아니다. 그런데 우리는 이제 이 둘이 뜻하지 않게 하나로 일치하는 것을 보고, 저 탁월한 말브랑슈가 어떤 의미에서 "자유란 하나의 신비"라고 말했는지, 또 그럴 권리를 가졌는지 이제 이해할 수 있게 된다. 기독교의 신비주의자가 **은총의 작용**이나 **거듭남**이라 부른 것이야말로 우리에게는 **의지의 자유**의 유일한 직접적인 표현이기 때문이다. 의지의 자유는 의지가 그 본질 자체의 인식에 도달하여, 이 인식에서 **진정제**를 얻고, 바로 그럼으로써 여러 동기의 작용에서 벗어날 때 비로소 나타난다. 동기의 작용은 다른 인식 방법의 영역에 존재하고, 그 객관은 현상에 불과하다.

그러므로 이렇게 발현되는 자유의 가능성이 인간의 가장 큰 장점인데, 동물에게는 영원히 없다. 왜냐하면 현재의 인상과는 무관하게 삶 전체를 개관하게 하는 이성의 사려 깊음이 자유의 조건이기 때문이다. 참된, 그러므로 사려 깊은 선택 결정을 하기 위해서는 동기가 추상적 표상이어야 한다. 그런데 동물에게는 여러 동기의 앞서 말한 완전한 충돌에 따라 이 선택 결정을 할 가능성이 없는 것처럼 아무런 자유의 가능성도 없다. 따라서 굶주린 늑대는 돌이 땅에 떨어지는 것과 같은 필연성으로 짐승의 고기를 물어뜯지만, 자신이 물어뜯는 자인 동시에 물어뜯기는 자라는 사실을 인식할 가능성이 없다. **자연의 나라는 필연이고, 은총의 나라는 자유다.**

그런데 앞서 보았던 것처럼, **의지의 자기 폐기**는 인식에서 생겨나지만, 모든 인식과 통찰은 그 자체로서 자의恣意와는 무관하다. 그렇기 때문에 의욕의 저 부정, 자유로의 진입 또한 의도에 의해 강요되는 것이 아니라 인간에게서 인식 작용과 의욕의 가장 내적인 관계에서 생기므로 느닷없이 외부에서 날아온 것처럼 일어난다. 바로 그 때문에 교회는 그것을 **은총의 작용**이라 불렀다. 그런데 교회는 이 은총의 작용을 은총을 받아들이는 데에 아직 의존하는 것으로 여기지만, 진정제의 작용 역시 결국 의지의 자유 행위다. 또 그러한 은총 작용의 결과 인간의 본질 전체가 근본적으로 바뀌고 뒤집히기 때문에, 인간은 그때까지 그토록 격렬히 의욕하던 모든 것을 더 이상 의욕하지 않게 된다. 그러므로 실제로 흡사 낡은 인간 대신 새로운 인간이 출현한 격이 되어, 교회는 은총 작용의 이 결과를 **거듭남**이라 불렀다. 왜냐하면 교회는 **자연인**이라 불리는 것에는 선을 행할 아무런 능력이 없다고 보므로, 우리가 가진 것과 같은 현존으로부터 구원에 이르려면 부정되어야 하는 것은 바로 삶에의 의지기 때문이다. 다시 말해 우리 현존의 배후에는 우리가 세계와의 관계를 끊어버려야 비로소 접근할 수 있는 어떤 다른 것이 숨어 있다.

기독교 교리는 근거율에 따라 개인이 아닌 인간의 이념을 그 단일성 속에서 고찰하면서, **자연, 즉 삶에의 의지의 긍정을 아담**으로 상징하고 있다. 우리가 아담에게서 물려받은 죄, 즉 이념 속에서 우리와 그가 하나라는 사실은 시간 속에서 생식의 끈에 의해 나타나며, 우리 모두가 고뇌와 영원한 죽음에 관여하게 한다. 이와 반대로 교회는 **은총, 의지의 부정, 구원**을 인간이 된 신으로 상징한다. 온갖 죄악성, 즉 온갖 삶의 의지로부터 자유로운 신은 우리처럼 더없이 단호한 의지의 긍정에서 생긴 것일 수 없고, 또 우리처럼 철두철미 구체적인 의지이자 의지의 현상에 불과한 신체를 가질 수도 없으며, 순결한 처녀에게서 태어나, 또한 하나의 거짓 신체만 지닐 뿐이다. 다시 말해 이 거짓 신체라는 것은, 가현설주의(도케티즘)[69]의 신봉자들, 즉 이 점에서 매우 철저한 몇몇 교부敎父들이 주장한 것이다. 특히 아펠레스가 이것을 가르쳤는데, 테르툴리아누스Quintus Septimius Florens Tertulianus(155~222)[70]는 아펠레스와 그의 후계자들에 대한 반대론을 폈다. 그런데 아우구스티누스조차 「로마서」 제8장 3절의 "신께서 자신의 아들을 죄 있는 육신의 형태로 보냈다"는 구절에 대해 이렇게 논평한다. "왜냐하면 그는 육욕에서 태어나지 않았으므로 죄 있는 육신이 아니기 때문이다. 그렇지만 그는 죽을 육신이기 때문에, 죄 있는 육신의 형태를 취해 태어났다"(Liber 83, quaestion. qu. 66).

또한 아우구스티누스는 미완성 작품이라 불린 자신의 저서 제1장 47절에서, 원죄는 죄인 동시에 벌이라고 가르친다. 원죄는 이미 신생아에게도 있지만, 그들이 커 가면서 비로소 나타난다는 것이다. 그럼에도 이 죄의 기원은 죄지은 자의 의지에서 유래한다고 한다. 이 죄지은 자가 아담이었다는 것이다. 그런데 우리 모두는 아담 속에 존재했다는 것이다. 즉, 아담이 불행하게 되었으므로, 우리 모두는 그의 안에서 불행하게 되었다는 것이다.

실제로 원죄설(의지의 긍정)과 구원설(의지의 부정)이 기독교의 핵심을 이루는 대진리다. 반면 그 밖의 것은 대개 비유적 표현이거나 외피外皮, 부속물에 불과하다. 따라서 예수 그리스도는 언제나 일반적으로 삶에의 의지의 부정의 상징이나 인격화된 화신으로 파악해야 한다. 그리고 복음서에 있는 그리스도의 신화적 이야기에 따르든, 또는 그런 이야기의 근저에 존재하는 진실로 추정되는 이야기에 따르든 간에 개인으로 파악해서는 안 된다. 왜냐하면 그 어느 쪽에 의하든 완전히 충족되기가 쉽지 않기 때문이다. 예수 그리스도는 언제나 사실에 입각한 어떤 것을 요구하는 대중에게 상징이나 인격화된 화신으로 파악되는 수단에 불과하다. 근래에 기독교가 그 참된 의미를 잃어버리고 천박한 낙관주의로 변질되었다는 것은 여기서 우리가 논할 바가 아니다.

---

69 * '예수가 신으로 와서, 신으로 죽었다'고 주장하여 그리스도의 인성을 부정함으로써, 그리스도의 육신과 십자가의 죽음을 부정하는 초대 기독교의 이단 교리

70 * 카르타고 출신으로 초기 기독교의 주요 신학자이자 논쟁가, 그리고 도덕주의자다. 최초의 라틴 교부로서 서방 그리스도교의 어휘와 사상을 형성하는 데 기초를 세웠다. 플라톤과 스토아학파의 철학을 습득한 후 기독교로 개종했고, 그노시스파와 관련해 신앙의 우월성을 강조했다.

나아가 아우구스티누스가 교회 지도층의 동의를 얻어 펠라기우스Pelagius(354년경~418)[71]주의[72]자들의 천박함에 맞서 옹호한 기독교의 근원적이고 복음주의적 교리Lehre가 있다. **루터**가 자신의 저서 『노예적 자의恣意』에서 명시적으로 설명하고 있듯이, 그의 노력의 주된 목적은 이 교리의 오류를 없애고 다시 강조하려는 것이었다. 다시 말해 이 교리에 의하면 **의지는 자유롭지 않고** 본래 악을 저지를 성향에 예속되어 있으므로, 인간이 하는 일은 언제나 죄 있고 흠결 있으며 정의를 결코 충족시킬 수 없다는 것이다. 그러므로 결국 인간이 하는 일이 아닌 신앙만이 축복을 준다는 것이다. 그런데 이 신앙 자체는 의도나 자유 의지에서 생기지 않고 **은총 작용**에 의해, 우리의 관여 없이, 마치 외부로부터 우리에게 오듯이 주어진다는 것이다.

앞에서 언급한 교의뿐 아니라 지금 말한 진정 복음주의적인 교의 또한 오늘날 조야하고 천박한 견해에 의해 불합리하다고 비난받거나 은폐되는 교의에 속한다. 이러한 견해는 아우구스티누스나 루터가 나왔음에도 오늘날의 합리주의인 펠라기우스적인 하인 근성에 이끌려 가장 좁은 의미에서 가장 심오한 기독교 특유의 본질적인 교의를 낡아 빠졌다고 한다. 반면에 유대교에서 유래해서 보존되고 있고 단지 역사적인 경로에서 기독교와 결합한[73] 교의만을 고집해 중요한 것

<hr>

71 * 영국의 수사이자 신학자. 펠라기우스주의로 알려진 그의 이단적 신학 체계는 영혼이 구원받는 데 있어 인간의 노력이 우선한다는 것을 강조했다. 380년경 로마에 간 펠라기우스는 사제는 아니었지만 영적 지도자로서 성직자와 평신도들에게 크게 인정을 받았다. 그를 추종하는 사람들의 엄격한 금욕주의는 로마의 많은 그리스도교도의 영적 게으름에 대한 비난으로 작용했다. 펠라기우스는 하느님의 뜻대로 은총을 내려 달라고 간구한 아우구스티누스의 『고백록』에서의 가르침이 모든 도덕법을 위험에 빠뜨린다는 이유에서 그것을 공격했다.

72 * 5세기 펠라기우스와 그의 추종자들이 가르친 그리스도교 이단. 인간 본성의 선함과 인간의 자유 의지를 강조했다. 펠라기우스는 그리스도교도들 사이에 만연해 있는 도덕적 태만을 걱정했으며, 자신의 가르침을 통해 그들의 행위가 개선되기를 원했다. 인간이 약하기 때문에 죄를 지을 수밖에 없다는 사람들의 주장을 거부한 이들은 하느님은 인간이 선과 악 사이에서 자유롭게 선택하도록 했다고 주장했고, 따라서 죄란 한 인간이 하느님의 법을 저버리고 자발적으로 범한 행위라고 했다.

73 이것이 얼마나 그러한지는 다음 사실로 알 수 있다. 아우구스티누스에 의해 철저하게 체계화된 기독교의 교리에 포함되어 있는 모순과 납득이 안 되는 점은 — 이 점 때문에 이와 상반되는 펠라기우스의 천박한 교리가 나오게 되었지만 — 유대교의 근본 교의를 도외시하고, 인간이 다른 사람의 의지가 아니라 자신의 의지의 소산임을 인식하자마자 모두 사라져 버린다. 그렇게 되면 즉시 모든 것이 명백하고 옳은 것이 된다. 그러면 행위에 자유가 필요 없게 된다. 자유는 존재 속에 있고, 그리고 바로 거기에 죄도 원죄도 존재하고 있지만, 은총의 작용은 우리 자신의 것이기 때문이다. 반면에 오늘날의 합리주의적인 견해로는 신약성서에 근거하고 있는 아우구스티누스적인 교의학 중의 많은 교리, 가령 예정설과 같은 것은 전혀 근거가 없는 것, 그러니까 화나게 하는 것으로 생각된다. 그래서 본래의 기독교적인 것이 배격되고 조야한 유대교로 되돌아가게 된다. 그

으로 삼는다. 그런데 우리는 앞서 언급한 교리를 우리가 고찰한 결과와 완전히 일치하는 진리라는 것을 인식하고 있다. 다시 말해 우리는 진정한 덕과 성스러운 마음은 그 최초의 기원이 숙고를 거친 자의恣意(일)가 아닌 인식(신앙)에 있다는 것을 알고 있다. 그것은 우리가 근본 사상에서 발전시킨 견해와 마찬가지다. 동기와 숙고를 거친 의도에서 생기는 일이 지복至福에 이르게 하는 것이라면, 덕이란 언제나 현명하고 방법론적이며 멀리 내다보는 이기심에 불과하리라. 그렇게 되면 제멋대로 마음을 돌릴지도 모른다. 그런데 기독교 교회가 지복을 약속해 주는 신앙은 다음과 같다. 즉, 우리 모두가 최초 인간의 타락으로 죄를 받고 죽음과 멸망에 귀속되어 있듯이, 우리는 또한 은총과 우리의 엄청난 죄를 떠맡아 주는 것에 의해서만, 즉 신의 중개자에 의해서만 구원된다. 더구나 이 경우 우리(인격)의 공적은 전혀 없다. 즉, 고의적인 ─ 동기에 의해 규정된 ─ 인격의 행위에서 생길 수 있는 것, 즉 일은 결코 우리를 정당화할 수 없기 때문이다. 그것이 동기에 의해 초래된 **고의적**인 행위, 즉 행해진 일opus operatum이기 때문에, 전적으로 또 그 본성상 우리를 정당화할 수 없는 것이다.

그러므로 이 신앙 속에 맨 먼저 존재하고 있는 것은, 첫째로 우리의 상태는 근원적으로 또 본질적으로 구원될 수 없는 것이며, 그 상태로부터 우리에게 **구원**이 필요하다는 것이다. 둘째로 우리 자신은 본질적으로 악에 속하여 그것에 굳게 결부되어 있으므로, 법률이나 규정에 따른, 즉 동기에 따른 우리의 일은 결코 정의

러나 기독교 교리의 오산과 근본적 결함은 사람들이 그것을 결코 추구하지 않는다는 데에, 말하자면 그것을 결정되고 확실한 것으로 보아 검증할 필요가 없는 것으로 생각한다는 데에 있다. 이것을 제외하면 교의 전체는 합리적이다. 즉, 그 교의가 다른 모든 과학을 망쳐 버리듯이 신학도 망쳐 버리기 때문이다. 말하자면 아우구스티누스의 저서 『신국론』(특히 제14권)으로 그의 신학을 연구해 보면 자신의 밖에 무게 중심이 있는 어떤 물체를 세우려고 하는 것과 유사한 느낌을 갖게 된다. 그 물체를 아무리 돌리고 세우려고 해도 번번이 넘어지고 만다. 그리하여 말하자면 이 경우에도 아우구스티누스가 아무리 노력하고 궤변을 달아도 세계의 죄와 고민은 언제나, 모든 것을 만들고, 모든 것으로 모든 것을 만들고, 게다가 또 그 사물들이 어떻게 되어 가는지 알고 있는 신에게 되돌아간다. 아우구스티누스 자신이 이 난점을 알고 그에 대해 무척 당황해했다는 것을 나는 이미 의지의 자유에 대한 내 현상 논문(제1판 및 제2판 제4장 66~68쪽)에서 지적해 두었다. 이와 마찬가지로 신의 선의와 세계의 참상 사이의 모순, 또한 의지의 자유와 신의 예지豫知 사이의 모순은 데카르트파 사람들, 말브랑슈, 라이프니츠, 베일, 클라크, 아르노 등이 거의 백 년에 걸쳐 논쟁한 그칠 줄 모르는 주제다. 이 경우 논쟁자들에게 확정되어 있는 유일한 교의는 신의 존재와 특성이며, 그들 모두는 끊임없이 이를 중심으로 빙빙 돌고 있다. 그러면서 그들은 그 문제를 조화시키려고, 즉 어떤 계산 문제를 해결하려고 하지만, 잘 풀리지 않아서 그 나머지를 다른 곳에 감추어 놓으면 여기저기서 다시 튀어나오는 것이다. 그런데 당황의 원천은 이 근본 전제에서 찾아야 하지만, 그들 중 아무도 바로 이것을 알지 못하고 있다. 단지 베일만은 이런 사실을 알아채고 있는 것으로 보인다.

를 충족시키거나 우리를 구원할 수 없다. 구원은 신앙, 즉 변화된 인식 방법에 의해서만 얻을 수 있으며, 이 신앙 자체는 은총에 의해서만, 즉 외부에서 오는 것처럼 생길 수 있다는 것이 이 신앙 속에 존재하고 있다. 이 말은 구원이란 우리의 인격과 전혀 무관하다는 뜻이고, 구원을 얻으려면 바로 이 인격을 부정하고 포기해야 한다는 뜻이다. 일, 즉 법률 자체의 준수가 인간을 정당화할 수 없는 이유는 그것이 언제나 동기에 기초한 행위기 때문이다.

루터는 (자신의 저서 『기독교인의 자유에 관하여 *De Libertate Christiana*』에서) 다음처럼 요구한다. 신앙이 생긴 후 그 징후이자 성과로서 선한 일들이 저절로 생겨나야 한다. 그러나 그 자체로 공적, 정당화, 또는 보수를 요구하는 것이 아니라 완전히 자발적으로 또 무보수로 행해져야 한다. 이렇게 우리가 개체화의 원리를 점점 명백하게 간파하면서 먼저 거기에서 자유로운 정의만을 낳게 한다. 그런 뒤 사랑을 낳게 하여 이기심을 완전히 포기하기에 이르고, 마지막으로 체념이나 의지의 부정을 낳게 한다.

내가 여기서 그 자체로 철학과 무관한 기독교 교리의 교의들을 끌어들인 것은 단지 다음과 같은 사실을 보여 주기 위해서일 뿐이다. 즉, 우리의 전체적인 고찰에서 생기고, 그 고찰의 모든 부분과 정확히 일치하고 연관되는 윤리는, 비록 표현상으로는 새롭고 들어본 적 없는 것일지라도 본질상으로는 결코 그렇지 않고, 기독교 본래의 교의와 완전히 일치하며 또 심지어 본질상으로는 이 교의 자체 속에 포함되어 있고 존재하고 있었다. 이와 마찬가지로 이 윤리는 다시 전혀 다른 형식으로 설교되는 인도 성전聖典의 가르침과 윤리적 규정과도 완전히 일치한다. 동시에 기독교 교회의 교의를 떠올리는 것은, 한편으로 동기가 주어진 경우 온갖 방식으로 발현하는 성격의 필연성(자연의 나라)과, 다른 한편으로 의지가 그 자신을 부정하고, 성격과 그것에 근거한 동기의 모든 필연성을 폐기하는 의지 자체의 자유(은총의 나라) 사이의 겉으로 보이는 모순을 설명하고 해명하는 데 도움이 되었다.

71.
무無에의 의지와 세계

나는 여기서 윤리의 개요와 사상의 전달을 유일한 목적으로 삼은 하나의 사상에 대한 모든 설명을 끝내면서, 이 서술의 마지막 부분에서 마주칠 비난을 결코 감추려 하지 않겠다. 오히려 그 비난은 사물의 본질에 존재하는 것이므로, 비난에서 벗어나기란 절대 불가능함을 보여 주려고 한다. 이 비난이란, 우리의 고찰로 결국 우리가 완전한 성스러움 속에서 모든 의욕을 부정하고 포기하며, 바로 그럼으로써 전체 현존재가 우리에게 고뇌로 나타나는 세계로부터의 구원을 눈앞에 보는 것에 이른 뒤, 이제 우리에게 바로 이 현존재가 헛된 무無로의 이행으로 생각된다는 점이다.

이에 대해 나는 무엇보다 먼저 **무**의 개념이 본질적으로 상대적이고, 언제나 그 개념이 부정하는 특정한 무엇에만 관계한다는 것을 언급하지 않을 수 없다. 사람들은 —말하자면 칸트는 — 이 특성을 +에 대해 −로 표시되는 것인 결여적 무nihil privativum의 탓으로만 돌렸고, 이 −는 반대의 관점에서 보면 +가 될 수도 있다. 그리고 이 상대적 무와 달리 모든 점에서 무일지도 모르는 부정적 무nihil negativum를 내세웠고, 이에 대해 사람들은 실례로 그 자신을 지양하는 논리적인 무를 사용한다. 그런데 보다 자세히 고찰하면 절대적인 무, 완전한 절대적 무는 생각할 수 없는 일이고, 이런 종류의 모든 것은 보다 높은 관점에서 고찰하거나 보다 넓은 개념에 포괄하면, 언제나 다시 하나의 상대적 무에 지나지 않는다. 모든 무는 다른 무엇에 대한 관계에서만 생각할 때 상대적인 무이고, 그러므로 다른 것도 이 관계를 전제하고 있다. 논리적 모순조차 하나의 상대적인 무에 지나지 않는다. 그 모순은 이성의 사상은 아니지만, 그렇다고 절대적인 무도 아니다. 논리적 모순은 단어의 조립이고, 생각할 수 없는 것의 실례이기 때문이며, 논리학에서는 사유의 법칙을 증명하기 위해 그런 실례가 꼭 필요하다. 따라서 이 목적을 위해 그 실례를 향해 나아가면, 무의미는 찾고 있는 적극적인 것이라며 꽉 붙잡고, 의미는 소극적인 것이라며 빠뜨릴 것이다. 그러므로 모든 결여적 무나 절대적 무도 보다 높은 개념에 종속되면 단순한 부정적 무나 상대적 무로 나타날 것이다. 이 상대적인 무는 자신이 부정하는 것과 언제나 부호를 바꿀 수 있어서, 그러면 그 부정되는 것이 부정Negation으로 나타나, 상대적인 무 자체는 긍정Position으로 생각될 것이다. 플라톤이 그의 저서 『소피스트』(277~287쪽)에서 행한 무에 대한 까다로운 변증법적 연구 결과도 이와 일치한다.

"우리는 **다른 존재**의 본성이 존재하고, 모든 존재자 **상호 간**의 관계에 미치고 있음을 증명하고, 이 본성의 모든 개별적인 부분을 그 존재자에 대립시키면서, 바로 이 다른 존재는 실제로는 **비존재자**임을 감히 주장하려고 했다."

일반적으로 적극적인 것으로 생각되는 것, 우리는 이것을 존재자로 부르고, 그 부정은 무라는 개념으로 가장 일반적인 의미로 표현된다. 이것이 내가 의지의 객관성으로, 의지의 거울로 증명한 바로 표상의 세계다. 이 의지와 이 세계가 바로 우리 자신이기도 하고, 표상 일반은 그 일면으로서 그 세계에 속한다. 즉, 이 표상의 형식이 공간과 시간이고, 이 입장을 위한 존재자가 어딘가에 언젠가는 존재함에 틀림없다. 그렇게 되면 개념, 철학의 재료, 마지막으로 단어, 개념의 부호도 표상에 속하는 것이다. 의지의 부정, 폐기, 방향 전환도 의지의 거울인 세계의 폐기이자 소멸이기도 하다. 만일 우리가 이 거울에서 더 이상 의지를 보지 못한다면, 그것이 어디로 향하는지 물어도 소용없는 일이다. 의지에는 어디와 언제가 더 이상 없으므로 우리는 의지가 무로 사라져 버렸다고 탄식한다.

이와 반대되는 입장이 우리에게 가능하다면 부호가 바뀌고, 우리에게 존재자가 무로 표시되어, 그 무가 존재자로 표시될 것이다. 그런데 우리가 삶에의 의지 자체인 한 그 무는 우리에게 소극적으로만 인식되고 표시될 것이다. 왜냐하면 동일한 것은 동일한 것에 의해서만 인식된다는 엠페도클레스의 오래된 명제는 바로 여기서는 우리에게 모든 인식을 빼앗는 반면, 우리의 모든 현실적인 인식의 가능성, 즉 표상으로서의 세계나 의지의 객관성은 바로 이 명제에 결국 기인하고 있기 때문이다. 왜냐하면 세계는 의지의 자기 인식이기 때문이다.

그럼에도 철학이 의지의 부정으로서 소극적으로만 표현할 수 있는 것에 대해 우리가 어떻게든 적극적인 인식을 얻으려고 어떻게든 고집한다면, 우리에게는 의지의 완전한 부정에 도달한 모든 사람이 경험한 열락, 환희, 깨달음, 신과의 합일 등으로 불리는 상태를 참조하도록 하는 수밖에 없으리라. 그런데 이러한 상태는 더 이상 주관과 객관의 형식이 없고, 게다가 남에게는 전할 수 없는 자신의 경험에만 도달할 수 있기 때문에, 본래 인식이라고 부를 수 없다.

그러나 철학의 입장을 철두철미 견지하는 우리는 여기서 적극적 인식의 마지막 경계선에 도달한 것에 만족하여 소극적인 인식을 홉속하게 생각하지 않을 수 없다. 그러므로 우리는 세계의 본질 자체를 의지로, 세계의 모든 현상을 의지의 객관성으로 인식하고, 이 객관성을 어두컴컴한 자연력의 인식 없는 충동으로부터 인간의 가장 의식적인 행동에 이르기까지 추구해 왔다면, 다음과 같은 결론을 결코 회피하지 않는다. 즉, 의지의 자유로운 부정이나 포기와 함께 이 모든 현상도 이제 없어지고, 이 세계를 성립시키고 존립시키며 객관성의 모든 단계에 나타나는 목표도 휴식도 없는 계속된 소동과 혼잡이 없어지고, 단계적으로 이어지는 여러 형식의 다양성이 없어지고, 의지와 더불어 그 전체 현상이 없어지며, 최종적으로 이 현상의 일반적 형식인 시간과 공간도, 또한 그 현상의 궁극적인 기본 형식인 주관도 객관도 없어진다는 것이다. 즉, 의지가 없으면 표상도 세계도 없다.

물론 우리 앞에 남는 것은 무밖에 없게 된다. 그러나 이처럼 무로 융해되는 것에 저항하는 우리의 본성이야말로 우리 자신이자 우리의 세계인, 바로 삶에의 의지일 뿐이다. 우리가 무를 너무 혐오하는 것은, 우리가 삶을 너무 의욕하고, 이 의지에 불과하며, 바로 그 의지 말고는 아무것도 모른다는 것에 대한 다른 표현에 지나지 않는다. 그런데 우리 자신의 궁핍과 속박으로부터 눈을 돌려 세계를 극복한 사람들을 바라보기로 하자. 이들은 의지가 완전한 자기 인식에 도달하고, 모든 것 속에서 자신을 재발견한 뒤 그 자신을 거리낌 없이 부정하며, 그런 다음 의지의 마지막 흔적이 그들의 신체와 더불어 소멸하는 것을 기다리기만 하면 된다. 이런 사람들을 보면 우리에게는 쉼 없는 충동과 혼잡 대신, 소망에서 두려움으로, 기쁨에서 고통으로의 끊임없는 이행 대신, 의욕하는 사람의 삶의 꿈을 이루는 결코 충족되지 않고 결코 소멸하지 않는 희망 대신, 모든 이성보다 높은 평화, 대양처럼 완전히 고요한 마음, 깊은 평정, 흔들림 없는 확신과 명랑함이 드러난다. 라파엘로나 코레조가 그린 얼굴에 이것이 반영된 것도 완전하고도 확실한 복음이다. 즉, 인식만 남아 있고 의지는 사라진 것이다. 그러나 그런 뒤 우리는 깊고 고통스런 동경심을 가지고 그러한 상태를 바라보는데, 그러면 우리 자신의 참담하고 구원받을 길 없는 상태가 이와 대조되어 환히 나타난다.

그럼에도 우리가 한편으로 치유할 수 없는 고통과 끝없는 비참을 의지의 현상인 세계에 본질적인 것으로 인식하고, 다른 한편으로 의지가 없어지는 것에서 세계가 녹아 없어지는 것을 보고 눈앞에 단지 공허한 무만을 간직한다면, 이 고찰은 우리를 지속적으로 위로해 줄 수 있는 유일한 것이다. 그러므로 이런 식으로, 물론 자신의 경험 속에서 성자들을 직접 만나기란 흔한 일이 아니지만, 그들에 대해 기록한 이야기, 내적 진리를 확실하게 보증해 주는 예술이 우리 눈앞에 보여 주는 성자들의 삶과 행적을 고찰함으로써, 인도인들처럼 신화나 무의미한 말을 통해, **브라마**로 들어가거나 불교도들이 **열반**으로 들어가는 것처럼 무 자체를 회피하는 대신, 우리는 모든 덕과 성스러움의 배후에서 궁극적인 목표로 떠도는 어두운 인상, 아이들이 어두움을 무서워하듯 우리도 무서워하는 무의 어두운 인상을 좇아내지 않으면 안 된다. 우리는 오히려 의지가 완전히 없어진 뒤 우리에게 남아 있는 것이 아직 의지로 충만한 모든 사람에게는 무에 지나지 않는다는 사실을 거리낌 없이 고백한다. 그러나 이와 반대로 의지가 방향을 돌려 스스로를 부정한 사람들에게도, 우리의 그토록 실재적인 이 세계는 모든 태양이나 은하수와 더불어 무無[74]인 것이다.

---

74 이것이 바로 불교도의 반야바라밀Pradschna-Paramita이며, "모든 인식의 저편", 즉 주관과 객관의 경계가 더 이상 없어지는 지점이다(J. J. 슈미트의 『대승과 반야바라밀』을 참고하라).

부록
칸트 철학 비판

C'est le privilège du vrai genie, et surtout du génie,
qui ouvre une carrière, de faire impunément de grandes fautes.
큰 실수를 해도 처벌받지 않는 것은 진정한 천재,
특히 새로운 길을 여는 천재의 특권이다.

볼테르, 『루이 14세의 시대』

위대한 정신의 작품에서 그것의 가치에 대해 분명하고 완벽하게 개진하는 것보다는 그것의 실수와 오류를 지적하기가 훨씬 쉬운 법이다. 실수는 개별적이고 유한한 것이어서 완벽하게 개관할 수 있기 때문이다. 반면에 천재가 자신의 작품에 찍는 소인澵印은 그 작품의 우수성을 규명할 수 없고 다 논할 수 없게 한다. 따라서 그 작품은 잇따르는 수많은 세기의 늙지 않는 스승이 된다. 진정으로 위대한 정신의 완결된 걸작은 언제나 전체 인류에게 심원하고 강력한 작용을 한다. 그런 만큼 그것이 얼마나 먼 세기나 나라까지 계몽적인 영향을 미칠지 계산한다는 것은 불가능하다. 그것은 언제나 다음과 같은 경우가 된다. 왜냐하면 그러한 걸작이 생겨나는 시대가 아무리 교양 있고 풍요롭다 해도 천재는 언제나 야자수가 뿌리를 내리고 있는 토양 위의 한 그루 야자수처럼 우뚝 솟아 있기 때문이다.

그러나 이런 종류의 철저하고도 광범위한 작용은 천재와 평범한 인간 간의 현격한 격차 때문에 느닷없이 일어날 수는 없다. 어떤 사람이 한평생 삶과 세계로부터 직접 얻어 내고 획득해서 타인에게 내놓은 인식은 그럼에도 즉각 인류의 소유물이 될 수는 없다. 그도 그럴 것이 인류는 천재의 능력을 수용할 능력조차 없기 때문이다. 그러나 불멸의 존재가 태어날 때부터 그의 삶의 권리를 인정치 않고 인류의 구원을 미연에 방지하고자 하는 — 헤라클레스의 요람 속 뱀과 비교할 수 있는 — 무가치한 적과의 싸움에서 이겨 낸 후에도 저 인식은 그다음 무수한 그릇된 해석과 잘못된 적용이라는 에움길을 거쳐야 하고, 옛 오류와 합일하려는 시도를 견뎌 내야 하며, 그 인식을 감당할 편견 없는 새 세대가 자라날 때까지 싸움 속에 살아야 한다. 이 새 세대는 차츰차츰, 젊은 시절에 벌써 수천 개의 간접적인 수로를 통해 저 원천의 내용을 조금씩 받아들이고, 점차 그것에 동화해서, 위대한 정신으로부터 인류에게 흘러내리도록 되어 있는 자선에 참여하게 된다. 그리하여 인류, 즉 천재의 미약한 동시에 완강한 제자의 교육이 서서히 이루어진다.

그러므로 칸트의 가르침 역시 그 가르침의 영향을 받아 조금씩 변형되다가 가장 중요하고 본질적인 면이 변하는 시대정신 자체가 언젠가 저 거대한 정신의 막강한 힘을 증거할 시점에 가서야 비로소 그것의 전체적인 힘과 중요성을 분명히 드러낼 것이다. 그러나 나는 이 자리에서 시대정신을 주제넘게 선취하면서 칼카스와 카산드라[1]의 보람 없는 역할을 떠맡을 생각은 없다. 앞서 말한 것의 결과로 칸트의 저작을 여전히 매우 새로운 것으로 간주하는 것이 내게 허락된다면 또 몰라도. 반면에 오늘날 많은 이가 그의 저작을 낡은 것으로 치부한다. 그러니까 이미 처리된 것으로 옆에 치워 두거나, 그들이 그렇게 표현하듯이 뒷전에 내버려 두었다. 다른 이들은 이로써 뻔뻔해져서 그의 저작을 깡그리 무시해 버렸다. 그리고 뻔뻔스럽게도 옛 실재론적 교의론과 스콜라적 교의의 전제 아래 신과 영혼에 관한 철학적인 논의를 계속하고 있다. 이는 마치 연금술사의 가르침을 근대 화학에서 도입하려는 것과 같다. 더구나 칸트의 저작은 나의 미약한 칭찬의 말을 필요로 하지 않고 스스로 그 대가를 영원히 칭찬할 것이다. 그 저작들은 혹시 대가의 철자 속에서는 아닐지라도 그의 정신 속에서는 끊임없이 지상에서 살아갈 것이다.

그러나 물론 우리가 그 이래로 흘러간 시공간 동안 그의 가르침의 다음 결과, 그러므로 철학 영역에서의 시도와 결과를 되돌아본다면 괴테의 무척 우울하게 하는 발언이 우리에게 사실임이 확증된다. "어느 배에 의해 배수排水되는 물이 즉각 그 배 뒤에서 다시 함께 흘러내리듯이, 위대한 정신들이 오류를 옆에 밀어붙이고 자신의 자리를 마련한다면 그 오류 역시 그들 뒤에서 매우 신속하게 자연의 법칙에 따라 다시 합쳐질 것이다"(『시와 진실』). 그러나 이러한 시공간은 앞에서 언급한 운명에 모든 새롭고 위대한 인식을 더해 주는 하나의 에피소드, 분명히 결말에 가까운 하나의 에피소드에 불과하다. 그도 그럴 것이 비눗방울은 계속 불면 결국 터지게 마련이기 때문이다. 사람들은 칸트가 내버려 둔 자리에 진정하고 진지한 철학이 여전히 서 있다는 것을 대체로 의식하기 시작한다. 아무튼 나는 칸트와 나 사이에서 그 철학에 어떤 일이 일어났다는 것을 인정하지 않는다. 따라서 나는 칸

---

1 *트로이 전쟁 당시의 예언자들

트와 직접 결부되어 있다.

내가 이 부록에서 내 작품에 대해 의도하는 바는 엄밀히 말해 많은 점에서 내 가르침이 칸트 철학과 불일치하는 한, 즉 모순되는 한 바로 그 작품에서 개진된 가르침을 정당화하는 것일 뿐이다. 그러나 이에 대한 토론이 필요한 것은 나의 일련의 사상이, 그 내용이 비록 칸트의 그것과 아무리 상이하다 해도, 분명히 전적으로 그의 사상의 영향 아래 있고 그것을 필연적으로 전제하고 있으며 그것에서 출발하고 있기 때문이다. 고백하자면 직관적인 세계에 관한 인상 바로 다음으로 나 자신의 체계에서 최상의 것은 칸트의 저작뿐 아니라 힌두교의 성전聖典과 플라톤 덕이다. 그럼에도 나의 저작에 존재하는 칸트의 모순에 대해서는 이러한 관점에서 그의 오류를 책망하고 그가 저지른 잘못을 들추어냄으로써 정당화할 수 있다. 따라서 나는 이 부록에서 칸트에 대해 전적으로 논쟁적인 태도를 취하지 않을 수 없다. 그것도 진지하게 무척 애를 써서 말이다. 왜냐하면 그렇게 함으로써만 칸트의 가르침에 붙어 있는 오류에서 말끔히 벗어날 수 있기 때문이다. 그럴수록 그의 가르침의 진리는 더 환히 빛나고 더 확실히 존재하게 된다. 따라서 내가 칸트에 대해 느끼는 내적인 존경심이 그의 약점이나 잘못에도 관계할 것이라고, 따라서 이 약점이나 잘못을 더없이 신중한 태도로 너그럽게 봐주면서 들추어낼 것이라고 기대해선 안 된다. 그렇게 한다면 필연적으로 나의 언어는 우회적인 표현 때문에 약해지고 힘이 빠질 것이다. 살아 있는 저자에 대해선 그런 너그러운 태도가 필요하다. 왜냐하면 인간적 약점이란 완화나 아부로 달래지 않고는 어떤 오류에 대한 더없이 공정한 반박조차 견뎌 낼 수 없기 때문이다. 그렇지만 세기의 어느 스승이자 인류의 자선가에게는 고통을 야기하지 않는답시고 그의 인간적 약점에 대해서도 굳이 너그럽게 봐줄 필요는 없다. 하지만 망자가 된 그는 이런 약점을 내던졌다. 그의 공적은 확고하다. 세월이 모든 과대평가나 폄하로부터 점점 벗어나게 해줄 것이다. 그의 잘못은 공적과 분리되어야 하고, 무해한 것으로 여겨져야 하며, 그런 뒤 망각되어야 한다. 따라서 나는 칸트에 대한 논쟁을 시작하면서 오로지 그의 잘못과 약점만을 염두에 두고, 그에게 적대적인 태도를 취하며 그에 대한 가차 없는 섬멸전을 벌이고자 한다. 그의 잘못과 약점을 너그럽게 봐주지 않고 오히려 더욱 확실히 폐기하기 위해 끊임없이 백일하에 드러낼 작정이다. 앞에서 언급한 이유 때문에 나는 이런 일을 하면서 칸트에 대한 불공정도 배은망덕도 의식하지 않는다. 다른 사람이 볼 때 내게 조금이라도 악의의 낌새가 있다는 것을 제거하기 위해 먼저 칸트에 대한 나의 진실한 경외감과 감사의 마음을 표하고자 한다. 그런 의미로 내 눈에 비친 그의 주된 공적을 간단히 피력하고자 한다. 그것도 일반적인 관점에서 말이다. 그러면 나중에 내가 반박할 관점을 같이 건드릴 필요는 없을 것이다.

칸트의 가장 큰 공적은 사물들과 우리 사이에 여전히 **지성**이 존재하고 있다는 증명을 토대로 **현상을 사물 자체**와 구별한 점이다. 그 때문에 사물들은 그 자체로 존재할지도 모르는 것에 의해서는 인식될 수 없다. 칸트는 **로크**에 의해 이런 길로 인도되었다(『모든 형이상학에 대한 서설』 제2장 주석 2를 보라). 로크는 음향, 냄새, 색채, 경도硬度, 연함, 매끈함 등과 같은 사물의 순간적인 특성이 감각의 촉발에 기초하고 있는 것으로서 객관적인 물체, 즉 사물 그 자체에 속하지 않는다는 것을 증명했다. 그는 오히려 일차적인 특성들, 즉 공간과 불가입성을 전제로 하는 특성들, 다시 말해 연장, 형상, 견고성, 수, 유동성만 이 사물 자체에 덧붙였다. 하지만 쉽게 발견할 수 있는 이러한 로크적인 구별은 사물의 피상성에 의거한 것으로서 흡사 칸트적인 구별의 청년기적 서막에 불과했다. 다시 말해 칸트는 비교할 수 없을 만치 높은 입장에서 출발하여 **로크**가 근원적인 성질로 받아들인 모든 것, 즉 사물 그 자체의 특성을 마찬가지로 우리의 파악 능력 내에서 사물 자체의 현상에만 속하는 것으로 설명한다. 그것도 사물 자체의 조건인 시간, 공간, 인과성이 우리에 의해 선험적으로 인식된다는 사실 때문에 그렇게 설명한다. 그러므로 **로크**는 사물 자체로부터 감각 기관이 사물 자체의 현상에서 갖는 몫을 공제했다. 하지만 **칸트**는 거기에다가 — 그런 명칭을 쓴 것은 아닐지라도 — 뇌수 기능의 몫을 공제했다. 그럼으로써 이제 현상과 사물 자체의 구별은 무한히 더 큰 중요성과 훨씬 심오한 의미를 얻게 되었다. 이러한 목적을 위해 칸트는 선험적이라는 우리의 인식을 후험적이라는 인식과 크게 분리하는 일에 착수하지 않을 수 없었다. 그의 이전에는 이러한 일이 적절한 엄밀함과 완벽성으로도 분명한 의식으로 행해지지 않았다. 따라서 이제 이것이 그의 심원한 연구의 주된 소재가 되었다.

여기서 이제 우리는 **칸트** 철학이 그의 전임자의 철학에 대해 삼중의 관계에 있음을 즉각 언급하려고 한다. 첫째, 우리가 방금 살펴보았듯이 **로크**의 철학에 대해 그것을 확인하고 확장시키는 관계에 있다. 둘째, **흄**의 철학에 대해 그것을 교정하고 이용하는 관계에 있다. 그런 사실은 『형이상학 서설』 머리말에서 가장 분명하게 드러난다(이 머리말은 칸트의 모든 주저 중 가장 아름답고 이해하기 쉬운 것으로서, 그의 철학 연구를 이례적으로 수월하게 해주기에 그다지 많이 읽히지는 않는다). 셋째, 라이프니츠-볼프 철학에 대한 단호하게 논쟁적이고 파괴적인 관계에 있다. 칸트 철학의 연구로 나아가기 전에 이 세 가지 체계 모두를 알고 있어야 한다.

그런데 앞서 말한 것에 따르면 현상과 사물 자체의 구별, 즉 이상과 실재에 관한 학설이 칸트 철학의 근본 특징이다. 그러므로 이 두 가지의 절대적인 동일성에 대해 뒤이어 능상하는 수상은 앞서 언급한 괴테의 발언에 대한 슬픈 승거가 된다. 그럴수록 그 주장은 아무것에도 의거하고 있지 않은 것이며, 오히려 지적 직관이란 허풍에 의거하고 있다. 따라서 그 주장은 고상한 표정이라는 당당한 인상을 주면서 과장과 난센스의 가면을 쓴 야비한 의견의 조야함으로 돌아감에 불과했다. 그 주장은 어설프고 어리석은 **헤겔**의 더욱 조야한 난센스를 위한 적절한 출발점이 되었다.

그런데 앞서 언급한 방식으로 파악된 현상과 사물 자체에 관한 **칸트**의 분리는 근거 짓기의 깊은 뜻과 사려 깊음에서 이전에 있던 모든 것을 훨씬 능가했듯이, 그것은 그 결과에서도 성과가 무한히 컸다. 그도 그럴 것이 그는 그 자체로 전적으로 독창적이고 완전히 새로운 방식으로 새로운 측면으로부터 새 길을 발견하여 이미 플라톤이 지칠 줄 모르고 되풀이하며 자신의 언어로 대체로 이렇게 표현한 같은 진리를 개진했다. 감각에 현상하는 이 세계는 그것이 있든 없든 간에 진정한 존재를 갖지 못하고 끊임없는 생성만을 가질 뿐이다. 세계의 파악은 하나의 인식이라기보다는 하나의 망상이라는 것이다. 이것은 이미 본서 제3권에서 언급하고 있는 것으로 플라톤이 그의 전체 저작 중 가장 중요한 대목인 『국가』 제7권 서두에서 신화적으로 표현한 것이기도 하다. 그는 어두운 동굴에서 쇠사슬에 꽁꽁 묶여 진정한 근원적인 불빛도 실제 사물도 보지 못하고 동굴 안의 흐릿한 불빛과 그의 등 뒤에서 이 불빛 곁을 휙 지나가 버리는 실제 사물의 그림자만 보는 남자들에 관해 말한다. 하지만 그들은 그림자가 실재이며, 이 그림자의 연속의 규정이 참된 지혜라고 생각한다.

다시 전적으로 다르게 제시된 이와 동일한 지혜가 또한 『베다』와 『푸라나』의 주된 가르침이며, 마야의 가르침이다. 마야의 가르침은 칸트가 사물 자체와 달리 현상이라고 칭하는 것과 다르지 않은 것으로 이해된다. 그도 그럴 것이 마야의 작품은 우리가 살아가는 이 가시적인 세계, 불러일으켜진 마법, 시각적 환상이나 꿈처럼 불안정하고 그 자체로 실체가 없는 가상, 인간의 의식을 둘러싼 베일로 제시되기 때문이다. 마야의 작품은 있다고도 없다고도 말할 수 있는 것으로서, 그릇된 것인 동시에 참된 것이기도 한 어떤 것이다.

그러나 칸트는 같은 가르침을 완전히 새롭고 독창적인 방식으로 표현했을 뿐 아니라 그 가르침을 지극히 차분하고 냉정한 서술로 증명하여 논란의 여지가 없는 가르침으로 만들었다. 반면에 플라톤을 비롯한 인도의 철학자들은 단순히 세계의 보편적인 직관을 근거로 그들의 수장을 폈고, 그들 의식의 식섬적인 발언으로서 주장을 말했으며, 철학적이고 분명하게보다는 신화적이고 시적으로 주장을 내세웠다. 이런 점에서 그들의 칸트에 대한 관계는 피타고라스학파 철학자들로서 이미 고정된 태양 주위를 지구가 돈다고 주장한 히케타스, 필로라우스, 아리스타르쿠스의 코페르니쿠스에 대한 관계와 같다. 이 같은 분명한 인식과 전체 세계의 꿈같은 속성에 대한 차분하고 사려 깊은 서술은 엄밀히 말해 전체 칸트 철학의 토대이며, 그 철학의 영혼이자 그것의 가장 위대한 공적이다. 칸트는 객관적 세계의 환영을 일으키는 우리 인식 능력이라는 전체 기계 장치를 분해하고 조금씩 내보임으로써 그 같은 서술을 놀라울 만치 분별 있고 능숙하게 완성했다.

칸트 철학에 비해 말할 수 없이 어설퍼 보이는 이전의 모든 서양 철학은 저 진리를 잘못 이해했다. 바로 그 때문에 언제나 꿈속에서처럼 말했다. 칸트가 비로소 이러한 꿈으로부터 갑자기 그 진리를 일깨웠다. 그런 이유로 마지막 잠꾸러기들(멘델스존)은 칸트를 모든 것의 파괴자라고 불렀다. 칸트는 현존, 즉 경험 속에서 일반적으로 깨뜨릴 수 없는 필연성으로 지배하는 법칙들이 **현존 자체**를 도출하고 설명하기 위해 적용될 수 없음을 보여 주었다. 그러므로 그 법칙들의 타당성이 단지 상대적인 타당성에 불과함을, 다시 말해 현존, 즉 경험 세계 일반이 이미 확립되고 존재한 연후에야 비로소 타당성이 제기됨을 보여 주었다. 따라서 우리가 세계와 우리 자신의 현존에 관한 설명에 착수할 때 이 법칙들은 우리의 길잡이가 될 수 없음을 보여 주었다.

이전의 모든 서양 철학자들은 여러 현상을 서로 결부시키는 이러한 법칙, 시간과 공간뿐 아니라 인과율이나 추론과 같은 모든 것, 즉 내가 근거율이라는 표현으로 통합하는 이 법칙은 어느 것에 의해서도 조건 지어지지 않은 절대적인 법칙, 즉 영원한 진리라고 언급했다. 세계 자체는 그 법칙들의 결과로 그것들에 의해서만 존재한다고 언급했다. 따라서 세계의 전체 수수께끼는 그 법칙을 길잡이로 삼아 해결되어야 한다는 것이다. 칸트가 이성의 이념이라는 이름으로 비판하는 것으로서 이 목적을 위해 세운 가정은 사실 단순한 현상, 마야의 작품, 플라톤의 그림자 세계를 유일한 최고의 실재로 격상시키는 데에, 그 단순한 현상으로 하여금 사물의 가장 내적이고 진정한 본질을 대신하게 하는 데에, 그리하여 이 진정한 본질에 관한 인식을 그로 인해 불가능하게 하는 데에 기여할 뿐이었다. 한마디로 말하면 몽상가를 더욱 깊은 잠에 빠지게 하는 데에 기여할 뿐이었다. 칸트는 이러한 법칙을 보여 주었다. 따라서 세계 자체를 주관의 인식 방법에 의해 조건 지어진 것으로 보여 주었다. 그 결과 저 법칙을 길잡이 삼아 아무리 계속 연구하고 계속 추론한다 해도, 주된 문제에서는, 즉 세계 자체의 본질에 대한 인식에서는 또 표상의 밖에서는 한 걸음도 나아가지 못하고 다람쥐 쳇바퀴 돌듯 움직일 뿐이다. 따라서 모든 교의론자는 상당히 오랫동안 똑바로 나아가면 세계의 끝에 도달하리라고 생각하는 사람들과 비교될 수 있을지도 모른다. 하지만 이때 칸트라면 세계를 일주하여, 지구가 둥글기 때문에 수평 운동에 의해서는 세계 밖으로 나갈 수 없지만 수직 운동에 의해서는 가능할지도 모른다는 것을 보여 주었으리라. 그러므로 우리는 칸트의 가르침이 세계의 끝과 시작은 우리의 외부가 아닌 우리의 내부에서 찾아야 한다는 통찰을 준다고 말할 수 있다.

그러나 이 모든 것은 교의적 철학과 **비판적** 철학, 또는 **초월적 철학** 사이의 근본적 차이에 기인하고 있다. 이 차이를 분명히 하고, 하나의 실례로 마음속에 그려 내려 하는 자는 교의적인 철학의 표본으로서 '사물의 궁극적 근원De rerum originatione radicali'[2]이라는 제목을 단 라이프니츠의 논문을 읽음으로써 매우 간단히 그 일을 할 수 있다. 그 논문은 에르트만에 의해 라이프니츠 철학 저작집판(제1권, 147쪽)에 실려 있다. 여기에는 영원한 진리를 토대로 존재론적 증명과 우주론적 증명을 이용하여 선험적인 세계의 근원과 탁월한 속성이 매우 사실적이고 교의적인 방식으로 서술되어 있다.

그런데 덧붙여 말하자면 경험은 여기서 실증된 세계의 탁월성의 정반대를 나타낸다는 것도 한 번 인정되어 있다. 하지만 경험은 그 사실에 대해서는 아무것도 모르는 것으로 되어 있다. 그리고 철학이 선험적으로 말했다면 입을 다물고 있어야 한다. 그런데 **비판 철학**은 **칸트**와 더불어 이런 전체 방법의 적대자로 등장했다.

---

2   *라이프니츠는 이 논문에서 충분근거율과 최선의 세계에 관한 이론을 개진하고 있다.

비판 철학은 그러한 모든 구조의 토대로 쓰이는 바로 이들 영원한 진리를 자신의 문제로 삼고, 그 근원을 조사하며, 그다음 인간의 머리에서 그 근원을 발견한다. 다시 말해 인간의 머리에서 영원한 진리는 그 근원에 속하는 독특한 여러 형식으로부터 자라나며, 그 근원은 객관적 세계의 파악을 위해 그 여러 형식을 자체 내에 담고 있다. 그리하여 여기 뇌수 속에 저 당당한 교의적 건축물을 위한 재료를 제공하는 채석장이 있다. 하지만 비판 철학은 이런 결과를 달성하기 위해 이전의 모든 교의론이 기초로 한 영원한 진리를 **넘어서지**(초월하지) 않을 수 없기 때문에, 비판 철학은 **초월적** 철학이 되었다. 그 결과 이 초월적 철학으로부터, 우리가 알고 있듯이 객관적인 세계는 사물 그 자체의 본질에 속하지 않고 인간의 지성(뇌수)에 선험적으로 깃들어 있는 바로 저 형식에 의해 조건 지어진 사물 자체의 현상이라는 결과가 발생한다. 따라서 객관적인 세계는 현상 외에 아무것도 담을 수 없다.

사실 칸트는 현상이 표상이고 사물 자체는 의지라는 인식에는 도달하지 못했다. 하지만 그는 현상하는 세계가 객관에 의해서만큼이나 주관에 의해 조건 지어져 있음을 보여 주었다. 그는 세계의 현상, 즉 표상의 가장 보편적인 형식을 고립시키면서 우리가 이들 형식이 객관에 의해서뿐 아니라 주관에 의해서도 출발하는 것으로 인식하고 있으며, 이들 형식의 전체적인 합법칙성에 따라 그 형식들을 개관하고 있다는 것을 입증했다. 이들 형식은 사실 객관과 주관 사이의, 이 두 가지에 공통되는 경계이기 때문이다. 그는 우리가 이들 경계를 추구함으로써 객관의 내부로도 주관의 내부로도 뚫고 들어가지 못해, 결과적으로 세계의 본질인 사물 자체를 결코 인식하지 못한다고 결론지었다.

칸트는 내가 곧 보여 주는 것처럼 사물 자체를 올바른 방식으로 추론하지 않고 모순에 의해 추론했다. 그리고 그는 이 주된 부분에 대한 빈번하고 저항할 수 없는 공격을 통해 이런 모순에 대한 대가를 치러야 했다. 그는 의지 속에서 사물 자체를 직접 인식하지 못했다. 하지만 그는 인간 행위의 반박할 수 없는 도덕적인 중요성에 대해 현상의 여러 법칙과 전적으로 상이한 것으로서, 그 법칙에 종속되지 않으며, 그 법칙에 따라 설명할 수 있는 것이 아니라 사물 자체를 직접 건드리는 어떤 것으로 서술함으로써 이러한 인식을 위한 위대하고 획기적인 발걸음을 내디뎠다. 이것이 칸트의 공적에 대한 두 번째 주된 관점이다.

우리는 스콜라 철학의 완전한 전복을 그의 세 번째 공적으로 간주할 수 있다. 나는 여기서 교부 아우구스티누스에 의해 시작되고 칸트 바로 직전에 끝나는 전체 시대를 스콜라 철학이라는 명칭으로 일반적으로 자세히 설명하고 싶다. 그도 그럴 것이 스콜라 철학의 주된 성격은, 테네만이 매우 올바로 진술하고 있듯이 철학보다 우세한 국교國敎의 후견 역할이기 때문이다. 철학에는 사실 종교에 의해 철학에 지시된 주된 교의를 증명하고 미화하는 것 외에는 아무것도 남지 않았다. 수아레스에 이르기까지 본래적인 스콜라 철학자들은 이런 사실을 숨김없이 고백하고 있다. 뒤따르는 철학자들은 그 일을 더욱 무의식적으로 하거나, 또는 적어도 공공연히 하지는 않는다. 스콜라 철학은 데카르트가 나타나기 약 백 년 전까지만 지속한 것으로, 그런 다음 그와 함께 모든 실증적인 교리와는 무관하게 전적으로 자유로운 연구의 시대가 시작된 것으로 간주된다. 하지만 그러한 연구는 사실 데카르트와 그의 후계자들[3]에 의해 가능해진 것이 아니라 단지 그 연구의 외관, 아무튼 그 연구에 대한 노력에 불과하다.

데카르트는 말할 수 없이 탁월한 정신의 소유자였으며, 그의 시대를 고려한다면 무척 많은 일을 해냈다. 하지만 이러한 고려를 제쳐 두고, 모든 족쇄로부터 사

---

3 브루노와 스피노자는 이 점에서 완전히 예외라 할 수 있다. 그들은 각자 별개로 혼자 존재하며, 그들의 세기에도 그들의 대륙에도 속하지 않는다. 그 세기와 대륙은 한 사람에게는 죽음으로, 다른 사람에게는 박해와 모욕으로 보답했다. 서양에서 그들의 궁색한 현존과 죽음은 유럽에서 자라는 열대 식물과 같다. 이들의 진정한 정신적 고향은 성스러운 갠지스 강가였다. 거기서 그들은 비슷한 생각을 하는 사람들 사이에서 평온하고 존경받는 삶을 영위했으리라.

브루노는 다음 시구에서 자신의 세기에 자신이 얼마나 고독하게 느꼈는지 분명하고 아름답게 표현한다. 그는 그 시구로 『원인·원리·일자—者에 관하여De la Causa, Principio ed Uno』라는 책을 시작하는데, 그 책으로 화형을 당했다. 그리고 그 시구로 자신의 운명에 대한 예감을 보여 준다. 그 예감 때문에 그는 고상한 영혼들 속에서 참되게 인식한 것을 전달하려는 무척 강력한 욕동을 극복할 때까지 자신의 문제를 개진하는 것을 주저했다.

나의 병든 심성이여, 무엇이 아직 네가 낫는 것을 가로막느냐?
너 역시 이 무가치한 시대의 네 작품을 제공하느냐?
나라들 너머 그림자들이 너울거린다 해도
내 산이여, 네 봉우리를 치켜들고, 높이 에테르 속으로 솟아올라라!
(조르다노 브루노, 『원인·원리·일자에 관하여』 서문)

그의 다른 모든 저서, 이전에는 너무나 희귀했고 지금은 독일어판으로 누구나 접근할 수 있는 이탈리아 저서와 마찬가지로 이러한 그의 주저를 읽는 자는 모든 철학자 중 그가 철학적인 힘과 방향 말고도 시적인 힘과 방향을 강력하게 덧붙였다는 점에서 홀로 플라톤의 어떤 것에 가까워지고 있으며, 또한 그러한 점을 특히 극적으로 보여 주고 있음을 나와 함께 발견할 것이다. 우리는 이러한 그의 저서를 통해 우리에게 섬세하고 정신적이며 사유하는 존재로 나타나는 그가 그의 재판관이자 형리인 거칠고 광포한 사제의 수중에 있는 것을 생각하라. 그리고 좀 더 밝고 온화한 세기를 초래한 시대에 감사하라. 그리하여 저 흉악한 광신자들이 저주를 당하게 된 후세대가 지금 벌써 동세대가 되어 있다.

유를 해방하고 편견 없는 자신의 연구라는 새 시대를 제고했다는 점에서 사후에 칭찬받는 그를 평가한다면, 우리는 그가 아직 참된 진지함이 결여되어 있기 때문에 너무나 빨리 너무나 형편없이 다시 회의에 굴복하며, 시대와 국가에 속하는 일찍이 주입된 견해의 모든 족쇄를 한꺼번에 내던지려 하는 듯한 표정을 짓는다고, 하지만 그 견해를 즉각 다시 받아들여 더욱 확고히 하기 위해 순간적으로 단지 겉으로만 그렇게 한다고 생각하지 않을 수 없다. 그리고 칸트에 이르기까지 그의 모든 후계자들도 마찬가지다. 따라서 이러한 종류의 자유로운 독립적 사상가들에게 적용하기 가장 안성맞춤인 것은 바로 괴테의 시구다.

말씀드리기 황송하오나,
인간들이란 다리가 긴 매미와 같지요,
매미는 언제나 날아다니고 나는 듯 뛰어오르다가
이내 풀밭에 내려앉아 케케묵은 노래나 불러 대지요.
(『파우스트』 I, 287~290)

칸트는 그렇게 생각할 수밖에 없다는 듯한 표정을 지을 만한 근거가 여럿 있었다. 하지만 그가 풀밭으로 되돌아온다는 것이 알려져 있기 때문에 허용된 것으로 보이는 도약이 이번에는 날아다니는 것이 되었다. 이제 아래에 남은 자들은 물끄러미 쳐다만 볼 뿐 그를 다시는 붙잡을 수 없다.

그러므로 칸트는 그의 가르침으로 소위 너무나 자주 입증된 교의의 증명 불능을 감히 보여 주려고 했다. 사변 신학, 그리고 그와 관련된 합리적인 심리학은 그에 의해 치명적인 타격을 받았다. 그 이래로 그것들은 독일 철학에서 사라져 버렸다. 그리고 그 문제가 포기된 후 여기저기에 그 단어가 남아 있다고 해서, 또는 어떤 불쌍한 철학 교수가 그의 주인의 두려움을 염두에 두고, 진리가 그대로 진리로 있도록 한다고 해서 헷갈려서는 안 된다. 칸트의 이 같은 공적의 위대함은 17세기와 18세기의 최상의 문필가까지 포함하여 모든 문필가에게 저 개념들이 철학뿐 아니라 자연과학에 끼친 유해한 영향을 주목한 자만 평가할 수 있다. 독일의 자연과학 저서에서는 칸트 이래로 음조와 형이상학적 배경의 변화가 확연히 눈에 띈다. 그의 이전에는 지금도 영국에서 만연한 것과 같은 상태에 있었다.

칸트의 이 같은 공적은 현상 법칙의 무분별한 추구, 이들 법칙의 영원한 진리로의 격상, 그리하여 덧없는 현상 세계의 원래적인 본질로의 격상, 요컨대 망상 속에서 어떠한 분별력에 의해서도 방해받지 않는 **실재론**이 고대와 중세, 근세의 모든 이전 철학에서 전적으로 지배적이었다는 사실과 연관되어 있다. 버클리 이전에 이미 **말브랑슈**가 그랬듯이, 일면성, 그러니까 그 일면성의 잘못을 인식한 **버클리**는 그의 공격이 한 가지 **점**에 한정되었기 때문에 실재론을 뒤엎을 수 없었다. 이리하여 관념론적인 기본 견해가 유럽에서, 적어도 철학에서 지배권을 얻도록 하는 일이 **칸트**에게 유보되었다. 그러한 기본 견해는 이슬람교를 받아들이지 않은 아시아 전체에서, 더구나 본질적으로는 심지어 종교의 기본 견해다. 그러므로 칸트 이전에는 시대 안에 우리가 있었고, 지금은 우리 안에 시대가 있다는 등이다.

윤리학 역시 절대적인 법칙으로, 그러므로 사물 자체에 의해서도 타당한 법칙으로 간주된 현상의 여러 법칙에 따라 저 실재론적 철학에 의해 다루어졌다. 따라서 그 법칙들은 때로는 행복론을, 때로는 창조주의 의지를, 마지막으로는 그 자체로 볼 때 전적으로 공허하고 내용이 없는 완전성의 개념을 토대로 했다. 그도 그럴 것이 완전성의 개념은 관계가 적용되는 여러 사물로부터 비로소 중요성을 얻는 단순한 관계를 나타내기 때문이다. 그러므로 '완전하다'는 것은 미리 틀이 잡혀 있어야 하는 '전제되고 주어진 어떤 개념에 상응하는' 것을 뜻하는 말에 불과하다. 그런 개념 없이는 완전성은 알려지지 않은 수치이고, 따라서 홀로 표현될 때 전혀 아무런 의미도 갖지 못한다. 하지만 '인간성'의 개념을 암묵적인 전제로 삼고, 그에 따라 완전한 인간성을 얻으려 애쓰는 도덕 원칙으로 정한다면 사람들은 이런 말을 할 뿐이다. "인간은 그가 존재해야 하는 대로 존재해야 한다." 우리는 예나 다름없이 이해력이 부족하다. 다시 말해 '완전한'은 '전부 갖추어진'의 거의 단순한 동의어에 불과하다. 왜냐하면 그 말은 종속種屬의 개념 속에 들어 있는 모든 술어가 어떤 주어진 경우나 개인에게서 나타난다는 것을, 즉 실제로 존재한다는 것을 말해 주기 때문이다. 따라서 '완전성'의 개념은 절대적으로 또 추상적으로 사용되는 경우 경솔한 단어다. 그러므로 '더없이 완전한 본질'에 관한 이야기나, 이와 비슷한 다른 표현도 마찬가지다. 이 모든 것은 쓸데없는 말을 그냥 늘어놓는 데에 불과하다. 그럼에도 지난 세기에 완전과 불완전에 관한 이러한 개념은 하나의 유통 화폐가 되었다. 사실 그것은 거의 모든 도덕론과 심지어 신학론조차 그 주위를 돌게 한 추축樞軸이었다. 다들 그 개념을 입속에 가져가서 결국 그것은 그냥 성가신 것이 되었다. 우리는 예컨대 레싱 같은 당대 최고의 문필가조차 더없이 애석한 방식으로 완전과 불완전의 문제에 걸려들어 그것과 맞붙어 싸우는 것을 본다. 이때 사유하는 모든 인간은 이 개념에 아무런 긍정적인 내용이 없음을 적어도 흐릿하게나마 느끼지 않을 수 없었다. 그도 그럴 것이 연금술의 한 상징처럼 그 개념은 단순한 관계를 추상적으로 암시하기 때문이다.

이미 말했듯이 칸트는 행위의 반박할 수 없을 만큼 커다란 윤리적 중요성을 현상과 그것의 여러 법칙으로부터 분리해 내어, 전자가 사물 자체, 즉 세계의 가장 내적인 본질과 직접 관련된다는 것을 보여 주었다. 반면에 후자, 즉 시간과 공간, 그리고 그것들을 채우고, 그것들 속에서 인과율에 따라 배열되는 모든 것은 변하기 쉽고 실체가 없는 꿈으로 간주할 수 있다.

어떤 일이 있어도 주제를 소진시키지 않는 이런 사소한 것은 칸트의 위대한 공적을 인정하는 나의 증거로 충분할지도 모른다. 그러한 인정은 나 자신의 만족을 위해 여기에 표현되어 있다. 왜냐하면 정의는 자신의 실수를 가차 없이 들추어내면서 나를 따르려는 모든 사람의 기억 속에 저 공적들을 되살리기를 요구하기 때문이다. 나는 지금 그 실수를 들추어내려는 쪽으로 나아가고 있다.

순전히 역사적으로 보자면 칸트의 위대한 업적은 큰 실수로 인해 동시에 일어났음이 틀림없다고 평가할 수 있다. 그는 철학에서 더없이 위대한 혁명을 일으켰고, 사실상 세계 철학에서 전적으로 새로운 세 번째 시대를 시작하기 위해 상술한 보다 넓은 의미에서 볼 때 14세기 동안 지속된 스콜라 철학을 종결시켰다. 하지만 그의 등장으로 인한 직접적인 결과는 긍정적이지 않고 거의 부정적인 것이라 할 수 있다. 왜냐하면 그는 그의 제자들이 어느 하나의 시공간 동안만이라도 의지할 수 있는 하나의 완벽한 체계를 세우지 않았기 때문이다. 모두들 무언가 매우 위대한 일이 일어났음을 알아챘지만 그게 무엇인지 제대로 아는 사람은 아무도 없었다. 그들은 지금까지의 전체 철학이 결실 없는 몽상이었다는 것은 확실히 알아챘다. 새 시대는 이제 몽상에서 깨어났다. 하지만 그들은 이제 어디에 의지해야 하는지는 알지 못했다. 커다란 공허가 느껴졌고, 커다란 결핍이 생겼다. 그리하여 보다 큰 대중까지 포함하여 보편적인 주의가 일깨워졌다. 이런 사실에 유발되어, 하지만 내적 욕동이나 (스피노자의 경우에서처럼 더없이 불리한 시점에도 발현되는) 힘의 감정에 의해 내몰리지는 않고, 남자들은 특기할 만한 아무런 재능 없이도 다양하고 미약하며 불합리한, 그러니까 때로는 정신 나간 시도를 하기도 했다. 그러나 이제 한 번 자극받은 대중은 그런 시도에 관심을 보였다. 그리고 독일에서만 볼 수 있는 현상이었지만, 대단히 참을성 있게 오랫동안 그들의 귀를 빌려주었다.

커다란 혁명이 지구 표면 전체를 변화시키고, 대양과 땅이 자리를 바꾸며, 새로운 창조를 위해 평지가 말끔히 정리되었을 때 그와 같은 일이 언젠가 자연에서도 일어났음이 틀림없다. 자연이 그들 자신과 또 서로 간에 조화를 이루는 일련의 새로운 모든 지속적인 형태를 낳기까지는 오랜 세월이 걸렸다. 다시 말해 그들 자신과 서로 간에 조화를 이루지 못하여 오랫동안 존속할 수 없었던 이상하고 괴물 같은 조직이 생겨났다. 하지만 자신을 새롭게 형성하는 자연의 저 동요와 시험 과정의 기념품이 우리에게 전해 준 것이 바로 지금도 존재하는 조직의 잔재들이다.

그런데 우리 모두가 알고 있듯이, 철학에서 이와 아주 유사한 위기, 무시무시한 유산流産의 시대가 칸트에 의해 초래되었으므로, 칸트의 공적은 완전하지 않고 커다란 결점을 지니고 있어 부정적이고 일면적인 것이 틀림없다고 결론지을 수 있다. 우리는 이제 이러한 결점을 찾아내려 한다.

무엇보다도 우리는 우리 자신을 분명히 하고, 순수이성의 전체 비판이 의도하는 기본 사상을 점검하고자 한다. 칸트는 전임자들인 교의적 철학자들의 입장에 섰고, 그에 따라 그들과 함께 다음과 같은 여러 전제로부터 출발했다.

- 형이상학은 모든 경험의 가능성 저편에 위치하는 것에 관한 학문이다.
- 그러한 학문은 경험에서 끌어온 원칙을 적용해서는 더 이상 발견될 수 없다 (『형이상학 서설』 제1장). 하지만 우리가 **진작**, 즉 일체의 경험과 무관하게 알고 있는 것만 가능한 경험 이상으로 도달할 수 있다.
- 우리의 이성에서 이러한 종류의 몇 개의 원칙을 실제로 맞닥뜨릴 수 있다. 그 원칙들은 순수이성의 인식이라는 이름으로 이해된다.

이상과 같은 점에서 칸트는 전임자들과 같이 가지만, 여기서 그들과 견해를 달리한다. 그들은 말한다. "이러한 여러 원칙, 또는 순수이성에서 나온 여러 인식은 사물들의 절대적인 가능성, 즉 영원한 진리의 표현으로 존재론의 원천이다. 그 원칙들은 운명이 고대인의 신들 위에 서 있었듯이 세계 질서 위에 서 있다." 칸트는 이렇게 말한다. 그 원칙들은 우리 지성의 단순한 형식에 불과하며, 사물들의 현존 법칙이 아니라 그것들에 관한 우리 표상의 법칙일 뿐이다. 그러므로 그 원칙들은 단순히 사물들에 관한 우리의 견해에만 적용된다. 따라서 그 원칙들은 경험의 가능성을 넘어서는 미칠 수 없는데, 전제 1)에서 그러한 사실을 겨냥하고 있다. 그도 그럴 것이 선험성은 인식 형식들의 주관적 근원에만 의지할 수 있기 때문에, 이러한 인식 형식의 선험성이야말로 사물들의 본질 그 자체의 인식으로부터 우리를 영원히 갈라놓고, 단순한 현상의 세계에만 우리를 한정시켜, 우리는 그 자체로 존재할지도 모르는 사물들의 선험성은 말할 것도 없고 후험성조차 인식할 수 없게 되기 때문이다. 따라서 형이상학은 불가능하게 되고, 대신 순수이성 비판이 그 자리에 들어선다.

옛 교의론에 대해 칸트는 이 점에서 완전히 승리를 거둔다. 따라서 이후 등장한 모든 교의적 시도는 이전의 체계와는 전적으로 다른 길을 추구하지 않을 수 없었다. 이제 나는 이러한 비판의 뚜렷한 의도에 따라 나 자신의 체계의 정당화를 향해 나아갈 것이다. 다시 말해 앞서 행한 논증을 보다 자세히 점검해 보면 우리는 그 논증의 으뜸가는 기본 전제가 선결 문제 요구의 허위petitio principii임을 고백하지 않을 수 없을 것이다. 그 기본 명제는 다음의 명제(특히 『형이상학 서설』 제1장에서 분명히 정해진 명제) 속에 들어 있다. "형이상학의 원천은 결코 경험적이어서는 안 된다. 그것의 기본 원칙과 개념은 외적 경험이든 내적 경험이든 결코 경험에서 취해서는 안 된다." 그렇지만 이러한 핵심 주장을 근거 짓기 위해 내놓을 것이라곤 형이상학이라는 단어에서 비롯한 어원상의 논거 외엔 아무것도 없다. 하지만 사실 그 문제는 다음과 같다. 즉 세계와 우리 자신의 현존은 우리에게 필연적으로 하나의 수수께끼로 나타난다. 그런데 이 수수께끼의 해결은 세계 자체의 철저한 이해로부터는 가능하지 않고, 세계와 전적으로 다른 어떤 것에서 찾아야 한다고 즉각 추정된다(그도 그럴 것이 이 말은 '모든 경험의 가능성을 넘어선다'는 뜻이기 때문이다). 그리고 모든 것은 우리가 어떻게든 **직접적**인 지식(그도 그럴 것이 이 말은 내적 경험이든 외적 경험이든 가능한 경험을 뜻하기 때문이다)을 가질 수 있는 해결로부터 제외되어야 한다고 추정된다. 오히려 이 같은 해결은 우리가 단순히 간접적으로, 즉 선험적인 보편적 명제로부터의 추론에 의해 도달할 수 있는 것에서만 찾아야 한다. 이런 식으로 모든 인식의 주된 원천을 배제하고 진리에 이르는 곧바른 길을 차단한 후, 우리는 교의적인 시도가 실패했다는 것과, 칸트가 이러한 실패의 필연성을 제시할 수 있었다는 것을 의아하게 생각해서는 안 된다. 그도 그럴 것이 전에는 형이상학과 선험적 인식을 동일한 것으로 받아들였기 때문이다. 하지만 이를 위해서는 세계의 수수께끼의 해결을 위한 소재는 세계 자체 내에 절대로 담겨 있을 수 없고 세계 밖에서만, 우리가 선험적으로 의식하고 있는 저 형식을 실마리로 해서만 그곳에 도달할 수 있는 어떤 것에서만 찾을 수 있음을 먼저 증명하는 것이 필요했으리라. 하지만 이것이 증명되어 있지 않는 한 우리는 모든 과제 중 가장 중요하고 까다로운 과제의 경우 단지 내용이 텅 빈 형식을 가지고 작업하기 위해 모든 인식 원천 중 가장 내용이 풍부한 원천인 내적 경험과 외적 경험으로부터 우리 자신을 차단할 근거를 갖지 않게 된다. 그러므로 나는 세계의 수수께끼의 해결은 세계 자체의 이해에서 시작되어야 한다고 말한다. 따라서 나는 형이상학의 과제란 세계가 그 속에서 존재하는 경험을 넘어서는 것이 아니라 경험을 철저히 이해하는 것이라고 말한다. 이는 경험, 즉 외적 경험과 내적 경험이 모든 인식의 주된 원천이기 때문이다. 그러므로 세계의 수수께끼의 해결은 올바른 지점에서 이루어진 내적 경험과 내적 경험의 적절한 연결에 의해서만, 그리고 그로 인해 성취된 매우 이질적인 이들 두 가지 인식 원천의 결합에 의해서만 가능하다. 하지만 이러한 해결은 우리의 유한한 자연으로부터 떼어 놓을 수 없는 어떤 한계 내에서만 가능하다. 그리하여 우리는 세계의 현존에 대한 더 이상의 모든 문제를 폐기하는 완결된 설명에 이르지 않고도 세계 자체의 올바른 이해에 도달하게 된다. 그러므로 한계까지 가는 것은 옳다(호라티우스, 『서간집』 제1권 제1장 32절). 그리고 나의 길은 이전의 교의학의 전지론과 칸트적 비판의 절망 사이에 위치하고 있다. 하지만 칸트가 발견한 중요한 여러 진리, 또 이전의 형이상학적 체계를 뒤엎어 버린 여러 진리는 나의 체계에 자료와 소재를 제공했다. 내가 제2권 제17장에서 나의 방법에 대해 말한 것을 비교하기 바란다. 칸트의 기본 사상에 대해서는 이 정도로 하자. 우리는 지금 그것에 관한 그의 상세한 설명과 그것의 개별 내용을 고찰하려고 한다.

칸트의 문체는 철두철미 우월한 정신, 진정하고 확고한 개성, 그리고 전적으로 비상한 사고력의 특징을 띠고 있다. 그의 성격을 적절하게 표현하면 아마 **찬란한 건조함**이라고 말할 수 있을 것이다. 그런 건조함의 힘으로 그는 개념들을 매우 확실히 파악하고 끄집어낸 다음 독자가 보기에 놀랍게도 그것들을 더없이 자유롭게 이리저리 내던질 수 있다. 이 같은 찬란한 건조함을 아리스토텔레스의 문체에서도 발견할 수 있는데, 물론 아리스토텔레스의 문체는 훨씬 단순하기는 하다. 그럼에도 칸트의 언어는 종종 불분명하고 막연하고 불충분하며 때로는 애매하다. 물론 그것의 애매함은 부분적으로 주제의 난해함과 사고의 심오함 탓으로 돌릴 수 있다. 하지만 밑바닥에 이르기까지 자기 자신에게 명백하고, 자신이 생각하고 소망하는 바를 전적으로 분명히 아는 자는 결코 불분명하게 쓰지 않을 것이고, 결코 흔들리며 막연한 개념을 내세우지 않을 것이며, 그 개념들을 나타내기 위해 외국어들로부터 극히 까다롭고 복잡한 표현들을 찾아 모아 나중에 지속적인 표현으로 사용할 것이다. 이와 마찬가지로 칸트는 이전의 철학, 심지어 스콜라 철학으로부터 단어와 상투어를 취했고, 자신의 목적을 위해 예컨대 '통각統覺, Apperzeption의 초월적인 종합적 통일'처럼 그것들을 서로 결합시켰다. 그리고 '통합'이란 단어가 그 자체로 충분한 경우 일반적으로 '종합의 통일'이란 말을 사용했다. 더구나 그러한 자는 예컨대 칸트가 지성, 범주, 경험 및 다른 주된 개념들을 가지고 그러듯이 이미 한번 설명된 것을 번번이 새로이 설명하지 않을 것이다. 그러한 자는 대체로 끊임없이 같은 말을 되풀이하지 않을 것이고, 그러면서 이미 수백 번 표현된 사고를 매번 새롭게 서술하여 다시 똑같이 애매한 상태에 놓아두지 않을 것이다. 그러한 자는 한번 분명하고도 철저히 남김없이 자신의 견해를 말할 것이고, 그러면서 만족해할 것이다. 데카르트는 자신의 다섯 번째 서한(『서한』 제1장)에서 "다시 말해 어떤 문제를 더 잘 이해할수록 우리는 단호하게 그것을 유일무이한 방식으로 표현한다"라고 말한다. 하지만 칸트의 부분적으로 애매한 언어가 지닌 가장 큰 단점은 그 언어가 자기 실수를 모방하기 위해 미혹하는 모범(호라티우스, 『서간집』 제1권 제19장 17절)으로서 작용했다는, 그러니까 파멸적인 권한 부여를 위해 곡해되었다는 점이다. 대중은 애매한 것이 항상 무의미한 것은 아니란 사실을 통찰하지 않을 수 없었다. 그 즉시 무의미한 것은 애매한 언어 뒤로 도망쳤다. **피히테**는 이 새로운 특권을 파악하고 활발하게 이용한 최초의 철학자였다. **셸링**은 그 점에서 피히테와 전혀 같지 않았다. 재능도 솔직함도 없는 일군의 굶주린 엉터리 문필가들이 이내 이 두 사람을 능가했다. 그렇지만 순전한 난센스를 내놓는 점과 그때까지는 단지 정신 병원에서만 들을 수 있었던 것과 같은 무의미하고 과장된 말싸움을 벌이는 점에서 최고의 뻔뻔함은 마침내 **헤겔**에게서 등장했다. 그 뻔뻔함은 지금까지 있었던 더없이 서투른 보편적인 신비화의 도구가 되었고, 후세에 굉장하게 여겨지고 독일적 어리석음의 기념비로 남게 되는 결과를 낳았다. 그 사이 **장 파울**은 헛되이 자신의 멋진 문구 "강단에서의 철학적 광기와 극장에서의 시적 광기에 대한 보다 높은 가치 평가"(『미학 학교』)를 썼다. 그도 그럴 것이 벌써 **괴테**가 헛되이 이런 글을 썼기 때문이다.

이렇게 지껄여 대며 제멋대로 가르치는데
누가 그런 바보들과 상종하고 싶겠소?
인간만 보통 말만 듣고도
거기에도 생각할 것이 있다고 생각한단 말이오.
(『파우스트』 I, 2563~2566)

그렇지만 칸트에게 되돌아오기로 하지. 우리는 그에게 고대의 장엄한 단순성, 소박성, 공정성, 솔직성이 전적으로 결여되어 있음을 인정하지 않을 수 없다. 그의 철학은 시선에 한꺼번에 드러나는 크고 단순한 비율을 제공하는 그리스 건축술과 유사한 점이 없다. 오히려 칸트 철학은 우리에게 너무나 강력하게 고딕식 건축 양식을 상기시킨다. 그도 그럴 것이 칸트 정신의 전적으로 개인적인 독특함은 다양한 다수성을 사랑하는 **대칭**에 대한 특이한 만족이기 때문이다. 그가 다수성을 사랑하는 것은 다수성을 질서 있게 하고 질서를 하부 질서로 되풀이하기 위해서다. 바로 고딕식 교회에서 볼 수 있듯이 그런 식으로 끊임없이 반복된다. 정말이지 칸트는 이 일을 때로는 유희로까지 밀고 나간다. 그리하여 그는 이런 경향의 사랑으로부터 진리에 공공연한 폭력을 가하고, 구식 정원사들이 자연을 다루듯이 진리를 다루는 데까지 나아간다. 우리는 그런 구식 정원사들의 작품을 대칭적인 가로수 길, 네모꼴 구역과 세모꼴 구역, 피라미드 모양 나무와 구형 나무, 규칙적인 커브를 이루며 굽어진 나무 울타리에서 본다. 나는 이것을 여러 사실로 증명하고자 한다.

그는 공간과 시간을 모든 사물로부터 고립되게 다룬 다음 우리가 살아가고 존재하는 세계, 공간과 시간을 채우는 전체 직관의 세계를 "직관의 경험적 세계는 우리에게 **주어진다**"는 무의미한 단어들로 처리한 뒤 즉각, 단숨에 **그의 전체 철학의 논리적 토대에, 판단의 서판**에 도달한다. 이 서판으로부터 그는 열두 개의 올바른 범주를 연역해서 후에 프로크루스테스의 끔찍한 침대가 되는 네 개의 제목으로 대칭이 되게 배열했다. 그는 폭행에 위축되지 않고 궤변을 경멸하지 않으면서, 오직 그만이 저 서판의 대칭을 어디서나 되풀이할 수 있기 위해, 세계의 모든 사물과 인간 속에서 일어나는 모든 것을 억지로 집어넣는다. 그 서판으로부터 대칭적으로 연역된 최초의 것이 자연과학의 보편적 원칙에 관한 순수한 생리학적 서판이다. 다시 말해 직관의 공리, 지각의 예취, 경험의 유추, 경험적 사고 일반의 요청이다. 이 근본 원리들 중 최초의 두 개는 단순하지만, 뒤의 두 개는 대칭적으로 각기 세 개의 싹을 낸다. 단순한 범주들은 그가 **개념**이라 부르는 것이었다. 그러나 자연 과학의 이 원칙은 **판단**들이다. 모든 지혜, 즉 대칭에 이르는 그의 최고의 길잡이에 따라 그 계열은 지금 **추론**에서 생산력이 있는 것으로 증명될 수 있다. 더구나 이 추론은 대칭적으로 또 규칙적으로 행해진다. 그도 그럴 것이 범주를 감성에 적용함으로써 **지성**에는 선험적 원칙과 함께 경험이 생기듯, 이와 마찬가지로 추론을 범주에 **적용**함으로써 이성의 **이념**이 생겨난다. 추론을 범주에 적용하는 것은 조건 지어지지 않은 것을 찾는다고 짐짓 칭해지는 원리에 따라 이성에 의해 행해진 작업이다. 그것은 다음과 같은 식으로 일어난다. 관계의 세 범주는 홀로 가능한 세 종류의 대전제를 추론에 제공한다. 그에 따라 추론은 마찬가지로 각기 하나의 달걀로 간주될 수 있는 세 종류로 나누어지는데, 그 달걀로부터 이성이 이념을 부화시킨다. 다시 말해 정언적 추론법으로부터 **영혼**의 이념을, 가언적 추론법으로부터 **세계**의 이념을, 그리고 선언적選言的 추론법으로부터 **신**에 관한 이념을 부화시킨다. 두 번째 이념인 세계의 이념에서는 또다시 범주 서판의 대칭이 반복된다. 왜냐하면 네 개의 제목이 네 개의 명제를 만들어 내기 때문이다. 또 각각의 명제는 대칭적인 짝으로 각각의 반대 명제를 가지고 있다.

사실 우리는 이러한 우아한 건축물을 만들어 낸 실제로 극히 예리한 조합에 경의를 표한다. 하지만 우리는 앞으로 그 건축물의 토대와 여러 부분에 대해 철저한 조사를 하려고 한다. 그러나 먼저 다음과 같은 고찰을 하지 않을 수 없다.

놀라운 일은 칸트가 더 이상 깊이 생각하지 않고 자신의 길을 끝까지 추구한다는 점이다. 그는 대칭을 추구하며 그에 따라 모든 것을 배열한다. 이때 그는 그렇게 다룬 주제들 중 어느 하나를 따로 고려하지 않는다. 나는 나 자신의 생각을 좀 더 자세히 밝히고자 한다. 그는 직각적인 인식을 단순히 수학에서만 고려의 대상으로 삼은 뒤 세계가 우리 앞에 놓여 있게 하는 그 밖의 직관적 인식을 전적으로 소홀히 하고, 오직 추상적 사고에만 매달린다. 그렇지만 추상적 사고는 우리 인식의 추상적 인식보다 무한히 더 의미심장하고 보편적이며 내용이 풍부한 직관적 세계로부터 비로소 모든 중요성과 가치를 받아들인다. 정말이지, 이것이 주된 요점인데, 칸트는 어디서도 직관적 인식과 추상적 인식을 분명히 구별하지 않았다. 바로 그로 인해, 우리가 나중에 알게 되듯이, 그는 자기 자신과 해결할 수 없는 모순에 얽혀 든다.

그는 전체 감각계를 "그것은 주어져 있다"라는 무의미한 말로 처리한 뒤 앞서 말했듯이 이제 판단들의 논리적 서판을 그의 건축물의 초석으로 삼는다. 하지만 여기서 다시 그는 그의 앞에 이제 정말로 놓여 있는 것에 대해 잠시도 숙고하지 않는다. 그러니까 판단의 이런 형식들이 **단어**이자 **단어의 연결**이다. 그렇지만 이들 형식이 직접 나타내는 것이 무엇인지에 대한 질문이 맨 먼저 있었어야 한다. 다시 말해 이것들이 **개념**을 나타낸다는 것이 발견되었으리라. 그런데 그다음 질문은 **개념**의 본질에 대한 것이었으리라. 그 답변으로부터 이것들이 세계를 존재하게 하는 직관적 표상에 대해 어떤 관계를 갖는지 밝혀졌으리라. 이때 직관과 반성이 서로 구별되었으리라. 이제 순수한, 단지 형식적인 선험적 직관뿐 아니라 그 내용인 경험적 직관이 어떻게 의식 속에 들어오는지도 조사해야만 했으리라. 하지만 그런 뒤 지성이 이 경험적 직관에 대해 어떤 몫을 갖는지, 그러므로 일반적으로 **지성**이 무엇이며, 반면 **이성**은 무엇인지도 밝혀졌으리라. 여기서는 **이성**에 대한 비판이 쓰이고 있다. 그가 이 후자를 한 번도 적절하고 충분히 규정하지 않고, 단지 기회 있을 때마다 또 그때그때의 맥락에 따라 불완전하고 부정확한 설명을 하는 것에 극히 주목할 만하다. 이는 앞서 인용한 데카르트의 규칙과 전적으로 모순된다.[4] 예컨대 11쪽, V. 24로 표기하겠다. 『순수이성비판』에서 이성은 선험적 원리의 능력이다(299쪽, V. 356). 이성은 **원리**의 능력을 말하는 것으로, 그것은 **규칙**의 능력이라는 지성과는 반대된다는 것이다! 사람들은 이제 원리와 규칙들 사이에는 매우 현격한 차이가 있으리라 생각할 것이다. 그 차이는 그 원리와 규칙들 각각에 대한 특수한 인식 능력이 있다고 가정할 자격을 우리에게 부여하기 때문이다. 하지만 이 커다란 차이가 만들어지는 것은 순수 직관으로부터 또는 지성의 형식에 의해 선험적으로 인식되는 것이 하나의 **규칙**이고, 선험적이라는 단순한 개념으로부터 생겨나는 것이 하나의 원리이기 때문이다. 우리는 후에 변증법을 다루면서 이 같은 자의적이고 부적당한 구별로 되돌아올 것이다(330쪽, V. 386). 이성은 추론 능력이다. 단순한 판단 행위를 그는 종종 지성의 일로 선언한다(69쪽, V. 94). 그런데 이 말은 사실상 "판단의 근거가 경험적이고 초월적이거나 초논리적인 한, 판단 행위는

---

4 『순수이성비판』을 인용할 때 나는 어디서나 제1판의 쪽수를 따른다는 것을 여기서 참고하길 바란다. 전집의 로젠크란츠판에서는 대체로 이 쪽수를 따르기 때문이다. 그 외에 나는 V.를 앞에 덧붙여 제5판의 쪽수를 덧붙이고 있다. 제2판부터는 그밖의 모든 판이 이 제5판과 같으며, 그러므로 쪽수 역시 마찬가지다.

지성의 일이다"(충분근거율에 관한 논문 제31장, 제32장, 제33장)라는 표현과 같다. 하지만 추론이 그렇듯이 판단의 근거가 논리적이라면 여기서 전적으로 특수하고 훨씬 더 중요한 인식 능력인 이성이 관계한다. 그러니까 그 이상의 것은 303쪽, V. 360에서 어떤 명제로부터의 직접적인 추론은 여전히 지성의 일이며, 매개적인 개념을 사용하여 도달하는 결론만이 이성의 일이라는 것이 설명된다. 예로서 인용되는 문장이 "모든 인간은 죽게 마련이다"이다. 여기서 추론되는 "몇몇 죽게 마련인 자는 인간이다"라는 문장은 단순한 지성에 의해 얻어진다. 반면 "모든 학자는 죽게 마련이다"라는 추론은 전적으로 다르고 훨씬 중요한 능력인 이성을 요구한다. 위대한 사상가가 이 같은 종류의 글을 쓰는 것이 어떻게 가능했겠는가!(553쪽, V. 581). 이성이 단번에 모든 자의적인 행위의 영속적인 조건이라면(614쪽, V. 642), 그것은 우리가 우리의 주장을 해명할 수 있다는 사실에 그 본질이 있다(643·644쪽, V. 671·672). 지성이 대상의 다양성을 개념으로 통일시키듯이, 이성이 지성의 개념을 이념으로 통일시킨다는 점에서(646쪽, V. 674), 이성은 보편적인 것으로부터 특수한 것을 도출하는 능력과 다르지 않다.

지성도 마찬가지로 번번이 새롭게 설명된다. 『순수이성비판』의 일곱 군데에서 지성은 표상을 스스로 만들어 내는 능력이다(51쪽, V. 75). 69쪽, V. 94에서는 판단하는 능력, 즉 사유하는 능력, 즉 개념에 의해 인식하는 능력이다. 제5판의 137쪽에서는 일반적으로 인식 능력이고, 132쪽, V. 171에서는 규칙의 능력이다. 하지만 158쪽, V. 197에서는 지성에 대해 이렇게 말한다. "지성은 규칙의 능력일 뿐 아니라 여러 원칙의 원천이기도 하다. 그 원천에 따라 모든 것이 규칙 아래 놓이게 된다." 그럼에도 앞에서 지성이 이성과 반대되는 것은 이 이성만이 원리의 능력이기 때문이리라. 160쪽, V. 199에서 지성은 여러 개념의 능력이다. 하지만 302쪽, V. 359에서는 규칙에 의한 여러 현상의 통일 능력이다.

이 주제에 대한 참으로 혼란되고 근거 없는 말에 맞서 — 그 주제가 비록 칸트에 의해 출발할지라도 — 나는 저 두 개의 인식 능력에 대해 내가 내세운, 확고하게 분명히 정의되고 특정하며 단순한 설명, 모든 민족과 시대의 어법과 항시 합치되는 설명을 굳이 변호할 필요가 없을 것이다. 나는 이 말을 칸트가 자신이 그렇게 다루는 주제에 대한 충분한 숙고 없이 그의 대칭적이고 논리적인 체계를 추구한다는 나의 비난의 증거로 인용했을 뿐이다.

그런데 앞에서 말했듯이, 칸트가 그러한 두 가지 상이한 — 그중 하나는 인류의 특수한 차이인 — 인식 능력이 어느 정도 알려질 수 있는지, 그리고 모든 민족과 모든 철학자의 어법에 따라 이성과 지성이 무엇인지 진지하게 조사했더라면, 그 역시 전적으로 다른 의미에서 사용된 스콜라 철학자들의 이론적 정신과 실천적 정신 이상의 권위 없이는 이성을 이론적 이성과 실천적 이성으로 결코 나누지 못했으리라. 그리고 그는 실천적 이성을 덕이 있는 행위의 원천으로 삼았다. 이와 마찬가지로 칸트가 지성 개념(그것은 때로는 그의 범주로, 때로는 모든 보편 개념으로 이해된다)과 이성 개념(소위 말하는 그의 이념)을 너무나 수도년비하게 분리하고, 이 두 가지를 대체로 이 모든 개념의 타당성, 적용, 기원만을 다루는 그의 철학의 소재로 삼기 전에, 먼저 말하자면 그는 일반적으로 **개념**이 무엇인지 진실로 조사했어야 했다. 하지만 이 너무나 필수적인 조사 역시 아쉽게도 완전히 행해지지 않았다. 이런 사실은 내가 곧 입증할 직각적 인식과 추상적 인식의 절망적인 혼합에 많은 기여를 했다.

그가 "직관은 무엇인가? 반성은 무엇인가? 이성은 무엇인가? 지성은 무엇인가?"와 같은 질문으로 넘어가게 만든 충분한 숙고의 똑같은 결여는 그로 하여금 마찬가지로 꼭 필요한 다음과 같은 조사로 넘어가게 했다. 내가 **표상**과 구별하고 있는 **대상**이라고 부르는 것은 무엇인가? 현존은 무엇인가? 객관은 무엇인가? 주관은 무엇인가? 진리, 가상, 오류는 무엇인가? 하지만 그는 자신에 대해 숙고하거나 주위를 둘러보지 않고 자신의 논리적 도식주의와 대칭을 추구한다. 판단의 서판은 일체의 진리에 이르는 열쇠가 되어야 하고, 열쇠임이 틀림없다.

나는 앞에서 칸트가 사물 자체와 현상을 구별하고, 이 가시적인 세계 전체를 현상으로 선언함으로써 현상을 넘어서는 현상의 법칙의 모든 타당성을 부정한 것을 칸트의 주된 업적으로 내세웠다. 그가 벌써 뿌리에서, 객관은 전적으로 언제나 주관과의 관계 속에서만 현존하기 때문에, 그 객관을 주관에 종속되고, 주관에 의해 조건 지어지는 것으로서, 따라서 그 자체로 무조건적으로 존재하지는 않는 단순한 현상으로 보여 주기 위해, 현상의 이 단순히 상대적인 실존을 단순한, 너무나 가까이 있는 부정할 수 없는 **"주관 없이는 객관도 없다"**라는 진리로부터 연역하지 않은 것은 확실히 주목할 만한 일이다. 칸트에 의해 자신의 공적을 공정하게 평가받지 못한 버클리는 이 중요한 명제를 이미 자신의 철학의 초석으로 삼았고, 그로 인해 불멸의 명성을 확립했다. 물론 그 자신이 저 명제로부터 적절한 추론을 끌어낸 것은 아니어서, 그는 이해되지도 못했고 충분한 주목을 받지도 못했다. 나는 나의 제1판에서 칸트가 이 버클리적 명제를 회피하는 것에 대해 단호한 관념론을 눈에 띄게 꺼리기 때문이라고 설명했다. 반면 다른 한편으로 나는『순수이성비판』의 많은 구절에서 이 관념론이 분명히 표현된 것을 발견했다. 따라서 나는 칸트가 그 자신과 모순된다고 비난했다. 또한 이 비난에는 근거가 있었다. 당시 나의 경우가 그랬듯이, 사람들이『순수이성비판』제2판이나 그것에 따라 인쇄된 다섯 개의 판들 중 어떤 것만을 알고 있는 한에서 말이다. 하지만 나는 후에 칸트의 주저를 이미 희귀본이 된 제1판으로 읽고 대단히 기쁘게도 이 모든 모순이 사라지는 것을 보았다. 그리고 다음 사실을 발견했다. 즉 칸트는 "주관 없이는 객관도 없다"는 상투어를 사용하지 않음에도, **버클리**나 나와 꼭 마찬가지로, 공간과 시간 속에 존재하는 외계에 대해 그 외계를 인식하고 있는 주관의 단순한 표상이라고 선언했다. 그 때문에 예컨대 그는 거기서(383쪽) 유보 없이 말한다. "만일 내가 사고한 주관을 제거한다면 전체 물체계物體界는 없어져야 한다. 왜냐하면 그것은 우리의 주관 속의 감성 속에 있는 현상과, 그리고 그 주관의 일종의 표상과 다르지 않기 때문이다." 하지만 칸트가 자신의 단호한 관념론을 극도로 아름답고 분명하게 개진하고 있는 348~392쪽의 전체 구절은 그에 의해 제2판에서 억압되었고, 그 대신 그 구절과 상충되는 많은 발언이 도입되었다. 그로 인해 1787년부터 1838년까지 유통된『순수이성비판』은 손상되고 망쳐진 텍스트가 되었다. 그것은 자기모순적인 책이 되었고, 바로 그 때문에 그 책의 의미는 아무에게도 완전히 명백하지 않았고 어느 누구에게도 쉽게 이해될 수 없었다. 나는 이에 대한 보다 상세한 내용과, 그의 불멸의 저작을 손상시키는 데 영향을 끼쳤을지도 모르는 여러 근거와 약점에 대한 나의 추측을 로젠크란츠 교수에게 보내는 편지에서 피력했다. 그는 그 편지의 주된 구절을 자신이 편집한 칸트 전집판의 제2권 머리말에서 인용했다. 그러므로 나는 여기서 그것을 참조하려고 한다. 다시 말해 나의 설득에 따라 1838년 로젠크란츠 교수는『순수이성비판』을 원래 형태로 복구하기로 마음이 움직인 자신을 발견했다. 왜냐하면 그는 앞서 말한 제2권에서 그 책을 1781년의 제1판에 따라 인쇄했기 때문이다. 그로 인해 그는 철학을 위해 더없이 귀중한 공로를 세웠다. 그럼으로써 독일 문헌 중 가장 중요한 저작을 어쩌면 파멸로부터 구했을지도 모른다. 이러한 그의 공로를 결코 잊어선 안 되겠다. 하지만 만일 그가 그 책의 제2판만, 또는 그다음 판들 중 하나만 읽었다면, 우린 그가

『순수이성비판』을 알고 있다고, 칸트의 가르침에 대한 분명한 개념을 갖고 있다고 착각해선 안 된다. 그것은 절대 불가능하다. 그도 그럴 것이 그는 훼손되고 망쳐진, 어느 정도 가짜 텍스트를 읽은 것에 불과하기 때문이다. 이런 사실을 여기서 단호히 또 모두의 경고가 되게 말하는 것은 나의 의무다.

그렇지만 칸트가 **사물 자체**를 도입하는 방식은 『순수이성비판』 제1판에서 그토록 분명하게 표현되, 단호히 관념론적인 기본 견해와 부정할 수 없는 모순 관계에 있다. 의심의 여지 없이 이것이 그가 제2판에서 우리가 참조한 주된 관념본적 구절을 억압하고, 버클리적 관념론에 직접적으로 반대 의사를 표명한 주된 이유이다. 하지만 그렇게 함으로써 그는 그의 저작의 주된 결점을 제거하지 못하고 그것에 모순만 도입했을 뿐이다. 이 결점이 알다시피 그에 의해 선택된 방식으로 행해진 사물 자체의 도입이다. 그 방식의 부적절함은 G. E. 슐체에 의해 『아에네시데무스*Aenesidemus*』에서 장황하게 드러났고, 이내 그의 체계의 지지할 수 없는 점으로 인정되었다. 그 문제는 몇 개 안 되는 단어로 분명히 보여 줄 수 있다. 칸트는 비록 다양한 표현 방식에 의해 은폐되어 있기는 하지만 사물 자체의 전제를 인과율에 따른 추론에 기초하고 있다. 다시 말해 경험적 직관, 또는 더 정확히 말해 우리의 감각 기관 내에서 경험적 직관을 발생시키는 **감각**은 외적인 이유를 갖고 있음이 틀림없다는 추론에 기초하고 있다. 하지만 그 자신의 올바른 발견에 따라 인과율은 우리에게 선험적으로 알려져 있고, 따라서 우리 지성의 기능이고, 그러므로 주관적 근원을 가지고 있다. 더구나 우리가 여기서 인과율을 적용시키는 감성 감각 자체는 부정할 수 없을 만치 **주관적**이다. 그리고 마지막으로 우리가 이런 적용에 의해 감각의 원인을 객관으로서 그 속에 옮겨 놓는 공간조차 선험적으로 주어진, 따라서 우리 지성의 **주관적** 형태다.

그러므로 경험적 직관 전체는 철두철미 **주관적** 근거와 토대 위에서 우리 내면의 단순한 과정으로 남아 있다. 그리고 경험적 직관과 전적으로 다른 어떤 것, 그것에 독립적인 어떤 것도 하나의 **사물 자체**로 가져올 수 없으며, 또는 필연적인 전제로서 내놓을 수 없다. 경험적 직관은 실제로 우리의 단순한 표상이며, 표상으로 남아 있다. 즉 그것은 표상으로서의 세계다. 이 표상으로서의 세계의 본질 자체에 도달하려면 우리는 우리 자신의 현상의 즉자태인 의지를 알려 주는 자의식의 조언을 구하는 방식으로 내가 제시한 전혀 다른 종류의 길을 따라가야만 한다. 하지만 그런 다음 사물 자체는 내가 상술했듯이 표상과 그것의 요소와는 전적으로 다른 것이 된다.

앞서 말했듯이 이러한 점에서 일찍이 지적된 칸트 철학 체계의 큰 결함은 "줄기 없는 연꽃은 없다"는 아름다운 인도 속담의 예증이라는 것이다. 사물 자체의 결함 있는 연역은 여기서 줄기이다. 하지만 또한 그런 종류의 연역만으로는 주어진 현상에 대한 사물 자체의 인정이라고 할 수 없다. 그러나 이러한 후자의 방식으로 **피히테**는 사물 자체를 오해했다. 그에게 그런 일이 일어날 수 있었던 것은 그가 진리와 관계하지 않고, 그의 개인적 목적을 촉진시키기 위해 주목을 끌 생각을 했기 때문이다. 따라서 그는 사물 자체를 전적으로 부정하고 하나의 체계를 세울 정도로 충분히 뻔뻔스럽고 사려 깊지 못하다. 그 체계에서는 칸트의 경우에서처럼 표상의 단순한 형식뿐 아니라 그 재료, 표상의 전체 내용 역시 주관으로부터 소위 선험적으로 연역되었다. 그는 이런 일을 하면서 대중의 판단 부족과 어리석음을 전적으로 올바르게 계산에 넣었다. 대중은 형편없는 궤변, 단순한 눈속임, 무의미한 허튼소리를 증거로 받아들였다. 그리하여 피히테는 대중의 관심을 칸트로부터 자기에게로 돌리고, 독일 철학에 방향을 부여하는 데 성공했다. 이런 점은 후에 셸링에 의해 계속 수행되었고, 결국 헤겔의 터무니없는 사이비 지혜에서 목적을 달성했다.

나는 지금 앞에서 이미 언급한 칸트의 커다란 실수로 되돌아온다. 그 실수는 그가 직관적 인식과 추상적 인식을 적절히 구분하지 않았다는 점이다. 그로 인해 우리가 지금 보다 자세히 고찰해야 하는 해결할 길 없는 혼란이 생겨났다. 만약 그가 직관적 표상을 단순히 추상적으로 생각한 개념과 분명히 구분했더라면 이 두 가지를 따로 떼어 놓았을 것이고, 그때마다 이 두 가지 중 어느 것과 관계해야 할지 알았을 것이다. 하지만 유감스럽게도 그런 일은 일어나지 않았다. 아직 이런 비난이 공공연히 행해지지 않았을지라도, 그러므로 그것이 어쩌면 예기치 않은 것일지라도 말이다. 그가 계속해서 말하고 있는 "경험의 객관", 범주의 원래적인 대상은 직관인 표상이 아니고, 추상적인 개념도 아니며, 두 가지와 상이하다. 그렇지만 범주의 원래적인 대상은 동시에 두 가지 전부이며, 완전한 키메라다. 그도 그럴 것이 믿기 어려워 보이긴 하지만 그에게는 분별력이나 이 문제에 대해 그 자신과 합의해서 자신과 타인에게 그의 "경험의 대상, 즉 범주의 적용에 의해 성취되는 인식의 대상"이 시간과 공간(여러 표상 중 나의 첫 번째 부류) 속의 직관적 표상인지, 단순히 추상적 개념인지 분명히 설명할 호의가 부족했기 때문이다. 이상하긴 하지만 두 가지 중간물이 계속 그의 뇌리에 떠오른다. 그 때문에 불행을 초래하는 혼란이 생기는데, 나는 지금 그 혼란을 분명히 밝히지 않을 수 없다. 이런 목적을 위해 나는 전체 원리론을 일반적인 방법으로 두루 살펴보아야 한다.

초월적인 미학은 대단히 공적이 큰 작업이어서 그것만으로도 칸트의 이름을 불멸의 것으로 남기기에 충분할 것이다. 그것의 증명은 너무나 완벽한 설득력을 갖고 있으므로 그 명제를 논박할 수 없는 진리에 포함시킨다. 그 진리는 의심의 여지없이 성과가 가장 큰 진리에 속하므로 세상에서 가장 희귀한 것으로, 즉 형이상학에서 실제적인 커다란 발견으로 고찰될 수 있다. 그에 의해 엄정하게 증명된 것으로 우리의 여러 인식의 한 부분이 우리에게 선험적으로 알려져 있다는 사실은 이 인식이 우리 지성의 여러 형식을 이룬다는 것 외에 다른 설명은 전혀 허용하지 않는다. 그러니까 이는 하나의 설명이라기보다는 오히려 사실 자체의 분명한 표현일 뿐이다. 그도 그럴 것이 선험적이란 말은 다름 아닌 "경험의 도정에서 얻지 않은, 그러므로 외부로부터 우리 안으로 들어오지 않은"을 뜻하기 때문이다. 그러나 외부로부터 들어오지 않고 지성 속에 현존하는 것이 바로 원래 지성 자체에 속하는 것, 지성 자신의 본질이다. 그런데 이처럼 지성 자체 속에 현존하는 것이 지성의 모든 대상이 지성 자신에게 나타나야 하는 것 같은 보편적인 방식과 방법으로 존재한다면, 이렇게 현존하는 대상은 지성의 인식 작용의 여러 형식이라고, 다시 말해 지성이 이러한 자신의 기능을 이행하는 최종적으로 확정된 방식과 방법이라고 말할 수 있다. 따라서 "선험적인 인식"과 "지성 그 자신의 여러 형식"은 실제로는 동일한 사안에 대한 두 가지 표현에 불과하므로, 어느 정도는 동의어라 할 수 있다.

따라서 나는 초월적인 미학의 여러 가르침 중 버릴 것은 알지 못하고, 다만 몇 가지 덧붙일 것만 알고 있다. 다시 말해 칸트는 특히 유클리드의 전체 예증 방법을 배척하지 않았다는 점에서 자신의 사고를 마무리 짓지 않았다. 모든 기하학적 인식은 직관으로부터 직접적인 명증성을 갖는다고 87쪽, V. 120에서 그가 말했으면서도 말이다. 심지어 칸트의 반대자 중 한 사람, 더구나 그들 중 가장 명민한 G. E. 슐체(『이론 철학 비판』 II, 241쪽)가 칸트의 가르침으로부터 기하학에 대한 실제로 통용되는 취급법과는 전혀 다른 취급법이 생겨나리라고 결론 내리는 것이 가장 주목할 만하다. 이렇게 함으로써 그는 칸트에 대한 간접 논증을 한다고 잘못 생각했다. 하지만 실제로는 알지 못하는 사이에 그 혼자 유클리드에 대한 전쟁을 시작한 셈이다. 나는 이 저서의 제1권 제15장을 증거로 끌어들이겠다.

초월적 미학에서 주어진, 모든 직관의 보편적인 여러 **형식**을 상세히 논한 뒤 우리는 그 **내용**에 대해, **경험적** 직관이 우리 의식 속에 들어오는 방식에 대해, 우리에게 너무나 실제적이고 너무나 중요한 이 전체 세계에 대한 인식이 생기는 방식에 대해 약간의 해명을 얻으려는 기대를 하기 마련이다. 하지만 이에 대해 칸트의 전체 가르침은 엄밀히 말해 "직관의 경험적 요소는 외부로부터 **주어진다**"라는, 종종 반복되는 무의미한 표현 이상을 담고 있지 않다. 이 때문에 칸트는 여기서도 직관의 **순수한 여러 형식**으로부터, 한 번의 도약을 통해 **사고**에, **초월적 논리학**에 도달한다. 경험적 직관의 실질적 내용을 다루지 않을 수 없는 초월적 논리학의 바로 서두(『순수이성비판』 50쪽, V. 74)에서 그는 첫 발걸음을 잘못 딛고, 전제에서 잘못을 범한다(아리스토텔레스의 『분석론 후서』). 칸트는 이렇게 말한다. "우리의 인식은 두 가지 원천, 즉 인상의 수용성과 개념의 자발성을 지니고 있다. 전자는 표상을 수용하는 능력이고, 후자는 이 표상에 의해 대상을 인식하는 능력이다. 전자에 의해서는 어느 대상이 우리에게 주어지고, 후자에 의해서는 그 대상이 사유된다."

이것은 옳지 않다. 왜냐하면 그것에 따르면 **인상**은 이미 하나의 **표상**이고, 심지어 이미 하나의 **대상**일지도 모르기 때문이다. 우리는 인상에 대해 단순한 수용성을 가질 뿐이고, 인상은 외부로부터 오며 또 홀로 원래 '주어져' 있기 때문이다. 하지만 인상은 감각 기관 내의 단순한 **감각**에 불과하다. **지성**Verstand(인과율)의 적용에 의해, 또 공간과 시간의 직관 형식에 의해 비로소 우리의 지성Intellekt은 이 단순한 **감각**을 하나의 **표상**으로 변화시킨다. 그 표상은 이제부터 공간과 시간 속에서 **대상**으로 존재하고, 우리가 사물 자체에 대해 묻는 한에서는 후자(대상)와 달리 구별될 수 없지만, 그 외에는 사물 자체와 동일하다. 나는 이 과정을 충분근거율에 대한 내 논문 제21장에서 상세히 설명했다. 그리고 이것으로 지성과 **직관적** 인식에 관한 일이 마무리되었다. 이에 덧붙여 어떤 개념이나 어떤 사고도 필요하지 않다. 따라서 짐승 또한 이러한 표상을 갖고 있다. 개념이 첨가되면, 물론 자발성도 포함하는 것으로 볼 수 있는 사고가 첨가되면, 직관적 인식은 전적으로 버려진다. 그리고 완전히 다른 부류의 표상, 다시 말해 비직관적인 추상적 개념이 의식 속으로 들어온다. 이것이 **이성**의 활동이다. 그렇지만 이성은 그 사고의 전체 내용을 오직 이 사고 이전의 직관으로부터, 그리고 다른 직관이나 개념과 이 사고의 비교로부터 얻는다. 하지만 이리하여 칸트는 사고를 이미 직관 속으로 가져와서, 직각적이고 추상적인 인식의 절망적인 혼합을 위한 토대를 마련한다. 나는 여기서 이 직각적이고 추상적인 인식을 비난하는 일을 하고 있다. 그는 직관을 스스로 파악하여 이해하지 못하고 순전히 감성적으로, 그러므로 온전히 수동적으로 존재하게 하고, 또 사고에 의해(지성 범주) 비로소 하나의 대상이 파악되게 한다. 이렇게 하여 그는 **사고를 직관 속으로** 가져온다. 하지만 그 뒤 사고의 **대상**은 하나의 개별적이고 실제적인 객관이다. 이런 식으로 사고는 보편성과 추상성이라는 자신의 본질적인 성격을 잃고, 보편적 개념 대신 개별적인 사물을 객관으로 얻는다. 이리하여 다시 그는 **직관을 사고 속으로** 가져간다. 그 결과, 앞서 말한 절망적인 혼합이 생겨난다. 이 최초의 잘못된 발걸음의 결과들은 그의 전체 인식 이론에 펼쳐져 있다. 그의 이론 전체에 걸쳐 직관적인 표상과 추상적 표상의 전적인 혼합은 이 두 개의 중간물을 향해 나아간다. 그는 이 중간물을 지성과 그것의 범주에 의해 인식의 대상으로 설명하고, 이 인식을 **경험**이라 칭한다. 칸트 자신이 스스로를 지성의 이 대상 속에 무언가 완전히 규정된 것이자 실제로 분명한 것으로 생각했다고는 믿기 어렵다. 나는 이제 전체 초월적 논리학을 관통하는 엄청난 모순, 그리고 논리학을 에워싸는 애매함의 본래적 원천인 엄청난 모순을 통해 그 사실을 증명할 것이다.

다시 말해『순수이성비판』의 67~69쪽, V. 92~94, 89·90쪽, V. 122·123, 더구나 V. 135·139·153에서 그는 반복해서 강하게 주장한다. 지성은 직관의 능력이 아니며, 그것의 인식은 직각적이지 않고 논변적이다. 지성은 판단하는 능력이고(69쪽, V. 94), 판단은 간접적인 인식이며, 어떤 표상의 표상(68쪽, V. 93)이다. 지성은 사고하는 능력이며, 사고한다는 것은 개념에 의한 인식이다(69쪽, V. 94). 지성의 범주는 대상이 직관 속에서 주어지는 조건이 결코 아니다(89쪽, V. 122). 그리고 직관은 어떤 식으로든 사고의 기능을 필요로 하지 않는다(91쪽, V. 123). 우리의 지성은 사고만 할 수 있을 뿐 직관할 수 없다(135·139쪽, V.135·139). 더구나『형이상학 서설』제20장에서 그는 직관, 지각은 단지 감각에만 속한다고 말한다. 판단하는 것은 오직 지성에만 귀속된다는 것이다. 또 제22장에서 감성의 일은 직관하는 것이고, 지성의 일은 사고하는 것, 즉 판단하는 것이라고 한다. 마지막으로『실천이성비판』제4판 247쪽, 로젠크란츠판 281쪽에서 그는 지성은 논변적이며, 지성의 표상은 직관이 아니라 사고라고 말한다. 이 모든 것은 칸트 자신의 말이다.

이런 사실로부터 우리에게 비록 지성이 없다 해도 이 직관적 세계가 우리에게 현존하리라는 결론이 나온다. 또 그 직관적 세계가 전혀 설명할 수 없는 방식으로 우리 머릿속으로 들어온다는 결론이 나온다. 그는 직관은 **주어져** 있을지도 모른다는 그의 이상한 표현에 의해 이런 사실을 빈번히 표명한다. 이 애매하고 비유적인 표현을 더 이상 설명하지 않으면서 말이다.

하지만 인용한 모든 것은 그가 초월적 논리학에서 설명하고 있는 지성, 지성의 범주와 경험의 가능성에 관한 그 밖의 전체 가르침과 더없이 확연하게 모순된다. 다시 말해 『순수이성비판』 79쪽, V. 105에서 지성은 그것의 범주에 의해 직관의 **다양성** 속으로 통일을 가져다준다. 그리고 순수 지성 개념은 직관의 여러 대상에 선험적으로 적용된다. 94쪽, V. 126에서 "범주는 **직관**의 조건이든 직관 속에서 발견되는 사고의 조건이든 관계없이 경험의 조건이다." 127쪽, V. 127에서 지성은 경험의 장본인이다. 128쪽, V. 128에서 범주는 여러 대상의 **직관**을 규정한다. 130쪽, V. 130에서 우리가 객관 속에 ― 그렇지만 아직은 어떤 직관적인 것이지 추상 개념은 아닌 것에 ― 결합된 것으로 상상하는 모든 것은 지성의 행위에 의해 비로소 결합되었다. 135쪽, V. 135에서 지성은 선험적인 결합 능력으로, 주어진 여러 표상의 다양성을 통각에 의해 통일시키는 능력으로 새로이 설명된다. 하지만 통상적인 모든 어법에 따르면 통각은 개념의 사고가 아닌 **직관**이다. 136쪽, V. 136에서 우리는 지성과 관련하여 모든 직관의 가능성에 관한 최고의 원칙을 발견한다. 143쪽, V. 143에서는 심지어 모든 감성적 직관은 범주에 의해 조건 지어진다는 제목이 달려 있다. 바로 같은 곳에서 **판단의 논리적 기능**은 주어진 여러 **직관**의 다양성 역시 일반적으로 통각 아래에 놓는다. 그리고 주어진 어느 직관의 다양성은 필연적으로 여러 범주 아래에 놓인다. 144쪽, V. 144에서 통일은 범주를 수단으로 지성에 의해 **직관** 속으로 들어온다. 145쪽, V. 145에서 지성의 사고는 그가 **직관**의 다양성을 종합하고 결합하고 정리하는 것에 의해 매우 이상하게 설명된다. 161쪽, V. 161에서 경험은 오직 범주에 의해서만 가능하지만, 바로 직관이라 할 **지각**의 결합에 그 본질이 있다. 159쪽, V. 161에서 범주는 일반적으로 **직관**의 여러 대상에 관한 선험적인 인식이다.

더구나 여기서 그리고 163·165쪽, V.163·165에서 칸트의 주된 가르침이 개진된다. 이것은 **지성이 맨 먼저 자연을 가능하게 만든다**는 점이다. 왜냐하면 지성은 자연의 법칙을 선험적으로 규정하고, 자연을 지성의 합법칙성에 적응시키는 등의 일을 하기 때문이다. 그렇지만 자연은 물론 지각할 수 있는 어떤 것이지 추상 개념이 아니다. 따라서 지성은 직관 능력임이 분명하다. 168쪽, V. 168에서는 지성 개념이 경험 가능성의 원리라고 나와 있다. 이 경험의 가능성은 일반적으로 공간과 시간 속의 여러 현상의 규정이라는 것이다. 하지만 공간과 시간 속의 여러 현상은 물론 직관 속에 현존한다. 마지막으로 189~211쪽, V. 232~256에서는 객관적인 계승, 또 경험의 여러 대상의 동시 존재 역시 감각적으로 지각되지 않고 오직 지성에 의해서만 자연 속으로 가져와져, 자연 자체는 이런 식으로 비로소 가능해진다는 긴 증명(이 증명의 잘못됨은 충분근거율에 관한 내 논문 제23상에 상세히 밝혔나)이 직혀 있다. 하지만 사건들의 결과이자 여러 상태의 동시 존재인 자연은 순전히 직관적인 것이지 단순히 추상적으로 생각된 것이 아니라는 것이 확실하다.

나는 나와 함께 칸트에 대한 존경을 공유하는 모든 이에게 이 모순들을 합일시키기를, 그리고 경험의 객관에 관한 가르침에서, 또 지성과 그 지성의 열두 가지 기능의 활동에 의해 규정되는 방식에 관한 가르침에서 칸트가 무언가 전적으로 분명한 것과 규정된 것을 생각했다는 것을 보여 주기를 촉구한다. 난 내가 지적한, 초월적 논리학 전체에 걸쳐 있는 모순이 그 논리학 속의 언어에서 나타나는 커다란 애매함의 본래적인 원인이라고 확신한다. 다시 말해 칸트는 그 모순을 막연히 의식하고 있었고 내적으로 그것과 싸웠지만, 그 모순을 분명히 의식하려 하지 않았거나 의식할 수 없었다. 따라서 그는 자신과 타인에게 그 모순을 은폐했고, 온갖 도망갈 핑계를 대며 그것을 피했다. 그가 인식 능력을 가지고 상상력과 내적 감성, 여러 통각의 초월적 종합, 나아가서 순수 지성 개념의 도식주의 등과 같은 열두 개의 범주처럼 너무 많은 바퀴가 달린 이상하고 복잡한 기계를 만든 것은 어쩌면 그 때문일지도 모른다. 그런데 이 위대한 기구에도 불구하고, 결국 우리의 인식에서 주된 사안인 외계의 직관을 설명하기 위한 시도조차 행해지지 않는다. 오히려 이 절박한 요구는 "경험적 직관은 우리에게 주어져 있다"라는 똑같은 무의미한 비유적인 표현에 의해 언제나 매우 옹색하게 거부된다. 제5판 145쪽에서 우리는 이 경험적 직관이 객관에 의해 주어져 있음을 또 알게 된다. 따라서 이 객관은 직관과는 무언가 다른 것이 되어야 한다.

우리가 칸트의 가장 내적인, 그에 의해 분명히 표현되지 않은 견해를 규명하려고 노력한다면 우리는 실제로 **직관**과는 상이하지만 그렇다고 결코 **개념**은 아닌 그러한 객관이 그에게는 지성에 대한 본래적인 대상이라는 것을, 그러니까 상상할 수 없는 그러한 대상의 특이한 전제가 있어야 한다는 것을, 그로 인해 맨 먼저 직관이 경험으로 된다는 것을 알게 된다. 내 생각에 모든 조사에 무관심한 칸트에게 깊이 뿌리박힌 낡은 편견이 그러한 **절대적인 객관**의 가정에 대한 궁극적인 원인이다. 객관은 그 자체로, 즉 주관 없이도 객관이다. 객관은 결코 **직관된 객관**이 아니라 개념에 의해 직관에 상응하는 어떤 것으로서 직관에 대해 덧붙여 생각된다. 이제부터 직관은 경험이며, 따라서 — 개념이 단지 직관으로부터 가치와 진리를 얻는다는 내 서술과는 정반대로 — 개념에 대한 관계에 의해 비로소 얻는 가치와 진리를 갖는다. 직접 상상할 수 없는 이 객관을 직관에 대해 덧붙여 생각하는 것이 범주의 본래적인 기능이다. "대상은 직관에 의해서만 주어지며, 후에 범주에 따라 생각된다"(『순수이성비판』 제1판 399쪽). 이것은 제5판 125쪽에 나오는 구절에 의해 특히 분명해진다. "이제 어떤 사물이 **직관되지는 않는다** 해도, **대상**으로서 일반적으로 **생각되게** 하는 조건으로서 개념 또한 선험적으로 먼저 생겨나지 않는가 하는 의문이 든다." 그는 이 의문에 대해 긍정적으로 대답한다. 여기서 오류와 그를 에워싼 혼돈의 원천이 분명히 드러난다. 그도 그럴 것이 **대상** 그 자체는 언제나 **직관**에 대해서만 또 직관 속에서만 현존하기 때문이다. 그런데 직관은 감각에 의해, 또는 그것이 없을 때는 상상력에 의해 실행될지도 모른다. 반면 **생각**되는 것은 언제나 하나의 보편적이며 비직관적인 **개념**이다. 이 개념은 아무튼 일반적으로 어떤 대상에 관한 개념일 수 있다. 하지만 사고는 그 자체로서 항시 **직관적**이며 또 직관적으로 머무르는 여러 **대상**에 개념에 의해 간접적으로만 관계된다. 그도 그럴 것이 우리의 사고는 여러 직관에 실재성을 부여하는 데 쓰이지 않기 때문이다. 직관이 이러한 실재성을 갖는 경우는 그 자신에 의해 그럴 능력이 있는(경험적 실재성) 한에서다. 오히려 우리의 사고는 공통 요소와 여러 직관의 결과를 보존하고 보다 쉽게 다룰 수 있기 위해 그것들을 통합하는 데 쓰인다. 하지만 칸트는 경험과 객관적 세계를 지성에 종속시키려고 대상들 자체를 **사고** 탓으로 돌리지만 이 지성을 **직관**의 능력으로 인정하지 않는다. 이런 관계에서 그는 물론 직관을 사고와 구별하지만, 개별적 사물들을 때로는 직관의 대상으로, 때로는 사고의 대상으로 삼는다. 하지만 실제로 그것들은 전자의 대상일 뿐이다. 우리의 경험적 직관은 즉각 **객관적**이다. 그 이유는 그것이 바로 인과 관계에서 출발하기 때문이다. 사물들과 다른 표상이 아니라 사물들이 직접적으로 경험적 직관의 대상이다. 개별적 사물들 그 자체는 지성 속에서, 감각에 의해 직관된다. 이때 감각에 대한 **일면적** 인상은 상상력에 의해 즉각 보충된다. 하지만 반면에 **사고**로 넘어가는 즉시 우리는 개별적 사물들을 떠나게 되고, 직관으로 떠오를 수 없는 보편적 개념과 관계해야 한다. 우리가 후에 우리 사고의 결과를 개별적 사물들에 적용한다 해도 말이다. 이런 입장을 고수하면 사물의 직관은 열두 개의 범주를 적용하는 바로 이들 사물의 사고에 의해 비로소 실재를 얻고 경험이 된다는 가정을 받아들일 수 없다는 것이 명백해진다. 오히려 자체 속에서 경험적 실재, 따라서 경험이 이미 주어져 있다. 하지만 직관 또한 인과 관계에 관한 인식의 감성 감각에 대한 적용에 의해 성립할 수 있을 뿐이다. 인과 관계에 관한 이러한 인식이 지성의 유일한 기능이나. 따라서 직관은 실제로는 지성적인데, 칸트는 바로 이 사실을 부정하고 있다.

여기서 비판된 칸트의 가정은 인용된 구절 이외에 『판단력비판』 제36장의 바로 서두에서, 그러므로 『자연과학의 형이상학적 기초원리』에서, 또 '현상학'을 최초로 설명하는 주석에서도 탁월하게 분명히 표현된 것을 발견할 수 있다. 그러나 칸트가 이 다루기 힘든 지점에서 감히 소박성을 드러낼 엄두를 내지 못한 반면, 칸트파 학자, 즉 키제베터의 『일반논리학개요』 제3판 제1부의 해설 434쪽, 제2부 제52장과 제53장의 해설에 그 소박성이 더없이 분명하게 설명된 것을 발견할 수 있다. 이와 같은 것을 티프트룽크의 『순전히 독일 의상을 한 논리학』(1825)에서 발견할 수 있다. 거기서 스스로 사고하지 않는 제자들이 모든 사상가에게 그의 실수를 보여 주는 확대경이 되는 것이 너무나 분명히 드러난다. 한번 결정된 그의 범주론을 설명하면서 칸트는 조심스러운 태도를 보인 반면, 그의 제자들은 매우 대담한 모습을 보이면서 그 이론의 잘못을 드러냈다.

앞서 말한 내용에 따르면 칸트의 경우 범주의 대상은 사실 사물 자체가 아니라 그것과 가장 가까운 친척이다. 다시 말해 그것은 **객관 자체**이고, 즉 주관을 필요로 하지 않는 객관이며, 개별적 사물이다. 그것은 직관적이지 않으므로 시간과 공간 속에 있지 않고 사고의 대상이며, 추상적인 개념은 아니다. 따라서 칸트는 세 가지 부류로 구별한다. 1) 표상, 2) 표상의 대상, 3) 사물 자체. 첫 번째는 감성에 속하는 문제다. 감성은 그의 경우 감각 이외에 순수 직관 형식인 공간과 시간도 포함한다. 두 번째는 지성에 속하는 문제다. 지성은 열두 개의 범주에 의해 그 문제를 덧붙여 **생각한다**. 세 번째는 모든 인식 가능성의 저편에 자리하고 있다(이에 대한 증거로 『순수이성비판』 제1판의 108쪽과 109쪽을 참고하라). 그런데 표상과 표상의 대상의 구별은 근거 지어져 있지 않다. 이 점에 대해서는 이미 버클리가 증명했었다. 그리고 그와 같은 결론은 제1권에서의 나의 전체 설명, 특히 그 부록인 제2편의 제1장에서 나온다. 그러니까 제1판에서의 칸트 자신의 완전히 관념론적인 기본 견해에서 나온다. 하지만 우리가 표상의 대상을 표상에 속하는 것으로 간주하지 않고 표상과 동일시하려 한다면 표상의 대상을 사물 자체에 끌어들이는 것이 필요하리라. 이것은 결국 대상이라는 단어에 덧붙여져 있는 감각에 달려 있다. 하지만 분명히 숙고해 보면 표상과 사물 자체 이외에 더 이상 아무것도 발견할 수 없다는 것이 언제나 확고한 사실이다. 표상의 대상이라는 저 잡종의 부당한 삽입은 칸트가 범한 오류의 원천이다. 하지만 선험적인 개념은 직관에 아무런 기여를 하지 못하고, 사물 자체를 타당한 것으로 간주하지 않으며, 우리는 선험적인 개념에 의해 저 '표상들의 여러 대상'만 생각함으로써 표상을 경험으로 변환시키므로, 표상의 대상을 제거하면 선험적인 개념으로서의 범주에 관한 이론 역시 무너지고 만다. 그도 그럴 것이 모든 경험적인 직관은 이미 경험이기 때문이다. 하지만 감성 감각에서 출발하는 모든 직관은 경험적이다. 지성은 그 유일한 기능(인과율의 선험적인 인식)에 의해 이 감성 감각을 그 원인에 관련시킨다. 그 원인은 바로 그 때문에 공간과 시간(순수 직관 형식) 속에서 경험의 대상으로서, 물질적인 객관으로서 공간 속에서 내내 견디며 나타난다. 그럼에도 또한 그 자체로서 여전히 바로 공간과 시간 자체처럼 표상으로 남는다. 이러한 표상을 넘어서려고 할 때 우리는 사물 자체에 관한 질문에 도달한다. 그 질문에 대한 대답이 일반적으로 모든 형이상학의 주제뿐 아니라 내 전체 저작의 주제다. 여기서 설명한 칸트의 오류는 그가 경험적 직관의 생성에 관한 아무런 이론도 주지 않고 그 경험적 직관을 단순한 감성 감각과 동일시하면서 단도직입적으로 이 경험적 직관을 **주어진** 것으로 취급한다고 우리가 전에 비난한 그의 오류와 관련되어 있다. 그는 직관 형식인 공간과 시간을 감성 감각에 덧붙이면서 두 가지를 감성이라는 이름으로 파악할 뿐이다. 하지만 이들 재료로부터는 아직 어떠한 객관적인 표상도 생겨나지 않는다. 오히려 이 객관적인 표상은 감각의 그 원인에 대한 관계, 그러므로 인과율의 적용, 즉 지성을 절대적으로 요구한다. 비록 공간이 덧붙여 주어져 있다 해도, 그러한 사실 없이는 감각은 여전히 주관적으로 남아 있고, 객관을 공간 속에 옮겨 놓지 않기 때문이다. 하지만 칸트의 경우 지성은 직관에 활용되어선 안 된다. 지성은 초월적 논리학 안에 머무르기 위해 단순히 **사고**만 하도록 되어 있다. 칸트의 다른 잘못이 다시 그것과 연관되어 있다. 그 잘못이란 그 자신이 올바로 인식한 인과율의 선험성에 대한 유일하게 타당한 증거, 즉 객관적이고 경험적인 직관의 가능성으로부터 증거를 끌어내는 일을 내게 넘겨준 일이다. 그 대신 그는 분명 그릇된 증거를 내놓는다. 나는 이 사실을 이미 충분근거율에 관한 나의 논문 제23장에서 보인 바 있다.

앞서 말한 사실에서 칸트의 '표상의 대상'(2)이 그가 부분적으로는 표상(1)으로부터, 부분적으로는 사물 자체(3)로부터 빼앗은 것으로 이루어져 있다는 것은 명백하다. 이전에 단순히 직관만 되었던 여러 대상을 그토록 많은 선험적 개념에 의해 생각하기 위해, 실제로 경험이 우리의 지성이 열두 개의 상이한 기능을 적용한다는 사실에 의해 성립되기라도 한다면 모든 실제적인 사물 그 자체는 선험적으로 주어진 수많은 규정, 바로 공간이나 시간처럼 절대적으로 없는 것으로는 생각될 수 없으며 전적으로 본질적으로 사물의 현존에 속하지만 공간과 시간의 특성으로부터는 도출될 수 없는 수많은 규정을 가져야 할 것이다. 하지만 그 같은 유일한 규정은 인과성의 규정으로 볼 수 있다. 물질의 본질은 작용에 있고, 물질은 철두철미 인과성이므로 물질성은 이 인과성에 기인한다(제2권 제4장을 참고하라). 하지만 실재하는 사물을 표상에 불과한 환영과 구별시켜 주는 것은 오로지 물질성이다. 그도 그럴 것이 불변하는 것인 물질은 사물의 물질에 따라 사물에 내내 불변성을 부여하는 반면 형식은 인과성에 따라 바뀌기 때문이다. 사물에서 그 밖의 모든 것은 공간 및 시간의 규정이거나 사물의 경험적 특성이다. 사물의 경험적 특성은 모두 사물의 활동, 그러므로 인과성의 보다 자세한 규정에 귀속된다. 하지만 인과성은 이미 조건으로서 경험적 직관 속에 들어간다. 이 경험적 직관은 따라서, 이미 직관을 가능하게 만들지만 인과율 밖에서는 경험과 경험의 가능성에 아무런 기여를 하지 못하는 지성의 일이다. 옛 존재론을 채우는 것은 여기서 언급된 것을 제외하고는 사물 상호 간의 또는 우리의 반성에 대한 관계, 그리고 난센스의 뒤범벅 외에는 아무것도 없다.

범주론이 표현된 언어는 그 이론의 무근거성의 특징을 제공한다. 이런 점에서 초월적 **미학**과 초월적 **분석론**의 차이는 얼마나 큰가! **전자**에서는 분명함, 규정성, 확실성, 굳은 확신이 얼마나 숨김없이 표현되고 얼마나 확실히 전달되는가! 모든 것이 빛으로 가득 차 있고, 어두운 구석은 아무 데도 없다. 즉 칸트는 자신이 무엇을 원하는지 알고 있고, 자신이 옳다는 것을 알고 있다. 반면 **후자**에서는 모든 것이 애매모호하고 미정이고 동요하고 불확실하다. 언어는 불안스럽고, 변명과 다가올 것에 대한 호소나 심지어 억제된 것으로 가득 차 있다. 또 제2판에서는 순수 지성 개념을 연역하는 제2장과 제3장 전체가 완전히 변해 있다. 그것이 칸트 자신을 만족시키지 못하기 때문이다. 그것은 제1판과는 완전히 다른 것이 되었지만 더 분명해지지는 않았다. 칸트가 일단 결정된 그의 학설을 관철시키기 위해 진리와 갈등을 빚는 모습이 실제로 우리 눈에 보인다. 초월적 **미학**에는 모든 그의 명제가 의식이라는 부정할 수 없는 사실로부터 실제로 증명되어 있다. 반면 초월적 **분석론**에서 우리가 자세히 고찰해 보면, 그러므로 그것은 그러하다, 그러해야 한다는 단순한 주장만을 발견한다. 그러므로 여기서 언어는 어디서와 마찬가지로 언어를 생겨나게 한 사고의 특징을 지니고 있다. 그도 그럴 것이 문제는 정신의 관상이기 때문이다.

또 주목할 것은 흔히 그러듯이 자세한 해설을 하기 위해 하나의 예를 들려고 한다는 점이다. 그는 거의 매번 이 목적을 위해 인과성의 범주를 집어 드는데, 그러면 그가 말한 것이 옳은 것으로 드러난다. 왜냐하면 바로 인과율이 지성의 실제적인, 하지만 또한 유일한 형식이고, 나머지 열한 개의 범주는 모양뿐인 장식용 창 blinde Fenster에 불과하기 때문이다. 범주의 연역은 제2판보다 제1판에서 더 간단하고 덜 복잡하다. 그는 감성에 의해 주어진 직관에 따라 지성이 범주의 사고에 의해 경험을 어떻게 성립시키는지 설명하려고 노력한다. 그런 일을 하면서 재인식, 재생, 연상, 포착, 통각의 초월적 통일 같은 표현들이 지치도록 반복되지만 분명함에는 이르지 못한다. 하지만 그가 이런 설명을 하면서 각자에게 맨 먼저 떠올라야 하는 감성 감각의 그 외적인 원인에 대한 관계를 한 번도 건드리지 않는다는 것은 지극히 주목할 만하다. 그가 이 같은 관계를 인정하려고 하지 않는다면 그는 명시적으로 부정해야만 했다. 하지만 그는 그렇게 하지도 않는다. 그러므로 이런 식으로 그는 핵심을 교묘히 회피한다. 모든 칸트파 학자들은 같은 식으로 몰래 그의 뒤를 밟았다. 이에 대한 은밀한 동기는 그가 '현상의 근거'라는 이름으로, 사물 자체의 그릇된 연역을 위해 인과 관계를 뒤로 미룬다는 것이다. 그다음에 원인에 대한 관계에 의해 직관이 지성적으로 되리라는 것을 그는 인정하려 하지 않는다. 게다가 그는 사람들이 감성 감각과 객관 사이의 인과 관계를 인정하지 않는다면 후자가 즉각 사물 자체가 되어 로크적인 경험주의를 도입하리라고 우려했던 듯싶다. 하지만 이러한 난점은 인과율이 감성 감각과 마찬가지로 주관적인 근원을 지니고 있으며, 그것 말고도 자신의 신체 역시 공간 속에서 현상하는 한 이미 표상에 속한다고 우리에게 알려 주는 사려 분별에 의해 제거된다. 하지만 버클리적인 관념론에 대한 두려움 때문에 그는 이런 고백을 하지 못했다.

'직관의 다양성의 결합'이 지성의 열두 개 범주에 의해 지성의 본질적인 조작으로 거듭 제시된다. 하지만 이것은 결코 적절하게 설명되지 않았고, 직관의 다양성이 지성에 의해 결합되기 전에 무엇이었는지 아직 드러나지 않았다. 그러나 시간과 3차원 속에 있는 공간은 연속체(끊임없이 지속하는 어떤 것)이다. 즉 그것의 모든 부분은 원래 분리되어 있지 않고 결합되어 있다. 하지만 그것들은 우리 직관의 일반적인 형식들이다. 그러므로 그것들 속에 나타나는(주어진) 모든 것 또한 이미 원래 연속체로서 현상한다. 다시 말해 그 부분들은 이미 결합된 것으로 나타나고, 다양성의 우발적인 결합을 필요로 하지 않는다. 하지만 우리가 직관의 다양성의 합일을, 가령 내가 어느 객관에 대한 여러 감각 인상을 이 하나에만 관련시키는 식으로, 예컨대 하나의 鐘을 직관하면서 내 눈을 노란색으로, 내 손을 매끄럽고 단단한 것으로, 내 귀를 울리는 것으로 촉발시키는 것이 하나의 같은 물체에 지나지 않는다고 인식하는 식으로 해석하려 한다면, 이것은 오히려 인과 관계에 관한 ― 지성의 실제적이고 유일한 기능인 ― 선험적 인식의 결과다. 이 결과에 의해 나의 상이한 감각 기관에 대한 저 모든 상이한 작용은 그 작용들의 공통 원인에만, 즉 내 눈앞에 있는 물체의 속성에만 나를 이끌어 간다. 그리하여 내 지성은 작용의 상이함과 다수성에도 불구하고 원인의 통일을 하나의 유일한 객관, 바로 그 때문에 직관적으로 나타나는 객관으로서 파악한다.

칸트가 『순수이성비판』 719~726쪽, V. 747~754에서 행하는 가르침의 멋진 요약에서 그는 범주를 아마 다른 어디에서보다도 더 분명히, 즉 "후험적인 지각이 줄지도 모르는 것에 관한 종합의 단순한 규칙"으로서 설명한다. 삼각형을 만들 때 모서리가 선을 구성하는 규칙을 주듯이, 이때 무언가가 그의 뇌리에 떠오르는 것 같다. 다시 말해 적어도 이 이미지에 의해 사람들은 그가 여러 범주의 기능에 관해 말하는 것을 자신에게 가장 잘 설명할 수 있다. 『자연과학의 형이상학적 기초원리』의 머리말은 마찬가지로 여러 범주의 설명을 제공하는 긴 주석을 담고 있다. 머리말은 형식적인 지성 행위에서는 주어와 술어가 아무튼 그들의 자리를 바꿀 수 있다는 점 외에는, 범주들이 "판단함에 있어 형식적인 지성 행위와는 어떤 점에서도 구별되지 않는다"고 말하고 있다. 그런 다음 판단은 일반적으로 같은 구절에서 "주어진 표상이 맨 먼저 어느 객관의 인식이 되게 하는 하나의 행위로서" 정의되고 있다. 이에 따라 짐승은 판단하지 못하므로 객관 역시 결코 인식하지 못함이 틀림없다. 일반적으로 칸트에 따르면 **객관**에 관해 단순히 개념만 존재할 뿐 직관은 존재하지 않는다. 이와는 달리 나는 이렇게 말한다. 객관은 무엇보다 직관을 위해 현존할 뿐이고, 개념들은 언제나 이 직관으로부터의 추상이다. 따라서 추상적 사고는 정확히 직관 속에 존재하는 세계를 표준으로 삼아야 한다. 왜냐하면 이 세계에 대한 관계만이 개념에 내용을 주기 때문이다. 우리는 개념에 대해 일반적으로 반성 능력과는 다른 선험적으로 규정된 형식을 가정해서는 안 된다. 내가 제1권에서 보여 주었듯이 **이성**의 유일한 기능을 이루는 반성의 본질은 개념, 즉 추상적이고 비직관적인 표상의 형성이다. 따라서 나는 우리가 범주 중 열한 개를 창밖으로 내던지고, 인과성의 범주만 간직하기를, 하지만 반성 활동이 이미 경험적 직관의 조건임을 통찰하기를 요구한다. 따라서 반성은 단순히 감각적이지 않고 지성적이다. 또 그렇게 직관된 대상, 즉 경험의 대상이 사물 자체 말고는 아무것도 구별되지 않는 표상과 하나라는 사실을 요구한다.

내 생애의 상이한 시기에『순수이성비판』을 거듭 연구한 결과, 초월적 논리학의 생성에 대한 하나의 확신이 생겼다. 그 확신을 나는 초월적 논리학의 이해를 위해 매우 유익한 것으로서 여기서 전달한다. 객관적인 파악과 최고의 인간적 분별력에 기초한 칸트의 발견은 시간과 공간이 우리에 의해 선험적으로 인식된다는 통찰이다. 이러한 행복한 발굴물에 의해 기뻐진 칸트는 그 광맥을 줄기차게 추적하려고 했다. 그리고 건축술의 대칭에 대한 그의 사랑은 그에게 실마리를 마련해 주었다. 다시 말해 그가 순수한 선험적 직관이 조건으로서 경험적 **직관**의 토대를 이룬다는 것을 발견했듯이, 그는 우리의 인식 능력 속의 전제로서 어떤 **순수한 개념**이 경험적으로 습득된 **개념**의 토대가 될지도 모른다고 생각했다. 그리고 실제적인 경험적 사고는 무엇보다 그 자체로는 결코 대상을 갖지 않지만 직관으로부터 그 대상을 취하지 않을 수 없는 순수한 사고에 의해 선험적으로 가능해야 한다고 생각했다. 그리하여 **초월적 미학**이 수학의 선험적 토대를 확립하듯이, 그는 논리학에 대해서도 그러한 토대가 있어야 한다고 생각했다. 그럼으로써 그다음에 전자는 대칭을 위해 **초월적 논리학**에서 하나의 대응물을 얻는다고 생각했다. 이제부터 칸트는 더 이상 자유롭지 않고, 의식 속에 존재하는 것을 순수하게 조사하고 관찰하는 입장에 있지 못한다. 그는 어떤 전제에 의해 인도되었으며, 그토록 행복하게 발견된 초월적 미학에 그와 유사한, 그러므로 그것에 대칭적으로 상응하는 초월적 논리학을 2층으로 세우기 위해 어떤 목적, 즉 그가 전제한 것을 발견하려는 목적을 추구했다.

그런데 이 목적을 위해 그는 판단의 서판을 생각해 냈고, 그것으로 열두 개의 순수한 선험적인 개념의 가르침으로서 할 수 있는 한 **범주의 서판**을 잘 구성했다. 그 순수한 선험적인 개념은 바로 사물에 관한 우리 사고의 조건이어야 하고, 그 사물의 **직관**은 감성의 두 가지 형식에 의해 선험적으로 조건 지어져 있다. 그리하여 어떤 **순수한 지성**이 어떤 **순수한 감성**에 대칭적으로 상응하게 되었다. 그런 뒤 이게 순수한 지성 개념의 **도식주의**를 가정함으로써 그에게 그 사안의 신뢰성을 높여 주는 수단을 제공한 다른 고찰이 그의 뇌리에 떠올랐다. 하지만 바로 그도 인해 그 자신에게 무의식인 그의 처리 방식 과정이 가장 분명히 폭로된다. 다시 말해 그는 인식 능력의 모든 경험적 기능과 유사한 선험적인 어떤 것을 발견하려고 함으로써, 우리의 경험적 직관과 우리의 추상적이고 비직관적인 개념 속에서 실행된 우리의 경험적 직관 사이에 하나의 매개가 항상은 아니더라도 너무나 자주 일어난다고 언급했다. 왜냐하면 우리는 말하자면 가끔 추상적 사고로부터 직관으로 되돌아가려고 하기 때문이다. 하지만 우리는 사실 우리의 추상적 사고가 직관이라는 안전한 토대와 멀리 떨어져 있지 않다는 것을, 그리고 혹시 과장하게 되거나 또는 단순한 쓸데없는 말이 되었다는 것을 우리에게 확신시키기 위해 단순히 그렇게 할 뿐이다. 어둠 속을 걸을 때와 마찬가지로, 우리는 우리를 이끌어 가는 벽을 향해 손을 내뻗는다. 그런 다음 우리는 바로 우리 마음을 사로잡고 있는 개념에 상응하는 어떤 직관을 상상 속에서 불러냄으로써 다만 시험 삼아 또 잠시 직관으로 되돌아간다. 하지만 그 직관은 개념에 결코 전적으로 적당할 수는 없고, 단순히 그 개념의 일시적인 **대표**일 뿐이다. 나는 이 점에 대해 필요한 것을 충분근 거율에 대한 내 논문 제28장에서 이미 제시했다. 칸트는 이런 종류의 일시적인 환영에 대해 상상력의 완결된 상과는 달리 하나의 **도식**이라 명명한다. 그는 그 환영이 마치 상상력의 모노그램 같다고 말하면서, 그러한 도식이 경험적으로 습득된 개념에 관한 우리의 추상적 사고와 감각에 의해 일어나는 우리의 명료한 직관 사이 한가운데에 있듯이 순수한 감성의 선험적인 직관 능력과 순수한 지성의 선험적인 사고 능력(그러므로 범주들) 사이에도 그와 같은 **순수한 지성 개념의 도식**이 선험적으로 존재한다고 주장한다. 그는 이러한 도식을 선험적인 순수한 상상력의 모노그램(개요)으로 하나하나씩 기술하고, "순수한 지성 개념의 도식주의에 관한 기묘한 주요 부분"에서 각각의 도식에 그것에 상응하는 범주를 할당한다. 지금껏 아무도 그 장^章을 이해한 사람이 없었으므로 이 부분은 극히 애매한 것으로 유명하다. 그러나 여기서 주어진 입장으로부터 고찰하면 그 부분의 애매함은 사라진다. 하지만 그러면 칸트의 처리 방식의 의도성과 미리 내린 결단의 의도성이 다른 어디에서보다 분명히 드러난다. 이를 발견하는 것은 유추에 상응하고, 건축술의 대칭에 도움이 될지도 모른다. 정말이지, 이것은 거의 우스꽝스럽다 할 수 있을 정도의 이야기다. 그도 그럴 것이 그는 경험적 도식(또는 상상력에 의한 우리의 실제적 개념의 대표)과 유사한 순수한(공허한) 선험적인 지성 개념의 도식을 가정함으로써 그러한 도식의 목표가 여기서 완전히 없어진다는 사실을 간과하고 있다. 왜냐하면 도식의 목표는 경험적(실제적)인 사고의 경우 전적으로 그러한 개념의 **물질적인 내용**에만 관계하기 때문이다. 다시 말해 이들 개념은 경험적 직관으로부터 추상되므로 우리는 추상적 사고를 할 때, 우리의 사고가 아직 실재적 내용을 지니고 있음을 우리에게 확신시키기 위해, 그사이 개념을 정립시켜 주는 직관을 가끔씩 흘낏 되돌아봄으로써 우리 자신을 도와주고 인도한다. 하지만 이것은 우리 마음을 사로잡고 있는 개념들이 직관으로부터 생겼다는 것을 필연적으로 전제한다. 그리고 이는 그 개념들의 물질적 내용의 단순한 되돌아봄, 그러니까 우리의 약함에 대한 단순한 보조 수단이다. 하지만 아직 아무 내용이 없는 선험적인 개념의 경우에는 분명 그와 같은 것이 필연적으로 없어진다. 그도 그럴 것이 이들 개념은 직관으로부터 생겨나지 않고, 직관으로부터 먼저 어떤 내용을 받아들이기 위해 내부에서 직관을 향해 다가가기 때문이다. 그러므로 이들 개념은 되돌아볼 만한 어떤 것도 아직 갖고 있지 않다. 내가 이 점에 관해 장황하게 말하는 것은 바로 이것이 칸트 철학의 은밀한 과정에 대한 빛을 던지기 때문이다. 그에 따르면 그 과정은 칸트가 두 가지 선험적인 직관 형식을 행복하게 발견한 뒤 이제 유추를 길잡이 삼아 우리의 경험적 인식의 모든 규정에 대해 하나의 선험적인 유사물이 있음을 입증하려고 노력하는 데에 그 본질이 있다. 이것이 결국, 여러 도식 속에서, 심지어 단순한 심리학적 사실로까지 확대된다. 여기서 외관상의 심오함과 설명의 어려움은 그 내용이 완전히 증명할 수 없고 단순히 자의적인 가정에 머무르고 있다는 것을 독자에게 숨기는 데 기여한다. 하지만 그러한 설명의 의미를 결국 뚫고 들어간 자는 힘겹게 도달한 이해를 그 사안의 진리에 관한 확신으로 간주하도록 쉽게 미혹된다. 반면에 칸트가 만일 선험적인 직관을 발견할 때처럼 여기서도 편견 없이 순수하게 관찰하는 태도를 취했다고 한다면, 순수 직관에서 경험적 직관이 생겨난다면 그는 공간과 시간이라는 순수 직관에 첨가되는 것이 한편으로는 감각이고, 다른 한편으로는 단순한 감각을 객관적이고 경험적인 직관으로 변환시키는 인과성의 인식이라는 것을 발견했음이 틀림없다. 하지만 바로 그때문에 인과성은 먼저 감각으로부터 끌어내져 습득되지 않고 선험적으로 존재한다. 그리고 인과성은 사실상 순수 지성의 형식이자 기능이지만, 또한 순수 지성의 유일하면서도 성과가 큰 형식이자 기능이므로 우리의 모든 경험적 인식은 그 인과성을 근거로 삼는다.

종종 말했듯이, 어떤 오류의 반박이 그 오류의 생성 방식을 심리학적으로 제시함으로써 비로소 완벽해진다면 나는 여러 범주와 그 도식에 대한 칸트의 가르침과 관련하여 내가 앞에서 말한 데서 그것을 달성했다고 생각한다.

그런데 칸트는 표상 능력의 이론에 관한 최초의 간단한 개요에 이처럼 큰 실수를 도입한 뒤 매우 다양하고 복잡한 가정을 채택했다. 무엇보다도 통각의 종합적 통일이 그것에 속한다. 다시 말해 매우 기이한 사물은 매우 기이하게 설명된다. **"나는 생각한다**는 나의 모든 표상을 동반할 수 있어야 한다." '할 수 있어야 한다.' 이것은 문제적이고 자명한 언명이다. 쉽게 말하면 그가 어떤 손으로 준 것을 다른 손으로 집어 드는 명제다. 그러면 그토록 조심스럽게 균형을 맞춘 이 명제의 의미는 무엇인가? 표상의 인식은 모두 사고란 말인가? 그렇지 않다. 그리고 그것은 끔찍한 일이 되리라. 그렇다면 추상적 개념밖에는 존재하지 않거나 아무튼 반성과 의지로부터 자유로운 하나의 순수 직관만 존재하리라. 그와 같은 것은 미의 직관으로, 사물의 진정한 본질, 즉 사물의 플라톤적 이데아의 가장 심오한 파악이다. 또한 짐승은 사고하지도, 표상을 갖지도 못할 것이다.

또 그 명제는 가령 다음과 같은 뜻일지도 모른다. 주관 없이는 객관도 없는가? 이 말은 그 명제에 의해 너무 서투르게 표현된 것일지도, 너무 늦게 온 것일지도 모른다. 주관에 관한 칸트의 발언을 요약해 보면 우리는 그가 통각의 종합적 통일에 의해 이해하는 것이 흡사 그 반경이 중심을 향해 수렴하는 우리의 모든 표상 권역의 연장이 없는 중심과 같다는 것을 알게 될 것이다. 내가 인식 행위의 주관, 모든 표상의 상관 개념이라 부르는 것이 바로 그것이다. 그리고 이와 동시에 내가 제2권 제22장에서 뇌수 활동의 광선이 수렴되는 초점으로서 상세히 기술하고 해설한 것이 바로 그것이다. 그러므로 반복을 피하기 위해 나는 여기서 그 부분을 참조하도록 지시한다.

내가 범주에 관한 전체 이론을 배척하고, 그것을 칸트의 인식론에 부담을 주는 근거 없는 가정에 포함시키는 것은 앞에서 주어진 비판으로부터, 그러므로 직관적 인식과 추상적 인식의 혼합에 근거를 가진 초월적 논리학에 들어 있는 모순의 증명으로부터 나온 결과다. 나아가 그것은 지성과 이성의 본질에 관한 분명하고 규정된 개념이 결여된 것을 증명함으로써 나온 결과이기도 하다. 그 대신 우리는 칸트의 저작에서 저 두 가지 정신 능력과 관련해서 연관성이 없고, 모순되고, 불충분하고, 부적절한 발언만 발견했을 뿐이다. 결국 그것은 나 자신이 제1권과 그 부록인 제2편에서, 또 충분근거율에 대한 내 논문 제21장, 제26장, 제34장에서 같은 정신 능력에 대해 더욱 상세히 행한 설명에서 나온 결과다. 그 설명은 매우 한정되어 있고 분명하며, 우리 인식의 본질에 대한 고찰의 결과로 생긴 것이 명백하다. 그리고 그 설명은 모든 시대와 민족의 어법과 저작에서 나타나지만, 분명히 밝혀지지 않았을 뿐인 저 두 가지 인식 능력에 대한 개념과 완전히 일치한다. 이것과는 무척 상이한 칸트의 설명에 대한 옹호는 대체로 저 설명의 잘못을 밝혀냄과 아울러 이미 주어져 있다. 그런데 이제 칸트가 그의 사고, 즉 전체 철학의 이론적 토대로 삼은 판단들의 서판 자체는 대체로 옳으므로 모든 판단의 이 보편적 형식이 우리의 인식 능력에서 어떻게 생겨나는지를 보여 주는 것이, 그리고 그 보편적 형식을 우리의 인식 능력에 대한 내 설명과 합일시키는 것이 여전히 내 의무다. 이 논의를 하면서 나는 지성과 이념이라는 개념과, 나의 설명이 그것들에 부여한 의미를 항상 결합시킬 것이다. 따라서 나는 독자가 그 설명에 친숙한 것으로 전제한다.

칸트의 방법과 내가 따르는 방법의 본질적인 차이는 그가 간접적이고 반성된 인식으로부터 출발하는 반면, 나는 직접적이고 직각적인 인식으로부터 출발하는 데에 있다. 그는 탑의 높이를 그 그림자로 재는 사람에, 나는 탑 자체에 직접 자를 갖다 대는 사람에 비유할 수 있다. 따라서 그에게는 철학이 개념**으로 이루어진** 학문이고, 내게는 철학이 개념 **속의** 학문, 모든 명증의 유일한 원천인 직관적 인식으로 끄집어낸, 그리고 보편적 개념으로 파악되고 고정된 학문이다. 그는 우리를 에워싸는 직관적이고 다양하며 의미심장한 이 모든 세계를 뛰어넘어, 추상적 사고의 형식을 고수한다. 그럼으로써 명시적으로 표현하지는 않지만, 그는 반성이 모든 직관의 모형模型이라는 전제를 토대로 삼는다. 따라서 직관의 모든 본질적인 것은 반성 속에 표현되어 있어야 한다. 그것도 매우 수축된, 따라서 쉽게 개관할 수 있는 형태와 개요로서 말이다. 그에 따라 추상적 인식 행위에서 본질적인 것과 합법칙적인 것은 직관적인 세계의 다채로운 인형극을 우리 눈앞에 움직이게 하는 모든 실을 우리 손에 쥐어 줄지도 모른다.

만일 칸트가 그의 방법의 이 최고 원칙을 분명히 표현하고, 그런 다음 그 원칙을 일관되게 준수했더라면, 최소한 그는 직관적인 것을 추상적인 것으로부터 순수하게 분리하지 않을 수 없었으리라. 그렇다면 우리는 해결할 수 없는 모순이나 혼란과 싸울 필요가 없었으리라. 하지만 그가 그의 문제를 해결하는 방식으로부터 우리는 그의 방법의 원칙이 매우 모호하게 그의 뇌리에 아른거렸을 뿐임을 알게 된다. 따라서 우리는 그의 철학을 철저히 연구한 뒤 여전히 추측에 의해 비로소 그 원칙에 도달해야 한다.

그런데 상술한 방법과 기본 원칙 자체와 관련해 말하자면 그것에 대해 많은 말을 했으며, 그리고 그것은 탁월한 생각이다. 사실 모든 학문의 본질은 우리가 직관적 현상의 무한한 다양성을 비교적 소수의 추상적 개념으로 요약하는 데 있다. 그 개념들로 우리는 하나의 체계를 세우고, 그 체계로부터 우리는 저 모든 현상을 인식의 힘으로 완전히 제어해서, 과거에 일어난 일을 설명하고 미래의 일을 규정할 수 있게 된다. 하지만 여러 학문은 여러 현상의 특수하고 다양한 부류에 따라 그 현상들의 광대한 넓은 영역을 자기들끼리 공유한다. 그런데 또한 모든 직각적인 인식에, 따라서 일반적으로 현상으로서의 세계에 본질적인 것이 무엇인지에 대해 그런 식으로 발견된 모든 사고의 형식을 알아내기 위해, 개념의 내용은 별도로 하고 그 개념 자체에 절대적으로 본질적인 것을 고립시키는 것은 하나의 대담하고 행복한 생각이었다. 그런데 이러한 직각적인 인식은 사고의 저 형식의 필연성 때문에 선험적으로 발견되었을 것이므로 주관적인 근원을 지니게 되어, 바로 칸트가 계획한 목표로 이끌어 가리라.

그러나 여기서 계속 나아가기 전에 그는 직관적 인식에 대한 반성의 관계를 조사했어야 한다(물론 이것은 칸트에 의해 소홀히 된 그 두 가지의 순수한 분리를 전제하고 있다). 사실 그는 전자가 후자를 어떤 식으로 반복하고 대표하는지, 전적으로 순수한지, 또는 자신의 고유한 형식(반성의 형식)으로 수용됨으로써 변경되어 부분적으로 식별할 수 없게 되는지 조사했어야 한다. 또 추상적이고 반성적인 인식의 형식이 직관적인 인식의 형식에 의해, 또는 그 자체에, 즉 반성적인 인식에 변경할 수 없이 부수되는 속성에 의해 더 많이 규정되는지 조사했어야 한다. 그리하여 직각적인 인식에는 매우 이질적인 것조차도 반성적인 인식 속에 들어가는 즉

시 더 이상 구별될 수 없게 된다. 이와 반대로 우리가 반성적 인식 방법에서 지각하는 많은 차이 역시 이러한 인식 자체에서 생겨났으며, 직각적인 인식에서 그것들과 상응하는 상이성을 결코 가리키지 않는다. 하지만 이러한 연구의 결과, 형태와 혼합물이 그 자체에 의해 규정되는 동물 유기체에 흡수될 때의 음식물처럼 직관적인 인식은 반성 속에 수용될 때와 거의 비슷하게 많은 변화를 겪는다는 사실이 밝혀졌을지도 모른다. 그러므로 음식물의 속성은 음식물이 야기하는 결과로부터는 더 이상 인식될 수 없다. 또는 — 이것은 약간 지나친 말이기 때문에 — 직관적인 인식에 대한 반성의 관계는 결코 반사된 대상에 대한 수면의 관계와 같지 않고, 고작 이들 대상 자체에 대한 이들 대상의 그림자의 관계와 같을 뿐이라는 사실이 적어도 밝혀졌을지도 모른다. 대상들의 그림자는 몇 개의 외적인 윤곽을 재현하긴 하지만, 또한 가장 많은 다양성도 같은 형태 속으로 합일시키며, 가장 많은 상이성을 같은 윤곽에 의해 제시한다. 그러므로 이것으로 출발해서는 사물의 여러 형태를 결코 완벽하고 확실하게 구성할 수 없으리라.

반성적 인식 전체 또는 이성은 하나의 주요 형식만 지닐 뿐이다. 이 주요 형식은 추상적 개념이다. 그것은 이성 자체에 고유하며, 직관적인 세계와 직접 필연적인 연관을 갖지 않는다. 따라서 짐승에게는 이성 없이는 직관적인 세계도 결코 존재하지 않는다. 그리고 전적으로 다른 세계가 존재할 수 있긴 하지만, 그럼에도 반성의 저 형태는 마찬가지로 그 세계에 잘 맞을지도 모른다. 하지만 판단 행위를 위한 여러 개념의 합일은 연역에 의해 발견되어 판단의 서판을 구성하는 어떤 규정된 규칙적인 형태를 지닌다. 이들 형태는 대부분 반성적인 인식 방법 자체로부터, 그러므로 직접 이성으로부터 도출될 수 있다. 특히 그 형태들이 (내가 초논리적 진리라고 부르는) 네 개의 사고 법칙에 의해, 그리고 총체 및 개무皆無에 관한 원리 dictum de omni et nullo[5]에 의해 생기는 한에서 말이다. 하지만 이들 형태 중 다른 어떤 것들은 직관하는 인식 방법, 그러므로 지성에 근거하고 있다. 하지만 그것들은 지성의 수많은 특수한 형태를 지시하지는 않고, 지성이 갖는 유일한 기능으로부터, 다시 말해 원인과 결과의 직접적인 인식으로부터 완전히 도출될 수 있다. 마지막으로 저 형식들 중 다른 어떤 것은 반성적 인식 방법과 직각적 인식 방법의 동시

---

5   * 연역 추리의 근본 원칙의 하나로 '아리스토텔레스의 논리 규칙 Aristotle's dictum'이라고도 불린다. 어떤 개념에 관해 전반적으로 긍정 또는 부정되는 것은 그 개념의 외연에 속하는 모든 개개의 사물에 관하여도 긍정 또는 부정되는 것을 말한다.

발생과 결합으로부터, 또는 본래적으로는 전자 속에 후자의 수용으로부터 생겨났다. 나는 이제부터 판단의 여러 계기를 하나씩 통과하며, 그 각각의 근원을 앞서 말한 원천으로부터 알려 줄 것이다. 이런 사실에서 그 원천으로부터 범주의 연역이 결여되어 있으며, 이 연역의 가정은 그것의 설명이 모호하고 자기모순적인 것으로 여겨졌던 것만큼이나 근거 없다는 결과가 저절로 생긴다.

1) 이른바 판단의 **양**은 개념 그 자체의 본질로부터 생기고, 따라서 오로지 이성을 근거로 삼는다. 그리고 지성이나 직관적 인식과는 하등 직접적인 연관이 없다. 다시 말해 제1권에서 상세히 설명했듯이 개념에 하나의 범위, 하나의 권역이 있다는 것과, 보다 넓고 덜 규정된 개념이 보다 협소하고 더 규정된 개념을 포괄함으로써 후자가 전자로부터 분리될 수 있다는 것은 개념 그 자체에 본질적이다. 더구나 이 일은 더 협소한 개념이 더 넓은 개념 일반의 규정되지 않은 부분으로 지칭될 수 있거나, 또는 특수한 이름을 덧붙임으로써 더 협소한 개념이 규정되어 완전히 분리되거나 하는 두 가지 방식으로 일어날 수 있다. 이러한 작업을 수행하는 판단은 첫 번째 경우에는 특칭 판단으로, 두 번째 경우에는 전칭 판단으로 불린다. 예컨대 나무라는 개념 권역의 동일한 부분은 특칭 판단과 전칭 판단에 의해 고립될 수 있다. 다시 말해 "어떤 나무에는 오배자 열매가 열린다", 또는 "모든 참나무에는 오배자 열매가 열린다" 하는 식으로 말이다. 우리가 보기에 두 가지 작업의 상이성은 매우 경미하며, 정말이지 그 상이성의 가능성은 언어의 풍부한 어휘에 달려 있다. 그럼에도 칸트는 이러한 상이성이 행위, 기능, 범주에 의해 선험적으로 경험을 규정한다는 순수 지성의 두 가지 근본적으로 상이한 행위, 기능, 범주를 드러낸다고 설명했다.

결국 개념에 의해 특정한 개별적인 직관적 표상에 도달하기 위해 하나의 개념이 사용될 수도 있다. 이 개념 자체는 마찬가지로 다른 많은 표상으로부터 추상되듯이 그 특정한 개별적인 직관적 표상으로부터 추상된다. 이것은 단칭 판단에 의해 일어난다. 그러한 판단은 단순히 추상적 인식과 직관적 인식의 경계선만을 지칭할 뿐인데, 그 단칭 판단은 "여기 이 나무에는 오배자 열매가 열린다"는 식으로 직접 직관적 인식으로 넘어간다. 칸트는 이것으로 또 하나의 특수한 범주를 만들었다.

앞서 설명한 모든 내용에 따라 거기에는 더 이상의 어떤 논쟁도 필요하지 않다.

2) 마찬가지로 판단의 **질**은 전적으로 이성의 영역 내에 있으며, 직관을 가능하

게 하는 지성의 어떤 법칙의 음영을 띠게 하는 것이 아니다. 즉 그 법칙에 대한 지시를 하지 않는다. 이성 자체의 객관적으로 파악된 본질인 여러 추상적 개념의 성질은 마찬가지로 제1권에서 이미 상술했듯이, 이들 개념의 권역을 합일시키고 분리시키는 가능성을 초래한다. 그리고 동일성과 모순의 보편적인 사고 법칙은 그 전제로서 이들 개념의 가능성에 근거를 둔다. 이러한 사고 법칙은 순전히 이성에서 생기고, 더 이상 설명될 수 없기 때문에 나는 이 사고 법칙에 **초논리적** 진리라는 이름을 붙여 주었다. 이 사고 법칙은 합일된 것이 합일된 채로, 분리된 것이 분리된 채로 있어야 한다고 규정한다. 따라서 확립된 것은 동시에 다시 폐기될 수 없으므로, 이 사고 법칙은 권역의 결합과 분리의 가능성, 즉 판단 행위를 전제로 한다. 그러나 이 판단 행위는 그 **형식**에 따라 오로지 이성 속에만 깃들어 있으며, 이 형식은 판단의 **내용**과 마찬가지로 지성의 직관적 인식으로부터 끌어올 수 없다. 따라서 직관적 인식에서는 그 형식에 대한 어떤 상관 개념이나 유사물도 찾을 수 없다. 지성에 의해, 지성에 대해 생겨난 뒤 직관은 어떤 의심이나 오류에 예속되지 않고 완결된 채 존재한다. 그러므로 직관은 긍정도 부정도 알지 못한다. 그도 그럴 것이 직관은 그 자신을 표현하기 때문이다. 직관은 지성의 추상적 인식과 마찬가지로, 인식 행위의 근거율에 따라 직관의 밖에 있는 어떤 것에 대한 단순한 관계 속에서는 그것의 가치와 내용을 갖지 않는다. 따라서 직관은 순수한 실재다. 모든 부정은 그것의 본질에 낯설고, 이 부정은 오로지 반성으로만 덧붙여 생각될 수 있지만, 바로 그 때문에 언제나 추상적 사고의 영역에 머무른다.

긍정하는 판단과 부정하는 판단에 칸트는 옛 스콜라학파의 별난 생각을 이용하여 무한한 판단인 교묘하게 생각해 낸 하나의 미봉책을 덧붙인다. 이러한 사실은 설명할 필요조차 없다. 그 미봉책은 모양뿐인 장식용 창인데, 칸트는 자신의 건축술의 대칭을 위해 그와 같은 다른 많은 것을 만들어 냈다.

3) 칸트는 관계의 매우 광범위한 개념 아래 판단의 전적으로 상이한 세 가지 속성을 한데 묶었다. 따라서 우리는 그 근원을 인식하기 위해 그 속성들을 하나씩 조명하지 않을 수 없다.

a) **가언적 판단**의 일반은 우리의 모든 인식의 가장 보편적 형식인 충분근거율의 추상적인 표현이다. 나는 이미 1813년 충분근거율에 대한 내 논문에서 그것이 네 개의 전적으로 상이한 의미를 갖는다는 것을 밝혔다. 이들 중 각각에서 충분근거율은 다른 인식 능력으로부터 생기며, 그러므로 다른 부류의 표상에도 관계한다.

이런 사실에서 가언적 판단 일반, 즉 보편적 사고 형식의 근원은 칸트의 바람과는 달리 단순히 지성과 인과성의 범주일 수 없으며, 내 설명에 따르면 순수 지성의 유일한 인식 형식인 인과성의 법칙은 모든 순수한 또는 선험적 인식을 포괄하는 근거율의 여러 형식 중 하나일 뿐이라는 결과가 충분히 밝혀진다. 반면에 충분근 거율은 그 각각의 의미에서 이 가언적인 판단 형식을 그것의 표현으로서 갖는다.

하지만 우리는 여기서 근원과 중요성에 따라 전적으로 상이한 여러 인식이, 이성에 의해 추상적으로 사고된다면, 개념과 판단의 동일한 결합 형식 속에서 어떻게 나타나고, 그다음 이 형식 속에서 어떻게 더 이상 구별될 수 없는지 매우 분명히 알게 된다. 하지만 그 인식들을 구별하기 위해 우리는 추상적 인식을 완전히 떠나 직관적 인식으로 되돌아가야 한다. 따라서 칸트가 접어든 길, 추상적 인식의 입장에서 보면 직관적 인식의 여러 요소와 가장 내적인 동력을 찾겠다는 길은 전적으로 잘못된 길이다. 그 밖에 충분근거율에 대한 내 논문 머리말 전체는 어느 정도까지 단순히 가언적 판단 형식의 중요성에 대한 철저한 설명으로 간주할 수 있다. 따라서 나는 여기서 더 이상 그것을 장황하게 말하지 않겠다.

b) **정언적 판단**의 형식은 가장 본래적인 의미에서 판단 일반의 형태와 다르지 않다. 엄밀히 말해 판단 행위는 단지 개념 권역의 결합 또는 양립 불능을 생각하는 것을 의미하기 때문이다. 따라서 가언적 결합과 선언적選言的 결합은 본래 판단의 특수한 형태가 아니다. 그도 그럴 것이 그것들은 개념의 결합이 변함없이 정언적 결합으로 남아 있는 이미 완성된 판단에만 적용되기 때문이다. 하지만 그것들은 다시 이 판단들을 결부시킨다. 왜냐하면 가언적 형식은 판단들 서로 간의 종속을, 선언적 형식은 그 판단들의 양립 불능을 표현하기 때문이다. 하지만 단순한 여러 개념은 서로에 대한 **한 종류**의 관계들만, 다시 말해 정언적 판단에서 표현되는 그 관계들만 가질 뿐이다. 보다 자세한 규정, 또는 이 관계의 아종亞種은 개념 권역의 맞물림이자 완전히 분리된 상태, 즉 긍정이자 부정이다. 이 같은 사실로부터 칸트는 완전히 다른 제목, 즉 **질**의 제목 아래 특수한 여러 범주를 만들었다. 맞물림과 분리된 상태는 여러 권역이 완전히, 또는 부분적으로만 서로 맞물리는 것에 따라 다시 아종을 갖는다. 이러한 규정이 여러 판단의 양을 구성한다. 이런 사실로부터 칸트는 다시 완전히 하나의 특수한 범주 제목을 만들었다. 이리하여 그는 매우 가까운 친척, 그러니까 동일한 것, 단순한 개념들 상호 간의 유일하게 가능한 여러 관계의 쉽게 조망할 수 있는 변경變更을 분리시켰다. 반면에 매우 상이한 것을 관

계라는 이 제목 아래 합일시켰다.

정언적 판단은 동일성과 모순의 사고 법칙을 초논리적 원리로 삼는다. 하지만 여러 개념 권역을 결합시키기 위한 **근거**, 이러한 결합에 지나지 않는 판단에 **진리**를 부여하는 근거는 매우 상이한 종류일 수 있다. 그리고 이에 따라 판단의 진리는 논리적이거나, 또는 경험적이거나, 또는 초월적이거나, 또는 초논리적이다. 이러한 내용이 논문의 머리말 제30~33장에 설명되어 있으므로, 여기서는 그것을 되풀이할 필요가 없을 것이다. 하지만 그 결과 직접적인 인식들이 얼마나 상이할 수 있는지, 그것들 모두가 두 가지 개념 권역의 결합에 의해 주어와 술어로서 추상적으로 나타난다는 것이, 그리고 우리가 지성의 기능에 상응하고 그 기능을 만들어 낼 수 있는 것으로서 지성의 유일한 기능을 결코 내세울 수 없다는 것이 밝혀진다. 예컨대 '물이 끓는다. 사인sine이 각도를 잰다. 의지가 결정한다. 일이 정신을 분산시킨다. 구별이 까다롭다'와 같은 판단들은 동일한 논리적 형식에 의해 극히 상이한 종류의 관계를 표현한다. 이런 사실로부터 우리는 또다시, 시작은 매우 잘못되어 있다 해도, 직접적인 직각적 인식을 분석해 추상적 인식의 입장에 서기 위한 확증을 얻는다.

그 밖에 정언적 판단은 내가 말하는 의미에서 보면, 인과성이 그 정언적 판단에 의해 표현되는 경우에만 본래적인 지성 인식으로부터 생긴다. 하지만 물질적인 질을 지칭하는 모든 판단의 경우에도 이와 마찬가지다. 그도 그럴 것이 내가 '이 신체는 무겁고, 단단하고, 액상液狀이고, 녹색이고, 산성이고, 알칼리성이고, 유기적이다' 등이라고 말한다면 이 말은 언제나 그 신체의 작용, 그러므로 순수 지성에 의해서만 가능한 하나의 인식을 지칭하기 때문이다. 그런데 이 인식은, 그것과 전적으로 상이한 많은 인식(예컨대 극히 추상적인 여러 개념의 하위 개념)과 마찬가지로, 이 주어와 술어에 의해 추상적으로 표현된 뒤 이들 단순한 개념 관계는 다시 직관적인 인식으로 옮겨졌다. 그리고 판단의 주어와 술어는 직관 속에 고유하고 특수한 상관 개념, 즉 실체와 우연성을 가져야 한다고 생각되었다. 그러나 나는 실체라는 개념은 물질이라는 개념의 내용과 다른 어떠한 진정한 내용도 갖지 않는다는 것을 앞으로 분명히 보여 줄 것이다. 하지만 우연성은 작용의 여러 종류와 전적으로 같은 의미이므로, 실체와 우연성에 관해 추정되는 인식은 여전히 원인과 결과에 관한 순수 지성의 인식이다. 하지만 본래 물질의 표상이 생겨나는 방식은 부분적으로 제1권의 제4장에, 충분근거율에 대한 논문 제21장과 제77장 끝에 가서 더욱 알기 쉽게 해설되어 있다. 그리고 어떤 점에서는 우리가 실체의 불변성의 원칙을 조사하면서 그 방식을 보다 자세히 살펴볼 것이다.

c) **선언적 판단**은 초논리적 진리인, 배제된 세 번째의 사고 법칙에서 생겨난다. 따라서 그것은 전적으로 순수이성의 소유물이며, 지성 속에 그 근원이 있는 것이 아니다. 하지만 공동체 범주의 연역이나, 또는 선언적 판단으로부터 나온 상호 작용은, 칸트가 건축술의 대칭에 대한 그의 즐거움을 충족시키기 위해, 때때로 진리에 행해지는 것을 허락하는 폭력에 관한 상당히 두드러진 예다. 저 연역이 위법성은 이미 종종 정당하게 비난받았으며, 여러 근거로부터, 특히 G. E. **슐체**에 의해 『이론 철학 비판』에서, 그리고 F. **베르크**에 의해 『철학의 추가 비판*Epikritik*』에서 입증되었다. 서로를 배제하는 술어에 의한 어떤 개념의 미해결된 규정과 상호 작용의 생각 사이의 실제적인 유사성은 무엇인가? 두 가지는 심지어 전적으로 반대된다. 왜냐하면 선언적 판단에서는 두 가지 대안적 명제 중 하나의 실제적인 긍정이 동시에 다른 것의 필연적인 부정이기 때문이다. 반면에 우리가 두 가지를 상호 작용과 관련해서 생각해 보면 한 가지 긍정은 필연적으로 다른 것의 긍정이기도 하다. 그리고 그 반대도 마찬가지다. 따라서 상호 작용의 실제적인 논리적 유사물이 순환 논법이라는 것은 논란의 여지가 없다. 왜냐하면 순환 논법에서는 소위 상호 작용의 경우에서와 꼭 마찬가지로 근거 지어진 것 역시 다시 근거이며, 그 반대도 마찬가지이기 때문이다. 그리고 논리학이 순환 논법을 배척하는 것과 마찬가지로 상호 작용의 개념 역시 형이상학으로부터 추방되어야 한다. 그도 그럴 것이 나는 본래적인 의미에서는 결코 상호 작용이 없다는 것을 지금 매우 진지하게 입증할 생각이다. 이 개념은, 사람들이 이용하기를 무척 좋아하긴 하지만, 바로 생각의 불확실성 때문에 좀 더 자세히 고찰해 보면 텅 비고 잘못되며 공허한 것으로 드러난다. 무엇보다 본래 인과성이 무엇인지 기억에 떠올리기 바란다. 나의 설명을 지원하려면 이 주제에 관한 내 논문 제20장의 머리말과 자유의 의지에 관한 내 현상 논문 제3장 27쪽 이하, 그리고 마지막으로 이 저작의 제2권 제4장을 살펴보길 바란다. 인과성은 물질의 시작되는 **상태**가 시간 속에서 자기 위치를 규정하게 하는 법칙이다. 인과성은 단순히 상태와만, 엄밀히 말해 단순히 **변화**와만 관계있을 뿐 물질 그 자체나 변화 없는 불변과는 아무 관계가 없다. 물질 자체는 인과성의 법칙의 지배를 받지 않는다. 물질은 생성되지도 사라지지도 않으므로, 흔히 말하는 것과는 달리, 전체 **사물** 역시 인과성 법칙의 지배를 받지 않고 오직 물질의 **상**

태만 그 법칙의 지배를 받을 뿐이다. 더구나 인과성의 법칙은 **불변**과는 아무런 관계가 없다. 그도 그럴 것이 아무것도 변하지 않는 경우 어떠한 **작용**도 인과성도 없으며 영속적인 정지 상태가 존재한다. 그런데 그러한 상태가 변하지 않으면 새로 생기는 상태는 다시 불변하거나 또는 그렇지 않을 경우 즉시 세 번째의 상태를 초래한다. 이 일이 일어나게 하는 필연성이 바로 인과성의 법칙이다. 그 법칙은 충분근거율의 형식이고, 따라서 더 이상 설명될 수 없다. 왜냐하면 바로 충분근거율은 모든 설명의 원리이자 모든 필연성의 원리이기 때문이다. 이런 사실로부터 원인과 결과의 상태가 **시간의 순서**와 밀접하게 결합해 있고 필연적인 관계에 있다는 것이 명백하다. 상태 A가 시간 속에서 상태 B에 선행하는 한에서만, 그리고 이들의 연속이 필연적인 연속이지 우연한 연속이 아닌 한, 즉 단순한 결과가 아닌 한에서만 상태 A는 원인이고 상태 B는 결과다. 하지만 **상호 작용**이란 개념은 두 가지 상태가 서로의 원인이고 결과라는 사실을 포함한다. 그러나 이 말은 두 가지 중 각자가 이전의 상태이기도 하고 나중의 상태이기도 하다는 것과 같은 뜻이다. 따라서 그것은 하나의 모순이다. 그도 그럴 것이 두 가지 **상태**가 동시에 존재한다면, 그것도 필연적으로 동시에 존재한다는 것은 허용될 수 없기 때문이다. 왜냐하면 필연적으로 서로에게 속하고 동시에 존재하는 것으로서 그것들은 단지 **하나**의 상태만 이루기 때문이다. 그 상태의 불변을 위해서는 모든 규정의 영속적인 현존이 요구되지만, 우리는 이때 변화나 인과성과는 더 이상 관계하지 않고 지속이나 정지와만 관계한다. 그리고 전체 상태의 **어떤** 규정이 변화된다면, 그때 새로 생겨난 상태가 존속하지 못하고 첫 번째 상태의 모든 그 밖의 규정을 변화시키는 원인이 되어, 그로 인해 다시 새로운 세 번째 상태가 생긴다는 것 말고는 더 이상 아무 말도 할 수 없게 된다. 이 모든 것은 단지 인과성의 단순한 법칙에 따라 일어날 뿐이며, 새로운 법칙, 즉 상호 작용의 법칙을 근거 짓지 않는다.

또한 나는 **상호 작용**의 개념이 어떤 유일한 예에 의해서는 입증될 수 없다고 단적으로 주장한다. 사람들이 거짓으로 주장하고 싶어 하는 모든 것은 변화의 경우에만 중요성을 갖는 인과성의 개념이 결코 적용되지 않는 정지된 상태이거나, 또는 그것은 같은 이름을 지닌, 스스로를 조건 짓는 여러 상태의 교대로 일어나는 연속이다. 그 상태들의 해설을 위해서는 단순한 인과성으로 완전히 충분하다. 전자와 같은 부류의 예는 같은 무게에 의해 정지하는 저울이다. 여기서는 어떠한 작용도 없다. 그도 그럴 것이 여기서는 변화가 없기 때문이다. 그것은 정지된 상태다. 중력은 노력하며, 무게 중심에서 지원받는 모든 물체에서처럼 똑같이 나누어져 있다. 하지만 중력은 어떤 작용에 의해서도 그 힘을 보여 줄 수 없다. **하나의 무게**의 제거가 두 번째 상태를 초래해 즉시 다른 쪽 저울이 내려가는 세 번째 상태가 되는 것은 원인과 결과의 단순한 법칙에 따라 일어나며, 지성의 어떤 특수한 범주를, 그리고 특수한 명칭조차 필요로 하지 않는다. 다른 종류의 예는 계속해서 타는 불이다. 산소와 가연성 물체의 결합은 열이 원인이다. 이 열은 다시 저 화학 실합의 새로워진 빌생의 이유다. 이지민 이깃은 원인과 결괴의 기슬에 다름 아니다. 그러나 그 고리들은 교대로 **같은 이름**을 갖는다. A의 연소는 현열顯熱 B에 영향을 끼치고, 이 B는 C의 새로운 연소에 영향을 끼친다(즉, 이것은 원인 A와 이름은 같지만, 개별적으로 그것과 동일하지는 않은 새로운 작용이다). C는 새로운 열 D에 영향을 끼친다(이 D는 작용 B와 실제로 동일하지 않고, 개념에 따라서만 동일한 작용이며, 즉 그 작용과 같은 이름을 지닌다). 그리고 이런 식으로 계속된다. 일상생활에서 상호 작용이라 불리는 것의 좋은 예는 훔볼트(『자연의 견해』 제2판, 제2권 79쪽)가 제공하는 사막 이론이다. 다시 말해 모래사막에서는 비가 오지 않는다. 하지만 사막을 에워싸는 숲이 있는 산에서는 혹시 비가 내릴지도 모른다. 그 이유는 산이 구름을 끌어당기는 것에 있지 않고, 모래 평원으로부터 위로 올라가는 뜨거워진 공기 기둥이 증기 입자의 해체를 막고 구름을 높이 올려 보내기 때문이다. 산에서는 수직으로 올라가는 공기의 흐름이 보다 미약해서 구름이 아래로 가라앉는다. 보다 서늘해진 공기에서 뒤이어 비가 내린다. 그러므로 사막에서 비의 부족과 식물의 부재는 상호 작용의 관계에 있다. 다시 말해 사막에서 비가 내리지 않는 것은 뜨거워진 모래 평원이 더 많은 열을 내뿜기 때문이다. 사막이 스텝이나 프레리가 되지 않는 것은 비가 내리지 않기 때문이다. 하지만 우리는 분명 여기서 다시, 앞의 예에서처럼 같은 이름의 원인과 결과의 연속만을 가질 뿐이다. 그리고 간단한 인과성과 본질적으로 다른 것은 전혀 아무것도 없다. 이것은 진자의 진동과 마찬가지 관계다. 그러니까 유기체의 자기 보존과도 같은 관계다. 유기체의 자기 보존의 경우 마찬가지로 모든 상태는 새로운 상태를 초래한다. 그 새로운 상태는 그 상태 자체를 야기한 상태와 종류는 같지만, 개별적으로는 새로운 상태다. 여기서 문제가 보다 복잡해진 것은 그 사슬이 더 이상 두 종류의 고리가 아닌 많은 종류의 고리로 이루어져 있어서, 여러 개의 다른 고리들이 중간에 개입한 뒤에야 비로소 같은 이름을 지닌 고리가 되돌아오기 때문이다. 하지만 우리는 언제나 여러 상태의 연속에 규칙을 부여하지만, 지성의 새롭고 특수한 기능에 의해 이해되어야 하는 어떤 것이 아닌 유일하고 간단한 인과성의 법칙의 어떤 적용만 볼 뿐이다.

또는 사람들은 가령 작용과 반작용이 서로 같은 것을 상호 작용의 개념의 증거로 들려는 것인가? 하지만 이것은 내가 강하게 주장하고, 충분근거율에 대한 내 논문에서 상세히 설명한 것에 들어 있다. 그 설명에 따르면 원인과 결과는 두 개의 물체가 아니라 물체들의 서로 연속하는 여러 상태이며, 따라서 두 가지 상태 중의 각각은 관련된 모든 물체를 포함한다. 그러므로 결과, 즉 새로 나타나는 상태는, 예컨대 어떤 충격을 줄 경우 똑같은 비율로 두 물체에 미친다. 따라서 충격을 받은 물체가 변하는 만큼 충격을 준 물체도 (각기 그 질량과 속도에 비례해서) 변한다. 이것을 상호 작용이라고 부른다면 절대적으로 모든 작용은 상호 작용이다. 그 때문에 새로운 개념이 생겨나지 않고, 이를 위한 지성의 새로운 기능은 더욱 필요하지 않으며, 우리는 단지 인과성에 대한 하나의 불필요한 동의어만 가질 뿐이다. 하지만 칸트는 『자연과학의 형이상학적 기초원리』에서 이러한 견해를 사려 분별없이 단도직입적으로 표현한다. 거기서 역학의 제4정리의 증명은 "세계에서 모든 외적인 작용은 상호 작용이다"라고 시작된다. 그렇다면 상이한 기능들은 간단한 인과성과 상호 작용에 대해 지성 속에서 어떻게 선험적으로 존재한단 말인가? 그리고 정말이지 심지어 사물들의 실제적인 연속은 어떻게 전자에 의해서만 가능하고 인식될 수 있으며, 또 사물들의 동시 존재는 어떻게 후자에 의해서만 가능하고 인식될 수 있단 말인가? 이에 따라 모든 작용이 반작용이라면, 연속과 동시성 역시 같은 것이며, 그러므로 세계의 모든 것은 동시에 일어나는 것이리라. 진정한 상호 작용이 존재한다면 영구 운동perpetuum mobile 또한 가능하고, 심지어 선험적으로 확실하리라. 하지만 오히려 진정한 상호 작용은 존재하지 않으며, 이에 상응하는 지성 형식이 존재하지 않는다는 선험적인 확신이야말로 영구 운동이 불가능하다는 주장의 근거가 된다.

아리스토텔레스 또한 본래적인 의미에서의 상호 작용을 부정한다. 그도 그럴 것이 그는 두 가지 사물이 상호 간의 원인일 수 있지만, 사람들이 이를 그것들 각각에 대해 다른 의미로 이해할 때에만, 예컨대 어느 하나가 다른 쪽에 대한 동기로 작용하고, 후자는 전자에 대해 운동의 원인으로 작용할 때에만 그럴 수 있다고 언급하기 때문이다. 다시 말하면 우리는 『자연학』 제2권 제3장과 『형이상학』 제5권 제2장에 나오는 두 구절에서 같은 표현을 발견한다. "상호 간의 원인인 많은 사물들도 있다. 그러므로 예컨대 체육은 체력의 원인이다. 그리고 이 체력은 체육의 원인이다. 하지만 이 둘은 같은 방식으로 일어나지 않고, 하나는 사건의 끝으로서 다른 하나는 사건의 시작으로서 일어난다." 이것 말고도 그가 본래적인 상호 작용을 받아들인다면 그는 그것을 여기서 거론했을 것이다. 왜냐하면 그는 두 구절에서 가능한 종류의 모든 원인을 열거하는 일에 관여하기 때문이다. 그는 『분석론 후서』 제2권 제11장에서 원인과 결과의 순환에 대해 말하지, 상호 작용에 대해서는 말하지 않는다.

4) **양태**Modalität의 여러 범주는 그 범주들 중 각각에 의해 표현되는 것은 그것을 도출하는 판단의 형식에 실제로 상응한다는 점에서 그 밖의 다른 모든 범주에 비해 장점이 있다. 다른 여러 범주의 경우는 그런 일이 매우 드물다. 왜냐하면 그것들은 대체로 극히 자의적인 강제로 판단 형식으로부터 연역되어 있기 때문이다.

그러므로 가능한 것, 현실적인 것, 필연적인 것의 개념은 판단의 문제적이고 단언적이며 자명한 형식을 유발시키는 것들이라는 것은 완전히 참이다. 하지만 저 개념들이 지성의 특수하고 근원적이며 더 이상 연역될 수 없는 인식 형식이라는 것은 참이 아니다. 오히려 그 개념들은 모든 인식 행위 중 유일하고 근원적인, 따라서 우리에게 선험적으로 의식된 형식, 즉 충분근거율에서 유래한다. 더구나 **필연성**의 인식은 직접 이 충분근거율로부터 유래한다. 반면에 반성이 이 필연성에 적용되면서 비로소 우연성, 가능성, 불가능성의 현실이라는 개념이 생겨난다. 따라서 이 모든 것은 결코 하나의 정신력, 즉 지성에서 발생하지 않고, 즉시 보게 되겠지만 추상적 인식과 직각적 인식의 갈등에 의해 생겨난다.

나는 필연적이라는 것과 주어진 근거에서 나온 결과라는 것이 전적으로 교환 가능한 개념이고, 완전히 동일하다고 주장한다. 우리가 어떤 것을 주어진 근거의 결과로 간주하는 한에서 말고는 그것을 필연적인 것으로서 결코 인식할 수도 생각할 수조차도 없다. 그리고 필연성의 개념은 이러한 종속, 다른 어떤 것에 의해 확립된 이러한 법칙성, 그리고 그것에서 기인하는 이러한 불가피성을 결코 포함하지 않는다. 그러므로 그 개념은 오로지 충분근거율의 적용에 의해 생겨나고 존재한다. 따라서 이러한 원리의 상이한 형식에 따라 자연적인 필연성(원인으로부터의 작용), 논리적인 필연성(인식 근거에 의해, 분석적인 판단과 삼단논법 등에서), 수학적인 필연성(공간과 시간 속에서의 존재 근거에 따라), 그리고 마지막으로 실천적인 필연성이 존재한다. 이로써 우리는 가령 규정된 것을 소위 정언 명령에 의해서가 아니라 주어진 경험적 성격의 경우 제시된 동기에 따라 필연적으로 발생하는 행위에 의해 나타내려고 한다. 하지만 모든 필연성은 다만 상대적인 것으로, 즉 그 근거에서 필연성이 귀결되는 근거를 전제하고 있다. 따라서 절대적인 필연성은 모순이다. 그 밖의 것에 관해서는 충분근거율에 대한 논문 제49장을 참조하길 바란다.

모순되는 반대말, 즉 필연성의 부정은 **우연성**이다. 따라서 이 개념의 내용은 소극적이며, 다시 말해 충분근거율에 의해 표현된 언결의 결여에 다름 아니다. 그러므로 우연적인 것 역시 언제나 상대적일 뿐이다. 다시 말해 우연적인 것은 그것의 근거가 **아닌** 어떤 것에 관련해서 우연적이다. 종류를 불문하고 모든 객관, 예컨대 현실 세계에서 일어나는 모든 사건은 언제나 필연적인 동시에 우연적이기도 하다. 다시 말해 사건의 이유인 일자—와 관련해서는 **필연적**이고, 그 밖의 모든 것과 관련해서는 **우연적**이다. 그도 그럴 것이 시간과 공간 속에서 그 밖의 모든 것과의 접촉은 필연적인 연결이 없는 단순한 만남에 불과하기 때문이다. 따라서 **우연**이라는 뜻을 가진 단어들 역시 이와 마찬가지이다. 그러므로 절대적인 우연성은 절대적인 필연성만큼이나 생각하기 힘들다. 왜냐하면 절대적인 우연성은 다른 어떤 것에 대해서도 근거에 대한 결과의 관계에 있지 않을 하나의 객관에 불과할 것이기 때문이다. 하지만 그런 일을 상상할 수 없다는 것이 바로 소극적으로 표현된 충분근거율의 내용이다. 그러므로 이 원리는 우리가 절대적인 우연성을 생각할 수 있기 전에 뒤엎어져야 하리라. 하지만 그런 다음 그 원리조차 역시 모든 중요성을 상실하리라. 왜냐하면 우연성의 원리는 저 충분근거율과 관련해서만 중요성을 가지며, 또 두 가지 객관이 서로에 대한 근거와 결과의 관계에 있지 않음을 의미하기 때문이다.

자연이 직관적 표상인 한, 자연에서 일어나는 모든 것은 필연적이다. 그도 그럴 것이 모든 것은 그것의 원인으로부터 발생하기 때문이다. 하지만 이 개별적인 일을 그것의 원인이 아닌 그 밖의 모든 것과 관련해서 고찰해 보면 우리는 그것을 우연적인 것으로 인식한다. 하지만 이는 벌써 하나의 추상적인 반성이다. 그런데 나아가서 우리가 자연의 어떤 대상으로부터 그 밖의 모든 것에 대한 인과 관계, 그러므로 그 대상의 필연성과 우연성을 전적으로 추상해 보면, 이런 종류의 인식을 포함하는 것은 **현실적인 것**의 개념이다. 이 경우 우리는 원인은 둘러보지 않고 그 결과만을 고찰한다. 이와 관련하여 우리는 보통 그 결과를 **필연적**이라 부르고,

그 밖의 모든 것과 관련해서는 **우연적**이라 불러야 할지도 모른다. 이 모든 것은 궁극적으로 판단의 양태는 사물의 객관적인 속성을 나타내기보다는 사물에 대한 우리의 인식의 관계를 나타낸다는 사실에 근거하고 있다. 하지만 자연 속에서 모든 것은 하나의 원인에서 발생하므로 **현실적인** 모든 것은 **필연적**인 것이기도 하다. 하지만 또한 그것이 **이 시간에, 이 장소**에 있는 한에서만 그럴 뿐이다. 그도 그럴 것이 인과성의 법칙에 의한 규정은 그것에만 미치기 때문이다. 하지만 구체적인 자연을 벗어나 추상적인 사고로 넘어가기로 하자. 그러면 우리는 반성 속에서 부분적으로는 선험적으로, 부분적으로는 후험적으로 비로소 우리에게 알려진 모든 자연법칙을 상상할 수 있다. 이 추상적인 표상은 자연 속에서 **어떤 시간에, 어떤 장소**에 있는, 하지만 모든 특정한 장소와 시간으로부터 추상한 모든 것을 포함하고 있다. 바로 이런 방식으로 그러한 반성에 의해 우리는 **가능성**이라는 광대한 나라로 들어간다. 하지만 심지어 여기서도 자리를 찾지 못하는 것은 **불가능한 것**이다. 가능성과 불가능성이 직관적 인식에 대해서가 아닌 반성에 대해서만, 또 이성의 추상적 인식에 대해서만 현존한다는 것은 명백하다. 이성에 가능한 것과 불가능한 것의 여러 규정을 제공하는 것이 곧 인식의 순수한 여러 형식이긴 하지만 말이다. 우리가 가능한 것과 불가능한 것을 생각할 때 출발점이 되는 자연법칙이 선험적으로 또는 후험적으로 인식되는 것에 따라 가능성과 불가능성은 형이상학적인 것이거나 단지 형이하학적인 것일 뿐이다.

직접 충분근거율의 인식과 필연적인 것, 현실적인 것, 가능한 것의 개념의 발전에 근거하기 때문에 증명이 필요 없는 이러한 설명으로부터 저 세 가지 개념을 위한 지성의 세 가지 특수한 기능에 대한 칸트의 가정이 얼마나 근거 없는 것인지 충분히 분명해진다. 그리고 그가 여기서 또다시 그의 건축술의 대칭을 수행함에 있어 어떠한 숙고에 의해서도 방해받지 않았다는 것이 충분히 분명해진다.

하지만 여기에 또 매우 큰 실수가 더해진다. 물론 이전 철학의 선례에 따라, 그가 필연적인 것과 우연적인 것의 개념을 서로 혼동한 것이다. 다시 말해 이전의 철학은 다음과 같은 남용에 추상을 이용했다. 즉 근거가 주어진 것은 불가피하게 결과가 뒤따른다는 것, 즉 비존재일 수 없다는 것, 그러므로 필연적이란 것이 명백했다. 그러나 사람들은 전적으로 이 마지막 규정에만 의지했고, 달리 존재할 수 없는 것은 필연적이라거나, 그 반대는 불가능하다고 말했다. 하지만 사람들은 그러한 필연성의 근거와 뿌리를 고려하지 않았고, 그것의 결과로 발생하는 모든 필연성의 상대성을 간과했다. 또 그로 인해 **절대적인 필연성**에 관한, 즉 그 현존이 근거에서 생기는 결과만큼 그렇게 불가피하지 않은 어떤 것에 관한, 전혀 생각할 수 없는 허구를 만들었다. 하지만 그것은 근거에서 생기는 결과가 아닐지도 모르며, 따라서 아무것에도 의존하지 않을지도 모른다. 그것의 부가물이 사실 불합리한 요구인 것은 그 요구가 충분근거율과 모순되기 때문이다. 그런데 이러한 허구로부터 출발하여 사람들은 진리와는 정반대로, 어떤 근거에 의해 확립된 모든 것을 우연적인 것이라 설명했다. 다시 말해 사람들은 그 우연적인 것이 지닌 필연성의 상대성을 보았고, 이 필연성을 전적으로 상상 속에서 존재하는, 개념 속에서 모순되는 **절대적**인 필연성과 비교했기 때문이다.[6] 그런데 칸트 역시 우연적인 것에 대한 이 같은 완전히 잘못된 규정을 고수하고, 그 규정에 대한 설명을 한다(『순수이성비판』 289~291쪽, V. 289~291; 243쪽, V. 301; 419·458·460쪽, V. 447·486·488). 그럼으로써 그는 301쪽에서 "모든 우연적인 것에는 하나의 원인이 있다"라고 말하고, "그것의 비존재가 가능한 것이 우연적이다"라고 덧붙이면서 심지어 그 자신과의 더없이 명백한 모순에 빠져든다. 하지만 원인이 있는 것의 비존재는 전혀 불가능하다. 따라서 그것은 필연적이다. 그 밖에 필연적인 것과 우연적인 것에 대한 그처럼 잘못된 전체 설명은 이미 아리스토텔레스에게서, 그것도 『발생과 부패』 제2권 제9장, 제10장에서 발견할 수 있다. 다시 말해 거기서 필연적인 것은 그것의 비존재가 불가능한 것으로 설명된다. 그것의 존재가 불가능한 것이 그것에 대립되고 있다. 그런데 존재할 수도 비존재할 수도 있는 것, 즉 생성하는 것과 소멸하는 것이 이 두 가지 사이에 위치해 있다. 이때 생성과 소멸은 우연적인 것이리라. 앞에서 말한 것에 따르면 이 설명은, 아리스토텔레스의 많은 설명이 그렇듯이, 구체적이고 직관적인 개념으로 되돌아가지 않고 추상적 개념에 머물러 있는 것으로부터 생겨났다는 것은 명백하다. 그렇지만 구체적이고 직관적인 개념 속에 모든 추상적 개념의 원천이 자리하고 있으므로, 모든 추상적 개념은 구체적이고 직관적인

---

[6] 크리스티안 볼프의 『신, 세계, 영혼에 관한 이성적 사고』 577~579절을 참고하라. 그가 생성의 충분근거율에 따르는 필연적인 것, 즉 원인의 결과로 일어나는 것만 우연적이라 설명하는 반면, 충분근거율의 그 밖의 형식에 따르는 필연적인 것도, 예컨대 정의定義의 결과로 생기는 것, 그러므로 분석적인 판단들, 더구나 수학적인 진리들도 우연적이라고 인정하는 것은 특이하다. 이에 대한 근거로 그는 인과성의 법칙만이 무한한 계열을 주지만, 다른 종류의 근거들은 유한한 계열을 준다고 진술한다. 그러나 이것은 순수한 공간과 시간 속에 있는 충분근거율의 형식인 경우 맞지 않고, 논리적인 인식 근거에 대해서만 적용될 뿐이다. 하지만 그는 그러한 인식 근거를 수학적 필연성이라 간주했다. 충분근거율에 대한 논문 제50장과 비교하라.

개념에 의해 항상 통제되어야 한다. "그것의 비존재가 불가능한 어떤 것." 이 말은 아무튼 추상적으로 사고될 수 있다. 하지만 그 말을 가지고 구체적인 것, 실재적인 것, 직관적인 것으로 간다면, 우리는 단지 가능한 것에 불과한 것으로도, 사실 단지 주어진 어떤 근거의 앞서 말한 결과로서도(하지만 이때 그 결과의 필연성은 상대적이고 조건 지어진 필연성이다) 그 사고를 증명하는 아무것도 발견하지 못한다.

이 기회를 이용하여 양태의 개념에 대한 몇 가지 소견을 덧붙이겠다. 모든 필연성은 **충분근거율**에 근거하고 있고, 비고 그 때문에 **상대적이므로** 모든 **지명한** 판단은 근원적이고, 그것의 궁극적인 중요성에 따라 **가언적이다**. 이들 필연성은 **단언적**인 소전제의 첨가에 의해서만, 그러므로 결론에 가서 **정언적**으로 된다. 이 소전제가 아직 미정이라면, 그리고 이 미정이 표현된다면 이것은 **문제적인** 판단을 가져다준다.

일반적으로(규칙으로서) 자명한 것(하나의 자연법칙)은 개별적인 경우와 관련해서는 언제나 문제적일 뿐이다. 왜냐하면 그 경우를 규칙 아래로 가져가는 조건이 실제로 먼저 출현해야 하기 때문이다. 이와 반대로 개별적인 경우 그 자체로 필연적인(자명한) 것(원인에 의해 필연적인 모든 개별적인 변화)은, 나타난 원인이 개별적인 경우에만 관계하고, 그리고 자명한, 언제나 가언적인 판단은 직접 개별적인 경우가 아닌 항시 보편적인 법칙만 표현하기 때문에 일반적으로 또 보편적으로 말하자면 다시 문제적일 뿐이다. 이 모든 것은 가능성이 반성의 영역에만 또 이성에 대해서만 존재하고, 현실적인 것은 직관의 영역에 또 지성에 대해 존재하는 데에, 다시 말해 양자에게 필연적인 것이 존재한다는 데에 그 근거가 있다. 심지어 필연적이고 현실적인 것과 가능한 것의 차이는 추상적으로 또 개념에 따라서만 존재할 뿐이다. 반면 실재적인 세계에서 세 가지 모두는 하나로 일치한다. 그도 그럴 것이 일어나는 모든 것은 **필연적**이기 때문이다. 왜냐하면 그것이 이유에서 이유로부터 일어나기 때문이다. 하지만 이 이유들 자체는 다시 이유를 가지므로 세계의 전체 과정은 크든 작든 필연적으로 발생하는 것들의 엄밀한 연쇄다. 그에 따라 모든 현실적인 것은 동시에 필연적인 것이고, 현실과 필연성 사이의 실재에는 차이가 없다. 이와 마찬가지로 현실과 가능성 사이에도 아무런 차이가 없다. 그도 그럴 것이 일어날 수 없는 것, 즉 현실적으로 되지 않은 것은 가능하지도 않았다. 원인이 있어야 사건이 일어날 수 있는데, 그 원인 자체가 발생하지 않았고, 원인들의 커다란 연쇄 속에서 발생할 수도 없었기 때문이다.

따라서 모든 사건은 필연적이거나 불가능하다. 그렇지만 이 모든 것은 경험적으로 실재하는 세계에 대해서만, 즉 개별적인 사건들의 복합체에만, 그러므로 전적으로 개별적인 것 자체에만 적용된다. 이와는 달리 이성에 의해 사물들을 추상적으로 파악하면서 일반적으로 고찰해 보자. 그러면 필연성, 현실, 가능성은 다시 서로 분리된다. 그러면 우리는 모든 것을 우리의 지성에 속하는 선험적인 법칙에 따라 일반적으로 가능한 것으로 인식한다. 다시 말해 결코 현실적으로 되지 않았다 해도 경험적인 자연법칙에 상응하는 것을 이 세계에서 가능한 것으로 인식하여, 우리는 가능한 것을 현실적인 것과 분명히 구별한다. 현실적인 것 그 자체는 사실 항시 필연적인 것이기도 하지만, 그 자체로서 그 이유를 아는 것에 의해서만 파악된다. 이와 별도로 간주되는 것은 우연적이라 불린다. 이러한 고찰은 또한 메가라학파의 디오도로스와 스토아학파의 크리시포스 사이에서 가능한 것을 두고 벌어진 저 논쟁에 대한 열쇠를 우리에게 제공하기도 한다. 키케로는 『운명론*De Fato*』에서 이들을 언급하고 있다. 디오도로스는 말한다. "현실적인 것만 가능했다. 모든 현실적인 것은 필연적이기도 하다." 반면에 크리시포스는 이렇게 말한다. "결코 현실적으로 되지 않는 많은 것이 가능하다. 그도 그럴 것이 필연적인 것만 현실적으로 되기 때문이다." 우리는 이 말을 이렇게 해석할 수 있다. 현실은 가능성이 전제를 주는 어떤 추론의 결론이다. 하지만 이에 대해서는 대전제뿐 아니라 소전제도 요구된다. 다시 말해 대전제는 단순히 이론적인, 보편적인 가능성을 추상적으로 주지만, 이 가능성 자체는 아직 아무것도 가능하게 만들지, 즉 현실적으로 될 능력을 주지 못한다. 이에 대해 개별적 경우에 대해 가능성을 주는 소전제가 또 요구된다. 왜냐하면 가능성이 그 경우를 규칙 아래로 가져가기 때문이다. 그리하여 이 경우는 곧장 현실이 된다. 예를 들면 이러하다.

- 대전제: 모든 집은(따라서 내 집도) 불타 없어질 수 있다.
- 소전제: 내 집이 화염에 휩싸인다.
- 결론: 내 집은 불타 없어지고 있다.

그도 그럴 것이 모든 보편적인 전제, 명제, 그러므로 모든 대전제는 현실과 관련해서 사물들을 항시 하나의 전제하에서만, 따라서 가언적으로 규정한다. 예컨대 불타 없어지고 있다는 것은 화염에 휩싸이는 것을 전제로 한다. 이러한 전제는 소전제에서 생겨난다. 대전제는 항상 대포를 장전하고 있다. 하지만 소전제가 화약통을 갖다 놓아야만 비로소 사격, 즉 결론이 이루어진다. 이것은 현실에 대한 가능성의 관계에 그대로 적용된다. 그런데 현실의 발언인 결론은 항시 **필연적**으로 일어나므로, 이것으로부터 현실적인 모든 것은 또한 필연적이라는 결과가 나온다. 이 필연적이라는 것은 단지 주어진 어떤 근거의 결과를 뜻할 뿐이라는 사실로부터도 통찰할 수 있다. 이 근거는 현실적인 것의 경우 하나의 원인이다. 그러므로 모든 현실적인 것은 필연적이다. 그에 따라서 우리는 여기서 가능한 것, 현실적인 것, 필연적인 것의 여러 개념이 일치하는 것과, 후자가 전자를 전제할 뿐 아니라 그 반대도 성립하는 것을 본다. 양사를 구별하는 것은 시간의 형식에 의한 우리 지성의 제한이다. 그도 그럴 것이 시간은 가능성과 현실 사이의 중개자이기 때문이다. 개별적인 사건의 필연성은 그 전체 원인의 인식에 의해 완전히 통찰 가능하다. 그러나 상이하면서도 서로 독립적인 이 전체 원인들의 일치는 우리에게 **우연적**인 것으로 나타난다. 그러니까 이들 상호 간의 독립은 바로 우연성의 개념이다. 하지만 이 원인들 중 각각은 **그 우연성**의 원인의 필연적인 결과였고, 그 원인의 사슬은 시작이 없으므로, 우연성이란 우리 지성의 지평을 제한함으로써 생기는 단순히 주관적인 현상이며, 하늘과 땅이 맞닿는 시각적인 지평선만큼이나 주관적이란 사실이 밝혀진다.

　필연성은 주어진 근거에서 나온 결과와 같은 것이므로, 그것은 충분근거율의 모든 형식의 경우에도 특수한 방식으로 나타나지 않을 수 없고, 또한 가능성과 불가능성이 그 반대가 되지 않을 수 없다. 그 반대는 언제나 대상에 대한 지성의 추상적 고찰의 적용에 의해 생겨난다. 따라서 앞에서 언급한 네 종류의 필연성, 즉 자연적, 논리적, 수학적, 실천적 필연성은 수많은 종류의 불가능성과 대립하고 있다. 거기에다 우리가 전적으로 추상적 개념 영역 내에 머문다면 가능성은 언제나 보편적 개념에, 필연성은 보다 협소한 개념에 부수한다는 것이 또 언급될 수 있을지 모른다. 예컨대 '어떤 동물은 새, 물고기, 양서류 등일 수 있다.' '꾀꼬리는 새임에 **틀림없다**. 이 새는 하나의 동물이고, 이 동물은 하나의 유기체이고, 이 유기체는 하나의 신체임에 틀림없다.' 사실 삼단논법이 그 표현인 논리적 필연성은 보편성으로부터 특수성으로 나아가지 그 반대는 아니기 때문이다. 반면에 자연의 구체적인 세계에서 ─ 첫 번째 부류의 여러 표상에서 ─ 사실 모든 것은 인과성의 법칙에 의해 필연적이다. 단순히 부가된 반성은 그 인과성의 법칙을 그것의 원인이 아닌 것과 비교하면서 동시에 우연적인 것으로 파악할 수 있다. 그리고 모든 인과적 결합을 도외시함으로써 그 인과성의 법칙을 단순히 또 순전히 현실적인 것으로 파악할 수 있다. 이미 인과성 개념으로부터의 단어의 기원이 보여 주듯이, 단지 그런 부류의 표상의 경우에만 사실 **현실적인 것**의 개념이 생겨난다. 표상의 세 번째 부류, 즉 수학적인 순수 직관의 부류에서, 우리가 그 세 번째 부류에 우리 자신을 전적으로 한정한다면, 순전히 필연성만 존재하게 된다. 여기서도 가능성은 단순히 반성의 개념에 대한 관계에 의해서만 생긴다. 예컨대 '삼각형은 직각, 둔각, 등각일 수 있다. 그 세 개의 각은 두 개의 직각과 같음에 **틀림없다**.' 그러므로 여기서 우리는 직관적인 것에서 추상적인 것으로 이행함으로써만 **가능한 것**에 도달한다.

충분근거율에 대한 논문뿐 아니라 본서 제1권에서 말한 것에 대한 기억을 전제로 하는 이러한 설명에 따라 판단의 서판이 우리 눈앞에 갖다 대는 저 형식들의 진정하고 매우 상이한 종류의 근원에 대해서는, 지성의 특수한 열두 개의 기능을 설명하기 위해 그 기능들에 대한 가정의 허용 금지와 전적인 무근거성에 대해서와 마찬가지로, 더 이상 아무런 의심이 없을 것으로 희망한다. 이 후자 역시 이미 수많은 개별적이고 매우 쉽게 행해지는 언급에 의해 지지를 받고 있다. 그러므로 예컨대 대칭에 대한 커다란 사랑과 그 사랑으로 얻어지는 실마리에 대한 많은 신뢰가 그것에 속한다. 이는 긍정적이고 정언적이며 단언적인 판단은 세 가지의 너무나 근본적으로 상이한 사물들이므로, 그 사물들이 각각을 위해 지성의 전적으로 독특한 기능의 가정을 정당화하는 것을 가정하기 위해서다.

칸트 자신이 자신의 범주론을 유지할 수 없다는 의식을 드러내고 있다. 즉 그는 원칙 분석(현상과 본체(눈에 나타나는 것과 정신으로 인식되는 것))의 제3장에서 제1판에 나오는 몇 개의 긴 구절(241쪽, 242쪽, 244~246쪽, 248~253쪽)을 제2판에서 생략했다. 이로 인해 범주론의 약점이 너무나 노골적으로 드러났다. 예컨대 그는 거기서(241쪽), 개별적인 범주들을 정의하려고 했다 하더라도, 그것들은 정의가 가능하지 않은 것이므로 정의할 수 없었기 때문에 정의하지 않았다고 말한다. 왜냐하면 그것들은 정의될 수 없는 것이기에. 이렇게 말하면서 그는 같은 제1권 82쪽에서 다음과 같이 한 말을 잊고 있었다. "나는 범주의 정의를 할 수 있을지라도 일부러 그러지 않는다." 그러므로 이것은 ─ 외람된 말이지만 ─ 허풍이었다. 하지만 그는 이 구절을 그대로 놓아두었다. 그러나 나중에 가서 현명하게도 생략된 저 모든 구절은 범주와 관련해서는 분명한 어떤 것을 생각할 수 없다는 사실과 이 이론 전체가 허약한 기반 위에 있다는 사실을 드러낸다.

이 범주의 서판은 이제 모든 형이상학적, 그러니까 모든 학문적 고찰을 하게 해

주는 길잡이로 쓰인다(『형이상학 서설』 제39장). 그런데 사실상 그 범주의 서판은 전체 칸트 철학의 토대이자, 내가 이미 앞에서 보여 주었듯이 어디서나 그의 전체 철학의 대칭을 관철시키는 유형일 뿐 아니라, 엄밀히 말하자면 폭력에 의해 모든 가능한 고찰을 억지로 집어넣는 프로크루스테스의 침대가 되기도 했다. 그 폭력에 대해서는 이제 좀 더 상세히 살펴볼 것이다. 하지만 그러한 기회에 모방자, 노예 같은 무뢰한이 무슨 일인들 못하겠는가? 우리는 그런 일을 보았다. 그러므로 써 폭력은 이런 식으로 적용된다. 즉 개표, 판단의 형식, 변수에 의해 ╫시니는 ╫ 현의 의미는 전적으로 완전히 무시되고 잊히며, 표현 자체만 보존된다. 이러한 표현은 부분적으로 아리스토텔레스의 『분석론 전서』 제1권 제23장을 (추론 개념의 질과 양에 대하여) 기원으로 하지만, 자의적으로 선택되어 있다. 그도 그럴 것이 개념의 범위는 **양**이란 단어에 의할 때와는 다른 식으로 표현되었을 것이기 때문이다. 바로 이 단어가 그 밖의 범주 제목보다 그 대상에 더 적합할지라도 말이다. **질**이라는 단어조차 양에 질을 대치시키려는 습관에서 선택되었을 뿐이다. 그도 그럴 것이 긍정과 부정에 대해서는 질이라는 명칭이 충분히 자의적으로 파악되기 때문이다. 그러나 칸트가 행하는 모든 고찰의 경우 시간과 공간 속의 모든 양과 질, 그리고 사물들의 모든 가능한 질, 즉 자연적 질, 도덕적 질 등은 그에 의해 저 범주 제목 아래로 들어간다. 우연하고 자의적인 명명을 제외하고는 이들 사물과 판단과 사고의 형식에 대한 제목 사이에는 전혀 공통점이 없긴 하지만 말이다. 이러한 처리 방식에 대한 자신의 불만을 가혹한 용어로 표현하지 않으려면 그 밖의 점에서 칸트에게 빚지고 있는 모든 존경을 명심하는 것이 필요하다.

그 가장 가까운 예는 자연과학의 보편적 원칙에 대한 순수한 생리학적 서판에 의해 즉시 우리에게 제공된다. 판단의 양은 모든 직관이 하나의 광범위한 크기를 갖는다는 사실과 대체 무슨 관계에 있단 말인가? 판단의 질은 사실과 모든 감각이 하나의 등급을 갖는다는 사실과 무슨 관계에 있단 말인가? 전자는 오히려 공간이 우리의 외적 직관의 형식이라는 사실에 기인한다. 후자는 경험적이고 전적으로 주관적인 지각이 우리의 감각 기관의 속성을 고찰해서만 얻을 수 있다는 말과 다르지 않다. 더구나 합리적 심리학에 대한 근거를 마련해 주는(『순수이성비판』 344쪽, V. 402) 서판에서는 영혼의 **단순성**이 질 아래에 인용된다. 그러나 바로 이 단순성이야말로 양적인 특성이며, 판단에서 긍정이나 부정과는 전혀 아무런 관계가 없다. 하지만 양은 단순성 속에 이미 포함되어 있는 영혼의 **통일**에 의해 채워

셔야 했다. 그런 다음 양태는 우스꽝스러운 방식으로 억지로 쑤셔 넣어진다. 다시 말해 영혼은 **가능한** 여러 대상과 관련되어 있다는 것이다. 하지만 관련은 관계에 속한다. 이러한 관계만이 이미 실체에 의해 점유되어 있다. 그런 다음 이율배반의 재료인 네 개의 우주론적 이념은 범주의 제목으로 환원된다. 이 문제에 대해서는 나중에 이 이율배반을 검사할 때 보다 상세히 다룰 것이다. 몇 개의, 가능하다면 더욱 현란한 예는 『실천이성비판』에서 **자유의 범주**에 대한 서판에서 발견된다! 더구나 범주의 네 가지 제목에 따라 취미 판단을 행하는『판단력비판』제1권에서 그러하다. 그리고 마지막으로, 전적으로 범주의 서판에 맞추어 만들어진『자연과학의 형이상학적 기초원리』에, 그로 인해 이 중요한 저작의 진정하고 탁월한 것에 여기저기 섞여 있는 잘못된 것이 주로 들어가 있다. 예컨대 통일, 다수성, 그리고 선들의 방향의 총체Allheit가 판단의 양에 따라 그렇게 명명된 범주들에 어떻게 상응하도록 되어 있는지에 대해서는 제1장의 끝 부분을 보기 바란다.

실체의 불변성의 원칙은 존속Subsistenz과 내속Inhärenz의 범주로부터 연역된다. 그러나 우리는 이들 범주를 정언적 판단의 형식으로부터만, 즉 주어와 술어로서의 두 개념의 연결로부터만 알고 있다. 따라서 저 위대한 형이상학적 원칙이 이 단순하고, 순전히 논리적인 형식에 얼마나 강제적으로 종속되어 있는가! 하지만 이것은 단지 형식상으로 또 대칭을 위해 일어났을 뿐이다. 여기서 주어지는 이 원칙의 증명은 지성과 범주에서 비롯하는 그 추정적인 근원을 전적으로 무시하고, 시간의 순수 직관을 기초로 한다. 하지만 이 증명 또한 전적으로 옳지 않다. 단순한 시간 속에 **동시성**과 **지속**이 존재한다는 것은 잘못된 것이다. 내가 충분근거율에 대한 논문 제18장에서 이미 보여 주었고, 본서의 제4장에서 부연 설명했듯이, 이러한 표상은 무엇보다 시간과 공간의 합일에서 기인한다. 다음 내용을 이해하기 위해 나는 두 가지 설명의 지식을 전제하지 않을 수 없다. 온갖 변전에도 불구하고 시간 자체는 같은 상태로 **남아 있다**는 것은 잘못된 것이다. 오히려 시간 자체는 흐르는 것이다. 영속적인 시간이란 말은 모순이다. 궤변으로 아무리 뒷받침한다 해도 칸트의 증명은 근거가 박약하다. 정말이지 그는 그렇게 함으로써 더없이 명백한 모순에 빠진다. 다시 말해 그는 **동시 존재**를 시간의 양식으로서 그릇되게 내세운 뒤 전적으로 옳게 말한다(183쪽, V. 226). "어떤 부분도 시간 속에서는 동시에 존재하지 않으므로 **동시 존재**는 시간의 양식이 아니라, 모든 것이 순차적이다."

사실 동시 존재 속에서 공간은 시간만큼이나 너무 복잡하게 얽혀 있다. 그도 그럴 것이 두 개의 사물이 동시에 존재하지만 하나가 아니라면 그것들은 공간이란 점에서 상이하기 때문이다. **한 가지** 사물의 두 가지 상태가 동시에 존재한다면(예컨대 쇠의 불빛과 열기), 그것들은 **한 가지** 사물의 두 가지 동시적인 작용이다. 따라서 그것들은 물질을 전제로 하고, 이 물질은 공간을 전제로 한다. 엄밀히 말하자면 동시는, 두 가지 사물이나 상태가 시간이라는 점에서 다르지 않으며, 그러므로 그 차이는 나는 네서 찾아질 수 있다는 것을 단순히 포함하는 소一서의 규정이나.

하지만 물론 실체, 즉 물질의 불변성에 관한 우리의 인식은 선험적 인식을 기초로 한다. 선험적 인식은 모든 의심을 초월해 있어서, 경험으로부터 끌어내 올 수 없기 때문이다. 나는 선험적 인식을 모든 생성 소멸의 원리, 우리에게 선험적으로 의식되는 인과성의 법칙은 본질적으로 **변화**, 즉 물질의 연속적인 **상태**와만 관련된다는 사실, 그러므로 형식에 한정되며, **물질**은 건드리지 않고 놓아둔다는 사실로부터 도출한다. 따라서 물질은 우리의 의식 속에 모든 사물의 토대로서, 즉 생성에도 소멸에도 종속되지 않는, 그러므로 언제나 존재했으며 언제나 영속적인 토대로서 현존한다. 경험적인 세계 일반에 대한 우리의 직관적 표상의 분석으로부터 실체의 불변성에 대한 보다 심오한 근거 짓기는 본서 제1권 제4장에서 발견할 수 있다. 거기서 나는 **물질**의 본질은 **공간과 시간의 완전한 합일**에 있음을 보여 주었다. 그 합일은 인과성의 표상에 의해서만, 즉 인과성의 주관적 상관 개념에 불과한 지성에 대해서만 가능하다. 따라서 또한 물질은 다름 아닌 작용하는 것으로, 즉 철저히 인과성으로 인식된다. 존재와 작용은 인과성의 경우 하나이며, 이러한 사실은 이미 **현실**이라는 단어가 암시하고 있다. 공간과 시간, 인과성, 물질, 현실의 밀접한 합일은 그러므로 하나이며, 이 하나의 주관적인 상관 개념이 지성이다. 물질은 자신을 발생시키는 두 요소의 모순되는 특성을 자체 내에 담고 있지 않을 수 없다. 그리고 양자의 모순되는 것을 지양하여 지성에 그것들의 공존을 이해시키는 것은 인과성의 표상이다. 물질은 지성에 의해서만, 지성에 대해서만 존재하고, 지성의 전체 능력은 원인과 결과를 인식하는 것에 있다. 그러므로 지성에 대해 시간의 불안정한 흐름은 물질 속에서 우연한 사건들의 변전으로 나타나면서 실체의 불변으로 드러나는 공간의 고정된 부동성과 합일된다. 그도 그럴 것이 우연한 사건과 마찬가지로 실체 역시 사라져 버린다면 현상은 공간으로부터 갈기갈기 찢어져 버리고, 단순한 시간에만 속하게 될 것이다. 다시 말해 경험의 세계는 물질의 폐기, 즉 절멸에 의해 해체되리라.

그러므로 각자 선험적으로 확실히 인정하는 물질의 불변성의 원칙은 단순한 시간으로부터가 아니라, 시간의 반대이자 대응물인 **공간**이, 따라서 그 자체로 또 시간과 결합하는 경우 말고는 결코 어떠한 변전을 알지 못하는 **공간**이 물질 속에, 즉 현실의 모든 현상 속에 갖는 몫으로부터 연역되고 설명되어야 했다. 칸트는 이 목적을 위해 매우 불합리하게도 시간에 **영속**이라는 성질을 부여했다.

충분근거율에 대한 논문 제23장에서 나는 신험성에 내해 곧 뒤따르는 증명의 옳지 않음과 사건들의 단순한 시간적 순서로부터 인과성의 법칙의 필연성을 충분히 설명했다. 그러므로 나는 여기서 그것을 증거로 끌어들이지 않을 수 없다.[7] 이것은 내가 앞에서 공허한 것으로 서술하지 않을 수 없었던 상호 작용에 대한 증명과 정확히 똑같은 관계다. 그 양태에 대해서도 이미 필요한 것은 말했는데, 이제 그 양태의 원칙에 대한 상세한 설명이 뒤따를 것이다.

나는 초월적 분석론의 그 이상의 경과에서 몇 가지 세부를 반박하지 않을 수 없다. 그렇지만 독자의 인내심을 시험하는 것이 될까 봐 우려되므로, 그 세부를 그 자신의 숙고에 맡겨 둔다. 하지만 우리는 항상 『순수이성비판』에서 내가 앞에서 상세히 비난한 칸트의 중대한 근본적 오류와 새로이 만나게 된다. 그것은 추상적이고 논변적인 인식을 직각적인 인식과 전혀 구별하지 못한 점이다. 이 때문에 칸트의 인식 능력의 전체 이론에 대한 애매함이 계속 퍼지고, 독자는 매번 그가 대체 무슨 말을 하는지 전혀 알지 못하게 된다. 그래서 독자는 사고와 직관을 교대로 동원하여 칸트가 말한 것을 그때마다 이해하려 하면서 이해하는 대신 항상 억측만 할 뿐 항상 미결정 상태로 남는다. 직관적 표상과 추상적 표상의 본질에 대한 숙고가 믿을 수 없을 만큼 부족한 탓에 칸트는 '현상과 본체 속의 모든 대상의 구별에 대하여' 장에서 사고 없이는, 그러므로 추상적 개념 없이는 대상에 대한 인식이 결코 존재하지 않는다는 터무니없는 주장을 편다. 직관적 표상과 추상적 표상의 본질에 대해서는 즉각 상세히 해설할 것이다. 또 직관은 사고가 아니기 때문에 결코 인식 행위도 아니며, 대체로 다름 아닌 감성의 단순한 촉발, 단순한 감각에 불과하다는 것이다! 아니, 더구나 개념 없는 직관은 전적으로 텅 비어 있지

7 칸트의 증명에 대한 나의 반박은 페더(『시간, 공간, 인과성에 대해』 제28장)와 G. E. 슐체(『이론 철학 비판』 제2권 422~442쪽)의 증명에 대한 이전의 여러 공격과 비교될 수 있다.

만, 직관 없는 개념은 여전히 의미심장하다고 한다(253쪽, V. 309). 그런데 이것은 진리와 정반대다. 그도 그럴 것이 개념은 오직 직관적 표상에 대한 관계로부터 온갖 중요성, 온갖 내용을 얻기 때문이다. 개념은 직관적 표상으로부터 추상되고 도출된다. 즉 모든 비본질적인 것을 생략함으로써 형성되었다. 따라서 개념으로부터 직관의 토대를 제거하면 그 개념은 텅 비고 공허해진다. 반면에 직관은 그 자체로 직접적이고 매우 커다란 중요성을 가진다(그러니까 그 직관 속에서 사물 자체인 의지가 객관화된다). 직관은 그 자신을 대변하고 그 자신을 표현하며, 개념과 달리 단순히 차용된 내용만을 갖는 것이 아니다. 그도 그럴 것이 충분근거율이 인과성의 법칙으로서만 직관을 지배하고, 그 자체로서 공간과 시간 속에서 그 직관의 위치를 규정하기 때문이다. 하지만 충분근거율은 개념의 경우에서와 마찬가지로 직관의 내용과 의미심장함을 조건 짓지는 않는다. 개념의 경우, 충분근거율은 인식 행위의 근거에 대해 적용된다. 그 밖에 칸트는 바로 여기서 사실 직관적 표상과 추상적 표상을 구별하는 데 착수하려고 한 것처럼 보인다. 다시 말해 그는 라이프니츠와 로크를 비난한다. 라이프니츠는 모든 것을 추상적 표상으로, 로크는 모든 것을 직관적 표상으로 만들었다는 것이다. 하지만 칸트는 어떠한 구별에도 도달하지 못한다. 로크와 라이프니츠가 사실 그런 오류를 범하긴 했지만, 저 두 사람의 오류를 포괄하는 제3의 오류가 칸트 자신의 부담이 된다. 다시 말해 칸트는 두 사람의 괴물 같은 잡종이 생겨날 정도로 직관적인 것과 추상적인 것을 뒤섞었던 것이다. 그 괴물에 대해서는 분명한 표상이 가능하지 않으며, 따라서 그로 인해 제자들만 혼란, 마비, 논쟁에 빠져들지 않을 수 없었다.

물론 사고와 직관은 앞서 말한 '현상과 본체 속의 모든 대상의 구별에 대하여' 장에서 다른 어디에서보다 더 많이 분리되어 있다. 하지만 이러한 구별 방식은 여기서 근본적으로 잘못된 것이다. 253쪽, V. 309에는 이렇게 나와 있다. "내가 모든 사고를 (범주에 의해) 경험적 인식으로부터 제거한다면 어느 대상에 대한 인식은 결코 남아 있지 않게 된다. 그도 그럴 것이 단순한 직관에 의해서는 결코 어떤 것도 생각되지 않기 때문이다. 그리고 감성의 이 촉발이 내 안에 있다는 것은 어떠한 객관에 대한 그와 같은 표상의 관계를 결코 이루지 않는다." 이 문장은 어느 정도 칸트의 모든 오류를 하나의 호두 껍데기 안에 담고 있다. 왜냐하면 그로 인해 그가 감각, 직관, 사고 사이의 관계를 잘못 파악했다는 사실과, 따라서 직관을 ―그는 아직 그 직관의 형식이 공간이라고 여기는데 더구나 세 개의 모든 차원에 따라 ―

그 감각 기관 내의 단순하고 주관적인 감각과 동일시하지만, 어느 대상의 인식 행위가 무엇보다도 직관과는 상이한 사고에 의해 첨가되게 한다는 사실이 분명히 드러나기 때문이다. 이와 달리 나는 이렇게 말한다. 객관은 무엇보다 사고의 대상이 아닌 직관의 대상이다. **대상들**에 관한 모든 인식은 근원적이며, 그 자체로 직관이다. 하지만 이 직관은 결코 단순한 감각이 아니라 지성이 이미 그것 속에서 활동하고 있다. 짐승의 경우가 아닌 오직 인간의 경우에만 첨가되는 **사고**는 직관으로부터의 단순한 직관이고, 근본적으로 어떠한 새로운 인식도 결코 주지 않으며, 무엇보다 이전에 존재하지 않았던 여러 대상을 확립하는 것이 아니라 단순히 직관에 의해 이미 얻어진 인식 형식을 변화시킬 뿐이다. 다시 말해 개념들 속에서 직관을 하나의 추상적 인식으로 만들며, 그로 인해 직관의 직관적 성격이 사라지게 된다. 하지만 반면에 직관의 결합은 가능해지고, 그 결과 직관의 적용 범위는 측정할수 없을 만큼 확대된다. 반면에 우리 사고의 **재료**는 우리의 직관 자체와 다르지 않으며, 직관 속에 포함되지 않아 사고에 의해 비로소 첨가될지도 모르는 어떤 것은 아니다. 따라서 우리의 사고 속에 나타나는 모든 것의 재료는 우리의 직관 속에서 증명될 수 있어야 한다. 그렇지 않으면 공허한 사고가 될지도 모르기 때문이다. 이재료는 사고에 의해 매우 다양하게 가공되고 변형되긴 하지만, 그것으로부터 다시 사고로 환원될 수 있어야 하고, 그 사고는 재료로 환원될 수 있어야 한다. 마치금 한 조각을 완전히 용해시켜 산화물, 승화물, 화합물로 다시 환원했다가, 그것을 순수하고 줄지 않게 내놓을 수 있듯이 말이다. 사고 자체가 어떤 것을, 그러니까 주된 사항을 대상에 첨가했다면 그런 일은 일어날 수 없을지도 모른다.

이다음에 이어지는 다의성에 관한 장 전체는, 구성 형식이 단순히 건축술의 대칭을 위해 선택된 것이긴 하지만, 라이프니츠 철학의 비판일 뿐 아니라, 그 자체로 대체로 옳다. 건축술의 대칭은 여기서도 길잡이가 되고 있다. 그러므로 아리스토텔레스의 『오르가논*Organon*』과의 유추를 실행하기 위해 초월적 전제론*Topik*[8]이 설정된다. 이 전제론의 본질은 각각의 개념이 어떤 인식 방법에 속하는지 먼저 알아내기 위해 그 개념이 네 가지 고려에 따라 숙고될 수 있다는 데에 있다. 하지만 이 네 가지 고려는 전적으로 임의로 선택된다. 또 열 가지의 다른 고려가 마찬가지로 정당하게 첨가될 수 있으리라. 하지만 그 숫자 4는 범주 제목에 상응한다. 따

8 　＊개연적인 명제에서 결론을 이끌어 내는 방법

라서 라이프니츠의 주요 이론은 될 수 있는 한 그 범주 제목들로 나누어진다. 또한 이 비판에 의해 어떤 오류들은 어느 정도는 이성에 대해 자연스러운 것으로 낙인찍힌다. 반면에 이것은 **라이프니츠**의 단순히 잘못된 추상이었다. 라이프니츠는 그의 위대한 동시대 철학자들인 스피노자와 로크로부터 배우는 대신 그 자신의 이상한 고안품을 식탁에 올리는 것을 선호했다. 반성의 다의성에 관한 장에서는 마지막으로 우리의 방식과는 전적으로 다른 직관 방식이 있을지도 모르지만, 그 히간 방시에 우리의 범수를 적용할 수 있다 나나 있다. 그러므로 서 가성뇔 식관의 여러 객관이 우리가 단순히 **생각**만 할 수 있는 사물인 **본체**Noumena일지도 모른다. 그러나 우리에게 저 사고에 의미를 부여할 직관이 결여되어 있으므로, 그러니까 전적으로 문제가 많으므로, 저 사고의 대상 역시 단순히 전적으로 불확실한 가능성일지도 모른다. 나는 앞에서 인용한 대목을 통해 칸트가 그 자신과 완전히 모순되게 범주들을 때로는 직관적인 표상의 조건으로서, 때로는 단순히 추상적 사고의 기능으로서 내세웠다는 것을 보여 주었다. 여기서 그 범주들은 오로지 후자의 의미로 나타난다. 그리고 그가 단순히 논변적인 사고를 그 범주들의 탓으로 돌리려는 듯이 보인다. 하지만 이것이 실제로 그의 견해라면 그는 사고의 상이한 기능을 상세히 논하기 전에, 초월적 논리학의 서두에서 필연적으로 사고 일반을 특징짓고, 사고를 직관과 구별해야 했으리라. 그는 단순한 직관이 어떤 인식을 주는지, 사고 속에서 어떤 새로운 인식이 첨가되는지 보여 주었어야 했다. 그랬다면 우리는 그가 실제로 무엇에 대해 말하는지 알았을지도 모른다. 또는 오히려, 그랬다면 그는 하나의 난센스에 불과한 두 가지 중간물을 항상 다루는 대신 전혀 다르게, 다시 말해 한 번은 직관에 관해, 그다음은 사고에 관해 말했을지도 모른다. 그랬다면 초월적 미학과 초월적 논리학 간에 저 커다란 틈도 생기지 않으리라. 초월적 논리학에서 그는 직관의 단순한 형태를 설명한 뒤 그 내용, 경험적인 지각 전체를 "직관은 **주어져 있다**"는 표현으로 간단히 처리하고, 직관이 어떻게 성립되는지, **지성과 함께 또는 지성 없이** 성립되는지 묻지 않고, 한 번의 도약으로 추상적 사고로 넘어간다. 그는 사고 일반으로 넘어가기는커녕 즉시 어떤 사고 형식으로 넘어간다. 그리고 사고가 무엇인지, 개념이 무엇인지, 추상적이고 논변적인 것의 구체적이고 직각적인 것에 대한 관계가 무엇인지, 인간의 인식과 짐승의 인식의 차이는 무엇인지, 그리고 이성이 무엇인지에 대해서는 아무 말도 하지 않는다.

하지만 칸트가 완전히 간과한 추상적 인식과 직관적 인식의 차이는 고대 철학자들이 현상과 본체phenomena und noumena에 의해 나타냈던[9] 바로 그것이었다. 그것들의 대립과 비교 불능성은 엘레아학파의 학설에서, 이데아에 관한 플라톤의 학설에서, 메가라학파의 변증법에서, 나중에 명목론과 실재론에 대한 스콜라 철학자들의 논쟁에서 그들을 무척 번거롭게 했다. 플라톤과 아리스토텔레스의 상반된 정신적 방향은 명목론과 실재론 논쟁으로 나중에 전개되는 싹을 이미 내포하고 있었다. 하지만 무책임하게 그 문제를 전적으로 소홀히 했던 칸트는 그의 사물 자체와 그의 현상을 'phenomena'와 'noumena'라는 단어로 나타내기 위헤, 여전히 점유되지 않은 양 그것들을 자기 것으로 했다.

나는 칸트 자신이 아리스토텔레스의 범주론을 배척했듯이 칸트의 범주론을 배척하지 않을 수 없었다. 하지만 나는 여기서 목표한 것에 도달하기 위한 제안으로서 제3의 길을 가리키려고 한다. 다시 말해 칸트와 아리스토텔레스가 범주라는 명칭으로 찾았던 것은 아무튼, 아무리 상이한 사물이라 해도 모든 사물을 포괄해야 하는, 따라서 존재하는 모든 것을 최종적으로 생각할 수 있게 해주는 가장 보편적인 개념들이었다. 바로 그 때문에 칸트는 그 개념들을 모든 사고의 형식으로 파악했다.

논리학과 문법의 관계는 신체와 의복의 관계와 같다. 그러므로 이 최고의 개념들, 모든 특수한 사고의 토대가 되며, 사고가 일어나기 위해서는 반드시 적용되어야 하는 이성의 이 기초 저음이 결국 개념들 속에 들어 있어야 하지 않겠는가? 개념들은 그 과도한 보편성(초월성) 때문에 개별적 단어가 아닌 단어들의 전체 부류에서 자신의 표현을 갖는다. 왜냐하면 어떤 단어든 간에 각 단어의 경우 개념들 중 하나가 이미 함께 생각되기 때문이다. 따라서 단어들의 명칭을 백과사전이 아닌 문법에서 찾아야 하겠는가? 그러므로 개념들을 표현하는 단어로 하여금 명사든 형용사든, 동사든 부사든, 대명사나 전치사든 그 밖의 불변화사든, 요컨대 품사가 되게 하는 것은 특히 이들 개념의 차이들이 아니겠는가? 그도 그럴 것이 그 품사들은 논란의 여지 없이 모든 사고가 맨 먼저 가정하고, 직접 그 속에서 움직이는 형식을 나타내기 때문이다. 바로 그 때문에 그 품사들은 본질적인 언어 형

---

9   섹스투스 엠피리쿠스와 피론의 『활사법Hypotyp』 제1권 제13장을 보라. 아낙사고라스는 생각된 것을 현상하는 것에 대립시켰다.

식, 모든 언어의 기본 구성 요소다. 그러므로 우리는 최소한 명사, 형용사, 동사로 이루어지지 않는 언어는 생각할 수 없다. 그렇다면 변화형, 즉 어형 변화와 동사 변화에 의해 표현되는 저 사고 형식은 이들 기본 형식에 종속될지도 모른다. 그리하여 일반적으로 그 품사들을 나타내기 위해 우리가 관사를 이용할 것인지 또는 대명사를 이용할 것인지는 중요하지 않다. 그러나 우리는 이 문제를 좀 더 자세히 검사하고, 사고의 형식이란 무엇인지에 대해 새로이 질문을 던지려 한다.

1) 사고는 오로지 판단으로 이루어진다. 다시 말해 판단은 사고의 진체 기미골의 실과 같다. 그도 그럴 것이 동사를 이용하지 않고는 우리의 사고가 그 자리에서 움직이지 않기 때문이다. 우리는 동사를 사용할 때마다 판단을 한다.

2) 모든 판단은 그것이 여러 가지 제한을 가해 분리시키거나 합일시키는 주어와 술어 사이의 관계를 인식하는 것에 본질이 있다. 판단은 상관 개념의 경우에만 일어날 수 있는 양자의 실제적인 동일성을 인식하는 것으로부터 주어와 술어를 합일시킨다. 그런 다음 한쪽이 다른 쪽 속에서 항시 함께 생각된다는 것을 인식함으로써 그렇게 한다. 보편적으로 긍정적인 명제에서 그 역은 성립하지 않더라도 말이다. 개별적으로 긍정적인 명제에서는 한쪽이 가끔 다른 쪽 속에서 함께 생각된다는 인식에 이를 때까지 주어와 술어를 합일시킨다. 부정적인 명제는 반대의 과정을 취한다. 따라서 모든 판단에서 주어, 술어와 연결사連結絲가, 이 후자들이 긍정적이든 부정적이든 발견될 수 있어야 한다. 비록 이것들 중 각각이, 흔히 그렇듯이 그 자신의 어떤 단어에 의해 나타내져 있지 않더라도 말이다. 술어와 연결사는 가끔 "카유스는 늙어간다"처럼 **하나**의 단어에 의해 나타나기도 한다. 때로는 **하나**의 단어가 'concurritur'(군대가 접전을 벌인다)처럼 세 가지 모두를 나타내기도 한다. 이러한 사실로부터 사고의 형식은 단어 속에서 정확히 또 직접 찾아질 수 없으며, 품사들 속에서도 찾아질 수 없다는 사실이 밝혀진다. 왜냐하면 같은 판단이 상이한, 심지어 같은 언어에서, 상이한 단어에 의해 또 상이한 품사에 의해서도 표현될 수 있기 때문이다. 하지만 그럼에도 사고는 같은 사고로, 따라서 또한 자신의 형식으로 남는다. 그도 그럴 것이 사고는 사고 자체의 형식이 상이한 경우 같은 사고일 수 없기 때문이다. 하지만 같은 사고와 사고의 같은 형식일 경우 단어의 형상은 무척 상이한 것일 수 있다. 왜냐하면 단어의 형상은 단순히 사고의 외적인 의복에 불과하기 때문이다. 반면에 사고는 **자신**의 형식으로부터 떼어 놓을 수 없다. 그러므로 문법은 사고 형식의 의복만을 설명할 뿐이다. 따

라서 품사는 온갖 언어와 무관한 근원적인 사고 형식 자체로부터 도출될 수 있다. 품사의 일은 그 모든 변경을 겪으면서 이들 사고 형식을 표현하는 것이다. 품사는 사고 형식의 도구이자 의복이다. 이 의복은 사고 형식의 구조에 정확히 맞아야 하며, 그리하여 이 구조가 사고 형식 속에서 인식될 수 있다.

3) 이 실제적이고 변경할 수 없는 근원적인 사고 형식은 말할 것도 없이 칸트의 **논리적인 판단 서판**의 형식이다. 이 서판 위에 대칭을 위해 모양뿐인 장식용 창과 범주의 서판이 발견될 수 있다는 것만 다를 뿐이다. 그러므로 이것들은 모두 생략되어야 한다. 따라서 그것은 그릇된 배열이다. 가령 그 배열은 다음과 같다.

a) **질**: 긍정 또는 부정, 즉 개념들의 결합 또는 분리, 결국 두 가지 형식이다. 질은 연결사에 부수된다.

b) **양**: 주관 개념은 전적으로 또는 부분적으로 취해진다. 총체 또는 다수성인 셈이다. 개별적 주관도 전자에 속한다. 다시 말해 소크라테스는 '모든 소크라테스'를 뜻한다. 따라서 두 가지 형식뿐이다. 양은 주관에 부수된다.

c) **양태**: 양태에는 실제로 세 가지 형식이 있다. 양태는 질을 필연적인 것으로, 실제적인 것으로, 또는 우연적인 것으로 규정한다. 따라서 양태는 연결사에 부수된다.

이 세 가지 사고 형식은 모순과 동일성의 사고 법칙으로부터 생긴다. 하지만 충분근거율과 배제된 중간물로부터 관계가 생긴다.

d) **관계**: 관계는 단순히 우리가 완성된 판단을 판단할 때 나타난다. 관계는 어떤 판단의 (양자의 복수성에서도) 다른 판단에 대한 종속을 주장할 때, 따라서 가언적 명제로 이들 판단을 결합하는 경우에만 가능하다. 또한 그 밖의 판단들이 서로 배제할 때 관계는 이들 판단을 **선언적** 명제로 분리한다. 관계는 여기서 완성된 판단들을 분리하거나 결합하는 연결사에 부수된다.

품사와 문법 형식은 판단의 세 가지 구성 요소, 즉 주어, 술어, 연결사의 표현 방식이다. 또한 이것들의 가능한 관계들, 그러므로 방금 열거된 사고 형식들, 그리고 이 사고 형식들의 좀 더 자세한 규정과 변경의 표현 방식이기도 하다. 따라서 명사, 형용사, 동사는 언어 일반의 본질적인 기본 구성 요소다. 그 때문에 그것들은 어느 언어에서나 발견될 수 있어야 한다. 그렇지만 모든 언어에서 가끔 그런 일이 일어나듯이 형용사와 동사가 서로 융합되어 하나로 되는 언어는 생각할 수 있으리라. 잠정적으로 이런 말을 할 수 있으리라. **주어**의 표현을 위해서는 명사,

관사, 대명사가 정해져 있다. **술어**의 표현을 위해서는 형용사, 부사, 전치사가 정해져 있다. **연결사**의 표현을 위해서는 동사가 정해져 있지만, 이미 술어를 포함하고 있는 '먹다esse'는 예외다. 논리학의 과제가 사고 형식 자체의 조작을 가르치는 것이듯이, 철학적 문법의 과제는 사고 형식 표현의 정확한 기제機制를 가르치는 것이다.

참고할 점. 그릇된 길을 경고하고 앞의 내용을 설명하기 위해 전적으로 실패한 시노로서 S. 스넌의 『언어 철학에 내안 짐징직인 도데』(1833)를 인급히겠다. 그는 거기서 문법 형식으로부터 범주를 구성하려 했다. 다시 말해 그는 사고를 직관과 완전히 혼동하여 문법 형식으로부터 사고의 범주 대신 소위 말하는 직관의 범주를 연역하려 했다. 따라서 문법 형식을 **직관**과 직접 관련시켰다. 그는 **언어**가 직접적으로 단순히 **사고** 그 자체에만 관계하는 대신 **추상적 개념**에 관계하여, 이 추상적 개념에 의해 직관에 관계하는 대신 **직관**과 직접 관계한다는 커다란 오류에 봉착한다. 그런데 추상적 개념은 직관에 대해 전적인 변화를 초래하는 관계를 갖는다. 직관 속에 현존하는 것은, 그러므로 시간과 공간으로부터 생기는 관계 또한 물론 사고의 대상이 된다. 그러므로 그 사고를 표현하는 언어 형식도 존재하는 것이 틀림없지만, 항상 단순히 추상적으로만, 개념으로서만 존재할 뿐이다. 사고의 가장 가까운 재료는 언제나 개념이다. 논리학의 형식은 그러한 개념에만 관계할 뿐 직관에 결코 **직접** 관계하지는 않는다. 이 직관은 항시 명제의 실질적인 진리를 규정할 뿐 결코 형식적인 진리를 규정하지 않는다. 왜냐하면 형식적인 진리는 오로지 논리적 규칙에 따라 규정되기 때문이다.

칸트 철학으로 되돌아와 **초월적 변증법**을 다루도록 하겠다. 칸트는 **이성**의 설명으로 그것을 연다. 지금까지 감성과 지성만 무대에 있었으므로 이성의 능력이 초월적 변증법 속에서 주된 역할을 수행해야 한다. 나는 이미 앞에서 이성에 대한 그의 상이한 설명을 고찰하면서 그가 여기서 한 "이성은 여러 원리의 능력이라는" 설명에 대해서도 말한 적이 있다. 그는 여기서 지금까지 고찰된, 순수 수학과 순수 자연과학을 가능하게 하는 모든 선험적 인식은 단순한 **규칙**들만 제공할 뿐 어떠한 **원리**도 제공하지 않는다고 가르친다. 왜냐하면 선험적 인식은 단순한 **개념**이 아닌 직관과 인식 형식으로부터 생기기 때문이다. 원리라고 불리기 위해서는 그런 사실이 요구되는 것이다. 따라서 그러한 원리는 **단순한 개념으로부터 생긴** 인식이어야 하고, 그럼에도 **종합적**이어야 한다. 하지만 이것은 절대로 불가능하다.

단순한 개념으로부터 생길 수 있는 것은 오직 **분석적** 명제밖에 없다. 개념들이 종합적이면서 선험적으로 연결되어 있어야 한다면 필연적으로 이 연결은 중간물에 의해, 경험의 형식적 가능성의 순수 직관에 의해 매개되어야 한다. 후천적인 종합적 판단이 경험적 직관에 의해 매개되듯이 말이다. 따라서 종합적인 선험적 명제는 결코 단순한 개념으로부터는 생길 수 없다. 하지만 일반적으로 우리는 충분근거율을 그것의 상이한 형식들 속에서 선험적으로 의식할 뿐이다. 따라서 충분근기율에 내용을 제공하면서 생기는 판단과 다른 어떠한 선험적인 종합적 판단도 가능하지 않다.

그사이 칸트는 마침내 자신의 요구에 상응하는 소위 이성의 원리를 가지고 나타난다. 하지만 또한 나중에 다른 결론들이 뒤따르는 이 **하나**의 원리만 가지고 나타날 뿐이다. 다시 말해 그것이 바로 크리스티안 볼프가 『우주론』 제1부 제2장 93절에서, 그리고 그의 『존재론』 178절에서 정립하고 설명하는 명제다. 그런데 앞에서처럼 다의성이란 제목으로, 라이프니츠의 단순한 학설은 이성의 당연하고 필연적인 그릇된 길로 간주되었고, 그 자체로 비판되었다. 그런데 여기서 바로 똑같은 일이 볼프의 학설과 함께 일어난다. 칸트는 이 이성의 원리를 여전히 모호하고 불확실하며 토막 난 상태로 흐릿한 빛 속에 내놓는다(307쪽, V. 364; 322쪽, V. 379). 하지만 그것은 분명하게 표현하면 다음과 같다. "조건 지어진 것이 주어지면 그 조건들의 총체성Totalität도, 따라서 저 총체성을 홀로 완전하게 만드는 조건 지어지지 않은 것도 주어져야 한다." 우리가 조건과 조건 지어진 것을 매달려 있지만 위쪽 끝이 보이지 않아 무한히 계속될지도 모르는 사슬의 고리로 상상한다면, 우리는 이 명제의 외견상 진리를 가장 생생하게 알아채게 될 것이다. 하지만 사슬이 떨어지지 않고 매달려 있으므로 최초의 **어떤** 고리는 위쪽에서 어떤 식으로든 고정되어 있음에 틀림없다. 또는 더 간단히 말하자면, 이성은 무한히 뒤쪽으로 이어지는 인과의 연쇄에 대해 하나의 연결점을 가지고 싶어 한다. 그러는 것이 이성에 편리하리라. 하지만 우리는 그 명제를 비유적 표현이 아닌 그 자체로 검사하려고 한다. 그 명제가 종합적인 것은 물론이다. 그도 그럴 것이 분석적으로는 조건 지어진 것의 개념으로부터 조건의 개념밖에 생기지 않기 때문이다. 하지만 그 명제는 후험적 진리는 물론 선험적 진리도 갖지 않으며, 내가 지금 밝혀내야 하는 매우 미묘한 방식으로 진리의 외관을 몰래 획득한다. 직접 또 선험적으로 우리는 충분근거율이 네 가지 형태로 표현하는 인식을 갖는다. 충분근거율의 모든 추상적 표현은 이 직접적인 인식을 이미 차용하고 있기 때문에 간접적이다. 하지만 그럴수록 이는 이들 추상적 표현을 추론한 결과다. 이미 앞에서 해설했듯이 **추상적** 인식은 종종 다양한 **직각적** 인식을 **하나**의 형식이나 **하나**의 개념으로 합일시켜 그것들이 더 이상 구별될 수 없게 한다. 따라서 추상적 인식과 직각적 인식의 관계는 그림자와 실제 대상들의 관계와 같다. 그림자는 실제 대상들의 커다란 다양성을 그것들 모두를 포괄하는 하나의 윤곽에 의해 재현한다. 그런데 소위 이성의 원리는 이 그림자를 이용한다. 충분근거율로부터 직접 그것과 모순되는, 그건 지어지지 않은 것을 추론하기 위해 이성의 원리는 충분근거율의 내용의 직접적이고 직관적인 인식을 개별적인 여러 형태 속에서 신중하게 포기한다. 그리고 직접적이고 직관적인 인식에서 추출된 추상적 개념만 이용할 뿐이고, 이성의 원리의 조건 지어지지 않은 것을 추상적 개념의 넓은 범위 속으로 어떻게든 몰래 들여놓기 위해 저 인식에 의해 가치와 중요성만을 가질 뿐이다. 이성의 원리의 처리 방식은 예컨대 다음과 같은 변증법적 의복에 의해 가장 분명해진다. "조건 지어진 것이 현존한다면, 그 조건 지어진 것의 조건 역시 주어져 있어야 한다. 그것도 전적으로, 그러므로 완벽하게, 그러므로 조건 지어진 것의 조건들의 총체성이 주어져 있어야 한다. 따라서 그 조건들이 하나의 계열, 전체 계열을 이룬다면, 따라서 그 전체 계열의 최초의 시작 역시, 그러므로 조건 지어지지 않은 것도 주어져 있어야 한다." 이와 관련해서 조건 지어진 것의 여러 조건 자체가 하나의 **계열**을 이룰 수 있다는 것은 잘못된 것이다. 오히려 모든 조건 지어진 것에 대한 조건들의 총체성은, 그 조건 지어진 것이 직접 생기게 하는, 그로 인해 비로소 **충분한** 근거가 되는 그것의 **가장** 가까운 근거에 포함되어 있음이 틀림없다. 그리하여 예컨대 원인인 상태에 대한 상이한 규정은 결과가 발생하기 전에 그 모든 일이 동시에 일어난 것이 틀림없다. 하지만 계열, 예컨대 원인의 연쇄는 우리가 방금 조건이었던 것을 이제 다시 조건 지어진 것으로 고찰하는 사실에 의해서만 생긴다. 하지만 그런 다음 즉각 전체 조작은 처음부터 시작하고, 충분근거율은 자신의 요구를 가지고 새로이 등장한다. 하지만 조건 지어진 것에 대해, 단순히 그 자체로서, 결국 최종적으로 조건 지어진 것 때문에 존재하는 여러 조건의 본래적인 연속적 **계열**은 결코 존재할 수 없다. 오히려 그것은 항상 조건과 조건 지어진 것이 항상 교대하는 계열이다. 그러나 제쳐 놓은 모든 고리의 경우 사슬은 중단되어 있고, 충분근거율의 모든 요구는 전적으로 충족되어 있다. 그 요구는 조건이 조건 지어진 것이 되면서 새로이 생겨난다. 따라서 **충분**근거율은 결코 어느 계열의 **완벽성**이 아닌 언제나 **가장 가까운** 조건의 완벽성을 요구할 뿐이다. 하지만 조건의 완벽성에 대한 이 개념은 이 완벽성이 동시적인 것이어야 하는지 또는 연속적인 것이어야 하는지는 미정으로 남겨 둔다. 그런데 후자가 선택되면서 서로를 뒤따르는 조건들의 완벽한 **계열**의 요구가 생긴다. 단순히 자의적인 추상에 의해서만 원인과 결과의 계열은 단순히 최종적인 결과 때문에 존재하고, 따라서 그 결과의 **충분한** 근거로서 요구되는 순진히 여러 원인의 계열로 간주된다. 반면에 좀 더 자세히 또 사려 깊게 고찰하고, 추상의 불확실한 보편성으로부터 개별적인 규정된 보편성으로 내려오는 경우, **충분한** 근거의 요구는 어느 계열의 완벽성이 아닌 단순히 **가장 가까운** 원인에 대한 규정의 완벽성에만 미친다. 충분근거율의 요구는 주어진 모든 충분근거율 속에서 완전히 소멸한다. 하지만 그 요구는 이 근거가 다시 결과로 고찰되면서 곧장 새로이 생겨난다. 그러나 그 결과가 여러 원인의 어느 계열을 결코 직접 요구하지는 않는다. 반면에 문제의 핵심 자체에 들어가는 대신 우리가 추상적 사고에 우리를 한정한다면 이들의 차이는 사라진다. 그러면 교대하는 원인과 결과의 연쇄, 또는 교대하는 논리적 근거와 결과의 연쇄가 최종 결과에 대한 순전히 원인이나 근거의 연쇄로서 주장된다. 그리고 어떤 근거를 비로소 **충분하게** 하는 **조건의 완벽성**이 다만 최종 결과 때문에 존재할지도 모르는 근거들의 저 추정된 **계열**의 완벽성으로 나타난다. 그러면 추상적 이성 원리가 조건 지어지지 않은 것에 대한 요구와 함께 매우 대담하게 나타난다. 하지만 이 요구의 무효를 인식하기 위해 이율배반과 그것의 해결에 의한 이성의 비판이 필요하지 않고, 나의 의미에서 이해된 이성의 비판만, 즉 직접적으로 직각적인 인식에 대한 추상적 인식의 관계 조사만 —전자의 불확실한 보편성으로부터 후자의 확고한 규정성으로 내려옴으로써— 필요할 뿐이다. 그러면 이러한 비판으로부터 여기서 이성의 본질은 조건 지어지지 않은 것의 요구에는 결코 존재하지 않는다는 결과가 생긴다. 그도 그럴 것이 이성이 완전한 사려 깊음으로 처리하자마자 이성 자체는 조건 지어지지 않은 것이 바로 하나의 불합리임을 발견하지 않을 수 없다. 이성은 하나의 인식 능력으로서 언제나 객관과만 관계할 수 있다. 하지만 주관에 대해 모든 객관은, 이전에 관해서뿐 아니라 이후에 관해서도, 필연적으로 또 취소할 수 없이 충분근거율에 종속되어 있고 귀속되어 있다. 충분근거율의 타당성은 의식의 형식에 너무나 깊이 관련되어 있어서 우리는 어떤 것도 완전히 객관적으로는 상상할 수 없으며, 그에 관해서는 어떠한 '왜'도, 그러므로 우리 앞의 막다른 벽처럼 어떠한 절대적인 절대도 더 이상 요구될 수 없다. 이런저런 사람에게 그의 편리성이 어떤 지점에서 멈추게 하고, 그러한 하나의 절대를 마음대로 가정하게 하는 것은, 비록 그가 그런 일을 하면서 무척 고상한 표정을 짓는다 해도, 저 논박할 수 없는 선험적인 확실성에 대해 아무 효력이 없다. 사실 절대에 관한 모든 이야기, 칸트 이후에 시도된 철학의 거의 유일한 이 주제는 익명의 우주론적 증명에 다름 아니다. 다시 말해 이 증명은 칸트에 의해 그것에 대해 제기된 소송의 결과, 온갖 권리를 상실하고 법의 보호 밖에 놓인 것으로 선언되어, 그것의 진정한 형태로 더 이상 모습을 드러내선 안 된다. 따라서 그 증명은 온갖 종류의 위장을 해서, 때로는 지적인 직관이나 순수한 사고에 의해 은폐된 고상한 형태로, 때로는 자기가 요구하는 것을 보다 겸허한 철학 학설로 반은 구걸하고 반은 강요하는 수상쩍은 방랑자로 나타난다. 그 나리들이 절대적으로 하나의 절대를 가지려고 한다면, 나는 그들의 망상적인 환영보다 그러한 절대에 대한 온갖 요구를 훨씬 잘 충족시키는 하나를 그들 손에 쥐어 줄 생각이다. 그것이 바로 물질이다. 물질은 생성된 것이 아니고 불멸이다. 그러므로 실제로 독립적이며, 스스로에 의해 존재하고 스스로에 의해 파악된다. 그 자궁에서 모든 것이 생겨나고, 모든 것이 그곳으로 되돌아간다. 절대에 관해 더 이상 무엇을 요구할 수 있겠는가? 하지만 오히려 우리는 이성의 비판이 아무런 효과가 없는 그들에게 이렇게 소리쳐야 한다.

> 몇 시간 동안 이성에 관해 말할지라도
> 여러분은 계속해서 최초의 출발점으로 되돌아올 뿐인
> 여자들과 같지 않은가?
> (실러, 『발렌슈타인의 죽음』 제2권 제3장)

조건 지어지지 않은 원인으로, 즉 최초의 시작으로 되돌아오는 것은 결코 이성의 본질에서 근거 지어지지 않는다는 것은 더구나, 지금도 지구상에서 신자가 가장 많은 브라만교나 불교 같은 우리 인류의 원시 종교들은 그와 같은 가정을 알지 못하며, 서로를 조건 짓는 여러 현상의 계열이 무한히 이어진다는 사실에 의해 실제로 증명되었다. 이 문제에 대해 나는 최초의 이율배반에 대한 비판의 경우 다음에 계속 이어지는 주석을 참조하기를 부탁한다. 거기서 독자들은 우팜의 『불교의 교리』, 그리고 일반적으로 아시아의 여러 종교에 대한 모든 진정한 보고를 살펴볼 수 있다. 유대주의와 이성을 동일시해선 안 된다.

자신의 소위 이성 원리도 결코 객관적으로 타당한 것이 아니라 주관적으로만 필연적이라고 주장하려고 하는 칸트는 그것을 그 자체로서조차도 단지 얄팍한 궤변(307쪽, V. 364)에 의해 연역한다. 다시 말해 우리에게 알려진 모든 진리를 될 수 있는 한 보다 보편적인 진리 아래 포함시키려 하기 때문에 이 궤변은 우리가 이미 진제로 심은 조건 지어진 깃에 대한 추구와 다름없다. 하지만 사실싱 우리가 이러한 노력으로 하는 일은 이성, 즉 사려 깊고 사유하며 언어 능력이 있는 인간을 짐승이나 현재의 노예와 구별시키는 추상적이고 보편적인 능력을 적용하는 일과 다름없다. 우리는 개관에 의해 우리의 인식을 단순하게 하기 위해 의도적으로 이성을 이용하는 것이다. 그도 그럴 것이 이성의 사용은 우리가 특수한 것을 보편적인 것에 의해, 우연한 사건을 규칙에 의해, 이 규칙을 보다 보편적인 규칙에 의해 인식하는 데에, 그러므로 우리가 가장 보편적인 관점을 찾는 데에 그 본질이 있기 때문이다. 그러한 개관에 의해 바로 우리의 인식은 너무나 수월해지고 완벽해져서 그것으로부터 짐승과 인간의 삶 사이에, 다시 교양인과 미개인 사이에 큰 차이가 생겨난다. 그런데 물론 추상적인 것, 그러므로 이성의 영역에만 존재하는 **인식 근거들**의 계열은 언제나 증명할 수 없는 것, 즉 충분근거율의 이 형식에 따라 더 이상 조건 지어지지 않는 표상에서, 그러므로 연쇄 추리에 대한 최고 명제의 선험적으로 또는 후험적으로 직접 직관적인 근거에서 끝을 발견한다. 나는 여기서 본래 인식 근거들의 계열이 생성이나 존재의 근거들의 계열로 넘어가는 것을 충분근거율에 관한 논문 제50장에서 보여 주었다. 그러나 인과성의 법칙에 따라 조건 지어지지 않은 것을 증명하기 위해, 그러한 조건 지어지지 않은 것에 대한 단순한 요구에 불과할지라도 사람들은 이러한 환경을 유효하게 만들려고 할 뿐이다. 하지만 추상적인 표현을 고수하면서 충분근거율의 여러 형식을 전혀 구별하지 않고 그 형식들 모두를 혼동할 때만 그것을 할 수 있다. 그러나 칸트는 보편성과 총체성으로 단순한 언어유희를 함으로써 이러한 혼동을 근거 지으려 한다(322쪽, V. 379). 그러므로 보다 높은 인식 근거들, 보편적인 진리들에 대한 우리의 탐색이 자신의 현존에 따라 조건 지어지지 않은 어떤 객관의 전제에서 기인한다거나, 다만 무언가를 이 전제와 공통으로 가질 뿐이라는 것은 근본적으로 잘못된 것이다. 더구나 이성이 숙고하는 즉시 불합리한 것으로 인식할 수밖에 없는 어떤 것을 전제하는 것이 어떻게 이성에 본질적이겠는가? 오히려 조건 지어지지 않은 것에 대한 저 개념의 근원은 개인의 타성惰性 말고 다른 것에서 증명될 수 없다. 개체는 비록 아무런 정당성이 없다 하더라도, 그 자신의 것이든 다른 사람의 것이든 더 이상의 온갖 의문을 제거하려고 하는 것이다.

그런데 칸트 자신은 소위 이 이성 원리의 객관적인 타당성을 부정하지 않는다. 하지만 그는 그 원리를 필연적인 주관적 전제로 삼는다. 그리하여 해결할 수 없는 분헐을 우리 인식에 도입하여, 그 분헐이 이미 너무 분명히 드러나게 한다. 이 목적을 위해 그는 자신이 좋아하는 건축술적-대칭적 방법에 따라 저 이성 원리를 계속 전개한다(322쪽, V. 379). 세 가지 관계 범주로부터 세 종류의 추론이 생겨난다. 그 각각의 결론은 조건 지어지지 않은 특수한 어떤 것의 발견을 위한 실마리를 제공한다. 따라서 그 특수한 조건 지어지지 않은 것은 다시 세 가지가 있다. 즉 그것은 영혼, (객관 그 자체와 절대적인 총체성으로서) 세계, 신이다. 그런데 여기서 우리는 즉각 커다란 모순을 알아차리지 않을 수 없다. 하지만 칸트는 그 모순이 대칭에 무척 위험할지도 모르기 때문에 그것을 인지하지 못한다. 이 조건 지어지지 않은 것 중 두 가지는 그러니까 그 자신이 다시 제3자에 의해 조건 지어진다. 다시 말해 영혼과 세계는 이 둘을 낳는 원인인 신에 의해 조건 지어진다. 그러므로 영혼과 세계는, 여기서 문제의 관건이 되는 것이긴 하지만, 무조건의 술어를 이 신과 결코 공유하지 않고, 경험의 원리에 따라 경험의 가능성 영역을 넘어 추론된 존재의 술어만 공유할 뿐이다.

이것은 제쳐 두고 우리는 칸트에 따르면 모든 이성이 그 본질적인 법칙에 따라 마주치기 마련인 세 가지 조건 지어지지 않은 것에서, 스콜라 철학자들로부터 크리스티안 볼프에 이르기까지 기독교의 영향 아래 있는 모든 철학이 문제로 삼고 있는 세 가지 중심 주제를 다시 발견한다. 저 개념들은 모든 철학자에 의해, 그러므로 지금도 순수이성의 철학자들에 의해 너무 접근하기 쉽고 친숙하게 되었으므로, 이 사실은 그 개념들이 계시 없이도 이성 자체의 본질에 독특한 산물로서 모든 이성의 발전으로부터 필연적으로 생겨났다는 것을 결코 보여 주지 않는다. 이를 증명하기 위해서는, 그리고 고대 민족과 비유럽 민족, 특히 힌두스탄인들과 가장 오래된 많은 그리스 철학자가 실제로 저 개념에 도달했는지, 또는 우리가 힌두인의 브라마와 중국인의 선禪을 '신'으로 잘못 번역함으로써, 그리스인이 어디서나 그들의 신들을 발견하듯이 우리가 너무 선량하게도 그러한 개념들을 그들

탓으로 돌리는지 조사하기 위해서는, 또 오히려 본래적인 유신론有神論이 유대인의 종교와 그것에서 유래한 두 종교에서만 발견될 수 있지 않은지 조사하기 위해서는 역사적인 연구가 도움이 될지 모른다. 그 종교들의 신자들은 바로 그 때문에 지구상의 다른 모든 종교의 신봉자들을 이교도라는 명칭으로 통합하고 있다. 덧붙여 말하지만, 이런 명칭은 더없이 어리석고 조야한 표현이므로 적어도 학자의 저서들에서는 추방되어야 한다. 왜냐하면 그 표현은 브라만교도, 불교도, 이집트인, 그리스인, 로마인, 게르만인, 골Gaul인, 인디언, 파타고니아인, 카리브인, 타히티인, 오스트레일리아인 등을 동일시하고 하나로 뭉뚱그리는 것이기 때문이다. 그러한 표현은 사제들에게나 적당하다. 하지만 학계에서는 그런 표현을 당장 문밖으로 쫓아내야 한다. 그런 표현은 영국으로 여행 가서 옥스퍼드에서나 정착할 수 있다.

무엇보다도 지구상에서 가장 많은 신자를 거느린 불교가 결코 유신론을 포함하지 않는다는 것, 그러니까 유신론을 혐오한다는 것은 완전히 기정사실이다. 플라톤에 관해 말하자면 나는 그를 주기적으로 엄습하는 유신론이 유대인 때문이라는 의견이다. 그 때문에 **누메니우스**는 (알렉산드리아의 클레멘스의 『잡록 *Stromata*』 제1권 제22장, 에우세비오의 『복음의 준비 *Praeparatio Evangelica*』 제13권 제12장, 그리고 비잔틴 백과사전 『수다 *Suda*』에 따라) 그를 그리스어로 말하는 모세라고 불렀다. 그도 그럴 것이 플라톤은 아테네식으로 말하는 모세와 다를 바 없기 때문이다. 그리고 누메니우스는 플라톤이 신과 창조에 관한 학설을 모세의 저작들에서 훔쳤다고 비난한다. **클레멘스**(알렉산드리아의 클레멘스)는 종종 플라톤이 모세를 알고 이용했다고 (예컨대 『잡록』 제1권 제25장, 제5권 제14장 90절 등, 『교육자 *Pädagogus*』 제2권 제19장, 제3권 제11장, 그리고 『국가들에 대한 권고 *Cohortatio ad Gentes*』 제6장에서도) 반복해서 말한다. 클레멘스는 앞 장에서 그리스 철학자 전체를 유대인이 아니었기 때문에 가혹하게 꾸짖고 조롱한 뒤, 앞의 책에서 플라톤을 오로지 칭찬만 하고, 자신이 기하학을 이집트인으로부터 배웠듯이, 그가 천문학을 바빌로니아인으로부터, 마술을 트라키아인으로부터, 또한 많은 것을 아시리아인으로부터 배웠다는 사실에, 그러므로 그의 유신론을 유대인으로부터 배웠다는 사실에 대해 큰 소리로 환호를 터뜨린다. "나는 그대가 숨기고 싶다 해도 그대의 스승을 알고 있다. …… 신에 대한 믿음을 그대는 히브리인으로부터 가져왔어"(『국가들에 대한 권고』 제6장 70절). 감동적인 인식 장면이다.

하지만 나는 다음에 이어지는 내용에서 사실을 특이하게 확인한다. 플루타르크(『마리오』에서)에 따르면, 그리고 더 잘 말해 『락탄티우스』(제1권 제3장 19절)에 따르면 플라톤은 자신이 짐승이 아닌 인간으로, 여자가 아닌 남자로, 야만인이 아닌 그리스인이 되었다는 것을 자연에 고마워했다. 그런데 이삭 오이헬의 『유대인의 기도』(제2판, 1799, 7쪽)에는 히브리어로 아침 기도가 적혀 있다. 거기에서 유대인들은 감사하는 사람이 이교도가 아닌 유대인, 노예가 아닌 자유민, 여자가 아닌 남자가 되었다는 사실에 대해 신께 감사하고 신을 찬양한다. 그러한 역사적 연구를 했더라면 칸트는 저 세 가지 개념을 이성의 본성으로부터 필연서으로 생기게 함으로써 지금 빠져드는 고약한 필연성을 면했으리라. 하지만 칸트는 저 세 가지 개념이 지지될 수 없으며, 이성에 의해 근거 지어질 수 없다고 설명한다. 또 그 때문에 이성 자체를 궤변가로 만든다. 왜냐하면 그는 339쪽, V. 397에서 이렇게 말하기 때문이다. "인간이 아닌 순수이성 자체의 궤변이 있다. 가장 현명한 자조차도 그러한 궤변으로부터 자유로울 수 없다. 어쩌면 많은 노력을 기울여 오류를 피할 수 있을지도 모른다. 하지만 그는 그를 끊임없이 괴롭히고 조롱하는 가상으로부터는 도망칠 수 없다." 그러므로 이들 칸트적인 '이성의 이념'은 오목렌즈에 의해 한 점에 모이며 반사되는 광선이 거울 표면의 몇 인치 앞으로 모여드는 초점에 비유될 수 있으리라. 그 결과, 불가피한 지성 과정에 의해 어떤 대상이 바로 그곳에서 우리에게 나타난다. 그것은 실재가 없는 어떤 사물이다.

그러나 순수 이론적인 이성의 저 세 가지 소위 필연적인 산물에 대해 **이념**이라는 명칭이 선택된 것은 매우 불행한 일이다. 플라톤은 그 명칭을 **빼앗아**, 시간과 공간에 의해 증가하는, 또 무수히 많은 개별적인 무상한 사물들 속에서 불완전하게 눈에 드러나는 영원한 형상을 지칭할 때 '이데아'라는 명칭을 사용했다. 플라톤의 이데아는 그가 선택한 단어가 사실 그토록 확실하게 나타내듯이 이에 따라 전적으로 직관적이다. 우리는 그 단어를 직관적이거나 가시적인 사물들에 의해서만 그에 상응하게 번역할 수 있을지도 모르기 때문이다. 그런데 칸트는 직관의 모든 가능성으로부터 너무나 멀리 떨어져 있어서 추상적인 사고조차 그것의 반쯤밖에 도달할 수 없는 것을 나타내기 위해 그 단어를 가로채지 않았다. 플라톤이 맨 처음 도입한 이데아라는 단어는 이후 2천2백 년을 거치면서도 플라톤이 사용한 그 의미를 언제나 간직했다. 그도 그럴 것이 고대의 철학자뿐 아니라 모든 스콜라 철학자, 심지어는 교부들과 중세의 신학자들도 오로지 저 플라톤적인 의미에서만 그 단어를 사용했기 때문이다. 다시 말해 **수아레스**가 그의 25개의 논쟁 제1

부에서 명시적으로 언급한 것처럼 모범exemplar이란 라틴어 단어의 의미에서 말이다. 나중에 영국인과 프랑스인이 그들 언어의 빈곤함에 의해 저 단어를 잘못 사용하도록 유혹받았다는 사실은 참으로 고약한 일이다. 하지만 그것이 중요한 일은 아니다. 칸트가 경험 존재의 객관이 아닌 것의 희박한 실마리에 의해 도입된 새로운 중요성을 부여하면서, 플라톤의 이데아와, 하지만 모든 가능한 괴물과 공통되는 저 **이념**이란 단어를 잘못 사용한 것은 그러므로 전혀 정당화될 수 없다. 그런데 몇 년간의 잘못된 사용은 수 세기의 권위에 비해 문제가 되지 않으므로 나는 그 단어를 언제나 고대의 근원적인 플라톤적 의미에서 사용했다.

합리적 심리학에 대한 논박은 『순수이성비판』 제2판과 그다음 판보다 제1판에서 훨씬 상세하고 철저하다. 따라서 우리는 여기서 오로지 제1판을 사용하는 것이 필요하다. 이 논박은 전체적으로 매우 큰 공적과 많은 진실을 담고 있다. 하지만 나는 전적으로 칸트가 조건 지어지지 않은 것의 요구를 관계의 제1범주인 **실체**의 개념에 적용함으로써 영혼의 개념을 오류 추리에서 필연적인 것으로 연역한 것으로 대칭에 대한 사랑 때문이라는 의견이다. 따라서 그가 이런 식으로 영혼에 관한 개념이 모든 사변적인 이성에서 생겨났다고 주장한다는 의견이다. 영혼에 관한 개념이 실제로 어떤 사물의 술어의 최종적인 주어를 전제하는 것에 그 기원을 갖는다면 우리는 인간뿐 아니라 모든 무생물에도 마찬가지로 필연적으로 영혼이 있다고 가정했으리라. 왜냐하면 그러한 무생물도 자신의 모든 술어의 최종적인 주어를 요구하기 때문이다. 하지만 일반적으로 칸트는 술어로서가 아닌 주어로서만 존재할 수 있는 어떤 것에 관해 말할 때 전혀 허용하기 어려운 표현을 이용한다(예컨대 『순수이성비판』 323쪽 V. 412, 『형이상학 서설』 제4·제47장). 물론 아리스토텔레스의 『형이상학』 제4권 제8장에 벌써 이에 대한 선례를 찾아볼 수 있긴 하다. 주어와 술어로 존재하는 것은 아무것도 없다. 그도 그럴 것이 이들 표현은 오로지 논리학에만 속하고, 추상적 개념들의 서로에 대한 관계를 나타내기 때문이다. 그런데 직관적인 세계에서 이들 상관 개념이나 대리물은 실체나 우유성偶有性[10]이어야 한다. 하지만 그런 다음 우리는 우유성으로서가 아닌 실체로서 존

---

10   ＊우유성Accidenz이란 사물이 지닌 어떤 성질을 제거해도 그 사물의 존재에는 영향을 주지 않는 것을 의미한다.

재하는 것은 더 이상 찾을 필요가 없다. 우리는 그것을 직접 물질 속에 가지고 있다. 물질은 사물들의 모든 속성에 상응하는 실체이고, 그 속성으로서 그 사물들의 우유성이다. 우리가 방금 비난받은 칸트의 표현을 간직하려고 한다면 물질은 실제로 경험적으로 주어진 각 사물의 모든 술어의 최종적인 주어, 다시 말해 각종의 모든 그 속성을 추상한 뒤 남아 있는 그것이다. 그리고 이것은 짐승, 식물이나 돌멩이뿐 아니라 인간에게도 적용된다. 그리고 그렇게 보지 않기 위해선 보지 않으려는 단초한 의기가 요구되는 것은 너무나 가명하다. 나는 물질이 사신상 신체라는 개념의 원형이라는 것을 곧 보여 줄 것이다.

하지만 주어 및 술어의 실체와 우유성에 대한 관계는 오히려 논리학에서 충분근거율의 자연에서 인과성의 법칙에 대한 관계와 같다. 그러므로 후자의 혼동이나 동일시는 전자의 그것만큼 허용되지 않는다. 하지만 『형이상학 서설』 제46장에서 칸트는 영혼의 개념을 모든 술어의 최종적인 주어의 개념으로부터, 그리고 정언적 결론의 형식으로부터 생기게 하려고 후자의 혼동과 동일시를 극도로 진행시킨다. 이 구절의 궤변적 성격을 밝히기 위해서는 주어와 술어가 오직 추상적 개념들과만 관련되는, 더구나 판단에서 이들 개념의 관계에 따라 순전히 논리적 규정임을 곰곰 생각하기만 하면 된다. 반면에 실체와 우유성은 직관적 세계에, 그리고 지성 속의 그 직관적 세계의 포착에 속하지만, 거기서는 단지 물질과 형식 또는 질과 같은 것으로 여겨진다. 이에 관해서는 즉각 몇 가지를 덧붙이겠다.

근본적으로 상이한 두 개의 실체인 신체와 영혼을 가정하기 위한 계기를 주었던 반대 개념은 사실 객관적인 것과 주관적인 것의 반대 개념이다. 인간이 외적 직관에서 스스로를 객관적으로 파악하면 그는 공간적으로 확장된, 일반적으로 전적으로 신체적인 존재를 발견한다. 반면에 그가 단순한 자의식 속에서, 즉 순전히 주관적으로 스스로를 파악하면 그는 직관의 온갖 형식으로부터 자유로운, 그러므로 신체들에 속하는 속성들 중 어느 한 가지 속성이 없이도, 단순히 의욕하고 표상하는 존재를 발견한다. 이제 그는 모든 객관의 형식인 충분근거율의 개념을 객관이 아닌 것에 적용함으로써, 더구나 이 경우에는 인식과 의욕의 주관에 적용함으로써 칸트에 의해 이념이라 불리는 모든 초험적 개념과 마찬가지로, 영혼의 개념을 형성한다. 다시 말해 인간은 인식, 사고, 의욕을 그가 그 원인을 찾는 결과들로 간주한다. 그리고 신체는 그에 대한 원인으로 받아들일 수 없기 때문에 신체와 전적으로 상이한, 그 결과들의 어떤 원인을 가정한다. 최초의, 또 최후의 교의론자는 이런 식으로, 플라톤이 이미 『파이돈』에서 그랬고, 볼프 또한 그랬듯이, 다시 말해 사고와 의욕으로부터 저 원인으로 이끌어 가는 결과들로서 영혼의 현존을 증명한다. 이런 식으로 결과에 상응하는 어떤 원인을 실체화함으로써 비물질적이고 단순하며 파괴 불가능한 본질에 관한 어떤 개념이 생긴 뒤에야 비로소 그 학파는 이를 **실체**라는 개념으로부터 발전시키고 논증했다. 하지만 그 학파는 이 개념 자체를 이전에 특별히 이 목적을 위해, 주목할 만한 가치가 있는 뒤따르는 술책에 의해 형성했었다.

최초 부류의 표상들, 즉 실재하는 직관적인 세계와 함께 물질의 표상도 주어진다. 왜냐하면 이러한 부류의 표상을 지배하는 법칙, 즉 인과성의 법칙이 여러 상태의 변전을 규정하기 때문이다. 불변하는 어떤 것의 변전인 이들 상태 자체는 불변하는 어떤 것을 전제한다. 앞에서 나는 실체의 불변성의 명제를 말하면서 이전 대목을 참조하여 물질의 표상이 생기는 이유를 다음과 같이 보여 주었다. 즉 물질은 지성에 대해서만 현존하는데, 지성 속에서 인과성(인과성의 법칙의 유일한 인식 형식)의 법칙에 의해 시간과 공간은 밀접하게 합일되어 있고, 이 산물에 대한 공간의 몫은 **물질**의 불변으로 나타나는 반면, 시간의 몫은 그 물질의 상태들의 변전으로 나타나기 때문이다. 또한 물질은 그 자체로 순수하게 추상적으로 사유될 수만 있을 뿐 직관될 수는 없다. 왜냐하면 물질은 직관에 언제나 이미 형식과 질 속에서 현상하기 때문이다. 그런데 **물질**의 이러한 개념으로부터 **실체**는 다시 하나의 추상이며, 따라서 하나의 좀 더 높은 유개념類概念, Genus이다. 실체는 우리가 물질의 개념으로부터 불변성의 술어만을 남게 하고, 그 외 물질의 모든 본질적인 속성들인 연장, 불가입성, 분할성 등은 없는 것으로 생각하는 식으로 생겨났다. 그러므로 모든 좀 더 높은 유개념처럼 **실체**라는 개념은 **물질**이라는 개념보다 **자체 내에 더 적게** 포함하고 있다. 하지만 언제나 그 밖의 좀 더 높은 유개념과는 달리, 실체라는 개념은 물질 이외에 몇 개의 더 낮은 유개념을 포괄하지 않기 때문에 자체 아래에 좀 더 많은 것을 포함하지 않으며, 이 물질은 실체라는 개념의 유일한 참된 아종亞種, Unterart으로, 증명 가능한 것의 내용을 실현시키고 하나의 증거를 얻게 해주는 유일하게 증명 가능한 것으로 남기 때문이다. 그러므로 그 밖의 경우 이성이 추상에 의해 좀 더 높은 개념을 만들어 내는 목표, 다시 말해 그 개념 속에서 부수적 규정에 의한 몇 개의 상이한 아종을 생각하기 위한 목표는 여기서 전혀 발생하지 않는다. 따라서 저 추상은 전혀 목표 없이 무의미하게 행해지거나, 또는 은밀한 부수적 목표를 갖기도 한다. 이 은밀한 목표는 실체라는 개념하에 그것의 진정한 아종인 물질에 제2의 아종, 다시 말해 비물질적이고 단순하며 파괴 불가능한 실체인 영혼이 병렬되면서 비로소 드러난다. 그러나 이 개념의 은밀한 도입은 좀 더 높은 개념인 **실체**Substanz의 형성이 법칙을 거슬러, 또 비논리적으로 이루어졌다는 사실로 인해 일어났다. 이성은 그것의 합법칙적인 과정에서 몇 개의 종개념種概念을 서로 병렬시킴으로써만, 이제 그것들을 비교하면서 논변적으로 처리함으로써만 언제나 좀 더 높은 유개념을 형성한다. 그리고 이성은 이들 종개념의 차이점을 생략하고, 그것들의 합일점을 간직함으로써 그것들 모두를 포괄하지만 더 적은 내용을 갖는 유개념을 얻는다. 이 사실로부터 종개념이 언제나 유개념에 선행해야 한다는 결과가 생긴다. 하지만 현재의 경우에는 그 반대가 옳다. 단순히 물질이라는 개념은 실체라는 유개념 이전에 존재했다. 실체라는 유개념은 계기 없이, 따라서 정당성 없이, 하나의 규정을 제외하고는 물질이라는 개념의 모든 규정을 임의로 생략함으로써 목표 없이 물질이라는 개념으로부터 형성되었다. 그 후에야 비로소 진짜가 아닌 제2의 아종이 물질이라는 개념 옆에 세워졌고, 그렇게 슬쩍 집어넣어졌다. 그러나 이 제2의 아종을 형성하기 위해서는 이전에 이미 좀 더 높은 유개념에서 암묵적으로 생략되었던 것, 즉 연장, 불가입성, 분할성의 명시적인 부정밖에 필요하지 않았다. 그러므로 **실체**라는 개념은 비물질적인 실체라는 개념의 은밀한 도입을 위한 수단이 되기 위해 이처럼 단순하게 형성되었다. 따라서 실체라는 개념은 하나의 범주나 지성의 필연적인 기능으로 결코 타당할 수 없다. 오히려 실체라는 개념은 지극히 불필요한 개념이다. 왜냐하면 그것의 유일한 참된 내용이 벌써 물질이라는 개념 속에 들어 있기 때문이다. 이 물질이라는 개념 옆에 실체라는 개념은 하나의 큰 빈 곳만을 포함하고 있을 뿐이다. 그 빈 곳은 **비물질적인 실체**라는, 슬쩍 손에 넣은 종種 이외에 어느 것에 의해서도 채워질 수 없다. 그 비물질적인 실체를 받아들이기 위해 실체라는 개념 역시 홀로 형성되었다. 따라서 엄밀히 말해 실체라는 개념은 전적으로 배척되어야 하고, 그 자리를 어디서나 물질이라는 개념이 대신해야 한다.

범주들은 모든 가능한 사물에 대해 프로크루스테스의 침대였다. 그러나 세 종류의 추론은 소위 세 가지 이념을 위한 것일 뿐이었다. 영혼의 이념은 정언적 추론 형식에서 그 기원을 찾도록 강요되었다. 이제 그 계열은 두 개의 경계, 즉 가장 작은 것(원자)과 가장 큰 것(시간과 공간 속의 세계 경계)의 경계 사이에서 세계 전체가 객관 그 자체로 생각되는 한 그 세계 전체에 대한 교의적 표상과 만난다. 그런데 이들 경계는 가언적 추론의 형식으로부터 생길 수밖에 없다. 이때 그 자체로 별다른 강제는 필요하지 않다. 왜냐하면 가언적 판단은 충분근거율로부터 그 형식을 갖기 때문이다. 그리고 이 명제의 무분별하고 무조건적인 적용으로부터, 그 다음 그 명제의 임의적인 포기로부터 실제로 우주론적 이념만이 아닌 소위 말하는 저 모든 이념이 생겨난다. 다시 말해 저 명제에 따라, 결국 상상력의 고갈이 여행의 목표를 만들어 낼 때까지, 언제나 한 객관의 다른 객관에 대한 의존만을 찾음으로써 생겨난다. 그리하여 모든 객관을 시야에서 놓치게 된다. 정말이지 객관의 전체 계열과 충분근거율 자체는 인식 주관에 대한 훨씬 밀접하고 커다란 의존 관계에 있게 된다. 그 주관의 객관들, 즉 표상들에 대해 저 명제만 타당하다. 왜냐하면 공간과 시간 속의 이들 객관의 자리는 저 명제에 의해 규정되기 때문이다. 그리하여 이 경우 단순히 우주론적 이념만을 도출시키는 인식 형식, 다시 말해 충분근거율은 모든 파악하기 어려운 실체Hypostase의 근원이므로 이번에는 그에 대해 어떠한 궤변도 필요하지 않다. 하지만 저 이념들을 범주의 네 가지 제목에 따라 분류하기 위해서는 더 많은 궤변이 필요해진다.

1) 시간 및 공간과 관련해서, 그러므로 양자에서 세계의 경계에 대한 우주론적 이념들은 **양**의 범주에 의해 규정된 것으로 대담하게 간주된다. 그 이념들은 **양**이란 단어에 의한 판단에서 주관 개념의 범위에 관한 논리학에서의 우연한 명칭을 제외하고는 양과는 분명 아무것도 공유하지 않는다. 비유적인 표현 대신 그와 마찬가지로 어떤 다른 표현이 선택될 수 있었을지도 모른다. 하지만 대칭에 대한 칸트의 사랑은 이것으로 충분하다. 그는 요행을 이용하여 이러한 명칭을 부여하고, 세계의 연장에 관한 초험적인 교의를 그것에 결부시킨다.

2) 칸트는 **질**, 즉 어떤 판단에서의 긍정이나 부정을 물질에 대한 초험적 이념에 너무 대담하게 결부시킨다. 그러면서 단어의 우연한 유사성조차 토대로 하지 않는다. 그도 그럴 것이 물질의 역학적인(화학적이지 않은) 분할성은 물질의 **질**이 아닌 바로 양에 관계되기 때문이다. 하지만 이보다 더한 일은 분할성에 관한 이 전체 이념이 충분근거율에 따른 추론에 결코 속하지 않는다는 사실이다. 그러나 모든 우주론적 이념은 가언적 형식의 내용으로서 그 충분근거율의 결과로 생겨야 한다. 왜냐하면 이때 칸트가 근거로 삼는, 부분의 전체에 대한 관계가 조건의 조

건 지어진 것에 대한 관계, 그러므로 충분근거율에 따르는 관계라는 주장은 사실 정교한 것이긴 하지만 근거 없는 궤변이다. 저 관계는 오히려 모순의 명제를 기초로 하고 있다. 그도 그럴 것이 전체는 부분에 의해 존재하지 않고, 이 부분 또한 전체에 의해 존재하지 않으며, 양자는 필연적으로 함께 존재하기 때문이다. 왜냐하면 둘은 하나이고, 그것들의 분리는 단지 자의적인 행위에 불과하기 때문이다. 이는 모순의 명제에 따라 부분이 없는 것으로 생각할 수 있다면, 전체 역시 없는 것으로 생각할 수 있다는 사실에 기인한다. 그리고 그 역도 성립한다. 하시민 **근거**로서의 부분이 **결과**로서의 전체를 조건 짓는다는 사실에는, 그러므로 전체의 근거로서 부분으로부터 전체를 이해하기 위해, 충분근거율에 따라 우리가 필연적으로 최종적인 부분을 찾는 것으로 내몰린다는 사실에는 결코 기인하지 않는다. 그처럼 커다란 난점이 여기서는 대칭에 대한 사랑에 의해 압도되어 있다.

3) 그런데 최초의 원인에 관한 이념은 본래 **관계**라는 제목 아래 속하리라. 하지만 칸트는 이 이념을 네 번째 제목, 즉 그 밖에 아무것도 남지 않을 양태의 제목을 위해 보관하고 있을 수밖에 없다. 그런 다음 그는 우연적인 것이 (즉 모든 결과가 그 원인에서 비롯한다는, 진리와 정반대되는 그의 설명에 따라) 최초의 원인에 의해 필연적인 것이 되게 함으로써 저 이념이 부득이 네 번째 제목 아래에 오게 한다. 따라서 세 번째 이념으로서, 대칭을 위해 여기서 **자유**의 개념이 등장한다. 하지만 세 번째 충돌의 명제에 대한 주석이 분명히 말하고 있듯이, 본래 이 자유의 개념은 다만 여기서 홀로 적합한 세계의 원인에 관한 이념을 의미한다. 그러므로 세 번째와 네 번째의 충돌은 기본적으로 동어 반복이다.

하지만 이 모든 것에 대해 나는 이 전체 이율배반이 단순한 속임수이며 거짓 싸움이라 생각하고 주장한다. 단지 **반정립**Antithesis의 주장만 실제로 우리 인식 능력의 형식에, 즉 객관적으로 표현하면 필연적이고 선험적인 어떠한 가장 보편적인 자연법칙들에 의존하고 있다. 따라서 그것들의 증명만은 객관적인 근거로부터 끌어왔다. 반면에 **정립**Thesis들의 주장과 증명은 주관적인 근거와 다르지 않은 근거를 갖고 있으며, 궤변을 늘어놓는 개인의 약함에만 전적으로 의존하고 있다. 왜냐하면 개인의 상상력은 끝없는 후퇴Regressus로 지쳐 있으며, 따라서 그는 기껏해야 미화하려고 하는 자의적인 전제에 의해 그 후퇴를 끝내기 때문이다. 게다가 개인의 판단력은 이 경우 일찍 또 확고하게 각인된 편견에 마비되어 있다. 그 때문에 네 가지 모든 충돌에서 정립의 증명은 어디서나 하나의 궤변일 뿐이다. 반면 반정립의 증명은 표상으로서의 세계의 우리에게 선험적으로 의식된 법칙으로부터 이성의 불가피한 추론이다. 또한 칸트는 많은 노력과 솜씨를 동원함으로써만 그 정립을 유지할 수 있었으며, 그 정립이 근원적인 힘을 부여받은 적에 대한 공격을 가하는 것처럼 보이게 했다. 그리고 이런 점에서 그의 으뜸가는 한결같은 술책은 다음과 같다. 즉 그는 사람들이 자신의 명제의 진리를 의식하는 경우 흔히 하는 것과는 달리 논증의 요점을 두드러지게 하지 않는다. 그는 될 수 있는 한 그 논증의 요점을 매우 고립되게 솔직하고도 분명히 눈앞에 제시하지 않는다. 오히려 그 논증의 요점을 양 측면에서, 불필요하고 장황한 수많은 문장으로 은폐하고 뒤섞어서 도입한다.

여기서 그 같은 충돌 속에 나타나는 정립과 반정립들은 아리스토파네스의 『구름』에서 소크라테스를 등장시켜 논쟁을 벌이게 하는 정론正論, δίχαιος, dikaios과 사론邪論, αδιχος λογος, adikos logos을 상기시킨다. 도덕성에 대한 영향을 이론적인 철학의 모든 질문 중 이 가장 사변적인 질문 탓으로 돌리고, 따라서 진지하게 정립을 정론으로, 그러나 반정립은 사론으로 간주하는 이들이 이런 유사성을 즐겨 주장하긴 하지만, 이런 유사성은 내용이 아닌 형식에만 미칠 뿐이다. 하지만 나는 여기서 그처럼 제한되고 전도된 왜소한 정신의 소유자들에 순응하지 않고, 그들이 아닌 진리에 명예를 부여하며, 칸트가 개별적인 정립들에 끌어댄 증거들은 궤변인 반면, 반정립들의 증거들은 전적으로 공정하고 옳으며, 객관적인 근거로부터 끌어내었음을 보여 줄 것이다. 나는 이런 검사를 할 때 독자가 언제나 칸트적인 이율배반 자체를 자기 앞에 갖고 있다고 전제한다.

첫 번째 충돌에서 정립의 증명을 유효하게 하려면 그 충돌은 시간 속의 변전만큼이나 시간 자체에도 마찬가지로 적용 가능하게 됨으로써 너무 지나치게 증명하는 셈이리라. 따라서 시간 자체가 시작을 가졌음을 증명하는 셈인데, 이는 불합리하다. 게다가 궤변은 맨 먼저 문제가 되는, 상태들의 계열의 시작 없음 대신 갑자기 그 계열의 무한성으로 대신하는 것에 그 본질이 있다. 그런데 이것은 완결성에 의해 논리적으로 모순된다는 것과, 그럼에도 모든 현재는 과거의 끝이라는 것이 증명되어 있다. 이런 사실에 대해서는 아무도 의심하지 않는다. 하지만 시작 없는 계열의 끝은 그 계열의 시작 없음에 손상을 입히지 않고 언제나 **생각**될 수 있다. 이와 반대로 끝이 없는 계열의 시작 역시 **생각**될 수 있듯이 말이다. 하지만 세계의 변화가 **역으로** 무한한 계열의 변화를 절대로 필연적으로 전제하는 반정립의 올바른 논거에 맞서 어떤 것도 내놓을 수 없다. 우리는 인과의 연쇄가 언젠가는 절대적인 정지로 끝날 가능성을 생각할 수 있다. 하지만 절대적인 시작의 가능성은 결코 생각할 수 없다.[11]

세계의 공간적 한계와 관련하여 세계가 **하나의 주어진 전체**로 불려야 한다면 그 세계는 필연적으로 한계를 가질 수밖에 없다는 사실이 증명된다. 그 추론은 옳다. 다만 증명될 수 있었지만, 증명되지 않은 채로 있는 것은 그 추론의 최초의 고리였을 뿐이다. 총체성은 한계를 전제하고, 한계는 총체성을 전제한다. 하지만 여기서 양자 모두 자의적으로 전제된다. 그러나 반정립은 이 두 번째 점에 대해 만족할 만한 증거를 내놓지 못한다. 왜냐하면 인과성의 법칙은 공간이 아닌 시간과 관련해서만 필연적인 규정을 우리의 손에 쥐어 주며, 더구나 채워진 시간은 이전의 텅 빈 시간과 결코 경계를 접할 수 없다는, 또 어떠한 변화도 최초의 변화일 수 없었다는 확실성을 우리에게 선험적으로 제공하기 때문이다. 하지만 채워진 공간이 자기 옆에 텅 빈 공간을 가질 수 없다는 것에 대한 확실성을 제공하는 것은 아니다. 그런 점에서 후자에 대한 선험적인 결정은 가능하지 않으리라. 그렇지만 세계가 공간 속에 한계가 있는 것으로 생각하는 난점은 공간 자체가 필연적으로 무한하다는 데에, 따라서 공간 속에 한계가 있는 유한한 세계는, 그것이 아무리 크다 할지라도, 하나의 무한히 작은 크기가 된다는 데에 있다. 이러한 부조화 속에서 상상력은 극복하기 어려운 장애물을 발견한다. 왜냐하면 그런 뒤 상상력에는 세계를 무한히 크게 생각할 것인지 또는 무한히 작게 생각할 것인지의 선택만 남기 때문이다. 이미 옛 철학자들이 이 점을 통찰했다. 에피쿠로스의 스승[12]인 메트로도로스는 큰 들판에 단 하나의 이삭만 있다고, 그리고 무한한 공간 속에 단 하

---

11 시간 속에 세계의 어떤 한계가 있다는 가정은 결코 이성의 필연적인 사고가 아니라는 것이 심지어 역사적으로도 증명되어 있다. 인도인은 『베다』 경전에서는 물론이고 민족 종교에서조차도 그런 것을 가르치지 않고, 현상 세계의 무한성, 마야라는 이 불안정하고 실체가 없는 조직에 대해 터무니없는 연대기에 의해 신화적으로 말하려고 하기 때문이다. 그들은 동시에 모든 시간 길이의 상대성을 다음의 신화에서 매우 의미심장하게 강조한다(폴리에의 『인도의 신화』 제2권 585쪽). 네 개의 시대는 432만 년을 함께 포괄하고 있는데, 우리는 그중 마지막 시대에 살고 있다. 창조하는 브라마의 매일은 네 개의 시대의 그러한 시기를 1천 개 가지고, 그의 밤은 그러한 시기를 다시 1천 개 가진다. 그의 1년은 365일과 그만큼의 많은 밤이 있다. 그는 항상 창조하면서 그의 연年의 100을 산다. 그가 죽으면 즉시 새로운 브라마가 태어난다. 이는 영원토록 계속된다. 시간의 같은 상대성 또한 특수한 신화를 표현한다. 그 신화는 폴리에의 저서 제2권 594쪽과 『푸라나』에서 다시 이야기된다. 거기서 라자는 자신의 하늘에 있는 비슈누를 잠시 방문한 뒤 지구로 되돌아오면서 몇백년이 흘러가고 새 시대가 출현한 것을 발견한다. 왜냐하면 비슈누의 매일은 네 개의 시대가 1백 번 되돌아온 것과 같기 때문이다.

나의 세계만 생겼다고 생각하는 것은 불합리하다고 가르친다(『스토바에오스 선집』제1권 제23장, 134쪽). 따라서 그들 중 많은 철학자가 — 곧 이다음에 나오듯이 — 무한한 공간 속에 무한히 많은 세계가 존재한다고 가르쳤다. 이것은 또한 반정립에 대한 칸트적인 논거의 의미이기도 하다. 단지 그는 그 논거를 스콜라 철학적이고 부자연스러운 표현으로 볼품없게 만들었을 뿐이다. 우리가 인과의 길잡이로 이미 훨씬 나은 논거를 갖고 있지 않다면 시간 속 세계의 한계에 맞서 같은 논거를 이용할 수 있을지도 모른다. 나아가 공간 속에 한계가 있는 세계를 가정할 경우, 공간의 채워진 부분은 텅 빈 채로 있는 무한한 공간에 대해 어떤 특권을 가질까 하는 대답할 수 없는 질문이 생긴다. 조르다노 브루노는 『무한한 세계에 관하여』의 다섯 번째 대화에서 세계의 유한성에 대한 찬반 논거의 상세하고 매우 읽을 만한 설명을 하고 있다. 게다가 칸트 자신은 객관적인 근거로 『자연사와 하늘의 이론』제2권 제7장에서 공간 속 세계의 유한성을 진지하게 주장한다. 아리스토텔레스도 『물리학』제3권 제4장에서 같은 이론을 신봉한다. 그 장은 다음에 이어지는 내용과 함께 이 이율배반과 관련하여 매우 읽을 만하다.

두 번째 충돌에서 그 정립은 즉각 매우 분명한 선결 문제 요구의 허위를 저지른다. 왜냐하면 그 정립은 "**모든 합성된** 실체는 단순한 여러 부분으로 이루어진다"로 시작하기 때문이다. 여기서 자의적으로 가정된 합성으로부터 그 정립은 후에 물론 간단한 부분들을 매우 쉽게 증명한다. 하지만 문제의 관건이 되는 "모든 물질은 합성되어 있다"는 정립은 근거 없는 가정이므로 증명되지 않은 채 있다. 다시 말해 단순한 것의 반대는 합성된 것이 아니라 부분을 가지고 있고 분할 가능한 확장된 것이다. 하지만 여기서 부분들이 전체에 앞서 존재했으며, 그것을 모아서 전체가 생겨났다는 것이 사실 암암리에 가정되고 있다. 그도 그럴 것이 '합성된'이란 단어가 그것을 말해 주기 때문이다. 하지만 이 말은 그 반대만큼이나 주장될 수 없다. 분할성은 단순히 전체를 여러 부분으로 분해할 가능성을 의미하지, 결코 전체가 여러 부분으로 합성되어 있어서 그로 인해 생겨났다는 것을 의미하지 않는다. 분할성은 단순히 여러 부분을 사후와 관련해서 주장할 뿐이고 합성은 여러 부분을 사전과 관련해서 주장한다. 그도 그럴 것이 부분과 전체 사이에는 본질적

---

12 *쇼펜하우어는 메트로도로스를 에피쿠로스의 스승이라 했는데 열두 살 어린 제자 메트로도로스를 에피쿠로스의 스승으로 오해한 것으로 보인다.

으로 아무런 시간적 관계가 없기 때문이다. 오히려 둘은 서로를 조건 지으며, 그런 점에서 언제나 동시에 존재한다. 왜냐하면 둘이 현존하는 한에서만 공간 속에 연장된 어떤 것이 존재하기 때문이다. 그러므로 칸트가 "공간은 본래 합성된 것이 아닌 전체로 불러야 한다"는 등의 정립에 대한 주석에서 말하는 것은 단순히 지각 가능하게 된 공간인 물질에 대해서도 전적으로 적용된다.

이와는 달리 반정립이 주장하는 물질의 무한한 분할성은 선험적으로 또 반박할 수 없이 불실이 채우는 공간의 분할성의 결과로 생긴다. 이 정립은 자신에 대해 절대 반대하지 않는다. 따라서 칸트도 513쪽, V. 541에서 진지하게 또 친히 더 이상 사론의 대변자로서 말하지 않을 때 그 정립을 객관적인 진리로 제시한다. 이와 마찬가지로 『자연과학의 형이상학적 기초원리』의 "물질은 무한히 분할 가능하다"(초판, 108쪽)는 정립은 역학에서 네 번째 정리로 등장해 증명된 후 역학 Mechanik의 최초 정리를 증명하는 앞머리에 확립된 진리로 나와 있다. 하지만 여기서 칸트는 문체의 엄청난 모호함과 불필요한 장광설에 의해, 반정립의 명증성이 정립의 궤변을 너무 심하게 무색하게 하지 않으리라는 간교한 의도로 반정립을 위한 증거를 망쳐 버린다. 원자는 이성의 필연적인 사고가 아니라 단순히 물체의 특수한 무게의 상이함을 설명하기 위한 가설에 불과하다. 그러나 이것 또한 다른 식으로, 심지어 원자론에 의한 것보다 더 잘, 더 단순하게 설명할 수 있음을 칸트는 『자연과학의 형이상학적 기초원리』의 동력학 Dynamik에서 보여 주었다. 하지만 칸트 이전에는 프리스틀리가 『물질과 영혼에 관해서』 제1부에서 그런 사실을 보여 주었다. 정말이지 아리스토텔레스의 『물리학』 제4권 제9장에서 이미 그에 관한 기본 사상을 발견할 수 있다.

세 번째 정립을 위한 논거는 매우 정교한 궤변이며, 전혀 섞인 것이 없고 변화되지 않은 칸트의 소위 순수이성 자체의 원리다. 그것은 하나의 원인이 **충분**하기 위해서는 뒤따르는 상태인 결과를 생기게 하는 여러 조건의 완벽한 총합을 포함하고 있어야 한다는 데서 원인의 계열의 유한성을 증명하려 한다. 그런데 그 논거는 원인인 상태, **동시**에 존재하는 규정들의 상태 속에서 그 상태 자체가 비로소 실현되게 한 여러 원인의 **계열**의 완벽성으로 이 완벽성을 대신한다. 왜냐하면 완벽성은 완결성, 하지만 이 유한성을 전제하기 때문에 그 논거는 이런 점에서 최초의 원인, 계열을 종결짓는, 따라서 조건 지어지지 않은 원인을 추론한다. 하지만 그 요술은 자명하다. 상태 A를 상태 B의 충분한 원인으로 파악하기 위해 나는 그것이 이에 대해 요구되는 여러 규정, 그 규정의 동시 존재에 의해 상태 B가 불가피하게 뒤따르는 여러 규정의 완벽성을 포함하고 있다고 전제한다. 그런데 이것으로써 **충분한** 원인으로서의 그 상태에 대한 내 요구는 완전히 충족된다. 그리고 그 요구는 상태 B가 어떻게 실현되었는지에 대한 질문과 직접적인 관계가 없다. 오히려 이 요구는 전적으로 다른 고찰에 속한다. 그 고찰에서 나는 앞서 말한 상태 A를 더 이상 원인이 아닌, 그 자체로 다시 결과로 간주한다. 그럼으로써 다른 상태의 상태 A에 대한 관계는 나시 상태 A 자체의 상태 B에 대한 관계와 같음이 틀림없다. 원인과 결과의 계열의 유한성의 전제, 따라서 최초의 시작의 전제는 하지만 이 경우 어디서도 필연적으로 보이지 않는다. 현 순간의 현재 자체가 시간 자체의 시작을 전제하지 않듯이 말이다. 저 현재는 사변적인 개인의 타성에 의해 비로소 덧붙여지게 된다. 저 전제가 **충분한 근거**로서의 원인의 가정에 있다는 것은, 내가 이 정립과 일치하는 칸트적인 이성의 원리를 고찰할 때 앞에서 상세히 보여 주었듯이, 그러므로 부당하게 손에 들어왔고 잘못된 것이다. 이 그릇된 정립의 주장을 설명하기 위해 칸트는 그 정립에 대한 주석에서 대담하게도 자신이 의자에서 일어나는 것을 무조건적인 시작의 예로 든다. 공이 원인 없이 굴러가듯, 그가 동기 없이 일어나는 것이 그에게 그다지 불가능하지 않다는 것처럼 말이다. 나는 약함의 감정에 고취되어 고대의 철학자들을 원용하는 것의 근거 없음을, 인도인은 말할 것도 없이 오켈로스 루카노스, 엘레아학파 학자들 등을 인용함으로써 증명할 필요는 없다. 반정립의 논증에 대해서는, 이전 사람들의 경우와 마찬가지로 아무것도 이의를 제기할 것이 없다.

내가 이미 언급했듯이, 네 번째 충돌은 엄밀히 말하자면 세 번째 충돌의 동어반복이다. 정립의 증명 또한 본질적으로 그 앞의 정립의 증명과 같다. 모든 조건 지어진 것은 하나의 완벽한 계열의 조건, 따라서 조건 지어지지 않은 것으로 끝나는 계열의 조건을 전제한다는 그의 주장은 반드시 거부되어야 하는 선결 문제 요구의 허위다. 모든 조건 지어진 것은 그것의 조건으로서 아무것도 전제하지 않는다. 이 조건이 다시 조건 지어져 있다는 것은 첫 번째 고찰에 직접 포함되어 있지 않은 새로운 고찰을 야기한다.

이율배반에 어떠한 그럴듯한 외관이 있다는 것은 부정할 수 없다. 그럼에도 칸트 철학의 어떤 부분도 이 극히 역설적인 가르침만큼이나 반대를 경험하지 않는다는 것, 그러니까 많은 인정을 발견했다는 것은 특기할 만하다. 거의 모든 철학

학파와 교과서들은 그 역설적인 가르침을 타당한 것으로 간주했고 되풀이했으며, 또한 잘 가공했다. 반면에 칸트의 거의 모든 다른 가르침은 공박을 받았다. 심지어 초월적인 미학을 배척한 개개의 삐딱한 사람들에게도 그런 일이 어김없이 일어났다. 반면에 이율배반이 완전한 갈채를 받은 것은 지성이 동시에 존재하기도 하고 존재하지 않기도 하는 어떤 것에 충돌함으로써, 따라서 그들이 리히텐베르크의 광고 저자(『잡록』, 신판 제3권, 107쪽)에 나오는 필라델피아의 여섯 번째 요술을 여기서 실제로 자기들 앞에 가짐으로써, 그 지성이 완전히 징시해 있이야 히는 점을 결국 어떤 사람들이 내적 만족감으로 고찰했기 때문일지도 모른다.

그런데 우주론적 논쟁에 대한, 다음에 뒤따르는 **칸트의 비판적 결정**의 본래적 의미를 조사해 보면, 우리는 그 비판적 결정이 그가 드러나도록 내놓는 그것이 아니라, 다시 말해 그릇된 전제에서 출발하는 두 부분이 첫 번째와 두 번째 충돌에서는 둘 다 부당하지만, 세 번째와 네 번째 충돌에서는 둘 다 옳다는 것의 폭로에 의한 논쟁의 해결이 아니라, 그 비판적 결정이 실제로 그들 주장의 설명에 의한 반정립의 확인이라는 것을 발견한다.

먼저 칸트는 이를 해결하면서 분명 부당하게도 두 부분이 제1원리로서 조건 지어진 것과 함께 그 조건들의 완성된(즉 완결된) **계열** 또한 주어져 있다는 전제로부터 출발했다고 주장한다. 단지 **정립**만 이 명제, 즉 칸트의 순수이성 원리를 그러한 주장의 토대로 삼았다. 반면에 반정립은 그 명제를 어디서나 명시적으로 부정하고, 그 반대를 주장했다. 나아가 칸트는 세계란 그 자체로, 즉 인식되는 것과 이 인식의 형식과는 무관하게 현존한다는 이 같은 전제로 두 부분에 또 책임을 지운다. 하지만 이 전제 또한 또다시 단지 정립에 의해 만들어져 있다. 반면에 그 전제는 반정립의 주장들의 기초가 되지 않으므로 심지어 그 주장들과 전적으로 모순된다. 그도 그럴 것이 그 전제가 전적으로 주어져 있다는 것은 무한한 계열의 개념에 절대적으로 모순되기 때문이다. 따라서 그 전제는 항상 그것을 통과하는 것과 관련해서만 현존할 뿐, 그 통과와 무관하지 않다는 것이 그 전제에 본질적이다. 반면에 특정한 한계의 전제에는 독자적으로 존재하고 전체의 측정을 수행하는 과정과 무관하게 현존하는 하나의 전체에 대한 전제도 들어 있다. 그러므로 정립 그 자체로만 존재하는 우주, 즉 모든 인식에 앞서 주어진 우주에 대한 그릇된 전제를 만든다. 그 우주에는 인식이 외부적인 어떤 것으로 단순히 첨가될 뿐이다. 반정립은 이 전제와 철두철미하게 이미 근원적으로 투쟁한다. 그도 그럴 것이 반정립이 단순히 충분근거율의 안내로 주장한 계열의 무한성은 후퇴가 수행되는 한에서는 현존할 수만 있을 뿐 후퇴와 무관한 것은 아니기 때문이다. 다시 말해 일반적으로 객관이 주관을 전제하듯이, 여러 조건의 **무한한** 연쇄로서 규정된 객관 역시 필연적으로 이 객관에 상응하는 인식 방식, 다시 말해 주관 속에서 저 연쇄 **고리의 계속적인 추구**를 전제한다. 하지만 이는 칸트가 투쟁의 해결로서 제시하고 너무나 자주 되풀이하는 바로 그것이다. "세계 크기의 무한성은 후퇴에 **의해서만** 존재할 뿐 그 **이전에** 존재하는 것이 아니다." 그러므로 그의 이 같은 충돌의 해결 은 사실상 반정립을 위한 결정일 뿐이다. 그 반정립의 주장 속에 저 진리가 이미 들어 있는 반면, 이 진리는 정립의 주장과 완전히 모순된다. 세계가 무한한 계열 의 근거와 결과로 이루어져 있으며, 하지만 표상이나 그것의 후퇴하는 계열과 무 관하게 존재한다고, 즉 그 자체로 존재하므로 하나의 주어진 전체를 이룬다고 반 정립이 주장한다면, 그 반정립은 정립뿐 아니라 그 자신에도 모순될지 모른다. 그 도 그럴 것이 무한한 것은 결코 전체로서 주어질 수 없고, 또 끝없이 이어지지 않 는다면 **끝없는** 계열도 현존할 수 없으며, 또 한계가 없는 것은 결코 하나의 전체를 이룰 수 없기 때문이다. 그러므로 두 부분을 오류로 이끌어 갈지도 모른다고 칸트 가 주장하는 전제는 정립에만 귀속된다.

무한한 것이 결코 실제적일 수 없고 주어져 있을 수 없으며 단순히 잠재적일 뿐 이라는 것은 이미 아리스토텔레스의 가르침이다. "무한한 것은 실제로 존재할 수 없고, 실제로 존재하는 무한한 것은 불가능하다"(『은유법』 제10장). 게다가 그는 이 렇게 말하기도 한다. "그도 그럴 것이 현실 속에서 무한한 것은 존재하지 않지만, 혹시 분할 상태와 관련해서 가능성으로는 존재할지도 모른다"(『발생과 부패』 제1 권 제3장). 이것을 그는 『물리학』 제3권 제5장, 제6장에서 상세히 설명한다. 거기서 그는 어느 정도 이율배반 전체의 완전히 올바른 해결을 제시한다. 그는 자신의 짧 은 방식으로 이율배반을 설명한 뒤 "중개자가 필요하다"고 말한다. 그에 따라 그 는 무한한 것이 공간 속의 세계뿐 아니라 시간 속과 분할 상태 속의 세계에서 결 코 후퇴나 전진 **이전**이 아닌 그 **안**에 있다는 해결을 제시한다. 그러므로 이 진리는 이미 올바로 파악된 무한한 것의 개념 속에 들어 있다. 그러므로 사람들이 종류를 불문하고 무한한 것을 객관적으로 존재하고 완성된 것으로, 그리고 후퇴와 무관 하게 생각할 수 있다고 상상한다면 그 자신을 오해하는 것이다.

정말이지, 순서를 반대로 해서 칸트가 충돌의 해결로 제시한 것을 출발점으로 취한다면 바로 그 결과로 반정립의 주장이 생긴다. 다시 말해 세계는 무조건적인 전체가 아니고 그 자체로 존재하는 것이 아니라 표상 속에서만 존재한다. 그리고 근거와 결과에 관한 그 계열은 그것들에 관한 표상의 후퇴 이전에 현존하지 않고, 이 후퇴에 **의해** 비로소 현존한다. 그러므로 세계는 특정한 계열과 유한한 계열을 포함할 수 없다. 왜냐하면 그것들의 규정과 한계 설정은 그런 뒤 단지 첨가될 뿐인 표상과 필연적으로 무관하기 때문이다. 오히려 표상의 모든 계열은 끝이 없어야 한다. 즉 어떤 표상에 의해서도 고갈될 수 없어야 한다.

506쪽과 V. 534에서 칸트는 두 부분의 부당함으로부터 현상의 초월적인 관념성을 증명하려 하면서 이렇게 시작한다. "세계가 그 자체로 존재하는 전체라면 그것은 유한하거나 무한하다." 하지만 이 말은 잘못된 것이다. 즉 그 자체로 존재하는 전체는 결코 무한한 것일 수 없다. 오히려 저 관념성은 세계 속의 여러 계열의 무한성으로부터 다음과 같은 방식으로 결론지어질 수 있으리라. 세계 속의 근거와 결과의 계열들이 전적으로 끝이 없다면 그 세계는 표상과 무관하게 주어진 전체일 수 없다. 그도 그럴 것이 무한한 계열이 무한한 후퇴를 전제하듯이, 그러한 전체는 언제나 특정한 한계를 전제하기 때문이다. 따라서 전제된 여러 계열의 무한성은 근거와 결과의 형식에 의해, 그리고 이 형식은 주관의 인식 방식에 의해 규정되어야 한다. 그러므로 인식되는 그대로의 세계는 주관의 표상 속에서만 현존함에 틀림없다.

그런데 나는 투쟁에 관한 칸트의 비판적 결정이 원래 반정립을 위한 발언이라는 것을 칸트 자신이 알았는지 혹은 몰랐는지 결정할 수 없다. 그도 그럴 것이 이는 셸링이 어디선가 매우 적절하게 칸트의 적응 체계라고 불렀던 것이 그렇게 멀리 미치는지, 또는 칸트의 정신이 여기서 이미 그의 시간과 환경의 영향에 대한 무의식적인 적응에 사로잡혀 있는지에 달려 있기 때문이다.

칸트가 지금까지는 다만 배경에서만 보였던 **사물 자체**에 관해 바로 여기서 **자유**의 이념과 관련하여 보다 상세히 말하지 않을 수 없는 것이 우리에게 매우 주목할 만한 것인 한, 자유의 이념을 대상으로 하는 세 번째 이율배반의 해결은 특수한 고찰을 할 만하다. 이것은 우리가 사물 자체를 의지로 인식한 뒤 우리에게 무척 명백해진다. 칸트의 철학이 나의 철학으로 이끌어 가는 점, 또는 나의 철학이 그 근간이 되는 그의 철학으로부터 생기는 점이 일반적으로 여기에 있다. 사람들은

『순수이성비판』(536·537쪽, V. 564·565)을 주의해서 읽을 경우 이런 사실을 확신할 것이다. 이 대목을 『판단력비판』 제3판(18쪽과 19쪽)의 서론, 또는 로젠크란츠판 13쪽과 비교하기 바란다. 로젠크란츠판에서는 이런 글이 나온다. "자유의 개념은 직관 속에서가 아니라 그 자유 개념의 객관 속에서(그런데 그것이 의지다) 어떤 사물 자체를 알아듣기 쉽게 말할 수 있다. 반면에 자연 개념은 그것의 대상을 사물 자체로서가 아니라 직관 속에서 알아듣기 쉽게 말할 수 있다." 하지만 독자들은 특히 『형이상학 서설』 제53장에 나오는 이율배반의 해결을 읽어 본 뒤 거기에 쓰인 모든 내용이 하나의 수수께끼처럼 들리지 않는가 하는 질문에 솔직히 대답하기 바란다. 그 수수께끼에 대해서는 내 가르침이 답이다. 칸트는 자신의 사고를 완성시키지 못했다. 다시 말해 나는 단순히 그의 일을 관철시켰을 뿐이다. 따라서 칸트가 오직 인간의 현상에 관해서만 말하는 것을 나는 인간의 현상과 등급에 따라서만 상이한 모든 현상 일반으로 옮겨 놓았다. 다시 말해 나는 그 모든 현상의 본질 자체는 절대적으로 자유로운 어떤 것, 즉 하나의 의지라고 말한다. 하지만 이러한 통찰이 공간과 시간, 인과성의 관념성에 관한 칸트의 가르침과 협동하여 얼마나 큰 결실을 맺는지는 내 저서에서 밝혀진다.

칸트는 사물 자체를 어디서도 특수한 설명이나 분명한 연역의 대상으로 삼지 않았다. 하지만 그는 필요할 때마다 현상, 그러므로 가시적인 세계가 하나의 근거, 현상이 아니므로 어떠한 가능한 경험에도 속하지 않는 하나의 예지적인 이유를 가짐에 틀림없다는 결론에 의해 사물 자체를 도입한다. 그는 범주들, 그러므로 지성의 범주 역시 전적으로 가능한 경험에만 제한되게 이용되며, 지성의 단순한 형식들임을 끊임없이 각인시킨 뒤 그 일을 한다. 지성의 여러 형식은 감성 세계의 현상을 하나씩 해독해 내는 데 도움이 되었다. 반면에 감성 세계의 현상을 넘어서는 지성의 여러 형식은 전혀 중요성이 없으리라. 따라서 칸트는 경험 저편에 있는 사물들에 그 형식들을 적용하는 것을 극히 엄격하게 금기시하며, 당연하게도 이전의 모든 교의론을 이 법칙의 무시에 기초한 것으로 설명하는 동시에 전복시킨다. 칸트가 이 점에서 저지른 믿기지 않는 모순은 그의 최초의 적들에 의해 곧 인지되었고 공격에 이용되었다. 그의 철학은 그 공격에 아무런 저항도 할 수 없었다. 그도 그럴 것이 물론 우리는 완전히 선험적으로 또 경험에 앞서 인과성의 법칙을 우리의 감각 기관에서 감각된 변화에 적용하기 때문이다. 하지만 바로 그 때문에 이 법칙은 이 감각 자체만큼이나 매우 주관적인 기원을 갖는다. 표상의 도정에서 결코 표상을 넘어설 수 없다는 것이 진리다. 표상은 하나의 완결된 전체이고, 그 자신의 수단에 자신과 전적으로 상이한 사물 자체의 본질로 통하는 실마리가 없다. 만약 우리가 단순히 표상하는 존재라면 사물 자체로 통하는 길은 우리에게 전적으로 차단되어 있다. 우리 자신의 본질의 다른 측면만이 사물들의 본질 자체의 다른 측면에 대해 설명해 줄 수 있다. 나는 이 길을 따랐다. 하지만 그 자신의 가르침과는 달리 사물 자체에 대한 칸트의 추론은 다음의 사실로부터 몇 가지 변명을 얻는다. 그는 진리의 요구와는 달리 개관을 주관에 의해 조건 지어진 것이 아니고 단순하게 또 단적으로 말하지 않는다. 그 반대로 다만 객관의 현상 방식이 주관의 여러 인식 형식에 의해 조건 지어진 것으로 말한다. 따라서 그 인식 형식은 선험적으로 의식되기도 한다. 그런데 이와는 달리 단순히 후험적으로 인식되는 것은 그에게 사물 자체의 직접적인 결과다. 그 사물 자체는 선험적으로 주어진 저 형식의 통과에 의해서만 현상이 된다. 이런 견해로부터 이미 객관적 존재 일반이 현상에 속한다는 사실을, 그리고 객관의 인식 방식이 주관의 인식 형식에 의해 조건 지어져 있는 것과 마찬가지로 객관적 존재 일반이 주관적 존재 일반에 의해 조건 지어져 있다는 사실을, 그러므로 어떤 사물 자체가 가정되어야 한다면, 그는 언제나 사물 자체를 객관으로 전제하지만 사물 자체는 결코 객관일 수 없으며, 그러한 사물 자체가 필연적으로 표상(인식하는 것과 인식되는 것)과는 완전히 다른 영역에 있어야 한다는 사실을, 따라서 사물 자체는 객관들끼리의 결합 법칙에 따를 때 가장 적게 규명될 수 있으리라는 사실을 그가 어떻게 알아차리지 못할 수 있었는지가 어느 정도 명백해진다.

사물 자체의 증명으로 칸트에게 인과율의 선험성을 증명했을 때와 같은 일이 일어났다. 두 개의 가르침은 옳지만 그 논증은 잘못되었다. 따라서 그것들은 잘못된 전제로부터 생겨난 올바른 결론의 부류에 속한다. 난 그 두 가지를 간직하고 있었지만, 전혀 다른 방식으로 또 확실히 근거 지었다.

나는 사물 자체를 배제하는 법칙들에 따라 그 사물 자체를 슬쩍 손에 넣지도, 추론하지도 않았다. 사물 자체를 배제하는 법칙들은 이미 사물 자체의 현상에 속하기 때문이다. 그렇다고 일반적으로 에움길을 통해 사물 자체에 도달하지도 않았다. 오히려 나는 사물 자체가 직접 들어 있는 곳에서, 즉 그 자신의 현상의 즉자태로서 누구에게나 자신을 직접 드러내는 의지에서 직접 보여 주었다.

그런데 자신의 의지의 이 직접적인 인식이란 인간의 의식 속에서 **자유**에 관한 개념이 생겨나게 하는 것이기도 하다. 왜냐하면 세계 창조자이자 사물 자체로서의 의지는 충분근거율부터 자유로우므로 모든 필연성으로부터, 그러므로 완전히 독립적이고 자유로우며 전능하기 때문이다. 하지만 이것은 사실 의지의 현상인 개체가 아닌 의지 그 자체에만 적용된다. 개체란 바로 의지 그 자체에 의해 이미 의지의 현상으로서 시간 속에 변화시킬 수 없게 규정되어 있다. 하지만 철학에 의해 순화되지 않은 평범한 의식 속에서 의지는 즉각 그 현상과 혼동되기도 한다. 그리고 오직 의지에만 속하는 것이 현상에 속하는 것으로 치부된다. 그로 인해 개체에게 무조건적인 자유가 있다는 허상이 생긴다. 던져진 돌에 의식이 있다면 돌역시 자유 의지로 난다고 생각하리라는 스피노자의 말은 바로 그 때문에 정당하다. 그도 그럴 것이 물론 돌멩이의 즉자태 역시 유일한 자유 의지이기 때문이다. 하지만 의지의 모든 현상에서와 마찬가지로 의지가 돌멩이로 현상하는 이 경우에서도 의지는 이미 완전히 규정되어 있다. 하지만 이 모든 것에 관해서는 이 저서의 주요 부분에서 이미 충분히 이야기되었다.

칸트는 인간의 모든 의식 속에서 자유에 관한 개념의 이 같은 직접적인 생성을 잘못 이해하고 간과한다. 그런 까닭에 그는 이제 533쪽, V. 561에서 저 개념의 기원을 매우 미묘한 사변의 대상으로 삼는다. 그 사변에 의해, 다시 말해 이성이 항상 추구해야 하는 조건 지어지지 않은 것은 자유에 관한 개념의 실체화를 유발시킨다. 그리고 무엇보다 자유의 실천적인 개념 역시 이 초험적인 이념을 기초로 해야 한다. 그러나 『실천이성비판』 제4판 제6장 185쪽과 로젠크란츠판 235쪽에서 그는 정언 명령이 그 개념을 전제한다고 말함으로써 이 전자의 개념을 다시 다르게 연역한다. 따라서 저 사변적 이념은 이 전제를 위한 자유에 관한 개념의 최초의 기원일 뿐이라고 한다. 하지만 여기서 그 기원은 중요성과 적용을 획득한다는 것이다. 그러나 두 가지 모두 맞지 않는 이야기다. 그도 그럴 것이 개별적인 행위 속에서 개체가 완전한 자유를 얻는다는 망상은 결코 숙고할 줄 모르는 더없이 조악한 인간의 확신 속에서 가장 활발하기 때문이다. 따라서 그 망상은 비록 가끔 사변에 의한 것이라고 추정되긴 하지만 결코 사변에 기초하고 있지 않다. 반면에 철학자들, 그것도 가장 심오한 철학자들만 그 같은 망상으로부터 자유롭다. 교회의 가장 생각이 깊고 가장 계몽된 문필가들 역시 그러하다.

그러므로 앞서 말한 모든 것에 따르면 자유에 관한 개념의 본래적인 기원은 결코 본질적으로 하나의 추론이 아니다. 하나의 무조건적인 원인의 사변적인 이념으로부터 생긴 추론이 아니며, 그 추론이 정언 명령에 의해 전제된다는 사실로부터 생긴 추론도 아니다. 그 추론은 의식으로부터 직접 생긴다. 그 의식 속에서 각자 자신은 즉각 **의지**로서, 즉 사물 자체로서 충분근거율을 형식으로 갖지 않는 것으로서 스스로를 인식한다. 또 자신은 어떤 것에도 의존하지 않지만, 오히려 다른 모든 것이 의존하게 하는 것으로서 스스로를 인식한다. 그러나 모든 사람은 철학적 비판과 사려 분별을 동시에 가지고 자신을 이미 시간 속으로 들어와 규정된 이 의지의 현상으로서 인식하지는 않는다. 사람들은 외기 행위를 삶에서 먼저 사체와 구별된 것으로 말할 수 있을지도 모른다. 따라서 사람들은 자신의 전체 현존을 자신의 자유의 행위로 인식하는 대신 오히려 자신의 개별적 행위 속에서 이 자유를 추구한다. 이 문제에 대해서는 의지의 자유에 관한 내 현상 논문을 참조하기 바란다.

그런데 칸트가 여기서 구실로 삼고, 또한 겉보기에 이전 기회에 그랬듯이, 사물 자체를 단순히, 게다가 그 자신에 의해 전적으로 금기시된 추론에 의해 대단히 모순되게 추론했다면, 그가 처음으로 사물 자체에 좀 더 가까이 접근하고 그것을 조명하는 여기서 사물 자체를 즉시 **의지**로, 세계 속에서 시간적 현상에 의해서만 자신을 보여 주는 자유로운 의지로 인식한다는 것이 얼마나 특이한 우연이겠는가! 따라서 나는, 증명할 수 없는 것이긴 해도, 칸트가 사물 자체에 대해 말할 때마다 그의 정신의 가장 애매한 깊이에서 이미 항상 의지를 모호하게 생각했다고 실제로 가정한다. 『순수이성비판』 제2판의 머리말(27쪽과 28쪽)과 로젠크란츠판 부록(677쪽)이 이에 대한 증거다.

그 밖에 그의 전체 철학의 더없이 심오한 사상을 매우 아름답게 표현할 기회를 칸트에게 주는 것이 소위 세 번째 충돌의 의도적인 해결이다. 그러므로 '순수이성의 이율배반의 제6장' 전체가 그러한 경우다. 하지만 무엇보다 경험적 성격과 예지적 성격 사이의 대립에 대한 설명이 그러한 경우다(534~550쪽, V. 562~578). 나는 그 설명을 지금까지 인간이 말한 가장 탁월한 것으로 손꼽는다〔이 구절의 보충 설명으로 간주할 수 있는 것은 『순수이성비판』 제4판(169~179쪽), 또는 로젠크란츠판(224~231쪽)에서 그것과 평행되는 구절이다〕. 하지만 그러한 것이 여기서 적절한 곳에 있지 않다는 것은 매우 유감스러운 일일 수 있다. 다시 말해 부분적으로는 그것이 서술이 제시하는 길, 따라서 일어나는 것과 달리 연역될 수 있는 도정에서 발견되지 않기 때문이고, 부분적으로는 그것이 존재하는 목표, 다시 말해 소위 이율배반의 해결을 실현하지 않기 때문이다. 예지적 근거, 즉 사물 자체는 모든 현상을 넘어서는 인과성 범주의 이미 충분히 비난받은 모순되는 사용에 의해 현상으로부터 추론된다. 이 경우 인간의 의지(칸트는 이것을 극히 부적절하게, 그리고 온갖 어법을 용서할 수 없게 침해하여 이성이라 부른다)는 무조건적인 당위, 즉각적으로 요청되는 정언 명령을 원용하여 이 사물 자체로 제시된다.

그런데 이 모든 것 대신 솔직하고 공개적인 처리 방식은 직접 의지로부터 출발하는 것이고, 이 의지를 우리 자신의 현상의 아무런 매개 없이 인식된 즉자태로 증명하는 것이었으리라. 그런 다음 모든 행위와 마찬가지로 경험적 성격과 예지적 성격을 해설하고 설명하는 것이었으리라. 그 처리 방식은 동기에 의해 필연적인 것으로 조건 지어져 있음에도, 그 동기의 장본인뿐 아니라 무관심한 판단자에 의해, 오직 장본인 자신에게만 의존하는 것으로서 그에게 홀로 필연적이고 절대적으로 책임이 돌려졌으리라. 따라서 책임과 공로는 그것들에 따라 그에게 인정된다. 이것만이 현상이 아닌 것, 따라서 현상의 법칙에 의해서도 발견되지 않는 것을 인식하는 똑바른 길이다. 하지만 현상에 의해 드러나고 인식할 수 있게 되며 객관화되는 것이 삶에의 의지다. 그러면 삶에의 의지는 단순히 유추에 의해 모든 현상의 즉자태로 설명되어야 했으리라. 하지만 그러면 무생물의 본성이나, 심지어 동물적 본성의 경우 어떤 능력도 감성적으로 조건 지어져 있다는 것으로밖에 생각할 수 없다고 이야기할 수는 없으리라(546쪽, V. 574). 이 사실은 칸트의 언어에서 인과성의 법칙에 따른 설명이 이들 현상의 가장 내적인 본질도 고갈시킨다고 단순히 말하고 있다. 그리하여 이것들의 경우, 매우 모순되게도 사물 자체가 사라지게 된다. 부당한 자리와 그 자리에 따르는, 칸트로부터 사물 자체의 설명을 받은 우회적인 연역에 의해, 사물 자체의 전체 개념 역시 변조되었다. 그도 그럴 것이 조건 지어지지 않은 원인의 조사에 의해 발견된 의지나 사물 자체는 원인이 결과와 관계되듯이 여기서는 현상과 관계되어 나타나기 때문이다. 하지만 이 관계는 현상 세계 내에서만 일어나고, 따라서 이 현상 세계를 이미 전제한다. 그리고 현상 세계 자체를 그것의 밖에 위치하고 있으며 그것과 전적으로 상이한 것과 결합시킬 수 없다.

나아가 계획된 목표, 즉 세 번째 이율배반의 해결은 두 부분, 다른 의미에서 각자가 옳다는 결정에 의해 결코 이루어지지 않는다. 그도 그럴 것이 정립뿐 아니라 반정립은 사물 자체에 관해 말하지 않고 전적으로 현상, 객관적인 세계, 표상으로서의 세계를 말하기 때문이다. 결코 다른 어떤 것이 아닌 이 세계는, 정립이 우리에 의해 드러난 궤변을 통해 조건 지어지지 않은 원인을 포함하고 있다는 것을 밝히려 하는 바로 그것이다. 이 세계는 또한 반정립이 그러한 원인을 포함하고 있다는 것을 정당하게 부정하는 바로 그것이기도 하다. 따라서 정립의 정당화를 위해 여기서 주어진, 의지의 초월적인 자유에 관한 전체 설명은, 의지가 사물 자체인 한 그 자체로 매우 탁월하지만, 여기서는 엄밀히 말해 논리적으로 그릇되게 다른 영역으로 옮기는 것이다. 그도 그럴 것이 설명된 초월적인 의지의 자유는 결코 어떤 원인의 조건 지어지지 않은 인과성이 아니기 때문이다. 정립이 이 같은 인과성을 주장하는 것은 어떤 원인이 모든 현상 저편에 있는, 전적으로 상이한 어떤 것이 아니라 본질적으로 현상이어야 하기 때문이다.

이야기되는 것이 원인과 결과라면 의지의 그 현상에 대한 — 또는 예지적 성격의 경험적 성격에 대한 — 관계는 여기서 일어나는 것처럼 결코 도입되어서는 안 된다. 그도 그럴 것이 그 관계는 인과 관계와는 완전히 상이하기 때문이다. 그러나 여기서도 이율배반을 해결함에 있어 인간의 경험적 성격은 자연에서 다른 모든 원인의 성격과 마찬가지로 변경할 수 없게 규정되어 있으며, 그에 따라 인간의 행동은 외적 영향에 의해 경험적 성격으로부터 필연적으로 일어난다는 사실이 있는 그대로 이야기된다. 따라서 모든 초월적 자유(의지 현상의 관계의 법칙으로부터 의지의 독립)에도 불구하고 어떤 인간도 일련의 행동을 저절로 시작하는 능력을 갖지 못한다. 반면에 후자는 정립에 의해 주장되었다. 그러므로 자유 역시 인과성을 갖지 못한다. 그도 그럴 것이 자연이나 현상 밖에 위치해 있는 의지만이 자유롭기 때문이다. 현상은 의지의 객관화에 불과하지만, 의지에 대해 인과 관계에 있지 않다. 이 인과 관계는 현상 내에서 비로소 발견될 수 있으며, 이 현상을 이미 전제하고 있기 때문이다. 하지만 그 인과 관계는 현상 자체를 포괄할 수 없으며, 그것을 명시적으로 현상이 아닌 것과 결합시킬 수 없다. 계 자체는 — 의지가 현상하는 한 세계가 바로 의지 자체이므로 — 의지로만 설명할 수 있지 인과성으로는 설명할 수 없다. 그러나 세계에서 인과성은 설명의 유일한 원리이고, 모든 일은 오직 자연법칙에 따라 일어난다. 그러므로 법Recht은 전적으로 문제가 되는 것에 머무르는 반정립 쪽에 있으며, 그 문제에 적용되므로 아무런 변호도 필요하지 않는 설명의 원리를 이용한다. 반면에 정립은 변호에 의해 사실로부터 끌어내야 하므로, 처음에는 문제가 되는 것과 전혀 다른 어떤 것을 뛰어넘은 뒤 그것에 적용할 수 없는 설명의 원리를 취한다.

　네 번째 충돌은, 이미 말했듯이, 그것의 가장 내적인 의미에 따르면 세 번째 충돌과 동어 반복이다. 이를 해결함으로써 칸트는 그 정립의 유지할 수 없는 점을 더욱 발전시킨다. 반면에 그는, 반대로 반정립에 어떠한 근거도 제시할 수 없는 것과 마찬가지로, 그 정립의 진리와 반정립의 소위 양립에 대해 어떠한 근거도 제시하지 못한다. 그는 그 정립의 가정을 매우 간청하는 식으로 도입할 뿐이지만, 그 가정 자체(562쪽, V. 590)를 자의적인 전제라고 부른다. 그 진제의 대상 자체는 아마 불가능할지도 모르며, 그 대상에 반정립의 압도적인 힘으로부터 어딘가 안전한 구석 자리를 마련해 주기 위해 단순히 전적으로 무기력한 노력을 보여 준다. 하지만 이는 인간 이성의 필연적인 이율배반이라는, 그가 한때 좋아한 전체 주장에 담긴 공허성을 밝혀내지 않기 위해서일 뿐이다.

　다음에는 초월적 이상에 관한 장이 뒤따른다. 그 장은 우리를 중세의 경직된 스콜라 철학으로 단번에 되돌려 놓는다. 사람들은 캔터베리의 안셀무스라는 이름을 들어 본 적이 있다고 생각할 것이다. 최고의 실재적 존재ens realissimum, 모든 실재의 정수, 모든 긍정적인 명제의 내용이 등장하는데, 더구나 이성의 필연적인 사고라는 요구를 하면서! 그런데 나로서는 그러한 사고가 나의 이성에는 불가능하며, 그 사고를 나타내는 단어들과 관련해서 어떤 특정한 것을 생각할 수 없다고 고백하지 않을 수 없다.

　게다가 나는 칸트가 단순히 그의 건축술의 대칭에 대한 애호 때문에 이런 이상하고 무가치한 장章을 쓰지 않을 수 없었다는 것을 의심하지 않는다. 스콜라 철학(우리가 흔히 말하듯이, 보다 넓은 의미에서 이해하면, 칸트에게까지 지속되는 것으로 간주할 수 있다)의 세 가지 주된 대상인 영혼, 세계, 신은 추론의 세 가지 가능한 대전제로부터 연역되어야 한다. 그것들이 오로지 충분근거율의 조건 지어지지 않은 적용에 의해 생겨났고, 생겨날 수 있다는 것이 명백하긴 하지만 말이다. 그런데 영혼은 정언적 판단 속에 억지로 밀어 넣고, 세계에는 가언적 판단을 따로 떼어 놓은 뒤 세 번째 이념에는 선언적 대전제 외에는 아무것도 남아 있는 게 없었다. 다행히도 이런 의미에서 하나의 준비 작업, 즉 신의 현존에 관한 존재론적 증명 이외에 스콜라 철학자들의 최고의 실재적 존재가 발견되었다. 그것은 캔터베리의 안셀무스에 의해 토대가 세워졌고, 그런 뒤 데카르트에 의해 완성되었다. 이것은 칸트의 젊은 시절의 라틴어 작업도 약간 생각나게 하지만, 그에 의해 즐거운 마음으로 이용되었다. 그러나 칸트가 이 장에서 건축술의 대칭에 대한 사랑으로 초래한 희생이 지나치게 크다. 온갖 진리를 무시해서, 모든 가능한 실재의 정수에 대한 기괴한 표상이라고 간주하지 않을 수 없는 것이 이성에 본질적이고 필연적인 사고의 하나로 만들어진다. 이 사고의 연역을 위해 칸트는 개별적 사물에 대한 우리의 인식은 보편적 개념의 점진적인 제한, 따라서 모든 실재를 **자체 내**에 포함하는 가장 보편적인 개념의 점진적인 제한에 의해 생겨난다는 그릇된 구실을 이용한다. 이 점에서 그는 진리와 모순되는 관계에 있는 것과 꼭 마찬가지로 자신의 가르침과 모순되는 관계에 있다. 우리의 인식은 이와 정반대로 개별적인 것에서 출발하여 보편적인 것으로 확대되기 때문이다. 그리고 모든 보편적인 개념은 실재적이고 개별적이며 직관적으로 인식된 사물에 관한 추상에 의해 생겨나기 때문이다. 그 추상은 가장 보편적인 개념까지 계속될 수 있다. 가장 보편적인 개념은 그런 뒤 자기들끼리 포괄하지, 거의 어떤 것도 **자체 내**에 포괄하지는 않는다. 그러므로 칸트는 여기서 우리의 인식 능력의 처리를 뒤죽박죽으로 만들어 버렸다. 그 때문에 우리 시대에 유명해진 철학적인 야바위에 계기를 마련해 주었다는 비난을 받을 수 있을지도 모른다. 그 야바위는 개념을 사물들로부터 추상된 사고로 인식하는 대신, 그 반대로 개념을 우선하며 사물들 속에서 단지 구체적인 개념만을 본다. 그리고 이런 식으로 전도된 세계를 물론 커다란 갈채를 받을 수밖에 없었던 철학적인 어릿광대 극으로 시장에 내놓는다.

　우리가 모든 이성은 신의 계시 없이도 신의 개념에 도달해야만 한다거나 또는 도달할 수 있다고 가정한다 해도 이것은 분명 인과성의 길잡이에 의해서만 일어난다. 그러므로 이것에는 증명이 필요 없다는 것이 너무나 명백하다. 따라서 크리스티안 볼프도 이렇게 말한다. "우리는 자연 신학에서 최고 본질의 존재를 우주론적 원칙으로부터 논리 정연하게 증명한다. 우주와 자연 질서의 우연성은 어떤 (순수한) 우연의 불가능과 더불어 우리가 이 가시적인 세계로부터 신으로 올라가는 계단들이다"(『일반 우주론』 머리말 1쪽). 그리고 볼프 이전에 라이프니츠는 인과율과 관련하여 이미 이렇게 말했다. "이 위대한 원리가 없다면 우리는 신의 존재를 증명할 수 없으리라"(『변신론辯神論』 제44장). 그리고 클라크와의 논쟁에서 라이프니츠는 이렇게 말한다. "나는 이 위대한 원리 없이는 신의 현존의 증명에 도달할 수 없다고 말하는 정도까지 된다"(『라이프니츠와 클라크 사이에 오고 간 편지들』제126장). 반면에 이 장에서 상술된 사상은 이성에 본질적이고 필연적인 사상이 결코 아니다. 오히려 그 사상은 스콜라 철학의 시대가 그랬듯이, 기이한 상태에 의해 극히 이상한 옆길과 그릇된 길에 빠져든 한 시대가 낳은 기괴한 산물들 중 하나인 진정한 걸작이다. 세계사에서 유례없는 그 시대는 결코 다시 되풀이될 수 없다. 이 스콜라 철학은 물론 완성된 형태로 발전되어 갔을 때 신의 현존을 위한 주된 증거를 최고의 실재적 존재라는 개념으로부터 끌어냈으며, 다른 증거들은 부수적인 깃으로만 이용했다. 하지만 이것은 단순히 교수법에 불과하고, 인간의 정신에서 신학의 근원에 대해 아무것도 증명하지 못한다. 칸트는 여기서 스콜라 철학의 처리 방식을 이성의 처리 방식으로 받아들였으며, 이런 실수를 사실 여러 번 했다. 이성의 본질적인 법칙에 따라 신에 관한 이념을 모든 것 중에서 가장 실재적인 본질에 관한 이념의 형태로 선언적 추론으로부터 생기게 하는 것이 참이라면 이런 이념은 고대 철학에서도 나타났으리라. 그러나 최고의 실재적 존재에 관한 흔적이 어디에도, 고대 철학자들 중 누구에게도 없다. 물론 그들 중 몇몇은 조물주가 존재하긴 하지만 조물주 없이 존재하는 물질δημιουργος에 대한 형식 부여자로 가르치고 있다. 하지만 그들은 오로지 인과성의 법칙에 따라 조물주를 추론한다. 사실 섹스투스 엠피리쿠스(『수학에 반대하여*Adversus Mathematicos*』제9권 제88장)는 몇몇 사람들이 존재론적 증명이라고 간주하는 **클레안테스**의 논거를 인용한다. 하지만 이것은 그 논거가 아니라 유추로부터의 단순한 추론이다. 다시 말해 경험은 지상에서 하나의 존재가 다른 존재보다 항상 더 뛰어나다고, 더구나 인간은 가장 탁월한 존재로 계열을 종결하지만 아직 많은 결점을 갖고 있다고 가르치기 때문이다. 그러므로 아직 더 뛰어난 존재, 궁극적으로 모든 것 중 가장 뛰어난 존재가 있음이 틀림없다. 그리고 그것은 신이리라.

이제부터 뒤따르는 사변 신학의 상세한 반박에 대해 나는 간략하게나마 언급하지 않을 수 없다. 일반적으로 이성의 소위 세 가지 이념의 전체 비판, 그러므로 순수이성의 전체 변증법과 마찬가지로, 그 반박은 사실 어느 정도까지는 전체 저작의 목적이자 목표다. 그럼에도 이 논쟁적인 부분은 이전의 교의적인 부분, 즉 미학과 분석론처럼 본래 전적으로 보편적이고 영속적이며 순전히 철학적인 이해관계를 갖지 않고, 오히려 일시적이고 국지적인 이해관계를 갖는다. 왜냐하면 그 부분은 칸트의 시대에 이르기까지 유럽에서 지배하던 철학의 주요 계기契機에 대해 특수한 관계에 있기 때문이다. 하지만 그 철학의 완전한 전복은 이 논쟁에 의해 칸트의 불후의 공적이 된다. 칸트는 철학에서 유신론을 제거했다. 왜냐하면 철학에서는 교리로서가 아니라 학문으로서 경험적으로 주어져 있거나 유효한 증명에 의해 확정된 것만 하나의 자리를 발견할 수 있기 때문이다. 물론 여기서 말하는 것은 단순히 실제적이고 진지하게 이해되는 철학, 다른 어떤 것이 아닌 진리만을 지향하는 철학이지, 결코 대학에서 가르치는 재미 삼아 하는 철학이 아니다. 대학에서 가르치는 철학에서는 칸트 이전뿐 아니라 이후에도 사변 철학이 주된 역할을 하고 있다. 또한 거기서는 영혼이 여전히 거리낌 없이 잘 알려진 인물로 등장한다. 왜냐하면 그 사변 철학은 봉급과 사례금을 받는 철학, 또한 추밀 고문관 직위를 부여받는 철학이기 때문이다. 그 철학은 높은 곳에서 거만하게 내려다보며 나처럼 하찮은 사람은 40년 동안이나 거들떠보지도 않는다. 그리고 기쁜 마음으로 라이프니츠의 건강을 기원하는 축배를 들기 위해 낡은 **칸트**를 그의 여러 비판과 함께 기꺼이 완전히 제거해 버리려 할 것이다. 나아가 여기서 다음 사실을 언급하지 않을 수 없다. 칸트가 인과성 개념의 선험성에 관한 그의 가르침에 대해 고백하도록 자극받은 것은 저 개념과 관련한 **흄**의 회의에 의해서다. 어쩌면 이와 마찬가지로 칸트가 모든 사변 신학을 비판하게 된 계기는 모든 대중 신학에 대한 **흄**의 비판일지도 모른다. 흄은 무척 읽을 만한 그의 저서 『종교의 자연사』와 『자연 종교에 대한 대화』에서 그런 비판을 개진했다. 사실 칸트가 이 비판을 어느 정도 보충하려고 했을지도 모른다. 왜냐하면 먼저 거론한 **흄**의 저서가 사실 대중 신학에 대한 비판이기 때문이다. 그 저서는 대중 신학의 가련한 처지를 보여 주는 반면, 합리적 또는 사변적 철학을 진정한 철학이라 지적하면서 존중할 만한 가치가 있다고 한다. 하지만 칸트는 이 후자의 근거 없음을 밝히는 반면 대중 철학은 건드리지 않고, 심지어 그것을 도덕적 감정에 기초한 신념으로서 보다 고상한 형태로 내세운다. 이것은 나중에 사이비 철학자들에 의해 이성의 심문, 신의 의식, 또는 초감각적인 것이나 신성 등의 지적 직관으로 왜곡되었다. 반면에 칸트는 자신이 존경할 만한 낡은 오류들을 분쇄하고 그렇게 하는 일의 위험성을 알았을 때, 그 폐허가 그에게 쓰러지지 않고, 그가 도피할 시간을 벌기 위해 오히려 몇 가지 약한 버팀목을 언젠가 도덕 신학으로 대체하려고 했다.

그런데 상술한 내용에 관해 말하자면 신의 현존의 **존재론적** 증명을 반박하기 위해서는 이성 비판은 아직 필요하지 않았다. 왜냐하면 미학과 분석론의 전제 없이도 저 존재론적 증명이 아무런 설득력 없는 교묘한 개념 유희에 불과함을 분명히 하는 것이 무척 쉽기 때문이다. 이미 아리스토텔레스의 『오르가논』에 존재론적 증명을 반박하기 위해, 그 목적으로 일부러 쓴 것 같은 완전히 충분한 한 장章이 있다. 그것은 『분석론 후서』 제2권 제7장이다. 특히 거기에 "그 현존은 어떤 사실의 본질에 속하지 않는다"라고 명시적으로 쓰여 있다.

우주론적 증명의 반박은 그 지점까지 개진된 비판 학설의 어떤 주어진 경우에 대한 적용이다. 그리고 그것에 반박할 말은 아무것도 생각나지 않는다. **물리신학적** physikotheologisch인 증명은 그것이 전제로 하는 우주론적 증명의 단순한 확장에 불과하며, 또한 그것의 상세한 반박을 『판단력비판』에서 비로소 발견한다. 나는 이 점과 관련해서 내 독자에게 『자연에서의 의지』에 대한 내 저서의 「비교 해부학」 장을 참조할 것을 부탁한다.

칸트는 앞서 말했듯이 이 증명을 비판하면서 단순히 사변 신학과만 관계하며, 그 학파에만 자신을 한정시킨다. 반면에 삶과 대중 신학도 염두에 두었더라면 그는 세 가지 증명에 네 번째 증명을 첨가하지 않을 수 없었을 것이다. 그 네 번째 증명은 많은 사람에게 실로 효과적인 증명이 되고 있으며, 칸트식의 전문 용어로 표현하면 **케라우노로기시한**keraunologisch(두려움을 기초로 하는) 증명이라고 불리는 것이 가장 적절하리라. 그것은 무한히 월등하고 불가해하며, 대체로 위협적인 자연력과 대비되는 것으로서 인간의 궁핍, 무기력, 의존의 감정을 기초로 하는 증명이다. 거기에 모든 것을 인격화하는 인간의 성향이 첨가된다. 그리고 마지막으로 애원과 아부에 의해, 또한 심지어 선물에 의해 무언가를 실행하겠다는 희망이 첨가된다. 다시 말해 인간이 꾀하는 모든 일에는 우리의 힘이 미치지 못하고, 우리의 예측을 불허하는 어떤 것이 있다. 이것을 자기 자신을 위해 얻겠다는 소망이 신들의 기원이다. "신들에 대한 신앙을 만든 것은 무엇보다 두려움이었다"가 페트로니우스(『단편』 제27권 제1장)의 오래된 참된 말이다. 이러한 증명을 주로 비판한 사람이 앞에서 언급한 저서들 가운데 전적으로 칸트의 선구자로 보이는 **흄**이다. 그러나 칸트가 사변 신학의 비판에 의해 지속적으로 당황스럽게 만든 사람들은 철학 교수들이다. 기독교 정부로부터 봉급을 받는 그들은 신앙의 주된 교리를 감히 포기해서는 안 된다.[13] 그럼 그 나리들은 어떻게 그들 자신을 돕는가? 그들은 단순히 신의 현존은 자명하다고 주장한다. 진실로! 구舊세계가 양심을 희생해서 신의 현존을 증명하는 기적을 행하고, 또 신세계가 지성을 희생해서 존재론적, 우주론적,

물리신학적 증명을 내놓은 뒤 이 나라들에게는 그것이 자명하다. 그런 다음 그들은 이 자명한 신으로부터 세계를 설명한다. 그것이 그들의 철학이다.

칸트에 이르기까지 유물론과 유신론 사이에, 즉 맹목적인 우연이, 또는 목표와 개념에 따라 외부로부터의 지적 작업이 세계를 성립시켰다는 가정 사이에 실제적인 딜레마가 있었다. 그리고 제3자는 존재하지 않았다. 따라서 무신론과 유물론은 같은 것이었다. 따라서 혹시 무신론자가 존재할 수 있는지 하는 의심, 즉 맹목적인 우연을 너무 지나치게 합목적적인 자연, 특히 유기적인 자연의 길서 탓으로 돌리는 인간이 실제로 존재할 수 있는지 하는 의심은 같은 것이었다. 예컨대 베이컨의 에세이들(『유쾌한 설교집』), 무신론에 관한 에세이 16을 참고하기 바란다. 수많은 사람, 또 그러한 일에는 많은 무리(군중)에 속하는 영국인들의 견해에는, 심지어 그들 중 가장 유명한 학자들의 경우에도 그것은 여전히 맞는 말이다. 우리는 오언의 『비교 골학骨學』(머리말 11쪽, 12쪽)을 보기만 하면 된다. 거기서 그는 한편으로는 데모크리토스와 에피쿠로스 사이의 옛 딜레마 앞에, 다른 한편으로는 하나의 지성 앞에 여전히 서 있다. 그 지성 속에는 인간이 나타나기 전의 인간 그대로의 본질에 관한 인식이 존재했다. 모든 합목적성은 하나의 지성으로부터 출발하는 것이 틀림없다. 오언은 꿈속에서도 결코 그 점을 의심하지 않았다. 하지만 그는 1853년 9월 5일 이 머리말을 약간 수정한 것을 가지고 파리의 과학 아카데미에서 행한 강연에서 『신학론 또는 학문적 신학』(『콩트 랑뒤Comptes Rendus』[14] 1853년 9월)에 관해 어린이처럼 순진하게 말했다. 그것은 그에게 정확히 같은 것이다! 자연에서 어떤 것이 합목적적이면 그것은 의도, 숙고, 지성의 작업이다. 그런데 물론 판단력 비판이나 자연에서의 의지에 대한 내 저서가 그 같은 영국인이나 파리의 과학 아카데미와 무슨 관계가 있단 말인가? 그 나라들은 그들 밑을 너무 멀리 보지 않는다. 이 동료 나라들은 형이상학과 독일 철학을 멸시하고

---

13 칸트는 이렇게 말했다. "이성으로부터 계몽을 기대하는 것은, 그리고 몇 페이지에서 이성이 필연적으로 빠져야 하는지 이성에 미리 지시하는 것은 매우 불합리한 일이다"(『순수이성비판』 747쪽, V. 775). 반면에 다음의 소박한 주장은 우리 시대 철학 교수의 발언이다. "어떤 철학이 기독교의 기본 이념의 실재성을 부정한다면 그 철학은 잘못된 것이거나 또는 **참된 철학이라 하더라도 사용할 수 없다.**" 이것은 철학 교수에게는 자명하다. 고인이 된 철학 교수 바흐만은 1840년 7월 예나의 문학 잡지 126호에서 그의 모든 동료들의 준칙을 너무 경솔하게 말해 버렸다. 진리가 적응하고 순응하지 않으면 즉각 진리에 문이 가리켜지듯이, 대학 철학의 특성으로 볼 때 그 일은 무척 주목할 만하다. "나가라! 진리여! 우리는 너를 **이용할** 수 없다! 네가 우리에게 무언가를 빚고 있느냐? 네가 우리에게 돈을 지불하느냐? ─그러니, 나가라!".

14 * 프랑스 파리에서 나오는 과학 아카데미 논문집

옛 여성 철학을 고수한다. 하지만 저 선언적 대전제, 유물론과 유신론 사이의 저 딜레마의 타당성은 현재 주어진 세계가 사물들 자체의 세계이며, 따라서 경험적 세계 외에는 사물들의 다른 어떤 질서도 존재하지 않는다는 가정에 기초하고 있다. 하지만 칸트에 의해 세계와 그 질서가 단순한 현상(그 현상의 법칙은 주로 우리 지성의 형식을 기초로 한다)이 된 뒤 사물들과 세계의 현존과 본질은 더 이상 세계 속에서 우리에 의해 지각되거나 영향 받은 변화들의 유추에 따라 설명될 필요가 없다. 또한 우리가 수단과 목적으로 파악하는 것 역시 그러한 인식의 결과로 생겨날 필요가 없다. 그러므로 현상과 사물 자체 사이의 그의 중요한 구별에 의해 유신론의 토대를 빼앗음으로써 칸트는 다른 한편 현존에 대한 전적으로 다르고 더 심원한 설명의 길을 열었다.

이성에 관한 자연적인 변증법의 최종 목표에 관한 장에서 세 가지 초월적 이념이 규제적인 원리로서 자연에 대한 인식의 진전에 가치가 있다고 주장되고 있다. 하지만 이러한 주장을 함에 있어 진지해지기가 어렵다. 다시 말해 적어도 모든 자연 연구를 위한 전제들이 제한적이고 치명적이라는 그와 반대되는 주장은 모든 자연 철학자들에게 의심의 여지가 없을 것이다. 한 예로 이것을 검증하기 위해, 어떤 영혼의 가정이 비물질적이고 간단하며 사고하는 실체로서 카바니스가 무척 아름답게 설명한 진리들이나 발견들을 촉진시키거나 또는 그것들에 극도로 방해가 되어야 하는지 숙고하게 하라. 정말이지, 칸트 자신은 "이성 이념은 자연에 대한 합리적 인식의 준칙에 반대되거나 방해된다"라고 말한다(『형이상학 서설』 제44장).

프리드리히 대제 치하에서 칸트가 발전할 수 있었고, 『순수이성비판』이 나올 수 있었던 것은 확실히 조금도 프리드리히 대제의 공적이 아니다. 어떤 다른 정부 하에서라면 봉급을 받는 교수가 그렇게 과감한 행동을 하기는 힘들었으리라. 이미 대왕의 후계자에게 칸트는 더 이상 글을 쓰지 않겠다는 약속을 해야만 했다.

칸트 철학의 윤리적 부분에 대한 비판은 여기서 하지 않아도 되리라 생각된다. 22년 뒤 『윤리학의 두 가지 근본 문제』에서 지금 행하는 비판보다 더 상세하고 더 철저한 비판을 하기 때문이다. 제1판으로부터 여기에 보존되어 있는 것은 완벽성의 문제 때문에 여기서 생략되어서는 안 되는 것인데, 그것은 합목적적인 예행연습으로서 나중의 훨씬 상세한 비판에 쓰일 수 있다. 따라서 나는 독자가 그 비판을 참조하기 바란다.

건축술의 대칭에 대한 사랑에 따라 이론적인 이성 역시 하나의 **대응물**을 가져야 했다. 아리스토텔레스(『영혼론』 제3권 제10장, 『정치학』 제7권 제14장. 왜냐하면 이성은 실천적일 뿐 아니라 이론적이기도 하기 때문이다)의 실천 이성nous praktikos으로부터 유래하는 스콜라 철학의 실천 지성intellectus practicus이 그 대응물을 제공해 준다. 하지만 여기서는 그것과 완전히 다른 것을 지칭하고 있다. 거기서처럼 기술을 지향하는 이성이 아니라, 여기서는 모든 덕, 모든 고결함, 도달 가능한 모든 성스러움뿐 아니라 인간 행동의 반박할 수 없는 윤리적 중요성의 원천이지 근원으로서 실천 이성이 등장한다. 따라서 이 모든 것은 단순한 **이성**으로부터 생겨나므로 이 이성 외에 다른 어떤 것도 요구하지 않는다. 이성적으로 행동하는 것과 덕이 있고 고결하고 성스럽게 행동하는 것은 같은 것이다. 그리고 이기적이고 사악하며 부도덕하게 행동하는 것은 단순히 비이성적으로 행동하는 것이리라. 하지만 모든 시대, 모든 민족, 모든 언어는 항상 이 두 개를 구별했고, 전적으로 두 종류로 간주했다. 좀 더 새로운 학교의 언어를 알지 못하는, 즉 얼마 안 되는 독일 학자를 제외하고 전 세계를 알고 있는 모든 이들이 오늘날에 이르기까지 그렇게 하고 있다. 다시 말해 저 모든 이들은 덕 있는 처신과 이성적인 생애를 전혀 다른 두 가지 일로 이해한다. 그의 생애가 우리에게 모든 덕의 모범으로 제시되는 저 기독교의 창시자가 **모든 사람 중 가장 이성적인 사람**이었다고 말하는 것은 매우 부적절하고, 심지어는 신성 모독적인 어법으로 불릴지도 모른다. 또한 그의 규정이 전적으로 **이성적인 삶**에 대한 최상의 지시를 담고 있을 뿐이라고 한다면 이와 거의 마찬가지로 불릴지도 모른다. 나아가 이러한 규정에 따라 그 자신과 자신의 미래적인 필요를 미리 생각하는 대신 앞뒤 재지 않고 언제나 다른 사람들의 보다 큰 현재의 결핍을 제거해 주는 자, 그러니까 아무런 방책이 없는데도 다른 사람들에게 가서 그자신이 행하는 덕을 설교하기 위해 그의 모든 소유물을 가난한 사람들에게 선사하는 자를 누구나 존경하는 것은 당연하다. 그러나 누가 감히 이것을 **이성적인 태도**의 정점이라고 칭송하겠는가? 그리고 마지막으로, 아르놀트 폰 빙켈리트가 지나치게 고결한 마음으로 자신의 동포에게 승리와 구원을 전하기 위해 본인의 몸으로 적의 창을 막는 것을 누가 전적으로 **이성적인** 행동이라고 칭찬하겠는가?

반면에 우리가 젊은 시절부터 드문 선견지명으로 걱정 없는 살림을 하고 처자식을 부양하기 위한, 사람들한테서 좋은 명성과 외적인 명예며 칭찬을 얻기 위한 수단을 얻는 데 마음을 쓰는 사람, 그러면서 현재의 즐거움이 주는 자극에 의해,

또는 힘 있는 자의 거만함에 도전하는 만족감으로, 또는 자신이 당한 모욕이나 부당한 굴욕에 대한 복수로, 또는 불필요한 미적이거나 철학적인 일에 마음을 쏟는 것이 주는 매력으로, 그리고 볼 만한 나라로 여행하는 것으로, 이 모든 일과 이와 유사한 일로 헷갈리거나 미혹되지 않고, 자신의 최종 목표를 시야에서 놓치지 않으며, 수미일관되게 하나의 목표를 위해 매진하는 사람을 보게 되면, 그러한 속물이 매우 이례적일 정도로 **이성적**이라는 사실을 누가 감히 부정하겠는가? 심지어 그가 칭찬할 만하지는 않지만 위험하지 않은 몇 가지 수단을 이용한다 해도 말이다. 정말이지 나아가서, 신중한 교활함을 지닌 어떤 악한이 충분히 잘 생각한 어떤 계획에 의해 부와 명예, 심지어 왕위와 왕관까지 얻은 뒤, 극히 교묘한 술책으로 이웃 나라들을 옭아 넣고 하나씩 제압하여 이제 세계 정복자가 되고, 그러면서 정의나 인간성에 대한 어떤 고려에 의해 헷갈리지 않고 자신의 계획에 맞서는 모든 것을 시종일관 짓밟고 분쇄하며, 동정심 없이 수백만의 사람을 온갖 불행, 유혈 사태나 죽음에 몰아넣으면서도 자신의 신봉자와 조력자는 잊지 않고 후하게 보답하고 언제나 지켜 준 다음 이렇게 자신의 목표를 달성한다면, 그런 자야말로 전적으로 이성적으로 일에 착수해야 했다고 생각하지 않을 사람이 누가 있겠는가? 계획의 구상을 위해 엄청난 지성이 필요했듯이 그 계획의 실행을 위해 **이성**의 완전한 지배, 그러니까 엄밀히 말하자면 **실천 이성**이 요구되었다고 생각하지 않을 사람이 누가 있겠는가? 아니면 가령 현명하고 수미일관하며, 사려 깊고 멀리 내다보는 마키아벨리가 군주에게 주는 규정들 역시 **비이성적**인 것인가?[15]

사악함이 이성과 매우 잘 공존하고, 이런 합일에서 비로소 정말 끔찍해지듯이, 이와 반대로 고결한 마음 역시 가끔 지각없음과 결합되어 있다는 것이 발견된다. 코리올라누스Gaius Marcius Coriolanus[16]의 행동은 그것 탓으로 볼 수 있다. 그는 로마에 대한 복수를 하기 위해 수년 동안 온갖 노력을 기울인 뒤, 이제 드디어 때가 왔

---

15 말이 나온 김에 말하자면, 마키아벨리의 문제는 군주가 내부와 외부의 적에도 불구하고 어떻게 무조건 왕위를 유지할 수 있는지에 대한 질문을 해결하는 것이었다. 그러므로 그의 문제는 군주가 인간으로서 그와 같은 것을 원하려고 해야 하는지 아닌지 하는 윤리적인 문제가 아니라, 그가 그것을 원하려고 한다면 어떻게 이를 실행할 수 있는지에 대한 순전히 정치적인 문제였다. 그런데 그는 체스 경기의 규칙을 쓰는 것처럼 이에 대한 해결을 제시한다. 하지만 그 규칙을 쓸 때 체스 게임을 하는 것이 도덕적으로 권장할 만한지의 질문에 대한 답변이 없음을 안타까워하는 것은 어리석은 일이리라. 마키아벨리의 저서가 비도덕적이라고 그를 비난하는 것은 펜싱 교관이 살인과 타살에 반대하는 도덕 강의를 하면서 수업을 시작하지 않는다고 그를 비난하는 것과 마찬가지리라.

16 *기원전 6세기 말에서 5세기 초까지 생존했다고 전해진 로마의 전설적인 영웅. 기원전 493년에 볼스키족과

을 때 원로원의 간청과 어머니, 아내의 눈물에 의해 마음이 약해져 오랫동안 그토록 힘들게 준비해 온 복수를 포기한다. 그로 인해 볼스키족이 그에 대해 정당한 분노를 터뜨리자 그는 로마인들을 위해 죽는다. 로마인들의 배은망덕을 알고 있는 그는 어떻게든 그 배은망덕을 벌하려 했다. 마침내 완벽성 때문에 이성은 무분별과 매우 잘 합일될 수 있다는 사실이 언급될지도 모른다. 어떤 어리석은 준칙이 선택되어 수미일관되게 수행될 때 그것은 맞는 말이다. 이런 종류의 예를 필립 2세의 딸인 이사벨라 공주가 제공했다. 그녀는 오스텐데_{Ostende}가 정복되지 않는 한 깨끗한 속옷을 입지 않겠노라 맹세했고, 3년에 걸쳐 그 약속을 지켰다. 일반적으로 모든 맹세는 이런 부류에 속한다. 그런 맹세들의 근원은 언제나 인과성의 법칙에 따른 통찰의 부족, 즉 무분별에 있다. 그런 약속을 할 정도로 제한된 지성을 가지고 있을 때 그것을 이행하는 것은 그럼에도 이성적이다.

앞에서 인용한 것에 상응하게 우리는 **칸트** 바로 직전에 출현하는 문필가들이 양심을 도덕적인 자극을 받는 자리로서 이성과 대비시키는 것을 본다. 그리하여 **루소**는 『에밀』 제4권에서 말한다. "이성은 우리를 속이지만, 양심은 우리를 결코 속이지 않는다." 그리고 계속해서 이렇게 말한다. "우리 본성의 추론들에 의해 이성 자체로부터 독립적인 양심의 직접적인 원리를 설명하는 것은 불가능하다." 또 이런 내용이 나온다. "나의 자연스러운 감정은 공익을 위해 말했지만, 나의 **이성**은 모든 것을 내게 관련시켰다. 사람들은 덕에 대해 오로지 **이성**을 근거로 삼으려고 무척 애쓸지도 모른다. 하지만 이성에 어떤 견고한 토대를 줄 수 있단 말인가?" "도덕에 대한 모든 까다로운 질문에서 나는 **이성**에 의한 깨우침에 따른 결정보다 **양심**의 판결에 따른 결정에 우선권을 줄 때 언제나 나를 좋게 생각했다." 정말이지, 이미 **아리스토텔레스**(『윤리학』 제1부 제5권)는 덕은 영혼의 이성적인 부분이 아닌 비이성적인 부분에 자리하고 있다고 명시적으로 말한다. 이것에 따라 **스토바에오스**는 소요학파逍遙學派에 관한 그의 저술(『윤리학 발췌』 제2권 제7장)에서 이렇게 말한다. "그들은 윤리적 덕이 영혼의 비이성적인 부분에 관련된다고 생각한다. 그도 그럴 것이 현재의 고찰에 관해 말하자면 그들은 영혼이 이성적인 부분과 비이성적인 부분, 이 두 부분으로 구성되어 있다고 가정하기 때문이다. 그들은 이성적인 부분에 속하는 것은 고결한 마음, 사려 분별, 총명, 지혜, 영리함, 기억 그리고

있었던 전쟁에서 코리올리를 공격해 용맹을 떨친 것을 계기로 코리올라누스라는 이름을 얻었다고 한다.

이와 유사한 것이고, 비이성적인 부분에 속하는 것은 절제, 정의, 용감성, 그리고 그 외의 소위 윤리적인 덕들이라고 가정한다." 그리고 **키케로**(『신들의 본성에 관하여*De Natura Deorum*』제3권 제26~31장)는 이성이 모든 범죄에 대한 수단이자 도구라고 장황하게 설명한다.

나는 **이성을 개념들을 만들어 내는 능력**이라고 설명했다. 인간을 짐승과 구별시키고, 인간에게 지상에서의 지배권을 주는 것은 이처럼 전적으로 고유한 부류의 일반적이고 비직관적인, 단지 단어에 의해 상징화되고 고정되는 여러 표상이다. 짐승이 현재의 노예이고, 단지 직접적으로 감각적인 동기들만을 알고 있다면, 따라서 그 동기들이 인간에게 나타나, 쇠가 자석에 의해 이끌리거나 또는 밀쳐 내어지듯이, 필연적으로 동기들에 의해 그렇게 된다면 인간에게는 이와 반대로 이성의 선물에 의해 사려 분별이 생겨났다. 이 사려 분별은 인간으로 하여금 앞뒤를 바라봄으로써 그의 삶과 세상만사를 전체적으로 쉽게 조망하게 한다. 이것은 인간을 현재로부터 독립적으로 만들고, 좋은 일을 하든 나쁜 일을 하든 그로 하여금 깊이 생각해서 계획에 따라 신중히 일에 착수하게 한다. 하지만 그는 자신이 하는 일을 완전한 자의식을 가지고 한다. 그는 자신의 의지가 어떻게 결정하는지, 매번 무엇을 선택하는지, 다른 어떤 선택이 사안에 따라 가능한지 정확히 알고 있다. 이 자의식 강한 의욕으로부터 그는 그 자신을 알게 되고, 자신을 그의 행동에 비추어 본다. 인간의 행위에 관한 이 모든 관계에서 이성은 **실천적**인 것으로 불릴 수 있다. 다시 말해 이성은 그 이성이 관계하는 대상들이 사고하는 자의 행위에 관련되지 않고 순전히 이론적인 관심을 가지는 한에서만 **이론적**이다. 그런 이론적인 관심을 가질 능력이 있는 사람은 그리 많지 않다. 이런 의미에서 **실천적 이성**이라 불리는 것은 키케로(『신들의 본성에 관하여』제2권 제22장)에 따르면 'providentia'(선견지명, 사전의 대비)의 축소형인 라틴어 'prudentia'(신중함, 처세에 밝음)로 나타나는 것과 거의 비슷하다. 반면에 'ratio'(이성)는 정신적 능력이 있는 사람에 의해 사용될 때는 대체로 본래적인 이론적 이성을 의미한다. 하지만 고대인들은 그 차이를 엄밀하게 관찰하지 못한다.

거의 모든 인간에게서 이성은 오로지 실천적 경향을 지닌다. 그러나 이 경향이 버려지면 사고는 행위에 대한 지배권을 상실한다. 그러므로 이런 말이 있다. "나는 더 나은 것을 알고 있고, 그것이 좋다고 불리지만, 나는 더 나쁜 것을 따른다"(오비디우스, 『변신 이야기』제7권 제20장). 또는 이런 말이 있다. "나는 아침에 계획을 세우고, 저녁이면 어리석은 짓을 한다." 따라서 인간은 자신의 행위를 사고에 의해 안내받아서는 안 되고, 짐승이 하는 방식과 거의 비슷하게 현재의 인상에 의해 안내받아야 한다. 그러므로 인간에게 실제로는 이성이 부족하지 않고 이성을 행위에 적용하는 힘이 부족하긴 하지만, 인간은 **비이성적**이라고 불린다(그렇다고 인간을 도덕적으로 비열하다고 비난하지는 않는다). 우리는 어느 정도까지 인간의 이성은 단지 이론적일 뿐 실천적이 아니라고 말할 수 있을지도 모른다. 이와 동시에 인간은 불행에 빠진 사람을 보면 스스로를 희생해 가면서까지 누구나 수긍해서 그 대가는 바라지 않는 많은 사람처럼 상당히 선한 사람일 수 있다. 그러한 비이성적인 성격의 소유자는 결코 그 같은 큰 범죄를 실행할 수 없다. 왜냐하면 이때 항상 필요한 체계적인 계획, 왜곡, 자제력이 그에게는 불가능하기 때문이다. 반면에 그는 또한 매우 높은 정도의 덕에 이르기는 어렵다. 그도 그럴 것이 그가 천성적으로 선한 쪽으로 기울어진다 해도 모든 인간이 지배당하는 부도덕하고 사악한 개별적인 감정들이 없을 수 없기 때문이다. 그리고 이성이 그 자신을 실천적으로 드러내지 않고, 그 감정들의 변경할 수 없는 준칙과 확고한 결의에 반대할 경우 그것들은 행위가 되어야 하기 때문이다.

결국 **이성**은 상당히 이성적인 성격의 소유자들에게서 매우 본래적으로 **실천적**인 것으로 드러난다. 그 때문에 이들은 일상생활에서 실천적인 철학자로 불리고, 기쁜 사건뿐 아니라 언짢은 사건이 일어났을 경우 이례적인 평정에 의해, 한번 결심했을 경우 한결같은 기분과 확고부동한 자세에 의해 두드러진다. 실제로 이는 그들 내면에서 이성의 우세다. 즉 직관적인 인식보다 추상적인 인식이 더 많은 것이다. 따라서 개념에 의해 일반적으로 또 전체적으로 삶을 개관하는 것이다. 이 삶의 개관은 그들로 하여금 결정적으로 순간적 인상의 기만, 모든 사물의 무상함, 인생의 짧음, 향락의 공허함, 행운의 변덕, 우연의 크고 작은 술책을 알게 만들었다. 따라서 그들에게 뜻하지 않게 일어나는 것은 아무것도 없다. 그들이 추상적으로 알고 있는 것이 실제로 또 개별적으로 그들에게 일어난다면, 그것은 그들을 놀라게 하지도, 당황하게 하지도 않는다. 그다지 이성적이지 않은 성격의 소유자들은 그런 일이 일어나면 놀라고 당황해한다. 그런 자들에게는 현재, 직관적인 것, 현실적인 것이 너무나 큰 영향력을 행사하므로 차가운 무색의 개념들은 의식의 배경으로 완전히 물러나고, 의도Vorsatz와 준칙들을 망각한 채 온갖 정동과 열정에 내맡겨진다. 나는 이미 제1권 끝에서 내 견해로는 스토아적인 윤리는 이런 의미에서 원래 참으로 이성적인 삶에 대한 지시에 불과했다고 설명했다. 그러한 삶을 호라티우스도 매우 많은 대목에서 거듭 칭찬하고 있다. 그의 "닐 아드미라리Nil admirari"[17](『서간집』 제1권 제6장 1절) 역시 그러한 삶과 어울린다. "Nil admirari"를 '어떤 일에도 경탄하지 마라'로 번역하는 것은 완전히 잘못된 것이다. 호라티우스의 이 발언은 이론적이라기보다는 실천적인 것이다. 그리고 그것의 진정한 의미는 이것이다. '어떠한 대상도 무조건 평가하지 마라. 어떤 것에도 반하지 마라. 어떤 것의 소유가 행복을 너에게 기져다줄 수 있다고 생각하지 마라. 어떤 대상에 대한 매우 강한 모든 욕망은 단순히 우롱하는 키메라일 뿐이다. 손에 넣은 소유에 의해서보다는 분명해진 인식에 의해 우리는 마찬가지로 잘, 그러나 훨씬 쉽게 그 괴물로부터 벗어날 수 있다.' 키케로 역시 "admirari"(『예언에 관하여』 제2권 제2장)를 이런 의미에서 사용한다. 키케로가 하는 말의 의미는 그러므로 대담함, 의연함과 이미 데모크리토스가 최고의 선으로 칭찬한 경탄 없음이다(알렉산드리아의 클레멘스의 『잡록』 제2권 제21장을 보라. 그리고 『스트라보Strabo』 제1권 98쪽과 105쪽을 참조하라). 행실의 그러한 이성적인 태도는 본래 덕이나 악덕과는 아무 관계가 없다. 하지만 짐승에 대한 인간의 본래적인 우선권을 타당하게 만드는 것은 이처럼 이성을 실천적으로 사용한다는 점이다. 하지만 이러한 점에서 그 우선권은 어떤 의미를 가지며, 인간의 존엄에 관해 말하는 것이 허용된다.

설명된 모든 경우, 그리고 생각해 낼 수 있는 모든 경우에 이성적인 행위와 비이성적인 행위의 구별은 동기가 추상적 개념인지 또는 직관적 표상인지의 문제로 되돌아간다. 따라서 내가 이성에 관해 행한 설명은 모든 시대와 민족의 어법과 정확히 일치한다. 사람들은 그 어법 자체를 무언가 우연적인 것이나 임의적인 것으로 간주하지 않고 그것이 모든 사람이 의식하고 있는 다양한 정신 능력의 차이에서 생겨났다는 것을 통찰할 것이다. 인간은 그 정신 능력의 의식에 따라 말하지만, 그렇다고 물론 추상적 정의를 분명히 하기 위해 그 정신 능력을 높이지는 않는다. 우리의 선조는 가령 수 세기 후에 나타날 철학자들을 위한 준비를 하기 위해, 그리고 그 단어와 관련해 무슨 생각을 해야 하는지 규정하기 위해 단어들을 만들 때 반드시 그것들에 하나의 특정한 의미를 덧붙였다. 하지만 철학자들은 그 단어들에 의해 전적으로 특정한 개념들을 나타냈다. 그러므로 단어들은 더 이상

17　＊'어떤 일에도 당황하지 마라'라는 의미

주인 없는 것이 아니고, 그것들이 지금까지 가졌던 것과는 전적으로 다른 의미가 그것들에 첨가된다. 그리하여 인간은 그 단어들을 남용하고, 하나의 자의를 도입하게 하는 수단을 갖게 되었다. 그에 따라 모든 사람은 모든 단어를 임의의 의미로 사용할 수 있을지도 모른다. 그로 인해 필연적으로 끝없는 혼란이 생기게 될지도 모른다. 이미 **로크**는 철학에서 대부분의 의견 불일치가 그릇된 단어 사용에서 비롯한다는 것을 상세히 보여 주었다. 이에 대한 해명을 위해, 오늘날 사이비 철학사들이 사성의 빈곤으로 실체, 의식, 긴리 등의 단어들에 저지르는 기부적인 남용에 대해 잠시 살펴보기로 하자. 또한 최근의 철학자들은 제외하고 모든 시대의 모든 철학자의 이성에 대한 발언과 설명은 인간의 우선권에 대해 모든 민족 사이에 지배적인 개념들보다 이성에 대한 내 설명과 적지 않게 일치한다. 플라톤이 『국가』 제4권에서, 그리고 무수히 흩어져 있는 여러 구절에서 "로고스의 능력을 가진"이나 "영혼의 이성적인 부분"이라고 칭하는 것, 키케로가 말하는 것(『신들의 본성에 관하여』 제3권 제26~31장), 라이프니츠, 로크가 제1권에서 이미 인용한 구절에서 이에 대해 말하는 것을 보라. 칸트 이전의 모든 철학자가 전체적으로 내가 말한 의미에서 이성에 관해 말했다는 것을 보여 주려면 여기서 인용이 끝나지 않으리라. 하지만 그들은 이성의 본질을 하나의 점에 환원함으로써 완전히 확실하고 분명하게 설명할 줄 몰랐다. 칸트가 등장하기 직전에 사람들이 이성을 어떻게 이해했는지는 줄처의 『철학적인 잡록』 제1권에 수록된 두 논문이 대체적으로 보여 준다. 그 하나의 제목은 '이성 개념의 분석'이고 다른 하나의 제목은 '이성과 언어의 상호 영향에 관하여'다. 반면에 우리가, 후일 산사태처럼 커진 칸트의 오류가 끼친 영향으로 최근에 이성에 관해 어떻게 말하는지 읽으면 칸트 이전의 모든 철학자뿐 아니라 고대의 전체 현자가 결코 이성을 갖지 않았다고 가정하지 않을 수 없다. 그도 그럴 것이 이제 발견된 이성의 직접적인 지각, 직관, 이해력, 예감이 우리에게 박쥐의 6감이 그렇게 생각되듯이 그들에게 완전히 생소하게 여겨졌기 때문이다. 그 밖에 나에 관해 말하자면 나는 다음과 같이 고백하지 않을 수 없다. 제한된 상태에 있는 나 역시 저 이성을 박쥐의 6감을 파악하고 상상하는 것과 다르게 파악하고 상상할 수 없다. 그 이성은 초감각적인 것, 절대적인 것을, 그 절대적인 것과 함께 발생하는 긴 이야기와 더불어, 직접 지각하고 이해하거나 지적으로 직관한다. 하지만 우리는 선택하는 건 뭐든지 즉각 직접적으로 지각하는 그러한 이성의 발명 또는 발견을 칭찬하지 않을 수 없다. 이성은 이성 비판을 하는 온갖 **칸트**에도 불구하고, 자신의 고정된 좋아하는 이념을 가지고 가장 쉬운 방법으로 세상의 곤경에서 잽싸게 벗어나기 위한, 비교할 수 없는 보조 수단인 것이다. 이성이 겪는 발명과 예외는 시대를 명예롭게 한다.

그러므로 **이성**(이성적인 통찰, Vernunft, ratio, raison, reason)에서 본질적인 것이 비록 충분히 날카롭게 규정되지도, 하나의 점으로 환원되지도 않았지만, 모든 시대의 모든 철학자에 의해 전체적으로 또 일반적으로 올바로 인식되었음에도, 반면에 **지성**(Verstand, intellectus, esprit, intellect, understanding)이 무엇인가 하는 것은 그들에게 그다지 분명해지지 않았다. 따라서 그들은 지성을 종종 이성과 혼동하며, 바로 그 때문에 이성의 본질에 대한 전적으로 완전하고 순수하며 간단한 설명에 도달할 수 없었다. 그런데 기독교 철학자들의 경우 이성의 개념은 계시에 대한 반대에 의해 또 하나의 전적으로 이질적인 부차적 의미를 얻게 되었다. 그리고 이것에서부터 출발하여 많은 사람은 덕에 대한 의무의 인식이 단순한 지성으로부터도, 즉 계시 없이도 가능하다고 정당하게 주장한다. 이러한 고려는 심지어 칸트의 설명과 단어 사용에까지 확실히 영향을 미쳤다. 그러나 이러한 반대는 본래 실증적이고 역사적인 중요성을 지니며, 따라서 철학에 낯선 요소다. 철학은 그 요소로부터 보호되어야 한다.

우리는 칸트가 그의 이론적 이성과 실천적 이성의 비판에서 이성 일반의 본질에 대한 설명으로부터 출발했으리라고 기대해도 되었으리라. 그는 그렇게 유類를 규정한 뒤, 어떻게 동일한 이성이 그토록 상이한 방식으로 나타나는지, 그렇지만 주된 성격을 유지함으로써 같은 것이라는 것이 증명되는지 보여 주면서 두 개의 종種에 대한 설명으로 나아갔으리라. 하지만 우리는 이 모든 것으로부터 아무것도 발견하지 못한다. 나는 그가 『순수이성비판』에서 그에 의해 비판받는 능력에 관해 가끔 말이 나온 김에 하는 설명들이 얼마나 불충분하고 갈팡질팡하며 부조화를 이루는지 이미 보여 주었다. **실천** 이성은 이미 『순수이성비판』에서 예고 없이 불쑥 등장하며, 나중에는 특별히 그 자신에게 바친 『순수이성비판』에서 이미 확립된 어떤 것으로 존재한다. 그것에 대해 더 이상의 아무런 해명도 없고, 모든 시대와 민족의 멸시받은 어법이나 또는 이전의 가장 위대한 철학자들의 개념 규정이 감히 그들의 목소리를 높이지도 않는다. 전체적으로 우리는 개별적인 대목으로부터 칸트의 견해가 그와 다를 바 없다고 추측할 수 있다. 즉 추상적인 원리의 인식은 이성의 본질적인 특성이라는 것이다. 그런데 행위의 윤리적 중요성의 인식은 경험적 기원을 갖지 않으므로 그 인식 역시 하나의 선험적인 원리이며, 그에 따라 이성으로부터 유래한다. 그러므로 그런 점에서 이성은 **실천적**이다. 나는 이성에 대한 이런 설명이 옳지 않다는 것에 대해 이미 충분히 이야기했다. 하지만 이것은 차치하더라도, 가장 이질적인 사물들을 합일시키기 위해 이때 그 밖의 근본적으로 본질적이고 엄청난 차이를 간과하면서, 여기서 경험으로부터 독립이라는 유일한 특징을 이용하는 것이 얼마나 피상적이고 철저성의 결여를 보여 주는가. 그로 그릴 깃이 비록 우리는 인정하지 않지만, 행위의 중요성의 윤리적 인식이 우리 속에 자리 잡고 있는 명령, 무조건적인 **당위**로부터 생긴다고 가정한다 해도 그러한 명령이 저 보편적인 **인식 형식**과 얼마나 근본적으로 상이하겠는가. 칸트는 우리가 선험적으로 의식하고 있음을 『순수이성비판』에서 증명한다. 그 선험적 의식에 의해 우리는 모든 가능한 경험에 타당한 무조건적인 **강제**를 미리 표명할 수 있다. 하지만 이미 주관 속에서 규정된 객관의 필연적인 형식인 이 **강제**와 저 도덕성의 **당위** 사이의 차이는 무한히 크고 현저하므로, 우리는 비경험적인 인식 방법의 특징을 띤 양자의 일치를 어쩌면 재기 있는 비교의 목적을 위해 이용할 수는 있지만, 양자의 근원을 같은 것으로 간주하기 위한 철학적 정당화로서는 이용할 수 없다.

게다가 실천 이성, 즉 **절대적 당위** 또는 정언 명령이라는 이 아이의 출생지는 『실천이성비판』에 있는 것이 아니라, 이미 『순수이성비판』(802쪽, V. 830)에 있다. 출생은 강제적이고, 단지 '**따라서**'라는 겸자鉗子에 의해 완수될 뿐이다. 그 '따라서'는 대담하고 뻔뻔스럽게, 말하자면 후안무치하게, 서로 완전히 낯설고 아무 연관이 없는 두 개의 명제를 원인과 결과로 결합시키기 위해 명제들 사이에 있다. 다시 말해 직관적인 동기뿐 아니라 추상적인 동기도 우리를 규정한다는 것이 그 명제를 다음과 같은 방식으로 표현하면서 칸트로부터 출발하는 명제다. "자극하는 것, 즉 감각을 직접 촉발하는 것만이 인간의 의지를 규정하는 것이 아니고, 우리는 그 자체로 좀 더 관계가 먼 방식으로 유익하거나 유해한 것의 표상에 의해 우리의 감각적인 욕구 능력을 극복하는 하나의 능력을 지니고 있다. 우리의 전체 상태를 고려하여 욕구할 가치가 있는, 즉 좋고 유익한 것에 대한 이러한 숙고는 이성에 근거하고 있다." (완전히 옳은 말이다. 다만 그가 이성에 관해 언제나 너무 이성적으로 말하는 것이 문제일지도 모른다!) "이 이성이 **따라서** 주는 것이다! 명령인 법칙들, 즉 자유의 객관적인 법칙들 역시, 어쩌면 결코 일어나지 않을지도 모르지만, 무슨 일이 일어**나야 하**는지 말해 준다." 그리하여 더 이상의 증명 없이 정언명령은 세상에 나와, 거기서 **무조건적인 당위**, 철목으로 된 왕홀을 가지고 지배한다. 그도 그럴 것이 당위라는 개념에는 필연적인 조건으로서 절대적으로 또 본질적으로 처벌의 위협 또는 약속된 보답에 대한 고려가 들어 있기 때문이다. 또 그러한 고려는 개념 자체를 폐기하지 않고는, 또 개념으로부터 모든 의미를 빼앗지 않고는 개념으로부터 분리될 수 없다. 따라서 **무조건적인 당위**는 하나의 형용 모순 contradictio in adjecto이다. 그렇지 않았으면 윤리학에 대한 킨트의 가장 큰 공적이 될 수도 있었을 이 실수를 비난하는 것이 필요했다. 이 공적의 본질은 그가 윤리학을 경험 세계의 모든 원리로부터, 말하자면 모든 직간접적인 행복론으로부터 자유롭게 했다는 것과, 덕의 왕국은 이 세계에 속한 것이 아니라는 것을 매우 독특한 방식으로 보여 주었다는 데 있다. 이 공적은 유일하게 플라톤을 제외하고 이미 고대의 모든 철학자들, 다시 말해 소요학파 철학자들, 스토아학파 철학자들, 에피쿠로스학파 철학자들이 매우 다양한 책략에 의해 덕과 행복을 때로는 충분근거율에 따라 서로 의존적인 것으로 만들려 하고, 때로는 모순율에 따라 동일시하려 했기 때문에 더욱 크다. 같은 비난이 칸트에 이르기까지 근대의 모든 철학자에게 똑같은 정도로 적용된다. 따라서 이 점에서 그의 공적은 무척 크다. 그렇지만 정의는 이 경우에도, 우리가 즉각 보게 되겠지만, 부분적으로 그의 설명과 상론이 그의 윤리학의 경향 및 정신과 가끔 상응하지 않는다는 것과, 또 부분적으로는 그가, 비록 그렇다 하더라도, 덕을 모든 행복 원리로부터 분리시킨 최초의 인물이 아니라는 것을 기억하기를 요구한다. 그도 그럴 것이 이미 플라톤이 바로 이 문제를 주된 경향으로 다루고 있는『국가』에서 특히, 불행과 치욕이 덕과 불가피하게 결부되어 있다 하더라도 덕은 그 자체만으로 선택될 수 있다고 명시적으로 가르치기 때문이다. 하지만 더욱이 기독교는 사후의 삶에서 보답받기 위해서가 아니라 보답과 전혀 무관하게 신에 대한 사랑 때문에 행해지는 완전히 비이기적인 덕을 설교한다. 왜냐하면 일이 아니라 오직 신앙만이 정당화하기 때문이다. 덕은 소위 신앙의 단순한 동의어로 신앙을 동반하며, 따라서 보답과 전혀 무관하게 또 저절로 나타난다. 루터의『기독교인의 자유에 관하여』를 읽어 보기 바란다. 나는 인도인들을 결코 고려할 생각이 없다. 그들의 성스러운 서적들에서는 어디서나 자신의 일에 대한 보답의 희망이 결코 축복에 이를 수 없는 어둠의 길로 묘사되고 있다. 하지만 우리는 칸트의 덕론을 그리 순수하게 생각하지 않는다. 또는 오히려 그 설명이 그 설명의 정신 뒤에 훨씬 뒤처져 있으며, 그러므로 모순에 빠져 있다. 우리는 그가 후에 논한 그의 **최고선**에서 덕을 행복과 결합시킨 것을 발견한다. 하지만 원래 그처럼 무조건적인 당위는 모순에 붙들려 있어서는 살 수 없으므로 사실 내적 모순에서 벗어나기 위해 나중에 하나의 조건을 요청한다. 그러나 최고선 속의 행복이 사실 엄밀히 말하자면 덕에 대한 동기가 되어서는 안 된다. 그럼에도 그 행복은 비밀 품목처럼 존재하는데, 그 비밀 품목의 존재는 그 밖의 모든 것을 단순한 위장 계약으로 만들어 버린다. 행복은 본래 덕의 보답이 아니지만, 그래도 하나의 자발적인 선물이다. 덕은 그 선물을 받으려고 일을 완수한 뒤 몰래 손을 벌린다. 『실천이성비판』(제4판 223~266쪽, 또는 로젠크란츠판 264~295쪽)을 보면 이에 관해 확신할 수 있을 것이다. 칸트의 도덕 신학 전체도 같은 경향을 지니고 있다. 바로 이것 때문에 실은 도덕 그 자체가 파괴된다. 그도 그럴 것이 거듭 말하지만 어떻게든 보답 때문에 행해지는 모든 덕은 현명하고 방법론적이며, 멀리 내다보는 이기심에 근거하기 때문이다.

그런데 실천적 이성의 기본 법칙인 절대적 당위의 내용은 유명하다. "네 의지의 준칙이 언제나 동시에 보편적 입법의 원리로 유효할 수 있도록 행동하라." 이 원리는 그 자신의 의지를 위한 하나의 규정Regulativ을 갈망하는 자에게 모든 사람의 의지를 위한 그러한 규칙을 찾는 임무를 부여한다. 그런 다음 어떻게 그런 규칙을 찾을 수 있는지에 대한 질문이 생긴다. 분명 나는 내 행위의 규칙Regel을 찾아내기 위해 나 자신만이 아닌 모든 개인의 총계를 고려해야 한다. 그런 다음 나 자신의 안녕 대신 모든 사람의 안녕이 내 목표가 된다. 하지만 그 목표는 여전히 안녕으로 남는다. 그런 뒤 나는 각자 타인의 이기심으로 자신의 이기심을 제한할 때에만 모두가 똑같이 행복할 수 있다고 생각한다. 물론 이 사실로부터 내가 아무도 침해해서는 안 된다는 결과가 생긴다. 왜냐하면 이 원리가 보편적인 것으로 받아들여짐으로써 나 역시 침해받지 않기 때문이다. 하지만 이러한 사실이 도덕 원리를 아직 소유하고 있지 않은 내가 비로소 하나를 찾으면서 그것이 보편적 법칙이 되기를 바랄 수 있는 유일한 근거다. 하지만 분명 이런 식으로 안녕에 대한 소망, 즉 이기심은 이러한 윤리적 원리의 원천으로 남는다. 정치학의 토대로서는 그 원리가 탁월할지 모르지만, 윤리학의 토대로서 그것은 무가치할지도 모른다. 그도 그럴 것이 모든 사람의 의지를 위한 규정을 확립하려는 자는 저 도덕 원리에 의해 요구되듯이 필연적으로 그 자신이 다시 하나의 규정을 필요로 하게 된다. 그렇지 않으면 그에게는 모든 것이 매한가지가 되리라. 그러나 다른 사람의 행위는 이기심에만 영향을 주므로 이 규정은 단지 그 자신의 이기심에 불과할지도 모른다. 따라서 이 이기심에 의해서만, 또 그 이기심을 고려해서만 각자는 다른 사람들의 행위와 관련해 하나의 의지를 가질 수 있으며, 그것이 그에게 무관심한 일이 될 수 없다. 칸트는 이것을 자신에게 매우 소박하게 암시한다(『실천이성비판』 123쪽, 로젠크란츠판 192쪽). 그러므로 그는 거기서 의지를 위한 준칙을 찾는 일을 수행한다. "모든 사람이 다른 사람의 곤궁을 완전히 무관심하게 바라본다면, 그리고 **그대가** 사물들의 그러한 질서에 **함께 속한다**면, 그대는 그 점에 동의하겠는가?" 우리는 우리 자신에게 불리하게 말하는 것을 얼마나 경솔하게 인정하는가! 이는 문의된 동의의 규정이리라. 이와 마찬가지로 『도덕 형이상학의 기초 놓기』 제3판 56쪽, 로젠크란츠판 50쪽에 이런 구절이 있다. "곤경에 빠진 아무도 돕지 않으려고 결심하는 의지는 모순에 빠질지도 모른다. 왜냐하면 **그 의지가 다른 사람들의 사랑과 관심을 필요로 하는** 사건들이 일어날 수 있기 때문이다" 등등. 따라서 자세히 관찰하면, "다른 사람이 네게 하지 않았으면 하는 것을 남에게 행하지 마라Quod tibi fieri non vis, alteri ne feceris!"라는 옛날의 단순한 원칙과 다르지 않은 간접적이고 완곡한 표현인 윤리학의 이 원리는 그러므로 맨 먼저 또 직접 수동적인 것, 고통과 관계되고, 그다음에 비로소 이것에 의해 행동과 관계된다. 따라서 앞서 말했듯이, 이 행동은 **부당한 일을 당하는 것**의 방지를 목표로 삼으며, 모두와 각자를 위해 안녕의 최대치를 제공하고자 하는 **국가**의 체제를 위한 길잡이로서 전적으로 유용할지도 모른다. 하지만 행동으로서의 행동을 연구 대상으로 하는 윤리학에, 그리고 **행위자**에 대한 행동의 직접적인 중요성을 다루는 윤리학에 행동의 결과인 고통, 또는 다른 사람들에 대한 그 행동의 관계는 존재하지 않는다. 그러한 고려는 전적으로 허용될 수 없다. 왜냐하면 그러한 고려는 기본적으로 다시 행복의 원리, 그러므로 이기심과 다를 바 없기 때문이다.

따라서 우리는 윤리학의 그의 원리가 물질적인 것, 즉 동기로서 하나의 객관을 설정하는 원리가 아니라 단순히 하나의 형식적인 원리라는 데서 갖는 칸트의 기쁨을 공유할 수 없다. 그로 인해 형식적인 원리는 『순수이성비판』이 우리에게 친숙하게 해 준 형식적인 법칙에 대칭적으로 상응한다. 물론 그 형식적 원리는 법칙 대신 그러한 법칙을 찾아내기 위한 정식Formel에 불과하다. 하지만 부분적으로 우리는 이 정식을 "다른 사람이 네게 하지 않았으면 하는 것을 남에게 행하지 마라"

에서 이미 보다 짧고 명백하게 가졌다. 또 부분적으로는 이 정식의 분석은 오로지 자신의 행복에 대한 고려만이 그 내용을 주므로, 그 고려는 이성적인 이기심에만 쓸모 있다는 것을 보여 준다. 또한 모든 법적 체제의 기원 역시 이성적인 이기심 덕이다.

모든 사람의 감정을 상하기 때문에 종종 비난받는 다른 실수가 있다. 실러에 의해 어떤 경구에서 풍자되는 그 실수는, 하나의 행위가 진실로 좋고 칭찬할 만하기 위해서는 오로지 인식된 형식과 의무의 개념에 대한 존경으로부터, 그리고 이성에 추상적으로 의식된 준칙에 따라 행해져야 하는 현학적인 정관이다. 하지만 그 행위는 어떤 애착이나 다른 사람에 대해 느끼는 호의, 마음씨 착한 관심, 동정, 감정의 격화 때문에 행해져서는 안 된다. 이러한 것들은 (『순수이성비판』 213쪽, 로젠 크란츠판 257쪽에 따라) 올바로 생각하는 사람들의 숙고를 거친 준칙을 혼란스럽게 하는 것으로서 그들에게 심지어 매우 성가시다. 행위는 마지못해 또 자기 강제로 행해져야 한다. 그럼에도 이때 보답의 희망이 들어와서는 안 된다는 것을 기억하고, 요구의 커다란 불합리를 평가하기 바란다. 하지만 여기서 더 말하려고 하는 것은 바로 이 불합리가 덕의 진정한 정신에 직접 반대된다는 점이다. 행위가 아니라 행위를 기꺼이 하려는 마음, 행위가 일어나게 하고 행위를 죽은 일로 만들지 않는 사랑이 이 행위의 칭찬할 만한 점이 된다. 따라서 모든 외적인 일이, 참으로 기꺼이 하려는 마음과 순수한 사랑을 본질로 하는 저 진정한 마음씨에서 일어나지 않는다면 무가치하다는 기독교의 가르침도 정당하다. 또 행해진 일이 아니라 신념이, 법칙을 단지 눈앞에 지니고 있을 뿐인 자유롭고 숙고를 거친 의지가 낳지 않고 오직 성스러운 정신만이 부여하는 진정한 마음씨가 축복과 구원을 준다는 가르침 역시 정당하다. 모든 덕 있는 행위는 법과 그 추상적인 준칙에 대한 순수하고 숙고를 거친 존경으로부터 차갑게 또 애착 없이, 그러니까 모든 애착에 반대하여 생겨나야 한다는 칸트의 이 요구는 마치 모든 진정한 예술 작품은 미학적 규칙의 잘 숙고된 적용에 의해 생겨나야 한다고 주장하는 것과 같다. 한쪽은 다른 쪽과 마찬가지로 잘못된 것이다. 덕을 가르칠 수 있는가 하는 것은 이미 플라톤과 세네카에 의해 다루어진 질문에 대해 부정적인 답변이 나올 수 있다. 은총의 선택에 관한 기독교 교리의 근원이 무엇이든 간에, 우리는 주된 특징과 내적인 본질에 따라 덕은 어느 정도 천재처럼 타고난 것이라고 통찰할 결단을 결국 내려야 할 것이다. 또 이와 마찬가지로 모든 미학 교수가 누군가에게 천재적인 작품, 즉 진정한 예술 작품을 생산하는 능력을 나누어 줄 수 없듯이, 모든 윤리학 교수와 덕의 설교도 비천한 성격을 덕 있고 고상한 성격으로 개조할 수 없다고 통찰할 결단을 결국 내려야 할 것이다. 그러한 개조의 불가능성은 납을 금으로 변형시키는 것의 불가능성보다 훨씬 더 명백하다. 윤리학의 체계를 찾아내는 것과, 실질적인 영향을 갖고 있으며 실제로 인류를 개조하고 개선시킬 윤리학의 어떤 최고 원리를 찾아내는 것은 현자의 돌을 찾는 것과 완전히 똑같다. 그렇지만 추상적 인식(윤리학)에 의해서가 아니라 직각적인 인식(은총의 작용)에 의한 인간의 전적인 심경 변화(재탄생)에 관해서는 우리의 책 제4권 끝에 상세히 나와 있다. 그 책의 내용은 내가 이곳에 더 오래 머물러야 할 필연성을 대체로 면하게 해준다.

칸트가 행위의 윤리적 내용의 본래적인 중요성 속으로 결코 뚫고 들어가지 않았다는 것을 그는 덕과 행복의 필연적인 합일로서 최고선에 대한 그의 가르침에 의해, 더구나 덕이 행복을 얻을 자격을 부여한다는 것으로 보여 준다. 그는 여기서 잣대가 되는 자격 부여의 개념은 이미 하나의 윤리학을 그 개념의 잣대로 전제하고 있으며, 그러므로 그 잣대로부터 추론될 수 없다는 논리적 오류에 벌써 빠져든다. 우리의 책 제4권에서 모든 진정한 덕은 최고에 도달한 뒤 최종적으로 완전한 체념으로 이끌려 간다는 것이 밝혀졌다. 그 체념에서 모든 의욕은 종말을 맞이한다. 반면에 행복은 충족된 의욕이다. 그러므로 이 둘은 근본적으로 합일될 수 없다. 내 설명을 이해한 자에게는 최고선에 관한 칸트의 견해가 완전히 잘못되었다는 것에 대한 더 이상의 아무런 해설이 필요 없을 것이다. 그리고 나의 긍정적인 설명과 무관하게 나는 여기서 더 이상 부정적인 설명을 할 것이 없다.

우리는 건축술의 대칭에 대한 칸트의 사랑을 『실천이성비판』에서도 볼 수 있다. 그가 이 책에 『순수이성비판』의 형태를 부여했고, 명백한 자의恣意로 같은 제목과 형식을 다시 도입했기 때문이다. 그 자의는 자유에 관한 범주의 목록에서 특히 눈에 띄게 드러난다.

『법론』은 칸트의 가장 마지막 작품들 중 하나다. 너무 빈약한 책이어서, 나는 그것에 전적으로 동의하지 않긴 하지만, 그 책에 대한 논쟁이 너무 과하다고 생각한다. 왜냐하면 이 위대한 인물의 저서가 아니라 평범한 인간의 작품 같은 그 책 자체가 너무 약해서 자연사할 수밖에 없기 때문이다. 그러므로 나는 『법론』과 관련해서 부정적인 처리 방식을 포기하고, 긍정적인 처리 방식, 즉 우리의 책 제4권에 주어진 그것의 간단한 개요를 참조하기로 한다. 여기서는 칸트의 『법론』에 관한 몇 가지 일반적인 언급만 할 생각이다. 칸트에게 전반적으로 부수되어 있는 것으로서 내가 『순수이성비판』을 고찰하면서 비난한 오류들이 『법론』에 과도하게 나타난다. 그리하여 칸트적인 고정된 양식의 풍자적인 패러디를 읽고 있다고, 또는 적어도 칸트파 학자의 말을 듣고 있다고 생각될 정도다. 하지만 두 가지 주된 오류는 이것이다. 그는 『법론』을 윤리학과 선명히 분리하려고 한다(그리고 많은 사람이 이후로 그렇게 하려고 했다). 그러나 『법론』을 색슥셕인 빅싟 수뮙, 즉 지믜릭인 강제에 의존하게 하지 않고, 법의 개념을 순수하고 선험적이며 독자적으로 존재하게 한다. 하지만 이것은 가능하지 않다. 왜냐하면 행위는 그것의 윤리적인 중요성과는 별도로, 또 다른 사람들에 대한 물리적인 관계와는 별도로, 그리고 그럼으로써 외적 강제와는 별도로 제3의 견해는 가능성조차 허용하지 않기 때문이다. 따라서 그가 "법적 의무는 강요될 **수 있다**"라고 말한다면 이 '**수 있다**'는 물리적으로 이해될 수 있다. 그러면 모든 법은 적극적이고 자의적이다. 그리고 다시 관철될 수 있는 모든 자의恣意 또한 법이다. 또는 그 '**수 있다**'는 윤리적으로 이해될 수 있다. 그리하여 우리는 다시 윤리학의 영역에 있게 된다. 따라서 칸트의 경우 법 개념은 하늘과 땅 사이를 떠돌며 발 디딜 땅을 갖지 못한다. 나의 경우 그것은 윤리학에 속한다. 둘째로 법 개념에 대한 그의 정의는 전적으로 소극적이고, 그로 인해 불충분하다.[18] "법은 보편적 법칙에 따라 개인의 개별적 자유의 양립과 병렬적으로 화합하는 그것이다." 자유(여기서는 의지의 도덕적 자유가 아닌 경험적, 즉 물리적 자유다)는 방해받지 않는 것을 의미하며, 따라서 단순한 부정이다. 양립은 다시 전적으로 똑같은 중요성을 지닌다. 그러므로 우리는 단순한 부정에 머무르고, 적극적인 개념을 얻지 못한다. 그러니까 우리가 이미 다른 곳으로부터 그에 대해 알고 있지 않으면 실제로 무엇에 관해 말하고 있는지 전혀 알지 못하게 된다. 상론의 과정에서 나중에 자연의 상태에선, 즉 국가 밖에선 소유권에 대한 법이 전혀 없는 것과 같은 가장 잘못된 견해가 발전된다. 그 소유권에 대한 법이 실제로 의미하는 것은 모든 법이 적극적이라는 것이다. 그에 따르면 자연법은 적극적인 법을 토대로 하고 있지, 그 반대의 경우가 되어선 안 된다. 나아가 점유에 의한 법적

---

18 법 개념이 사실 소극적이긴 하지만 적극적인 출발점인 부당과는 달리 그렇다고 이 개념의 설명이 철저히 소극적이어선 안 된다.

취득의 근거 짓기, 시민적 제도를 확립하기 위한 윤리적 의무, 형벌권 등의 근거, 이 모든 것에 대해 나는 앞서 말했듯이 특별히 반박할 가치가 있다고 여기지 않는다. 하지만 이러한 칸트적인 오류들 역시 매우 유해한 영향을 보여 주었다. 그 오류들은 오래전에 인식되고 표명된 진리를 다시 애매모호하게 했고, 이상한 이론, 많은 글과 논쟁을 유발시켰다. 그것은 물론 존속할 수 없다. 이미 우리는 진리와 상식이 다시 활로를 개척하는 것을 보고 있다. 숱한 터무니없는 이론과는 달리 특히 J. C. F. 마이스터의 자연법이 그런 사실에 관해 증언하고 있다. 물론 그렇다고 내가 그의 자연법을 달성된 완전함의 모범으로 간주하는 것은 아니다.

『판단력비판』에 대해서도 지금까지 말한 것에 따라 나는 매우 짧게 말할 생각이다. 우리는 예술이 자신에게 무척 낯설었을, 그리고 짐작건대 아름다움에 대한 감수성이 그다지 없었을, 게다가 필경 중요한 예술 작품을 볼 기회가 결코 없었을, 마지막으로 심지어는 그의 세기뿐 아니라 국가에서 그와 견줄 만한 유일한 거인인 괴테를 알지 못했던 것 같은 칸트가 그런 일을 한 것에 놀라움을 금할 수 없다. 말하자면 이 모든 사실에도 불구하고 칸트가 예술과 아름다움의 철학적인 고찰을 위해 위대하고 영속적인 공적을 세울 수 있었다는 것은 놀라운 일이다. 그의 공적은, 많은 사람들이 아름다움과 예술에 대해 고찰했음에도, 그들은 언제나 그 문제를 다만 경험적 입장에서 고찰했으며, 어떤 특성이 **아름답**다고 불리는 어떤 종류의 객관을 같은 종류의 다른 객관과 구별시켰는가 하는 사실들을 토대로 연구했다는 점에 있다. 이러한 도정에서 그들은 처음에는 매우 특수한 명제에 도달한 다음 보다 보편적인 명제에 도달했다. 그들은 진정한 예술적 아름다움을 그릇된 예술적 아름다움과 분리하려 했으며, 그런 다음 다시 규칙으로 쓰일 수 있는 이러한 진정성의 특징을 찾아내려고 했다. 아름다운 것으로 기쁨을 주는 것이 무엇이고, 어떤 것이 그렇지 않은지, 따라서 모방할 것이 무엇이고 맞서 싸울 것이 무엇인지, 피해야 할 것이 무엇인지, 어떤 규칙이 적어도 부정적인 것으로 확정될 수 있는지, 요컨대 미적 만족을 흥분시키는 수단이 무엇인지, 즉 **객관** 속에 들어 있는 이에 대한 조건은 무엇인지, 이것은 예술에 대한 모든 고찰의 거의 독점적인 주제였다. 아리스토텔레스는 이러한 길을 따라갔다. 그리고 그 길 위에서 우리는 최근에도 홈, 버크, 빙켈만, 레싱, 헤르더 등을 발견한다. 찾아낸 미적 명제의 보편성이 결국 또한 주관에 환원되는 것은 사실이다. 그리고 사람들은 결과가 이 주관 속에서 적절하게 알려져 있다면, 객관 속에 든 그 결과의 원인도 선험적으로 규정할 수 있다는 것을 알아차렸다. 그리하여 오로지 이러한 고찰 방식만이 어떤 학문의 확실성에 도달할 수 있으리라. 이것은 가끔 심리학적 해설을 야기했다. 하지만 특히 알렉산더 바움가르텐이 이러한 의도로 모든 아름다움의 보편적 미학을 내세웠다. 이때 그는 감각적인 인식, 즉 직관적인 인식에 대한 완전성의 개념으로부터 출발했다. 하지만 이러한 개념을 내세우는 즉시 그의 경우 주관적인 부분역시 처리된다. 그는 객관적인 부분으로, 그리고 그와 관계되는 실천적인 부분으로 넘어간다. 하지만 여기에도 가능하다면 자극의 여러 구성 요소와 조건을 우리의 심성에서 찾아내기 위해, 그 **자극 자체**를 진지하고 심오하게 연구하는 공적이 칸트에게 남겨졌다. 우리는 그 자극의 결과, 그것을 야기하는 객관을 **아름답다**고 부른다. 따라서 칸트의 연구는 전적으로 주관적인 방향을 취했다. 이 길은 올바른 길이 명백했다. 왜냐하면 그 방향의 결과 속에 주어진 하나의 현상을 설명하기 위해, 원인의 속성을 철저히 규정하려면 우리는 먼저 그 결과 자체를 정확히 알아야하기 때문이다. 하지만 칸트의 공적은 이러한 점에서, 그가 올바른 길을 가리켰던 이상으로, 그리고 한때의 시도에 의해 어떻게든 따라야 할 하나의 실례를 주었던 이상으로 훨씬 멀리 미치지는 않는다. 그도 그럴 것이 그가 주었던 것은 객관적인 진리와 실질적인 이득으로 간주될 수 없기 때문이다. 그는 이러한 연구의 방법을 제시했고 활로를 개척했지만, 그 밖의 목적을 이루지는 못했다.

미적 판단력 비판의 경우 무엇보다 그가 그의 전체 철학에 고유하며, 내가 앞에서 상세히 고찰한 방법을 간직했다는 언급이 끈질기게 우리의 뇌리에 떠오른다. 이는 직관적인 인식을 규명하기 위해 추상적인 인식으로부터 출발하는 방법을 뜻한다. 그리하여 그에게 추상적인 인식은 직관적인 인식을 받아들이고 개관하기 위한, 소위 암실camera obscura로 쓰인다. 『순수이성비판』에서 판단의 여러 형식이 우리의 직관적인 전체 세계의 인식에 대해 그에게 설명해 줘야 했듯이, 그는 이 미적 판단력 비판에서도 아름다움 자체, 즉 직관적이고 직접적인 아름다움으로부터 출발하지 않고 아름다움에 대한 **판단**, 매우 볼품사납게도 소위 취미 판단으로부터 출발했다. 이것이 그의 문제였다. 그러한 판단이 분명 주관 속에 일어나는 어떤 것의 표현이지만, 마치 그것이 객관의 속성과 관련되기라도 하는 것처럼 일반적으로 유효하다는 사정에 의해 특히 그의 주의가 환기된다. 그를 감동시킨 것은 아름다움 자체가 아닌 바로 이것이었다. 그는 언제나 단지 다른 사람들의 발언으로부터, 아름다움 자체가 아닌 아름다움에 대한 판단으로부터 출발한다. 따라서 그는 직접 아는 것이 아니라 들어서 아는 듯한 인상을 준다. 거의 이와 마찬가지로 높은 지성을 지닌 어떤 맹인이 색채에 대해 들은 정확한 진술로부터 하나의 색채 이론을 만들어 낼 수 있을지도 모른다. 그리고 실제로 우리는 아름다움에 대한 칸트 철학 학설을 거의 그러한 관계에서만 고찰할 수 있다. 그런 뒤 우리는 그의 이론이 매우 의미심장하다는 것, 그러니까 가끔 적절하고 진실한 언급이 행해진다는 것을 발견할 것이나. 하지만 그의 본래적인 문제 해결은 매우 부적당하고, 대상의 위엄 훨씬 아래에 머무르므로 그 해결을 객관적인 진리로 간주하는 일이 우리에게 일어날 수 없다. 따라서 나 자신은 그 해결을 반박할 필연성을 면제받았다고 생각한다. 그리고 여기서도 내 저서의 적극적인 부분을 참조하길 바란다.

그의 책 전체의 형식과 관련하여 그 형식은 **합목적성**의 개념에서 아름다움의 문제에 대한 열쇠를 발견하려는 착상에서 생겨났다는 사실이 언급될 수 있다. 그 착상은 추론되는데, 우리가 칸트의 후계자로부터 배웠듯이 그 추론은 언제나 어렵지 않은 문제다. 그런데 이렇게 하여 **판단력**이라 불리는 **하나**의 인식 능력 속에서 자연적인 물체들의 아름다움에 대한 인식과 그것들의 합목적적인 것에 대한 인식의 이상한 합일이 이루어지고, 이 이질적인 두 개의 대상을 하나의 책에서 다루는 일이 생긴다. 이 세 개의 인식력, 즉 이성, 판단력, 지성으로 나중에 여러 가지 종류의 대칭적이고 건축술적인 오락이 행해진다. 그러한 오락에 대한 애호는 이 책에서 다양하게, 예컨대 이미 『순수이성비판』의 양식에 책 전체가 억지로 적응된 사실에서, 하지만 특히 미적 판단력의 억지로 끌어들인 이율배반에서 드러난다. 또한 사람들은 지성이 판단의 능력이라고 『순수이성비판』에서 부단히 반복된 뒤, 그리고 그 지성의 판단 형식들이 모든 철학의 초석이 된 뒤, 이제 그 지성과 완전히 다른 매우 독특한 판단력이 생긴다는 사실로부터 큰 모순이 있다는 비난을 끄집어낼지도 모른다. 그 밖에 내가 판단력, 다시 말해 직관적 인식을 추상적 인식 속으로 옮기는 능력, 그리고 이 추상적 인식을 다시 올바로 직관적 인식에 적용하는 능력이라 부르는 것은 내 저서의 적극적인 부분에 상술되어 있다.

미적 판단력 비판에서 월등하게 탁월한 점은 숭고함의 이론이다. 숭고함의 이론은 아름다움의 이론보다 비교할 수 없을 만큼 큰 성공을 거두었다. 그 이론은, 비록 문제의 본래적인 해결을 주지는 못하더라도 해결에 매우 가깝게 스칠 만큼, 미적 판단력 비판처럼 보편적인 연구 방법뿐 아니라 그 방법에 일정 부분 올바른 길을 제시하기도 한다.

목적론적 판단력 비판에서 소재의 단순성 때문에 우리는 어떤 사상을 이리저리 돌리고 다양한 방식으로 표현하여 결국 거기에서 하나의 책이 되게 하는 칸트의 희귀한 재능을 어쩌면 다른 어디에서보다 더 많이 인식할 수 있을지도 모른다. 책 전체가 말하려 하는 것은 오로지 이것이다. 유기체들이 그것들에 선행하는 목적 개념에 따라 구성된 것처럼 필연적으로 우리에게 나타날지라도, 이것은 객관적으로 그러하다고 가정하노록 하는 사격을 우리에게 부여하지는 않는다. 그도 그럴 것이 사물들이 외부에서 직접 주어지는 우리의 지성, 사물들을 생성하고 존재하게 하는 그 내면이 아닌 단순히 그 외면만을 인식하는 우리의 지성은 자연의 산물에 독특한 어떤 속성을 유추에 의한 것과 다른 식으로는 파악할 수 없기 때문이다. 왜냐하면 지성은 사물들을 인간에 의해 의도적으로 완성된 작품들과 비교하기 때문이다. 그 작품들의 속성은 하나의 목적과 그 목적의 개념에 의해 규정된다. 이 유추는 우리로 하여금 그 모든 부분들과 전체의 일치를 파악할 수 있게 만들 정도로, 그로 인해 심지어 사물들의 연구를 위한 실마리까지 우리에게 줄 정도로 충분하다. 하지만 그렇다고 그 연구를 그러한 유기체들의 기원과 현존에 대한 실제적인 설명의 근거로 삼아서는 결코 안 된다. 왜냐하면 유기체들을 그렇게 파악하는 필연성은 주관적인 기원을 지니기 때문이다. 그러므로 나는 이 문제에 대한 칸트의 가르침을 대략 이런 식으로 요약할 것이다. 그는 그 가르침의 요점을 이미 『순수이성비판』(692~702쪽, V. 720~730)에서 설명했다. 하지만 **이러한** 진리의 인식에서도 우리는 **데이비드 흄**을 칸트의 칭찬할 만한 선구자로 여긴다. 흄 또한 『자연 종교에 대한 대화』 제2부에서 저 가정을 날카롭게 논박했다. 저 가정에 대한 흄의 비판과 칸트의 비판의 차이는 주로 이것이다. 즉 흄은 이 가정을 경험을 토대로 한 가정으로 비판한 반면, 칸트는 그것을 선험적인 가정으로 비판했다. 둘 다 옳으며, 그들의 설명은 서로를 보완한다. 정말이지, 우리는 이 문제에 대한 칸트적인 가르침의 본질적인 것이 아리스토텔레스의 『물리학』에 대한 심플리키우스의 주석에서 이미 표현된 것을 발견한다. "하지만 오류는 그들(데모크리토스, 에피쿠로스)의 경우 하나의 목적 때문에 일어나는 모든 것은 의도와 숙고에만 기인할 수 있다고 그들이 생각하는 데서 생길 수 있었다. 그렇지만 다시 그들은 자연의 산물은 이런 식으로 생기지 않으리라고 언급했다"(Schol. in Arist., ex. edit. Berol. 354쪽). 칸트는 그 문제에서 완전히 옳다. 그리고 결과와 원인의 개념이 자연의 현존에 따라 일반적으로 자연의 전체에 적용될 수 없다는 사실이 밝혀진 뒤, 자연을 그 속성에 따라 동기(목적 개념)들에 의해 유도된 결과로 생각할 수 없다는 것도 필요했다. 심지어 **볼테르**마저 반박할 수 없다고 간주한 물리신학적인 증명의 꽤 그럴듯한 점을 생각하면 우리의 파악에서 주관적인 것(칸트가 공간, 시간, 인과성이 귀속된다고 판단한 것)이 자연 물체들에 대한 우리의 판단에도 미치는 것을 보여 주는 것이 대단히 중요했다. 따라서 우리가 목적 개념에 따라, 그러므로 그 **자연 물체들에 대한 표상이 그것들의 현존에 선행했을**지도 모른다는 방식으로, 그 자연 물체들에 대해 우리가 미리 숙고한 것의 결과로 생겨난 것으로 생각한다고 느끼는 필요성은 그처럼 객관적으로 나타나는 공간의 직관과 마찬가지로 주관적인 기원을 지니고 있으며, 따라서 객관적인 진리로 정립되어서는 안 된다. 그 문제에 대한 칸트의 설명은 지루한 장황함과 반복을 도외시하면 탁월하다. 그는 유기체의 속성을 단순히 기계적인 원인으로부터 결코 설명할 수 없다고 정당하게 주장한다. 그는 모든 보편적인 자연력의 비의도적이고 합법칙적인 결과를 기계적인 원인으로 이해한다. 하지만 나는 여기서 또 다른 결함을 발견한다. 다시 말해 그는 단순히 **유기체**의 합목적성과 외관상의 의도성과 관련해서만 그러한 설명의 가능성을 부정하는 것이다. 하지만 우리는 이런 유기체가 존재하지 않는다 해도, 설명의 근거들이 자연의 한 영역으로부터 다른 영역으로 옮겨질 수 있는 것이 아니라 우리가 어떤 새로운 영역에 들어서자마자 우리를 저버리며, 그 설명 근거들 대신 새로운 근본 법칙들이 나타난다고 생각한다. 그리고 새로운 근본 법칙들의 설명은 이전 영역의 법칙들로부터는 기대할 수 없다. 그리하여 본래 역학적인 것의 영역에 중력, 응집력, 강성剛性, 유동성, 탄성의 법칙이 지배한다. 이 법칙들은 그 자체로 ─ 의지의 객관화의 낮은 단계에서의 모든 자연력에 대한 내 설명은 별도로 하고 ─ 더 이상 설명할 수 없는 힘들의 발현으로 존재하지는 않지만, 단순히 저 법칙들에 대한 환원 속에서만 존재하는 그 이상의 모든 설명의 원리들을 스스로 구성한다. 우리가 이 영역을 떠나 화학 작용, 전기, 자기磁氣, 결정結晶의 현상에 오게 되면, 저 원리들은 더 이상 전혀 사용할 수 없게 된다. 그러니까 저 법칙들은 더 이상 유효하지 않고, 저 힘들은 다른 힘들에 의해 압도되며, 현상들은 새로운 근본 법칙들에 따라 그 힘들과의 직접적인 모순 속에 일어난다. 새로운 근본 법칙들은 이전의 법칙들과 마찬가지로 근원적이며 설명할 수 없다. 즉 좀 더 보편적인 법칙들에 환원될 수 없다. 그리하여 예컨대 화학의 좀 더 복잡한 현상은 말할 것도 없거니와,

본래적인 기제氣制의 법칙에 따라 물속에서 소금이 녹는 현상조차 설명하는 데 결코 성공하지 못할 것이다. 이 모든 것이 본 저서의 제2권에 이미 좀 더 상세히 설명되어 있다. 이러한 종류의 해설은 내 생각에 목적론적 판단력 비판에 대단히 유용할 것 같으며, 거기서 말한 것을 분명히 할 것이다. 그러한 설명은 다음과 같은 그의 탁월한 암시에 특히 유리하리라. 즉 자연 속에서의 사물들을 그 현상으로 하는 본질 자체에 대한 보다 깊은 지식은 자연의 기계적(합법칙적) 작용에서뿐 아니라 겉보기에 사연의 의도적인 작용에서도 동일한 최종적인 인리를 깨닫게 할 것이며, 그 최종적인 원리는 이 두 개의 공통적인 설명의 근거로서 도움이 될 것이다. 나는 그러한 원리를 본래적인 사물 자체인 의지의 확립에 의해 주었기를 희망한다. 그에 따라 일반적으로, 우리의 책 제2권과 그 부록에서, 하지만 특히 내 저서 『자연에서의 의지에 대하여』에서, 겉보기의 합목적성의 내적 본질과 전체 자연의 조화와 합일의 내적 본질에 대한 통찰이 아마 더 명백하고 더 깊어졌을 것이다. 따라서 나는 여기서 그것에 대해 더 이상 할 말이 없다.

칸트 철학의 이 비판에 관심 있는 독자는 내 『소품과 부록』 제1권 두 번째 에세이에서 '칸트 철학에 대한 또 몇 가지 해설'이라는 제목으로 제공된 이 비판의 보충을 읽는 것을 태만히 하지 않기 바란다. 그도 그럴 것이 사람들은 몇 권 되지는 않지만 내 저서는 모든 것이 동시에 작성된 것이 아니라 평생에 걸쳐 연속적으로, 그리고 오랜 간격을 두고 작성되었다는 것을 고려해야 하기 때문이다. 따라서 내가 어떤 주제에 대해 말한 모든 것이 한 장소에 함께 있기를 기대해서는 안 된다.

해제

프랑크푸르트의 괴팍한 현자
아르투어 쇼펜하우어의 고독한 삶과 작품

홍성광

I. 생애

1. 유복한 어린 시절

아르투어 쇼펜하우어Arthur Schopenhauer(1788-1860)는 근대부터 본격적으로 전개된 이성주의 철학에 정면으로 도전한 사상가다. 무엇보다 그는 헤겔의 관념론에 정면으로 반대하는 의지의 형이상학을 주창한 인물로 중요하다. 그의 글은 나중에 생철학, 실존철학과 수많은 작가들, 그리고 프로이트와 융의 심리학에 큰 영향을 끼쳤다. 그러나 오늘날에도 쇼펜하우어라는 이름은 니체와 달리 교양인에게조차 특별한 감동을 주지 못하는 듯하다. 최근에야 한국에도 그의 전기나 평전이 나오면서 사정이 조금 나아진 것 같지만, 그의 저작을 읽지 않았거나 그의 사고를 이해하거나 숙고하지 않은 대부분의 사람들은 그의 철학과 삶을 무시하며 그를 '염세주의자', '허무주의자'라는 경멸적인 호칭으로 비하한다. 소년 시절에 항상 울적한 기분에 사로잡혔던 쇼펜하우어는 17세 때 이 세상은 '선한 존재자의 작품'일 수 없다고 생각했고, 18세 때 '신이 아니라 오히려 악마'가 이 세상을 만들었을 거라고 일기에 적기도 했다. 20대 초반에는 "사람들은 자신 밖의 어떤 존재가 자신을 제대로 알고 있을 거라고 마음속 깊이 믿는다. 그 반대를 상상하는 것은 무한성을 상상하는 것만큼이나 끔찍하다"[1]고 피력한다.

이처럼 쇼펜하우어는 어린 시절부터 삶을 따뜻한 것으로 느끼지 못하고 차가

쇼펜하우어의 단치히 생가 현재 모습

운 물살로 체험한다. 그는 인간이란 삶에의 의지로 이루어진 탓에 의지에서 놓여날 수 없다는 생각을 어렴풋이 품는다. 쇼펜하우어의 글을 영역하여 그의 철학을 영국에 알린 번역가 존 옥슨포드는 쇼펜하우어의 원리를 "세계 자체는 삶으로 줄기차게 난입하는 하나의 막대한 의지"[2]라고 요약한다. 쇼펜하우어는 타인들이 '의지의 자유'를 주장해 왔다면 자신은 '의지의 전능성'을 증명한다고 자랑스럽게 말한다. 의지는 노력하고, 욕망하고, 상승하고, 희망하고, 두려워하고, 사랑하고, 숭오하려는 성향을 지니고 있다. 모든 동물이 지닌 의식의 근간은 욕망이다. 우리의 지성은 떨어져도, 의지는 거의 퇴화하지 않는다. 지성은 지쳐서 피곤해지지만 의지는 결코 지치지 않는다.

아르투어 쇼펜하우어는 단치히(그단스크)에서 부유한 사업가 하인리히 플로리스 쇼펜하우어(1747-1805)와 훗날 소설·수필·기행문 등을 써서 유명해진 문필가 요한나 쇼펜하우어(1766-1838)의 장남으로 1788년에 태어났다. 프랑스 대혁명이 일어나기 1년 전이었다. 쇼펜하우어가는 대대로 단치히의 최고 명문가였다. 쇼펜하우어의 증조부가 살던 저택에는 러시아 표토르 대제와 황후가 묵기도 했고, 쇼펜하우어의 조부는 미술품 거래상으로 크게 성공하여 가문의 재력과 위세를 키우기도 했다. 그리고 볼테르를 존경한 공화주의자였던 아버지는 아들의 이름을 영국과 프랑스의 '아서'나 '아르튀어'에 해당하는 '아르투어'로 지어 아들이 상인이 되어 영국인과 사업할 때 도움이 되길 바랐다. 그래서 심지어 아들을 영국에서 낳으려고 그곳까지 갔지만 부인이 임신 중 병이 악화되는 바람에 하는 수 없이 단치히로 돌아오기도 했다. 부친은 기본적으로 엄격하고 성급한 성격의 소유자였다. 하지만 품행이 단정하고 정의감이 강하여 타인에 대한 신의를 반드시 지켰고, 사업에서도 뛰어난 통찰력을 보였다.

1793년 단치히가 프로이센의 지배를 받게 되자 위험을 느낀 쇼펜하우어의 아버지는 가족을 데리고 자유도시 함부르크로 도주해 그곳에서 큰 상점을 열었다. 이렇게 도주를 하게 된 것은 타협을 모르는 아버지의 강직한 성품 탓이었다. 쇼펜하우어가 태어나기 5년 전인 1783년, 프로이센이 단치히를 봉쇄해 식량과 가축 사료가 부족해졌을 때였다. 한 프로이센 장교가 쇼펜하우어의 아버지에게 집

---

1   * 뤼디거 자프란스키, 『쇼펜하우어 전기』, 정상원 옮김, 꿈결, 2018, 37쪽
2   * 헬런 짐먼, 『쇼펜하우어 평전』, 김성균 옮김, 우물이있는집, 2016, 144-145쪽

을 장교 숙소로 제공하면 말 사료를 제공하겠다고 제안했다. 그러나 쇼펜하우어의 아버지 하인리히는 필요 없다며 사료가 떨어지면 말을 도살시키겠다고 겁 없이 응수했다. 이 때문에 쇼펜하우어 집안은 나중에 단치히가 프로이센에 합병되자 보복이 두려워 허겁지겁 도주를 해야 하는 처지가 된 것이다.

쇼펜하우어의 아버지는 젊은 시절부터 세상에 나가 지식을 습득하고 현실을 경험했다. 프랑스의 항구 도시 보르도와 영국에서 살았던 그는 날마다 영국 신문과 프랑스 신문을 구독했고, 어린 아들에게도 "사람은 무엇이든 배울 수 있다"[3]며 「타임스The Times」를 읽으라고 권했다. 볼테르를 좋아하고 영국인의 생활 방식을 애호한 그는 검소하고 지혜로우며 선견지명이 있는 사람이었다. 우연한 자리에서 프리드리히 대제의 관직 제의를 받고 "자유롭지 못하면 결코 행복할 수 없다"[4]면서 그 요구를 과감히 물리친 적도 있었다. 그는 자신이 이틀밖에 살지 못하더라도 야비한 악당들 앞에서 굽실거리느라 그 이틀을 허비하지는 않으리라고 생각하는 강단 있는 남자였다.

1797년 7월부터 2년 동안 프랑스 르아브르에 있는 아버지의 협력업자 그레구아르 드 블레지메르의 집에서 지낸 쇼펜하우어는 주인 아들 앙티메와 친해지며 프랑스어를 배운다. 그 후 독일에 돌아와 가정교사로부터 교육을 받았고, 룽에 박사의 사립 상업학교에 들어가 상인이 되기 위한 수업을 받았다. 당시 함부르크에서 손꼽히는 가문의 아들들이 여기서 공부를 했다. 그러나 룽에 박사의 도덕 교육은 쇼펜하우어의 마음에 들지 않았다. 때로는 학생들끼리 주먹다짐을 하기도 했는데, 아르투어 쇼펜하우어는 완력에서 밀리지 않았다. 하지만 거기서 배울 수 있는 것을 금방 익힌 쇼펜하우어는 아버지에게 김나지움에 보내달라고 요구했다. 아들은 철학에 관심이 많았지만, 아버지는 "자고로 뮤즈에 심취한 사람은 가난에 시달리기 일쑤"[5]라면서 아들의 철학 공부를 반대했다. 아들을 상인으로 키우고 싶었던 아버지는 그 대신 비교적 긴 유럽 여행을 하자고 아들에게 제안하면서, 그 교양 여행이 끝난 뒤 진로를 결정하자고 악마의 제안을 했다. 쇼펜하우어는 고민 끝에 이 제안을 받아들이고 영국 윔블던에서 12주간 영어를 배운 후 1803년에서 1804년까지 네덜란드, 영국, 스위스, 독일을 여행했다.

---

3 ＊『쇼펜하우어 평전』, 22쪽
4 ＊같은 책, 24쪽
5 ＊같은 책, 38쪽

소년은 1804년 4월 8일 여행 일지에 갤리선 노예의 숙소인, 프랑스 툴롱의 대형 병기 창고에서 목격한 충격적인 인상을 이렇게 기록했다. "25년을 그렇게 보내고도 고통의 끝이 보이지 않는 그들에겐 아무런 희망도 없다. 불행한 노예가 음침한 갤리선에서 죽지 않고는 풀려날 길이 없이 작업대에 묶여서 느끼는 감정보다 더 끔찍한 감정은 없으리라! (…) 이곳에 6천 명에 달하는 갤리선 노예들이 있다는 말을 듣고 깜짝 놀랐다."[6] 소년은 인간 존재와 이성이 의지라는 갤리선에 갇힌 노예라고 생각한다. 인간은 이성을 갖추었어도 자기를 주장하는 맹목적 욕구에 매여 있다. 어둠침침한 감옥 속에 묶여 있는 슬픈 모습의 노예가 바로 욕망의 노예가 되어 있는 인간 자신의 슬픈 자화상이다.

그리고 소년은 파리에서 사람의 목을 자르는 단두대를 보았다. 영국 런던에서 몇 달 지내는 동안에도 사람이 공개 처형당하는 모습, 군인들이 채찍으로 폭행당하는 모습, 그리고 전쟁이 터진다며 날뛰는 사람들을 보았다. 소년은 가난한 사람들이 잔뜩 몰려 있는 런던의 빈민가를 혼자 걸어 다니다가, 거지들이 경찰에게 질질 끌려 다니는 모습도 목격했다. 그렇지 않아도 우울하고 예민했던 소년은 이런 광경을 보고 경악했고, 인생이 비루하다고 생각했다. 소년의 이러한 체험들은 그 옛날 석가모니가 궁궐 밖에서 병자, 노인, 시체를 처음 보고 받은 충격과 비슷하다고 할 수 있다. 이처럼 쇼펜하우어는 청소년 시절의 여행으로 프랑스 대혁명 이후의 참혹한 현장을 경험했고, 배에 실린 노예들의 비참한 삶을 목격했다. 그러한 고통의 현장을 마주하면서 그는 삶이 무엇인지에 대한 강한 의문을 갖게 되었고, 결국 이것이 그의 의지 철학의 근원이 되었다. 쇼펜하우어가 고통에 대한 인식을 강조했다면 니체는 고통에 맞서 싸우는 힘을 길러 주었고, 실존주의는 권태로운 현실을 감당하도록 했다.

1805년, 함부르크로 돌아온 쇼펜하우어는 아버지의 뜻에 따라 무역상 카브룬에 이어 거상 예니쉬의 사무실에서 상인 수습을 받기 시작했다. 이때까지 쇼펜하우어는 아버지의 바람대로 충실하게 커 가고 있었다. 그러나 같은 해 4월 20일, 존경하는 아버지가 상점 창고 통풍창에서 떨어져 죽는 사건이 발생한다. 이 죽음은 자살로 여겨졌다. 아버지는 과한 불안감에서 비롯한 공격적 발작증과 우울증, 그리고 점점 악화하는 청각 장애 증세로 고통 받았을 뿐 아니라 부부 갈등으로 괴

6 *『쇼펜하우어 전기』 96쪽

로워하고 있었기 때문이다. 아버지의 우울증은 외할머니에게서 물려받은 것으로 추정된다. 강한 정신을 타고난 쇼펜하우어 역시 안전 과민증, 청각 장애와 우울증으로 고통을 겪었는데, 이 우울증은 아버지한테서 물려받은 것으로 보인다.

이 사건으로 쇼펜하우어와 어머니 요한나 사이의 관계는 크게 틀어지기 시작한다. 안 그래도 아들은 어머니의 경박성, 낙천주의, 쾌락주의를 못마땅하게 생각했다. 사실 쇼펜하우어의 어머니는 결혼 전 사랑하는 남자가 있었으나 부모의 강권으로 19세 연상의 남편과 결혼했다. 요한나의 부모와 친척들은 요한나가 도시의 명망 있는 인사와 결혼하는 것을 큰 행운으로 여겼다. 요한나의 부모는 어려움에 처했을 때 사위의 도움을 받기도 했다. 쇼펜하우어의 아버지는 사교적이고 분방한 아내 요한나가 남자들한테 인기를 끄는 것을 힘들어했다. 요한나는 이미 함부르크에서도 세련된 사교계를 마음껏 즐겼다. 결혼하고 몇 년 후 요한나는 "곱게 자란 순진한 소녀는 상대가 지닌 명성과 지위와 타이틀에 마음이 동해서 세상물정을 모르는 채 결혼을 하게 된다"[7]고 말했지만, 자신이 그 경우에 해당한다는 것에 대해서는 침묵했다.

결국 남편이 죽은 후에야 이 결혼은 요한나에게 행운이 되었다. 그녀는 물려받은 유산으로 바이마르에서 돈 걱정 없이 살 수 있었고 자신의 숨은 재능을 마음껏 펼칠 수 있었다. 한편 쇼펜하우어는 "아버지가 외로워할 때 어머니는 파티를 열었고, 그가 쓰라린 고통을 겪을 때 그녀는 즐거워했다"[8]며 아버지에 대한 어머니의 태도를 신랄하게 비판했다.

이때 쇼펜하우어는 프랑스의 친구 앙티메에게 비탄을 토로하는 편지를 연거푸 보냈다. 1805년 5월, 앙티메는 자신도 1년 전에 아버지를 잃었다며 그에게 위로를 전하고 용기를 북돋우며 조심스럽게 자제를 권했다. "그래도 너보다 더 불행한 사람이 있다는 걸 생각하며 너의 불행을 참고 견디기 바란다."[9] 어머니는 어머니대로 '끊임없이 멍청한 세상과 인간의 고통에 대해 한탄해 대는' 아들 쇼펜하우어를 더 이상 견딜 수 없었다. 아들이 연회에 참석한 거물급 손님들과 벌이는 '진저리나게 불쾌한 논쟁'은 어머니를 조마조마하게 했고, 아들은 결국 어머니에게 '언짢은 밤과 악몽을 가져다주는 사람'일 뿐이었다. 남편이 사망한 후 1806년 9월에

7 　* 같은 책, 35쪽
8 　* 같은 책, 33쪽
9 　* 같은 책, 108쪽

「쇼펜하우어가의 요한나와 아델레」 카롤리네 바르두아, 1806(왼쪽)
「어린 시절의 쇼펜하우어」 작자 미상, 19세기경(오른쪽)

쇼펜하우어의 어머니는 남편의 상점을 해체한 뒤 딸 아델레를 데리고 함부르크를 떠나 바이마르로 갔고, 쇼펜하우어는 혼자 함부르크에 남아 상인 실습을 계속했다. 쇼펜하우어는 몰래 근무지를 이탈하여 골상학으로 유명한 프란츠 요제프 갈의 공개 강연을 들으러 가기도 했는데, 아버지의 희망대로 상인이 될 생각은 없었다.

1806년 10월, 바이마르에서 문학 살롱을 연 요한나 쇼펜하우어는 괴테와 친교를 맺고 우정을 나눈다. 그녀는 괴테 말고도 독일의 볼테르라 불리는 빌란트, 슐레겔 형제, 그림 형제, 퓌클러 공작, 페르노우 등과 교유했다. 특히 그동안 괴테와 동거를 하다가 나폴레옹의 침공 이후 뒤늦게 괴테와 정식 결혼한 크리스티아네 불피우스를 처음으로 인정해 줌으로써 괴테와 밀접한 교분을 유지하며 그에게 아들의 추천장을 부탁하기도 했다. 쇼펜하우어는 1년 남짓 함부르크에 계속 남아 상인 수업을 받을 것인가, 자신의 성향에 맞는 학문을 할 것인가를 결정해야 했고, 그 덕에 예술과 과학에 몰두할 자유를 좀 더 얻을 수 있었다.

그가 보기에 지성은 상점 주인인 '의지'가 시키는 대로 달려가는 수습 직원이었다. 말하자면 쇠망치가 대장장이의 도구이듯 지성은 의지의 도구다. 삶에의 의지는 지성보다 먼저 생기고 그것과는 전혀 무관하다. 두뇌는 의지가 두개골 속에 배치한 파수꾼이다. 그리하여 두뇌는 끊임없이 노력하고 긴장해야 하기 때문에 임무를 수행하면서 적절한 휴식을 반드시 병행해야 한다.

쇼펜하우어는 아버지가 정한 운명에서 자력으로 벗어날 수 없었다. 사실 그는 자신을 아버지의 세계에서 꺼내 준 어머니에게 무한히 감사해야 했다. 아들은 아버지에게 한 약속을 지켜야 한다는 고정관념에 사로잡혀 있었지만 어머니는 그렇게 생각하지 않았다. 그녀는 남편이 독단적으로 결정한 것에 뒤늦게나마 비판을 아끼지 않았다. 하지만 쇼펜하우어는 자신이 육체의 욕망에 번번이 무너졌기 때문에 여성을 용서할 수 없었듯이, 어머니에게 빚을 졌다는 사실 때문에 어머니를 용서할 수 없었을지도 모른다. 쇼펜하우어는 어머니의 허락을 받아 평소에 원하던 고타의 김나지움에 입학했다. 결국 우아하고 세련된 돈의 세계와 소박하고 넉넉하지 못하지만 마음의 행복, 즉 소유와 존재 사이에서 갈등하다가 결국 존재를 선택한 셈이다.

평생 가난에 시달렸던 칸트와 달리 쇼펜하우어는 아버지의 유산으로 큰 어려움 없이 공부하고 직업을 갖지 않고도 저술 활동을 하며 살아갈 수 있었다. 쇼펜하우어의 형이상학적 비관주의는 반대자들의 주장처럼 삶에 상처받고 낙심해서 삶을 염세적으로 본 데서 나온 것이 아니었다. 쇼펜하우어는 자신이 세계에 이바지할 사명을 타고났다고 생각했다. 그는 주저인 이 책의 2판 서문에서 "나는 이제 완성된 저서를 동시대인이나 동포가 아닌 인류에게 내놓으며 이것이 그들에게 아무 가치가 없지는 않을 것이란 확신을 갖는다"며 자신의 저서가 "동시대인이 아닌 오직 인류를 위한 것"이라고 주장한다. 그는 '풍족한 환경에서 성장하고 독립하여 자신이 비리는 신생을 속 편히게 영위하는 청년'이었다. 그래서 자신에게 그런 유복한 환경을 만들어준 아버지에게 늘 감사하는 마음을 갖고 있으며, '아버지의 보호와 배려' 덕에 무기력한 유년기와 무분별한 청소년기를 지나고 성년기를 거쳐 지금까지 무사히 살아왔다고 회고한다. 그는 괴테처럼 어학에 뛰어난 재능을 가졌다. 청소년 시절 프랑스와 영국에 살면서 프랑스어와 영어를 익혔고, 김나지움에 진학하기 위해 라틴어와 그리스어를 배웠으며, 이탈리아어에도 익숙했다. 1825년에는 스페인어를 학습해 발타자르 그라시안의 『세상을 보는 지혜』를 번역하기도 했다.

2. 왕성한 지식욕으로 의학, 자연과학, 철학 공부

1807년 5월, 어머니와 친교가 있었던 유명한 페르노우의 충고에 따라 함부르크를 떠나 먼저 고타의 김나지움에 입학한 쇼펜하우어는 연극 구경을 자주 다녔다. 그리고 소포클레스의 비극을 관람하다가 불행을 플라톤 철학으로 들여다보자는 착상을 하게 되었다. 현실의 불행을 실제 현실이 아니라 현실의 이미지에 불과하다고 가정해 보자고 숙고했다. 마음의 평온을 얻기 위해 형이상학적인 가치를 높임으로써 현실의 불행을 탈현실화하려는 전략까지 검토했다.

쇼펜하우어는 김나지움 교장 되링에게서 라틴어를 배웠다. 쇼펜하우어가 믿을 수 없을 정도로 빨리 진도를 따라오자 되링은 그의 장래 전망이 무척 밝다고 확신했다. 그러는 동안 쇼펜하우어는 팔크, 베르너와 교제했고, 아우구스트 대공의 애첩인 배우 겸 가수 카롤리네 야게만과의 열정적인 사랑에 사로잡혀 정신적 위기를 맞기도 했다. 빼어난 미모를 자랑한 그녀는 아름다운 목소리에다 뛰어난 연기력까지 지녔고, 주변에 막강한 영향력을 행사하고 있었다. 쇼펜하우어는 "야게만이 길거리를 전전하며 돌을 쪼개고 있더라도 그녀와 결혼하고 싶다"고 어머니에게 고백하기도 했다. 그러던 그는 고타 학교에서 교사 슐체를 풍자하는 시를 썼다가 질책을 들었다. 슐체가 쇼펜하우어를 빈정대듯이 언급하며 분노를 표하고 교장 뇌링도 슐체의 편에 서서 개인교습을 더 이상 할 수 없다고 하자, 쇼펜하우어는 자신의 명예를 유지할 수 없다고 판단하고 고타를 떠났다.

쇼펜하우어는 바이마르에 가서 파소프로부터 라틴어와 희랍어 개인수업을 받았고, 바이마르 김나지움의 교장 렌츠에게서 라틴어 회화를 배웠다. 고전어를 가장 열심히 공부했지만, 수학과 역사 공부에도 힘을 기울였다. 이렇게 바이마르에서 2년 동안 공부한 끝에 그는 대학에 들어갈 자격을 인정받있다. 특히 그는 많은 고전 작가의 작품을 읽었고, 대학에 다닐 때도 매일 두 시간씩 그리스·로마 작가들의 작품을 읽었다. 차츰 고전에 익숙해지면서 고대 사회의 뛰어남을 이해하는 안목을 높였다. 그리고 고전 작가, 특히 희랍 철학자의 저서를 계속 읽어 나감으로써 자신의 독일어 문장과 문체를 근본적으로 개선했다.

바이마르에서 쇼펜하우어는 어머니와 같은 집에서 살지 않고 혼자 하숙 생활을 했다. 어머니가 아들에게 보낸 당시의 편지를 보면 둘 사이가 이미 틀어졌음을 알 수 있다. 아버지가 죽은 지 얼마 되지 않았는데도 어머니가 한참 연하인 남자 친구 게르스텐베르크Müller von Gerstenbergk와 사귀는 등 경조부박하게 생활하자, 아들은 어머니가 남편을 생각했으면 지켰어야 할 정절을 망각했다고 여겼다. 어머니는 이때 벌써 음울한 눈빛과 표정으로 트집을 잡으며 잔소리를 해 대는, 그리고 어리석은 세상과 인류의 불행에 탄식을 터뜨리며 자신의 자아실현을 방해하는 아들을 못마땅하게 여겼다. 어머니는 어머니대로 아들 때문에 잠을 설치고 뒤숭숭한 꿈을 꾼다고 말했다. "'네가 행복하다'는 것을 알기는 알아야 내가 행복해지겠지만, 행복한 너를 직접 보면 난 결코 행복해질 수 없어. 너와 함께 사는 게 힘들다고 말해 왔지. … 네가 여전히 그대로라면 너와 함께 사느니 어떤 희생이라도 감수할 거야."[10]

1808년 가을, 쇼펜하우어는 에르푸르트를 방문하여 나폴레옹이 주최한 연극 공연을 관람했다. 나폴레옹을 연극 전에는 괴물 취급하다가 관람 후에는 '세상에서 가장 온후한 사나이'로 칭찬하며 호들갑을 떠는 여성 관객들의 천박한 작태를 그는 비난했다. 1809년 말, 성년이 된 쇼펜하우어는 어머니로부터 유산을, 즉 부친이 남긴 유산 중에서 이미 소비된 부분을 제외한 3분의 1을 받게 되어 이것으로

10　＊『쇼펜하우어 평전』, 56쪽(필자가 일부 내용 수정)

충분히 생계를 유지해 나갈 수 있게 되었다. 그 후 밥벌이에 도움이 되는 학문을 선택하라는 어머니의 충고에 따라 처음에는 괴팅엔대학 의대에 등록하여 블루멘바흐로부터 자연사, 광물학, 비교해부학 강의를 들었지만, 자신의 본성을 알고는 계획을 바꾸어 철학에 전념하게 되었다. 그는 모든 학습 주제에 철두철미하게 몰두하면서 '얼간이들의 구술식 강의에 비하면 이미 세상을 떠난 위인들의 명언이 훨씬 값지다'며 강의에 비판적인 모습을 보였다.

쇼펜하우어는 고틀로프 슐체Gottlob Ernst Schulze의 철학 강의를 듣고 그에게서 특히 플라톤과 칸트를 깊이 연구해 보라는 조언을 들었다. 스승 슐체의 진지한 조언은 쇼펜하우어에게 큰 영향을 끼쳤다. 괴팅엔대학에서 보낸 2년 동안 그는 홀로 학문 연구에만 전념하면서 특히 플라톤과 칸트의 저작을 탐독하게 되었다. 그는 유고 수기에서 철학을 돌멩이와 가시나무가 가득한 알프스의 가파른 산길에 비유한다. 그 산길을 더 높이 올라갈수록 등정자는 더 고독해지고 더 쓸쓸해지며, 저 아래의 모든 것은 아직 밤의 어둠에 잠겼어도 신선한 공기 속에 우뚝 서서 태양을 바라볼 수 있다며 자신의 심정을 토로한다.

1811년 가을, 철학을 공부하기로 마음을 굳힌 쇼펜하우어는 스물셋의 나이로 베를린대학에 갔다. 이곳에서 세상의 모든 학문을 정복하겠다고 작정을 했는지, 고대 그리스·로마 문학, 화학, 물리학, 천문학, 지질학, 생리학 등을 두루 섭렵했다. 특히 신생 베를린대학은 피히테와 신학자 슐라이어마허 같은 당대 거물들이 직접 강의하는 곳이었다. 이러한 베를린대학에서 쇼펜하우어는 볼프의 그리스·로마 시인 및 그리스 고대사, 그리스 문학사 강의를 들었다. 그 외에도 전자기電磁氣 강연, 동물학, 화학, 물리학, 천문학, 지질학, 생리학, 뇌해부학 같은 자연과학과 자연사 강의를 들었다. 그런데 피히테와 슐라이어마허 강의는 쇼펜하우어의 기대에 미치지 못했다. 언젠가 피히테가 청강생 일동을 위해 개최한 토론회에 출석하여 그와 오랫동안 논쟁을 벌이기도 했다. 쇼펜하우어는 토론에서 신랄하게 비꼬는 식으로 논박해 무례한 자라는 오명을 받자 "물질 가치와 예절 가치는 반비례한다"[11]고 주장했다.

피히테에 대한 존경심은 서둘러 마신 김칫국 같은 것이었다. "피히테가 빠져든 신비주의적인 궤변 습관과 거만하고 상투적인 습관은 쇼펜하우어의 반발심을 초

---

11 ＊같은 책, 66쪽

「요한 고틀리프 피히테의 초상」 프리드리히 베리, 1801

래했"[12]고, "천재성은 신적인 것으로 정의될 수 있고, 광기는 동물적인 것으로 정의될 수 있다"[13]라는 피히테의 말에도 그는 반박했다. 유럽인을 표방한 쇼펜하우어는 피히테의 애국심 고취에도 시큰둥하게 반응했다. 또한 철학과 종교는 신에 관한 지식을 공유한다며 "철학과 종교는 분리되어 존재할 수 없다"[14]는 슐라이어마허의 강의에 대해서는 오히려 종교적인 사람은 철학자가 될 수 없으며, 철학은 종교의 도움 없이 자유롭게 간다고 반박했다. 쇼펜하우어는 헬레니즘 학자 겸 비평가 프리드리히 아우구스투스 볼프 교수가 개실한 히리스토퍼네스의 『구름』, 호라티우스의 『풍자 시집』 강의를 듣고 그의 강의를 칭찬했다. 두 사람은 스승과 제자로서 서로를 존중했다. 쇼펜하우어는 고대 세계를 새롭게 정립한 이론을 펼치고 논쟁적 글쓰기를 하며 세련된 반어법을 구사하는 볼프의 정신과 자신의 정신이 서로 많은 것을 공유한다고 여겼다.

해방전쟁(1813-1815)이 발발하자 쇼펜하우어는 "신앙을 믿느니 두려움을 믿는 게 더 안전하다"[15]며 징집불안증에 시달렸다. 그리고 1813년 후반, 베를린대학 철학과에서 박사 학위를 받기 위해 리히텐슈타인으로부터 박사 학위 취득을 위한 조건이나 필요 사항을 배운 후 「충분근거율의 네 겹의 뿌리에 대하여」를 쓰기 시작했다. 그는 윤리학과 형이상학을 아우르는 철학을 구상했다. 그런데 러시아 원정 이후의 나폴레옹과 프로이센 사이에 벌어진 뤼첸 전투로 베를린도 위협을 받게 되자 드레스덴으로 갔고, 거기도 위험할 것 같아 다시 바이마르로 가서 모친의 집에 일단 머물렀다. 하지만 그는 어머니와의 불화로 튀링엔의 삼림 지대에 위치한 소도시 루돌슈타트의 춤 리터 여관에서 그해의 나머지를 보내며 다시 깊은 고뇌에 빠졌다. 자신이 살아가는 이 세상이 주로 자신의 재능과는 전혀 다른 재능을 필요로 하고 있는 것처럼 느껴졌기 때문이다. 그 여관방 판벽에는 "아르투어 쇼펜하우어, 1813년의 대부분의 시간을 여기서 생활했노라. 그토록 오랫동안 이 전장을 누벼 온 그대를 치하하노라"[16]라는 문구가 적혔다. 인근 도시에서 실제 전투가 벌어질 때 그는 홀로 사상 사냥을 벌였다. 이처럼 쇼펜하우어는 루돌슈타트에

---

12 *같은 책, 67쪽
13 *같은 책, 68쪽
14 *같은 책, 73쪽
15 *같은 책, 130쪽
16 *같은 책, 82쪽

머물면서 「충분근거율의 네 겹의 뿌리에 대하여」라는 논문을 완성하고 박사 학위를 취득하기 위해 베를린으로 돌아가려고 했으나, 베를린에 이르는 길은 휴전 중이나 전투가 재개된 후에도 계속 폐쇄되어 있었다. 그래서 그는 할 수 없이 가장 가까운 예나대학 철학과에 논문을 보내 철학 박사 학위를 받을 수 있었다.

3. 괴테와의 만남, 헤겔과의 대결

쇼펜하우어의 박사 논문을 가장 먼저 읽은 사람은 괴테였다. 그는 "쇼펜하우어 박사는 굉장한 두뇌를 지녔다"[17]고 이야기하며 논문을 높이 평가했다. 괴테는 바이마르에서 문학 살롱을 운영하던 쇼펜하우어의 어머니 덕에 이미 쇼펜하우어에게 관심을 보이고 있었다. 아들이 자신의 논문을 어머니에게 선물하자, 어머니는 "네 겹의 뿌리라니, 난 약제 사용 책인 줄 알았다"며 빈정댔다. 아들이 "어머니 책들이 매진되어 헌책방에서 구할 수 없어져도 저의 책은 읽힐 겁니다"라고 반박하자, 어머니는 "그때에도 네 책은 매진되지 않을 거야"[18]라고 응수했다. 이후 두 사람의 말은 그대로 실현되었다. 두 사람은 서로의 다름을 인정하지 않았고, 서로의 입장이 되어 생각하지 않았다. 또한 어머니는 자식의 천재성을 인정하지 않았고 자랑스럽게 생각하지 않았다. 한 집안에 천재가 두 명 있다는 것은 말도 안 된다는 입장이었다.

쇼펜하우어는 이 시기에 오랫동안 심혈을 기울여 자신의 색채론을 완성한 괴테와 빈번하게 접촉했다. 쇼펜하우어는 괴테에게 경탄했지만 뉴턴의 진술과 모순되는 그의 색채론에 곧 의구심을 피력함으로써, 둘 사이의 관계는 점차 소원해졌다. 같은 시기에 헤르더의 제자인 동양학자 마이어Friedrich Majer는 그에게 고대 인도의 가르침인 베단타 철학과 『베다』의 신비주의에 대해 알려 주었다. 훗날 쇼펜하우어는 『베다』 경전의 일부로 철학서인 『우파니샤드』가 플라톤, 칸트와 더불어 자신의 철학 체계를 수립하기 위한 기초를 이룬다고 생각했다.

1814년 5월, 쇼펜하우어는 평소 못마땅하게 생각하던 어머니의 쾌락적이고 경박스런 생활 방식과 돈 문제로 어머니와 대판 싸운 뒤 바이마르를 떠나 드레스덴으로 갔다. 그는 자신에게 유명한 요한나 쇼펜하우어의 아들인지 물어보는 사람

---

17   *같은 책, 102쪽
18   *같은 책, 73쪽(필자가 일부 내용 수정)

「요한 볼프강 폰 괴테의 초상」 요세프 카를 스틸러, 1828

들의 말에는 짜증을 냈다. 실제로 쇼펜하우어의 어머니는 당시 10여 년 동안 독일에서 가장 유명한 여류작가로 꼽혔다. 쇼펜하우어가 여성에 대해 혐오감을 갖게된 것은 그의 어머니와의 개인적인 관계가 결정적이라 볼 수 있다. 그러나 사실쇼펜하우어는 알려진 것처럼 여성을 혐오하거나 싫어한 것은 아니었고, 드레스덴이나 이탈리아에서 여성들과 사귀기도 했다. 다만 여자가 남자보다 못하다고생각했으며, 자신이 생각한 여성의 부정적인 성향을 비판하고 날카롭게 해부했을 뿐이다. 오히려 그는 남성 일반, 특히 독일인에 대해 더 큰 혐오감을 가졌다고볼 수 있다. 반면 영국과 영국인에 대해서는 호감을 가졌으니 인류 일반을 혐오했던 것은 아니다.

한번은 연회장에서 사색에 몰두하는 쇼펜하우어를 보고 소녀들이 킥킥대며 웃기 시작했다. 그러자 괴테가 "이 녀석들아. 저 청년을 조용히 내버려 둬. 그러면 저청년은 우리가 도무지 이해할 수 없을 만큼 성장할 테니까"[19]라고 쇼펜하우어를두둔했다. 한편 괴테는 쇼펜하우어와 헤어지면서 "그대가 인생을 즐기려면 세계에 가치를 부여해야 한다"[20]며 그의 음울한 성격을 지적하기도 했다. 그러자 위대한 자아의 풍요로움을 중시하는 쇼펜하우어는 자신의 사진첩에 "사람들을 바꾸기보다 그대로 내버려 두는 편이 더 낫다"[21]라는 샹포르의 글을 인용했다. 그러면서 "괴테의 외향적인 과시 성향이 괴테의 최전성기와 뛰어난 역량을 헛되이 낭비하게 했다"[22]며 괴테가 더 고독하게 내향적으로 살았다면 괴테의 사상은 더 깊어지고 넓어졌으리라고 주장했다. 그러면서 쇼펜하우어는 괴테를 자아주의자라고칭하면서도 그가 자신을 새롭게 교육했다며 그의 공로를 인정했다.

1814년 4월, 쇼펜하우어는 어머니 그리고 어머니의 남자친구 게르스텐베르크와 심각한 갈등을 겪었고, 그다음 달에 드레스덴으로 이사한 후로는 어머니와 가끔 편지만 주고받았을 뿐 다시는 만나지 않았다. 그는 새로운 생활환경에서 살기시작하거나 새로운 환경에 노출될 때마다 불만에 빠지고 과민해지곤 했다. 실제로 그가 여섯 살 때 산책에서 돌아온 부모는 "넋이 나가 있는"[23] 아들을 발견했다.

---

19 ＊같은 책, 92쪽

20 ＊같은 책, 103쪽

21 ＊같은 책, 103쪽

22 ＊같은 책, 103쪽

23 ＊『쇼펜하우어 전기』, 57쪽

아들은 부모가 자기를 버리고 떠났을까 봐 울고 있었던 것이다. 그전 해에 부모가 단치히를 떠나 함부르크로 도주한 것에 대한 트라우마 때문이었을지도 모른다. 쇼펜하우어는 자다가 미세한 잡음만 들려도 권총을 집어 들었고, 이발사의 면도칼을 두려워했으며, 전염병이란 말만 들어도 줄행랑을 쳤다. 외식을 할 때에는 자신의 소형 잔을 챙겨 갔고, 재산 서류나 수표에는 독일어를 쓰지 않았으며, 귀중품에는 가짜 이름을 붙여 놓기도 했다. 어릴 적부터 부모에게 방치되다시피 하면서 유모나 하녀에 의해 기워진 쇼펜하우어는 평생 '사랑의 결핍'을 느꼈나 결핍을 느꼈기에 과잉을 꿈꾸었고, 자신을 알아주지 않아도 결코 절망하지 않고 평생 배우고 익히는 데 전념했으며, 하나둘 열성적인 제자와 추종자가 생기는 걸 흐뭇하게 여겼다.

쇼펜하우어는 프랑스에서 살면서 처음으로 사랑받는다는 느낌을 받았다. 어린 시절 프랑스에 있는 그레구아르의 집에서 2년 동안 살 때 사랑받고 있다고 부모님께 신나서 편지를 쓰기도 했다. 어머니와의 갈등도 사랑의 갈구, 제대로 사랑받지 못한 아이의 흐느낌에서 나온 것으로 보인다. 아들은 칭찬받고 싶은데, 어머니는 그 욕구를 충족시켜 주지 못했다. 괴테에게서는 아버지 같은 사랑을 갈구했으나, 괴테 역시 쇼펜하우어를 인정하는 데 소홀했다. 괴테는 쇼펜하우어가 자신을 도우며 자신의 비서 역할을 하기를 바랐지만, 색채론에 관해 자신과 논쟁을 벌이며 그렇게 하지 않았기 때문에 쇼펜하우어가 그의 눈 밖에 났다고도 할 수 있다. 그렇게 쇼펜하우어가 삶에서 느낀 분노는 점차 그를 향하게 되고, 큰 아픔 속에서 '더 나은 인식'이 태어나게 된다.

쇼펜하우어는 드레스덴에서 보낸 4년이 자신의 삶에서 가장 생산적인 기간이었다고 회고한다. 1815년부터 역작 『의지와 표상으로서의 세계』 집필을 시작해 완성했기 때문이다. '위대한 자아'의 소유자인 그는 제왕의 고독을 느꼈다. 자신과 세계가 어울리지 않는다고 여긴 그는 인생에서 적당한 체념이 필요하며, 뛰어난 지성인이나 천재는 친구를 얻기 어려움을 깨닫는다. 자신과 자아의 완벽한 일치를 어렵다고 인정하고, 내면적 불일치를 평생 짊어져야 할 운명이라고 본다. 자신을 천재로 자각한 그는 범인의 저열한 상태를 향상시키려는 노력을 의무로 삼아야 한다고 생각한다. 천재는 타인이 겪는 것보다 더 많은 고통을 겪고 타인이 성취하는 것보다 더 많은 것을 성취한다는 것이다. "천재성을 타고난 개인은 그냥 존재하면서 작업하기만 해도 인류 전체를 위해 스스로를 희생하는 개인이다."[24] 천재는 고통도 크지만 성취도 크다. 시련은 천재성을 발휘시키는 필수 조건이다. 플라톤, 셰익스피어, 괴테, 칸트가 현실 세계에 만족하고 안주했다면, 삶이 편안하고 안락했다면, 그러한 성취를 이루지 못했을 것이다. 쇼펜하우어의 인생은 달콤쌉쌀한 이삭줍기이자 하나씩 꾸준하게 인식해 가는 과정, 즉 이 현실 세계에 관한 지식을 습득하고 현실 세계와 나의 관계에 관한 지식을 꾸준하게 습득하는 과정이었다.

드레스덴 시절에 쇼펜하우어는 티크와 교류하며 미술평론가 겸 화가 고틀로프 폰 크반트와도 사귀었다. 드레스덴에서 프리메이슨 단원인 크라우제Karl Christian Friedrich Krause를 알게 된 것은 큰 소득이었다. 이 철학자는 만유재신론萬有在神論, pantheism[25] 신봉자였다. 쇼펜하우어의 '의지 이론'은 이런 관점을 받아들인 것으로 추정된다. 어떤 실체 자체를 정의하려고 노력한 쇼펜하우어는 "본인의 몸에서 체험한 의지를 가장 실재하는 것"[26]이라고 부른다. '더 나은 의식'을 찾아 칸트의 발자취를 좇던 중 자신의 신체로 체험한 의지가 바로 칸트의 '사물 자체'와 동일함을 확인한다. 현상 세계가 외형으로 발현되고자 하는 영원한 의지가 곧 삶에의 의지인 것이다. 그는 먼 곳이 아닌 가까운 곳을 관찰하기 시작하면서 수수께끼를 풀기 위해 자신의 내부로 들어갔다. 그러한 쇼펜하우어의 의지 개념에 가장 가까이 다가간 사람은 셸링이었다. 셸링은 의욕이 태곳적 존재라며 태고의 존재를 규정하는 개념들로 무근거성, 영원성, 시간으로부터의 독자성, 자기 긍정성을 든다. 셸링에게도 의지는 더 이상 지성의 기능이 아니고, 반대로 지성이 의지의 기능이다.

쇼펜하우어는 사랑은 거의 받지 못하지만 많은 이의 존경을 받는 괴짜의 역할을 떠맡았다. 이 괴짜가 철학 전체를 뒤엎으려 한다는 소문이 돌았다. 비판적인 논쟁에서 발군의 총기를 보이는 그는 경탄과 두려움의 대상이었다. 그는 숨기는 것 없이 너무도 솔직하게 자기 생각을 신랄하고도 노골적으로 피력했다. 친구에게든 적에게든 모든 것을 그대로 지적해야 직성이 풀렸다. 그러면서도 그는 위트를 즐겼고, 때로는 유머가 넘치는 무뢰한이 되었다. 그가 셰익스피어와 괴테의 난

---

24 * 『쇼펜하우어 평전』, 117쪽
25 * 존재하는 모든 것은 신 안에 있으며, 신은 세계 안에 있으면서 동시에 그 세계보다 크고 위대하다는 학설. 신의 만유로부터의 초월성을 주장한다는 점에서 범신론과 유신론을 종합하고 있다.
26 * 『쇼펜하우어 전기』, 401쪽

「청년 아르투어 쇼펜하우어의 초상」 루트비히 지기스문트 룰, 1815년경

삽하기 그지없는 부분들을 난사하는 바람에 사람들은 패배에 패배를 거듭했다. 언젠가 하루는 쇼펜하우어가 츠빙어 궁의 오렌지 온실을 구경하고 귀가했는데, 상의에 꽃 한 송이가 꽂혀 있었다. 그것을 본 하숙집 여주인이 "꽃을 피우셨네요, 박사님" 하니 "네, 꽃을 피워야 나무에 열매가 맺히겠지요"[27]라고 답했다. 이처럼 그는 드레스덴에서 고립되고 단순한 생활을 했지만, 그의 내면에서는 엄청난 모험이 일어나고 있었다. 그것은 구상의 쾌락과 위대한 작품을 완성한다는 모험이었다. 그 후 쇼펜하우어는 1818년까지 드레스덴에서 살면서 가끔 「드레스덴 식간신문」의 필진들과 교류했다. 1816년에는 뉴턴에 반대하고 괴테의 색채론에 자극받아 「시각과 색채에 대하여」를 완성했지만, 이 논문에서 쇼펜하우어는 자신의 실험을 토대로 괴테의 색채론을 비판하는 입장을 취했다. 괴테는 제자에게 비판받은 이 일을 베를린의 친구 슐츠에게 편지로 알렸고, 겉으로는 쇼펜하우어를 대견스러워했으나 속으로는 약간 언짢아했다. 괴테가 20년 이상 걸려 완성한 이론을 쇼펜하우어는 몇 달 동안 가볍게 해결했다고 하자 기분이 상했던 것이다.

1818년 12월, 쇼펜하우어는 3년 내내 준비한 주저 『의지와 표상으로서의 세계』를 브록하우스 출판사에서 출간했는데, 나중에 방대한 작품으로 양을 늘렸다. 하지만 '새벽별'로 '유령들'을 몰아내고 '낮'을 알리고자 했던 쇼펜하우어의 염원은 바로 이루어지지 못했다. 그의 철학은 기존 학계에서 환영받지 못했다. 헤겔 철학이 지배하던 철학계에서 그의 철학은 비주류였다. 쇼펜하우어는 상업적으로 성공을 거두지 못한 이 작품의 정신사적 중요성을 완전히 의식하고 있었다. 이 책의 기본 사상은 포괄적인 두 계열의 성찰로 이루어진 네 권의 책 속에 전개되어 있는데, 이 성찰에는 인식론, 자연철학, 미학, 윤리학이 차례로 포함되어 있다. 『의지와 표상으로서의 세계』는 쇼펜하우어 사상의 정점을 이루었다. 이후 긴 세월이 흐르도록 그의 철학에는 더 이상 별다른 발전이 일어나지 않았다. 어떠한 내적 고투나 변화도 없었고, 기본 사상에 대한 비판적인 재검토도 없었다. 이 책 이후의 저술들은 상세한 설명과 확인의 수준을 넘지 않고 있다.

1819년, 쇼펜하우어는 장기간에 걸친 첫 이탈리아 여행에 나섰다. 그리고 6월에 밀라노에 도착했을 때 자신의 재산의 일부를 맡긴 단치히의 물Muhl 은행이 파산했다는 소식을 들었고, 해당 문제를 해결하기 위해 곧장 여행을 중단하고 독일

---

27 *『쇼펜하우어 평전』, 109쪽

로 돌아갔다. 마찬가지로 같은 은행에 투자한 쇼펜하우어의 어머니는 거의 전 재산을 잃게 되었지만, 쇼펜하우어는 어머니를 돕는 것을 거부함으로써 모자 사이의 관계가 다시 나빠졌다. 그래서 그의 어머니는 더 이상 영국을 여행할 수 없었고, 여러 종류의 글을 써서 문필가로서 힘겹게 생계를 이어가야 했다.

잠시 곤란한 상황에 빠진 쇼펜하우어는 베를린대학에서 강사 자리를 얻을 수밖에 없었다. 1820년, 베를린대학에서 가르치기 시작한 쇼펜하우어에게 강의라고 할 만한 것은 첫 학기 강의뿐이었다. 이미 많은 학생이 듣고 있고 수강생이 점점 더 늘고 있던 헤겔의 수업과 같은 시간을 택한 데다가 무모하게 그 시간대를 고집했기 때문이다. 프랑스 군에 의해 가산을 탕진한 헤겔은 예나를 떠나 밤베르크, 뉘른베르크, 하이델베르크를 떠돌다가 1818년 10월 베를린대학 교수가 되었다. 여기서 첫 강의를 할 때 그는 공화정보다 왕정을 옹호했다. 그의 철학에서는 개인보다 국가의 권익이 우선이었다. 그는 개인의 자유보다 국가의 자유가 더 중요하며 온 국민이 원한다면 전쟁도 가능하다고 발언했다.

헤겔의 철학에 따르면 모든 역사적 현실은 세계정신의 실현 과정과 맞물린다. 즉 역사 속에는 이성이 작용한다. 세상의 모든 것은 정반합에 의해 움직이고 그 발전 속에는 이성의 힘과 그 원리가 자리한다. 헤겔에게 '미네르바의 부엉이는 황혼녘이 되자, 즉 현실이 완성되자 비로소 날기 시작한다'면, 마르크스에게 '미네르바의 부엉이는 동트는 새벽을 향해 힘차게 날아가야' 한다. 쇼펜하우어는 '진정한 철학에서는 행간의 눈물과 울부짖음을 느낄 수 있어야 한다'며 찬란한 미래를 신격화하는 이런 나팔 소리를 후안무치한 사고방식이라고 여긴다. 헤겔은 '세상이 이성의 원리로 이루어져 있다'고 주장한 반면, 쇼펜하우어는 '세상이 비이성적 원리로 이루어져 있으므로 그 안에서 사는 것이 고통스러울 수밖에 없다'고 본다. 쇼펜하우어는 이성적 논리로 풀 수 없는 문제를 풀려고 도전하며 강단 철학을 경멸하기 시작했다. 낭만주의 작가 장 파울은 『의지와 표상으로서의 세계』를 "천재성, 심오함, 통찰력을 가득 머금었으되 대담하면서도 철학적 다재다능함도 과시하는 저작"[28]이라고 호평했지만, 당시 쇼펜하우어의 이념과 저서는 별다른 주목을 받지 못했다.

소음에 극도로 예민했던 쇼펜하우어는 철학의 전당인 자신의 하숙집에서 여자

---

28 *같은 책, 187쪽

「게오르크 빌헬름 프리드리히 헤겔의 초상」
야코프 슐레진저, 1831

들이 무엄하게도 시끄러운 커피 파티를 즐긴다는 사실을 알고 경악했다. 1821년 8월 어느 날이었다. 자신의 곁방에서 재봉사 카롤리네 루이제 마르케가 친구들과 시끄럽게 커피 파티를 열자 쇼펜하우어는 그녀를 방 밖으로 끌어내고 내동댕이쳐서 노파의 오른팔을 다치게 했다. 그래서 1827년 5월까지 소송이 벌어졌는데, 쇼펜하우어는 결국 재판에서 패하고 노파의 생계비를 부담하라는 판결을 받았다. 그녀는 베를린에서 창궐한 콜레라에 걸려도 죽지 않고 살아남을 정도로 생명력이 강했다. 1842년, 마침내 노파가 사망하자 한시름을 놓은 쇼펜하우어는 사망증명서 여백에 "노파가 사라졌으니 부담도 사라졌다Obit anus, obit onus"[29]고 위트 있게 적었다. 그러나 쇼펜하우어의 울분은 그의 이성을 압도하지 못했고, 그는 힘을 내서 인류의 이익에 부응하는 노력을 곧바로 재개했다.

1821년, 자신이 요구한 돈을 물 은행에서 지급하자 쇼펜하우어는 이듬해 5월에 두 번째 이탈리아 여행을 떠나 이탈리아의 문화, 예술, 환경을 경험하고 이에 대해 배우고 기록했다. 이탈리아에서도 그의 비관주의는 변하지 않았지만, 그는 「승전가」라는 시에서 "자신의 필생의 작업은 위협당할 수도 중단될 수도 없으며 결코 파괴될 수도 없으니 나는 엄선된 후예들의 기념비로다"[30]라며 자신의 업적을 칭송했다. 여동생 아델레는 나폴리에 있는 오빠에게 편지를 보내 괴테가 오빠에게 대단히 고마워하면서 오빠의 책 전체를 훌륭한 것으로 평가한다고 전했다. 그리고 괴테가 아델레의 친구인 며느리 오틸리에에게 "나는 이제부터 1년 내내 즐거울 거야. 이 책을 다 읽으려면 족히 일 년은 걸릴 테니까"[31]라고 말했다고 전하며, 괴테가 이렇게 열심히 읽고 완독한 유일한 책의 저자가 오빠라며 그를 띄워줬다. 그럼에도 쇼펜하우어는 괴테가 자기 책을 주의해서 읽지 않았고 자신의 철학에도 제대로 관심을 보이지 않았다는 견해를 유지했다. 그렇지만 괴테가 자기 책을 읽은 흔적이 보일 때면 환호했다.

1년 후 이탈리아 여행을 마치고 독일로 돌아온 쇼펜하우어는 여러 질병과 청각 장애를 겪으며 매우 울적한 시기를 보냈다. 그리고 뮌헨에서 1년 동안 병을 앓았다. 1825년 4월에야 베를린에 돌아온 그는 큰 기대 없이 마지막으로 다시 한 번 강의를 시도했지만 실패했다. 그는 베를린 사교계를 혐오했고, 철학자들의 저열

---

29 *같은 책, 194쪽
30 *같은 책, 162쪽
31 *같은 책, 171쪽(필자가 일부 내용 수정)

한 습속과 현학적 관행을 질타했다. 이때는 헤겔과 슐라이어마허의 전성기였다. 쇼펜하우어는 헤겔의 저작들에 어울리는 표어로 셰익스피어의 『심벌린』에 나오는 "그따위 헛소리는 정신 나간 미치광이의 혓바닥에서만 튀어나온다"[32]는 글을 인용했다. 또한 그는 영어에 능통한 데다 시간이 남아 데이빗 흄 저서의 번역에 착수했지만, 그 기획은 무산되고 만다. 그리고 독서와 연구에 심취하면서 4년 동안 발타자르 그라시안 저서의 번역에 몰두해 1832년에 작업을 끝냈지만, 그 책은 쇼펜하우어의 사후에야 출간된다. 이후 그는 주로 독서와 번역 일을 하면서 이차적인 일들에만 몰두한다. 베를린에서 자연사학자 알렉산더 폰 훔볼트와 교유했지만 그에게 천재성과 지혜가 아닌 재주와 지식만 가득하다고 판단해 실망한다.

쇼펜하우어는 콜레라가 베를린에서 기승을 부리던 시절 어떤 꿈을 꾸었는데, 이 꿈에서 어릴 때 죽은 친구의 모습을 보고 이를 도피하지 않으면 죽을 것이라는 경고로 받아들인다. 그는 오랫동안 사귀던 카롤리네 메돈을 아직 사랑하고 있었기에 그녀를 데리고 떠나려고 했지만, 그녀가 다른 남자 사이에서 낳은 아이 때문에 출발이 지연된다. 그러던 1831년, 베를린에 그대로 머무르다 목숨을 잃은 헤겔과 달리 쇼펜하우어는 '콜레라가 발생하지 않는다'는 소문이 돈 프랑크푸르트로 도망쳐 그곳에서 겨울을 보낸다. 전염병에 맹목적이고 과민한 공포심을 지녔던 그는 상상력 때문에 더 큰 두려움을 느낀다. 프랑크푸르트에 가서도 한 친구에게 카롤리네 메돈을 지켜봐 달라고 당부하지만, 친구는 그가 상대를 믿지 못하기에 둘의 관계가 망가졌다고 설교한다. 쇼펜하우어는 프랑크푸르트에 도착하고 얼마 지나지 않은 1831년 9월에 부모님 꿈을 꾸고 앓아누워 힘겹게 겨울을 보낸다. 첫 두 달간 집에서 나가지 않고 두문불출하며 침울하고 냉소적인 기분에 시달린다. 결국 그는 주치의의 지시로 1832년 7월부터 1833년 6월까지 만하임에 체류한 후 프랑크푸르트 암 마인에 최종적으로 정착한다.

4. 프랑크푸르트에서의 학문적 은둔 생활

그 후 28년 동안 쇼펜하우어는 프랑크푸르트에서 지낸다. 그곳의 기후가 좋고, 경치가 아름다우며, 박물관, 극장, 오페라하우스 같은 문화적 편의 시설이 많았기 때문이다. 그는 단기간 외에는 그 도시를 떠나지 않았다. 결국 대학에서 가르치

---

32 ＊같은 책, 191쪽에서 재인용

는 것을 포기하고, 연구(특히 자연과학 연구)와 집필에 몰두한 채 은둔 생활을 한다. 1833년 7월부터 평생 프랑크푸르트를 고수한 그는 자신을 알아주지 않는 세상에 대해 탄식하면서 자신과 동류인 다른 거인 한 명을 소리쳐 부르다 지쳐 버린다. 훗날 밝혀진 바에 따르면, 그즈음 그는 구식이지만 기품 있는 옷차림을 하고 칸트를 모범 삼아 매일 똑같이 정해진 틀에 따라 규칙적인 생활을 했다. 그리고 프랑크푸르트의 괴짜, 고행 수도사, 염인주의자, 현자라는 별명을 얻었다. 철학을 위해 살아가면서 빈곤한 친척과 가난한 이들을 돕기도 했다. 그는 '도덕의 근본 바탕은 이웃 사랑이고 모든 덕목은 이웃 사랑에서 유래한다'는 기독교 윤리를 지지했다.

쇼펜하우어는 아침 일곱 시에 일어나 냉수 스펀지 목욕을 하고 커피 한 잔을 마신 후 여덟 시부터 집필 활동을 하고 손님을 접견했다. 식사 전에 30분 동안 플루트를 연주하고, 당글러테르 호텔이나 엥리셔 호프에서 점심 식사를 하고 집으로 돌아와 오후 두 시부터 플라톤, 아리스토텔레스, 세네카, 셰익스피어, 괴테, 바이런, 페트라르카 등의 작품을 읽었다. 그리고 네 시에 푸들 아트만을 데리고 마인 강가에서 속보 산책을 했으며, 저녁에 연극이나 음악회 구경을 갔다가 레스토랑에서 저녁 식사를 한 후 밤 열 시에 잠자리에 들었다. 저녁으로는 냉육 적당량과 포도주 반병을 마셨고, 맥주는 즐기지 않았다. 취침 전에는 『우파니샤드』를 읽었다. "『우파니샤드』를 읽는 체험은 이 세상에서 가장 유쾌하고 고귀한 체험이다. 이 책은 여태껏 내 삶을 편안하게 했고 나의 죽음도 편안하게 할 것이다."[33] 쇼펜하우어에게 죽음의 문제는 삶을 재조명하기 위한 조건이다. 누구에게나 결국 죽음이 승리할 것이 분명하다. 인간은 이미 태어날 때부터 죽음의 손아귀에 들어가 있고, 죽음은 잠시 동안만 자신의 전리품을 가지고 놀다가 집어삼키기 때문이다.

쇼펜하우어의 삶은 그야말로 철학을 위해 살아가는 생활이었다. 쇼펜하우어는 완벽한 금욕주의를 높이 평가했지만 그것에 자신의 본성을 화합할 수 없었다. 그는 빈곤한 친척과 가난한 자들을 도왔고, 탐욕보다 사치를 더 큰 죄악으로 여겼지만 고약한 수전노는 아니었다. 그는 동물도 외부의 대상 세계를 인지한다는 점에서 지성을 갖는다고 보고 동물을 동정하며 동물 학대에도 반대했다. 반면 칸트와 마찬가지로 기독교는 동물 세계를 무시하고, 불교는 측은지심 때문에 동물을 배려한다고 보았다. 쇼펜하우어가 볼 때 동물은 원시적인 형태의 보편 의지를 체

---

33 *같은 책, 225쪽

현하고, 동물 세계는 삶을 향한 의지의 불합리성을 적나라하게 드러낸다.

어떤 일화에 따르면 쇼펜하우어는 엄청난 대식가라서 사람들의 이목을 끌었다고 한다. 한번은 맞은편 식탁에 앉아 있던 낯선 남자가 유심히 바라보자 "선생, 선생께선 나의 식욕을 보고 놀라셨구먼. 사실 나도 선생처럼 하루 세끼씩 먹소이다만, 나는 하루 세끼씩 먹는 만큼 생각도 그렇게 한다오"[34]라고 말했다고 한다.

가구 딸린 방에 세 들어 살곤 하던 이 철학자는 55세가 되던 해에 새 집으로 이사한 후 그곳에서 16년 동안 살았다. 그는 『햄릿』에서 덴마크 재상 폴로니어스가 프랑스로 떠나는 아들 레어티스에게 한 말을 인생 지침으로 삼았다. "생각을 함부로 발설하지 말고, 친구를 가려서 사귀고, 싸움에 휘말리지 않도록 조심하라. 모든 사람의 말을 경청하되 너의 말을 아끼고 섣부른 판단을 삼가라. 되도록 비싸지만 화려하지 않은 옷, 고급스럽되 현란하지 않은 옷을 입으라. 돈은 빌리지도 빌려 주지도 말라. 무엇보다도 네 자신에게 진실하라."[35]

쇼펜하우어는 자신이 결혼을 포기한 이유로 두 가지를 들었다. 첫째, 가정을 꾸리는 데 필요한 수단을 충분히 보유했다고 생각하지 않았고, 둘째, 고독을 요구하는 천직이 결혼과 어울리지 않을 것 같았기 때문이다. 그는 결혼을 전쟁과 곤경으로 보았다. 빵과 버터에만 관심을 쏟는 사람은 창조적 개인이 될 수 없고, 결혼을 하면 성가신 가정사에 얽매여 생업 종사자로 전락하고 여가 시간을 아내에게 소진해 버린다고 생각했다. 쇼펜하우어는 철저하게 고독했고 친구도 없었다. 니체는 「교육자로서의 쇼펜하우어」에서 친구의 중요성을 이야기하고, 『유고집』에서 "쇼펜하우어와 현존재의 도덕적 해석에 반대"[36]한다. 하지만 쇼펜하우어는 『소품과 부록』에서 "마음의 진정하고 심원한 평화이자 완전한 내면의 평정, 즉 건강 다음으로 중요한 이 지상의 재화는 고독 속에서만 발견할 수 있고, 철저한 은둔 상태에서만 지속적인 기분으로 가질 수 있다"[37]며 고독의 장점을 말한다.

하지만 쇼펜하우어는 은둔 생활을 하며 외톨이로 보낸 이 시기를 그냥 한가롭게 보내지 않았다. 인위적 자족감을 느끼면서 겉보기에는 규칙적이고 단조로운

34 * 같은 책, 214쪽

35 * 윌리엄 셰익스피어, 『햄릿』, 설준규 옮김, 창비, 2016, 34~35쪽

36 * 프리드리히 니체, 『즐거운 학문·메시나에서의 전원시 유고(1881년 봄~1882년 여름)』, 안성찬·홍사현 옮김, 책세상, 2005, 642쪽

37 * 아르투어 쇼펜하우어, 『쇼펜하우어의 행복론과 인생론』, 홍성광 옮김, 을유문화사, 2013, 156쪽

삶을 영위했지만, 명상과 경험으로 내면세계를 성숙시켰다. 1836년에는 17년에 걸친 '말없는 분노' 끝에 『자연에서의 의지에 대하여』라는 소책자를 출간했다. 이 책에서 그는 빠른 속도로 발전하는 자연과학의 의문점과 발견들을 자신의 의지 이론에 대한 지지 근거로 능숙하게 활용했다. 이 책의 머리말에서 그는 "허풍과 협잡이 최고로 존경받는 것을 보아 왔기에 동시대인의 갈채를 일찌감치 포기해 버렸다"면서 "20년 동안 헤겔과 같은 정신적 괴물이 가장 위대한 철학자라 떠벌려져"온 것에 대해 신랄한 독설을 퍼붓는다. 그 외에 그는 에세이도 몇 편 발표했다. 1837년에 칸트의 『순수이성비판』 2판 대신 1판을 옹호하여 그의 전집 발간에 개입하기도 했다.

1838년에는 쇼펜하우어의 어머니가 어렵게 생활하다가 사망했고, 이듬해에는 그의 현상 논문 「인간 의지의 자유에 대하여」가 왕립 노르웨이 학회에서 주는 상을 받았다. 1841년에 그 논문은 상을 받지 못한 다른 논문인 「도덕의 기초에 대하여」와 함께 『윤리학의 두 가지 근본 문제』라는 제목으로 출간되었다. 쇼펜하우어는 이 책에서 칸트가 도덕 의무 근거로 내세운 정언 명령 이론을 타파하고 새로운 이론을 세우려고 노력한다. 쇼펜하우어는 '오직 완벽하게 공평무사한 행위만이 가치 있는 행위로 간주될 수 있다'고 주장한다. 그는 '순수한 연민에서 비롯되지 않는 어떤 행위도 도덕 가치를 지닐 수 없다'고 본다.

1830년대 말부터 그를 추종하는 무리가 하나둘 생기기 시작했다. 1830년대 말에 지방법원 판사 도르구트Friedrich Dorguth가 가장 먼저 쇼펜하우어의 비범함을 발견해 자신의 저서 『관념적 실재론의 그릇된 뿌리』에서 쇼펜하우어를 "체계적으로 사유하는 최초의 철학자"[38]라며 세계사에서 중요한 사상가로 추켜세웠지만, 그의 찬가에 반응하는 이는 아무도 없었다. 이후 재야 학자 겸 철학자 프라우엔슈태트Julius Frauenstädt가 쇼펜하우어의 사도이자 복음 전도자를 자처하고 등장했다. 그는 쇼펜하우어만큼 순수하고 심오하며 예리한 철학을 제공하는 이는 없다고 단언했다. 쇼펜하우어는 프라우엔슈태트가 호기심은 많지만 덤벙거리고 이해력이 부족하다며 한때 관계를 끊기도 했지만, 1859년에 그를 자신의 저서와 유작의 상속인으로 지정했다. 1844년 주저의 제2판이 출간된 후에는 베커와 도스가 새로운 신봉자로 등장했다. 쇼펜하우어는 베커와 나눈 서신 교환을 가치 있는 토론

38 *『쇼펜하우어 전기』, 619쪽

이라고 평가하고, 자신에게 열광하는 도스에게 매료되어 그를 '사도 요한'이라고 불렀다. 한편 시인이자 혁명가인 헤르베그는 1848년 바덴에서 벌어진 군사 봉기에 가담한 후 스위스로 망명해 쇼펜하우어의 저서에 몰입했다. 그는 친구인 작곡가 바그너에게 쇼펜하우어의 저서를 소개해 바그너도 쇼펜하우어에게 푹 빠지도록 만들었다. 1850년대 중반 바그너는 자신이 숭배하던 쇼펜하우어에게 자신의 오페라 「니벨룽의 반지」를 헌정해 자신의 한없는 존경을 표했다. 하지만 쇼펜하우어는 화성을 중시한 바그너의 현대적 음악을 인정하지 않고 로시니와 모차르트의 고전 음악을 최고로 추켜세웠다.

1844년 그의 주저 『의지와 표상으로서의 세계』의 재판에는 속편이 더 추가되었지만, 그래도 그가 '멍청한 세상 사람들의 저항'이라 불렀던 것을 깨부술 수는 없었다. 쇼펜하우어의 이름이 그다지 무게를 갖고 있지 못했음은 세 명의 출판인이 그의 후기 저술들의 출판을 거절했을 때 분명하게 드러났다. 결국 베를린의 한 이름 없는 서적상이 고료 없이 그의 원고를 받아들였다. 자신이 세계적으로 인정을 받는 시발점이 된 이 책에서 그는 그때까지는 자신의 저술 틀 안에서 개별적으로 다루지 않았던 중요한 주제들을 다루었다. 그리고 6년에 걸친 작업 끝에 삶의 지혜와 여러 에세이를 모아 『소품과 부록』(1851)이라는 제목의 두 권의 책으로 출간했다. 이 책에 수록된 「삶의 지혜에 대한 잠언」으로 그는 뒤늦은 성공을 거두고 행복한 만년을 보냈다.

생애 말년에 쇼펜하우어는 자신의 저작 대부분에 마무리 손질을 했다. 그리하여 1859년에 『의지와 표상으로서의 세계』 제3판이 자신만만한 머리말을 달고 나왔고, 1860년에 『윤리학의 두 가지 근본문제』 재판이 나왔다. 그리고 쇼펜하우어와 그의 철학에 관심을 기울이는 사람이 하나둘 생겼다. 조용한 추종자인 킬처는 주저의 초판과 2판을 검토하는 작업에 나섰고, 어떤 추종자는 쇼펜하우어가 1813년 루돌슈타트에 묵었던 방의 벽에 새겨 넣은 문구를 찾아냈다. 영주 비지케는 쇼펜하우어의 첫 번째 초상화를 사서 그것을 보관할 집을 지었고, 어떤 목사는 그에게 경의를 표하는 2행시를 지어 보냈다. 사관후보생들은 쇼펜하우어의 '성애의 형이상학' 부분을 몰래 읽으며 밤을 지새웠고, 어떤 철학자들은 모임을 결성해 쇼펜하우어가 점심식사를 하는 식당에서 사람들과 나누는 대화에 직접 참여했다. 이때 한 철학 교수가 용기를 내어 대화에 끼자 쇼펜하우어는 전갈 이야기를 들려주었다. 전갈은 빛을 본 뒤 어둠으로 빠져나갈 길을 찾지 못하면 자신의 독

아르투어 쇼펜하우어, 1852

가시로 머리를 찔러 죽음을 맞이한다는 내용이었다. 쇼펜하우어는 자신의 철학을 타오르는 촛불에 비유했다. 그러니 자신을 오랫동안 성가시게 괴롭히던 전갈, 즉 철학 교수들은 이제 불빛을 봤으니 알아서 스스로를 소멸시키라는 말이었다.

1857년 겨울, 쇼펜하우어가 산책을 하다가 넘어져 작지 않은 상처를 입자 프랑크푸르트 신문들은 이 사건을 뉴스로 다루었다. 그리고 1860년 4월의 어느 날, 쇼펜하우어는 점심 식사 후 귀가하던 중 가슴이 뛰는 증상과 호흡 곤란을 겪었고, 이러한 증상을 몇 달 동안 반복했다. 그럼에도 속보 산책과 마인강 냉수욕을 그치지 않은 그는 9월 18일에 심한 질식성 발작을 겪었다. 그리고 사흘 후인 9월 21일, 아르투어 쇼펜하우어는 소파 구석에 기댄 채 편안한 모습으로 죽음을 맞이하여 프랑크푸르트 공동묘지에 안장되었다. 그는 자신의 묘비에 구구절절한 어떤 설명도 새겨지지 않기를 바랐다. 그저 자신의 저작 속에서 자신이 기억되기를 소망했다. 그래서 쇼펜하우어의 유언 집행자인 그비너Wilhelm Gwinner 박사가 어디에 묻히고 싶으냐고 묻자, 그는 다음과 같이 웃으며 대답했다. "어디라도 괜찮네. 내가 어디에 있든 사람들이 찾아낼 테니까."[39] 실제로 1862년에 율리우스 프라우엔슈테트가 『소품과 부록』의 증보신판을 비롯해 『충분근거율의 네 겹의 뿌리에 대하여』(1864), 『자연에서의 의지에 대하여』(1867), 『색채에 관한 논문』(1870), 『의지와 표상으로서의 세계』 제4판(1873)을 발간했다. 그리고 1873년 말에 프라우엔슈테트는 쇼펜하우어의 첫 번째 전집을 여섯 권으로 출간했다.

5. 문학, 철학, 논리학, 심리학, 과학, 음악, 미술에 끼친 광범위한 영향

독일의 근대 철학자 중에서 사후에 쇼펜하우어만큼 광범위한 독자층과 명성을 얻은 사람은 없을 것이다. 1848년의 혁명이 실패하자 헤르베그 같은 과격한 운동가들은 실망, 우울, 허탈에 시달리면서 쇼펜하우어 철학에 의지했다. 그리고 폭넓은 독자층인 교양 시민도 쇼펜하우어의 철학에 반응하기 시작했다. 그들은 쇼펜하우어의 철학에서 비관주의라는 기본 정서를 거의 느끼지 않았다. 반대로 진보를 위한 믿음이 널리 확산되고 자라기까지 했다. 쇼펜하우어의 사상은 정신과 이성이 아니라 직관력, 창조력, 비합리적인 것에 주목함으로써 부분적으로 니체를 거쳐 생기론, 생철학, 실존철학, 인간학 등에 영향을 끼쳤다. 쇼펜하우어의 의지

---

39 *아르투어 쇼펜하우어, 『의지와 표상으로서의 세계』, 권기철 옮김, 동서문화사, 2008, 역자 해제 중 551쪽

개념은 보편적인 생존 투쟁과 그 결과로 나타나는 다윈의 적자생존과 일치한다. 쇼펜하우어는 이성이 지성적 직관의 소재로부터 개념을 형성하는 능력이며 경험에 속박되어 있다고 본다. 이성은 곧장 직관하는 게 아니라 들어서 알게 된 것을 지성에게 충실히 재현하여 들려주는 도구 역할을 할 뿐이다. 칸트가 실천철학에서 윤리적 이성을 초감각적이고 초월적인 것과 특유한 연관이 있다고 인정한 것을 쇼펜하우어는 오류라고 본다. 그는 이성적 성찰에 맞서 지적 직관의 우선적 역할을 강조한다. 이는 판단은 수일기라도 간가은 수이기 않으니 "간가들을 신뢰해야 한다"[40]는 괴테의 잠언과 유사한 입장이다. 쇼펜하우어는 토마스 만의 말대로 "비합리적인 것을 가장 합리적으로 사유한"[41] 철학자였다.

제자 율리우스 반젠과 에두아르트 폰 하르트만의 무의식의 철학을 매개로 할 경우, 쇼펜하우어는 현대 심리학과 프로이트, 융 및 그 학파와도 연결될 수 있다. 스위스 문화사학자 야코프 부르크하르트의 역사철학 역시 쇼펜하우어에서 비롯한 것이다. 쇼펜하우어는 키르케고르, 바그너, 투르게네프, 도스토옙스키, 톨스토이, 베케트, 아인슈타인, 하우프트만, 토마스 만, 카프카, 헤르만 헤세, 마르셀 프루스트, 에밀 졸라 등 다른 수많은 사람의 숭배를 받았다. 괴테와 함께 문어체 독일어를 개혁한 사람이기도 한 그가 현대 독일 문학에 끼친 영향은 이루 말할 수 없을 정도다. 쇼펜하우어의 영향력은 20세기에도 계속되어 체호프, 버나드 쇼, 릴케, 엘리엇, 베케트, 앙드레 지드에 이르기까지 나라와 시대를 불문한다. 니체는 쇼펜하우어를 읽었기 때문에 철학자가 될 결심을 했고, 비트겐슈타인은 쇼펜하우어의 철학을 바탕으로 독자적인 철학을 시작했으며, 아인슈타인은 쇼펜하우어의 저서를 읽고 상상력의 나래를 펼쳐 상대성이론을 낳았다. 노벨 문학상을 받은 앙드레 지드는 자서전에서 쇼펜하우어로부터 위로를 받았고, 뭐라 표현할 수 없는 기분으로 『의지와 표상으로서의 세계』를 자세히 또 자주 읽었다고 고백한다. 그리고 자신이 철학에 빠진 계기는 오로지 쇼펜하우어 덕분이라며 쇼펜하우어보다 헤겔을 더 좋아하는 사람이 있다는 것은 '황당한 일'이라고 주장한다.

1865년 10월, 니체는 라이프치히의 한 고서점에서 두 권으로 된 『의지와 표상으로서의 세계』를 발견한다. 어떤 악마가 그의 귀에다 대고 '이 책을 사서 돌아가

---

40   *요한 볼프강 폰 괴테, 『괴테 시 전집』, 전영애 옮김, 민음사, 2009, 670쪽
41   *『쇼펜하우어 전기』, 652쪽

프리드리히 니체, 1882

라'고 속삭였는지, 그는 무언가에 홀린 듯 그 책을 구입하고는 2주일 동안 그 책에 푹 빠져 지낸다. 새벽 여섯 시에 일어나 이튿날 새벽 두 시까지 읽으면서 한동안 이 책에 열광한다. "윤리적 분위기와 파우스트적 향기, 십자가, 죽음 그리고 무덤"[42] 같은 것들 때문에 쇼펜하우어에게 끌렸다고 그는 말한다. 그에게 쇼펜하우어는 "반시대적인 고집쟁이이며 천민들에게 유행하는 지식에 개의치 않았던 정신의 귀족"[43]이었다. 그가 이 책에서 읽은 것은 이성적으로 이해되거나, 역사적 의미나 도덕적으로 이해되는 세계는 진정한 세계가 아니라는 것이었다. 진정한 세계 속에서는 삶의 진정한 실체가 용솟음치는데, 그것이 바로 의지였다. 1866년 10월에서 1868년 초까지 그가 라이프치히 시절에 쓴 편지나 글에는 거의 종교적 귀의라고 할 정도로 쇼펜하우어 철학에 몰두하는 모습이 보인다. 이성적이거나 논리적이 아니라 어두우면서도 삶의 활기가 가득 찬 세계의 본질 혹은 본체를 그는 확신하게 된다. 특히 쇼펜하우어가 주장하는 예술을 통한 해탈의 이론을 통해 그는 자신의 음악에 대한 몰두를 정당화할 수 있었다. 니체는 정신적 존재인 인간의 의지가 물적 자연에 종속되는 것을 극복하는 방법이 예술에 대한 열광이라고 해석했다. 쇼펜하우어가 그저 자명하다는 듯이 신을 매장한 데 반해, 니체는 요란하게 신의 죽음을 알린다. 신을 잃은 고통에는 새로운 신을 낳기 위한 진통이 섞여든다. 그 신의 이름이 차라투스트라다.

바그너는 자신의 오페라 「니벨룽의 반지」에 '존경과 감사의 마음을 담아' 쇼펜하우어에게 자필 헌사를 보냈다. 또한 쇼펜하우어에게서 큰 감명을 받은 키르케고르의 일기 속에는 쇼펜하우어의 사상에 대한 감동과 공감을 보이는 다양한 글이 여기저기 눈에 띈다. 그가 간행한 소책자에도 쇼펜하우어의 영향을 받은 흔적이 여기저기 드러나 있다. 또 톨스토이는 한 친구에게 "나는 쇼펜하우어가 인간들 중 가장 위대한 천재라고 생각합니다"[44]라고 말하기까지 했다. 톨스토이의 서재에는 쇼펜하우어의 초상화만 유일하게 걸려 있었다고 하며, 톨스토이의 『안나 카레니나』와 하디의 『테스』에서는 쇼펜하우어의 이름이 직접 등장하기도 한다. 또한 쇼펜하우어는 학문적인 생철학의 효시로 간주될 수 있고, 실용주의와 베르그송의 선구자로 볼 수 있다. 사회학에서는 『공동체와 사회』(1887)의 저자인 페르

---

42 *같은 책, 641쪽

43 *같은 책, 641쪽

44 *『쇼펜하우어 평전』, 341쪽

디난트 퇴니스의 의지 이론이 쇼펜하우어의 영향을 받았다.

쇼펜하우어의 의지 이론은 특히 현대 심리학에 큰 영향을 끼쳤다. 이성과 합리적인 판단 능력을 갖고 질서정연한 삶을 살아가는 것이 인간 존재라는 전제를 정면으로 거부하고, 인간을 움직이는 실제적인 동력이 삶을 보존하려는 맹목적이고도 무의식적인 삶의 의지라고 주장한 쇼펜하우어의 견해는 근대 정신분석학의 기본 명제와 상통하는 바가 많다. 쇼펜하우어 찬미자였던 에두아르트 폰 하르트만은 자신의 저서 『무의시의 철학』에서 쇼펜하우어의 심리학적인 주장을 획기적으로 발전시켰다. 근대 심리학자들에게 큰 영감을 주었으며 심리학이 정식 학문으로 자리 잡기 전에 심리학적인 주장을 철학 서적에서 펼쳤던 쇼펜하우어는 "매우 오랜 세월 동안 분석되기 어려웠던 '자아 혹은 영혼'이라 불리는 것을 이질적인 두 가지 성분인 '의지와 지성'으로 분해하는 작업은 철학의 발전에 기여한다"[45]고 밝혔다. 다른 사상가들은 지성을 의지의 한 속성으로 간주하는 반면, 쇼펜하우어는 지성을 단순한 현상으로 간주한다. 분석심리학의 창시자 카를 융은 자신의 자서전에서 난해하고 거만한 문체의 헤겔보다 우리를 둘러싸고 있는 '고통과 고난'에 대해 처음으로 이야기를 꺼낸 쇼펜하우어의 사상을 탐구한 것이 가장 큰 도움이 되었다고 밝힌다.

프로이트는 정신분석학의 기초에 해당하는 '억압'에 대해서 자신보다 쇼펜하우어가 먼저 잘 설명했다는 것을 인정했다. 프로이트는 맹목적인 쾌락과 욕망 충족적 성격을 지닌 '또 다른 나'의 존재를 무의식이라고 명명했다. 그는 심리분석의 기초라고 할 수 있는 억압 메커니즘이 자신보다 쇼펜하우어에 의해 먼저 설명되었다고 고백했다. 프로이트의 제자로서 그의 이론을 비판, 수정하면서 집단무의식 이론을 주장한 융, 역시 프로이트의 제자로 자아 심리학을 제창한 아들러, 구조주의적 정신분석학자인 라캉 등도 쇼펜하우어의 영향을 받은 이들이다. 또한 보르헤스는 쇼펜하우어의 작품 속에서 자신이 찾고 있는 철학적 인도자를 만나게 된다. 그러면서 오늘날 단 한 명의 철학자를 선택해야 한다면 그는 쇼펜하우어를 택할 것이라고 고백한다. 이렇게 쇼펜하우어의 영향이 여러 분야에 걸쳐 있는 까닭은, 무엇보다 쇼펜하우어가 사람이 놓여 있는 상황을 깊이 들여다보는 보기 드문 통찰력과 문필가로서의 뛰어난 재능을 겸비하고 있었기 때문이다.

---

45 ＊같은 책, 144쪽

II. 『의지와 표상으로서의 세계』에 대하여

1. 칸트 철학 수용과 비판

쇼펜하우어는 『의지와 표상으로서의 세계』 머리말에서 독자에게 칸트 철학을 먼저 읽을 것을 주문한다. 그러므로 플라톤과 칸트 철학에 대한 간략한 설명이 먼저 필요하겠다. 플라톤의 이원론은 칸트에게 와서 현상과 사물 자체 간의 차이로 반복된다. '시간은 실존하는 것이 아니라 인간의 생과 조건에 불과하다'고 주장하는 칸트의 인식론에 따르면, 현실에 대한 직관, 경험, 인식은 사고력으로 주장되는 초월적인 질서 형식 속에서만 가능하다. 모든 사유는 초월적인 종합이며, 사유의 질서 원칙을 통한 경험적 소재의 질서다. 플라톤의 이데아 학설에 따르면, 경험적 현실 세계는 비본래적이고 비본질적인 존재로 이해되며 그 배후에 본래적인 본질적인 존재가 숨어 있다. 경험적 사물들은 변화하며 무상한 반면, 그 개념들인 이념은 불변하며 영원하다. 감각적으로 지각할 수 있는 경험적 사물 세계의 존재는 다만 가상에 지나지 않고, 본래적인 본질적인 존재는 이데아의 존재다. 이데아 그 자체는 영원한 것이며 모든 존재의 진리인 반면, 사물의 현상들은 가상에 지나지 않으며 영원한 이데아가 일시적으로 구현된 것에 지나지 않는다.

쇼펜하우어는 칸트의 주저를 읽은 사람을 '내장안 수술을 받은 장님'에 비유할 정도로 칸트 철학을 높이 평가했고, 칸트 철학으로부터 막대한 영향을 받았다. 그 결과 정신은 미몽에서 깨어나고, 모든 사물을 다른 시각에서 바라보게 된다. 쇼펜하우어가 칸트에게서 배운 것은 '시공간의 착각되기 쉬운 성질과 현상 세계의 비실재성'이었다. 그러면서 그는 칸트에 비판적인 슐체의 입장을 받아들였다. 쇼펜하우어는 자신을 칸트 철학을 수정하고 완성하는 존재로 보았다. 칸트의 현상계는 '표상으로서의 세계'에 해당되며, 사물 자체의 세계는 '의지로서의 세계'에 해당된다. 의지의 세계가 심층이자 알맹이라면, 표상은 그것의 표층이자 껍데기인 셈이다. 칸트는 우리가 이해하거나 경험할 수 있는 내용은 이해되거나 경험되어야 하는 대상뿐 아니라 우리가 가진 이해하고 경험하는 기관에도 의존해야 한다는 사실을 간파했다. 즉 두뇌가 없으면 사고할 수 없고, 위가 없으면 소화할 수 없다. 그렇지만 우리 경험의 바깥에 아무것도 없다고 주장할 수 있는가?

칸트는 우리가 경험할 수 있는 부분의 현실, 즉 실질적이고 가능한 현상의 세계를 현상이라 하고, 경험할 수 없는 부분을 실재라고 했다. 그러므로 실재는 정신의 산물이 아니며, 우리의 경험과는 무관하게 존재하는 것이다. 정말로 존재하지만 경험으로 포착되지 않는 실재의 영역이 있으며, 거기서는 인과율이 성립되지 않으며, 거기에는 물질적 대상이나 시간이나 공간도 없다. 우리는 그러한 실재가 존재한다는 데 대해서는 거의 확신하지만, 그것을 이해할 수 없다. 다시 말해 우리는 그것이 존재한다는 사실은 알지만 그것을 절대로 알 수도 인식할 수도 없고, 직접 인지할 수 없으며 어떤 종류의 이미지도 만들 수 없다는 것이다. 즉 칸트에 의하면 우리는 신이나 영혼 같은 것이 존재하는지도 절대로 확실하게 알 수 없고, 그것들이 존재하더라도 직접 인식하거나 결정적인 지식을 얻을 방법이 없다. 칸트 자신은 경건파 집안에서 성장했고, 스스로 죽는 날까지 기독교인이라고 선언했지만, 그러면서도 인간 경험의 영역을 벗어난 무언가를 사실적으로 알 수 있다는 주장을 뒤엎었다.

쇼펜하우어는 우리 경험의 진정한 본성에 대해 깨우쳐 준 칸트를 어느 누구보다 존경했지만, 우선 경험 세계의 바깥에 다수의 사물이 있을 수 있다고 추정한 점에서 잘못했다고 생각했다. 왜냐하면 그는 시간이나 공간 속에 있을 때만 어떤 것이 다른 것과 다를 수 있다고 생각했기 때문이다. 따라서 그는 시간과 공간의 바깥에서 모든 것은 단일하고 차별이 없다고 주장했다. 따로 구별되는 사물이 존재할 수 있는 곳은 경험 세계뿐이다. 칸트는 실재와 현상 사이에 인과 관계가 있다고 생각했지만, 쇼펜하우어는 그럴 수 없다고 주장했다. 이 점에서는 칸트 이후의 다른 모든 철학자가 마찬가지였다. 칸트의 말에 따를 때 인과 법칙이란 오로지 현상 영역 안에서만 유효하기 때문이다. 현상계를 벗어나면 어떤 것도 다른 것의 원인이 될 수 없으므로, 쇼펜하우어는 초월계와 현상계란 다른 두 가지 방식으로 이해되는 동일한 실재라고 본다. 이에 따라 쇼펜하우어는 독특한 윤리적 입장을 갖게 된다. 궁극적인 의미에서는 가해자와 피해자, 고문자와 희생자, 사냥꾼과 도망자가 결국 동일한 존재로 드러나면서 자비와 연민이 생기는데, 쇼펜하우어는 바로 이것이 도덕과 윤리의 기초라고 주장한다. 이렇게 주장하면서 쇼펜하우어는 인간을 통합하는 주된 열쇠가 이성이며, 윤리의 기초는 합리성이라는 칸트의 견해를 반박하고 있다. 존재하는 모든 것은 합리적이든 아니든 존재의 궁극적인 단일성에 참여하고 있다는 것이다.

쇼펜하우어는 칸트의 이론철학, 특히 선험적 감성론을 탁월한 성찰이라고 극찬한 반면에 칸트의 윤리학에 대해선 비판적이다. 그는 칸트 윤리학의 명령적 형식에 선결 문제 요구의 허위가 있다고 비판한다. 칸트가 아무런 증명도 없이 우리의 행위에 복종해야 하는 법칙이 있다고 전제한다는 것이다. 그는 윤리학에서의 명령적 형식은 모두 신학적 도덕에서 도입되었기 때문에 법칙, 명령, 당위, 의무 등 칸트 윤리학의 기본 개념들도 신학적 전제를 떠나서는 아무 의미도 지닐 수 없을 것이라고 주장한다. 당위가 처벌이나 보상과 관련해서만 의미를 갖기에 절대적 당위, 무조건적 의무와 같은 개념들도 형용 모순에 불과하다는 것이다. 따라서 절대적 당위를 의미하는 정언 명령이란 있을 수 없고, 이기적인 동기에 근거하는 가언 명령만 있을 뿐이라고 주장한다. 그런데 이와 같은 조건적 당위에 따르는 행위는 도덕적 가치를 지니지 않는 이기적인 행위이기 때문에 가언 명령이 윤리적 기초 개념이 될 수는 없다고 이야기한다.

쇼펜하우어는 칸트의 방법과 자신이 따르는 방법 사이의 본질적인 차이는 칸트가 간접적이고 반성된 인식으로부터 출발하는 반면 자신은 직접적이고 직각적인 인식으로부터 출발하는 데 있다고 말한다. 쇼펜하우어는 「칸트 철학 비판」에서 칸트를 탑의 높이를 그 그림자로 재는 사람에, 자신을 탑 자체에 직접 자를 갖다 대는 사람에 비유한다. 따라서 칸트에게는 철학이 개념으로 이루어진 학문이고, 자신에게는 철학이 개념 속의 학문, 모든 명증의 유일한 원천인 직관적 인식으로 끄집어낸, 그리고 보편적 개념으로 파악되고 고정된 학문이라고 말한다.

2. 충분근거율의 전사前史와 종류

쇼펜하우어는 『의지와 표상으로서의 세계』의 서문에서 독자가 칸트 철학뿐 아니라 자신의 박사 논문 「충분근거율의 네 겹의 뿌리에 대하여」를 먼저 읽을 것을 요구한다. 쇼펜하우어는 학위 논문에서 플라톤부터 칸트에 이르기까지 '원인의 인식'과 '인식의 근거'(표상의 근거)가 서로 구분되지 않고 혼동되어 왔음을 지적하며, 우리가 인식할 수 있는 객관 세계는 주관의 표상 또는 현상이라는 것, 그리고 표상을 결합하는 인식 능력의 법칙에 의해서만 우리의 인식이 성립한다는 것, 또한 그러한 법칙의 공통된 표현이 곧 충분근거율임을 밝히고 있다. 여기서 충분근거율은 선험적인 특성을 지니는데, 이는 그것이 '경험에 전혀 의존하지 않고 오히려 경험을 가능하게 하는 근거'로서 전제되기 때문이다.

이천 년 이상 서구 유럽 사유의 바탕을 이루는 원리로 작용해 온 근거율을 처음 명시적으로 인식하고 '충분근거율'이라 이름붙인 철학자는 라이프니츠였다.

라이프니츠는 『모나드론』에서 우리의 이성적 추론이 뿌리박고 있는 두 가지 근본 원리로 '모순율'과 '충분근거율'을 제시했다. 그에 따르면 우리가 행하는 이성적 추론은 두 가지 근본 원리, 즉 '모순율'과 '충분근거율'에 근거하고 있다. 그에게 모순율이 논리적 차원에서 성립하는 진위 판별의 원리라면, 근거율은 어떤 것을 그 근거로부터 정당화하는 원리다. 라이프니츠 사후 크리스티안 볼프는 라이프니츠의 단초를 이어받아 모순율과 근거율을 철학의 제1원리로 정립하고, 이로부터 다른 하위의 원리들을 체계화한다. 독자적인 라이프니츠 학도였던 크루지우스는 인식과 존재, 실존을 일치시키려는 주지주의 전통에 선 크리스티안 볼프의 근거율 해석에 반대하여 주의주의의 편에 서서 인식과 실존의 다른 성격을 주장한다. 이에 따라 크루지우스는 인식근거와 실존근거를 서로 구분해야 하며, 근거율 역시 구분해야 한다고 주장한다.

칸트는 청년기에 볼프와 크루지우스의 주장을 종합하려 한다. 칸트는 기본적으로 볼프의 존재론 전통에서, 즉 우리의 인식이 존재와 일치한다는 관점에서 문제를 다루지만, '존재를 인식하는 근거'와 '실존을 인식하는 근거'가 서로 다르다고 보는 점에서는 크루지우스에 동의한다. 하지만 훗날 칸트는 존재론 전통과 결별하고, 우리는 인식에 주어진 '현상'만을 인식할 수 있을 뿐 '사물 자체'는 알 수 없다고 확언하기에 이른다. 이에 따라 근거율 역시 현상에서 성립하는 것으로 축소된다. 이제 '형이상학의 파괴자' 칸트의 이성 비판에 의해 근거율에 대한 볼프와 크루지우스의 입장 차이와 의견 대립은 모두 부질없는 것이 되고 만다. 칸트 이후 헤겔과 쇼펜하우어가 어떤 의미에서는 볼프와 크루지우스의 후계자이기도 하다. 헤겔이 볼프적 전통에서 인식과 존재의 동일성에 치중하여 근거의 문제를 다룬다면, 쇼펜하우어는 근거율에 대한 독일 관념론의 변증법적 해석에 반대하여 주의주의의 편에 서서 인식과 실존의 이질성을 바탕으로 근거율을 다루는 것이다.

쇼펜하우어는 주저 『의지와 표상으로서의 세계』에서 헤겔로 대표되는 이성 철학을 거부하고 세계를 이성이 아니라 의지에 의해 파악하려고 한다. 쇼펜하우어에 따르면 이성은 두뇌 현상일 뿐이고, 의지의 제약을 받으며, 의지의 부산물에 불과하다. 따라서 세계의 본질을 파악하기 위해서는 이성이 아니라 의지를 통해 다가가야 한다. 쇼펜하우어는 인간의 인식 활동을 가능하게 하는 능력, 즉 지성이 제한적인 것이며 의지에 의해 생겨났다고 주장한다. 반면에 이성 또는 지성의 배후에 인식을 가능하게 하는 어떤 것이 존재한다고 하는 점은 칸트로서는 쉽게 인정할 수 없는 것이다. 쇼펜하우어가 말하는 의지는 사물들을 통해 다양하게 객관화되는데, 이렇게 의지가 객관화된 세계를 쇼펜하우어는 표상의 세계라고 규정한다. 시간과 공간, 인과율의 제약을 받지 않는 의지 세계의 존재를 우리는 신체를 통해 확인할 수 있다. 여기서 세계를 의지로서 경험하는 것은 주관과 객관의 구분에서 출발하는 인식을 통해서가 아니라 직관이나 관조를 통해 가능하다.

반면 쇼펜하우어에 의하면 기성을 통해 파악되는 세계는 의지의 세계가 아니라 표상의 세계일뿐이다. 이러한 표상의 세계는 마야의 베일이며 충분근거율에 의해 조건 지어진 세계다. 의지에 기여하는 지성을 통해 우리가 파악하는 세계는 표상일 뿐이며 이러한 표상의 세계가 지닌 여러 특성은 세계의 본래적인 특성을 드러내지 않는다. 그러나 이러한 표상의 세계가 지닌 한계들을 올바르게 인식할 때 본래적인 세계, 즉 의지의 세계를 경험할 수 있는 토대를 발견할 수 있다.

쇼펜하우어는 주관을 위한 표상을 선험적이고 보편적으로 결합시키는 여러 형태를 바로 근거율이라 칭한다. 근거율은 인식하는 의식에 의해 표상으로서의 대상과 주관을 결합하는 선험적인 원리다. 여기서 전개된 표상 이론은 「충분근거율의 네 겹의 뿌리에 대하여」에서만 중요한 의미를 갖는 것이 아니라, 『의지와 표상으로서의 세계』라는 전체적인 사고의 건축물을 지탱하는 사고이기도 하다. 쇼펜하우어는 표상들이 결합하는 다양한 방식에 따라 근거율을 네 가지 형태, 즉 네 가지 범주로 나눈다. 이것은 『의지와 표상으로서의 세계』에서 경험과 학문의 대상으로서의 주관에 의한 표상으로서의 세계를 이해하기 위한 선험적 원리인 것이다. 쇼펜하우어에 의하면 이러한 네 가지의 충분근거율은 생성, 존재, 인식, 행위의 충분근거율이다. 이 네 가지가 인과성 안에 그 충분 근거를 가지고 있다는 것, 즉 어떤 것도 그 자체로 독립적으로 존재하지 않는다는 것을 다루고 있다. 이런 사실들은 비록 우연한 일이기는 하지만 불교의 연기설緣起說과 연결된다. 만들어지고, 존재하고, 인식하고, 행위하는 것이 인간이 겪는 일 중 가장 주된 일이니, 이것들이 충분근거율의 네 가지 뿌리가 되는 것은 당연하다.

생성의 근거율에 의해 개념적으로 파악되는 것이 바로 인과율이다. 존재의 근거율에 의해 파악되는 것은 시간과 공간이다. 시간과 공간을 배제하고는 무엇의 존재를 생각할 수 없기 때문이다. 인식의 근거율은 이성적 규칙, 논리 규칙이다. 그 판단을 믿을 만하다고 여길 때 우리는 그 판단을 참으로 받아들인다. 행위의 근거율은 행위를 가능케 하는 동기다. 동기가 있기 때문에 행위를 하게 된다는 것이다. 그 네 가지 범주는 다음과 같다.

1) 첫 번째 범주: 생성에 대한 근거율이며, 지성에 의해 선험적으로 규정된다.

2) 두 번째 범주: 인식에 대한 근거율이며, 이성에 의한 개념과의 관계에 대한 법칙이다.

3) 세 번째 범주: 존재에 대한 근거율이며, 이것은 내감과 외감이라는 감성에 의한 선험적인 지관의 형식이다.

4) 네 번째 범주: 행위의 동기에 대한 근거율이며, 의욕의 필연적 법칙이다.

칸트가 제시한 복잡한 인식 능력 장치 중에서 쇼펜하우어는 충분근거율이라는 하나의 원칙만을 받아들인다. 물질세계에서 일어나는 모든 일에 대해 우리는 왜 그것이 일어나느냐고 근거를 묻는데, 그것은 협의의 인과성인 생성의 근거를 묻는 것이다. 모든 판단(인식)에서 우리는 이 판단이 무엇에 근거하는지, 왜 그것이 그러하다고 주장하느냐고 묻는다. 그것은 인식의 근거를 묻는 것이다. 충분근거율의 세 번째 방식은 순수 기하와 대수의 영역에 관련되어 있다. 여기서는 생성의 근거나 인식의 근거는 통하지 않는다. 충분근거율의 네 번째 방식은 인간의 행위와 관련되어 있다. 우리는 무엇이 행해질 때마다 왜 그것이 행해지냐며 동기를 묻는다. 이처럼 주체와 그 의지 행위의 연관성에 대한 인간의 지식을 지배하는 원리를 행위의 법칙, 즉 행위의 충분근거율이라고 한다. 인간이란 동기에 따라서 행위하며, 이 동기는 전혀 다른 매개체 안에서 전혀 다른 유형의 인식을 서술한다. 이와 같은 네 가지 유형의 충분근거율은 표상으로서의 세계를 구성하는 선험적인 원칙이다. 충분근거율은 모든 객관의 본질적인 형식으로, 그것은 세계에 대한 인식 조건인 것이다. 우리가 경험하는 세계는 충분근거율에 의하여 기술된 현상적 세계이며, 우리가 지각하는 객관 세계의 존재성은 세계를 지각하는 나의 정신에 의존하고 있다.

충분근거율은 스콜라 철학에서 말하는 것과 같은 영원한 진리가 아니라, 공간과 시간의 필연적 연관으로서 나타나는 인과성 또는 인식 근거의 법칙으로서 상대적이며 제약된 현상에서만 타당하다. 세계의 내적 본질인 사물 자체는 결코 충분근거율을 실마리로 하여 발견되는 것이 아니고, 이 원리에 인도되어 도달한 것은 모두 그 자신도 의존적, 상대적이고 현상에 지나지 않으며 사물 자체는 아니다. 그리고 객관과 더불어 주관이 있고 주관과 더불어 객관이 있기 때문에 단순히 근거에 대한 귀결로서 객관을 주관에 또는 주관을 객관에 첨가할 수는 없다. 따라서 우리는 다음과 같은 선험적인 진리들이 있다는 사실을 언제나 이미 전제하고 있다.

표상하는 자(주체)에게 나타나는 표상(객체)은 바로 세계다. 표상은 시간, 공간, 인과성의 형식들에 의해 이루어진다. 시간, 공간, 인과성은 근거율의 일반적 원리로서 주체와 객체의 상호의존성을 전제로 한다. 이처럼 경험의 실재성은 인과성의 법칙에 근거를 두고 있다. 객체와 표상은 동일한 것이고 지관적인 객체의 존재는 표상 작용이고, 그것이 사물의 현실성을 구성한다.

그러므로 인과성으로 나타난 시공간 속에서 직관된 세계는 완전히 실재하고 있으며, 완전히 나타나 있는 그대로의 것이며, 오직 표상으로서 인과성의 법칙에 의하여 연관성을 가지며 나타난 것이다. 우리가 세계를 경험하는 것은 세계 자체를 경험하는 것이 아니라 근거율을 통해서 파악하는 것이다. 이것이 바로 세계의 경험적 실재성이다. 그러나 다른 한편 객관 세계 전체는 어디까지나 주관의 제약을 받고 있으며, 따라서 그것은 동시에 초월적 관념성을 가지고 있다. 그러나 이는 세계가 허위나 가상이라는 것을 뜻하지 않는다. 세계는 있는 그대로의 것이며, 근거율을 공통적인 유대로 가지고 있는 표상인 것이다.

3. 『의지와 표상으로서의 세계』

위에서 서술된 「충분근거율의 네 겹의 뿌리에 대하여」에서 전개된 근거율의 네 가지 형태는 쇼펜하우어의 『의지와 표상으로서의 세계』 제1부에서 시간, 공간, 인과성이란 선험적인 경험의 형식으로 압축된다. 여기서 시간, 공간, 인과성이라는 선험적 형식은 근거율의 일반적 원리의 형태들이며, 항상 경험의 개별적인 경우에 적용된다. 따라서 『의지와 표상으로서의 세계』 제1권에서 주관에 의해 선험적으로 주어진 근거율에 의해 학문적 인식이 가능한 세계가 바로 현상(표상)의 세계라는 점에서 쇼펜하우어의 표상 이론은 사물 자체가 아닌 현상의 세계에 대한 선험적인 인식 조건을 다룬 칸트의 인식 이론과 일치한다.

쇼펜하우어는 그의 주저 초판 서문에서 자신의 철학 사상의 원천이 플라톤, 칸트, 『우파니샤드』임을 밝히고 있다. 사실 그는 이 세 가지를 바탕으로 철학 체계를 세웠고, 나아가 자신의 독창적인 철학적 해석을 통해 이것들을 완전히 자신의 철학으로 체계화했다. 철학사에는 주체와 객체의 관계에 대한 여러 주장이 있는

데, 주로 객체를 강조하는 입장(실재론)과 주체를 강조하는 입장(관념론)으로 구분된다. 이에 대하여 쇼펜하우어는 주체나 객체 중 어느 하나를 강조하는 것이 아니라 동시적으로만 존재할 수 있다고 말한다. 주체는 객체가 있기 때문에 주체일 수 있고, 객체는 주체가 있기 때문에 객체일 수 있다는 말이다.

쇼펜하우어는 각 권이 시작되기 전에 핵심적인 문장을 인용한다. 제1권이 시작되기 전에는 "벗이여, 유년기에서 벗어나, 깨어나라!"라는 계몽주의 철학자 루소의 『신 엘로이즈』에 나오는 한 구절을 인용히면서 미몽에서, 즉 미성숙한 인식의 단계에서 깨어날 것을 주문한다. 제2권이 시작되기 전에는 네테스하임의 『에피스툴라에』에 나오는 문구를 인용한다. "그것은 우리 속에 깃들어 있다, 지하 세계나 하늘의 별들 속이 아니라. 이 모든 일이 생기게 하는 것은 우리 마음속에 살아 있는 영혼이다." 이처럼 제2권에서는 표상의 세계에서 내부의 살아 있는 영혼으로, 즉 의지로 시선을 돌린다. 제3권에서는 플라톤의 『티마이오스』에 나오는 글귀를 인용한다. "영원히 존재하지만 생성하지 않는 것은 무엇일까? 또 생성하고 소멸하면서도 결코 존재하지 않는 것은 무엇일까?" 제3권에서는 다시 다른 시각에서 영원히 존재하는 것으로서의 표상의 세계를 이야기한다. 세계를 반영하는 거울로서 독자적으로 존재하는 예술의 세계를 이야기하는 것이다. 제4권에서는 『우프네카트』에 나오는 "인식이 생기자마자 욕망은 사라져 버렸다"를 인용한다. 어떤 욕망도 존재하지 않고 사라졌을 때, 즉 욕망의 불이 꺼졌을 때 진정한 깨달음, 즉 인식을 얻는다는 것이다.

쇼펜하우어의 의지 철학을 간단히 요약하자면 이렇다. 칸트의 후계자임을 자처하는 쇼펜하우어는 현상 세계가 주관의 표상이라는 칸트의 초월 철학을 수용하지만 현상의 배후에 있는 사물 자체를 알 수 없는 게 아니라, 신체에 눈을 돌려 사물 자체가 곧 의지라고 주장한다. 만물을 움직이는 이 맹목적인 의지가 폭발하며 그 파편들이 객관화하여 개체들로 모습을 드러냄으로써 현상 세계가 나타난다. 소위 의지의 빅뱅 이론인 셈이다. 이 맹목적인 의지는 비합리적이고 의지 자체는 소진하지 않는 것이라서 인간을 포함한 현상 세계는 끝없는 욕망에 시달리며 고통을 겪는다. 그러나 이 의지를 부정할 경우 현상 세계는 무無가 됨으로써 인간은 고통에서 해방되어 해탈하고 열반에 이를 수 있다는 것이다.

제1권은 "세계는 나의 표상이다"라는 명제로부터 출발한다. 인간은 태양이나 대지를 아는 것이 아니라 그것들을 보고 느끼는 눈과 손을 지니고 있음에도, 세계

역시 인간이라는 표상하는 자와 관계함으로써만 존재한다. 표상이란 시각, 청각, 후각, 미각, 촉각, 이 다섯 개의 감각에 의해 감지된 사물의 실체를 말한다. 불교에서는 이 오감에다 뜻(법, 의식)이라는 육식이 첨가된다. "세계는 나의 표상이다"라는 명제는 우리 눈에 보이는 세상은 뇌가 계산해 낸 결과물로 우리가 보고 있는 것들이 실은 보이는 대로 생기지 않았다는 것이다. 이런 전제에서 쇼펜하우어 철학은 인지 과정을 뇌세포의 작용으로 보는 현대 뇌 과학을 선취하고 있다. 고양이는 색깔을 구별하지 못하므로 흑백으로 세상을 보고, 바지는 세상은 죽음까로 본다. 세계는 인식론적 측면에서 보면 표상의 세계인데, 존재론적 측면에서 보면 의지의 세계다. 따라서 이 책의 골자는 인간 인식의 조건상 주관과 객관이 구분될 수밖에 없기 때문에 인간은 표상으로서의 세계만을 인식하지만, 이 표상으로서의 세계를 움직이는 것은 의지라는 것이다.

"세계는 나의 표상이다"라는 명제는 삶을 살면서 인식하고 있는 모든 존재자에 해당되는 진리다. 하지만 이 진리를 반성적·추상적으로 의식할 수 있는 것은 오직 인간뿐이다. 세계는 그 자신과 전혀 다른 존재인 인간이라는 표상자와 관계함으로써만 존재한다. 이 세계에 속하는 것과 속할 수 있는 모든 것은 주관에 의해 필연적으로 조건 지어져 있으며, 그래서 주관에 의해서만 존재하는 것이다. 세계는 나의 표상이란 진리는 시간, 공간, 인과성과 같은 다른 모든 형식보다 한층 더 보편적인 형식, 즉 생각 가능한 모든 경험의 형식을 표현한 것이기 때문에 선험적이라 할 수 있다. 쇼펜하우어에 따르면 학문이란 단순한 인식의 축적이 아니라 결합된 인식의 전체이며, 인식의 작용들을 규정하는 근거율로부터 결과하는 필연성에 대한 인식이다. 따라서 모든 이론적인 지식을 가능하게 하는 근거율은 주관에 의해 선험적으로 주어진 인식을 위한 공통적인 표현인 것이다.

모든 것을 인식하면서도 어떤 것에 의해서도 인식되지 않는 것이 주관이다. 따라서 주관은 세계의 담당자이며, 모든 현상과 객관을 관통하며 언제나 그것의 전제 조건이 된다. 존재하는 모든 것은 주관에 의해서만 존재하기 때문이다. 표상으로서의 세계는 본질적이고 필연적이며 불가분한 두 측면, 즉 객관과 주관을 가지고 있다. 객관의 형식은 시간과 공간이며, 이것들에 의해 다수성이 생긴다. 그런데 다른 측면인 주관은 시공간 속에 존재하지 않는다. 주관은 표상 작용을 하는 모든 존재 속에 전체로서 분리되지 않은 채 존재하고 있기 때문이다. 객관은 주관에 대해서만 의미와 존재를 지니며, 그것과 생멸을 같이 한다. 그리고 모든 가능한 객관은 충분근거율의 지배를 받는다.

쇼펜하우어는 이 표상을 직관적인 것과 추상적인 것으로 구별한다. 직관적 표상은 가시적인 세계 전체, 즉 경험 전체와 경험의 가능성의 조건을 지배하는 직관 형식으로 시간과 공간(순수한 감성 형식), 그리고 (시공간과 지성이 결합된 형태로 나타나는 직관 형식인) 인과성이다. 여기서 칸트와의 중대한 차이가 드러난다. 칸트가 인과성을 지성의 순수 개념, 곧 판단 형식 중 하나로 간주한 반면, 쇼펜하우어는 지성을 지접적인 직관력으로 여긴다. 왜냐하면 인과성에 대한 의식과 시공간에 대한 의식은 동시적으로 또 직접적으로 현상하는 것이고, 여타의 개념적 판단과 달리 동물에게서도 발견되는 것이기 때문이다. 다른 한편 추상적 표상은 곧 개념이고, 오직 인간만이 이성에 의해 개념을 지닐 수 있다.

세계는 시간, 공간, 인과성 같은 지성의 구성물로부터 도움을 받아야만 이해할 수 있다. 그러나 이 구성물들은 이 세계를 현상으로서, 즉 시간, 공간 면에서 병렬 연속된 다수의 사물로서만 보여줄 뿐 칸트가 알 수 없는 것이라고 생각했던 사물 자체로서 보여 주지는 않는다. 쇼펜하우어는 모든 것을 표상으로서, 주관에 대한 객관으로 고찰하고, 각 개인에게 세계에 대한 출발점이 되는 자신의 신체까지도 다른 모든 실재하는 객관처럼 인식할 수 있다고 하는 측면에서만 본다. 즉 신체는 우리에게 하나의 표상에 불과하다는 것이다. 그러면서 이러한 객관을 객관에만 속하는 시간, 공간 및 인과성에서 고찰하며, 그의 관점은 결코 관념론적인 것이 아니라고 말한다.

쇼펜하우어는 칸트와 마찬가지로 경험을 통해 세상을 파악할 수 있다고 보았다. 이때의 파악할 수 있는 세상은 실재가 아닌 현상, 관념으로서의 세계다. 쇼펜하우어는 칸트의 시간과 공간 형식은 받아들였으나 열두 개의 범주는 인과성이라는 하나의 범주, 즉 근거율로 단순화했다. 근거율은 존재하는 모든 것은 반드시 그 존재의 이유와 근거를 충분히 가지고 있다는 원리다. 쇼펜하우어는 자신의 박사 논문에서 현상과 사물 자체의 구분을 겨냥하여 이성의 한계에 대한 논의를 통해 이성 철학에서 의지 철학으로 넘어간다.

제2권에서는 표상된 개념들의 본질을 고찰하는 것으로 나아간다. 인간은 외적으로 몸 또는 현상으로서의 자신을 알고 있고 내적으로는 만물의 첫째가는 본질의 일부, 즉 의지가 바로 자신임을 알고 있다. 삶의 맹목적 의지는 사물 자체다. 즉 그것은 단일하고 헤아릴 수 없으며 변화할 수 없고 시간과 공간을 넘어서 있으며 원인도 목적도 없다. 현상의 세계에서 그것은 현실화의 상승 계열 속에 반영되어 있다. 무기적 자연의 힘 속에 있는 맹목적인 충동에서 시작해 유기적 자연(식물과 동물)을 거쳐 합리성에 따르는 인간 행동에 이르기까지 끊임없는 욕망, 의욕, 충돌의 거대한 사슬이 펼쳐져 있다. 이러한 사슬은 높은 형태가 낮은 형태를 상대로 벌이는 계속적인 싸움, 목표도 없이 줄기차게 이어지는 영원한 열망, 참상 및 불행과 떼려야 뗄 수 없게 결합되어 있다. 불교에서 욕망은 악의 근원이고, 모든 욕망은 삶에의 의지를 수락하는 긍정으로 한인될 수 있다고 본다. 이기, 즉 맹목적 충동은 이성, 즉 규제 능력을 끊임없이 억압하고 지배한다. 불교에서는 이러한 삶의 맹목적 의지를 탐욕, 분노, 어리석음을 의미하는 탐貪·진瞋·치癡라고 일컫는다.

인간 본성의 이러한 본능적 요소(의지)가 인간 본성의 반성적 요소(지성)보다 우세하다고 본 것이 쇼펜하우어 철학의 위대한 점이다. 지성의 흔적이 미미한 유아들도 자기 의지를 가득 지니고 있다. 발길질과 울음으로 넘치는 자기 의지력을 드러내지만, 그들의 의지는 아무 목적도 지향하지 않고, 설령 의지를 품더라도 그 의지의 대상만은 모른다. 우리 존재의 심층에서는 '초청받지 않은, 결코 지치지 않는 의지'가 발동하여 공포, 불안, 희망, 쾌감, 욕망, 질투, 비탄, 열정, 분노, 용기 같은 정념들로 표출되면서 우리의 경솔한 언동을 재촉하고 강요한다. 고삐 풀린 의지는 '나사 같은 부품을 잃어 멈춰 버린 회중시계'와 같다. 이때 지성은 마치 길들지 않은 말을 구속하는 고삐나 재갈처럼 인간의 의지를 구속하고 조종해야 한다.

이러한 의지는 현상 세계에서 객관화되어 나타난다. 그 의지는 다양한 단계로 객관화되며, 그 단계는 다시 개체화의 원리에 따라 무수한 개체 속에서 표현된다. 의지가 객관화되는 단계는 낮은 단계의 돌이나 식물로부터 높은 단계의 동물이나 인간에 이르기까지 무한한 등급을 지닌다. 의지가 객관화되는 단계마다 사물의 영원한 형식들이 있으며, 이러한 사물의 영원한 형식은 시간과 공간이라는 개체화의 원리와 인과율에 종속되어 있지 않다. 사물의 영원한 형식은 플라톤적인 의미에서 바로 이데아들이며, 의지의 가장 적합한 객관화다. 이러한 이데아들은 사물 자체로서의 의지와 근거율에 종속된 표상의 세계에 속한 개별자들 사이를 매개한다. 이데아들은 의지가 객관화되는 단계로서 플라톤적인 의미에서의 원상들이며, 개별자들은 이러한 원상들에 대한 일종의 모상들인 것이다.

의지가 객관화된 가장 낮은 단계는 합법칙적으로 표현되는 자연의 보편적인 근원적 힘들로서 이념이다. 우리가 자연법칙이라고 하는 것은 이러한 자연력이 시간과 공간의 물질 속에서 출현하는 자연 현상의 변화에 대한 인과 법칙을 의미한다. 자연의 보편적인 여러 힘은 마치 중력, 불가입성처럼 모든 물질에 예외 없이 혹은 응집력, 유동성, 전기, 수축성, 자성처럼 특정한 물질의 특성에 원인과 결과라는 인과 법칙에 따라 출현한다. 이러한 자연의 물질세계라는 가장 낮은 의지의 객관화의 단계에서 의지는 맹목적이고 불분명하며 인식 없는 충동으로 표현되며 미약하며 단순하다. 의지는 자연 속에서 개별적인 성격이 없이 합법칙적으로 출현하며, 물리학이나 화학은 이에 대한 법칙을 탐구하는 것이다.

식물의 영역에서 의지는 무기물에서보다 좀 더 분명하게 객관화된다. 거기서 자극은 의지의 현상에 대한 인과 형식이며, 의지는 어둡게 충동하는 힘으로 작용하면서 결국 동물적인 현상에서 양분을 섭취하는 부분으로 출현한다. 의지가 객관화되는 더 높은 단계에서는 결국 개별자는 단순히 자극에 따라 반응하면서 생존 보존만을 하지 않는다. 거기서 동기화의 법칙에 따른 운동과 인식은 필연적이다. 왜냐하면 개별자는 자기 보존과 종족 보존이라는 생식을 요구하기 때문이다. 무기체와 식물의 영역에서 의지는 확실성과 합법칙성을 가지고 현상하지만, 자신의 현상에 대한 표상을 지니지 못하며 순진하다. 그러나 동물과 인간이라는 의지의 객관화의 가장 높은 단계에서는 자신에 대한 표상과 개별자의 종족 보존을 위해 인식이 필연적이다.

동물들은 단순히 지각의 활동이라는 지성의 작용에 속한 현재와 관련된 직관적 표상을 지닌다. 의지의 객관화의 최고 단계에 있는 인간은 이중적인 인식을 지니는데, 직관적 인식과 좀 더 높은 성찰 능력을 지닌다. 거기서 인간은 이성 추상적 능력으로 신중하게 미래를 예측하고 과거를 되돌아보며, 자신의 고유한 의지 현상을 분명하게 의식한다. 이성의 출현으로 모든 의지의 발현은 솔직성은 잃게 되지만, 이와 반대로 비유기적인 자연에서는 아주 엄격하게 합법칙적으로 개체성을 띠지 않은 채 나타난다. 인간에게 이성적이고 직관적인 인식은 근원적으로 의지 자체에서 출현하며, 의지가 객관화되는 최고 단계의 본질에 속한다. 이러한 인식은 모든 인간에게서 개별자의 생존 보존을 위한 수단으로 기여한다.

의지 그 자체는 맹목적이며 그의 현상의 대부분이 무의식적으로 나타난다. 의지가 뇌를 산출하자마자 뇌 속에서 고유한 자아에 대한 의식, 즉 인식하는 자아와 의욕하는 자아와의 일치가 이루어진다. 단순한 의지는 뇌를 통해 인식 의욕으로서 객관화된다. 의지의 객관화는 신체에 의해, 신체는 뇌를 통해 조건 지어진다.

즉, 동물에게서 그의 욕구에 따른 외적인 인상들의 수용성은 신경 체계와 뇌의 발전에 따라 상승하며, 뇌의 작용은 의식을 형성하게 해 시간과 공간 인과성이라는 형식을 통해 세계를 표상한다. 지성은 상승된 욕구로부터 출현하는 의지의 우연적인 속성에 지나지 않고, 갈망, 욕구, 의욕, 거부감, 회피 등이 오히려 의지에 본질적이고 모든 의식에 기반이 된다. 특히 인간에게서 의지의 표현은 이러한 고도의 인식 능력인 지성을 수단으로 인간의 개성 속에서 명석하고 판명하게 나타나며, 의지와 인식의 불회는 비로 인간에게 고통, 불만주, 고뇌를 준다. 고유한 인간이 본질은 인식하는 의식 속에 존재하는 것이 아니라 근본적으로 의지 그 자체에 있다. 인간의 성찰하는 추상 능력도 의지의 도구일 뿐이다. 물론 인간만이 자기성찰 능력과 추상적인 개념적 사고 능력으로 다른 자연 현상에서의 의지의 가시성을 명료하고 의식적으로 벗겨 낼 수 있지만, 이러한 능력 자체도 결국 의지를 표현하기 위한 도구일 뿐이다.

결국 자연계에서 수없이 많은 종과 개별자는 의지를 스스로 표현하는 데 물질로부터 형태를 생성하기 위한 끊임없는 싸움을 벌인다. 다양성과 그 엄청난 차별성을 지니고 의지가 객관화되면서 개별자들은 서로 간에 끊임없이 화해할 줄 모르는 싸움을 벌인다. 이러한 의지가 단계별로 객관화되는 과정에서 각 단계의 이데아 실현과 관계하여 의지의 가장 적합한 객관화를 추구하는 내적 합목적성이 발견된다. 개별자는 경험적인 성격을 지니고 있으며 개체화의 원칙에 종속되어 있으나, 예지적인 성격은 종이나 모든 보편적인 자연력에서 발견되며 시간과 공간 속의 개체화 원칙으로부터 해방되어 있다. 합목적성이란 바로 개별자가 이데아로 향하는 그러한 목적성을 의미한다. 의지의 자기표현은 가장 적합한 객관화를 향한 자신의 형태들과 물질과의 끊임없는 싸움이다. 이에 대해 쇼펜하우어는 날카로운 통찰력으로 종의 보존을 위해 동물들은 주저하지 않고 식물들을 자신의 식량으로 사용하고, 인간 역시 서로를 탈취하는 자연의 충동의 사슬에 결속되어 있음을 보여준다.

『의지와 표상으로서의 세계』 제1·2권이 의지를 긍정적인 방식으로 다루는 반면, 미학과 윤리학을 다루는 제3·4권은 의지의 부정이 해방 가능성임을 지적함으로써 앞의 1·2권을 넘어선다. 이 같은 부정을 보여 주는 천재와 성인을 이 책의 주인공으로 불러옴으로써 이 책은 비존재가 존재보다 더 높은 가치를 갖는다는 '비관주의적' 세계관을 표방한다. 예술은 인간에게 열정이 더 이상 아무런 역할도 하지 않는 의지 없는 사물관을 요구한다. 여러 수준의 예술은 의지 실현의 수준과 대응한다. 가장 낮은 수준의 예술은 건축학이며 그 다음은 시문학 예술이고, 가장 높은 수준의 예술은 음악이다. 그러나 인간은 예술을 통해서는 단지 순간적으로만 의지의 봉사로부터 해방될 수 있다. 진정한 해방은 오직 자아에 의해 부과된 개체성의 경계를 무너뜨림으로써 달성될 수 있다. 동정적이고 비이기적이며 친절한 행동에 공감하는 사람, 남의 고통을 자신의 고통으로 느끼는 사람은 누구나 모든 민족과 시대의 성인들이 금욕주의를 통해 달성한 것, 즉 삶에의 의지 포기에 가깝게 다가가 있는 것이다. 쇼펜하우어의 인간학과 사회학은 헤겔과는 달리 국가나 공동체에서 출발하지 않고 홀로 힘써 일하는 고통 받는 인간에 초점을 맞추어 그들에게 자신의 입장을 지키면서 남과 더불어 살 가능성을 보여 준다.

제3권에서 쇼펜하우어는 예술 철학에 대해 설명한다. 예술을 '충분근거율과 무관하게 사물을 바라보는 방식'이라고 정의한다. 근거율이란 '모든 것에는 그것이 존재해야 하는, 바로 그렇게 존재해야 하는 충분한 근거가 있다'는 뜻이다. 모든 사건에는 원인이 있고, 모든 행위에는 동기가 있다. 아무 이유 없이 거기 존재하고 있는 것은 아무것도 없다. 현실 세계의 모든 현상은 많은 점에서 다른 현상과 맞물려 있기 때문에, 이 세상 산물은 서로 안에 그것의 존재 근거를 가지고 있는 것이다.

쇼펜하우어는 현상 영역을 둘로 구분했다. 한 영역은 세계를 상호 작용하는 사물들의 짜임새로 체험하는 습관적 고찰 방식이다. 또 하나의 영역은 '순수 객관성'의 차원으로, 현상하는 사물을 시간, 공간, 인과율이라는 표상 작용의 고유 형식과 무관하게 관조하여 이념만 남을 때 도달할 수 있다. 사물에 대한 이런 관조 방식이 미학적 관조 방식인데, 그것은 근거율과도 무관하다.

인간의 이념은 역사가 없으므로 어느 곳, 어느 때 존재하는 것이 아니다. 따라서 사람들은 아주 많지만, 사람의 이념은 하나뿐이다. 이것은 다른 모든 존재도 마찬가지다. 이념은 개념과 달리 현상에서 추상된 것이 아니다. 오히려 이념이 근거율에 종속될 때 그 이념으로부터 개별 현상이 나오는 것이다. 그럼에도 이념은 여전히 표상 작용의 대상이다. 이것이 플라톤의 이데아 개념과 다른 점이다.

이념은 본질적으로 사물의 근원적인 통일이며, 주관의 인식의 조건을 통해 개별적인 대상의 다양성으로 해체된다. 이념은 근거율에 종속되어 있지 않고 시간, 공간 및 인과성에 묶여 있지 않다. 따라서 주관이 개별자로서 인식하는 한 모든 인식의 형식은 근거율에 종속되기 때문에, 개별자로서의 주관으로부터 해방될 때 이념은 비로소 인식의 대상이 될 수 있다. 이념에 대한 인식은 '언제, 어디서, 왜, 무엇을 위해서'라는 사물의 관계성에 대한 물음으로부터 자유롭다. 이것은 표상으로서의 개별적인 대상에 대한 인식으로부터 해방된 일종의 예외적인 인식의 경우라고 말할 수 있다. 그러나 이념을 관조하기 위해서는 나의 모든 개별성을 포기하고 의지로부터 해방되어 '대상의 순수 거울'이 되어야 한다. 이렇게 되면 나는 이제 더 이상 어디에, 언제, 왜, 무엇 때문에 존재하고 있는지를 묻지 않게 되고, 오로지 '그것이 도대체 무엇인가'만을 묻게 된다. 즉 대상을 고찰함에 있어서 나자신의 존재는 더 이상 개입하지 않게 되는 것이다. 나는 대상을 오직 그것만이 존재하는 것처럼 관조한다. 달리 말하면 이념으로서 바라보게 되는 것이다.

이러한 이념에 대한 직관은 쇼펜하우어에게서 오로지 미적 직관에 의해 가능하다. 따라서 미적 직관은 단순히 쇼펜하우어의 인식 이론에서 잘 알려진 지성의 인과성에 의한 직관의 개념과는 근본적으로 다르다. 왜냐하면 미적 직관에서 공간, 시간, 인과성은 어떠한 역할도 하지 않으며, 지성은 의지와 더불어 근거율로부터 해방되어 있기 때문이다. 쇼펜하우어는 '의지를 완전히 부정할 수 있는 금욕주의자만이 예술가보다 더 완벽할 수 있다'고 생각한다. 예술가는 최대 희열을 달성하는 순간에만 금욕주의자가 습관적으로 성취하는 자기 멸각과 동일한 목적을 달성할 수 있기 때문이다. 모든 예술을 좌우하는 관건은 '현상 세계와 근본적 현실 세계를 중개하는 영원한 이념들을 파악하는 이해력'이다.

관찰자가 대상에 완전히 흡수되고 동화할 때 마야의 베일은 찢겨 나간다. 어떤 대상이 미학적으로 관찰되면 그것을 관찰하는 개인은 순수한 지식 기관으로 변한다. 이때 관찰자의 인격은 멸각된다. 의지로부터 벗어나는 자유로운 인식력은 필수 조건이자 모든 미학적 이해력의 핵심이다. 평범한 화가의 풍경화가 조잡해 보이는 것은 그의 지성이 그의 의지에서 벗어나 충분하게 독립하지 못했기 때문이다. 인식력은 더 순수해질수록, 그리하여 더 객관화되고 더 정확해질수록 아무 토양에서나 가장 튼실하고 맛있게 익는 과일처럼 의지를 벗어나서 자유로워질수 있다.

쇼펜하우어는 다른 예술에 비해 음악을 높이 평가한다. 사물 자체, 즉 의지가 육체로 되지 않고 순수한 유희로 현존하는 것이 곧 음악이다. 음악은 현상 세계와 완전히 별도로 존재하기에 이 세계를 한마디로 무시한다. 어쩌면 세계가 없어진다 해도 음악은 존재할지 모른다. 우리 본질의 가장 심오한 내면을 말하고 있는 것이 곧 음악이다. 따라서 음악은 다른 모든 예술과 달리 현상의 모사가 아니라 의지의 직접적 모사인 것이다. 따라서 음악은 '세계의 모든 물질적인 것'에 대한 '형이상학적인 것', 모든 현상에 대한 사물 자체의 모사다. 이것은 모든 미학 가운데 가장 중요한 인식이다. 바그너는 이러한 견해를 받아들이고 그 견해가 영원한 진리라고 보증한다. 바그너는 이 음악철학을 열정적으로 받아들이면서 다른 부분에서 쇼펜하우어를 개선하려 한다. 사랑을 통해 의지를 구원하려 한 것이다. 쇤베르크는 음악이 모든 모사성을 거부해야 한다고 촉구했다는 점에서 바그너보다 더 엄격하게 쇼펜하우어의 음악철학을 이어받았다. 그는 음악이 순전히 자기 지시적 성격을 지닌다고 본다. 한편 쇼펜하우어에게 음악이 지녔던 의미는 비트겐슈타인에게 언어가 지녔던 의미와 같다.

예술의 과제는 사물의 내적 본질로 향한 인식의 순간을 보존하여 순간의 무상성을 뛰어넘는 것이다. 쇼펜하우어는 철학 전통과 달리 개념이 진실의 비본래적 표현이며 진실에 더 가까운 것은 예술이라고 여긴다. 바그너나 토마스 만 같은 예술가들에게 쇼펜하우어가 큰 영향을 끼친 데는 이런 견해가 한몫을 한다. 예술은 세계의 모든 현상의 불변적 본질을 묘사해야 한다. 건축은 물질의 중력, 인력, 견고함 등을 묘사하고, 동물화는 동물의 이념을 묘사하고, 역사화나 시는 인간의 이념을 묘사한다. 쇼펜하우어에 따르면 예술 작품은 인간들 중에서도 가장 객관적으로 사유하는 천재의 산물이고, 그 천재의 활동은 전적으로 지성 속에 집중되어 나타나며, 창작된 작품 속에서 세계를 순수하게 객관적으로 포착한다. 천재란 표상들의 원형이 되는 이념을 직시할 수 있는 성찰의 힘을 갖고 있는 사람을 말한다. 일상적인 의미에서 볼 때 무용한 예술 작품은 자율적이고 완전히 독립적인 산물이다. 그리고 천재는 그 산물을 통해 자신을 객관화시키며, 헤겔의 표현을 빌리자면 자신을 방출하는 것이다. 목적 없는 합목적성으로서의 예술, 관조로서의 무관심한 만족, 이것들이 서로 결합하고 뒤섞이는 가운데 예술의 영지적 성격이 강조된다. 이러한 의지에 대한 관조, 이념의 조망은 천재에게 가능하다. 천재의 삶은 표상의 세계를 넘어서 있다. 표상에 연연하면 이념을 직시할 수 없다. 천재는 천재가 아닌 사람들도 이념에 대한 직관을 할 수 있도록 하는 매개 역할을 한다. 천재의 본질은 바로 그 같은 월등한 관조 능력에 있다.

쇼펜하우어에 따르면, 칸트는 직관적이며 직접적인 아름다움 그 자체로부터 출발하는 것이 아니라 미에 대한 판단, 이른바 매우 흉측한 취미 판단이라고 일컫는 것으로부터 시작한다. 칸트는 미적 판단이란 주관의 마음속에서 일어나는 과정에 대한 발언이며, 마치 사물의 특성에 대한 판단처럼 보편타당한 전달이 가능하다고 말한다. 쇼펜하우어는 이러한 칸트의 미에 대한 판단론을 마치 색을 보지도 않고 색에 대한 발언을 듣고 색에 대한 이론을 구성하는 최고로 이해력 높은 장님이 만든 이론에 불과하다고 비판한다.

이러한 칸트의 미적 판단론은 쇼펜하우어 미학에서 나타나는 순수 주관이 미적 관조 상태에 영향을 미친다. 대상에 몰입하여 이념을 직관하는 순수 인식의 주관은 스스로 표상의 세계를 인식하는 개별자임을 잊고 의지로부터 해방된 무욕의 순간을 체험한다. 미적인 관조의 순간은 표상의 세계 속에서 지성에 의한 인식이 의지의 수단이 되는 것을 포기하고 오로지 이데아에 대한 순수한 직관의 상태에서 획득되는 미적 만족감이다. 이 순간이야말로 의지와 인식과의 자기 분열로부터 초래하는 욕구, 고통으로부터 해방된 순간인 것이다.

칸트에게 예술은 자연미를 표본으로 하여 미적 이념을 표현하는 천재의 능력을 통해 전개된다. 그러나 쇼펜하우어에게 자연 혹은 현실 세계에서 발견되는 이념에 대한 인식으로서의 아름다움은 우연적이고 순간적이며, 다시 시간과 공간, 인과성에 놓인 표상의 세계 속으로 금방 사라진다. 그러나 예술은 자연 속에서 발견한 이념을 예술 작품 속에 반복하여 변하지 않는 영원한 것으로 보관한다. 따라서 쇼펜하우어에게 예술은 영원히 변하지 않는 미의 형식을 지니고 있기 때문에 자연미보다 우위에 있다.

칸트는 숭고미 체험을 자연 영역에 한해 설명하지만, 쇼펜하우어는 예술 작품의 영역에까지 확대시킨다. 쇼펜하우어에게 자연에서의 숭고미는 자연의 무한한 크기와 위력에 직면하여 표상의 세계에서의 인식 주관인 개별자로서의 무력함과 표상의 세계에 대한 무가치성을 깨닫고, 개별자로서의 의지의 체념을 거쳐 의지 없는 순수 주관으로 고양되는 감정을 통해 체험된다. 이것은 예술 작품 중에 특히 비극 작품에서도 역력히 나타난다. 비극 작품에서 체험되는 것은 순수한 아름다움이 아니라 바로 숭고미에 대한 체험인 것이다. 칸트에게 숭고미는 현상으로서의 감성계에 속한 인간의 실존에 대한 철저한 한계 인식과 이를 극복하는 도덕적 주체자가 자신의 내면의 도덕적 이념을 일깨워 일어나는 정신적 감정이다. 쇼펜하우어에게 숭고미는 표상 세계의 개별자가 의지의 싸움을 거쳐 세계의 본질을 직관하는 순수 인식의 상태에서 일어나는 자기 고양 감정인 것이다.

스스로 유일한 칸트주의자라고 말한 쇼펜하우어는 칸트의 철학 사상에 대한 수용 과정을 거쳐 독자적인 의지 형이상학이라는 체계 속에서 자신의 미학 사상을 전개한다. 그는 칸트 철학에 힘입어 표상 세계의 배후에 세계의 근원으로 가정한 의지를 칸트의 사물 자체와 비유했고, 이러한 세계의 근원인 의지가 가장 완전하게 표현된 이념을 예술의 대상으로 한 예술 철학을 전개시켰다. 그리고 그의 미학은 니체의 미학 사상으로 넘어가는 매우 중요한 교량 역할을 담당하고 있다.

철학자가 성에 대해 너무 무관심한 것을 불만스럽게 생각한 쇼펜하우어는 프로이트보다 몇 십 년 앞서 성이 인간성 전체를 변질시키는 것이라고 보았고, 인간의 행동에는 성적 동기라는 요소가 항상 존재한다는 것을 간파했다. 그런데 철학자들은 죽음에 대해서는 끝없이 생각하며 글을 쓰면서도 정작 수태에 대해서는 아무런 배려도 하지 않았다. 그는 성적인 황홀감이야말로 궁극적인 경험일뿐더러 우리를 삶을 신비의 핵심으로 데려다주는 신비적 경험이기도 하다고 말했다.

이러한 신비적 경험 말고도 예술을 향유하는 경험을 통해서도 우리는 자기를 벗어나 밖으로 나갈 수 있다. 예술 작품에 몰입해 있을 때 우리는 시간이 멈춘 것처럼 자신의 자아를 완전히 잊어버린다. 쇼펜하우어는 이때가 사물을 시공간에서 인식하고 있지 않은 경우라고 말한다. 즉 예술 작품을 접하면서 우리는 시공간에 있지 않은 어떤 것과 접하게 되고, 그것에 몰입해 있는 한 우리의 경험하는 자아도 시공간에 있지 않게 된다. 쇼펜하우어에 따르면 음악만이 애당초 묘사될 수 없는 것, 즉 초월계 자체의 묘사이고 형이상학적 의지의 음성이다. 음악이 언어로 도저히 분석될 수 없고, 지성으로 이해되지 않는 어떤 것이면서, 가장 궁극적으로 깊은 곳에서부터 다른 예술보다 훨씬 깊은 곳에서 우리에게 말을 거는 것처럼 보이는 것도 이 때문이다. 물론 예술은 인간이 개별성의 굴레로부터 잠시나마 벗어나게 하므로 짧은 행복만을 줄 수 있을 뿐, 우리를 이 세계로부터 영원히 구제할 수는 없다.

제4권에서 쇼펜하우어는 맹목적 의지의 단념을 상세히 고찰한다. 여기서 쇼펜하우어는 부정과 단념에 관한 동양의 종교적, 철학적 견해를 강조한다. 쇼펜하우어는 생식기를 '의지의 초점'이라고 말하면서 생식 행위가 삶에의 의지의 단적인 표현이라는 이론을 전개한다. 그의 이론은 리비도Libido가 인간의 보편적 충동이라고 설명하는 프로이트를 연상시킨다. 현상계 안에서 자신의 의지를 지각하는 개별자들은 스스로를 위해 모든 것을 욕구하는데, 쇼펜하우어는 이러한 방식으로 이기심이 발생한다고 설명한다. 이기심은 삶에의 의지를 긍정함으로써 생겨난 심리 상태. 이기적인 사람은 삶에의 의지가 아주 격렬하고, 그 자신의 삶에 대한 긍정을 훨씬 넘어서는 삶에의 의지를 나타낸다.

그런데 세계의 원인이 되는 맹목적인 삶에의 의지에서 출발하여 인과적 연쇄에 의해 사로잡히지 않고 거기서 벗어날 수 있는가라는 문제가 남는다. 그러나 삶은 끊임없는 욕구의 계속이니, 따라서 삶은 고통일 수밖에 없으므로, 이로부터 구원을 받기 위해서는 무욕구의 상태, 즉 이 의지가 부정되고 세계가 무로 돌아가는 것으로만 가능하다. 이렇게 하여 엄격한 금욕을 바탕으로 인도 철학에서 말하는 해탈과 열반 정적의 획득을 궁극적 이상의 경지로 제시하는 쇼펜하우어는 자아의 고통에서 벗어나면서부터 시작되는 타인의 고통에 대한 연민을 최고의 덕이자 근본 윤리로 본다. 자기의 이기심대로 처신하지 않고 타인의 슬픔과 고통, 모든 생물의 슬픔과 고통을 자신의 그것으로 생각할 때 존재의 모든 투쟁을 무가치하다고 시인하고 자발적 체념 상태, 삶에의 의지를 부정하는 상태에 들어간다는 것이다. 성서의 복음서에서는 삶에의 의지의 부정이란 그 자신을 부정하고 십자가를 짊어진다는 것을 의미한다. 불교에서 열반은 수행의 최고 경지를 표현하는 말이지만, 그 언어적 인상은 적극적이라기보다는 소극적임을 부인할 수가 없다. 삶의 맹목적 의지라고 할 수 있는 탐·진·치를 전적으로 부정하고 있기 때문이다. 쇼펜하우어는 자신이 말하는 의지의 부정이 허무나 공허함에 지나지 않는 무無로 보일 것을 알고 있기에 『의지와 표상으로서의 세계』의 마지막에서 이렇게 말한다. "우리는 오히려 의지가 완전히 없어진 뒤 우리에게 남아 있는 것이 아직 의지로 충만한 모든 사람에게는 무에 지나지 않는다는 사실을 거리낌 없이 고백한다. 그러나 이와 반대로 의지가 방향을 돌려 스스로를 부정한 사람들에게도, 우리의 그토록 실재적인 이 세계는 모든 태양이나 은하수와 더불어 무無인 것이다."

의지가 완전히 없어진 후에 우리에게 남아 있는 것은 무이고, 반대로 스스로를 부정한 사람에게는 이 세계가 무인 것이다. 마음속에서 존재하기를 그만두고 진정으로 자유를 얻을 때 열반을 경험한다. 모든 것을 무로 인식하는 차원이다. 괴테 역시 '나의 입장을 무 위에 올려놓았다'고 하는 것처럼 온갖 욕망에서 벗어나 무의 상태로 돌아갈 때 행복의 기초가 되는 마음의 평정을 얻을 수 있다. 욕망의 불을 끄고(열반) 또 다른 신성에 해당하는 무를 자기 안에 채울 때 득도의 경지에 이른다. 있다 없다, 안다 모른다, 내 것 네 것을 뛰어넘은 새로운 세계, 밝은 진리의 세계, 실재의 세계로서 이것이 불교에서 무(공)의 세계이다. 존재하는 모든 것은 독자적으로 존립하는 게 아니라 인연에 따라 서로 의존하며 생멸한다. 그렇기 때문에 존재하는 모든 것은 덧없고 실체가 없어서 공空하다. 욕망은 어떠한가? 갈애 渴愛, 즉 욕망도 심신의 감각 작용, 느낌 등의 인연에 따라 생긴 것에 불과하다. 그렇기 때문에 욕망도 실체가 없고 덧없어서 공하다. 욕망이 그렇다면 욕망의 집착이란 공할 뿐이다. 이런 식으로 붓다는 욕망의 집착을 없애려고 했다. 붓다는 욕망을 타자와의 관계에서 봄으로써 전적으로 새롭고도 심오한 통찰을 보인다.

4. 쇼펜하우어의 '의지 철학'의 정신사적 의미

서구의 전통에서 철학자들은 인간을 영혼(정신)과 신체로 나누어, 영혼에는 불멸성과 완전성의 지위를, 신체에는 유한성과 불완전성의 지위를 부여했다. 그리하여 신체는 영혼이나 정신보다 열등하고 항상 오류와 죄를 이끄는 것으로 간주되었다. 하지만 일찍이 스피노자는 정신과 신체가 별개라는 주장에 반박하며 『에티카』에서 "'정신과 신체'의 연합이라는 데카르트의 발상이 그 자체로 혼동된 개념이라고 비판"[46]했다. 플라톤의 『파이돈』에 나오는 '마부와 그의 마차를 끄는 두 마리의 말'에서, 한 마리는 마부에게 순응하는 아름답고 기품 있는 말이고, 다른 한 마리는 성격이 사나워 다루기 쉽지 않은 말이다. 한 마리는 이성의 세계를 구현하고, 다른 한 마리는 욕망과 충동의 세계를 구현한다.

근대 철학자 데카르트는 여기서 한 걸음 더 나아가 이전 철학자들보다 더 분명하게 영혼과 신체를 분리해 냈다. 그에게 정신은 지적 능력을 나타내는 말인 반면, 신체는 하나의 기계에 불과했다. 정신과 신체를 철저히 나누고 앎의 문제를 정신에만 한정함으로써 데카르트는 나중에 감각으로부터 분리된 순수한 인식을 얻고자 한 많은 철학자에게 영향을 미쳤다. 기독교의 성직자들 역시 신체를 경멸하는 자들에 속한다. 성경은 신이 인간을 흙으로 빚고 나서 인간에게 자신의 숨결을 불어넣었다고 말한다. 영혼은 신에서 직접 나온 것이므로 그 자체로 영원불멸할 것이다. 프로테스탄트들도 신체 속에서 일어나는 자연스러운 욕망이나 충동을 사악한 것으로 규정해 금욕주의를 생활 수칙으로 삼는다.

---

46   * B. 스피노자, 『에티카』, 조현진 옮김, 책세상, 2019. 67쪽

쇼펜하우어가 주된 관심을 갖는 의지의 세계는 살아 있는 자연의 세계다. 생물이 태어나고 자라며 번식하는 생명 현상의 본질을 그는 의지로 파악했다. 우리는 이러한 자연의 의지를 우리 자신의 자연인 몸을 통해 직접 경험한다. 우리가 몸 안에서 느끼는 온갖 충동과 본능, 욕망, 정동 및 성 욕동 등은 바로 몸이라는 인간적 자연의 의지에서 비롯되는 것으로 인간 생명의 본질을 이루는 적나라한 요소들이다. "그 때문에 신체의 부분들은 의지를 발현시키는 주된 욕구와 완전히 상응해야 하며, 그러한 욕구의 가시적인 표현이어야 한다. 즉 치아, 목구멍, 장기는 객관화된 배고픔이고, 생식기는 객관화된 성 욕동이다." 따라서 삶에의 의지란 성을 매개로 특정한 개체 속에 자신을 객관화하고자 하는 개체화의 의지다.

이처럼 신체와 성에 주목하고 있는 쇼펜하우어의 의지 철학은 당대 생물학 연구의 성과를 철학적으로 반영하고 있다. 쇼펜하우어의 형이상학은 당대의 자연과학적 발전에 대한 철학적 응답이었고, 자연과학 및 실증주의 시대의 형이상학이었다. 그리고 그의 의지 철학은 서구 철학의 역사에서 그동안 주목을 받지 못했던 신체와 성이 본격적인 철학적 담론의 주제로 떠오르게 되는 계기를 제공하게 되며, 이후 니체와 삶 철학을 거쳐 하이데거, 가다머로 이어지는 반합리주의의 노선의 출발점이 된다. 또한 쇼펜하우어의 의지 개념은 현대의 문화적·예술적 담론에서 주요 범주로 다루어지는 욕망의 범주에도 직접적으로 연결된다.

이리하여 신체와 성을 자연적 본질로 하는 쇼펜하우어의 인간은 본질적으로 이성에 따라 합리적으로 행동하는 정신적인 존재이기에 앞서 감성에 따라 충동적으로 살아가는 육체적 존재로 이해된다. 그동안 인간의 이성과 인간 정신의 자유 의지가 인간의 행동과 삶을 지배하는 것으로 이해되어 왔으나 이제 그것이 착각이자 허구임이 폭로되면서, 신체의 의지가 지배하는 욕망의 현실이 인간적 삶의 본질적 모습임이 입증된다. 의지 그 자체는 궁극적으로 자기 충족이라는 자기 목적 외에 다른 어떤 목적도 지향하지 않으며 아무런 근거나 이유도 없이 맹목적으로 움직이는 자생적인 힘인 것이다. 일시적 충족은 가능하나 영원한 충족은 있을 수 없다. 따라서 이러한 맹목적 의지에 따라 살아가는 삶이란 필연적으로 고통과 고뇌의 연속일 뿐이라는 것이다.

쇼펜하우어는 현상 세계가 삶에의 의지를 구현하는 것이라면, 성 본능은 종족 보존을 달성하려는 의지가 채택하는 기계 장치라고 주장한다. 자연이 달성하려는 목적은 오직 종족 보존과 관련될 따름이고, 자연은 개체를 아랑곳하지 않는다.

그에 따르면 연애결혼이 종족 본능을 충족시키는 것이라면 중매결혼은 이기심을 충족시키는 것이다. 현세대의 연애는 차세대의 기질을 결정하는 요인이므로 연애의 목표는 연애를 추구하는 개인들 각자의 깊은 진심만큼이나 값지다는 것이다. 애정보다 금전을 더 중시하는 삶은 종족보다 개체에 더 부응하는 삶이다. 이런 삶은 진리를 거역하므로 결국 부자연스런 삶이기에 경멸당하기도 한다.

쇼펜하우어의 의지 철학은 성에 대한 관심이 고조되던 세기 전환기에 이르러 열광적으로 수용된다. 당시의 논의에 그의 철학이 강력한 이론적 근거를 제공해 줄 수 있었기 때문이다. 그는 성애 열정보다 더 강렬하고 귀중한 열정은 없다며 성애 열정이 아닌 다른 어떤 열정도 육신을 구원하지 못하리라고 주장한다. 한편 성욕을 단념하는 것은 삶에의 의지 부정 내지는 폐기이기 때문에 힘들고도 괴로운 자기 극기다. 쇼펜하우어의 의지 철학에서 영향을 받은 니체의 차라투스트라는 오히려 영혼이야말로 신체 속에 들어 있는 그 어떤 것에 불과하다고 말한다. 차라투스트라에게 신체는 영혼이나 정신보다 큰 개념이다. 이러한 신체를 그는 자아와 구별하여 자기Selbst라고 부른다. 니체는 정신보다 신체를 믿는 쪽이 낫다면서 정신이나 영혼, 주체에 대한 비판을 통해 신체의 중요성을 복원한다. 하지만 그가 말하는 신체는 정신의 상대물인 육신이 아니라 정신이나 육신보다 높은 차원의 것이다.

토마스 만은 에세이 「프로이트와 미래」(1936)에서 "수천 년 간의 믿음을 뒤엎고 정신과 이성에 대한 자연적 본능의 우월권"[47]을 관철시킨 "어두운 혁명"[48]의 공로자로 프로이트에 앞서 쇼펜하우어를 지목한다. 니체는 "무의식의 심리학자인 프로이트는 쇼펜하우어의 진정한 아들이다"[49]라고 말하며 프로이트에 끼친 쇼펜하우어의 영향을 인정한다. 그는 프로이트의 정신분석은 쇼펜하우어의 의지 형이상학이 이루어 놓은 혁명을 계승했음을 분명히 언급한다. 쇼펜하우어가 무의식을 뚜렷한 개념어로 사용하지는 않았지만, 그의 의지 개념이 무의식 개념을 함축하고 있는 것은 명백하며, 토마스 만 역시 그를 "무의식의 심리학자"[50]로 본다. 이로써 무의식 세계인 의지의 세계가 의식 세계인 표상의 세계를 지배한다는

---

47 * Thomas Mann, *Essays, Band3 Musik und Philosophie*, Fischer, S 175
48 * ibid. S 175
49 * ibid. S 176
50 * ibid. S 175

쇼펜하우어의 의지 철학은 프로이트의 정신 분석 이론을 철학적으로 선취하고 있는 셈이다. 다만 프로이트의 무의식이 주로 인간에게만 한정되어 인간의 의식적 삶을 결정짓는 심리학적 개념이라면, 쇼펜하우어의 의지는 인간뿐 아니라 세계 전체의 내적 본질을 일컫는 형이상학적 개념이다.

5. 우울하지만 오만하고 재기 있는 쇼펜하우어

쇼펜하우어는 니체와 마찬가지로 살날을 떠나서는 혀새까지 가장 높은 내놓적 인기를 누리는 대표적인 철학자다. 비관주의라는 어두운 그림자를 드리우는 쇼펜하우어는 사실은 유머 있고 재기 넘치는 사람이다. 우리로 하여금 미소를 짓게 만드는 그의 말은 수없이 많다. 중의적인 표현, 정곡을 찌르는 익살, 조소적인 비유와 가차 없는 풍자, 이 모든 것은 흔히 말하는 비관주의자와 전혀 다른 모습이다. 대지라는 말라빠진 껍질 위에 낀 곰팡이가 살아서 인식하는 존재를 생성했으니 그 속에서 잘난 척 하고 살아가는 존재에 대해 아이러니컬하게 또는 거친 농담으로 이야기할 수밖에 없다. 모든 것이 덧없다는 심미적 선언을 하게 되면 삶의 진지함은 긴장이 풀려 파괴적인 행동에 뛰어들 기분이 나지 않는다. 진지함에 맹목적으로 휘둘리지 않는 태도에서 토마스 만의 아이러니가 탄생했고, 사실주의 작가 폰타네와 라베의 유머 개념도 쇼펜하우어에게서 큰 영향을 받았다. 쇼펜하우어의 형이상학적 비관주의는 그가 세상을 냉엄한 직관으로 통찰하여 얻은 것이다. 즉, 그의 비관적 철학에서 흔히 느껴지는 것처럼 그가 삶을 비관하며 모든 희망을 버린 것이 아니라, 삶과 세계를 비관적으로 통찰하지만 그 속에서 행복에 대한 희망을 가진 것이다.

철학자이자 문필가인 쇼펜하우어는 언어의 대가로서 뛰어난 능력과 높은 인기를 자랑하는 몇 안 되는 철학자다. 그의 뛰어난 재치는 독특한 개성과 불가분의 관계에 있고, 그는 모든 저서에서 유머라는 정신적 무기를 사용한다. 그의 웃음은 니체의 웃고 춤추는 차라투스트라와도 연결된다. 삶에의 의지의 부정은 자살을 뜻하는 것이 아니라 바로 욕망과 탐욕을 줄이라는 조언인 것이다. 아인슈타인은 삶에의 의지 부정을 맹목적인 본능이 넘치는 번잡한 도시를 떠나 잠시 계곡이나 바다에 가서 욕망을 식히라는 것으로 이해했다. 우리 사회는 그의 조언을 진지하게 듣지 못하고 끝없는 탐욕 때문에 정신적 고통과 우울증에 시달리고 있다. 우리의 고통이 크다면 그만큼 우리가 맹목적인 탐욕에 물들어 있는 셈이기 때문이다.

쇼펜하우어의 여성에 대한 독설은 유명하다. "일부일처제를 원칙으로 하는 우리 유럽에서 남성이 결혼한다는 것은 자신의 권리는 절반으로 줄이고 의무는 배로 늘리는 행위를 의미한다."[51] "여성을 아름다운 성이라고 부르기보다는 오히려 미적 감각이 없는 성이라 부르는 편이 훨씬 적당할 것이다."[52] "여성은 이른바 열등한 성이며, 모든 점에서 남성에 뒤떨어지는 제2의 성이다."[53] 그의 이러한 독설에도 불구하고 당시 숙녀 독자층에서 쇼펜하우어 붐이 일어났는데, 이는 그의 탁월한 경험적 지식에 기초한 고찰 때문으로 보인다. 여성들이 이 독설가가 뒤에서 자신들을 헐뜯는 말을 아주 재미있게 여겨서, 여성 사교계에서도 그의 저술에 대한 공부가 유행했다. 1855년 9월 그의 편지에 따르면, 화가 교수 베르는 드레스덴에서 쇼펜하우어의 저술에 대한 관심이 높으며, 특히 '여자들이 거기에 빠져 있다'고 말했다고 한다. 쇼펜하우어는 자신과는 달리 대다수의 남자들이 여자들의 외모와 몸매를 아름답게 보는 것은 성 욕동에 눈멀었기 때문이라고 말한다. 즉 여자의 모든 아름다움은 이 욕망 속에 깃들어 있다는 것이다. 그래서 그는 여성을 아름다운 성이라고 부르기보다 미적 감각이 결여된 성이라 부르는 것이 더 지당하다고 주장하기도 한다.

현재의 관점에서 보면 쇼펜하우어의 여성관과 정치관은 문제가 있다. 이는 그가 철학과 문학과 같은 인문학과 의학, 생물학, 물리학과 같은 자연과학에는 조예가 깊었지만 역사학과 사회과학에 둔감하고 무지했던 까닭이다. 독일인들이 애국심에 불타올랐을 때 그는 자신을 유럽인이라고 느꼈고, 독일 민족을 가장 어리석은 민족이라고 폄하하면서 영국인을 높이 평가했다. 시대정신을 거부하고 세계정신을 추구한 그는 주류 철학과도 반목하면서 자신의 철학으로 망명했다. 쇼펜하우어는 진보에 대해 부정적으로 평가했고, 민주주의나 혁명에 대해서는 더욱 나쁘게 말했다. 1848년의 독일 혁명에 대한 그의 태도도 지독히 인색하고 우스꽝스러웠다. 연민의 철학을 주장하며 동물도 사랑해야 한다면서 애완견인 푸들 아트만에게도 유산을 물려 준 그는 혁명 세력은 치를 떨며 싫어했다. 폭도처럼 날뛰는 하층민들이 그의 재산을 강탈할까 봐 두려워서 프로이센을 그리 좋아하지 않았지만 프로이센군의 편을 들었다. 이는 안전과 재산에 대한 과민 불안증의

51 *『쇼펜하우어의 행복론과 인생론』, 441쪽
52 *같은 책, 435쪽
53 *같은 책, 438쪽

발로였다. 그의 철학에 혁명에 대한 공감은 들어 있지 않지만 혁명의 사회적이고 정치적인 동기에 대한 깊은 이해는 들어 있다. 하지만 그는 자신의 철학에서 얻은 훌륭한 통찰을 혁명 기간 중 조금도 실천하지 못했다. 혁명의 결과로 전체주의 국가가 들어설 것으로 생각해 그 위험을 걱정하며 권위적 국가를 옹호한 것이다. 또한 쇼펜하우어가 공화국에 부정적인 입장을 취한 것은 그렇게 되면 당시 멕시코 공화국에서 그랬듯이 누구나 자기 이익만 생각하고 자신의 명예와 권력을 추구한다고 보았기 때문이다. 그는 공화국의 경우에서는 현자와 규자가 정치를 하는 플라톤적 국가를 유토피아라고 보았다. 괴테 역시 군주론자라는 비난을 무릅쓰고 자신의 군주인 아우구스트 대공을 모범적이고 바람직한 군주라 칭하며 칭찬을 아끼지 않았다.

쇼펜하우어가 볼 때 수많은 평범한 작품을 산출해 내는 자연은 귀족주의적이다. 자연의 피라미드는 저변은 매우 넓고 꼭대기는 아주 뾰족하다. 그는 자신을 정신의 귀족으로 생각했다. 하지만 노예는 폭력 때문에 생기고 가난한 자는 간계 때문에 생긴다며 사회주의와 유사한 주장을 하기도 했고, 학자, 성직자, 철학자, 변호사 등이 모두 자본의 지배를 받으며 돈벌이에 혈안이 된 자들이라며 마르크스와 엥겔스의 『공산당 선언』과 비슷한 발언을 하기도 했다. 그렇게 니체의 천민 비판을 앞서 행했다. 그런데 니체가 말하는 천민이란 신분적 의미에서의 천민이 아니라 스스로 가치 창조를 못하는 인간, 즉 권력, 명예, 돈, 쾌락을 좇는 노예가 된 현대인을 뜻한다.

쇼펜하우어는 피히테, 셸링, 헤겔은 연구의 진지성과 정직성을 갖고 있지 않기 때문에 철학자가 아니라 궤변가이자 야바위꾼에 불과하다고 주장한다. 그들이 추구한 것은 진리가 아니라 세속적 영달이라는 것이다. 정부에 의한 임용, 학생들과 출판업자들의 사례금, 이를 위해 자신들의 가짜 철학으로 세인들의 이목을 되도록 많이 모으고 법석을 떠는 것이야말로 이들을 인도하는 별이었고 이들에게 영감을 불어넣은 정신이라는 것, 그리고 그중에서 어설프고 우둔한 야바위꾼 헤겔은 청중 앞에서 심각한 표정으로 자신도 전혀 모르는 무한성과 절대자에 대해 지껄인다는 것이다. 괴테도 에커만의 『괴테와의 대화』에서 독일인인 자기도 헤겔 학파의 글을 도저히 이해할 수 없는데, 외국인이 어떻게 그의 글을 이해하겠느냐고 한 것을 보면, 쇼펜하우어의 이 말이 딱히 틀렸다고 할 수 없겠다. 바그너 역시 이와 비슷하게 헤겔의 글을 도무지 이해하지 못하겠다는 말을 했다.

쇼펜하우어는 자신의 정신적 동지로 생각한 스피노자, 광학 렌즈를 갈아 생계를 꾸린 그 철학자와는 달리 자의식이 강한 사람이었다. 그래서 그 어떤 겸손함도 거부했고 자신의 가치를 확신했을 뿐만 아니라 기회가 있을 때마다 그것을 분명하고 철저하게 강조했다. 그는 논쟁을 하면서 해박한 지식과 직설적인 공격으로 상대방을 묵사발로 만들곤 했다. 괴테처럼 겸손을 위선이라고 생각한 쇼펜하우어는 "거짓 겸손은 오히려 신뢰를 얻지 못한다"[54]는 코르네유의 말을 언급하며 '겸손해라! 제발!'이라고 외치는 자들은 사기꾼이며 공적이 없는 자연의 대량 생산품이라고 주장했다. 1815년, 스물일곱의 쇼펜하우어는 자신의 「시각과 색채에 대하여」에 대한 자부심을 피력하며 올림포스의 주피터 신과 같은 존재였던 66세의 괴테를 내려다보고 이렇게 말한다. "각하의 색채론을 피라미드에 비유한다면 저의 이론은 피라미드의 꼭대기가 될 것입니다. 다시 말해 수학에서 더 이상 쪼갤 수 없는 점 하나가 있고 그 점으로부터 커다란 건축물 전체가 퍼져 내려가는 형국입니다."[55]

쇼펜하우어는 자신의 책에 대해서도 자부심을 숨기지 않았다. 1818년, 서른 살의 쇼펜하우어는 4년 동안의 작업 끝에 『의지와 표상으로서의 세계』를 완성한 후 라이프치히에 있는 브록하우스 출판사에 자신감에 찬 편지를 보냈다. "나의 이 저서는 하나의 새로운 철학 체계입니다. 말 그대로 새로운 것이지요. 기존에 존재하는 옛날 철학을 재탕해 새롭게 서술한 게 아니라 지금까지 아무도 생각해 내지 못한, 고도로 응축된 사고로 쌓아 올린 책이 될 것입니다."[56] 그즈음 카를스바트에 체류하던 괴테에게 보낸 편지에서도 자신의 책을 가리켜 "일상 작업의 성과물이 아닌, 제 생애의 성과물"[57]이라며 의기양양하게 적고 있다. 하지만 괴테는 호기심 어린 관심을 보이며 그 책을 읽기 시작해 많은 사실에 동의하면서도 극단주의와 금욕주의에 고개를 가로저으며 중도에 독서를 포기했다고 한다. 쇼펜하우어는 평생 괴테가 자신의 책을 어느 정도 읽었는지 궁금해했다. 쇼펜하우어의 여동생 아델레도 이 책을 읽었다. 그녀는 책이 너무 어려워서 이해하기는 어렵지만, 문장이 뛰어나고 명쾌하게 쓴 것 같다고 오빠에게 고백했다.

54 *『쇼펜하우어 평전』, 119쪽
55 *『쇼펜하우어 전기』, 355~356쪽
56 *아르투어 쇼펜하우어, 『세상을 보는 지혜』, 권기철 옮김, 동서문화동판, 2007, 979~980쪽
57 *같은 책, 980쪽

윌 듀런트는 『철학 이야기』(1926)에서 이 책의 모든 것이 명쾌하고 문장은 논리 정연하며, '의지, 투쟁, 고뇌로서의 세계'라는 중심 개념이 훌륭하게 집중되어 있고 꾸밈없이 솔직하다고 평한다. 한편 쇼펜하우어와 이야기를 나눠 봤던 루이 알렉상드르 백작은 쇼펜하우어의 제스처가 크고, '태도나 행동은 전형적인 상류층 스타일'이라고 밝힌다. 쇼펜하우어는 자신의 철학이 인류에 도움이 될 거라 생각했고, 어려운 사람들, 폭동이나 전쟁에서 고생한 군인들을 측은하게 여겼다. 쇼펜하우어는 인생의 종착시에서 「피닐데」(1856)라는 시를 쓰며 자신이 오롯한 인생을 결산하고 있다.

나는 이제 여정의 목적지에 지쳐 서 있다.
지친 머리는 월계관을 쓰고 있기도 힘들구나.
그래도 내가 했던 일을 기쁘게 돌아보는 것은,
누가 뭐라 하든 흔들리지 않았기 때문이리라.

쇼펜하우어의 불충한 제자 니체는 정신 착란에 빠지기 전해인 1888년에 다음과 같은 시를 쓰며 스승을 기리고 있다.

그가 가르친 것은 지나갔으나,
그가 살았던 것은 남으리라.
이 사람을 보라!
그는 누구에게도 굴복하지 않았노라!

6. 쇼펜하우어 철학과 불교

쇼펜하우어는 자신이 생각해 낸 이념들이 인도의 힌두교와 불교의 중심 이념임을 발견한다. 1814년에 쇼펜하우어는 바이마르에서 헤르더의 제자인 동양학자 프리드리히 마이어로부터 『우파니샤드』의 라틴어 번역본인 『우프네카트』를 소개받았다. 베단타와 힌두교 사상은 그에게 이미 낯설지 않았다. 그는 자신의 고유 사상이 유럽이 아닌 미지의 땅에서 이미 확립되어 있다는 사실에 놀란다. 힌두교에서는 영속적인 실재를 비물질적이고 공간도 시간도 없는 초월적인 단일자라고 가르치며 비개인적이고 인식할 수 없으며 설명이 불가능한 것으로 간주하는 데 비해, 우리의 신체 감각을 통해 알려지는 세계는 일시적인 현상의 스쳐 가는 쇼나 그림자놀이 같은 것, 마야(환각)의 베일이라고 말한다. 힌두교에서 발전해 나온 불교는 무시간적인 실재에서는 별개의 자아가 없고 모든 존재가 통합되어 있으며, 각 개인의 고통처럼 보이는 것은 사실 모두의 고통이고 잘못된 행동은 그 행위자에게 고통을 입힌다고 말한다.

『의지와 표상으로서의 세계』에서 쇼펜하우어는 아직 불교에 대한 충분한 이해를 하고 있지 않은 것으로 보인다. 그는 초판 머리말에서 자신의 '고유 사상'이 칸트, 플라톤, 『우파니샤드』 사상이라는 세 축에 기반을 두고 있다고 밝히면서, '베다', '우파니샤드', '산스크리트 문헌', '고대 인도의 지혜' 등을 언급하지만, 불교에 대해서는 구체적으로 적시하지 않고 있다. 이때 이미 불교와 유사한 세계관을 지닌 쇼펜하우어는 스스로를 '불교주의자'라고 여기고 있었다. 그러나 이 시기의 유럽에서는 불교 소개서가 극소수였고 단편적이었다. 독일에 불교가 전파된 것은 쇼펜하우어의 영향으로 볼 수 있다. 그는 불교를 서양의 형이상학에 대응하는 복안으로 보았고, 불교의 인식 노력을 개체의 정신적 고립을 돌파하기 위한 수단으로 해석했으며, 자신의 철학과 불교의 가르침이 서로 연결되는 것을 발견했다. 그의 저서로 인해 당시의 지식인들이 인도에 열광하게 되었고 아시아 작품들이 처음으로 번역되기도 했다. 불교 경전은 이 세상에서의 삶은 본질적으로 무거운 짐이며, 쾌락과 만족보다 훨씬 더 많은 고통과 고뇌가 있다고 말한다. 모든 것이 덧없고 파괴될 운명에 처해 있는 세계에서 실제로 영원한 만족이란 없는 것이다. 이처럼 불교와 쇼펜하우어의 가까운 점은 삶이 끝없는 의지, 노력, 희망, 추구, 집착, 갈망으로 이루어진다는 생각이다. 우리는 갓난아이일 때부터 항상 무언가를 원하고 무언가를 가지려고 손을 뻗어 왔다. 그렇지만 한 가지 소원이 충족되면 또 다른 소원이 그 자리를 차지하므로 이 끝없는 의지는 본질적으로 충족될 수 없는 것이다. 또한 우리는 스마트폰, 정체 모를 알고리즘과 각종 앱으로 끝없이 욕망할 것을 강요당하면서 새로운 세계고世界苦에 시달리고 있다.

일반적으로 종교적 인물들은 이 세계를 눈물의 골짜기로 보기는 하지만, 시공간의 저편에 존재하는 어떤 것에 대해서는 도덕적으로 긍정적인 견해를 취하고, 그것이 자비롭다고 말한다. 하지만 쇼펜하우어의 철학에 따르면 초월계와 현상계가 다른 방식으로 보이는 동일한 실재이므로 초월계도 무언가 끔찍한 세계라는 결론이 나온다. 그는 초월계를 맹목적이고 목적도 없고 비개인적이며 도덕과는 무관한 힘이나 충동, 삶이나 생물에 대해 전혀 관심이 없는 어떤 것으로 보았다. 알려질 수도 이해될 수도 없는 이 초월적 존재를 쇼펜하우어는 의지라고 불렀다. 우리가 삶과 세계에서 완전히 해방되려면 이 삶의 맹목적 의지, 존재하려는 의지를 극복해야 하는데, 그러기 위해서는 의지를 놓아 버리는 것이 필요하다. 이런 점에서 그는 에크하르트 신비주의의 맥을 잇고 있다. 그런데 자살은 오히려 적극적이고 격렬한 의지의 표명이기 때문에 쇼펜하우어는 흔히 생각하는 것과는 달리 결코 자살을 옹호하지 않은 셈이다. 쇼펜하우어에 따르면, 유일한 구원은 집착을 끊고 개입과 참여를 하지 않으며 맹목적인 삶에의 의지를 부정하는 것이다.

삶의 고통 및 죽음의 문제와 형이상학적으로 대면하고 있는 쇼펜하우어의 철학은 지금까지 죽음을 찬양하고 삶을 무조건 체념하라고 권하는 염세주의로 알려져 왔다. 그러나 사실 염세주의보다 비관주의라는 말이 적합하고, 『쇼펜하우어 평전』을 쓴 헬렌 짐먼의 말처럼 염세적이라는 말보다는 '염인적misantropic'이라는 말이 더 나아 보인다. 그러나 쇼펜하우어는 자신의 철학을 염인적이라고 평가하는 것에 반대했다. 삶에의 의지 부정이나 삶의 고통으로부터의 해방이라는 쇼펜하우어의 사상에는 시대의 고통, 즉 인간 삶의 고통에 대한 철학적 문제 제기와 삶의 고통으로부터의 구제라는 치료적 처방전이 그 철학적 근본 동인으로 담겨 있다. 세계가 고통으로 가득 차 있다는 그의 비관주의적 사상은 세계에 대한 진단에 있는 것이지, 그의 철학이 궁극적으로 추구하는 목표는 아닌 것이다.

고통이 삶의 본질적 요소임을 망각하고 참된 행복을 추구하면 정서적인 우울증에 빠질 수 있다. 어두운 면을 보고 늘 최악의 사태를 우려하는 사람은 매사를 밝게 보는 사람보다 예상이 빗나갈 때가 적다. 그러니 수심에 찬 사람들은 상상 속의 고통을 겪긴 하지만 밝은 사람들보다 고통에 시달릴 일이 적다. 쇼펜하우어의 처방에 따르면 몹시 불행해지지 않기 위한 가장 확실한 방법은 헛된 기대를 접고 대단히 행복해지기를 갈망하지 않는 것이다. 대단히 행복해지기란 아예 불가능하기 때문이다. 행복에 대한 요구 수준을 낮게 설정해야 큰 불행을 피할 수 있다. 행복은 허상이지만 고통은 현실이기 때문이다.

붓다가 세상이란 고해苦海라고 말했다고 해서 불교를 염세주의로 볼 수 없듯이, 우리는 쇼펜하우어의 철학을 삶의 고통과 고뇌를 극복하는 치유술이라는 관점에서 해석할 수 있다. 쇼펜하우어는 삶의 고통으로부터 해방되는 진정한 행복감을 추구한다. 그의 철학이 보여주고자 하는 것은 끊임없는 욕망을 일으키는 의지의 부성을 통해 오히려 적극적으로 초연한 삶을 긍정한다는 역설적 논리다. 이런 논리에서 비롯된 그의 행복론은 이렇게 말한다. 한 인간의 고락은 재산이나 지위 같은 외적 조건에 의해 결정되지 않는다. 즐거움과 슬픔의 정도가 때에 따라 달라지는 것도 내적 상태의 변화 때문이다. 인간의 행복, 나아가 인간의 모든 생활에서 가장 중요한 것은 자기 자신 속에 깃들어 있으며 또한 거기서 비롯된다. 따라서 우울한 사람은 곳곳에서 비극만을, 명랑한 사람은 희극만을, 무관심한 사람은 무미건조한 광경만을 볼 뿐이다.

쇼펜하우어는 고통을 덜기 위해 시각과 관점을 바꿀 것을 요구한다. 그러니까 우리는 늘 시간의 작용과 변모하는 사물에 유의하면서 현재 눈앞에 일어나는 사태와 정반대의 경우를 생각해야 한다. 즉 행복할 때는 불행을, 맑은 날에는 흐린 날을, 우애에는 반목을, 사랑할 때는 증오를, 신뢰에는 배신을 분명히 머릿속에 그려야 한다. 그러니 나에게 피해를 준 사람에게 분노하기보단 그 역시 고통을 겪는 불행한 사람이라 생각해 보자. 그러면 분노가 어느 정도 누그러진다. 불에는 물, 분노에는 연민을 발휘하자. 그 사람에게 보복을 했다고 간주하고 상대방이 고통과 불행에 시달리는 모습을 머릿속에 그리며 '이게 나의 보복이다'라고 중얼거리자. 그러면 실제로 보복할 마음이 사라질지도 모른다. 세상에서 분노의 불길을 끄는 방법은 이 길밖에 없다. 또 우리가 어떤 일을 수습할 수 없을 때에는 후회해 봤자 소용없다. 다윗 왕처럼 하면 된다. 왕은 자식이 아플 때는 하느님께 끊임없이 간구하며 기도했지만, 아들이 죽고 나서는 거기에 수긍하고 조금도 회한에 잠기지 않았다.

어찌 할 수 없을 때 인간에 대한 인내를 배우는 것이 필요하다. 다른 사람의 행위에 분노를 느끼는 것은 마치 발끝에 돌이 굴러왔다고 화내는 것과 같다. 그가 새 사람이 되기를 바라기보다 그의 개성을 이용하는 것이 현명한 태도다. 그리고 남을 설득하거나 교화시키는 일은 무척 어려우니 견해 차이로 다툴 필요가 없다. 상대방이 하는 말이 너무 어리석어서 화가 난다면 그것을 희극의 한 장면이라 생각하라. 이것이 가장 합리적이고 적절한 대응책이다. 게다가 적의 비난은 쓴 약이라고 생각하고, 그로부터 자기 자신에 대한 정당한 지식을 얻도록 해야 한다. 참으로 성실한 것은 친구가 아니라 적이기 때문이다.

쇼펜하우어는 불교에서와 마찬가지로 이 세상에서 유일하고 영원한 현상은 오직 '변화'뿐이라고 말한다. 따라서 진정으로 현명한 사람은 외관에 미혹되지 않고 변화가 일어날 시간과 장소를 재빨리 예측할 수 있다. 사람들이 일시적 상태나 과정을 영원한 것으로 간주하는 이유는 결과만을 보고 원인을 간파할 능력이 없기 때문이다. 불교에서 말하는 '제행무상諸行無常'이란 '모든 것은 생멸 변화하여 변천해 가며 잠시도 같은 상태에 머무르지 않고 마치 꿈이나 환영이나 허깨비처럼 실체가 없다는 것'을 말한다. 즉, 이 현실 세계의 모든 것은 매순간 생멸 변화하고 있고, 항상 불변한 것은 하나도 존재할 수 없다는 것이 현실의 실상임을 뜻한다. 그러나 일제는 무상한데 사람은 상常을 바란다. 거기에 무수이 있고 고苦가 있는 것이다. 불교 경전에 '무상한 까닭에 고인 것이다'라고 설명되어 있는 것처럼 무상은 고의 전제다.

현실을 그렇게 인식하는 것이 불교의 무상관이다. 무상의 덧없음은 '몽환포영로전夢幻泡影露電(꿈·환상·물거품·그림자·이슬·번개)'에 비유되어 불교적 인생관의 특색으로 알려져 있다. 그러나 무상관은 단순히 비관적인 덧없음을 말하는 것이 아니다. 어떤 상에 대하여 비관하거나 기뻐하는 것 자체가 상이며, 그것 자체가 존재하지 않는 것임을 뜻하는 것이다. 무상하기 때문에 인간은 지위나 명예에 집착하는 탐욕을 버리고, 오늘 하루의 소중한 생명을 방일함 없이 정진 노력하려는 정신적인 결의를 갖게 된다. 이것이 무상관의 참된 뜻이다.

쇼펜하우어는 자족하기 위해 자신의 사상을 개진한 것이 아니다. 결국 인류를 위해서였다. "위대한 정신의 소유자는 전 인류의 교육자로 인간들을 조잡하고 캄캄한 오류의 큰 바다에서 광명으로 이끌기 위해 이 세상을 살아간다"는 그의 말은 붓다의 말을 상기시킨다. '천상천하 유아독존天上天下 唯我獨尊'이라는 말을 사람들은 흔히 오해하고 있다. 세상에서 홀로 자기만 존귀하고 잘났다는 독선적 사고로 이해하고, 그 뒤에 근본적으로 중요한 말이 있다는 것은 잘 모른다. '천상천하 유아독존 삼계개고 아당안지天上天下 唯我獨尊 三界皆苦 我當安之'라는 말은 '하늘 위와 하늘 아래 오직 그 스스로(인간 그 자체)가 존귀하다. 삼계가 모두 고통 속에 있으니 내 기필코 이를 편안케 하리라'라는 뜻이다. 당시 사람들은 신이나 신적 존재, 권력이나 재물을 가장 존귀하게 여겼지만, 부처님은 인간 그 자체를 가장 존귀하다고 선언했다. 인간의 존엄성이 외면당하는 신과 계급 중심적인 사회에서 붓다는 인간의 존엄성과 주체성을 선언했다. 이처럼 인간 스스로 자신의 운명과 우주의 주인임을 밝히고 주체적인 의지로 자기 삶의 주인이 되도록 하는 데 불교 사상의 참뜻이 있다.

이처럼 삶의 무상함과 죽음에 대한 쇼펜하우어의 논의는 삶이 무의미하다거나 버려야 할 무가치한 것으로 보는 데 있는 것이 아니라 오히려 삶의 무상함을 인식함으로서 삶의 고통을 치유하고 삶을 적극적으로 받아들이는 데 있다. 즉 최근 쇼펜하우어 철학에 대한 해석은 삶의 긍정을 모색하고 삶의 고통을 넘어서 정신적 자유를 찾고자 하는 긍정적 요소에 주목하고 있다.

쇼펜하우어의 중심 사상인 근거율과 의지 부정은 불교의 연기설緣起說과 고집멸도苦集滅道라는 사성제四聖諦에 대한 유럽적 해석이기도 하다. 붓다는 12연기를 통해 욕망의 무상함과 허망함을 보여줌으로써 욕망의 집착을 없애려고 한다. 12연기는 무명無明→행行→식識→명색名色→육입六入→촉觸→수受→애愛(갈애)→취取→유有→생生→노사老死의 십이지十二支로 이루어진 윤회의 사슬이다.

어리석음과 애착에 의해 고통이 연기되는 과정은 무명에서 시작한다. 인간은 4성제를 몰라 어리석고(무명), 여러 맹목적인 의지와 활동이 생겨 업을 짓고(행), 이 업으로 말미암아 앎이 생겨나고(식), 이 앎으로 말미암아 몸과 마음의 현상이 생기고(명색), 이 현상으로 말미암아 여섯 감각이 생기고(육입), 이 여섯 감각에 힘입어 대상과 접촉하고(촉), 이 감각이 대상과 접촉하여 여러 느낌이 생기고(수), 이 느낌으로 말미암아 욕망과 애착이 생기며(애), 이 욕망과 애착으로 말미암아 집착이 생기고(취), 집착함으로써 이 세상의 존재가 생겨나며(유), 이 존재로 말미암아 생명이 있게 되고(생), 살아 있기 때문에 늙음과 죽음의 괴로움이 생겨난다(노사).

붓다의 사상은 측은지심에서 자비와 사랑이 생겨난다고 주장하지만, 쇼펜하우어는 타자의 고통에 대한 연민의 차원에서 자비의 윤리를 활용하고자 했다. 그의 의지 부정은 실체의 절멸로서의 무아, 또는 허무로서의 열반이 아니라 단순한 무의욕의 작용이다. 쇼펜하우어는 인식 주체로서의 영혼이 아닌 의지만이 윤회한다고 보았다. 어떤 것이 죽더라도 의지는 그대로 존속하는 것이다. 의지는 새로운 탄생과 더불어 새로운 지성과 새로운 관계를 맺는다. 이것은 엄밀한 의미에서 윤회가 아닌 재생이다. 그리하여 쇼펜하우어는 이 새로운 탄생을 불멸의 의지 자체에 도달하려는 갈망의 표현으로 읽었다. 그러나 그와 같은 존재의 의지 긍정은 고통을 초래한다. 이처럼 여러 형태의 탄생을 통해 정제된 삶은 오직 의지의 절대 부정의 방식으로만 자기완성에 도달하는 것이다.

그러나 쇼펜하우어는 절대적인 무無, 해탈에 이르지 않았다. 위대한 금욕자나 성자와 달리 탐·진·치에서 벗어나지 못한 쇼펜하우어에게 의지의 부정은 불가능한 일이었다. 쇼펜하우어는 죽기 전 자신의 유언 집행인인 그비너 박사와 그의 대표작과 신비주의자 야콥 뵈메에 대한 마지막 대화를 나눈다. 쇼펜하우어는 벌레들이 자신의 육체를 갉아먹는 것은 걱정되지 않지만 철학 교수들이 그의 정신을 난도질할까 봐 겁난다고 말한다. 그는 지금 죽어야 한다면 몹시 딱한 일이라고 말하며 『소품과 부록』에 추가할 중요한 문장들이 있다고 덧붙인다. 쇼펜하우어는 소파의 구석에 기대고 앉은 채로 숨을 거두었다. 죽음과 싸운 흔적이 없는 평온한 죽음이었다.

7. 개정판을 내면서

이번 개정판에서는 많은 철학·심리학 용어를 새로 바꾸고 통일했으며, 문장을 가다듬어 가독성을 높였다. 번역에서 수정·통일한 중요한 단어를 예로 들자면 대략 다음과 같다.

쇼펜하우어의 의지 철학에서 가장 중요한 용어는 '삶에의 의지der Wille zum Leben'다. 그가 말하는 '삶에의 의지'는 흔히 '살려는 의지der Wille zu leben'와 혼동되고 있는데, '삶에의 의지의 부정'이 욕망을 끊는 것이라면, '살려는 의지의 부정'은 식욕과 같은 생리적 욕구를 끊는 것이다. 즉 '삶에의 의지'를 부정하면 욕망, 번뇌가 사라지므로 해탈에 이르는 반면, '살려는 의지'가 마음속에서 소멸하면 결국 죽음에 이르게 된다. 즉 쇼펜하우어는 삶에의 의지, 즉 욕망을 부정하는 것이지, 살려는 의지, 즉 생존 의지를 부정하는 것이 아니다.

'Ding'은 '사물'이므로 '물 자체 Ding an sich'는 '사물 자체'로 했고, 'einzelner Ding'은 '개별적 사물'로 했다. '충분근거율'은 '충족이유율'로 쓰이기도 하는데, 그것은 '충분한 근거에 관한 명제der Satz von dem zureichenden Grund'란 뜻이므로 '충분근거율'로 하기로 했다. 또한 '이유'라는 뜻의 독일어 단어는 'Ursache'이고, 'Grund'는 '근거'라는 뜻이다. 그러므로 'Begründung'은 '근거 짓기'로, 'begründet'는 '근거 지어진'으로 통일했다. 'Bedingung'은 '조건'으로 'bedingt'는 '조건 지어진'으로 했다. 그리고 현재 철학에서 사용되는 용어에 따라 'a priori'는 '선천적'에서 '선험적'으로, 'a posteriori'는 '후천적'에서 '후험적'으로, 'transzendental'은 '초월적'으로, 'transzendent'는 '초험적(초재적)'으로 했다. 'Mitleid'는 '동정' 대신 '연민'이라고 했다. '동정'의 뜻에는 안전한 상태에 있는 사람이 위에서 내려다보는 느낌이 있는 반면, '연민'에는 같이 고통을 겪는다는 뜻이 내포되어 있고, 불교의 '자비慈悲'와도 통하기 때문이다.

'affizieren'은 '촉발하다'로, 'Affektion'은 '촉발'로 옮겼고, 기존의 문학·철학 책에서는 'Affekt'를 '격정'으로, 'Drang'과 'Trieb'를 똑같이 '충동'으로 번역하고 있지만, 여기서는 심리학 용어를 받아들여 'Affekt'는 '정동'으로, 'Drang'은 충동으로, 'Trieb'는 '욕동'으로 구별했다. 그러므로 'Kunsttrieb'는 '예술 충동'에서 '예술 욕동'으로, 'Geschlechtstrieb'는 '성욕'에서 '성 욕동'으로 했다. 또한 'Wunsch'는 '소망'으로, 'Begierde'는 '욕망'으로, 'Bedürfnis'는 '욕구'로 옮겼다. 그리고 'Propdeutik'은 '입문서'로 했다.

그리고 'antizipieren'은 '예취하다'로, 'Antizipation'은 '예취'로 했으며, 'sich äußern'은 '발현하다'로, 'Äußerung'은 '발현'으로 했다. 'Verstand'는 지금까지 '오성'으로 옮겼는데, 철학에서의 새로운 경향을 수용하여 개정판에서는 '지성'으로 옮겼다. 또한 혼용되어 쓰이는 단어들로서 'Gebiet'는 '영역'으로, 'Sphäre'는 '권역'으로, 'Umfang'은 '범위'로 조정했다. 역시 비슷한 뜻을 지닌 단어들로 'Anschauung'은 '직관'으로, 'Beschauung Beschaulichkeit'는 '정관靜觀'으로, 'Kontemplation'은 '관조觀照'로 옮겼고, 'anschaulich'는 '직관적'으로, 'intuitiv'는 '직각적'으로 번역해 영어에서는 구별되지 않는 두 단어를 서로 다르게 표현했다. 마찬가지로 'intuitiv'와 반대되는 'diskursiv'는 '논변적'으로 옮겼다. 'Nebeneinander'는 '병렬'로 'Nacheinander'는 '순차'로 옮겼고, 그 부사적 형태는 '병렬하여'와 '순차적으로'로 옮겼다.

또한 'da sein'은 '현존하다'로, 'Dasein'은 '현존(재)'으로, 'Nichtsein'은 '비존재'로, 'Zugleichsein'은 '동시 존재', 'Objektsein'은 '객관 존재'로 했다. 'Bestand'는 '영속'으로, 'Fortdauer'는 '지속'으로 했다. 그리고 'Erscheinung'이 '현상'이므로 'erscheinen'은 '현상하다'로, 'Phänomen'은 'Erscheinung'과 구별해 '현상체'로 했다. 'Dogma'는 '교의', 'Dogmatismus'는 '교조주의(독단론)', 'Dogmatik'은 '교의학', 'Glaubenslehre'는 '교리', 'Doktrin'은 '교설'로 옮겼고, 'fühlen'은 '느끼다', 'empfinden'은 '감각하다'로 옮겼다.

그리고 비슷한 단어들로서 'Kanon'은 '규준', 'Maxime'는 '준칙', 'Norm'은 '규범', 'Richtschnur'는 '표준', 'Kriterium'은 '기준', 'Axiom'은 '공리'로 통일했다. 또한 'klar'는 '명백한(명료한)'으로, 'deutlich'는 '분명한'으로 두 형용사를 구별했고, 'klar und deutlich'는 '명석하고 판명한', 'dunkel'은 '애매한', 'verworren'은 '모호

한', 'dunkel und verworren'은 '애매모호한', 'evident'는 '자명한'으로 통일했다. 그러므로 '명백한 klar'의 반대는 '애매한 dunkel'이고, '분명한 deutlich'의 반대는 '모호한 verworren'이 된다.

한편 'Vielheit'는 '다수성'으로, 'Mannigfaltigkeit'는 '다양성'으로 옮겨 서로를 구별했다. 역시 비슷한 단어들로서 'Veränderug'은 '변화', 'Wechsel'은 '변전(교체)', 'Wandel'은 '변모', 'Modifikation'은 '변경'으로 통일했다. 'Motiv'는 '동기'로, 'Motivation'은 '동기화(동기부여)'로 했고, 'Sittenlehre'는 '도덕론'으로, 'Tugendlehre'는 '덕론'으로 옮겼다. 또한 'bleibend'는 '영속적인', 'beständig'는 '계속적인(계속하여)', 'stet'는 '끊임없는', 'beharrlich'는 '불변적인'으로 옮겼고, 'vollkommen'은 '완전한'으로, 'vollständig'는 '완벽한'으로 옮겨 두 단어를 구별했다.

아르투어 쇼펜하우어 연보

1788   2월 22일 폴란드의 항구 도시 그단스크(단치히)에서 상인인 아버지 하인리히 쇼펜하우어와 작가인 어머니 요한나(결혼 전 성은 트로지너) 쇼펜하우어의 장남으로 태어남. 그해 3월 3일 그단스크의 마린키르헤 교회에서 세례 받음.

1793   3월 단치히가 프로이센에 합병되자 가족이 함부르크로 이주.

1797   6월 13일 여동생 아델레 태어남. 7월 쇼펜하우어는 프랑스 르아브르에 있는 아버지의 협력업자 그레구아르 드 블레지메르의 집에서 지내기 시작. 그의 아들 앙티메와 친해지며 프랑스어를 배움.

1799   8월 프랑스에서 2년 만에 돌아와 룽에 박사의 사립 상업학교에 입학해 4년 동안 공부. 아버지는 쇼펜하우어가 자신의 뒤를 이어 상인이 되기를 희망.

1800   7월부터 3개월 동안 아버지와 함께 하노버, 카를스바트, 프라하, 드레스덴 여행.

1803   5월 상인이 되라는 아버지의 권유로 온 가족과 함께 네덜란드와 잉글랜드 여행. 런던에 도착한 쇼펜하우어는 랭카스터 신부 집에 머물며 런던 윔블던의 한 학교를 12주 동안 다님.

1804   프랑스를 여행하고 다시 스위스, 빈, 드레스덴, 베를린을 거쳐 돌아옴. 그해 9월 단치히의 무역상 카브룬으로부터 상인 실습을 받았으나 흥미를 보이지 않음. 단치히의 마린키르헤 교회에서 안수 의례를 받음.

1805   1월 함부르크의 거상 예니쉬의 상업 사무실에서 수습사원으로 근무하기 시작. 4월 20일 아버지가 창고 통풍창에서 떨어져 사망, 우울증에 시달리다 자살한 것으로 추정.

1806   9월 아버지의 사망 후 어머니는 상회를 정리하고 딸 아델레와 함께 바이마르로 이주. 쇼펜하우어는 함부르크에 남아서 상인 수습을 계속하지만 몰래 근무지를

이듬해 골상학으로 유명한 프란츠 요제프 갈의 공개 강연을 들으러 다님. 10월 문학 살롱을 연 요한나 쇼펜하우어는 괴테와 친교를 맺고 우정을 나눔.

1807   5월 어머니의 권유로 상인 수습을 중단하고 그다음 달에 고타에 있는 김나지움 입학. 고전어문학자인 교장 되링으로부터 매일 두 시간씩 라틴어 지도를 받고, 그리스어를 엄청난 열정으로 학습. 12월 교사 슐체를 풍자하는 시를 썼다가 질책을 들은 후 김나지움을 그만두고 바이마르로 이사, 어머니와 여동생과 같은 집에서 살지 않고 다른 집에서 혼자 하숙. 바이마르의 아우구스트 대공의 애첩인 배우 겸 가수 카롤리네 야게만을 짝사랑하게 됨.

1808   대학교 입학을 준비하며 라틴어, 그리스어, 수학, 역사 등을 공부. 브레슬라우대학교 교수 파소프로부터 희랍어를, 김나지움의 교장 렌츠로부터 라틴어 개인지도를 받음. 에르푸르트를 방문해 나폴레옹이 주최한 연극을 관람할 기회를 얻음.

1809   스물한 살의 성년자로 유산의 3분의 1을 물려받음.

1809-1811 괴팅엔대학교 의학부에 입학하여 한 학기 동안 의학을 공부하지만 철학에 더 흥미를 보임. 화학, 물리학, 천문학, 수학, 언어학, 법학, 역사 등 다양한 강의에 적극 참여. 강의에 대한 개인적인 감상문과 논평을 많이 쓴 것은 물론 몇몇 교수의 의견을 비판하고 논리적으로 반박하는 발언을 서슴지 않음.

1810   철학자 고틀로프 에른스트 슐체의 강의 수강. 슐체로부터 특히 플라톤과 칸트를 깊이 연구해 보라는 조언을 받음. 겨울 학기에 플라톤, 칸트, 셸링의 저서를 읽음.

1811   어머니가 아들인 쇼펜하우어가 철학을 전공하지 못하도록 설득해 줄 것을 당시 독일 문학계의 거장인 크리스토프 빌란트에게 부탁. 그러나 빌란트는 쇼펜하우어의 태도에 감명해 자상한 조언과 격려를 전함. 결국 쇼펜하우어는 제대로 철학을 공부하기로 결심하고 가을에 베를린대학교(현 베를린 훔볼트대학교)로 전학. 베를린대학교에서 다수의 자연과학 강의는 물론 피히테, 슐라이어마허의 강의도 수강. 당대의 유명 학자인 셸링, 피히테의 사상을 공부하지만 회의를 품고 이들을 혐오하게 됨.

1812   플라톤, 칸트 등 여러 사상가를 본격적으로 탐구하고 베이컨, 존 로크, 데이비드 흄 등 영국 사상가도 깊이 연구. 슐라이어마허의 강의를 열심히 듣지만 종교와 철학의 합일을 주장한 그에게 큰 감명을 받지 못함.

1813   오스트리아, 프로이센, 러시아 연합군과 프랑스 나폴레옹 군대 사이에 전쟁이 재발하자 5월에 베를린을 떠나 바이마르에 잠시 머무름. 어머니와 다툰 후 루돌슈타트로 가서 학위 논문인 「충분근거율의 네 겹의 뿌리에 대하여」를 완성. 이 논문

을 예나대학교에 제출하여 철학 박사 학위를 받음. 11월에 바이마르로 돌아와 괴테에게 자신의 박사 학위 논문 증정. 괴테는 이 논문을 본 후부터 쇼펜하우어를 확실히 지지하게 됨.

1814   3월 바이마르의 공공도서관에서 『우파니샤드』의 라틴어 번역본 『우프네카트』를 읽고 탐구. 4월 어머니와 어머니의 친구 게르스텐베르크와 심각한 갈등을 겪고 그다음 달 드레스덴으로 간 후로는 다시는 어머니를 만나지 않음.

1814-1816   드레스덴에 거주하며 1815년부터 『의지와 표상으로서의 세계』의 개념 구상 및 집필

1816   5월 괴테와 색채론에 관해 교류하여 얻은 결실인 「시각과 색채에 대하여」 발표.

1818   3월 일생의 역작인 『의지와 표상으로서의 세계』 완성해 출판일이 1819년으로 인쇄된 초판본을 그보다 앞선 12월에 출간. 하지만 1년 동안 100권밖에 팔지 못함. 출간 기념으로 이탈리아의 피렌체, 로마, 나폴리, 베네치아 여행.

1819   봄에 나폴리를 방문해 영국 청년들과 교류하고, 4월에 로마를 거쳐 베네치아로 가서 부유하고 지체 높은 여인과 사귐. 그러나 단치히의 은행 물(Muhl)이 파산하는 바람에 쇼펜하우어 일가가 심각한 재정적 위기에 처했다는 소식을 듣고 이탈리아에서 급거 귀국. 이후 바이마르로 돌아와 괴테를 방문하고, 베를린대학교 철학과에 강사직 지원.

1820   봄에 베를린으로 이사. 베오크 교수 입회하에 '원인의 네 가지 다른 종류에 대하여'라는 제목으로 교직에 취임할 시험 강의를 하고 통과. 베를린대학교에 강사로 취임하여 '철학 총론: 세계의 본질과 인간 정신에 대하여'를 매주 강의. 강의 계획을 1820~1822, 1826~1831년까지 세우지만 헤겔의 인기 강의와 같은 시간에 강의를 하는 바람에 수강생이 부족하여 한 학기 만에 강의를 끝내게 됨.

1821   훗날 메돈으로 알려진 여배우 카롤리네 리히터와 비밀 연애 시작. 그해 8월 재봉사 카롤리네 루이제 마르케와 심하게 다툰 후 약 5년 동안 소송에 시달림. 『하나의 가지』라는 자서전적인 산문 집필.

1822   5월 다시 이탈리아의 밀라노, 피렌체, 베네치아 여행.

1823   5월 여행을 마치고 독일 뮌헨으로 돌아옴. 여러 질병과 청각 장애를 겪으며 우울한 시기를 보냄.

1824   잘츠캄머구트, 가슈타인(스위스), 만하임, 드레스덴에서 체류. 11월 데이비드 흄의 『종교의 자연사』, 『자연종교에 관한 대화』 등을 번역할 계획이었으나 도움을 받을 출판사를 구하지 못함. 『의지와 표상으로서의 세계』에 대한 호평과 악평을

두루 접함.

1825   4월 베를린으로 돌아와 다시 한 번 강의를 시도하지만 실패. 우울한 나날을 보내며 스페인어를 열심히 공부.

1827   5월 재봉사 카롤리네와의 소송에서 패소.

1828   발타자르 그라시안의 저서 번역 시작. 어머니와 여동생은 바이마르를 떠나 본에서 생활.

1830   「시각과 색채에 대하여」 라틴어본을 『안과학계 소수자들의 논문』 제3권에 수록해 출판.

1831   8월 콜레라가 베를린에 창궐하자 그곳을 떠나 프랑크푸르트로 피신.

1832   1, 2월에 프랑크푸르트에 있는 자신의 방에서만 칩거하고, 4월 발타자르 그라시안의 저서 번역을 마무리. 7월 만하임으로 가서 이듬해 6월까지 머무름.

1833   7월 프랑크푸르트에 정착하여 이후 평생 거주. 여동생, 어머니와 편지로 교류하고, 저서를 통해 서서히 인지도 높임.

1835   프랑크푸르트에서 숨진 괴테를 위한 기념비 건립 계획을 세우자 건의서 제출.

1836   5월 자연과학이 증명한 것과 자신의 학설이 일치한다는 생각을 반영한 『자연에서의 의지에 대하여』를 출판하고 꾸준히 학문에 매진.

1837   칸트의 『순수이성비판』 A판(1판)을 B판(2판)보다 중시하여 칸트 전집 출판에 직접 개입. 노르웨이 왕립 학술원의 현상 논문 모집에 응모하기로 결심.

1838   4월 17일 모친 요한나 쇼펜하우어가 72세의 나이로 사망하지만 장례식에는 참석하지 않음. 덴마크 왕립 학술원의 현상 논문 모집 공고 보고 응모하기로 결심.

1839   1월 현상 논문 「인간의지의 자유에 대하여」로 노르웨이 왕립 학술원으로부터 상받음.

1840   1월 현상 논문 「도덕의 기초에 대하여」로 덴마크 왕립 학술원에 단독으로 지원하지만 입선만 하고 우수상을 받지 못함. 부당한 판정에 반론하는 글을 추가해 이 논문을 책으로 출간.

1841   두 현상 논문을 묶어서 『윤리학의 두 가지 근본문제』 출간.

1842   여동생 아델레와 20년 만에 재회.

1844   2월 『의지와 표상으로서의 세계』 제2판을 두 권으로 확장 출간.

1845   『소품과 부록』 집필 시작.

1860   프랑스 『독일 평론』에서 마이어의 「쇼펜하우어에 의해 고쳐 쓰인 사랑의 형이상학」을 게재. 쇼펜하우어는 『윤리학의 두 가지 근본문제』 제2판 출간. 9월 21일 아침에 폐렴 증상을 보인 후 프랑크푸르트 자택에서 소파에 기댄 채 조용히 숨을 거둠. 26일 프랑크푸르트의 묘지에 안장.

1862   발타자르 그라시안의 『세상을 보는 지혜』 독일에서 출간.

찾아보기